2019

BEIJING EDUCATION YEARBOOK

北京教育年鉴

北京市教育委员会　编

北京出版集团
北 京 出 版 社

图书在版编目（CIP）数据

北京教育年鉴. 2019/ 北京市教育委员会编. — 北京：北京出版社，2020.1
ISBN 978-7-200-15206-7

Ⅰ. ①北… Ⅱ. ①北… Ⅲ. ①教育事业 — 北京 — 2019 — 年鉴 Ⅳ. ① G527.1-54

中国版本图书馆 CIP 数据核字（2019）第 283366 号

责任编辑：苏楠
责任印制：李巍

北京教育年鉴 2019
BEIJING JIAOYU NIANJIAN 2019
北京市教育委员会 编
*
北京出版集团
北京出版社 出版
（北京北三环中路 6 号）
邮政编码：100120

网址：www.bph.com.cn
北京出版集团总发行
北京天恒嘉业印刷有限公司印刷
*
890 毫米 ×1240 毫米 16 开本 47.5 印张 1790 千字
2020 年 1 月第 1 版 2020 年 1 月第 1 次印刷

ISBN 978-7-200-15206-7
定价：200.00 元

STAFF | 工作人员 MEMBER

北京教育年鉴编纂委员会（2019）

主　任　刘宇辉　郑吉春

副主任　狄涛　李军锋　王文生　李奕（常务）　黄侃　张永凯　王定东
冯洪荣　葛巨众　冯义国

委　员（按姓氏笔画排序）

马千里（常务）　王泳　王栋　王力志　王小垂　王东江（常务）
王建辉　王艳霞（常务）　龙梅　刘霄（常务）　刘晓明（常务）
刘新军（常务）　祁昕（常务）　杜建峰　李丽辉　李善廷
杨江林（常务）　杨志强（常务）　吴洁　宋晓晖　张龙
张凤华（常务）　张宪国　张晓玲　武怀海　范忠伟　周彤（常务）
庞成立　姚林修（常务）　聂荣（常务）　徐建姝（常务）
郭春彦（常务）　陶春梅　寇红江（常务）　韩宝来　潘芳芳
魏旭斌（常务）

《北京教育年鉴》（2019）工作人员名录

主　　编　祁昕

执行主编　华蕾

责任编辑（按姓氏笔画排序）

王永刚　华蕾　孙晓楠　张晓兰　汪玥　胡雨

1997

1997 年起，逐年编纂

2019

EDITOR'S NOTE

编辑说明

一、《北京教育年鉴》是一部大型专业性资料工具书。在中共北京市委教育工委、北京市教委领导下，由北京教育志编纂委员会办公室（北京教育年鉴编辑部）主持编纂。本年鉴始终坚持以马克思列宁主义、毛泽东思想、邓小平理论、“三个代表”重要思想、科学发展观、习近平新时代中国特色社会主义思想为指导，遵循实事求是的原则，科学、客观地反映北京教育事业发展的实际情况。

二、本年鉴以文章和条目为基本体裁，条目为主，使用规范的语体文、记述体，直陈其事，文字力求言简意赅。文前配有彩色图片，文内配有彩色随文图片，文后附有主题词索引、单位名称索引、人名索引和随文图片索引。

三、本年鉴从 1997 年开始逐年编纂。当年出版的年鉴，记述上一年内北京教育事业各个方面发生的新情况，为领导决策提供依据，为教育规划发展提供资料，为国内外各方面人士了解、研究北京教育事业提供最新的信息。自 2017 年起，本年鉴以正式出版的年鉴版本、《北京教育年鉴简本》和《北京教育年鉴》网络版（njzypt.jyzh.cn）三个版本呈现，各有侧重。

四、本年鉴除记述北京市属教育部门情况外，对北京行政区划内中央部委所属各级各类教育单位的情况也作全面记述，力求反映北京教育事业全貌。

五、2019 卷年鉴按教育管理、教育教学、教育服务支撑三大系统布局结构，采用分类编纂法，设北京教育总述、年度关注、大事记、学前教育、基础教育、普通高等教育、职业与继续教育、民办教育、德育体育美育劳育、党的工作、综合管理、教育督导、科学研究、师资建设、学生管理、招生与考试、交流与合作、京津冀教育协同发展、各区教育、市教委直属单位、社会团体、人物、文献、专文与纪实、调研报告、统计表、附录 27 个类目。

六、2019 卷年鉴增设“年度关注”和“党的工作”类目。“年度关注”下设“年度聚焦”“政策解读”“社会关注”3 个分目，以专题形式收录社会关注度高的教育热点内容。“党的工作”类目设置为突出党的领导，收录北京市委教育工委各处室所辖工作内容，将重要的党建活动在“综述”

分目中集中记述。

七、本年鉴附录部分通过图表记述北京行政区划内教育事业发展基本情况，便于读者查询相关信息。

八、本年鉴收录单位在收录时限内更名的，以原名称为正名，新名称用括号附在正名后。由于版面限制，年鉴中出现的国务院和北京市机构原则上使用规范简称，彩色插页和随文图片的说明使用各单位的规范简称，具体见附录“部分单位全称简称对照表”。

九、本年鉴收录北京各级教育行政部门主要负责人名录，所列均以 2018 年内任职为限，其中任免情况分别予以注明。

十、本年鉴收录的文章、条目和图片均由各级教育行政部门和各级各类教育单位专人提供，并经部门和单位主要负责人审核。北京市教育事业统计资料由北京市教委发展规划处提供。

十一、本年鉴记述货币名称中，人民币直书“元”，其他货币采用通用名称。

十二、本年鉴涉及各项年度数据以 2018 年 12 月 31 日为统计口径，其他非年度数据以统计部门或业务主管部门的统计口径为准。

十三、本年鉴反映 2018 年 1 月 1 日至 12 月 31 日期间情况 (部分内容依据实际情况时限向前略有延伸)。

Editor's Note

1.Beijing Education Yearbook is a large scale specialized reference book. It is compiled by Compilation Committee of Beijing Education Yearbook (Beijing Education Yearbook Editorial Office) under the guidance of Education Commission of Beijing Municipal Committee of CPC and Beijing Municipal Education Committee. It always guided by Marxism-Leninism, Mao Zedong Thought, Deng Xiaoping Theory, the important thought of Three Represents, the Scientific Outlook on Development and Xi Jinping Thought on Socialism with Chinese Characteristics for a New Era, also follows the principle of seeking truth from facts to reflect the actual situations scientifically and objectively.

2.With articles and entries as the basic literature type, this yearbook is mainly consists of entries.It uses narratives to present straightly and make efforts to be concise and comprehensive. There are pictures in color before and in the articles. The indexes of key words,units and names are at the back of the articles.

3.This Yearbook has been published annually since 1997. Each yearbook records previous year's new development of Beijing education system, which offers both references for decision making and information for educational planning and development. In addition, it also helps people from both home and abroad to understand and do research on Beijing education. Since 2017, this yearbook has been presented in three versions, the officially published yearbook version,the Brief Edition of the Beijing Education Yearbook and the online edition of the Beijing Education Yearbook (njzypt.jyzh.cn),the contents of them are emphasized differently.

4.This Yearbook embodies the panorama of Beijing education situation, including not only those educational departments directly under Beijing Municipal, but also all kinds of educational units at all levels under the ministries and commissions in the administrative divisions of Beijing.

5.The 2019 Education Yearbook was compiled by categories, which has three major sections including Education Management, Teaching and Education Service.This yearbook contains 27categories, chronologically including Generality of Beijing Education,Annual Concern, Major Event Records,Preschool Education, Elementary Education, Higher education, Vocational and Continuing Education, Non-State Education, Moral Physical Aesthetic and Labour Education,Party Work,Integrated Management, Education Supervision, Scientific Research, Teachers Construction, Students Management, Enrolling and Testing, Communication and Cooperation, Beijing-Tianjin-Hebei Education Coordinated Development, Districts Education,Units Directly Subordinate To Beijing Municipal Education, Social Groups,Personage,References, Specialized Articles and Records,Research Report, Statistical List.

6.The 2019 Education Yearbook added two categories of

Annual Concerns and Party work.Annual Concern includes three sub-categories: Annual Focus,Policy Interpretation,Social Concern,collects the educational hot points with high social concern in form of special topics.The category of Party's work is set to highlight the leadership of the Party,It includes the work of the Education Commission of Beijing Municipal Committee of CPC and the important activities of party construction are mainly described in the summary sub-category.

7.For the readers' convenience ,the appendix section uses charts to indicate the basic education development of different districts in Beijing.

8.In this Yearbook, those working units which have changed their names during the editing period would still be referred to as their primitive names with the new names in the following brackets. Due to layout limitations, abbreviations are used in referring to Party and government institutions in the yearbook. Abbreviations are used in referring to the name of the Institutions in captions of the colour images. Details could be found in the Appendix Full name & Abbreviation table of some institutions.

9.This Yearbook contains a namelist of chief leaders of Beijing Educational Administrative sections at various levels, all of whom held office in 2018 and the appointment and dismissal are noted separately.

10.All the articles, entries and pictures in this yearbook are provided by specialized staff from all types of educational administrative sections and examined carefully by their chief managers. The Statistical Material of Beijing Education is provided by Development Planning Department of Beijing Municipal Education Committee.

11.In terms of the currency in this yearbook, RMB is referred to as Yuan and the common names are used in referring to other currencies.

12.Every annual statistic involved in this yearbook takes the statistical criteria of December 31th, 2018,other non annual statistics are taken from statistical or operating departments.

13.This Yearbook describes educational events between January 1st 2018 and December 31th,2018. Some of its contents may dated back a minor deal according to its practical circumstances.

党建工作 | PARTY-BUILDING WORK

01 2月5日，两委一室理论学习中心组学习 （蔡赫 摄）

02 3月14日，北京教育系统全面从严治党工作会议召开 （蔡赫 摄）

03 5月14日，市属高校副校级领导干部理论教育和党性教育专题培训班学员在井冈山烈士陵园重温入党誓词 （付兴锋 摄）

04 6月15日，北京高校“课程思政”现场交流会召开 （北京联大 供）

05 10月19日，两委一室组织报到党员参加和平门社区教育政策宣讲咨询活动 （王辉 摄）

北京市教育大会

陈宝生希望北京教育继续在5个方面走在前列

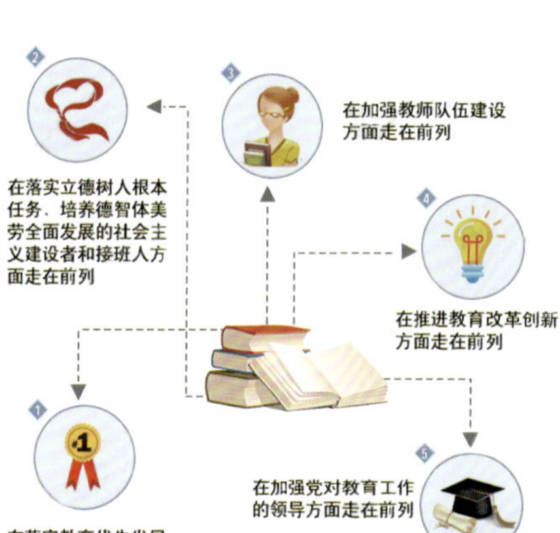

蔡奇明确如何做好北京市教育

01 10月26日，怀柔区教育系统召开学习贯彻北京市教育大会精神工作会 （怀柔区教委 供）

02 11月5日，市委教育工委、市教委举办机关大讲堂学习活动，并做北京市教育大会精神专题辅导报告 （蔡赫 摄）

全市教育大会分组讨论会场

蔡奇明确北京市教育的重要地位

教育贯穿于首都城市战略定位之中，是加强“四个中心”功能建设、提高“四个服务”水平的重要基础和支撑力量。

中共北京市委书记蔡奇提出10个“深刻理解和把握”

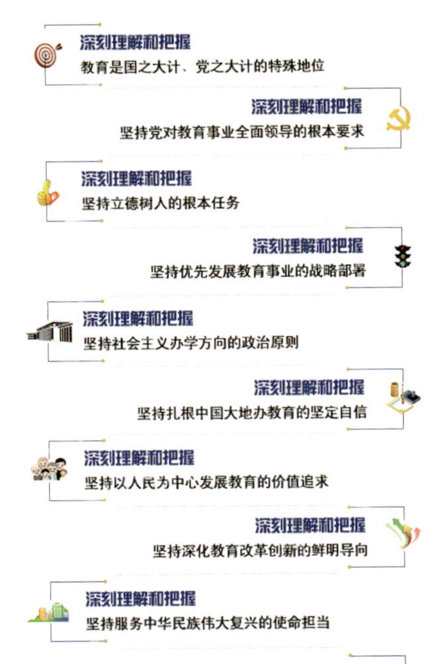

北京市教育工作总要求

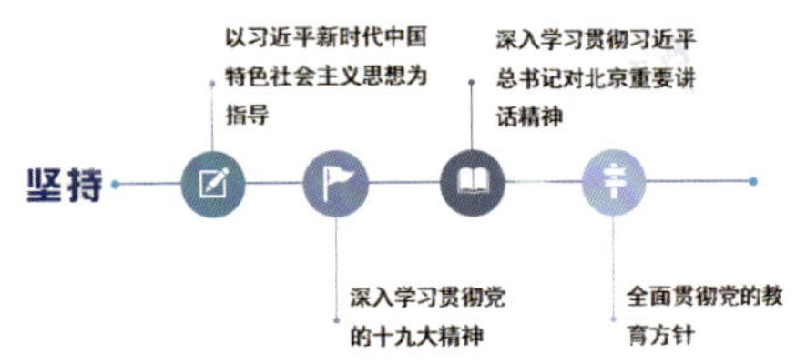

坚持马克思主义指导地位 **坚持**中国特色社会主义教育发展道路

坚持社会主义办学方向，紧紧围绕首都城市战略定位

以

为工作目标

扎实推进教育现代化，办好人民满意的教育，努力培养德智体美劳全面发展的社会主义建设者和接班人，为建设国际一流的和谐宜居之都提供强大的人才智力支撑。

党的十八大以来，中国教育事业发展之所以取得历史性成就，根本在于有以习近平同志为核心的党中央坚强领导，有习近平总书记关于教育的重要论述的科学指导。习近平总书记关于教育的重要论述，为北京市做好新时代教育工作提供了强大思想武器和行动指南。

改革创新 REFORMATION AND INNOVATION

01 3月1日，北京市援助雄安新区办学项目启动（市教委相关处室 供）

02 11月2日，市教委召开北京市中小学手拉手对口支持项目通州现场会（市教委相关处室 供）

03 11月20日，教育体制改革专项小组专项督查会召开（蔡赫 摄）

01 3月8日，市教委召开北京市高考综合改革工作专题会 （北京考试院 供）

02 4月24日，市教委召开北京市校外培训机构专项治理工作部署会 （王辉 摄）

03 5月30日，市教委召开北京市属高校实施“引智帮扶”工程签约仪式 （王辉 摄）

04 12月14日，市教委召开北京市中小学集团化办学东城区现场会 （市教委相关处室 供）

人才培养 TALENT CULTIVATION

学前教育

01 4月28日，密云区教委举办第六届幼儿体育节活动 （密云区教委 供）

02 5月11日，顺义怡馨幼儿园开展“消防员叔叔进校园”宣教活动 （王勇 摄）

03 5月11日，怀柔二幼开展“传承园风、家风经典”诵读活动 （怀柔二幼 供）

04 5月20日，市教委举行2018年“全国学前教育宣传月”北京在行动启动仪式 （王辉 摄）

基础教育

01 4月6日，北京市民族团结教育现场会上，东城回民小学音乐教师带领学生进行音乐互动 （赵帅 摄）

02 4月24日，西城育翔小学举办“飞天”主题实践活动研讨活动 （吴峥 摄）

03 6月22日，舞蹈学院附中丰台实验小学开展“高参小”项目展示活动 （胡春凝 摄）

04 9月20日至10月18日，首师大附中举办第八届读书节 （首师大附中 供）

05 12月，东城区教委为6所小学校园内建冰场 （唐晨 摄）

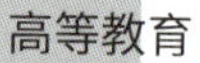

高等教育

01 4月15日至19日，北大举办第42届国际大学生程序设计竞赛全球总决赛（北大 供）

02 4月20日，北师大承办2018年“大学悦读 阅读大学”系列活动暨北师大“品味经典 沐浴书香”大学生读书文化节活动（北师大 供）

03 7月，国科大首届本科生毕业（通拉嘎 摄）

04 11月，北体大举行京津冀体育类2019届高校毕业生就业双选会（朱清 摄）

高等教育

01 1月，戏剧学院音乐剧系本科班毕业演出《为你疯狂》剧目 （戏剧学院　供）

02 4月15日，全民国家安全教育日主题报告会暨第三届“国防大讲堂”举办 （国防教育协会　供）

03 5月12日，首都高等学校第56届学生田径运动会开幕 （公安大学　供）

04 9月，第九届北京高校国旗仪仗队检阅式举行 （国防教育协会　供）

职业与继续教育

01 3月30日，京劳职院承办2018年北京市高职院校技能大赛“建筑智能化系统安装与调试”赛项 （京劳职院　供）

02 5月11日，京铁电校承办2018年北京市中职学校技能比赛3个赛项 （朱春然　摄）

03 5月25日，北工职院“一带一路”国家人才培养基地——有色海外员工培训班开班 （北工职院　供）

04 11月8日，北京市第14届全民终身学习活动周开幕 （陈敬文　摄）

05 12月13日，密云职校开展烹饪专家进校园指导专业建设活动 （陆洋林　摄）

民办教育

01 4月至12月，大兴十一建华实验幼儿园成立种植课程研究项目组（王靖博　摄）

02 9月17日，八中怡海分校举办第一届“少年CEO”俱乐部绿园超市学商社会实践活动（朱晓艳　摄）

03 9月，世纪学院学生在第11届国际水中机器人大赛中获得二等奖（世纪学院　供）

04 11月9日，北大方正软件学院飞机机电设备维修专业学生上实训课（北大方正软件学院　供）

05 12月12日，市教委召开北京市民办学校分类管理工作部署会（王辉　摄）

STRONG TALENT
人才强教 | TO TEACH

01　1月9日，北京市第七届“民实杯”小学青年教师教学大赛展示观摩与总结表彰现场会召开
（王振清　摄）

02　1月10日，北京市“紫禁杯”优秀班主任工作室启动仪式暨特色班级文化建设展示活动举办
（蔡赫　摄）

03　2月至10月，市教委举办第三届北京市中小学班主任基本功培训展示活动　（市教委相关处室　供）

04　10月19日，北京市校外教育机构教师基本功展评活动市级优秀案例展示　（学生活动管理中心　供）

01

02

03

04

01 1月22日，朝阳区教委举办“名师工程”展示活动
（朝阳区教委　供）

02 7月9日，舞蹈学院附中丰台实验小学举办教师基本功大赛
（胡春凝　摄）

03 7月9日，燕山教委开展2018年体育教师专项培训
（刘达　摄）

04 10月，西城青年湖小学开展青年教师课堂教学展示活动
（田立佳　摄）

05 12月21日，密云区教委组织体育教师滑雪技能培训
（密云区教委　供）

01 1月，地大地质学教师团队入选首批“全国高校黄大年式教师团队” （地大 供）

02 6月19日，西城经科大开展教师继续教育培训 （西城经科大 供）

03 7月至8月，警察学院举办2018年暑期教师教学技能研修班 （张清 摄）

04 11月13日，农科院研究生院教师培训班开班 （农科院研究生院 供）

COMMUNICATION AND COOPERATION | 交流与合作

01 4月13日，京港大学联盟成立 （市教委相关处室 供）

02 7月11日，市教委与内蒙古自治区签署《京蒙教育扶贫协作 三年计划备忘录》 （市教委相关处室 供）

03 10月18日，2018京台基础教育发展联盟合作论坛举行 （苏小岑 摄）

04 10月29日，黄庄职高教师到新疆和田职业学校支教 （黄庄职高 供）

01 4月9日，顺义九中与法国梵高普通高中开展教育文化交流活动 （刘峣　摄）

02 6月15日，北师大实验小学举办“美国开放课堂（北京站）”活动，美国教师讲授STEAM课程 （北师大实验小学　供）

03 7月29日，北京市“一带一路”暑期大学生科技创新训练营开营 （郑静慧　摄）

04 10月17日至24日，明天幼稚集团与挪威同行开展教育交流活动 （明天幼稚集团　供）

05 11月21日，北京—首尔体育青少年体育交流大会举行 （郑静慧　摄）

CONTENTS
目录

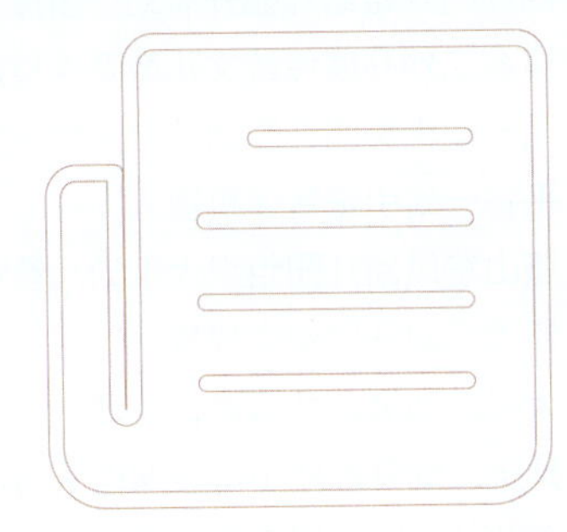

幼儿园选介

基础教育

综述

民族教育学校选介

特殊教育学校选介

普通高等教育

综述

本科教育

学位与研究生教育

普通高等学校

■ 北京大学

职业与继续教育

综述

职业教育

民办教育

■ 科技活动

劳动教育

党的工作

综述

组织干部工作

宣传与思想政治教育

统一战线与群众工作

纪检与监察

安全稳定

离退休干部与关心下一代工作

机关党建

综合管理

综述

政策法规

发展规划

财务

教育督导

综述

政府履职督导

学校督导

评估与监测

督学管理

各区教育督导

科学研究

综述

科研管理

科研成果

教育科学研究

教育教学研究

师资建设

综述

师德建设

师资管理

师资培训

职称评定与资格认定

学生管理

综述

学籍管理

创新创业

毕业与就业

征兵工作

奖贷助学

招生与考试

综述

京津冀教育协同发展

综述

学前教育

基础教育

高等教育

职业与继续教育

各区教育

东城区

西城区

朝阳区

丰台区

石景山区

海淀区

门头沟区

房山区

通州区

顺义区

昌平区

大兴区

怀柔区

平谷区

密云区

延庆区

北京市教育系统人才交流服务中心

北京市国际教育交流中心

北京学生活动管理中心

北京市教育技术设备中心

北京教育老干部活动中心

北京高校房地产开发总公司

北京教育志编纂委员会办公室

北京市学生资助事务管理中心

北京教育新闻中心

北京学校后勤事务中心

社会团体

北京市教育学会

逝世人物

文献

专文与纪实

调研报告

统计表

附录

基础教育

高等教育

职业与继续教育

师资建设

学生管理

部分单位全称简称对照表

索引

CONTENTS
目录

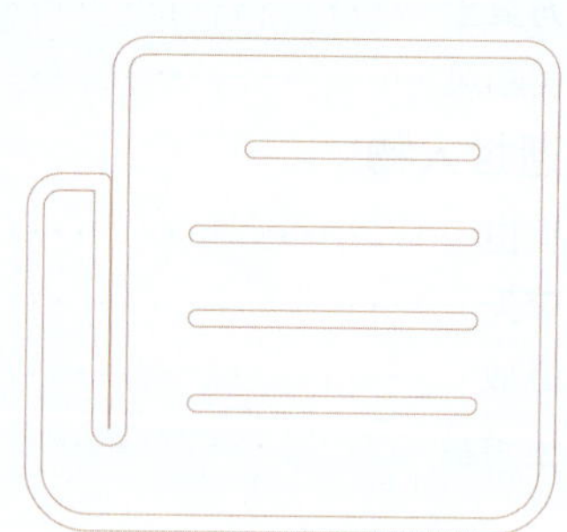

NURSERY EDUCATION

INTRODUCTION OF SELECTED KINDERGARTENS

ELEMENTARY EDUCATION

SUMMARY

INTRODUCTION OF SELECTED SECONDARY SCHOOLS

INTRODUCTION OF SELECTED ETHNIC SCHOOLS

INTRODUCTION OF SELECTED SPECIAL EDUCATION SCHOOLS

HIGHER EDUCATION

SUMMARY

UNDERGRADUATE EDUCATION

DEGREE AND POSTGRADUATE EDUCATION

VOCATIONAL AND CONTINUING EDUCATION

SUMMARY

VOCATIONAL EDUCATION

FURTHER EDUCATION

LEARNING CITY CONSTRUCTION

HIGHER VOCATIONAL EDUCATION

NON–STATE EDUCATION

SUMMARY

MANAGEMENT OF NON–STATE EDUCATION

NON–STATE COLLEGES AND UNIVERSITIES

INTRODUCTION OF SELECTED NON–STATE HIGHER EDUCATIONAL INSTITUTES

INTRODUCTION OF SELECTED NON–STATE KINDERGARTEN ,PRIMARYAND SECONDARY SCHOOLS

MORAL, PHYSICAL, AESTHETIC AND LABOUR EDUCATION

PARTY WORK

PUBLICITY AND IDEOLOGICAL EDUCATION

UNITED FRONT AND MASS WORK

DISCIPLINE INSPECTION AND SUPERVISION

SECURITY AND STABILITY

THE RETIRED CADRES AND CARE FOR THE NEXT GENERATION

PARTY CONSTRUCTION

INTEGRATED MANAGEMENT

SUMMARY

POLICIES AND REGULATIONS

DEVELOPMENT PLAN

FINANCIAL AFFAIRS

AUDIT

FUNDAMENTAL CONSTRUCTION

LOGISTICS MANAGEMENT

INFORMATIZATION MANAGEMENT

EXCHANGES AND COOPERATION WITH HONG KONG, MACAO AND TAIWAN AND OVERSEAS CHINESE

POVERTY ALLEVIATION COLLABORATION AND SUPPORT COOPERATION

BEIJING-TIANJIN-HEBEI EDUCATION COORDINATED DEVELOPMENT

SUMMARY

PRESCHOOL EDUCATION

ELEMENTARY EDUCATION

HIGHER EDUCATION

VOCATIONAL EDUCATION AND FURTHER EDUCATION

DISTRICTS EDUCATION

DONGCHENG DISTRICT

XICHENG DISTRICT

SOCIAL GROUPS

PERSONAGE

加强党对教育工作全面领导，

加快推进首都教育现代化

坚持立德树人，学生德智体美劳全面发展

基础教育优质公平发展，

人民群众获得感不断增强

2019 | 北京教育总述

GENERALITY OF BEIJING EDUCATION

GENERALITY OF BEIJING EDUCATION

北京教育总述

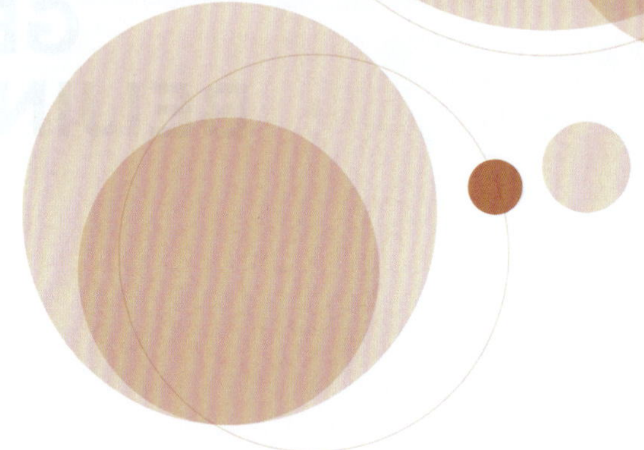

2018 年北京教育事业发展简况

1657 所幼儿园

644 所普通中学

335 所初中

309 所高中

970 所小学

21 所特殊教育学校

6 所工读学校

113 所中等职业学校

59 所普通高等学校

18 所成人学校

16 所民办普通高校

基本情况

基础教育

北京市共有普通中学 644 所，其中，高中 309 所、初中 335 所；小学 970 所、幼儿园 1657 所、特殊教育学校 21 所；工读学校 6 所。

基础教育在校学生 134.77 万人，其中，普通高中 15.55 万人，普通高中在校生中本市户籍 14.42 万人、非本市户籍 1.13 万人；初中 27.90 万人，初中在校生中本市户籍 21.30 万人、非市本户籍 6.60 万人；小学 91.32 万人，小学在校生中本市户籍 63.66 万人、非本市户籍 27.66 万人。

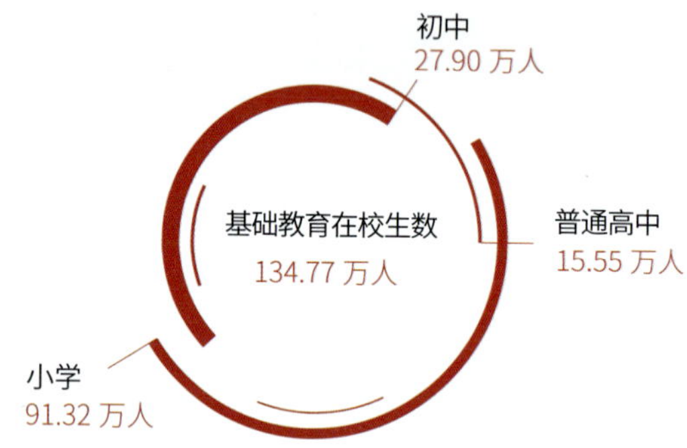

幼儿园在园幼儿 45.06 万人，特殊教育学校在校生 6407 人，工读学校在校生 503 人。

中等职业教育

北京市共有中等职业学校 113 所，其中，中等专业学校 29 所、成人中专 11 所、职业高中 46 所、技工学校 27 所。

中等职业学校在校学生 9.10 万人，其中，中等专业学校 3.51 万人、成人中专学校 1.86 万人、职业高中 0.86 万人、技工学校 2.87 万人。

- 0.04万人

普通本专科在校生 58.11 万人，比上年减少 0.04 万人

+ 0.40万人

普通本科在校生 50.71 万人，比上年增加 0.40 万人

+ 0.28万人

全市普通高校本专科招生 15.58 万人，比上年增加 0.28 万人

研究生教育

北京市共有 59 所普通高校和 88 个科研机构培养研究生，共有在学研究生 33.60 万人，比上年增加 2.36 万人。其中，博士生 9.34 万人，比上年增加 0.59 万人；硕士生 24.26 万人，比上年增加 1.77 万人。2018 年招收研究生 11.72 万人，比上年增加 0.54 万人。在 59 所普通高校中，中央部委属高校 38 所，研究生在校生 27.76 万人，招生 9.61 万人；市属高校（含民办高校）21 所，研究生在校生 4.03 万人，招生 1.50 万人。

普通本专科教育

北京市共有普通高等学校 92 所，普通本专科在校生 58.11 万人，比上年减少 0.04 万人。其中，普通本科在校生 50.71 万人，比上年增加 0.40 万人；普通专科在校生 7.40 万人，比上年减少 0.36 万人。2018 年普通高校本专科共招生 15.58 万人，比上年增加 0.28 万人。在 92 所普通高校中，市属普通高校 54 所（含民办高校 16 所），普通本专科在校生 26.34 万人，比上年减少 0.25 万人。

成人教育

北京市共有独立设置成人高校 18 所，成人高等学历教育在校生 14.41 万人，招生 5.46 万人。培训机构 3079 所，注册学生 279.17 万人。

民办教育

北京市有民办普通高校 16 所，民办高等教育机构 64 所，民办中学 94 所，民办中等职业学校 20 所，民办小学 56 所，民办幼儿园 701 所。

中外合作办教育

北京市有中外合作办普通高中 4 所，中外合作办幼儿园 2 所，中外合作办职业技术培训机构 2 所。

教育资源状况

北京市高等教育设施情况

单位：万平方米

		学校产权占地面积	学校产权校舍面积	学校产权教室面积	学校产权图书馆面积	学校产权实验实习场地面积	学校产权学生宿舍面积	学校产权正在施工校舍面积	非学校产权独立使用占地面积	非学校产权独立使用校舍面积
普通高校	计	4737	4058	358	154	574	885	318	659	179
	市属	1669	1218	182	58	215	297	43	315	135

续表

	学校产权占地面积	学校产权校舍面积	学校产权教室面积	学校产权图书馆面积	学校产权实验实习场地面积	学校产权学生宿舍面积	学校产权正在施工校舍面积	非学校产权独立使用占地面积	非学校产权独立使用校舍面积
成人高校	136	84	18	5	6	15	0	2	1
民办高等教育机构	30	55	11	3	3	16	0	148	97

北京市高等教育设备情况（学校产权）

		固定资产（万元）	教科仪器（万元）	图书（万册）	教学用计算机（台）	教室（间）	网络多媒体教室（间）
普通高校	计	18029769	6307083	11530	433239	19049	13759
	市属	5224117	1904138	4219	205491	10577	6793
成人高校		292826	32447	224	10089	1163	729
民办高等教育机构		121661	21407	203	8090	1099	87

注：以上两个表格中市属普通高校办学条件包含民办普通高校数据

北京市基础教育设施情况

单位：万平方米

	占地面积	校舍建筑面积	教室面积	实验室面积	图书室面积
普通中学	2525.32	1491.45	306.30	91.57	40.78
小学	1434.61	735.89	268.26	21.35	18.70

北京市基础教育设备情况

	固定资产（万元）	仪器设备（万元）	计算机（台）	图书（万册）	电子图书（万册）
普通中学	3918049.46	1102541.03	329843	3072.81	548.03
小学	2114566.29	766560.53	245991	2775.75	370.30

师资队伍状况

北京市小学教职工 6.11 万人，其中，专任教师 5.45 万人，生师比为 13.9 ：1；普通中学教职工 8.90 万人，其中，专任教师 6.89 万人，生师比为 7.9 ：1。普通高校教职工 13.94 万人，其中，专任教师 6.78 万人。

（张桓）

2018 年北京教育事业发展综述

2018 年，北京教育工作以习近平新时代中国特色社会主义思想为指导，坚持和加强党对教育工作的全面领导，全面贯彻党的教育方针，稳中求进、高质量发展，围绕首都城市战略定位，补短板、优布局、提质量、促改革、重治理、强自身，教育改革各项工作取得新的进展。

加强党对教育工作全面领导，加快推进首都教育现代化

深入学习贯彻习近平新时代中国特色社会主义思想。严格落实“看北京首先要从政治上看”的要求，推进习近平新时代中国特色社会主义思想进教材、进课堂、进头脑，蔡奇、陈吉宁等近 20 名市领导走进高校宣讲党的十九大精神。围绕习近平总书记“5 · 2”“5 · 4”重要讲话精神开展“百万师生同上一堂课”活动，形成“北京模式”向全国推开。大力支持北京市习近平新时代中国特色社会主义思想研究中心建设。组织理论中心组学习 19 次、举办专题培训班 6 个，大力推进教育系统牢固树立“四个意识”，坚定“四个自信”，坚决做到“两个维护”。认真学习贯彻习近平关于教育的重要论述和对北京重要讲话精神，推动重要指示在教育系统形成生动实践。

提高基层党建工作质量。以首善标准推进中央、市委关于高校、中小学校、民办学校党建意见落地见效，在全国率先制定《关于坚持和完善北京普通高等学校院（系）党组织会议和党政联席会议制度的指导意见（试行）》，承担北京市党建智库“中小学党组织作用发挥”研究，推动向民办学校选派党组织书记或指导员，实现党的工作全覆盖。认真落实教育部“对标争先”计划，实施第二批党建难点项目，探索一批可复制、可推广的好经验。实施教师党支部书记“双带头人”培育工程，至年底“双带头人”比例达到 87.3%；全面推进党支部规范化建设，清华大学入选首批“全国党建工作示范高校”，北京高校 14 个院（系）党委入选“全国党建工作标杆院系”、48 个党支部入选“全国党建工作样板支部”，分别占全国 14% 和 8.6%，党建工作持续走在全国前列。

5 月 22 日，燕山地区教委举办 2018 年燕山区域化党建联盟诵读活动暨五月青年诗会（燕山地区教委 供）

召开全市教育大会。筹备全市教育大会期间，针对首都教育的顶层设计和一些热点难点，市委教育工委、市教委逐项进行调研，形成北京教育“4+N”政策体系（“4”即《深化首都教育体制机制改革的实施意见》《关于全面深化新时代教师队伍建设改革的实施意见》《首都教育现代化 2035》《推进首都教育现代化实施方案（2018—2022 年）》；“N”即在学前教育、基础教育、职业教育、高等教育、民办教育和考试招生制度改革六大重点领域出台的系列配套文件），进一步完善首都教育改革发展顶层设计。10 月 18 日，市委市政府召开全市教育大会，深入学习贯彻习近平总书记关于教育的重要论述，认真落实 9 月召开的全国教育大会精神，研究部署北京教育改革发展，进一步明确首都教育的地位作用、总体要求、战略目标和工作重点，进一步推动形成教育改革发展的强大合力。会议研究部署今后一个时期全市教育工作，讨论《首都教育现代化 2035》和《加快推进首都教育现代化实施方案（2018—2022 年）》两个文件，全面开启首都教育改革发展的新篇章。

坚持立德树人，学生德智体美劳全面发展

落实立德树人根本任务。组织开展“少年传承中华传统美德”“唱响新童谣”“中学生时事辩论赛”等系列主题教育活动和网上冬令营、夏令营活动，推进社会主义先进文

化教育以及生态文明教育。认定 280 所中小学校为第三批北京市中小学文明校园，累计达 975 所。建立学校心理危机干预专家资源库，编制北京市中小学心理危机干预手册。出台《北京市关于进一步加强中小学家庭教育指导服务工作的实施意见》，构建家庭、学校、社会协同育人体系。推进德育课程建设，建设 200 堂道德与法治、思想政治，100 堂语文，100 堂历史“特色示范课堂”，推动习近平新时代中国特色社会主义思想进教材、进课堂、进头脑。开发北京市小学、初中、高中德育一体化地方课程教材。

推动大学生思想政治课程建设。在 20 所高校开设系列市级思政课，创新开展“浸入式”宣讲党的十九大精神，设立 20 个思政课教学改革示范点，引导高校从教材、教师、教学等 7 个方面实施综合改革。启动共享网络平台，试点推进马克思主义学院“1+1”共建，对教学薄弱学校进行帮扶。编写《大国之都》《首善北京》等教辅材料。编写《莫辜负新时代：“四个正确认识”大学生读本》等，开设优秀传统文化公开课，编印“红色教育地图”，加强学生思想引领。

完善中小学实践育人体系。出台《关于依托社会大课堂完善中小学实践育人体系的指导意见》及相关配套文件，形成“1123”实践活动体系（“1123”实践活动体系，即“一个平台”，以社会大课堂资源平台统筹各类学生实践活动资源单位，对资源单位进行分类管理，完善准入、管理、考核标准；“一项经费”，整合各项实践活动市级专项经费，纳入学校公用经费定额；“两类活动”，将现有各项实践活动整合为中小学生社会大课堂实践活动和课后服务两类实践活动；“三级管理”，强化市、区、校三级组织管理责任）。开展中小学生实践品牌活动，组织 47 万人次中小学生参加“四个一”活动（即参加一次天安门广场升旗仪式，走进一次国家博物馆、首都博物馆、中国人民抗日战争纪念馆）。出台《关于加强中小学生课后服务的指导意见（试行）》，建立弹性离校制度，至年底，参与课后服务的学生 98.25 万人，参与课后服务的教师 8.96 万人，家长对课后服务满意率达 90% 以上。

努力推进体育美育发展。继续扩大“一校一品”体育教学改革试点，全市试点校达 53 所、覆盖 16 个区。研究制定体育与健康课程标准和学生运动技能等级标准。大力促进冰雪运动普及，制定《关于实施北京 2022 年冬奥会和冬残奥会北京市中小学生奥林匹克教育计划的意见》和《北京市支持校园冰雪运动发展项目管理办法（试行）》，遴选 50 所冰雪特色学校。举办第三届中小学生冬季运动会、冬奥主题青少年体育文化夏令营、北京市中小学生冰球校际联赛，全市上冰上雪学生累计近 14 万人。持续加强改进义务教育阶段美育教学，舞蹈和戏剧课程试点校达 120 所，京剧进课堂实验学校达 100 所。开展中小学防近视控肥胖干预工作和科普讲座进校园。研究非物质文化遗产传承学校建设标准。进一步完善大学生艺术团评审标准。

深入推进学工、学农实践活动。拓展劳动教育内容和载体，组织城区学生到学农基地开展学农实践活动，组织郊区学生到北京自动化工程学校开展学工实践活动。全市累计参与市级学农学工实践活动人数达 5.5 万人。有机整合学校学科课程与劳动基地实践课程，共开发 200 余门学农课程和 14 门学工课程。完成远郊区深山区学生到城区游学活动，共有 800 余名学生走进城区优质学校学习。

基础教育优质公平发展，人民群众获得感不断增强

促进学前教育普及普惠安全优质。实施第三期学前教育行动计划，全年新建幼儿园学位 3 万个。出台《进一步加强学前教育管理的意见》《北京市学前教育专职督查队伍建设与管理暂行办法》。调剂出 100 个编制，组建北京市学前教育执法专职队伍，承担学前教育监管。开展幼儿园“小学化”专项治理，规范办园行为。截至 11 月底，无证园治理已审批幼儿园 48 所，完成整改、审批或备案中 13 所，正在整改中 79 所，已取缔 135 所，正在取缔 3 所。

持续扩大中小学优质教育资源。出台《关于推进中小学集团化办学的指导意见》和《关于推进中小学学区制管理的指导意见》两个文件，深化集团化办学和学区制改革，组织召开东城、房山现场会，推广典型经验。2018 年，全市共有 131 个学区和 158 个教育集团。扩大郊区优质教育

11 月 19 日，广渠门中学冰雪课程正式开课

（广渠门中学　供）

资源，教科研部门支持中小学发展等市级扩优改革项目向郊区和农村学校倾斜，共新增34所郊区项目校。29所高校，21家市、区教科研部门，22家民办教育机构，支持全市近270所学校。开工建设一批市级统筹优质学校，涉及7个区8个项目，其中，北京学校小学部、清华大学附属中学昌平分校等6个建设项目已开工。推动城乡教育一体化发展。在全市实施城乡中小学校一体化发展项目，出台《北京市城乡中小学校一体化发展项目管理办法》，共支持昌平、通州等12个区95所学校发展，按照每所学校每年不超过200万元的标准给予经费支持。落实《优化提升回龙观天通苑地区公共服务和基础设施三年行动计划（2018—2020年）》，协调西城、海淀等城区优质学校，与回龙观天通苑地区11所小学“手拉手”。

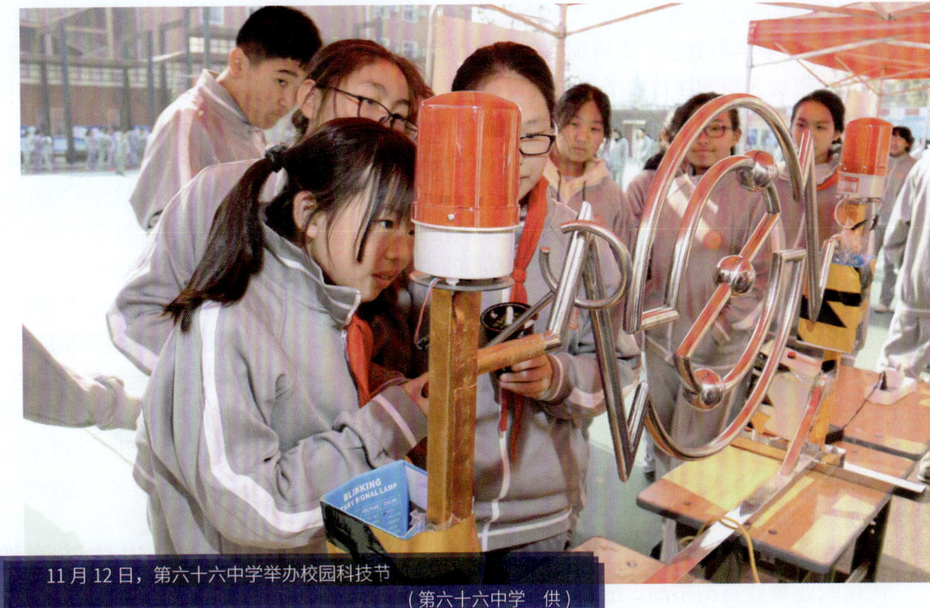

11月12日，第六十六中学举办校园科技节

（第六十六中学　供）

深化考试招生制度改革。制定并发布《北京市深化高等学校考试招生制度综合改革实施方案》及《关于普通高中学业水平等级性考试成绩计入高考录取总成绩方式的通知》。以招生计划为抓手，持续调整优化招生规模结构，与上年相比，市属高校本专科招生计划减少625人，硕士计划增加900人，博士计划增加175人，普通中专学校招生计划减少2481个。制定《关于进一步推进高中阶段学校考试招生制度改革的实施意见》，新中考方案从2018级初一新生起施行，体现“两突出、两减少、一延续、一调整”（即突出全面发展，突出实践导向；减少考试次数，减少单纯记忆、机械训练性质的内容；延续现行中考方案给予学生适当选择权的特点；调整招生录取办法，改变唯分数论）。进一步完善名额分配、市级统筹、校额到校、乡村计划等各项中招方式，全年初中学生升入优质高中占所有考生比例超过52%。义务教育入学规则逐年优化，全市100%的公办小学和初中划片就近入学，小学就近入学比例在99%以上，初中就近入学比例在96%以上。

深化教材课程改革。制定出台《北京市中小学教学用书目录》，严格要求各区、学校以书目作为教材选用依据。开展义务教育国家课程教材专项检查，明确要求学校不得以校本课程教材、境外课程教材替代国家课程教材，严禁使用未经审定的教材。组织北京市中小学地方课程教材审查，共审查地方教材63册，确保地方教材建设方向和质量。研制《普通高中2018级课程实施指导意见》和14个学科教学指导意见，邀请课程、课标研制专家及一线名校长、名师组成培训团队，开展市、区、校三级培训，累计参训5600人次。积极指导学校适应新高考和新课程要求，分别召开语文、数学、体育学科教育大会，总结北京市中小学学科教育成果和经验，推动京津冀基础教育课程联盟工作，大力推进素质教育，培养德智体美劳全面发展的社会主义建设者和接班人。

特殊教育、民族教育进一步加强。规划建设23个学区融合教育资源中心、5个自闭症教育康复基地。推进特殊教育中心建设项目。开展首届内地民族班演讲比赛等活动，加强内地民族班学生爱国主义教育和民族团结教育。民族教育工作获首都民族团结进步先进集体。

高等教育和职业教育内涵发展，服务贡献能力提升

支持高校“双一流”建设。出台《统筹推进北京高等教育改革发展的若干意见》，加强分类引导，推动高等教育内涵、特色、差异化发展。签订北京市与中央高校共建一流大学、一流学科计划书，支持在京高校建设世界一流大学和一流学科。组织部分学位委员会委员对市属高校进入国家“双一流”建设计划的北京工业大学、首都师范大学、中国音乐学院、首都医科大学4所市属“双一流”建设方案进行论证。

加强市属高校学科建设。根据第四轮学科评估情况，将市属高校优势特色学科与中央部委所属高校相关学科逐项对照，从市属高校中遴选出28个学科进行共建，20所市属高校与12所中央部委所属高校签订《北京高校学科共建方案》。重点加强对首批27个北京高校“一流专业”的支持，强化15个专业群在专业改革建设中的引领示范作用，支持建设11个市属高校中的国家级“新工科”项目，支持“一校一课”慕课（MOOC）体系建设。

加大创新人才培养力度。持续深入开展“双培计划”和“外培计划”，支持市属高校学生到在京部属高校和海外名校访学交流。重点支持35个“虚拟仿真实验中心”和中国农业大学共享实习实训基地等一批项目建设。全面推进“大学生科研创新行动计划”“实培计划”，鼓励大学生参与

科学研究和创新创业。组织开展“大学生互联网 + 创新创业大赛”等 23 项学科竞赛，支持优秀创新创业项目孵化落地。制订北京地区新增学位授予单位建设规划，15 个申报博士学位和 4 个申报硕士学位建设高校的规划予以立项建设。支持 12 所市属高校开展联合培养博士研究生工作，新增博士生招生计划 26 人。

提升高校科技创新能力。持续推进北京高校高精尖创新中心建设，开展首批 13 个高精尖创新中心的中期评估，北京大学、北京信息科技大学等 9 所高校通过教育部重点实验室建设立项。依托 5 个北京实验室申请建设教育部重点实验室获得教育部立项支持。组织科研立项评审，共确定科技一般项目 257 个、重点项目 50 个，社科一般项目 142 个、重点项目 31 个。推选 216 项社科优秀成果参评第 15 届哲学社会科学优秀成果奖。组织开展 2018 年国家级教学成果奖申报工作，获一等奖 11 项、二等奖 48 项，获奖数量居全国各省市前列。

优化职业教育结构布局。出台《北京职业教育改革发展行动计划（2018—2020 年）》，提出“四个一”工程：即到 2020 年，重点建设 10 所左右特色鲜明、世界一流的职业院校，建设 100 个左右国内领先、世界一流的骨干专业（群），建设 100 个左右校企深度合作的工程师学院或技能大师工作室，每年完成职业技术技能培训 100 万人次以上。积极引导西城区加快推进职业高中合并调整工作，推进东城区的北京国际职业教育学校优化整合专业布局。紧密围绕北京产业结构和京津冀协同发展需求进一步优化专业结构布局。高职院校新增 36 个专业，中职学校新增 39 个专业。

创新开展技术技能人才培养。稳步推进贯通培养试验，进一步优化试点专业，为学前教育、信息安全、养老服务、非通用语等紧贴北京市经济社会发展的紧缺人才专业，共投放计划 5330 人，录取 2094 人。稳步扩大“3+2”中高职衔接试验范围，试验专业布点达到 282 个。持续开展德国胡格教育模式本地化试验，遴选 50 名学生由政府资助顺利赴德进行为期 3 个月的访学实习。启动北京高校卓越青年科学家计划项目，从 43 所高校提交的 321 份申报材料中，评选拟支持卓青项目 39 个。

精准做好就业创业服务。市教委共为 92 所普通高等学校、86 所科研单位的 22.9 万名 2018 届高校毕业生办理就业手续。按教育部就业率统计口径，毕业生就业率为 95.1%。1.9 万名困难群体毕业生就业率为 94.6%。积极引导和鼓励毕业生到基层就业，2018 年共有 8509 名毕业生到西部地区就业，有 24006 名毕业生到基层就业。大学生新兵比例提高，高校征兵工作再上新台阶。推进大学生创新创业，高校示范性创业中心达到 41 家，“一街三园”大学生创业园孵化体系基本建成，孵化创业团队 700 余支，服务大学生创业者 5000 余人，获得国家和市级各类创新创业大赛奖项 268 项。

深入推进依法治教，提升教育治理现代化水平

支持和规范民办教育发展。完成 61 所学校章程审核审查备案工作，完成 28 所学校董事会成员、法人代表、校长法律备案事项，完成民办高校 11 项行政许可事项工作。强化民办高校年度检查制度，21 所学校暂缓通过或不通过，依法依规推进撤销 5 所长期不办学的民办高校的办学资质。推进解决民办学校规范用名问题，倒逼学校更换不规范校名。规范民办学校办学，全年行政检查近 90 次。约谈学校 28 次。迅速有效处理中央电视台曝光北京民族大学、北京经贸研修学院虚假招生宣传事件。

开展校外培训机构专项治理。联合 4 部门出台《校外培训机构专项治理行动实施方案》，通过“拉网式”排查，全市共排查校外培训机构 12681 家，其中存在问题的有 7557 家。至年底，完成整改培训机构 7079 家，整改进度达到 93.67%。建立全市校外培训机构服务管理平台，累计向社会公布校外培训机构白名单 474 家和黑名单 51 家。由教育部门牵头，市场监管、应急管理等部门参与，累计开展执法检查 4782 次，对违规培训机构责令整改 943 次，依法依规对 231 家培训机构实施行政处罚，责令停止办学。出台《北京市民办教育培训机构办学标准（暂行）》，努力构建校外培训机构规范有序发展的长效机制。

强化教育督导职能。健全完善督政工作体制机制，聚焦学前教育和义务教育阶段学位资源供给情况，开展

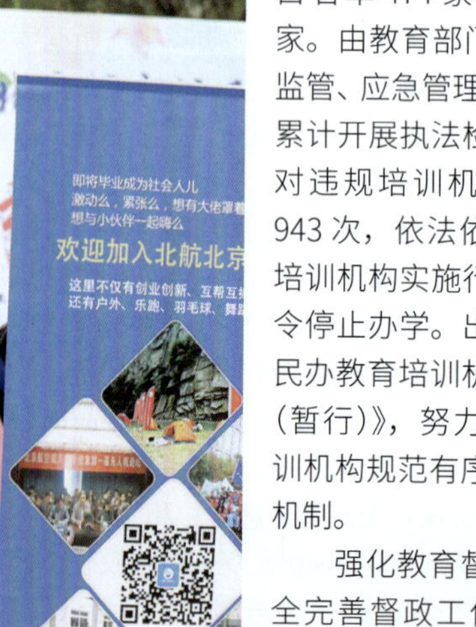

6 月，北航 2018 届本科生毕业拍照留念 （北航 供）

对东城、海淀等 7 个区的执法检查。深化学校教育督导，组织指导丰台、房山、平谷、密云、延庆 5 个区做好国家级责任督学挂牌督导创新区评估认定工作。组织全市 800 余名责任督学对 1600 余所中小学校开展培育和践行社会主义核心价值观情况、学校“减负”情况等经常性督导。完成《2017—2018 学年学前教育发展状况监测报告》，组织实施中等职业学校办学能力评估和高等职业院校适应社会需求能力评估。规范、高标准实施第三方机构入库资格评审工作，至年底，已完成 64 家机构的入库工作。研究制定《北京市教育督导评估与质量监测专家委员会组建方案》，构建教育督导评估与质量监测工作高端智库，至年底，建成 5 个专家委员会，共计 800 余名专家入库。

推进开放协同发展，发挥首都教育引领辐射作用

加大教育开放合作力度。推动“一带一路”教育交流与合作，遴选出第二批 14 所学校作为人才培养基地，外国留学生“一带一路”奖学金项目累计支持学生 1580 人。持续开展京港澳学生交流夏令营、北京长城夏令营、京澳中学生科技交流营、“寰宇暑期实习计划”等品牌项目。北京大学、清华大学等 12 所北京高校和香港大学、香港中文大学等 8 所香港高校在香港成立京港大学联盟，为京港两地高校搭建全方位合作交流平台。

扎实推进教育疏解协同工作。推进北京联合大学、北京电影学院怀柔新校区，北京城市学院顺义校区、北京信息科技大学昌平新校区，北京工商大学良乡校区各项工作进展顺利。推动高校疏解重点项目，北京中医药大学、北京城市学院等 8 所高校向外疏解学生 5100 余人。启动首都体育学院在延庆区举办北京国际奥林匹克学院工作。编制完成良乡、沙河高教园区建设发展规划，部分建设项目正在实施。

高标准配置城市副中心教育资源。积极推动城市副中心教育改革发展，支持在行政办公区周边规划建设 13 所左右优质中小学、幼儿园，在城市副中心新增规划学校 133 所。实施教师素质提升和基础教育质量提升两个支持计划，统筹协调东城、西城等区的 31 所优质学校与通州区中小学校“手拉手”。加快推进北京学校、首都师范大学附属中学通州校区、中国人民大学附属中学通州校区及多所幼儿园建设。

全方位支持雄安新区建设。市教委与雄安新区管委会签署《雄安教育发展合作协议》，实施支持雄安新区的“建 3 援 4”项目，3 所新建学校全面启动项目规划设计，4 所援助学校全部实现挂牌。组建“雄安新区教育规划北京专家顾问团”，协助雄安新区制定教育三年提升计划和教育中长期发展规划。雄安新区选派 90 名小学骨干教师到首都师范大学培训学习。北京选派 28 名干部教师赴雄安新校区开展为期 1 年支教工作，在受援学校组建 4 个“名师工作室”。

积极推进教育支援合作项目。2018 年组织实施 161 个教育对口支援与区域合作项目，超计划完成任务。全面启动市属高校开展“校村联手”“精准帮扶”工作，继续实施“引智帮扶”工程，23 所市属高校与 9 个区的 34 个低收入村签订《引智帮扶协议》，进行结对帮扶，精准扶贫。推进“组团式”支教和“精准式”送教，完成 263 名支教干部教师遴选工作。组织“涵式”培训和“融入式”跟岗，委托部分高校及职业院校举办扶贫协作地区和支援合作地区教育管理干部、学科骨干教师集中培训，举办 71 个培训班，培训近 4000 人。

深化教师队伍建设改革，打造高素质专业化教师队伍

加强师德师风建设。深入实施做新时代“四有”好老师和“四个引路人”学习实践活动，组织对 8 所市属高校师德、学风建设的督导调研，完成对 24 所市属高校师德与学风建设督导调研。完成对 20 所中专学校和 1 所特殊教育学校的师德督导调研。完成东城、通州两个区关于社会主义核心价值观和中华优秀传统文化全员培训试点工作。

推进思想政治工作队伍建设。强力推进人员配备。制订印发《北京高校思想政治理论课专职教师配备五年行动计划（2018—2022）》，指导各高校在 5 年内选优、配齐、建强专职思政课教师队伍。推动 56 所高校全部完成辅导员配备任务。大力强化素质提升。依托市级培训研修基地等，每年培训思政干部 5000 余人次。实施思政课教师队伍培养规划，建立一对一帮扶机制。实施“铸魂工程”，组织思政工作干部开展学习实践。着力加强激励保障。评聘思政课特级教授、特级教师，评审支持思政课扬帆资助计划、择优资助计划，培养一批中青年骨干教师。资助建立 14 个思政课和 20 个辅导员工作室，为思政课教师、辅导员发放岗位补贴，并将专职心理教师纳入补贴范围。

全面深化新时代教师队伍建设改革。印发《关于全面深化新时代教师队伍建设改革实施意见》，联合市人力社保局、市财政局进一步加大对市属高校高层次人才队伍建设支持力度，健全市属高校和职业院校绩效工资管理规范。研制《北京市关于推行中小学校长职级制度的实施意见》，组织开展教学类名师评选推荐工作，评选出教学名师奖 78 人、青年教学名师奖 78 人。

创新教师资源供给侧结构性改革。实施乡村教师岗位生活补助政策，市级财政转移支付 6.8 亿资金，发放乡村教师的岗位生活补助。开展北京市中学教师开放型在线辅导计划试点工作，在通州区试点的基础上拓展到延庆、怀柔、密云、平谷、房山区初中全体学生。制定实施《北京市拓展中小学教师来源行动计划（2018—2022 年）》，2018 年实际多招收京籍师范生 1800 人。创新编制管理方式，协调市编办调剂出 1000 名编制，缓解平谷区和昌平区整体缺编压力。

（刘转林　谢文全　李明海）

（本栏责任编校　张晓兰）

新高考招生制度综合改革

新中考招生制度改革

校外培训机构疏解整治

北交大一实验室发生爆炸

2019 | 年度关注

ANNUAL CONCERN

- 年度聚焦
- 政策解读
- 社会关注

ANNUAL CONCERN 年度关注

年度聚焦

新高考招生制度综合改革

2018年，《北京市深化高等学校考试招生制度综合改革实施方案》经市委市政府同意后上报，中央改革办和教育部审定同意后印发。8月22日，市教委印发该方案。

改革目标：到2020年，初步建立符合首都教育实际的现代高等学校考试招生制度，形成分类考试、综合评价、多元录取、公平公正的高等学校考试招生模式。

主要任务和措施：（一）建立高中学业水平考试制度。自2017年9月1日起，从高一年级开始实施普通高中学业水平考试，考试成绩是学生毕业和升学的重要依据。

1. 考试科目：普通高中课程方案所设定的语文、数学、外语、思想政治、历史、地理、物理、化学、生物、体育与健康、艺术（音乐、美术）、信息技术、通用技术13门科目。

2. 合格性考试和等级性考试：合格性考试内容以普通高中课程标准中的必修课程要求为依据；等级性考试内容以普通高中课程标准中的必修课程和选修Ⅰ课程要求为依据。所有科目均设合格性考试，考试对象为普通高中在校学生，高中阶段其他学校在校生和社会人员。合格性考试中体育与健康考试安排在高三第二学期，艺术（音乐、美术）考试安排在高三第一学期末，其余11门科目合格性考试每学年组织2次，分别安排在每学期末。普通高中在校学生首次参加合格性考试时间为高一第二学期末。学生在完成每门科目必修课程后即可参加合格性考试，做到随教、随考、随清。合格性考试成绩以“合格、不合格”呈现，达到合格水平是普通高中毕业的必要条件和高中同等学力认定的主要依据。当次考试不合格，可参加以后学

4月22日，外经贸大附中召开新高考、新课程与核心素养背景下的学科组文化建设研讨会　　（外经贸大学附中　供）

期同科目合格性考试，全市不单独组织补考。

思想政治、历史、地理、物理、化学、生物6门科目设等级性考试。考生根据报考高校要求和自身特长，从6门等级性考试科目中自主选择参加3门科目考试。等级性考试每学年组织1次，安排在每年的6月。考试对象仅限当年参加本市统一高考的考生。等级性考试成绩以等级呈现，分为5个等级，等级根据原始分划定，成绩当年有效，计入高校招生录取总成绩方式另行制定。

高等院校可根据办学特色和定位，以及不同学科专业人才培养需要，从思想政治、历史、地理、物理、化学、生物6门普通高中学业水平等级性考试科目中，分专业（类）自主提出选考科目范围，并提前向社会公布。

（二）完善学生综合素质评价制度：1. 科学确定评价内容。综合素质评价主要从思想道德、学业成就、身心健康、艺术素养、社会实践共5个方面，客观记录学生的成长过程，整体反映学生德智体美全面发展情况和个性特长，引导学生培育和践行社会主义核心价值观，增强社会责任感，培养创新精神和实践能力。综合素质评价是学生毕业和升学的重要参考。高中学校要基于学生发展的年龄特征，结合教育教学实际，科学确定学生综合素质评价的具体内容和要求。2. 科学合理使用评价信息。学校和教师要指导学生在“北京市普通高中学生综合素质评价电子平台”中及时、客观记录反映学生综合素质主要方面的具体活动，收集相关事实材料。学校每学期要对电子平台中学生本学期的事实材料和活动记录进行审核和公示。综合素质评价作为高等学校招生录取的参考，招生学校应提前制订并公布具体使用办法，使用情况必须规范、公开、公正。

（三）高考综合改革：一是统一高考招生改革。1. 统考科目。从2020年起，北京市统一高考科目调整为语文、数学、外语3门，不分文理科，每门科目满分150分，总分450分。2. 英语考试。从2018届考生起，英语听力分值保持30分不变，与统考笔试分离，实行机考，一年两次考试，安排在每年12月和次年3月进行，取听力最高成绩与笔试成绩一同组成英语科目成绩计入高考总分。从2021年起，英语增加口语考试，口语加听力考试共计50分，总成绩分值不变。3. 成绩构成。从2020年起，参加本科院校招生录取的考生的总成绩由语文、数学、外语3门统一高考成绩和考生选考的3门普通高中学业水平考试等级性考试科目成绩构成，其中选考科目每门满分100分，即高校招生录取总分满分值为750分。参加高职（专科）统一招生录取的考生，采用“统考＋合格性学业水平考试”招生模式，高考成绩由语文、数学、外语3门统一高考成绩组成。招生高校根据各专业培养需求从合格性学业水平考试科目中选定2门，所选学业水平考试科目考生成绩需达到合格。4. 录取方式。实行高考志愿考后知分填报，普通批次按照“分数优先、遵循志愿”的原则进行平行志愿投档。在总结本科二批与本科三批合并为本科二批经验基础上，2019年将本科一批与本科二批合并为本科普通批。

二是高职院校分类考试招生改革。高职院校分类考试招生包括高职自主招生、单考单招等形式，推行“文化素质＋职业技能”评价方式，逐步使高职分类考试招生成为高职招生的主渠道。高职院校对普通高中生和中职生分别制订测试办法，普通高中学生综合考虑学业水平考试成绩、高中生的职业适应性测试情况和综合素质评价信息；中职生在文化课笔试基础上，充分考虑学生的职业技能水平。

三是综合评价录取改革。在部分高校探索开展综合评价录取模式改革试点，综合评价录取依据统一高考成绩、学业水平考试成绩、面试成绩、普通高中综合素质评价进行录取，高考成绩占比原则上不低于总成绩的60%。

为保证改革顺利开展，北京市教育体制改革专项小组负责统筹指导高考综合改革推进工作，加强对考试招生制度改革的顶层设计和统筹协调，及时研究解决改革中遇到的新情况、新问题，确保积极稳妥推进。各相关部门各负其责、分工协作，形成推进高考综合改革的整体合力。改革方案提出，要深化高中教育教学改革。高中学校要适应高考综合改革要求，进一步调整学校育人模式，深化高中教育教学改革，在课程体系建设、课程安排、教学组织等方面进行重新设计，实行不同程度的选课走班教学。要加强对学生生涯规划的指导，逐步完善高中生涯教育体系和选课指导制度，培养学生生涯规划和自主选择能力，从个人实际出发，合理选择考试科目和升学目标。市教委要制订专门培训方案，加强校长和教师培训，提高其对高考综合改革新要求的适应能力。为保障招生公平公正，强化部门协作，进一步完善考试安全体系，加强标准化考点建设，切实维护公平、有序、高效的考试秩序。积极做好英语科目考试改革、志愿填报方式和录取方式改革等工作，指导在京招生高校确定选考科目方案，确保高考综合改革工作顺利进行。

（华蕾）

新中考招生制度改革

党的十八届五中全会和国家“十三五”规划纲要强调：深化考试招生制度改革，推行初高中学业水平考试和综合素质评价。《国务院关于深化考试招生制度改革的实施意见》要求改进高中阶段学校考试招生方式。党中央、国务院的决策部署明确中考改革的方向和要求。

2016年9月，教育部《关于进一步推进高中阶段学校考试招生制度改革的指导意见》要求到2020年左右初步形成基于初中学业水平考试成绩、结合综合素质评价的高中阶段学校考试招生录取模式。明确推行初中学业水平考试、完善学生综合素质评价、改革招生录取办法、进一步完善自主招生政策和加强考试招生管理五大任务。

2018年7月13日，市教委依据国务院及教育部中考

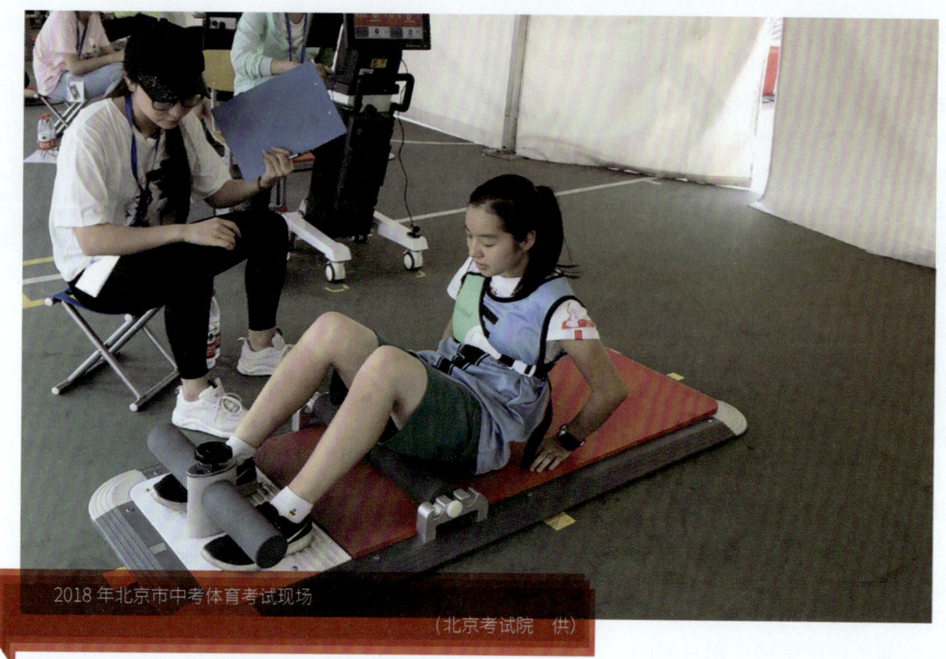
2018 年北京市中考体育考试现场
（北京考试院 供）

改革文件精神，制定印发《关于进一步推进高中阶段学校考试招生制度改革的实施意见》，更好地发挥中考在发展素质教育中的正确导向作用，促进教育公平。

政策要点

（一）建立初中学业水平考试制度

初中学业水平考试主要衡量学生达到国家规定学习要求的程度，考试成绩既是学生初中毕业又是升学的基本依据，明确初中学业水平考试的多重功能。

推行初中学业水平考试不是取消中考，而是将初中毕业考试和高中招生考试合二为一，实现一考多用，避免多次考试，减轻学生重复备考的负担和压力。

《义务教育课程设置实验方案》所设定的全部科目纳入初中学业水平考试范围，考试设置语文、数学、外语、道德与法治、历史、地理、物理、化学、生物、体育与健康、艺术（音乐、美术）、综合实践活动中的信息技术和劳动技术 12 门科目。考试成绩以原始成绩和等级成绩呈现，淡化分分计较。

（二）加强和改进初中学生综合素质评价

综合素质评价内容包括学生的思想道德、学业水平、身心健康、艺术素养、社会实践等方面。评价结果以《北京市初中学生综合素质评价报告册（试行）》的形式呈现，设 A、B、C、D 四个等级。评价报告册和等级经公示后提供给高中阶段学校招生使用。引导学校教师树立正确育人观和质量观，淡化分分计较，促进学生全面发展。

（三）改革招生录取办法

探索基于初中学业水平考试成绩、结合综合素质评价的招生录取模式，改革录取计分科目构成，适当给予学生自主选择和高中阶段学校自主招生机会。将普通高中招生方式整合为统一招生、校额到校、自主招生三类。

（四）加强考试招生管理

一是完善招生计划编制办法，按市、区两级管理权限和工作程序编制高中阶段学校招生计划并严格执行。二是健全招生管理工作规定，规范学校招生行为，严禁违规招生和擅自提前招生。三是严格控制考试招生加分项目和分值，健全考生加分资格审核公示制度。

改革思路

实施意见注重整体设计，继续把考试招生制度改革作为突破口，统筹推进首都基础教育综合改革。具体体现为两突出、两减少、一延续、一调整。

两突出：一是突出全面发展，坚持全开全学、全科开考、全科赋分，引导学生打好共同基础，防止群体性偏科，确保义务教育基本质量。二是突出实践导向，增加开放性科学实践活动和综合社会实践活动成绩权重，为学生提供优质、多元、丰富、生动的实践活动，培养综合素养。

两减少：一是减少考试次数，将初中毕业考试和高中招生考试两考合一，减轻重复备考压力。二是提高命题质量，减少单纯记忆、机械训练性质的内容，重点考查学生能力发展水平，合理控制学生过重课业负担。

一延续：关注学生个体差异，延续北京市现行中考方案给予学生适当选择权的特点，在全开全学、全科开考、全科赋分的基础上，在部分科目中选择最好成绩科目计入。

一调整：调整招生录取办法，到 2021 年初步形成基于初中学业水平考试成绩、结合综合素质评价的高中阶段学校考试招生录取模式，改变唯分数论。

（华蕾　汪玥）

解决“课后三点半”难题

“课后三点半”问题一直困扰不少家长与学校，市教委为解决这一难题，积极回应家长和学生的需求，结合北京实际，为做好义务教育阶段课后服务工作采取一系列措施，并取得阶段性成效。

9 月 14 日，市教委印发《关于加强中小学生课后服务的指导意见（试行）》，在全市义务教育学校普遍建立弹性离校制度，提供课后服务。文件规定课后服务时间原则上，学校每天在完成规定课时之后提供课后服务，时间至 17:30。

10 月 22 日，朝阳实验小学与北京服装学院联合开展课后三点半合作
（朝阳区教委 供）

9 月，试运行弹性离校制度。10 月，全面开展中小学生课后服务。在工作落实过程中，各相关部门坚持以学生为本，充分尊重学生、家长的意愿，克服困难，为有需要的学生提供课后服务；坚持因地制宜，探索有效模式，将课后服务与特色资源活动有机结合；坚持多元供给，根据学生年龄特点分层次、精细化安排课后服务内容和形式；坚持协商共治，以北京市课外活动计划为基础，健全完善社会力量参与课后服务的机制，形成家校社共同参与的工作机制；坚持精细管理，精心设计工作流程，健全完善工作机制，落实责任，确保课后服务有效实施。12 月 20 日，市教委召开中小学课后服务工作推进会，推动中小学课后服务工作。

具体时间由各区、学校根据实际情况确定。内容与形式包括组织开展课外活动和课后托管服务。课外活动继续实施义务教育课外活动计划，组织学校劳动实践活动、社团和兴趣小组活动，组织学校体育节、艺术节、科技节、文化节等展演活动，组织观影观演观赛等活动，为学生提供丰富多彩的校园文化生活。托管服务由学校开放教育资源，提供场地条件和管理服务，学生自主安排户外活动、校内阅读、自习、做作业等活动。坚决禁止学校借课后服务的名义组织学生集体补课、集体教学;坚决禁止以课后服务名义乱收费。课后服务所需经费纳入学校公用经费定额，市级财政按照生均 380 元 / 年的标准予以补助；市教委、市人力社保局、市财政局联合印发《北京市义务教育阶段中小学教师提供课后服务激励工作方案》，对实施范围、实施时间、经费来源作出具体说明，对各区和各学校相关工作开展提出明确要求。

市教委将中小学课后服务作为体现政府担当，切实解决百姓实际困难的民生实事办实办好。至年底，北京市义务教育学校全部实施课后服务，参与课后服务的学生 982524 人，占义务教育阶段学生总数的 86.7%。参与课后服务的教师 89636 人，占义务教育阶段教师总数的 74.9%。课后服务受到大多数学生、家长的认可和欢迎，部分区开展的家长满意度调查显示，家长对学校开展的课后服务满意率达 90% 以上。该项工作得到国务院副总理孙春兰的批示肯定。

（向姣姣　孙晓楠）

促进义务教育优质资源均衡发展

9 月 27 日，为进一步促进北京市义务教育优质资源均衡发展，市教委接连发布《关于推进中小学学区制管理的指导意见》和《关于推进中小学集团化办学的指导意见》，可谓是双管齐下，组合出击。

北京市自 2017 年开始，在 2016 年专项研究的基础上，总结推广集团化办学、学区制管理典型经验，并将研制指导意见作为深化改革重要任务。市政府还将两项工作作为扩大优质教育资源的有效举措纳入市政府实事，并先后得到市领导的高度重视，多次批示，要求加快扩大义务教育优质资源，切实解决人民群众上好学的关切。

学区制管理的指导意见：着力解决区域内校际间发展不平衡不充分的问题，缩小校际教育差距，整体提升教育质量，促进区域教育优质均衡发展。健全协同发展机制，搭建共建共享平台，实现区域资源互联互通。完善学区治理结构，通过建立学区管委会、理事会等组织，协调学区、学校、家庭、社区，以及社会力量代表共同参与学区建设与管理。鼓励学区内各校加强校际协同合作，融通教育资源，贯通人才培养，促进干部教师交流。搭建教育教学交流平台，组织开展课程教学研讨、教师教科研训活动。搭建学生学习成长平台，组织开展学生综合实践活动和综合素质发展交流展示活动。研究制订学区制管理的政策措施，统筹协调学区人力资源，探索建立干部教师合理流动机制和绩效考评制度。对学区兼职干部教师和在学区内跨校任职任教的干部教师，依据中小学教师绩效奖励激励办法，按照多劳多得、优绩优酬的原则予以奖励激励。完善专业技术职称评定考核办法，对在学区内跨校任职任教并取得良好业绩的干部教师，给予优先考虑。

集团化办学的指导意见：鼓励跨区集团办学，推进城乡教育一体化发展。支持城区通过集团化办学，向农村地区扩充优质教育资源，带动农村学校发展。加强集团化办学资源统筹，建立健全集团内教育资源管理、使用、评估、激励等制度机制。搭建教育教学研讨交流展示平台，深化课程教学改革，促进集团内各校深度融合，整体提升集团化办学质量和水平。鼓励集团内干部教师交流。探索建立集团牵头校和成员校之间互派干部双向交流、互派教师轮岗交流的制度，探索集团内干部教师培养、培训、评价和考核等机制。创新编制管理方式，探索教育集团统筹协调与法人学校聘任相结合的教师编制管理机制。探索在集团内统一职称评审，职称评聘向跨校任职、兼课、指导的干部教师倾斜。鼓励干部教师参与集团内轮岗交流，按照多劳多得、优劳优酬的绩效奖励激励原则，科学合理核定人员薪酬。对于同一学区内的集团，在坚持义务教育免试就近入学原则下，按照北京市中考改革的方向和要求，探索集团各校间学生联合培养、贯通培养等试验。

（汪玥）

一流大学和一流学科建设

2015年10月，国务院印发《统筹推进世界一流大学和一流学科建设总体方案》，明确提出要建设世界一流大学和一流学科。这是党中央、国务院作出的重大战略决策，对于提升中国教育发展水平、增强国家核心竞争力、奠定长远发展基础具有十分重要的意义。2017年1月，教育部、财政部、国家发展改革委联合印发《统筹推进世界一流大学和一流学科建设实施办法（暂行）》，对地方政府开展“双一流”建设作出具体要求。党的十九大报告和2018年9月10日召开的全国教育大会都明确提出“加快一流大学和一流学科建设”。

2018年6月8日，市委、市政府印发《关于统筹推进北京高等教育改革发展的若干意见》，对加快推进一流大学和一流学科建设，推动北京高等教育内涵发展，全面提升北京高校学科实力和水平作出部署。12月5日，市教委、市财政局印发《北京高校一流大学和一流学科建设管理办法》。

管理办法主要涉及项目适用范围、实施主体、管理模式、建设周期、评估考核5个部分。内容明确“双一流”建设实行项目管理，采取三级管理体系组织项目实施；提出“双一流”建设管理原则，以及宏观管理部门、高校的管理职责；明确“双一流”建设考核评估方式、动态调整机制和具体工作要求。

适用范围：管理办法所指一流大学和一流学科，包括2017年教育部、财政部、国家发展改革委公布的建设世界一流大学和一流学科、北京高校高精尖学科和北京高校一流专业。对进入国家“双一流”建设行列的在京高校，北京市分别按一流大学整体建设高校和一流学科建设高校予以支持。北京市高精尖学科面向在京高校进行遴选，其中，中央高校以新兴学科、交叉学科及前沿学科为主，市属高校以优势特色学科为主。

资助标准：10月17日，市财政局、市教委印发《北京高校“双一流”建设资金管理办法》。明确一流大学和一流学科建设以5年为一个建设周期，其中一流专业在5年建设周期内，每个专业最高可获3000万元支持，“高精尖”学科最高可获5000万元的财政支持。

经费使用：“双一流”建设实行专项拨款，由高校按专项经费列入本校年度财务预算。预算与经费使用按照市财政局、市教委印发的《北京高校“双一流”建设资金管理办法》相关要求执行。

实施主体：“双一流”建设实行北京市相关管理部门、高等学校和学科专业实施主体三级管理，以学科专业实施主体为基础，以学科专业所在高等学校为依托，北京市有关管理部门统筹组织。

管理考核：“双一流”建设项目实施动态管理，强化绩效考评，并建立动态调整和淘汰机制。采取日常绩效跟踪、中期评估、期末绩效评价等定期评估相结合的方式，评价主要内容是“双一流”建设任务完成情况、建设目标达成度以及经费使用等情况。遵循动态管理原则，根据中期评估结果对“双一流”建设支持力度进行动态调整。根据建设成效和期末绩效评价结果，动态调整下一周期的支持力度和范围，形成激励约束机制，增强“双一流”建设实效。

（张晓兰）

加强中小学家庭教育指导服务

2018年，市教委为贯彻落实全国教育大会精神，落实教育部《关于加强家庭教育工作的指导意见》和北京市妇女联合会等十部门《关于指导推进家庭教育的五年规划（2016—2020年）》等文件要求，加强学校家庭教育指导服务工作，健全学校家庭教育指导服务体系，营造全社会协同育人氛围，促进学生健康成长和全面发展，结合北京市实际，于9月4日与首都精神文明办、市妇联联合印发《北京市关于进一步加强中小学家庭教育指导服务工作的实施意见》。

实施意见以健全学校家庭教育指导服务体系，提升学校家庭教育指导服务水平为目标。发挥学校在家庭教育工作

6月15日，门头沟区家校协同项目研究现场会召开
（门头沟新桥路中学 供）

中的重要作用，推动形成学校组织、家长参与、社会支持的家庭教育工作格局；丰富学校家庭教育指导服务形式和内容，形成适应家长和学生需求的家庭教育支持服务体系；构建和谐的家校合作育人关系，促进学校家庭教育指导服务专业化、精细化。

实施意见提出健全长效机制，完善学校家庭教育指导服务工作体系，提出办好家长学校、建好家长委员会、开好家长会、建立完善教师家访制度、建设学校家庭教育指导教师队伍、建立家校有效沟通和问题调处机制、创新学校家庭教育指导服务工作模式。

实施意见还提出丰富家庭教育资源，形成家庭教育社会支持网络。加大对学校家庭教育工作的投入，由政府统筹安排经费，为学校家庭教育工作提供必要的经费保障，鼓励支持社会力量按照有关政策参与学校家庭教育工作，丰富家庭教育场地、设施和活动资源，形成政府主导、社会力量支持的家庭教育经费保障机制。

（华蕾）

鼓励社会力量兴办教育促进民办教育健康发展

2018年11月，为贯彻落实《国务院关于鼓励社会力量兴办教育促进民办教育健康发展的若干意见》，促进北京市民办教育规范健康发展，北京市相继出台《关于鼓励社会力量兴办教育促进民办教育健康发展的实施意见》《北京市民办学校分类登记办法》《北京市营利性民办学校监督管理办法》。

《关于鼓励社会力量兴办教育促进民办教育健康发展的实施意见》于11月23日由市政府颁发，提出基本思路为坚持“服务北京、优化结构，提高质量、规范发展”的工作思路，发挥民办教育作为首都教育有益补充的重要作用。鼓励社会力量举办普惠性幼儿园，增加学前教育服务供给；鼓励民办中小学探索创新，在教育理念、学校文化、特色课程、人才培养等方面形成特色，满足人民群众多样化的教育需求；鼓励民办职业院校融入区域经济和产业发展，深化产教融合、校企合作，提高技术技能型人才培养水平；鼓励民办高校适应首都产业转型升级需要，走内涵式发展道路；引导各类民办非学历教育培训机构有序健康发展，为建设学习型城市贡献力量。鼓励支持教育家办学，实施民办教育品牌战略，吸引社会资本和优秀人才公益办学。文件对加强党对民办学校的领导、创新体制机制、完善扶持政策、加快现代学校制度建设、提高教育教学质量、提高管理服务水平等方面内容做出明确规定。

《北京市民办学校分类登记办法》于11月26日由市教委、市人力社保局、市民政局、市编办、市市场监督管理局五部门共同印发，要求民办学校须在规定时间内完成分类登记。办法进一步明确，民办学校分为非营利性民办学校和营利性民办学校。选择登记为非营利性民办学校的，符合《事业单位登记管理暂行条例》等有关规定的，到机构编制部门登记为事业单位；符合《民办非企业单位登记管理暂行条例》等有关规定的，到民政部门登记为民办非企业单位。正式批准设立的营利性民办学校，依法到市场监管部门办理登记。办法明确提出，不得设立实施义务教育的营利性民办学校。选择登记为营利性民办学校的，应当进行财务清算。依法明确土地、校舍、办学积累等财产的权属并缴纳相关税费，办理新的办学许可证，重新登记。学校在清算、重新办理办学许可和法人登记过程中，可继续办学。

《北京市营利性民办学校监督管理办法》于11月26日由市教委、市人力社保局、市市场监督管理局联合印发。办法中所称民办学校包括实施学历教育、学前教育、自学考试助学、其他文化教育的民办学校及民办教育机构，以及实施以职业技能为主的职业资格培训、职业技能培训的民办学校和民办教育机构。办法规定不得设立实施义务教育的民办学校。办法对学校设立、组织机构、教育教学、财务资产、信息公开、变更与终止、监督与责任等内容作出明确规定。

（华蕾）

推进教育信息化工作

2018年，北京市教育系统积极落实全国网络安全会议和全国教育信息化工作会精神，对标教育部《教育信息化2.0行动计划》和《北京大数据行动计划》，主动适应新形势、新要求，全面推进北京教育信息化发展，充分发挥信息技术对教育综合改革的支撑作用，大力发展“互联网＋教育”，提升北京市教育服务水平和治理能力。提出到2020年实现

11月14日，怀柔区"利用信息技术促进以学生为主体的教学"项目入校实践教学活动在实验小学举行　　（怀柔区教委　供）

教育信息化工作领导小组及办公室成员、调整北京教育信息化专家委员会、整合市教委处室网站群，整合信息化项目。制定《北京教育信息化三年提升行动计划（2018—2020）》《推进北京教育信息化的意见》，完成北京大数据行动计划，建设大数据平台。

7月16日，市教委召开北京市教育信息化工作会，总结交流工作经验，部署今后的工作。会上还发布《北京教育信息化三年行动计划（2018—2020）》。行动计划提出3年的主要任务为建设新型"互联网＋教育"管理服务平台、建设新型教育大数据决策支撑体系、推动信息技术与教育教学深度融合、提升师生信息素养与创新能力；实施行动为教育大数据应用行动、教育管理信息化提升行动、教育公共服务优化行动、数字教育资源拓展行动、基础环境与网络安全提升行动、融合创新"双百"示范行动、信息素养与创新能力提升行动。

（汪玥　华蕾）

新型"互联网＋教育"管理服务平台，新型教育大数据支撑体系，推动信息技术与教育教学深度融合创新发展，全面提升师生信息素养与创新能力的目标，形成北京教育信息化发展新模式的目标。

为做好教育信息化工作，市教委整合教育信息化资源，完善工作体制机制，持续提升教育信息化水平。调整北京

新版北京市中小学学生奖励和处分办法颁布

现行的《北京市中小学奖励和处分办法》由北京市教育局1991年印发，历经20余年，文件许多条款已经不适应首都教育发展形势，属于需要修订的行政规范性文件。

2014年的《北京市中小学校学生学籍管理办法》第46条也明确规定：关于学生的考核评价、奖励处分、体质测试、健康检查等办法由市教育行政部门另行规定。因此，在充分调研和广泛征求各方意见的基础上，启动对原有文件的修订工作。

基于以上原因，2018年2月6日，市教委印发新修订的《北京市中小学学生奖励和处分办法》的通知。

主要政策依据

修订的政策依据主要有两个方面：一是国家和北京市有关的法律、法规。包括《教育法》《义务教育法》《未成年人保护法》《预防未成年人犯罪法》以及《北京市实施〈义务教育法〉办法》《北京市实施〈未成年人保护法〉办法》等。二是教育部和北京市相关的教育政策文件。包括教育部《全面推进依法治校实施纲要》《全面推进依法治教实施纲要》《小学管理规程》《中小学生学籍管理办法》《义务教育学校管理标准》，以及《北京市中小学校学生学籍管理办法》《北京市实施〈小学管理规程〉意见》等。

修订的工作原则

学生奖励和处分事关学生切身利益，家长和社会也非常关注。修订过程中，主要有以下方面考虑。

一是坚持立德树人导向。全面贯彻党的教育方针，落实立德树人根本任务，通过办法的修订、完善和实施，进一步增强学生遵纪守法的自觉性，培养学生良好的道德品质和行为规范，促进中小学生健康成长和全面发展。

二是坚持依法治教和治校原则。按照全面推进依法治校、依法治教有关精神和要求，在处分的权限、种类和实施程序上，充分体现有关法律法规和规范管理的要求，特别是强化学生权利救济，并专门增设学生申诉内容。

三是体现教育和保护相结合原则。强调对学生的奖励和处分应当在日常教育的基础上进行，充分考虑教育目的和效果，奖励要激励先进、鞭策后进、树立榜样，处分要惩前毖后、治病救人，重在对学生进行批评教育，避免不当使用处分。同时，处分实施程序体现未成年人保护原则和权利救济原则，充分保障未成年人的隐私权和受教育权。以发展眼光对待犯错学生，可撤销处分，还可从档案中撤出处分决定。

四是统一要求和自主管理相结合。文件为市级行政规范性文件，对学生奖励和处分提出原则性的要求，特别是

规范奖励和处分的程序和权利救济，同时考虑到各区和学校差异，仅对最严重的处分开除学籍做出比较具体的限定，留给各区和学校更多的弹性空间。

修订后的主要变化

总则部分：进一步突出学生奖励和处分的教育目的，明确依据新的中小学生守则、中小学生日常行为规范等文件提出学生行为表现具体要求。

学生奖励部分：删除关于“金帆奖”“银帆奖”和“三好学生”“优秀学生干部”等奖励和学生集体奖励的条件和办法，仅对学生奖励做出原则性指导，倡导各区和学校积极探索科学、多元的学生评价机制，丰富奖励方式。

学生处分部分：进一步明确处分实施的目的及原则，落实依法治校、依法治教的要求。明确处分的种类，以及在义务教育段及非义务教育段不同的适用类型。特别明确开除学籍的适用对象和适用情形，规范这种最严重的处分类型的适用。细化和明确处分的实施程序、撤销程序和认定主体。规范处分程序，包括作出处分的主体、决定程序、备案程序以及处分决定书的送达等。

学生申诉部分：属于新增内容，按照全面推进中小学依法治校工作的要求，增加被处分学生的权利救济类型和途径，包括处分作出前的陈述权和申辩权，送达决定书之后的申诉权，明确学校和区教委受理申诉的职责等。特别提出学校应充分保障学生的申诉权，应建立学生处分申诉制度，建立学生申诉处理委员会。

（汪玥）

政策解读

市政府办公厅《北京市第三期学前教育行动计划》的政策解读

1月17日，市政府办公厅印发《北京市第三期学前教育行动计划》。

一、起草背景

2011年以来，全市实施学前教育一期、二期三年行动计划，市级财政投入约115亿元用于扩大学位和保障运行，增加17万个学前教育学位和1.6万名专任教师，学前教育获得较大发展。

但随着人口出生高峰的到来、“全面二孩”政策的实施、外来人口的压力、企事业单位和部队剥离社会职能造成幼儿园数量的减少、小区配套幼儿园建设没有得到完全落实、学前教育体制机制不完善造成市场活力未能充分激发等，使得学前教育的学位供给仍然不足。

二、文件框架

导语部分简要介绍文件编制的依据和背景。

第一部分是总体要求。提出北京市发展学前教育的基本原则和主要目标。基本原则是“市级统筹、区级主责，政府主导、社会参与，公益普惠、主体多元，灵活多样、就近就便”。主要目标包含三个方面内容：一是扩增学位，到2020年入园率达到85%以上；二是扩大普惠，使普惠性幼儿园覆盖率达到80%以上；三是治理无证园，用2至3年基本解决无证办园问题。

第二部分是主要举措。分别围绕主要目标提出8项工作举措。围绕入园率达到85%、普惠率达到80%的目标，提出继续稳定并扩大教育部门办园、鼓励支持部门办园、支持普惠性民办园、丰富办园形式4项措施。围绕2至3年基本解决无证园的目标，提出分类治理，审批一批、规范一批、取缔一批无证幼儿园。另外，为促进北京市学前教育全面健康可持续发展，还提出加大师资培养、师资培训和质量监控力度3项措施。

第三部分是保障措施。从加强组织领导、加大财政投入、加强监督检查3个方面对行动计划的有效落地提出要求。

一是加强组织领导。完善市学前教育联席会议制度，协调指导全市扩大学前教育学位供给和无证幼儿园治理等工作。联席会议成员单位包括：市编办、首都综治办、市发展改革委、市教委、市公安局、市民政局、市财政局、市人力社保局、市规划国土委、市住房城乡建设委、市卫生计生委、市社会办、市工商局、市质监局、市安全监管局、市食品药品监管局、市政府教育督导室等，联席会议办公室设在市教委。各成员单位要按照职责分工，密切协作配合，加强信息共享，加大对学前教育的规划、指导和监管力度，推动行动计划平稳有序实施。各区政府要加强组织领导，建立相应的工作机制，结合实际编制实施本区学前教育行动计划，强化区域统筹，整合各类资源，创新方式方法，有效扩大学前教育学位供给。

二是加大资金支持。市级财政安排学前教育专项经费，用于鼓励增加普惠性学前教育资源。对其他国有单位办园和普惠性民办幼儿园，根据不同办园级类，按每月每生700元和1000元两档标准给予定额补助；对公办幼儿园和普惠性民办幼儿园每增加1个学位给予1万元一次性补助，对其通过租赁场地增加学位给予最高每天5元/平方米的租金补助。市级财政要加大对普惠性幼儿园提高办园条件的支持力度。市财政局、市教委要研究出台配套经费管理细则，明确补助资金的发放条件、使用范围、申领程序，并根据经济发展、物价及保育教育费变化等因素，适时进行调整；研究制订财政资金使用绩效考核办法，建立考核结果与财政补助挂钩机制，提高资金使用效益。各区政府要结合实际，出台区级财政资金对普惠性幼儿园给予补助的具体办法。

三是强化督导考核。建立学前教育工作综合考核制度，按程序将各区扩大学前教育学位供给、无证幼儿园治理等工作纳入政府绩效考核。健全完善学前教育督导保障体系，市政府教育督导室要将本行动计划落实情况作为督导重点，加强日常监测和监督指导，推动各项任务落实。同时，建立幼儿园责任督学挂牌督导制度，为每所幼儿园配备1名责任督学，进行日常监督指导。

（市教委学前教育处）

市委、市政府《关于统筹推进北京高等教育改革发展的若干意见》的政策解读

6月8日，市委、市政府印发《关于统筹推进北京高等教育改革发展的若干意见》。

一、研制背景

贯彻落实国务院《统筹推进世界一流大学和一流学科建设总体方案》，中共中央办公厅、国务院办公厅《关于深化教育体制机制改革的意见》和《北京城市总体规划（2016—2035年）》精神，深化北京高等教育综合改革，推动市属高校内涵发展、特色发展、差异化发展，引导中央高校立足北京、服务北京、融入北京，全面提升北京高校人才培养能力、科技创新能力，增强北京高等教育综合实力，更好地服务于北京“四个中心”建设。

二、主要特点

文件主要有5个方面的特点。

一是突出推动高校扎根中国大地办好中国特色社会主义大学，服务北京城市战略定位；

二是强化育人导向，坚持以立德树人为根本、教育教学为主业、科学研究为支撑；

三是着力推进高校内涵发展、特色发展和差异化发展，引导高校进一步明确自身发展定位；

四是坚持深化体制机制改革与推动建设发展相结合；

五是统筹中央高校和市属高校发展，提升北京高等教育整体实力。

三、指导思想

深入贯彻党的十九大精神，以习近平新时代中国特色社会主义思想为指导，全面贯彻党的教育方针，坚持高等教育为人民服务、为党治国理政服务、为巩固和发展中国特色社会主义制度服务、为改革开放和社会主义现代化建设服务，全面深化高等教育综合改革，落实立德树人根本任务，系统推进育人方式、办学模式、管理体制、保障机制改革，引导高等学校走内涵式发展道路，提升人才培养能力和科技创新能力，加强社会服务、文化传承创新及国际交流合作，加快实现高质量发展，努力建设一流大学和一流学科，更好地服务北京“四个中心”城市战略定位，为建设国际一流的和谐宜居之都和具有全球影响力的科技创新中心提供人才保障和智力支撑。

四、总体目标

到2020年，北京高等学校以立德树人为根本、教育教学为主业、科学研究为支撑的管理运行体系进一步健全完善，办学定位更加明确、优势特色更加突出、办学活力进一步增强。高等教育分类发展格局基本形成，服务北京经济社会发展的能力有效提升。

到2035年，北京高等教育率先实现治理体系和治理能力现代化，高等学校人才培养能力、科技创新能力、学科建设水平显著提升，整体竞争力进入世界前列。

到2050年，北京高等学校综合实力实现跨越提升，北京成为世界一流大学的高地，一流高等教育资源的协同效应充分释放，高等教育在全球范围内的影响力、辐射力、引领力全面彰显。

五、基本原则

坚持内涵发展。推动高等学校转变发展方式，完善内部治理、提升发展效益、增强办学实力，厚积校园文化、涵养大学精神、强化价值引领，构建一流培养体系，促进学生全面发展，走以质量提升为核心的内涵式发展道路。

坚持特色发展。推动高等学校优化投入模式，坚持有所为有所不为，集中力量发展最具优势和前景的学科专业，突出重点、彰显特色，精准发力、固优固强，提升核心竞争力。

坚持差异化发展。推动高等学校找准办学定位，把服务国家、区域、行业需求及学生全面成长需要作为办学根本出发点，突出办学优势，形成定位互补、错位发展的高等教育办学格局。

六、改革举措

一是落实立德树人根本任务，巩固人才培养中心地位

按照培养又红又专、德才兼备、全面发展的中国特色社会主义合格建设者和可靠接班人的要求，加强和改进思想政治工作，推进全员全过程全方位育人，着力培养担当民族复兴大任的时代新人。健全高等学校评价体系，推动高等学校在政策制定、经费支持、考核评价等方面突出教学、强化育人。强化教育教学工作，形成教学奖励项目与科研奖励项目、教学人才项目与科研人才项目、教育教学成果与科学研究成果同等重要、相互促进、融合发展的新局面。对获评北京市高等学校特级教学名师、教学名师、精品课程主讲教师的，教学工作量及教学效果达到相应要求后，按照一定标准给予奖励。加大教育教学人才引进力度，为优秀引进人才租赁或购买住房提供支持。探索将市级教学项目经费一定比例用于人员绩效支出，市级教学经费一定比例用于人员绩效、师资培养及国际交流支出。

二是改革人事制度，强化教育教学主业

推动高等学校人事制度改革，鼓励引导高等学校建立体现教育教学主业的人事管理运行体系。创新教师聘任机制，吸引国内外、各行业优秀人才参与教育教学。完善教师职称评审机制，提高教学业绩在职称评审中的比重。完善教师分类评价机制，在强化教育教学的基础上，制定体现不同教师特点的分类评价标准，促进教师分类发展。健全教师激励机制，构建分层次、多类型的教师激励体系，引

导广大教师将提高教学水平作为个人发展的内生动力。

三是创新育人机制，建设一流培养体系

建立健全市属高校专业设置指导机制，成立由政府相关部门、行业组织等单位专家组成的专业设置咨询管理委员会，加强对市属高校专业设置的指导；推动高等学校建立专业设置听证制度，促进科学合理设置专业。创新人才培养模式，探索在部分专业开展基础教育与高等教育贯通培养，为不同类型人才成长提供多样化发展路径。推动高等学校创新教学管理制度，做到政策措施激励教学、工作评价突出教学、资源配置优先保证教学，引导教师提升课堂教学质量、加强课外师生互动，将更多时间和精力投入到教育教学之中。坚持以学生为中心的教育教学理念，完善学分制，探索建立学分制收费管理制度，开展高等学校之间学分认定和转换。引导高等学校更加关注应用型人才培养，将更多办学资源向实践教学环节倾斜。构建大学生实习体系，研究通过政府补贴等优惠政策对企事业单位接收学生实习进行激励，鼓励政府机关为学生提供实习岗位。

四是完善科研政策，构筑科技创新高地

完善科研投入、队伍建设、成果转化相关政策，推进科研组织模式创新。加强高等学校创新平台体系建设，构建国内外创新资源深度融合、科研与应用相互促进、科技创新与人才培养有机结合的长效机制。加强科学道德建设和科研评价文化建设，营造浓厚的学术氛围和宽松的创新环境。完善配套政策，推进服务体系建设，优化科技成果转化环境，加快高等学校科技成果转移转化。建立导向明确、分类合理、激励约束并重的分类评价标准和开放多元的评价方法，形成科研支撑创新人才培养、更好服务经济社会发展的评价机制。

五是健全管理体制，释放高等学校办学活力

加快高等教育领域综合改革，依法落实高等学校办学自主权，完善中国特色现代大学制度，推进高等教育治理体系和治理能力现代化。深化市属高校拨款机制改革，探索分类拨款、学科专业拨款、绩效拨款及生均拨款有机结合的差异化拨款方式，激发学校办学活力。继续加强与中央高校的共建工作，充分发挥中央在京高校办学优势及引领作用，支持中央在京高校与市属高校构建互惠共赢长效机制。完善人力资源培训相关政策，引导高等学校主动对接本市人力资源培训市场需求，为城乡劳动力再就业提供高质量的培训服务。

（市教委高等教育处）

市政府办公厅《关于进一步加强学前教育管理的意见》的政策解读

8月30日，市政府办公厅印发《关于进一步加强学前教育管理的意见》，是北京市为贯彻党的十九大精神、落实办好学前教育与实现幼有所育的要求、落实中央和市级关于学前教育管理的一系列规定与要求，以及推进实施第三期学前教育行动计划的重要举措，是全市开展学前教育管理的重要指导性文件，进一步明确学前教育管理的总体要求、主要原则、重要方面。

一、起草背景

近年来，北京市学前教育虽然获得长足发展，但由于历史发展中体制机制不健全、欠账多、底子薄等原因，学前教育依然是北京市各级各类教育与各类重要民生中的短板。与其他学段相比，北京市学前教育事业发展的起步比较晚。近几年，市区两级政府着力解决“入园难”问题，把阶段性工作重点主要放在学前教育学位建设与资源扩充方面。在资源规模快速扩张的情况下，学前教育质量监管需要同步加强。

二、制定过程

2017年11月中旬以来，针对幼儿园安全事件反映出来的学前教育管理问题，市教委对当前全市学前教育管理中存在的弱点、难点、重点问题作全面梳理，并从可能引发幼儿伤害事件的重要环节出发，研究国家及北京市现有的幼儿园管理制度，同时参考国内外预防相关事件发生的经验和做法，研究起草文件。文件的制定历时9个月，其间，多次征求学前教育与相关行业专家意见、各区政府意见与相关委办局意见，并经市政府常务会、市委常委会讨论研究并审议通过。

三、主要内容

导语部分简要介绍文件起草的背景。

第一部分是总体要求。提出要在习近平新时代中国特色社会主义思想的指引下，全面贯彻党的教育方针，遵循学前教育规律，完善学前教育管理体制机制，坚持儿童优先、安全第一、权责统一、保教并重，加快形成科学规范的学前教育管理体系，不断提升学前教育管理水平，推进学前教育普及普惠安全优质发展。

第二部分是主要举措。分别从加强幼儿园分类管理、加强学前教育队伍建设、提升幼儿园内部管理水平、建立幼儿园与家庭及社会共育机制、加强学前教育考核检查和督导评估工作6个方面提出相关要求。

在已有管理文件的基础上，本部分重点补充加强教师队伍的培养培训力度、严格教职员工的准入与考核管理、健全幼儿园安全事故应对机制、建立健全幼儿园安全事故的报告处置机制、依法落实幼儿园举办者与管理者的办园责任、加强幼儿园保教工作的科学管理、健全幼儿园与家长的联系制度、健全幼儿园家长委员会制度、强化学前教育督导检查等内容。

第三部分是保障措施。主要从加强组织领导、强化部门协同、营造良好氛围三个方面就文件的落实提出要求。要求各级政府按照学前教育管理体制分层建立学前教育工作责任制；要求加强部门间工作协调和政策衔接；要求加强宣传，营造社会良好氛围，引导全社会共同努力，关心儿童，支持学前教育发展。

（市教委学前教育处）

市委、市政府《关于全面深化新时代教师队伍建设改革的实施意见》的政策解读

9月7日，市委、市政府颁布《关于全面深化新时代教师队伍建设改革的实施意见》。

一、重要意义

2018年1月，中共中央、国务院印发《关于全面深化新时代教师队伍建设改革的意见》，这是中华人民共和国成立以来第一个由党中央、国务院层面颁布实施的全面深化教师队伍建设改革的专门文件，是惠及广大教师、惠及亿万孩子的民心工程，具有里程碑意义，具有重大战略意义，为各地加强教师队伍建设提供难得的历史机遇，打造高位坚实的平台。

教育是国之大计、党之大计。必须坚持党对教育事业的全面领导，坚持把教师队伍建设作为基础工作。市委、市政府历来高度重视教师工作，始终坚持将教师队伍建设摆在突出位置，健全完善教师队伍建设政策支持体系；各区、各部门和各级各类学校采取有力措施贯彻落实市委、市政府部署要求，教师队伍建设取得显著成就；广大教师牢记使命、不忘初衷，爱岗敬业、教书育人，改革创新、服务社会，作出重要贡献。在当前，中国社会主要矛盾已经转化为人民日益增长的美好生活需要和不平衡不充分的发展之间的矛盾，人民对公平而有质量的教育的向往更加迫切。为深入贯彻落实《关于全面深化新时代教师队伍建设改革的意见》和全国教育大会精神，为着力解决北京市教师队伍建设还存在的一些不足，市委、市政府结合北京市教育改革发展实际制定《关于全面深化新时代教师队伍建设改革的实施意见》。各级党委和政府要从战略和全局高度充分认识教师工作的极端重要性，把全面加强教师队伍建设作为一项重大政治任务和根本性民生工程切实抓紧抓好。

二、指导思想

实施意见提出全面贯彻党的十九大精神，以习近平新时代中国特色社会主义思想为指导，坚持和加强党的全面领导，坚持以人民为中心的发展思想，坚持全面深化改革，牢固树立新发展理念，全面贯彻党的教育方针，落实立德树人根本任务，遵循教育规律和教师成长发展规律，把促进学生健康成长作为教师队伍建设的出发点和落脚点，以强化师德、师风建设为首要任务，以优化教师资源配置为基本前提，以教师素质能力提升为核心内容，以理顺教师管理体制机制为强大动力，以提高教师地位待遇为基础支撑，培养高素质专业化创新型教师队伍，倡导全社会尊师重教，形成优秀人才争相从教、教师人人尽展其才、好教师不断涌现的良好局面。

三、北京市全面深化新时代教师队伍建设改革目标

全面深化新时代教师队伍建设改革，目的是要培养造就党和人民满意的高素质专业化创新型教师队伍。

经过5年左右努力，教师培养培训体系更加健全，职业发展通道更加畅通，事权人权财权相统一的教师管理体制普遍建立，教师地位待遇进一步提高，教师职业吸引力明显增强。教师队伍规模、结构、素质能力基本满足各级各类教育发展需要。尊师重教蔚然成风，广大教师在岗位上有幸福感，事业上有成就感，社会上有荣誉感。

到2035年，教师综合素质、专业化水平和创新能力显著提升，培养造就一大批在全国有影响的骨干教师、卓越教师和教育家型教师。教师管理体制机制科学高效，实现教师队伍治理体系和治理能力现代化，教师主动适应信息化、人工智能等新技术变革，积极有效开展教育教学。教师成为让人羡慕的职业，广大教师安心从教，热心从教，舒心从教，静心从教的良好局面全面形成。

四、改革总体原则

一是确保方向，突出师德。坚持党管干部、党管人才，坚持依法治教、依法执教，保证教师队伍建设正确的政治方向。把提高教师思想政治素质和职业道德水平摆在首要位置，把社会主义核心价值观贯穿教书育人全过程，突出全员全方位全过程师德养成。

二是统筹规划，优先发展。坚持教育优先发展战略，把教师队伍建设作为教育事业发展的重中之重，优先谋划教师队伍建设，优先保障教师队伍建设投入，优先满足教师队伍建设需要。

三是深化改革，创新机制。抓住关键环节，优化顶层设计，推动实践探索，破解发展瓶颈，把管理体制改革与机制创新作为突破口，把提高教师地位待遇作为真招实招，增强教师职业吸引力。

四是分类指导，精准施策。坚持问题和需求导向，借鉴国内外先进经验，根据各级各类教师的不同特点和发展实际，采取有针对性的政策举措，定向发力，确保实效。

五、改革举措

在着力提升思想政治素质，全面加强师德、师风建设方面，一是加强教师党支部和党员队伍建设，二是全面提高教师思想政治素质，三是弘扬高尚师德。

在着力提升基础教育教师专业素质能力，全面深化基础教育教师管理综合改革方面，一是加大教师培养力度，二是提高教师培养质量，三是建设高素质专业化基础教育教师队伍，四是创新和规范中小学教师编制管理，五是优化义务教育教师资源配置，六是完善中小学、幼儿园教师准入和聘用制度，七是深化中小学、幼儿园教师职称和考核评价制度改革，八是完善中小学、幼儿园教师待遇保障机制。

在着力提升高等教育、职业教育教师专业素质能力，全面深化高等教育、职业院校教师管理综合改革方面，一是建设高素质创新型高等学校教师队伍，二是建设高素质双师型职业院校教师队伍，三是创新高等学校教师编制管理与优化教师资源配置，四是深化高等学校岗位管理和聘用制度改革，五是深化高等学校教师职称制度与考核评价制度改革，六是健全职业院校教师管理制度，七是推进高等学校和职业院校教师薪酬制度改革。

在强化保障和确保政策举措落地见效方面，一是强化组织保障。实行一把手负责制，坚持发展抓公平、改革抓机

制、整体抓质量、安全抓责任、保证抓党建，把教师工作摆上重要议事日程，细化分工，确定路线图、任务书、时间表和责任人。二是强化经费保障。各级政府要将教师队伍建设作为教育投入重点予以优先保障，完善支出保障机制，确保党和国家关于教师队伍建设重大决策部署落实到位。优化经费投入结构，优先支持教师队伍建设最薄弱、最紧迫的领域，加大师范教育投入力度。健全以政府投入为主、多渠道筹集教育经费的体制。规范经费使用，确保资金使用效益。三是强化资源保障。建立健全市、区、校三级教师专业发展支持体系，加强市、区级教师培训机构建设。建立北京市教师发展中心，建设一批教师发展示范基地校，支持高校建立教师发展中心，建立海外教师培训基地。支持教师掌握和运用新技术，不断更新教育理念、变革教学形态、创新教学方式、提升教学效益。四是强化督查督导。市、区两级党委和政府要将教师队伍建设列入督查督导工作重点内容，并将结果作为党政领导班子和有关领导干部综合考核评价、奖惩任免的重要参考。此外，实施意见在明确教师的特别重要地位、健全教师惩戒制度、建设现代学校制度、维护民办学校教师权益 4 个方面提出相应的要求。

（市教委人事处）

社会关注

校外培训机构疏解整治

2018 年，市教委、市民政局、市人力社保局、市工商局联合对无证无照实际开展教育培训的机构、开展学科类培训出现的“超标教学”“提前教学”“强化应试”等不良行为等乱象和行为进行治理。4 月 15 日，四部门联合印发《校外培训机构专项治理行动实施方案》，启动校外培训机构专项治理行动。行动成立由市政府相关负责人牵头的全市校外培训机构专项治理工作小组，办公室设在市教委，市工商局、市民政局、市人力社保局选派骨干力量参与。各区政府作为专项治理行动责任主体，成立由主管副区长牵头、相应部门人员参加的区治理小组，全面负责辖区专项治理工作。专项治理分为全面部署和排查摸底、集中整改、建立健全监管长效机制 3 个阶段。2018 年，市教委完成专项治理第一阶段和第二阶段工作。第一阶段，建立拉网排查、主管单位检查、机构自报自查、学生调查、社会举报核查、舆论督查基于信息化平台 6 项机制，全市排查出校外培训机构 12681 家，其中 7705 家存在安全隐患、办学不规范、资质不全等各类问题。第二阶段，建立分类整改、信息通报、台账销号、工作督查、信息化监管、风险防控、综合治理、黑白名单、联合执法、课后服务 10 项制度机制。截至 12 月 24 日，全市台账内的校外培训机构全部完成整改。累计执法检查 11348 次，对违规机构责令整改 2276 次，对 303 家机构实施行政处罚。指导各区加快教育培训机构疏解，共压缩培训机构 55 家，减少培训 13861 人次。依法推进 5 家民办高等教育机构退出。市教委、海淀区教委、丰台区教委推进治理工作态度坚决、措施有力，得到教育部通报表扬。

为进一步规范民办教育培训机构办学行为，提高办学质量，促进北京市教育培训市场健康有序发展，根据《中华人民共和国民办教育促进法》及有关法律法规和相关规范性文件的规定，市教委、市人力社保局于 11 月 9 日印发《北京市民办教育培训机构办学标准（暂行）》。办学标准中明确界定民办教育培训机构是指：在北京市行政区域内，由国家机构以外的社会组织或者个人，利用非国家财政性经费，面向社会举办的不具备颁发学历证书资格的教育培训机构。幼儿园不属于民办教育培训机构范畴。办学标准内容包括总则、组织机构、场所及相关安全保障、教育教学、资产财务与收费等共 27 条，对民办教育培训机构办学行为作出全面、具体、明确的规定。

（张代龙　胡雨）

北交大一实验室发生爆炸

12 月 26 日 9 时 30 分，北京交通大学东校区土建学院市政与环境工程实验室发生爆炸燃烧事故。事故为实验现场进行垃圾渗滤液污水处理科研实验时发生爆炸。事故造成 3 名参与实验的研究生死亡。9 时 34 分，北京市 119 指挥中心接到报警，消防部门调派 8 个消防中队、30 辆消防车赶赴事故现场处置。同时，市公安、应急管理、教育、卫生等部门和海淀区政府相关领导和人员赶赴现场开展救援和应急处置工作。10 时 20 分，火情得到控制。事故发生后，国务院、市委和市政府高度重视，先后作出重要批示，要求妥善做好善后工作，查明事故原因，汲取事故教训，严肃事故问责，加强实验室安全管理，切实维护校园安全稳定。市政府成立事故联合调查组，经调查，认定此次事故为一起责任事故。依据调查结论，公安机关对事发科研项目直接责任人立案侦查，追究相关刑事责任。根据干部管理权限，对包括学校党委书记、校长在内的 12 名党政干部和土木建筑工程学院党委进行问责，分别给予党纪政纪处分。

（张晓兰　华蕾）

（本栏责任编校　华蕾）

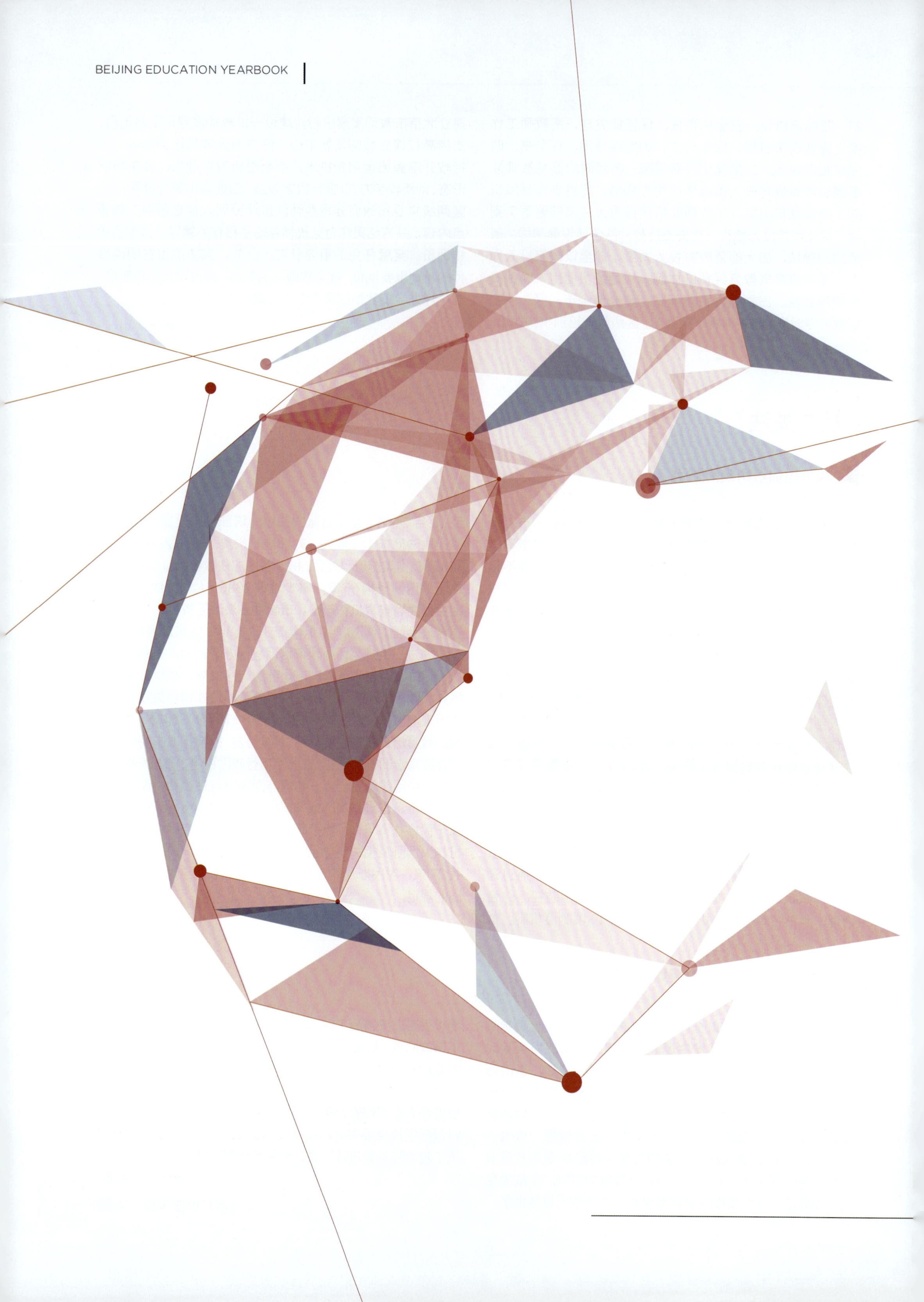

2019 | 大事记

MAJOR EVENT RECORDS

MAJOR EVENT RECORDS 大事记

2018年北京教育大事提要

JANUARY 01月

17日，市政府办公厅印发《北京市第三期学前教育行动计划》。

FEBRUARY 02月

6日，市教委修订印发《北京市中小学学生奖励和处分办法》。

MARCH 03月

21日，市教委、市发改委、市人力社保局等八部门联合印发《北京市特殊教育提升计划（2017—2020年）》。

APRIL 04月

15日，市教委、市民政局、市人力社保局、市工商局联合印发《校外培训机构专项治理行动实施方案》，启动校外培训机构专项治理行动。

MAY 05月

2日，习近平在北京大学师生座谈会上发表重要讲话。

JUNE 06月

8日，市委、市政府印发《关于统筹推进北京高等教育改革发展的若干意见》的通知。

JULY 07月

13日，市教委制定印发《关于进一步推进高中阶段学校考试招生制度改革的实施意见》。

AUGUST 08月

22日，市教委印发《北京市深化高等学校考试招生制度综合改革实施方案》，明确新高考实施方案。

SEPTEMBER 09月

7日，市委、市政府印发《关于全面深化新时代教师队伍建设改革的实施意见》。

14日，市教委印发《关于加强中小学生课后服务的指导意见（试行）》，在全市义务教育学校普遍建立弹性离校制度，提供课后服务。

OCTOBER 10月

18日，北京市率先召开全市教育大会，研究部署今后一个时期首都教育工作，全面开启首都教育改革发展新篇章。

NOVEMBER 11月

23日，市政府印发《关于鼓励社会力量兴办教育促进民办教育健康发展的实施意见》。

DECEMBER 12月

26日，北京交通大学市政与环境工程实验室发生爆炸燃烧事故。事故造成3名研究生死亡。

2018年北京教育大事记

1月

3日 市教委印发《关于初中综合社会实践活动、开放性科学实践活动计入中考成绩有关事项的通知》，自2018年起初中学生综合社会实践活动和开放性科学实践活动成绩计入相关科目中考原始成绩。

8日 2017年度国家科学技术奖励大会召开，北京高校以第一完成单位的34个通用项目入选。其中，国家自然科学奖二等奖7项，国家技术发明奖二等奖15项，国家科学技术进步奖一等奖2项、二等奖10项。

10日 市教委宣布成立北京市“紫禁杯”优秀班主任工作室并为工作室揭牌。

△ 国务院副总理刘延东到北京大学、清华大学考察。

12日 市长陈吉宁到北京大学宣讲中共十九大精神并与师生代表座谈交流。

17日 市政府办公厅印发《北京市第三期学前教育行动计划》，提出到2020年入园率达到85%以上；使普惠性幼儿园覆盖率达到80%以上；用2至3年基本解决无证办园问题。

5月4日，平谷一园教育学区举办学前读书节展示活动
（平谷区教委 供）

24日 市教委、市人力社保局公布2018年新增“3+2”中高职衔接办学项目，61个项目入选。

是月 中国人民大学、清华大学、北京大学相继成立习近平新时代中国特色社会主义思想研究院。

2月

1日 市教委批准北京市商务科技学校并入北京物资学院，商务科技学校建制撤销。

6日 市教委修订印发《北京市中小学学生奖励和处分办法》。原《北京市中小学奖励和处分办法》由北京市教育局于1991年印发，这是27年来第一次修订。

25日 市委教育工委召开2018年北京高校领导干部会议。会议由副市长王宁主持。

3月

16日 市委教育工委召开北京教育系统2018年全面从严治党工作会议。

21日 市教委、市发改委、市人力社保局等八部门联合印发《北京市特殊教育提升计划（2017—2020年）》，聚焦特殊儿童实际获得，以“保障每一个残疾儿童少年能够在公平、包容的环境中接受适宜的教育”为总体目标。

10月15日，顺义特教学校开展“孝满京城 德润人心”重阳节活动
（顺义特教学校 供）

24日至27日 市科协、市教委、市科委、市知识产权局、怀柔区政府联合主办第38届北京青少年科技创新大赛，评选出优秀青少年科技创新项目一等奖97项、二等奖195项等奖项。30万名青少年参加比赛。

29日 中国地质大学（北京）授予纳米比亚共和国总统哈格·根哥布名誉博士学位。

30日 32名学生获2017年度北京市中小学生金帆奖，159名学生获银帆奖。

△ 市委教育工委、中国人民大学共同举办习近平新时代中国特色社会主义思想研讨会暨北京高校思想政治理论课高精尖创新中心课程资源平台开通仪式。

是月 市教委启动中澳职业教育合作TAFE教育模式改革，首先在会计和学前教育两个专业开展改革试验。

至12月 市教委组织47万人次中小学生参加“四个一”活动。其中，8.60万人次中小学生参加天安门升旗仪式，10.80万人次中小学生走进国家博物馆，10.70万人次中小学生走进首都博物馆，16.90万人次中小学生走进抗日战争纪念馆。

4月

1日 中央美术学院举办百年校庆活动。

3日 市委书记蔡奇到首都师范大学、首都医科大学、北京工业大学3所市属高校调研。

12日 市教委、市发展改革委、市财政局、市人力社保局、市政府教育督导室联合发布《北京职业教育改革发展行动计划（2018—2020年）》，明确"立足需求、提升质量、优化布局、城教融合、协同发展"的职业教育改革发展基本思路，提出7个方面共15项改革任务。

△ 荷兰王国首相马克·吕特访问北京外国语大学。

13日　北京大学和香港科技大学牵头，多所北京及香港高校共同发起成立京港大学联盟。

15日　市教委、市民政局、市人力社保局、市工商局联合印发《校外培训机构专项治理行动实施方案》，启动校外培训机构专项治理行动。截至12月24日，全市台账内的校外培训机构全部完成整改。累计执法检查11348次，对违规机构责令整改2276项，对303家机构实施行政处罚。

11月15日，密云区教委开展校外培训机构专项治理行动集中整治联合执法　（密云区教委　供）

22日　教育部、市委教育工委、北京航空航天大学在第三个"中国航天日"来临之际，联合举办航天员与首都高校青年学生主题座谈交流会。

24日　2018年北京市属高校工作会议召开。

25日　市教委公布2017年度北京市教育教学成果奖名单，997项成果入选，其中，基础教育160项、职业教育218项、高等教育619项。

26日　教育部、中关村管委会认定首批12所高校共建中关村国家资助创新示范区高校技术转移办公室。

28日　教育部部长陈宝生考察中国政法大学。

30日　中共中央总书记、国家主席、中央军委主席习近平给中国劳动关系学院劳模本科班学员回信，向他们并向全国所有劳动模范、向全国广大劳动者致以节日的问候，勉励他们：珍惜荣誉，努力学习，继续拼搏，再创佳绩，激励广大劳动群众争做新时代的奋斗者。

至12月　市委宣传部、市文化局、市教委联合主办2018年北京市民族艺术进校园活动。活动共计演出853场，其中，中小学演出691场、高校演出52场、专场演出110场，覆盖16个区及燕山地区的近千所学校。

△ 市教委举办北京市第21届学生艺术节，70万人次中小学参与活动。

5月

2日　习近平在北京大学师生座谈会上发表重要讲话。

3日　新华社北京电：在"五四"青年节来临之际，习近平委托工作人员，向中国政法大学民商经济法学院1502班团员青年致以节日的问候，勉励他们用一生来践行跟党走的理想追求。

△ 市委教育工委召开北京教育系统学习贯彻习近平考察北京大学重要讲话精神座谈会。

5日　市教委向12家河北省社会大课堂资源单位授牌。

6日　市教委、市民委、市民族教育学会共同主办"中华民族一家亲，同心共筑中国梦"首届京津冀协同推进民族团结教育成果展示活动，三地签署《京津冀协同推进民族教育工作战略合作框架协议》。5月是北京市首个民族团结教育月，5月6日象征56个民族大团结。

11日　2018年北京市职业教育工作推进会暨职业教育宣传月启动。

12日　市教委印发《关于做好新高考背景下普通高中教学组织管理工作的通知》，从课程实施、选课要求、学生发展指导、教学组织、师资安排、学生管理、条件保障七个主要方面对区、校提出要求。

△ 首都高校第56届学生田径运动会开幕。运动会由市教委、市体育局主办，北京市大学生体育协会、中国人民公安大学承办。

4月至12月，市教委举办北京市第21届学生艺术节　（学生活动管理中心　供）

5月12日，首都高校第56届学生田径运动会开幕

（新闻中心 供）

23日 教育部、市委在清华大学举行“首都百万师生同上一堂课”启动仪式暨首场授课。

30日 市属高校实施“引智帮扶”工程签约，17所高校与帮扶的低收入村签订《引智帮扶协议书》，承接和启动帮扶任务。帮扶工程为期3年。

31日 市教委召开2018年北京高校本科教学工作会。

6月

1日 国务院副总理孙春兰到北京有色金属研究总院幼儿园、北京医科大学附属小学与少年儿童共度“六一”，向全国少年儿童致以节日的祝贺，向广大少儿工作者致以诚挚的问候。

7日至8日 52917名考生参加北京市2018年普通高等学校招生考试。23日，北京市2018年普通高校招生各批次录取最低控制分数线确定。统考考生录取51336人。

8日 市委、市政府印发《关于统筹推进北京高等教育改革发展的若干意见》的通知，提出到2020年，北京高等学校以立德树人为根本、教育教学为主业、科学研究为支撑的管理运行体系进一步健全完善，办学定位更加明确、优势特色更加突出、办学活力进一步增强。高等教育分类发展格局基本形成，服务北京经济社会发展的能力有效提升。

15日 市教委、天津市教委、河北省教育厅共同主办的2018北京外国留学生汉语辩论邀请赛决赛暨颁奖仪式在北京电视台举行。

19日 市教委公布2017年度北京民办高等学校及民办非学历高等教育机构办学状况年度检查结果，25所学校年检结论为“通过”、36所学校为“基本通过”、15所学校为“暂缓通过”、5所学校为“不通过”。

24日 法国总理爱德华·菲利普到访清华大学。

24日至26日 60464名考生参加2018年北京市高级中等学校招生考试文化课考试。其中，统一招生学校录取32272人、15所贯通项目学校录取2904人、112所提前招生学校录取10358人、“名额分配”录取10053人。这是北京市新中考改革方案下首次举行的文化课考试。

28日 10名学生入选2017—2018学年度“北京市优秀学生”。

29日 中央办公厅来电转达习近平寄语清华大学马克思主义学院2018届研究生毕业班全体同学。

至11月 市委教育工委、市教委共同举办“2018年北京大学生音乐节”市级集中展演活动。

至12月 市教委、市体育局、北京冬奥组委新闻宣传部、北京奥运城市发展促进中心联合主办2018年北京市中小学生冬季项目普及推广系列活动。

7月

6日 北京化工大学、中国农业大学、北京联合大学入选教育部2018年度全国创新创业典型经验高校。

13日 市教委制定印发《关于进一步推进高中阶段学校考试招生制度改革的实施意见》，更好地发挥中考在发展素质教育中的正确导向作用，促进教育公平。

14日至15日 清华大学举办第七届世界和平论坛。这是中国举办的第一个高级别非官方国际安全论坛。

16日 北京市教育信息化工作会召开，发布《北京教育信息化三年行动计划（2018—2020）》。

19日 市委教育工委、市教委召开机关系统巡察工作动员部署会，启动工作。至年底，完成北京教育志编纂委

12月，首都高校大学生阅读演讲比赛举行

（市教委相关处室 供）

4月20日，延庆一职开展信息化与教学深度融合公开课活动

（延庆一职 供）

员会办公室、北京教育新闻中心、北京市校办产业管理中心、北京学校后勤事务中心的巡察工作。

30日 2018“做文明有礼的北京人——市民高雅艺术殿堂文明行”之“青少年文明艺术夏令营”乡村学校少年宫专场活动在国家大剧院举行，来自北京9个远郊区乡村学校少年宫的中小学生参加演出。这是北京市乡村学校少年宫首次在国家大剧院举办专场演出。

8月

6日 150个团队入选2018年北京地区高校大学生优秀创业团队。

15日 市教委、市人力社保局、市财政局联合印发《北京市义务教育阶段中小学教师提供课后服务激励工作方案》。

22日 市教委印发《北京市深化高等学校考试招生制度综合改革实施方案》，明确新高考实施方案。

27日和9月7日 教育部分别公布2018年全国职业院校技能大赛常规赛项和行业特色赛项获奖名单，北京学生获得一等奖19个、二等奖36个、三等奖65个，其中珠宝玉石鉴定赛项获得全国冠军。

28日 新华社北京电：习近平近日作出重要指示指出，我国学生近视呈现高发、低龄化趋势，严重影响孩子们的身心健康，这是一个关系国家和民族未来的大问题，必须高度重视，不能任其发展。

30日 习近平给中央美术学院8名老教授回信，向他们致以诚挚的问候，并就做好美育工作，弘扬中华美育精神提出殷切期望。

△ 市政府办公厅印发《关于进一步加强学前教育管理的意见》，这是全市开展学前教育管理的重要指导性文件。

10月15日至26日，戏剧学院话剧《家》作为“高雅艺术进校园”剧目走进山西、河北巡演 （戏剧学院 供）

31日 马拉维共和国总统阿瑟·彼得·穆塔里卡率代表团访问对外经济贸易大学并发表主题演讲。

9月

4日 市教委、首都精神文明办、市妇联印发《北京市关于进一步加强中小学家庭教育指导服务工作的实施意见》，以健全学校家庭教育指导服务体系，提升学校家庭教育指导服务水平为目标。

7日 市委、市政府印发《关于全面深化新时代教师队伍建设改革的实施意见》，培养造就党和人民满意的高素质专业化创新型教师队伍。

9日 市教委举办“春风化雨桃李成林”——2018年教师节北京市师生主题展演活动，1500余名师生参加演出，3000名师生代表和关心首都教育发展的各级领导、各界人士代表共同观看演出。

10日 习近平出席全国教育大会并发表重要讲话。

9月21日，密云九幼开展中秋亲子喜乐会包元宵活动 （密云九幼 供）

△ 市财政局、市教委印发《北京市学前教育资助管理办法（修订）》《北京市普通高中资助管理办法（修订）》，完善各级各类教育学生资助体系。

13日 市委教育工委举行2018北京高校新生引航工程启动仪式。

14日 市教委印发《关于加强中小学生课后服务的指导意见（试行）》，在全市义务教育学校普遍建立弹性离校制度，提供课后服务。

15日 市委教育工委、团市委举办的2018京津冀大学生创意集市在雄安新区开幕。

18日 拉脱维亚共和国总统莱蒙德斯·韦约尼斯率高级代表团访问北京第二外国语学院。

23日 市教委公布2018年北京市职业院校技术技能比赛获奖名单，408人次学生获得一等奖，22名教师获得首席指导教师称号。

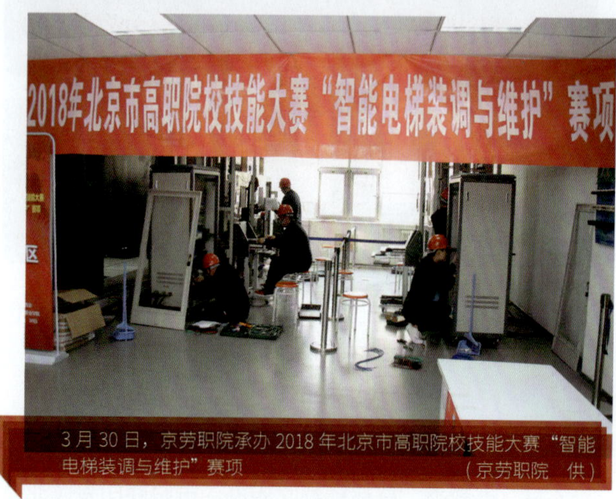

3月30日，京劳职院承办2018年北京市高职院校技能大赛“智能电梯装调与维护”赛项 （京劳职院 供）

27日 市教委印发《关于推进中小学学区制管理的指导意见》和《关于推进中小学集团化办学的指导意见》。

是月 北京高校新增9个教育部重点实验室。

10月

15日 中国科学技术协会、教育部、市政府等共同主办的2018年全国科学道德和学风建设宣讲教育报告会在人民大会堂举办。

△ 北京高校6个项目在第四届中国“互联网+”大学生创新创业大赛中获得金奖，其中，北京理工大学“中云智车——未来商用无人车行业定义者”获得全国总冠军。比赛由教育部、中央网络安全和信息化领导小组办公室、国家发展改革委等部门和福建省政府共同主办，全国高校共有64万个项目参赛。

17日 教育部办公厅公布首批“三全育人”综合改革试点单位名单，北京入选“三全育人”试点区，北京3所高校入选试点高校，10个院系入选试点院系。

18日 北京市率先召开全市教育大会，研究部署今后一个时期首都教育工作，全面开启首都教育改革发展新篇章。

22日至24日 市教委联合天津市教委、河北省教育厅在河北省保定市雄县举办京津冀职业院校校长领导力内涵建设高级研修班。

24日 市教委、市政府港澳事务办公室共同主办2018年“京港大学校长峰会”。

28日 市教委印发《空气重污染应急预案（2018年修订）》，明确将空气重污染预警由4个级别调整为3个级别。新预案发布后，市教委发布预警指令6次，其中，橙色预警4次、黄色预警2次，无红色预警。

28日至30日 市教委、市体育局联合主办第56届北京市中学生田径运动会，全市816名学生运动员参赛。

31日 市委教育工委主办的首都大学生中华优秀传统文化公开课在首都师范大学举行。

△ 萨尔瓦多共和国总统桑切斯·塞伦访问对外经济贸易大学。

至10月 北京地区普通高等学校、研究生培养单位共培养毕业生231394人。其中，北京生源毕业生63440人，占毕业生总数27.42%。按教育部统计口径，截至10月31日，毕业生总体就业率96.51%。

5月9日，中央美院毕业季启动，研究生毕业展同期开幕 （中央美院 供）

11月

2日 8所高校创业园入选第二批北京地区高校大学生创业园高校分园名单。

6日 何梁何利基金2018年度颁奖大会举行，北京高校11人获奖，其中，获得科学与技术进步奖10人、科学与技术创新奖1人。

7日 30个基地入选第二批北京市民终身学习示范基地。

8日 北京市第14届全民终身学习活动周开幕。活动表彰2018年160名市民学习之星，认定30个北京市第二批市民终身学习示范基地、16个北京市第二批职工继续教育基地、20个北京市第二批新型职业农民培训基地。

9日 市教委、市人力社保局联合印发《北京市民办教育培训机构办学标准（暂行）》，进一步规范民办教育培训机构办学行为，提高办学质量，促进教育培训市场健康有序发展。

△ “北京市名校长领航工程·李希贵校长工作室”开班仪式在北京市十一学校举行，刘宇辉出席开班式。这是北京市名校长领航工程首个校长工作室，标志着全市教育大会推出的首个战略工程启动。

10日 北京学前教育职业教育集团在北京青年政治学院成立。

10日至12月27日 市教委、市体育局、国家体育总局冬季运动管理中心、北京冬奥组委新闻宣传部、北京奥运城市发展促进中心联合主办 2018 年北京市第三届中小学生冬季运动会。

23 日 市政府印发《关于鼓励社会力量兴办教育促进民办教育健康发展的实施意见》，提出坚持“服务北京、优化结构，提高质量、规范发展”的工作思路，充分发挥民办教育作为首都教育有益补充的重要作用。

26 日 市教委、市人力社保局、市民政局、市编办、市市场监督管理局五部门共同印发《北京市民办学校分类登记办法》，要求民办学校在规定时间内完成分类登记。

△ 市教委、市人力社保局、市市场监督管理局联合印发《北京市营利性民办学校监督管理办法》，对学校设立、组织机构、教育教学、财务资产、信息公开、变更与终止、监督与责任等内容做出明确规定。

28 日至 12 月 2 日 市教委面向全市各区统一开展学生思想道德发展测评工作。抽测样本学校 444 所，参测学生 23461 人、干部教师 4482 人、学生家长 22534 人，建成全市中小学生思想道德发展测评数据库。

28 日至 12 月 4 日 在第三届全国学生“学宪法 讲宪法”活动全国总决赛上，北京学生获得 1 个冠军、1 个季军，2 个一等奖、1 个二等奖和 1 个三等奖。

12 月，丰台二中开展“宪法晨读”活动
（丰台二中 供）

29 日 市委教育工委、市新闻出版局联合举办第三届北京高校“诵读经典 礼赞辉煌”中华经典诗词诵读吟唱比赛决赛。

12 月

4 日 首都医科大学脑重大疾病防治省部共建协同创新中心、北京工业大学首都资源循环材料技术省部共建协同创新中心入选教育部 2018 年度省部共建协同创新中心。

5 日 市教委、市财政局印发《北京高校一流大学和一流学科建设管理办法》。

△ 市教委认定怀柔区为“北京市建设学习型城市工作示范区”，成为北京市第六个建设学习型城市工作示范区。

11 日 教育部党组与两委一室理论学习中心组在北京市八一学校开展联合学习。

19 日 市教委召开北京市中小学劳动教育基地建设研讨会。

21 日 教育部公布 2018 年国家级教学成果奖获奖项目名单，北京市 113 个项目获奖。其中，基础教育国家级教学成果奖一等奖 12 项、二等奖 28 项，职业教育国家级教学成果奖一等奖 3 项、二等奖 13 项，高等教育国家级教学成果奖一等奖 11 项、二等奖 46 项。

22 日至 24 日 129434 名考生参加北京市 2019 年全国硕士研究生招生考试。

26 日，北京交通大学市政与环境工程实验室发生爆炸燃烧事故。事故造成 3 名研究生死亡。

△ 市教委印发《关于进一步简化毕业生就业手续办理流程的通知》，明确市教委今后不再收取各类材料，改由学校审核并保存。

11 月 21 日，北京高校医药、卫生类毕业生就业双选会专场
（人才交流中心 供）

△ 北京文化艺术职业教育集团成立。

27 日 市委教育工委召开北京教育系统警示教育大会。

是年

至年底 市教委推进所属经营类事业单位改革。撤销首都师范大学国际教育发展中心和北京考试院北京高等学校教育科技发展中心，完成北京建筑大学北京市建设机械与材料质量监督检验站转企改制工作。

△ 市教委支持雄安新区建设，采取“交钥匙”工程方式，全额支持建设 1 所幼儿园、1 所小学、1 所完全中学。

△ 市委教育工委推进各高校落实党委领导下的校长负责制。北京 57 所高校均完成实施细则（办法）的制订（修订）工作。

△ 北京教育系统“一街三园多点”大学生创业孵化体系构建全面完成。创业环境、创业园承载能力及创业孵化成效均达到全国领先水平。市级创业园累计孵化大学生创业团队 300 余支，在园孵化团队 282 支，195 支团队完成工商注册，注册资金 4.2 亿元。

（华蕾）

（本栏责任编校 华蕾）

1657 所

幼儿园

45.06 万人

在园幼儿

7.17 万人

教职工

2019 | 学前教育

PRESCHOOL EDUCATION

PRESCHOOL EDUCATION
学前教育

综述

概述

2018 年，北京市共有各类幼儿园 1657 所，其中，教育部门办园 495 所、其他部门办园 47 所、地方企业办园 39 所、事业单位办园 46 所、部队办园 76 所、集体办园 251 所、中外合作办园 2 所、民办园 701 所（包括普惠性民办幼儿园 222 所）。在园幼儿 45.06 万人，比上年增加 0.51 万人，同比增长 1.15%；全市幼教职工 7.17 万人，比上年增加 0.26 万，同比增长 3.74%。其中，专任教师 3.89 万人，比上年增加 0.096 万人，同比增长 2.54%。

（郭春彦）

进一步加强学前教育管理意见发布

2018 年，北京市进一步加强学前教育管理。8 月 30 日，市政府办公厅印发《关于进一步加强学前教育管理的意见》。意见包括总体要求、主要举措、保障措施三部分，是北京市贯彻党的十九大精神、落实办好学前教育与实现幼有所育的要求、落实中央和市级关于学前教育管理的一系列规定与要求，以及推进实施第三期学前教育行动计划的重要举措，是全市开展学前教育管理的重要指导性文件，进一步明确学前教育管理的总体要求、主要原则、重要方面。11 月，市教委出台关于当前贯彻落实《关于进一步加强学前教育管理的意见》的通知，就区级主责落实、幼儿园安全主体责任、幼儿园视频监控运行、学前督查队伍和责任督学的日常巡检和督导、保教活动内容、师德师风检查、幼儿园家长委员会的作用、幼儿园安全事故报告、与相关部门的信息共享和联动机制、重大问题通报及问责机制十个方面提出具体要求，建立月报告制度。

（吕萍）

认定第 11 批市级示范幼儿园

1 月 15 日，市教委发文认定 9 所幼儿园为第 11 批北京市示范幼儿园。2017 年 10 月 24 日至 12 月 3 日，市教委组织市级示范幼儿园认定评审工作，经幼儿园自评申报、区教委核准上报、市教委组织评审等程序，认定商务部幼儿园等 9 所幼儿园为北京市示范幼儿园。至此，北京市示范幼儿园 195 所。

（彭兴蕊）

第 11 批北京市示范幼儿园名单

第 11 批北京市示范幼儿园名单
商务部幼儿园
北京市西城区西四北幼儿园
北京市西城区信和幼儿园
北京市西城区虎坊路幼儿园
国家机关事务管理局花园村幼儿园广源分园
中国科学院第一幼儿园
北京市房山区韩村河镇中心幼儿园
北京市房山区琉璃河镇中心幼儿园
北京市第四幼儿园长阳分园

（彭兴蕊）

第三期学前教育行动计划实施

1 月 18 日，《北京市第三期学前教育行动计划》发布。该计划通过扩大教育部门办园规模、支持其他国有单位办园、支持普惠性民办幼儿园、开展无证幼儿园分类治理、发展多样化学前教育服务、加强幼儿园师资队伍建设、严格幼儿园质量监管和业务指导七项举措，到 2020 年基本建成广覆盖、保基本、有质量的学前教育公共服务体系，全市适龄儿童入园率达到 85% 以上，普惠性幼儿园覆盖率达到 80% 以上，无证办园现象基本消除。

（孙艳云）

组织参加全国幼儿园优秀自制玩教具展评

2 月至 10 月，北京市教育技术设备中心组织幼儿园教师参加“张謇杯”全国幼儿园优秀自制玩教具展评。经过部署发动、区级展评、市级展评、全国展评等阶段，全市有 370 所幼儿园的 4600 名教师参加园级、区级展评，自制玩教具 2123 件。经过选拔后遴选出 224 件作品参加市级展评。作品内容涵盖科学类、益智类、综合类、运动类、建构类、艺术类 6 个类别。市级展评遴选出 30 件作品参加“2018 年‘张謇杯’全国幼儿园优秀自制玩教具展评活动”，其中，28 件作品入围终评并全部获奖：一等奖 10 件、二等奖 8 件、三等奖 10 件。北京代表团获得团体奖第四名和组织奖。

（赵文强）

“全国学前教育宣传月” 北京在行动活动启动

5 月 20 日，2018 年“全国学前教育宣传月”北京在行动启动仪式在北京市大兴区黄村镇第一中心幼儿园举行。启动仪式上，市教委部署工作；黄村一幼教师代表讲述教育故事，宣读“我是教师，我正在做”誓言；毕业生代表讲述“我眼中的幼儿教师”，分享幼儿园美好回忆；家长代表讲述幼儿在幼儿园的成长变化，宣读“我是家长，我正在做”誓言；参与活动全体人员在“守护童年 有你有我”签名墙签名留念；幼儿在“我的童年 由我做主”涂鸦墙绘画留念。全市各区教委学前教育科科长、教研室主任，全市男教师代表，黄村一幼部分教师、幼儿及幼儿家长 300 人参加启动仪式。活动由市教委主办，大兴区教委、黄村一幼共同承办。

（徐敏）

吉利学院举办国际幼儿教育发展论坛

8 月 27 日，北京吉利学院举办 2018 年国际幼儿教育发展论坛。论坛以“融合、共享、发展、未来”为主题，聚焦国际幼儿教育新思想、新理念、新实践。来自丹麦奥尔堡市政府学前教育主管部门、北丹麦大学学院、马来西亚砂拉越州 I-systems 教育集团、中华女子学院、芭学园教育研究院、红黄蓝亲子园、woho 国际教育等国际国内幼儿教育专家齐聚吉利学院，共同探讨国际幼儿教育发展议题，分享经验，共话未来。

（余雯颖　吕其永）

幼儿园“小学化”专项治理

8 月，市教委开展幼儿园“小学化”专项治理工作。市教委与市政府教育督导室联合印发《关于开展幼儿园“小学化”专项治理工作的通知》，各区结合实际情况，围绕通知中的五大治理任务，采取自查与摸排相结合、抽查与整改相结合、集中整治与长效机制相结合的措施，促进幼儿园落实以游戏为基本活动的教育形式，严格落实小学“零起点”教学，规范教育培训机构教育行为，为幼儿健康快乐发展营造良好环境。

（孙艳云）

保育教育

怀柔二幼研讨幼儿区域游戏

1 月 4 日，北京市怀柔区第二幼儿园组织大班教师开展区域游戏观摩研讨活动。教师学习《3 ～ 6 岁儿童学习与发展指南》中关于区域游戏的发展目标，带着问题从幼儿选区方式、游戏材料的投放、教师的介入指导、游戏后的分享等方面观摩学习。教师扮演幼儿游戏的支持者、合作者和引导者，参与幼儿游戏，承担小剧场里的观众、造型屋里的顾客、乐高游戏中的玩伴等角色。活动后，教师研讨发现的亮点与问题，探索支持幼儿游戏的好方法。幼儿 93 人参加活动。

（宋久红）

六一幼儿院园本教研活动

1 月 11 日，北京市六一幼儿院开展园本课程培养目标研修活动。活动以“爱在四季”为主题，观看幼儿一日生活视频短片，通过“小小书”和卡片风暴、共创共生、世界咖啡、制作海报及思维导图等方式展示教育策略，围绕“幼儿一日生活视频”“我们要培养一名怎样的幼儿”展开讨论，明确知爱、尚德、善思、乐创培养目标。区教研员、该院骨干教师、雄安新区雄县教育局及雄县幼儿园园长 50 人参加活动。

（张凤珠）

1 月 11 日，六一幼儿院开展园本课程培养目标研修活动

（六一幼儿院　供）

平谷四幼开展“学雷锋日”主题实践活动

3月1日至5日，北京市平谷区第四幼儿园开展“学习雷锋，从我做起”系列活动。各班教师利用图片展示、讲述雷锋叔叔的故事、学唱雷锋歌曲等形式，让幼儿感受雷锋叔叔乐于助人、艰苦朴素、勤俭节约的良好品质。幼儿园还组织部分党员教师及大班幼儿走进王辛庄镇敬老院送温暖，弘扬雷锋精神。

（张艳波）

芳庄三幼举办学雷锋主题日活动

3月5日，北京市丰台区芳庄第三幼儿园开展学雷锋主题日活动。幼儿听雷锋叔叔的故事、看雷锋叔叔的电影，知道乐于助人、自己的事情自己做，培养爱国情怀。师幼468人参加活动。

（刘毓）

延庆四幼开展体育专项培训

3月至12月，北京市延庆区第四幼儿园邀请华侨大学体育学院教师、东京大学医学院客座研究员开展体育专项系列培训。培训以“幼儿体育教师的心理准备”“幼儿体育活动这么做”“幼儿体育活动中的变化法”为专题，对身体基本动作、器械活动进行实操练习，讲授中大班“垫子”示范课，开展大班“躲避球”、小班“小狗爬与烤红薯”等活动。教师150人次参加培训。

（鲁爱文）

仁和中心幼儿园举办家庭教育讲座

3月16日，北京市顺义区仁和中心幼儿园举办“关注未来——和谐家庭亲子教育”专题讲座。该园邀请专家通过家庭教育实例，用互动的方式讲解以身作则——身教胜于言教、寻找幼儿成长的正向资源——关注优点、留点时间陪陪孩子、做一个学习型家长等内容。家长250人参加讲座。

（屈依蕾）

西红门双语幼儿园开展幼小衔接工作

3月至12月，北京市大兴区西红门双语幼儿园开展幼小衔接工作。幼儿园组织家长讲座活动2次，内容以入学准备及培养幼儿能力为主；参观兴海小学1次，通过参观教室、与小学生交流等形式，使幼儿熟悉小学生活；班级开展“有趣的数字”“笔的用途”等主题活动，以及扫码识字、借阅图书等活动，做好幼小衔接工作。

（郭雅伟）

良乡二幼开展传统文化教育课程建设

4月至12月，北京市房山区良乡第二幼儿园开展传统文化教育课程建设。该园在办园理念、育人目标、优势资源的基础上，确定传统文化教育课程方向，制定课程研究方案，确立课程发展性目标和教育性目标，筛选课程内容、搭建框架结构。课程以传统节日为载体开展主题活动，以皮影戏、扎染、剪纸等传统工艺制作为内容；以跳房子、推小车、舞龙（狮）等民间体育游戏项目为切入点，创设特色传统体育游戏区，并将摔方宝、翻绳、挑棍等传统桌面玩具融入过渡环节。

（安小盼）

明天幼稚集团开展幼儿自主性户外活动

5月8日，北京明天幼稚集团开展幼儿自主性户外观摩活动。活动设立体能训练大循环、滚筒游戏、攀爬、翻滚、投掷、跳跃、跨跳等项目，大中小班200名幼儿参加活动，自由选择独立或是团队游戏。教师作为观察者，分析幼儿在自主游戏中的创造、想象、探究、合作等表现。集团总部及各园执行园长、业务管理干部50人参加观摩活动。

（付鹰）

平谷一幼引进智伴机器人

5月18日，北京市平谷区第一幼儿园为每个班级购置一台“智伴机器人”。幼儿园注重激发幼儿阅读兴趣，与区图书馆合作，利用图书馆少儿数字平台资源，

3月1日至5日，平谷四幼开展学雷锋活动

（平谷四幼 供）

为每个班级购置一台“智伴机器人”，幼儿在过渡环节可以随时与之交流，听它讲故事，打造“智能伴读”少儿个性化服务品牌，营造务实、高效的书香氛围。

（于海清）

燕山东风幼儿园组织大班幼儿参观小学

5月29日，北京市房山区燕山东风幼儿园组织大班幼儿参观北京市房山区燕山东风小学。幼儿参观东风小学校园环境、操场、特色教室，观摩小学生课堂教学活动，近距离了解小学学习生活，为升入小学做好准备。

（纪樱梅）

怀柔三幼开展安全教育

5月29日和6月28日，北京市怀柔区第三幼儿园举办安全教育。幼儿园邀请怀柔区检察院检察官来园，通过“不听信陌生人的话语，有事及时和父母联系”“不随便搭乘陌生人的轿车”“不为陌生人带路”“爱护身体，拒绝物质诱惑”四个情景剧讲解自我保护知识，幼儿及教师274人参加活动。开展防溺水安全教育，各班级利用多媒体课件、图片、故事、儿歌等，让幼儿了解易发生溺水事故的危险地带，以及如何避免溺水等知识；利用微信公众平台、致家长的一封信等，宣传防汛知识，提高家长安全意识，幼儿、家长和教师共1700人参与活动。

（黄文娟）

大兴二幼举办共读诗词活动

5月31日，北京市大兴区第二幼儿园总园举办中班幼儿“共读诗词，分享童年，感受传统文化之美”诗词诵读表演活动。活动分三部分：“我爱读诗”环节中，幼儿依次诵读《所见》《江畔独步寻花》《蝉》等诗词；“诗乐翩翩”环节中，幼儿以打击乐方式完成诗配乐表演；“诗情画意”环节中，全体幼儿在家长陪伴下共同完成绘画作品。家长和幼儿160余人参与活动。

（王嘉美）

延庆二幼开展幼小衔接课程系列活动

6月1日至30日，北京市延庆区第二幼儿园大班开展幼小衔接系列活动。幼儿按照“四个一”开展活动，即“每天画日记一篇”“每天跳绳半小时”“每周到游戏区交往一次”“每周成长评奖一次”。教师和家长按照“三会”“一课”“五走进”“一典礼”开展活动，“三会”即干部座谈会、教师研讨会和家长培训会各1次；“一课”指幼儿园教师与小学教师互相听课4次；“五走进”指走进小学参观校园，走进班级熟悉入学生活，走进课堂上课，走进小学生中间互相交流，走进社团活动增长见识；“一典礼”是开展大班毕业典礼1次。延庆四小和延庆二幼教师、学生、家长800人次参加活动。

（曹怀秀）

工业幼儿园开展亲子阅读

9月1日，北京市昌平区工业幼儿园引入“飞猪”家庭亲子阅读项目。幼儿园邀请绘本阅读专家指导家长有效挖掘绘本价值，高效开展亲子阅读。幼儿园免费为家庭提供阅读材料，将幼儿分成小组，利用图书漂流的形式每月向每名幼儿提供8本精选绘本，拓展知识视野。幼儿在园3年可以阅读180本国内外优秀儿童绘本。同时，依托微信公众服务平台，为家长提供线上、线下分享交流、互相学习、答疑解惑等机会，营造书香氛围。至年底，730个家庭参与活动。

（刘丽坤）

教工幼儿园缓解小班幼儿分离焦虑

9月1日至6日，北京市昌平区教工幼儿园采取措施缓解小班幼儿与家长的分离焦虑。开学第一天，幼儿园让小班家长陪伴孩子半天，家长带着孩子参观幼儿园的环境、认识老师、认识新伙伴，熟悉幼儿园的一日常规，让幼儿喜欢来幼儿园。随后几天，幼儿园每天把幼儿的一日生活情况录制成视频，在接送时间段播放，让家长了解幼儿在园情

6月28日，怀柔三幼开展防溺水安全教育

（怀柔三幼 供）

况，减少家长的分离焦虑。小班教师面对幼儿的焦虑哭闹适度安抚，允许幼儿哭出来，告诉幼儿家长一定会来接他们，消除幼儿的担忧；通过互动游戏转移幼儿的注意力。

（褚小芹）

大兴二幼实验园开展亲子教育系列活动

10月至12月，北京市大兴区第二幼儿园实验园开展亲子教育系列活动。活动以家园对话为基点，以亲子活动为载体，园所通过精准定位家长群体，为幼儿家长定制“游戏化”体验课程，明确家园共育的价值。活动按照“爸”气来袭、“妈”到成功、“姥”当益壮3个主题分月推进，通过成立家长俱乐部、组织“智慧课堂”等形式，鼓励不同家庭角色的幼儿家长发挥自身价值，实现家园教育合力最大化。家长246人参与活动。

（郭青）

总后勤部六一幼儿园举办球类游戏活动

10月至11月，中国人民解放军总后勤部六一幼儿园开展“我是球星”球类游戏活动。各班组教师细化球类活动目标，小班学会拍球，中班能够左右手交替拍球，大班会变换花样拍球。小班开展“家园同乐，亲子球类游戏活动”，中班组织“小球星表演赛”，大班开展“花样拍球嘉年华”。幼儿300余人参加活动。

（张京）

密云五幼开展早教活动

10月12日，北京市密云区第五幼儿园开展0～3岁幼儿“零距离”早教活动。教师以《北京市0～3儿童早期教育指南》为依据，向家长宣传幼儿早期教育知识，回答家长咨询的问题，给幼儿测量身高体重，组织幼儿开展音乐游戏、户外游戏、拉绳画等活动，为0～3岁儿童创造社会交往、集体活动的机会。宾阳里社区幼儿及家长34人参加活动。

（商德良）

平谷一幼开展垃圾分类主题活动

12月，北京市平谷区第一幼儿园开展“垃圾分类、你我同行”主题活动。幼儿园成立垃圾分类检查小组，召开垃圾分类启动暨培训活动会，向每个家庭发放“小手拉大手、垃圾分类齐行动”环保倡议书。各教室、办公室、幼儿厨房添置垃圾箱，粘贴可回收垃圾、不可回收垃圾、厨余垃圾等分类标记。各班教师开展主题活动，帮助幼儿掌握垃圾分类知识和方法。同时结合大、中、小班幼儿的年龄特点，分别开展垃圾分类知识竞赛、“小手拉大手、垃圾分类齐行动”亲子宣传画报展和环保剧表演。

（于海清）

六一幼儿院举办绘本品读与教学技巧培训

12月10日，北京市六一幼儿院举办“绘本的品读与教学技巧”专题培训。培训由台湾著名作家、绘本阅读推广人方素珍主讲，通过生动形象的绘本故事，为教师讲解婴幼儿、低年级、中年级、高年级分级阅读方式，从欣赏文字、观察图画、享受寻找线索的成就感、延伸活动四个方面讲解阅读绘本的方法、家长如何与幼儿共读绘本等内容。教师70人参加培训。

（张凤珠）

泛海幼儿园学习京剧知识

12月20日，北京市朝阳区泛海幼儿园开展“我爱京剧”普及活动。幼儿欣赏《天女散花》《卖水》《西游记》等经典桥段，了解京剧四大行当和表演形式，并认识常见舞台道具；体验兰花指及京剧脸谱表演亮相，感受传统文化韵味和魅力。

（王剑玮）

延庆三幼开展生态环保教育系列活动

至年底，北京市延庆区第三幼儿园开展生态环保教育系列活动。组织幼儿到延庆八达岭森林公园开展“植树尽责”

10月至12月，大兴二幼开展亲子教育系列活动
（大兴二幼 供）

活动；走进延庆夏都公园开展观花卉、制作微景观、写生活动；邀请区林业局工作人员介绍鸟类知识，带领幼儿发出爱鸟倡议、制作宣传画，开展“保护鸟类资源，守护绿水青山”爱鸟周宣传活动。幼儿接受生态教育 2200 人次。

（韩淑香）

幼儿园选介

北京市东城区东华门幼儿园

2018 年，北京市东城区东华门幼儿园为教育部门办园类别，日托制，分本部和分园三址办学。本部占地面积 2212.24 平方米，校舍建筑面积 3009.08 平方米；大鹁鸽胡同校区占地面积 796.84 平方米，校舍建筑面积 938.94 平方米；国际职业学校校区（9 月独立建制）占地面积 3318.63 平方米，建筑面积 7728.28 平方米。全年教育经费投入 2021 万元。固定资产总值 15081.03 万元，藏书 1 万余册。本部拥有幼儿多功能厅、幼儿图书馆和科学活动室等专用教室 5 个，普通教室 7 个；大鹁鸽胡同校区拥有普通教室 4 个；国际职业学校校区拥有体能教室、社会活动室、美工教室 3 个专用教室以及 7 个普通教室。教室内设有多媒体教学一体机、便携式计算机等教学设施。教职工 91 人，包括教师 73 人，均为专科以上学历，中级以上专业技术职称 35 人；保健医 4 人，均为专科以上学历，中级以上专业技术职称 1 人。开设教学班 18 个，其中，小班 7 个、中班 8 个、大班 3 个。幼儿入园 116 人、离园 141 人、在园 513 人。

2018 年，幼儿园坚持“秉承传统、文化立园、以人为本、和谐发展”的办园理念和“生活即教育，行为即课程”的教育理念，开展迎新春闹元宵系列活动、春回大地龙抬头民俗活动、粽情端午乐享童年、中秋团圆喜乐会等传统节日主题活动；发挥语言教学特色，开展多种语言活动，小班幼儿每天聆听晨间故事提高倾听能力，中、大班开展图书漂流、戏剧表演等活动提高语言表达能力；注重体验式教育，开展小班幼儿体验春天种植活动、大带小活动、大班幼儿小学体验等活动；注重健康平安教育，将其渗入到幼儿一日生活中，开展平安校园教育、情景游戏健康教育等活动；利用每天微信打卡方式开展家园合作，共同促进幼儿阅读习惯、进餐习惯、刷牙习惯的养成。通过“送教观摩”“跟岗实践”的形式帮扶湖北郧县幼儿园；与天通苑南街道中心幼儿成为“拉手”对接园，发挥优质资源辐射作用。31 名幼儿参加中国儿童艺术剧院演出，表演童话剧《老鼠嫁女》。

（赵智虹）

11 月 25 日，东华门幼儿园参加中国儿童艺术剧院演出
（东华门幼儿园　供）

北京市第一幼儿园

2018 年，北京市第一幼儿园为教育部门办园类别，日托制，分本园、一幼吉祥分园、景山魏家幼儿园三址办园。幼儿园总占地面积 8895.40 平方米、校舍建筑面积 8265.71 平方米，设有儿童种植区域。全年教育经费投入 2345.58 万元，均为国家拨款。固定资产总值 2286.01 万元。图书室藏书 1 万余册。教学班内设有多媒体教学一体机、投影机等教学设备，拥有美工教室、幼儿阅览室和建筑游戏屋等 11 个专用教室。计算机 124 台，校园网出口总带宽 100Mbps，数字资源量 356GB。教职工 130 人，包括教师 103 人，均为专科以上学历，中级以上职称 47 人；保健员 6 人，均为专科以上学历，中级以上职称 1 人。开设 24 个教学班，其中，小班 9 个、中班 8 个、大班 7 个。幼儿入园 238 人、离园 210 人、在园 708 人。

2018 年，幼儿园承担“十三五”市规划课题“以绘本为载体开展戏剧活动的实践研究”、中国学前教育研究会“十三五”课题“绘本在幼儿园生活化科学主题活动中运用的实践研究”；开展“趣味盎然的游戏活动，多姿多彩的节气文化”系列活动，带领幼儿在游戏中学习、了解中国传统文化二十四节气的特点和历史，在民间习俗的体验中加深对节气的认识。共学共研共成长——刘金玉名园长工作室启动；发挥示范园辐射带动作用，与华北电力大学回龙观幼儿园对接签约，接待河北省张家口市崇礼区第一幼儿园跟岗代培干部教师；作为首都学前教育论坛的分会场，接待近百名代表。

（李思佳）

北京市东城区崇文回民幼儿园

2018年，北京市东城区崇文回民幼儿园分为东花市园区和东八角园区两址办园，占地面积0.25万平方米、建筑面积0.33万平方米。固定资产总值1416.40万元，全年教育经费投入1685.86万元。拥有计算机85台，普通教室27间。教职工65人（含专任教师53人），包括高级职称2人、中级职称11人、东城区骨干教师4人、本科以上学历24人。开设教学班13个，其中，小班5个、中班5个、大班3个。本园幼儿入园80人，离园107人，在园270人；分园幼儿入园24人，在园131人。

2018年，幼儿园将师德建设放在教师队伍建设首位，继续推进“师德师风建设年主题活动”，邀请北京市师德模范举办“让幸福从爱开始”讲座，开展“我是幼儿园教师”教育故事展播、教师“最美瞬间”摄影展、“感谢有你”微视频展播活动，加强教师职业理想和职业道德教育。遵循教师成长规律，围绕“强化能力，提升素质”总目标，以师德教育、新理念、新知识、新技能、新方法为主要内容，开展“骨干教师领域示范课”“师徒结对联动课”“新锐教师展示课”等活动，为不同阶段教师提供专业发展助力。开展“开放性室内体育活动，促进幼儿自主、全面发展”“在游戏中提高小班幼儿生活自理能力的研究”“以环境材料为切入点提高师幼互动的有效性”等教育研究，园本课题“民族传统文化与幼儿艺术教育的整合的研究”结题。树立“一日活动皆为课程”的理念，抓住传统节日教育契机，感受、体验民族文化的深厚底蕴，开展环境布置、蜡染、皮影、京剧脸谱、十二生肖剪纸、“故事大王”等活动。

（梁文红）

3月，崇文回民幼儿园举办第十一届娃娃庙会

（崇文回民幼儿园　供）

北京市第五幼儿园

2018年，北京市第五幼儿园为教育部门办园类别，日托制。幼儿园建有3个分园：五幼分园、附属实验园、红湖托管园。园本部占地面积8023.77平方米、校舍建筑面积6986.78平方米。全年教育经费投入5854万元，均为国家拨款。固定资产总值2215万元，无形资产1.85万元。拥有多功能游戏室、宝宝书吧和玩具图书馆等专用教室6个，普通教室20个。教室内设有多媒体教学一体机、无线控制触摸终端和钢琴等教学设施。信息化经费投入66.45万元，校园网出口总带宽1000Mbps，数字资源量793GB。教职工232人，包括教师181人（含专科以上学历179人，中级以上职称74人），保健医14人（均为专科以上学历，中级以上职称3人）。开设20个教学班，其中，小班9个、中班6个、大班5个。幼儿入园263人、离园196人、在园733人。

2018年，幼儿园深化探索集团办学模式机制，完善健全“六部一室”组织架构。附属实验园从五幼脱离独立。城市副中心园完成第一批设备申报采购、人员招聘带培工作；开展市“名园长发展工程”活动，接待澳大利亚卧龙岗大学儿童早期发展考察团交流和大连市名园园长挂职锻炼，持续开展对京郊“手拉手”园、农村姐妹园的多元指导帮扶，发挥辐射示范作用。

加强教师队伍建设。开展“正心正行学榜样，潜心育人做先锋”主题师德教育活动，包括“生态文明美丽中国”道德讲堂、“解密心灵密码·实施有效沟通”答疑解析会，“真实的情智慧的爱”师德交流活动等；开展“书香五幼”系列读书活动，向教师发放《儿童自然体验活动指南》等专业书籍；延续“走出去、请进来”等措施，先后派送教师赴本市及外埠参加“学习故事”“STEM”“《赵云计划》职业化中层打造课程”等高级研修，外请专家来园开展“海森高区角游戏模式二阶培训”“教师艺术素养与实

5月30日至6月1日，北京五幼开展庆"六一"科技嘉年华活动
（北京五幼　供）

践能力提升""德国玩具实操""非洲鼓实践探索"系列专题研训；启动首届园级课题申报，教师10人申报成功；组织教师完成市级公共必修课程"社会主义核心素养与中华优秀传统文化"与2018年市政府民生项目培训课程，组织开展"挑食问题深挖掘""春夏防病齐上阵"等专题合作研究。

（石利颖　吕晓菲）

北京市东城区崇文第三幼儿园

5月30日，崇文三幼举办"传统文化润童心"游园会
（崇文三幼　供）

2018年，北京市东城区崇文第三幼儿园为教育部门办园类别，日托制。占地面积3988平方米、校舍建筑面积3216平方米。全年教育经费投入1818万元，均为国家拨款。固定资产总值1011万元。图书10280册。拥有特殊资源教室、幼儿棋类教室和感觉统合教室等专用教室5个，普通教室14个。计算机95台，多媒体教室座位16个，校园网出口总带宽2Mbps。教职工70人，包括教师52人，均为专科以上学历，中级以上职称24人；保健员3人，中级以上职称1人。开设14个教学班，其中，小班5个、中班5个、大班4个。幼儿入园145人、离园147人、在园419人。

2018年，幼儿园加强党建引领和管理工作，全面优化教职工整体素质，努力做到"5个一"（一个建设、一个学习、一个活动、一个讲堂、一个公开）。完善管理干部代课制度和教研组长与新班长牵手制度，开展"师德关键词解读""画解师德""师德承诺"等系列师德师风建设活动，形成园本《师德手册》的思路和框架。注重不同层级、不同岗位的学习培训，16人次参与市区"南北精品课"培训和学习，6人赴青岛、青海送教下乡。开展食物中毒、诺如病毒疫情实践性演练，在保育教师中进行应知应会知识答题及卫生消毒工作抽签答题活动，促进日常保育工作质量的提升。

幼儿园借助社会资源，开设足球、篮球、小提琴、京剧等特色活动课程，以年级组为单位开展"足球乐"亲子运动会，设计"带着足球去旅行""美人鱼扑球赛""欢乐双响炮"等趣味足球游戏项目，以及第二届"童乐杯"足球表演赛、冠亚军争夺赛。

（李晶）

北京市西城区长安幼儿园

5月24日，长安幼儿园举办亲子健身活动
（长安幼儿园　供）

2018年，北京市西城区长安幼儿园为教育部门办园类别，日托制。分本园、和平门分园两址办学，本园占地面积2911平方米，校舍建筑面积1334.5平方米，运动场地面积680平方米；分园占地面积2448平方米，校舍建筑面积1290.50平方米，运动场地面积740平方米。藏书0.30万册，固定资产总值941.80万元。全年教育经费投入2494.50万元。学校信息化经费投入56.21万元，拥有计算机131台，多媒体教室座位30个，校园网出口总带宽100Mbps，数字资源量300GB，大班"信息技术"课程1课时/周。拥有音乐、美术、计算机等6个专用教室，普通教室12个，教室内设有多媒体教学一体机、钢琴、新风系统等设施。教职工60人，包括教师45人，均为专科以上学历，中级以上职称20人；保健医3人，均为专科以上学历，中级以上职称1人。开设教学班11个，其中，本园小班3个、中班2个、大班2个；分园小班2个、中班2个。幼儿入园97人、离园63人、在园258人。网址：www.xchcayey.org。

2018 年 9 月，和平门分园开园。年内，幼儿园接待市区各部门安全检查 25 次、廉政检查 3 次、领导调研 3 次、督学下校指导和检查 5 次，不断提升工作质量。组织健身节、传统节日活动、“三悦”故事会活动，让幼儿在活动中快乐成长。组织“三位一体，培养幼儿生活中的美的实践研究”和“两寻找、三研究”教研活动，教师 270 人次参与，并以展板方式向全园展示研究成果，12 篇论文和 33 篇研究案例获得市区奖项。

（徐莹）

北京市北海幼儿园

12 月 28 日，北海幼儿园幼儿开展庆新年活动

（北海幼儿园　供）

2018 年，北京市北海幼儿园为教育部门办园类别，日托制。分本部、后海分部、什刹海学区学前教育活动中心三址办园，占地面积 2.66 万平方米、建筑面积 1.18 万平方米。全年教育经费投入 5063 万元，固定资产总值 4740 万元。图书室藏书 2.57 万册。信息化经费投入 6.30 万元，校园网出口总带宽 100Mbps，数字资源量 1350GB。拥有计算机 324 台，多媒体教室座位 40 个。幼儿园设有科学屋、儿童图书室和玩具图书馆等专用教室 8 个，普通教室 26 个。教职工 145 人，包括高级职称 9 人、中级职称 51 人、市级骨干教师 3 人。教职工中专任教师 127 人，包括全日制硕士研究生 2 人、本科学历 105 人、专科学历 20 人。保健医 6 人，包括中级职称 2 人。开设 30 个教学班，其中，全日制小班 10 个、半日制小班 3 个、中班 9 个、大班 8 个。幼儿入园 283 人、离园 256 人、在园 817 人。网址：www.bjsbhyey.cn。

2018 年，幼儿园坚持立德树人的根本任务，以文化建设为主线，以师德建设为核心，深化主体性教育，支持人人在快乐发展中做真正的自己。“支持幼儿做真正的自己——幼儿自主发展教育教学路径研究”课题获 2018 年基础教育国家级教学成果二等奖。幼儿园推进学前教育改革，支持雄安新区、通州行政副中心建设。通过完善制度机制提高管理效能，通过“中心组学习”“行政教研”及“实践研究”等活动加强干部、教师队伍培养；通过“培训大会”“科研年会”等活动促进研究成果的推广；通过“迷你课堂”“送教下社区”等工作发挥示范园辐射作用；通过实践探索“一月一节”和“主题游戏”支持幼儿自主发展；通过国际交流活动传播、拓展教育理念。

（董迎春）

北京市西城区西四北幼儿园

2018 年，北京市西城区西四北幼儿园为教育部门办园类别，日托制。占地面积 4974 平方米，校舍建筑面积 3086 平方米。全年教育经费投入 1833 万元。固定资产总值 557.53 万元。图书室藏书 3263 册。拥有专业美术教室 1 个，普通教室 10 个。台式计算机 29 台，便携式计算机 13 台，信息化经费投入 23860 元，校园网出口总带宽 1024Mbps，数字资源量 25GB。教职工 45 人，包括教师 37 人，均为专科以上学历，中级以上职称 26 人；保健员 2 人，均为专科以上学历。开设 10 个教学班，其中，小班 4 个、中班 3 个、大班 3 个。幼儿入园 108 人、离园 77 人、在园 272 人。网址：www.bjxsbyey.cn。

2018 年，幼儿园开展“优秀教师”“我心中好老师”评选活动以及师德主题宣讲活动，坚持“以科研为引领，助力园所发展”的宗旨，采用师徒结对、专家讲座、外出参观、教师交流、参与式培训、体验式教研等方式开展教科研活动。完成市级示范园区内展示活动，接待姐妹园观摩，发挥示范辐射作用。开展“红五月”经典诵读、第三届“我是快乐中国娃、玩转六一嘉年华”、端午中秋主题活动、首届传统故事大会等活动，促进幼儿快乐成长。

（丁怡）

北京市朝阳区泛海幼儿园

2018 年，北京市朝阳区泛海幼儿园为教育部门办园类别，日托制。占地面积 4495 平方米、建筑面积 3026 平方米、活动场地面积 1016 平方米。固定资产总值 1646 万元。全年教育经费投入 1605 万元。专用教室 1 个，普通教室 11 个，教室内设有多媒体教学一体机、数码相机和液晶电视等教学设施。教职工 51 人，包括教师 45 人、保健员 3 人，专科以上学历 51 人，高级职称 5 人、中级职称 6 人。开设教学班 11 个，其中，小班 4 个、中班 4 个、大班 3 个。幼儿入园 111 人、离园 113 人、在园 355 人。

2018 年，幼儿园着力打造兼具高尚师德和专业素养的教师队伍，开展奥尔夫音乐、幼儿数学教育、架子鼓等研修培训，外出学习教师回园“二次培训”；承接 5 次市、区观摩研讨活动，为教师成长搭建平台。在五大领域教育基础上，开展系列活动，促进幼儿全面发展：1 月至 3 月，开展走进

6月4日，泛海幼儿园组织幼儿参观超市
（泛海幼儿园 供）

大自然活动，用脚步丈量春天，寻找“春姐姐”；3月至6月，开展“艺术的种子、想象的翅膀”艺术节活动；7月至9月，举行秋季运动会；10月至12月，举办“文化无国界、泛海汇童才”国际文化节活动。重视家园共育工作，鼓励家长参与幼儿园管理，发挥家长职业特性和特长，开展家长进课堂等活动。

（郭嘉）

北京市朝阳区水碓北里幼儿园

2018年，北京市朝阳区水碓北里幼儿园为教育部门办园类别，日托制。占地面积2649平方米、建筑面积2312平方米、活动场地面积1034平方米。固定资产总值549万元。全年教育经费投入1506万元。普通教室10个，设有液晶电视机、数码照相机和电子白板等教学设施。教职工58人，包括教师44人，均为专科以上学历，高级职称6人、中级职称16人；保健员2人，均为专科以上学历、中级以上职称。开设教学班10个，其中，小班4个、中班3个、大班3个。幼儿入园91人、离园76人、在园258人。

2018年，幼儿园注重师德师风建设，通过专家讲座、集体研讨、撰写个人反思总结、师德评比、接受幼儿及家长监督等方式，引导教师深入了解自身职责及工作要求，提高教师的职业道德及自我要求；根据教师教龄及发展水平进行梯队化培养，组织专题讲座及培训、玩教具评选、五大领域听评课及主题环境评优分享等活动，结合师徒结对、参与课题等方式，促进教师的学习与交流。开展第三届文化节活动，渗透文化教育，培养幼儿博物馆情怀，发挥园所艺术教育优势，引导幼儿进行艺术创作，提高艺术素养；组织国子监大班毕业开笔礼、“六一”亲子嘉年华等活动，在皮影、风筝、扇子等手工制作中获取经验，引导幼儿了解传统文化；开展阳光体育及倾听与表达特色课程，促进幼儿全面发展。

（白文红）

北京市丰台区丰台第一幼儿园

10月17日，丰台一幼开展重阳节敬老系列活动
（丰台一幼 供）

2018年，北京市丰台区丰台第一幼儿园为教育部门办园类别，日托制，分六址办园：丰台区第一幼儿园本园、丰台区第一幼儿园丰益分园、丰台区第一幼儿园民族分园、丰台区第一幼儿园草桥分园、丰台区第一幼儿园顺八分园、丰台区第一幼儿园西局分园。总占地面积2万平方米，校舍总建筑面积1.17万平方米。固定资产总值2460.9万元，全年教育经费投入4198万元。拥有美术创意教室、音乐室和绘本图书馆等专用教室18个，普通教室51个。教室内设有电视机、多媒体设备和钢琴等教学设施。教职工117人，包括教师95人，均为专科以上学历，中级以上职称30人；保健员8人，均为专科以上学历，中级以上职称4人。开设教学班51个，其中，小班19个、中班18个、大班14个。幼儿入园635人、离园490人、在园1529人。网址：www.youshibaodian.com。

幼儿园坚持以科研为导向，鼓励教师做研究型教师，初步形成“FTYY”（Family、Teacher、Young、Yard）园本化课程，开展“六一”科技嘉年华、新春庙会、“一封家书”和敬老爱老等活动，承担“上海幼教年会”课程专场和“丰台区课程领导力项目”观摩活动。幼儿园党支部被评为北京市先进基层党组织，北京卫视大型党建系列片《为你而歌》第一集播放该园党支部先进事迹《“红杉树”下一起成长》。

（赵秀敏）

中国人民解放军总后勤部六一幼儿园

2018年，中国人民解放军总后勤部六一幼儿园（中央军委机关事务管理总局六一幼儿园）为北京市示范幼儿园，日托制。占地面积2.40万平方米、建筑面积1.10万平方米。幼儿图书1.53万册，教师用书6616册。固定资产总值1098.49万元。全年教育经费投入966.77万元，其中，国家拨款486.2万元、自筹经费480.57万元。园内建有幼儿礼堂、幼儿活动室和音体室等配套用房，教室内设有钢琴、多媒体教学一体机和移动黑板等教学设备。教职工96人，其中专任教师45人，均为专科以上学历，包括中学高级教师2人、中级教师22人；保育员13人，包括高级保育员6人、中级保育员7人；后勤工作人员38人。开设教学班13个，其中，小班3个、中班4个、大班5个。幼儿入园64人、离园110人、在园369人。

2018年，幼儿园开展师德师风教育，争做“四有”好教师，制定《师德考核评价标准》，每学期通过自评互评、建立师德诚信记录，培植立德树人的良好育人环境，在教师节之际组织“我是幼儿教师”师德演讲活动。开展玩教具评比、户外操节评比、主题活动PPT展示交流、学习故事交流、保育员五项技能赛等岗位练兵活动，组织理论讲座、观摩活动、技能展示等各类培训20次。组织“快乐春游”“我是中国人”“快乐采摘”“欢乐中国年”等活动，让幼儿在玩中学、游戏中学，发挥幼儿的自主性和创造性。幼儿园成立家长委员会，制定家委会制度，从各班遴选9名家长为家委会成员。出版《幼儿园阳光体育精品示范活动》和《幼儿园16周新标准带量食谱》图书，由中国农业出版社出版。

（张京）

北京市丰台区芳庄第三幼儿园

3月至12月，芳庄三幼开展首次家长进课堂活动

（芳庄三幼　供）

2018年，北京市丰台区芳庄第三幼儿园为教育部门办园类别，日托制。占地面积6999平方米，校舍建筑面积5093平方米。固定资产总值1681.93万元。全年教育经费投入2182.25万元。拥有幼儿图书室、美术教室等专用教室7个，普通教室18个。教室内设有多媒体教学一体机、计算机等教学设施。教职工69人，包括教师57人，均为专科以上学历，中级以上职称36人；保健员6人，均为专科以上学历，中级以上职称4人。开设18个教学班，其中，小班6个、中班6个、大班6个。幼儿入园147人、离园112人、在园485人。

2018年，幼儿园倡导“师德为先、幼儿为本、能力为重、终身学习”的培养宗旨，注重文化建设，以园所文化为核心，逐步完善“阳光开放课程”，创设适合儿童学习的情境和氛围；继续开展“幼儿园绘本教学游戏化的研究”“幼儿园数学教育游戏化的研究”等主题实验和进程式主题研究；出版《沐浴阳光 书写成长》《在阳光下快乐成长》。

（刘毓）

北京市石景山区师范学校附属幼儿园

2018年，北京市石景山区师范学校附属幼儿园为教育部门办园类别，日托制。占地面积3370平方米，校舍建筑面积2621平方米，运动场地面积1536平方米。全年教育经费投入1810万元，其中，国家拨款1573万元、自筹经费237万元。固定资产总值2448.82万元。藏书0.68万册，阅览室2个，阅读座位60个。拥有美术和特教专用教室2个，普通教室10个。计算机25台，多媒体教室座位40个。信息化经费投入4.38万元，校园网出口总带宽10Mbps，数字资源量421GB。教师37人，包括专科以上学历35人、中级以上职称24人。保健医2人，均为专科以上学历。开设10个教学班，其中，小班4个、中班4个、大班2个。幼儿入园96人、离园69人、在园267人。

2018年，幼儿园以《幼儿园教育指导纲要》《3～6岁儿童学习与发展指南》为引领，在全面实施“健康、语言、社会、科学、艺术”五大领域课程的基础上，借助市级课题“幼儿园社会性主题活动课程构建的实践研究”创新园本课程，依托春节、元宵节、清明节、端午节等传统节日开展社会性主题活动，让幼儿了解传统节日的传说故事与多样习俗，感受传统节日情感内涵。幼儿园以“师德弘扬”为根基，强化教职工队伍建设，引导教师明确职责，打造师德高尚、业务精良、团结合作的教职工队伍。年内，幼儿园获得“北京市三八红旗集体”称号。

（张惠文　苗淼）

北京市石景山区实验幼儿园

2018年，北京市石景山区实验幼儿园为教育部门办园类别，日托制。占地面积8184平方米，校舍建筑面积6378平方米。固定资产总值5428.94万元。全年教育经费投入1583.41万元，其中，国家拨款1348.11万元、自筹经费235.30万元。拥有宝贝厨房、美术长廊和科学建构室等专用教室5个，普通教室11个。教室内设有互动大屏、计算机和功能墙等教学设施。教职工45人，包括教师38人（含大专以上学历37人、中级以上职称19人），保健员2人（均为大专以上学历、中级以上职称1人）。开设10个教学班，其中，中班6个、大班4个；在园291人。网址：syy.sjsedu.cn。

2018年，幼儿园坚持阳光文化助推品牌特色发展的工作思路，内化师德师风建设，推进多元课程建设，开展家校课堂、快乐入园、趣味运动会、指北针定向越野、庆“六一”儿童画展、毕业典礼、汇操比赛、棋趣开放等活动，培养阳光儿童。开展“以善育美的阳光队伍”系列主题活动，先后举办“团队之建、融美好大爱”“技能之修、提专业素养”“工会之力、育美好心灵”等活动；开展食育活动，新增棋趣活动和小足球运动。幼儿园先后两次对全区开放，接待香港代表团、江西幼儿园园长、安徽幼儿园教师到园观摩；完成秦皇岛幼儿园园长、保健医，内蒙古宁城县直属机关第一幼儿园园长、教师挂职学习任务。

（张艳君）

北京明天幼稚集团

10月17日至24日，明天幼稚集团与挪威同行开展教育交流活动
（北京明天幼稚集团 供）

2018年，北京明天幼稚集团为教育部门办园类别，日托制。占地面积67632平方米，校舍建筑面积57419平方米。固定资产总值15638.83万元。全年教育经费投入28059.95万元。拥有互动教室、视频会议室和特色教室等专用教室41个，普通教室154个。教室内设有电子白板、计算机和电视等教学设施。正式在编教职工651人，包括教师462人（含研究生学历13人、本科学历400人、专科学历49人，中学高级职称13人、小学高级职称220人）；保育员41人，保健医28人。开设146个教学班，其中，小班59个、中班45个、大班42个。幼儿入园1747人、离园1630人、在园4655人。网址：www.mtyzjt.com.cn。

2018年，集团坚持立德树人的根本目标，以幸福型组织建设为载体，全面推进幼儿园的文化管理，举办改革开放四十周年暨第三届首都学前教育论坛分论坛、中挪国际教育交流、幸福中国年等重点活动，完成2所幼儿园内部督导、3所幼儿园综合修缮工程、19所园文化门头改造工程等，重点实施幼儿园主题活动、体育集体教学、表演区游戏、自主生活活动等教育项目，推进幸福教育视域下集团化办园综合改革。年内，集团获全国“三八”红旗集体、“中国好老师”公益行动计划基地校、中国可持续发展教育卓越团队等称号。

（杨吉）

北京市六一幼儿院

4月26日，六一幼儿院西山庭院院区开展图书置换活动
（六一幼儿院 供）

2018年，北京市六一幼儿院为教育部门办园类别，一院四址办学。玉泉山院区为寄宿制，占地面积6.73万平方米，建筑面积1.70万平方米；西山庭院院区占地面积3100平方米、建筑面积2600平方米；西三旗院区占地面积4300平方米、建筑面积3400平方米。全院有藏书2.85万册，其中，幼儿图书0.40万册、教师用书2.45万册。固定资产总值7089万元。全年教育经费投入9234万元，均为国家拨款。院内建有美术教室、乐高教室、计算机房和小飞龙剧场等专用教室，配有多媒体、投影和音像等电教设备。院内设置种植园地、拓展基地、交通基地、小飞龙足球场等幼儿活动场所。教职工124人，包括专任教师99人，全部具有专科以上学历，高级教师12人、一级教师33人，北京市学科带头人1人、海淀区学科带头人7人、海淀区骨干教师8人。玉泉山院区开设教学班21个，其中，小班8个、中班7个、大班6个，在园幼儿581人；西山庭院院区开设教学班7个，其中，小班3个、中班2个、大班2个，在园幼儿172人；西三旗院区开设教学班9个，其中，小班4个、中班3个、大班2个，在园幼儿272人。全年幼儿入园396人，离园305人，在园1025人。网址：www.bj61.cn。

2018年3月1日，六一幼儿院雄安院区挂牌成立，是按照《北京市对雄安新区援助办学实施方案2018—2020年》援助的雄安新区雄县幼儿园。幼儿院利用红色教育资源，将幼儿园历史文化、爱国主义教育等内容纳入园本课程，提出“我是六一娃、我从延安来、我是中国人、我为中华而骄傲”的红色课程培养目标。新学年第一天三院区幼儿开展“开学第一课”根的教育：贴院标、发现幼儿园的新变化、我从延安来、参观院史馆、听六一的老故事、观看《啊！摇篮！》电影、纪念马背摇篮群雕、升国旗仪式八个环节，传承红色传统、红色记忆、红色基因。坚持国防教育、爱解放军教育，被海淀区政府确定为“爱国主义教育基地”。编排富有陕北风情的《腰鼓舞》，体现六一幼儿院从延安到北京的红色历史，打造寻根文化。

（张凤珠）

北京师范大学实验幼儿园

11月29日至30日，北师大实验幼儿园举办开放式户外体育活动
（北京师范大学实验幼儿园 供）

2018年，北京师范大学实验幼儿园为其他教育部门办园类别，日托制和寄宿制兼收。设有2个分园，总占地面积1.60万平方米，其中，本园8595平方米、望京分园3461平方米、龙樾分园4000平方米；建筑总面积1.53万平方米，其中，本园6613平方米、望京分园3880平方米、龙樾分园4812平方米。藏书3.30万册。固定资产总值3407万元，包括新增159万元。全年教育经费投入4477万元，其中，国家拨款941万元、自筹经费3536万元。园内设有多功能厅、音乐教室、美术教室等专用教室，设有幼儿图书借阅室、教师借阅室。教职工335人，包括专任教师180人、保育员48人、保健员16人。教师中研究生学历34人、本科学历78人、专科学历68人，一级职称36人。开设教学班48个，其中，婴班2个、小班14个、中班11个、大班9个、混龄班12个（包括全托班5个）。幼儿入园398人、离园380人、在园1337人。中文网址：child.bnu.edu.cn，英文网址：bnuk.english.bnu.edu.cn。

2018年，幼儿园响应“支持优质公办幼儿园通过租赁场地等方式举办分址、分部”“为社会提供普惠性服务”号召，租用望京大西洋新城会所并加以改造施工，10月8日望京分部正式开班，可容纳4个教学班。完成中国教育科学研究院课题“中国百年老园的发展样态研究”。运营管理系统、家校通APP2.0版投入使用。

（丁乐）

北京市海淀区民族幼儿园

2018年，北京市海淀区民族幼儿园为教育部门办园类别，日托制，只提供清真食物。占地面积1111.28平方米、校舍建筑面积1615.96平方米。固定资产总值412.49万元。全年教育经费投入1022.27万元，均为国家拨款。拥有音体教室1个、多功能教室1个、普通教室6个。教职工33人，其中，教师18人（包括满族教师3人、回族教师4人），均为专科以上学历；保健医2人，均为专科以上学历。开设6个教学班，其中，小班1个、中班2个、大班3个。幼儿入园39人、离园30人、在园181人（包括88个少数民族幼儿）。

2018年，幼儿园采取内外培训相结合的方式，通过“幼儿园主题活动”“幼儿园区域活动指导”“幼儿活动的观察与指导”“如何梳理教育活动反思”等系列培训和一日工作检查，提高教师组织教育教学活动能力和研究意识。组织教师参加第13届“当代杯”全国幼儿教师职业技能大赛，9人获一等奖，10人获二等奖，6人获三等奖；参加第八届“童心杯”论文评选，3人获二等奖，2人获三等奖。

（吴蕊）

北京市门头沟区第一幼儿园

2018年，北京市门头沟区第一幼儿园为教育部门办园类别，日托制。分三址办园，总园占地面积6300平方米、建筑面积3829.70平方米，西园占地面积3500平方米、建筑面积1736平方米，龙山分园占地面积5007.46平方米、建筑面积3486.41平方米。固定资产总值2010.52万元。全年教育经费投入2241.6万元。拥有音体厅、幼儿小厨房和美术教室等专用教室8个，普通教室16个。教室内设有计算机、玩具柜和电子屏幕等教学设施。教师68人、职员4人，包括专科以上学历67人，中级以上职称32人；保健员4人。开设16个教学班，其中，小班6个、中班6个、大班4个。幼儿入园181人、离园168人、在园466人。

2018年，幼儿园注重加强师德建设，提升办园品质，以“五彩课程”建设为中心，关注幼儿的学习方式，推进课程生活化、游戏化；承担中国学前教育研究会课题“健康饮食教育促进幼儿主动学习的实践研究”，北京市学前教育研究会课题“京西太平鼓融入幼儿园艺术领域的实践研究”。

（杨薇）

北京市门头沟区第二幼儿园

2018年，北京市门头沟区第二幼儿园为教育部门办园类别，日托制。占地面积4989平方米，校舍建筑面积3031.10平方米。固定资产总值469万元，全年教育经费投入1877万元。拥有音体室、美劳室和木工屋等专用教室6个，普通教室9个。教室内设有电子白板、钢琴等教学设施。教职工44人，包括教师32人、保健医2人，专科以上学历44人，中级以上职称13人。开设9个教学班，其中，小班3个、中班3个、大班3个，幼儿入园123人、离园12人、在园239人。

2018年，幼儿园落实师德建设“五步曲”，开展主题活动8次、艺术培训18次；分层培养教师，职初期教师开展7项培训，成熟期教师组织3项历练活动，骨干教师开展5项“担当”活动；承担区级课题1个、市级课题4个，提交市区级课例课件41件，获得区学前“双优评比”园本教研计划评优一等奖、园本教研活动评优二等奖。开展幼儿大型主题活动12次，全园开放性活动8次；开展健美课程、蓄美课程、立美课程、探美课程、创美课程各5项，突出“育美”特色，促进幼儿全面发展。家园互动活动8次，深入社区12次。

（贾文红）

北京市房山区良乡第二幼儿园

2018年，北京市房山区良乡第二幼儿园为教育部门办园类别，日托制。园所占地面积5602平方米、建筑面积3902平方米。拥有图书6178册、玩教具452种，固定资产总值448.33万元。全年教育经费投入1371万元，均为国家拨款。设有局域网络与电子监控系统，有亲子活动室和多功能厅等专用教室，设有幼儿书吧、家长阅览室，配有幼儿活动室12个、睡眠室12个。活动室内配有计算机、电子白板和投影仪等设备，室外设有大、中、小型活动器械160种。教职工55人，包括专任教师51人、有资格证保健医4人。全园专科以上学历教师53人（含本科学历47人），高级教师4人，一级教师19人。开设教学班11个，其中，小班4个、中班4个、大班3个。幼儿入园130人、离园120人、在园343人。网址：liangxiangeryou2011.ankang06.org。

2018年，幼儿园贯彻落实区教委“1123”工作思路及《房山区学前教育三年行动计划》，努力构建“传统文化教育”课程，践行“北京市快乐发展课程”的教育理念与方法策略；以“我身边的榜样”第四届“最美二幼人”师德系列活动为抓手，不断提升师德素养，争当“四有”好老师、争做四个引路人；以北京市规划办课题及北京市“家园共育”课题为依托，提升教师专业水平和科研能力；以“真爱家长学校”为媒介，调动多方资源，增强家园合力。投入143.94万元改造书吧、多功能厅、“哈巴玩具”专用教室，优化园所环境。

（安小盼）

北京市通州区新城东里幼儿园

2018年，北京市通州区新城东里幼儿园为教育部门办园类别，日托制，分东里幼儿园中大班部、玉桥东小区小班部两址办园。占地面积4712.39平方米、校舍建筑面积3213.02平方米。全年教育经费投入1995.60万元，均为国家拨款。固定资产总值774.09万元。藏书0.1万册。有音乐和科学2个专用教室，普通教室12个。计算机89台，信息化经费投入23.50万元，校园网出口总带宽100Mbps，数字资源量1000GB。教职工59人，包括教师52人、保健医3人，专科以上学历58人、中级以上职称14人。开设12个教学班，其中，小班4个、中班4个、大班4个。幼儿入园157人，离园78人，在园449人。

2018年，幼儿园坚持以人为本的管理思想，以教科研为先导，构建“润心”校园文化。实施润心教育，初步形成以快乐成长、绚丽色彩、拥抱自然、运动能手为主要内容的园本“四季课程”。创新教研活动，每个年级设两个教研组，分别负责专项教研和日常事务性工作，组建“绘本阅读”“学习故事”“科学活动”“奥尔夫课程”4个特色研究小组；探索幼儿园大课题带教师小课题研究模式，幼儿园承担北京市“十三五”规划课题1项、通州区“十三五”规划课题11项、北京市教育学会课题2项。

（史新杰）

北京市顺义区建南幼儿园

2018年，北京市顺义区建南幼儿园为教育部门办园类别，日托制。分永欣园、鲁能园两地办学，共占地面积1.08万平方米，校舍建筑面积0.65万平方米。全年教育经费投入2799.77万元，均为国家拨款。固定资产总值635.13万元。图书室藏书2.15万册。拥有音体和信息技术2个专用教室，普通教室21个。计算机47台，多媒体教室座位50个。信息化经费投入5.80万元，数字资源量280GB。教职工103人，包括教师63人，均为专科以上学历，中级以上职称28人。开设21个教学班，其中，小班7个、中班8个、大班6个。幼儿入园315人、离园150人、在园840人。

2018年，幼儿园针对因班额扩大而导致新教师增加的现状，将加强师德师风建设、提高职业道德素养作为着眼点，加强教师队伍建设。组织青年教师学习《习近平总书记系列讲话》《新时代幼儿园教师职业行为十项准则》、园所文化等内容，举办《园长讲师德——讲师德之礼，明师德之意》讲座，组织青年教师观看“虐童事件”视频，研读《未成年人保护法》，规范职业行为，强化职业道德和法治意识；开展教研活动帮助青年教师尽快成长。幼儿园举办《我爱祖国一万年》《国旗红红的哩》《国旗国旗多美丽》等歌曲传唱活动，对幼儿进行社会主义核心价值观教育；开展“小脚丫走天下”系列主题活动，引导幼儿爱国爱家乡，培养幼儿对祖国的热爱之情；开展新年包饺子、端午节包粽子、中秋节打月饼等民俗活动，让幼儿在动手操作中感知中华传统文化的魅力。年内，幼儿园出版《怎样做——仪式教育之升旗活动》。

（耿波）

北京市顺义区仁和中心幼儿园

2018年，北京市顺义区仁和中心幼儿园为教育部门办园类别，日托制。占地面积3989平方米，校舍建筑面积

2373 平方米。固定资产总值 458 万元。全年教育经费投入 1413 万元。拥有教科研室、阅览室和音体室 3 个专用教室，普通教室 8 个。教室内设有电子白板、计算机等教学设施。教职工 52 人，包括教师 26 人，均为专科以上学历，中级以上职称 12 人；保健员 2 人，均为专科以上学历，中级以上职称 1 人。开设 10 个教学班，其中，亲子班 2 个、小班 3 个、中班 3 个、大班 2 个。幼儿入园 110 人、离园 73 人、在园 329 人。

2018 年，幼儿园加强队伍建设，学习“四有”好老师和“四个引路人”标准，开展优秀教师示范岗评选、教学业务大练兵、树师德楷模、亲子共读、舞蹈和架子鼓技能培训、学前教育宣传月等活动，完善自主游戏课程，围绕听、读、画、说、演五个环节推进“绘本综合主题教育活动”研究。围绕书香育人文化思想，在每层楼道设置公共阅读区，安装书架、吊书篮，投放绘本图书。

（高国华　屈依蕾）

北京市昌平区教工幼儿园

9 月 20 日，昌平区教工幼儿园举办中秋佳节系列活动
（北京市昌平区教工幼儿园　供）

2018 年，北京市昌平区教工幼儿园为教育部门办园类别，日托制。占地面积 4525 平方米，校舍建筑面积 5673 平方米。固定资产总值 3212 万元。全年教育经费投入 2032 万元。设有多功能大厅 1 个，语言专用教室 1 个，普通教室 14 个。教室内设有多媒体教学一体机、便携式计算机、摄像机等教学设施。教职工 79 人，包括专任教师 65 人，其中本科以上学历 53 人、高级职称 9 人、中级职称 23 人；保健员 4 人，均为专科以上学历，中级以上职称 2 人。开设教学班 14 个，其中，小班 5 个、中班 5 个、大班 4 个。幼儿入园 141 人、离园 150 人、在园 462 人。

2018 年，幼儿园以“为了孩子的健康快乐发展”为办园宗旨，秉承“自主、开放、和谐、发展”的办园理念，形成“善思乐学，能说会道”的办园特色。幼儿园走自主发展、语言特色发展之路，以教科研为龙头，深化园所的语言特色教育，幼儿语言发展教育贯穿健康、语言、社会、科学、艺术五大领域。北京市教育学会“十三五”教育科研规划课题“在开放式区域游戏活动中发展幼儿语言能力的实践研究”通过专家组鉴定结题。每月开展两次师德师风教育活动，做新时代“四有”好老师和“四个”引路人。利用元宵节、端午节、中秋节等节日开展主题教育活动，弘扬中华民族传统文化。每月开展一次校园安全大排查，一次火灾或者地震逃生应急疏散演练活动、防恐防暴演练。每月更换盥洗间的环境创设内容，培养幼儿洗手、如厕良好习惯。每月开展一次幼儿体能锻炼展示活动。召开幼儿膳食管理委员会会议，举办预防幼儿意外伤害知识家教讲座，做好传染病预防培训工作。做好示范园的带头引领作用，帮扶昌平中馥慧幼儿园，接待北京市第六幼儿园回龙观园教师挂职学习；接待青海省“国培计划”乡村教师培训班的 100 余名学员到园参观，与内蒙古赤峰市阿鲁沁旗幼儿园结对帮扶。

（褚小芹）

北京市昌平区工业幼儿园

11 月 7 日，工业幼儿园组织幼儿消防体验活动
（昌平教工幼儿园　供）

2018 年，北京市昌平区工业幼儿园为教育部门办园类别，日托制。占地面积 10041.81 平方米，建筑面积 8933 平方米。藏书 1.30 万册，电子图书 200GB。固定资产总值 4495 万元。全年教育经费投入 2533 万元。拥有计算机 67 台，校园网出口总带宽 1000Mbps，数字资源量 600GB。普通教室 25 个、专用教室 6 个。教职工 148 人（包含特岗教师 48 人），包括专任教师 72 人，高级职称 10 人、中级职称 31 人，北京市骨干教师 1 人，本科以上学历 63 人。开设教学班 25 个，其中，小班 9 个、中班 8 个、大班 8 个。幼儿入园 238 人、离园 219 人、在园 720 人。网址：www.bjcpgyyey.cn。

2018 年，幼儿园开展全员培训学习《习近平新时代中国特色社会主义思想三十讲》，组织召开民主生活会、组织生活会、专题研讨活动。以健康 4.0 为统领，加强健康教育；开展“基于幼儿发展需求的课程设计与组织”教研活动，促进幼儿自主学习、个性发展。安装盥洗室、睡眠室、更衣间、户外及食堂监控，做到全园监控无死角，并购置网络存储设备，提高数据存储安全性；新建木工坊、沙水区，为足球场地重铺悬浮地板，为幼儿创设舒适的生活游戏环境。完成年度体检及体能测试、实习保健医上岗前带教工作，完善各种卫生保健制度。3月22日，经昌平区教委决定，位于昌平区北七家镇定泗路103号院内的两所幼儿园，由工业幼儿园承接，成为该园分园——冠华园南园、冠华园北园。

（袁媛）

北京市大兴区第一幼儿园

2018年，北京市大兴区第一幼儿园为教育部门办园类别，日托制。占地面积11348平方米、校舍建筑面积8711平方米。固定资产总值2980.05万元。全年教育经费投入2429.39万元，均为国家拨款。拥有美术室、舞蹈室和体育馆3个专用教室，普通教室24个。教室内设有计算机和多媒体设备。教职工120人，包括教师76人，均为专科以上学历，高级职称3人，中级职称37人；保健员7人，含本科学历6人、执业医师助师资格3人、中级职称4人。开设22个教学班，其中，亲子班1个、小班8个、中班9个、大班4个。在园幼儿745人。

2018年，幼儿园以教科研为先导，实施课程改革。实践“三位一体”新模式教学：主题活动和教学活动相结合、集体活动与区域活动相结合、幼儿园教育与家庭教育相结合。确立以健康为主的办园特色，在室内外环境创设、教学活动和体育活动的安排上突出健康教育，注重幼儿和教师的身心健康，实现“健体、健心、健智”的办园目标。

（李金苗）

北京市大兴区第二幼儿园

2018年，北京市大兴区第二幼儿园为教育部门办园类别，日托制。分3个园区办园，占地面积13580平方米，校舍建筑面积9172平方米。固定资产总值2955万元。全年教育经费投入2678万元。拥有奥尔夫音乐专用教室2个，普通教室32个。教室内设有交互式电子白板、计算机、电子钢琴等教学设施。教职工169人，包括教师102人，专科以上学历100人、高级教师4人、一级教师42人；保健医6人，均为专科以上学历、中级以上职称。开设教学班32个，其中，小班13个、中班12个、大班7个。幼儿入园402人、离园198人、在园1001人。

2018年，幼儿园遵循“浸中华文化底蕴，立优秀思想根基”的指导方针，启动“基于原创图画书的幼儿园整合课程设计与实施”研究，以原创图画书为载体推动幼儿园整合课程设计、实施和评价改革，推动优秀传统文化融入综合主题活动，促进幼儿身心健康发展。通过精准定位家长需求，率先开展课后延时服务；创新实施家长亲职教育，定制游戏化体验课程，实现家园教育合力最大化。持续开展社区送教服务，扩展活动覆盖面，辐射天宫院街道融汇社区及黄村西里社区，帮助家长科学育儿。

（王嘉美）

北京市大兴区西红门双语幼儿园

2018年，北京市大兴区西红门双语幼儿园为教育部门办园类别，日托制。幼儿园占地面积6600平方米，校舍建筑面积3285平方米。固定资产总值758.87万元。全年教育经费投入2005.74万元。拥有绘本室、幼儿厨房和亲子教室等专用教室5个，普通教室19个。教室内设有计算机、液晶屏和钢琴等教学设施。教职工91人，包括教师64人，专科以上学历53人、中级以上职称2人；保健员3人，均为专科以上学历，中级职称1人。开设17个教学班，其中，亲子班1个、小班6个、中班7个、大班3个。幼儿入园140人、离园213人、在园340人。网址：129.t.chinaxueqian.com。

2018年，幼儿园秉承“幼儿动起来，教师研起来”的目标，以生态美术园本课程为主要研究内容，做好园所各项教育教学工作。结合端午节、重阳节、中秋节等节日，开展传统节日的来历、习俗等知识教育。利用幼儿成长档案了解幼儿年龄特点和发展需要，制订教育指导计划，形成从评估到指导、从指导到发展的循环互动模式，对幼儿成长进行全方位的质量管理。以年龄组为单位制作“经验影集”，小班以行为习惯培养为主题，中班以区域活动组织为主题，大班以幼小衔接为主要内容，形成科学的幼儿一日生活常规。为使园所生态美术园本课程深入发展，幼儿园与光明绘美术机构合作开展“树枝的华丽变身”，泥条、泥球的盘筑等活动。开展教师“边弹边唱”“讲故事”比赛、“主题活动创设”评比、生态美术区域材料评比及材料玩法的探索等活动，提高教师专业技能。

（郭雅伟）

北京市怀柔区第二幼儿园

2018年，北京市怀柔区第二幼儿园为教育部门办园类别，日托制。幼儿园占地面积4140平方米，校舍建筑面积3017平方米，体育场面积1386平方米。固定资产总值1772.88万元。全年教育经费投入2484.49万元。藏书2.25万册，大小玩教具1.65万件。设有教师电子备课室、多功能活动教室和幼儿美术活动教室，班内配有显示屏、计算机、钢琴和照相机等多媒体教学设备。信息化经费投入44万元，拥有计算机272台。教职工89人，包括专任教师85人，其中本科以上学历60人、高级职称5人、市级学科带头人1人、区级骨干教师11人。开设教学班13个，其中，大班4

11月20日，怀柔二幼大班开展拼插玩具设计比赛
（怀柔二幼　供）

个、中班5个、小班4个。幼儿入园154人、离园180人、在园516人。网址：www.hreryou.com。

2018年是怀柔二幼建园60周年。幼儿园推进特色发展，深化园所文化建设，树立新发展理念，加大管理力度，提高干部执行力，培养德艺双馨的教师队伍。举办“风雨兼程一甲子、砥砺奋进创未来”阳光亲子运动、经典诵读、七彩童声、“六一”文艺汇演、特色研讨、毕业典礼等系列活动。年内，怀柔二幼获首都文明标兵、怀柔区五四红旗单位等称号，211篇论文在国家、市、区级评比中获奖，教师28人获区级奖励。

（宋久红）

北京市怀柔区第三幼儿园

4月19日，怀柔三幼开展环保进社区宣传活动
（怀柔三幼　供）

2018年，北京市怀柔区第三幼儿园为教育部门办园类别，日托制。占地面积16800平方米，建筑面积9800平方米，运动场地面积5500平方米；建有4372平方米的自然生态园、25平方米的沙池。幼儿图书6000册，教师阅览室藏书4000册。固定资产总值4611.28万元，全年教育经费投入3854.90万元。信息化经费投入16.86万元，计算机94台，校园网出口总带宽1000Mbps。普通教室26个，专用教室3个。教职工131人，包括高级职称7人、中级职称43人，本科以上学历109人。开设教学班26个，其中，小班9个、中班8个、大班9个。幼儿园入园275人、离园147人、在园818人。

2018年，幼儿园努力构建“和乐”文化理念，以“生活即教育”思想为指导，深入探究生活课程，以“爱阅读、爱运动、乐探索、享美食”为主线，开展生活类、自然类、节日节气类主题活动共99个。继续加强教师学习培训，采取按需按岗培训、深度专题培训、课程对接学习、业务分享交流等培训方式，提高教师专业水平。为幼儿搭建更为广阔的展示空间，参加怀柔区少儿春晚公益晚会颁奖仪式、“怀柔杯”国标舞比赛、央视“七巧板”原创歌曲录制等活动，获最美声音奖、最佳表演奖、最佳创作奖等奖项。开展学前教育第三联盟交流活动25次，帮助3所幼儿园通过级类验收；与北京市第一幼儿园达成合作办学互助协议，接待怀柔、平谷、密云等区姐妹园到园观摩；开展承德市丰宁满族自治县前方民族幼儿园对口帮扶工作6次。开展主题式亲子开放、探秘式家长助教、体验式幼小衔接等特色家园活动，提升家园共育质量。

（黄文娟）

北京市平谷区第一幼儿园

2018年，北京市平谷区第一幼儿园为教育部门办园类别，日托制。占地面积5155平方米，校舍建筑面积5335平方米。全年教育经费投入1936.88万元，均为国家拨款。固定资产总值1045.48万元。图书室藏书2.50万册。拥有美工活动室、幼儿图书室、录播室等专用教室6个，普通教室15个。计算机128台，信息化经费投入71.70万元，校园网出口总带宽500Mbps，数字资源量50GB。教师69人，包括区级骨干教师12人，专科以上学历68人，中级以上职称36人。保健员3人，均为本科学历，中级以上职称。开设15个教学班，其中，小班5个、中班5个、大班5个。幼儿入园134人、离园150人、在园464人。

2018年，幼儿园多举措加强教师队伍建设，依托“协同创新学校”“培训者培训”“名园长发展工程”“两寻找三研究”等项目和师德积分管理机制，开展师德誓师、“书香教师”“五星教师”评选、科学教育活动展示、益智区玩具的投放与指导、幼儿园专业文案写作案例解析等活动。深化幼儿“养正教育”，以幼儿经典文化教育课程为平台，开展国画、剪纸、刺绣、扎染、泥塑传统艺术教育，“我是环保小达人”垃圾分类，趣味运动会，跳蚤市场，“五星小标兵”“书香幼儿”评选表彰等活动。做好安全卫生工作，组织“肥胖儿童干预措施”“儿童生长发育”专题讲座，每月抽测幼儿体能，每两个月开展一次幼儿体能班级普测，高度重视诺如病毒防治工作；成立以园长为首的安全领导检查小组，规定洗涤灵、“84”消毒液、消防栓等物品的摆放位置，安全检查结果与师德积分挂钩。

（于海清）

北京市平谷区第二幼儿园

2018年，北京市平谷区第二幼儿园为教育部门办园类别，日托制。占地面积3981平方米，校舍建筑面积3567平方米。全年教育经费投入1855万元。固定资产总值1345万元。图书室藏书2.80万册，包括电子图书1.80万册。拥有录播专用教室1个，普通教室14个，公共活动区12个。计算机60台，信息化经费投入20万元，校园网出口总带宽200Mbps，数字资源量4TB。教师60人，均为专科以上学历，中级以上职称35人；保健员2人，均为专科以上学历，中级以上职称1人。开设13个教学班，其中，小班4个、中班5个、大班4个。幼儿入园127人、离园141人、在园411人。

2018年，幼儿园坚持“以美健心、以美启智、以美养成”的办学理念，注重教育教学改革与创新，实现引入课程园本化、园本特色课程生活化、主题月活动系列化、养成教育日常化；借助多元课程，彰显幼儿园艺术特色，促进幼儿自主、快乐发展。打造具有艺术修养的研究型教师团队，组建艺术社团，开展主题活动中幼儿故事表演游戏支持性策略、幼儿数学核心经验现状及干预策略、区域活动的幼儿学习品质培养策略等研究。年内，组织面点制作厨艺比赛、教育戏剧培训、自救自护知识讲座、“快乐学数、智慧玩数”培训、教学活动实施策略培训、特色绘本阅读培训等教职工活动，传统节日教育、亲子运动、“爸爸我爱你”主题亲子活动、“梦幻小剧场”展演等幼儿活动。

（于婷婷）

北京市平谷区第四幼儿园

2018年，北京市平谷区第四幼儿园为教育部门办园类别，日托制。占地面积5109.20平方米，校舍建筑面积4334平方米。全年教育经费投入1842.81万元。固定资产总值1941.02万元。图书室藏书3.12万册，订阅杂志、报刊13种。拥有录播室1个，普通教室12个。计算机136台，信息化经费投入4.05万元，校园网出口总带宽1000Mbps，数字资源量50GB。教师70人，包括专科以上学历69人、中级以上职称39人、区级骨干教师9人。保健员4人，均为专科以上学历，中级以上职称2人。开设18个教学班，其中，小班6个、中班6个、大班6个。幼儿入园168人、离园166人、在园565人。

2018年，幼儿园围绕“不同层次分层培养”与“教师发展组”相结合的策略，加强教师队伍建设。新教师重点提升信息技术能力，包括微课的制作与使用、传统文化故事录制，编制《十二生肖》《二十四节气》《成语故事》等专辑。成熟教师结合“聪明娃教育”园所特色，在创意绘画、珠心算和五大领域教育等课程中形成自己的教学风格。骨干教师与园内青年教师结成师徒，发挥传帮带作用，同时负责指导基地内幼儿园发展。幼儿园遵循幼儿发展的特点和需要，开展珠心算、少儿武术、经典诵读、儿童创意绘画、“333”等多元课程的探索与实施，大班组武术操《中华武术》、中班组武术操《功夫小子》在2018年“颐扬杯”北京市第15届少儿武术比赛中均获一等奖。

（关立平　杨红宇　杨静）

北京市密云区第五幼儿园

6月1日，密云五幼举办“六一”文艺汇演

（密云区教委　供）

2018年，北京市密云区第五幼儿园为教育部门办园类别，日托制。幼儿园占地面积2864.40平方米，校舍建筑面积2870平方米。固定资产总值1064.48万元。全年教育经费投入1476.95万元。拥有茶艺室、插花室2个专用教室，普通教室12个。教室内设有智能平板显示器、计算机和电子钢琴等教学设施。图书室藏书11933册。教职工69人，包括教师55人，均为专科以上学历，高级职称1人、中级职称16人；保健员4人，均为专科以上学历。开设12个教学班，其中，小班4个、中班4个、大班4个。幼儿入园92人、离园135人、在园334人。

2018年，幼儿园围绕“传承美德、知礼懂礼、教师快乐工作、幼儿快乐成长”办园理念，以课程建设为抓手，促进幼儿全面发展。召开课程建设研讨会，根据园所发展理念和幼儿园实际情况梳理确定“五彩教育”课程。围绕传统节日，开展端午节、中秋节、重阳节等主题实践活动，增强幼儿对节日内涵的认识，感受中华传统文化。以承办区教委无稿创意剪纸课程推进会为契机，展示幼儿园剪纸特色课程，推进特色课程建设；参加第四届全国儿童剪纸作品展，5幅作品分获一、二、三等奖。举办幼儿体育节、艺术节，全方位展示幼儿园保育教育成果。开展“做新时代‘四有’好老师和四个‘引路人’”学习实践活动，举办教师读书论坛、技能展示，选派130余人次教师外出学习传统文化、剪纸等课程理念，全面提升教师队伍的综合素质。完成教学楼外保温、暖气管道改造和教学楼连廊玻璃幕墙工程，在走廊进行文化布置，优化师幼活动空间，环境育人效果明显。

（商德良）

北京市密云区第九幼儿园

2018年，北京市密云区第九幼儿园为教育部门办园类别，日托制。占地面积3000平方米，校舍建筑面积2580平方米。固定资产总值547.48万元。全年教育经费投入1216.94万元。拥有泥工坊、木工坊、绘本馆和多功能厅4个专用教室，普通教室9个。教室内设有电子白板、录音机和钢琴等教学设施。教职工58人，包括专任教师34人，均为专科以上学历，中级以上职称9人；保健医3人，均为专科以上学历，中级以上职称1人。开设9个教学班，其中，小班3个、中班3个、大班3个。幼儿入园88人、离园16人、在园293人。

2018年，幼儿园以“多元培真、养性育人”为办园理念，关注每名幼儿的情感体验和实际获得，尊重幼儿个性，让幼儿能够积极参与、自主探索、自主发展，做最适合儿童自身发展的教育。加强园本课程建设，以“悦读”为特色，增设二层绘本馆阳台书吧1个、户外阅读树屋1个、户外阅读小木屋1个，创造优美的阅读环境；开展“经典润童心、快乐伴童年”庆“六一”活动、中秋亲子绘本喜乐会、班级绘本主题活动，全园积累18个绘本主题活动案例，组织开展绘本节日课程、传统节日课程12次。发挥市、区级骨干教师示范引领作用，组织骨干教师上示范课和大讲堂活动，多次邀请名园长工作室专家和首都师范大学教授来园培训、讲座和指导科研课题研究。年内，组织园本培训30余次、专题研讨10次，派遣教师40余人次外出观摩学习。

（商德良）

北京市延庆区第一幼儿园

2018年，北京市延庆区第一幼儿园为教育部门办园类别，日托制。占地面积0.35万平方米，校舍建筑面积0.50万平方米。全年教育经费投入2874.04万元。固定资产总值714.90万元。图书室藏书65.90万册。拥有木工坊、幼儿艺术室和社会体验馆等5个专用教室，普通教室22个。

5月31日至6月1日，延庆一幼举办亲子体验系列活动

（延庆一幼 供）

拥有计算机74台，信息化经费投入39.89万元，校园网出口总带宽100Mbps，数字资源量100GB。专任教师89人，包括专科以上学历88人、中级以上职称25人、北京市骨干教师1人、延庆区骨干教师12人；保健员4人，均为专科以上学历，中级以上职称3人。开设20个教学班，其中，小班8个、中班7个、大班5个。幼儿入园160人、离园127人、在园550人。

2018年，幼儿园以“新动力·心体验·欣成长”为办园理念，继承和发扬学校60年优秀传统，以体验教育为办园特色。调整总园与分园班级安排，总园为中班和大班、分园为小班，分园由上年3个小班扩为8个小班；总园南楼做室外保温工程并增加一部外挂钢梯，分园装修教学楼，建成249平方米的食堂。开展师德讲座、“我的教育故事”师德演讲、“为你点个赞”等活动加强师德建设，采用“营养套餐式”分层培训提高教师专业能力，参加培训400人次。初步构建体验课程体系，探索与实践综合主题体验课程、健康运动体育课程、共享游戏体验课程、特色实践体验课程等4类课程，积累40个优秀案例，2次面向延庆区200名学前教育教师开放体验课程。

（张俊燕）

北京市延庆区第三幼儿园

2018年，北京市延庆区第三幼儿园为教育部门办园类别，日托制。占地面积0.52万平方米，校舍建筑面积0.54万平方米。全年教育经费投入2585.82万元。固定资产总值614.51万元。图书室藏书5.01万册，包括电子图书2.80万册。拥有真实践、阅读、建构、舞蹈4个专用教室，普通教室21个。计算机121台，信息化经费投入62.57万元，校园网出口总带宽350Mbps，数字资源量620GB。教职工92人，均为专科以上学历，包括中级以上职称23人、北京市骨干教师2人、北京市学科教学带头人1人、延庆区骨干教师14人。保健员6人，均为专科以上学历、中级以上职称。开设21个教学班，其中，小班7个、中班7个、大班7个。幼儿入园201人、离园165人、在园722人。

2018年7月，幼儿园在“一园两址”基础上增设延庆三小分园，设立3个教学班，招收幼儿70人，成为延庆区唯一拥有一园三址的园所。幼儿园持续深化“润泽心灵、承载幸福”办园理念，办具有幸福文化特色的园所。在楼顶建造空中生态菜园，成为幼儿春耕、夏忙、秋收的实践场所；在一楼大厅和三楼楼道打造幸福文化长廊。为管理干部赋权增能，形成管理网络；以师德为先、以专业能力为重点，通过做“四有”好老师集体讨论、“家长、教师讲述锦旗背后的故事”等活动加强教师队伍建设。成立刘胤、王雪芳、田桂红3个延庆名师工作室。拓展社会、大自然、节日庆祝、足球、冰雪等无边界课程内容，通过主题探究、自主游戏、生活渗透等方式促进幼儿全面发展。

（刘胤）

北京市延庆区第二幼儿园

2018年，北京市延庆区第二幼儿园为教育部门办园类别，日托制。占地面积0.36万平方米，校舍建筑面积0.50万平方米。全年教育经费投入2166.63万元。固定资产总值1442.40万元。图书室藏书4.90万册，包括电子图书2.80万册。拥有舞蹈室、艺术室和幼儿阅览室等4个专用教室，普通教室15个。计算机124台，信息化经费投入24.93万元，校园网出口总带宽100Mbps，数字资源量650GB。教职工75人，包括专科以上学历73人、中级以上职称28人、北京市骨干教师2人、延庆区骨干教师19人、园级骨干教师18人。开设15个教学班，其中，小班5个、中班5个、大班5个。幼儿入园128人、离园158人、在园553人。

2018年，幼儿园以“快乐发展”为办园理念，以“一切为了孩子的幸福人生”为办园宗旨，构建“雁文化”管理体系，不断开发幼小衔接特色园本课程，实现师幼快乐成长。以“雁文化”为引领，融入儒家文化，全园15个班、6个办公室各确定“能”“慧”等1个字主题，深挖内涵，形成“一班一办一字”雁文化，开展“四节一日一展示”雁文化品牌活动，即扶翼丰羽体育节、营养健康美食节、炫彩童心艺术节、爱国爱家传统节、小舞台大世界展示日、新年成长展示。落实“雁序”管理模式，修改完善“二幼雁阵晋级标准”，组织雁阵梯队重新申报与考核，形成“头雁”教师6人、“壮雁”教师21人、“雏雁”教师19人的雁阵梯队。建立“头雁”优先学习机制，培养市级骨干教师和延庆名师；支持“壮雁”参加区级基本功活动和科研团队，培养区级骨干成熟型智慧教师；建立“雏雁”培训清单，开展专业基本功成绩达标活动，培养专业化的胜任教师。实施教研、科研、日常工作三位一体工作模式，承担北京市教育规划课题1个、市教育学会课题6个、市学前教育研究会课题13个、市学前教育促进会课题5个、区级课题6个、园级课题42个。以“构建有生命意识的幼小衔接课程，培养自主、自信、文明、快乐的完整儿童”为重点，围绕幼儿的核心素养，即身体适应性、学习适应性和社会适应性进行理论系统梳理和实践操作，形成5册课程材料，包括幼儿园主题课程、游戏活动、环境材料、论文集和案例集。

（曹怀秀）

北京市延庆区第四幼儿园

2018年，北京市延庆区第四幼儿园为教育部门办园类别，日托制。占地面积1.13万平方米，校舍建筑面积0.75万平方米。全年教育经费投入2832.40万元。固定资产总值1886.40万元。图书室藏书0.56万册，包括电子图书0.23万册。拥有图书室、生活馆和科技教室等5个专用教室，普通教室20个。计算机99台，信息化经费投入36.50万元，校园网出口总带宽200Mbps，数字资源量500GB。教师96人，包括专科以上学历94人、中级以上职称23人、北京市骨干教师1人、延庆区骨干教师16人；保健员4人，均为专科以上学历，中级以上职称1人。开设21个教学班，其中，小班7个、中班7个、大班7个。幼儿入园210人、离园259人、在园642人。

2018年，幼儿园优化“参与、体验、探究、建构”育人环境，完善室内游戏区域、户外游戏区域、公共游戏区域环境创设，以室内角色区、建构区为抓手，优化育人环境。细化教师分层培养工作，新教师座谈交流职业感悟，参加区级说课比赛并获一、二、三等奖共7个；工作2～3年教师开展班级基础区域观摩与展示活动；骨干教师承担室内区域游戏研究工作并交流展示。深化区域游戏工作，将室内游戏分为特色区域（中大班：建构区；小中班：角色区）、基础区域（除特色区域以外的区域）、公共区域三个层次，确定不同研究重点，尝试混龄游戏实践研究，每周五开放公共区域、特色区域。

（鲁爱文）

北京市房山区燕山东风幼儿园

2018年，北京市房山区燕山东风幼儿园为教育部门办园类别，日托制。占地面积4050平方米，建筑面积3313平方米，绿化用地840平方米。图书馆藏书2000册，固定资产总值392万元，全年教育经费投入492万元。计算机33台，普通教室7个、专用教室2个。教职工26人，包括教师11人，均为大专以上学历，区级骨干教师1人，中级职称5人；保育员5人，炊事员3人。开设5个教学班，其中，小班2个、中班2个、大班1个。幼儿入园50人、离园35人、在园140人。

2018年，幼儿园落实《燕山地区第三期学前教育行动计划》，倡导“健康教育”的办园理念，推进园所内涵发展。加强环境育人，幼儿玩具投放班均300种，户外创设幼儿种植园地、玩沙池、戏水池和大型户外玩具器械，为幼儿和谐发展提供良好的教育环境；建立校园信息发布系统，利用信息化手段提高教师教育教学能力，实现家园互动。重视队伍建设，聚焦教师专业能力发展，强化师德建设，开展“幼儿喜欢的好老师”主题实践活动；以青年教师、骨干教师培养为突破点，探索教师培养培训长效机制，引导教师不断提升专业修养，促进教师专业化发展。坚持“以教师发展促幼儿成长”的管理理念、“以幼儿发展为本”的教育理念和“共建、共享、共育、共赢”的家园合作理念，促进幼儿全面发展，实行“层层把关，防范第一，定人定岗”的安全工作管理模式，升级安全监控系统，监控点位126个，实现监控全覆盖。

（纪樱梅）

（本栏责任编校　王永刚）

小学教育

中学教育

特殊教育

民族教育

2019 | 基础教育

ELEMENTARY EDUCATION

- 推进义务教育学校管理标准化建设
- 校园阅读促进与推广
- 促进农村教育质量提升
- 北京市特殊教育提升计划颁布实施
- 第十届翱翔科学论坛
- 加强中小学生课后服务
- 中小学实践育人体系完善

ELEMENTARY EDUCATION 基础教育

综述

概述

2018年，北京市有小学970所（比上年减少14所）。毕业124610人、招生184339人、在校生913216人。教职工61138人，包括专任教师54531人。学校占地面积1434.61万平方米，校舍建筑面积735.89万平方米。固定资产总值211.46亿元，其中教学仪器设备资产值76.66亿元。

北京市有普通中学644所（比上年减少5所），其中，高中309所（比上年增加5所）、初中335所（比上年减少10所）。初中毕业70258人、招生100984人、在校生278971人；高中毕业51065人、招生47355人、在校生155478人。教职工88974人（比上年增加2008人）；专任教师68898人（比上年增加2263人）。学校占地面积2525.32万平方米，校舍建筑面积1491.45万平方米。固定资产总值391.81亿元，其中教学仪器设备资产值110.25亿元。

北京市有民族学校38所，其中，中学7所、小学31所。在校生25660人，包括少数民族学生7258人。教职工2518人，包括少数民族教职工397人，专任教师2266人。民族中学分布在西城、朝阳、海淀、门头沟、通州、大兴6个区；民族小学分布在东城、西城、朝阳、海淀、昌平、通州、顺义、大兴、房山、怀柔、密云、延庆12个区。内地新疆高中班办班学校11所，在校生4481人；内地西藏班（校）5所，在校生1328人；内地青海班办班学校4所，在校生798人。

北京市教育部门所属市级特殊教育中心1个、区级特殊教育中心15个、特殊教育学校21所，有1034所普通学校（园）接收残疾学生在读。特殊教育毕业1453人、招生998人、在校生6407人。特教学校教职工1226人，包括专任教师966人。

（张琳）

推进义务教育学校管理标准化建设

2018年，市教委继续推进义务教育学校管理标准化建设工作。全年组织专家队伍走进全市104所学校开展调研

9月26日，密云区教委举办落实《义务教育学校管理标准》学校管理经验现场会（密云区教委　供）

指导，促进学校管理改进。经过动员培训、依标整改、推进落实、达标认定等工作环节，认定426所学校为全市首批义务教育学校管理标准达标学校。3月23日，市教委召开全市义务教育学校管理标准化建设动员部署暨培训会。会议邀请教育部相关负责人作培训，市教委作相关工作部署。

（冯雪）

推进城乡中小学校一体化发展

2018年，市教委继续推进城乡中小学校一体化发展。8月23日，市教委、市财政局联合印发《北京市城乡中小学校一体化发展项目管理办法》。该项工作自2018年开始在全市实施，适用于已经实施并需要继续深化建设的城乡一体化学校、城区支持郊区建设的新增优质学校、城区和通州区手拉手的中小学校等，期限3年。该项工作支持城区优质教育资源通过举办城乡一体化学校、名校办分校、集团化办学、手拉手合作等形式，到中心城区以外地区举办优质学校或辐射带动本区学校发展，整体提升教育质量。工作由市教委牵头，联合市财政局、市人力社保局、市编办、市政府教育督导室等部门统筹推进。2018年，项目支持昌平、通州等12个区95所学校发展，按照每所学校每年不超过200万的标准给予经费支持。

（向姣姣　韩景毅）

远郊区学生到城区游学

2018年，市教委继续开展远郊区学生到城区游学活动。活动安排北京市广渠门中学、北京市海淀区实验中学、北京市第十二中学科丰校区、北京市第十八中学、北京市京源学校5所城区优质校，承接来自门头沟、密云、怀柔、平谷、延庆5个区15所学校的21批次915名学生游学。

（冯雪）

校园阅读促进与推广

2018年，市教委继续推进校园阅读促进与推广工作。在朝阳、门头沟、通州、石景山4个区举办4场专题论坛，召开东城区现场会，展示交流区域组合式阅读工作推动策略及各学校阅读促进好经验、好做法等；在北京电视台青年频道“书香北京”节目进行专题宣传；研制形成阅读兴趣促进、阅读能力促进、学科书单、教师书单、教师通识阅读培训、教师教育学阅读培训等系列《北京市中小学阅读促进种子学校建设实施指导手册》。市教委在国家新闻出版广电总局和市政府共同举办的“书香北京”北京阅读季中，获得优秀组织奖。

（冯雪）

促进农村教育质量提升

2018年，市教委促进农村教育质量提升。按照“抓重点、补短板、有特色、上水平”的工作思路，聚焦农村中小学质量提升的重点、难点和需要迫切解决的问题，通过“一区一案、一区一策、一区一品”，采取行政主导、项目推进、专家指导、示范引领和交流研讨等多种举措，着力提升农村教育质量。建立农村教育质量提升专业支持体系：借助高校力量，通过项目推进方式，开发《农村寄宿制学校学生活动指导手册》，全面摸排全市农村留守儿童基本情况，建立一生一档案，对需要重点关注的学生给予帮扶，实施农村质量提升“春雨计划”，推动学校在改进中发展；发挥农村中小学研究会作用，成立专家指导团队，全年有专家组成员128人次助力农村小规模学校校本教研；与现代教育报社合作，系统总结、梳理和报道农村中小学办学经验与成果。12月13日，市教委召开“提升农村中小学教育质量 促进城乡一体化发展工作推进会”，总结促进农村义务教育质量提升的工作成效。13个下辖农村中小学校的区教委围绕管理、教研、队伍、资源等内涵发展要素，总结区内农村中小学教育质量提升工作经验。“春雨计划”项目组汇报实施“微改进”的探索与实践。会议提出城乡统一规划、注重协调发展、着力促进联动、实现共同发展4个工作要求，强调“一体化”与“特色化”的关系、自觉和自信的关系、带动力和内驱力的关系、定力和活力的关系4个发展农村中小学教育要处理好的关系。

（王蕤）

首家学区家委会成立

3月10日，北京市第一家学区家长委员会在海淀区紫竹院学区管理中心成立。成立仪式介绍学区家委会使命和规划，为学区家委会揭牌，为23名家长委员和5名专家顾问颁发聘书，审议通过《北京市海淀区紫竹院学区管理中心家长委员会章程（试行）》。家委会通过研讨交流家校共育工作经验，推动区域内教育资源共享，指导学校家委会工作，加强和提升家校共育工作质量，从学区层面推广落实家委会优秀模式和良好经验。成立仪式后，召开第一届学区家委会第一次会议，选举产生主任委员1人、副主任委员4人。海淀区教委领导及相关科室负责人，学生家长代表等100人参加会议。

（宋亚甫）

北京市特殊教育提升计划颁布实施

3月21日，市教委等八部门联合印发《北京市特殊教育提升计划（2017—2020年）》。提升计划聚焦特殊儿童实际获得，以“保障每一个残疾儿童少年能够在公平、包容的环境中接受适宜的教育”为总体目标。明确优化资源布局，促进特殊教育优质均衡发展；坚持内涵发展，提高育人质量；完善特殊教育体系，保障残疾儿童少年学有所教；加大投入力度，健全特殊教育发展保障机制；创新体制机制，保障面向特殊需求学生精准施教；扩大合作与交流，建立特殊教育开放多元发展机制6项重点工作。列出20条主要措施。4月2日，市教委召开北京市特殊教育提升计划工作部署会，对提升计划作重点解读及工作部署。建立北京市特殊教育提升计划重点建设项目库，细化区级任务，同步规划市、区两级重点建设项目，以项目库作为评价实施提升计划和财政专项资金引导的重要依据。

（张琳）

4月2日，市教委召开北京市特殊教育提升计划工作部署会
（市教委相关处室 供）

PISA2018 测试工作部署暨阅读素养专题报告会

3月30日，北京教育科研究院召开北京市国际学生评价项目（PISA）2018 测试工作部署暨阅读素养专题报告会。会议介绍 PISA 测试的基本情况、考务环节及实际操作、阅读素养的框架及其特点、评分标准、答题注意事项，针对 PISA 测试过程中可能出现的常见问题、应对措施与在场教师开展交流互动。会议组织相关单位签订 PISA 测试保密协议。市教委、北京市教育网络和信息中心、PISA2018 国家中心项目组相关人员以及参加测试人员等 600 人参加会议。

（赵丽娟）

“一师一优课、一课一名师”活动推进会

4月12日，市教委召开 2018 年“一师一优课、一课一名师”活动工作推进会。会议表彰市级“优课”2000 节和教育部中央电教馆评选的部级“优课”1235 节。“优课”由区、市、部逐级评审推荐，优中选优，每个年级每个学科每个版本每堂课推荐 1 个“优课”课例。各区教委负责人、教研电教负责人等 50 人参加会议。

（李磊）

第八届书香燕京阅读指导活动

4月18日，第八届“书香燕京——北京市中小学阅读指导活动”启动仪式在北京市东直门中学举行。5月至6月，分别在怀柔、通州、石景山等 9 个区开展“书香燕京”宣传贯彻工作。活动以“我爱古诗文”为主题，历时 8 个月，征集到 16 个区 619 所中小学师生征文 14.99 万篇、13 个区 102 所学校师生书签作品 2.67 万件。经专家组评选，评出征文一等奖 1874 篇、二等奖 4830 篇、三等奖 8975 篇；区组织先进单位 17 个，区组织先进个人 57 人；学校组织先进单位 300 个，学校组织先进个人 672 人，优秀辅导教师 1716 人；区级突出贡献奖 6 个；最美书签 4861 件。

（陆小红　赵文强）

房山乡村教育联盟品牌建设推进会

5月26日，市教委、房山区政府共同主办房山区乡村教育联盟品牌建设推进会。会上，房山区分别与北京教育科学研究院、北京教育学院签订南、北沟乡村教育联盟品牌建设项目委托协议；房山区教委介绍乡村教育联盟品牌实施背景和意义；北沟乡村教育联盟组长校介绍北沟项目前期工作开展情况；南沟乡村教育联盟组长校解读《南沟乡村教育联盟项目管理手册》，并简要介绍南沟项目运行工作平台和信息化项目建设情况。教育学院将北沟项目纳入横向课题管理，整体包括 7 个项目 22 个子项目，涉及 5 个二级学院和各个学科的研究团队；2018 年拨付项目经费 560.70 万元；完成合作协议起草、项目经费划拨、项目手册编制、项目人员落实等工作并定期组织召开“北沟项目推进会”。

（石金生）

第十届翱翔科学论坛

6月11日至20日，北京教育科学研究院举办第十届翱翔科学论坛。16 个区及燕山地区 93 所高中 328 名第十批翱翔学员作汇报交流。基地负责人、指导教师代表、学员及家长代表等 1500 余人参加论坛。

（王盈）

家庭教育与家风建设项目推进

6月27日，市教委、中国关心下一代基金会共同举办北京市家庭教育与家风建设项目 2018 年启动仪式暨海淀区家校社协同育人研讨会。中国关工委、部分省市关工委、市教委、海淀区政府、各区教委等单位及相关部门负责人，来自全国 10 个省市及北京的 600 余名校长、德育干部、家庭教育管理者、志愿者、社区教育工作者参加会议。会议以“家校社同携手 凝合力共育人”为主题，创新推进家庭教育、学校教育和社会教育深度融合。启动仪式上，顺义区、海淀区分别就开展家校社协同育人工作进行经验分享。活动为“伴随成长公益项目（北京）家校协同基地校”代表授牌，举办专家讲座及 4 个分论坛，研讨中小学家校社协同机制、教育模式、课程体系、新媒体视域下协作工作开展等话题。

（陈敬文　胡雨）

中小学家庭教育指导服务工作

9月4日，市教委、首都精神文明办、市妇联联合印发《北京市关于加强中小学家庭教育指导服务工作的实施意见》。意见明确“健全学校家庭教育指导服务体系，提升学校家庭教育指导服务水平”总体目标，提出“立德树人、以生为本、需求导向、创新发展”4 项基本原则，从落实立德树人根本任务、建立长效机制、丰富家庭教育资源 3 个方面，

提出推动社会主义核心价值观融入学校家庭教育指导服务、办好家长学校、构建家庭教育社区支持网络等 13 项工作任务，引导学校充分发挥在家庭教育工作中的重要作用。

（王昱人）

加强中小学生课后服务

9 月 14 日，市教委印发《关于加强中小学生课后服务的指导意见（试行）》，在全市义务教育学校普遍建立弹性离校制度，提供课后服务。课后服务所需经费纳入学校公用经费定额，建立义务教育教师参与课后服务激励机制。市教委、市人力社保局、市财政局联合印发《北京市义务教育阶段中小学教师提供课后服务激励工作方案》，市级财政按照生均 380 元 / 年的标准予以补助。至年底，参与课后服务学生近百万人，占义务教育阶段学生总数 85% 以上；参与课后服务教师 9 万余人，占义务教育阶段教师总数 76% 以上。该项工作得到国务院副总理孙春兰的批示肯定。

（向姣姣　孙晓楠）

中小学实践育人体系完善

9 月 14 日，市委教育工委、市教委、市政府教育督导室联合印发《关于依托社会大课堂完善中小学实践育人体系的指导意见》。意见明确“健全完善中小学生广泛参与，目标明确、内容丰富、形式多样、管理规范、责任落实、保障有力的中小学实践育人体系”工作目标，指明学生实践活动总体育人目标、学段目标和任务安排。意见提出从政策导向、资源平台、师资队伍及经费保障等方面强化机制建设，加强实践育人保障。意见从提高思想认识、完善管理体系、落实安全责任、倾斜农村教育、鼓励形成特色、加强宣传引导 6 个方面作出具体工作要求。意见实现目标和内容、组织管理、资源和平台整合、经费及学生保险 5 个方面的整合，形成“1123”实践活动体系，即社会大课堂一个平台、学生实践活动经费纳入学校公用经费一项经费、形成社会大课堂和课后服务两类活动、强化市区校三级管理。

（向姣姣）

城区学校与回天地区“手拉手”项目

9 月 14 日，市教委召开城区学校与回天地区“手拉手”项目工作部署会。会议介绍项目实施背景并解读和培训市级支持政策、项目管理办法。昌平区教委介绍回天地区教育资源整体情况，并提出完善办学理念、提升师资队伍水平、增强干部教师交流、提高教科研水平、完善特色课程、整体构建教育教学评价体系 6 个方面的需求。项目统筹 11 所城区优质学校与回天地区 11 所小学“手拉手”，并确定北京市昌平区天通苑小学为联系点；重点围绕学校办学、学校文化、教育教学等有关学校内涵发展、质量提升的关键领域开展工作，重在智力支持、软件提升，市级财政将按照每校每年不超过 200 万元的标准给予经费支持。12 月 6 日，市教委在天通苑小学举行回天地区设立市级教研基地启动仪式，启动建设“北京教育科学研究院学科教研基地”。至年底，11 对项目校全部完成合作协议签订并开展交流活动；市级财政共计下拨经费 650 万元；市级教研基地完成“三个一”任务，即完成一次全学科覆盖的听课行动，一次全学科覆盖的课堂指导，一次以回天地区学校为核心、辐射全区的教师培训活动。

（向姣姣）

推进中小学集团化办学

9 月 27 日，市教委印发《关于推进中小学集团化办学的指导意见》。意见提出，推进中小学集团化办学坚持促进优质均衡、实现共同发展、坚持资源共享、激发办学活力、鼓励办有特色的原则；布置“加强统筹，优化集团办学布局”“规范发展，完善集团治理结构”“促进共享，发挥资源辐射作用”“改革创新，激发集团发展活力”4 个方面的重点任务；明确从加强党的领导、加强统筹规划、加强政策保障、加强宣传引导 4 个方面加强保障。12 月 14 日，市教委召开北京市中小学集团化办学东城区现场会。现场会以“优质跃动 悦享均衡”为主题，全面展示东城区集团化办学实践探索，交流分享集团化办学区域经验。

（向姣姣　韩景毅）

9 月 14 日，市级教研员到回天地区学校听课

（市教委相关处室　供）

推进中小学学区制管理

9月27日，市教委印发《关于推进中小学学区制管理的指导意见》。意见提出，推进中小学学区制管理坚持优质均衡、资源统筹、多元共治、因地制宜、创新开放的原则；明确合理划分学区范围、完善学区治理体系、健全学区管理机制、统筹学区资源供给、搭建学区发展平台5个方面的重点任务；提出从组织领导、政策、经费3个方面加强保障。

（向姣姣）

中小学手拉手对口支持项目通州现场会

11月2日，市教委召开中小学手拉手对口支持项目通州现场会。会议围绕“学校手拉手共发展 城乡一体化促均衡”主题，总结展示“手拉手”项目阶段成果并部署下一阶段工作。市教委领导及相关负责人，通州区委常委、区政府领导，各区教委主管主任，各区城乡一体化发展项目校校长、干部教师代表共计400人参加会议。

（韩景毅　向姣姣）

初中综合社会实践活动成果展示交流会

11月19日，市教委举办北京市初中综合社会实践活动成果展示交流会。活动从全市征集的3000余件学生成果作品中精选出300余件优秀作品，集中展览展示。会议回顾全市初中综合社会实践活动启动以来工作推进情况：3年间，参与活动学生480万人次，完成团体活动任务350万个、学生自主活动任务100万次。自2018年起，该项活动评价结果直接计入学生中考成绩；在市、区、校三级统筹实施下，全市各学校活动任务内容涵盖所有考核要点，活动实效性不断提升。

（冯雪）

至年底，北京市外籍教师参与中小学英语教学改革评估与指导
（国际教育交流中心　供）

首都基础教育人才发展2018年研讨会

12月14日，市教委召开首都基础教育人才发展2018年研讨会。会议由北京教育学院承办，以“教育现代化背景下的首都基础教育教师队伍建设趋势与策略”为主题，交流2018年度北京市基础教育干部教师队伍建设理论和实践创新的成果。市教委结合全国和全市教育大会精神分享对教师队伍建设工作的观点。各区委教育工委、区教委、区教师培训机构负责人及教育学院相关负责人等150人参加会议。

（石燕）

协同创新学校计划项目总结交流与成果展示

12月22日，北京教育学院举办2016—2018“协同创新学校计划”项目总结交流与成果展示活动。活动表彰41个优秀项目和26所项目示范校。全市16个区及燕山地区培训机构领导、项目负责人和项目校代表等300余人参加活动。第一期“协同创新学校计划”项目于2016年启动，3年间，在全市16个区及燕山地区的233所项目学校开展主题项目115个、培训学员4797人。项目通过行动研究、送培下校、跟岗学习等方式，着力提高教育学院解决教育教学实际问题的能力和水平，有效促进学校、教师、学生和培训者多方共同发展，有效促进乡村学校和基础教育均衡优质发展。新一轮“协同创新学校计划”将于2019年启动。

（石燕）

密云朝阳教育合作签约

12月25日，密云区教委与朝阳区教委签订《北京市密云区教育委员会、北京市朝阳区教育委员会教育合作框架协议》。根据协议，两区教委将建立合作办学机制；继续推进和实施北京市朝阳区实验小学密云学校合作办学计划，支持北京市密云区巨各庄镇中心小学、北京市密云区大城子学校、北京市密云区北庄镇中心小学纳入北京市朝阳区实验小学密云学校合作办学范畴；加强两区骨干教师教研、科研交流合作；朝阳区教研中心选派优秀名师专家团队，定期赴密云相关学校开展专业指导；朝阳区教委支持所属北京市东方德才学校和北京市陈经纶中学分校分别与北京市密云区高岭学校和大城子学校结对，开展教育支教帮扶活动；组织两区学生短期游学、互访活动。协议合作期限为2019年1

月1日至2021年12月31日。是日，密云区教委与朝阳实验小学续签合作办学协议。协议合作期限为2018年9月1日至2021年8月31日。2014年，双方启动合作办学项目，将朝阳实验小学引入密云区，创办“北京市朝阳区实验小学密云学校”。

（商德良）

初中开放性科学实践活动管理

12月29日，市教委、市财政局联合印发《北京市初中开放性科学实践活动管理办法（试行）》。办法主要修订调整体例结构、回归课程定位、降低活动次数要求、规范认定方式、设置认定标准、加强活动管理6个方面的内容。2014年，市教委制定初中语文、英语、科学类学科教学改进意见，要求中小学校各学科平均应有不低于10%的课时用于开展校内外综合实践活动课程。2016年10月31日，市教委、市财政局联合印发《北京市初中开放性科学实践活动管理办法（试行）》并于2017年7月17日完成第一次修订。

（孙晓楠）

设备中心举办初中开放性科学实践活动——3D打印
（设备中心 供）

外籍教师参与中小学英语教学改革项目

至年底，市教委委托北京市国际教育交流中心负责引进外籍教师参与中小学英语教学改革项目的组织实施工作。面向全市7个区41所学校开展外籍教师的招募与管理，全年审核外籍教师岗位申请400余人。实现外籍教师到岗覆盖7个区35所学校；4所学校与外籍教师签订合同，计划于2019年3月上岗。

（郑静慧）

市级示范性特教项目建设与规范实施

至年底，市教委继续推进市级示范性特殊教育项目建设与规范实施。为满足学生个性化需求，规划建立由普通学校中的资源教室、学区融合教育资源中心、区特教中心和北京市特殊教育研究指导中心组成的四级专业服务实体网络；继续结合区域特殊教育发展实际，规划建设23个学区融合教育资源中心、5个自闭症教育康复基地，推进各区特教中心规范化建设和专业实力扩充，逐步形成具有北京特色的特殊教育及融合教育专业支持格局和发展模式；对2014—2017年市级示范性特殊教育项目进行专项项目审计，规范项目实施流程，挖掘和总结优秀经验，逐步提高特殊教育专业服务品质。

（张琳）

小学教育

丰台五小与魏善庄二小合作办学

3月22日，北京市丰台区丰台第五小学教育集团与北京市大兴区魏善庄镇第二中心小学举行“手拉手”合作办学签约仪式暨“助力成长——同伴互助共成长 齐心协力同提高”自主课堂教学研究活动。根据协议，两校以教育教学管理和教师教育教学活动需要为宗旨，共享教育、教学和教科研管理智慧和优质资源；通过开展各类教学管理和德育工作研讨交流活动，共同提高学校办学水平；开展校际互动式教研活动，通过集体备课、听评课、课堂教学比赛、经验交流等活动，促进教师专业化水平提高。丰台、大兴两区相关领导，两校教师、家长、学生代表等100人参加签约仪式。

（李燕军）

3月22日，魏善庄镇二小与丰台五小自主课堂教学研究活动开展
（丰台五小 供）

小学传统文化教育全国论坛

5月26日，海淀区教育科学研究院、中国少年儿童新闻出版总社、北京大学附属小学等单位联合主办第二届小学传统文化教育全国论坛暨“我爱古诗词”海淀区小学生诗词大会。活动设置学校分享、教学观摩、学生诗词大会等板块，听取主旨报告4个，展示观摩课3节，12名校长、骨干教师分享校园文化建设、课程建设、师生活动开展经验与心得。来自12个省市的400名校长、教师参加论坛。

（宋亚甫 庄严）

5月26日，海淀教科院与多家单位共同举办第二届小学传统文化教育全国论坛 （海淀区教委 供）

小学课程统整研讨会

6月21日，北京市小学课程统整研讨会在北京市顺义区第一中学附属小学举行。顺义一中附小参加实验的教师分别作玩具贸易节、感受生命成长、多元智能理论指导下的实践等课程展示。相关领导专家及区内各小学教学干部等60余人参加会议。顺义一中附小是顺义区首个“小学课程体系化、整合化设计与实施”项目校，4月起，学校实验教师在北京教育学院专家团队指导下，开展贯通一年级至五年级的语言与文学、艺术与审美、思维与创新等5个主题课程。

（刘翠）

提升小学教师数学素养教改培训项目启动

9月13日，北京教育学院启动“数学史视野下小学教师的数学素养提升专题培训”。培训针对课程改革深入及落实立德树人根本任务，发展学生核心素养的时代要求，围绕教学实践中提出的问题，通过专家讲座、工作坊、文献研读、观摩优质课例等方式提高小学教师学科素养和教学素养，从数学发展史视角，理解小学数学概念内涵与本质，树立辩证、联系、发展、应用的数学观，加强文献学习与梳理能力转换为课堂教学设计与实施的能力，最终达成为学生发展而提升小学教师数学素养的目标。东城、西城、海淀区级骨干教师30人参加培训，共计80学时。

（石燕）

呼家楼中心小学倡导成立未来学校

10月19日，辟缔思（PDC）未来学校成立仪式在酷车小镇举行。国内外教育专家、全国辟缔思（PDC）联盟学校教育同仁等800人参加活动。辟缔思（PDC）未来学校由北京市朝阳区呼家楼中心小学倡导成立，着眼于构建一个未来教育跨校式学习中心。为保障学生学习效果，未来学校成立专家智库（首批成员38人）、聘任项目导师，与10余家科研院所、专业机构签约合作，建立学生实践基地。学生通过竞聘上岗方式产生管理机构（首任校长3人、管理部长6人），以项目为单位，以兴趣为导向，不受学校和年级限制，自由组成混合式项目学习小组，开展面向未来的学习。学校面向全市小学生招生，学生可通过网络选报项目课程的形式加入项目组，在项目导师带领下，利用网络研讨项目，完成线上研修后，项目导师将安排学生在未来学校以工作坊的形式推进线下项目研究，首批招生80人。2017年，由呼家楼中心小学倡导，11所学校共同发起，成立辟缔思（PDC）教育联盟；2018年5月，来自全国各地的百余所学校及多所国外学校加入联盟。

（李祉瑞　孙晓楠）

呼家楼中心小学学生开展项目式学习 （呼家楼中心小学 供）

小学数学课堂教学观摩活动

11月28日至30日，北京教育科学研究院举办“2018年北京市小学数学课堂教学观摩交流活动”。来自全市16个区和燕山地区的18名教师现场授课。活动在每个半天课例交流后，设置专家点评环节，展现北京市小学数学学科综合教学水平，同时助力副中心数学学科建设。北京教科院、北京师范大学、通州区教委相关负责人，全市各区数学骨干教师以及来自深圳、雄安、翁牛特旗等地的数学教师1500余人参加活动。活动由通州区教委承办。

（胡玉强）

“京山杯”小学教育论坛

12月7日，怀柔、平谷、房山、门头沟四区教委联合主办的第八届“京山杯”小学教育论坛活动在门头沟区少年宫举行。论坛以落实北京市中小学养成教育三年计划为主题，组织参会人员分别围绕新时代养成教育目标与内容、学校养成教育策略与途径、教师开展养成教育的实践与探索3个维度展开研讨。活动展播门头沟小学养成教育宣传专题片《修德固本行致远"养成"花开满园香》，展示《小餐桌 大礼仪》主题班会课。四区教委、教研部门专家教师360人参加活动。

（赵晓晨）

中学教育

普通高中综合改革培训布置会

4月21日，市教委召开北京市普通高中综合改革培训布置会。会议研究讨论新高考改革背景下北京市高考综合改革政策、普通高中课程实施方案、教学指导意见及课程改革情况，统一各区、各校在高考综合改革和课程改革中的认识，保障高考综合改革和课程改革积极稳妥推进。全市高中校长304人参加会议。

（张琳）

4月21日，市教委召开北京市普通高中综合改革培训布置会
（市教委相关处室　供）

世界名中学联盟中美大学升学指导论坛

5月27日，清华大学附属中学举办世界名中学联盟中美大学升学指导论坛。论坛与世界名中学联盟（WLSA）共同主办，围绕中国未来人才培养、中国大学自主招生挑战与高中升学机遇主题，探讨招生考察的因素、学生如何选择大学、贫困生如何培养以及人才的培养模式等问题。清华大学、美国部分大学、世界名中学联盟校代表及教育界人士40人参加会议。世界名中学联盟为国际性非营利性组织，拥有50余所联盟学校，清华附中于2017年加入该组织，2018年4月18日成立该联盟中国分会，学校校长任中国分会理事长。

（杨瑞）

推进高中阶段学校考试招生制度改革

7月13日，市教委印发《关于进一步推进高中阶段学校考试招生制度改革的实施意见》。文件指导各区稳妥推进高中阶段考试招生制度改革，面向新中考做好细化落实工作。改革目标为，到2021年初步形成基于初中学业水平考试成绩、结合综合素质评价的高中阶段学校考试招生录取模式。主要任务和措施有建立初中学业水平考试制度，将初中毕业考试和高中招生考试"两考合一"；加强和改进初中学生综合素质评价；改革招生录取办法，将中招政策整合为统一招生、校额到校和自主招生3类;加强考试招生管理。意见自9月1日起施行，2018级初一学生适用该办法。

（张琳）

全国高中校长研讨会

8月2日至5日，2018年暑期全国高中校长研讨会在北京市顺义区第一中学召开。会议围绕"新课程改革背景下京津冀教育协同发展与生态文明教育"主题开展研讨，听取顺义一中校长《构建生态课程 促进绿色发展》主旨报告。天津市第九中学、河北省保定市第七中学、贵州省贵阳市清华中学、上海市上海师大二附中、浙江省临海市回浦中学校长分别作专题报告；内蒙古师范大学教授作点评，华东师范大学教授作总结发言。来自16个省、市、自治区的近30名专家学者、知名校长，顺义区教委相关科室负责人及全区高中校长参加会议。

（陈慧明）

民族教育

第七届"民实杯"小学青年教师教学大赛表彰

1月9日，北京市第七届"民实杯"小学青年教师教学大赛工作总结表彰会在北京市石景山区实验小学举行。石景山实验小学通过民族工艺展示、民族美食品尝、课堂教学展示等形式展示学校民族团结教育成果。市教委、市民委、北京市民族教育学会等单位领导，获奖教师代表及石景山实验小学教师120人参加会议。比赛由市民族教育学会与石景山区教委联合主办，以"努力将民族团结教育融进课堂"为主题，分为学校研讨实践、说课与答辩、展示观摩与表彰3个阶段，涉及语文、数学、学科拓展、校本特色4个领域的11个学科，分为语文、数学、英语、校本、艺术和综合6个小组。北京、青海、河北等省市的学校报送130节课参评，北京市有48所学校参赛。经过学校教师研讨、光盘实录、说课答辩等环节，评出一等奖40节、二等奖41节、三等奖39节。市民族教育学会将比赛内容按"语文篇""数学篇""学科拓展篇""校本特色篇"编辑《案例集》一书。

（陆小红　王振清　施爽）

内地新疆高中班主管领导工作会

1月11日，市教委组织召开内地新疆高中班主管领导工作会。会议研讨内地新疆高中班课题进展情况，交流工作经验，汇报寒假学生活动工作安排及下学期工作计划。市教委、北京市民族教育学会相关负责人及 11 所内地新疆高中班办班学校主管领导 15 人参加会议。

（陆小红）

内地民族班校长培训研讨交流会

3 月 21 日至 22 日，市教委召开内地民族班校长培训研讨交流会。会上，新疆维吾尔自治区驻北京工作组作《当前新疆形势》报告，中央社会主义学院教授作《怎样维护学校民族团结》专题讲座，参会人员研讨交流如何加强内地民族班学生教育管理服务工作。市教委、市民委、北京市民族教育学会相关负责人，21 所内地民族班办班学校校长和主管校长 50 余人参加会议。

（陆小红 王振清）

民族团结教育指导纲要专题培训

4 月 11 日、4 月 12 日、11 月 15 日和 12 月 2 日，市教委委托北京市民族教育学会分别与东城区教委、海淀区教委、大兴区教委和燕山教委联合举办贯彻落实《学校民族团结教育指导纲要（试行）》培训暨经验交流会。市民族教育学会就贯彻落实指导纲要作辅导报告。会议分别组织参观北京市东城区回民小学、北京市海淀区第二实验小学、北京市大兴区庞各庄镇中心小学和北京师范大学燕化附属中学校园文化建设，观看师生民族文化项目展示，观摩特色课程。市教委、市民族教育学会等相关单位领导和负责人，3 个区及燕山地区各中小学领导及教师代表 500 人参加活动。

（陆小红 王振清）

首届中小学“民族杯”面塑技能大赛

4 月 21 日，北京市民族教育学会举办北京市中小学首届“民族杯”面塑技能大赛。比赛设幼儿园组、小学组和中学组 3 个组别，要求学生现场完成面塑制作。全市 120 所中小学 130 支代表队 400 名选手参加比赛，评出一等奖 80 人、二等奖 100 人、三等奖 220 人，指导教师奖 100 人、优秀组织奖 110 个。比赛由北京工业大学附属中学承办。

（王振清 陆小红）

首届内地民族班演讲比赛

5 月 19 日，市教委和北京市民族教育学会共同主办“厉害了，我的国”北京市首届内地民族班演讲比赛。来自全市 19 所内地民族班办班学校的 38 名学生参赛。最终评出一等奖 12 人、二等奖 16 人、三等奖 10 人。市教委、市民族教育学会、燕山工委办事处及燕山教委有关领导，内地民族班师生代表 300 余人参加活动。

（陆小红 王振清）

5 月 19 日，市教委和市民族教育学会共同举办首届北京市内地民族班演讲比赛 （市教委相关处室 供）

内地新疆高中班思政教育现状及对策研究成果公报会

6 月 15 日，市教委召开教育部民族教育发展中心课题“内地新疆高中班思想政治教育现状及对策研究”成果公报会。会上，北京市通州区潞河中学作为课题牵头学校汇报课题完成情况，参会人员研讨课题结题报告并提出修改意见。市教委相关负责人、民族教育专家及来自 11 所内地新疆高中班办班学校的主管领导 15 人参加会议。

（陆小红）

内地民族班班主任研修班

11 月 7 日至 8 日，北京市民族教育学会举办北京市内地民族班班主任研修班。会议邀请中央民族大学教授作《从多民族国情到新时代内地民族班民族团结进步教育》专题讲座，新疆维吾尔自治区驻北京工作组作《抵御宗教极端渗透 巩固反恐维稳防线》报告。会议宣布授予 17 所学校 54 名教师“立德树人”模范班主任称号的决定，7 名模范班主任代表作交流发言。参会人员就如何做好内地民族班学生教育管理服务工作开展研讨交流。市教委、市民委、市民族教育学会相关负责人及 20 所内地民族班办班学校主管校长和班主任代表 100 人参加会议。

（陆小红 王振清）

北京新疆两地民族团结艺术教育合作研讨会

12 月 27 日，北京新疆两地民族团结艺术教育合作研讨会在北京市通州区潞河中学举行。会上，潞河中学与新疆伊犁州歌舞剧院、新疆生产建设兵团第三中学签订民族团结艺术教育合作协议；潞河中学“韵之灵”国乐团与伊犁州歌舞剧院演奏家同台展演；潞河中学、新疆生产建设兵团第三中学、新疆伊犁州歌舞剧院、中国传媒大学、新疆艺术学院领导及教师代表作交流发言。教育部、新疆生产建设兵团教育局、通州区政府、市教委相关负责人，中央国家机关第九批援疆干部，11 所内地新疆高中班办班学校主管领导，潞河中学师生 200 余人参加会议。

（陆小红）

特殊教育

朝阳密云延庆三区以特教联盟形式促发展

1月，北京教育科学研究院特殊教育研究指导中心接受市教委委托，组建北京市特殊教育发展（朝阳、密云、延庆）联盟，以联盟的形式促进特殊教育优质均衡发展。联盟由北京市延庆区特殊教育中心、北京市朝阳区安华学校和北京市密云区特殊教育学校3所成员校组成。3月5日，安华学校举办北京市特殊教育发展（朝阳、密云、延庆）联盟朝阳区培训点开班仪式。密云、延庆、朝阳区教委领导及3所特教学校校长、教师、部分参训学员50人参加活动。3月22日，三校共同在延庆特教中心召开特殊教育联盟研讨会。

（李雁　周英杰）

示范性自闭症儿童教育训练基地教师行为分析培训

3月24日，“北京市示范性自闭症儿童教育训练基地教师系列培训（行为分析模块）”开班仪式及第一次培训在北京市丰台区培智中心学校举行。培训由北京教育科学研究院特殊教育研究指导中心主办，丰台培智中心校作为市级示范性自闭症教育康复训练基地承办，旨在加强教师对自闭症儿童行为障碍的认知了解，掌握分析与评估方法。培训聘请北京师范大学副教授担任讲师，培训时间共计168小时，培训学员40人。北京教科院、丰台区教委相关领导，丰台培智中心校领导，培训主讲团队代表及来自16个区特教中心、学区资源中心、资源教室、自闭症教育训练基地、特殊教育学校的50名教师参加活动。

（卢均峰）

“认知发展与情绪管理”模块首次培训

3月29日至30日，北京市示范性自闭症教育训练基地举办“认知发展与情绪管理”模块首次培训活动。活动邀请北京联合大学教授作《聚焦与变焦——学校情境中的观察研究》主题培训。活动由北京市怀柔区培智学校承办。“认知发展与情绪管理”模块培训开展20次，124课时，于12月结业。36名来自全市特教学校、普通融合教育学校、特教中心、自闭症训练基地、学区资源中心的学员参加培训，全部获得结业证书。

（任海明）

北京市特殊教育研究指导中心揭牌

4月2日，北京市特殊教育研究指导中心揭牌。中心经市编办批准，于2017年9月在北京教育科学研究院建立并试运行，有主任1人、研究人员3人，负责北京市特殊教育及融合教育的研究与指导工作。

（王善峰）

4月2日，北京市特殊教育研究指导中心揭牌

（北京教科院　供）

联合大学特教学院实践教学基地签约

6月6日，北京联合大学特殊教育学院实践教学基地签约仪式暨北京联合大学特殊教育学院产教融合教学研究基地挂牌仪式在北京市丰台区培智中心学校举行。北京联大与丰台培智中心校签订实践教学基地合约，根据约定，北京联大特殊教育学院负责提供实习生及见习生生源，丰台培智中心校负责为实习生、见习生提供实习、见习机会及保障。北京联大特殊教育学院产教融合教学研究基地挂牌，基地设在丰台培智中心校，以特殊教育学院专家团体为依托，以丰台培智中心校教师为主体，通过教科研带动培智学校的教育教学水平提升，为特殊学生提供更专业教育支持。

（卢均峰）

《国歌》国家通用手语推广启动

9月1日，中国残联、教育部、国家语委共同在北京启喑实验学校举行《中华人民共和国国歌》国家通用手语推广启动仪式。《国歌》国家通用手语版正式发布。活动组织全体人员观看《国歌》国家通用手语版视频。作为通用手语试点校，启喑实验学校全体师生伴随升国旗、奏国歌，首次使用国家通用手语表达国歌。华夏出版社向学校赠送《国歌》国家通用手语挂图46幅。中残联、教育部、市教委、市残联、西城区委、新街口街道办事处领导和相关负责人，华夏出版社、北京师范大学、中国残疾人艺术团、各级聋协和兄弟学校领导以及启喑实验学校全体师生350人参加活动。

（王秋阳）

学生获全球残疾青少年IT挑战赛金牌

11月8日至12日，北京市第四中学顺义分校高二学生张梓琦获2018GITC全球残疾青少年IT挑战赛单项冠军，这是中国国家队在该项赛事境外比赛中取得的最佳成绩。比赛由康复国际、韩国残疾人康复协会共同主办。来自18个国家的300名残疾选手参加比赛。张梓琦摘得GITC办公工具挑战赛金牌。8月29日，在国内选拔和培训比赛中，张梓琦获PowerPoint二等奖、scratch游戏编程eLifeMap（网络生活挑战赛）Excel 一等奖，成功入围国际比赛。该项赛事自 2011 年起，连续举办 7 届。

（张立新　张淑艳）

第二期非教育类辅助人员服务试点工作启动

12 月 27 日，市教委、市残联联合召开第二期非教育类辅助人员服务试点项目启动会。10 所融合教育试点学校及相关区教委主管干部 30 人参加会议。该项目在 2019 年将继续探索以政府购买服务方式，为融合教育学校配备非教育类辅助人员的服务模式，着力提升残疾学生教育质量。

（张琳）

开发校本课程教材，丰富“学府式府学”课程。府学《中国传统数学益智课程》于 5 月出版，分为 3 册。探索跨学科综合实践府学系列校本课程开发与实践，实现多学科融合，课内外贯通。发挥府学“学院日”课程作用，开设近百门选修课。学校获“‘中华杯’中国第 12 届优秀管乐队展演示范乐团”称号、阳光体育民族传统体育节开幕式表演突出贡献奖；学生获第一届“京津冀—粤港澳”（国际）青年创新创业大赛少年精品双创项目全国总展评活动一等奖等奖项。

深入实践“国际理解教育计划”，搭建国际教育平台。与澳大利亚南奥本小学签订友好学校协议，开展交流活动；组织学生赴新加坡开展境外综合实践体验课程学习。发挥优质教育资源辐射效应，与河北崇礼、云南安宁等地学校建立帮扶合作关系，接待来自天津、广东、贵州、云南等地的 30 余批千余名教育同行来校挂职锻炼、跟岗培训。

（胡松林　许银萍）

小学选介

北京市东城区府学胡同小学

2018 年，北京市东城区府学胡同小学分三址办学，分别为府学校区、香饵校区和十四条校区。3 个校区总占地面积 2.10 万平方米，建筑面积 1.70 万平方米，运动场地面积 0.61 万平方米。图书馆藏书 10.25 万册。固定资产总值 7562.23 万元，全年教育经费投入 6931 万元。学校信息化经费投入 40 万元，拥有计算机 696 台，校园网出口总带宽 100Mbps，数字资源量 80GB，“信息技术”课程 1 课时 / 周。教职工 236 人，其中，高级职称 26 人、中级职称 119 人。专任教师 220 人，包括特级教师 3 人、北京市骨干教师 1 人、北京市学科教学带头人 5 人；本科以上学历 219 人。开设教学班 79 个。毕业 503 人、招生 623 人、在校生 3257 人。

2018 年，学校基于“文化立校、文化立行、文化立人”办学理念，以“共育共享”为路径，办好人民满意的教育。

11 月 20 日，府学优质教育资源带冰上体验课程开课

（府学胡同小学　供）

北京市东城区史家胡同小学

2018 年，北京市东城区史家胡同小学分三址办学，分别为高年级部、二年级部和一年级部。3 个校区总占地面积 2.49 万平方米，校舍建筑面积 3.92 万平方米，运动场地面积 0.59 万平方米。图书馆（室）藏书 5.76 万册。固定资产总值 2.18 亿元，全年教育经费投入 1.23 亿元。学校信息化经费投入 185.66 万元，拥有计算机 856 台，网络多媒体教室 140 个，校园网出口总带宽 1000Mbps，数字资源量 2000GB，“信息技术”课程 1 课时 / 周。教职工 388 人，其中，高级职称 62 人、中级职称 154 人。专任教师 365 人，包括特级教师 4 人、北京市骨干教师 13 人；本科以上学历 358 人。开设教学班 104 个。毕业 590 人、招生 820 人、在校生 4104 人。

2018 年，史家教育集团在学校管理、课程建设、项目推进、教师发展、学生成长等方面形成一系列育人成果，获国家级教学成果奖一等奖 1 次、二等奖 1 次。坚持“党组织主导、校长负责、群团组织参与、家庭社会联动”育人工作机制，学校德育工作典型案例《志在家国 学无边界——史家小学课程育人实践》被评为教育部“2018 年全国中小学德育工作典型经验”。全面升级史家学院建设，依托 64 个教师研究室、10 个学院分院、2 个研究基地，精心培育基于学术交互圈的领袖教师群，推动集团教师在多元

4月28日，史家教育集团举办“体育助力新时代 健康成就中国梦——2018年史家教育集团运动会” （东城区教委 供）

群动、和谐共治的学术生态中实现发展新突破。

依托金帆舞蹈团、金帆合唱团、金帆管乐团、金帆书画院、金鹏科技团天文分团、金鹏科技团地球与环境分团6个品牌学生社团，培育全面发展的学生。2个体育项目被评为国家级传统项目校。作为北京市冰雪特色校，率先将轮转冰、轮转雪引进校园，融入课后锻炼和课后三点半，继续支持冰球队训练及比赛，为冬奥助力。举办“体育助力新时代 健康成就中国梦——2018年史家教育集团运动会”，全面呈现史家学子的精神风貌和体育教育成果。

（金少良　闫旭）

北京光明小学

2018年，北京光明小学分四址办学，分别为本校区、幸福校区（本校区低年级部）、和义校区和广渠校区。4个校区总占地面积2.37万平方米，建筑面积2.39万平方米，运动场地面积1.06万平方米。图书馆藏书2.73万册。固定资产总值2886.24万元，全年教育经费投入6139.83万元。学校信息化经费投入211.55万元，拥有计算机543台，校园网出口总带宽100Mbps，数字资源量1.64GB，“信息技术”课程四年级至六年级1课时/周。教职工208人，其中，副高级职称15人、中级职称104人。专任教师193人，包括特级教师1人、北京市骨干教师4人；本科以上学历172人。开设教学班63个。毕业323人、招生475人、在校生2324人，包括寄宿生73人，外省市借读生211人，外籍学生7人。

2018年，学校健全机制，建立标准，推动整体工作规范、持续发展。聚焦学校章程建设和义务教育学校管理标准评估，强化依法依规办学，将党建、教育教学、工会工作等贯穿在学校章程建设中，完成校章撰写并形成制度化保障，增强干部教师依法依规办学的意识和共识。依照义务教育学校管理标准，把标准转化成不同类型人员应知晓的基本标准，引导教职工明晰岗位，尽职履责。挖掘课程德育要素，借助光明课堂7个传统的培育营造师生彼此尊重、教学相长的氛围。

坚持以学生为本，提升教育教学质量。将光明教案·光明课堂研究落小、落细，重视开课3分钟设计，关注学生情绪情感。持续研究打通学科，推进跨学科主题综合课程的研究实践。聚焦“非遗”主题，经历“我是东城非遗宣讲员”“我是非遗宣讲员”“非遗·知识的艺术表达”“我是‘一带一路’非遗宣讲员”4个阶段，让东城非遗、中国非遗、世界非遗走进光明，系统构建“我是‘一带一路’非遗宣讲员”课程。关注特需学生，深化个别化教育支持。为满足特需学生发展需要，龙潭—体育馆路学区融合教育资源中心在该校建成。关注校园安全，开设安全课程，以“安全第一，生命至上”为主题，每月开展针对不同险情的安全疏散演练。

（卢凤霞）

北京第一实验小学前门分校

2018年，北京第一实验小学前门分校占地面积3915平方米，建筑面积4892平方米，运动场地面积1851平方米。图书馆藏书1.49万册。固定资产总值626.03万元，全年教育经费投入1946.50万元。学校信息化经费投入20万元，拥有计算机86台，网络多媒体教室22个，校园网出口总带宽5120Mbps，数字资源量50GB，“信息技术”课程三、四年级1课时/周。教职工43人，其中，高级职称4人、中级职称19人。专任教师39人，包括北京市骨干教师1人；本科以上学历43人。开设教学班18个。毕业57人、招生133人、在校生613人。

2018年，学校坚持依法治校执教，落实标准提升品质；持续加强队伍建设，提高教师能力素养；开展校本课程研究，服务学生全面成长；创设良好育人环境，创建美丽书香校园；坚持以科研促发展，提升学校办学水平。

教学工作坚持课程育人思想，以打造两支队伍为抓手，提高教师专业水平和学生学业质量。骨干教师队伍建设方面，通过开设大讲堂，给骨干教师展示舞台，同时引领全体教师学理论，重实践。青年教师队伍建设方面，组建青年沙龙，开展教育教学研讨活动，通过开展演讲、赛课、课堂展示等活动，提高教师专业水平。

以立德树人为根本，从日常工作入手加强班主任队伍建设，推动养成教育常态化开展。开展“改变在日常”系列培训，注重学生日常行为规范教育管理，开展“小榜样”评比活动。坚持“文化育人”办学思想，以各类活动为抓手，提升学生综合素养。举办“读书漂流起来吧”读书季活动；开展“春之声”春季实践活动，组织学生参加耕种体验活动;举办“诗歌扮靓校园歌声装点童年”一诗一歌文艺汇演;结合学校科技节，组织师生到梦东方未来世界，围绕“探索宇宙、穿越未来”主题，开展参观、体验活动。

（康惠娟）

4月23日，实验一小前门分校举办读书季活动
（实验一小前门分校 供）

北京市西城区五路通小学

2018年，北京市西城区五路通小学分两址办学，分别为本部校区和北京教育学院南楼校区。2个校区总占地面积9924平方米，校舍建筑面积7609平方米，运动场地面积4180平方米。图书馆（室）藏书4.13万册。固定资产总值1391.73万元，全年教育经费投入3981.85万元。学校信息化经费投入13.08万元，拥有计算机275台，网络多媒体教室49个，校园网出口总带宽1000Mbps，数字资源量2400GB,“信息技术”课程1课时/周。教职工108人,其中,高级职称7人、中级职称49人。专任教师103人，本科以上学历104人。开设教学班40个。毕业264人、招生323人、在校生1630人。学校有社团72个，每周有学生2267人次参与社团活动。

2018年，学校以铸师魂、立师德、提素质、树形象，凝聚全体教职员工创新精神和教育智慧，提升学校教育品质，提高学校办学影响力为目标。为深化书香校园建设、学校文化建设，加强小初衔接贯通培养研究、家庭教育支持系统研究、五彩教育课程体系研究。

加强干部队伍建设，推进交流合作。使用与培养相结合，打通培养路径、搭建培养平台，完善激励机制，促进教师成长、成才。组织全体教职工学习《西城区新时代小学、幼儿园教师职业行为规范》。印制《五路通小学新时代教师职业道德规范》。选派骨干教师到手拉手学校张北新盛小学、北京市延庆区第三小学送课、支教，接待多批、多人次外省市干部、教师跟岗挂职锻炼，发挥优质教育资源辐射作用。

以精彩项目促进学校特色发展、内涵发展。继续依托临近北京教育学院的地缘优势，利用教育学院干部教师培训和教育教学研究的影响力与辐射力，结合六年级师生实际发展需求，协同研究、探索小学与初中有效衔接的操作路径，提升教师综合实践活动课程的设计与实施能力，让学生核心素养的培育有效落地；与教育学院图书馆联手打造精品课程——“图书馆素养课程”。通过五彩校本教材研发，完善五彩课程体系，丰富课程内容，提高课程质量，提升育人功能。为学生自我管理、学习进取、团队合作、全球视野、创意思维5个核心素养养成提供课程支持。

（冯妍薇）

北京市西城区师范学校附属小学

2018年，北京市西城区师范学校附属小学分两址办学，分别为六铺炕校区和展览路校区。六铺炕校区占地面积1.93万平方米，校舍建筑面积2.32万平方米，运动场地面积0.99万平方米，体育馆面积0.18万平方米；展览路校区占地面积7257平方米，建筑面积5798平方米，运动场地面积2401平方米。图书室藏书9.18万册。固定资产总值4447万元，全年教育经费投入9405万元。学校信息化经费投入25.80万元，拥有计算机776台，网络多媒体教室150个，校园网出口总带宽4000Mbps，数字资源量500GB，“信息技术”课程2课时/周。教职工248人，其中，高级职称17人、中级职称93人。专任教师243人，本科以上学历247人。开设教学班93个。毕业424人、招生818人、在校生3701人。学校有学生社团46个。该校为西师附小教育集团牵头校，集团还包括北京市西城区力学小学、北京建筑大学附属小学和北京市西城区顺城街第一小学3所成员校。

2018年，学校继续推进以“深刻”为主题的教学研究，探索开放知识结构的形成方式与策略，推动育人理念从“以知识为中心”向“以学生发展为中心”转变。开展校本培训，加强学科教研力度，同时推进线下集体教研和办公平台线上交流。搭建多种平台，建设高素质教师队伍，组织学科带头人和骨干教师上“引路课”，“西城杯”一等奖获奖教师上“展示课”。借助北京师范大学“世界课例大会”等高校平台，举办高水平教学研讨会，宣传学校理念，与国际教育专家面对面交流，开阔教师视野。

优化课程实施方案，变革课程组织管理方式，根据学校实际合理整合国家、地方和校本课程，语文、美术和游泳等课程实现两节连排，书法、形体、游泳和艺术等特色课程固化为常规校本课程。推进综合课程实施，跨学科整合教师、教学资源，开设“人与声音”和“人与文字”综合课

12 月 11 日至 12 日，西师附小教育集团英语戏剧节——四年级剧目“功夫熊猫” （西师附小 供）

程，提高学生研究意识和实践能力。结合音乐、体育、悦读、书画、科技和英语戏剧等主题教育月，开展特色教育教学活动。在完善三级课程基础上，探索美育与其他学科教学、实践活动相结合，完善器乐团、合唱团、舞蹈团、美术团四大艺术社团建设。组织所有艺术教师根据自身专业特长，进入社团开展美育活动。两支合唱团分获西城区艺术节展演一等奖和北京市艺术节展演金奖。

坚持立德树人，实施全员德育。以“简单、深刻”为主题，开展“轻声慢步习惯好，争做文明附小人”养成教育活动。完善学生中心、年级、班级管理网络，明确德育管理职责。加强班主任队伍建设，整体提高班级管理水平。结合教育月工作，开展中华优秀传统文化系列活动和“四十年连着你和我”改革开放 40 周年纪念活动。

发挥牵头校作用，带领西师附小教育集团成员校共同发展，举办第六届西师附小教育集团英语戏剧节等活动；发挥优质校辐射带动作用，与北京市通州区南关小学合作共建。开展对外交流，全年派出 2 个学生交流团，访问美国友好学校洛杉矶泰瑞斯小学，开展以篮球和电影为主题的研学活动；接待“国培”学习团 6 个，共计 300 人次。

（齐静）

北京市朝阳区平房小学

2018 年，北京市朝阳区平房小学占地面积 1.30 万平方米，建筑面积 0.46 万平方米，体育场（馆）面积 0.50 万平方米。图书馆（室）藏书 1.58 万册，电子图书 60 册。固定资产总值 1528 万元，全年教育经费投入 450 万元。学校信息化经费投入 59 万元，拥有计算机 187 台，网络多媒体教室 28 个，校园网出口总带宽 60Mbps，数字资源量 496GB，“信息技术”课程 0.5 课时 / 周。教职工 64 人，其中，高级职称 5 人、中级职称 30 人。专任教师 61 人，包括北京市骨干教师 2 人；本科以上学历 56 人。开设教学班 24 个。毕业 73 人、招生 74 人、在校生 600 人，包括外省市借读生 396 人。学校有社团 50 个。

2018 年，学校继续秉承“传统与现代互融 教师和学生共生”办学理念，注重课程体系建设，落实学科实践活动。组建项目研究工作领导小组，7 个项目通过朝阳区教委审批。学校获北京市“百千万工程”围棋级位赛团体一等奖、戏曲节目《三岔口》获北京市第 21 届学生艺术节银奖。

推进队伍建设。落实《2016—2020 年朝阳区系统双名工程实施意见》，推进骨干教师队伍建设，发挥工会作用，加强师德建设，成立师德建设领导小组和工作小组。利用教师会组织教师学习《教师职业道德规范》《中小学教师职业道德行为规范》等文件，提高教师师德素养。

德育工作重点落实《中小学班主任工作规定》。制订班主任队伍培训计划，提高班主任组织管理和教育、科研能力。开展“平房小学德育流程”及“楹联德育”系列活动，将经典诵读和“校园楹联”校本课程融入德育管理过程中。推进课程建设，开设校本课程 51 门。以课题为引领，提升教学质量，召开“课题引领 专业发展 提升实效”教科研年会，明确策略与方法，转变教学观念。

借助“智慧校园”项目，以信息化技术为依托，探索“主体教学”模式，依据学生认知规律和学习活动全过程需要，安排教师组织教学过程。践行“遵循规律，以学定教，顺学而导，教为学服务”课改理念。

（刘颖）

北京市朝阳区第二实验小学

2018 年，北京市朝阳区第二实验小学分七址办学。7 个校区总占地面积 7.24 万平方米，建筑面积 3.99 万平方米，体育场（馆）面积 3.37 万平方米。图书馆（室）藏书 12.62 万册。固定资产总值 1.82 亿元，全年教育经费投入 1.21 亿元。学校信息化经费投入 155 万元，拥有计算机 1478 台，网络多媒体教室 195 个，校园网出口总带宽 1000Mbps，数字资源量 1200GB，“信息技术”课程 0.5 课时 / 周。教职工 379 人，其中，高级职称 41 人、中级职称 133 人。专任教师 368 人，包括北京市骨干教师 7

人；本科以上学历 370 人。开设教学班 170 个。毕业 700 人、招生 1545 人、在校生 6065 人，包括外省市借读生 512 人。学校有社团 160 个。

2018 年，学校创新管理模式。推出学校文化载体《教师手册》，作为学校办学和教师行为规范，突出体现“变规定为约定”“变管理为治理”“变他律为自律”制度文化。通过“共研共享”“拜名师促成长”分类指导、分层培养人才。举办 8 个名师带高徒沙龙、1 个北京市班主任工作室，20 余个“十三五”市级课题立项。学校评为北京市金帆书画院。

4 月 28 日，牌坊小学在蓝湖中医药文化实践基地种植区开展中医药文化实践活动　（牌坊小学　供）

全面推进德育工作。围绕社会主义核心价值观进校园工作，整体策划实施区级现场展示活动。围绕学校心理健康工作实际，举行“心育为基 多元发展”主题展示活动，总结展示学校典型做法及成效。教学工作聚焦课堂，全面提高课堂教学质量。以常态课堂为突破口，变革教与学方式。依托集团办学优势，本着资源共享原则，每月进行学生学业状况月调研、月总结。迎接北京市基础教育教学教研中心全面教学视导，72 名教师展示常态课堂教学，凸显学校课堂教学变化。推进课程建设，形成“五馆课程”，即博物馆课程、艺术馆课程、科技馆课程、图书馆课程、体育馆课程。参与“基于核心素养的育人方式变革——首届 PDC 教育国际学术论坛”并承办第三分论坛，集中展示学校课程建设实践成果。

（尹永宾）

北京市朝阳区牌坊小学

2018 年，北京市朝阳区牌坊小学分两址办学。2 个校区总占地面积 1.81 万平方米，建筑面积 0.98 万平方米，体育场（馆）面积 1.07 万平方米。图书馆（室）藏书 4.67 万册。固定资产总值 5510 万元，全年教育经费投入 914 万元。学校信息化经费投入 75 万元，拥有计算机 525 台，网络多媒体教室 62 个，校园网出口总带宽 60Mbps，数字资源量 38GB。“信息技术”课程 0.5 课时 / 周。教职工 113 人，其中，高级职称 3 人、中级职称 54 人。专任教师 108 人，包括北京市骨干教师 1 人；本科以上学历 107 人。开设教学班 46 个。毕业 188 人、招生 289 人、在校生 1502 人，包括外省市借读生 844 人。学校有社团 56 个。

2018 年，学校坚持可持续发展教育理念，着重引导学生树立可持续发展价值观，提升科学知识储备和学习能力，掌握正确生活方式。着力提升优秀教师比例，通过各教研组课题研究推进、教师综合素质整体培训、构建四级梯队分层指导实践、网络研修与学习收获现场分享 4 项措施提升干部教师整体水平。

将“在感恩尊重文化建设中践行社会主义核心价值观”“鼓曲”作为学校德育工作重点和创新项目。依据重点和创新项目工作开展美德少年明星榜、学校节能减排—低碳生活方式专题教育、三爱三节等主题教育活动，把《小学生守则》和《中小学生日常行为规范》具体化，制订《牌坊小学一日常规要求》《牌坊小学教师学生发展体系》等符合学生特点的规章制度并拍摄成影片、编印成读本、创编成歌词便于学生学习。

围绕重点工作及创新工作任务，完善学校课程体系；组织教师开展试卷研究、数据分析，研训结合，由知识监控转变为“学生素养监控”，提高教师学科能力。借助科研课题研究，引导教师开展课堂教学改革。组织召开以“聚焦学科核心能力，关注学生实际获得”为主题的第 9 届教科研年会。

（马丽）

北京市朝阳师范学校附属小学

2018 年，北京市朝阳师范学校附属小学分六址办学。6 个校区总占地面积 4.53 万平方米，建筑面积 3 万平方米，体育场（馆）面积 1.93 万平方米。图书馆（室）藏书 11.75 万册。固定资产总值 1.15 亿元，全年教育经费投入 1 亿元。学校信息化经费投入 2.70 万元，拥有计算机 1120 台，网络多媒体教室 108 个，校园网出口总带宽 1000 Mbps，数字资源量 200GB，“信息技术”课程 0.5 课时 / 周。教职工 258 人，其中，高级职称 22 人、中级职称 99 人。专任教师 256 人，包括北京市骨干教师 7 人；本科以上学历 253 人。开设教学班 108 个。毕业 265 人、招生 731 人、在校

朝师附小第四届文化节之书画展上，学生模仿自己作品做动作
（朝师附小 供）

平方米。图书馆（室）藏书1.15万册。固定资产总值1414万元，全年教育经费投入1725万元。学校信息化经费投入13万元，拥有计算机177台，网络多媒体教室24个，校园网出口总带宽100Mbps，数字资源量200GB，“信息技术”课程1课时/周。教职工50人，其中，高级职称2人、中级职称26人。专任教师49人，本科以上学历46人。开设教学班17个。毕业53人、招生100人、在校生510人，包括寄宿生180人，外省市借读生240人。学校有社团43个。

生3748人，包括外省市借读生993人。学校有社团49个。

2018年，学校探索集团化办学管理策略，在学区化改革过程中，发挥优质教育资源辐射、引领作用，组织开展各类学区文化活动。学校入选“教育部2018年全国中小学德育工作典型经验名单”，被认定为2018年全国青少年校园足球特色学校。

以《朝师附小师德自主发展手册》引领师德自主发展，以“朝师附小师德大讨论”推动常态对标，形成师德长效机制；成立“附小讲师团”，引导青年教师、骨干教师、有研究热情的教师、有育人特色的教师通过系列学习和实践平台提高专业水平和教学能力，项目组讲师走进云南、湖南、河北等地讲学19人次。搭建科研平台，推进研究成果落地，提高教师科研能力，制订《朝师附小先进课题组评选方案》《朝师附小教育教学成果年度奖评选方案》。

推进社会主义核心价值观教育，立足学生接受能力和成长需要，丰富德育课程供给。打造北京市品牌项目“悦行志愿”，朝阳区品牌项目“悦廉悦洁”“悦在世界教室”，校级品牌项目“悦在国旗下”“悦在北京教室”“悦行一日”。学校获评首都文明校园。落实“悦”课堂，提升课堂教学实效性。抓好寒暑假生活实践作业改革；构建社团活动和实践活动并重的文化活动体系，实现“金帆引领，朝花带动，群团并举”；开展“博识行动”，带领学生“走进高雅殿堂、直面名人名家、感受异国文化”；推进文化“环境印记、活动印记、行为印记”建设，推出《悦食记》《有故事的一年级》等系列文化宣传品。

（张洁）

北京舞蹈学院附中丰台实验小学

2018年，北京舞蹈学院附中丰台实验小学占地面积9510平方米，建筑面积5270平方米，运动场地面积2240

2018年，学校完善“立美达人”课程体系，与北京师范大学教育学部合作开展系列课程培训活动，提高教师执教能力;开展“同年级教师同教研”校本教研活动;组织“立美杯”教学论坛活动，促进教师专业教研；开展中华传统节日为主题的学科实践活动，丰富学生认知，激发学生爱国之情。

深化德育管理。围绕教育教学主线，开展“墨香溢九月，佳书抵万金”新学年首次铃声节、“书声满校园——读书月”等德育、少先队活动。深化“社会主义核心价值观”与传统文化主题教育活动，通过“国家精神，民族之魂”精彩周一国旗下讲话、班级文化节等活动，为班主任提供班级文化建设新思路。借助北京市中小学课外活动模式创新与应用研究课题及北京市少先队课题研究工作，丰富学校德育课程文化建设。完成北京市义务教育阶段学校管理标准化达标校验收工作；完成四年级德育与科学学科国家义务教育质量监控。

推进艺术教育工作。以金帆舞蹈团复审为契机，规范过程性管理，通过“高参小”“合作办学”等项目锻炼教师队伍、培育学生素养，举办“追梦的脚步——北舞附小

北舞附小芭蕾舞剧获第15届北京舞蹈大赛舞剧、舞蹈诗评选暨北京舞蹈学院舞蹈艺术“学院奖”最佳作品奖 （北舞附小 供）

2018 年小天使艺术节暨金帆团专场”。原创舞蹈作品《绘梦》获第九届华北五省舞蹈大赛最佳创作奖和最佳表演奖。

（胡春凝）

北京市丰台区师范学校附属小学

2018 年，北京市丰台区师范学校附属小学分两址办学，分别为本校区和城南校区。2 个校区总占地面积 1.62 万平方米，建筑面积 0.97 万平方米，运动场面积 0.77 万平方米。图书馆藏书 3.60 万册，电子图书 10 万册。固定资产总值 3744.88 万元，全年教育经费投入 4188.54 万元。学校信息化经费投入 257.89 万元，拥有教师计算机 120 台、学生计算机 150 台、学生用 iPad 平板电脑 950 台、笔记本电脑 40 台，网络多媒体教室 56 个，校园网出口总带宽 10Mbps，数字资源量 2800GB，“信息技术”课程 2 课时 / 周。教职工 136 人，其中，高级职称 16 人、中级职称 58 人。专任教师 120 人，包括北京市骨干教师 3 人；本科以上学历 126 人。开设教学班 54 个。毕业 294 人、招生 450 人、在校生 2044 人。

2018 年，学校以北京市《管理标准化建设》首批验收工作为契机，参照北京市《推进义务教育学校管理标准化建设实施方案》要求，成立专项工作组，严格对标自查，积极落实整改。

加强校本研修培训理论建构和制度建设。组织全体教师到清华大学参加研学活动，通过“鸡蛋撞地球”创新实践活动培养教师创新意识。组织互动反馈系统、智慧阅读云平台、锐学堂设备等技术平台培训；利用网络研修，组织教师观看中小学第二届“京教杯”青年教师教学基本功现场说课答辩；组织教师心理培训、班主任工作培训、法治培训和创新实践活动培训。

完善“真”文化体系建设，落实语言文字规范化工作要求，利用楼道、墙面文化布置对学生渗透“真”文化体系，加强校园安全、行为规范和汉语言文字规范化使用教育和影响。加强学生综合实践活动开发，分年级开展科技节、读书节活动，举办学生汉字书写竞赛、传统文化知识竞赛和英语单词王争霸赛，提高学生学科素养。开展“我为集体代言”——“粉丝章”争章活动，培养学生爱校爱集体意识，促进良好校风、班风形成。在“学生发展的实践活动融合打造学校的智慧课堂”理念支持下，以学生体质健康测试为核心，开展跳绳比赛和接力竞赛。组织学生走进各类基地开展主题综合实践活动。支持各社团结合自身特点，分别前往丰体中心、丰台棒垒中心、游泳俱乐部参观学习，促进学生知行合一。

（薛燕）

北京市丰台区丰台第五小学

2018 年，北京市丰台区丰台第五小学教育集团分六址办学，分别为本校区、银地校区、京铁校区、鸿业校区、科丰校区和万柳分校（独立法人）。除万柳分校外，其他 5 个校区总占地面积 5.32 万平方米，建筑面积 3.12 万平方米，体育场面积 2.50 万平方米。图书馆藏书 12.80 万册，电子图书 10 万册。固定资产总值 6067 万元，全年教育经费投入 860 万元。学校信息化经费投入 119 万元，拥有计算机 1056 台，网络多媒体教室 151 个，校园网出口总带宽 10Mbps，数字资源量 3200GB，“信息技术”课程 1 课时 / 周。教职工 314 人，其中，高级职称 36 人、中级职称 128 人。专任教师 284 人，包括北京市骨干教师 7 人；本科以上学历 301 人。开设教学班 117 个。毕业 629 人、招生 775 人、在校生 4402 人。学校有社团 232 个。

2018 年，丰台五小教育集团围绕“精彩天地，幸福摇篮”办学目标，挖掘、整理、提炼各校区办学特色，提升各校区办学品位。

推进学习共同体建设，打造师生幸福自主课堂。各年级组围绕学习共同体开展研究，把研究重点放在班级学习共同体文化建设和学生习惯培养上，注重学生倾听与协同学习能力培养。召开 2 次学习共同体教学研讨活动，全体教师为国内外同行展示自主课堂改革 3.0 版教学成果。李磊名校长工作室成立，成员校教师参与到学校各级各类教师培训、集体备课、课堂教学研讨等活动中，扩大优质教育资源辐射作用。

12 月 26 日，“童年多彩 尚美育心”美育素养实践活动在丰台五小教育集团本校区举行 （丰台五小 供）

德育工作坚持立德树人，坚持幸福教育理念，遵循知行合一、实践体验原则，以新《中小学生守则》为抓手，以队员争章、中队创优为途径，开展集团首期少先队小干部成长训练营活动。通过邀请专家举办班级建设讲座、班主任研讨活动、“校园好故事”和“校园好集体”评选等各类活动发挥德育共同体作用，提高学校德育工作的针对性和实效性。落实幸福德育课程体系建设，将理想信念教育、社会主义核心价值观教育、中华优秀传统文化教育等教育落细、落小、落实。

全面培育学生素养，成立机器人、创客、金帆书画院等科技、艺术、体育社团。首都师范大学音乐学院“李刚教授合唱指挥工作室”落户学校。学校被评为首都文明校园，被授予金帆书画院称号；本校区、科丰校区合唱团获北京市艺术节合唱展演金奖。

（徐文宇　张彦　李燕军）

北京市石景山区银河小学

2018 年，北京市石景山区银河小学占地面积 2.19 万平方米，建筑面积 0.93 万平方米，运动场地面积 0.73 万平方米。图书馆（室）藏书 4.50 万册，电子图书 120 册。固定资产总值 2797.43 万元，全年教育经费投入 2368.15 万元。学校信息化经费投入 2.20 万元，拥有计算机 225 台，网络多媒体教室 1 个，校园网出口总带宽 1000Mbps，数字资源量 240GB，“信息技术”课程 1 课时 / 周。教职工 89 人，其中，高级职称 6 人、中级职称 52 人。专任教师 75 人，本科以上学历 66 人。开设教学班 29 个。毕业 185 人、招生 155 人、在校生 882 人。学校有社团 63 个。

2018 年，学校提升课题研究团队研究能力，以教科研引领教师专业发展，石景山区教育科学“十三五”规划 2017 年度重点课题“运用萨提亚训练改善小学高年级学生心理健康水平的校本研究”，北京市教育科学规划课题 2018 年立项一般课题“小学生空间想象能力发展评价及培养研究”“文言文教学对培养小学生初步鉴赏传统文学能力的实践研究”和“基于传承中华优秀传统文化的小学语文实践活动的研究”开题。

以艺启智，以课程建设为载体彰显艺术特色，以琴棋书画为内容，实现学校课程多样化。设置艺术、体育、科技 3 类课程项目，63 个兴趣小组及社团，要求授课教师课前制订授课计划并以图片表格形式记录授课过程，建立社团导师制，助力学生迅速成长。

以专业学习为引领，以课堂实践为核心，促进教师专业发展及教学质量提升。各学科定期利用教研时间组织教师进行理论学习，研读新课标、巩固学科知识；创造条件，为教师搭建学习平台，组织 150 余人参加区级以上培训；推荐优秀教师参加各类教学评比活动，打造名师。重新梳理课程设置方案，初步探索三级课程整合路径，推进课程育人。

（杨丽红　张晓利）

北京市石景山区电厂路小学

2018 年，北京市石景山区电厂路小学占地面积 7184 平方米，建筑面积 2804 平方米，运动场地面积 2482 平方米。图书室藏书 1.50 万册。固定资产总值 2804.83 万元，全年教育经费投入 1191.46 万元。学校信息化经费投入 1.44 万元，拥有计算机 168 台，网络多媒体教室 19 个，校园网出口总带宽 1000Mbps，数字资源量 1TB，“信息技术”课程 1 课时 / 周。教职工 35 人，其中，高级职称 3 人、中级职称 20 人。专任教师 31 人，本科以上学历 29 人。开设教学班 13 个。毕业 40 人、招生 61 人、在校生 313 人，包括外省市借读生 159 人。学校有社团 20 个。

2018 年，学校抓住北京 2022 冬奥会契机，将奥林匹克教育与立德树人和提升学生核心素养相结合，以弘扬奥运精神为主题，学习冬奥知识为重点，以主题教育、文化体验活动、学科整合为载体，通过实施“冬奥教育课程”，初步形成“233”冬奥教育实践模式，即 2 条推进思路（将奥林匹克教育与立德树人、提升学生核心素养相结合和倡导“健康的生活方式”），3 项根本任务（学习冬奥知识、掌握冰雪运动技能和传播冬奥精神），3 种实施途径（文化体验活动、主题教育推进和学科整合实施）。

5 月 5 日，电厂路小学旱地冰球社团获首届北美职业冰球联赛（NHL）旱地冰球锦标赛总冠军　（电厂路小学　供）

以“冬奥有我”为主题，利用学校、社会、教师、家长资源，开展《师生冬奥讲堂》，邀请中国奥林匹克教育实践专家到校开展冬奥知识讲座，组织学生现场观看各项冰雪比赛，参与《冬奥有我 知识读本》编辑，通过“小手拉大手”的形式让师生对冬奥教育有更深刻的认识；组织学生零距离接触冬奥冠军，举办“小小冬季奥运会”“冰雪课程研讨会”“我心中的吉祥物”等主题教育活动，营造冰雪运动氛围，激发学生的拼搏精神，锻炼学生的意志品质。每学期开展一次“全员上冰体验活动”，通过旱地冰球队等社团训练，提升学生专业技能。学校旱地冰球社团获首届北美职业冰球联赛（NHL）旱地冰球锦标赛总冠军，成为学校“拓宽课程育人渠道 扎实开展冬奥教育”的宣传名片。充分利用各种资源，多科联动、多域互动，开设交互性课程，7 名教师开展不同学科的课堂教学实践。

6 月 6 日至 7 日，中关村三小举办小学毕业答辩活动

（中关村三小 供）

（马景坡）

北京市海淀区中关村第三小学

2018 年，北京市海淀区中关村第三小学分四址办学，分别为万柳北校区、万柳南校区、红山校区和雄安校区。4 个校区总占地面积 9.54 万平方米，建筑面积 8.35 万平方米，运动场地面积 2.76 万平方米。图书馆（室）藏书 17.90 万册，电子图书 5 万册。固定资产总值 1.82 亿元，全年教育经费投入 1.80 亿元。学校信息化经费投入 561 万元，拥有计算机 709 台，网络多媒体教室 200 个，校园网出口总带宽 150Mbps，数字资源量 60TB，“信息技术”课程 1 课时 / 周。教职工 500 人，其中，高级职称 42 人、中级职称 107 人。专任教师 393 人，包括特级教师 5 人、北京市骨干教师 7 人、北京市学科教学带头人 3 人、河北省骨干教师 5 人；本科以上学历 457 人。开设教学班 181 个。毕业 700 人、招生 703 人、在校生 8090 人。学校有社团 26 个。

2018 年，学校扩大优质教育资源辐射范围，根据《北京市对雄安新区援助办学实施方案 2018—2020 年》要求，对接帮扶雄县第二小学，挂牌成立“北京市海淀区中关村第三小学雄安校区”，形成万柳北校区、万柳南校区、红山校区、雄安校区和联盟校“北京中法实验学校”一校多址的集团化办学新格局，探索多校区“理念一致、雁阵引领、特色发展”集团办学路径，通过逐步实现一体化管理推动各校区均衡化、个性化、共同发展。

重视教师研修提升素养，为教师成长搭建多元平台。推出教师发展专业研修《1 + x 系列》，根据一线教师工作需求确定内容，教师根据日常个人工作需求选择相应的主题进行研修。加强教育共同体建设，构建家、校、社绿色教育生态。通过教师、家长、学生共同遵守的大雁积极行为教育形成家校社一体化教育途径；坚持开展“好老师进社区”活动、周末公益艺术课，形成社区与学校的教育共同体；注重家校共同发展委员会建设，组织家长代表走进学校观摩教师阅卷、教师教研，走进食堂参观学生餐制作全流程；开设家长沙龙，帮助家长解决家庭教育困惑。活动育人，培育学生核心素养。举办“2018 阅读季”活动并以图书展形式呈现学生学习成果；面向六年级毕业生，创新性开展小学毕业答辩活动；举办大家音乐季，为学生搭建才艺展示平台。

坚持开放办学，推进对口帮扶与交流合作。分别与内蒙古乌兰察布市兴和县明德小学、丹江口市实验小学签订对口帮扶协作协议，推动地区教育质量水平提升。与中法实验学校签订合作协议，两校将以 6 年为 1 期开展合作办学，中法实验学校加挂“中关村三小联盟校”校牌。接待马来西亚以及中国香港、中国台湾地区代表团到校开展友好交流活动，与香港凤溪第一小学和香港道教青松小学签订友好学校协议。

（石磊）

北京大学附属小学

2018 年，北京大学附属小学占地面积 2.86 万平方米，建筑面积 2.23 万平方米，体育场（馆）面积 1.20 万平方米。图书馆（室）藏书 7.29 万册，电子图书 200 册。固定资产总值 3576 万元，全年教育经费投入 9802 万元。学校信息化经费投入1060万元，拥有计算机641台，网络多媒体教室100个，校园网出口总带宽100Mbps，数字资源量20TB，“信息技术”课程1课时/周。教职工186人，其中，高级职称13人、中级职称141人。专任教师150人，包括特级教师3人、北京市骨干教师5人；本科以上学历176人。开设教学班60个。毕业351人、招生377人、在校生2079人。

2018年，学校坚持依法治教，进一步推进学校可持续发展。

狠抓教学质量。教学干部平均听课100节以上；组织入职3年以内新教师课堂教学展示汇报课及部分新教师面向全校的教学汇报展示；组织30余名教师参加北京市中小学第二届“京教杯”青年教师教学基本功培训与展示活动，5名教师获一等奖；组织教师参加海淀区第八届“世纪杯”展示活动，10人获特等奖、13人获一等奖；组织新教师参加北京市“启航杯”教学基本功比赛，获一、二、三等奖各1个。

艺体教育成果丰硕，实施科研强校战略。学校金帆京剧团、武术团32名师生应邀赴北欧参加“放飞梦想，拥抱未来”中国金帆艺术团文化交流演出，表演京剧《扈家庄》《孙悟空斗罗汉》以及武术《掌运乾坤》3个节目。先后举办第五届全国中小学校长论坛、第九届北京市中小学校长课程论坛和“改革开放40周年教师阅读与学生阅读素养培养”主题研讨活动。在全国青少年科技创新大赛上，学校被中国科协授予“全国十佳科技教育创新之星”称号。

（庄严）

5月4日，北大附小金帆京剧团赴北欧表演京剧《扈家庄》

（北大附小　供）

清华大学附属小学

2018年，清华大学附属小学分五址办学，分别为本部校区、商务中心区实验小学一校区、商务中心实验小学二校区、昌平学校和清河分校。本部校区占地面积3.30万平方米，建筑面积2.30万平方米，运动场地面积1.93万平方米、绿化用地面积0.12万平方米，拥有专业篮球场和轮滑场地。图书馆藏书13.50万册。固定资产总值2278万元，全年教育经费投入7697万元。学校信息化经费投入920万元，拥有计算机550台，网络多媒体教室64个，校园网出口总带宽500Mbps，数字资源量280GB，“信息技术”课程1课时/每周。教职工164人，其中，高级职称12人、中级职称76人。专任教师156人，包括特级教师3人、北京市骨干教师8人、北京市学科教学带头人1人；本科以上学历157人。开设教学班48个。毕业290人、招生342人、在校生2083人。本部校区有社团21个。

1月14日至16日，清华附小滑雪队成立

（清华附小　供）

2018年，学校针对学生群体特点，在国家核心素养的校本表达“身心健康、善于学习、审美雅趣、学会改变、天下情怀”基础上，深化“1＋X课程”新型育人体系，在整合优化国家课程基础上，兼顾学生个性培养，提出用工具撬动课堂变革，推进小组化建设。继续在天津、江苏、江西等地建立“1＋X课程”实验基地。在公益服务引领方面，利用现代信息技术和清华附小互联网学校，继续面向全国900个县3800个远程教学点，每年无偿送课120节，每年邀请上千名贫困地区教师驻校培训。

体育、艺术、科技教育取得卓越成就。举办滑雪冬令营并正式成立清华附小滑雪队，冰球队以不败战绩获海淀区冰球联赛乙组冠军，在清华西湖游泳池举办第一届“马约翰杯”游泳比赛，校足球队获2018年全国青少年足球邀请赛冠军、2018年北京市中小学生足球比赛男子乙组冠军、海淀区中小学生足球联赛男子甲组和男子乙组2个冠军等多项荣誉；戏剧团获2018年“希望中国”青少年教育戏剧大赛全国年度展评特等奖、北京市第21届学生艺术节戏剧组金奖，金帆民乐团获布拉迪斯拉发第五届音乐节金奖，合唱团赴南非参加世界合唱大赛获银奖，舞蹈团获第八届国际青少年艺术季流行舞大赛一等奖；科技社团获2018世界头脑奥林匹克欧锦赛一等奖。

（王素贞　代养兵）

北京师范大学实验小学

2018年，北京师范大学实验小学占地面积1.38万平方米，建筑面积1.24万平方米，体育场馆面积0.81万平方米。图书馆藏书14.43万册，电子图书0.73万册。固定资产总值3438万元，全年教育经费投入5966万元。学校信息化经费投入240万元，拥有计算机598台，网络多媒体教室65个，校园网出口总带宽1024Mbps，数字资源量15TB，“信息技术”课程1课时/周。教职工123人，其中，高级职称17人、中级职称78人。专任教师98人，包括特级教师2人、北京市骨干教师6人；本科以上学历119人。开设教学班37个。毕业292人、招生232人、在校生1528人。

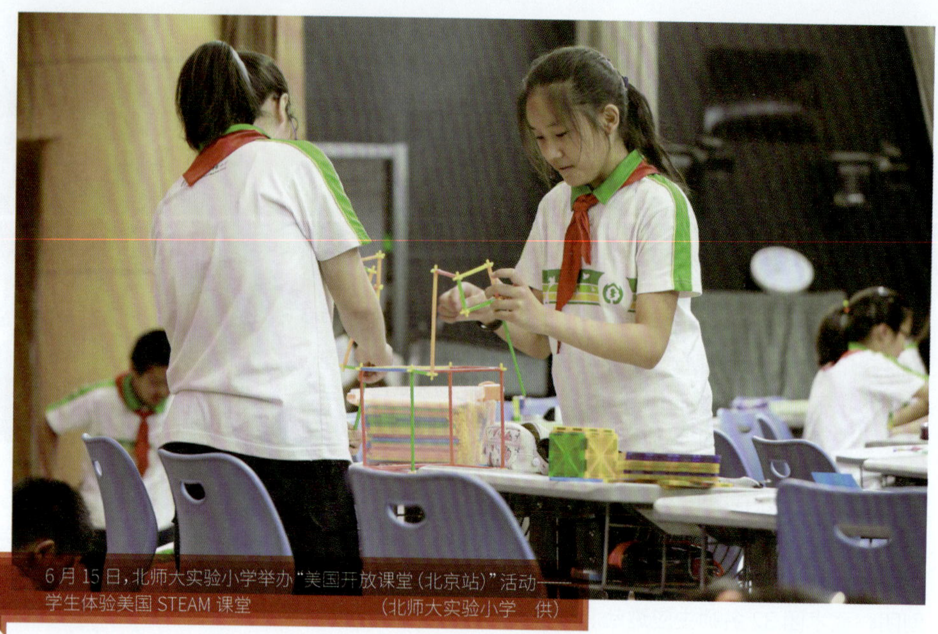

6月15日，北师大实验小学举办“美国开放课堂（北京站）”活动——学生体验美国STEAM课堂（北师大实验小学 供）

2018年，学校围绕建校60周年校庆，关注师生成长，开展各类活动，展现学校发展成就和新风采。组织教师学习国家相关法律和各类师德师风建设文件，签订《北京师范大学实验小学教师遵守师德相关规定承诺书》。号召全校教师向援藏教师学习，并组织优秀教师开展“说说我的教育故事”系列活动，提升学校师德建设水平。

探索教育科研深度结合，推动创新思维研究，将教研与培训相结合，与北京师范大学继续教育与教师培训学院国际教育与教师发展中心以及芬兰教育集群联合举办“芬兰开放课堂”活动;与“中国好老师”公益行动计划办公室、美国2所小学联合举办“美国开放课堂（北京站）”活动。作为教育部“全国课程改革骨干教师研修基地”，接待日本、挪威、美国、荷兰等国家以及香港、广东、云南、山东等地各级各类教育教学部门领导、教师、学生来访1028人次，各学科教师作展示课168节，来访团队与校领导和一线教师座谈36课时。

提倡“奉献、友爱、互助、进步”志愿服务精神，派出4批16名骨干教师和6名学生赴云南、甘肃、新疆等省区开展志愿服务活动。坚持“以人为本、德育为先”，教育工作符合学生年龄特点、认知规律和教育规律，积极树立文明礼仪之风，杜绝校园欺凌。重视日常安全教育，注重养成教育的科学性和针对性，贴近实际、贴近生活、贴近学生，发挥学校主体作用、家庭基础作用、社会支持作用，形成家、校、社会育人合力。

（曾珮）

中国人民大学附属小学

2018年，中国人民大学附属小学分五址办学，分别为主校区、银燕分校、亮甲店分校东校区、亮甲店分校西校区和京西分校。5个校区总占地面积3.17万平方米，校舍建筑面积3.49万平方米，运动场（馆）面积2.05万平方米。图书馆（室）藏书6.80万册，包括电子图书2万册。固定资产总值5805.96万元，全年教育经费投入10597万元。学校信息化经费投入1390.50万元，拥有计算机698台，校园网出口总带宽130Mbps，“信息技术”课程1课时/周。教职工396人，其中，高级职称10人、中级职称146人。专任教师375人，包括特级教师2人、北京市骨干教师4人；本科以上学历271人。开设教学班119个。毕业891人、招生1024人、在校生5640人。11月12日，“人大附小雄安校区”揭牌，开启一校六址办学模式。

2018年，学校以“实现附小百年梦想”为目标，以纪念改革开放40年、迎接附小建校65周年为契机，以深化教学改革为动力，努力实现校区发展精准化，教师发展多元化，学生成长特质化。扎实推进落实《义务教育学校管理标准》，修订学校章程，依法办学、依章办学，继续完善学校内控制度建设等工作。重视常态教育，坚持五校区行政领导集体听课制度；坚持每月一次的校区执行校长、主任汇报交流制度。落实国家京津冀一体化要求，努力承办人大附小雄安校区。以课程为中心，以课堂为抓手，构建学校课堂四声文化，即掌声、笑声、辩论声和质疑声。举办语文、数学、英语学科3场“享受七彩课堂 四声文化绽放”系列课堂四声文化研讨会，推出专著《人大附小的课堂四声》。

关注学生全面发展。足球队获北京市校园足球特色校联赛小学组冠军；在2018年“金宝路杯”全国青少年气排球夏令营暨中国小学生气排球联赛中，学校男子乙队、男女丙队分获气排球乙、丙2个组别3个冠军，男女丙队分获室内排球丙组2个冠军；7支排球代表队参加第24届北京市俱乐部杯比赛，男女排球队双获小学男女U9组冠军。金帆京剧团参加2018年第22届中国少儿戏曲小梅花集体节目荟萃集体节目演出，获“传承类”第一名。举办首届七彩冰雪节庆祝活动，推进冰雪运动进校园。

（金丽文　张宏光）

北京第二实验小学永定分校

2018 年，北京第二实验小学永定分校分两址办学，分别为小学部和附属幼儿园。2 个校区总占地面积 2.73 万平方米，校舍建筑面积 1.30 万平方米，室内运动场地面积 0.10 万平方米、室外运动场地在施工建设中。图书馆（室）藏书 10.23 万册，包括电子图书 6 万册。固定资产总值 2681 万元，全年教育经费投入 3660.30 万元。学校信息化经费投入 161 万元，拥有计算机 423 台，网络多媒体教室 48 个，校园网出口总带宽 1000Mbps，数字资源量 2000GB，“信息技术”课程 2 课时 / 周。教职工 115 人，其中，高级职称 15 人、中级职称 70 人。专任教师 97 人，包括北京市骨干教师 1 人；本科以上学历 96 人。开设教学班 37 个。毕业 218 人、招生 229 人、在校生 1382 人。

2018 年，学校以队伍建设为主线，提高教师专业水平。依托翔云计划，助力教师成长。成立骨干教师工作坊，明确骨干教师职责。举办“落实课堂文化 打造‘爱+’课堂”第八届“爱之源”杯课堂教学大赛，建设生态课堂。拓宽研修渠道，先后走进北京市门头沟区三家店小学、北京市密云区第三小学、内蒙古白音查干第二小学等学校开展各类教学交流活动。落实阅读工程，举办第七届校园读书节，激发师生阅读兴趣。加强过程管理，完善课程建设，以入学适应、家长讲堂、在校学习 3 个方面为主要实施途径，培养学生良好的学习习惯、卫生习惯和生活习惯。探讨 STEM 教育路径方法，邀请美国课程专家到校开展 STEM 课程交流活动。

抓住创城教育契机，加强学生思想道德教育和行为习惯养成教育。开展校园吉祥物设计、温馨提示语等系列实践育人活动，提升学生文明素养。为学生搭建多种展示平台，组织学生参加各类体育、艺术、科技大赛，学校“金鹏科技团”首次参加北京市科技节展示。充分利用“高参小”项目资源，昆曲社团学生在各类比赛中表现突出。在五年级开设滑雪课程，让学生体验冰雪魅力。世界杯期间依托玉成俱乐部向北京人和俱乐部输送 3 名足球小将，把学校足球工作推向新高度。结合市级课题深化无稿剪纸教学实践与研究，举行“爱之源”杯剪纸教学活动评比，开展无稿剪纸教学活动专项评价，提高教师组织剪纸教学活动的能力。

（谭峰　张华）

10 月 25 日，实验二小永定分校举办第八届“爱之源”课堂教学大赛
（实验二小永定分校　供）

北京市门头沟区大峪第二小学

2018 年，北京市门头沟区大峪第二小学占地面积 1.99 万平方米，校舍建筑面积 1.88 万平方米，运动场地面积 0.66 万平方米。图书馆（室）藏书 4.51 万册。固定资产总值 5434 万元，全年教育经费投入 5081 万元。学校信息化经费投入 853 万元，拥有计算机 537 台，网络多媒体教室 55 个，校园网出口总带宽 1000Mbps，数字资源量 5000GB，“信息技术”课程 2 课时 / 周。教职工 113 人，其中，高级职称 21 人、中级职称 66 人。专任教师 100 人，包括北京市骨干教师 3 人、北京市学科教学带头人 2 人；本科以上学历 107 人。开设教学班 40 个。毕业 215 人、招生 312 人、在校生 1589 人。设附属幼儿园，园所占地面积 5000 平方米，建筑面积 4201.73 平方米。固定资产总值 355.17 万元，全年教育经费投入 850 万元。教职工 41 人，包括专任教师 36 人、保健员 2 人。开设教学班 10 个(小班 4 个、中班 4 个、大班 2 个)。幼儿入园 78 人、在园 258 人。

2018 年，学校确立以智慧教育为核心的办学特色发展路径，以智慧课堂建设和智慧阅读 2 项重点工作为引领，推动学校工作全方位发展。以冬奥项目“冰壶”“滑雪”为主题开展课程研究，提高教师课程开发意识，培养学生创新意识，举办“相约冰雪 相约 2022”冬奥主题课程探索与实践论坛，展示冬奥主题课程实施成果；学校冰壶队获北京市冰壶比赛小学组冠军。

打造智慧课堂，推进智慧阅读。制定《大峪二小课堂学习习惯培养标准》《大峪二小课堂学科素养培养标准》，利用课堂“智慧三分钟”，为学生搭建展示平台。成立“大峪二小校长青椽工作坊”，举办“打造充满智慧、充满生机与活力的课堂”骨干教师引领展示课和青年教师课堂展示交流活动，推动课堂教学改革。在落实课程建设上进行构化，开设“阅读与欣赏课”，成立“阅读与欣赏”研究核心组，研究阅读课程。以智慧阅读展示周为目标，开展智慧阅读点赞、手抄报评选、经典诵读展示、名著阅读课本剧展演等阅读活动，举办首届“智慧阅读小状元、小进士”评选活动。

（侯勇　王娜　曹春燕）

北京市房山区良乡第三小学

2018 年，北京市房山区良乡第三小学占地面积 1 万平方米，校舍建筑面积 0.88 万平方米，运动场地面积 0.41 万平方米。图书馆（室）藏书 3.50 万册，包括电子图书 0.12 万册。固定资产总值 4230 万元，全年教育经费投入 2818 万元。学校信息化经费投入 7 万元，拥有计算机 403 台，网络多媒体教室 38 个，校园网出口总带宽 1000Mbps，数字资源量 550GB，“信息技术”课程 1 课时 / 周。教职工 93 人，其中，高级职称 11 人、中级职称 58 人。专任教师 84 人，包括特级教师 1 人、北京市骨干教师 4 人、北京市学科教学带头人 1 人；本科以上学历 85 人。开设教学班 33 个。毕业 232 人、招生 247 人、在校生 1201 人。学校有社团 43 个。

2018 年，学校落实“深综改”精神，加大改革力度，以“适性多元、知行合一”为理念构建起学校“立达课程”体系，为学生提供选择机会，让学生在丰富的社团课程中寻找兴趣点，培养特长。以科研、教研一体化为抓手，促进教师专业发展，学校科研成果获北京市教育教学成果二等奖。

以“正、博、达”为目标加强教师队伍建设，以引路课、研究课、展示课、评优课及教师基本功比赛等形式引领教师改进教育教学方式，提高教育教学质量。以培养勤敏少年为目标，关注学生良好行为习惯培育及学生核心素养提升，通过开展“勤敏少年走进科技，助力成长”科技节等活动，让学生快乐成长。

（周春英）

北京市房山区良乡第四小学

2018 年，北京市房山区良乡第四小学占地面积 1.10 万平方米，校舍建筑面积 0.56 万平方米，运动场地面积 0.30 万平方米。图书馆（室）藏书 2.70 万册。固定资产总值 96.20 万元，全年教育经费投入 174 万元。学校信息化经费投入 15 万元，拥有计算机 229 台，网络多媒体教室 34 个，校园网出口总带宽 20Mbps，数字资源量 100GB，“信息技术”课程三、四年级 0.5 课时 / 周。教职工 64 人，其中，高级职称 9 人、中级职称 27 人。专任教师 60 人，包括北京市骨干教师 1 人；本科以上学历 63 人。开设教学班 24 个。毕业 107 人、招生 193 人、在校生 841 人。

2018 年，学校以迈向一个现代优质学校，使教育更加适合学生为目标。完成《四小文化实施手册》编写，结合教学管理标准达标验收，推进《四小文化实施手册》实施，推进管理的规范化、特色化、模型化建设。构建呈现式课堂模式，提高课程育人质量，加大艺术、科学等学科建设。引进情商课程、深入开展自我教育实验，继续开展传统文化项目、师生理想共塑等课题研究。举办“一对一”学习方式变革现场会、以项目学习为研究重点，促进教与学方式变革，激发学生学习自主性。挖掘“牵手特级教师”的作用，实现教师与学生共同成长。

提高校园生活品质和学生综合素养。以“四小孩子最爱读书”为目标，制订并推广《阅读手册》，通过语文课与课外阅读的对接，精准提高学生阅读能力。借助大阅读、阅读障碍研究 2 个项目，提升语文课精准阅读培养能力，深度推进《日日诵》。

（齐利敏）

北京教育科学研究院通州区第一实验小学

2018 年，北京教育科学研究院通州区第一实验小学占地面积 1.72 万平方米，校舍建筑面积 1.45 万平方米，运动场地面积 0.43 万平方米。图书馆（室）藏书 3 万册，电子图书 90 册。固定资产总值 3019.70 万元，全年教育经费投入 4712.23 万元。学校拥有计算机 428 台，网络多媒体教室 58 个，校园网出口总带宽 2750Mbps，数字资源量 4000GB，“信息技术”课程 1 课时 / 周。教职工 136 人，其中，高级职称 14 人、中级职称 57 人。专任教师 133 人，包括北京市骨干教师 3 人、北京市学科教学带头人 2 人；本科以上学历 134 人。开设教学班 42 个。毕业 305 人、招生 464 人、在校生 1932 人。

2018 年，学校深化发现教育特色实验，加强教育供给，聚焦实际获得，打造适合北京城市副中心的教育。学校获北京市中小学生社会大课堂先进集体等称号。

推进教育高端引领培养工程，深化“课堂中的行走与行走中的课堂”系统教师培养模式，全面提升教师专业素养、学科领导力和影响力。实施“3 + 3”骨干培养工程、“五项修炼”团队建设工程、青年教师“五项攻关”工程。教师获评教育部“一师一优课、一课一名师”活动“优课”1 节，

10 月 18 日至 19 日，北京教科院通州实验一小开展社会学科实践活动
（北京教科院通州实验一小　供）

2018 年北京市课堂教学课例、案例征集一等奖 2 个等多项荣誉。

基于让学生"在发现中探究，在探究中创新，在创新中成长"理念，结合活动特点与学生个性发展特征，依托并有选择性使用社会资源，以项目课题带动模式，在优质化落实学校三级课程的基础上，建构"主题项目＋"特色社会大课堂课程体系，培养发现型少年。学生获全国青少年航海模型教育竞赛冠军 1 个、一等奖 3 个，全国青少年航空航天模型教育竞赛活动决赛一等奖 2 个。

促进多元交流，增强学校影响力。与雄安新区容城县陈杨庄小学，内蒙古翁牛特旗乌丹实验小学等学校结成"手拉手"学校，发挥优质教育资源的引领辐射作用，促进"手拉手"学校干部教师综合素养提升。接待法国亨利马丁中学、台湾台中教育大学代表团来访，增进多元理解。

（陈军华）

北京市史家小学通州分校

2018 年，北京市史家小学通州分校占地面积 4.05 万平方米，校舍建筑面积 3.06 万平方米，运动场地面积 1.76 万平方米。图书馆（室）藏书 4.98 万册。固定资产总值 1.73 亿元，全年教育经费投入 0.80 亿元。学校拥有计算机 621 台，网络多媒体教室 89 个，校园网出口总带宽 3250Mbps，数字资源量 2760GB，"信息技术"课程 1 课时 / 周。教职工 185 人，其中，高级职称 23 人、中级职称 70 人。专任教师 170 人，北京市骨干教师 5 人；本科以上学历 181 人。开设教学班 60 个。毕业 377 人、招生 477 人、在校生 2761 人。

2018 年，学校把握北京城市副中心建设契机，深化欣赏教育办学特色建设，课堂教学围绕"顺应学生心理，引领学生享受学习过程"主题，突出"一班（科）一习惯（或能力）"，加强改进作业内容，提高思维含量。校本教研活动要求做到"五有"（有主题、有内容、有过程、有价值、有实际获得），鼓励持续性、长周期活动与即时性、微型教研相结合。以"关注学生实际获得"为主题开展第十届"欣悦杯"课堂展示活动。教师作区级及以上观摩研究课 166 节，获奖 893 人次。学校获市、区级集体荣誉 49 项。

全方位、全过程育人。将"微善"活动做实，举办"家校协同 和合育人"——家校共育课题研讨会等活动。突显生本行为，促进学生健康成长，丰富社团活动内容，开设足球、舞蹈、器乐等活动课程；举办"史家小学通州分校第一届戏剧节"；召开北京市史家小学通州分校第九届少先队代表大会，少先队联合组织开展为新疆小朋友捐书活动。在全国及全市 16 次各类竞赛活动中，获奖学生 385 人次。

（刘艳）

10 月 18 日，史家小学通州分校举办首届戏剧节
（史家小学通州分校　供）

北京小学通州分校

2018 年，北京小学通州分校占地面积 2.23 万平方米，校舍建筑面积 1.95 万平方米，运动场地面积 0.74 万平方米。图书馆（室）藏书 9.28 万册，包括电子图书 6 万册。固定资产总值 2947.32 万元，全年教育经费投入 4613.84 万元。学校拥有计算机 358 台，网络多媒体教室 55 个，校园网出口总带宽 3250Mbps，数字资源量 600GB，"信息技术"课程 1 课时 / 周。教职工 128 人，其中，副高级职称 12 人、中级职称 37 人。专任教师 114 人，包括北京市骨干教师 5 人；本科以上学历 128 人。开设教学班 40 个。毕业 225 人、招生 409 人、在校生 1895 人。

2018 年，学校秉承活力教育办学理念，明确学校发展方向和目标，深化活力内涵，修订学校章程、完善学校制度汇编、设计策划学校文化手册，为发展提供依据和经验。通过学资料、听报告、看录像等多种方式，增强干部教师履职能力。教师在 2018 年全国小学英语教师国培项目专题课程——"以酷听说提高小学生英语语言能力的实践探索"中担任主讲教师；干部在第 48 届"创新杯"全国优秀青年教师教学艺术大赛等比赛中获奖 354 项。在活 · 力课程的实践中，学生获各项奖励 110 余次。

创新工作方法，提升教师业务能力，建立和落实"一三五"活力常态教学品质提升工程，即"围绕一个重点，运行三种机制，实施五种策略"。17 名市、区级骨干教师，发挥骨干教师先锋作用，带领各学科教师进行课程改革实

12 月 30 日，北京小学通州分校举办艺术社团课程成果展示活动
（北京小学通州分校　供）

验。研究成果有语文团队的“1＋x”语文课程建设、数学团队的变教为学课堂教学等。统筹规划德育管理，以班级建设为德育管理核心内容，构建德育课程体系，突出活力德育特色。

以“高参小”项目为抓手，助推学校艺术教育发展。学校管乐、合唱、舞蹈社团有学生300余人，通过艺术社团学习与活动，增进学生音乐修养，培养学生合作意识。艺格管乐社团被评为通州区五星级学生社团，水之灵合唱团获北京市第21届学生艺术节银奖。

（高明月）

北京市通州区张家湾镇中心小学

2018年，北京市通州区张家湾镇中心小学下辖5所完全小学，分别为张辛庄小学、上店小学、张湾村民族小学、张湾镇民族小学和枣林庄民族小学；8月，张辛庄小学被撤销，该校师生安置在中心小学及其他4所完小。5所学校总占地面积5.89万平方米，校舍建筑面积2.24万平方米，运动场地面积3.09万平方米。图书馆（室）藏书12.60万册。固定资产总值0.40亿元，全年教育经费投入1.03亿元。学校拥有计算机600台，网络多媒体教室114个，校园网出口总带宽2750Mbps，数字资源量300GB，“信息技术”课程1课时/周。教职工229人，其中，高级职称27人、中级职称97人。专任教师201人，包括北京市骨干教师1人；本科以上学历210人。开设教学班79个。毕业363人、招生499人、在校生2649人。

2018年，学校以“做主人”教育为办学特色，以“培养适应社会发展的发展人”为办学理念，不断践行“团队就是名师、团队就是品牌”的教师队伍建设理念。召开“全体教师大会”“计划交流会”，整体规划学校工作，开展“千师访万家”优秀教师、“我最喜爱的老师”等评选活动，加强队伍建设，提升师德素养。1名教师被评为北京市“师德榜样”；1名教师被评为全国“红读”活动先进个人。

不断完善课程实施框架和运行系统，先后开展“英语教师课堂评优”“国学研修班开班培训”“融合教育课堂展示”等课堂实践与研究活动，提升课堂品质。推进学生自主管理，通过开展“学生艺术节”“科技嘉年华”“元宵节花灯展”等活动，培养学生多种兴趣与能力。组织学生参与全部体育、艺术、科技A类比赛。学生在市、区级武术比赛中屡获佳绩，获北京市民族健身操舞金奖。

推进内涵发展，下辖4所完全小学，在“做主人”教育统领下，积极发展自身特色，形成“一校一品牌，校校都精彩”的局面。举办小记者站培训、开学第一课——运河文化宣讲、学生诗词大会等特色活动。学校获中华优秀传统文化教育研究先进示范校、北京市健康示范单位等荣誉称号。

（张海涛）

北京市顺义区石园小学

2018年，北京市顺义区石园小学占地面积1.82万平方米，建筑面积0.85万平方米，体育场（馆）面积0.97万平方米。图书馆（室）藏书5.79万册。固定资产总值2869.43万元，全年教育经费投入7526.41万元。学校信息化经费投入414.07万元，拥有计算机907台，校园网出口总带宽100Mbps，数字资源量1000GB，“信息技术”课程1课时/周。教职工182人，其中，高级职称25人、中级职称86人。专任教师142人，包括北京市骨干教师1人、北京市学科教学带头人1人；本科以上学历133人。开设教学班57个。毕业360人、招生456人、在校生2274人。

2018年，学校逐步构建全景式、网格化特征课程体系。实行级部制管理，加大语文、数学、英语、科学4个校内工作室建设和青年教师培养。语文学科开展读写结合与单元整体教学研究，形成《以语言学习与运用为指向的语文课程建设及教学改革》研究手册；数学学科试行学科“模块教学”和“数学日记”实验；英语学科开展“互联网＋对培养小学生英语听说能力培养的研究”；科学学科试行STEM和技术与工程项目式学习。成立青年发展营，开展班主任心理工作坊、微论坛活动，调动教师发展内驱力，打造优秀班主任群体。

加大特色化课程实施研究，自编自写作文集，打造PAD课堂，召开顺义区PAD课堂实践现场会，推动课堂信息化建设。继续拓展快乐周三课程、德育活动课程和具象行为课程。利用学校自主研发的“成长的足迹”校本化评价手册开展日常评价。制订安全责任机制，明确教师“一岗双责”，通过责任机制、宣传机制、交流机制等10大机制的建立做到安全工作人人知晓、人人有责、人人参与。加强硬件设施建设，完成化粪池改造工程，分流改造雨水、污水管网。

（解建影　崔静）

北京市顺义区东风小学

2018年，北京市顺义区东风教育集团分四校五址办学，分别为本部校区、建新校区、仓上校区、裕龙校区（裕龙校址和现代校址）。4个校区总占地面积8.51万平方米，建筑面积3.79万平方米，运动场地面积4.67万平方米。图书馆（室）藏书17.84万册，电子图书99册。固定资产总值0.51亿元，全年教育经费投入1.51亿元。学校信息化经费投入688.28万元，拥有计算机1145台，网络多媒体教室9个，校园网出口总带宽3100Mbps，数字资源量2140GB，“信息技术”课程3.5课时/周。教职工524人，其中，高级职称64人、中级职称227人。专任教师430人，包括特级教师3人、北京市骨干教师9人；本科以上学历431人。开设教学班166个。毕业1048人、招生1425人、在校生6903人，包括外省市借读生1219人。学校有社团143个。

12月10日和11日，顺义东风教育集团举办4场大型原创音乐剧《雪国精灵》汇报演出 （顺义东风教育集团 供）

2018年，顺义东风教育集团提出“和时代东风 育知行少年”的集团办学追求，坚持“基础教育育基础，体验教育蕴特色”办学理念和办学特色。实施阳光德育，立德树人。开展第六届“感动校园人物”评选活动，宣传感动人物事迹，引领学生“和谐发展”。举办《规范在心中，我做东风代言人》主题演讲等活动，组织学生统一学习新版学生守则，围绕守则主题开展班级板报评比、征文活动。

打造团队研修文化，提升教师科研能力。以教研团队为载体，开展课堂研究，52项市、区级课题立项。三分之二的课题完成中期成果申报，三分之一的课题结题。推进多元课程建设，形成基础性、拓展型、发展性三级一体化课程体系。注重信息技术与学科教学整合，开展优学派移动终端互动课堂研究，探索“互联网＋课堂”微课等学习方式。与中赫国安足球俱乐部达成合作协议，开展校园小足球训练项目。32门选修课程涉及人文、科学、艺术等领域。利用家长委员会招募家长志愿者参与课程建设，开设医疗健康、人文科技、生活百科、安全防护4个类别的家长讲堂。依托社会力量，开设电影、科普、博物馆课程。

（刘英华）

北京市昌平区昌盛园小学

2018年，北京市昌平区昌盛园小学占地面积1.37万平方米，建筑面积1.11万平方米，体育场（馆）面积0.37万平方米。图书馆藏书4.27万册，电子图书25万册。固定资产总值5042.26万元，全年教育经费投入5043.54万元。学校信息化经费投入248.77万元，拥有计算机468台，网络多媒体教室54个，校园网出口总带宽1000Mbps，数字资源量1000GB，“信息技术”课程1课时/周。教职工137人，其中，高级职称17人、中级职称75人。专任教师112人，包括特级教师1人、北京市骨干教师8人、北京市学科教学带头人1人；本科以上学历124人。开设教学班47个。毕业292人、招生346人、在校生1934人。学校有社团47个。

2018年，学校将立德树人作为立身之本，围绕学生、关照学生、服务学生。坚持安全无事故，从人、从物、从设施等方面实现常态化清查，做好学校安全保障。以研讨会为契机，抓实“尊重课堂”，借助北京市教育学会幸福素养研究会平台，深耕细作“尊重—合作”可持续学习课堂，聚焦课堂、聚焦实践、聚焦创新，推进教与学方式转变，培养学生可持续学习能力，提升教师队伍水平和教育教学质量。加强学习交流，为教师搭建外出学习平台，先后派出41名干部教师到西安、上海等地学习；在“京蒙帮扶”框架背景下，先后选派9名教师到河北、内蒙古、海南等地学校送课送讲座，在交流中相互促进。在学生日常行为习惯的养成、班级文化建设、班级卫生管理等方面，积极检查、定期评价，培养学生良好习惯。

（王京辉）

北京市昌平区城北中心小学

2018年，北京市昌平区城北中心小学下辖4所学校，分别为中心校六街小学、三街小学、东关小学和西关小学。4所学校总占地面积2.91万平方米，校舍建筑面积1.84万平方米，运动场地面积1.63万平方米。图书室藏书11.15万册。固定资产总值6010.60万元，全年教育经费投入9530.16万元。学校信息化经费投入334.67万元，拥有计算机928台，网络多媒体教室128个，校园网出口总带宽1000Mbps，数字资源量2000GB，“信息技术”课程1课时/周。教职工297人，其中，高级职称33人、中级职称150人。专任教师287人，包括北京市骨干教师5人；本科以上学历256人。开设教学班101个。毕业686人、招生672人、在校生3868人，包括外省市借读生982人。学校有社团87个。

2018年，学校在“养正”文化引领下，在好习惯教育路上，充实完善“文化城北”教育内涵。落实立德树人根本任务，举办“铸就师魂 感动城北”典型人物颁奖大会暨新春团拜会、第一届诗词大比拼活动、北京市养成教育专项督导暨昌平区养成教育现场会、“感恩路上的最美遇见”第十届德育论坛等活动。关注学生能力培养，举办小记者站启动仪式、“军都印社”城北中心小学分社授牌仪式、社会大课堂主题实践等活动，组织学生走进社会，坚持实践育人。举办“科技进校园”专场活动、2018年昌平区第六届“远航杯”中小学生国际象棋比赛、“艺术，让生活更美好”第28届校园艺术节等各类文体活动，培育全面发展的学生。

推进干部教师队伍建设，成立第三期教育讲师团、“心海引航”班主任工作室暨心理学科工作坊启动仪式，通过青年班主任基本功大赛情景问答与即兴演讲比赛、干部“亮”课、2018互动反馈精准教学应用展示交流活动暨全国互动反馈教学第八届现场课与说课交流活动等活动，为教师搭建交流展示平台，提升教师教学能力。

先后与雄安新区芦庄总校、雄安新区西野桥小学结成“手拉手合作学校”并开展教育交流活动。开展“互动反馈技术构建精准教学的实践研究”“榜样类型对小学生耐久跑成绩的影响”“以国学教育为依托培养学生良好行为习惯的研究”“通过微型课例研究促进新任教师专业化发展的实践”等多个课题研究，提高学校美誉度。

（王英）

北京市昌平第二实验小学

2018年，北京市昌平第二实验小学分两址办学，分别为东校区和西校区。2个校区总占地面积3.09万平方米，建筑面积1.77万平方米，体育场（馆）面积0.91万平方米。图书馆藏书5.95万册。固定资产总值4735万元，全年教育经费投入4579万元。学校信息化经费投入55万元，拥有计算机269台，网络多媒体教室61个，校园网出口总带宽1000Mbps，数字资源量265GB，“信息技术”课程1课时/周。教职工153人，其中，高级职称12人、中级职称38人。专任教师149人，本科以上学历147人。开设教学班58个。毕业290人、招生450人、在校生2173人，包括外省市借读生1092人。

2018年，学校以养成教育为切入点，用工具撬动课堂，用活动助推成长。开展体育节、读书节、数科节、合唱节、艺术节5次大型校园活动，开展社会主义核心价值观教育，确定每月1个主题，多种形式培育学生。加强教师队伍建设，开办“班主任工作坊”，通过研讨会和工作交流形式，提升班主任常规习惯、班级管理和突发事件处理等方面的责任意识和能力水平。注重家校共育，针对家长需求，联系相关教育专家和有经验的教师举办“家长学校大讲堂”，全年12期，家长2100人次参加；开展“家校携手保安全”活动，组织500名家长志愿者参与到校门口交通安全秩序维护中。学校被评为昌平区学习型党组织建设先进单位、师德建设先进集体和教育教学质量综合评价优秀学校。

（佟倩倩）

4月23日至5月18日，昌平实验二小举办第七届读书节
（昌平实验二小 供）

北京市昌平区霍营中心小学

2018年，北京市昌平区霍营中心小学下辖2所学校，分别为霍营中心小学和半截塔小学。2所学校总占地面积2.46万平方米，建筑面积1.46万平方米，运动场地面积0.63万平方米。图书馆（室）藏书4.16万册。固定资产总值1656.74万元，全年教育经费投入3837.40万元。学校信息化经费投入290.27万元，拥有计算机341台，网络多媒体教室48个，校园网出口总带宽1000Mbps，数字资源量100GB，“信息技术”课程1课时/周。教职工117人，其中，高级职称6人、中级职称46人。专任教师114人，包括北京市骨干教师1人；本科以上学历108人。开设教学班42个。毕业196人、招生284人、在校生1489人，包括外省市借读生847人。学校有社团44个。

2018年，学校围绕“和育”文化理念，创建现代化精品学校。推动教育科研工作，鼓励教师参与项目研究，召开2018—2019学年虚拟学校项目教学研讨会；落实“中国好老师”公益项目，组织干部教师访问甘肃省陇南市实验小学；与北京市三里河第三小学签订北京市城乡中小学一体化发展“手拉手”三年交流合作协议。实施“回天”（回龙观、天通苑）行动计划，发挥“北京市城乡中小学一体化‘手拉手’合作项目”平台作用。成立

11月7日，霍营中心小学组织教师访问甘肃陇南实验小学
（霍营中心小学 供）

“和润致远”名师工作坊，聘请3名特级教师、北京市学科教学带头人为工作坊教学研究指导专家。

坚持活动育人，开展一年级养成教育学年培训，围绕学校主题月综合实践活动课程，由校外专家、家长志愿者、教师组成“和美”教育团队，为学生开展“神奇的石头”“法律伴我成长，敢于对校园暴力说不”“心灵手巧玩泥巴——北京传统文化之兔爷”等“和育”大讲堂活动；举办“戏美少年 剧在霍小”“读书大讲坛”“和美致远”毕业课程等展示交流活动；组织学生到北京农业嘉年华、蓝天城职业体验中心、顺义七彩蝶园等地开展综合素质提升工程。推进家校“和育”工作，召开家长委员会会议，增补一年级家长委员；2次开展“家校一体和美共生”家长开放日活，组织开展“做和美家长”的家长沙龙等活动。

（袁宝红）

北京师范大学大兴附属小学

2018年，北京师范大学大兴附属小学占地面积1.57万平方米，建筑面积0.97万平方米，运动场地面积0.71万平方米。图书馆（室）藏书2.66万册，电子图书0.83万册。固定资产总值1998.12万元，全年教育经费投入2540.33万元。学校信息化经费投入6.98万元，拥有计算机372台，网络多媒体教室40个，校园网出口总带宽30Mbps，数字资源量2500GB，“信息技术”课程1课时/周。教职工81人，其中，高级职称11人、中级职称41人。专任教师77人，包括北京市骨干教师3人；本科以上学历8人。开设教学班25个。毕业179人、招生190人、在校生923人，包括外省市借读生568人。学校有社团74个。

2018年，学校通过德育课程建设培养学生行为习惯，多样社团组建发展学生潜能，搭建学生成长和展示的平台。注重建设德育教育队伍，把全员育人、全学科育人、全过程育人落到实处。对每个课程领域内部的课程进行跨学科整合，采用“主题”形式进行，遵循“实践性”课程定位，并按照课程体系领域和展示平台进行梳理和整合。天文课程作为科技教育品牌项目，入选北京市金鹏社团天文分团，科技教育成为学校发展的引领性特色课程项目。学校获得首都文明校园、北京市“创意戏剧·活力校园”优秀实践学校、大兴区小学教育教学工作一等奖等53项荣誉，教师获奖354项，学生获奖800人次。

（刘娜）

北京市大兴区团河小学

2018年，北京市大兴区团河小学占地面积8850平方米，建筑面积4057平方米，操场面积4755平方米。图书馆藏书1.78万册。固定资产总值2184.09万元，全年教育经费投入1649.74万元。学校信息化经费投入11.11万元，拥有计算机182台，网络多媒体教室24个，校园网出口总带宽30Mbps，“信息技术”课程1课时/周。教职工55人，其中，高级职称7人、中级职称26人。专任教师53人，本科以上学历54人。开设教学班21个。毕业105人，招生108人、原新世纪实验学校分流129人，在校生739人。

2018年，学校以全面推行素质教育为价值取向，以提升学生学习力为第一追求，注重教师队伍建设，不断改进课堂教学模式。运用发展性评价，促进可持续发展，尝试采用“积分制”管理模式开展发展性评价，通过引导教师、学生、家长发展，促进学校可持续发展。

发挥学科德育功能，提高育人整体效果。将立德树人融入学科教学中，实现全员育人和全科育人；落实养成教育，培养学生良好习惯。组织骨干班主任研制《团河小学学生习惯培养学习手册》，把学生一日常规进行碎片化梳理，根据学生年龄特点，采用儿歌、三字经、童谣等不同形式，开展各类教育活动。构建育人共同体，助力学生健康成长，成立校级、年级、班级三级家长委员会，高效深入开展家校活动。

依托社会大课堂，提高实践育人实效，社会大课堂实践活动课程化、系列化、体系化，整合“四个一”教育实践活动和“劳动教育”内容，整体设计学校实践活动课程。每个年级2个主题，6个年级12个主题，分别走进12家资源单位，将课程分为行前课、行中课、行后课，做到行前有准备、行中有感悟、行后有反思，提高活动实效。以“爱书香、育家风、传文化”为主题开展读书活动，润养师生品格，

12月10日至21日，团河小学举办闪光教育“礼课程”家长讲堂周活动
（团河小学 供）

邀请专家学者进校园，与师生分享读书文化，同时采取任务式学习、项目制学习 2 种方式，开展亲子阅读——家族根系图制作、思辨式阅读——绘制著名诗人诗作思维导图、阅读与表达——口述史访谈等多项活动。

（赵静）

北京市大兴区第三小学

2018 年，北京市大兴区第三小学占地面积 1.07 万平方米，建筑面积 0.80 万平方米，体育场（馆）面积 0.55 万平方米。图书馆（室）藏书 3.10 万册。固定资产总值 4207 万元，全年教育经费投入 3180 万元。学校信息化经费投入 21.50 万元，拥有计算机 364 台，网络多媒体教室 41 个，校园网出口总带宽 1024Mbps，数字资源量 200GB，“信息技术”课程 1 课时 / 周。教职工 95 人，其中，高级职称 3 人、中级职称 60 人。专任教师 90 人，包括北京市骨干教师 1 人；本科以上学历 83 人。开设教学班 27 个。毕业 170 人、招生 182 人、在校生 953 人。

2018 年，学校在“启迪人生梦想，培育创新智慧”办学理念引领下，立足学生核心素养培养。举办“学规范 正行为 养习惯”主题教育宣传月活动，培养学生良好行为习惯；组织全校学生开展红领巾益起来志愿服务系列活动，走进社区为空巢老人送问候。培养全面发展的学生，举办“星星放光彩”寻找身边的艺术之星评选活动、“阳光体育 活力校园 享受运动 快乐成长”第六届校园体育节、“奏响美的旋律 传承红色经典”管乐专场音乐会，组织金帆管乐团 70 名团员参加“2018 敦善交响乐团全国巡演（北京站）”音乐会演出。学校被评为北京市学生金鹏科技团、北京市学生金帆艺术团、京城百所特色校“京城幸福感领军小学”，获得大兴区小学教育教学工作一等奖、少先队组织建设规范化先进集体、少先队理论科研工作先进单位等区级以上奖项和荣誉 60 余项。

（刘洪月）

北京市怀柔区第一小学

2018 年，北京市怀柔区第一小学占地面积 1.52 万平方米，校舍建筑面积 1.02 万平方米，运动场地面积 0.80 万平方米。图书馆藏书 6.27 万册。固定资产总值 3957.22 万元，全年教育经费投入 4238.37 万元。学校信息化经费投入 216.11 万元，拥有计算机 354 台，网络多媒体教室 55 个，校园网出口总带宽 100Mbps，数字资源量 850GB，“信息技术”课程 1 课时 / 周。教职工 138 人，其中，高级职称 19 人、中级职称 81 人。专任教师 116 人，本科以上学历 126 人。开设教学班 41 个。毕业 304 人、招生 358 人、在校生 1670 人。

2018 年，学校从精细化管理入手，落实“阳光教育——爱承文脉怀教育情长智启未来行一路阳光”学校文化核心价值观。学校获北京市“小篮球”发展计划种子学校、首都文明校园等荣誉称号。

教育教学工作围绕两条主线。通过行政听课、主题研讨、专家引领等途径加强教师队伍建设；落实“七彩阳光”课程方案，培养学生核心素养。组织一年级识字大赛、三年级“我是小小演说家”、四年级古诗词诵读以及读书节、戏剧节、科技节等活动，开展各类学生实践活动，为学生搭建各种展示平台。

坚持开展“让校园静下来”养成教育活动，强化形体健康教育，落实“三个十分钟”（早间文化传承课十分钟、课间十分钟、午间思想智慧启迪课十分钟）的行为养成。结合三年养成习惯目标，发挥教育评价功能和作用，编辑出版《怀柔一小阳光导行手册》，开展每月一次主题教育活动。

推进安全法制工作，创建平安校园。通过主题宣传、纪念日教育、手抄报、安全演练等活动，推进安全法制工作。通过采取严格执行值班领导护岗制度、专职人员执勤护导制度、加大门口执勤护导人员力度、实行错峰放学制度、执行班主任护送制度、加强对延时班的放学管理 6 项措施缓解校门口拥堵的问题。

（张晓清）

5月3日，怀柔小学第一学区开展“魅力牡丹”学科实践活动
（怀柔一小 供）

北京市怀柔区第三小学

2018 年，北京市怀柔区第三小学占地面积 8087 平方米，建筑面积 6059 平方米，体育场地面积 3490 平方米。图书馆藏书 4.50 万册。固定资产总值 2203 万元，全年教育经费投入 3641 万元。学校信息化经费投入 49 万元，拥有计算机 303 台，网络多媒体教室 35 个，校园网出口总带宽 100Mbps，数字资源量 20GB，“信息技术”课程 1 课时 / 周。教职工 125 人，其中，高级职称 18 人、中级职称 68 人。专任教师 106 人，包括北京市骨干教师 3 人；本科以上学历 105 人。开设教学班 35 个。毕业 246 人、招生 315 人、在校生 1536 人，包括外省市借读生 38 人。学校有社团 85 个。

2018 年，学校落实《教育十三五规划》，建设“和而不同”学校特色，实现师生共同成长。学校获北京市学习与思维教育研究实验基地校、首都文明校园、北京市语言文字工作规范化达标建设优秀校等市、区级奖励 56 项。

加强教师队伍建设，夯实教育实施基础。通过评选和谐团队、评选师德标兵、激励性评价研讨等活动树正气、严师德；开展教师基本功考核，举办教师应知应会培训，实施“五个一”（一节课、一手字、一本书、一个课题、一篇反思）达标工程提升教师教育教学能力。举办家长开放课、读书体会共享、“课堂文化周”等活动，提升教师综合素养。

强化习惯养成，坚持活动育人。推行“八礼”教育。整理、提炼各类规范，汇集成“八礼”（即问候礼、行走礼、持书礼、发言礼、倾听礼、升旗礼、观众礼和就餐礼），将各种顺口溜、儿歌融合编撰成一首通体儿歌。组织师生36人赴美国洛杉矶联合学区开展中美文化艺术交流活动。举办皮影艺术进校园活动，邀请皮影艺术团为学生展示皮影技艺，让学生在互动中感受工匠精神。

（邢桂伶）

北京市平谷区第五小学

2018年，北京市平谷区第五小学占地面积1.43万平方米，校舍建筑面积0.66万平方米，运动场地面积0.56万平方米。图书室藏书2.74万册。固定资产总值2064.81万元，全年教育经费投入2267.54万元。学校信息化经费投入20.13万元，拥有计算机465台，网络多媒体教室33个，校园网出口总带宽100Mbps，“信息技术”课程1课时/周。教职工78人，其中，高级职称6人、中级职称52人。专任教师71人，本科以上学历70人。开设教学班26个。毕业137人、招生184人、在校生884人。

2018年，学校细化教研要求，提升教学质量。定期开展集体备课，采取“中心发言人轮流当，教研组教师全参与”形式设计集体教案，教师再结合自身教学风格和班级情况进行个性化修改，形成个案。实行“点—面—立体”空间知识教学法，强调联系上下课、上下册、不同学科教材。强化作业批改“等级、评语”等要求，形成“教师互查、组长检查、学校随查”作业检查机制。

6月26日，平谷五小举办交通安全进课堂活动
（平谷五小　供）

创新渠道融合，助推德育工作。与学生家长组建的志愿服务队合作，共同维护校门口秩序，探索家校共育新模式。从天文、自然、文化、科技层面确定学生社会实践学习计划，督促学生按时间完成北京天文馆、汉风耕读苑、国家动物博物馆、中国科技馆探究学习任务，从研究主题、直观感受、拓展延伸等方面体验知识融合。教室内设综合管理岗，楼道每层设纪律检查岗，校园甬路每10米设路队秩序岗，操场设卫生监督岗，各岗按时段、按距离轮流交接，汇总反馈，形成小干部自主管理网络。

打造学习平台，培养学生艺术素养。通过组织学生到“民族艺术进校园”现场会观看文艺汇演、到北京运河瓷画艺术馆体验瓷画创作、到中国戏曲学院感受艺术氛围等各类参观实践活动，提升学生审美能力。以渗透“懂欣赏、会审美”为培养目标，在开齐国家艺术课程，开足京剧、萨克斯等校本课程基础上，将“民族艺术进校园——北戏普及京剧”等活动课程化，以名家演讲、模拟互动、专业指导等为内容，按照定项邀请、定期组织的方式，为学生提供系统学习艺术知识的机会。以召开校园艺术节为契机，开展“小才艺 大绽放”系列才艺评比活动，通过班、校逐级评比，鼓励学生创编英语戏剧、改编语文课本剧、展示个人才艺。京剧小社团表演的《京剧传承》曲目在中央电视台戏曲频道播出。

（王春杰）

北京市平谷区第八小学

2018年，北京市平谷区第八小学占地面积2.35万平方米，校舍建筑面积0.98万平方米，运动场地面积0.70万平方米。图书馆（室）藏书3.67万册。固定资产总值1885.70万元，全年教育经费投入2350.63万元。学校信息化经费投入25.44万元，拥有计算机260台，网络多媒体教室38个，校园网出口总带宽200Mbps，数字资源量20GB，“信息技术”课程1课时/周。教职工90人，其中，高级职称17人、中级职称37人。专任教师67人，本科以上学历78人。开设教学班29个。毕业143人、招生176人、在校生973人。

2018年，学校加强师资队伍建设，通过“双轨制”培养编外教师，为编外教师指派指导教师，从课堂教学、班级管理、教学艺术等方面进行一对一指导，对编外教师教学过程进行全程录像，并在课后进行回放指导，每天早晨、晚上开展培训学习，定期开展考核过关、课程评优展示、即兴演讲等活动提高教师基本技能，制订编外教师三年发展规划和考评机制。

推进校园足球建设，打造足球精品课程。制订《校园足球三年发展规划》，遵循“普及＋竞技”成长理念和“拼搏＋规则”育人理念，明确“一年打基础，两年见成效，三年成特色”校园足球工作目标。与国安足球俱乐部合作，在一年级开设足球体育课，并逐年滚动。采取 AA 制教学策略，聘请专家定期指导足球课堂教学，培训教师，编写校本教材，提高足球课堂普及教学质量。成立班级、年级、校级三级足球社团，定期举办三级足球比赛。建成 50 米足球文化墙，设立足球标识，开设足球课堂，组织学生走进国安比赛现场、观看足球戏剧表演、参与足球文化展示活动。

（岳俊清　倪满宝）

北京市密云区东邵渠镇中心小学

2018 年，北京市密云区东邵渠镇中心小学占地面积 2.60 万平方米，建筑面积 0.85 万平方米，体育场（馆）面积 0.72 万平方米。图书馆（室）藏书 2.59 万册。固定资产总值 2158.85 万元，全年教育经费投入 2394 万元。学校信息化经费投入 9 万元，拥有计算机 157 台，网络多媒体教室 22 个，校园网出口总带宽 100Mbps，数字资源量 220GB，“信息技术”课程 1 课时 / 周。教职工 61 人，其中，高级职称 4 人、中级职称 37 人。专任教师 48 人，本科以上学历 44 人。开设教学班 12 个。毕业 47 人、招生 46 人、在校生 292 人。

2018 年，学校秉持“以问题为导向，强校要先强师”教育工作理念，加强教师队伍建设。围绕立德树人根本任务，培养学生核心素养。首创“一课制”教学研磨模式。基于“一课制”理论和实施模式的研究实践，逐渐质化为该校教学特色，被《现代教育报》等媒体广泛报道。完成校史馆筹建工作。整合布置校史馆的场地，向社会、校友、师生征集影像、图片以及实物资料，力求还原该校各个时代的教育教学风貌。

以书法为特色学科，整合教育资源，全面育人。设计建设书法长廊，完善书法墙的图片代表性以及解读文字的准确性。组织策划毕业生书画展、金帆书画展进校园、“鹅池花满，墨韵飞扬”第五届书法教育节等活动，促进校内外书画交流。邀请相关专家定期到校指导学生书法临摹及创作。

（商德良）

北京市密云区北庄镇中心小学

2018 年，北京市密云区北庄镇中心小学占地面积 1.09 万平方米，建筑面积 0.51 万平方米，运动场地面积 0.66 万平方米。图书室藏书 1.97 万册。固定资产总值 1650.07 万元，全年教育经费投入 2040.42 万元。学校信息化经费投入 15 万元，拥有计算机 265 台，网络多媒体教室 18 个，校园网出口总带宽 100Mbps，数字资源量 260GB，“信息技术”课程 1 课时 / 周。教职工 55 人，其中，高级职称 4 人、中级职称 30 人。专任教师 32 人，本科以上学历 32 人。开设教学班 12 个。毕业 45 人、招生 35 人、在校生 235 人。下设幼儿园 1 所（北京市密云区北庄镇中心幼儿园），开设教学班 6 个（小班、中班、大班各 2 个），幼儿入园 38 人、离园 35 人、在园 114 人。

2018 年，学校以建设有品位的学校、培养有品质的教师、培育有品德的学生为目标，全面提升教育优质化、特色化、现代化水平。

做实校本研修，提升教师队伍素养。开展有针对性的校本研修活动，通过书记党课、师德承诺、师德报告等形式引领教师强师德；通过专家引领、骨干示范、师徒结对、“智播杯”优课评比等形式，打造开放课堂，培养德能并举型“四有”好老师。

依托优质资源，创办北庄人民满意的教育。发挥家校合力作用，成立家长委员会。发掘社会资源，与中央民族大学舞蹈学院、中国地质图书馆、波音航空公司等社会资源单位合作，通过开展夏令营、参观地质图书馆等活动，开阔学生视野。

打造舞蹈教育特色，带动学生核心素养全面提升。本着“舞蹈属于所有孩子”的原则，让全体学生享受舞蹈教育；培养舞蹈专长，开展舞蹈展示等活动，女童舞蹈团 31 名小演员参加中央电视台少儿频道节目录制，增强学生自信，达到“以舞养德、以舞启智、以舞健体、以舞审美、以舞咏劳”教育效果。

（商德良）

北京市延庆区第一小学

2018 年，北京市延庆区第一小学占地面积 0.77 万平方米，建筑面积 0.83 万平方米，体育场面积 0.30 万平方米。图书馆藏书 5 万册。固定资产总值 2038.54 万元，全年教育经费投入 3130.22 万元。学校信息化经费投入 50.64 万元，拥有计算机 291 台，网络多媒体教室 34 个，校园网出口总带宽 1000Mbps，数字资源量 1500GB，“信息技术”课程三年级至六年级 0.5 课时 / 周。教职工 106 人，其中，副高级职称 11 人、中级职称 47 人。专任教师 92 人，包括特级教师 1 人、北京市骨干教师 3 人；本科以上学历 97 人。开设教学班 34 个。毕业 218 人、招生 264 人、在校生 1283 人。

2018 年，学校继承和发扬百年优秀传统，努力建设文化底蕴深厚、质量拔尖、识别符号明显、有影响力的学校。

语文和英语学科借鉴数学学科“变教为学”研究成果开展教学方式改革。以“问题任务——独立思考——合作分享”为教学单元流程推进。开展同主题下多学科综合实践活动研究，整合各个学科资源，与 10% 学科综合实践活动课时统筹使用，开展同年级不同学科整合研究。推进区域协同发展，组织延庆区小学第一学区部分教师到成都、杭州等地学习交流。

实施养成教育三年行动计划。开展献礼交警、重阳敬老等感恩教育，“开学典礼”“入学式”“入队仪式”“毕业典礼”等仪式教育，篮球节、优秀学生事迹报告会、读书节等校园特色节日活动以及清明节、端午节等传统节日教育活动；举办“六一”表彰展演、元旦表彰、升旗手推介等身边榜样树立活动。

推进校园篮球特色及篮球校本课程建设。运用好“小篮球”校本教材；开展全员篮球普及活动，开设篮球技巧课；高标准建设“榆风”学校篮球队，聘请外籍教练每周训练 4 次，每次 1.5 小时。推进艺术教育，聘请专家教师每周为校合唱团、民乐团授课 1 次，每次 2 小时。运用校园电视台打造学生主持人、小记者、技术支持服务团队，使电视台成为学生自主管理、展示才艺、学习知识和本领、弘扬校园正能量的平台。

（罗广明）

北京市延庆区第二小学

2018 年，北京市延庆区第二小学占地面积 2.53 万平方米，建筑面积 1.83 万平方米，体育场（馆）面积 0.69 万平方米。图书馆藏书 5.29 万册。固定资产总值 3510.15 万元，全年教育经费投入 4187.22 万元。学校信息化经费入 115.59 万元，拥有计算机 352 台，网络多媒体教室 55 个，校园网出口总带宽 100Mbps，数字资源量 30GB，“信息技术”课程 1 课时 / 周。教职工 116 人，其中，高级职称 8 人、中级职称 50 人。专任教师 100 人，包括北京市骨干教师 2 人；本科以上学历 115 人。开设教学班 37 个。毕业 269 人、招生 303 人、在校生 1527 人。

2018 年，学校以“以人为本 健康成长 重在发展”为办学理念，打造“活力教育”办学特色。

加强养成教育。以“学科课堂和德育活动”为主渠道，以社会大课堂为依托，与学科课堂结合，开展手抄报、摄影、讲故事、绘画、征文等实践活动；开展“开学典礼”“入学仪式”“入队仪式”“毕业典礼”等仪式教育；开展足球节、艺术节、科技节、读书节等校园特色节日活动；开展春节、元宵节、清明节、端午节、中秋节等传统节日教育活动；举办“六一”表彰星级少年、我是优秀小公民、争创皇冠班级等活动。

深化“小组合作学习”研究。借助课题推进，专家引领、指导，制订小组合作学习规范和评价机制，形成小组合作学习模式，并在课堂实践中完善。打破学科边界，整合各个学科资源，设计综合实践活动，并与 10% 学科综合实践活动课时统筹使用，开展同年级不同学科整合研究。

完善开放办学格局。系统深化与北京市东城区史家胡同小学城乡一体化工作，全面融入首都优质教育；推进与内蒙古锡林浩特第九小学、四川成都石笋街小学、新疆乌鲁木齐八十小学等学校合作交流，实现与香港姊妹校的课程化序列化与成果应用；拓宽与美国、加拿大的教育交流领域，建立合作关系，做实与芬兰的教育合作和文化交流。开展开放办学助推学生成长活动，师生 1.90 万人次参与活动。

（盛敏）

延庆二小举办开放办学系列活动

（延庆二小 供）

北京市燕山向阳小学

2018 年，北京市燕山向阳小学占地面积 1.45 万平方米，建筑面积 0.85 万平方米，体育场（馆）面积 0.51 万平方米。图书馆（室）藏书 3 万册。固定资产总值 4213.85 万元，全年教育经费投入 2691.05 万元。学校信息化经费投入 15.63 万元，拥有计算机 245 台，校园网出口总带宽 50Mbps，“信息技术”课程 1 课时 / 周。教职工 80 人，其中，高级职称 3 人、中级职称 50 人。专任教师 75 人，包括北京市骨干教师 2 人；本科以上学历 74 人。开设教学班 28 个。毕业 213 人、招生 210 人、在校生 1019 人。

2018 年，学校创新关怀文化，突出“有温度”的关怀文化特色，彰显教育情怀，实现教育理想。对照《义务教育学校管理标准》，落实规范管理。做好“招生入学、学困生帮扶、预防校园欺凌、每天锻炼1小时、师德建设、教职工法律学习、教育资源开放”等方面工作，引导教师科学施教。

坚持抓好每周领导班子学习、每周教师政治业务学习、每月党员学习、每年党员教育活动及社会实践4项制度学习；加强师德师风培训，完成《燕山教委中小学教师师德考核负面清单记录表》，开展“让教育在宪法精神里繁荣”法治讲座活动，坚持干部深入年级组制度、党团员志愿者服务、教师文明岗，了解师生需求，做好师生服务，规范学生行为。与关工委、街道社区、实践基地、家长等多方携手，构建家庭、校园、社区3个生态圈，建立“合育中心劳动实践基地”，为学生提供劳动锻炼机会，在劳动教育中不断传递正能量。

（董永仿）

中学选介

北京市第二中学

2018年，北京市第二中学占地面积2.94万平方米，建筑面积4.52万平方米，运动场地面积0.74万平方米。图书馆藏书10.63万册。固定资产总值0.96亿元，全年教育经费投入1.20亿元。学校信息化经费投入360万元，拥有计算机520台，网络多媒体教室60个，校园网出口总带宽350Mbps，数字资源量20GB，“信息技术”课程2课时/周。教职工253人，其中，高级职称121人、中级职称62人。专任教师217人，包括特级教师6人、北京市骨干教师7人；本科以上学历217人。开设高中教学班45个。毕业402人、招生387人、在校生1184人。高中录取分数线554分（东城区），应届高考本科上线率100%。学校有社团24个、艺体团体4个。

4月21日，二中举办北京市中小学语文教育大会

（二中　供）

2018年，学校加强社会主义核心价值观教育，围绕实现“两个十五年”奋斗目标，以多种教育形式开展立志教育，利用重要时间节点开展专题教育。强化学生法律意识、法律认知。重视校园安全工作，将安全要素融入学校管理、学生教育、班级教学和各项活动中，提高安全管理的科学化、规范化、精细化水平，坚持教育为先，常态化开展安全教育和安全技能培训工作。加强学生常规管理，形成全体师生广泛认同和自觉遵守的行为规范。加强学生体质及心理健康教育，开展促进心理健康教育活动和相应的教师培训工作。加强学生体质健康教育，提高体育课质量，规范体育课内容。

重视名学科、名教研组建设，坚持高一第二学期期末学生选科，高二开始选科走班原则。举办“核心素养取向的语文课堂变革：观念与途径”北京市中小学语文教育大会，呈现北京市语文课程改革的成果与方向，并通过网络直播形式，带动京津冀教研联盟，形成辐射全国的格局。坚持学生职业生涯规划教育，帮助学生发现自身潜质和兴趣，将学业、专业、职业联系在一起，统筹规划，形成蓝图。制订自行组考的学业水平考试方案，坚持线下（课堂）和线上（4G网络课堂）并用的教学手段。坚持将语文阅读考试，英语口语、听力考试，体育测试纳入总评的做法。加强研究型备课，深化备课内容。

（钮小桦）

北京市第一六六中学

2018年，北京市第一六六中学占地面积2.12万平方米，建筑面积2.46万平方米，运动场地面积0.64万平方米。图书馆（室）藏书9万册。固定资产总值7792.35万元，全年教育经费投入8154.61万元。学校信息化经费投入360万元，拥有计算机908台，网络多媒体教室54个，校园网出口总带宽200Mbps，数字资源量25TB，“信息技术”课程2课时/周。教职工260人，其中，高级职称84人、中级职称86人。专任教师228人，包括特级教师3人、北京市骨干教师5人、北京市学科教学带头人1人；本科以上学历249人。开设教学班50个（初中28个、高中22个）。毕业496人（初中 240 人、高中 256 人）；招生 520 人（初中 311 人、高中 209 人）；在校生 1616 人（初中 950 人、高中 666 人），包括寄宿生 33 人，外省市借读生 125 人。高中录取分数线 530 分（东城区），生命科学班录取分数线 537 分。

2018 年，学校坚持“以学生发展为中心”，促进教师专业成长，推进中小学一体化改革成效显著。通过自下而上与自上而下的研学，促进发展共识形成中小学一体化深化改革路径与特色。以“北京市百千万人才工程资助课题”为载体，加强社会、家庭、学校联系，形成文化共识、管理共融、队伍共生、学生共育、资源共享、课程共建的发展生态。丰富德育要素和空间，基于北京市政协委员的履职实践，创办“模拟政协”学生社团，以校友冰心命名冰心爱心社，与美国冷泉港实验室携手创建国际青少年生命科学研究学院。

促进教师专业成长，引入教育部国培计划“名校长领航班”专家视导，2 次引入市、区基教研“优化课堂教学供给，推动学生有效学习”联合视导，创新教师研修模式，由学校教师、顾问专家、高校和科研院所研发团队共同开发学校分类、分级课程，借助“紫禁杯”优秀班主任工作坊、名师名校长工作室等平台促进教师专业成长。科研项目“优化课程供给，凸显实践育人——深化博雅课程综合改革的实践研究”获基础教育国家级教学成果二等奖和北京市基础教育教学优秀成果一等奖。

（周燕）

北京市广渠门中学

2018 年，北京市广渠门中学分两址办学，分别为本校区和南校区。2 个校区总占地面积 2.54 万平方米，建筑面积 3.44 万平方米，运动场地面积 1.12 万平方米。图书馆藏书 9.90 万册。固定资产总值 1.32 亿元，全年教育经费投入 0.84 亿元。学校信息化经费投入 271.78 万元，拥有计算机 1014 台，校园网出口总带宽 1000Mbps，数字资源量 2520GB，“信息技术”课程初中 2 课时 / 周、高中 1.5 课时 / 周。教职工 273 人，其中，高级职称 95 人、中级职称 84 人。专任教师 238 人，包括北京市骨干教师 7 人；本科以上学历 267 人。开设教学班 67 个（初中 40 个、高中 27 个）。毕业 582 人（初中 324 人、高中 258 人）；招生 669 人（初中 395 人、高中 274 人）；在校生 1929 人（初中 1136 人、高中 793 人），包括寄宿生 494 人（初中 20 人、高中 474 人）。高中录取分数线 539 分（东城区）。

2018 年，学校坚持“以人为本，全面育人，办有特色，实现学校可持续发展”办学思想，推进实现教育公平。组织拍摄“我和我的祖国”音乐纪录片，用实际行动向祖国母亲 70 岁华诞献礼。组织成立教学改革项目管理中心、考试命题中心和督导评价中心，深化落实教育改革，增强学校命题工作的科学性、时效性和针对性，推动教学质量全面有效提升。

打造学府型学校，承办东城区教育系统“同上一节课”主题活动，将家国情怀、共建美丽中国等思想融入展示课中。作为北京市冰雪运动特色校，宣传奥运文化，普及冰雪课程，邀请冬奥会冠军走进学校，与学生近距离接触，冰雪课程被《中国日报》报道。

（罗佳伊）

北京市第五十中学

2018 年，北京市第五十中学占地面积 2.79 万平方米，建筑面积 2.42 万平方米，运动场地面积 1.01 万平方米。图书馆藏书 13.90 万册，包括电子图书 0.40 万册。固定资产总值 7700.83 万元，全年教育经费投入 7382.75 万元。学校信息化经费投入 325.91 万元，拥有计算机 661 台，数字资源量 10TB，“信息技术”课程 2 课时 / 周。教职工 235 人，其中，高级职称 89 人、中级职称 66 人。专任教师 166 人，包括北京市骨干教师 1 人；本科以上学历 230 人。开设教学班 48 个（初中 24 个、高中 24 个）。毕业 477 人（初中 243 人、高中 234 人）；招生 485 人（初中 255 人、高中 230 人）；在校生 1518 人（初中 823 人、高中 695 人），包括寄宿生 192 人，外省市借读生 132 人。高中录取分数线

12 月 26 日，五十中承办“北京市 2018 中小学生学习方式系统变革研讨会”——信息技术课堂展示　（五十中　供）

525分（东城区），应届高考本科上线率98.20%。

2018年，学校将社会主义核心价值观融入教育教学全过程，与家庭、社区协同育人，通过课堂教学、主题教育、社会实践及常规管理等途径开展“核心素养”养成教育。

推进书香文化校园建设，打造平安校园。举办书香文化节，开展好书分享和读书交流活动，撰写微故事，拍摄微视频。通过传统文化讲座、曲艺进校园、学科文化周等多种途径弘扬优秀传统文化。以创建平安校园为抓手，严格管理、突出教育、改造设施、完善预案、加强演练。维修、安装或改造报警装置、校门视频监控终端、楼道应急灯、礼堂防火幕布等设施设备，清理危险化学药品库。加强反恐防爆风险预防评估，排查整治安全隐患，建立台账，落实校园安全“网格化”管理。加强用餐、饮水、校园卫生管理，推动食堂改造工程。加强对医务人员的培训、对师生的健康教育和相关设施配备，建立健全心理和健康教育工作网。

强化新中高考改革下的学校管理体系建设。依据初、高中新课程方案指导意见调整课程设置，并配套微调作息时间和课时长度，制订落实《五十中学走班教学工作方案》等系列教学管理制度，完善新招考制度下的教育教学配套管理，创新教学组织形式和运行机制。深化对外交流，与美国自由高中、加拿大多伦多教育局互访，组织学生赴芬兰、加拿大游学。与湖北十堰市郧县实验中学、石家庄四中、通州甘棠中学深入探讨合作事宜。与香港东华三院的4所中学签订京港姊妹校合作意向书。

丰富课程“活力”内涵。组建新一届“绿色能源车”车队，并进行专业、技能、理念、美学、创意培训，拓宽学生工业设计思路，提升操作技能。数学、地理、语文、政治、理综教研组分别举办“魔力数学文化周”“春暖花开”春分日、“燕京秋韵”朗诵会暨普通话推广等学科文化活动，通过活动海报文创征集与宣传、课堂教学模式探究、学科文化交流等形式启迪思考，以学科思维探讨学科文化内涵，提升学生学科素养。先后4次组织高二年级学生赴西安、杭州和绍兴等地开展研学旅行活动，并以此为基础开展“玉兰雅集——原创诗歌朗诵会暨研学旅行课程汇报”活动。

（张剑平）

北京汇文中学

2018年，北京汇文中学在临时校区办学，在建原址占地面积5.21万平方米，建筑面积6.64万平方米，运动场馆面积2.85万平方米。图书馆藏书10.89万册，电子图书10万册。固定资产总值6739.23万元，全年教育经费投入8035.72万元。学校信息化经费投入122万元，拥有计算机1122台，网络多媒体教室78个，校园网出口总带宽1000Mbps，数字资源量5000GB，“信息技术”课程1课时/周。教职工235人，其中，高级职称89人、中级职称76人。专任教师174人，包括特级教师5人、北京市骨干教师4人、北京市学科教学带头人1人；本科以上学历230人。开设教学班56个（初中30个、高中26个）。毕（结）业570人（初中274人、高中296人）；招生625人（初中340人、高中285人）；在校生1931人（初中925人、高中1006人），包括寄宿生184人（初中80人、高中104人），国际部学生60人。高中录取分数线540分（东城区）。

2018年，学校围绕“内涵发展”和“外延发展”两个关键词，全面争创包括一流师资、一流设备、一流管理在内的“三个一流”。继续发挥汇文在集团、学区、联盟内的课程辐射作用，开发更多课程资源。组织集团说课大赛，组织集团内学校教师交流和师徒结对，有效加强集团整体教师队伍建设，提升教学质量。

构建中华优秀传统文化课程体系，深化学生理想信念教育。围绕“人的全面发展”核心，召开以“爱国、励志、求真、力行”为主题的开学典礼。设计完成古典礼乐课程、中华传统手工艺课程、行走中轴线等系列课程。加强特色艺术、科技、体育课程建设，以高中金帆合唱团、初中梯队合唱团为引领，带动汇文舞蹈团、朗诵团、音乐剧团发展。学生第六次获得“北京青少年科技创新市长奖”，并在明天小小科学家评选中获评“明天小小科学家”。在东城区体质健康测试中，高二年级蝉联东城区冠军。

（洪京）

北京市第一六一中学

2018年，北京市第一六一中学分四址办学，分别为北校区、中校区（新校址）、南校区和长安校区。4个校区总占地面积10.03万平方米，建筑面积7.77万平方米，运动场地面积2.36万平方米。图书馆（室）藏书16.92万册，电子图书75册。固定资产总值1.12亿元，全年教育经费投入1.27亿元。学校信息化经费投入1007万元，拥有计算机1206台，网络多媒体教室67个，校园网出口总带宽1024Mbps，数字资源量3.5TB，“信息技术”课程初一至初二年级1课时/周、高一年级2课时/周。教职工261人，其中，正高级职称1人、副高级职称99人、中级职称77人。专任教师196人，包括特级教师1人、北京市骨干教师4人；本科以上学历249人。开设教学班45个（初中24个、高中21个）。毕业588人（初中286人、高中302人）；招生442人（初中255人、高中187人）；在校生1482人（初中810人、高中672人），包括外省市借读生77人。高中录取分数线539分（西城区）。学校有社团23个。

2018年，学校在教育改革生源发生较大变化的情况下，探索教学模式改革，优化教学理念，保证教学质量。坚持活动育人，助推学生全面发展。科技教育取得丰硕成果，作为北京市学生金鹏科技团生命科学分团，以生命科学研究为龙头，带动创客秀、智能机器人等项目发展。学生获“第11届中国青少年科技创新奖”、第33届全国青少年科技创新大赛二等奖。高一、高二年级举办生涯规划周活动，唤醒学生生涯规划意识，帮助学生了解大学和专业，更科学理性地确定生涯目标。组织话剧社学生参加西城区文委主办的“2018年西城区百姓戏剧节·西城区戏剧联盟”演出专场——“对话青春，致敬经典”话剧展演。管乐团在国家大剧院举办交响管乐专场音乐会。

（石华　丛丽萍）

北京市第四中学

2018年，北京市第四中学分四址办学，分别为高中校区、初中校区、广外校区和国际校区。4个校区总占地面积9.22万平方米，建筑面积11.59万平方米，运动场地面积3.69万平方米。图书馆（室）藏书24.29万册，电子图书0.12万册。固定资产总值2.82亿元，全年教育经费投入2.11亿元。学校信息化经费投入340万元，拥有计算机1831台，网络多媒体教室124个，校园网出口总带宽5120Mbps，“信息技术”课程初中1课时/周、高中2课时/周。教职工461人，其中，高级职称126人、中级职称86人。专任教师303人，包括特级教师7人、北京市骨干教师11人、北京市学科教学带头人2人；本科以上学历300人。开设教学班83个（初中42个、高中41个）。毕业805人（初中418人、高中387人）；招生1016人（初中554人、高中462人）；在校生2970人（初中1557人、高中1413人），包括高中寄宿生406人。高中录取分数线（西城区）：名额分配556分、统招554分。

2018年，学校加强教学常规管理、教育教学的结合及教师队伍建设，高质量、创造性地完成各项教学工作。

推进新课程改革，加强对北京市中高考改革方案的研究。完善《新中高考改革背景下北京四中教学改革和课程建设方案》；完善部分学科分层分类教学组织管理工作。构建新形势下四中教学管理制度体系，保障教学有序开展。努力创建“一流课堂”，聚焦“常态课堂”，开展“骨干教师展示课”和“青年教师评优课”等活动，加强对起始年级教育教学工作的研究，根据学生实际推进课程和教学方法改革。

推进人文教育。开足每周2节人文拓展特色课，人文班组织实施“两湖浩荡人文游学”。总结国博项目课程经验，摸索规律。除课堂教学外，完成第一学期初中各年级12个、高中各年级15个教学内容课程开发及相关教学设计的撰写工作。加强科技教育。研究新课标下走班制课程专业化建设，成功申报西城区教育科学规划2018教师专项科研课题。开展“初高中技术课与STEM学习模式的贯通研究培养”等教研组主题活动。邀请科学家进校园，组织科技大讲堂8次。学生获英特尔国际科学与工程学大奖赛三、四等奖各1个。紧抓科研工作。注重培养青年科研骨干，推动教研组科研。教师出版高水平学术专著2本；2项成果获北京市第五届教育教学成果一等奖；提交北京市基础教育优秀论文37篇。

（郭琪）

北京市西城外国语学校

2018年，北京市西城外国语学校分三址办学，分别为西外南路校区、百万庄大街校区和北礼士路校区。3个校区总占地面积4.59万平方米，建筑面积6.56万平方米，运动场地面积1.28万平方米。图书馆（室）藏书11.19万册。固定资产总值6736.20万元，全年教育经费投入11542.38万元。学校信息化经费投入47.86万元，拥有计算机1293台，校园网出口总带宽5120Mbps，数字资源量10GB，“信息技术”课程1～2课时/周。教职工257人，其中，高级职称81人、中级职称123人。专任教师207人，包括北京市骨干教师1人；本科以上学历207人。开设教学班54个（初中34个、高中20个）。毕业367人（初中187人、高中180人）；招生606人（初中456人、高中150人）；在校生1581人（初中1051人、高中530人），包括外省市借读生140人。高中录取分数线515分（西城区）。

2018年，学校把改革创新、依法办学要求贯穿在日常工作中，努力提升教育品质，促进学校发展。运行管理规范有序。干部分工、部门职责逐步明确。制定《学校内控制度手册》，财务审核、报销程序清晰规范。初步完成学校

12月17日，西城外国语学校举办第28届国际文化节汇演
（西城外国语学校　供）

章程草案和学生手册。加强校办公室职能，明晰岗位职责，建立学校统一公众号并进行管理，做好对外宣传工作。坚持德育为首，促进学生全面发展。持续发挥“五节”“成人仪式”“参观拓展远足”等传统活动的教育作用，通过班主任工作站等形式加强德育工作实效性，着重培养学生自管、自律、自学、自尊、自强的能力与品质。

注重干部教师梯队建设，坚持教育者先受教育，通过全体大会组织教职工学习。开展校本培训，邀请北京师范大学专家作脑科学方面的讲座等。开展师带徒工作，完成高中部青年教师成长汇报交流。支持各教研组开展校内外、京内外学术交流活动。恢复小语种班招生，完善课程体系，探索小语种班培养新途径。

（石玲玲　张新伟）

北京市育才学校

2018 年，北京市育才学校为十二年一贯制学校，分三址办学，分别为本部校区、太平街校区和龙泉校区。3 个校区总占地面积 9.01 万平方米，建筑面积 6.10 万平方米，运动场地面积 2.55 万平方米。图书馆（室）藏书 24.96 万册。固定资产总值 1.99 亿元，全年教育经费投入 1.62 亿元。学校拥有计算机 1300 台，网络多媒体教室 140 个，校园网出口总带宽 1024Mbps（共享），数字资源量 360GB，“信息技术”课程 1～2 课时 / 周。教职工 538 人，其中，高级职称 153 人、中级职称 202 人。专任教师 435 人，包括特级教师 1 人、北京市骨干教师 5 人；本科以上学历 502 人。开设教学班 116 个（小学 58 个、初中 38 个、高中 20 个）。毕业 840 人（小学 331 人、初中 280 人、高中 229 人）；招生 1136 人（小学 488 人、初中 473 人、高中 175 人）；在校生 4167 人（小学 2327 人、初中 1219 人、高中 621 人），包括外省市借读生 530 人。高中录取分数线 500 分（西城区），应届高考本科上线率理科 94.30%、文科 92.60%。学校有社团 43 个。

2018 年，学校坚持立德树人、守正纳新，迎接发展的新机遇和面临的新挑战。为支持北京市中轴线申遗工作，腾退先农坛耤田遗址。为支持区域优质教育资源均衡共享，克服师资、场地等困难，扩大招生规模。选举产生首届纪律检查委员会，对党建工作的开展和加强党风廉政建设起到监督作用。召开工会第十届会员代表大会，选举产生新一届工会委员会和经费审查委员会。深化集团化办学。小学部、初中部将小初衔接课程、综合实践体验课程、校本选修优质课程、分层教学实施等精品课程与成员校共享。发挥优质教育资源引领辐射作用，新增 1 所北京市城乡一体化工程支援学校，启动与北京市昌平区天通苑学校的合作项目。

推进教育综合改革。面对新中高考改革，初、高中分别做好选科走班相关指导与管理工作，组织教师认真研究改革后的教育教学变化。将小初衔接教育作为重点工作，整合六、七年级，探索小初衔接规律。提升办学质量，彰显特色。在北京市高水平学生社团评选中，学校被认定为金帆管乐团、金帆话剧团、金鹏科技园、金奥运动队承办校。探索新的艺术育人模式，与中央芭蕾舞团合办中央芭蕾舞团舞蹈学校，并挂牌。金帆话剧团自编原创校园剧《英雄》获北京市第 21 届学生艺术节戏剧（话剧）展演金奖。

（吴君艳）

11 月，育才学校初中戏剧社参加北京市第 21 届学生艺术节展演
（育才学校　供）

北京市第六十六中学

2018 年，北京市第六十六中学分两址办学，分别为枣林前街校区和白广路校区。2 个校区总占地面积 2.54 万平方米，建筑面积 2.51 万平方米，运动场地面积 0.86 万平方米。图书馆（室）藏书 9.29 万册。固定资产总值 4333.32 万元，全年教育经费投入 10183.21 万元。学校信息化经费投入 67.87 万元，拥有计算机 1231 台，网络多媒体教室 96 个，校园网出口总带宽 5120Mbps，数字资源量 10TB，“信息技术”课程 2 课时 / 周。教职工 269 人，其中，高级职称 63 人、中级职称 125 人。专任教师 192 人，包括北京市骨干教师 1 人；本科以上学历 192 人。开设教学班 40 个（初中 22 个、高中 18 个）。毕业 386 人（初中 193 人、高中 193 人）；招生 490 人（初中 315 人、高中 175 人）；在校生 1356 人（初中 775 人、

8月13日，六十六中乒乓球队参加全国中学生乒乓球锦标赛（六十六中 供）

高中581人），包括外省市借读生164人。高中录取分数线493分（西城区）。学校有社团44个。

2018年，学校坚持“办学高质量、师资高水平、学生高素质、校园高文化”办学宗旨，提升教育教学质量。

抓好教师队伍建设。按照公开招聘、资格审查、命题试讲等聘任工作程序做好新教师聘任工作；实施“青蓝工程”，为新入职教师安排师傅，举行拜师仪式，充分发挥师带徒作用，跟踪听课、评课；将“青年教师课堂教学评优活动”常态化，同时为优秀青年教师提供更多外出学习的机会。不断更新、优化学校课程设置。以初三选考和高一选课为契机，为适应中高考要求，全面更新课程设置，同时进一步优化其他年级课程设置。

重视养成教育，培养学生良好行为习惯。开展系列主题教育实践活动，与日常训练巩固有机结合，引导学生学习规范、纠正行为、形成习惯、知行合一。依托市教委“一十百千”工程，开展理想信念教育实践活动。结合中华传统节日及校园节日，开展“少年传承中华传统美德”系列教育活动。以品牌德育活动为抓手，形成全员、全过程、全方位育人工作格局。

促进学生全面发展。为满足学生个性化多元发展，开发30余门社团课程，涉及中华传统文化、体育、科技等方面，引导学生自主选择教育资源。乒乓球队被认定为“北京市学生金奥运动队”，管乐团被认定为“北京市学生金帆艺术团”。举办“起航科技未来 点亮智慧梦想”科技节系列活动，包括10余项科技活动。

（陶晓燕）

北京市第八十中学实验学校温榆河分校

2018年，北京市第八十中学实验学校温榆河分校占地面积1.63万平方米，建筑面积1.08万平方米，体育场面积0.31万平方米。图书室藏书5.06万册。固定资产总值5404万元，全年教育经费投入2765万元。学校信息化经费投入261万元，拥有计算机373台，网络多媒体教室32个，校园网出口总带宽60Mbps，“信息技术”课程1课时/周。教职工72人，其中，高级职称18人、中级职称28人。专任教师64人，包括北京市骨干教师1人；本科以上学历64人。开设教学班18个。毕业91人、招生170人、在校生462人，包括寄宿生150人，外省市借读生359人。学校有社团10个。

2018年，学校与八十中实施“管理一体”。以“文化铸魂、课程立校”为办学思路，进一步完善学科课程建设。以改变学生学科学习方式，培养学生学科核心素养和学科能力为核心，丰富完善“7＋3”学科课程体系建设，初步形成学科精品课程。以“课程视域下‘生命课堂’教学实践研究”为主题开展系列教学活动，以课堂教学为核心，以教研组为单位形成学习共同体研究有效教学策略。成立“第一期青年骨干研修班”，聘请八十中骨干教师、学科教学带头人、特级教师为指导教师，对“把握课标、用好教材、精准教学”进行系统指导。引领教师开展教育科研研究，将教育教学实践问题转化为科研课题。北京市规划课题青年专项“基于核心素养下的初中数学实践活动校本课例研究”通过中期检查；北京市教育学会5项课题进入终期收尾阶段。

（刘晶）

北京青年政治学院附属中学（中央美术学院附属实验学校）

2018年4月18日，北京青年政治学院附属中学更名为中央美术学院附属实验学校，学校办学性质为十二年一贯制，分三址办学，分别位于大山子西里10号、酒仙桥路甲1号和大山子西里甲1号。3个校区总占地面积3.16万平方米，建筑面积2.82万平方米，体育场（馆）面积1.53万平方米。图书馆（室）藏书9.08万册，电子图书0.14万册。固定资产总值1.33亿元，全年教育经费投入0.62亿元。学校信息化经费投入22万元，拥有计算机793台，网络多媒体教室104个，校园网出口总带宽60Mbps，数字资源量1500GB，“信息技术”课程小学0.5课时/周、中学1课时/周。教职工191人，其中，高级职称31人、中级职称80人。专任教师153人，包括北京市骨干教师1人；本科以上学历149人。开设教学班57个（小学29个、初中13个、高中15个）。毕业218人（小学75人、初中75人、高中68人）；招生310人（小学130人、初中109人、高中71人）；在校生1455人（小学831人、初中381人、高中243人），包括寄宿生136人，外省市借读生785人。高中录取分数线455分（朝阳区）、美术班451分，应届高考本科上线率80%、美术特色生应届高考本科上线率93.1%。学校有社团70个。

2018年，学校依据朝阳区“十三五”教育发展规划及区教委和中央美术学院合作办学协议，发挥合作优势，落实素质教育理念，调整提升美术特色品牌办学，探索“小学—初中—高中—大学”一体化美术教育新模式。学校被评为北京市学生金帆书画院美术分院。

推进课程建设，同时优化美术专业课程结构，探索美术课程体系实践。开发生涯规划课程，完善 1 + 3 特色课程，高中实行选课走班教学，继续开展学科实践课程；中学课堂教学通过开展主题教研活动形成学习共同体；小学规范常规教学管理。中学部以青年教师和骨干教师“双培养”为重心，通过导师带教推进教师队伍建设；小学部实现骨干教师与青年教师双培养，35 岁以下青年教师承担校内外研究课 20 节；美术部探索专业美术教学模式，设立素描、色彩、速写、书法、中国画、创作、设计、雕塑专业课程，聘请中央美院专家为美术教师及学生进行专业指导，培养美术学优生。美术生参加市艺术联考本科通过率 100%。小学部成立美术组，借助“高参小”开发思维创意类美术校本课程，在各级各类绘画比赛中获区级以上奖励 120 人次。

围绕培训、课题、继教保障落实科研工作。组织校内培训 12 次、假期核心素养高端培训 2 次，依托中国知网研究工具帮助教师提升课题研究能力。建立课题推进会、教研组长纳入课题评估、课题反馈和专家辅助制度，推进各级各类课题开展。续办《青藤学刊》和《青藤文摘》2 册校刊，组织开发“民族团结一家亲”校本教材 5 册、心理健康读本 2 册、高中英语 300 句 1 册、小学校本教材 9 册。中学研究性学习实施教师先报题、学生再选题模式，组建研究小组 15 个。

以立德树人为根本任务，实施层级精细管理，开展班主任素养提升培训，组织月主题教育活动，寓教育于活动之中，组织大型实践活动 15 次，获团体奖 29 项。心理健康教育结合美育与心育推出《心理健康与我》《情绪与我》2 册读本。中学年内组织观影观剧、拓展实践及职业体验和校园文化节大型活动 35 次。深化素质教育，培养全面发展的学生。中学“舞动传奇”啦啦操队获 2017—2018 年度全国啦啦操总决赛技巧、爵士啦啦操 2 项冠军。9 月起，小学采用校内外联动方法推进课后三点半管理工作。

以国际美术特色发展为主线，以推动国际交流、促进师生可持续发展为目标，开展中外学生融合和国际理解系列活动。接待韩国、法国、美国 6 个师生访问团到校交流，中外学生自发组织合唱团和舞蹈队，小学、初中、高中 3 个不同学段国际生 40 人参加 2018 年北京市外国学生汉语节“唱演颂”活动合唱 3 首曲目并获三等奖。

9 月 3 日，中央美院附属实验学校召开更名后首个学年度开学典礼
（中央美院附属实验中学　供）

（黄春丽）

北京市第八十中学

2018 年，北京市第八十中学分两址办学，分别为望京校区和白家庄校区。2 个校区总占地面积 13.02 万平方米，建筑面积 12.01 万平方米，运动场地面积 3.56 万平方米。图书馆（室）藏书 18.90 万册，电子图书 10 万册。固定资产总值 5.78 亿元，全年教育经费投入 2.10 亿元。学校信息化经费投入 905 万元，拥有计算机 3054 台，网络多媒体教室 130 个，校园网出口总带宽 2400Mbps，数字资源量 50TB，“信息技术”课程 1 课时 / 周。教职工 411 人，其中，高级职称 164 人、中级职称 202 人。专任教师 370 人，包括特级教师 32 人、北京市骨干教师 25 人；本科以上学历 370 人。开设教学班 95 个（初中 48 个、高中 47 个）。毕业 697 人（初中 347 人、高中 350 人）；招生 803 人（初中 452 人、高中 351 人）；在校生 2413 人（初中 1294 人、高中 1119 人），包括寄宿生 1106 人，外省市借读生 276 人。高中录取分数线 555 分（朝阳区）。学校有社团 70 个。

2018 年，学校坚持“一人一天地，一木一自然——让生命因教育而精彩”办学思想。面对新中高考改革，初中课程以高端培养和分层走班助力学生发展；高中课程设置实行模块式分类、阶梯式分层原则，实现动态管理、分类推进、促进学生个性化发展。高考一本率 100%。以“立德树人”为发展根本任务，继续深入践行和培育社会主义核心价值观工作。通过领衔班主任工作坊、教育基本功大赛、百日誓师大会等主题教育活动，丰富德育工作内容和形式。学校承担“十三五”全国教育科学规划教育部重点课题 1 项、青年专项课题 1 项，北京市教育科学规划课题 11 项；获基础教育国家级教学成果二等奖 1 项、北京市基础教育教学成果一等奖 1 项。

（方媛）

北京市丰台第八中学

2018 年，北京市丰台第八中学分两址办学，分别为北大地校区和中海校区。2 个校区总占地面积 1.84 万平方米，建筑面积 1.44 万平方米，运动场地面积 0.70 万平方米。图书馆（室）藏书 4.17 万册。固定资产总值 2295.06 万元，全年教育经费投入 4783.08 万元。学校信息化经费投入 100 万元，拥有计算机 659 台，网络多媒体教室 40 个，校园网出口总带宽 100Mbps，“信息技术”课程 2 课时 / 周。教职工 134 人，其中，高级职称 26 人、中级职称 40 人。专任教师 109 人，包括北京市骨干教师 1 人；本科以上学历 128 人。开设初中教学班 30 个。毕业 283 人、招生 349 人、在校生 987 人，包括寄宿生 68 人，外省市借读生 27 人。学校有社团 34 个。

2018 年，学校整体构建并完善学校“至真文化”，营造“涵养、致知、力行”的“至真”课程体系。以“培养知行合一的至真少年”为育人目标，建立课程运行机制并科学建构课程体系，分类推进校本课程，满足学生多元需求，开设校本课程 34 门。召开校本课程经验总结交流会、举办“发现卓越天赋 提升沟通影响力”新学期体验式校本培训；开展科学生态摄影展览体验活动及融合课研究；各年级设置不同社会实践课程，分别为初一年级团建拓展、初二年级学农实践、初三年级校园模拟招聘会。

营造“真、好”教师文化，提升育人品质。成立“骨干教师工作室”，加强骨干教师自我引领力建设。借助“骨干教师同步课例在线”录课项目，开放骨干教师课堂。全面培养青年教师，以青年班为载体，参与各级各类课题研究。发挥优秀教师示范引领作用，推出开放性、创新性、综合性先导课，进行全校展示交流研讨。确立“践行‘至真教育’打造优质学校——高效生态课堂构建策略的研究”研究课题，对高效课堂构建模式进行实验探讨。更新德育工作教育观念，推进活动育人、实践育人。组织学生参加少年先锋岗活动；举办感恩教师、心理团建、传统文化体验、戏剧迎新年等活动。

（范向阳）

北京市第十二中学

2018 年，北京市第十二中学教育集团分七址办学，分别为校本部、科丰校区、钱学森学校、南站校区、附属实验小学、附属幼儿园（民办）和朗悦学校（隶属于房山区教委）。除朗悦学校外，其他 6 个校区总占地面积 17.63 万平方米，校舍建筑面积 15.14 万平方米，体育场（馆）面积 4.65 万平方米。图书馆（室）藏书 30 万册，包括电子图书 0.10 万册。固定资产总值 6.43 亿元，全年教育经费投入 2.22 亿元。学校信息化经费投入 770 万元，拥有计算机 2148 台，网络多媒体教室 283 个，校园网出口总带宽 100Mbps，数字资源量 59TB，“信息技术”课程 2 课时 / 周。教职工 570 人，其中，高级职称 199 人、中级职称 159 人。专任教师 514 人，包括特级教师 26 人、北京市骨干教师 13 人、北京市学科教学带头人 1 人；本科以上学历 475 人。开设教学班 136 个（幼儿园 13 个、小学 26 个、初中 55 个、高中 42 个）。毕业 967 人（幼儿园 24 人、小学 52 人、初中 523 人、高中 368 人）；招生 1536 人（幼儿园 122 人、小学 209 人、初中 670 人、高中 535 人）；在校生 4472 人（幼儿园 312 人、小学 846 人、初中 1820 人、高中 1494 人），包括寄宿生 1059 人，外省市借读生 464 人。高中录取分数线 541 分（丰台区），应届高考本科上线率 100%。学校有社团 185 个。

2018 年，十二中教育集团推进课程改革、坚持学术研究和实践创新，彰显学校发展特色。4 月，与房山区教委补充签约，将北京市房山区良乡小学纳入集团指导和管理。9 月，钱学森学校启用。

加强家校协同育人，推进教师队伍建设。成立“家校社共育咨询室”，构建以家庭教育为基础、学校教育为主体、社会教育为依托的“FSC 家校社共育体”；举办创新公益实践课程宣讲会，将公益活动课程化；组织青春导师计划、学农活动、家长讲堂、亲子露营等特色活动。实施“唯美教师塑造工程”和“卓越教师培养计划”，通过轮岗交流、以赛代培、论学创新等方式为教师发展搭建平台。与北京师范大学签订“促进学生学科核心素养和关键能力发展的教学改进研究”项目合作协议，开展高考学科教学诊断和改进研究；承办北京市中小学数学教育大会。

坚持改革创新，发挥优质教育资源辐射作用。承办全国新课程改革实施策略研讨会，展示运用 AI 技术的智慧课堂观摩课 18 节，接待访问交流和挂职锻炼教师 3300 人。承办第 4 届中日韩青年文化节活动。组织国际部学生到美国詹尼森公立高中学习。科丰校区与拉萨北京实验中学开展生物、物理 2 个学科的远程视频课堂教学活动。通过联合办学、名师名校长工作室以及同课异构、对口帮扶、教学开放日等举措，带动区域教育协同发展。

（刘志强）

北京市丰台区丰台第二中学

2018 年，北京市丰台区丰台第二中学分两址办学，分别为本部和初中部。2 个校区总占地面积 6.02 万平方米，建筑面积 4.25 万平方米，运动场地面积 1.70 万平方米。图书馆（室）藏书 12.95 万册，电子图书 455 册。固定资产总值 0.78 亿元，全年教育经费投入 1.15 亿元。学校信息化经费投入 463.64 万元，拥有计算机 1133 台，网络多媒体教室 132 个，校园网出口总带宽 100Mbps，数字资源量 1634GB，“信息技术”课程 1 课时 / 周。教职工 243 人，其中，高级职称 88 人、中级职称 70 人。专任教师 196 人，包括特级教师 11 人、北京市骨干教师 6 人；本科以上学历 232 人。开设教学班 48 个（初中 24 个、高中 24 个）。毕业 456 人（初中 208 人、高中 248 人）；招生 549 人（初中 339 人、高中 210 人）；在校生 1579 人（初中 847 人、高中 732 人），包括寄宿生 343 人，外省市借读生 69 人。高中录取分数线 527 分（丰台区），应届高考本科上线率 100%。学校有社团 26 个。

2018 年，学校完成整体建设工作，以“迎接丰台二中新时代 踏上尚品教育新征程”为年度主题，坚持简约管理，阳光文化，推进集团化建设发展。以社会主义核心价值观教育为核心，结合国内外重大事件、社会实践和社会热点，完善德育课程建设。通过班会课程、校园四节、行走课程等精品教育活动，培养学生适应社会发展的必备品格和能力。坚持整体理解教育、整体把握课程、整体推进课改的课程建设原则，形成国家课程校本化、校本课程专题化、专题

1月27日至30日，丰台二中金帆管乐团获“全国第八届中华小大使文化艺术展示活动”管乐组金奖　（丰台二中　供）

课程课题化的结构化课程框架。增强集团凝聚力，提升集团影响力，完成集团发展规划制订，推进集团发展课题研究，统筹落实集团发展项目。举办市级办学实践研讨会、语文学科研讨会等活动，打造“尚品”教育品牌。加强年级主任、班主任队伍建设，通过各层次培训为班主任发展搭建平台。培养全面发展的学生，金帆管乐团、BigBand 爵士乐团分获“全国第八届中华小大使文化艺术展示活动”管乐组金奖、综合组银奖。

（吴俊花　于婧）

北京市第十中学

2018 年，北京市第十中学分三址办学，分别为高中部校区、初中部校区和新疆班校区。3 个校区总占地面积 5.77 万平方米，建筑面积 3.49 万平方米，运动场地面积 1.66 万平方米。图书馆（室）藏书 5.69 万册。固定资产总值 7006.61 万元，全年教育经费投入 8644 万元。学校信息化经费投入 348.47 万元，拥有计算机 10401 台，网络多媒体教室 75 个，校园网出口总带宽 100Mbps，数字资源量 5TB，“信息技术”课程 1 课时 / 周。教职工 237 人，其中，高级职称 93 人、中级职称 79 人。专任教师 231 人，包括特级教师 5 人、北京市骨干教师 7 人；本科以上学历 231 人。开设教学班 46 个（初中 16 个、高中 30 个）。毕业 434 人（初中 143 人、高中 291 人）；招生 461 人（初中 192 人、高中 269 人）；在校生 1402 人（初中 515 人、高中 887 人），包括寄宿生 407 人，外省市借读生 264 人。高中录取分数线 503 分（丰台区），应届高考本科上线率 98%。学校有社团 45 个。

2018 年，学校秉承“以人为本、和谐发展”办学理念，注重内涵发展，各项工作稳步推进。发布 2019 年建校 70 周年校庆 logo，确定将“历史回顾”作为学校工作主题。学校被选为全国校园篮球足球示范校、北京市田径足球传统校。

加强德育研究，提高德育工作能力。组建班主任团队，开展人文班主任管理工作。落实生命教育，弘扬“人道、博爱、奉献”红十字精神，举办“以行动坚守青春使命，用历史书写人道华章”大型红十字主题活动；发行地方红十字教材《红小豆的青春修炼手册》；成立北京市第一家以红十字发展史为主题的青少年活动中心——北京市丰台区红十字青少年活动中心。

推进交流合作，发挥优质教育资源辐射作用。根据丰台区教委要求，与内蒙古兴安盟扎赉特旗音德尔第一中学结为手拉手学校，派驻教学副校长开展帮扶工作；成立“送教小分队”，搭建互助平台。参加“五省三市”重点高中联盟同课异构教学研讨会；组织师生 15 人赴英国赫尔开展友好区交流活动；与香港马锦明慈善基金马可宾纪念中学签订姊妹校合作协议。

（王正平）

北京市第十八中学

2018 年，北京市第十八中学教育集团分五址办学，分别为方庄校区、左安门校区、西马校区、附属实验小学和附属实验小学彩虹分校。5 个校区总占地面积 8.55 万平方米，建筑面积 6.04 万平方米，运动场地面积 3.67 万平方米。图书馆（室）藏书 20.14 万册，电子图书 41.68 万册。固定资产总值 2.19 亿元，全年教育经费投入 1.14 亿元。学校信息化经费投入 260 万元，拥有计算机 480 台，网络多媒体教室 57 个，校园网出口总带宽 4000Mbps，数字资源量 6000GB，“信息技术”课程 2 课时 / 周。教职工 378 人，其中，高级职称 109 人、中级职称 112 人。专任教师 331 人，包括特级教师 8 人、北京市骨干教师 4 人、北京市学科教学带头人 1 人；本科以上学历 358 人。开设教学班 101 个（小学 32 个、初中 45 个、高中 24 个）。毕业 608 人（小学 76 人、初中 292 人、高中 240 人）；招生 725 人（小学 205 人、初中 365 人、高中 155 人）；在校生 2674 人（小学 945 人、初中 1129 人、高中 600 人），包括寄宿生 310 人，外省市借读生 184 人。高中录取分数线 525 分（丰台区），应届高考本科上线率 80%。学校有社团 38 个。

2018年，学校将教育教学科研成果总结和实践转化作为工作重点，全面推动教育、教学工作提升。教育部委托课题“区域教师专业发展及人力资源共建共享行动研究”结题；教学成果“集群教育治理创新与学生区域性发展实践研究”获2018年基础教育国家级教学成果奖二等奖，教育信息化建设成果代表北京市参加第三届全国基础教育信息化应用展示交流活动。以北京市第十八中学为龙头校的方庄教育集群入选全国“中小学教师信息技术应用能力提升创新培训平台”，学校选派教师代表调研青海省玉树州中小学教师信息技术应用现状，并为部分学校师生开展教育信息技术的指导和培训，开通方庄教育集群玉树教师信息智能终端。承办第12届世界课例大会分论坛，管杰名校长工作室成立，2名学生获第32届中国化学奥林匹克金牌，标志着学校优生培养跃上新台阶。与东北大学签约，成为13所大学的优质生源基地校。

（管杰）

北京市京源学校莲石湖分校

2018年，北京市京源学校莲石湖分校占地面积2.32万平方米，建筑面积1.75万平方米，运动场地面积0.31万平方米、运动场馆面积0.11万平方米。图书馆（室）藏书1.37万册。固定资产总值9700.21万元，全年教育经费投入2564.57万元。学校信息化经费投入14.92万元，拥有计算机120台，网络多媒体教室3个，校园网出口总带宽1000Mbps，“信息技术”课程1课时/周。教职工80人，其中，高级职称4人、中级职称28人。专任教师75人，本科以上学历80人。开设教学班29个（小学24个、初中5个）。小学毕业30人；招生188人（小学158人、初中30人）；在校生944人（小学824人、初中120人）。学校有社团37个。

2018年，学校力求在规范办学行为上有新举措，在优化教师队伍建设上有新成效，在提升教育质量上有新发展，进一步追求卓越，塑造特色。

加强教师队伍建设，全面提升教师形象。先后开展“弘扬师德，铸就师魂”主题学习活动，深入领会“庆祝改革开放40周年”大会精神。强化教师培养工作，推荐教师参加各类培训学习，提升教师专业能力。

关注学生成长，全面提高学生思想道德水平。挖掘校园人文资源，以校园文化活动为载体，以学生发展为根本，依托学校环境和“在地文化”课程，推动校园文化建设。设立“校园文明岗”，打造文明校园；开展环保演讲、家校系列课程、法制课、交通安全教育等系列德育活动。坚持课外访万家，全面提高家教质量。以家长学校、互联网、电话等为辅助形式，全方面了解学生，全员化管理，全社会育人，全方位帮扶，促进学生健康和谐发展和学校教育教学质量提升。

（张玉娇）

北京景山学校远洋分校

2018年，北京景山学校远洋分校分两址办学，分别东校区和西校区。2个校区总占地面积4.61万平方米，建筑面积3.17万平方米，运动场地面积1.85万平方米。图书馆（室）藏书5.57万册，电子图书45万册。固定资产总值1.37亿元，全年教育经费投入0.69亿元。学校信息化经费投入40万元，拥有计算机747台，网络多媒体教室120个，校园网出口总带宽1000Mbps，数字资源量13TB，“信息技术”课程1课时/周。教职工251人，其中，高级职称37人、中级职称65人。专任教师217人，包括特级教师1人、北京市学科教学带头人1人；本科以上学历251人。开设教学班73个（小学40个、初中25个、高中8个）。毕业438人（小学270人、初中109人、高中59人）；招生649人（小学318人、初中269人、高中62人）；在校生2453人（小学1493人、初中780人、高中180人），包括外省市借读生422人。高中录取分数线509分（石景山区）。学校有社团39个。

2018年，学校坚持立德树人，师生共同践行社会主义核心价值观。组织师生参观改革开放40周年纪念展、首都博物馆、抗日战争纪念馆，利用国旗下讲话、主题班会、主题征文、主题运动会等形式加强爱国主义教育。推动创城

12月24日，景山学校远洋分校举办“艺海扬帆”2019年新年艺术专场

（景山学校远洋分校　供）

工作，结合开学典礼、倡议书、主题班会、楼道视频音乐等形式使师生明确创城工作的内涵和重要性。借助青年班主任培训、首席班主任工作坊培训等区级平台，引领班主任专业成长。

加强家校沟通，开展“快乐校园，平安成长”“文化传承自信，趣谈掌故话北京”“学会自我保护，远离违法犯罪”等主题讲座。延续质量监控优良传统，做好三、五、八年级质量监控反馈。面对新中高考改革，提前部署，做好学生、家长的辅导与培训，确保每名学生能够按照自己的意愿和特长进行合理选择。

在原有课程基础上进行实践类课程研究，推动义教阶段食育课程的开发与实践和初中学段园林课程的开发与实践，借助特色课程培育学生核心素养。举办“艺海扬帆”艺术专场和第 12 届校园科技节活动，组织学生参加北京市民族运动会开、闭幕式表演。围绕“欢乐冰上运动 助力北京冬奥”主题，主抓花滑和冰球 2 个冰上运动社团。将社会主义核心价值观和创城精神与课外活动相结合，合唱团受邀参加烈士纪念日向人民英雄纪念碑敬献花篮仪式。

（白丹）

首都师范大学附属苹果园中学

2018 年，首都师范大学附属苹果园中学分两址办学，分别为东校区和西校区。2 个校区总占地面积 4.94 万平方米，建筑面积 3.80 万平方米，体育场（馆）面积 1.60 万平方米。图书馆藏书 40 万册。固定资产总值 1.12 亿元，全年教育经费投入 0.48 亿元。学校信息化经费投入 28.80 万元，拥有计算机 350 台，网络多媒体教室 51 个，校园网出口总带宽 1000Mbps，数字资源量 500GB，“信息技术”课程 2 课时 / 周。教职工 240 人，其中，高级职称 84 人、中级职称 72 人。专任教师 175 人，包括特级教师 1 人、北京市骨干教师 3 人；本科以上学历 236 人。开设教学班 39 个（初中 15 个、高中 24 个）。毕业 354 人（初中 118 人、高中 236 人）；招生 299 人（初中 161 人、高中 138 人）；在校生 905 人（初中 385 人、高中 520 人），包括寄宿生 42 人，外省市借读生 75 人。高中录取分数线 480 分（石景山区）。

12 月 10 日至 11 日，首师大附属苹果园中学开展冰雪体验活动
（首师大附属苹果园中学 供）

2018 年，学校启动“美好教育创新实践工作体系建设”项目，并以项目为抓手，推进与理念文化相一致的“美好教育”实践体系建设。举办“‘美好教育’理念及创新实践体系建设”研讨会；举办第一期“美好教师成长论坛”；开办“美好教育创新实验班”，首批选出 4 个班级作为实验班。

开放办学，利用走出去、请进来的方式，创新人才培养模式，引导学生主动适应社会，开阔学生视野，丰富学生学习生活。组织上海研学活动、德国古腾堡高级文理中学交流活动；接待马尔代夫青少代表团游学访问、广东省佛山市禅城实验高级中学交流访问；组织学生走进肯尼亚大使馆，开展研学、交流活动；举办职业见习日活动，组织学生走进“世界 500 强”企业。与美国、芬兰、德国等国学校建立友好校关系。

以活动为抓手，以 2022 年北京冬奥会为契机，培育全面发展的学生。开设满足学生个性化发展需求的系列特色课程，包括科技类、人文类、身心类、艺术类、生涯类 5 类课程。结合学校天文精品课程，开展为期 3 天的天文冬令营活动；举办第二届读书节，倡导师生参与阅读，培养学生读书习惯；开设《教育戏剧》选修课，举办第二届戏剧展演；举办第一届科技节；组织学生开展冰雪体验活动。

（赵丽娜　白晔　于娜）

北京交通大学附属中学

2018 年，北京交通大学附属中学有 3 个校区和 3 个分校，分别为北校区、南校区、东校区和第一分校、第二分校、密云分校。北校区、南校区和东校区 3 个校区总占地面积 6.58 万平方米，建筑面积 6.04 万平方米，运动场地面积 1.87 万平方米。图书馆藏书 18 万册。固定资产总值 2.19 亿元，全年教育经费投入 1.85 亿元。学校信息化经费投入 137.90 万元，拥有计算机 731 台，网络多媒体教室 138 个，校园网出口总带宽 200Mbps，数字资源量 20TB，“信息技术”课程初中 1 课时 / 周、高中 1.5 课时 / 周。教职工 410 人，其中，高级职称 172 人、中级职称 157 人。专任教师 356 人，包括特级教师 4 人、北京市骨干教师 5 人、北京市学科教学带头人 6 人；本科以上学历 283 人。开设教学班 100 个（初中 54 个、高中 46 个）。毕业 1153 人（初中 669 人、高中 484 人）；招生 1176 人（初中 611 人、高中 565 人）；在校生 3576 人（初中 1938 人、高中 1638 人），包括寄宿生 456 人，外省市借读生 353 人。高中录取分数线 534 分（海淀区）。

2018 年，学校聚焦课改，守正出新，继续以“建一所幸福学校”为共同追求，打造幸福四大载体：通过幸福课堂建设，实现有趣、有参与、有成就的师生生命互动；通过幸福课程建设，促进学生多元化、个性化发展；通过幸福班级建设，营造自主、特色的班级文化氛围；通过幸福环境建设，创建温馨、优美、融洽的育人环境。围绕中高考改革，尝试导师制、走班制等教学实践，召开“稳健发展 守正出新”课改研讨会。践行“三有”课堂，深入开展“大教研”活动。通过各类公开课、开放日活动，推进“三有”课堂的不断实施与创新。通过开展跨校区的“大教研”活动，建立教研组主题研讨平台，促进组内教师交流与成长。进一步完善校本课程，使校本课程覆盖社会、科学、艺术、体育等多个领域，为学生特色发展搭建平台。

（田津菁）

北京理工大学附属中学

2018 年，北京理工大学附属中学分四址办学，分别为本校区、小学部校区、东校区和南校区。4 个校区总占地面积 7.70 万平方米，建筑面积 7.86 万平方米，体育场面积 2.95 万平方米。图书馆藏书 20.47 万册。固定资产总值 2.88 亿元，全年教育经费投入 2.33 亿元。学校信息化经费投入 324.58 万元，拥有计算机 1000 台，网络多媒体教室 126 个，校园网出口总带宽 310Mbps，数字资源量 16TB，“信息技术”课程初中 1 课时 / 周、高中 1.5 课时 / 周。教职工 426 人，其中，高级职称 149 人、中级职称 162 人。专任教师 382 人，包括特级教师 11 人、北京市骨干教师 9 人、北京市学科教学带头人 2 人；本科以上学历 376 人。开设教学班 118 个（小学 25 个、初中 55 个、高中 38 个）。毕业 1064 人（小学 82 人、初中 480 人、高中 502 人）；招生 1345 人（小学 209 人、初中 720 人、高中 416 人）；在校生 4232 人（小学 932 人、初中 2059 人、高中 1241 人），另有非本市户籍借读生 630 人（小学 131 人、初中 466 人、高中 33 人）。高中录取分数线 536 分（海淀区），应届高考本科上线率 100%。

5 月至 12 月，北理工附中阅历课程创新成果——青海湖发现之旅
（北理工附中　供）

2018 年，学校完成本校区、东校区、南校区整体布局，东校区、南校区为优质初中教育基地校，本校区为高中，实行“纵向统筹管理、横向自主创新”管理机制。北京理工大学幼儿园加入北理工附中教育集团，探索幼小中有效衔接、系统培养学生办学机制，助力区域教育优质、均衡发展。继续推进阅历课程建设，增设初中阅历课程、高一年级阅历课程之冰雪课程，小学部六年级师生首次开启阅历课程之雄安发现之旅；在 2018 年中国教育学会研学旅行课程建设研讨会上，学校阅历课程手册分获高中组一等奖和初中组三等奖，部分内容入选海淀区《研学旅行学校指导手册》。开设“艺术＋科学”通用选修课程，学校被中国教育科学研究院 STEM 研究中心授予中国 STEM 教育 2029 创新行动计划领航学校称号。

推进艺术、体育、科技教育。学校被市教委认定为北京市中小学生金鹏科技团、北京市中小学生金帆艺术团，男子排球队被授予北京市中小学金奥运动队称号。学生在各级各类比赛中，科技类获奖 235 人次、艺术类获奖 360 人次、体育类获奖 512 人次，包括全国天文奥林匹克竞赛一等奖、全国青少年电子信息与智能控制创新实践展示活动团体一等奖、全国青少年建筑模型总决赛一等奖。金帆乐团成为“中华杯”中国第 12 届优秀管乐团队（行进）展演示范乐团，并获展演金奖。田径队在北京市运动会中，获得 3 个第一名，冰壶队获北京市首届冬运会冰壶 1 银 2 铜，学生获 2018 年北京市中小学生武术公开赛冠军。

（文伟　彭警）

北京市第十九中学

2018年，北京市第十九中学分三址办学，分别为万泉庄校区、阳春光华校区和闵庄校区。3个校区总占地面积9.90万平方米，建筑面积8.55万平方米，运动场地面积6.37万平方米。图书馆（室）藏书5.66万册，电子图书1.10万册。固定资产总值2.78亿元，全年教育经费投入1.30亿元。学校信息化经费投入200万元，拥有计算机1282台，网络多媒体教室77个，校园网出口总带宽220Mbps，数字资源量150GB，“信息技术”课程初中1课时/周、高中2课时/周。教职工233人，其中，高级职称95人、中级职称94人。专任教师200人，包括特级教师3人、北京市骨干教师4人、北京市学科教学带头人1人；本科以上学历233人。开设教学班61个（初中37个、高中23个、国际部1个）。毕业589人（初中344人、高中241人、国际部4人）；招生773人（初中492人、高中279人、国际部2人）；在校生2137人（初中1294人、高中830人、国际部13人），包括外省市借读生408人。高中录取分数线509分（海淀区），应届高考本科上线率100%。

2018年，学校不断加强宣传报道，提升学校品牌效应，通过网站和微信推送宣传稿318篇，接受各级各类媒体采访报道63次。落实教育部《关于做好中小学生课后服务工作的指导意见》文件精神及北京市课后服务工作要求，在学生和家长自愿前提下，为1315名初中学生提供课后托管服务。

关注学生身心健康，培育全面发展的学生。落实学生家庭辅导计划，心理中心教师为全部161个家庭至少各做1次接待辅导。开展“手机管理”“中国好老师”“培元项目”三大专题项目。举办和承办大型学生活动63项；策划教师节、子弟美术班等暖心活动7项；邀请各类专家来校讲座14次（心理讲座、学情分析各7次）；师生获教育、教学、音体美等各类国家、市、区级奖项37个，其中，教职工获奖177人次、学生获奖701人次。

（江翠红）

清华大学附属中学

2018年，清华大学附属中学分三址办学，分别为校本部、奥林匹克森林公园校区和将台路校区。校本部位于清华大学院内，占地面积9万平方米，建筑面积8万平方米，运动场地面积2.96万平方米。图书馆（室）藏书13.74万册，电子图书300册。固定资产总值1.04亿元，全年教育经费投入2.76亿元。学校信息化经费投入500万元，拥有计算机800台，网络多媒体教室167个，校园网出口总带宽200Mbps，数字资源量24TB，“信息技术”课程初一和初二年级1课时/周、高一年级2课时/周。教职工418人，其中，高级职称118人、中级职称77人。专任教师280人，包括特级教师24人、北京市骨干教师14人、北京市学科教学带头人2人；本科以上学历368人。开设教学班91个（初中45个、高中46个）。毕业1007人（初中506人、高中501人）；招生1142人（初中569人、高中573人）；在校生3455人（初中1712人、高中1743人），包括寄宿生498人，外省市借读生140人。高中录取分数线553分（海淀区），应届高考本科上线率100%。校本部有社团76个。

2018年，学校以继续落实“清华附中十三五规划”为目标，以“为领袖人才奠基”为使命，深化改革，勇担重任，为实现学校新百年教育梦持续奋斗。积极应对中高考改革，坚持优化学校人才结构，深化人事制度改革，不断扩大国际教育，努力培养国际化人才。成为北京市教育学会高中教育研究分会第二届理事长单位。致力于培养具有国际视野的未来领袖人才，学校校长被推选为世界名中学联盟中国分会理事长。学生综合素质评价系统进入通过使用阶段，系统收集学生记录超过1000万条。中国大学先修课程（CAP）得到进一步发展，中学会员学校发展至327所，新增华中师范大学对CAP的学分认证。逐步建立完整的STEM课程体系，学校申报2项STEM教育相关课题。学校对外合作办学“10＋10”规划被清华大学批准；积极承担云南南涧、四川什邡等边远地区、贫困地区支教活动。学生在全国及以上级学科竞赛中获奖130人次，包括一等奖、金奖41人次，1人入

4月23日至29日，清华附中开展第三届“教育西部行”活动
（清华附中 供）

选国家队，1 人入选国家集训队，2 人入选冬令营。推进体育、美术、科技、音乐、舞蹈人才培养。学生项目“消防用感应控温维生呼吸器”获第 16 届北京青少年科技创新市长奖；金帆民乐团师生 47 人参加在洛杉矶举办的“北美第 14 届华人春晚”演出；举办建校 103 周年暨艺术教育论坛活动，交流学校音乐、美术特色教育经验。

（王殿军）

中国人民大学附属中学

2018 年，中国人民大学附属中学占地面积 9.72 万平方米，建筑面积 11.53 万平方米，体育场（馆）面积 2.54 万平方米。图书馆藏书 16.70 万册。固定资产总值 4.17 亿元。学校拥有计算机 2045 台，网络多媒体教室 255 个，校园网出口总带宽 850Mbps，数字资源量 49TB，“信息技术”课程 1 课时 / 周。教职工 548 人，其中，正高级职称 12 人、副高级职称 258 人、中级职称 211 人。专任教师 462 人，包括特级教师 21 人、北京市骨干教师 17 人、北京市学科教学带头人 4 人；本科以上学历 458 人。开设教学班 154 个（初中 59 个、高中 95 个）。毕业 1675 人（初中 710 人、高中 965 人）；招生 1666 人（初中 689 人、高中 977 人）；在校生 5907 人（初中 2395 人、高中 3512 人），包括寄宿生 702 人，外省市借读生 605 人。高中录取分数线 560 分（海淀区）。学校有社团 135 个。

2018 年，学校以“立德树人，为国育才”为教育宗旨，争做新时代中国教育的实干家。为促进基础教育优质均衡发展，全年向周边薄弱学校、外省市学校输送干部、教师 66 人。高中教育教学领导小组、年级组、教研组等组织机构自主发展，完善教育管理机制。继续落实“十二五”校本研修与培训，搭建高端平台，建设融会中外、具有开拓视野和创新精神的高素质教师队伍。完善多元立体课程体系，开发综合实践活动课程，构建手机在线授课、慕课等多维网络授课体系，尝试导师制、走班制、小班化、翻转课堂等教学实践。

开辟高端科技实验室，提升科技教育水平，培养学生创新意识和实践能力。2 名学生获第 19 届亚洲物理奥林匹克竞赛金牌、2 名学生获第 23 届国际天文奥林匹克竞赛银牌、1 名学生获第 69 届英特尔国际科学与工程大奖赛一等奖；在五大学科奥赛全国决赛中，获金牌学生 14 人次，占全市 54%；8 名学生进入数学、物理、化学、生物国际竞赛新一轮国家集训队。组织学生参加各级各类体育、艺术展示与比赛，为具有体育、艺术及各类特长的学生搭建发展平台。足球队获 2018 年全国高中联赛总冠军、全国高中锦标赛冠军和北京市高中足球联赛暨冠军赛决赛总冠军；金帆合唱团获第 14 届中国国际合唱节少年组第一名。拓展国际交流，提升国际化办学水平，努力创造具有中国特色的未来教育。学校在教育部关于第一批教育信息化试点验收中被评为试点优秀单位。

（庄云路）

7 月 25 日，人大附中金帆合唱团参加第 14 届中国国际合唱节获少年组第一名（人大附中 供）

北京市第二十中学

2018 年，北京市第二十中学分三址办学，分别为小营校区（本部完全中学）、永泰校区（九年一贯制学校）和新都校区（初中校）。小营校区和新都校区总占地面积 7.14 万平方米，建筑面积 4.56 万平方米，体育场（馆）面积 2.70 万平方米。图书馆（室）藏书 9.03 万册。固定资产总值 1.98 亿元，全年教育经费投入 1.35 亿元。学校信息化经费投入 220 万元，拥有计算机 693 台，网络多媒体教室 82 个，校园网出口总带宽 250Mbps，数字资源量 300GB，“信息技术”课程 1.5 课时 / 周。教职工 285 人，其中，高级职称 103 人、中级职称 65 人。专任教师 254 人，包括特级教师 3 人、北京市骨干教师 10 人、北京市学科教学带头人 2 人；本科以上学历 284 人。开设教学班 75 个（初中 46 个、高中 29 个）。毕业 773 人（初中 471 人、高中 302 人）；招生 914 人（初中 579 人、高中 335 人）；在校生 2625 人（初中 1615 人、高中 1010 人），包括寄宿生 252 人。高中录取分数线 518 分（海淀区）。

2018 年，学校坚持立德树人，注重学生“三观”教育、养成教育，从而形成良好校风和传统。举办首届“逐梦蓝色海洋，争做中国脊梁”海洋意识教育周，培养学生海洋意识；开展学习雷锋系列活动，落实爱国主义教育；召开物资回收活动表彰会，增强学生环保节约意识。提升课堂教学实效，以教研促进教学质量提升，举办物理特级教师宋诗伟“核心素养下的中学物理课堂教学实践”研讨会，承办第 12 届世界课例大会“课例研究与教师教育”分论坛。

推进素质教育，获评“生涯教育示范学校”。继续深入开展戏剧教育，举办第六届戏剧节，戏剧社演出话剧《血色勋章》，学校被授予“老舍戏剧研究基地”称号，戏剧社被授予“老舍剧社”称号，参加北京市学生艺术节获金奖。学校第 20 次包揽海淀区中学生秋季田径运动会所有组别团体冠军。冰球队分获首届全国中学生冰球锦标赛亚军和 2018 年全国中小学生冰球邀请赛亚军。作为北京市校园足球特色校，积极推动校园足球发展，开设足球课程，普及足球知识，新成立初中男子、女子足球队。

（贺正东）

首都师范大学附属中学

2018年，首都师范大学附属中学占地面积3.42万平方米，建筑面积3.97万平方米，运动场地面积1.08万平方米。图书馆藏书11万册，电子图书1.70万册。固定资产总值2.22亿元，全年教育经费投入2.02亿元。学校信息化经费投入38万元，拥有计算机900台，网络多媒体教室84个，校园网出口总带宽100Mbps，数字资源量50TB，“信息技术”课程2课时/周。教职工365人，其中，高级职称112人、中级职称95人。专任教师287人，包括特级教师11人、北京市骨干教师10人、北京市学科教学带头人2人；本科以上学历286人。开设教学班91个（初中31个、高中60个）。毕业1143人（初中381人、高中762人）；招生1222人（初中639人、高中583人）；在校生3619人（初中1311人、高中2308人），包括寄宿生190人，外省市借读生118人。高中统招录取分数线552分（海淀区）、名额分配544分（海淀区），应届高考本科上线率100%。学校有社团46个。

2018年，学校以办负责任、有质量、有温度的成达教育为发展目标，以制度、课程、活动、文化、实践为五大抓手，构建具有成达特色的育人体系。注重课程文化育人，建立四修课程体系，加强教师队伍建设。推进管理文化育人，构建学长学部制、分层走班制和固定班级制相结合、双导师制并行的三维管理体制。突出环境文化育人，利用书香校园工程营造积极向上的校园文化环境，开设系列化德育课程。创新文化育人，开展创客教育，依托北京市金鹏科技团、金帆艺术团、金帆书画院、篮球传统校等平台培养创新人才。推进实践文化育人，博识课、高中综合社会实践活动将课堂延伸至社会，培养学生科学探索精神的同时提升人文素养。

（范广宁　邓晨）

11月9日至10日，首师大附中第二届“青牛杯”科技艺术创想邀请赛暨青牛创客科技体验活动　　（首师大附中　供）

北京大学附属中学

2018年，北京大学附属中学占地面积5.16万平方米，建筑面积4.86万平方米，操场面积1.20万平方米。图书馆藏书10万册，电子图书与北大图书馆共享。固定资产总值5692.19万元，全年教育经费投入18192.20万元。学校信息化经费投入240万元，拥有计算机590台，网络多媒体教室152个，校园网出口总带宽1.2Gbps，数字资源量2TB，“信息技术”课程2课时/周。教职工386人，包括正高级职称3人、副高级职称115人、中级职称90人。专任教师309人，包括特级教师7人、北京市骨干教师6人、北京市学科教学带头人1人；本科以上学历367人。开设教学班112个（初中35个、高中77个）。毕业654人（初中231人、高中423人）；招生900人（初中386人、高中514人）；在校生2592人（初中959人、高中1633人）。高中录取分数线550分（海淀区），应届高考本科上线率100%。

2018年，学校继续秉持并发扬素质教育、以人为本的教育理念，不断深化教育教学改革。贯彻落实北京大学创建“双一流”战略，提高教育公共服务水平。与台州市路桥区人民政府、区社会事业发展集团有限公司签订合作办学协议，共同举办北大附中教育集团在京外建立的第三所成员校——北大附中台州飞龙湖学校，计划于2020年建成招生。北大附中海口学校开学，占地面积13.30万平方米，设计规模120个教学班，可提供学位3600个。与中央国家机关公务员住宅建设服务中心、海淀区教育委员会签订委托办学协议，承办北大附中新馨学校，计划于2020年开学。承办西三旗地区金隅科技园配套学校，成立北大附中西三旗学校，计划于2019年9月开学。

深入推进教育教学改革，引入优质项目提升教学质量。初中部首次加入元培学院人才培养1＋3项目，1指初三1年、3指高中3年，即初中部为本校高中输送优质生源机制从初三向初二延伸，探索人才贯通模式，2019届初三年级学生30余人加入该项目计划。引入整合优质资源，信息与通用技术、运动与健康教育和视觉与表演艺术中心发展对外合作，引入智能钢琴、798美术工作室、智能健身车、MEV机动电能车等资源，探索全新艺体技课程模式。设计实施四大人文项目，博雅学院引入北大法学院、C计划、GQ杂志等外部资源与校友资源，实施模拟法庭、公共说理、书院视点、银杏讲坛4

个项目，全年参与活动学生 2000 人次。

（赵彦芳）

北京市第一〇一中学

2018 年，北京市第一〇一中学分三址办学，分别为圆明园校区、双榆树校区和温泉校区。圆明园校区占地面积 20.20 万平方米，建筑面积 5.80 万平方米，运动场地面积 4.16 万平方米。图书馆（室）藏书 13.48 万册，电子图书 0.60 万册。固定资产总值 2.81 亿元，全年教育经费投入 2.36 亿元。学校信息化经费投入 1091.48 万元，拥有计算机 2446 台，网络多媒体教室 144 个，校园网出口总带宽 210Mbps，“信息技术”课程 2 课时 / 周。教职工 426 人，其中，高级职称 156 人、中级职称 179 人。专任教师 352 人，包括特级教师 12 人、北京市骨干教师 17 人、北京市学科教学带头人 2 人；本科以上学历 352 人。开设教学班 115 个（初中 66 个、高中 49 个）。毕业 1113 人（初中 638 人、高中 475 人）；招生 1479 人（初中 895 人、高中 584 人）；在校生 4257 人（初中 2404 人、高中 1853 人），包括寄宿生 751 人，外省市借读生 390 人。高中统招录取分数线 553 分（海淀区）。圆明园校区有社团 80 个。

2018 年，学校落实立德树人办学目标和培养未来卓越担当人才育人目标，坚持守正出新的办学策略，深化教育综合改革，创新管理，办人民满意的教育。推进智慧校园整体建设，研究集团化办学条件下的信息化建设，加大建设新课程体系下的软件管理服务平台。加强教育集团内部分校区间联系和教师流动，通过人才贯通培养项目等，扩大优质教育资源，为教育均衡优质发展作出贡献。打造智慧型教师队伍，完善“三层六领域”专业化课程体系，帮助教师走向“智慧化生存”，新增 2 名正高级教师，学校师资队伍进一步优化。

聚焦核心素养，关注学生全面发展。建立以学生“核心素养”为统领的课程体系，深化基于核心素养的“生态·智慧”课堂实践研究，推进多学科融合和德育渗透课堂。学生张之恒获 2017 年度全国“最美中学生”称号。1 名学生受市政协邀请观摩中国人民政治协商会议北京市第 13 届委员第一次会议，递交的 4 份模拟提案全都由委员转化为正式提案提交大会。深化学校科普教育，培养学生自主发展、合作参与、实践创新的能力。以普及促提高，培养科技特长生及科技创新拔尖人才，1 名学生获第 16 届北京青少年科技创新市长奖、5 名学生的 2 个项目获第 46 届日内瓦国际发明展金奖、1 名学生获美国 ACAP（华人医师会）青少年科技竞赛国际优秀课题奖及竞赛荣誉奖。积极开展校内外艺术交流活动，与校园文化相结合，提升学生文化品位和审美情趣。

3 月 27 日，一〇一中学生张及晨获第 16 届北京青少年科技创新市长奖（一〇一中 供）

（张欣）

北京市大峪中学分校

2018 年，北京市大峪中学分校占地面积 1.70 万平方米，建筑面积 1.57 万平方米，运动场地面积 0.73 万平方米。图书馆（室）藏书 4.87 万册。固定资产总值 3242.96 万元，全年教育经费投入 4312.06 万元。学校信息化经费投入 270.75 万元，拥有计算机 575 台，网络多媒体教室 46 个，校园网出口总带宽 1000Mbps，数字资源量 1000GB，“信息技术”课程 2 课时 / 周。教职工 105 人，其中，高级职称 36 人、中级职称 42 人。专任教师 81 人，包括北京市骨干教师 1 人；本科以上学历 101 人。开设初中教学班 24 个。毕业 245 人、招生 243 人、在校生 291 人，包括外省市借读生 27 人。

2018 年，学校贯彻《关于全面深化新时代教师队伍建设改革的意见》，强化师德师风建设。学校被推荐参评爱国奉献示范单位，获评北京市宣传思想工作优秀单位。全面提升育人效果，充分发挥班日志记录作用，让学生深刻体会客观公正、实事求是的重要性。发挥团队合作优势，全面提升教学质量。召开初三年级教师会及新老初三教师交流会，做到有效沟通协调，完善走班制度，有目标、有计划、有策略地推进初三年级教学。各教研组、学科组以关注学科本质与差异化教学为核心，注重组内集备工作及校本培训，扎实开展教研组活动，做到有行动、有记录、有效果。

发挥工会优势，倡导文明、健康生活理念，组织各类文体活动，提倡工间健身活动。通过开展重阳节老教师登高、节日慰问等活动提升教职工幸福指数。把安全工作放在各项工作首位，通过安全教育第一课、各类疏散演习活动、平安校园建设、健康食堂创建等举措，采取走出去、请进来的形式开展师生安全教育，推进学校健康发展。

（赵斌）

首都师范大学附属中学永定分校

2018 年，首都师范大学附属中学永定分校占地面积 3.60 万平方米，建筑面积 2.91 万平方米，运动场地面积

1.17万平方米。图书馆（室）藏书6万册。固定资产总值5307万元，全年教育经费投入7971万元。学校信息化经费投入230.63万元，拥有计算机455台，网络多媒体教室60个，校园网出口总带宽1000Mbps，数字资源量1024GB，“信息技术”课程2课时/周。教职工154人，其中，高级职称63人、中级职称53人。专任教师117人，包括特级教师2人、北京市骨干教师3人；本科以上学历152人。开设教学班34个（初中20个、高中14个）。毕业328人（初中183人、高中145人）；招生346人（初中203人、高中143人）；在校生1097人（初中658人、高中439人），包括寄宿生439人，外校借读生68人。高中录取分数线494分（门头沟区），应届高考本科上线率98.3%。

2018年，学校立足“为每一位学生终身幸福奠基”办学理念，以教师“科研、创新”为双轴驱动，推动学生德、智、体、美、劳全面发展。“5＋X”教育教学模式获北京市教育教学成果奖一等奖、国家级教育教学成果奖二等奖。“1＋3”人才培养项目设独立学部，开设2个教学班，招生78人，任课教师全部为硕士研究生以上学历。提升教师科研创新能力，建立“优秀党员工作室”，发挥党员先锋模范作用。学校获批北京市教育科学“十三五”规划课题2个。推进特色教育，培养全面发展的学生，烙画在市教委举办的艺术工坊比赛中获一等奖，学生京剧表演《打龙袍》参加北京电视台戏曲节目录制，太平鼓队受邀参加首届农民丰收节开幕演出。

（于贺）

北京市房山区良乡第二中学

2018年，北京市房山区良乡第二中学占地面积2.83万平方米，建筑面积1.79万平方米，运动场地面积1.57万平方米。图书馆（室）藏书5.46万册。固定资产总值5272.42万元，全年教育经费投入4781.33万元。学校信息化经费投入3.63万元，拥有计算机587台，网络多媒体教室53个，校园网出口总带宽100Mbps，数字资源量400GB，“信息技术”课程1课时/周。教职工189人，其中，高级职称57人、中级职称69人。专任教师147人，包括特级教师1人、北京市骨干教师2人、北京市学科教学带头人1人；本科以上学历147人。开设初中教学班36个，毕业362人、招生448人、在校生1257人。

2018年，学校全面深化教育教学领域综合改革，推动学校全面工作开展。以转变教师教育教学观念，促进深化综合教育改革下北京中考改革落位为重点，围绕“课程建设、课堂教学改革、核心素养提升、走班选考”核心词，聚焦课堂、聚焦学生开展各类教学工作。加强教研组建设，提高教学质量；注重教师队伍建设，提出品位教师标准20条，提升教师学科素养和教学水平，保障教育改革落位。

培育和践行社会主义核心价值观，落实养成教育三年规划。以实施“梧桐文化”为核心，创新学科实践活动，瞄准学生实际获得。以科技节、艺术节、体育节、读书节作为培养有品位的人育人目标的重要支撑，把“四个节”打造成学校的品牌活动。举办“科技在你身边 科技创造未来”科技节、“一带一路，雏鹰逐梦”体育节、“亲情伴我成长”诵读活动等活动，拓展学生发展空间。

（崔雪艳）

北京市房山区长沟中学

2018年，北京市房山区长沟中学占地面积6.54万平方米，建筑面积1.97万平方米，运动场地面积0.18万平方米。图书馆（室）藏书1.68万册，包括电子图书180册。固定资产总值7464.80万元，全年教育经费投入2273.31万元。学校信息化经费投入3.82万元，拥有计算机460台，校园网出口总带宽50Mbps，数字资源量60GB，“信息技术”课程1课时/周。教职工65人，其中，高级职称22人、中级职称28人。专任教师63人，本科以上学历62人。开设初中教学班12个。毕业80人、招生122人、在校生341人，包括外省市借读生15人。

2018年，学校以“钟灵毓秀、滋兰树蕙”为核心价值观，以加强师德建设和提升办学质量为突破口，打造精进课堂。继承传统，发挥与中央工艺美术学院附属中学的合作优势，打造西南地区以“美育”为载体的特色课程。举办“砥砺奋进迎华诞，不忘初心育芳华”喜迎建校60周年暨教育教学成果展示活动，展示艺术、体育和科技教育成果，提高师生审美水平，激发创新意识，促进学生综合素质提升和健康可持续发展。建设书香校园，举办“诵读经典诗文，馨香润泽心灵”读书节展演活动，建立区域阅读网络，为学生搭建展示平台。建立家校共育机制，举办“读懂孩子”主题讲座。引领家长破解难题、穿越“误区”、走出“迷局”，进入家庭教育新境界。

（景玉霞）

4月20日，长沟中学举办“诵读经典诗文，馨香润泽心灵”读书节展演活动
（长沟中学 供）

北京市通州区运河中学

2018年，北京市通州区运河中学分两址办学，分别为初中部和高中部。2个校区总占地面积10.60万平方米，建筑面积7.69万平方米，体育场面积4.41万平方米。图书馆藏书8.27万册。固定资产总值1.27亿元，全年教育经费投入1.19亿元。学校拥有计算机999台，网络多媒体教室168个，校园网出口总带宽2750Mbps，数字资源量5500GB，“信息技术”课程初中1课时/周、高中2课时/周。教职工320人，其中，正高级职称1人、副高级职称100人、中级职称84人。专任教师265人，包括特级教师4人、北京市骨干教师9人、北京市学科教学带头人2人；本科以上学历315人。开设教学班66个（初中26个、高中40个）。毕业591人（初中184人、高中407人）；招生769人（初中313人、高中456人）；在校生2518人（初中884人、高中1634人）。高中录取分数线526分（通州区）。

2018年，学校以“和谐发展教育”办学思想为指引，以“师德标兵”“我最喜爱的班主任”“名师大讲堂”等活动为契机，发挥教师能动性，打造和谐发展的教师团队。课堂教学坚持以学生为主体，加强学生核心素养培育。坚持“校兴科研、科研兴校”理念，以科研促成长，通过课题研究，引导教师反思教学行为、改进教学模式、促进教师专业成长。

推动运河教育联盟和通州区教育发展第二共同体合作共赢、协同发展。运河教育联盟各学校在科技、学生社团活动方面积极合作，举办教育联盟第一届科技嘉年华，运河初中足球队获北京市中小学生校园足球联赛暨冠军赛初中男子B组第二名。作为通州区教育发展第二共同体轮值主持校，协同各成员校定期开展工作交流、学科教研、备考分析等工作，资源共享，共研共进。

成立“乐乐管乐团”、“轻舞飞扬”舞蹈团、“追星”天文社、“先锋”科技团等精品社团；与校外资源单位合作，开设舞蹈、器乐、足球、机器人等艺术、体育、科技类活动课程，定期开展课外活动成果展演，展示活动成果；开设全学科阅读ASR、知识产权进校园、运河民间美术等校本课程；开展140余项研究性学习项目，学生在活动中学习，在探索中成长，在研究中发展。

（刘凌）

北京市通州区潞河中学

2018年，北京市通州区潞河中学占地面积17.06万平方米，建筑面积10.02万平方米，运动场地面积2万平方米。图书馆藏书15.30万册，包括电子图书2.80万册。固定资产总值3.16亿元，全年教育经费投入1.63亿元。学校信息化经费投入100万元，拥有计算机2600台，网络多媒体教室124个，校园网出口总带宽700Mbps，数字资源量2500GB，“信息技术”课程初中1课时/周、高中2课时/周。教职工379人，其中，高级职称158人、中级职称114人。专任教师312人，包括特级教师15人、北京市骨干教师16人、北京市学科教学带头人6人；本科以上学历312人。开设教学班73个（初中28个、高中45个）。毕业817人（初中276人、高中541人）；招生929人（初中395人、高中409人、内高班125人）；在校生2835人（初中1015人、高中1820人），包括内地新疆高中班478人，寄宿生920人，外省市借读生630人。高中录取分数线534分（通州区），应届高考本科上线率100%。

2018年，学校按照国家课程标准、课程方案，完善三级课程方案。探索选课走班模式下的教学组织形式、选科选考模式，在实施过程中统筹课程、师资、教室等资源，形成具有潞河特色的课程综合改革方案。进一步落实学校与高校、优质资源单位的教育合作，命名“钱学森班”并继续探索贯通人才培养模式，依托“金鹏天文团”“翱翔计划”“斯坦福创新实验室”等项目开展创新人才培养，加大学科竞赛及培优课程培养力度，积极组织学生参加高级别、高水平学科竞赛。开拓市、区两级资源，加强学校干部、教师培训力度，特别重视骨干教师及青年教师培养。

全面推进艺术、体育、科技、劳动教育。月月有群体竞赛，班班有运动队，校田径队、足球队、篮球队等学生社团蓬勃发展，在各类比赛中多次获奖。学校STAR拉拉队代表中国参加世界中小学生舞蹈啦啦操锦标赛，获爵士啦啦操第一名、花球啦啦操第三名。“韵之灵”合唱团作为北京市唯一合唱代表团队赴天津、河北参加“2018年首都学生演出季”活动。

坚持多元开放办学方针，与伊犁哈萨克自治州歌舞剧院、新疆生产建设兵团第三中学签订民族团结艺术教育合作协议。接待多国师生团体到校访问，5月，接待韩国首尔永一高中师生12人访问；6月，接待美国洛杉矶杜阿尔特高中女子篮球队师生访问；10月，接待俄罗斯莫斯科天然气学校师生16人访问；11月，接待澳大利亚艾森姆学校师生7人访问。

（武欣　刘晓蕾　张娜）

北京市通州区永乐店中学

2018年，北京市通州区永乐店中学占地面积13.10万平方米，建筑面积8.76万平方米，运动场地面积2.95万平方米。图书馆（室）藏书13.34万册。固定资产总值1.33亿元。学校拥有计算机1216台，网络多媒体教室89个，校园网出口总带宽1000Mbps，数字资源量4TB，“信息技术”课程1课时/周。教职工284人，其中，高级职称89人、中级职称72人。专任教师221人，包括特级教师2人、北京市骨干教师5人；本科以上学历283人。开设教学班52个（初中12个、高中40个）。毕业715人（初中99人、高中616人）；招生666人（初中132人、高中534人）；在校生2070人（初中359人、高中1711人），包括寄宿生1638人，外省市借读生 61 人。高中录取分数线 512 分（通州区），应届高考本科上线率 87%。

2018 年，学校继承发扬“永中精神”，营造“团结、奋进、开放、温馨”的工作氛围。规范学校管理，制订或完善《永乐店中学中高考科目任课教师学期教学成绩考评方案》《永乐店中学体、音、美、信、通教师学期教学成绩考评方案》《通州区永乐店中学班级评价方案及实施办法》等管理制度，使学校管理有章可循。

依托市级优秀教师送教项目，分别邀请市级语文、数学、英语、化学、政治教师到校作讲座、听评课。市级专家送教下乡 65 人次，月均惠及教师 180 人次；各教研组邀请市区专家作讲座 15 次。发挥优秀教师带动作用，成立 2 个特级教师工作室，以身边专家型教师引领教师成长，辐射学科发展。依托“北京教育学会通州实验学校”项目，课程设置实现必修课程校本化，选修课程特色化。

促进学生全面发展，各年级邀请各类专家教师开展学法指导、心理疏导等，使学生适应新中高考形势。顺应新中高考改革形势，推进学生科学素养和人文素养提升，成立学生社团 16 个，开设创客课程 10 门。指导并鼓励学生参加体育、艺术、科技等各级各类比赛和活动。为落实教育部对课程建设和开展研学活动的要求，组织学生到泰国、加拿大等国交流学习，组织 1000 余名师生分赴陕西、杭州等地参加为期 5 天的国内研学活动。

（薛亚妮）

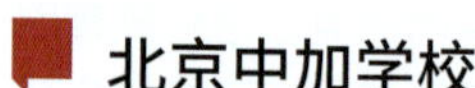

北京中加学校

2018 年，北京中加学校占地面积 7.19 万平方米，建筑面积 3.65 万平方米，运动场地面积 1.93 万平方米。图书馆藏书 3.69 万册，电子图书 0.40 万册。固定资产总值 1236 万元，全年教育经费投入 3100 万元。学校信息化经费投入 32 万元，拥有计算机 392 台，校园网出口总带宽 120Mbps，数字资源量 13GB，“信息技术”课程 4 课时 / 周。教职工 130 人，其中，高级职称 7 人、中级职称 24 人。专任教师 52 人，外籍教师 21 人，本科以上学历 65 人。开设高中教学班 13 个。毕业 155 人、招生 91 人、在校生 306 人，全部为寄宿生。高中录取分数线 450 分（通州区）。

2018 年，学校发展校本课程特色，引领学校发展内涵。在国家课程必修课的基础上，根据学生的个性特点、兴趣与发展志向、社会需要，开设学业规划类、学科拓展类、传统文化类、发展指导类、社会生活类、身心健康类、兴趣爱好类、双语理科类 8 类校本课程，供学生选修。

加强教师教育技能和教学基本功训练、提高教师信息技术和现代教育装备应用能力。关心青年教师成长，成立青年教师研修中心，举办青年教师基本功大赛，不断提高教师常态课教学质量。加速骨干教师选拔与培养，努力造就一支既有较高业务素养，又有一定教科研能力的新型教师队伍。

提高国际课程教学质量，开展 AP 课程（针对“美国大

9 月 13 日至 16 日，中加学校学生参加爱丁堡公爵国际奖库布齐沙漠户外探险活动 （中加学校 供）

学预修课程考试”开设的授课辅导）与国际竞赛课程的各项工作。召开 AP 课程教师培训会，完成 AP 手册、AP 校本教材编写，提供具有国际认证水平的课程及活动，包括爱丁堡公爵国际奖、英国素质教育 COPE 和 AOPE 证书、英国 RSL 现代音乐证书、国际会议证书、各学科国际竞赛证书等。加强国际交流，拓宽学生视野，组织学生参加哈佛大学模拟联合国 2018 中国会议（HMUN CHINA 2018）、耶鲁青年经济论坛（上海）、2018 年圆方全球会议；接待加拿大劳瑞尔大学代表团访问交流。

（何淼滔）

北京市顺义区高丽营学校

2018 年，北京市顺义区高丽营学校占地面积 7.33 万平方米，建筑面积 1.83 万平方米，运动场地面积 1.43 万平方米。图书馆（室）藏书 4.73 万册。固定资产总值 2615.10 万元，全年教育经费投入 5109.58 万元。学校拥有计算机 348 台，网络多媒体教室 2 个，校园网出口总带宽 100Mbps，数字资源量 1000GB，“信息技术”课程 1 课时 / 周。教职工 115 人，其中，高级职称 23 人、中级职称 50 人。专任教师 101 人，本科以上学历 92 人。开设教学班 27 个（小学 21 个、初中 6 个）。毕业 148 人（小学 103 人、初中 45 人）；招生 155 人（小学 86 人、初中 69 人）；在校生 826 人（小学 668 人、初中 158 人），包括外省市借读生 436 人。学校有社团 51 个。

2018 年，学校以培养“阳光、智慧、健康”的融通少年为育人目标。举办“走向融通——争当融通之星”主题活动，提升学生自我管理和自我教育能力。完善幸福成长课程体系，将课程分为“社会与人文、科学与实践、生命与运动、审美与艺术”4 个学习领域，每个领域包含基础、拓展和兴趣 3 类课程，开设兴趣类选修课程 55 门，满足学生多样化、个性化发展需求。

课题研究助力成长，依托 2 个市、区立项课题，推进生本课堂建设，将每周五作为生本研究日，开展活动。先后组织“生本常态课评比”“骨干教师生本展示课”“顺义区生本教育大讲堂”等活动。接待高等教育出版社内蒙古兴安

盟国培班 240 名教师观摩学习，学校 29 名教师献课。家校协同共促发展，设立“家校共育办公室”，成立家长教师协会；举办“努力成为学校教育的同盟者”主题讲座；组织教师走进 480 个学生家庭。学校获北京市中小学生跆拳道比赛团体第一名等奖项。

（贾凤兰）

北京市顺义牛栏山第一中学

2018 年，北京市顺义牛栏山第一中学占地面积 18.17 万平方米，建筑面积 12.34 万平方米，体育场（馆）面积 3.53 万平方米。图书馆（室）藏书 16.41 万册，电子图书 9 万册。固定资产总值 1.37 亿元，全年教育经费投入 1.88 亿元。学校信息化经费投入 54.07 万元，拥有计算机 1289 台，网络多媒体教室 112 个，校园网出口总带宽 1120Mbps，数字资源量 900GB，“信息技术”课程 1 课时 / 周。教职工 379 人，其中，正高级职称 1 人、副高级职称 146 人、中级职称 127 人。专任教师 270 人，包括特级教师 11 人、北京市骨干教师 15 人、北京市学科教学带头人 4 人；本科以上学历 363 人。开设教学班 52 个（初中 2 个、高中 50 个）。毕业 727 人（初中 90 人、高中 637 人）；招生 778 人，其中，初中 89 人（“1 + 3”创新实验班）、高中 689 人；在校生 2176 人（初中 89 人、高中 2087 人），全部为寄宿生。高中录取分数线 528 分（顺义区），应届高考本科上线率 96%。

2018 年，学校落实“自觉育人，自主发展”育人理念，推进“自觉+”教育。

推进课程改革，发展校本课程和特色课程，关注和开设实验类、探索类、综合类课程，建设精品课程，使特色课程逐步系列化。在德育课程、健康课程、基础课程、拓展课程和特长课程基础上，建设“四育”发展课程体系，实现科技与人文统一、传统与创新统一、课内与课外统一。

加强教师队伍建设。加强青年教师培养，开展“青蓝工程”拜师活动；建立 13 个名师工作室，为教师提供专业发展平台；组织教材分析、命题能力、教学设计、微课、评优课、同课异构等评比活动；鼓励教师积极参加新教师展示课、临空杯基本功大赛、青年教师展示课等展示活动。

打造德育教育特色，挖掘中华优秀传统文化蕴含的思想观念、人文精神、道德规范。开展重温传统文化经典读书活动，弘扬中华传统文化；开展社会大课堂、拉练、社区服务等活动；通过市、区三好学生、优秀干部、先进班集体等荣誉评选，发挥评价导向作用和榜样示范作用。

（许坤）

北京市顺义区杨镇第一中学

2018 年，北京市顺义区杨镇第一中学占地面积 26.68 万平方米，建筑面积 12 万平方米，体育场地面积 4.79 万平方米。图书馆（室）藏书 11.50 万册，电子图书 10 万册。固定资产总值 1.47 亿元，全年教育经费投入 2.19 亿元。学校信息化经费投入 480 万元，拥有计算机 534 台，网络多媒体教室 16 个，校园网出口总带宽 260Mbps，数字资源量 2000GB，“信息技术”课程 2 课时 / 周。教职工 411 人，其中，高级职称 177 人、中级职称 138 人。专任教师 286 人，包括特级教师 3 人、北京市骨干教师 8 人、北京市学科教学带头人 2 人；本科以上学历 406 人。开设高中教学班 63 个。毕业 828 人、招生 872 人（包括新疆内高班预科及高一年级学生 487 人）、在校生 2339 人，包括寄宿生 2193 人，外省市借读生 962 人。高中录取分数线 488 分（顺义区），应届高考本科上线率 90.3%。学校有社团 15 个。

2018 年，学校贯彻教育全面深化改革精神，在新时代、新形势、新要求下，以和谐发展为理念不断深化课堂教学改革。推进选科走班，和谐发展，启动杨镇滨海课改实验工作室，举办“和谐发展”教育理念下的课程建设展示活动，面向全区高中校举办高二年级选科走班教学现场会。创新常规仪式教育活动，在活动中力求做精做细推陈出新；以嵌入式发展夯实民族团结进步教育，抓住新疆内地高中班优势，在新疆学生和北京学生的交往交流交融实践中加强民族团结进步教育。科学规划，稳步引领学校深层发展，6 项“十三五”市规划办课题开

1 月 2 日，“旭辉未来城市实验室”落户牛栏山一中
（牛栏山一中 供）

5月24日，杨镇一中举办第五届“5·25”心理文化节系列活动暨心理游园会　（杨镇一中　供）

题，涉及政治、物理、艺术教育等学科。

关注学生身心理健康发展，举行第五届“5·25”心理文化节系列活动暨心理游园会，承办北京市中小学心理健康教育优秀成果展示交流活动。以群体活动、课堂改革、竞技体育为载体，推动滑雪、乒乓球、民族传统体育等各类体育社团建设。学校获全国国防教育特色学校、全国体育传统校（北部区）比赛学校团体总分第二名，“北京市学生金奥运动队承办学校田径运动会”团体总分第一名；被评为首都文明校园。

（李洪峰）

北京市顺义区第一中学

2018年，北京市顺义区第一中学占地面积6.60万平方米，建筑面积5.02万平方米，体育场（馆）面积0.43万平方米。图书馆（室）藏书12.10万册。固定资产总值1.30亿元，全年教育经费投入1.27亿元。学校信息化经费投入88万元，拥有计算机530台，网络多媒体教室55个，校园网出口总带宽1100Mbps，数字资源量12TB，“信息技术”课程1课时/周。教职工294人，其中，正高级职称1人、副高级职称119人、中级职称103人。专任教师232人，本科以上学历284人。开设高中教学班43个。毕业596人、招生490人、在校生1645人，包括寄宿生1200人。高中录取分数线500分（顺义区），应届高考本科上线率94%。

2018年，学校推进课程改革，落实立德树人根本任务。实施生态文明教育，把握“三位一体”培养目标，构建“五特性”的生态型课程。课程建设强调尊重与对话、丰富与关联、反思与创造、开放与融合4组关键词。生态课程成体系，先后在中国教育学会学术年会、全国自我教育课题研讨会、全国生态文明与环境教育师资培训大会上作专题报告，承办2018年暑期全国高中校长研讨会，作《新课程改革背景下京津冀教育协同发展与生态文明教育》主旨报告，承办市、区两级课程展示活动3次。

培养全面发展的学生。学生200余人次在学科竞赛和科技艺术竞赛中获奖。赛艇、航空等特色课程稳步推进，赛艇项目在全国比赛中夺得银牌；话剧课程走向“精品化”。学校获北京市田径传统学校比赛团体总分第一名；在全国体育传统学校田径精英赛中，获1金1银1铜。生态文明教育产生广泛影响，被评为2018年全国生态文明教育特色学校。学校被评为首都文明校园。

（陈惠明）

北京市昌平区第二中学

2018年，北京市昌平区第二中学占地面积8.20万平方米，建筑面积6.84万平方米，体育场（馆）面积3.69万平方米。图书馆（室）藏书13.90万册，电子图书4.41万册。固定资产总值1.15亿元，全年教育经费投入1.23亿元。学校信息化经费投入120万元，拥有计算机1146台，网络多媒体教室124个，校园网出口总带宽1000Mbps，数字资源量580GB，“信息技术”课程2课时/周。教职工369人，其中，高级职称144人、中级职称121人。专任教师311人，包括特级教师8人、北京市骨干教师5人；本科以上学历346人。开设教学班79个。毕业803人、招生960人、在校生2751人。

2018年，学校坚持立德树人、活动育人，开展传统文化、生涯规划、社会实践等教育活动以及艺术节、体育节、戏剧节、科技节系列活动。各教研组推行“1＋X”教研模式，聚焦课堂教学及课例研究，在初高中分别开展选课走班教学实践，探索建构基于信息化、大数据的教学管理评价模式。依托稀土材料实验室举办化学奥赛培训班，在北京市化学竞赛中包揽昌平区前6名，6名学生被推荐参加北京大学化学院暑期课堂学习。推荐10名学生参加清华大学中学生标准学术能力测试。实施《北京市昌平区第二中学教育教学成果奖评选办法》等教育科研管理办法，立项各级规划课题14项，包括北京市规划课题8项。打造科技教育特色，机器人社团被命名为“金鹏科技团——机器人分团”，学生在BotBall国际机器人大赛中国区选拔赛中夺得冠军。稳步推进内地新疆班各项工作，组织内高班学生走进本地学生家庭；启动昌平二中党员与特困内高学生手拉手启动仪式，并陆续开展活动；提高内高班学生伙食标准；组织干部教师到喀什地区开展深度家访。推进体育特色教育，田径队在国家级比赛中获金牌 1 枚、银牌 3 枚；5 名运动员在比赛中达到国家二级运动员标准。

（秦卫红）

北京市昌平区第三中学

2018 年，北京市昌平区第三中学占地面积 4.32 万平方米，建筑面积 1.68 万平方米，运动场地面积 1.62 万平方米。图书馆藏书 4.21 万册，电子图书 10 万册。固定资产总值 2988.71 万元，全年教育经费投入 4254.12 万元。学校信息化经费投入 22.27 万元，拥有计算机 388 台，网络多媒体教室 45 个，校园网出口总带宽 1000Mbps，数字资源量 18GB，“信息技术”课程 1 课时 / 周。教职工 138 人，其中，高级职称 32 人、中级职称 36 人。专任教师 95 人，包括特级教师 1 人、北京市骨干教师 3 人；本科以上学历 95 人。开设教学班 22 个（初中 10 个、高中 12 个）。毕业 174 人（初中 75 人、高中 99 人）；招生 162 人（初中 72 人、高中 90 人）；在校生 510 人（初中 243 人、高中 267 人），包括寄宿生 174 人，外省市借读生 57 人。高中录取分数线 454 分（昌平区），应届高考本科上线率 75.7%。学校有社团 15 个。

2018 年，学校坚持立德树人、活动育人，推动学校特色发展。通过艺术节、体育节等常设性活动，培育全面发展的学生；组织开展历史寻踪、跟着名著旅行等综合实践课程，在此基础上举办十三陵和大观园研学成果展示活动；开展军事讲座、拓展、法治等培训和讲座，提升学生法治意识。学生在市、区级科技、艺术、体育等比赛中获奖 150 人次。积极开展教学研究，在课堂教学中引入锐学堂 PAD 互动教学，全年 30 余名教师上 PAD 互动课 385 节。加强交流合作，带动区域发展，接待深圳中澳实验学校交流团来校交流，承办北京市中华优秀传统文化涵养师德项目实地指导暨联片教研活动。加强学校硬件设施建设，着力提升学生学习生活质量，“通用技术服装设计教室设备购置及建设”“学生浴室改造”“食堂明厨亮灶监控设备添置”“高中办学条件达标尚需教学仪器设备”4 个北京市专项项目获批并完成建设；利用自有资金 58.90 万元，改造平房劳技教室、自行车棚等非防火材料建筑顶棚，共计 490 平方米，保障环境安全。

（魏爱红）

北京市昌平实验中学

2018 年，北京市昌平实验中学占地面积 3.36 万平方米，建筑面积 1.98 万平方米，体育场（馆）面积 1.12 万平方米。图书馆藏书 7.31 万册。固定资产总值 5485.55 万元，全年教育经费投入 4889.16 万元。学校信息化经费投入 142.50 万元，拥有计算机 627 台，网络多媒体教室 60 个，校园网出口总带宽 1000Mbps，数字资源量 410GB，“信息技术”课程 2 课时 / 周。教职工 192 人，其中，正高级职称 1 人、高级职称 66 人、中级职称 44 人。专任教师 150 人，包括特级教师 1 人、北京市骨干教师 4 人、北京市学科教学带头人 1 人；本科以上学历 182 人。开设教学班 46 个（小学 30 个、初中 4 个、高中 12 个）。毕业 202 人（初中 47 人、高中 155 人）；招生 463 人（小学 270 人、初中 33 人、高中 160 人）；在校生 1782 人（小学 1175 人、初中 130 人、高中 477 人），包括寄宿生 145 人，外省市借读生 471 人。高中录取分数线 485 分（昌平区），应届高考本科上线率 93.2%。学校有社团 37 个。

2018 年，学校突显“让诊断成为习惯”的管理特色。推行积极心理取向的学生综合素质评价和学生发展指导。成立“李志刚物理名师工作室”，面向全市开展研讨活动。根据小学部继续增班扩容的形势，整体推进小学部教学楼建设工作。小学部召开“探讨有效教学策略”教学研讨会；中学部继续深化“自主诊断式”教学模式的研究，实施学科走组式课堂教学改革，改革课堂教学教与学方式，举办走组式课堂教学评优活动，落实“昌平实验中学三级课程方案”，初三、高二年级实施选课走班教学。

推进教师队伍建设，全面提升学生综合素质。小学部通过制度规范教师言行，把教师教育教学常规、工作纪律等纳入量化考评之中。加强教师理论学习，举办班主任沙龙培训。组织多种形式教师培训，参与“一师一优课”“校级专题研究课”等活动。以科研带教研，开展师徒“帮教”活动，经常性开展指导、合作与交流等活动。中学部实行导师带徒制度，学期末作汇报课展示。加强教师基本功训练，组织学科解题竞赛活动，以赛促练。小学部建立以“学校教育为主导的家校合作机制”，健全班级家长委员会，每月召开一次家长会，定期召开家长委员会会议。开设珠心算、定向越野、中医药文化进课堂等活动培训项目；提升《花钹大鼓》校本课程品质，形成梯队建设；组织艺术节、体育节、科技节三大综合实践活动。中学部开设花钵大鼓、合唱、健美操等 24 门校本课程。在高一年级进行生涯规划教育，加强选课指导工作，推进高二年级“虚拟课堂”教学活动。

（袁子波）

北京市第十五中学南口学校

2018 年，北京市第十五中学南口学校占地面积 9.60 万平方米，建筑面积 3.23 万平方米，体育场（馆）面积 1.91 万平方米。图书馆藏书 4.50 万册，电子图书 10 万册。固定资产总值 3506.92 万元，全年教育经费投入 4079.62 万元。学校信息化经费投入 134.33 万元，拥有计算机 456 台，网络多媒体教室 56 个，校园网出口总带宽 1000Mbps，数字资源量 10TB，“信息技术”课程初中 1 课时 / 周、高中 2 课

5月31日，十五中南口学校第二届青少年模拟法庭
（十五中南口学校 供）

时/周。教职工158人，其中，高级职称54人、中级职称47人。专任教师152人，包括北京市骨干教师2人；本科以上学历132人。开设教学班18个(初中12个、高中6个)。毕业159人（初中84人、高中75人）；招生219人（初中139人、高中80人）；在校生593人（初中357人、高中236人），包括寄宿生224人，外省市借读生120人。高中录取分数线491分（昌平区）。学校有社团9个。

2018年，学校立德树人，落实养成教育三年行动计划，合理设计德育载体、途径、方法，推进课程、文化、活动、实践、管理、协同育人，完善德育工作。围绕“提高学生学习力”教研思路开展工作,结合信息技术与学科整合的研究，深化课堂教学改革，开展“学科教研月”活动，探索新中高考改革下选考、排课、走班方法。关注师生身心健康，维护校园安全稳定，邀请首都医科大学教授举办“教师职业素质与心理健康”专题讲座,举办第二届青少年模拟法庭活动。搭建平台，培育全面发展的学生，邀请北京化工大学教授到校举办科普报告活动，2名学生和辅导教师获第18届中国青少年机器人竞赛暨2018世界青少年机器人邀请赛初中组WER工程创新赛冠军。投入资金195万元用于学校建设和改造。其中，市级专项资金155万元，用于原陈庄中学老校区危旧房屋修缮；自筹资金40万元，用于校内大型设备改造及维保工作。

（程红玲）

首都师范大学附属中学昌平学校

2018年，首都师范大学附属中学昌平学校占地面积5万平方米，建筑面积2.50万平方米，运动场地面积0.81万平方米。图书馆藏书5.33万册。固定资产总值2468.36万元，全年教育经费投入3307.45万元。学校信息化经费投入118万元，拥有计算机531台，网络多媒体教室60个，校园网出口总带宽1000Mbps，数字资源量2TB，“信息技术”课程1课时/周。教职工108人，其中，高级职称11人、中级职称18人。专任教师90人，本科以上学历105人。开设教学班22个（初中14个、高中8个）。毕业167人（初中59人、高中108人）；招生171人（初中111人、高中60人）；在校生617人（初中395人、高中222人），包括寄宿生196人，外省市借读生195人。

2018年，学校以“问题引领，建立学校发展长效机制，规范管理，促办学水平全面提升”为中心工作理念，全面提升学生核心素养。成立学校“名师工作坊”，以名师队伍带动学校教师队伍整体水平提升。以SCF论坛为载体，开展校内经验交流。通过分享、交流、总结、反思，立足把教职员工对教育教学的研究从自发上升到自觉层面，促进学校整体教育教学水平不断提升。以课程建设引领学校发展，开设博识课程、选修课程和研学课程。在课程管理上，采取分层分类走班制与固定班级制相结合的方式，既实现因材施教，又满足学生的情感归属需求。完成昌平区义务教育学校教育教学联合视导并结合视导反馈整改。各教研组结合学科特色和教学中的实际问题，开展课题研究。

（刘银英）

北京市大兴区第七中学

2018年，北京市大兴区第七中学分两址办学，分别为本部校区和西校区。2个校区总占地面积7.82万平方米，建筑面积4.75万平方米，运动场地面积2.63万平方米。图书馆（室）藏书11.45万册。固定资产总值6697.04万元，全年教育经费投入11715.97万元。学校信息化经费投入4万元，拥有计算机1324台，网络多媒体教室42个，校园网出口总带宽35Mbps，数字资源量10GB，“信息技术”课程1课时/周。教职工330人，其中，高级职称106人、中级职称135人。专任教师277人，包括特级教师3人、北京市骨干教师5人；本科以上学历316人。开设教学班65个（小学24个、初中41个）。毕业564人（小学136人、初中428人）；招生640人（小学153人、初中487人）；在校生2263人（小学833人、初中1430人），包括寄宿生105人，外省市借读生426人。学校有社团51个。

2018年，学校坚持开展师德教育，完善评优评先制度，

7月至8月，大兴七中首次开展美国游学活动

（大兴七中 供）

开展五四青年教师表彰、教师节优秀教职员工表彰、七一优秀党员表彰，42 人次获市、区级奖项。党委每月举办主题党日活动，开展第五季重走长征路、焦庄户缅怀革命精神、观红色影片等活动，组织学习改革开放 40 年奋斗历程。注重教师专业化发展，制订教师专业化发展三年行动计划，领导干部坚持每周一深入课堂听课。组织教师参加省、市、区级培训 70 人次；邀请国家、市、区级专家 33 人次入校举办专题讲座；教师 50 人次在市、区级教研活动中担任主讲。践行社会主义核心价值观，重点开展养成教育，通过辩论赛、经典古诗词朗诵会、英语嘉年华等活动，培养全面发展的学生。青萍朗诵社团获得北京市第 21 届艺术节展演中学组一等奖，学校被评为北京市金帆书画院分院并被教育部认定为全国青少年校园篮球特色学校。

（侯伟）

北京市大兴区德茂学校

2018 年 7 月，北京市大兴区德茂学校由原德茂中学和北京市大兴区旧宫镇第二中心小学整合而成，为公办九年一贯制学校，学校分三址办学，分别为东校区、西校区和北校区。3 个校区总占地面积 4.84 万平方米，建筑面积 2.07 万平方米，体育场（馆）面积 2.03 万平方米。图书馆（室）藏书 8.15 万册。固定资产总值 4351.63 万元，全年教育经费投入 2831.45 万元。学校信息化经费投入 2.89 万元，拥有计算机 904 台，网络多媒体教室 71 个，校园网出口总带宽 1000Mbps，数字资源量 2100GB，“信息技术”课程 1 课时 / 周。教职工 180 人，其中，高级职称 32 人、中级职称 61 人。专任教师 159 人，包括北京市骨干教师 4 人、北京市学科教学带头人 2 人；本科以上学历 142 人。开设教学班 52 个（小学 30 个、中学 22 个）。毕业 307 人（小学 112 人、初中 195 人）；招生 394 人（小学 184 人、初中 210 人）；在校生 1671 人（小学 1021 人、初中 650 人），包括住宿生 160 人。

2018 年，学校以“情真致美、学高德茂”为办学理念。探索九年一贯制课程体系建设和管理体系建设以及后勤服务体系建设。整合中、小学部体育组和信息组，利用学科教研活动，通过学科沙龙促进中、小学部教师融合，在工作安排上实现中、小学部教师通用。教学部门谋划学制改革，德育部门结合养成教育的核心工作，设计系列德育课程。重视精神文明建设工作，围绕立德树人根本任务，以培育和践行社会主义核心价值观为主线，以提升师生文明素养和建设校园文化为目标，获“首都文明校园”称号。打造民乐办学特色，金帆团是北京市农村初中校中唯一金帆乐团。原北京市大兴区德茂中学建于 1970 年，为大兴区公办初中校；北京市大兴区旧宫镇第二中心小学建于 1968 年。

（杨宁）

北京亦庄实验中学

2018 年，北京亦庄实验中学占地面积 9.86 万平方米，建筑面积 11.78 万平方米，体育场（馆）面积 2.52 万平方米。图书馆（室）藏书 5.37 万册。固定资产总值 6657.25 万元，全年教育经费投入 5303.39 万元。学校信息化经费投入 293.76 万元，拥有计算机 655 台，网络多媒体教室 215 个，校园网出口总带宽 1000Mbps，数字资源量 100GB，“信息技术”课程 2 课时 / 周。教职工 140 人，其中，高级职称 14 人、中级职称 10 人。专任教师 134 人，包括特级教师 1 人、北京市骨干教师 1 人；本科以上学历 140 人。开设教学班 25 个（初中 18 个、高中 7 个）。招生 411 人（初中 290 人、高中 121 人）；在校生 1073 人、（初中 771 人、高中 302 人），包括寄宿生 582 人。高中录取分数线 537 分（大兴区）。学校有社团 62 个。

2018 年，学校坚持“创造适合每一位学生发展的教育”办学理念。学校标准化建设取得阶段性成果，各管理岗位理清工作目标、内容、标准和流程，提升工作效能，通过大兴区与北京市义务教育学校管理标准化验收。开展“基于标准的大单元教学设计”研究，确定从“核心素养”到“目标”再到“标准”的路径，部分学科的研究案例在区、市相关研讨会上作交流分享。推进校本课程研发，开发校本课程 168 门、综合实践课程 48 门，编写教学“资源包”初中 51 套、高中31套，共计240万字。

将教师队伍建设作为学校发展的关键要素，通过名师讲堂、线上分享、线下研讨等方式，为青年教师专业发展搭建平台，成立教师互助中心，由资深教师为青年教师答疑解惑，促进青年教师快速成长。推进体育课程改革实验，初步形成“基础体育课程＋体育课程＋体育活动课程＋下午大课间＋社团活动＋不定期体育竞赛”体育活动模式，实现2018年全国义务教育监测全员满分。开展综合实践活动，通过举办技术节、艺术节、文化节、游学、职业考察等活动，丰富学生在校生活，提升学生综合素质和能力。

（赵亚）

北京市大兴区第一中学

2018年，北京市大兴区第一中学占地面积6.20万平方米，建筑面积4.57万平方米，体育场（馆）面积0.76万平方米。图书馆（室）藏书12.61万册。固定资产总值16.64亿元，全年教育经费投入4.12亿元。学校信息化经费投入10万元，拥有计算机1037台，网络多媒体教室64个，校园网出口总带宽1500Mbps，数字资源量2000GB，“信息技术”课程1课时/周。教职工347人，其中，高级职称133人、中级职称131人。专任教师245人，包括特级教师5人、北京市骨干教师5人、北京市学科教学带头人3人；本科以上学历333人。开设教学班62个（初中22个、高中36个、“1＋3”试验班4个）。毕业788人（初中317人、高中471人）；招生675人（初中258人、高中417人）；在校生2598人（初中979人、高中1619人），包括寄宿生440人。高中录取分数线511分（大兴区），应届高考本科上线率96.15%。

2018年，学校坚持立德树人，抓住“深化改革，提升质量”核心任务，加强教师队伍建设，聚焦学生核心素养培育。实行“学长制”，校园艺术节、体育节、科技节、读书节等活动学生参与率达100%，合唱团获北京市第21届中小学生合唱比赛金奖，科技创意微拍项目获全国金奖，田径队被评为北京市金奥运动队。推进家校共育工作，邀请家长参加校园学生活动，开展建设良好家风征文活动，评选“好家长”和“最美家庭”，实施亲子共读和家校共读活动。以义务教育学校管理标准化建设和三规建设为契机，推进现代治理体系建设，首批申报北京市义务教育学校管理标准化建设达标校，并通过区级验收。

以实现课堂精准教学和学生实际获得为目标，提升学校整体育人质量。成立教师发展中心，着眼培训者与被培训者的供需关系，发挥名师、骨干教师作用，兼顾发展期教师培养，完善新教师培养计划，落实“1＋1”拜师结对活动。构建教学共同体，推进学科组建设，开展学科教学改进研究和“三研备课”研究，通过研究课标、教材、教学建议，实现课堂精准教学。各教研组围绕三规建设、核心素养、课程标准、考试分析评价，开展4次主题活动，推进集体教研和听评课制度。9节课程被评为部级“优课”，2名教师获全国化学说课比赛特等奖。跟进教育教学改革，提高学生获得感。重新架构教育教学环节，以评价撬动教学改进，成立教学评估中心，形成考试数据分析报告，把数据分析结果作为教学改进和中高考备考决策依据，并转化为备考行为。分年级推进改革任务，8个年级8种样态。

（姜士厂）

人大附中北京经济技术开发区学校

2018年，人大附中北京经济技术开发区学校分两址办学，分别为本部校区和北校区。2个校区总占地面积11.74万平方米，建筑面积11.79万平方米，体育场面积2.47万平方米，风雨操场面积1.31万平方米。图书馆（室）藏书7.65万册，电子图书500册。固定资产总值1.17亿元，全年教育经费投入1.58亿元。学校信息化经费投入1000万元，拥有计算机1418台，网络多媒体教室155个，校园网出口总带宽200Mbps，数字资源量400GB，“信息技术”课程2课时/周。教职工544人，其中，高级职称85人、中级职称124人。专任教师429人，包括特级教师17人、北京市骨干教师4人、北京市学科教学带头人1人；本科以上学历433人。开设教

2月和9月，人大附中开发区学校开展“开学第一课”主题教育活动　　（人大附中开发区学校　供）

学班125个（小学74个、初中40个、高中11个）。毕业603人（小学296人、初中240人、高中67人）；招生1311人（小学823人、初中447人、高中41人）；在校生4043人（小学2845人、初中1004人、高中194人），包括寄宿生131人，外省市借读生1585人。高中录取分数线500分（大兴区），应届高考本科上线率93.8%。学校有社团59个。

5月25日，一0一中怀柔分校开展科技主题课程活动
（一0一中怀柔分校　供）

2018年，学校依托中国人民大学附属中学联合学校总校资源，启动综合体制改革，探索面向未来的教育。

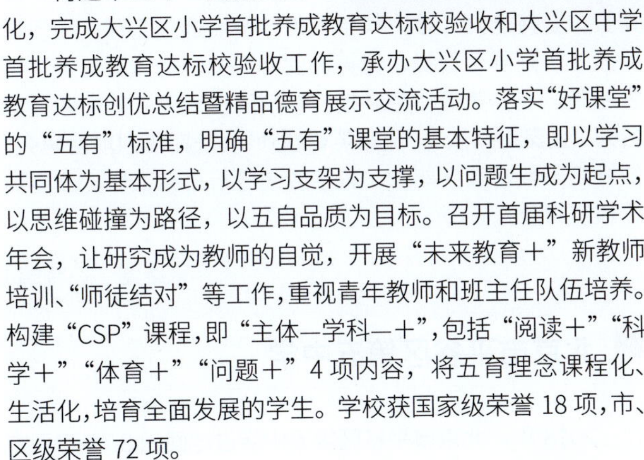

构建十二年一贯育人文化，完成大兴区小学首批养成教育达标校验收和大兴区中学首批养成教育达标校验收工作，承办大兴区小学首批养成教育达标创优总结暨精品德育展示交流活动。落实“好课堂”的“五有”标准，明确“五有”课堂的基本特征，即以学习共同体为基本形式，以学习支架为支撑，以问题生成为起点，以思维碰撞为路径，以五自品质为目标。召开首届科研学术年会，让研究成为教师的自觉，开展“未来教育+”新教师培训、“师徒结对”等工作，重视青年教师和班主任队伍培养。构建“CSP”课程，即“主体—学科—+”，包括“阅读+”“科学+”“体育+”“问题+”4项内容，将五育理念课程化、生活化，培育全面发展的学生。学校获国家级荣誉18项，市、区级荣誉72项。

推进素质教育，培养全面发展的学生，学校被评为首都文明校园、北京市学生金帆书画院、北京市学生金奥运动队、2018年全国青少年校园足球特色学校。坚持活动育人，将活动形式延伸到校外，拓宽学生视野，协办被誉为“物理世界杯”的2018国际青年物理学家竞赛，承办第二届未来学校大会暨未来课程与学习方式变革高端研讨会、中国陶行知研究会求真教育实验研究院2018学术年会。推进交流合作，发挥优质教育资源辐射作用，接待内蒙古、吉林、河北等地教师来校考察，接待到校跟岗培训人员1200人次；与美国、澳大利亚等国学校建立友好互访关系；为大兴区输送硕博副校级干部5人。

（侯萱　李雪）

北京市第一0一中学怀柔分校

2018年，北京市第一0一中学怀柔分校占地面积6.55万平方米，建筑面积4.84万平方米，运动场地面积2.40万平方米。图书馆（室）藏书6.08万册。固定资产总值5043.32万元，全年教育经费投入6633.27万元。学校信息化经费投入23.60万元，拥有计算机555台，网络多媒体教室69个，校园网出口总带宽100Mbps，数字资源量1727GB，“信息技术”课程初中1课时/周、高中2课时/周。教职工163人，其中，高级职称34人、中级职称33人。专任教师136人，包括特级教师2人、北京市骨干教师1人；本科以上学历135人。开设教学班31个（初中25个、预科2个、高中4个）。初中毕业276人；招生479人（初中319人、高中160人）；在校生1101人（初中861人、预科80人、高中160人），全部为寄宿生，包括外省市借读生26人。高中录取分数线499分（怀柔区）。

2018年，学校实施科学化管理，办学特色与学校文化建设相结合，提升教育教学质量。成立教师发展中心、课程教学指导中心、学科竞赛指导中心、学生发展中心、行政后勤服务中心5个中心，完善学校管理。加强与总校交流合作，邀请总校教研组长、备课组长、优秀班主任来校举办指导讲座，通过交流活动，提升教师专业素养。邀请外籍教师开展口语模拟考试活动。

师生综合素养提升，打造特色选修课程。开展青蓝工程导师制活动，加快青年教师培养。引进10名优秀人才，壮大骨干教师队伍。物理组国家级重点子课题结题。与中国科学院大学合作，开发实施科学素养类课程；开设校本选修课程，包括科学书院、艺体书院“两大书院课程”；利用晚自习和小学期时间开设49门实践活动课程。与中国科学院大学合作开发实施科学素养类课程，邀请国科大60名硕士、博士研究生参与，每周定期为初一、初二年级学生开展生命科学类、资源环境类、化学与化工类、电子电气与通讯工程类科普讲座。

首届高一新生入学。高中部面向全国选聘优秀教师组建师资队伍，包括来自各省市的优秀骨干教师21人，引进优秀人才10人，包括正高级、特级教师2人。高中部面向全区招生，高一年级开设教学班4个，招生160人（中招 82 人、“1 + 3”直升 78 人，男生 65 人、女生 95 人）。

（张文文 李欢欢）

北京市怀柔区第五中学

2018 年，北京市怀柔区第五中学占地面积 2.70 万平方米，建筑面积 1.46 万平方米，运动场地面积 1.74 万平方米。图书馆（室）藏书 7.12 万册。固定资产总值 6447.81 万元，全年教育经费投入 7452.67 万元。学校信息化经费投入 420.87 万元，拥有计算机 484 台，网络多媒体教室 53 个，校园网出口总带宽 1000Mbps，数字资源量 500GB，“信息技术”课程 1 课时 / 周。教职工 182 人，其中，高级职称 62 人、中级职称 75 人。专任教师 136 人，包括北京市骨干教师 3 人；本科以上学历 181 人。开设教学班 37 个。毕业 284 人、招生 411 人、在校生 1070 人。学校有社团 25 个。

2018 年，学校全面推进“以教师专业发展为基，促办学质量提升”发展之路。完善章程，规范制度管理，制度文化建设步入法治化、规范化健康轨道。

完善教师队伍建设发展规划，树立身边榜样。从“帮助教师去发展”理念出发，为教师量身定制培养目标，依托“王长青名师工作室”，让教师体验名师（教育家型教师）发展历程，建立“教师个人成长档案”。以“四有好老师”和“四个引路人”为标准，开展“党员星级评选”和“五中好教师评选”活动，树立身边榜样。按照“遴选核心问题—课堂体验展示—回归理论引领—碰撞智慧火花—跟进教学实践”行动研究路径，建立教研、科研、培训三位一体的队伍建设模式。学校承担国家课题 4 个、市级课题 12 个、区级课题 18 个，被确定为北京市“十三五”重点课题实验校。

加强社团建设。将社团建设与校本课程开发相结合，成立社团 25 个，将冰壶、攀岩、独轮车等项目打造为学校品牌。学校获北京市青少年冰壶邀请赛 2 项第一名；独轮车项目在全国比赛中夺得金牌 30 枚；2 名学生入选攀岩国家预备队，并代表国家参加“亚洲杯”青少年攀岩比赛。

（高艳妮）

北京市怀柔区第一中学

2018 年，北京市怀柔区第一中学占地面积 5.65 万平方米，建筑面积 3.37 万平方米，运动场地面积 2.77 万平方米。图书馆（室）藏书 10 万册，电子图书 6.30 万册。固定资产总值 1.37 亿元，全年教育经费投入 0.83 亿元。学校信息化经费投入 602 万元，拥有计算机 935 台，网络多媒体教室 72 个，校园网出口总带宽 100Mbps，数字资源量 1405GB，“信息技术”课程 2 课时 / 周。教职工 249 人，其中，高级职称 81 人、中级职称 101 人。专任教师 197 人，包括特级教师 2 人、北京市骨干教师 2 人、北京市学科教学带头人 2 人；本科以上学历 166 人。开设教学班 44 个。毕业 468 人、招生 494 人、在校生 1475 人，包括寄宿生 323 人，外省市借读生 22 人。高中录取分数线 470 分（怀柔区），应届高考本科上线率 97%。学校有社团 42 个。

2018 年，学校走以质量提升为核心的内涵式发展道路，提升队伍素质和能力，努力提高办学水平。

加强师德师风建设，开展师德榜样选树行动、师德师风主题教育活动，召开师德师风报告会，加大骨干教师班、青年教师班师德培训，形成师德建设长效机制。发挥科技教育中心、体育教研组、艺术教研组师资优势和中国科学院大学资源优势，促进校本课程和社团活动融合。开展有计划、有组织、有系统的健康教育教学活动，促使学生自觉采纳有益于健康的行为和生活方式，消除或减轻影响健康的危险因素。

强化科技、体育、英语三大特色。加大科技教育投入，推进与中国科学院大学合作，鼓励学生参加各级各类科技竞赛。坚持选好人才，科学训练，重点选拔篮球、田径项目人才，开展足球操、健美操创作开发，将体育与美育结合起来，创办美育特色学校。学校田径运动队被市教委命名为“金奥运动队”。深化英语教师中、长期培训项目研究，做好归国教师教学能力、教学成绩分析总结工作，凸显英语教学特色。

（宋维煜 韩晓阔）

北京市平谷区第五中学

2018 年，北京市平谷区第五中学占地面积 8.74 万平方米，建筑面积 4.10 万平方米，体育场（馆）面积 2.50 万平方米。图书馆藏书 5.01 万册。固定资产总值 1.38 亿元，全年教育经费投入 1.13 亿元。学校信息化经费投入 23 万元，拥有计算机 680 台，网络多媒体教室 4 个，校园网出口总带宽 638Mbps，数字资源量 300GB，“信息技术”课程初一年级和初二年级 1 课时 / 周、高一年级 2 课时 / 周。教职工 383 人，其中，高级职称 167 人、中级职称 136 人。专任教师 260 人，包括特级教师 1 人、北京市骨干教师 3 人、北京市学科教学带头人 2 人。开设教学班 58 个（初中 23 个、高中 35 个）。毕业 602 人（初中 128 人、高中 474 人）；招生 676 人（初中 356 人、高中 320 人）；在校生 2124 人（初中 812 人、高中 1312 人）。

2018 年，学校推进法治教育和养成教育，建设文明校园、平安校园。加强教师队伍建设，提高课堂教学实效。北京老教育工作者协会名师 20 人来校支教 12 周（共计 24 天），指导课程 21 节次、授课 720 节次。邀请 9 个学科的市级教研员开展高中任课教师培训，分学科讲解 2018 年高考分析及考试走向和新课程背景下如何实施学科教学。初中实行“人人作课制度”和“名朝工程”，教学“名朝工程”结对 22 对，班主任与副班主任结对 23 对。

发掘学生特长，培养全面发展的学生。学校被评为全国青少年校园篮球特色学校。童声合唱团获北京市第 21 届学生艺术节合唱展演“银奖”，并参与市教委和中国教育电视台共同举办的“最美社团”节目录制。坚持活动育人，提升艺术教育质量，举办“砥砺奋进 成就梦想”平谷五中高中艺术节。初中“雏鹰科技社团”在市级航模比赛中取得一等奖 4 个。

（盛景瑞）

北京实验学校

2018 年，北京实验学校占地面积 3.53 万平方米，建筑面积 2.34 万平方米，运动场地面积 1.20 万平方米。图书馆（室）藏书 4.58 万册，包括电子图书 1.10 万册。固定资产总值 6348.74 万元，全年教育经费投入 7149.64 万元。学校信息化经费投入 27.70 万元，拥有计算机 663 台，网络多媒体教室 49 个，校园网出口总带宽 200Mbps，数字资源量 14GB，“信息技术”课程 2 课时 / 周。教职工 231 人，其中，高级职称 97 人、中级职称 89 人。专任教师 140 人，包括特级教师 1 人、北京市骨干教师 1 人；本科以上学历 225 人。开设教学班 29 个。毕业 316 人、招生 237 人（玉树内高班 78 人）、在校生 929 人，包括寄宿生 658 人（玉树内高班 262 人）。高中录取分数线 296 分（平谷区）。应届高考本科上线率 78.72%。

2018 年，北京实验学校平谷教育集团各校协同发展，致力于打通幼、小、初、高学段，建设一体化课程系统和教育教学体系，成立集团委员会，由 4 所学校的 16 人组成，统筹各校发展。推进民族团结教育，加强玉树内地高中班教育教学与管理。学校被市委、市政府授予“首都民族团结进步先进单位”称号，执行校长获“首都民族团结进步先进个人”荣誉称号。

优化组织结构，以“三个年级＋玉树”为核心工作部门，分别成立教学科研、学生发展、艺术体育、后勤服务、安全保卫等中心，优化功能。搭建学术平台，助力干部教师专业成长，全员参与课题研究。组织教师与名校教师面对面学习交流，共同研读课标，研究课程与课堂。结对帮扶河北望都中学。完善课程体系建设，修订课程规划，建立“三修两活”课程结构，学术委员带领各学科教师共同研究学科课程实施方案。

常规管理落实养成教育，多彩活动提升学生综合素养。健全学校德育网络，建设全员德育工作队伍，提升学科德育、班级德育、食宿德育、导师德育、家庭德育工作水平。注重养成教育，落实行为规范，系统设计升旗、班会课和心理健康教育，设计并实施入境教育、生涯规划、学科活动，规范开展研究性学习、社会实践及研学旅行等活动。成立艺术体育中心，制订从招生到专业训练、文化课学习、志愿填报系列工作方案，92 名学生通过艺术体育类招生升入本科院校。学校被评为全国中华优秀传统文化传承学校（书法）。

（郭峰亭　丛林）

9 月，北京实验学校被评为“首都民族团结进步先进单位”
（北京实验学校　供）

北京市育英学校密云分校

2018 年，北京市育英学校密云分校占地面积 3.40 万平方米，建筑面积 2.13 万平方米，运动场地面积 1.79 万平方米。图书馆（室）藏书 5.58 万册。固定资产总值 8297.98 万元，全年教育经费投入 3957.22 万元。学校信息化经费投入 130.78 万元，拥有计算机 329 台，网络多媒体教室 43 个，校园网出口总带宽 1000Mbps，数字资源量 1000GB，“信息技术”课程 2 课时 / 周。教职工 114 人，其中，高级职称 31 人、中级职称 30 人。专任教师 89 人，本科以上学历 89 人。开设初中教学班 24 个。毕业 173 人、招生 270 人、在校生 720 人。学校有社团 32 个。

2018 年，学校以“课堂成长”为主题，打造“成长课堂”。组织教师参与课题研究，促进教师专业发展。“‘全学习’课程改革与育人模式创新实践研究”被列为北京市教育科学“十三五”规划课题，并被选送参加第四届中国教育创新成果公益博览会。支持教师走出去开阔视野，组织 8 名骨干教师赴山东、河北、重庆等地讲学、送课；通过“5＋2”模式，引领不同成长阶段的教师提升专业素养。

加强校园文化建设，挖掘环境育人功能。依托“一班一品”班级文化建设，引导班主任教师寻找、挖掘校园文化，搭建班级环境课堂；建立和完善学校课程体系，推进“学教评”一体化课堂教学改革实践，加强不同课型的梳理；研究课堂教学过程中学习兴趣激发、学科思维引导和学科基础知识落实一体的方法；基于“课堂成长”，引入第三方评估，不定期请专家入校听、评课，给出诊断报告和改进意见。坚持家长协会开展工作的基础上，开设家长课堂、亲子阅读课堂，启动“问题”学生家庭教育沙龙，整合教育资源，促进学生成长。

（王艳）

北京市密云区第三中学

2018年，北京市密云区第三中学占地面积1.87万平方米，建筑面积1.04万平方米，体育场面积0.81万平方米。图书室藏书8.24万册。固定资产总值2389.78万元，全年教育经费投入4536.04万元。学校信息化经费投入260万元，拥有计算机462台，网络多媒体教室52个，校园网出口总带宽1000Mbps，数字资源量600GB，“信息技术”课程1课时/周。教职工147人，其中，高级职称42人、中级职称56人。专任教师122人，包括特级教师1人、北京市骨干教师1人；本科以上学历122人。开设教学班32个。毕业301人、招生493人、在校生1309人。

2018年，学校全面实施素质教育，打造“精彩教育”体系。以“精微德育”塑造品德高尚中学生，坚持活动育人、文化育人。完善“家长学校”课程体系，构建协同育人体系。继续实施新课程改革，打造“精致课堂”，提升课堂教学质量。开展以语文“3＋2”阅读课为抓手的实验教学改革。加强教研组建设，开展有实效的教备组活动，传承师徒帮带，团结协作的优良作风。

推动特色发展，促进学生全面加特长发展。开设健身课程，通过课程设置，培养学生体育和艺术方面的兴趣爱好。开展学生特长、爱好调查，依据调查结果选聘教师。继续推进“阅读工程”，将阅读和传统文化相融合，举办“遇见花开”五月诗歌朗诵会艺术节展演。打造“篮球特色”，作为北京市中学篮球比赛中唯一郊区中学冲进八强。

（马帅）

北京市密云区河南寨中学

2018年，北京市密云区河南寨中学占地面积3.31万平方米，建筑面积0.66万平方米，体育场（馆）面积1.80万平方米。图书馆（室）藏书2.31万册。固定资产总值

11月26日，河南寨中学学生走进密云职校开展职业体验活动

（河南寨中学 供）

2117.65万元，全年教育经费投入1688万元。学校信息化经费投入285万元，拥有计算机173台，网络多媒体教室25个，校园网出口总带宽1000Mbps，数字资源量1500GB，“信息技术”课程1课时/周。教职工64人，其中，高级职称20人、中级职称20人。专任教师50人，包括特级教师1人、北京市学科教学带头人1人；本科以上学历50人。开设教学班12个。毕业83人、招生134人、在校生361人。

2018年，学校贯彻“为学生的一生幸福奠基”教学理念。加强队伍建设，提升教师师德修养和专业素质；创新“四自”德育，培育美丽中学生；落实常规管理，加强课程建设，打造师友互助生动课堂；立足学生发展、学校发展，不断提升办学品质。

以教学工作为重点，提倡师生共同发展。打造“师友互助”生动课堂模式，先后开展骨干教师示范课、青年教师展示课、非骨干教师评优课活动。培养青年骨干教师，成立“河中青年汇”，通过开展学习、交流、展示、研讨等活动，解决他们在教学中遇到的问题。开设实践课程，制订初一、初二年级学科实践活动手册；校外综合实践活动组织学生走进蜜蜂大世界、职业学校、三育教育基地，提升学生参与实践的兴趣，培养学生创新思维和动手实践能力。

培养“自主、自信、自律、自觉”的美丽中学生。开展社会实践活动、志愿者活动、“四个一”活动，培养学生爱国情感和良好的社会行为习惯；开展法制讲座、专家报告和知识竞赛，培养学生法律意识；以家长教师协会、学生导师制建设为途径，营造家校合作、协同育人的良好氛围。

（王文静）

北京市延庆区十一学校

2018年，北京市延庆区十一学校占地面积6.12万平方米，建筑面积3.81万平方米，体育场（馆）面积1.72万平方米。图书馆（室）藏书10.97万册，电子图书0.30万册。固定资产总值1.04亿元，全年教育经费投入0.78亿元。学校信息化经费投入220万元，拥有计算机898台，网络多

媒体教室 74 个，校园网出口总带宽 1024 Mbps，数字资源量 2240GB，“信息技术”课程 1 课时 / 周。教职工 250 人，其中，高级职称 58 人、中级职称 93 人。专任教师 190 人，包括北京市骨干教师 1 人、北京市学科教学带头人 1 人；本科以上学历 249 人。开设教学班 60 个（小学 24 个、初中 36 个）。毕业 466 人（小学 167 人、初中 299 人）；招生 543 人（小学 176 人、初中 367 人）；在校生 1959 人（小学 945 人、初中 1014 人），包括寄宿生 147 人，外省市借读生 172 人。

2018 年，学校教研科研互促，多种形式促进教师专业发展。开展“和谐高效课堂教学模式研究”“基于学科核心素养培养的中小学课堂教学行为研究”“基于互动反馈信息的智慧生态课堂建设”课题研究，通过学科组学习培训、全员教研、专家引领、课例研讨、展示交流等形式，促进教学方式变革。整合各学科资源，与 10% 学科综合实践活动课时统筹使用，开展同主题下多学科综合实践活动的研究。倡导德艺双馨，争做“四有”好教师，通过同课异构、教学沙龙、智慧分享、师徒结对、骨干示范、观课议课等方式促进教师专业成长。完善课程建设方案，修订学校基于课程设置的特色学校创建实施方案，科学构建具有学校特色的课程体系，初步建立以基础型课程为核心、拓展型课程为重点、特长型课程为特色的“育优”课程体系。

以足球为抓手加强特色课程建设。开发足球校本课程，编制学校足球校本教材，纳入教学计划；组建中小学足球队 6 支，形成足球梯队持续健康发展格局，外聘 6 名中国足协 D 级以上专业教练负责球队的训练和比赛指导，中学每周 4 天开展三训一赛、小学每周 5 天开展四训一赛。2 名教师获 2018 年北京市校园足球特色校（传统校）联赛暨耐克校园足球联赛“优秀教练员”称号；学校被评为北京市校园足球优秀特色学校。

（王满）

北京市延庆区第三中学

2018 年，北京市延庆区第三中学占地面积 2.59 万平方米，建筑面积 1.31 万平方米，体育场（馆）面积 1.32 万平方米。图书馆（室）藏书 5.27 万册。固定资产总值 3639.55 万元，全年教育经费投入 4612.16 万元。学校信息化经费投入 6.89 万元，拥有计算机 315 台，网络多媒体教室 30 个，校园网出口总带宽 300Mbps，数字资源量 6000GB，“信息技术”课程初中 2 课时 / 周、高中 1 课时 / 周。教职工 160 人，其中，正高级职称 1 人、副高级职称 42 人、中级职称 56 人。专任教师 110 人，包括特级教师 1 人、北京市骨干教师 3 人；本科以上学历 157 人。开设教学班 30 个（初中 18 个、高中 12 个）。毕业 291 人（初中 147 人、高中 144 人）；招生 322 人（初中 202 人、高中 120 人）；在校生 991 人（初中 579 人、高中 412 人），包括高中寄宿生 167 人，初中外省市借读生 57 人。高中录取分数线 500 分（延庆区），应届高考本科上线率文科 94.73%、理科 97.43%。

2018 年，学校围绕学生全面而有个性发展目标，以“自我管理、自我教育、自我发展”为途径，形成以基础性课程、拓展性课程、发展性课程为结构的“生长课程体系”。开展网络环境下混合式学习，注重学生自主学习和合作学习能力培养，并以思维导图、智慧课堂、合作学习、网络环境下混合式学习为展示要点，举办课堂教学研讨系列活动。各学科组分别制订《延庆三中网络环境下混合式学习行动纲要》，开发完成“延庆三中混合式学习云平台”。结合北京市教育科学“十三五”规划课题“网络环境下混合式学习”开展相关研究和校本培训。全年立项国家课题 3 项、北京市教育科学“十三五”规划课题 2 项、市级课题子课题 3 项、区级规划课题 14 项，完成结题 2 项。

坚持立德树人。以防治校园欺凌为重点，开展学校综合治理工作；创建平安校园，开展法治教育、自我保护教育、反欺凌教育；在创文明城区、创卫生城区等重大活动中，组织学生积极参与文明出行、垃圾分类、环境清理等活动；结合世界园艺博览会和冬季奥林匹克运动会 2 件大事，组织学生参加进社区宣传及各类志愿服务。

（王芳）

北京市延庆区第一中学

2018 年，北京市延庆区第一中学占地面积 7.59 万平方米，建筑面积 4.40 万平方米，体育场（馆）面积 2.25 万平方米。图书馆（室）藏书 7.83 万册。固定资产总值 1.81 亿元，全年教育经费投入 0.94 亿元。学校信息化经费投入 5.30 万元，拥有计算机 1344 台，网络多媒体教室 68 个，校园网出口总带宽 100Mbps，数字资源量 440GB，“信息技术”课程 1 课时 / 周。教职工 253 人，其中，高级职称 95 人、中级职称 75 人。专任教师 194 人，包括特级教师 5 人、北京市骨干教师 4 人、北京市学科教学带头人 2 人；本科以上学历 193 人。开设教学班 45 个（初中 2 个、高中 43 个）。毕业 636 人（初中 70 人、高中 566 人）；招生 480 人（初

4 月 16 日至 26 日，延庆一中举行第 18 届科技节
（延庆一中　供）

中80人、高中400人）；在校生1577人（初中80人、高中1497人），包括寄宿生473人。高中录取分数线517分（延庆区）。

2018年，学校全面推进课程建设和课堂教学改革，建立和完善德育课程体系，借力开放式办学，提升教育教学质量。以服务延庆经济社会发展为导向，在“生态”上做文章，在“文明”上下工夫，以“春晖行动”为载体，实施生态德育，增加学生的实际获得；以智慧课堂为平台，开展生态教学，开发多元课程，实现师生生态成长和学校绿色发展。100人次在国家、市级科研课题、教学论文、优质课评比中获奖。开展猜灯谜对楹联、感恩节主题教育、国学知识竞赛等校园文化系列活动。170名学生在全国创新英语、科技创新大赛以及全国DI大赛中获奖。学校创新思维教育突出成绩被中央电视台报道。通过举办教学论坛、校园开放周、每日教研、期中教学工作反思等活动，提升教师队伍整体素养。

（李云）

北京市燕山东风中学

2018年，北京市燕山东风中学占地面积2.03万平方米，建筑面积0.99万平方米，运动场地面积0.86万平方米。图书馆（室）藏书2.89万册。固定资产总值4226.94万元，全年教育经费投入2058.20万元。学校信息化经费投入4.50万元，拥有计算机467台，网络多媒体教室29个，校园网出口总带宽200Mbps，数字资源量470GB，“信息技术”课程1课时/周。教职工60人，其中，高级职称13人、中级职称27人。专任教师59人，包括北京市骨干教师1人、北京市学科教学带头人1人；本科以上学历58人。开设教学班14个。毕业100人、招生113人、在校生447人。学校有社团17个。

2018年，学校坚持“五美”办学理念，扎实工作，锐意进取。以养成教育为切入点，帮助学生树立正确的世界观、人生观和价值观，开展第十届“蓝天下的挚爱”扶困助学义卖活动，全校400余名师生参加活动。以“创建学习型团组织，助推学习型学校建设”相关活动为载体，加强团、队建设。围绕“以美正德”“以美修身”“以美启智”“以美健体”美育目标，践行“尊重生命，以美育人”办学理念，开设20余门与美育相关的课程以及家长课堂、学生课堂等特色课程，促进学生全面发展。

3月20日，东风中学开展第十届“蓝天下的挚爱”扶困助学义卖活动（东风中学 供）

将创建“平安校园”工作与学校德育工作相结合，坚持以防为主，开展各类安全知识培训、教育活动，落实各项防卫措施，制订重大安全事故应急预案、消防应急预案、防震逃生预案等。

（陶瑜）

民族教育学校选介

北京市东城区回民小学

2018年，北京市东城区回民小学占地面积4426平方米，建筑面积7592平方米，体育场面积1860平方米。图书室藏书2.60万册。固定资产总值2586.38万元，全年教育经费投入1744.52万元。学校信息化经费投入20万元，拥有计算机324台，校园网出口总带宽1000Mbps，“信息技术”课程1课时/周。教职工67人，其中，高级职称5人、中级职称41人。专任教师62人，少数民族教师15人，本科以上学历63人。开设教学班23个。毕业107人、招生151人、在校生709人，包括少数民族学生394人（回族学生179人），外省市借读生150人，外籍学生3人。

2018年，学校注重理论与工作实践相结合，明确责任，履职担当。以《校本培训计划》为指导，科学开展各学科教师校本培训工作。开展师德培训和师德师风自查活动，引领全体教师转变工作作风，提高办事效率，文明执教。开展“红色讲坛”“我讲微党课”活动，发挥党员、领导干部示范引领作用，突出社会主义核心价值观的校园实践。开展“与书为伴，馨香永远”书香校园读书活动，建设书香校园。落实《课程计划》基本要求，坚持以课堂教学为主渠道，构建促进学生发展和提高实际获得的生态课堂。推进教育科研发展与创新，提高教科研工

6月8日，东城回民小学接待大方家回民幼儿园幼儿入校参观
（东城回民小学 供）

作效能。承办“北京市民族团结教育现场会”，发挥优质民族教育资源辐射作用，推动和促进东城区中小学民族团结教育深入开展，培养学生民族团结意识。与北京市东城区大方家回民幼儿园共同开展幼小衔接推进工作，组织教师送课入园、幼儿参观校园等活动。

（张翔云 芦平）

北京市东城区回民实验小学

2018年，北京市东城区回民实验小学占地面积3456.76平方米，建筑面积5184.76平方米，运动场地面积781平方米。图书馆藏书1.57万册。固定资产总值1184.21万元，全年教育经费投入1598.29万元。学校信息化经费投入6.60万元，拥有计算机110台，网络多媒体教室2个，校园网出口总带宽1000Mbps，数字资源量100GB，“信息技术”课程四年级至五年级1课时/周。教职工57人，其中，高级职称5人、中级职称35人。专任教师53人，包括特级教师1人、北京市骨干教师2人；本科以上学历52人。开设教学班16个。毕业46人、招生81人、在校生552人，包括寄宿生18人，外省市借读生150人，少数民族学生93人（回族学生47人），外籍学生8人。

6月6日，回民实验小学戏剧专场演出
（回民实验小学 供）

2018年，学校以师德建设和未成年人思想道德建设为重点，坚持民族团结进步教育、戏剧教育与课程建设相结合。推进课程建设及教师培养，构建基于学生核心素养培养的基础类、拓展类和研究类“三类”课程体系，以“必修+选修”的方式，开发出具有民族学校特色的7个领域83门课程。开展分层培训，举办“好教师”演讲比赛、“和美杯”课堂教学竞赛、“青年教师工作坊”等活动，促进教师专业发展。

活动育人，助推学生全面发展。组织学生走进北京国际鲜花港、北京第五季龙水凤港生态露营农场，开展教育活动。充分发挥三级家委会服务、监督、评价作用，通过学校开放日、社区公益活动、亲子活动等，树立全员育人理念。结合学校民族团结进步教育特色，将空竹、柔力球、武术等民族传统体育项目引入体育课堂。借助“高参小”项目资源，创新艺术教育形式，将发生在校园中的真实事件改编成话剧进行舞台表演，举办“不忘初心 真爱无痕”戏剧专场演出。

推进对口帮扶与交流合作。选派7名教师赴河北阜平县支教。支教教师分别走进3所小学作示范课13节，举办教学专场讲座2场。阜平县各小学干部、教师85人听课，125人听取报告。与黑龙江省同江市八岔赫哲族乡中心校签订合作协议，结为友好学校，两校将从民族团结教育、戏剧教育、文化传承等5个方面开展合作交流。

（方媛）

北京市回民学校

2018年，北京市回民学校占地面积5.17万平方米，建筑面积3.43万平方米，运动场地面积1.37万平方米。图书馆藏书10万册，包括电子图书1万册。固定资产总值1.04亿元，全年教育经费投入0.89亿元。学校信息化经费投入81.96万元，拥有计算机780台，网络多媒体教室3个，校园网出口总带宽70Mbps，数字资源量8500GB，“信息技术”课程1课时/周。教职工223人，其中，高级职称78人、中级职称65人。专任教师197人，包括北京市骨干教师1人；本科以上学历197人；少数民族教师42人。开设教学班42个（初中24个、高中18个）。毕业348人（初中 121 人、高中 227 人）；招生 481 人（初中 309 人、高中 172 人）；在校生 1389 人（初中 820 人、高中 569 人），包括寄宿生 450 人，少数民族学生 597 人。高中录取分数线 479 分（西城区），自主招生 488 分（北京市）。学校有社团 12 个。

2018 年，学校深化教育改革新常态，推进“管理转型、质量培育、品质提升”，打造民族教育品牌形象。坚持以立德树人为根本，《慎思传统 笃行传习——探索民族学校传统文化育人途径》德育工作案例被教育部评为 2018 年全国中小学德育工作典型经验。

改变管理模式，统筹协同分部学科、环境设施、学生需求等各类信息，实现“多规合一”与“多项合一”，形成具体行动计划和项目库系统。推进扁平化管理改革，落实全市教育大会精神以及《西城区新时代中小学、幼儿园教师职业行为规范》等评估细则及管理标准，开展全面诊断和自查，制订改进措施，提升依法治教、依法行政的能力和水平，推动学校管理转型。

聚焦教育精准扶贫。与内蒙古喀喇沁旗锦山第三中学结成“手拉手”学校，签订为期 3 年的对口帮扶协议，选派优秀教师到锦山三中开展为期 30 个工作日的教育帮扶活动。接待河北省阜平县物理教师观摩团，进行集体备课、实验探究课等展示活动。

（闫墨童）

北京市民族学校（北京市陈经纶中学民族分校）

2018 年，北京市民族学校（北京市陈经纶中学民族分校）为九年一贯制学校，占地面积 2 万平方米，建筑面积 1.37 万平方米，运动场地面积 0.76 万平方米。图书馆（室）藏书 5.43 万册。固定资产总值 2969 万元，全年教育经费投入 3562 万元。学校信息化经费投入 124 万元，拥有计算机 317 台，网络多媒体教室 52 个，校园网出口总带宽 30Mbps，数字资源量 500GB，“信息技术”课程小学 0.5 课时 / 周、初中 1 课时 / 周。教职工 98 人，其中，高级职称 7 人、中级职称 44 人。专任教师 80 人，包括北京市骨干教师 1 人；本科以上学历 77 人；少数民族教师 19 人。开设教学班 36 个（小学 24 个、初中 12 个）。毕业 144 人（小学 91 人、初中 53 人）；招生 189 人（小学 132 人、初中 57 人）；在校生 890 人（小学 750 人、初中 140 人），包括少数民族学生 352 人，借读生 463 人。学校有社团 73 个。

2018 年 4 月，朝阳区教委为促进教育均衡发展，优化区域内优质教育资源，将北京市民族学校并入北京市陈经纶中学，更名为“北京市陈经纶中学民族分校”。更名后，学校立足新起点，秉承“内涵发展，团结进取”工作思路，践行陈经纶教育集团“自强不息，创新发展”百年办学精神，推进各项工作。

干部队伍建设实施“选育用管”机制，树立教师身边榜样，推进“骨干教师梯队培养计划”，为教师成长搭建平台。将培育和践行社会主义核心价值观融入教育教学全过程，开展时事政策、理想信念、法制教育等活动；利用德育 10 分钟、知识竞赛、家长课堂等形式，在师生、家长中开展“知经纶、懂经纶、爱经纶”学习践行经纶文化系列活动。树立学生身边榜样，开展“我身边的榜样”学生演讲比赛；每周升旗仪式增设“光荣时刻”，表彰各级各类先进集体和个人。

推进心理关爱工程，发挥课堂教学主渠道功能，在小学四年级和初一年级开设“积极乐观心理课”；开展“提优帮困”活动，学生可跨年级与喜欢的学科教师结对，提高个人学习能力；依据师生双向选择，为初三年级学生每 1 ～ 3 人配备导师 1 人，导师给予学生情感、学习和生活方面指导和帮助，丰富“一班一族”班级文化特色建设成果。

采用框架式备课，加强教研组和学科建设；探索九年一贯制管理模式，体育组先行试点，打通中小学界限，建立大教研组一体管理，整体设计九年四段教学内容。把课堂延伸到中华民族园、科技馆、民俗博物馆等场所，呈现“宽和活”学科理念。参加陈经纶教育集团“利用新异问题提升创新思维和意志力”项目，开展数学新异问题专题研究。以民族特色为主要内容开设体育、艺术、科技类特色课程 26 门。

（楚洪娟）

北京西藏中学

2018 年，北京西藏中学占地面积 3.59 万平方米，建筑面积 2.81 万平方米，体育场（馆）面积 1.06 万平方米。图书室藏书 5.05 万册，电子图书 0.35 万册。固定资产总值 5018 万元，全年教育经费投入 5306 万元。学校信息化经费投入 70 万元，拥有计算机 356 台，网络多媒体教室 17 个，校园网出口总带宽 100Mbps，数字资源量 3GB，“信息技术”课程 2 课时 / 周。教职工 122 人，其中，高级职称 38 人、中级职称 29 人。专任教师 60 人，本科以上学历 99 人，少数民族教师 2 人。开设教学班 18 个。毕业 269 人、招生 265 人、在校生 793 人，全部为少数民族学生。

2018 年，学校继续以“为西藏培养热爱祖国、促进民族团结、具备终身发展素质的优秀毕业生”为培养目标。优化管理机构，细化管理职能，提升管理效果。在学校《德育指南》精神指导下开展德育工作，将德育工作形成体系，打造民族学校德育特色。开展军训、成人礼、走进北京郊区新农村等社会实践活动，培养学生社会责任意识、团结意识、担当意识。加大常规管理力度，从间操、日常礼仪等方面规范学生日常行为。加大班主任队伍建设和培养力度，积极开展培训和教育论坛活动。积极开展爱国主义教育，组织全体师生参观“伟大的变革——庆祝改革开放 40 周年大型展览”；举办“不忘初心 牢记使命——学榜样精神，扬青春旗帜”五四表彰大会暨红五月歌咏比赛；组织2018级学生到天安门广场和故宫博物院开展爱国主义社会实践活动。

打造美丽、温馨、书香校园，粉刷校园内立面、绿化校园、更换校园地面石材、架设路灯、建设操场围网及灯光球场，改造物理、化学、生物实验室，建设历史专业教室，更换各专业教室多媒体设备，改造学校图书馆，完成听力考场建设。

（张一帆　曾丽）

北京市海淀区民族小学

2018年，北京市海淀区民族小学分两址办学，分别位于马甸后黑寺1号和花园北路26号。2个校区总占地面积3万平方米，建筑面积1.49万平方米，运动场地面积0.88万平方米。图书馆藏书5.12万册，电子图书1万册。固定资产总值9276.21万元，全年教育经费投入5004.81万元。学校信息化经费投入160万元，拥有计算机619台，网络多媒体教室2个，校园网出口总带宽500Mbps，数字资源量7TB，“信息技术”课程1课时/周。教职工142人，其中，高级职称13人、中级职称55人。专任教师126人，本科以上学历125人。开设教学班53个。毕业203人、招生411人、在校生2081人，包括寄宿生80人，外省市借读生427人，少数民族学生298人。学校有社团80个。

2018年，学校以“人的发展”为核心，努力建设一所适合每一个人发展与成长的城市新型学校。实施项目制管理模式，学生、教师分别承担校级、班级项目。通过名师工作室、师带徒青蓝工程、教师学堂等途径开展多层次教师培养工作。8名教师参加海淀区第八届“世纪杯”小学教师教学基本功培训展示活动，5人获区级特等奖；组织41名教师在市级视导课活动中作课。七年级监测反馈显示，学校毕业生语、数、英3个学科学业成绩均高于海淀区平均线。搭建平台，将家长资源、社会资源引入校园开展实践活动、大讲堂活动，全年学校及各班举办各类讲座400余场。培育全面发展的学生，打造学校特色。作为北京市非物质文化遗产培训基地，学生制作脸谱和面塑等非遗作品分别在首届京津冀协同推进民族团结教育成果展和大运河文化带非遗大展2次展览活动中展出。邀请国际球星到校参与“活力校园运动营”活动，足球队获2017—2018年度北京市中小学生校园足球联赛小学男子乙组冠军。

6月9日，海淀民族小学学生参加大运河文化带非遗大展“非遗与教育”展区展示　　（海淀民族小学　供）

（马万成　王晶　李扬）

中央民族大学附属中学

2018年，中央民族大学附属中学占地面积2.27万平方米，建筑面积2.28万平方米，体育场（馆）面积0.43万平方米。图书馆藏书2.02万册。固定资产总值1.05亿元，全年教育经费投入1.40亿元。学校信息化经费投入156万元，拥有计算机260台，网络多媒体教室80个，校园网出口总带宽25Mbps，数字资源量100GB，“信息技术”课程2课时/周。教职工132人，其中，正高级职称2人、副高级职称45人。专任教师120人，包括特级教师2人、北京市骨干教师1人；本科以上学历120人；少数民族教职工29人。开设教学班49个。毕业821人、招生685人、在校生2301人，包括全国24个省区地区56个民族寄宿生2301人。应届高考本科上线率99.6%。

2018年，学校坚持多民族多元共存“混和式”育人模式。学校成为教育部“十三五”重点课题优秀实验单位。

在海岛、边疆、农村、基础教育落后地区创办优质学校，发挥辐射带动作用。民大附中玉树（海东）中学、民大附中丽江实验学校、民大附中钦州国际学校、民大附中荣昌学校先后开学，民大附中乐山共美实验学校、民大附中雄安校区揭牌。民大附中教育集团成员校达到14所，同时承担与北京财贸职业学院合作“2＋3＋2”贯通培养高中教学任务，实现集团化办学新发展。

关注学生健康成长，全面提升学生综合能力。学生333人次在全国中学生数学、物理、化学、地理、地球科学竞赛以及北京市力学、天文知识竞赛中获奖；45人在第三届登峰杯数学建模、结构设计、机器人和学术作品4项比赛中进入全国总决赛。推进科技教育，组织人工智能大赛、计算机程序设计大赛等比赛，开展创客教育，拓宽创新人才培养路径。学生16人次在各级各类科技比赛中获奖。组织学生参与各项体育比赛，为学生搭建展示平台，学生获全国高山滑雪青少年锦标赛大小回转双料冠军、北京市冬运会及北京市中小学生冬运会花样滑冰女子单人滑冠军，啦啦操队获北京市“阳光体育”啦啦操系列比赛冠军。

（孙立清）

北京市门头沟区妙峰山民族学校

2018年，北京市门头沟区妙峰山民族学校占地面积1.50万平方米，建筑面积0.73万平方米，运动场地面积0.25万平方米。图书馆（室）藏书3万册。固定资产总值3167.87

万元，全年教育经费投入3606.96万元。学校信息化经费投入11.70万元，拥有计算机246台，网络多媒体教室3个，校园网出口总带宽1000Mbps。教职工98人，其中，高级职称14人、中级职称47人。专任教师51人，本科以上学历73人，少数民族教师4人。开设教学班18个（小学12个、初中6个）。毕业66人（小学32人、初中34人）；招生73人（小学41人、初中32人）；在校生330人（小学221人、初中109人），包括寄宿生30人，少数民族学生42人，外省市借读生71人。设附属幼儿园，园所占地面积2272.07平方米，建筑面积886.07平方米。固定资产总值240.93万元，全年教育经费投入40.85万元。教职工24人。开设教学班6个。幼儿入园53人、离园61人、在园173人。

2018年，学校以“赏文之妙 识人之长 登学之峰”为核心价值追求。推进“全国文明城区”创建各项工作有序开展，开展“创城我们在行动”系列活动，全面提升学生文明素养，优化学校环境。深化课程改革，更新教师教育教学观念，构建有效常态课。开展五四学制探索，组织中学教师参加六年级语文、数学、英语等学科教学，与小学部教师共同办公，按照课标要求拓展教师学科能力；聘请特级教师指导六年级教学工作，实施阅读工程提升六年级学生语文素养、丰富学生外语学习内容，促进学生能力提升。

规范教师行为，树立先进典型。制定《幼儿园教师师德建设长效机制》《教师师德处罚条例》《评选师德标兵标准》，与教师签订“师德责任书”，让每名教师牢记师德底线；开展“学习师德榜样，争做四有好老师”大讨论活动，通过组织教师观看“道德榜样”宣传片；开展师德宣传，通过开展“做新时期、新时代最美教师”演讲活动，引领教师明确努力方向。

（马焕）

北京市昌平区西贯市回民小学

2018年，北京市昌平区西贯市回民小学占地面积1.33万平方米，建筑面积0.27万平方米，体育场面积0.54万平方米。图书室藏书1.15万册。固定资产总值1671.10万元，全年教育经费投入782.33万元。学校信息化经费投入8万元，拥有计算机148台，网络多媒体教室13个，校园网出口总带宽1000Mbps，数字资源量60GB，“信息技术”课程1课时/周。教职工23人，其中，中级职称13人。专任教师22人，本科以上学历19人，回族教师16人。开设教学班6个。毕业28人、招生11人、在校生93人，包括回族学生54人。

2018年，学校重点开展档案工作考核、iPad教学工作，并推进与北京化工大学材料学院“1＋1＋N”共建工作模式，培养学生的良好行为习惯。以校本教研为抓手促进教师专业发展，领导干部深入课堂听课，全面了解和掌握课堂教学工作状态，及时处理教学过程中的有关问题。坚持立德树人，培育和践行社会主义核心价值观，举办“学雷锋 树新风——我们在行动”活动。加强爱国主义教育，与化大材料学院本科生第四党支部开展爱国主题教育共建活动，开展网上祭英烈、重走长征路等活动。

4月23日，西贯市回民小学举办重走长征路活动
（西贯市回民小学 供）

（包雪莲）

北京市怀柔区喇叭沟门满族乡中心小学

2018年，北京市怀柔区喇叭沟门满族乡中心小学占地面积2.34万平方米，建筑面积0.63万平方米，运动场地面积0.46万平方米。图书馆（室）藏书1.50万册。固定资产总值2348万元，全年教育经费投入1700万元。学校信息化经费投入40万元，拥有计算机93台，网络多媒体教室15个，校园网出口总带宽100Mbps，数字资源量60GB，“信息技术”课程1课时/周。教职工40人，其中，高级职称2人、中级职称22人。专任教师31人，本科以上学历39人，少数民族教师7人。开设教学班6个。毕业25人、招生12人、在校生130人，全部为寄宿生，包括少数民族学生85人。

2018年，学校围绕“实”字，从师生、学校实际出发，深化“五个渗透”活动凸显办学特色，开展“书香润童心”读书工程、“书写好人生”习字工程、“播种好习惯”奠基工程、“携手育新人”合力工程、“共筑童心梦”体验工程。以满族剪纸为切入点，通过北京市金帆书画院申报认定验收并

11月17日，喇叭沟门满族乡中心小学满族剪纸参加“北京市学生金帆书画院教育教学成果展”
（怀柔区教委 供）

挂牌，成为怀柔区首个小学金帆书画院，学生满族剪纸作品在炎黄艺术馆举办的“不忘初心 牢记使命”北京市中小学生美术书法教育成果展上展出。坚持通过召开三结合教育委员会，举办家教讲座、家长开放日等活动，利用微网站、班级家长群、学校网站等媒介，加强家校合作。开展深度阅读，培养教师书香气质；开展党员“1＋1”发展模式带动培养青年教师，逐步创建“三员兴三园”党建特色品牌，带动并聚焦课堂教学管理和改革，深化学校课堂文化。

（李劲松）

北京市密云区檀营满族蒙古族乡中心小学

2018年，北京市密云区檀营满族蒙古族乡中心小学占地面积1.74万平方米，建筑面积0.92万平方米，运动场面积0.60万平方米。图书馆（室）藏书4.90万册。固定资产总值4431.79万元，全年教育经费投入2278.47万元。学校信息化经费投入260万元，拥有计算机505台，网络多媒体教室36个，校园网出口总带宽1000Mbps，数字资源量90GB，“信息技术”课程1课时/周。教职工75人，其中，高级职称9人、中级职称25人。专任教师62人，本科以上学历61人，少数民族教师11人（满族8人、蒙古族2人、回族1人）。开设教学班26个。毕业166人、招生157人、在校生1041人，包括少数民族学生209人（满族183人、蒙古族15人、回族9人、苗族1人、朝鲜族1人）。

2018年，学校致力于民族团结教育质量提升，编纂校本教材《满蒙民族常识》《满蒙民族音乐》《满蒙民族体育》和《满蒙民族美术》。确立马头琴课程为学校特色课程，聘任专业马头琴教师，编写校本教材《图力古尔教你马头琴》并制成电子教材，投资30万元成立马头琴乐队。开设马头琴、摔跤、单弦等具有民族特色的社团。开展以“戏悦童心”为主题的综合实践活动，将学校的民族教育、校本课程、学科实践、德育等进行融合。举办“亮彩谈赢”——第一届戏剧节，每个班级都有剧目，每个学生都参与其中。在北京市“一校一品”体育教学改革项目组的指导下，举办“让每个学生都精彩”檀营满族蒙古族乡中心小学第一届民族体育全员运动会，展示学校民族特色课程建设成果。

（彭立双）

特殊教育学校选介

北京市东城区特殊教育学校

2018年，北京市东城区特殊教育学校占地面积5230平方米，建筑面积3791平方米，体育场面积2858平方米。图书室藏书2.25万册。固定资产总值2512.89万元，全年教育经费投入4327.03万元。学校信息化经费投入90.22万元，拥有计算机202台，网络多媒体教室27个，校园网出口总带宽100Mbps，数字资源量750GB，“信息技术”课程小学1课时/周、初中和高中2课时/周。教职工79人，其中，高级职称9人、中级职称32人。专任教师70人，包括北京市骨干教师2人；本科以上学历70人。开设教学班22个（义务教育16个、中职6个）。毕业37人（小学12人、初中14人、中职11人）；招生24人（小学9人、中学7人、中职8人）；在校生148人（义务教育116人、中职32人），其中，听力障碍41人、智力障碍107人，包括寄宿生28人。因学校改扩建工程建设，继续在周转校（原东城师范学校）办公。

2018年，学校坚持以质量为导向、人才培养为抓手、科学管理为保障，深化教育改革。通过开展“最美教师”工程、“专家进校园——系列活动”等活动抓师德、促师能。启动争当“四有”好老师和“四个引路人”师德师风建设年活动；颁布《东城区特殊教育学校教师行为规范》，完善教职工评优选先和考核评价制度；推荐7名市级教研员，到7所学校下校指导60次。

5月25日，檀营满族蒙古族乡中心小学举办首届民族体育全员运动会（檀营满族蒙古族乡中心小学 供）

落实立德树人根本任务，培育和践行社会主义核心价值观，深入推进“文化·传承2030工程”，通过“育志”活动，提升学生综合素质。为推进“健康·成长2020工程”，举办“尝试 协作 超越”2018年特奥会，协办特奥融合活动；举办冬奥项目走进特教学校系列活动。开放办学，推进交流合作，接待各级领导、专家学者、社会各界团体和兄弟院校参观访问，接待美国马里兰州聋校师生访问交流。

（彭彤）

北京市东城区培智中心学校

2018 年，北京市东城区培智中心学校占地面积 3659 平方米，建筑面积 2550 平方米，体育场（馆）面积 1009 平方米。固定资产总值 1080 万元，全年教育经费投入 1112 万元。图书馆（室）藏书 1400 册。学校拥有计算机 93 台，网络多媒体教室 9 个，校园网出口总带宽 1000Mbps，数字资源量 1600GB，“信息技术”课程 6 课时 / 周。教职工 37 人，其中，高级职称 1 人、中级职称 15 人。专任教师 37 人，本科以上学历 34 人。开设教学班 9 个（包括送教班 1 个）。毕业 6 人、招生 8 人、在校生 73 人，其中，自闭症 17 人、智力障碍 40 人、多重残疾 11 人、肢体残疾 4 人、视力障碍 1 人。

2018 年，学校为应对学生中精神残疾、自闭症及自闭症谱系患者比例激增，智力障碍学生程度加重，综合能力减弱的情况，对原有学段进行调整：低学段设 3 个班，以人际交往课程实施为特色；中学段设 3 个过渡班，以衔接过渡教育为主要内容，突出运动康复内容；高学段设 2 个班，开设技能课程，培养能自理生活并服务他人的好公民。打破班级限制，实行跨学段、班级的教学小组教学、个别教学，组建训练小组和潜能小组。增设针对学生个体缺陷的补偿性特色课。学校女子特奥篮球队代表北京参加全国特奥篮球赛，获团体第三名，2 名队员获个人技术比赛第一名。

探索贯通培养新模式。北京教育科学研究院在学校建立研究基地，推动学校、社会和家长参与的学习共同体建设。推动培智学校教师六级培养计划，同时成立骨干教师工作坊，聘请专家开展一对一指导。成立家长教师委员会，制订委员会制度，邀请家长走进学校。开展巡回指导促融合教育工作，继续面向南片近 10 所小学及幼儿园提供随班就读指导服务。坚持辐射普通小学，与普通小学教师共同研讨教育支持方式选择与运用。

开展送教上门工作。教师累计送教 224 次，448 学时。成立以校长为组长的送教工作小组，定期研讨和研究学生困难点和提高家长训练能力等问题。将送教学生列入学籍统一管理。采用康复训练课程和认知课程相结合的教学模式，推动学生全面发展。针对受到各类客观条件制约，不便上门送教的情况，转换送教形式，采取信息化——iPad 视频通话的教学方式；或转换送教地点，到学校、公园等场所。学校送教班成立于 2014 年，截至 2018 年，有送教生 8 人，由 7 名教师上门送教，每名学生 2 课时 / 周。

（王昕　肖晓萌）

北京启喑实验学校

2018 年，北京启喑实验学校占地面积 0.87 万平方米，建筑面积 2.34 万平方米，运动场地面积 0.43 万平方米。图书馆（室）藏书 6.29 万册，电子图书 2 万册。固定资产总值 3170 万元，全年教育经费投入 4387 万元。学校信息化经费投入 11.32 万元，拥有计算机 366 台，网络多媒体教室 5 个，校园网出口总带宽 4096Mbps，数字资源量 1000GB，“信息技术”课程小学 1 课时 / 周、初中 2 课时 / 周、高中 4 课时 / 周。教职工 108 人，其中，高级职称 18 人、中级职称 39 人。专任教师 90 人，本科以上学历 102 人。开设教学班 22 个（小学 7 个、初中 6 个、高中 6 个、职业教育 3 个）。毕业 48 人（小学 12 个、初中 19 人、高中 8 人、职业教育 9 人）；招生 37 人（小学 8 个、初中 13 人、高中 16 人）；在校生 169 人（小学 63 个、初中 43 人、高中 45 人、职业教育 18 人），全部为听力障碍生，包括寄宿生 95 人，外省市借读生 64 人。学校有社团 6 个。另开设学前教育班 2 个，在校生 15 人。

2018 年，学校推进素质教育，紧抓社会主义核心价值观培养和传统文化教育。开展“书香阅读”活动，提高听障生阅读能力；坚持 24 个节气传统习俗教育，做到“周周有主题、月月有活动”；举办心理健康活动，开展个体辅导和学生心理团体辅导工作。组织学生参加“2018 年北京市中小学阳光体育系列活动武术健身操比赛”，体育组教师自创的 2 套“武术操”分获一等奖和二等奖。

作为国家通用手语试点校，9 月开始，启动“全面推广通用手语方案”，成立“通用手语推广小组”，保证通用手语及时准确地发布与推进；组建“通用手语备课小组”，研讨通用手语教学实施及手语使用专业问题；开设“通用手语课程”，保障所有班级所有学生进行手语学习的专门时间；选派“聋人教师与健听教师组合的授课教师组”，探索适应聋生需求的聋健双师课堂模式。重视提高教学质量，要求课堂教学要有聋校的特色，要求课堂教学设计“语言补偿”环节，提高学生语言能力。开展“启喑杯”课堂教学比赛和“全纳杯”课堂教学评优活动。高考和就业成绩优异，高三学生全部升入大学继续深造。

开展融合教育，促进学生融入社会。组织学生到普通小学，与普小学生一起听课、一起参加入队建队仪式、一起开展科技和体育活动、一起参加劳动技能学习。完善校园基础设施建设，重视安全教育，定期举办全校师生、住宿生安全演练。食堂工作管理规范，被评为西城区先进食堂。

（王秋阳）

北京市朝阳区安华学校

2018 年，北京市朝阳区安华学校占地面积 5628 平方米，建筑面积 3984 平方米，运动场地面积 1734 平方米。

图书馆（室）藏书 7790 册。固定资产总值 2503 万元，全年教育经费投入 3004 万元。学校信息化经费投入 43 万元，拥有计算机 113 台，网络多媒体教室 24 个，校园网出口总带宽 100Mbps，数字资源量 2TB，“信息技术”课程 12 课时 / 周。教职工 75 人，其中，高级职称 5 人、中级职称 23 人。专任教师 69 人，本科以上学历 68 人。开设教学班 24 个（小学 12 个、初中 3 个、职业教育 9 个）。毕业 67 人（小学 25 人、初中 16 人、职业教育 26 人）；招生 81 人（小学 31 人、初中 26 人、职业教育 24 人）；在校生 302 人（小学 175 人、初中 48 人、职业教育 79 人），其中，智力障碍 115 人、自闭症 87 人、言语障碍 1 人、脑瘫 8 人、肢体障碍 28 人、多重残疾 41 人、精神障碍 20 人、其他残疾 2 人，包括外省市借读生 18 人。学校有社团 23 个。

2018 年，学校以建设一流现代化特殊教育学校为目标，完善道德规范与制度。举办第三届文化节活动，对学校未来文化建设与时代发展进行“中心定位”；采用社团展示和社团体验活动将文化课程体验深度融合；与家校协同建设紧密结合，通过亲子体验社团活动，促进学生身心健康，全面发展。

以课题为引领，逐步完善学前教育阶段“三元”康复课程体系，义务教育阶段“主题教学—项目学习”课程体系，职业高中教育阶段“4 + x”支持性就业课程体系。1 项市级教育科研课题立项，出版《特殊儿童学前教育与康复课程目标评量指导手册》和《培智学校职业教育课程目标评量指导手册》。组织教师参加各级各类培训 72 人次。承担北京市体验式培训，为远郊区培训特殊教育教师 25 人。通过与相关企业建立校企合作关系，根据不同实训基地性质开设实训岗位，培养智力及其发展性障碍学生适应转衔就业，为职业高中学生提供就业支持与帮助。

职业高中部 4 名学生获市政府奖学金 2000 元 / 人。学校职业高中部各类残疾毕业生 26 人，其中，8 人入职社会企业公司、6 人安置在多家职康站、14 人步入社会。

（高磊）

北京市丰台区培智中心学校

2018 年，北京市丰台区培智中心学校占地面积 9003 平方米，建筑面积 7747 平方米，运动场地面积 1819 平方米。图书馆（室）藏书 3304 册。固定资产总值 1676.04 万元，全年教育经费投入 1716.04 万元。学校信息化经费投入 101.40 万元，拥有计算机 150 台，网络多媒体教室 14 个，校园网出口总带宽 100Mbps，“信息技术”课程 2 课时 / 周。教职工 40 人，其中，高级职称 5 人、中级职称 19 人。专任教师 38 人，本科以上学历 37 人。开设教学班 12 个（小学 10 个、初中 2 个）。初中毕业 9 人；小学招生 15 人；在校生 164 人（小学 130 个、初中 34 人）。

2018 年，学校围绕“用爱润泽学生的心灵 让教育使生活更精彩”办学理念，开展区内“送教上门”工作，扩大义务教育受众面。至年底，开展送教志愿者活动 700 次；工作领导小组走遍全区所有送教家庭，累计送教走访 100 余次。以素质教育为目标，以德育工作为先导，以爱国主义教育为主旋律，以日常行为规范为抓手，寓德育教育于活动中，开展“挑战自我展风采 · 快乐童年庆六一”活动，与北京市东城区培智中心学校共同举办“同心结情谊，携手迎新年”等主题活动及系列社会实践融合活动。

搭建平台，促进教师专业成长、提升教学效果。北京市特教联盟（西城培智组）走进学校，开展 IEP 系列指导研讨活动，提升教师专业水平；北京市特殊教育研究指导中心自闭症教育教研组走进学校，与教师共同研讨“自闭症教育康复基地流程的设计”，开展新课标下的教师评优课、常态组内教研等活动；与东城培智中心校共同开展第二届“东丰杯”教育教学研讨活动。

（卢均峰）

北京市盲人学校

2018 年，北京市盲人学校占地面积 2.97 万平方米，建筑面积 3.14 万平方米，运动场地面积 0.83 万平方米。图书馆藏书 1.90 万册，包括盲文版书 0.87 万册。固定资产总值 1.55 亿元，全年教育经费投入 0.43 亿元。学校信息化经费投入 20 万元，拥有计算机 383 台，网络多媒体教室 44 个，校园网出口总带宽 100Mbps，数字资源量 4TB，“信息技术”课程 2 课时 / 周。教职工 126 人，其中，高级职称 29 人、中级职称 30 人。专任教师 86 人，包括北京市骨干教师 2 人、北京市学科教学带头人 1 人；其他专业技术人员 13 人。开设教学班 20 个（小学 6 个、初中 5 个、成人中专 3 个、职业高中 6 个）。毕业 60 人（小学 16 人、初中 14 人、成人中专 20 人、职业高中 10 人）；招生 37 人（小学 10 人、初中 16 人、职业高中 11 人）；在校生 193 人（小学 62 人、初中 42 人、成人中专 36 人、职业高中 53 人）。

2018 年，学校坚持从严治党，依法治校，践行社会主义核心价值观，平稳推进视障教育，夯实孤独症儿童教育教学基础，探索个别化教学，关切教职工诉求，积极完成各项工作。获“北京市文明校园”称号，被遴选为“全国伴随成长公益项目家校协同基地校”，纳入海淀区责任督学挂牌督导。

推进特色教育和个别化教学，多渠道提升教师专业技能。举办职业教育中医康复保健专业教研组展示暨首届中医百科知识竞赛和技能展示活动、徒手整形面雕讲座、中医康复保健专业教研组展示活动，召开中医康复保健专业 2018 年专业建设会；组织教师参观清华大学力学研究所“大白脊柱健康工作室”；启星小课堂启动第七课《个别化教育计划中长短期目标的制定方法》。

培养全面发展的学生。学生代表北京市参加各类残疾人体育、文艺、科技比赛及活动，成绩优异。学生代表北京市参加 2018 年全国残疾人乒乓球锦标赛、全国盲人柔道锦标赛、全国盲人门球锦标赛；“乐之光”合唱团受邀参加中国残疾人艺术团大型音乐舞蹈诗《我的梦》公益演出；学生获 2018 年全球青年残疾人 IT 挑战赛中国赛区二等奖。

开展交流合作，提升教育教学质量。接待美国柏金斯盲人学校、香港心光恩望学校、南京市盲人学校、北京市盲聋教育教研组到校交流研讨；组织教师参加京津冀地区盲校小学、初中语文新教材培训暨教学研讨会以及视障康复教育专题研讨会。通过交流研讨，借鉴先进办学经验，促进学校科学发展。

（高爽　孙晓楠）

北京市健翔学校

2018 年，北京市健翔学校分两址办学，分别为海培校区和牡丹园校区。2 个校区总占地面积 1.76 万平方米，建筑面积 1.87 万平方米，运动场地面积 0.45 万平方米。图书馆藏书 6.24 万册，电子图书 0.50 万册。固定资产总值 1.40 亿元，全年教育经费投入 0.72 亿元。学校信息化经费投入 140 万元，拥有计算机 710 台，校园网出口总带宽牡丹园校区 200Mbps、海培校区 150Mbps，数字资源量 3.50TB，“信息技术”课程海培校区 1 课时 / 周、牡丹园校区义教阶段 2 课时 / 周、牡丹园校区高中阶段 7 课时 / 周。教职工 155 人，其中，正高级职称 1 人、副高级职称 30 人、中级职称 75 人。专任教师 141 人，包括特级教师 2 人、北京市骨干教师 1 人；本科以上学历 141 人。开设教学班 59 个（幼儿班 1 个、小学 25 个、初中 18 个、职业教育 15 个）。毕业 89 人（小学 10 人、初中 46 人、职业教育 33 人）；招生 68 人（小学 21 人、初中 10 人、职业教育 37 人）；在校生 469 人（小学 183 人、初中 155 人、职业教育 131 人），其中，智力障碍 194 人、自闭症 103 人、听力障碍 38 人、言语障碍 11 人、脑瘫 4 人、多重残疾 119 人，包括寄宿生 84 人，外省市借读生 72 人。学校有社团 10 个。

2018 年，学校提升办学质量和社会影响力。牡丹园校区由十三年一贯制（小学 6 年、初中 3 年、高中 4 年）听障部和三年制培智高中部组成，海培校区为九年制＋幼儿班。听障部高中组面向全国特教高校，进行文化课与专业课辅导，2018 年高考升学率 100%。培智高中部高考班首届毕业生全部通过自主招生面试，被北京经济管理职业学院、北京网络职业学院等高校录取。听障部职业教育班，新增金镶玉、景泰蓝制作、速录等专业课程；培智高中职业教育在原有课程基础上细化为中餐烹饪、工艺制作、信息技术、酒店家政 4 个专业；实习就业部与北京市多家企业及用人单位合作，对在校生开展就业指导；新增缝纫、萨克斯等 9 门选修课程。6 月，学校成立手语中心。

培养残疾学生积极面对人生、全面融入社会的意识和自尊、自信、自立、自强的精神。通过学生会任职服务，提高学生自我管理和自我教育能力，鼓励学生自立自强，鼓励各班级争创“文明行为示范班”。成立健翔学校牡丹园校区志愿服务队，招募团员、积极分子、教师志愿者 77 人，开展志愿服务活动。携手 BCC 中国奔驰俱乐部车友，开展 2 次“礼让斑马线 我们在行动”公益活动；与社区联手开展“学雷锋”志愿服务活动。培智高中组特奥篮球队获 2018 全国特奥篮球赛冠军；3 名学生获全国残障青少年儿童艺术大赛一等奖；融合足球队获 2018 年北京特奥融合足球赛第二名。

（曲亚迪　孙艳　米洁）

6 月 1 日，健翔学校牡丹园校区手语中心成立

（健翔学校　供）

北京市门头沟区特殊教育学校

2018 年，北京市门头沟区特殊教育学校占地面积 3915 平方米，校舍建筑面积 3774.77 平方米，运动场地面积 1700 平方米。图书室藏书 0.60 万册，电子图书 1 万册。固定资产总值 1968.33 万元，全年教育经费投入 950 万元。学校信息化经费投入 9.70 万元，拥有计算机 35 台，网络多媒体教室 1 个，校园网出口总带宽 1000Mbps，“信息技术”课程 4 课时 / 周。教职工 27 人，其中，高级职称 5 人、中级职称 13 人。专任教师 19 人，本科以上学历 13 人。开设教学班 9 个。毕业 6 人、招生 20 人、在校生 75 人，其中，智力残疾 37 人、精神残疾 8 人、肢体残疾 2 人、言语残疾 1 人、多重残疾 27 人。

2018年，学校围绕“办好特殊教育”总体目标，砥砺前行。教学工作以落实新课标、使用新教材为重点，以个别化教育计划为核心，开展课堂研究，通过课堂教学促进学生发展。以课题研究为抓手，对学生，特别是自闭症学生的教育进行实践，提高教师对特殊儿童的了解，探寻适合学生的教育方式。抓好学生良好行为习惯养成，借助每周升旗仪式开展爱国主义教育，强化班主任队伍建设与管理，开展社会实践活动做好活动育人，强化安全教育指导，注重发挥家长作用，转变家长观念，以推进家长教师协会工作等内容为重点，提升学生社会适应能力，培养残疾学生自信、自强、自理、自立精神。

（魏宏亮）

北京市通州区培智学校

2018年，北京市通州区培智学校占地面积1.13万平方米，建筑面积0.73万平方米，运动场地面积0.06万平方米。图书室藏书9600册。固定资产总值2793.75万元，全年教育经费投入2635.67万元。学校拥有计算机150台，网络多媒体教室20个，校园网出口总带宽1000Mbps，数字资源量4000GB，“信息技术”课程七年级至九年级2课时/周。教职工60人，其中，高级职称6人、中级职称29人。专任教师55人，包括特级教师1人、北京市骨干教师1人；本科以上学历49人。开设教学班18个（小学13个、初中5个）。初中毕业24人；小学招生24人；在校生149人（小学117人、初中32人），其中，智力障碍61人、多重残疾42人、脑瘫2人、自闭症44人，包括寄宿生109人。

2018年，学校加强教师职业道德、行为规范制度建设。开展“师德演讲”活动，评选“最美教师”，组织教师走进劳模课堂。将教师培训纳入大计划，专门制订校本培训计划，为教师开设绿色通道，组织教师参加孤独症专业技能培训等各类培训，聘请特教专家来校作专业指导，教师参训率90%。定期组织校本教研、骨干讲座等活动，通过以会代培的方式，促进业务提升。

规范培智课程体系，深化培智课堂改革，以“在课堂教学中如何实施个别化计划”为课改主题，在全面推行个别化教育计划基础上，围绕学校课堂教学改进过程中提出的课堂教学生活化、科研化、规范化、信息化、个别化要求开展课改实践。全校有70余人次任课教师参加教学评优，教师主动创造机会听课学习，840人次走进评优课堂。

根据学生身心特点，不断拓宽德育途径，在活动中引导学生感受、认知、实践、体验、发展。结合“礼孝教育”，开展“文明过节三个一”“弘扬雷锋精神，争当美德少年”“争当环保小卫士 变废为宝我先行”等系列教育活动，让学生在实践中学习传承，在体验中提高成长。通过开展校外社会实践、校园艺术节、校园体育节和特奥融合运动会，为学生搭建“我能行、展风采”舞台。

加强家校沟通，开展以“扬师德，正师风，建功副中心”为主题的“千师访万家”活动，利用微信、QQ平台和家长会等媒介，做好与家长的沟通、引导工作。通过每月一期的红领巾小报，发布师生在校动态信息；通过家长培训会、开放周、亲子游园会、亲子携手庆新年等活动，对家长开展心理辅导、教育方法指导和家校融合教育，形成教育合力，促进学生全面健康成长。

（吴铮）

北京市顺义区特殊教育学校

2018年，北京市顺义区特殊教育学校占地面积3.07万平方米，建筑面积0.93万平方米，运动场地面积0.58万平方米。图书馆（室）藏书1万册。固定资产总值1467.60万元，全年教育经费投入3282.20万元。学校信息化经费投入20万元，拥有计算机157台，网络多媒体教室27个，校园网出口总带宽1000Mbps，数字资源量23GB，“信息技术”课程2课时/周。教职工75人，其中，高级职称18人、中级职称24人。专任教师56人，包括北京市骨干教师1人；本科以上学历73人。开设教学班23个（小学15个、初中8个）。毕业30人（小学13人、初中17人）；招生32人（小学19人、初中13人）；在校生175人（小学115人、初中60人），其中，智力障碍109人、自闭症34人、听力障碍1人、视力残疾1人、脑瘫5人、多重残疾25人，包括寄宿生80人，外省市借读生12人。学校有社团8个。

2018年，学校形成以九年义务教育为核心，向学前康复到职业教育纵向延伸的办学体系。投资1400万元，完成一期办学条件改善工程。

坚持开展拓展性实践课程，开设生活技能类、休闲娱乐类、农耕种植类、生活服务类、绘本阅读类5类实践课程，创建10个实践课程基地。将学生实践课纳入综合课程体系，组织学生到邮局、电影院、农耕基地等基地进行体验式学习。组建旱地冰球、非洲鼓、轮滑等社团，满足学生个性化需求。加强家校共育，开设“知动训练沙龙”“家庭康复训练讲座”“IEP研讨”等家本课程，要求教师定期家访。

坚持生命课堂建设。在综合课堂中，围绕“一个情境、一个故事（或童谣）、一个游戏、至少一个结构化、一次动静结合”展开教学设计。举办“多彩课程，绽放童心”课程展示、“兰馨杯”课堂教学评优活动、“红梅杯”我的教学故事演讲比赛，为师生展示教学成果搭建平台。

开展多样专业培训。实行骨干引领、分层培训、定点追踪，构建专业化教师发展梯队。持续聘请特教专家、动作治疗专家，走进课堂、指导实施个别教育计划（IEP）；选派教师赴东北、广州等地参加动作治疗、音乐治疗等专业培训。为教师开设羽毛球、骑行、滑雪、书法、绘画等社团活动，丰富教师生活。

（胡金侠 王向辉）

北京市昌平区特殊儿童教育学校

2018年，北京市昌平区特殊儿童教育学校占地面积8010平方米，建筑面积2441平方米，运动场地面积3727平方米。图书馆（室）藏书9767册。固定资产总值542.35万元，全年教育经费投入1113.84万元。学校信息化经费投入2.13万元，拥有计算机87台，网络多媒体教室10个，校园网出口总带宽1000Mbps，数字资源量100GB，“信息技术”课程2课时/周。教职工39人(包括特岗5人)，其中，高级职称2人、中级职称5人。专任教师28人，本科以上学历25人。开设教学班14个（小学11个、初中3个）。毕业12人（小学8人、初中4人）；招生28人（小学19人、初中9人）；在校生103人（小学78人、初中25人），其中，智力障碍56人、听力障碍1人、肢体障碍2人、多重残疾36人、精神残疾8人，包括寄宿生32人，外省市借读生6人。学校有社团6个。

2018年，学校通过强化常规教学管理，提高教育教学质量。加强特教专业学习培训，分批选派教师到杭州杨绫子学校跟岗培训，深入开展学生个别教育计划（IEP）制定。加强学生个训时段训练，坚持“每天锻炼一小时”活动。与昌雨春童康复中心合作，以采购服务的方式开展送教上门工作。康复机构为27名送教上门学生提供每周不少于2小时，每学期不少于15次的康复服务。召开送教上门学生家长会，保证家校沟通顺畅；选派20名教师在昌平福利院和南口校区为34名中重度残疾学生开展送教上门工作。开展特教教科研工作，促进教师专业化发展，举办特教联盟研讨活动，参与教育部课题1项。

（王玉荣）

北京市怀柔区培智学校

2018年，北京市怀柔区培智学校占地面积4098平方米，建筑面积1777平方米，体育场（馆）面积1296平方米。图书馆（室）藏书1万册。固定资产总值2223.30万元，全年教育经费投入497万元。学校信息化经费投入153.20万元，拥有计算机80台，网络多媒体教室10个，校园网出口总带宽10Mbps，数字资源量15GB，“信息技术”课程1课时/周。教职工36人，其中，高级职称5人、中级职称22人。专任教师34人，本科以上学历32人。开设教学班7个。毕业3人；招生4人；在籍学生80人，其中，多重残疾15人、脑瘫1人、智力残疾58人、自闭症2人、听力障碍3人、言语障碍1人，包括在校生57人、送教上门学生15人。

2018年，学校立足实际，以深化特教课程改革为重点，提高干部教师队伍专业素质，培育和践行社会主义核心价值观。深化课程改革，深入学习2016年版《培智学校义务教育课程标准》，规范制订个别化教育计划，依据课标完善各学科评估表，科学评价学生。聚焦课堂，体现“生活化”特色教学，探索“生活化、社会化、体验式、实践性”教学形式，以“生活化”教学为核心。

加大师资培训力度。全员培训教师专业基本功；组织全体教师开展校本课程自主交往录像课教研活动探索课堂教学；加强“康复”组团队建设，将特教专业模块学习成果运用于学生评估，针对不同学生开展个别化康复训练，邀请专家追踪指导，打造专业团队。

（任海明）

北京市平谷区特教中心

2018年，北京市平谷区特教中心新校舍在筹备中，现租借平谷区中罗庄老年公寓一部分房屋为临时校舍，临时校舍占地面积2000平方米，建筑面积1200平方米。图书馆（室）藏书0.20万册。固定资产总值7334.80万元。学校信息化经费投入436.67万元，拥有计算机131台，网络多媒体教室15个，校园网出口总带宽4Mbps，数字资源量20GB，“信息技术”课程4课时/周。教职工64人，其中，高级职称10人、中级职称36人。专任教师54人，本科以上学历56人。开设教学班15个。毕业13人；招生8人；在校生105人，其中，听力障碍6人、智力障碍81人、脑瘫5人、孤独症4人、多重残疾9人，包括寄宿生60人。

2018年，学校细化党建、师德双积分制，党员积分月月清并上墙公布，师德积分与教育教学工作结合，形成以师德为主体的特教学校教师综合性评价体系，并将评价结果与考核、评优、绩效工资挂钩。

加强教师队伍建设，继续组织教师参加各类培训，教师30余人次参加各类国家级、市级教学康复培训，开展多层次教研活动26次。30余名教师分别参加中央电教馆综合实践课堂教学评优、北京市第19届师生电脑大赛等课堂观摩评比及课件、微课、论文比赛。

坚持实践育人，培养全面发展的学生。重点开展“家

12月28日，平谷特教中心开展冰雪运动体验活动

（平谷特教中心　供）

校携手　共筑安全防线”家校共育开放日活动，利用节假日开展主题教育活动;发挥社会大课堂育人功能，推进“中小学综合素质提升工程”，组织全校师生走进北京科技馆、平谷区博物馆、滑雪场等地开展社会大课堂活动；多次举办信息技术专题培训。推进融合实践教育，不断拓展特奥体育、艺术等特色教育。“融合学校足球训练项目”在特奥东亚区资金支持下，与北京第二实验小学平谷分校和平谷区足球协会牵手，组成专业特奥足球队，开展特奥足球融合运动专业训练；开展特奥冰雪运动以及多项特奥融合活动和联谊活动，加强与京津冀特教发展联盟和友好学校的融合。开设特奥体育、舞蹈、音乐等多个兴趣教育课程，发展学生个性特长。发展职业教育，学校职康站对 22 名智障学员开展烹饪技术、中性笔制作销售等技能培训。

（王红梅）

北京市密云区特殊教育学校

2018 年，北京市密云区特殊教育学校占地面积 9144 平方米，校舍建筑面积 4215 平方米，运动场地面积 2864.40 平方米。图书馆（室）藏书 4010 册。固定资产总值 1885.40 万元，全年教育经费投入 1558.70 万元。学校信息化经费投入 11.30 万元，拥有计算机 60 台，网络多媒体教室 22 个，校园网出口总带宽 1000Mbps，数字资源量 75GB，“信息技术”课程 8 课时 / 周。教职工 46 人，其中，高级职称 4 人、中级职称 23 人。专任教师 35 人，本科以上学历 42 人。开设教学班 12 个。毕业 18 人、招生 12 人、在校生 82 人。

2018 年,学校坚持“生活中育人,育人中生活”办学思路，深化特殊教育课程改革。根据实际开展包班制、个别教育计划（IEP）的实施、康复训练等教育教学改革。以一、二年级 2 个班级作为试点，启动“低段”包班制教学实验，由 3 名教师包 1 个教学班，形成 2 个新的教学研究团队。在全校推广 IEP 的实施，教师为每名学生制定 IEP 教学目标，实施个别化教育。重视康复训练课程，选派 6 名教师承担语言训练、动作训练、感统训练、自闭症训练等个训任务，每人开展训练 6～9 课时 / 周。

推进课程建设。在开足开齐培智学校国家课程的基础上，加强校本课程开发，情景剧课程建设取得丰硕成果，印制《喜乐梦工厂》情景剧剧本,开设艺术休闲课程。举办“中华经典传唱节”活动；以烹饪课为基础，开展“舌尖儿上的特教”美食节活动;以绘画与手工课为载体,开展“水墨童心”融合教育书画展活动。

全面育人。组织学生参加各级各类体育、艺术类活动。学校特奥足球队获中国残联组织的三菱足球争霸赛银牌和精神文明奖。组织学生参加密云区教委举办的学生滑雪活动，16 名学生首次走进滑雪场，体验滑雪运动，为冬奥助力。

（商德良）

北京市延庆区特殊教育中心

2018 年，北京市延庆区特殊教育中心占地面积 1.98 万平方米，建筑面积 0.40 万平方米，体育场（馆）面积 1.04 万平方米。图书馆藏书 2.32 万册，电子图书 1 万册。固定资产总值 1042.69 万元，全年教育经费投入 1328.71 万元。学校信息化经费投入 15.04 万元，拥有计算机 91 台，网络多媒体教室 21 个，校园网出口总带宽 100Mbps，数字资源量 300GB，“信息技术”课程 2 课时 / 周。教职工 35 人，其中，高级职称 1 人、中级职称 20 人。专任教师 29 人，本科以上学历 31 人。开设教学班 7 个。中学毕业 7 人；小学招生 19 人；在校生 82 人（小学 43 人、初中 39 人），其中，智力障碍 55 人、听力障碍 1 人、视力障碍 1 人、肢体障碍 9 人、多重残疾 14 人、精神残疾 2 人，包括寄宿生 22 人。

2018 年，学校本着重度学生学会生活自理，摆脱别人帮助；中度学生学会居家生活，服务他人；轻度学生能够自食其力，服务社会目标，办人民满意的特殊教育。

加强教师队伍建设，组织教师到山东、广东、广西等地参加音乐治疗、内控培训、新课程标准等专题式培训；参加北京市性健康教育委员会组织的性健康教育理论初级班、中级班培训；开展个别化教育计划、课程标准解读、结构化教学培训；以教研组教研形式针对新课标、新教材进行专题研究；推选 5 名教师参加市教委“体验式”培训；开展 2 次推门听课、2 次献课活动；全员参与课堂教学评选活动。

推进课程改革，依据《培智学校义务教育课程设置实施方案》开齐课程、开足课时，要求校本课、康复课、个训课、职训课等选择性课程，要有课程思路、课程目标、课程内容等要素；实施 2 名班主任共同管理 1 个班级；在低年级开展“结构化教学”研究工作，在创建结构化环境、安排结构化一日流程、建立个人工作区、提供视觉提示等方面落实；开展专题教研活动 8 次。

以课程开发为模式，开展各类实践活动。带领学生走进银行、超市；组建种植小组、环保小组、志愿服务队，参与学校种植活动、废品回收变卖活动、卫生打扫活动；组织学生到北京植物园、延庆地质博物馆、青山园参加社会大课堂活动；举办延庆区第二届残疾人运动会。

推进全区融合教育工作。举办融合教育教研活动 1 次；举办融合教育管理干部培训会 4 次；组织学生到普通中小学参加融合教育活动 4 次；3 名教师为 21 名极重度学生提供送教上门服务；组织教师到 8 所小学、5 所中学下校调研和指导融合工作；建成“示范性学区融合教育资源中心”。

（周英杰）

（本栏责任编校　孙晓楠）

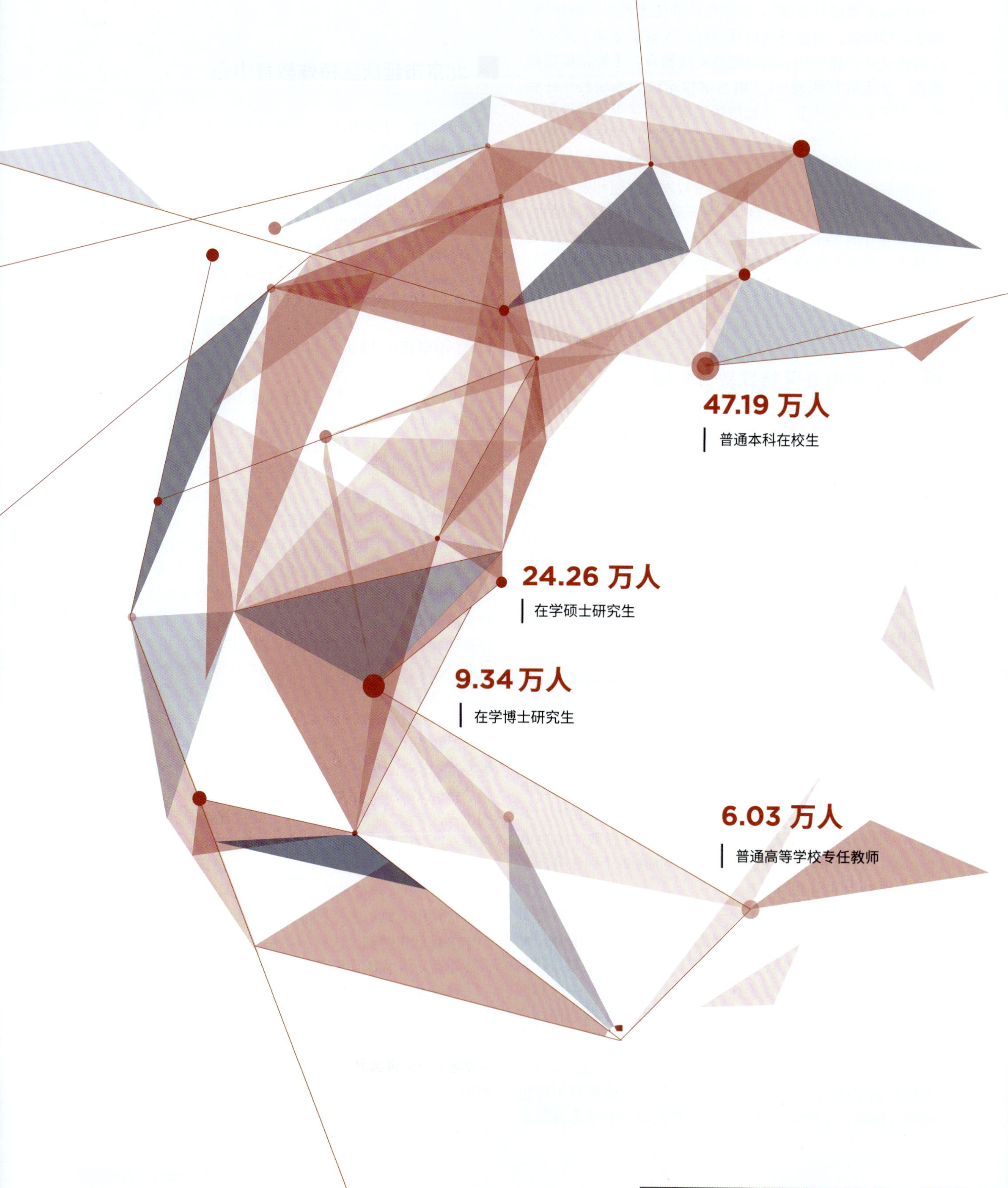
47.19 万人
普通本科在校生
24.26 万人
在学硕士研究生
9.34 万人
在学博士研究生
6.03 万人
普通高等学校专任教师

2019 | 普通高等教育

HIGHER EDUCATION

综述

概述

2018 年，收录的 59 所普通本科高校（不含民办）中，中央部委所属高校 38 所，包括教育部所属 25 所、其他部委所属 13 所，市属公办高校 21 所。59 所高校产权占地面积 3851.70 万平方米，产权校舍建筑面积 3575.37 万平方米。图书 9843.80 万册。固定资产总值 16244697.33 万元，其中，教学、科研仪器设备资产值 5870223.47 万元。教职工 12.55 万人，其中，专任教师 6.03 万人，包括正高级职称 1.76 万人、副高级职称 2.26 万人。毕业生 11.20 万人、招生 12.02 万人、在校生 47.19 万人。北京市 59 所普通高校和 88 个科研机构培养研究生，有在学研究生 33.60 万人，其中，博士生 9.34 万人、硕士生 24.26 万人。招收研究生 11.72 万人，比上年增加 0.54 万人。

（张晓兰）

市属高校分类发展

2018 年，市教委积极推进市属高校分类发展。市委、市政府《关于统筹推进北京高等教育改革发展的若干意见》明确要加强宏观引导，推动高等学校分类发展，要支持中央在京高校服务国家战略，引导其立足北京、服务北京、融入北京。发挥资源配置和政策激励的导向作用，在分类管理、分类指导、分类支持、分类评价的基础上，逐一研究并明确市属高校办学定位，推动其在不同层次、不同学科和不同领域办出特色，争创一流。支持以培养创新型人才为主，拥有入选国家“双一流”建设学科或在国际排名中达到一流水平学科的市属高校建设高水平研究型大学；支持以培养高水平人才为主，特色优势鲜明的市属高校建设高水平特色大学；支持以培养技术应用人才为主的市属高校建设高水平应用型大学；支持以培养技能型人才为主的市属高校建设高水平技能型大学。市教委于 7 月印发《关于做好〈统筹推进北京高等教育改革发展的若干意见〉落实工作的通知》，要求各市属高校制订本校实施方案，明确高水平应用型大学、高水平特色大学、高水平研究型大学办学类型。

（张富宇）

高水平人才交叉培养计划继续实施

2018 年，北京市继续实施“高水平人才交叉培养计划”。其中，“双培计划”先后从市属 3 所高校选送 6136 名学生采取“3+1”或“1+2+1”分段式培养机制到中央高校学习，共涉及中央部委属高校 23 所，市属高校 17 所，涉及专业 120 余个，90 余个专业为新兴、亟需和交叉专业。“外培计划”覆盖全部 21 所市属学校，涉及亚洲、欧洲、美洲 3 个大洲的国（境）外高校 70 余所，包括体育经济与管理、运动康复、食品质量与安全等 110 余个专业，参加学生 1695 人，派出学生 984 人，完成访学计划已回国的学生 510 人。“实培计划”至 2018 年，累计支持毕业设计（论文）创业类项目 1309 个，其中，文综类 360 个、理工类 949 个；支持毕业设计（论文）科研类项目 1254 人次，其中，文综类 198 人次、理工类 1056 人次；支持大学生科研训练深化项目 854 个，其中，文综类 217 个、理工类 637 个；支持北京理工大学等 14 个实验教学开放共享中心建设。

（赵晓琳）

卓越工程师教育培养高校联盟继续推动卓越工程师培养

2018 年，北京卓越工程师教育培养高校联盟继续推动卓越工程师培养工作。全年组织卓越联盟暑期学校两期，参加学生 36 人次；新建设并验收共享课程 20 门，至 12 月，累计向联盟高校开设共享课程 3 门，选课学生 100 人次；组织实施 2018 年度联盟科创杯科技竞赛。北京卓越工程师教育培养高校联盟是由北京航空航天大学中法工程师学院牵头成立的，联盟成员包括北京理工大学、北京交通大学、北京建筑大学等17所高校，自2012年度起已经成功组织7届暑期学校。2018年北京卓越联盟暑期学校分别于5月27日至6月10日、7月4日至7月28日，在法国里昂中央理工大学、巴黎中央理工大学，美国威斯康星大学斯托克分校组织两期暑期学校，17所高校的18名学生和2名教师、13所学校的14名学生和2名教师分别到法国和美国参加学习。

（赵晓琳）

北京学院建设

2018年，市教委与北京学院所在学校继续推进北京学院建设改革。自2015年至2018年，市教委在北京航空航天大学、北京理工大学、北京交通大学、中国农业大学、中央财经大学5所部委属高校建有5所北京学院。其中，农大北京学院开设食品营养与安全辅修专业，采取“授课与科研训练相结合、注重科研训练”的方式培养学生。年内新招收市属高校学生27人，毕业38人。学生主要利用暑假、周末、寒假完成食品营养学、食品安全学、食品科学基础、食品加工学、食品学科前沿及进展、农产品（食品）市场与经济、食品生产实习认知7门课程和食品加工类专业实验、食品品质评价及检测分析实验、食品生产认知实习以及科研素质训练科技实践及专业实验课。至2018年，农大北京学院累计招生157人，毕业118人。北航北京学院完成组织机构改革、制定《北京学院院务会会议制度实施办法》；继续推动“双培计划”实施，对507名“双培计划”在读学生进行“书院制”人才培养模式和跨院校教学模式的探索和创新。承办北航国际暑期学校，来自五大洲、27个国家和地区的71所大学的401名学生报名注册，其中，年内报到选课学生194人，179人获暑期学校证书和成绩单。辅助北航开展优质慕课建设，新制作“中英文化比较”等4门慕课，引进“国际工程基础”等5门国外优质课程。北理工北京学院继续开展和其他二级学院的统筹协调，实现协作发展方面全覆盖。以与数学与统计学院的合作为试点，开展“双培计划”服务京津冀协同发展项目；同时与9个学院签署基于教学的合作协议，和7个学院签署学生培养融合协作协议，形成与学校“双培计划”和“双一流”建设有机融合新局面。组织和支持135人出国（境）短期访学。北交大北京学院依据“城市交通”辅修专业的培养方案，落实授课教材、实习场地、课程设计等相关工作，同时安排有经验的教师担任北京学院的辅导员与班主任。全年招收来自北方工业大学、北京工业大学、北京建筑大学等8所市属高校的32人成为该校北京学院第三届学生，学业课程8门。

（赵晓琳）

卓越新闻人才培养高校联盟系列活动

2018年，北京市卓越新闻人才培养高校联盟开展系列活动。联盟借助业界、学界平台，整合资源，组织联盟15所高校共计300余名师生参加“全球化时代的传播、媒介与政府治理”NCA中国区论坛、中华新闻传播学术联盟第十届研究生学术研讨会暨青年学者论坛、“好记者讲好故事”中国传媒大学交流会等活动。同时围绕新闻专业的特点，探索在教育教学、科学研究、社会实践等不同领域、不同形式、不同层面的合作，推进新闻类专业的建设，与北京印刷学院、北京第二外国语学院、中央民族大学等联盟高校召开教学研讨会议，组织联盟教师参加中国传媒大学国际教授工作坊等活动。

（赵晓琳）

高等教育布局优化

2018年，市教委优化高等教育布局。市教委聚焦重点疏解项目，定期联合调度市属高校新校区建设，北京工商大学良乡校区、北京电影学院怀柔校区、北京信息科技大学昌平校区、北京城市学院顺义校区等项目稳步推进。同时对接各区研制分区教育规划，推进各区都有高校。统筹推动良乡、沙河大学城建设，组织修订规划，细化行动计划和奖励措施，研究完善管理机制和建设方案。支持中国人民大学在通州潞城、北京化工大学在昌平南口、中央民族大学在丰台王佐建设新校区。2018年推动中国矿业大学（北京）、北京师范大学、北京建筑大学等9所高校向郊区疏解学生共计5131人。

（王鑫）

18个基地入选高等学校学科创新引智计划

1月12日和8月19日，教育部、国家外国专家局分别公布2018年度新建高等学校学科创新引智基地名单和2018年度地方高校新建学科创新引智基地名单。北京地区中央部委属高校17个基地入选、市属高校1个基地入选。教育部、国家外国专家局2018年共批准中央部委属高校62个引智基地、地方高校25个引智基地作为建设项目予以立项。

（张晓兰）

2018年度新建高等学校
学科创新引智基地名单（北京）

北京大学
后摩尔时代微纳电子学科创新引智基地
北京航空航天大学
空天多尺度力学与热力学学科创新引智基地
北京化工大学
面向高端装备及医学器件的先进制造学科创新引智基地
北京交通大学
高速铁路高效运营与安全保障学科创新引智基地

北京理工大学
医用光学与医疗成像学科创新引智基地
北京师范大学
流域水安全与综合管理学科创新引智基地
北京协和医学院
干细胞储存库工艺技术研发及亚健康干预研究学科创新引智基地
北京邮电大学
物联网基础理论与关键技术学科创新引智基地
对外经济贸易大学
全球价值链研究学科创新引智基地
华北电力大学
中国绿色电力发展研究学科创新引智基地
清华大学
生态河流动力学学科创新引智基地
中国地质大学（北京）
岩浆成因和大陆地壳形成学科创新引智基地
中国矿业大学（北京）
二氧化碳捕捉、利用与封存学科创新引智基地
中国农业大学
食品营养与健康学科创新引智基地
中国石油大学（北京）
海洋油气生产安全工程学科创新引智基地
中国政法大学
法治与全球治理学科创新引智基地
中央戏剧学院
戏剧影视艺术教学与创作学科创新引智基地

（张晓兰）

2018 年度地方高校新建学科
创新引智基地名单（北京）

北京工业大学
先进显微学与跨标准质料学科创新引智基地

（张晓兰）

中国特色社会主义生态文明研讨会

1 月 13 日，北京邮电大学举办“新时代中国特色社会主义生态文明：理论与实践”学术研讨会。会议宣布“北京邮电大学社会主义生态文明研究中心”揭牌。邮电大学宣读“全国高校新时代中国特色社会主义生态文明研究倡议书”，与会专家学者围绕生态文明建设交流研究成果。该中心是全国高校首家“社会主义生态文明研究中心”，主要开展习近平生态文明思想及生态马克思主义中国化研究，中心设主任 1 人、副主任 2 人。会议与教育部高等学校社会科学发展研究中心《中国高校社会科学》联合主办，全国 60 余所院校、科研机构的 100 余名专家学者参加会议。

（吴昊）

京南大学联盟主题研讨会

1 月 19 日，京南大学联盟在北京印刷学院联合召开“绿色大学行动”主题研讨会。会议认为，京南大学联盟作为首都地区较有影响力的高校合作组织，近年来在服务地方经济社会发展，加强互利合作等方面做出一定的贡献。京南大学联盟将围绕贯彻落实党的十九大关于建设绿色学校和市政府“垃圾分类从我做起，美丽北京共建共享”倡议，推进“绿色大学”行动计划，联盟五校携手推进绿色大学建设，共同开展绿色教育。相关院校领导以及各校联盟工作组成员、大兴区政协常委和委员近 20 人参加会议。京南大学联盟成立于 2016 年 10 月，由印刷学院、北京石油化工学院、北京建筑大学 3 所地处大兴区的市属高校携手成立。后续有北京电子科技职业学院、首都师范大学科德学院先后加入联盟。

（谢丹）

北京高校电子信息类专业群年度总结会

1 月 21 日，北京信息科技大学举办北京高校电子信息类专业群 2017 年度总结会暨研讨会。会议总结 2017 年电子信息群建设工作，认为在专业建设、课程和实验建设、教师团队建设和学生培养等方面取得一定成果。与会人员听取主题汇报，围绕各校专业建设和课程建设的情况和特色、专业群建设中的课程共建、合作交流等问题进行研讨。北京邮电大学、北方工业大学、北京航空航天大学等 8 所高校相关学院以及信息科大通信学院领导、专业负责人、课程组组长和骨干教师共 70 余人参加会议。

（李飞）

医工整合联盟成立

1 月 29 日，医工整合联盟筹备成立大会在北京航空航天大学举办。会上，与会单位通过《医工整合联盟章程》，选举北航为联盟理事长单位，并选举产生首届理事长、秘书长各 1 人，选举联盟副理事长 61 人，常务理事 151 人。该联盟旨在创新医工整合新机制，探索全民健康新模式，打通科技成果转化“最后一公里”。联盟将搭建政产学研医一体化模式的创新合作平台，促进前沿工程技术在解决医学相关问题中的转化应用，促进各创新要素的整合与协同。来自全国 40 余家三甲医院、50 余家高校和科研院所、70 余家医疗器械企业和 40 余家投资机构的 400 余名业界专家学者参加活动。

（朴悦嘉）

全国行业特色型大学马克思主义学院建设与学科发展研讨会

2月8日，北京邮电大学举办第二届全国行业特色型大学马克思主义学院建设与学科发展研讨会。会上，北京外国语大学、中国石油大学（华东）、北京化工大学马克思主义学院相关负责人分别从各自学校的行业特色优势出发，分享学院在思想政治理论课教学以及马克思主义学院建设方面的独特经验。会议围绕联盟章程草案、联盟的持续性和常态化发展、新时代马克思主义学院发展和学科建设所面临的机遇及前景、马克思主义学院与行业特色的融合、人才培养和评价体系问题交流探讨。会议审议并确立《全国行业特色型大学马克思主义学院联盟章程》和联盟标志，确定哈尔滨工程大学承接“第三届全国行业特色型大学马克思主义学院建设与学科发展研讨会”。全国29所行业特色型高校马克思主义学院院长、书记和专家学者等共100余人参加会议。

（吴昊）

世界大学智库联盟成立

3月24日，世界大学智库联盟成立仪式及首次会议在中国人民大学举行。会议主题聚焦“一带一路”绿色发展，对全球特别是“一带一路”倡议沿线各国共同面临的法律与标准差异、气候变化、绿色金融发展、能源安全、公共卫生、文化认知、高等教育、公共外交等建设人类命运共同体过程中需要获得共识的领域展开深入探讨。与会人员共同启动世界大学智库联盟，该联盟致力于加强智库建设、发挥智库影响力，合力将知识交流打造成知识云端，将智库对话提升为智库联盟，构筑一条“智力丝路”，协力献计全球治理与发展。来自全球26所高校及其研究机构和所属智库的近200名专家学者参加。

（陈伟杰）

市属高校工作会议召开

4月24日，市委教育工委、市教委召开2018年北京市属高校工作会议。会议解读《关于统筹推进北京高等教育改革发展的若干意见》，北京工业大学、北京建筑大学、北京联合大学分别代表研究型大学、特色大学、应用型大学作交流发言。林克庆参加会议并讲话。市委市政府有关领导，市相关委办局负责人，市属本科高校党委书记、校长及主管教学、科研、研究生工作的副校长，市委教育工委市教委各处室相关负责人110余人参加会议。

（谢文全）

在线开放课程建设应用共享工作会

5月3日，市教委在清华大学召开2018年北京高等学校在线开放课程建设应用共享工作会。会议强调，加强在线开放课程建设应用共享，构建“互联网＋”条件下人才培养新模式，以教育信息化推动教育现代化，是新形势下提升人才培养能力的重要方式。各高校要高度重视在线开放课程在推动教学方式变革、拓展教学时空、重塑教与学关系、增强教学吸引力中的重要作用，系统规划、创新机制、加强保障，以在线开放课程为依托，推进信息技术与教育教学融合发展，建资源、强应用、促共享、提水平，进一步提升人才培养能力。北京高校优质课程研究会、中国人民大学、北京大学、北京师范大学等单位课程建设相关负责人在会上作交流发言，65所本科高校教务处长及相关负责人130余人参加会议。

（张富宇）

“双一流”建设国际研讨会

5月4日，北京大学、市教委、韩国高等教育财团共同举办的“双一流”建设国际研讨会暨北京论坛（2018）在钓鱼台国宾馆开幕。研讨会以“变与不变——120年来全球大学与世界文明”为主题，孙春兰发表讲话。陈宝生、陈吉宁以及44个国家和地区的261所高校代表参加开幕式。开幕式前，孙春兰会见牛津大学、莫斯科国立大学等世界一流高校的23名校长。论坛共设有三大板块9个分议题，共同探讨高等教育和世界文明的发展趋势。在深入剖析中增进对现代大学精神及高等教育内涵的理解，共同探索中国特色的世界一流大学和一流学科建设之路。

（傅翰文）

北京高校文创设计专业群成立

5月8日，市教委印发《关于组建文创设计专业群的通知》，启动北京高校文创设计专业群建设工作。此举旨在深化专业建设内涵，推进高校间协同发展，提高北京高校设计类人才培养质量，提升北京高校服务首都经济发展的贡献力。市教委同时公布文创设计专业群专家委员会名单和文创设计专业群教学协作委员会名单。11月1日，北京高校文创设计专业群专家组织成立，由中国地质大学（北京）、北京工业大学担任牵头高校，成员包括15所相关高校及企业。市教委专业群建设工作2011年底启动，至2018年底，共启动建设专业群12个，每个专业群由一所中央高校、一所市属高校牵头，并成立专家组织。其中，牵头高校须在专业领域内具备明显特色优势，专家组织主任委员须为领域内杰出代表。北京高校文创设计专业群是市教委重点建设的第12个专业群，涵盖产品设计、工艺美术、服装与服饰设计、视觉传达设计等设计学类专业，涉及北京高校30余所。

（段磊）

全国医学教育发展中心成立

5月16日，新时代医学教育改革发展暨全国医学教育发展中心成立大会在北京大学召开。会议为全国医学教育发展中心揭牌，为中心名誉主任、特聘专家、主任、副主任等颁发聘书。该中心是受教育部和国家卫生健康委的委托，依托北大医学教育研究所而组建的国家级医学教育研究机构，主要职能包括政策研究、医学教育教学管理干部教育培训、医学教育数据共享与信息服务、医学教育国际交流与合作、临床医学专业认证等。会议同时举行“新时代医学教育改革发展工作部署及研讨”论坛，邀请医学、教育学、工学、人工智能等学科背景的9名专家共话医学教育未来的改革与发展。听取题为《以创新促改革，以改革促进发展服务健康中国和教育强国建设》《医教协同推动医学教育高等质量发展》等主题报告，北大医学部副主任王维民以《中国临床医学专业认证制度的建立与实施》为题向与会人员介绍临床医学认证工作。来自全国107所院校的校长、医学院院长和教育工作者以及300余名医学教育领域专家参加会议。

（徐聪颖）

国家安全学学科建设与协同创新中心组建

5月27日，国际关系学院牵头组建国家安全学学科建设与协同创新中心。该中心由国关学院牵头，北京外国语大学、上海政法学院、外交学院、国防大学国家安全学院、中共中央党校国际战略研究院和中国人民大学国家安全研究院共同组建。中心以国家重大战略需求为导向，以基础理论和应用研究为基本范畴，以人民安全为宗旨，以政治安全为根本，以外部和内部安全、国土和国民安全、传统和非传统安全、自身和世界共同安全为基本布局，通过交叉融合、协同创新，以体制机制改革为保障，以“文理—军地—校所—校校—校内协同”为路径，推动建设有中国特色、适应国家安全工作发展的国家安全学学科理论体系、人才培养机制和国家安全学学科专业建设综合研究。中心秘书处设在国关学院研究生部。

（任婉君）

统筹推进北京高等教育改革发展的若干意见印发

6月8日，市委、市政府印发《关于统筹推进北京高等教育改革发展的若干意见》。意见包括总体要求、明确改革任务、加强基础工作、强化实施保障4个方面内容。主要特点突出推动高校扎根中国大地办好中国特色社会主义大学，服务北京城市战略定位；强化育人导向，坚持以立德树人为根本、教育教学为主业、科学研究为支撑；着力推进高校内涵发展、特色发展和差异化发展，引导高校进一步明确自身发展定位；坚持深化体制机制改革与推动建设发展相结合；统筹兼顾市属高校及在京中央部委属高校发展，提升北京高等教育整体实力。

（张富宇）

全国城市型、应用型大学建设论坛

6月8日至9日，北京联合大学举办第二届全国城市型、应用型大学建设论坛。论坛主题为“深化内涵式发展，建设一流应用型大学”，围绕产教融合、专业建设与本科教育、学科建设与科学研究、与所在城市及区域经济社会发展的关系、应用型大学德育议题，探讨一流应用型大学建设的模式探索与创新、改革开放以来应用型高等教育的发展历程、经验与展望等。论坛设1个主题沙龙、1个主论坛、1个分论坛，邀请30余名专家领导作主旨讲话和主题报告。教育部、市教委、北京市高等教育学会以及16个省、自治区、直辖市的40余所高校、企事业单位、科研机构的嘉宾和媒体代表150余人参会。

（王岩　刘永武）

4所高校入选首批网络空间国际治理研究基地

7月5日，北京4所高校入选全国首批网络空间国际治理研究基地。分别是清华大学、北京邮电大学、北京航空航天大学、中国人民公安大学。网络空间国际治理研究基地由国家互联网信息办公室和教育部联合组织评选，旨在发挥高校在互联网领域的教学研究资源和优势，鼓励高校加强相关领域理论研究、学科建设和人才培养。经过学校申报等程序，共有10所高校入选。

（张含晨　袁浩歌　张晓兰）

市属高校与中央部委属高校签约共建28个学科

7月18日，北京高校共建签约仪式举行，20所市属高校与12所中央部委属高校就28个共建学科签订《北京高校学科共建方案》。各签约高校发挥办学优势与特色，通过师资交流、科研合作、联合培养等多种方式，打通学科链条，开展互补协作，融合发展，逐步形成学科集群效应，实现资源共享、互利互惠、合作共赢，共同提升北京高等教育整体实力。

（侯东云）

北京市属高校与中央部委属高校共建学科名单

市属学校共建学科	中央部委属高校共建学科
北京工业大学 材料科学与工程	北京科技大学 材料科学与工程
北京工业大学 控制科学与工程	清华大学 控制科学与工程
北京工业大学 机械工程	清华大学 机械工程
北方工业大学 控制科学与工程	北京理工大学 控制科学与工程
北京工商大学 食品科学与工程	中国农业大学 食品科学与工程
北京工商大学 工商管理	对外经济贸易大学 工商管理
北京服装学院 设计学	清华大学 设计学

市属学校共建学科	中央部委属高校共建学科
北京印刷学院 新闻传播学	中国人民大学 新闻传播学
北京建筑大学 建筑学	清华大学 建筑学
北京石油化工学院 机械工程	清华大学 机械工程
北京农学院 园艺学	中国农业大学 园艺学
首都医科大学 基础医学	清华大学 生物学
首都医科大学 临床医学	北京协和医学院 临床医学
首都医科大学 口腔医学	北京大学 口腔医学
首都师范大学 教育学	北京师范大学 教育学
首都师范大学 历史学	北京大学 历史学
首都师范大学 中国语言文学	北京大学 中国语言文学
首都体育学院 体育学	北京体育大学 体育学
北京第二外国语学院 外国语言文学	北京大学 外国语言文学
北京物资学院 管理科学与工程	北京交通大学 系统科学、管理科学与工程
首都经贸大学 应用经济学	中国人民大学 应用经济学
首都经贸大学 工商管理	中国人民大学 工商管理
中国音乐学院 音乐与舞蹈学	北京大学 中国语言文学、艺术学理论、中国史
中国戏曲学院 戏剧与影视学	北京师范大学 戏剧与影视学
北京舞蹈学院 音乐与舞蹈学	中央音乐学院 音乐与舞蹈学
北京信息科技大学 仪器科学与技术	清华大学 仪器科学与技术
北京联合大学 工商管理	中国人民大学 工商管理
北京电影学院 艺术学理论	北京大学 艺术学

（侯东云）

世界能源大学联盟成立

9月22日，中国石油大学（北京）发起成立世界能源大学联盟。该联盟旨在打造全球能源领域教育共同体，推动各个国家和地区大学之间在以石油与天然气为主的能源领域内开展交流合作，美国、英国、加拿大等16个国家的28所能源领域高校代表共同签署《世界能源大学联盟宣言书》，致力于把联盟建成世界能源大学可持续合作的平台、能源领域人力资源输出的平台、科研协作的平台、产学研合作的平台、民心相通的平台。经过审议并表决，联盟由全体成员大会和秘书处两部分组成，其中，全体成员大会是最高决策机构，每4年召开一次；秘书处负责执行全体成员大会的决定，向全体成员大会主席汇报上一年度的活动并提出年度方案，实施年度方案，组织、运行和评估联盟的各项活动等。联盟秘书处设在石油大学。联盟采用轮值主席制，由1所成员大学主持工作，每届轮值期为4年，可重复轮值。本届的主席单位是石油大学。

（李强楠）

9月22日，石油大学举行世界能源大学联盟成立大会
（石油大学 供）

首届国际工程教育论坛

9月24日，第一届国际工程教育论坛在清华大学举办。论坛以“工程教育创新发展”为主题，旨在汇集全球工程教育、工程科技和工程管理领域的学者和领袖，共同研讨工程教育的创新发展。论坛听取美国麻省理工学院副教务长、全球工学院院长理事会主席题为《工程教育的创新》（*Innovations in Engineering Education*）《通过协同效应将影响最大化：一种全球视野》（*Maximizing Impact through Synergy: A Global Perspective*）的主旨演讲，并举办校长论坛和分组论坛。论坛与中国工程院、联合国教科文组织联合主办。来自近20个国家或地区的大学、国际组织、学术团体和企业的150余名专家学者和行业代表参加论坛。

（张含晨）

全球音乐教育联盟校长交流季

9月25日至30日，中国音乐学院举办2018全球音乐教育联盟校长交流季。联盟听取中国音乐学院校长的工作报告，并审议通过全球音乐教育联盟总部基地落户中国北京的决议。世界各国音乐院校校长围绕“全球音乐教育联盟课程对接方案”“全球音乐教育联盟‘学院奖’比赛举办方案”“联盟院校间互联网远程开放课程的教学方案及可操作性设计”等议题展开研讨。中国音乐学院作为全球音乐教育联盟秘书处学校，将与联盟成员展开“2＋2”本科、“1＋1＋1”研究生、“4＋2/4＋1”本硕连读等联合人才培养项目，开启国际联合人才培养机制。此次交流季签署系列协议，举办艺术采风活动及庆典音乐会。11月，20所意大利音乐学院加入全球音乐教育联盟，至此，联盟吸纳来自亚洲、北美洲、欧洲、大洋洲的64所音乐院校。

（江瑾尧）

协和医学院“4＋4”临床医学班开学

10月8日至9日，北京协和医学院2018年“4＋4”长学制临床医学专业培养模式改革试点班开学。试点班与北京大学、清华大学、中国科学技术大学合作，启动“4＋4”长学制临床医学专业培养模式改革，招收非医学类本科已完成3年以上课程的优秀学生本科毕业后进入协和医学院开展临床医学专业学习，学制4年，毕业后取得医学博士学位。共有16名学生进入第一期试点班学习。该学制是世界医学教育主流模式中的一种，把医学教育定位于在多学科背景的本科教育基础之上的研究生教育，要求学生在本科学习期间，除从本专业毕业并取得学士学位外，亦需修一定生物、化学等医学基础课程。此模式在中国医学教育中尚属首次。

（易婧婧）

大学校园可持续发展宣言签署

10月13日，在清华大学主办的第七届“麦道学院年度高峰论坛”上，23所国内外高校签署大学校园可持续发展宣言。宣言旨在减少各大学校园碳排放量，促进高校制订可持续发展措施。根据协议，各校确定并执行可持续性发展校园的方法和指标；执行节能减排等各项措施，节约校园运营费用并减少碳排放量；促进观念与有效措施的交流；以校园为“生活实验室”，推进各大学在能源、环境、可持续发展等方面的研究与教育项目各大学代表的定期会晤，讨论并监督各自取得的成果。论坛与圣路易斯华盛顿大学共同主办，共有香港大学、韩国延世大学、印度理工学院孟买分校等23所圣路易斯华盛顿大学麦道学院合作伙伴大学签署该协议。

（张含晨）

中外大学校长体育论坛

10月20日，北京体育大学举办第六届中外大学校长体育论坛。论坛以“冬奥文化与传承”为主题，由10所国内外高校共同参与的“一带一路”体育教育论坛同期启动。来自北京师范大学、清华大学等18所国内高校，德国科隆体育大学、波兰格但斯克体育大学、瑞士马克林根体育学院等20所国外高校的14名大学校长，分别以《加强学科融合，建设一流体育学科——认知神经科学研究进展与启示》《传承体育育人传统，全方位助力北京冬奥》《冬季奥林匹克运动会在世界范围内的发展》（*Development of Winter Olympic Games Around the World*）等为题发表主旨演讲。国家体育总局、市人大常委会相关负责人及来自英国、德国、波兰等20余个国家的专家学者、国内外大学代表、海内外校友代表共530余人参加活动。论坛是北体大建校65周年学术系列活动之一，包括9个分论坛，分别是第二届冰雪运动“一带一路”科学训练国际论坛、第三届北体大—春田学院论坛、第三届北体大—科隆体大论坛、中挪国际交流论坛、中芬冰雪运动合作论坛、冬奥志愿服务国际研讨会、智能科技与智能体育国际论坛、首届北体产业发展论坛分论坛活动。

（董健）

10月20日，北体大举办第六届中外大学校长体育论坛

（体育大学 供）

医学“双一流”建设联盟成立

10月24日，北京大学牵头组建的医学“双一流”建设联盟成立。该联盟围绕目标任务、聚焦重点问题，定期举行高层会议与论坛、开展专题研究与培训、输出政策意见与建议等。首批成员（即发起单位）共9个，分别为北京大学、北京协和医学院、复旦大学、上海交通大学、浙江大学、武汉大学、华中科技大学、中山大学和四川大学。联盟设理事会，包括理事长1人、副理事长3人；下设秘书处和工作协调组，挂靠北大研究生院医学部分院。

（徐聪颖）

中国—中东欧国家舞蹈文化艺术联盟第三届年会

10月26日，北京舞蹈学院召开中国—中东欧国家舞蹈文化艺术联盟第三届年会。年会上，11个新成员加入联盟，分别是北京师范大学、首都师范大学、中央民族大学、上海戏剧学院、浙江音乐学院、天津音乐学院、东北师范大学、云南艺术学院、西北民族大学、南京艺术学院和塞尔维亚的谢尔盖·普诺宁基金会，联盟成员发展至34个。会议同时介绍交流发展计划，商议合作项目。文化旅游部、市外办相关负责人及各联盟校代表50余人参加会议。“中国—中东欧国家舞蹈文化艺术联盟”工作先后列入2017年和2018年中国—中东欧国家领导人会晤签署的《中国—中东欧国家合作布达佩斯纲要》和《中国—中东欧国家合作索菲亚纲要》。

（段晓萌）

首批师范专业二级认证工作启动

10月，市教委启动首批师范专业二级认证工作。根据要求，市教委研究制定《2018年—2020年北京市属普通高校师范类专业认证工作实施办法》，按照“2018年少数学校、少数专业先行先试，2019年、2020年逐步推开，时间服从质量”的原则开展师范专业二级认证。首批二级认证专业为首都师范大学小学教育等3个专业、北京联合大学学前教育等2个专业。市教委委托教育部评估中心开展认证工作。截至12月，首师大小学教育作为全国试点专业已通过认证，首师大汉语言文学专业、学前教育专业，联合大学学前教育专业、应用心理学专业正在认证过程中。

（段磊）

高速铁路高校联盟大会

11月26日，北京交通大学牵头举办首届高速铁路高校联盟大会。会议讨论通过联盟规章、联盟工作指导小组成员名单以及在国际铁路联盟官网上设立高速铁路高校联盟专用网站等。来自香港理工大学、意大利米兰比可卡大学、英国利兹大学以及西南交通大学的4所高校教授分别作自由发言和PPT展示。来自中国、美国、俄罗斯等9个国家和中国香港地区的40余名高速铁路领域专家参会。高速铁路高校联盟由国际铁路联盟发起并组织，旨在加强国际铁路联盟、学术机构和各国铁路部门之间的协同合作，提升联盟内高校总体教育质量和创新能力，服务联盟内各国交通事业发展需要。来自美国、英国、法国等10个国家和中国香港地区的26所高校加入联盟。

（高杰）

首届高校积极心理健康教育高峰论坛

11月30日，北京航空航天大学举办首届高校积极心理健康教育高峰论坛。论坛上，北航牵头联合30余所高校成立高校积极心理健康教育联盟，共同围绕积极心理健康教育工作，在搭建平台、共享资源、联合攻关等方面开展交流合作。论坛同时设立“新时代高校积极心理健康教育的内涵与特点”“高校积极心理健康教育实现路径与未来展望”“积极心理健康教育视野下的高校学生学业与发展支持”3个分论坛，来自全国近50所高校心理健康教育中心和学业与发展支持中心的近百名专家学者参加论坛。

（朴悦嘉）

《北京高等教育质量报告（本科）2017》发布

12月，市政府教育督导室发布《北京高等教育质量报告（本科）2017》。报告内容包括北京普通本科高等学校教学状态分析、北京高等教育改革发展的主要举措与成效以及问题与思考3个部分，从8个方面对62所北京地区普通本科高校进行教学质量分析，全面总结2017年北京本科高等教育质量建设情况。报告由北京教育科学研究院研制完成。

（王怀宇）

高校博物馆联盟接待25万人次

至年底，北京地区高校博物馆联盟累计接待25万人次。联盟20所学校的22个博物馆发挥各自专业优势，在定期开放的基础上，开展专业巡展。联盟通过年度工作计划协调会、各成员单位之间的定期互访等，在展馆布置、科普志愿者培训、热点科普问题专项展览等方面做好、做足基础工作，发挥博物馆普及科学的重要作用，举办100余场活动（讲座），累计接待参观近25万人次，包括中小学生集体参观7.6万人次、大学生集体参观10.2万人次。

（赵晓琳）

本科教育

本科专业调整

3月15日，教育部公布2017年度普通高等学校本科专业备案和审批结果。经申报、公示、审核等程序，北京29所高校新增备案本科专业79个（其中，10所市属高校新增备案本科专业18个）、13所高校新增审批本科专业30个（其中，3所市属高校新增审批本科专业3个），清华大学雕塑专业调整学位授予门类或修业年限，北京联合大学9个本科专业撤销。

（段磊　张晓兰）

外交学院召开本科教育教学工作会议

4月4日和11月5日，外交学院分别召开2018年本科教学工作会议和本科教育工作会议。会议介绍从“一流学科大学建设”到“一流本科教学工作”的设想，梳理自2011年以来三轮本科教学改革的主要任务和达成目标，指出要对本科教学改革进行调整、完善、提升和强化，打造独具外交学院特色的“四位一体”的本科教学一流课堂，即清洁课堂、知识课堂、和谐课堂、规范课堂。会议强调，外交学院本科教学定位是高端和特色，要重视学生的思想、知识和能力素质的培养，通过知名教师、知名课程和知名教材的建设，推进高峰教学，通过点面结合的教学改革，建设高峰课程。外交学院领导、教学指导委员会委员及各本科教学单位负责人共90余人参加会议。

（顾建俊）

首经贸召开本科教学工作大会

6月27日，首都经济贸易大学召开“以本为本，四个回归，提高本科教育水平”为主题的本科教学工作大会。会议听取校长介绍新时代全国高等学校本科教育工作会议情况，强调首经贸将推进大类招生、大类培养，打造一批有首经贸特色的国家级、北京市级一流专业，以“教室革命”推进教学模式改革，加大教师教学奖励力度，尝试慕课互动、研讨式教学。学校校部机关各部门负责人、教辅单位负责人、各教学单位领导班子成员、各系主任等40余人参加会议。

（黄少卿）

北航召开首届人工智能本科专业研讨会

7月8日，北京航空航天大学召开首届人工智能本科专业研讨会。会议就人工智能本科专业设置的必要性与方式，面向多学科需求的人工智能本科专业培养方案，以及人工智能本科专业教材出版规划和教学实践平台建设等议题开展研讨，并最终形成《关于设置人工智能专业建议书》。来自清华大学、南京大学、中国科学技术大学等全国26所大学的人工智能专业负责人参加会议。

（朴悦嘉）

中戏与保利剧院合办全国首个剧院管理本科班

7月16日，中央戏剧学院与北京保利剧院管理有限公司就深化校企合作达成协议。根据协议，双方在人才培养、行业高级人才研修、专业研究等领域展开全方位、深层次教育合作。计划于2019年合作举办国内第一个剧院管理本科班——“2019级保利剧院管理班”。该班面向全国统一招生，由戏剧学院根据剧院管理人才培养目标，制订培养方案，北京保利剧院管理有限公司根据剧院经营管理的实际需要，以专家讲座的形式对学生进行实训授课，并配合学校做好学生教学实践。学生毕业后，可以到保利剧院管理有限公司工作，也可以自由择业。

（王兴民）

7月16日，戏剧学院与北京保利剧院管理有限公司召开战略合作新闻发布会 （戏剧学院 供）

化工类高校举办新时代本科教育高峰论坛

9月15日至16日，北京化工大学举办新时代本科教育高峰论坛。论坛旨在贯彻全国教育大会及教育部新时代全国高等学校本科教育工作会议精神，加快建设高水平化工本科教育。南京工业大学等8所高校的与会领导，共同围绕卓越工程师培养、学校特色发展和“双一流”建设、产学合作、服务区域经济发展、产业发展引领学科建设、人才培养模式改革创新、学校转型发展、学校内部管理改革等内容研讨交流，分享各自学校的成功经验。全国化工类15所高校的党委书记、校（院）长及有关代表共30余人参加论坛。

（肖勇）

北体大召开面向新时代教育大会

11月24日至25日，北京体育大学召开面向新时代教育大会暨2018年教学工作会。会议以“推进一流本科和一流学科建设，着力提高人才培养能力”为主题，邀请北京大学、中国人民大学、中国教育学会、教育部教育发展研究中心的专家，围绕一流本科建设、提高研究生培养质量等作专题辅导报告。会议对标对表全国教育大会精神，对综合改革启动以来特别是2018年以来学校教育教学工作总结梳理，对学校全面深化教育教学改革和进一步深化人才培养改革，全面振兴人才培养工作提出明确要求。全体校领导、中层干部，各教研室书记、主任、副主任，发展规划与学科建设处、研究生院、教务处全体人员及全体辅导员共300余人参加会议。

（董健）

法大首次召开本科教育教学工作会议

12月6日，中国政法大学召开本科教育教学工作会议。会议全面贯彻全国教育大会精神、新时代全国高等学校本科教育工作会会议精神和习近平总书记关于教育的重要论述，完善《中国政法大学建设一流本科教育行动方案》（草案）。该方案分析法大当前本科教育取得的成绩与存在的问题，指明工作的指导思想和目标原则，并就建设一流本科教育提出科学谋划专业建设、稳定专业规模、优化专业结构等重要举措和保障措施。教育部高等教育司、市教委相关负责人，学校相关部门负责人，基层教学组织、教学督导、教师和学生代表参加会议。

（陈泉廷）

石油大学召开本科教育工作会

12月20日，中国石油大学（北京）召开本科教育工作会。会议期间，共组织校领导工作报告和系列专题报告8场，组织各学院及教学管理部门开展教育思想大讨论20场。通过研讨，梳理本科教育存在的主要问题，明确“坚持以本为本、推进四个回归、建设一流本科教育”的思路与举措。会后，出台《关于加快建设一流本科教育的若干意见》文件及系列配套文件共10项，为全面推进本科教育教学改革向纵深发展，加快建设一流本科教育体系提供制度保障。

（李强楠）

学位与研究生教育

北京地区新增博士硕士学位授权点

3月22日，国务院学位委员会公布2017年审核增列的博士、硕士学位授权点名单。经国务院学位委员会第34次会议审议批准下达，北京地区高校新增博士学位一级学科授权点28个、硕士学位一级学科授权点52个，新增博士专业学位授权点3个、硕士专业学位授权点54个。

（杨晖）

两校获批博士授予单位

5月2日，国务院学位委员会公布2017年审核增列的博士、硕士学位授予单位及其学位授权点名单。北京工商大学、北京建筑大学获批博士学位授予单位，工商大学应用经济学、食品科学与工程，北京建筑大学建筑学、土木工程获批一级学科博士学位授权点，北京石油化工学院、北京电子科技学院获批硕士学位授予单位，石化学院材料科学与工程、控制科学与工程、工商管理、工程硕士，电科学院网络空间安全、工程硕士获批硕士学位授权点。

（张晓兰）

社科大获学士学位授予权

6月7日，经第五届北京市学位委员会第二次全体会议学位委员投票表决，审议批准中国社会科学院大学为学士学位授权单位。同时，批准该校法学、政治学与行政学、社会学、社会工作、思想政治教育、经济学、国际经济与贸易、汉语言文学、英语、新闻学、广播电视新闻学、财务管理、行政管理和劳动与社会保障14个专业增列为学士学位授权点。该项工作经社科大申请，北京市学位办组织相关专家组进校考察评审后，由市学位委员会审议批准。

（杨晖）

吉利学院获得学士学位授予权

6月7日，经第五届北京市学位委员会第二次全体会议学位委员投票表决，审议批准北京吉利学院为学士学位授权单位。同时批准该校车辆工程、机械设计制造及其自动化、计算机科学与技术、市场营销、物流管理、英语6个专业增列为学士学位授权点。该项工作经吉利学院申请，北京市学位办组织相关专家组进校考察评审后，由市学位委员会审议批准。

（杨晖）

博士、硕士学位授予立项建设单位确定

6月7日，北京市学位委员会第二次会议审议确定15所高校开展博士学位授予单位立项建设，4所高校开展硕士学位授予单位立项建设。该项工作经高校申请、专家论证、市学位委员会会议审议等相关程序，新增博士、硕士学位授予单位建设期为2018—2020年和2021—2023年。各立项建设高校在建设周期内完成建设任务，达到新增博士、硕士学位授予单位整体条件，并且有一定数量相应级别学位授权点基本条件评估合格后，可根据国务院学位委员会申请新增博士或硕士学位授予单位审核工作安排，申请新增博士硕士学位授予单位。申请新增博士硕士学位授予单位未获通过的，自动进入下一个建设立项建设周期。

（杨晖）

北京市博士学位授予立项建设单位

单位	建设期
1. 北方工业大学	2018—2020年
2. 北京服装学院	2018—2020年
3. 北京印刷学院	2018—2020年
4. 北京石油化工学院	2021—2023年
5. 北京电子科技学院	2018—2020年
6. 北京农学院	2018—2020年
7. 首都体育学院	2021—2023年
8. 北京第二外国语学院	2018—2020年
9. 北京物资学院	2018—2020年
10. 国际关系学院	2018—2020年
11. 中国戏曲学院	2018—2020年
12. 北京舞蹈学院	2018—2020年
13. 北京信息科技大学	2018—2020年
14. 北京联合大学	2021—2023年
15. 中国青年政治学院	2018—2020年

（杨晖）

北京市硕士学位授予立项建设单位

单位	建设期
1. 中华女子学院	2018—2020年
2. 北京城市学院	2018—2020年
3. 中国劳动关系学院	2018—2020年
4. 北京工商大学嘉华学院	2018—2020年

（杨晖）

石油大学石油与天然气工程专业通过工程硕士教育领域认证

7月4日，中国石油大学（北京）石油与天然气工程专

业通过工程硕士研究生教育领域认证。石油大学成为全国首家通过工程硕士专业学位研究生教育认证项目的试点单位，学校石油与天然气工程专业领域成为全国首家通过工程硕士研究生教育领域认证的专业，认证有效期限6年。石油与天然气工程领域硕士专业学位研究生教育认证项目试点工作2015年启动，由全国工程专业学位研究生教育指导委员会、中国石油学会联合组织实施。此次认证工作建立由专门行业学会作为独立第三方的认证机制，建立规范的认证标准和认证体系，推动中国工程研究生教育认证从理论走向实践。

（李强楠）

北京高校学位工作研讨会

9月20日，由北京市高教学会研究生教育研究会指导、北京理工大学组织主办的2018年北京高校学位工作研讨会召开。会议以“新科技革命背景下研究生学位工作改革与发展”为主题，听取北京交通大学、中国人民大学、清华大学、北京林业大学、北京邮电大学、北京理工大学、北京科技大学、北京工业大学、北京大学、中国科学院大学、北京化工大学、首都师范大学12所高校领导分别就本校在学位方面的改革举措和思考建议作报告。分组讨论中，工科组分会场和文、理、农科组分会场代表分别就学位方面问题、思路和建议开展交流讨论。北京地区49所高校和科研院所100余名代表参加会议。

（刘晖）

首届国家安全与公共安全博士生论坛

9月27日至28日，中国公安大学举办首届国家安全与公共安全博士生论坛。论坛旨在推动国家安全、公共安全相关学科的跨学科和综合交叉研究，提高博士研究生的科研水平和创新能力，分国家安全、政治安全、社会安全、信息安全4个主题模块，参会博士生就国家安全学学科体系构建、国内安全与国际安全、从信息角度维护国家安全等作主题发言。来自中共中央党校、清华大学、中国人民大学、中国政法大学、西北政法大学等10余所高校的40余名博士生参会。

（平李博文）

北京市研究生英语演讲比赛

10月8日，北京市高等教育学会研究生英语教学研究分会主办的2018年北京市研究生英语演讲比赛启动。来自31所高校的非英语专业2018级硕士、博士研究生经过校内初选，81人入围复赛；通过校际比赛，18人进入决赛。12月9日，总决赛在北京林业大学举行，主题为“Stay hungry, Stay young”。经过角逐，评选出特等奖3人、一等奖6人、二等奖9人。

（刘晖）

公安大学首届警务硕士经侦班开学

10月9日，中国人民公安大学首届警务硕士经侦班开学。26名来自全国各地公安机关从事经侦工作的在职民警成为首届警务硕士经侦班学员。这是自2011年学校招收警务硕士专业研究生以来，首次与公安部业务局联合培养警务硕士。学校另于12月28日举办2019届政法干警招录培养体制改革试点班学生毕业典礼，试点班3名硕士毕业生和281名第二学士学位毕业生毕业。

（平李博文）

首都五校马克思主义学院研究生学术论坛

11月3日，中国青年政治学院召开2018年度首都五所高校马克思主义学院研究生学术论坛。来自北京大学、清华大学、中国人民大学、北京师范大学、中央党校、南开大学、同济大学、中国科学技术大学等高校的马克思主义学院研究生，围绕“青年与改革”主题，分别从“历史中的青年实践”“青年价值观研究”“习近平青年工作思想研究”“全面深化改革与青年工作”等角度研讨交流。中青院马克思主义学院专家教师对论文和主旨演讲作点评，同时就研究生如何开展研究提出建议。论坛共收到全国近20所高校研究生论文100余篇，评选出优秀论文奖17篇。

（崔保锋）

北工大首次召开学位与研究生教育大会

11月28日，北京工业大学召开首次学位与研究生教育大会。会议全面梳理北工大研究生教育40年来的发展历程及取得的成就，总结学校学位与研究生教育在中国研究生教育发展的新形势和新要求下面临的机遇和挑战，提出今后研究生教育改革发展的任务，并就如何全面提升研究生培养质量、推进研究生培养国际化进程提出具体改革举措。会议为6名获“北京工业大学学位与研究生教育荣誉奖”、21名获“北京工业大学学位与研究生教育突出贡献奖”的导师颁奖。学校领导、专任教师代表及学生代表共300余人参加会议。

（刘典华）

11月28日，北工大召开首次学位与研究生教育大会

（北工大 供）

法大召开首次研究生教育工作会议

12月20日，中国政法大学召开首次研究生教育工作会议。会议深入学习贯彻习近平总书记考察学校重要讲话精神和全国教育大会精神，完善《中国政法大学建设高水平研究生教育行动方案》（草案），聚焦研究生教育教学改革，探讨今后一个时期建设高水平研究生教育的总体思路和行动方案。教育部学位管理研究生教育司司长，研究生指导教师代表，校研究生教学督导员，学校各部处和教辅单位，各二级培养单位和科研机构的主要负责人等共200人参会。

（陈泉廷）

博士硕士学位授权学科和专业学位授权类别调整

至年底，北京市各学位授予单位完成2018年博士、硕士学位授权学科和专业学位授权类别调整。18个学位授权单位调整撤销博士学位一级授权学科1个，调整撤销博士学位二级授权学科1个，增列博士学位一级授权学科2个，增列专业博士学位授权点1个；调整撤销硕士学位一级授权学科13个，硕士学位二级授权学科19个，增列硕士学位一级授权学科13个；调整撤销专业硕士学位26个，增列专业硕士学位授权类别11个。

（杨晖）

传媒大学开展研究生招生录取改革

至年底，中国传媒大学推动研究生招生录取改革。完善研究生尤其是博士生招生计划分配办法，将招生指标向建有大平台、承担大项目的学科倾斜，向科研经费充足、指导培养水平高的导师倾斜。改革选拔机制，全面放开“申请—考核制”和“硕博连读”选拔机制，探索“非全日制”招生模式。同时改革研究生推免生接收程序，通过扩大全国优秀大学生夏令营覆盖学院等方式提前锁定优质生源；扩大研究生推免生录取比例，明确推免招生人数从30%提高到50%；缩短研究生推免生复试录取周期，从两周左右缩短到一周左右。

（刘书峰）

普通高等学校

北京大学

概述

2018年，北京大学占地面积274.11万平方米，产权校舍建筑面积308.25万平方米。全年教育经费1192815.24万元，其中，财政拨款832260.07万元、自筹经费360555.17万元。固定资产总值150.03亿元，其中，教学、科研仪器设备资产值66.27亿元。图书馆建筑面积80359平方米，藏有纸质图书7500532册、电子图书6943917册。拥有计算机58589台，多媒体教室382间，信息化设备资产值115576.72万元，网络信息点数147765个，校园网出口总宽带26880Mbps，上网课程4181门，电子邮件系统用户数76694个，管理信息系统数据总量38724GB，音视频9320小时。设49个院系，44个实体研究机构。有49个博士学位一级学科授权点、51个硕士学位一级学科授权点、258个博士学位二级学科授权点（含一级学科覆盖）、282个硕士学位二级学科授权点（含一级学科覆盖）、125个本科专业，18个国家（一级）重点学科，25个国家（二级）重点学科，3个国家重点（培育）学科，以及47个博士后流动站，博士后在站人员1896人。国家研究中心1个、国家重点实验室9个、国家工程实验室3个、国家工程研究中心2个、省部级研究机构（实验室）126个。设有6家直属附属医院（第一医院、人民医院、第三医院、口腔医院、第六医院、肿瘤医院），4家共建医院（首钢医院、深圳医院、滨海医院、国际医院）和14家教学医院。在职教职工21616人（含医学部及附属医院），其中，专任教师3358人，包括教授1486人、副教授1451人，中科院院士78人、工程院院士18人，发展中国家科学院院士30人，国家杰出青年科学基金获得者254人，博士生导师2582人。毕业生20894人，其中，研究生7111人（博士生2052人、硕士生5059人），普通教育本专科生3464人（本科生3443人、专科生21人），成人教育本科生1903人，网络教育本专科生8416人（本科生6039人、专科生2377人）。普通本专科毕业生一次就业率94.26%。招生23873人，其中，研究生9513人（博士生2801人、硕士生6712人），普通教育本科生4050人，成人教育本科生2376人，网络教育本科生7934人。高考北京地区提档线文科665分、理科680分。在读学生90703人，其中，研究生28671人（博士生11268人、硕士生17403人），普通教育本科生16058人，成人教育学生8284人，网络教育本专科生37690人（本科生31507人、专科生6183人）。留学生毕业4136人，招生4915人，在校6712人。网址：www.pku.edu.cn。

2018年，学校建校120周年，重点工作主要包括：

人才培养。制订拔尖计划2.0版实施方案，首次招收数

5月15日，北大珠峰登山队成功登顶珠峰

（北大　供）

学英才班，扩大图灵班规模，新增亚非古典学、国际政治（国际组织与国际公共政策方向）、经济学（国家发展方向）、政治法律与社会、社会科学基础人才（严复班）、马克思主义理论（大钊班）等跨学科本科培养项目。加大跨学科研究生培养力度，新增目录外二级学科博士点11个、二级学科硕士点3个，组织实施“研究生教育创新计划”。

学科建设。加大对基础学科和传统学科的支持力度。优化学科布局，推动学科交叉融合发展。组建生物医学前沿创新中心、健康医疗大数据国家研究院、跨学部生物统计系、跨学部生物医学工程系、科学技术史与医学史系、博古睿研究中心等一批跨学科学术机构。

教师队伍建设。学校教师在各领域获多项荣誉。袁行霈当选美国人文与科学院外籍院士。8名校友成为2018年国际数学家大会邀请报告人。3人获2018年度“何梁何利基金科学与技术进步奖”。3人当选发展中国家科学院院士。1人当选国际哲学学院院士。2人获学校首届教学成就奖，6人获教学卓越奖。11人获2018年北京市师德榜样（或师德先锋）称号。

科研工作。多模态跨尺度生物医学成像大科学设施获国家发展改革委批复。发表SCI论文9099篇，其中以第一作者或通讯作者在《自然》《科学》期刊上发表论文15篇。获国家科技奖2项（包括发明一等奖1项）、教育部科技奖11项、北京市科技奖12项。2项成果分别入选中国高校十大年度科技进展和中国十大科技进展。推进习近平新时代中国特色社会主义思想研究院、人文社会科学研究院、区域与国别研究院等高水平跨学科研究平台建设。编译《马克思主义历史考证大辞典》（第一卷）。全年立项国家社科基金重大项目9个、艺术科学重大项目2个、年度项目40个，教育部重大项目2个、年度项目15个，其他纵向项目20余个。

社会服务。筹建北大怀柔科学城校区，与北京市共建多个交叉研究平台，与吉林、山西、四川等省签署战略合作协议。与北京市卫健委共建首都卫生与健康发展高端智库，举办首都健康发展研讨会，合作规划家庭医生发展战略。拓展附属医院对外合作，完成医疗人才“组团式”援藏任务。

交流合作。与60余个国家（地区）、380余所大学和研究机构建立校际交流关系，与德国慕尼黑大学、柏林自由大学、英国剑桥大学等国外知名学术机构签署战略合作伙伴协议。留学生规模稳步提升，生源结构持续优化。开展“大学堂”顶尖学者讲学计划，打造南南合作与发展学院、燕京学堂等国际化品牌培养项目。

党委书记	郝平（10月免）
	邱水平（10月任）
校　　长	林建华（10月免）
	郝平（10月任）

（孙启明　傅翰文　徐聪颖）

汇丰商学院英国校区启动

3月25日，北大汇丰商学院英国校区正式启动。该校区位于英国牛津市，是北大首个海外校区，是中国高等学府第一次尝试以独资、独立经营、独立管理的形式“走出去”。该校区主要招收英国和欧洲其他国家学生，修读北大金融学、管理学、经济学硕士学位和MBA（工商管理硕士）学位，学制两年，学生第二年在北大深圳研究生院学习。该校区第一批学生于2018年秋季入学。

（徐聪颖）

健康医疗大数据国家研究院成立

4月28日，北大健康医疗大数据国家研究院成立。该研究院是《国务院办公厅关于促进和规范健康医疗大数据应用发展的指导意见》落实过程中推动成立的第一个研究院，也是国家级研究院。研究院旨在利用北京大学健康医疗大数据相关领域学科齐全、人才聚集、基础雄厚等综合优势，助力“健康中国”建设。研究院实行院长负责制，并设立专家咨询委员会。依据总体建设目标，下设发展战略规划部，资源评估与管理部，安全、伦理与法律部，技术标准和行业规范部，核心技术部，服务平台部，示范应用部，教育与培训部及综合办公室9个部门。任命国家卫生计生委原副主任、中国卫生信息与健康医疗大数据学会会长金小桃，北大常务副校长、医学部主任詹启敏担任共同院长，下设副院长2人、院长助理2人。

（徐聪颖）

5月4日，北大建校120周年纪念大会举行

（北大　供）

建校 120 周年纪念大会

5 月 4 日，北大召开建校 120 周年纪念大会。纪念大会介绍习近平总书记考察北大的情况，并宣读北大校友李克强总理给母校的贺信。教育部副部长林蕙青，市委常委、教工委书记林克庆，耶鲁大学校长苏必德（Peter Salovey），清华大学校长邱勇分别致辞。校长林建华以《大学是通向未来的桥》为题发表演讲。大会为北大第 11 届“学生五 · 四奖章”获得者颁奖，学校杰出校友回顾自己在北大求学的经历，向母校表达深切祝福。全国政协副主席董建华，泰国公主玛哈 · 扎克里 · 诗琳通，意大利前总理罗马诺 · 普罗迪，以及来自 44 个国家和地区的 116 所国际著名大学的校长，130 余所中国大学的校长，中央和国家机关、市委市政府领导，社会各界人士和机构代表，学校老领导，各地校友代表，师生员工代表近万人参加大会。北大创立于 1898 年，初名京师大学堂，是中国近现代第一所国立综合性大学，创办之初也是国家最高教育行政机关。1912 年改为国立北京大学。1937 年南迁至长沙，与国立清华大学和私立南开大学组成国立长沙临时大学，1938 年迁至昆明，更名为国立西南联合大学。1946 年复员返回北平。1952 年经全国高校院系调整，成为以文理基础学科为主的综合性大学，并自北京城内沙滩等地迁至现址。2000 年与原北京医科大学合并，组建为新的北京大学。

（孙启明）

中国人民大学

概述

2018 年，中国人民大学占地面积 77.84 万平方米，产权校舍建筑面积 105.21 万平方米。全年教育经费投入 517979.58 万元，其中，国家拨款 207212.30 万元。固定资产总值 415398.50 万元，其中，教学、科研仪器设备资产值 79836.60 万元。图书馆（新旧馆）面积 5.78 万平方米，藏有纸质图书 407.6 万册、电子图书 310.5 万册。拥有网络信息点 41650 个，校园网出口总带宽 8.5G，电子邮件系统用户 98629 个，管理信息系统数据总量 290G。设有 32 个学院，25 个跨学院研究机构，另设有体育部、继续教育学院、深圳研究院；开设本科专业 82 个；博士学位一级学科授权点 21 个，博士学位授权点 129 个；硕士学位一级学科授权点 37 个，硕士学位授权点 189 个（学术型 168 个、专业学位 21 个）。博士后科研流动站 19 个，出站 88 人、进站 117 人、在站 258 人。一级学科国家重点学科 8 个，二级学科国家重点学科 8 个；一级学科北京市重点学科 5 个、北京市交叉重点学科 1 个、二级学科北京市重点学科 4 个。教职工 3357 人，其中，校本部专任教师 1882 人；博士生导师 845 人、硕士生导师 1511 人。“长江学者奖励计划”入选者 84 人。毕业生 6799 人，其中，研究生 4384 人（博士生 783 人、硕士生 3601 人），普通本科生 2415 人。本科毕业生就业率 97.02%，硕士毕业生就业率 99.42%，博士毕业生就业率 99.87%。招收的学历教育学生中，全日制研究生 4232 人（博士生 899 人、硕士生 3333 人），普通本科生 2868 人；非全日制硕士 1064 人、非全日制博士 21 人；成人教育本科注册人数 1053 人，网络教育本专科招生 8837 人（本科生 5337 人、专科生 3500 人）。高考北京地区提档线理科 674 分、文科 665 分。全日制在校博士生 3840 人、硕士生 13998 人、普通本科生 11269 人；成人教育本、专科生 4724 人（本科生 4130 人、专科生 594 人）；网络教育本、专科生 73825 人（本科生 40972 人、专科生 32853 人）。留学生毕业 249 人、招生 642 人、在校生 1552 人。网址：www.ruc.edu.cn。

2018 年，学校重点工作主要包括：

人才工作。围绕人才队伍建设的中心工作，推进薪酬改革。完善党委联系专家制度，提高“基石”人才服务保障水平；完成第四批一级岗位教授聘任工作；重视国家层次的人才计划；推进“本土教师国际化培养”“海归教师本土化培养”战略，坚持“走出去”与“请进来”相结合，全方位提升教学科研水平和国际学术交往能力；健全博士后管理制度，提高博士后工作质量；推进精细化管理与人性化服务，提高人才工作整体水平。

“双一流”建设。学校推动“双一流”建设落实落地落细，落实一流学科“大调研”会议精神，建设学科标志性重大平台；推进“省部共建”，与北京市共建世界一流大学，打造校地合作范本；成立丝路学院、数学学院；开展学校“十三五”规划中期评估；开展院长沙龙活动，打造“双一流”建设品牌活动。

人才培养。聚焦立德树人根本任务，贯彻推进“三全育人”。招生工作方面，推进招考改革、完善招考流程，生源质量稳中有升。就业创业工作方面，学校强化引导和服务，多向拓展毕业生就业市场，以深化校地合作为基础，以选调生招录和地方人才引进为抓手，继续保持党政机关、金融业、教育等就业重点领域以及重点地区市场粘稠度，稳步推进毕业生赴西部、基层就业工作，推送国际组织人才工作取得成效，继续深化“双创”改革，发布《2017 中国大学生创业报告》。本科教学方面，加强思想政治理论课建设，坚持“以本为本，四个回归”，构建本科教育长效机制，启动实施“六卓越一拔尖 2.0 项目”计划，启动打造“金课”、淘汰“水课”计划，制订加强和改进课程教学的制度，提高课程教学质量，提高学业挑战度，全面取消清考制度。研究生培养方面，抓好思想政治理论课教学，试行哲学社会科学直博生制度，推动实施“博士研究生教育 4321 工程”，推动全新研究生教育信息系统建设，落实博士研究生教育综合改革试点任务，实施“哲学社会科学卓越人才培养支持计划”。学生工作方面，学校入选全国首批“三全育人”综合改革试点高校；深入落实思想引领工作，探索“互联网+思政”的有效途径；扎实推进形势政策教育，引领学生感悟新时代，强化使命担当；继续做好“红船领航”“求是思源”“厚重人才成长支持计划”“读史读经典”等品牌项目工作，多渠道、多层次、多角度做好学生工作。

科研成果。纵向项目成绩显著，获国家社科基金各类项目总数居高校首位。国家发展与战略研究院进一步整合优质资源，加强研究管理、服务科学决策，推动智库外交、提升国际影响，立足研究优势、注重理论创新，加强成果转化、服务社会，加强内部治理、创新体制机制；重阳金融研究院在各大重要会议期间发声，产生良好社会反响；首都发展与战略研究院为首都北京发展建言献策。

交流合作。全球伙伴合作形式继续纵深拓展；揭牌成立中欧人文交流研究中心；继续承接“知行中国——中美青年菁英项目”“知行中国——中美学术影响力项目”系列中美人文交流活动；孔子学院“海外存在”优势继续保持；港澳台交流工作质量进一步提升；出国境管理服务继续优化，不断提升工作效率和质量；加大对外宣传。

党委书记 靳诺

校　　长 刘伟

（王文泽）

3 个学院调整组建

3 月 29 日、5 月 23 日和 6 月 30 日，人民大学调整组建继续教育学院、丝路学院和数学学院。继续教育学院由原继续教育学院和培训学院合并组建，原继续教育学院和原培训学院建制撤销。丝路学院在江苏省苏州市揭牌，旨在配合国家“一带一路”倡议、落实教育部推进共建“一带一路”教育行动，首批来自中国以及“一带一路”沿线近 40 个国家的 78 名新生于 9 月入学，开始为期两年的学习。数学学院成立旨在加强基础研究，提升原始创新能力，对数学等基础学科给予更多倾斜。

（楚艳红）

6 月 30 日，人民大学数学学院成立

（人民大学　供）

首都治理国际论坛

10 月 20 日，人民大学举办首都治理国际论坛。论坛邀请近 30 名来自中国、美国、英国等 9 个国家的专家学者介绍 11 个国家首都的治理研究，7 名国内专家从不同的领域讨论北京的治理理论与实践，与会人员从不同的视角共同探讨首都治理之道。来自市政府有关部门负责人和中国社会科学院、北京大学、清华大学等高校师生，以及媒体记者 300 余人参加论坛。

（楚艳红）

清华大学

概述

2018 年，清华大学占地面积 450.38 万平方米，产权校舍建筑面积 306.44 万平方米。全年教育经费投入 1652321.43 万元，其中，国家拨款 537601.15 万元、自筹经费 1114720.28 万元。固定资产总值 2109350.08 万元，其中，教学、科研仪器设备资产值 785076 万元。图书馆建筑面积 6.12 万平方米，藏有纸质图书 432.61 万册、电子图书 1040.60 万册。拥有计算机 77813 台。多媒体教室 303 间，信息化设备资产 38316 万元，网络信息点数 82000 个，校园网出口总带宽 21000Mbps，电子邮件系统用户数 130000 个，上网课程数 6447 门，管理信息系统数据总量 32563GB。下设 58 个直属院（系）；开设本科专业 81 个，覆盖 10 个学科；具有一级学科 57 个；一级学科博士点 50 个，博士学位授权点 51 个；一级学科硕士（仅有）学位点 7 个，硕士（仅有）学位授权点 8 个，专业学位授权点 19 个；博士后科研流动站 48 个，其中，博士后研究人员出站 733 人、进站 957 人、在站 2068 人。一级学科国家重点学科 22 个、二级学科国家重点学科 15 个；北京市重点学科 16 个、部级重点学科 28 个。国家重点实验室 13 个。教职工 14363 人，其中，专任教师 3492 人，包括，正高级 1392 人、副高级 1596 人；博士生导师 2876 人、硕士生导师 929 人；中科院院士 51 人、工程院院士 39 人。“长江学者奖励计划”特聘教授 167 人、讲座教授 58 人。享受国务院津贴专家 217 人。毕业生 8230 人，其中，学历教育学生中全日制研究生 4925 人（博士生 1577 人、硕士生 3348 人），普通本科生 3305 人。本科毕业生一次就业率 97.5%。招生 10817 人，其中，学历教育学生中全日制研究生 7253 人（博士生 2796 人、硕士生 4457 人），普通本科生 3564 人。高考北京地区提档线文科 687 分、理科 685 分。在校生 38650 人，其中，学历教育学生中全日制研究生 24126 人（博士生 11853 人、硕士生 12273 人），普通本科生 14524 人；非学历教育中在职人员攻读硕士学位 3041 人。留学生毕业 1818 人，招生 2194 人，在校生 4125 人。网址：www.tsinghua.edu.cn。

2018 年，学校坚守育人初心，全面落实立德树人根本任务，深化综合改革，进一步提升办学质量，走内涵式发展道路，加快“双一流”建设。

加强思想政治工作。开展“弘扬爱国奋斗精神、建功立业新时代”活动。博士生宣讲团作为北京高校学习习近平新时代中国特色社会主义思想博士生宣讲团秘书处单位，

9月24日，首届国际工程教育论坛在清华举行 （清华 供）

开展校内外宣讲500余场，覆盖3万余人次。推进习近平新时代中国特色社会主义思想研究院建设。召开全校党建工作会议，制定《关于新时代全面加强和改进学校党的建设的意见》及配套实施分工方案。围绕改革开放40周年，举办“迈向一流”专题展览，组织召开出国留学工作等系列座谈会。组织纪念清华园解放70周年座谈会。

学科建设。深入实施文科“双高”，强化基础研究，提升学生的人文素养；制订实施工科“双T”计划，突破颠覆性重大技术创新，培养学生的工程实践和创新能力；完善理科“双E”计划，力求原创性、有国际影响力的重大学术成果，培养学生的科学探索精神；筹划医科发展建设规划，发展生命医学学科。

人才队伍建设。按照中央要求，做好退休院士工作，保证院士的待遇和礼遇，鼓励院士继续发挥作用，为34名80岁以上的院士办理退休手续。全面推进全职讲席教授、冠名教授制度。启动职工队伍人事制度改革，完善岗位分类管理制度和人员流动和队伍优化机制，建立岗位体系、发展体系、激励体系和评价体系。制订实施“2018—2020教师教学能力提升计划”。

教育教学改革。召开第25次教育工作讨论会，将价值塑造、能力培养、知识传授“三位一体”的人才培养模式上升为教育理念，形成40项教育改革行动方案；设立“写作与沟通”必修课；建立语言教学中心；启动标杆课程建设，评选首批7门标杆课程；开展试点，加强工科院系专业实践的工作；开展教室改造，进一步提升育人环境。

科研体制机制改革。推动跨学科交叉机构建设，制定《跨学科交叉实验室管理办法》《跨学科交叉研究中心管理办法》；成立人工智能研究院和大数据研究中心；推进科技成果转化，全年批准科技成果转化项目122个，比上年增长54%；与招商局集团、中信集团、华润集团、京东集团等一批国有骨干央企或行业龙头企业建立战略合作关系；举办全球科研战略合作伙伴首届研讨会，召开新百年第一次清华大学企业战略合作伙伴年会；主动请缨，服务国家重大战略需求，建设实体性的航空发动机研究院。至年底，师生以第一完成人（单位）在《自然》《科学》《细胞》杂志发表论文13篇。

推动内涵式发展。针对清华主校区和世界著名高校的校园承载力开展专项研究；推进2021—2030校园总体规划工作，明确提出“人文、绿色、开放、智慧”的四大理念，完成3项先导性规划，基本完成6项专题规划；完善暑期校园参观管理方法；完成改造楼宇内卫生间376间；推动11个校级实验平台实现7天24小时不间断开放。

推进全球战略。“中意设计创新基地”暨清华大学米兰艺术设计学院挂牌，东南亚中心奠基，拉美中心成立，深圳国际研究生院获教育部正式批准设立，全球战略海外布局取得阶段性重要成果。推进亚洲大学联盟工作，组织各成员单位举办首届峰会、青年创新工作坊、青年论坛、图书馆馆长交流、研究生学术论坛、创新创业挑战赛等多项活动。启动《国际化能力提升计划2020》。为国际学生配备辅导员，秋季学期起国际本科新生全部安排校内住宿。

校园文化建设。启动“学科院系部门发展史编纂工程”，实施“清华史料和名人档案征集工程”。《清华大学志》等重要校史图书出版。举办“清华风格”征文，召开美育工作座谈会。艺术博物馆年度参观人数增长66.8%，累计参观人数超过100万人次。《马兰花开》演出累计达66场，覆盖校内外观众达10万人次。推进学生原创优秀作品出版支持计划。建立健全面向全球的“大宣传”工作格局，成立媒体形象建设与传播专家组，强化与重要媒体的沟通合作机制。推进校园媒体融合发展，形成多个平台联动的清华新媒体矩阵，有效增强学校的媒体影响力和网络舆论影响力。

党委书记　陈旭
校　　长　邱勇

（张含晨）

党的十九大和习近平新时代社会主义慕课开设

3月，清华开设党的十九大和习近平新时代社会主义慕课。3月19日，全国首门系统讲授党的十九大精神的慕课，“党的十九大精神概论”在学堂在线开课，由清华马克思主义学院副教授冯务中主讲。3月21日，全国首门系统性阐述习近平新时代中国特色社会主义思想的慕课，“习近平新时代中国特色社会主义思想”在学堂在线开课，由清华公管学院教授胡鞍钢主讲。

（张含晨）

“写作与沟通”必修课开设

5月17日，清华自2018级新生起开设“写作与沟通”必修课。课程定位为非文学写作，偏向逻辑性、说理性写作，以期通过高挑战度的小班训练，提升学生的写作表达能力、沟通交流能力、逻辑思维和批判性思维。中文系、历史系、教务处相关人员担任课程负责人，组成25人以上的专职教师教学队伍，并鼓励不同专业背景教师参与授课。计划到2020年，课程覆盖全校本科生，同时力争向研究生提供课程和指导。

（张含晨）

廖凯原楼启用

9月9日，清华法学院廖凯原楼启用。廖凯原楼总建筑面积2.5万平方米，包括法律图书馆1万平方米。地上7层，地下3层。拥有教师研究室、模拟法庭、会议室和教室等设施。工程总投资15335万元，2017年6月开工建设。

（张含晨）

9月9日，清华法学院廖凯原楼启用

（清华 供）

国强公益基金会捐资22亿元

10月22日，清华接受广东省国强公益基金会的捐赠。根据协议，广东省国强公益基金会未来10年内向清华捐资22亿元，用于支持学校基础前沿科学研究、人才培养和高端人才引进。这是截至2018年国内高校所获的最大单笔捐赠。

（张含晨）

北京交通大学

概述

2018年，北京交通大学占地面积63.75万平方米，学校产权校舍建筑面积103.24万平方米。全年教育经费投入287348万元，其中，国家拨款113003万元、自筹经费174345万元。固定资产总值46.42亿元，其中，教学、科研仪器设备资产值12.99亿元。图书馆建筑面积16357平方米，藏书1188.74万册。拥有计算机15893台。学校信息化经费投入2729.01万元，多媒体教室228间，信息化设备资产59964.86万元，网络信息点39456个，校园网出口总带宽10400Mbps，电子邮件系统用户95850个，上网课程1348门，包括数据库225个、电子图书3252500册、音视频2292.9小时，管理信息系统数据总量18.50GB。下设14个直属院（系）；开设本科专业61个，覆盖7个学科门类；具有一级学科34个，一级学科博士学位授权点21个，一级学科硕士学位授权点33个，二级学科硕士学位授权点2个，硕士专业学位授权类别13个，博士专业学位授权类别1个；博士后流动站15个，其中，博士后研究人员出站44人、进站54人、在站140人。一级学科国家重点学科2个、二级学科国家重点学科2个，一级学科北京市重点学科5个、二级学科北京市重点学科6个、交叉学科北京市重点学科2个，铁道部重点学科4个。国家重点实验室1个，国家工程实验室6个、国家工程研究中心1个。教职工2972人，其中，专任教师1868人，包括教授516人、副教授815人；博士生导师647人、硕士生导师742人；中科院院士4人、工程院院士9人。“长江学者奖励计划”特聘教授5人、讲座教授1人、青年学者3人。外籍教师21人，其中，教授6人、副教授2人。毕业生35635人，其中，学历教育学生中全日制研究生3168人（博士生303人、硕士生2865人）、普通本专科生3500人（本科生3307人、专科生193人）、成人教育本专科生3257人（本科生2124人、专科生1133人）、网络教育本专科生24151人（本科生9584人、专科生14567人）；非计划招生高等教育学生中在职人员攻读硕士学位1559人。本科毕业生就业率98.13%。招生46092人，其中，学历教育学生中全日制研究生3756人（博士生515人、硕士生3241人）、普通本专科生4180人（本科生4013人、专科生167人）、成人教育本专科生2474人（本科生1925人、专科生549人）、网络教育本专科生34994人（本科生15094人、专科生19900人）；非全日制硕士688人。高考北京地区提档线理科641分，文科640分。在校生101846人，其中，学历教育学生中全日制研究生11222人（博士生2991人、硕士生8231人）、普通本专科生15580人（本科生15128人、专科生452人）、成人教育本专科生6249人（本科生4312人、专科生1937人）、网络教育本专科生64984人（本科生28009人、专科生36975人）；非全日制硕士1582人；非计划招生高等教育学生中在职人员攻读硕士学位2229人。留学生毕业1110人、招生1033人、在校生1876人。网址：www.bjtu.edu.cn。

2018年，学校落实“十三五”规划、推进“双一流”建设，通过本科教学工作审核评估。

人才培养。开展11门“课程思政”示范课程建设。新设2个拔尖创新人才培养特区，获批国家级新工科研究与实践项目3个。获国家教学成果奖二等奖3项，北京市教学成果奖特等奖1个、一等奖10项。获批国家精品在线开放课程5门、首批国家级仿真实验教学项目1个，承担国家铁路局高铁工程学系列教材编写工作。获批工程博士专业学位授权类别，2个专业通过工程教育专业认证。学生艺术团在全国大学生艺术展演活动中获一等奖。学生体育运动获全国及以上冠军6项。

科学研究。全年科研经费总额9.56亿元。新增国家重点研发计划重点专项主持项目2个，国际科技创新合作重点专项主持项目2个；国家自然科学基金杰出青年基金项目1个、优秀青年科学基金项目4个；国家自然科学基金重点项目7个；国家社会科学基金重大项目1个、重点项目1个。新增国家级科研平台1个、省部级科研平台1个。3项主持成果获国家科学技术奖，2项主持成果获教育部高

7月16日至17日，北京交大举办首届国际青年学者知行论坛（北京交通大学 供）

等学校科学研究优秀成果奖一等奖。新增省部级智库1个。申请专利679项，实现技术转移转化合同金额3.4亿元。“轨道车辆运用工程国际科技合作基地”被科技部认定为示范型国家国际科技合作基地。

队伍建设。举办首届国际青年学者“知行”论坛，延揽优秀人才。高层次人才稳步增加，新增“万人计划”领军人才5人、创新人才推进计划中青年科技创新领军人才1人、何梁何利基金科学与技术进步奖获得者1人。1个团队入选“创新人才推进计划重点领域”创新团队。全年招聘青年优秀教师87人，师资博士后出站留校22人，聘任非全职高层次人才113人。31名教师入选2018－2022年教育部高等学校教学指导委员会。4人获评北京市师德先锋。1名辅导员获评第十届全国高校辅导员年度人物提名奖。

交流与合作。全年与24个国家和地区的52所高校和机构签署合作协议。举办首届高速铁路高校联盟大会，成立金砖国家交通大学校长联盟并当选中方主席，当选国际铁联高速铁路高校联盟主席，主办第三届中国－东盟轨道交通教育培训联盟年会，成立北京交通大学乌拉圭研究中心，与波兰华沙理工大学共同申办的孔子学院获批准。扩大威海校区办学规模，与美国罗彻斯特理工学院合作举办信息管理与信息系统项目通过教育部评估。获批外专引智项目138个，引进外籍院士6人。完成铁路及轨道交通相关领域涉外培训项目26个，累计培训666人次。签订校地、校企合作协议12个。

党委书记 曹国永
校　　长 宁滨

（高杰）

国际人才联合培养肯尼亚项目开班

5月10日，北京交大在威海校区举行“中国交建·中国路桥——北京交通大学‘一带一路’国际人才联合培养肯尼亚项目”第三批留学生开学典礼。来自肯尼亚的留学生共计40人接受为期4年的铁路相关专业本科学历教育，在车辆工程、铁道工程、轨道交通信号与控制、轨道交通牵引电气化、铁道运营管理等5个英文授课本科专业学习。2016年4月6日，中国路桥工程有限公司为落实中非“加大教育和人才资源开发合作”和促进国家高铁“走出去”战略，与北京交大合作签署《“一带一路”国际人才联合培养战略合作协议》，至2018年，全额资助肯尼亚留学生100人到北京交大学习铁路相关知识。

（高杰）

首届国际青年学者“知行”论坛

7月16日至17日，北京交大举办首届国际青年学者“知行”论坛。论坛旨在开拓学术视野，促进合作交流，为海内外优秀青年人才搭建学术交流和成果展示的平台，同时加强海内外优秀青年人才对北京交大的了解，助力打造一流师资队伍。论坛设有7个分论坛，来自美国麻省理工学院，英国剑桥大学、帝国理工学院等一流大学和科研机构的50名青年学者在各分论坛作学术报告。北京交大各学院与青年学者开展多形式交流，全面介绍学院的学科水平、学术环境和发展规划，共同探讨合作意向。

（高杰）

北京工业大学

概述

2018年，北京工业大学占地面积96.02万平方米，学校产权校舍建筑面积955744.23平方米、非产权校舍建筑面积57219.25平方米。全年教育经费投入221913.30万元，其中，国家拨款184060.41万元、自筹经费37852.89万元。固定资产总值71.93亿元，其中，教学、科研仪器设备总值32.90亿元。图书馆建筑面积2.62万平方米，藏书3549229册，其中，纸质图书2043766册、电子图书1505463册。拥有计算机21999台。学校信息化经费投入2746.7万元，多媒体教室422间，信息化设备资产92276.10万元，网络信息点43197个，校园网出口总带宽6800Mbps，电子邮件系统用户20877个，上网课程1419门，数字资源量15349GB，管理信息系统数据总量4224780GB。设有7个校区，设置27个院（系、部）；开设本科专业64个，覆盖8个学科门类；研究生专业具有一级学科33个，一级学科博士点20个，博士学位授权点20个、硕士学位授权点33个、专业学位授权点11个；博士后流动站18个，其中，出站69人、进站93人、在站206人。一级学科国家重点学科1个，二级学科国家重点学科2个，北京市重点学科21个，北京市重点建设学科18个。国家工程实验室2个。教职工3201人，其中，专任教师1916人，包括教授393人、副教授699人；博士生导师346人、硕士生导师1171人（含专业学位和学术学位硕士生导师）。中科院院士1人、工程院院士9人。“长江学者奖励计划”特聘教授10人。外籍教师88人，其中，教授42人、副教授1人。毕业生7370人，其中，学历教育学生中全日制研究生2138人（博士毕业生232

人、硕士毕业生 1905 人、硕士结业生 1 人）；普通本专科生 3631 人（本科生 3264 人、专科生 367 人）；成人教育本专科生 980 人（本科生 796 人、专科生 184 人）；非计划招生高等教育学生中在职人员攻读硕士学位 621 人。本科生就业率 98.81%，研究生就业率 99.16%。招生 6874 人，其中，学历教育学生中全日制研究生 2553 人（博士生 320 人、硕士生 2233 人），非全日制硕士研究生 353 人；普通本专科生 3301 人，成人教育本专科生 667 人。高考北京地区提档线文科 613 分、理科 601 分。在校生 24442 人，其中，学历教育学生中全日制研究生 7450 人（博士生 1275 人、硕士生 6175 人），非全日制硕士研究生 677 人；普通本专科生 14050 人（本科生 13740 人、专科生 310 人），成人教育本专科生 1847 人（本科生 1606 人、专科生 241 人）；非计划招生高等教育学生中在职人员攻读博士硕士学位 418 人。留学生毕业 79 人，结业 133 人，招生 529 人，在校生 1072 人。网址：www.bjut.edu.cn。

2018 年，学校深入学习贯彻习近平新时代中国特色社会主义思想，以党建为统领，加快一流大学和一流学科建设，服务“四个中心”功能建设，开展人才培养、学科专业建设、科学研究、交流合作等工作，在全面深化改革中持续释放办学内生动力和创新活力。

人才培养。本科生、研究生生源质量同创历史新高，国际研究生比上年增长超过 30%，初次就业率 98.99%，本科生深造率首次突破 40%。羽毛球队获世界羽毛球锦标赛男子双打冠军。成立北京冬奥会志愿服务骨干学校。

学科专业建设。召开“双一流”建设推进暨“十三五”规划中期交流大会，编制完成《一流学科建设高校建设方案》，与爱尔兰国立都柏林大学签订“一流学科”合作备忘录，与清华大学、北京科技大学共建 3 个一流学科。新增 2 个一级学科博士学位授权点和 2 个一级学科硕士学位授权点。12 个专业通过中国工程教育专业认证和行业评估，1 个项目入选教育部首批“新工科”研究与实践项目，机械工程、电子科学与技术专业入选北京市属高校首批一流专业建设名单。

科学研究。到校科研经费首次突破 9 亿元，获批国家重点研发计划项目 1 个、国家自然科学基金优秀青年项目 2 个、国家自然科学基金重点项目 3 个和人文社科类国家级项目 17 个，6 项成果获 2018 年度国家科学技术奖。3 个市级协同创新中心通过验收评估，“首都资源循环材料技术协同创新中心”首批获得省部共建协同创新中心认定。获批建设教育部重点实验室 1 项。成立军民融合研究院、北京人工智能研究院、区块链研究中心、3D 打印研究中心。《北京工业大学学报（社会科学版）》首次进入《中国人文社科学期刊 AMI 综合评价报告（2018 年）》核心期刊。

队伍建设。新增国家高层次人才特殊支持计划 1 人，教育部“长江学者奖励计划”青年学者 1 人，百千万工程北京市级人选 2 人，北京市“海聚工程”项目入选者 18 人。2 人入选北京市高等学校教学名师。

交流合作。连任“一带一路”中波大学联盟轮值主席单位，举办首届“一带一路”中波大学联盟艺术节暨艺术设计大赛。加入京港大学联盟。与《科学》（*Science*）期刊签署战略合作框架协议。成立澳大利亚、新西兰 2 个海外校友分会。与密云区政府共建大学科技园密云分园，签约建设北工大—中国电子（北海）“一带一路”政产学研联合基地，成立北京城市副中心研究院。

党委书记 谢辉
校　　长 柳贡慧

（刘典华）

3 个学部成立

3 月 28 日，北工大召开文法学部、城市建设学部、材料与制造学部成立大会。旨在优化学科布局，创新学科组织，激发学科活力。3 个学部以相近的学科群为基础，按照集成学科群体优势，搭建创新大平台，激发基层学术组织活力，促进学科交叉，发展新型学科，优化学科结构和拓展学科领域的原则，通过实体和虚体相结合的方式组建。其中，文法学部包括人文社会科学学院、外国语学院、高等教育研究所、北京知识产权学院 / 北京知识产权研究院，拥有社会学、外国语言文学、教育学 3 个一级学科硕士学位授权点，拥有社会工作、教育、法律 3 个专业硕士学位授权点；其中社会学与高等教育学是北京市重点建设学科。城市建设学部包括建筑工程学院、环境与能源工程学院、城市交通学院、建筑与城市规划学院和城镇污水深度处理与资源化利用技术国家工程实验室，拥有动力工程及工程物理、土木工程、化学工程与技术、交通运输工程、环境科学与工程、城乡规划学 6 个一级学科博士点，化学、动力工程及工程

12 月 11 日，北工大庆祝改革开放四十周年成就展开幕
（北工大　供）

热物理、建筑学、土木工程、水利工程、化学工程与技术、交通运输工程、环境科学与工程、城乡规划学9个一级学科硕士点。材料与制造学部包括材料科学与工程学院、固体微结构与性能研究所、循环经济研究院、机械工程与应用电子技术学院、激光工程研究院，拥有力学、机械工程、材料科学与工程3个一级学科博士点，力学、机械工程、仪器科学与技术、材料科学与工程4个一级学科硕士点。

（刘典华）

北京航空航天大学

概述

2018年，北京航空航天大学占地面积173.44万平方米，学校产权建筑面积188.59万平方米。全年教育经费投入455243.10万元，其中，国家拨款205730.62万元、自筹经费249512.48万元。固定资产总值106.83亿元，其中，教学、科研仪器设备资产值35.38亿元。图书馆建筑面积20850平方米，藏书932.00万册，其中，纸质图书270.65万册、电子图书661.35万册。拥有计算机36669台。学校信息化经费投入2513.39万元，网络多媒体教室333间，信息化设备资产8010.4万元，网络信息点59479个，校园网出口总带宽156000Mbps，电子邮件系统用户55074个，上网课程5529门，数字资源量51972.9GB，管理信息系统数据总量196GB。设置33个院；开设本科专业70个，覆盖10个学科门类；具有一级学科39个，一级学科博士点22个，博士学位授权点（含一级学科覆盖点）23个，硕士学位授权点42个（含一级学科覆盖点）。博士后科研流动站20个，其中，出站104人、进站195人、在站350人。国家重点一级学科8个、国家重点二级学科28个、北京市重点学科10个；国家实验室1个（筹）、国家级重点实验室10个、国家级工程研究中心3个、省部级重点实验室73个。教职工3808人，其中，专任教师2691人，包括教授697人、副教授1194人；博士生导师797人、硕士生导师1429人；中科院院士7人、工程院院士16人。“长江学者奖励计划”特聘教授52人。毕业生34806人，其中，学历教育学生中全日制研究生3667人（博士生641人、硕士生3026人）、普通本科生3518人、成人教育本专科生1026人（本科生740人、专科生286人）、网络教育本专科生24305人（本科生10019人、专科生14286）；非计划招生高等教育学生中在职人员攻读博士、硕士学位2290人。本科毕业生就业率97.93%。招生10433人，其中，学历教育学生中全日制研究生5556人（博士生951人、硕士生4605人）、普通本科生3938人、成人教育本专科生908人（本科生750人、专科生158人）；非计划招生高等教育学生中在职人员攻读博士、硕士学位31人。高考北京地区提档线文科649分、理科664分。在校生53561人，其中，学历教育学生中全日制研究生16443人（博士生4978人、硕士生11465人）、普通本科生15666人、成人教育本专科生2506人（本科生1809人、专科生697人）、网络教育本专科生13050人（本科生8621人、专科生4429人）；非计划招生高等教育学生中在职人员攻读博士、硕士学位5896人。留学生毕业430人、招生665人、在校生1627人。网址：www.buaa.edu.cn。

2018年，学校落实立德树人根本任务，加快推进“双一流”建设。坚持办学正确政治方向，抓大事谋长远。

落实立德树人根本任务，完善高水平人才培养体系。成立人才培养工作领导小组。师生参与评选表彰“立德树人奖”，评选成就奖1人、卓越奖5人和优秀奖10人。落实职称晋升的教学业绩要求。坚持以本为本，深化以“大类招生、大类培养、通专融合、书院管理”为核心的人才培养改革，北航学院首届学生专业选择实现“零调剂”“零申诉”。成立通识教育委员会，加强通识课程建设。科研实验室实现面向本科生开放。设立创新创业教育学分。获得国家级教学成果奖二等奖4项。改革学院本科教学经费预算拨款模式。深化研究生教育改革，博士生教育综合改革在部分领域取得实质突破。博士生招生全面实施“申请考核制”。改革硕士生发表学术论文的强制性要求，博士学位论文试行国际评审。将“航空航天概论”设为理工文所有专业本科生必修课。引进16名思政博士后。27个省份录取末位排名显著提升，平均增幅14.5%。总体

4月2日至4月30日，北航举办第三届航天文化节

（北航　供）

就业率 98.42%。本科毕业生升学率 74.87%。硕士毕业生、博士毕业生国防系统就业率分别为 31.23% 和 49.70%。

加强顶层规划，统筹学科建设。优化两校区布局，制定两校区五年规划，启动第一批 6 个学院搬迁工作。明确“顶尖工科，一流理科，精品文科，优势医工”的学科建设方针，成立学科建设委员会，以及航空航天、信息、理科、文科、医工交叉 5 个学科群工作领导小组。实体化运行微电子学院。成立人工智能研究院。共建航空总医院，筹建医学院，深化空天特色的医工交叉。

加强教师队伍建设，打造一流师资队伍。制定师德师风建设系列制度。建立教师学习日制度。组织青年教师和海外引进人才 500 余人次到航空航天企业院所实践研修。深化人事制度改革，持续优化分类管理和准聘长聘制度。完善职称评聘机制，加强对代表性学术成果与关键业绩的考察，突出教学质量评价，拓宽高级讲师遴选范围，构建党务系列申报通道，实验系列、基础教育系列职称设置到正高级。新增“万人计划”10 人、“长江学者”特聘教授 7 人、国家杰出青年科学基金获得者 8 人。

突出科研价值导向，提升科技创新能力。科研经费总量突破 30 亿元。依托学校成立“两机”基础科学中心，牵头第一批基础研究项目 19 项，经费超 6.15 亿元，居全国高校之首。牵头推进军科委量子信息领域重点项目。获批工业和信息化部工业互联网创新发展工程项目 7 个。获批国家自然科学基金项目 295 个，创历史最好成绩。新增创新研究群体 1 个。获批重大基础研究项目 ITER 专项 1 个，国家社科基金项目 6 个。与航天科技、中国航发、中国商飞等签署战略合作协议。与中国航发联合成立航空发动机研究院和航空发动机国际学院。成立军民融合发展领导小组，设立军民融合政策法规研究中心。获 2017 年度国家科学技术奖励 7 项。在《科学》（*Science*）等国际权威学术期刊发表多项研究成果。新增教育部重点实验室 1 个、工业和信息化部重点实验室 3 个。获批国家国际联合研究中心 1 个、北京市国际科技合作基地 4 个。获批首批教育部和中关村技术转移办公室。

深化国际交流合作，新加入 3 个大学联盟，与国际 54 所院校新签署合作协议。与慕尼黑工业大学签署航空航天学科全面合作协议。联合举办国际民航组织下一代航空专业人才全球峰会。发起成立国际航空航天教育协会。推动成立联合国附属空间科技教育区域中心联盟。学生出国（境）2775 人次，比上年增长 12.3%。交换项目和双学位项目达 156 个。组织国际暑期学校项目 77 个，中外学生参与 4335 人次。聘请长短期境外专家 729 人次，比上年增长 33.3%。获批国家重大科技专项外国人才引进计划 1 项，高端外国专家项目 12 个，“一带一路”教科文卫引智计划 4 项。获批空天多尺度力学与热力学学科创新引智基地，“111”引智基地总数达 8 个。

党委书记 曹淑敏
校　　长 徐惠彬

（朴悦嘉）

沙河校区公共实验楼建设项目竣工验收

1 月 4 日，北航沙河校区公共实验楼项目通过工业和信息化部规划司专家组竣工验收。2013 年 5 月，沙河校区公共实验楼项目由工业和信息化部批复立项；2014 年 10 月，获批施工许可证；2017 年 4 月，完成工程五方验收。项目总投资 46627.27 万元，新增建筑面积 82781.43 平方米。该项目的建设为航空领域开展自主创新研究、培养和凝聚高水平航空人才、开展学术交流合作提供重要平台。

（朴悦嘉）

航空发动机及燃气轮机基础科学中心成立

7 月 30 日，北航航空发动机及燃气轮机基础科学中心成立。中心依托北航，联合清华大学、中国科学院工程热物理研究所、西北工业大学、南京航空航天大学、中国人民解放军空军工程大学、中国航空发动机研究院和中国联合重型燃气轮机技术有限公司共同组建，以协同创新的模式，开展航空发动机及燃气轮机前瞻性研究。中心重点任务包括开展前沿探索研究、引育高端人才队伍、建设基础科学设施、拓展国际合作交流、创新管理运行机制 5 个方面。北航为中心主任单位，其他 7 家为副主任单位，中心设主任 1 人、副主任 7 人，首任主任为院士徐惠彬；设立学术委员会，共 15 名学术委员，包括主任 1 人、副主任 4 人、委员 10 人；设秘书处负责处理日常事务，包括秘书长 1 人、副秘书长 7 人、秘书 7 人。

（朴悦嘉）

通识教育委员会成立

12 月 25 日，北航通识教育委员会成立。该委员会负责对学校通识教育进行研究、指导、审议、评估、决策、监督、服务，是学校开展通识教育教学工作的重要组织保障。委员会设主任委员 1 人、副主任委员 2 人、委员 24 人，由其他相关学科和领域的专家及相关职能部处负责人组成。

（朴悦嘉）

北京理工大学

概述

2018 年，北京理工大学占地面积 188 万平方米，学校产权校舍建筑面积 153 万平方米。固定资产总值 65.61 亿元，其中，教学、科研仪器设备资产值 26.5 亿元。全年教育经费投入 564541.74 万元，其中，财政拨款 222731.55 万元、自筹经费 341810.19 万元。图书馆建筑面积 4.67 万平方米，藏有纸质图书 271.28 万册，电子图书 860.77 万册。拥有计算机 19074 台。年度信息化经费投入 2200 万元，学校信息化设备资产 67313 万元，多媒体教室 235 间，网络信息点 40600 个，校园网出口总带宽 7000Mbps，电子邮件系统用户 92465 个，上网课程 297 门，数字资源量电子图书 1611367 册、电子期刊 1210865 册、学位论文 7086985 册、音视频 122398 小时，管理信息系统数据总量 500GB。设有中关村校区、良乡校区、西山实验区、秦皇岛分校和珠海校区 5 个校区，设 18 个专业学院，67 个本科专业，覆盖 7 个学科门类；具有一级学科 31 个，一级学科博士点 25 个，博士学位授权点 2 个，硕士学位授权点 29 个；博士后流动站 18 个，其中，博士后研究人员出站 45 人、进站 105 人、在站 253 人。一级学科国家重点学科 4 个、二级学科国家重点学科 5 个、国家重点（培育）学科 3 个，国防特色学科 24 个，一级学科省、部级重点学科 30 个，二级学科省、部级重点学科 2 个；国家协同创新中心 1 个；国家级重点实验室 / 中心 9 个，包括国家重点实验室 2 个、国家工程技术研究中心 1 个、国家工程实验室 2 个、国防科技重点实验室 3 个、国防科技工业技术创新中心 1 个。教职工 3376 人，其中，专任教师 2275 人，包括教授 567 人、副教授 990 人；博士生导师 112 人、硕士生导师 1129 人；中科院院士 7 人、工程院院士 15 人，中国科学院外籍院士 1 人，发展中国家科学院院士 2 人。外籍教师 55 人，其中，教授 20 人、副教授 9 人。毕业生 21577 人，其中，学历教育学生中全日制研究生 3714 人（博士生 536 人、硕士生 3178 人）、普通本科生 3438 人、成人教育本专科生 1281 人（本科生 739 人、专科生 542 人）、网络教育本专科生 13144 人（本科生 3641 人、专科生 9503 人）；非计划招生高等教育学生中在职人员获取硕士学位 845 人。本科毕业生就业率 97.92%。招生 52505 人，其中，学历教育学生中全日制研究生 4335 人（博士生 945 人、硕士生 3390 人）、普通本科生 3669 人、成人教育本专科生 1184 人（本科生 749 人、专科生 435 人）、网络教育本专科生 43317 人（本科生 15918 人、专科生 27399 人）。高考北京地区提档线理科 659 分、文科 642 分。在校生 179789 人，其中，学历教育学生中全日制研究生 11923 人（博士生 3884 人、硕士生 8039 人）、普通本科生 14717 人、成人教育本专科生 3902 人（本科生 2477 人、专科生 1425 人）、网络教育本专科生 149247 人（本科生 47042 人、专科生 102205 人）；非计划招生高等教育学生中在职人员攻读硕士学位 845 人。留学生毕业 1151 人、招生 1361 人、在校生 2233 人。网址：www.bit.edu.cn。

2018 年，学校重点工作主要包括以下几个方面：

5 月 12 日，北理工成立医工融合研究院

（北理工　供）

"双一流"建设。坚持以目标为导向谋划推进"双一流"建设，以问题为导向深化综合改革，全面修订"十三五"教育事业发展规划。增列 2 个一级学科博士学位授权点；完成 5 个一级学科国际评估和 48 个学位点自我评估。建设医工融合研究院、军民融合创新研究院、电子政务研究院等跨学科交叉融合新型研究机构。

人才培养。实施以大类招生、大类培养、大类管理为核心的人才培养改革，并建设精工书院、睿信书院、求是书院、明德书院、经管书院、知艺书院、特立书院、北京书院和令闻书院 9 个学院。学校获全国"互联网 +"大学生创新创业大赛冠军、季军和金奖；获国家级教学成果奖 6 项、国家级教学精品课 8 门、全国学会优秀学位论文 21 篇。

人才引育。健全师德建设长效机制，设立人才培养最高荣誉"懋恂终身成就奖"，实施自主人才品牌"特立青年学者"计划，引育并重，以业聚才，新增"长江学者奖励计划""国家杰出青年科学基金获得者"等国家级人才 56 人次。1 名教授当选 2020 年 IEEE 总主席，2 名教授获何梁何利基金奖。

科研成果。8 项科技成果获 2017 年度国家科学技术奖，其中，国家自然科学奖一等奖 1 项、国家科技进步奖二等奖 3 项、国家技术发明奖二等奖 4 项；1 个团队入选 2018 年度国防科技工业十大创新团队。学校国家自然科学基金获批 246 项，直接经费 1.82 亿元，牵头承担军委科技委基础加强计划项目 6 个，获批"安全与防护 2011 协同创新中心"，新增 5 个省部级重点实验室，获批建设"怀来火工实验基地"，爆炸科学与技术国家重点实验室、智能机器人与系统高精尖创新中心评估获优。

机构改革与校园建设。学校全面推进新一轮机构改革，实施《北京理工大学改革方案》，推进"大部制"运行，设置七大板块，实现机构协同高校和"管服分离"。学校中心花园美化亮化，建设"国防历史成就展"特色展厅，校园南墙得到彻底治理。良乡校区大学生工程实践训练中心、文化体育中心竣工。理工附属实验学校开学。

国际交流和合作。与世界著名大学新签或续签校级合作协议 54 个，新增"111 创新引智基地"1 个，实施"中俄国防专业人才专项计划"，赴俄学生超过 150 人，入选北京市"一带一路"国家人才培养基地名单。

党委书记　赵长禄

校　　长　张军

（岳鹏）

新能源汽车国家溯源管理平台启动

7 月 31 日，北理工新能源汽车国家监测与动力蓄电池回收利用溯源综合管理平台启动。该平台由工业和信息化部委托，北理工电动车辆国家工程实验室负责建立，平台对动力蓄电池生产、销售、使用、报废、回收、利用全过程开展信息采集，同时对各环节主体履行回收利用责任情况实施监测。平台 8 月 1 日开始运行。工业和信息化部、科技部、公安部、生态环境部、交通运输部等单位相关负责人及有关协会、企业代表共百余人参加启动仪式。北理工电动车辆国家工程实验室已于 2018 年 4 月 1 日建立新能源汽车国家监测与管理平台，且平台新能源汽车接入量突破百万辆。溯源综合管理平台借助于原有平台的数据和运行经验开展溯源管理。

（岳鹏）

4 月 1 日，北理工举行新能源汽车国家溯源管理平台启动仪式
（北理工　供）

“书院制”本科人才培养改革

9 月，北理工推进以大类招生、大类培养和书院制为核心的人才培养改革。学校成立精工书院、睿信书院、求是书院、明德书院、经管书院、知艺书院、特立书院、北京书院和令闻书院 9 个书院，实施大类招生、大类培养“书院制”育人体系。9 个书院全面覆盖 2018 级全体本科新生，新生根据所报考的不同大类专业，进入相应书院学习。其中，精工书院涵盖航空航天与武器类、车辆类；睿信书院涵盖信息科学技术、电子信息工程（实验班）；求是书院涵盖理学与材料菁英班；明德书院涵盖社会科学试验班（精品文科班）；经管书院涵盖经济管理试验班、会计学（中外合作办学）；知艺书院对应设计学类；特立书院对应徐特立英才班；北京书院负责北京市“高水平人才交叉培养计划”（双培计划）和“高端人才贯通培养实验”项目本科生的培养管理；令闻书院负责留学生中心本科生的培养管理。同时，学校实施“SPACE+X”（“寰宇 +”）计划，实现本研一体化贯通培养和“驼峰领航”拔尖创新人才培养。

（岳鹏）

北京科技大学

概述

2018 年，北京科技大学占地面积 80.39 万平方米，产权校舍建筑面积 97.01 万平方米。全年教育经费投入 277868.76 万元，其中，国家拨款 124004.05 万元、自筹经费 153864.71 万元。固定资产总值 37.61 亿元，其中，教学、科研仪器设备资产值 15.47 亿元。图书馆建筑面积 2.70 万平方米，馆藏文献 230 万余册（件），电子图书 427 万册。拥有计算机 22979 台。学校信息化经费投入 1809 万元，多媒体教室 163 间，信息化设备资产 17631.03 万元，网络信息点 22837 个，校园网出口总带宽 8806Mbps，电子邮件系统用户 37309 个，上网课程 1996 门，管理信息系统数据总量 60000GB。学校下设 14 个学院，开设 50 个专业，覆盖 8 个学科门类；具有一级学科 30 个，一级学科博士点 20 个，博士学位授权点 80 个，硕士学位授权点 138 个，专业学位授权点 8 个。博士后科研流动站 16 个，博士后研究人员出站 92 人、进站 116 人、在站 251 人。一级学科国家重点学科 4 个，二级学科国家重点学科 2 个，国家重点培育学科 1 个，一级学科北京市重点学科 3 个，二级学科北京市重点学科 7 个，交叉学科北京市重点学科 2 个。教职工 3368 人，其中，专任教师 1825 人，包括教授 503 人、副教授 814 人；博士生导师 490 人、硕士生导师 614 人；中科院院士 5 人（双聘 2 人）、工程院院士 6 人（双聘 3 人），“长江学者奖励计划”特聘教授 15 人、青年学者 5 人。外籍教师 30 人，包括教授 12 人。毕业生 23203 人，其中，学历教育学生中全日制研究生 2749 人（博士生 388 人、硕士生 2361 人）、普通本专科生 3214 人（本科生 3133 人、专科生 81 人）、成人教育本专科生 1581 人（本科生 1233 人、专科生 348 人）、网络教育本专科生 15659 人（本科生 3128 人、专科生 12531 人）。毕业生就业率 96.83%，其中，研究生就业率 99.38%，本科生就业率 94.66%。招生 29533 人，其中，学历教育学生中全日制研究生 3753 人（博士生 611 人、硕士生 3142 人）、普通本科生 3455 人、成人教育本专科生 1966 人（本科生 1773 人、专科生 193）、网络教育本专科生 20359 人（本科生 4724 人、专科生 15635 人）。高考北京地区提档线文科 636 分、理科 635 分。在校生 96647 人，其中，学历教育学生中全日制研究生 11134 人（博士生 3276 人、硕士生 7858 人）、普通本专科生 13897 人（本科生 13819 人、专科生 78 人）、成人教育本专科生 4423 人（本科生 3580 人、专科生 843 人）、网络教育本专科生 67193 人（本科生 14540 人、专科生 52653 人）。留学生毕业 311 人、招生 322 人、在校生 996 人。网址：www.ustb.edu.cn。

2018 年，学校获批国防科工局、教育部共建高校，完成教育部本科教学工作审核评估，昌平创新园区东区投入使用。

人才培养质量稳步提高。制定振兴学校本科教育实施方案，推进“本科教育质量提升工程”，推行本科生全程导师制。作为第一主编单位出版各类教材 35 部，“大学英语自学课程”入选 2018 年国家精品在线开放课程。深化研究生招生和培养机制改革，推进硕士研究生学制改革。加快推进创新创业教育，获评“全国深化创新创业改革特色典型经验高校”和“北京市大学生创业园高校分园”。

学科建设水平不断提升。开展学科评估结果分析和学科建设大讨论，召开“双一流”学科建设推进会，成立材料科学与工程学部、人工智能研究院。强化学科建设的对标分析与动态监测，加强“双一流”建设引导专项经费管理。成立新一届学术委员会，强化以学术委员会为核心的学术治理体系建设。

科学研究取得新突破。科技部重点领域创新团队实现零的突破。主持承担国家自然科学基金重大项目2个，获批数目并列全国高校第一。研究成果在《自然》（*Nature*）和《科学》（*Science*）上发表。推进科研平台建设，“重大工程材料服役安全研究评价设施”3套装置完成工艺性能验收，材料基因工程高精尖创新中心建设取得实质性进展。稳步推进地企合作与地方研究院建设，与河钢集团有限公司、广西柳州钢铁集团有限公司、马钢（集团）控股有限公司成立创新中心。加强和规范科技成果转移转化工作，允许科研人员和教师依法依规适度兼职兼薪和离岗创业。理顺科技产业体制机制，“北科检测”品牌的影响力不断提升。

3月，北科大智能车队获全国大学生“小平科技创新团队”称号（北科大 供）

国际化办学向纵深发展。与都柏林圣三一学院等13所知名高校新建合作，加入中俄工科大学联盟。打造多元化高水平引智体系，建设国家级引智项目14个，获批国家外专局经费突破千万元。深化两岸区域合作，主办首届京台高等教育发展论坛，签署两地高校合作协议6份。推动孔子学院创新型发展，大力推广汉语国际教育，开设24个教学点，学员达3293人。

学生综合素质稳步提高。开展多维关爱，逐步构建起学生需求为先、载体丰富、协同联动的学生成长支撑体系。学业辅导中心通过市级示范中心年检。深化“第二课堂”育人，制定全国首部“第二课堂”人才培养方案，组织学生投身社会实践、志愿服务活动，累计超过130万工时，获评全国暑期“三下乡”社会实践优秀单位。

党委书记 武贵龙
校　　长 张欣欣（7月免）
杨仁树（7月任）

（陈曦）

昌平创新园区东区投入使用

9月，北科大昌平创新园区东区投入使用，首批683名材料科学与工程专业研究生入驻。昌平创新园区坐落于昌平区国家工程技术创新基地，总建设用地13.36公顷（200.39亩），规划建筑面积133807平方米。昌平创新园区东区包括实验厂房区、生活区、科研办公区。实验厂房区主要包括自然大气、高温高压、多相流及试样制作等七大实验厂房，共9173平方米。生活区建有可容纳1600人住宿的学生宿舍，另有博士后宿舍、专家宿舍及食堂共计24580平方米。科研办公区建设49996平方米的三栋科研办公楼。园区内建设项目“重大工程材料服役安全研究评价设施”是中国“十一五”期间规划建设的12个国家重大科技基础设施之一。学校依托该项目，获批组建国家材料服役安全科学中心，建设总投资13.2亿元。

（陈曦）

材料科学与工程学部成立

12月13日，北科大材料科学与工程学部成立。该学部是学校跨二级单位学术协调机构，承担学校材料科学与工程学科建设的统筹、协调与整合职责；以相关学科群为支撑，优化学科专业结构，促进新兴交叉学科专业的发展；推动学术信息、资源和成果共享，培养高水平、创新型、国际化人才，提高教师队伍整体水平，推进材料科学与工程学科“世界一流学科”的建设。

（陈曦）

北方工业大学

概述

2018年，北方工业大学占地面积30.15万平方米，学校产权校舍建筑面积39.93万平方米、非产权校舍建筑面积3.85万平方米。全年教育经费投入87702万元，其中，国家拨款67492万元、自筹经费20210万元。固定资产总值21.12亿元，其中，教学、科研仪器设备资产值7.07亿元。图书馆建筑面积17680平方米，藏书322.74万册，其中，纸质图书 171.24 万册、电子图书 151.50 万册。拥有计算机 8172 台。学校信息化经费投入 1330 万元，公共多媒体教室 95 间，信息化设备资产 27623.09 万元，网络信息点 14710 个，校园网出口总带宽 3500Mbps，电子邮件系统用户 32262 个，上网课程 1403 门，数字资源量 53100GB，管理信息系统数据总量 2051792.97GB。设置 12 个学院，49 个系（实验中心、教研室）；开设 48 个本科专业，覆盖 7 个学科门类；具有一级学科 20 个；1 个服务国家特殊需求博士人才培养项目；硕士学位授权点 20 个，专业学位授权点 15 个。北京市重点二级学科 7 个。建有 16 个省部级重点实验室或工程研究中心。教职工 1144 人，其中，专任教师 867 人，包括教授 147 人、副教授 322 人；博士生导师 15 人、硕士生导师 386 人；双聘院士 1 人。外籍教师 21 人，包括教授 6 人。毕业生 3833 人，其中，学历教育硕士研究生 530 人、普通本科生 2698 人、成人教育本专科生 605 人（本科生 399 人、专科生 206 人）。本科毕业生就业率 99.04%。招生 4371 人，其中，学历教育研究生 799 人（博士生 8 人、全日制硕士生 739 人、非全日制硕士生 52 人）、普通本专科生 2773 人、成人教育本专科生 799 人（本科生 535 人、专科生 264 人）。高考北京地区提档线文科 566 分、理科 532 分。在校生 15378 人，其中，研究生 2156 人（博士研究生 26 人，全日制硕士研究生 2014 人，非全日制硕士研究生 116 人）、普通本专科生 10745 人、成人教育本专科生 2477 人（本科生 1732 人、专科生 745 人）。留学生毕业 69 人、招生 644 人（含学历生、学历交换生、长期语言生及短期生）、在校生 1019 人（含短期学生团组）。网址：www.ncut.edu.cn。

2018 年，学校推进博士点建设，“高精尖”建设取得新成果。获批北京市博士学位授予立项建设单位。合并计算机学院和电子信息工程学院，组建信息学院。投入专项经费 939 万元开展学科建设工作。成立高精尖创新发展研究院。与北京理工大学建立“北理工—北方工大控制学科高精尖学术共同体”开展学科共建，与北京工业大学开展机械学科、计算机学科博士联合培养。新增“数据科学与大数据技术”本科专业。电子信息工程、电气工程及其自动化专业接受教育部工程教育认证专家组入校考察。获 2017 年北京市高等教育教学成果奖一等奖 2 项、二等奖 9 项。2 名教师获评北京市级教学名师。

实施科技创新工程，技术转化取得有益进展。全年科研经费投入 1.37 亿元，比上年增长近 26%。获批“十三五”国家重点研发计划 1 项，国家自然科学基金重点项目 2 个，国家重点研发计划课题、子课题 28 项，实现历史性突破。实施“北方工业大学科技创新工程计划项目”，包括“基础研究与原始创新”“高精尖技术与竞争性项目配套”“产学研合作与科技成果转化”等支持计划，总经费 2165 万元。围绕首都城市功能定位，成立科技成果转化中心，完善大学科技园和科技成果推广中心两个产学研基地，获批“精密辊弯成形技术北京国际科技合作基地”，获批市科委“加强内部技术转移机构建设”专项支持，成为该项目支持的唯一市属高校。联合成立中国中小企业创新发展研究院、中国中小企业创新发展学院、军民融合智能装备研究院。与石景山区政府签署战略合作协议。牵头承担北京市科技计划重大项目“石景山区智慧社区建设与社区创新治理体系研究与示范”。

增强师资队伍实力，人才强校不断推进。引进国家级人才 4 人、高级职称 10 人、博士 44 人。入选北京市高水平教师队伍建设支持项目 8 个，其中，特聘教授 3 人、创新团队 2 个、长城学者 1 人、青年拔尖人才 2 人；新增高创计划领军人才 2 人、青年拔尖人才 2 人；入选市科技新星 2 人、北京市优秀人才 2 人。制订“毓杰”“毓优”“毓青”“毓航”等人才支持计划。资助 41 个“优秀青年教师培养计划”项目。制定《“学院办大学”实施方案》，明晰校院两级责任，强化学院主导性与主动性，全面提升教师专业素质与能力。进一步深化人事分配制度改革，完成薪酬管理改革。

落实立德树人根本任务，促进学生全面成长成才。强化大学生思想政治教育，将其贯穿到教育教学和育人服务的全过程各环节。学校获评 2018 年“青年服务国家”首都大学生暑期社会实践先进单位，“心系故里”实践团获评 2018 年全国大中专学生志愿者暑期“三下乡”社会实践活动优秀团队，被教育部、团中央致函表扬。

拓展合作领域，国际化办学水平显著提升。与 35 个国家和地区的 84 所高校建立并保持校际合作关系，新增校际合作关系 16 个，新增与英国华威大学、布鲁奈尔大学等知名高校交流项目 7 个。接收 73 个国家各类外国留学生 1019 人次，包括“一带一路”沿线 24 个国家 357 名外国留学生。外国留学生比上年增长 15%。其中，长期留学生 570 人（含学历留学生 411 人次）、短期留学生 163 人。开设 7 个全英文授课专业，新增设计学全英文授课硕士研究生专业，开展对外汉语分层教学改革试验。派出因公出国（境）团组 64 个共计 125 人次。派出 365 名学生赴国（境）外高校交流学习、包括攻读学位、修读学分、参加国际学术会议等。举办、承办国际学术会议 7 个，邀请国（境）外专家短期来校讲学 34 人次。成立国际经济与贸易、电子信息工程两个国际化培养实验班。

党委书记 郑文堂
校　　长 丁辉

（刘侠）

北京化工大学

概述

2018 年，北京化工大学占地面积 166.53 万平方米，学校产权校舍建筑面积 56.66 万平方米。全年教育经费投入 237019 万元，其中，国家拨款 154757 万元、自筹经费 82262 万元。固定资产总值 23.71 亿元，其中，教学、科研仪器设备资产值 10.27 亿元。图书馆建筑面积 18641 平方米，藏有纸质图书 177.15 万册。拥有计算机 8793 台。学校信息化经费投入 650 万元，多媒体教室 203 间，信息化设备资产 19522.69 万元，网络信息点 36500 个，校园网出口总带宽 7680Mbps，电子邮件系统用户 45000 个，上网课程 130 门，数字资源电子图书 1211082 册、电子期刊 750384 册、学位论文 7654208 册、音视频 111641 小时，管理信息系统数据总量 6000GB。设有 4 个校区，设置 15 个院（系、部）；开设 50 个专业，覆盖 8 个学科门类；具有一级学科 8 个，一级学科博士点 8 个，一级学科硕士点 21 个，二级学科硕士点 2 个，硕士专业学位授权类别 6 个，工程领域授权领域 8 个；博士后科研流动站 7 个，其中，博士后研究人员出站 58 人、进站 37 人、在站 140 人。一级学科国家重点学科 1 个、二级学科国家重点学科 2 个、国家重点（培育）科学 1 个，一级学科北京市重点学科 3 个、二级学科北京市重点学科 3 个、北京市交叉重点学科 2 个；国家级特色专业建设点 8 个，北京市级特色专业建设点 14 个；国家重点实验室 2 个，国家工程实验室 1 个。教职工 2557 人，其中，专任教师 1266 人，包括教授 324 人、副教授 417 人；博士生导师 302 人、硕士生导师 566 人；中科院院士 3 人、工程院院士 5 人（含双聘中科院院士 1 人、工程院院士 2 人）。“长江学者奖励计划”特聘教授 13 人、讲座教授 2 人、青年学者 2 人。外籍教师 29 人，包括教授 3 人。毕业生 7049 人，其中，研究生 1907 人（博士生 186 人、硕士生 1721 人）、普通本科生 3449 人、成人教育本专科生 1693 人（本科生 924 人、专科生 769 人）。本科毕业生就业率 97.85%。招生 7413 人，其中，研究生 2457 人（博士生 277 人、硕士生 2180 人）、普通本科生 3816 人、成人教育本专科生 1140 人（本科生 1011 人、专科生 129 人）。高考北京地区提档线文科 627 分、理科 617 分。在校生 25810 人，其中，研究生 7129 人（博士生 974 人、硕士生 6155 人）、普通本科生 15331 人、成人教育本专科生 3350 人（本科生 2631 人、专科生 719 人）。留学生毕业 220 人、招生 258 人、在校生 487 人。网址：www.buct.edu.cn。

2018 年，学校召开创新发展大会，完成本科教学工作审核评估，成立“一带一路”学院。

人才培养。举办新时代本科教育高峰论坛，完成本科教学工作审核评估。持续推进“全员、全过程、全方位”育人体系构建，系统实施“学生工作十二大体系”和“九个素质能力提升计划”，构建起多层次、立体化的“榜样育人”体系。学校获批教育部第二批产学合作协同育人项目 11 个，教育部“新工科”研究与实践项目 3 个。建设在线开放课程 30 余门，出版 11 门数字化课程及教材。承办“西门子杯”中国智能制造挑战赛全国总决赛。获大学生创新创业训练计划 319 项，包括国家级 80 项。建设完成大学生创新创业成果展厅、学科交叉工程创新实践中心。学生在各类学科竞赛中，获国家级奖励 230 余人次。建立研究生招生名额动态分配机制，进一步完善博士研究生“申请考核制”的招考程序。

教师队伍。开展做新时代“四有”好老师和“四个引路人”学习实践活动，组织研究生导师任职考核和年度招生资格审核工作。引进杰出人才 11 人，包括长江学者 1 人。全年新增“中国青年科技奖”获得者 1 人，“万人计划”科技创新领军人才 1 人。构筑基层管理人员发展和教师发展两大平台，搭建校院个人三级联动研修体系和学习社群。制定《北京化工大学新教师教学研修管理办法（试行）》。

科研创新。获批两个前沿创新特区重点项目，经费总额近 2 亿元，成为建校以来经费额度最大的国防科研项目；承担重点国防科研项目 4 个，经费总额 1.18 亿元。科技经费到款 6.24 亿元，获授权专利 419 项，9 项科技成果通过鉴定。参与项目获国家科技进步二等奖 1 项。新增 2 个教育部重点实验室。与云南省、德阳市、通辽市、韶山市政府分别签订合作框架协议。化大—中日医院生物医学转化工程研究中心揭牌运行。“中关村示范区高校技术转移办公室”挂牌。师生分别在《自然》（*Nature*）和《科学》（*Science*）发表两篇原创性研究论文。实施科技成果作价入股股权奖励模式，首例科技成果作价入股给与科研人员股权奖励项目落地。

8 月 25 日至 29 日，化工大举办“西门子杯”中国智能制造挑战赛总决赛（化大　供）

学科建设。按照“一流学科项目”“一流学科团队”“一院一策”3 个导向分批启动学科建设，建立“一流学科建设项目库（2018—2020）”。启动 6 项重大科学工程 / 重大军民融合工程建设计划；启动各学院规划的 11 项一流学科重点建设计划、10 项“一院一策”建设计划；启动生物医学转化工程研究中心、新能源材料与器件等学科建设计划；加强绩效驱动与学科交叉，启动文科提升计划。累计支持经费 1.5 亿元。新增“生物工程”一级学科博士学位授权点、“信息与通信工程”一级学科硕士学位授权点以及“会计”硕士专业学位授权点，并动态调整增列“生物工程”一级学科硕士授权点。完成8个工程硕士领域调整为5个专业学位类别的相关工作。

对外开放。学校与国外大学（研究机构）新（续）签校际合作协议38份，新增校际合作伙伴26个，友好学校遍布42个国家（地区）、总数达到139所。举办“绿色化学化工”等系列国际学术论坛，成立中国石油和化工行业国际产能合作企业联盟“一带一路”国际人才培养中心、中国—西班牙先进材料联合研究中心、化大—佐治亚大学联合研究中心。新增1个“111计划”引智基地，新增1项“外专”计划（短期项目）。学校与20个国家的42所高校（机构）签署64个学生赴海外学习项目合作协议，共派出418名学生赴海外学习，共招收学历留学生353人。

党委书记 王芳（11月9日免）
袁自煌（11月9日任）
校　　长 谭天伟

（肖勇）

首届化工行业舆论风险管理高峰论坛

6月5日，化大、人民网舆情数据中心联合举办“首届化工行业舆论风险管理高峰论坛”。论坛以“绿色、信任、共识”为主题，旨在深入贯彻落实行业绿色发展的宗旨，缓解化工行业舆论困境，促进行业健康发展。论坛上，与会嘉宾从化工企业、高校、媒体等角度，围绕“构建化工行业绿色舆情”展开交流。化大与人民网舆情数据中心共同揭牌成立化工行业风险管理教育基地。双方共同开展化工行业舆情管理的研究和培训，申报、承担舆情管理等领域的学术研究课题，致力于推动新常态下化工行业舆情管理建设。来自人民网、化工行业协会、化工企业的专家学者共计150余人参加论坛。

（肖勇）

庆祝建校60周年

9月15日，化大召开“甲子薪传 筑梦百年”建校60周年创新发展大会。校长作题为《甲子峥嵘 砥砺奋进 扎根中国大地，建设特色鲜明、在国际上有影响的高水平研究型大学》的主旨演讲，总结学校在立德树人、创新发展、服务国家、师资建设、国际交流等领域取得的成绩。会上，学校与云南省政府、中国中化集团公司、中国石油化工集团公司、霍尼韦尔、辉瑞制药有限公司签订合作共建协议。举办“宏德博学 甲子常新”主题晚会，演出分“寻梦甲子”“传梦鼎新”“筑梦辉煌”3个篇章，呈现学校60年发展历程、辉煌成绩和精神内涵。化大1958年建校，原名北京化工学院；1960年被中共中央列为全国64所重点大学之一；1978年，成为国家恢复招收培养研究生后首批招生院校；1994年更名为北京化工大学；1996年北京化工管理干部学院并入学校，跻身国家“211工程”重点建设高校行列；1998年，学校划转为教育部直属高校；2008年，获批“985工程优势学科创新平台”；2017年，入选“一流学科”建设高校名单。至2018年，学校累计培养毕业生16万余人。经过60年发展，学校已经建设成为一所理科基础坚实，工科实力雄厚，管理学、经济学、法学、文学、教育学、哲学、医学等学科富有特色的多科性重点大学。年内，化大举办“2018，为爱回家——北京化工大学60周年校庆‘爱’系列主题活动”，发布《口述北化》纪录片第一集《百日建校》《北京化工大学校赋》，出版系列纪念丛书《口述历史：站在祖国的身旁——北京化工大学六十年发展历程实录》，组织高校技术转移全球校长论坛、全球合作伙伴圆桌会议、全球北化校友企业家论坛等系列活动庆祝建校60周年。

（肖勇）

北京工商大学

概述

2018年，北京工商大学总占地面积82万平方米，其中，阜成路校区21万平方米，良乡校区61万平方米。学校产权建筑面积45.6886万平方米。全年教育经费投入15.75亿元，其中，国家拨款13.31亿元、自筹经费2.44亿元。固定资产总值28.53亿元，其中，教学、科研仪器设备资产值9.99亿万元。图书馆建筑面积2.58万平方米，馆藏纸质文献178.2万册、中外文期刊904种、报纸65种、电子图书198.8万余册，拥有数据库107个。拥有计算机9532台。学校信息化经费投入856.7万元，多媒体教室座位11491个，信息化设备资产45211.96万元，网络信息点22533个，校园网出口总带宽5800Mbps，电子邮件系统用户18650个，上网课程1141门，电子期刊70.66万册、学位论文405.67万册、音视频10万小时，管理信息系统数据总量1850GB。设有2个校区，设置11个学院、1个教学部，开设51个本科专业，覆盖7个学科门类；有一级学科博士学位授权点2个，“服务国家特殊需求博士人才培养项目”1个，联合培养博士学位授权点1个，硕士学位授权点16个、硕士专业学位授权点19个；博士后科研流动站1个，其中，博士后研究人员出站3人、进站4人（含工作站联合招收2人）、在站13人（含工作站联合招收7人）。北京市重点学科4个，北京市重点建设学科6个，国家级特色专业建设点5个，北京市特色专业建设点8个；北京市属高校首批一流专业2个。教职工1490人，其中，专任教师989人，包括教授153人、副教授420人；博士生导师42人、硕士生导师534人；工程院院士4人（含双聘院士2人，兼职教授1人）。外籍教师（外聘）23人，其中，教授15人、副教授1人。毕业生3893人，其中，学历教育学生中全日制研究生892人（博士生3人、硕士生889人），普通本科生2639人，成人教育本专科生362人（本科生265人、专科生97人）。本科生毕业生就业率97.82%。招生4260人，其中，学历教育学生中全日制研究生1076人（博士生15人、硕士生1061人），普通本科生2926人，成人教育本科生 258 人。高考北京地区提档线理工类本科一批 554 分、二批 529 分，文史类本科一批 584 分、二批 574 分；艺术类综合分 633 分。在校生 15416 人，其中，学历教育学生中全日制研究生 2568 人（博士生 35 人、硕士生 2533 人）、普通本科生 11568 人、成人教育本专科生 1280 人（本科生 1051 人、专科生 229 人）。留学生毕业 98 人、招生 119 人、在校生 242 人。网址：www.btbu.edu.cn。

2018 年，学校学科建设工作取得重大突破，人才培养质量稳步提升，科研工作再上新台阶，国际交流与合作进一步加强，基础设施和服务保障能力不断增强。

学科建设。召开学科建设大会，以迎接分类办学为契机推进“一流学科”建设，进一步明确研究型大学办学定位。应用经济学、食品科学与工程专业获批一级学科博士学位授权点，实现博士学位授予单位和一级学科博士点“零”突破。食品科学与工程、工商管理学科获批北京市高精尖学科，与中国农业大学和对外经济贸易大学合作共建。完成“食品（含保健食品）添加剂与安全”服务国家特殊需求博士人才培养项目验收工作。

人才培养。学生参加学科竞赛共有 467 项 1291 人次获市级以上奖项，其中，获省部级以上学科竞赛一等奖 77 项。通过教育部本科教学审核评估，获北京市教育教学成果奖 13 项，包括一等奖 5 项；1 个教授团队获首批教育部“2017 年度示范性虚拟仿真实验教学项目”。制定《研究生学位授予、博士生指导教师遴选与管理办法》。设立研究生科研能力提升计划项目基金，全年资助项目 99 个。

科研工作。年度科研总经费 2.23 亿万元，比上年增长 1.95%。获批国家自然科学基金项目、国家社会科学基金项目共计 42 个，国家重点研发计划项目 1 个、课题 5 项，北京市自然科学基金项目、社会科学基金项目 23 个，教育部人文社科项目 9 个。其中，“多组学解析浓香型白酒酿造过程中关键酯类物质合成的作用机制”入选国家自然科学基金重点项目，“食品安全检测”入选优秀青年科学基金项目，这是学校首次获国家自然科学基金重点项目和优秀青年科学基金项目资助。获中国专利优秀奖 1 项，中国青年科技奖 1 项；出版学术著作 55 部，授权发明专利 93 项；发表 A 区论文 500 余篇，1861 篇学校署名的科研论文入选 ESI，13 篇论文入选 ESI 高被引论文。《食品科学技术学报》进入北大核心期刊。服务首都“四个中心”建设，与北京地区企事业单位签约 243 项，占签约量的 54%。获得发明专利授权 93 项，实用新型授权 17 项，外观设计授权 17 项，软件著作权 42 项。

队伍建设。引进各类人才 71 人。研究制定高层次人才队伍建设办法。1 人入选第三批国家“万人计划”科技创新领军人才，1 人获国家自然科学基金优秀青年科学基金，实现两项高层次人才“零”的突破。

交流合作。外国留学生数量持续增长，学历教育在校生 331 人，占 77%，其中，研究生占 58.61%。与爱尔兰考克大学联合培养的应用统计学（风险与精算学）专业首届双学位毕业生毕业。与 4 所国外大学新建合作关系。加入 27 个国家 49 所国外高校成立的“一带一路”食品高校教育科技联盟。12 月，联合中国科协、市科协和巴基斯坦驻华大使馆举办第三届“一带一路”中巴科技与经济合作学术论坛。

党委书记 谭向勇
校　　长 孙宝国

（杨蓉　杨巧明）

博士学位培养取得“零”的突破

5 月 2 日，国务院学位委员会发布《关于下达 2017 年审核增列的博士、硕士学位授予单位及其学位授权点名单的通知》，工商大学获批博士学位授予单位，应用经济学、食品科学与工程获批一级学科博士学位授权点。标志着工商大学实现博士学位授予单位和一级学科博士点“零”的突破，形成“学士、硕士、博士”完整的学位授权体系。这是学校在学科建设与学位教育发展历史上的重大突破，是学校发展史上的重要里程碑。

（杨蓉　杨巧明）

中外合作办学首届双学位学生毕业

6 月 15 日，工商大学与爱尔兰考克大学联合培养的应用统计学（风险与精算学）专业的首届双学位学生毕业。该

10 月 21 日，工商大学良乡校区二期新建工程学生宿舍楼项目举行结构封顶仪式　（工商大学　供）

专业为中外合作专业本科教育项目，2013年设立，2014年9月首次招生，学生在工商大学学习2年，在考克大学学习2年，毕业学生颁发工商大学本科毕业证书和理学学士学位证书、考克大学理学学士学位证书。此次毕业的统计14（中外）班共有学生28人，毕业26人，24人被爱丁堡大学、华威大学、卡斯商学院等国外高校录取继续攻读硕士或博士学位。

（杨蓉　杨巧明）

北京服装学院

概述

2018年，北京服装学院占地面积36.14万平方米，学校产权校舍建筑面积25.23万平方米、非产权校舍建筑面积3.75万平方米。全年教育经费投入66496.2万元，其中，国家拨款48463.2万元。固定资产总值8.01亿元，其中，教学、科研仪器设备资产值3.97亿元。图书馆建筑面积1.05万平方米，藏书74.28万册。拥有计算机5748台。学校信息化经费投入962.9万元，多媒体教室235间，信息化设备资产16072.52万元，网络信息点数6000个，校园网出口总带宽3400Mbps，电子邮件系统用户12000个，上网课程354门，数字资源量中电子图书420.90万册、电子期刊6.28万册、学位论文766.12万册、音视频18.67万小时，管理信息系统数据总量33000GB。下设4个校区，设有9个全日制本科教学学院、2个教学部门以及研究生院、国际学院、继续教育学院；开设30个本科专业，覆盖6个学科门类；具有服务国家特殊需求博士人才培养项目1个，一级学科硕士学位授权点8个，二级学科硕士学位授权点（不含一级学科覆盖点）1个，硕士专业学位授权点3个，双学位专业点4个。北京市重点建设学科4个（1个北京市重点建设一级学科、3个北京市重点建设二级学科）；设有教育部发展中心授牌的全国中小学学生装校服研究中心，北京市级科研机构8个，北京市大学科技园1个。国家级特色专业建设点7个、市级特色专业建设点9个，国家级优秀教学团队1个、市级优秀教学团队4个，国家级实验教学示范中心1个、市级实验教学示范中心2个，国家级人才培养模式创新实验区1个，国家级校外实践教育基地1个、市级校外人才培养基地3个，市级高校校内实践创新基地1个，被评为全国深化创新创业教育改革示范高校、“教育部创新创业工作典型经验高校”（教育部全国创新创业50强高校）、“全国高校实践育人创新创业基地”。教职工843人，其中，专任教师562人，包括教授79人、副教授180人；博士生导师7人、硕士生导师170人；享受政府特殊津贴专家4人。外籍教师3人，其中，教授1人、副教授1人。毕业生2007人，其中，学历教育学生中全日制研究生309人（博士生4人、硕士生305人）、普通本专科生1385人、成人教育本专科生313人（本科生175人、专科生138人）。本科毕业生一次就业率95.77%。招生2304人，其中，学历教育学生中全日制研究生392人（博士生10人、硕士生382人）、普通本专科生1527人、成人教育本科生385人。高考北京地区本科提档线理科475分，文科534分。在校生8868人，其中，学历教育学生中全日制研究生1098人（博士生24人、硕士生1074人）、普通本科生6158人、成人教育本专科生1612人（本科生1212人、专科生400人）。留学生毕业12人、招生215人、在校生350人。网址：www.bift.edu.cn。

2018年，学校以迎接本科教学审核评估与分类办学指导为契机，梳理办学历史，完善顶层设计，推进特色高水平大学建设。

学科建设与人才培养成效显著。新增1个工程硕士专业学位授权点。第一门混合式课程“服装数字科技”开课，并在精品慕课平台“学堂在线”上线运行。新增3个国家留学基金管理委员会“优秀本科生国际交流项目”。师生在国内外各类竞赛中获奖，包括第20届国际青年服装设计师大赛一等奖、施华洛世奇国际时装设计大赛一等奖等多个国际国内大奖。举办“美好生活”2018北服时装周、时尚传播学院毕业设计展等活动。

构建教师队伍全方位培养体系。推进人事制度改革，出台《教职工专业技术职务晋升评聘实施细则》等，全面实施岗位聘用制和预聘长聘制相结合的双轨制聘用。推动量化考核工作，聘请校外专家团队，科学合理制订量化考核实施方案，建立健全部门及个人量化绩效考核体系，加大对考核结果的利用。引进优秀人才，接收毕业生及调入人员65人。做好教师培训工作，组织127名教师参加岗前培训、暑期企业实践、科研教学能力提升及出国英语培训等。聘用特聘教授和外籍教师来校讲学，聘请20余名外籍教师讲学、开设工作坊。

深化科研机制改革。完善科研管理制度，修订经费审批权限暂行办法等3个制度，全面落实“项目负责人负责制”。修订学术委员会规程、调整学术委员会组成。整合校内外资源，形成合力，在平台建设与重大科研项目上有新突破。首都科技条件平台为学校授牌。“中华民族服饰文化研究”项目获批2018年度国家社科基金艺术学重大项目。加强校级平台建设，成立中国设计标准研究院。

服务社会与文化传承。服务雄安新区建设，成立“雄安新区中小学学生装（校服）研究中心”，举办第三届白洋淀（雄安·容城）国际服装文化节。服务北京2022年冬奥会、冬残奥会，完成“北京8分钟”表演服装的设计制作；成立“奥运服饰文化研究中心”，举办奥运服饰文化研究论坛、奥运吉祥物全球征集等活动；与国家体育总局联合组织召开“科技冬奥·服装与装备专项科技研讨会”，依托“冬季运动高性能服装研发课题组”为冬季运动服装与装备科技攻关贡献力量。获批“北京2022年冬奥会和冬残奥会培训基地”。推动校企、校地合作，与青岛市政府、昆明市政协、国家博物馆、首都博物馆等签署战略合作协议。对口援建新疆职业技术学院和西藏职业技术学院。挂牌成立“中国传统工艺振兴计划协同创新中心”“无障碍服装研究中心”

等机构。完成“伟大的变革——庆祝改革开放40周年大型展览”工作任务，集中展现40年来国人衣着服饰变迁。举办“绝色敦煌之夜”演出，服务“一带一路”建设。

交流合作。与16所外国及港澳台高等教育机构新签、续签合作协议。英国王储传统艺术学院、敦煌研究院、敦煌文化弘扬基金会四方签署“敦煌服饰文化研究暨创新设计中心”战略合作框架协议。与伦敦时装学院开展深度合作探讨，达成师生交换、合作科研等合作意向，选派10名青年骨干教师进行为期8天的专业研修学习；“2+2”国际本科合作院校新增英国创意艺术大学；拓展首个外国留学生联合培养项目，与成都纺织高等专科学校签署外国留学生联合培养“3+2”项目。

党委书记 马胜杰

（付佳）

首个外国留学生联合培养项目

4月8日，服装学院与成都纺织高等专科学校签署合作协议。根据协议，双方开展外国留学生联合培养“3+2”项目。该项目是针对服装艺术设计专业外国留学生单独成立的专科升本科项目，即符合条件的外国留学生在成都纺织高等专科学校开展为期3年专科学习的基础上，可进入服装学院开展为期2年的本科学习并获得毕业证书及学位证书。项目2018年实施，有效期5年。

（付佳）

传统工艺振兴计划协同创新中心成立

6月7日，服装学院中国传统工艺振兴计划协同创新中心成立。中心与恭王府博物馆联合举办，设传统服装服饰研究所、传统织绣染研究所、传统工艺理论研究所、传统工艺美术研究所4个研究所，以非遗为桥梁、协同创新为目标，利用传统服装服饰制作技艺、传统纺织印染绣技艺等非遗资源，搭建资源置换平台。中心设主任1人、副主任1人。

（付佳）

首届绘画（师范）专业招收学生50人

9月，服装学院完成首届绘画（师范）专业学生招生报到工作。首届绘画（师范）专业学生面向北京市招生，拟计划招生50人，报名面试974人，实际招生50人，报到50人。该专业学生入学签订《师范生免费教育协议书》，学校根据《北京市拓展中小学教师来源的行动计划（2018—2022年）》通知精神和工作部署，免除费用，学生按照《师范生免费教育协议书》，毕业后在本市从事中小学校、幼儿园教育教学工作。培养期间，学生需完成规定的教育教学计划，达到教育培养方案的要求，并取得毕业证书和教师资格证书。

（付佳）

北京邮电大学

概述

2018年，北京邮电大学占地面积104.52万平方米，产权校舍建筑面积88.34万平方米。全年教育经费投入152251.40万元，其中，国家拨款99231.40万元、自筹经费53020万元。固定资产总值261837.81万元，其中，教学、科研仪器设备总值87175.56万元。图书馆建筑面积45047平方米，藏有纸质图书209万册、电子图书826万册。设17个教学单位、3个研究院，并设有研究生院。开设43个本科专业，覆盖8个学科门类；有一级学科22个，一级学科博士点10个，博士学位授权点10个，硕士学位授权点22个，专业学位授权点7个。博士后科研流动站6个，博士后研究人员进站20人、出站18人、在站78人。一级学科国家级重点学科2个、一级学科北京市重点学科2个、二级学科北京市重点学科3个、交叉学科北京市重点学科2个。国家重点实验室2个、国家工程实验室7个（2个牵头、5个合作）。教职工2304人。国家级教学名师2人，教育部“长江学者奖励计划”特聘教授6人、青年学者3人。外籍教师100余人。毕业生17060人，其中，全日制研究生2925人（博士生216人、硕士生2709人），普通本科毕业生3260人，成人教育本专科生431人，网络教育本专科生9308人（本科生4932人、专科生4376人），在职研究生1136人。本科生毕业生就业率99.75%，研究生毕业生就业率99.83%。招生20092人，其中，全日制研究生3275人（博士生351人、硕士生2924人），普通本科生3712人（含港澳台侨37人），网络教育本专科生13105人（本科生7289人、专科生5816人）。高考北京地区提档线理科649分、文科634分；中外合作办学理科提档线632分。全日制在校生25175人，其中，研究生10151人（博士生1804人、硕士生8347人），普通本科生14570人，成人本专科（函授）生1234人。留学生毕业56人、招生181人、在校生368人。网址：www.bupt.edu.cn。

2018年，学校深入学习宣传贯彻习近平新时代中国特色社会主义思想和党的十九大精神，加强党对学校事业的全面领导；推进全面从严治党向纵深发展，不断提升基层党建工作水平；以“双一流”建设为导向，全面优化学科发展环境；全面深化体制机制改革，强化顶层设计，充分激发办学活力；落实立德树人根本任务，着力提升人才培养质量；优化资源供给，持续提升科技创新能力；加强教师队伍和师德建设，提升人才培养能力；强化开放协同，加强国际交流合作；进一步提高保障能力，不断夯实学校可持续发展基础。

师资队伍建设。构建师德师风建设长效机制，印发《北京邮电大学师德“一票否决”实施细则》《北京邮电大学教师职业道德规范》《北京邮电大学教师师德考核实施办法》。开展“做新时代‘四有’好老师和‘四个引路人’”学习实践活动。引进2名院士受聘“双聘教授”岗位，选拔“国脉人才”2人、“传邮人才”21人、“鸿雁人才”9人。推进教师岗位聘任改革、机关人事制度改革以及薪酬分配制度改革，完善教师分类管理体系，合理设定岗位类别及岗位数量，科学制定上岗条件和上岗任务，严格执行聘岗流程及考核标准；完成全校正科级岗位聘任工作，确定“三定”方案，为学校事业发展提供制度保障和人才支持。举办第二届北京邮电大学信息科技国际青年学者论坛吸引优秀青年学者，自首届论坛开办以来，学校共引进5批31名优秀青年学者来校工作。

学科建设。在《美国新闻与世界报道》(*U.S.News & World Report*）年度全球大学排名中，学校计算机学科位列全球第20名。

科研工作。主持完成的“热点区域高容量无线网络的协同自组织技术及应用”项目获2017年度国家技术发明奖二等奖，“高效融合的超大容量光接入技术及应用”项目获国家科学技术进步奖二等奖。学校网络安全天枢战队获HITB CTF全球总决赛第二名。

党委书记 吴建伟

校　　长 乔建永

（吴昊）

邮政快递业人才培养及产业创新发展峰会

1月7日至8日，邮电大学举办强邮论坛——邮政快递业高层次人才培养及产业创新发展峰会。论坛包括主论坛、分论坛两部分，听取中国高等教育学会副会长、中国邮政速递物流有限公司总经理、申通快递股份有限公司董事长、德邦物流股份有限公司董事长分别作题为《提高学生竞争力：高等学校专业教学的核心内涵》《快递行业发展趋势及创新》《新快递 新变化 新需求》《快递改变中国，你改变自己》的主题演讲。与会人员围绕邮政快递行业发展培养高层次复合型人才，促进政府、高校、企业界合作和邮政产业创新变革主题交流探讨。会议在国家邮政局的指导下，由邮电大学承办，南京邮电大学、重庆邮电大学、西安邮电大学、中国快递协会、中国邮政快递报社协办。各相关高校专家学者、学生及各行业协会、各地邮政管理局、企业的相关负责人近200人参加论坛。

（吴昊）

5月26日，邮电大学沙河校区图书馆正式启用

（邮电大学　供）

沙河校区图书馆启用

5月26日，邮电大学沙河校区图书馆试运行。沙河校区图书馆占地面积3.67万平方米，采用借、阅、藏、展一体化运行管理新模式和阅览座位排位系统、自助借还机、自助打印机等现代智慧化设备。馆内除阅览区、自习区、研讨室外，还设有智慧电子服务区、新书区、自然科学借阅区、外文借阅区、社会科学借阅区、特色主题阅览区。沙河校区图书馆启用后，学校图书总量达到206万册，电子资源服务平台增加至73个。

（吴昊）

北京印刷学院

概述

2018年，北京印刷学院占地面积21.68万平方米，学校产权校舍建筑面积22.72万平方米。全年教育经费投入58055.44万元，其中，国家拨款48146.62万元、自筹经费9908.82万元。固定资产总值113184.31万元，其中，教学、科研仪器设备资产值42910.52万元。图书馆建筑面积1.53万平方米，馆藏纸质图书121.8597万册，电子图书4030GB。学校信息化经费投入3590.47万元，多媒体教室89间，信息化设备资产8400万元，网络信息点13000个，校园网出口总带宽5200Mbps，电子邮件系统用户1517个，数字资源量500G，管理信息系统数据总量5000GB。设有14个院（系、部），开设30个专业，覆盖6个学科门类。具有一级学科12个，硕士学位授权点10个，专业学位授权点5个；博士后科研流动站1个，其中，博士后研究人员出站41人、进站43人、在站2人。二级学科北京市重点学科4个，北京市一流专业1个。教职工801人，其中，专任教师511人，包括教授87人（含3名研究员1名校聘教授）、副教授184人（含6名高级工程师）。硕士生导师197人。“长江学者奖励计划”讲座教授2人。外籍教师4人。毕业生1615人，其中，学历教育学生中全日制硕士研究生932人、普通本科生1405人、成人教育本专科生580人（本科生177人、专科生403人）。本科生毕业生就业率97.79%，深造率18.19%；研究生就业率99.52%。招生2885人，其中，学历教育学生中全日制硕士研究生360人，普通本科生1593人，成人教育本专科生932人（本科生604人、专科生328人）。高考北京地区本科一批提档线理工类532分、文史类576分；高考北京地区本科二批提档线理工类501分、文史类545分；艺术类综合分165分。在校生7427人，其中，学历教育学生中全日制硕士研究生932人、普通本科生6172人。留学生招生119人、在校生242人。网址：www.bigc.edu.cn。

2018年，学校围绕办学60周年重大节点，举办系列活动，完成校史、校训发布，以及三馆两展工作；深入推进人事制度综合改革，形成新一轮聘期系列文件；召开一流专业建设、学科建设、科研平台与团队建设、学生工作等系列会议，推动重点工作落实；不断完善现代大学制度，制定《中共北京印刷学院委员会关于坚持和完善党委领导下的校长负责制的实施办法》《北京印刷学院党政会议议事规则》《关于坚持和完善院（系）党组织会议和党政联席会议制度的实施办法（试行）》等制度；信息化建设取得新进展，新机房、智慧校园—网上办事大厅投入使用。

学科建设。获批成为博士学位授予立项建设单位，新增工商管理、网络空间安全及马克思主义理论3个一级学科硕士学位授权点，学科布局进一步优化。新闻传播学学科实现与中国人民大学的签约共建，设计学学科实现与清华大学联合培养博士研究生。结合第四轮学科评估结果及分析报告，完成全校一级学位点整改；新增3个全英文教学专业。召开学科建设与科研创新能力大会，进一步凝聚学科与科研方向；新闻传播学、设计学、材料科学与工程3个一级学科申报北京市“高精尖”学科；本科教学审核评估准备工作有序推进，完成校内组织的专家预评估；贯彻落实北京市高等教育改革精神，完成市属高校分类发展方案上报与专家组入校检查指导；重新梳理“三院一园”的工作，利用绿色大厦开办产业园，吸引多家企业顺利入驻。

科研成果。“印刷品质量高速检测关键技术研究及应用”获得市科学技术奖三等奖等奖项。“新闻出版领域关键技术应用研究与服务综合实验室”获批国家新闻出版署优秀重点实验室。

师资建设。17人入选北京市属高校青年拔尖人才培育计划、4人入选市属高校“长城学者”培养计划、3人入选市“海聚工程”战略专家短期项目；9项成果获市教育教学成果奖，其中，一等奖3项。1人获市第十四届高等学校教学名师奖，1人获市第二届高等学校青年教学名师奖，5人入选教育部新一届教学指导委员会。

人才培养及社会服务。第一批机械工程专业硕士留学生通过答辩获得学位，完成北京市“一带一路”国家人才培养基地项目，获批北京市2019年“一带一路”印刷出版人才培养专项、2019年北京市外国留学生奖学金项目等。全国大学英语四级考试一次性通过率57.98%，比上年增长1.47%。艺术专业吸引力不断提高，报考人数2.2万人，创历史新高。全年举办各层次培训班25期，涉及1468人次；校际联合培养范围进一步扩大，新签订与加拿大学卡普顿大学、美国东华盛顿大学合作协议，实施“3.5+1.5”本硕连读MBA项目、教师交流互访项目、121个双学位本科人才培养实验班项目等。服务北京“四个中心”建设与行业转型升级，主办北京文化创意大赛初创项目分赛区活动。承担国家新闻出版总署委托的《北京市出版物印刷服务首都核心功能建设升级指南》的研究编制工作。承办国家新闻出版署2018中国印刷业创新大会上的中国印刷与印刷艺术设计双年展，发起成立中国印刷高等教育联盟。成立“奥运印刷艺术研究中心”，服务冬奥会。

党委书记 高锦宏
校　　长 罗学科

（谢丹）

办学60周年系列纪念活动

10月19日至20日，北印举办办学60周年系列纪念活动。19日，举行“艺术教育30年回顾展暨美术馆开馆仪式”“校史馆开馆和《北京印刷学院简史（1958—2018）》的出版发行仪式”“校训纪念石揭幕仪式”。北印美术馆建筑总面积1600余平方米，展览面积1000平方米，设有前厅、主题展厅、多功能播放空间和学术研讨空间，总投入250万元。艺术教育回顾展分为学校艺术教育30年回顾展、优秀校友作品展、在校教师优秀设计与艺术作品展3个部分，共展出教师学生作品186件。校史馆建筑面积700平方米，设“序言篇、历程篇、成果篇”3个展厅，运用近4万文字、1000多幅图片、近200件实物和多媒体史料，展示学校60年办学发展史和中国印刷出版高等教育的育人成果。学校采泰山巨石，集欧阳中石先生亲笔，立石镌字，并发布新校训“守正出新 笃志敏行”。10月20日，学校举办“传承创新 内涵发展”北印办学60周年创新发展大会，回顾学校60年来的办学成绩。市各级领导、嘉宾、校友代表和师生2000余人参加大会。

（谢丹）

10月19日至20日，北印举行办学60周年创新发展大会
（北印 供）

3个专业参照独立设置艺术院校招生

10月，北印3个专业获教育部批准参照独立设置艺术院校招生。教育部高校学生司印发《关于北京印刷学院有关

专业招生考试办法的意见》，批复北印数字媒体艺术、动画、绘画3个艺术类专业，自2018年起，可参照教育部有关独立设置艺术院校艺术类本科专业招生办法执行。

（谢丹）

北京建筑大学

概述

2018年，北京建筑大学占地面积62.40万平方米，学校产权校舍建筑面积48.80万平方米。全年教育经费投入117765.36万元，其中，国家拨款70030.20万元、自筹经费47735.16万元。固定资产总值13.52亿元，其中，教学、科研仪器设备资产值10.13亿元。图书馆建筑面积38579.74平方米，藏书336.9万册，其中，纸质图书46.9万册、电子图书190万册。学校信息化经费投入1500万元，信息化设备资产35500万元，网络信息点21500个，校园网出口总带宽4.9Gbps，电子邮件系统用户2259个。设有2个校区，有10个学院和1个基础教学单位，另设有继续教育学院、国际教育学院和创新创业教育学院。有35个本科专业，覆盖5个学科门类，包括国家级特色专业3个、北京市特色专业7个；具有一级学科14个，一级学科博士授权点2个，服务国家特殊需求博士人才培养项目1个，一级学科硕士授权点14个，专业学位类别硕士授权点10个，交叉学科硕士授权点1个；博士后科研流动站1个，出站5人、进站13人、在站31人。北京市重点学科3个，北京市重点建设学科2个。教职工1060人，其中，专任教师668人，包括教授131人、副教授288人；博士生导师36人、硕士生导师316人；“长江学者奖励计划”1人、国家杰出青年科学基金获得者1人、国家“千人计划”入选者1人、国家级教学名师1人、全国优秀教师1人、百千万人才工程国家级人选4人、国家“万人计划”科技创新领军人才2人、中科院“百人计划”2人、北京学者2人。外籍教师7人。毕业生2902人，其中，学历教育学生中全日制研究生499人（博士生1人、硕士生498人），普通本科生1807人，成人教育本专科生470人（本科生413人、专科生57人）；非计划招生高等教育学生中在职人员攻读硕士学位126人。本科毕业生就业率93.53%。招生2661人，其中，学历教育学生中全日制研究生604人（博士生14人、硕士生590人），普通本科生1853人，成人教育本科生186人；学历教育学生中非全日制研究生18人。高考北京地区提档线一批理科539分、一批文科592分，二批理科523分、二批文科561分。在校生11123人，其中，学历教育学生中全日制研究生1682人（博士生33人、硕士生1649人），学历教育学生中非全日制研究生108人，普通本科生7843人，成人教育本专科生1107人（本科生994人、专科生113人），非计划招生高等教育学生中在职人员攻读硕士学位383人。留学生毕业3人、招生144人（含长短期学生）、在校生114人。网址：www.bucea.edu.cn。

2018年，学校加强党的建设，“主讲主问制”党支部理论学习新模式入选北京党建蓝皮书。

师资建设。实施“高端人才引育计划”，修订完善《北京建筑大学高层次人才引进管理办法》，明确各级别人才引进政策，提高相应人才引进配套待遇，加强高端人才引进工作。制定《北京建筑大学学科带头人招聘计划》，针对不同学院分别制订人才引进方案，分阶段补齐、配强各学科带头人。构建并完善人才培养体制，鼓励申报各类人才项目，入选北京市“长城学者”培养计划1人、“高层次人才引进计划”1人、“青年拔尖人才培育计划”3人。推进创新团队建设与内涵发展，建立教学型和科研型两大类型团队建设制度。组织跨学科协同交叉学术报告研讨会27场，开展小班研讨型教学观摩课6次。

学科建设。获批博士学位授予单位，建筑学、土木工程获批一级学科博士学位授权点。新增机械工程、马克思主义理论2个一级学科硕士学位授权点和风景园林、工程管理2个专业学位类别硕士学位授权点。调整8个工程硕士专业类别下设领域点：机械工程、工业设计工程统一调整至机械专业学位类别，项目管理、物流工程、工业工程统一调整至工程管理专业学位类别，建筑与土木工程调整至土木水利专业学位类别，环境工程、测绘工程统一调整至资源与环境专业学位类别。建筑学与清华大学建筑学开展学科共建。

科研项目与成果。学校申报国家级和省部级项目330余项，比上年增长11.5%。新立项纵向项目147个，包括国家级项目40项、省部级项目57个。新增国家自然科学和社会科学基金项目首次达到30个。新增省部级项目较上年增长55.6%。新立项产学研合作项目218个，单个项目最大合同经费超过880万元；服务北京建设发展项目175个。全校实到科研经费1.52亿元，比上年增长10.14%。获国家科学技术进步奖2项，获省部级政府和社会力量奖励12项。1个项目获2018“世界建筑节”佳作奖。新增学术论文600余篇，其中，SCI、EI收录论文近200篇。新增著作48部，制定各类标准5部。新增授权专利172项，其中，发明专利90项、国际专利2项。印发《促进科技与产业协同发展加快推进科技成果转化的管理办法》，推动建立符合学校实际的科技成果转化组织模式和政策机制。与中国铁道科学研究院等单位签订产学研合作协议，与北京万科、中建三局等公司建立长效联系机制。参加江苏江阴技术对接会，探索建立多元化科技成果转移转化体系。开展存量专利盘点，对近600件专利重点分析，寻求成果转移转化新的增长点。成立建筑垃圾资源化研究院、自然资源监测与评估研究院等多个智库。

对外交流与合作。与35个国家和地区的84所高等院校、研究机构签订合作与交流协议。其中，2018年度新增校际合作协议19个。年内，办理教师因公出国（境）共计69个团组、137人次，通过各类长短期项目共派出217名学生赴国（境）外交流学习。招收长短期国际学生144人，其中，博士生 2 人、硕士生 34 人、本科生 56 人、其他 52 人。

党委书记 王建中（4 月 4 日免）

校　　长 张爱林

（马利光）

首次获批一级学科博士学位授权点

5 月 2 日，建筑大学建筑学、土木工程获批一级学科博士学位授权点。这是学校首次获批一级学科博士学位授权点。建筑学专业于 1980 年招收第一届本科生，1986 年获得硕士学位授予权，包括建筑设计及其理论、建筑历史与理论、建筑遗产保护理论、建筑技术科学、城市设计及其理论共 5 个二级学科。截至 2018 年，累计培养毕业生 2844 人（含硕士研究生 1024 人）。土木工程专业于 1958 年开始招收本科生，1986 年获得硕士学位授予权，包括岩土工程、结构工程、市政工程、桥梁与隧道工程以及防灾减灾与防护工程共 5 个二级学科。截至 2018 年，累计培养毕业生 1 万余人（含硕士研究生 1959 人）。

（马利光）

国际城市设计联合工作营

7 月 16 日至 9 月 1 日，建筑大学组织开展 2018 年国际城市设计联合工作营。建筑学院、环能学院、土木学院等学院的 100 余名师生，组成 7 个设计工作营，分别赴英国、美国、日本、意大利、新加坡等国家和地区的知名高校，与当地师生一起，通过混编分组、实地踏勘、形成报告、小组答辩等方式，围绕城市更新设计、交通规划管理、地下综合管廊等主题开展为期 10 余天的研讨设计创新活动。

（马利光）

北京石油化工学院

概述

2018 年，北京石油化工学院占地面积 28.67 万平方米，产权校舍建筑面积 24.84 万平方米、非产权校舍建筑面积 0.99 万平方米。全年教育经费投入 55116.41 万元，其中，国家拨款 44724.70 万元、自筹经费 10391.71 万元。固定资产总值 12.92 亿元，其中，教学、科研仪器设备资产值 5.73 亿元。图书馆建筑面积 16981.6 平方米，藏书 216 万册，其中，纸质图书 92 万册、电子图书 124 万册。拥有计算机 5196 台。学校信息化经费投入 1867.4 万元，信息化设备资产 11380.5 万元，网络信息点 15623 个，校园网出口总带宽 4500Mbps，电子邮件系统用户 27066 个，上网课程 323 门，数字资源量 58GB，管理信息系统数据总量 356.37GB。设有清源校区（主校区）、康庄校区、燕山校区 3 个校区，设置 14 个院（系、部）；开设 31 个专业，覆盖 5 个学科门类；具有一级学科 4 个，硕士学位授权点 4 个，专业硕士授权点 1 个。有博士后科研工作站 1 个，博士后研究人员出站 6 人、在站 11 人、进站 4 人。有国家工程教育认证专业 6 个，教育部特色专业 3 个，“卓越工程师教育培养计划”试点专业 8 个，北京市特色专业 5 个，北京市一流建设专业 1 个。一级学科北京市重点建设学科 4 个，北京市重点实验室 5 个。教职工 800 人，其中，专任教师 536 人，包括教授 64 人、副教授 201 人；博士生导师 10 人、硕士生导师 166 人。“长江学者奖励计划”特聘教授 1 人。外籍教师 4 人。毕业生 2035 人，其中，学历教育学生中全日制专业硕士研究生 70 人、普通本科生 1729 人、成人教育本专科生 236 人（本科生 95 人、专科生 141 人）。本科毕业生就业率 98.8%。招生 2524 人，其中，学历教育学生中全日制专业硕士研究生 121 人、普通本科生 1877 人、成人教育本专科生 526 人（本科生 505 人、专科生 21 人）。高考北京地区提档线文科 516 分、理科 489 分。在校生 9199 人，其中，学历教育学生中全日制专业硕士研究生 295 人、普通本科生 7081 人、成人教育本专科生 1823 人（本科生 950 人、专科生 873 人）。留学生毕业 3 人、招生 101 人、在校生 117 人。网址：www.bipt.edu.cn。

2018 年，学校以建校 40 周年为契机，全面深化综合改革，凝心聚力共促发展，推动各项事业取得全面发展。

聚力人才培养。坚持以本为本，认真贯彻落实全国教育大会、全国本科教学工作会议和北京教育大会精神，学校把 2018 年确立为“人才培养质量年”，召开人才培养工作会议，着力提升人才培养能力，全面修订本科专业培养方案，健全研究生教育培养机制。

强化学科建设。强化学科建设龙头地位，完善“四八四三”学科建设构架。制定《关于加强学科建设工作的若干意见》，为今后十年学校学科建设描绘出蓝图、路线图和施工图。整合校内资源，积极申报高精尖学科。与清华大学就机械工程学科结对共建。

深化综合改革。制定《二级单位（部门）绩效考核办法》《教职工考核办法》《学校嘉奖评选与奖励办法》等文件制度，推进教学范式改革，深化人事制度改革。优化管理机制，将 277 名编外人员进行聘用管理。

推进科研工作。举办国家科技重大专项课题“海外目标油田开发工程关键技术及方案研究”的子课题“高效原油处理技术研究”项目启动会，首次参与主持承担国家科技重大专项子课题。学校光机电装备技术北京市重点实验室“面向冬奥冰雪运动损伤康复机器人研制”课题获得 2018 年北京市科委重大科技计划项目立项支持，课题总经费 1000 万元。与大兴生物医药基地在科学研究、技术服务、师资共建共享等方面开展合作，共建“产学研合作教育基地”。

完善育人体系。坚持“三全”育人理念，1 个班级获北京高校优秀示范班集体，3 个宿舍获北京高校最佳宿舍。近千名学生投身社会实践，学校首次获全国大中专学生志愿者暑期“三下乡”社会实践活动优秀单位。

拓展交流合作。深化与市安全监管局、京南大学联盟的交流合作，服务社会安全管理培训人数比上年增长 2.5 倍。先后与北京中科电商谷投资有限公司、加拿大地平线教育集团等签署战略合作协议。组织实施大兴区小黑垡村“引智帮扶”工作，并对新疆大学科学技术学院开展对口支援。

优化管理服务。召开第26次学代会，成立归国留学人员联谊会，新图书馆建成并投入使用。发挥审计工作效能，严格经费使用管理，规范采购及资产管理，完善内部控制体系。改进作风，优化办事流程。帮助青年教职工解决公租房20余套。

校　长　蒋毅坚

（杨振宇）

硕士学位授予单位获批

5月2日，石化学院获批成为硕士学位授予单位。经国务院学位委员会第34次会议批准，学校材料科学与工程、控制科学与工程、工商管理3个学科获批成为一级学科硕士学位授权点，工程硕士获批成为专业学位授权点（类别），自批准之日起可开展招生、培养和学位授予工作。成为硕士学位授予单位标志着办学层次和办学水平迈上新台阶。学校另于3月新增数据科学与大数据技术、应用统计学两个本科专业；10月成为北京市博士学位授予立项建设单位。

（杨振宇）

新图书馆开馆

5月29日，石化学院新图书馆开馆。新图书馆位于图书馆综合楼1至6层，建筑面积16981.6平方米。可收纳纸质图书130余万册，各类阅览座位2000余个，实现无线Wi-Fi全覆盖。拥有阅览学习、数字信息共享、期刊休闲阅览、视听播放、咨询服务、自助服务、个性化服务功能，实现多功能智能化建设布局。

（杨振宇）

5月29日，石化学院新图书馆揭牌

（石化学院　供）

建校40周年

10月27日至28日，石化学院举办建校40周年庆祝活动。学校以成立40周年为契机，举办建校40周年创新发展大会、校友企业家创新创业论坛、高端学术交流活动、大学生创新创业教育成果展、校企合作实践育人展等系列纪念活动。大兴区、市委教育工委、市教委相关负责人及20所海内外高校领导、30家企业负责人和学校离退休老领导、校友、师生约2000人参加活动。石化学院前身为1978年创建的北京石油化工专科学校，同时兼办北京化工学院第二分院，开始招收本、专科生。1992年，学校更名为北京石油化工学院。2000年，学校与河北大学联合培养硕士研究生。2018年，学校获批成为硕士学位授予单位。至此，学校累计培养毕业生38000余人。

（杨振宇）

北京电子科技学院

概述

2018年，北京电子科技学院占地面积7.87万平方米，学校产权校舍建筑面积7.18万平方米。全年教育经费投入14819.7万元，其中，国家拨款11976.3万元、自筹经费2843.4万元。固定资产总值6.43亿元，其中，教学、科研仪器设备资产值1.37亿元。图书馆建筑面积6680平方米，藏书42.18万册，其中，纸质图书32.88万册、电子图书9.3万册。拥有计算机2944台。学校信息化经费投入187.48万元，多媒体教室25间，信息化设备资产1.32亿元，网络信息点1260个，校园网出口总带宽684 Mbps，电子邮件系统用户3000个，上网课程357门，数字资源量9120 GB，管理信息系统数据总量110GB。设有1个校区，6个系（部）；开设10个专业（本科生专业8个，研究生专业2个），覆盖7个学科门类；具有专业学位授权点1个。教职工323人，其中，专任教师139人，包括教授14人、副教授50人；硕士生导师38人；享受政府特殊津贴专家6人。毕业生494人，其中，学历教育学生中全日制专业学位研究生45人、普通本科生449人。招生497人，其中，学历教育学生中全日制研究生58人、普通本科生439人。在校生1945人，其中，学历教育学生中全日制研究生168人、普通本专科生1777人。网址：www.besti.edu.cn。

2018年，《北京电子科技学院改革方案》全面启动实施，方案坚持政治立院、特色强院、人才兴院、依规治院的基本原则，按照聚焦主业、突出特色，整合资源、形成优势的改革思路，从加强学科建设、改革人才培养模式、建强师资队伍、推动科研创新、调整内设机构、改进管理服务等方面提出深化综合改革的一揽子措施。6月，学院召开改革动员大会启动改革，取得明显成效，开局良好。

调整内设机构。为落实学科建设要求，强化团队归属，教学机构由原来的8个调整为6个，即由信息安全系、电子信息工程系、计算机科学与技术系、通信工程系、管理系、人文社会科学教学部、思想政治理论教学研究部、基础学科教学部8个教学系部调整为密码科学与技术系、网络空间安全系、电子与通信工程系、管理系、思想政治理论教学研究部、人文社会科学教学研究部6个教学系（部）。管理部门撤销人事处、组织宣传处，成立组织人事部（加挂“教师工作部”“教师发展中心”牌子）、宣传统战部；单设工会、纪委办公室；后勤管理处更名为后勤管理服务中心（加挂“离退休工作处”牌子），研究生工作部更名为研究生部，学生工作处（招生就业办公室）更名为学生工作部（招生就业办公室）。

加强学科建设。集中全院优势力量资源，重点建设网络空间安全学科并取得阶段性成果。获硕士学位授予权和网络空间安全一级学科硕士授权点。与中国科技大学、北京邮电大学联合培养的博士研究生完成首批招生。申请博士授权单位建设项目列入北京市2018—2020建设规划。

创新教学科研。围绕人才培养目标，完善专业结构，申报网络空间安全专业，全面修订本科培养方案，完善通识教育、学科教育、专业教育。科研工作又有新突破，组织申报各类科研项目64个，获得省部级科研奖励8项，发表学术论文208篇，编写著作17部，获得国家专利14项、软件著作权11项。

建强师资队伍。学院5名教师被遴选为中国科技大学、北京邮电大学联合培养博士研究生导师。引进8名应届博士毕业生，专任教师博士比例提高到50%。“密码保密管理教师团队”获评“全国高校黄大年式教师团队”。

改善办学条件。改造单身教职工宿舍、学生食堂、浴室、体育馆、地下空间，推进基础设施老化改造，改善师生员工的工作学习生活条件和水电气暖基础设施条件。

党委书记 鲍遂献

院　　长 毛明

（颜杨　赵明丽）

成为硕士学位授予单位

1月，电科院成为硕士学位授予单位。根据《国务院学位委员会关于下达2017年审核增列的博士、硕士授予单位及其学位授权点名单的通知》，学院被增列为硕士学位授予单位，并获得网络空间安全一级学科、工程类别专业学位两个硕士授权点。3月，根据《国务院学位委员会、教育部印发关于对工程专业学位类别进行调整的通知》精神，工程类别调整为电子信息类别。学院网络空间安全一级学科2001年设立，前身为密码学学科，以中央办公厅信息安全重点实验室、量子密码应用安全联合实验室、电子政务安全实验室等为依托，主要研究方向为密码学及应用、网络安全、系统安全、应用安全。电子信息类别以现代电子技术、通信理论技术和计算机技术应用为基础，以电子科学与技术、信息与通信工程、计算机科学与技术和网络空间安全4个一级学科为支撑，研究方向为保密通信与信息处理技术、信号处理与加密新理论和新技术、国产密码芯片设计应用技术、计算机网络和专用计算机技术、电子政务等关键技术。

（赵明丽）

中国农业大学

概述

2018年，中国农业大学占地面积123.52万平方米，学校产权校舍建筑面积123.24万平方米。全年教育经费投入377918.17万元。固定资产总值51.56亿元，其中，教学、科研仪器设备资产值17.54亿元。图书馆建筑面积21160平方米，藏书215.73万册，其中，纸质图书211.79万册、电子图书3.94万册。拥有计算机13267台。学校多媒体教室278间，信息化设备资产23109万元，网络信息点51642个，校园网出口总带宽8277Mbps，电子邮件系统用户40692个，上网课程2527门，管理信息系统数据总量241474GB。设有东、西2个校区，设置19个学院（部）；开设66个本科专业，覆盖8个学科门类；具有一级学科33个，一级学科博士点20个，博士学位授权点97个；一级学科硕士授权点30个，硕士学位授权点149个；9个专业学位类型，28个专业学位领域。博士后科研流动站15个，其中，博士后研究人员出站（含退站）86人、进站88人、在站234人。拥有一级学科国家重点学科6个、二级学科国家重点学科6个、北京市重点学科10个、部级重点学科11个；国家重点实验室3个，国家工程实验室1个，国家工程技术研究中心2个。教职工2726人，其中，专任教师1669人，包括教授（含研究员）590人、副教授（含副研究员）860人；博士生导师904人、硕士生导师1389人；中科院院士5人、工程院院士7人。“长江学者奖励计划”特聘教授（含青年项目）34人。外籍教师45人。毕业生24815人，其中，学历教育学生中全日制研究生2414人（博士生643人、硕士生1771人）、普通本科生2756人、成人教育本专科生5194人（本科生3172人、专科生2022人）、网络教育本专科生14451人（本科生6353人、专科生8098人）；非计划招生高等教育学生中在职人员攻读博士硕士学位291人（博士生6人、硕士生285人）。本科毕业生就业率94.36%。招生24398人，其中，学历教育学生中全日制研究生3165人（博士生891人、硕士生2274人）、普通本科生3182人、成人教育本专科生3643人（本科生2941人、专科生702人）、网络教育本专科生14408人（本科生7758人、专科生6650人）；非全日制硕士生289人。高考北京地区提档线文科640分、理科634分。在校生77325人，其中，学历教育学生中全日制研究生8181人（博士生3527人、硕士生4654人）、普通本科生11838人、成人教育本专科生8161人（本科生5831人、专科生2330人）、网络教育本专科生48555人（本科生22716人、专科生25839人），非全日制硕士590人。留学生毕业89人、招生111人、在校生287人。网址：www.cau.edu.cn。

2018年，学校完成机构调整，推进学科建设和科研工作，服务“一带一路”建设。

机构改革。学校制定《中国农业大学新一届管理服务与直属机构设置方案》，学校新增党委巡察督导办公室、党委研究室、信息化办公室、实验室管理处、人才工作办公室、社会服务处，调整教务处为本科生院，调整就业指导中心为“就业创业办公室”，后勤基建处分拆为“后勤保障处和基建处”。

学科建设。学校“双一流”建设项目实行项目分类管理，明确各类项目责任人，建立过程监督，实行年度考核和绩效奖励的管理体系，学校制定《中国农业大学关于实施“双一流一卓越”本科教学改革若干意见》。在北京市高等教育教学成果奖评选中，获得特等奖1项，实现学校在北京市高等教育教学特等奖项上“零”的突破。植物保护、园艺专业两个专业同时接受中俄联合认证专家组进校考察，成为首家参加中俄联合专业认证的农林专业。车辆工程、农业水利工程、水利水电工程、电气工程及其自动化4个工科专业通过工程教育专业认证。7门课程入选首批国家精品在线开放课程。学校立项建设17门在线开放课程，涉及13个学院，投入建设资金212.824万元。全面启动学位授权点合格评估工作，共有51个学位授权点参加合格评估，其中，博士一级学位授权点16个，硕士一级学位授权点13个，硕士二级学位授权点4个；专业学位授权点（领域）18个，包括5个专业学位授权点，13个工程硕士领域。在作物学、园艺学、植物保护、畜牧学、兽医学、食品科学与工程、农业工程7个博士一级学位授权点首次开展学校国际学位点评估。

科研工作。全年到校科研经费15.20亿元，其中，国家重点研发计划到校经费3.91亿元。全年被SCI、EI和SSCI收录论文2869篇。国家社科基金项目获批9个，其中，重大项目1个。学校两个第一完单位项目获国家科技进步奖二等奖。张福锁院士团队的“土壤—作物系统综合管理技术研究与应用”入选2018年度中国高等学校十大科技进展，多项政策建议或研究成果获得党和国家领导人批示。“食品精准营养与质量控制教育部重点实验室”与“奶牛营养及生态健康养殖北京市国际科技合作基地”新获认证。食品营养与健康学科创新引智基地成为“111”引智基地。

就业创业。学校获教育部颁发的“2018年度全国创新创业典型经验高校”称号，大学生创业园入选市教委“北京大学生创业园高校分园”。引导和鼓励毕业生赴基层就业，学校与23个省市建立定向选调生合作关系，出版中国农业大学选调生故事集《解民生于基层 谱华章在青春》。

“一带一路”农业合作。学校发起成立“一带一路”农业教育科技创新联盟，在“一带一路”农业教育科技创新联盟框架下，通过多轮校级会谈和出访，把学校“一带一路”工作全面落地沿线各国农业院校，同时筹备成立9个“一带一路”农业合作中心。

党委书记 姜沛民
校　　长 孙其信

（戴晓曦）

首个精准扶贫与乡村振兴合作示范基地建立

1月6日，农大与勐腊县政府精准扶贫与乡村振兴合作示范基地启动仪式暨精准扶贫与乡村振兴现场论坛在勐腊县河边村举行。成立仪式上，双方签署《中国农业大学—勐腊县人民政府精准扶贫与乡村振兴全面战略合作协议书》，并举行合作示范基地的揭牌仪式。该基地是农大首个精准扶贫与乡村振兴示范基地，自2015年人文与发展学院扶贫团队扎根河边村以来，河边村216人人均收入达到1万元。成立仪式后，中国社会科学院、武汉大学、中山大学等高校和科研机构的农村研究专家25人就乡村振兴的政策问题与实践问题讨论交流。

（戴晓曦）

1月6日，农大首个精准扶贫示范基地在勐腊县建立

（农大　供）

草业科学与技术学院成立

12月30日，农大草业科学与技术学院成立。该学院在原草业科学系基础上成立。设有草业科学本科专业，拥有草学博士和草学硕士学位授权点，设有草学博士后流动站，拥有国家野外观测站等校内外科研、教学平台8个。教职工40人，其中，专任教师33人，包括教授12人、副教授18人。农大草学学科始建于1956年，由牧草学、草原学等单门课程逐步发展为完整专业，1982年设立草学专业，1995年成立草地科学研究所，2000年成立草业科学系。

（戴晓曦）

北京农学院

概述

2018年，北京农学院占地面积75.67万平方米，产权校舍建筑面积31.34万平方米。全年教育经费投入64557.32万元，其中，国家拨款51225.50万元、自筹经费13331.82万元。固定资产总值11.62亿元，其中，教学、科研仪器设备资产值4.48亿元。图书馆建筑面积16129.02平方米，藏有纸质图书89.48万册、电子图书40.51万册。拥有计算机4804台。学校信息化经费投入1383万元，多媒体教室90间，信息化设备资产11689.50万元，网络信息点14037个，校园网出口总带宽3200Mbps，电子邮件系统用户9698个，上网课程 913 门，数字资源量 3810GB，管理信息系统数据总量 135.5GB。设置 12 个二级学院和 3 个教学部；开设 35 个本科专业，8 个专科专业，覆盖 7 个学科门类；具有一级学科 11 个；硕士学位授权点 18 个，专业学位授权点 13 个；博士后科研流动站 1 个，其中，博士后研究人员进站 5 人、在站 13 人。北京市重点建设学科 5 个。教职工 757 人，其中，专任教师 539 人，包括教授 107 人、副教授 227 人；博士生导师 15 人、硕士生导师 390 人。毕业生 2382 人，其中，学历教育全日制硕士研究生 290 人、普通本专科生 2011 人（本科生 1614 人、专科生 397 人）、成人教育本专科生 81 人（本科生 46 人、专科生 35 人）。本科毕业生就业率 96.8%。招生 2433 人，其中，学历教育全日制硕士研究生 424 人、普通本科生 1822 人、成人教育本专科生 187 人（本科生 133 人、专科生 54 人）。高考北京地区提档线文科 527 分、理科 486 分。在校生 8271 人，其中，学历教育全日制硕士研究生 869 人、普通本专科生 7169 人（本科生 6861 人、专科生 308 人）、成人教育本专科生 233 人（本科生 184 人、专科生 49 人）。网址：www.bua.edu.cn。

2018 年，学校落实立德树人根本任务，持续推进教育教学改革，加强教师队伍建设，开展科学研究和社会服务，取得丰硕成果。

内涵发展，实施分类办学改革。开展以“学习贯彻党的十九大精神，助力国际一流和谐宜居之都建设”为主题的内涵发展大讨论，解放思想、转变观念，找准工作着力点和短板差距，推行供给侧结构性改革。编制《北京农学院落实〈关于统筹推进北京高等教育改革发展的若干意见〉实施方案》。立足国家战略和首都城市战略需求，坚持内涵、特色、差异化发展，坚持都市型现代农林高等教育特色，最终明确学校“高水平应用型大学”的办学类别，以及相关改革发展的总体目标、阶段性目标、总体思路和改革任务。

以评促建，深化教育教学改革。完成本科教学审核预评估，以评促建，巩固和强化本科教育在学校人才培养工作中的核心地位。制定、修订《北京农学院教师本科教学工作基本要求》等一系列教学管理文件。成立创新创业学院，开设 29 门创新创业课程，组建双创新创业导师队伍，构建创新创业教育体系，18 个学生创业团队入驻大学科技园。制定“一带一路”沿线国家硕士项目学历教育试点培养方案。

分类设岗，推进人事制度改革。印发《北京农学院关于开展教师职业发展规划工作的意见》《北京农学院教师岗位分类管理实施意见（试行）》，引导教师根据各自的背景优势和能力特点向学科和专业归队，按照教学型、科研型、教科型和推广型等四类岗位规划职业发展，推进教师分类分层次评价与管理。

规范管理，健全内部治理改革。学校相继成立教师发展中心、创新创业学院、北农耕读教育中心，统筹协调落实学校教师发展、管理大学生创新创业教育教学活动、组织开展北京市中小学生学农教育等工作；更名科技产业集团为校办产业处。完善校内监督体系建设，有效落实信息公开和信访举报渠道，完善校内巡察和问责办法，完成第三批巡察和本科教学审核评估工作专项巡察。

人才培养及学科建设。获批物联网工程、酿酒工程 2 个本科专业，实现 35 个本科专业招生，专业志愿满足率创历史新高，达到 94.55%。本科毕业生就业率 96.8%，73.29% 实现行业内就业。学校 17 个学科专业进行研究生招生，比上年增长 20.11%，就业率 98.62%。招收博士后研究人员 5 人。获批新增 7 个硕士学位授权点，包括生物工程、植物保护、畜牧学、工商管理 4 个一级学科和国际商务硕士、社会工作硕士、林业硕士 3 个专业学位类别。获批市新增博士学位授予立项建设单位，园艺学、农林经济管理、兽医学 3 个一级学科列入市博士点建设计划，并申报“高精尖”学科。

科技工作及社会服务。学校年度科技经费（R&D）1.14 亿元，市级科研专项经费执行率 95% 以上，获得市社会科学基金项目优秀二级管理单位称号。主持国家重点研发计划课题级项目 5 个、子课题级项目 25 个；登记申请自主知识产权成果 153 项。获得省部级及以上科技成果奖 3 项，召开科技成果发布与对接会，发布成果 7 项，展示成果 50 项，成功签约成果 5 项。校办产业处被认定为首批中关村示范区高校技术转移办公室、高等院校专利认定办公室和昌平双创服务平台。学校承接市委组织部、市委农工委委托，举办全市村两委干部选

年底，农学院农村干部培训学院开展社会培训工作
（农学院 供）

调培训班等各类各级培训班 59 期，累计开展培训 245 天，9200 余人次，覆盖全市所有第一书记、80% 以上的村两委成员。继续承接初中生学农教育项目。承办 2018 年北京首届村级全科农技员知识技能大赛。根据北京市对口支援要求，为河北、河南、新疆、西藏等省市自治区开展相关涉农培训。

党委书记 杨军

校　　长 王慧敏

（梁全英）

初中生学农教育项目

4 月 8 日，农学院举行北京初中生学农教育 2018 年第一期开营仪式。仪式上，农学院相关负责人介绍学校基本情况及学农教育的相关安排和要求，石景山区教委基教科科长、石景山区实验中学分校校长强调学农教育对初中学生的重要意义。按照市教委安排，农学院年内完成石景山区初二年级 2400 余名学生的学农教育任务。该校学农教育定名为“北农耕读”，课程体系包括基础课程、时令课程、科普讲座 3 个平台，其中，基础课程平台包括认知、技能、实验、文化、农艺、科学、生活 7 个模块；时令课程平台设置春耕（春课）、夏耘（夏课）、秋收（秋课）、冬藏（冬课）4 个模块；科普讲座平台主要是以专题和报告的形式开展农业科普教育。

（梁全英）

北京林业大学

概述

2018 年，北京林业大学占地面积 878.40 万平方米，其中，校本部占地面积 46.40 万平方米、实验林场占地面积 832 万平方米。校舍建筑面积 73.17 万平方米。图书馆建筑面积 2.34 万平方米，藏书 321.08 万册，其中，纸质图书 190.72 万册、电子图书 130.36 万册。设有 16 个学院，61 个本科专业及方向，覆盖 10 个学科门类；具有一级学科 24 个，一级学科博士点 9 个，博士学位授权点 9 个，硕士学位授权点 26 个（含一二级），专业学位授权点 16 个。博士后科研流动站 7 个，其中，博士后研究人员出站 17 人、进站 48 人、在站 110 人。一级学科国家重点学科 1 个、二级学科国家重点学科 2 个，国家重点（培育）学科 1 个，一级学科北京市重点学科 2 个，二级学科北京市重点学科 4 个、北京市重点培育学科 1 个、北京市重点交叉学科 1 个。国家工程实验室 1 个、北京市重点实验室 8 个。教职工 1888 人，其中，专任教师 1204 人，包括教授 302 人、副教授 541 人；工程院院士 3 人；入选“长江学者奖励计划”7 人。毕业生 7567 人，其中，研究生 1487 人（博士生 252 人、硕士生 1235 人），普通本科生 3168 人，成人教育本专科生 2912 人（本科生 2321 人、专科生 591 人）。招生 6654 人，其中，研究生 2147 人（博士生 307 人、硕士生 1840 人），普通本科生 3387 人，成人教育本专科生 1120 人（本科生 997 人、专科生 123 人）。本科毕业生就业率 94.54%，研究生就业率 97.82%。高考北京地区提档线文科 630 分、理科 616 分。全日制学历教育在校生 24991 人，其中，学历教育全日制研究生 5931 人（博士 1312 人、硕士 4619 人），本科生 13309 人，成人教育本专科生 5751 人（本科生 5125 人、专科生 626 人）。网址：www.bjfu.edu.cn。

2018 年，学校召开第 11 次党代会，提出新时代“三步走”战略，选举产生新一届党委、纪委领导班子，确立“建设扎根中国大地的世界一流林业大学”奋斗目标。

学科建设。统筹推进一流学科建设、学科布局结构调整和管理机制改革等工作。林学、风景园林学入选北京与中央高校共建一流学科建设名单。风景园林学科在国内率先开展国际评估。印发学科布局结构调整工作方案。成立草业与草原学院。

人才培养。制定《本科教育教学改革总体方案》《创新创业教育改革的若干意见》等文件，实施暑期小学期，新增 35 门精品在线开放课程，新增 6 间新型教室，获批国家虚拟仿真实验项目。制定《“好评课堂”认定办法》，构建研究生培养质量评价指标体系，完成 10 个学科培养方案修订。“阳光长跑”体育锻炼计划有效实施，校园足球活动蓬勃发展，增开研究生体育课，探索劳动教育新方式。本科第一志愿录取率 100%，首次全面实行博士生“申请—审核”制招生，毕业生就业率保持平稳。学生获美国大学生数学建模竞赛特等奖。赴国际组织实习学生实现零的突破。

科学研究。科研经费首次达 3.19 亿元，国家自然科学基金比上年增长 40%。新建城乡园林景观建设、林业装备与自动化国家林业和草原局重点实验室和国家林业和草原局刺槐工程技术研究中心 3 个科研平台。制定《“北林学者”创新团队建设方案》，打造高水平科研团队。学校获国家科学技术进步奖二等奖 1 项；完成世界首张梅花全基因组变异图谱；获世界首个桉树三倍体；主办的《森林生态系统（英文）》被 SCI 收录。

队伍建设。坚持师德师风第一标准，制定师德建设长效机制、师德“一票否决制”、师德考核等实施办法，开展“做新时代‘四有’好老师和‘四个引路人’”学习实践活动。制定《一流学科人才引进培育办法》。设立人才特区，柔性引进 26 人，人才团队建设计划单列引进 5 人。启动“杰出青年人才”培育计划，13 人破格晋升教授职称。1 人获评国家“万人计划”教学名师；1 个团队入选“全国高校黄大年式教师团队”；1 项成果获国家级教学成果奖二等奖；16 人入选教育部高等学校教学指导委员会。

社会服务。参与雄安新区和北京城市副中心建设；与江西省共同打造美丽中国“江西样板”；支持西藏日喀则市开展“美丽珠峰”建设；对口援建新疆农业大学学科建设。完成脱贫攻坚“六个二百”年度目标，开展“农校对接”消费、绿色学府与绿色草原“手牵手”等活动，助力科右前旗稳定脱贫。依托继续教育学院开展 72 期培训，培训专技人员

4700余人，创历史新高。

国际合作。首次与国际组织——亚太森林恢复与可持续管理组织签署战略协议；与法国农业科学院共同组建“中法欧亚森林入侵生物联合实验室”；与美国林务局林产品实验室签署合作协议；与亚太地区、“一带一路”沿线国家的教育合作取得新进展，举办第五次亚太地区林业教育大会、全球土壤侵蚀研究高层论坛等会议。

党委书记 王洪元

校　　长 宋维明（4月免）

安黎哲（7月任）

（焦隆）

草业与草原学院成立

11月30日，北林大草业与草原学院成立。学院包括草坪研究所、草地资源与生态研究中心、高尔夫教育与研究中心、足球场草坪研究与发展中心4个校属研究机构，作为林业类院校的首家草业与草原学院，以草坪学为特色，以草原学为重点，拥有发展草坪学、草原学和牧草学3个二级学科。学院以草业科学本科教育为基础，以草业研究生教育为主导，培养服务草原生态建设与管理的人才。学校草学学科起步于1998年林学院森林培育学科中的草业科学教研室；2001年，学校创立草学学科，开办草业科学专业，同年招收草业科学专业草坪科学与管理方向本科生；2008年，草业科学专业被评为北京市重点学科。

（焦隆）

11月30日，北林大成立草业与草原学院

（北林大　供）

北京协和医学院（中国医学科学院）

概述

2018年，北京协和医学院占地面积113.02万平方米，学校产权校舍建筑面积91.82万平方米、非产权校舍建筑面积21.20万平方米。全年教育经费投入51722.76万元，其中，国家拨款48592.74万元、自筹经费3130.02万元。固定资产总值61928.69万元，其中，教学、科研仪器设备资产值11362.86万元。图书馆藏书287.44万册。拥有计算机872台。信息化设备资产7963.17万元，多媒体教室22间，校园网出口总带宽6450Mbps，电子邮件系统用户3430个，学校数字资源含数字图书26.67万册、电子期刊1.79万册、电子学位论文890册、电子音频设备200小时，管理信息系统数据总量42.6GB。北京协和医学院与中国医学科学院实行院校合一的管理体制。设有19个研究所、7所临床医院（含与北京市共建的天坛医院）、6所学院和1个研究生院，开设本科专业4个，开设专科专业1个；一级学科博士学位授权点9个；硕士学位授权点3个；博士后科研流动站6个。一级学科国家重点学科2个，二级学科国家重点学科8个，国家重点（培育）学科1个，一级省、部级重点学科4个，二级省、部级重点学科3个；国家“双一流”建设学科4个。国家实验室1个，国家工程实验室1个，国家工程研究中心1个，国家工程技术研究生中心2个。教职工13484人（正高级1104人、副高级1625人），其中，专任教师1541人（正高级870人、副高级542人）；博士生导师1945人、硕士生导师1945人。中科院院士7人，工程院院士17人。“长江学者奖励计划”讲座教授17人。毕业生1792人，其中，研究生1369人（博士生635人、硕士生734人）、普通本科生85人、成人教育本科生338人。本科毕业生就业率99%。招生1768人，其中，研究生1392人（博士生645人、硕士生747人）、普通本科生228人、成人教育本专科生148人。高考北京地区提档线理科685分。在校生4994人，其中，研究生4075人（博士生1923人、硕士生2152人）、普通本专科生919人（本科生864人、专科生55人）、成人教育本专科生772人。网址：http://gkxc.pumc.edu.cn。

2018年，学校明确院校“承启文化、健全体系、创新机制、拓展资源”的工作方略和“成为国家医学卫生健康事业特别是医学研究和教育事业先进的思想源和强劲的动力源”的使命。

制订百年发展方略。提出院校核心基地建设2021年、2035年、2049年三步走的发展目标；分析当前制约院校发展的4个方面困难，提出要秉承先进文化，形成驱动发展的精神动力；要健全体系，构建永续发展的重要基础；要创新机制，强化落实发展的坚实保障，从文化、体系和机制入手，着力营造建设核心基地必须的环境土壤；明确落实好核心基地建设任务，坚持国际视野、历史眼光、国家责任、开放办院、人才兴院、统筹协调、改革创新、稳中求进等基本原则。

学科建设。学校落实习近平总书记“努力把中国医学科学院建设成为我国医学科技创新体系的核心基地”的指示精神，建设院外研发机构和创新单元，围绕加快创新体系建设开展多项开拓性工作。依托学科排名居于国内领衔地位的研究机构，完成老年医学研究院、呼吸病学研究院和华西研究基地建设的立项工作，在委属委管科研与医疗单位试点建设眼科、儿科等12个中国医学科学院创新单元，与医科院现有体系形成互补。院校以优异成绩通过教育部本科教育教学评估，认为学校形成院校合一、教研相长的独特优势。

社会服务。在基因编辑婴儿事件和长生疫苗事件，学校主动承担社会责任，代表中国科技界发挥作用，组织专家研讨，提供技术咨询。基因编辑婴儿事件后，学校组织起草《生物医学新技术研究与应用伦理指南》，承担组建国家生命伦理委员会任务。中国医学科学界在国际权威医学杂志《柳叶刀》发声，向全世界声明中国医学界和科技界对此事件的立场、态度以及拟采取的积极措施。长生疫苗事件后，学校积极承担科技评价任务，为事件处置和相关决策提供及时客观的科学证据。承接国家卫生健康委重点实验室管理任务，开展委级重点实验室新建、重新认定、年度报告等工作，完成面向中西部地区11个省市新建委级重点实验室论证工作。

党委书记 李国勤
院　　长 王辰

（易婧婧）

准聘长聘制度实施

10月，协和医学院开展准聘长聘制首批聘任工作。协和医学院启动职称聘任改革，在教师聘用中实行准聘长聘制度，率先在国内医学教育领域接轨国外研究性大学通行做法，在传统的研究、临床、教学等职称系列之外，建立包括医教研系列和教研系列的准聘长聘职称系列。协和医学院先后制定《关于准聘长聘及相关教职聘任制度改革的若干意见》《准聘长聘系列教职聘任管理办法（试行）》等系列文件。

（易婧婧）

10月，协和医学院开展“4＋4”长学制临床医学专业培养模式改革试点 （协和医学院 供）

首都医科大学

概述

2018年，首都医科大学学校和附属医院总占地面积161.04万平方米、总建筑面积280.80万平方米。学校占地面积23.91万平方米、产权校舍建筑面积36.58万平方米。学校和附属医院固定资产总值3192791.23万元，其中，学校固定资产总值336401.40万元。学校和附属医院教科仪器设备资产值256321.13万元，其中，学校教科仪器设备资产值177330.72万元。全年教育经费投入138863.73万元，其中，国家拨款99970.99万元，自筹经费20010.71万元，科研经费18882.03万元。学校和附属医院图书馆建筑面积2.56万平方米，共藏书151.61万册，其中，学校图书馆建筑面积1.79万平方米，藏书100.60万册。学校有计算机8398台，年度信息化经费投入740万元，多媒体教室132间，信息化设备资产21551.71万元，网络信息点13242个，校园网出口总带宽4500Mbps，电子邮件系统用户7189个，上网课程194门，电子图书255.71万册，管理信息系统数据总量10200GB。设有10个学院、1个学部和1个研究中心、1所附属卫生学校，21所临床医学院（其中19所为附属医院）以及1个预防医学教学基地，设有4个专科学院和34个专科学系。开设本科专业21个、长学制专业3个。一级学科博士点8个，博士学位授权点59个，硕士学位授权点77个。博士后科研流动站9个，出站34人、进站72人、在站153人。一级学科国家重点学科8个、国家重点（培育）学科2个，一级学科北京市重点学科4个、北京市交叉重点学科1个、北京市一级重点建设学科2个。有国家工程技术研究中心1个、教育部工程研究中心4个、北京市工程技术研究中心10个、北京市高等学校工程研究中心1个、北京市哲学社会科学研究中心1个。设有国家生命科学与技术人才培养基地、卫生部全科医学培训中心、健康医疗大数据国家研究院、北京市全科医学培训中心、首都卫生管理与政策研究基地、北京神经科学研究所等。学校和附属医院共有教职员工和医务人员 42791 人，其中，校本部 1470 人、附属医院 41321 人；中科院院士 3 人、工程院院士 4 人；正高职称 2596 人，其中，校本部 124 人、附属医院 2472 人；副高职称 4164 人，其中，校本部 345 人、附属医院 3819 人；有专任教师 4816 人，专任教师中教授 944 人，其中，校本部 117 人、附属医院 827 人，专任教师中副教授 1303 人，其中，校本部 276 人、附属医院 1027 人；博士研究生导师 689 人、硕士研究生导师 1124 人；国家杰出青年基金项目获得者 10 人，“长江学者奖励计划”特聘教授 5 人，青年学者 3 人，北京学者 12 人；外籍教师 9 人。毕业生 4969 人，其中，学历教育学生中全日制研究生 1340 人（博士生 258 人、硕士生 1082 人），普通本专科生 1688 人（本科生 1017 人、专科生 671 人），成人教育本专科生 1461 人（本科生 1178 人、专科生 283 人）；以同等学力申请博士硕士学位 480 人（博士生 238 人、硕士生 242 人）。招生 5468 人，其中，学历教育学生全日制研究生 1668 人（博士生 413 人、硕士生 1255 人），普通本专科生 1729 人（本科生 1249 人、专科生 480 人），成人教育本专科生 1155 人（本科生 1121 人、专科生 34 人）；以同等学力申请博士硕士学位 916 人（博士生 535 人、硕士生 381 人）。高考北京地区本科一批理工提档线 589 分。在校生 14843 人，其中，学历教育学生中全日制研究生 4648 人（博士生 1066 人、硕士生 3582 人），普通本专科生 7074 人（本科生 5309 人、专科生 1765 人），成人教育本专科生 3121 人（本科生 2716 人、专科生 405 人）。留学生毕业 83 人，招生 153 人，在校生 700 人。本专科毕业生就业率 92.59%、研究生就业率 95.52%。网址：www.ccmu.edu.cn。

2018 年，学校强化“教学是立校之本，科研是强校之路”的理念，将学校发展置于京津冀协同发展、首都“四个中心”功能定位的格局中，落实非首都功能疏解任务，主动开拓新的办学空间；落实统筹推进北京高等教育改革发展的若干意见，形成实施方案；调整校区功能，完善办学层次体系，以适应学校“高水平研究型大学”的办学定位。

学科与师资队伍建设。临床医学、基础医学、口腔医学 3 个一级学科被市教委批准成为与央属院校共建的“高精尖”学科；与中国卫生信息与健康医疗大数据学会共同成立健康医疗大数据国家研究院；遴选第三批 10 个临床诊疗与研究中心。7 个学科进入 ESI 学科全球排名前 1%，临床医学保持全球前 1‰。落实校院两级人才引进实施办法，引进人才 49 人。改革导师政策，进一步加强导师年度审核和分类指导；完善评聘制度，出台教师岗位评聘实施细则、临床教师教学职务岗位评聘实施细则；成立各临床医学院学术委员会；建立临床医学院人才项目定期报备和年报制度。1 人获市高等学校教学名师奖。

教育教学与人才培养。推进落实“5+3+X”临床医学专业学位博士研究生与专科医师培训相衔接的改革建设工作，把已批准为专科医师培训基地的 3 家附属医院中的 6 个学位培养点作为衔接改革重点，制定博士培养方案，并给予博士招生计划支持；推进临床医学专业学位硕士培养与住院医师规范化培训相衔接的改革，实施“四证合一”；完善学位论文双盲评阅制度，设立专项对在学期间发表高水平论文的研究生进行奖励；修订研究生奖学金政策，学业奖学金覆盖面由 50% 至 70% 扩大至 100%；接受本科教学工作审核评估入校考察；落实“外培计划”14 人、获批“实培计划”49 项；接受临床药学专业认证现场考察；促进学生科研创新与实践能力培养，创建、资助学生科研训练项目，立项第二课堂 213 个、本科生科研创新项目 143 个，长学制导师项目 108 个，专项经费支持学生以第一作者发表科研论文 61 篇，本科生在各项全国性及市级大赛中获奖共计 66 项；“药学安全实验教学虚拟仿真”获批国家级虚拟实验教学项目，宣武医院获首批国家临床教学培训示范中心。调整培养层次规模，优化招生专业结构，稳定北京本科生源比例，缩减高职专科招生规模；扩大“申请考核制”博士研究生招生试点。获国家教学成果奖二等奖 1 项，北京市教学成果奖一等奖 3 项、二等奖 5 项。

科学研究与科技成果转化。印发重点实验室和工程研究中心建设与管理办法；心血管疾病生物医学工程教育部重点实验室获省部共建教育部重点实验室立项建设；脑重大疾病协同防治创新中心获批为省部共建协同创新中心。与市科委、海淀区等 5 家单位共建市科技成果转化统筹协调与服务平台。获批国家级科研项目 320 个，总经费 7.22 亿元；获批省部级项目 269 项，总经费 1.36 亿元。获国家科学技术进步奖 4 项，其中，以第一完成单位获二等奖 1 项，以参与完成单位获特等奖 1 项、二等奖 2 项；获北京市科学技术奖 8 项，包括二等奖 2 项、三等奖 6 项；获中华医学科技奖 6 项、华夏医学科技奖 6 项；授权专利 188 项，包括发明专利 72 项。

国际国内合作交流。与境外院校新签订合作协议 10 份，包括耶鲁大学、巴塞罗那大学等；接待 17 个国家和地区 34 批访问团；11 名青年教师、213 名在校生出国交流学习；为“一带一路”沿线国家培养临床医学人才，在校 706 名学历教育留学生中，有 542 名来自“一带一路”沿线国家。落实京青、京蒙、京银、京沈、京豫、京鄂等对口支援合作中学校所承担的任务。与北大、清华等 11 家单位成为首批“北京 2022 年冬奥会和冬残奥会培训基地”。

党委书记 呼文亮
校　　长 尚永丰

（王于英　陈飞飞）

健康医疗大数据国家研究院成立

10 月 12 日，首医大健康医疗大数据国家研究院成立。研究院与中国卫生信息与健康医疗大数据学会共同建设，中国卫生信息与健康医疗大数据学会会长和首医校长共同担任院长。研究院计划在学校临床专科学系（院）和临床诊疗与研究中心的基础上建立大数据研究所或研究中心，有机整合首医各临床顶尖学科和临床医院优质大数据资源，创建顶级专病医疗大数据研究与转化医学中心，创新健康医疗大数据关键技术，推动大数据与人工智能技术和产业化融合发展，培育健康医疗大数据前沿交叉和应用发展的跨界领军人才。研究院建立院务委员会，实行院长负责制，办公室设在首医医院事务管理处，负责日常管理工作。设院长2人，副院长2人，院长助理2人，院务委员21人。

（陈飞飞）

10月12日，首医大健康医疗大数据国家研究院成立
（首医大 供）

门头沟教学医院授牌

11月22日，首医大门头沟教学医院授牌仪式在门头沟区政府举行。门头沟区医院成为首医教学医院。该医院占地面积2.8万平方米、建筑面积4.5万平方米，拥有35个科室，承担首医三年制临床医学（乡村医生定向）专业、成人学历教育临床医学专业（“3+2”定向培养项目）的教学任务。至年底，首医拥有教学医院12所。

（陈飞飞）

临床医学专业七年制转为“5+3”培养模式改革成果获奖

12月21日，首医大“临床医学专业七年制转为‘5+3’培养模式改革与实践”获2018年高等教育国家级教学成果奖二等奖。首医2011年启动临床医学专业七年制转为“5+3”培养模式改革，旨在解决临床医学七年制培养过程中，学历教育阶段与毕业后教育阶段没有实现有效衔接、学生毕业时不能获得住院医规范化培养合格证书、在校相关学生培养的整体转型比较困难等问题。该培养模式通过提早预见，调研先行，形成相互支撑的成套转型政策；结合实际，分类指导，实现在校七年制学生整体转型。至2018年，学校完成1500余名七年制在校生的“5+3”一体化培养改革。

（陈飞飞）

北京中医药大学

概述

2018年，北京中医药大学占地面积116.93万平方米，学校产权校舍建筑面积22.91万平方米。全年教育经费投入149998.24万元，其中，国家拨款89549.74万元（含基建），自筹经费60448.50元（含基建）。固定资产总值13.02亿元，其中，教学、科研仪器设备资产值5.49亿元。图书馆建筑面积16350平方米，藏书253.92万册，其中，纸质图书123.21万册、电子图书130.71万册，中医古籍线装书3914种8179函39125册。拥有计算机1524台。学校信息化经费投入2348.22万元，多媒体教室197间，校园网出口总带宽4600Mbps，上网课程1547门，电子邮件系统用户8410个，管理信息系统数据总量90506GB。开设本科专业13个，覆盖4个学科门类。具有一级学科7个，一级学科博士点3个，博士学位授权点42个，硕士学位授权点45个，专业学位授权点21个（博士2个、硕士14个）。博士后科研流动站3个，其中，博士后研究人员出站7人、退站2人、进站30人、在站90人；师承博士后在站7人。教育部“双一流”建设学科3个，一级学科国家重点学科2个，二级学科国家重点学科15个，国家中医药管理局重点学科48个，一级学科北京市重点学科2个，二级学科北京市重点学科8个。北京市教委重点实验室2个，北京市教委工程研究中心1个，国家中医药管理局重点研究室10个。校本部教职工1233人。专任教师705人，其中，教授206人、副教授250人。教育部“长江学者奖励计划”特聘教授3人。外籍教师7人，其中，博士6人、本科1人。毕业生7264人，其中，学历教育中全日制研究生1233人（博士生183人、硕士生1050人）、普通本专科生1244人（本科生1097人、专科生147人）、成人教育本专科生819人（本科生512人、专科生307人）、网络教育本专科生3968人（本科生2007人、专科生1961人）。本科毕业生就业率95.06%。招生8867人，其中，研究生1581人（博士生325人、硕士生1256人）、普通本科生1986人、成人教育本专科生416人（本科生332人、专科生84人）、网络教育本专科生4747人（本科生2942人、专科生1805人）。高考北京地区提档线文科628分、理科592分。在校生31779人，其中，研究生4520人（博士生894人、硕士生3626人）、普通本专科生7536人（本科生7533人、专科生3人）、成人教育本专科生1864人（本科生1224人、专科生640人）、网络教育本专科生17859人（本科生10234人、专科生7625人）。留学生毕业125人、招生137人、在校生562人。网址：www.bucm.edu.cn。

2018年，学校坚持稳中求进工作总基调，聚焦“双一流”建设目标，落实立德树人根本任务，深化改革，狠抓落实，奋力建设世界一流中医药大学。

学科与科研。制定《学科建设管理办法》和《学科带头人遴选与管理办法》，启动校本部二级学科带头人遴选工作。27个国家中医药管理局“十二五”重点学科全部通过检查验收。完成中医学、中西医结合、中药学学科学位授权点评估。获批2019年“双一流”建设引导专项资金和北京市中央高校“双一流”建设经费支持。科研中标总经费首次突破3亿元，国家重点研发计划“中医药现代化研究”立项5项，获国家科学技术进步奖二等奖1项。

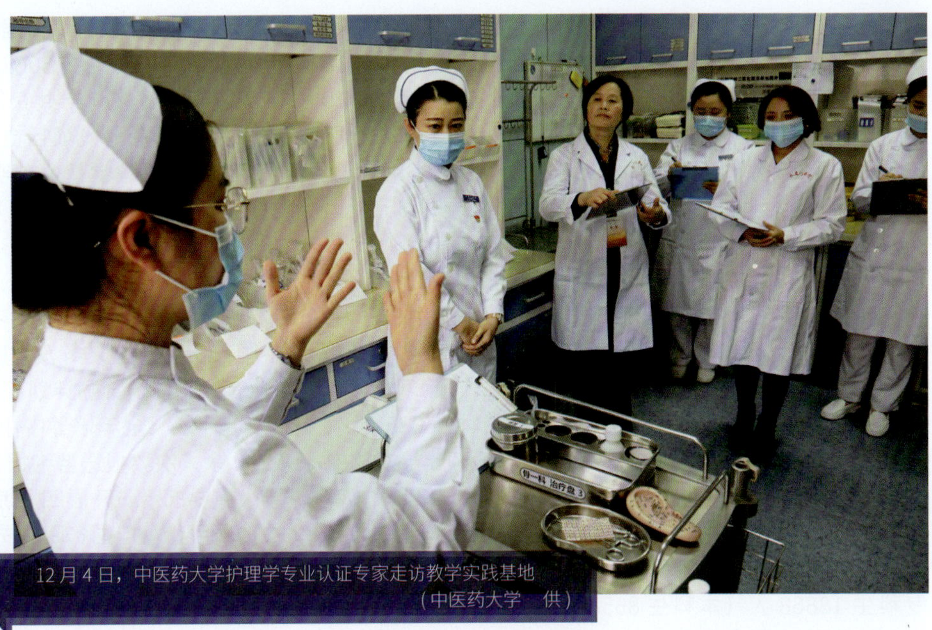
12 月 4 日，中医药大学护理学专业认证专家走访教学实践基地（中医药大学 供）

人才队伍。深化人事制度改革，制订《北京中医药大学“十三五”人才队伍建设规划》，构建人才引进、评价、使用、考核和激励于一体的现代高校人力资源管理体系。本着引育并举的原则，加大校内人才培育力度，启动“岐黄英才”计划，面向全校遴选教学名师、青年科学家和名医培育人选，进行全周期发展式导师制培育。获国家自然科学基金杰出青年基金项目 1 个，“长江学者奖励计划”青年学者项目 1 个，国家自然科学基金优秀青年基金项目 1 项，入选第三批国家“万人计划”教学名师 1 人、领军人才 2 人，入选国家中医药领军人才支持计划“岐黄学者”9 人。

教育教学。完成本科教学工作审核评估，通过中医学、中药学、护理学专业认证。成为教育部新一届高等学校中医学类、中西医结合类教学指导委员会主任委员单位。启动“卓越课程”建设。在管理、法学、英语等专业试点探索学分制与双学位制度改革。试点“申请—审核制”非全日制（专业学位）博士生招生。将创新创业课程纳入研究生必修课。召开中药、中医临床高等教育 60 周年纪念大会。《北京中医药大学中医拔尖创新人才培养实践探索 25 年》获国家级教学成果奖二等奖，新增北京市教学名师 2 人。

党委书记 谷晓红
校　　长 徐安龙

（王丹凤）

第六临床医学院揭牌

6 月 8 日，中医药大学第六临床医学院（房山医院）揭牌。该医院由中医药大学与房山区政府合作共建，按照大学临床医学院的功能理念打造为学院型医院。医院占地面积 31195.5 平方米、建筑面积 31676.26 平方米，包括急诊、内科、外科等共计 78 个科室及 4 个分院和一个医疗共同体。有职工 1414 人，包括医生 385 人、护士 510 人、医技 93 人等其他岗位职工。医院编制床位 800 张，年门诊量 91 万人次。

（王丹凤）

中药、中医临床高等教育 60 周年

10 月 20 日，中医药大学召开中药高等教育 60 周年纪念大会。会议以“一甲子追求卓越，新时代再创辉煌”为主题，总结和回顾中药高等教育的发展历程，结合新时代的特色和需求，展望未来争创佳绩。行业主管部门领导及部分院校的领导、行业专家代表、海内外校友代表、师生代表、社会各界人士等 2000 人参加会议。中医药大学另于 12 月 8 日召开东直门医院建院 60 周年暨中医临床高等教育传承与发展学术大会。会议以“薪火相传一甲子，立德树人六十年”为主题，系统回顾过去 60 年间第一临床医学院在学院发展和中医临床高等教育中的发展历程，展望第一临床医学院和中医临床高等教育的前景。来自全国各地 40 余家单位的近千名医学领域专家学者参加会议。

（王丹凤）

北京师范大学

概述

2018 年，北京师范大学占地面积 81.08 万平方米，产权校舍建筑面积 113.74 万平方米。全年教育经费投入 445118.09 万元，其中，国家拨款 294910.23 万元、自筹经费 150207.86 万元。固定资产总值 48.09 亿元，其中，教学、科研仪器设备资产值 16.31 亿元。图书馆建筑面积 40441 平方米，藏有纸质图书 474.69 万册、电子图书 838.53 万册。拥有计算机 29452 台。多媒体教室 240 间，信息化设备资产 43592.07 万元，网络信息点 53442 个，校园网出口总带宽 6520Mbps，电子邮件系统用户 87442 个，上网课程 3199 门，数字资源电子图书 838.53 万册、电子期刊 13.91 万册、学位论文 707.27 万册、音视频 221594 小时，管理信息系统数据总量 189.7GB。设置 3 个学部、23 个学院、2 个系、10 个研究院（所）；开设 74 个本科专业，覆盖 10 个学科门类；具有一级学科 39 个，一级学科博士点 28 个，博士学位授权点 114 个；硕士学位授权点 146 个。博士后科研流动站 25 个，其中，

博士后研究人员出站 111 人、进站 122 人、在站 353 人。一级学科国家重点学科 5 个、二级学科国家重点学科 11 个；省部级一级重点学科 5 个、省部级二级重点学科 10 个；国家重点实验室 4 个、国家工程实验室 1 个。教职工 3392 人，其中，专任教师 2313 人，包括教授 926 人、副教授 709 人；博士生导师 46 人、硕士生导师 801 人；中科院院士 4 人、工程院院士 1 人。“长江学者奖励计划”特聘教授 39 人。外籍教师 45 人。毕业生 21766 人，其中，学历教育学生中全日制研究生 3700 人（博士生 660 人、硕士生 3040 人）、普通本科生 2489 人、成人教育本专科生 1826 人（本科生 1306 人、专科生 520 人）、网络教育本专科生 12970 人（本科生 6935 人、专科生 6035 人）；非计划招生高等教育学生中在职人员攻读硕士学位 781 人。本科毕业生一次就业率 98.21%。招生 26470 人，其中，学历教育学生中全日制研究生 5048 人（博士生 940 人、硕士生 4108 人）、普通本科生 2554 人、网络教育本专科生 18868 人（本科生 8658 人、专科生 10210 人）。高考北京地区提档线文科 662 分、理科 663 分。在校生 80719 人，其中，学历教育学生中全日制研究生 14845 人（博士生 4163 人、硕士生 10682 人）、普通本科生 10105 人、成人教育本专科生 2082 人（本科生 1480 人、专科生 602 人）、网络教育本专科生 53687 人（本科生 26801 人、专科生 26886 人）；非计划招生高等教育学生中在职人员攻读硕士学位 2246 人。留学生毕业 1359 人、招生 1519 人、在校生 1550 人。网址：http://www.bnu.edu.cn/。

2018 年，学校围绕“双一流”建设方案、“十三五”规划提出的各项目标，推进综合性、研究型、教师教育领先的中国特色世界一流大学建设，完成学校各项工作。

学科建设。入选国家首批学位授权自主审核单位。首次全国专业学位水平评估中教育硕士获评 A+。组织参加首轮师范专业认证试点。申报并获批 5 个本科专业。基础学科“拔尖学生培养计划”通过教育部评估。完善“1+4+X”的思想政治理论课实践教学模式，开设 4 个思政课移动课堂。推动与北京市共建一流大学和一流学科，与首都师范大学、中国戏曲学院分别共建教育学、戏剧与影视学学科。

人才培养。开展“四有”好老师培养，创新“三维度·一体化”培养模式。本科建成 18 门通识教育核心课程，研究生“三育”课程群、研究方法课群课程数分别达到 50 门、52 门。全年新上线慕课 69 门次，8 门课程获评国家级精品在线开放课程。支持虚拟仿真实验建设项目 7 个。

师资队伍。“古代汉语教师团队”入选首批全国高校黄大年式教师团队。12 名教师入选第三批国家“万人计划”，其中，科技创新领军人才 4 人、哲学社会科学领军人才 4 人、教学名师 1 人、青年拔尖人才 3 人。

科学研究。获批 2 个首批国家教材建设重点研究基地。组建珠海校区管委会，成立人文和社会科学高等研究院、自然科学高等研究院，孵化 13 个研究机构。新增 1 个国家级平台、1 个省部级平台、2 个国家教材基地。3 家智库入选 CTTI 高校智库百强榜。科研经费达到 83373.89 万元，其中，纵向经费 50638.10 万元、横向经费 32735.79 万元。人文社会科学共获得批准省部级以上项目 159 个，国家社科基金重大项目立项 12 个，标志性重大项目 16 个；国家自然科学基金立项 170 个；获准主持国家重点研发计划项目 4 个、课题 20 项。SSCI、A&HCI 发文 731 篇。Nature、PNAS 收录论文 3 篇；SCI 论文发表 1477 篇，EI 论文发表 796 篇。

社会服务。承担国家咨询研究任务项目 63 个；发布中国首份《中国义务教育质量监测报告》。面向全国实施“四有好老师”奖励计划；推进“中国好老师”公益行动。“国培计划”全年培养中小学、幼儿园教师和校长、园长 5200 余人次。报送咨询报告 50 余篇，多次获党和国家领导人重要批示。开展四川凉山州“学前学会普通话”教育扶贫项目。承担国务院扶贫办委托“建档立卡专项评估检查”重大课题项目。

交流与合作。举办 2018 未来教育大会、2018 全球人工智能与教育大数据峰会、第五届教育监测与评估国际研讨会等。海外人才培养基地数达 22 个。与俄克拉荷马大学签署共建中文学院的协议，与休斯敦大学签署合作办学协议。中美青年创客交流中心成立。成立“一带一路”学院。连续 5 年承担商务部和教育部委托的“发展中国家硕士项目”。实施“一带一路”教育公益行动。举办“汉字之美”全球青年设计大赛。“北京扎耶德中心文库”出版高水平图书 29 种。与青海省政府、北京计算科学研究中心、河南师范大学等签署战略合作协议。

党委书记 程建平

校　　长 董奇

（申政）

特殊教育师资队伍建设研讨会

3 月 24 日至 25 日，北师大召开新时代高素质专业化创新型特殊教育师资队伍建设研讨会。会议围绕“新时代特殊教育教师培养机制、模式等的改革与创新”“高校新设特殊教育专业师资队伍建设”“教师教育的发展趋势与走向”“新时代特殊教育学校教师的专业成长”以及“特殊教育学校师资队伍建设问题”5 个议题交流研讨。针对新时代背景下特殊教育学校及教师的现实困惑与迫切需求，如提升特殊教育教师专业发展水平、帮助特殊教育教师成功转型、特殊教育教师的心理建设等问题，与会专家学者与一线特殊教育工作者直接对话。会议与教育部高等学校特殊教育教师培养教学指导委员会、北京百度公益基金会共同主办。来自北师大、台湾师范大学、台中教育大学、南京特殊教育师范学院等全国承担特殊教育师资培养的高校特殊教育院系的负责人，卓越特殊师资培养项目校负责人，参与百度集善特殊教育教师资助计划的特殊教育学校管理者及骨干教师，各类特殊教育学校的管理者等近 200 人参加研讨会。

（申政）

首个中外合作办学项目获批

3月，北师大与加拿大萨斯喀彻温大学合作举办的水安全专业硕士学位教育项目获得教育部批准。该项目是北师大首个中外合作办学项目，依托北师大水科学研究院和加拿大萨斯喀彻温大学全球水安全研究所，旨在发挥双方学科优势，共同培养具备国际视野的流域、区域水资源安全规划、管理人才。学习年限1～2年，学生在北师大进行全日制课程学习，满足毕业条件后，授予萨斯喀彻温大学硕士学位，项目首批招生30人。

（申政）

民间艺术大师进高校工作坊挂牌

9月7日，北师大挂牌成立民间艺术大师进高校工作坊。工作坊作为常设机构，每半年邀请不同的民间艺人进驻，开展艺术传授活动，为宣传传统中国民间艺术发挥作用。学校为首批皮影艺术大师马瑞全、陶素珍颁发“客座教授”聘书。北师大民间艺术“工作坊”随后开启为期17天的艺术传授活动，讲解皮影表演的道具、人物造型、皮影制作、皮影历史、演出技巧等。

（申政）

东北虎豹野外观测站建立

12月，北师大经科技部批准建立“东北虎豹生物多样性国家野外科学观测研究站”。该观测站是中国生物多样性保护领域的第一个国家野外科学观测研究站，以东北虎豹国家公园为研究平台，围绕“生物多样性形成与维持机制”这一重大生态科学问题，综合运用现代手段开展研究。该观测站由北师大教授担任站长。

（申政）

首都师范大学

概述

2018年，首都师范大学产权占地面积98.33万平方米，非产权占地面积1.68万平方米。学校产权校舍建筑面积77.39万平方米、非学校产权校舍建筑面积17.88万平方米。固定资产总值308359.90万元，其中，教学、科研仪器设备资产值128395.56万元。图书馆建筑面积2.78万平方米，藏书282.59万册。拥有计算机15521台。网络多媒体教室280间，网络信息点48700个，上网课程1030门，电子邮件系统用户39449个，管理信息数据总量420GB，电子图书9088016册。设置30个院（系、部）。硕士学位授权一级学科点25个，硕士学位授权二级学科点（不含一级学科覆盖点）10个，博士学位授权一级学科点17个，博士学位授权二级学科点（不含一级学科覆盖点）6个，博士后科研流动站16个，“双一流”学科1个，国家重点学科（二级）4个，国家重点（培育）学科1个，省、部级重点学科（一级）12个，省、部级重点学科（二级）12个，省、部级设置的研究院（所、中心）、实验室32个。教职工2481人，其中，专任教师1577人，包括正高级305人、副高级606人；博士生导师276人，硕士生导师745人。“长江学者奖励计划”特聘教授12人，“长江学者奖励计划”讲座教授1人，“国家杰出青年科学基金”获得者11人。毕业生8249人，其中，学历教育学生中全日制研究生1870人（博士生112人、硕士生1758人）、普通本专科生3137人（本科生2672人、专科生465人）、成人教育本专科生3242人（本科生2307人、专科生935人）。本科毕业生就业率99.4%。招生8355人，其中，学历教育学生中全日制研究生2299人（博士生175人、硕士生2124人）、普通本科生2740人、成人教育本专科生3316人（本科生2744人、专科生572人），在职人员攻读硕士学位授予学位288人。高考北京地区提档线文科603分、理科574分。在校生24528人，其中，学历教育学生中全日制研究生6522人（博士生770人、硕士生5752人）、普通本专科生11168人（本科生10884人、专科生284人）、成人教育本专科生6838人（本科生5520人、专科生1318人）。留学生毕业1400人、招生1297人、在校1138人。网址：www.cnu.edu.cn。

2018年，学校以立德树人为根本，全面落实人才培养、师资队伍、科学研究、社会服务、境内外交流、学生工作，全力推进“双一流”建设。

人才培养。经教育部批准，设立“音乐表演”专业，新增心理学、教育技术学和舞蹈学3个师范类专业方向。获批教育博士专业学位授权点1个、学术硕士学位授权点1个、专业硕士学位授权点7个。《创设市级统筹“三轮驱动”体制机制，构建基础教育均衡发展的“北京模式”》获基础教育国家级教学成果奖一等奖。全校本科生参加国际学科竞赛获奖2人次；参加国家级、省市级学科竞赛，获国家级奖98人次、北京市级奖363人次。20名本科生撰写的24篇学术论文，分别被《科学引文索引》（SCI）、《工程引文索引》（EI）北大中文核心期刊等收录。

师资队伍。欧阳中石教授在2017—2018华人教育家大会暨“聚焦中华”教育大会上，获评“华人教育名家”。外国语学院教授刘文飞入选“中俄互评人文交流领域十大杰出人物”。院士方复全领衔的几何分析团队获批国家自然科学基金委员会创新群体项目，是学校首次入选的国家级创新团队。文学院教授踪训国与国务院中文学科评议组成员、北京师范大学文学院教授郭英德联袂主编的《历代赋学文献辑刊》（全200册，国家图书馆出版社2017年版）获全国优秀古籍图书一等奖。美术学院教授作品《延安时期学习马克思主义蔚然成风》入选“真理的力量——纪念马克思诞辰200周年主题展览”；《人民的好县长高德荣》入选“伟大的变革——庆祝改革开放40周年大型展览”。生命科学学院“核受体DAF-12调控热敏型脂滴融合的机理研究”项目，获国家自然科学基金委“糖脂代谢的时空网络调控”重大研究计划项目资助。资源环境与旅游学院旅游管理系团队撰写的论文《宗教型遗产地旅游商业化的演化过程及机制——以嵩山少林寺为例》，获“文化和旅游部优秀研究成果（旅游类）”学术论文类优秀奖。这是文化和旅游部新成立以来颁布的第一个优秀学术成果奖，也是学校旅游管理系首次获该奖项。

科学研究。理工科方面，科研项目取得历史性突破，科研经费跨越式增长。科研经费总计10268.79万元，比上年增长90.32%。科研立项215个，期刊论文奖励篇数606篇，共计13项成果在国际顶级期刊和研究机构发表。新申请国内专利（发明、实用新型）76件。文科方面，新增到账经费4417.44万元。新立项国家社科基金重大项目3个、教育部人文社会科学研究重大项目2个。至年底，学校共有国家社科基金重大项目25个、教育部重大项目13个。新增3个省部级哲学社会科学研究基地，新批非实体性校级科研机构6个。

社会服务。北京市与学校共建“教育法治研究基地”，初步建成基础教育对外合作办学制度体系，先后与北京、上海、河北等省市30余家政府及企事业单位进行合作洽谈。“创建援疆育人‘首师大模式’用心用情培养新疆少数民族教师”入选2018年省属高校精准扶贫精准脱贫典型项目，排名第一。完成“2018年北京市民生实事项目——幼儿园园长教师全员培训”工作，对全市9万余名幼儿园园长和教师进行为期7个月的面授、网上授课混合式培训，覆盖北京市各级各类幼儿园3129所。

境内外交流。学生公派出国（境）学习交流人数首次突破千人，达1027人次，比上年增长22.3%。全年教师因公出国（境）共计292人次，比上年增长24.8%。举办第三届汉语教学技能大赛，汉语国际教育硕士培养质量逐年提升，排名全国第三。

学生工作。首次以零艺术特长生阵容参加北京市大学生音乐节管乐组比赛获金奖。初等教育学院研究生参与的创新创业项目“灵水心田生命教育项目”在中国第四届教育创新成果公益博览会上获全国银奖。校话剧团原创话剧《大学之道》在中国国家话剧院小剧场上演，作为唯一的大学生剧目，入选中国国家话剧院“青年戏剧创意空间—校园扶持计划”。

党委书记　郑萼

校　　长　孟繁华

（吴文灵）

教育部关工委家庭教育中心落户学校

9月15日，教育部关工委家庭教育中心揭牌仪式暨家庭教育交流研讨会在首师大举行。会议宣读《关于教育部关工委家庭教育中心依托单位变更的通知》，并为教育部关工委家庭教育中心揭牌。中心依托首师大教育学科建设的资源优势，提高教育系统关工委家庭教育工作规范化、科学化、专业化水平，总结交流家庭教育工作经验，研究探索新时代家庭教育工作的新思路、新举措。同时，首师大把家庭教育建设成为教育学科的特色和优势研究方向，使家庭教育成为学校教育学新的学科增长点。与会人员同时围绕家庭教育相关问题交流研讨，并实地考察海淀区中关村第三小学家校共育的做法和首都师范大学附属中学家长学校的教学内容、特色。

（吴文灵）

9月15日，教育部关工委家庭教育中心落户首师大

（首师大　供）

欧阳中石书法教育思想学术研讨会

10月27日，首师大和中国书法家协会联合举办“弘文焕采——欧阳中石先生书法教育思想学术研讨会”。会议邀请相关人员围绕欧阳中石的大书法文化观、基本教育观念、重要理论建说、学科建设历程等主题展开研讨，阐明其书法教育思想的内涵与影响，并分享与欧阳中石共事、受学经历和对其学术思想的感悟。教育部关工委主任、中国书法家协会主席，以及来自海内外高校的教师代表、专家学者、欧阳中石的学生代表近300人参加研讨会。会议论文汇辑《弘文焕采——欧阳中石先生书法教育思想研究文集》由首都师范大学出版社出版发行。

（吴文灵）

首都体育学院

概述

2018年，首都体育学院占地面积17.83万平方米，学校产权校舍建筑面积12.60万平方米，非学校产权建筑面积8.32万平方米。全年教育经费投入33373.94万元，其中，国家拨款27674.99万元。固定资产总值83712.53万元，其中，教学、科研仪器设备资产值17974.56万元。图书馆建筑面积5301平方米，藏有纸质图书50.8万册，电子图书91165册。拥有计算机1423台。学校信息化经费投入395万元，多媒体教室座位3119个，信息化设备资产7680.19万元，网络信息点数7459个，校园网出口总带宽1500Mbps，电子邮件系统用户数8500个，上网课程数1门，管理信息系统数据总量1600GB。设7个院（系）；开设本科专业11个，覆盖4个学科门类和5个一级学科，一级学科硕士学位授权点2个、二级学科硕士学位学科点6个。教职工493人，其中，专任教师242人，包括教

授 32 人、副教授 104 人；博士生导师 21 人、硕士生导师 104 人。毕业生 979 人，其中，学历教育学生中全日制研究生 225 人（博士生 1 人、硕士生 224 人），普通本科生 608 人，成人教育本专科生 146 人（本科生 58 人、专科生 88 人）。招生 1266 人，其中，学历教育学生中全日制研究生 289 人（博士生 10 人、硕士生 279 人），普通本科生 810 人、成人教育本专科生 167 人（本科生 73 人、专科生 94 人）。在校生 4260 人，其中，学历教育学生中全日制研究生 667 人（博士生 26 人、硕士生 641 人），普通本科生 2799 人，成人教育本专科生 794 人（本科生 462 人、专科生 332 人）。留学生毕业 196 人，招生 211 人，在校生 229 人。网址：www.cupes.edu.cn。

2018 年，学校扎实推进学校综合改革，积极推进北京国际奥林匹克学院和新校区建设。

人才培养及学科建设。学校成为首批国家体育总局体育产业研究基地。入选北京市第二批“一带一路”国家人才培养基地、成为首批 11 个北京 2022 年冬奥会和冬残奥会培训基地。入选北京市博士学位授予立项建设单位。与斯洛文尼亚卢布尔雅那大学签署的《中国首都体育学院与斯洛文尼亚卢布尔雅那大学学术与科学合作总协议》纳入第七次中国—中东欧国家领导人会晤成果清单。全新增本科体育教育师范生招生计划 100 人。

师资建设。教职工获市级以上表彰奖励 20 余人次，1 人获北京市师德先锋，1 人获北京市教学名师奖，1 人获茅以升北京青年科技奖，1 人获北京市青年拔尖人才，1 人获北京市高层次创新创业人才支持计划领军人才，1 人获中国足球协会超级联赛最佳裁判员。获批 1 个市级创新团队、2 个“长城学者”计划项目。引进 2 名冰雪人才。全年选派教职工赴外交流 82 人次。

科研成果。学校获批纵向项目立项 34 个，省部级项目 18 个，经费总额 1738.6 万元。获批横向项目立项 21 个，经费总额 271.9 万元。获批 1 项软件著作权。发表学术论文 362 篇，其中，发表《科学引文索引》（SCI）等四大检索系统全文收录论文 15 篇，国内核心期刊论文 46 篇。出版学术专著、校本开发教材等共计 37 本。《首都体育学院学报》入选中国社科院核心期刊。

论坛及讲座。举办 7 期“蓟门讲坛”和 4 场“星期三之夜”学术讲座。“蓟门讲坛”邀请外交学院心理咨询中心主任作题为《Deadline 是第一生产力！——和拖延做朋友》的专题报告并请学校 6 名学生代表做党的十九大精神学习宣讲等。“星期三之夜”讲座邀请中国人民大学副教授作题为《不忘初心，牢记教育扶贫的历史使命》的讲座，美国华人篮球联合协会主席作题为《美国青少年训练体系及 NBA 球队经营模式介绍》的讲座，WEsport 创始人兼 CEO 作题为《全国体育专业大学生职业规划课程讲座：体育留学》讲座。累计师生近 3000 人参加活动。另举办两期“一带一路”国家驻华大使体育论坛，邀请菲律宾驻华大使何塞 · 圣地亚哥 · 罗马纳、斯里兰卡驻华大使卡鲁纳塞纳 · 科迪图瓦库分别以《体育增进中菲友谊》《中国与斯里兰卡体育》为题作主题报告。

6 月，首体院应届毕业生毕业

（首体院　供）

社会服务。承担教育部“国培计划”专项培训、教育部与联合国儿童基金会委托的“学校体育与体育教师培训项目”。完成北京市 500 余名青少年体育师资培训任务。承接文化部“庆祝改革开放 40 周年”大型文艺演出彩排等各类体育文化活动 80 余场。承办 2018 年全国运动员转型教练员培训班、与中国登山协会联合主办首期初级户外指导员培训班、举办两期体育传统项目学校体育师资培训班。培训涵盖田径、篮球、跆拳道、羽毛球、网球、棒球、垒球、定向运动、健美操等 9 个运动项目，16 个区县的 318 名体育传统项目学校优秀青年体育骨干教师参加培训。

党委书记　赵文（2 月免）

校　　长　钟秉枢

（李丹阳）

儿童体育与健康发展国际论坛

5 月 29 日至 30 日，首体院举办儿童体育与健康发展国际论坛。论坛以“为儿童运动与健康、动作技能发展”为主题，邀请美国德州大学圣安东尼奥分校 2 名教授，以及美国儿童体育专家，分享儿童粗大动作发展、美国幼儿体育的理念和实践前沿、动作技能发展的脑机制等最新的科研成果。论坛上，海淀区太阳幼儿园两名教师作展示课教学，16 名幼儿参加展示课。来自北京、河北、河南等 11 个省市高校、科研院所的专家学者 220 人参加论坛。

（李丹阳）

北京外国语大学

概述

北京外国语大学占地面积 49.21 万平方米，学校产权校舍建筑面积 44.74 万平方米。全年教育经费投入 141069 万元，其中，国家拨款 67832 万元、自筹经费 73237 万元。固定资产总值 18.94 亿元，其中，教学、科研仪器设备资产值 1.57 亿元。图书馆建筑面积 22861 平方米，拥有纸质图书 142.89 万册、电子图书 140.68 万册。拥有计算机 5270 台。多媒体教室座位 11336 个，信息化设备资产 9531.86 万元，网络信息点数 21400 个，校园网出口总带宽 5400Mbps，电子邮件系统用户数 19325 个，上网课程数 4804 门，管理信息系统数据总量 5000GB。设置 26 个院（系、部）；开设 115 个本科专业；一级学科博士点 2 个；硕士学位授权点 9 个，专业学位授权点 7 个；博士后流动站 1 个，其中，博士后研究人员出站 22 人、进站 14 人、在站 31 人。国家重点学科 3 个、国家重点（培育）学科 1 个，北京市重点学科 7 个。教职工 1247 人，其中，专任教师 759 人，包括教授 140 人、副教授 246 人；博士生导师 89 人、硕士生导师 264 人；“长江学者奖励计划”讲座教授 2 人。外籍教师 100 人，其中，教授 65 人。毕业生 2260 人，其中，学历教育学生中全日制研究生 938 人（博士生 82 人、硕士生 856 人）、普通本科生 1223 人、成人教育本专科生 99 人（本科生 86 人、专科生 13 人）。本科毕业生就业率 96.01%。招生 2679 人，其中，学历教育学生中全日制研究生 1063 人（博士生 120 人、硕士生 943 人）、普通本科生 1416 人、成人教育本专科生 200 人（本科生 160 人、专科生 40 人）；北京地区高考提档线文科 653 分、理科 644 分。在校生 8722 人，其中，学历教育学生中全日制研究生 2785 人（博士生 490 人、硕士生 2295 人）、普通本科生 5457 人、成人教育本专科生 480 人（本科生 355 人、专科生 125 人）。留学生毕业 957 人、招生 1068 人、在校生 1713 人。网址：www.bfsu.edu.cn。

2018 年，学校推进“双一流”建设，发布《北京外国语大学一流学科建设方案》。

加强专业建设。2018 年获批新增 18 个本科专业，开设外语语种数量达到 98 个。5 月，北外国际教育学院揭牌。持续开设“一带一路”沿线国家非通用语种。中国首个以外语学科特色为主的国际化慕课平台诞生。学校新增博士学位授权一级学科 1 个，学术型硕士学位授权一级学科 3 个，专业学位硕士点 3 个。法语系更名为法语语言文化学院，德语系更名为德语学院，西班牙语葡萄牙语系更名为西班牙语葡萄牙语学院，日语系更名为日语学院，计算机系更名为信息科学技术学院。

交流与合作。与俄罗斯莫斯科国立语言大学、赫尔岑国立师范大学、圣彼得堡东方文献研究所、芬兰坦佩雷大学、拉普兰大学、荷兰语言联盟、莱顿大学等学术机构开展交流、签署合作协议。与巴拿马大学、厄瓜多尔昆卡大学、厄瓜多尔中央大学等拉美著名高校开展校际交流，签署多项合作协议。与英国基尔大学合作项目是学校与英国高校的首个本科中外合作办学项目。第四次获得“孔子学院先进中方合作机构”称号。

社会服务。启动海淀区多语学校联盟暨北京外国语大学附中多语贯通培养特色学校建设。学校为中国—中东欧国家出版联盟（“16+1”出版联盟）提供多语种人才保障和国情文化智力支持。与社科文献出版社签署学术资源战略合作协议，与招商局集团有限公司签署战略合作框架协议。入选首批北京 2022 年冬奥会和冬残奥会培训基地。2 个智库入选 2018 年“CTTI 高校智库百强榜”，3 个研究机构新入选 CCTI 来源智库；青少年法治教育中心正式揭牌成立，开展宪法法治宣传教育活动。

党委书记 韩震（2 月 9 日免）
王定华（2 月 9 日任）
校　　长 彭龙

（朱玉清）

新增 18 个本科专业

3 月，北外新增 18 个本科专业。包括新增审批本科专业 14 个，分别为迪维希语、德顿语、达里语、卢旺达语、塞苏陀语、隆迪语、切瓦语、桑戈语、斐济语、皮金语、纽埃语、比斯拉马语、库克群岛毛利语、卢森堡语，学制四年。新增备案本科专业 4 个，分别为世界史、财务管理、国际商务、戏剧学，学制四年。

（朱玉清）

国际教育学院成立

5 月，北外国际教育学院揭牌成立。该学院是开展教育学学科建设、教育学专业研究和人才培养的教学科研机构，国际化是重要特征，强调全球视野、跨文化交流和国际比较。该学院开展双语教学，培养硕士博士研究生，服务国家战略，同时推出重要成果。学院设有 1 个硕士点。拥有教职工 7 人，包括，教授 2 人、副教授 1 人。学院同时聘请 35 名国内专家学者担任专家咨询委员会委员。

（朱玉清）

北京第二外国语学院

概述

2018 年，北京第二外国语学院占地面积 21.32 万平方米，产权校舍建筑面积 29.35 万平方米。全年教育经费投入71234.9万元，其中，国家拨款56505.83万元、自筹经费14729.07元。固定资产总值75443万元，其中，教学、科研仪器设备资产值21082万元。图书馆建筑面积8086平方米，藏有纸质图书119万册、电子图书117.2万册。拥有计算机4730台，多媒体教室271间。信息化设备资产20890万元，网络信息点数15772个，接入互联网出口带宽6500Mbps，电子邮件系统用户1662个，上网课程数230门。下设23个院系。开设本科专业44个（其中有26个语种专业），具有联合培养博士点2个，硕士学位授权一级学科5个，硕士学位授权二级学科点28个，专业硕士学位授权点6个，覆盖哲学、经济学、文学、管理学4个学科门类；联合共建博士后科研工作站2个。北京市一流专业1个、北京市重点建设学科4个、国家级特色专业4个。教职工896人，其中，专任教师548人，包括教授90人、副教授195人，硕士生导师520人。毕业生2317人，其中，学历教育学生中全日制硕士研究生514人，普通本科生1420人，成人教育本专科生383人（本科生184人、专科生199人）。本专科毕业生一次就业率98.82%。招生2416人，其中，学历教育学生中全日制硕士研究生554人，普通本专科生1681人（本科生1601人、专科生80人），成人教育本科生181人。高考北京地区本一批提档线理科562分、文科594分。在校生8515人，其中，学历教育学生中全日制硕士研究生1323人，普通本科生6427人，成人教育本专科生765人（本科生581人、专科生184人）。学历教育留学生毕业607人，招生414人，在校生665人。贯培生招生232人，在校生1229人。网址：www.bisu.edu.cn。

2018年，学校重点工作主要包括以下几个方面：

机构改革。学校完成机构改革，内设机构由47个减少至35个（精简26%），管理教辅岗由236个减少至173个（精简27%），向二级学院增编13%，向科研院所增编74%，腾退63个编制全部用于教师岗位，内设机构职责和岗位编制全部优化，出台新的职责规定，组建首都国际交往中心研究院等13个科研机构。

学科专业建设。与中央财经大学等4所国内高校开展联合培养博士生工作，多渠道孵化国内兼职博士生导师。与北京大学学科共建，完成“科技创新服务能力建设—高精尖学科建设（市级）”财政专项申报，获得连续5年每年投入800万元的学科共建资金。与北京语言大学签署共建语言资源高精尖创新中心合作协议，共同打造学科建设共同体。新增哲学硕士学位授权一级学科与会计硕士专业学位授权点。新增阿尔巴尼亚语、保加利亚语、斯洛伐克语、斯洛文尼亚语4个非通用语种专业。汉语国际教育、国际商务硕士专业学位授权点通过国务院学位委员会专项评估。

人才培养。非外语类的毕业生中有400余人同时拿到英语双学位证书，整体就业率99.46%。获得北京市高等教育教学成果奖一等奖3项、二等奖4项，其中，跨学科、复合型人才培养模式的研究和实践成果获得北京市教育教学成果一等奖。出台《翔宇“金牌”导师评选办法》并开展首次评选。创建“无手机”课堂，开展“学风标兵”评选，针对2018级新生设立“梧桐奖章”。召开第八次团代会暨第十四次学代会。大学生艺术团在第四届北京大学生艺术展演中获得5个一等奖。

科研工作。获得国家社科基金项目立项11个，比上年增加5个。获得国家自然科学基金项目立项4个，在全国外语类高校中名列第一。获得社科类省部级科研立项23个。新一轮“种子计划”资助国家级科研项目孵化人员13人、教育部人文社科项目孵化人员10人。举办“第十五届中国旅游发展北京对话·广州论坛”，学校首次独家发布2018中国旅游目的地城市排行榜。首次作为发起方在巴拿马大学举办“2018中巴一带一路发展智库论坛”。二外学报被评为“2018年度中国人文社会科学期刊AMI综合评价”语言学类A刊核心期刊。

人才队伍建设。修订《岗位设置与聘任工作实施办法》《教师专业技术职务晋升与聘任管理办法》，构建教师分类分层评价体系。完成2017—2019聘期全员岗位聘任。设立中层管理人员序列，制定《中层管理人员岗位管理办法（试行）》。高层次人才队伍建设持续加强，获得国务院特殊津贴专家学者、北京市优秀人才青年拔尖、中国翻译协会“资深翻译家”、访问学者等各类高层次人才称号27人。

对外合作与国际交流。服务国家“一带一路”倡议和北京国际交往中心建设，共派出学生673人。接待26个国家的高校及教育机构团组40批次。3项国际合作成果被纳入第七次中国—中东欧国家领导人会晤成果清单。加强智库建设。法国夏斗湖学院完成当地实体机构注册。与奥尔良大学签署有关互设研究生专业方向的协议。巴拿马孔子学院在服务高访、组织“2018中巴一带一路发展智库论坛”等方面作出突出贡献。学校入选2018年北京市“一带一路”国家人才培养基地项目，举办国际青年创新创业计划“藤蔓计划”2018留学生实习对接会暨非洲专场活动。

社会服务。成立首都文化和旅游发展研究院、首都对外文化传播研究院。研究制定《全面服务北京国际交往中心行动计划》，组建首都国际交往中心研究院。成为首批北京2022年冬奥会和冬残奥会培训基地。与市外办、市对外友协、市知识产权局、京能集团等多家单位开展战略合作，联合成立民间外交研究中心、首都知识产权国际交流合作基地。制定《基金会捐赠奖励办法》，与中国农业银行签订战略合作与奖教金捐赠协议，获得捐赠100万元。与朝阳区教委签署协议共建二外附中。二外成都附属中学正式招生。附属幼儿园成功申办公立幼儿园。

党委书记 顾晓园

校　　长 计金标

（王薇　姚冰　钱志光）

课堂教学整顿

2月，二外开展“课堂教学大整顿”专项工作。学校通过教学巡视员检查、督导员抽查、院（系）自查以及院（系）

互查等形式，加大对日常教学的检查力度，强化教学工作的全程管理，切实提高课堂教学质量。学校组成教务处、学生处、人事处等部门联动的教学巡查组，每周开展一次课堂抽查，每月开展一次课堂全覆盖检查，全校所有课堂在本学期接受至少8次的教学检查。同时，安排各院（系）开展院（系）互查。学校对违反规定的师生，按相关教学管理规定予以处理，同时根据工作中发现的问题及师生的合理诉求及时修订完善现有教学管理规章制度。

（王薇）

纪念周恩来诞辰120周年系列活动

3月5日，二外举办纪念周恩来总理诞辰120周年纪念活动。学校通过举办“不朽的旗帜——纪念周恩来总理诞辰120周年座谈会”、“我为总理献海棠”主题纪念仪式、系列主题联展、“国旗下的讲话”升旗仪式、参演纪念周恩来总理诞辰120周年专场音乐、开展校史教育周系列活动，深切缅怀周恩来总理。二外是一所在周恩来总理亲切关怀下建立的学校，活动中，学校确定周恩来总理生前挚爱的海棠花为二外校花。学校另于6月12日举办纪念周恩来总理诞辰120周年“海棠杯”全国散文大赛颁奖仪式。“海棠杯”全国散文大赛2017年3月启动，共收到全国各地征文480篇，评委会评出佳作奖35篇，优秀奖37篇。活动由中国散文学会、周恩来纪念地管理局、北京第二外国语学院和北京大鸾翔宇慈善基金联合主办。

（王薇）

3月5日，二外举办纪念周恩来总理诞辰120周年系列活动

（二外 供）

北京语言大学

概述

2018年，北京语言大学占地面积33.03万平方米，学校产权校舍建筑面积42.74万平方米。全年教育经费投入105417万元，其中，国家拨款43375万元、自筹经费62042万元。固定资产总值15.06亿元，其中，教学、科研仪器设备资产值2.23亿元。图书馆建筑面积9870平方米，藏有纸质图书98.2万册、电子图书240万册。拥有计算机6088台。学校信息化经费投入150371万元，多媒体教室262间，座位11257个，信息化设备资产16660.11万元，网络信息点数17445个，校园网出口总带宽2200Mbps，电子邮件系统用户数1086个，上网课程数272门，数字资源量39356GB，管理信息系统数据总量633GB。学校设置3个学部、9个直属学院（系、教学部）和8个科研院所；设置本科专业30个、硕士专业55个，覆盖8个学科门类。具有一级学科博士点2个，博士学位授权点17个，硕士学位一级授权点15个，二级授权点52个和专业学位授权点6个；博士后科研流动站1个，其中，进站6人、在站11人。国家重点学科1个、北京市重点学科11个（一级1个、二级10个）。省部级以上研究中心（或基地）13个，其中，教育部普通高等人文社会科学重点研究基地1个，北京高等学校高精尖创新中心1个。教职工1149人，其中，专任教师675人，包括教授93人、副教授217人。博士生导师84人、硕士生导师291人。“长江学者奖励计划”特聘教授1人、“万人计划”2人，享受政府特殊津贴专家37人，“四个一批”人才1人。外籍教师69人。毕业生26723人，其中，学历教育学生中全日制研究生674人（博士生47人、硕士生627人）、普通本专科生1058人、成人教育本专科生353人（本科生285人、专科生68人）、网络教育本专科毕业生24991人（本科生5936人、专科生19055人）。本科毕业生就业率95.38%。招生24719人，其中，学历教育学生中全日制研究生765人（博士生76人、硕士生689人）、普通本科生1163人、成人教育本专科生486人（本科生379人、专科生107人）、网络教育本专科生22305人（本科生8073人、专科生14232人）。北京地区高考提档线理科617分、文科623分。在校生70242人，其中，学历教育学生中全日制研究生2287人（博士生302人、硕士生1985人）、普通本科生4572人、成人教育本专科生1151人（本科生876人、专科生275人）、网络教育本专科生57269人（本科生20456人、专科生36813人）。留学生毕业4879人、授予学位534人，招生4560人，在校生6114人（专科生101人、本科生1853人、硕士研究生279人、博士研究生107人、培训生3774人）。网址：http://blcu.edu.cn。

2018年，学校围绕“建设世界一流语言大学”和推进“双一流”建设的目标，致力于加强现代大学教育管理水平和制度建设，推进教学科研、人才培养、学科建设、社会服务及国际合作等各项工作顺利进行。

加强制度建设，完善内部治理结构。学校开展规章制度“废、改、立”工作，共计废止旧制度5个，修订《北京语言大学学术委员会章程》等7个制度，制定《北京语言大学关于教授、副教授为本科生上课的规定》等24个新制度。制定《规章制度管理办法》，规范规章制度的制订工作。成立学校机构改革工作小组，开展机构设置与职能调整的调研和改革工作。完善督查督办机制，成立督查督办办公室。

学科建设与科研成果。学校获批新增硕士一级学位授权点3个，即教育学、心理学和新闻传播学；新增硕士专业学位授权点2个，即金融硕士和艺术硕士。制定《北京语言大学学科能力提升计划》。国家社科基金年度项目和青年项目共申报34个，中标10个。获1项全国教育科学“十三五”规划2018年度课题，1项北京市教育科学“十三五”规划2018年度课题，获6个2018年度教育部人文社科一般项目，2个2018年度国家自然科学基金项目，3个2018年度国家语委项目，12个2018年度北京市社科基金项目，3个2018年度国家社科基金重大项目，2个2018年度教育部哲学社会科学研究重大课题攻关项目。《世界汉语教学》被评为语言学类“A刊权威期刊”（仅有3种），《语言教学与研究》被评为语言学类“A刊核心期刊”（仅有19种）。

5月20日，北语第十五届世界文化节游园会开幕

（北语 供）

国际合作和交流水平不断提升。学校向海外孔院派出院长、教师和志愿者共计100余人，遍布20余个国家。20所孔子学院下设孔子课堂17个，教学点147个。2018年开设各类学分和非学分课程1892班次，学员数突破4万人次，14所孔子学院开设课程纳入所在大学学分系统。开展第三届“一带一路·再读中国”项目；曼谷学院与泰国国际教育基金会签署合作备忘录；成立北京语言大学非洲研究中心；举办首届“国际组织人才训练营”。

加强国内合作，社会服务水平不断提升。学校与财政部监督检查局、西城区政府、金融街集团、福建祥兴集团等多个政府部门、企事业单位建立合作关系。加强外语培训和网络教育，提高服务社会水平，全年为社会各行各业培训学员共计3868人次。启动北美洲、欧洲、亚洲、大洋洲等海外校友会以及上海、广州等国内校友会的筹建工作。

学生获奖。学生参加2018年美国大学生数学建模竞赛、第21届“外研社杯”全国大学生英语辩论赛、第24届中国日报社“21世纪·可口可乐杯”全国英语演讲比赛、2018年（第11届）中国大学生计算机设计大赛等64种竞赛，获得各类奖项99项，其中，国际级3项、国家级44项、省部级（北京市级）52项，共316人次获奖。

党委书记 倪海东

校　　长 刘利

（费凡）

泰国招生办公室揭牌

4月7日，北语泰国招生办公室揭牌仪式在泰国曼谷举行。泰国副总理威沙努和北语校长共同为泰国招生办公室揭牌。学校泰国招生办公室于1月1日在泰国曼谷成立，旨在加强中国与泰国、东南亚各国之间的语言和文化交流，满足泰国学生学习汉语和“汉语+专业（文化）”的需求。招生办公室编制2人，主要负责泰国地区留学生招生工作。

（费凡）

语言学系成立

10月29日，北语成立语言学系。该系整合语言学以及其他相关学科的师资力量，同时在理论语言学、生物语言学、语言思维及脑科学等方面打造特色课程、特色学科和特色团队，培养具有完备语言学基础知识结构和跨学科视野的复合型语言学人才。该系包括语言学及应用语言学、外国语言学及应用语言学两个二级学科，招收和培养硕士研究生和博士研究生。拥有专职教师9人，其中，教授4人、副教授1人。

（费凡）

中国传媒大学

概述

2018年，中国传媒大学校园占地面积46.37万平方米，产权校舍建筑面积63.88万平方米。全年教育经费投入110609.77万元，其中，国家拨款70609.77万元、自筹经费40000万元。图书馆建筑面积43908平方米，藏有纸质图书206.2058万册。固定资产总值25483.09亿元，其中，教学、科研仪器设备资产值71320.11万元。拥有计算机14665台。学校有多媒体教室147间，信息化设备资产24626.56万元，拥有网络信息点19304个，校园网出口总带宽5400Mbps，电子邮件系统用户14070个，管理信息系统数据总量1114.339GB。学校设有19个学院，

5月25日，传媒大学开展“我爱我 自定义”大学生心理健康节主题活动 （传媒大学 供）

开设本科专业90个，覆盖8个学科；具有一级学科19个，一级学科博士点8个，博士学位授权点9个（含一级学科博士点），硕士学位授权点20个，专业学位授权点10个。博士后科研流动站7个，其中，博士后研究人员出站15人、进站22人、在站59人。教职工1989人，其中，专任教师1178人，包括正高级286人、副高级429人。博士生导师157人、硕士生导师497人。“长江学者奖励计划”特聘教授2人、讲座教授2人。毕业生5237人，其中，研究生1487人（博士生131人、硕士生1356人）、普通本专科生1927人（本科生1747人、专科生180人）、成人教育本专科生920人（本科生757人、专科生163人）、网络教育本专科生903人（本科生578人、专科生325人）。本科毕业生就业率98.04%。招生55363人，其中，研究生1881人（博士生187人、硕士生1694人）、普通本专科生2571人（本科生2395人、专科生276人）、成人教育本专科生1279人（本科生64人、专科生1215人）、网络教育本专科生49632人（本科生12045人、专科生37587人）。高考北京地区提档线文科643分、理科634分。在校生92863人，其中，研究生5171人（博士生797人、硕士生4374人）、普通本专科生9452人（本科生9112人、专科生340人）、成人教育本专科生3795人（本科生287人、专科生3508人）、网络教育本专科生74445人（本科生19747人、专科生54698人）。留学生毕业302人、招生448人、在校生732人。网址：www.cuc.edu.cn。

2018年，学校全面深化管理体制机制改革、深化教育综合改革、深化科研管理体制改革、深化人事制度改革，围绕“双一流”建设目标，提升人才培养质量，健全工程质量保障制度体系，打造“平安校园”“美丽校园”“智慧校园”，筹划海南国际分校建设，推进与知名企业深度合作；推进“三馆”建设，搭建传承“中传文化”的核心平台。

学科建设。以“双一流”建设为引领，提出“2+1+3+N”学科建设战略，即巩固新闻传播学和戏剧与影视学2个既有一流学科的优势，培育艺术学理论一流学科，扶持信息与通信工程、设计学、音乐与舞蹈学3个有潜力的优势学科，同时兼顾中国语言文学、美术学、电子科学与技术等学科的有序发展。

人才培养。实施“关停并转一批、升级改造一批、重点建设一批、规划设计一批”的“四个一批”专业建设计划，关停并转8个本科专业及15个专业方向；注销停止招生的15个专业；向教育部新申报6个专业，确定24个重点建设专业和45个升级改造专业，推动本科教育与国家需求、行业趋势的全面对接。研究生教育推进博导评聘改革，将博导资格评定和招生资格认定分开，实现动态管理。创设“博导组”机制，博士生招生、培养以博导组为基本单位，形成100余个科研团队。启动研究生专业“四个一批”建设，归并部分自主增列的博士专业，各博士专业下不再设固定方向，由博导组根据本学科规划和自身特长自主设定研究方向或领域。扩大“申请—考核制”和硕博连读的招生专业覆盖范围，培养高质量博士研究生。

科研工作。建设智能融媒体教育部重点实验室；成立国家广电总局智能媒体微服务技术与应用实验室；入选北京市习近平中国特色社会主义思想研究中心中国传媒大学研究基地；入选首批国家体育总局产业研究基地。广播电视数字化教育部工程研究中心通过验收。“实践中的马克思主义新闻观”获国家级教学成果奖一等奖。获得第五届飞天电视剧优秀评论奖一等奖1项、二等奖6项、三等奖4项；获星光电视文艺优秀评论奖一等奖1项、二等奖2项、三等奖1项。

合作与交流。共举办国际会议9个，参与856人，其中，国外代表237人。派出学生出国（境）交流项目132个，全校派出出国（境）交流学生827人（含港澳台交流学生168人），其中，长期项目345人、短期项目482人。与16所中国香港与中国台湾地区高校开展学生学期交换/交流项目，共派出学期交换/交流生64人，派出104名学生赴港澳台参加短期交流项目。与阿里巴巴集团、首创集团、旭辉集团等公司签署合作协议。

教育资源共享及社会服务。推进“智慧树”慕课建设，开设9门校级公选课，有8门慕课推广到中国大学慕课平台；在通识教育上，拓展课程模块，开设22门创新创业类课程，同时依托经管学部建设27门创新创业类课程，初步形成创新创业类课程体系。推进“虚拟学习空间建构”为核心的信息化建设，引入智慧教学工具。试点多类型、多元化的课堂教学模式，推动教师使用“雨课堂”教学模式，增强课程全方位互动。完成15家远程教育校外学习中心建设，招生比上年增加28363人；举办153个培训项目，总培训13016人；全国领导干部媒介素养基地举办24期培训班，共培训全国各级党委政府、企事业单位领导干部、新闻发言人1800余人。

党委书记 陈文申

校　　长 胡正荣（1月免）

廖祥忠（3月任）

（刘书峰）

游泳与本科生毕业挂钩

4月，传媒大学把游泳列为与本科毕业挂钩的必测项目。学校开设游泳课及游泳公共选修课，同为1学分。要求2018级以后的本科生通过50米游泳的测试才能毕业。至年底，约1600名学生修完游泳课程。10月，学校游泳馆正式投入使用，建筑面积3523平方米，设有50米的标准泳池、8条泳道，运营服务由水立方游泳俱乐部承担。

（刘书峰）

机构改革

6月至12月，传媒大学开展机构改革。按照"大学工""大科研""大外事""大合作"的机构改革要求，整合学生工作部（处）（武装部），新增就业创业指导中心、党委研究生工作部的职责；整合科技处、文科科研处，组建科学研究处；整合国际交流与合作处（港澳台事务办公室）、学生国际交流部（港澳台学生管理办公室）、孔子学院管理处的职责，组建新的国际交流与合作处（港澳台事务办公室）。校教育基金会秘书处同国内交流与合作处合署办公。组建实验室与设备管理处、信息化处、场馆与教室管理中心等部门，强化顶层设计和统筹协调，促进学校资源综合使用；组建教育质量评估与督导处、人才工作办公室等部门，强化责任落实；对资产、基建、后勤相关职能进行再划分，实现工程项目从立项、造价、预算到招标建设再到验收的闭环管理，使工程质量从体制、机制上得到有效保证。深化学部制改革，赋权学院和研究院学术、党务、行政管理等职能。明确学院（研究院）在人才培养、教学科研、国际交流、社会服务及党政管理等方面的职能，打造"大实"学院（研究院）、"小实"学部的"双实"管理模式。调整后的学院（研究院）拥有人财物自主权，具体负责组织实施本单位党务及学生管理、人才培养、教学科研、国际交流和社会服务等工作。

（刘书峰）

艺术类招生改革试点

至年底，传媒大学开展艺术类招生改革。申请成为教育部批准的全国唯一一所艺术类招生改革试点高校。学校要求所有考生均须在初试环节参加由学校统一组织的文化素养基础测试；初试在原有语数英考试类别的基础上，增加文史哲考试类别；复试统一在北京举行，京外不再设置复试考点。共有51330人次考生报名2019年艺术专业考试，专业报录比平均120:1。

（刘书峰）

中央财经大学

概述

2018年，中央财经大学占地面积10.27万平方米，学校产权校舍建筑面积48.56万平方米。全年教育经费投入142022.77万元，其中，国家拨款78841.48万元、自筹经费63181.29万元。固定资产总值21.45亿元，其中，教学、科研仪器设备资产值1.88亿元。图书馆建筑面积2.96万平方米，纸质图书200.89万册。拥有计算机7313台。学校信息化经费投入4605.84万元，多媒体教室197间，信息化设备资产1.73亿元，网络信息点数392000个，校园网出口总带14300Mbps，电子邮件系统用户33085个，上网课程543门，数字资源量76000GB，管理信息系统数据总量48GB。设置28个院（系、部）（含北京学院）；设有51个本科专业，覆盖8个学科门类；具有15个一级学科，（包括5个博士学位授权一级学科和10个硕士学位授权一级学科），1个硕士学位授权二级学科（不含一级学科覆盖点），覆盖哲学、经济学、管理学、法学、文学、理学、工学、教育学等9个学科门类；具有18个硕士专业学位授权

4月19日，中央财大举办2018年春季运动会

（中央财大　供）

类别；博士后科研流动站5个，其中，博士后研究人员出站34人、进站21人、在站110人。拥有经济学、管理学本科专业自主设置权，拥有8个国家特色专业建设点和7个北京市特色专业建设点；拥有国家"双一流"建设学科应用经济学1个；拥有应用经济学一级学科和会计学二级学科国家重点学科；拥有2个一级学科、3个二级学科和2个交叉学科北京市重点学科。教职工1749人，其中，专任教师1213人，包括教授309人、副教授454人；博士生导师209人、硕士生导师693人；"长江学者奖励计划"特聘教授2人、讲座教授4人、青年学者2人。外籍教师31人，其中，教授16人、副教授4人。毕业生5691人，其中，学历教育学生中研究生1783人（博士生93人、硕士生1690人）、普通本科生2400人、成人教育本专科生1281人（本科生913人、专科生368人）；非计划招生高等教育学生中在职人员攻读硕士学位227人。本科毕业生就业率96.58%。招生5936人，其中，学历教育学生中研究生2215人（博士生185人、硕士生2030人）、普通本科生2523人、成人教育本专科生1198人（本科生1046人、专科生152人）。高考北京地区本科提档线文科648分、理科650分。在校生18160人，其中，学历教育学生中研究生5338人（博士生688人、硕士生4650人）、普通本科生10119人、成人教育本专科生2584人（本科生2160人、专科生424人）；非计划招生高等教育学生中在职人员攻读硕士学位119人。留学生毕业105人、招生153人、在校生304人。学历留学生毕业59人、招生111人、在校生251人。网址：http://www.cufe.edu.cn。

2018年，学校围绕"双一流"建设，开展教育教学改革、完善内部治理结构等方面的重点工作。

"双一流"建设。学校发布《一流学科建设高校建设方案》，通过改革学科组织模式、创新资源支撑模式、创新科研引导模式等推动"经济学学科群"建设。成立"双一流"建设领导机构，发布实施意见和三年行动计划。获批1个博士、5个硕士学位授权一级学科，5个硕士专业学位授权类别，会计硕士专业学位类别在国家首次专业学位水平评估中获评A档位；23人任新一届教育部教学指导委员会委员，位列财经类大学第一，实施首批"龙马学者"聘任工作，2名教授分获"万人计划哲社科领军人才"和"长江学者青年学者"聘任，科研经费创历史新高；成立联合数据研究中心、绩效管理研究中心等高端智库，中国精算研究院获北美精算师协会CAE认证，与加州大学伯克利分校、伦敦政治经济学院等知名高校和企业签署合作协议，通过第三批来华留学质量试点院校认证，"汉语+"和"中国+"项目正式获准，国际化水平稳定提升。

教育教学改革。通过教育部本科教学工作审核评估；2门课程被认定为国家精品在线开放课程；11项成果获北京市高等教育教学成果奖，1项成果获国家级教学成果奖一等奖，20本教材入选财政部"十三五"规划教材，生源质量持续位居全国前列，总体就业率稳定在97%，学生在亚洲数独锦标赛、国际大学生数学建模竞赛、全国大学生电子商务挑战赛、首都高校大学生冰壶竞标赛中屡创佳绩。

内部治理结构。完善二级单位管理体制和运行机制，开展政府会计改革试点，全面清理"校园一卡通"，夯实网格化安全管理，启动两校区医疗服务联合体，推进沙河校区建设，启用一站式师生事务服务大厅，实施学院南路校区改造维修工程，加强智慧化校园建设，落实两校区功能定位方案，优化学校资源配置，提升资源使用效率。

党委书记 傅绍林（9月免）
何秀超（9月任）

校　　长 王瑶琪

（任婷）

1个项目入选国家重点研发计划重点专项

3月21日，中央财大"智能服务交易与监管技术研究"项目获得国家重点研发计划重点专项立项支持。这是中央财大首次作为项目牵头单位承担国家重点研发计划重点专项。该项目与北京航空航天大学、西安电子科技大学、江苏大学等13家单位，面向智能服务交易与监管需求，基于区块链理论技术，研究智能服务交易与监管的理论与技术问题。项目获中央财政批复资金1694万元。国家重点研发计划于2016年启动，是由原来的国家"973"计划、"863"计划、国家科技支撑计划、国际科技合作与交流专项等整合而成，针对事关国计民生的重大社会公益性研究，以及事关产业核心竞争力、整体自主创新能力和国家安全的重大科学技术问题，以期突破国民经济和社会发展主要领域的技术瓶颈，为国民经济和社会发展主要领域提供持续性的支撑和引领。

（任婷）

精算项目获CAE认证

5月14日，中央财大精算项目获得北美精算师协会（SOA）授予的"Centers of Actuarial Excellence"（CAE）认证。获得CAE认证的高校在精算教育和研究方面得到北美精算师协会的资助，有效期5年。至年底，北美精算师协会共认证世界各地高校32所，中央财大是大陆高校中第一且唯一获得CAE的高校。中央财经大学保险与精算学科发展始于1952年，1992年创立精算项目，是中国高等院校中最早建立保险系科、全面引入国际精算教育与考试体系的几所高校之一。

（任婷）

对外经济贸易大学

概述

2018年，对外经济贸易大学占地面积34.39万平方米，学校产权建筑面积34.20万平方米。全年教育经费投入166115万元，其中，国家拨款77655万元、自筹经费88460万元。固定资产总值209003.56万元，其中，教学、科研仪器设备资产值 16927.34 万元。图书馆建筑面积 2.28 万平方米，藏书 262.19 万册，其中，纸质图书 198.69 万册、电子图书 63.5 万册。拥有计算机 8171 台。学校信息化经费投入 819 万元，多媒体教室 326 间，信息化设备资产值 3655.71 万元，网络信息点数 27000 个，校园网出口总带宽 6700Mbps，电子邮件系统用户数 42619 个，上网课程数 3699 门，管理信息系统数据总量 900.49GB。学校下设研究生院及 27 个学院、研究院（中心），开设 46 个本科专业，覆盖 6 个学科门类；具有一级学科 10 个；一级学科博士点 7 个，博士学位授权点 7 个，一级学科硕士点 10 个，硕士学位授权点 10 个，专业学位授权点 12 个；博士后科研流动站 4 个，其中，博士后研究人员出站 8 人、进站 4 人、在站 63 人。二级学科国家重点学科 2 个；省、部级一级重点学科 2 个、二级 5 个；国家重点实验室 1 个。教职工 1683 人，其中，专任教师 1072 人，包括教授 252 人、副教授 391 人；博士生导师 177 人、硕士生导师 677 人。有“长江学者奖励计划”特聘教授 2 人。外籍教师 43 人。毕业生 8426 人，其中，学历教育学生中全日制研究生 2271 人（博士生 129 人、硕士生 2142 人），普通本科生 1974 人，成人教育本专科生 1031 人（本科生 542 人、专科生 489 人），网络教育本专科生 3150 人（本科生 1190 人、专科生 1960 人）。本科毕业生就业率 99.44%。招生 11372 人，其中，学历教育学生中全日制研究生 2348 人（博士生 164 人、硕士生 2184 人），普通本科生 2126 人，成人教育本专科生 1160 人（本科生 847 人、专科生 313 人），网络教育本专科生 5738 人（本科生 2474 人、专科生 3264 人）；研究生课程进修班 6068 人。在校生 29742 人，其中，学历教育学生中全日制研究生 5273 人（博士生 639 人、硕士生 4634 人），普通本科生 8387 人，成人教育本专科生 2493 人（本科生 1585 人、专科生 908 人），网络教育本专科生 13589 人（本科生 6037 人、专科生 7552 人）。留学生毕业 1498 人，招生 916 人，在校生 2461 人。网址：www.uibe.edu.cn。

2018 年，学校落实立德树人根本任务，坚持稳中求进工作总基调，深化教育教学改革，推进“双一流”建设，努力培养德智体美全面发展的社会主义建设者和接班人。

学科建设。3 个学科在全国首次专业学位水平评估中获评 A 类、1 个获评 B 类。成立经济学部，统筹协调经济学学科门类所属学院、研究院的学科发展规划。马克思主义一级学科硕士点通过北京市学位点动态调整评审。新增政治学、外国语言文学 2 个一级学科博士学位授权点，新增中国语言文学、管理科学与工程 2 个一级学科硕士学位授权点，自设电子商务与信息管理、公共政策与管理 2 个交叉学科博士点。与北京工商大学共建工商管理学科。学校获 2018 年国家级高等教育教学成果奖二等奖 2 项；22 人入选 2018—2022 年教育部高等学校教学指导委员会；2 门国家级精品在线开放课程获批。立项 39 门校级“课程思政”示范课，实现“思政课程”到“课程思政”转变。

11 月 24 日，外经贸大“UIBE 中国对外开放展览馆”开馆（外经贸大 供）

人才培养。“三全育人”工作格局构建完成。在全国大学生数学竞赛（初赛）中，7 人获一等奖、17 人获二等奖、40 人获三等奖；在全国大学生数学建模竞赛中，5 支代表队获全国二等奖；在美国大学生数学建模竞赛中，1 支代表队获特等奖、17 支代表队获一等奖。85 人在全国大学生英语竞赛中获奖。本科毕业生到国内外深造的比例保持在 60% 左右，出国深造比例 34.44%。共有 164 个国家的 3447 名长期在学留学生，其中，研究生 1171 人，占比 44.7%；各类中国政府奖学金生 1573 人，比上年增长 40.6%。

科学研究。获各类纵向课题 105 项，获国家级重大项目 7 个，创历史新高。横向课题总经费突破 3740 余万元，比上年增长 37.7%。产出各类科研成果 1670 项，发表各类论文 1419 篇，其中，SSCI 收录论文 182 篇，比上年增长 15.19%。获各类省部级奖项 17 项，首次获商务发展研究成果奖（2017 年）一等奖。《经贸法律评论》获国家批准，成为向国内外公开发行的法学专业期刊。

社会服务。主动服务对接国家重大战略，筹建成立成都研究院、海南研究院。承担财政部、国家发展改革委、国务院研究室等政府和企业部门的专项委托课题，提供咨政服务和智力支持。围绕国家重大战略、重大理论问题和社会热点（如中美贸易摩擦），主动发声亮剑，30 余人次专家走进中央电视台等主流媒体，阐释“对外开放再扩大，深化改革再出发”的中国主张。

交流合作。接待外事来访 110 余团次，其中，部长级以上的政、学、商界高端团组 20 余个。赴海外参加科研合作及学术交流的教师 328 人次；举办大型国际学术会议 20 余个。学校与加州大学圣地亚哥分校、新加坡管理大学等高校新签续签各类协议 20 余个，与乌兹别克斯坦世界经济与外交大学签订中外合作办学项目。申请国家外专局高端外国专家项目 8 个，学校重点及一般项目 40 余个，获得国家外专局引智经费 801 万元，国家级项目经费增长一倍。学校“全球价值链研究学科创新引智基地”获批成为“111”学科创新引智基地，实现零的突破。

师资建设。聘请 8 名海外知名学者为学校特聘教授。2 名教授入选“长江学者奖励计划——青年学者”，1 名教授入选国家“万人计划”教学名师。启动专职教师定岗定编工作，优化专职教师队伍结构，鼓励引进高层次人才，建立科学规范合理的师资队伍配资规模。开展“做新时代‘四有’好老师和‘四个领路人’”学习实践系列活动，召开全校师德建设工作会，细化师德建设办法，贯彻落实师德“一票否决制”和师德失范处分机制。

党委书记 蒋庆哲
校　　长 王稼琼

（曹亚红）

庆祝改革开放40周年系列活动

11月24日，外经贸大举行庆祝改革开放40周年系列活动暨学术研讨会。40周年系列活动暨学术研讨会由主旨演讲、校友论坛、第20届安子介国际贸易研究奖颁奖典礼、《中国参与经济全球化四十年：四十位亲历者笔谈》和《中国对外贸易通史》新书发布会、UIBE对外开放展览馆开馆仪式活动组成。其中，UIBE中国对外开放展览馆展出总面积480平方米，分为4个展区，展陈内容包括开放足迹、对外贸易、国际投资、“一带一路”、贸大贡献5个方面，包括展板101块、图片349张、图表以及实物100余件（套），展现改革开放以来的重大时间节点、重大历史事件和中国在经贸领域对外开放的关键成就。“庆祝改革开放40周年UIBE校友论坛”邀请来自国内外近30家地方校友会共同参与，全球各地、毕业届别跨越30余年的100余名校友参加论坛活动。中国世界贸易组织研究会会长、中国首任驻世界贸易组织大使、原对外贸易经济合作部副部长等参加论坛。

（曹亚红）

北京物资学院

概述

2018年，北京物资学院占地面积43.16万平方米，建筑面积28.64万平方米，其中，产权建筑面积27.60万平方米、非产权建筑面积1.04万平方米。全年教育经费投入44066万元，其中，国家拨款35971万元。固定资产总值80198.57万元，其中，教学、科研仪器设备资产值29449.63万元。图书馆建筑面积12578平方米，馆藏图书123.86万册，电子图书191.81万册。拥有计算机5285台。学校信息化经费投入800万元，多媒体教室252个，信息化设备资产9604.04万元，网络信息点11374个，校园网出口总带宽3300Mbps，电子邮件系统用户6500个，上网课程174门，数字资源量7700GB，管理信息系统数据总量3600GB。设有9个学院，开设24个本科专业及方向，覆盖6个学科门类；拥有一级学科5个;硕士学位授权点5个，专业学位授权点3个。北京市重点建设学科2个、国家级特色专业2个、市特色专业3个。教职工793人，其中，专任教师495人，包括教授69人、副教授181人；硕士研究生导师156人。毕业生2173人，其中，学历教育学生中全日制研究生236人，普通本科生1362人，成人教育本专科生575人（本科生237人、专科生338人）。招生2466人，其中，学历教育学生中全日制研究生321人，普通本科生1514人，成人教育本专科生631人（本科生559人、专科生72人）。北京地区高考录取线一本理科532分、文科576分；二本理科508分、文科551分。在校生8049人，其中，学历教育学生中全日制研究生784人，普通本科生5985人，成人教育本专科生1280人（本科生817人、专科生463人）。留学生毕（结）业142人，招生180人，在校生180人。网址：www.bwu.edu.cn。

1月1日至2日，物资学院舞剧《运》首演

（物资学院　供）

2018年，学校以建设成为物流与流通领域国内领先、国际有影响力、与北京城市副中心相称的高水平应用型大学为目标，坚持走差异化、特色化发展之路，实施“立地顶天”发展战略，注重协同发展，以一流学科、一流专业建设为契机，以人事制度改革为突破口，全面深化改革，强特色补短板，持续提升学校核心竞争力，学校各项事业全面进步，党建和思想政治工作科学化水平不断提高，核心竞争力和社会美誉度显著提升。

专业建设与人才培养。健全专业动态调整机制，暂停劳动关系、劳动与社会保障两个专业招生，新增商务英语专业，物流管理专业入选市属高校一流专业建设。建立健全双学位制度、大类招生制度、转专业制度，开办暑期国际学校，开设国际化班、辅修专业和双学位班。新上线6门慕课。国家级物流系统与技术实验教学示范中心改扩建完成。新增江西、西藏为一批次招生省份，一批次招生省市10个；

录取分数超过当地一批线的省市 21 个，多个省市录取最低分超过当地一批线 50 分以上。本科生就业率 90.1%，硕士生就业率 99.58%。获批北京市教学成果奖 5 项，获批“北京地区高校示范性创业中心”。大型原创舞剧《运》在京首演。

学科建设与科研工作。获批 2018—2020 年博士学位授予立项建设单位资格。获批国家自然科学基金项目 3 个，教育部人文社科规划项目 6 个，市社科基金项目 18 个。全年科研项目经费 1118 万元。召开 4 次大运河智库论坛和成果发布会。11 月 23 日，《中国流通经济》被《中国学术期刊国际引证年报》评为 2018 中国国际影响力优秀学术期刊，位列第 10 名。

合作与交流。学校新增北京市物流与供应链管理协会、北京市对口支援与经济合作办公室等合作单位，与北京京粮物流集团等十余家企业签署合作协议，并全部落实合作项目。为赤峰、玉树、拉萨等地提供物流、电子商务领域科研技术服务及各类培训 600 余人次。为平谷区提供物流规划服务，为东风车城物流股份有限公司、北京中央农产品批发市场提供培训。新增海外合作院校机构 14 所，与英国剑桥大学克莱尔霍学院、美国加州大学伯克利分校等签署学生交流学习协议。全年 82 名学生赴海外学习交流。获批市教委 2019 年“一带一路”国际物流人才本科班奖学金专项。

推进北京市商务科技学校并入工作。2 月 9 日，市教委印发《关于将北京市商务科技学校并入北京物资学院的通知》，商务科技学校整建制并入物资学院。原 47 名商务科技学校教职员工通过资格审核、面试考察、公示等程序被聘任至物资学院处级以下相关岗位，并分期分批对聘任到岗的教职员工开展师德、思想政治、入职适应力、管理能力及技术等方面的专题培训。

党委书记 李石柱
院　　长 王文举

（丁兆博）

首都经济贸易大学

概述

2018 年，首都经济贸易大学占地面积 36 万平方米，产权校舍建筑面积 45.74 万平方米。图书馆建筑面积 2.84 万平方米，藏书 208.82 万册。固定资产总值 13.35 亿元，其中，教学、科研仪器设备资产总值 6.12 亿元。全年经费收入 107880.29 万元，其中，国家拨款 85519.32 万元。拥有计算机 9461 台。学校信息化经费投入 818.51 万元，多媒体教室 344 间，信息化设备资产 18299 万元，网络信息点 21500 个，校园网出口总带宽 6000Mbps，电子邮件系统用户 6276 个，上网课程 191 门。设 19 个教学单位，开设 45 个本科专业，覆盖 10 个学科门类；具有一级学科 11 个，一级学科博士点 4 个，一级学科硕士学位授权点 7 个，专业学位授权点 18 个。博士后科研流动站 4 个，博士后科研人员出站 8 人、进站 7 人、在站 29 人。拥有二级学科国家重点学科 1 个，一级学科省部级重点学科 2 个，二级学科省部级重点学科 2 个。教职工 1561 人，其中，专任教师 951 人，包括，教授 176 人、副教授 316 人，博士研究生导师 113 人、硕士研究生导师 494 人。学历教育全日制毕业生 4396 人，其中，研究生 1063 人（博士生 35 人、硕士生 1028 人），普通本专科生 2468 人（本科 2358 人、专科 110 人），成人教育本专科生 865 人（本科 541 人、专科 324 人）。专科生就业率 96.36%，本科毕业生就业率 98.01%，硕士研究生就业率 99.32%，博士研究生就业率 100%。招生 4434 人，其中，硕博连读博士生 11 人，申请—考核制博士研究生 39 人，全日制学术硕士研究生 501 人，全日制专业硕士 718 人，非全日制专业硕士 91 人，普通本科生 2552 人，成人教育本专科 522 人（业余专升本 160 人、函授专升本 146 人，函授高起专 216 人）。高考北京地区一批提档线文科 576 分、理工科 532 分。在校生 17576 人，其中，全日制研究生 3597 人（博士生 438 人、硕士生 3159 人），普通本科生 10324 人，成人教育本专科生 3189 人。留学生毕业 33 人（本科生 8 人、硕士研究生 21 人、博士研究生 4 人）、结业 53 人（学历教育学生 9 人、非学历教育学生 44 人）、招生 693 人（学历教育学生 191 人、非学历教育学生 502 人）、学历教育在校生 403 人。网址：www.cueb.edu.cn。

2018 年，学校在人才培养、学科建设、科学研究、社会服务、师资队伍、对外交流和党的建设等方面取得阶段成果。

学科专业建设。完成北京市市属高校分类办学进校指导促进专家组入校考察迎检工作；坚持“以本为本，四个回归”，以迎接本科教学审核评估为契机，全面加强本科教学工作；在国家社科基金项目立项、研究力排名等科研工作方面取得新进展，获批设立国家级科研项目 33 个，首经贸在上海财经大学高等研究院经济学研究全球竞争力评估中心发布的 2018 全球高校经济学研究力排名中位列 2013—2017 年两岸四地高校综合权重排名第 9 名；坚持外引内联，不断拓展高水平的国际合作，持续推进校友“引智帮扶”。与中国人民大学签约共建应用经济学和工商管理 2 个一级学科，在师资队伍、人才培养、科学研究等方面开展共建工作。“中国主要城市群人口集聚与空间格局优化研究”项目入选国家社会科学基金重大项目。

师资建设。学校评选首届教学卓越奖、教学新秀奖，18 名教师分别获奖。该奖旨在鼓励广大教师投身人才培养，每两年评选一次。2 名无党派人士、教授郝如玉、张强获聘首批党外人才高端智库专家。教授纪宏获批成为享受政府特殊津贴专家；教授程光入选第十三批“海聚工程”短期项目，教师曾雪婷入选第十三批“海聚工程”青年项目。

党委书记 冯培
校　　长 付志峰

（黄少卿）

中欧金融与经济发展研究中心成立

4月4日，首经贸、国家金融与发展实验室、罗马第二大学共同举办中欧金融与经济发展研究中心成立暨签约仪式。仪式上，三方代表分别宣读金融与经济发展研究中心成立决定，签署合作协议。根据协议，研究中心主要在中欧未来金融合作机遇等研究议题上展开合作。与会人员同时听取《中国国家资产负债表及未来改革影响》主题演讲，并交流探讨研究中心未来的科研方向与课题。首经贸、国家金融发展实验室、罗马第二大学主要领导及专家学者共30余人参加成立仪式。

（黄少卿）

4月4日，中欧金融与经济发展研究中心成立

（首经贸 供）

数据科学与大数据技术本科专业开始招生

6月至7月，首经贸“数据科学与大数据技术”“数据科学与大数据技术（信息技术）”本科专业开始招生。“数据科学与大数据技术”“数据科学与大数据技术（信息技术）”本科专业2017年设立，学制四年，本年面向全国理科考生招生，毕业授予理学学士学位。其中，数据科学与大数据技术计划招生25人，实际招生25人，最低招生分数591分；数据科学与大数据技术（信息技术）计划招生25人，实际招生25人，最低招生分数594分。

（黄少卿）

外交学院

概述

2018年，外交学院占地面积35.23万平方米，学校产权校舍建筑面积17.91万平方米。全年教育经费投入24446.19万元，其中，国家拨款18116.17万元、自筹经费6330.02万元。固定资产总值2.60亿元，其中，教学、科研仪器设备资产值0.36亿元。图书馆建筑面积12746.11平方米，藏书184.06万册，其中，纸质图书60.90万册、电子图书123.16万册。拥有计算机1512台。学校信息化经费投入330.01万元，多媒体教室111间，信息化设备资产4728.42万元，网络信息点数7760个，校园网出口总带宽1000Mbps，电子邮件系统用户数4213个，上网课程数314门，数字资源量31498.50GB，管理信息系统数据总量2000GB。设有展览路校区和沙河校区，设置9个教学单位，32个研究中心。中国国际关系学会、中国国际法学会2个国家一级学会秘书处以及北京市对外交流与外事管理研究基地均设在外交学院，同时，外交学院还是东亚思想库网络、中国—东盟思想库网络和中日韩思想库网络的国家协调员单位。开设17个专业，覆盖3个学科门类；具有一级学科3个；一级学科博士点1个，博士学位授权点3个；一级学科硕士点3个，硕士学位授权点13个、专业学位授权点4个。博士后科研流动站1个，其中，博士后研究人员出站1人、进站3人、在站9人。国家重点学科2个、北京市重点学科3个。教职工435人，其中，专任教师213人，包括教授47人、副教授81人。博士生导师18人、硕士生导师120人。享受政府特殊津贴专家75人。外籍教师19人，包括教授1人。毕业生667人，其中，学历教育全日制研究生289人（博士生18人、硕士生271人）、普通本科生334人、成人专科生44人。本科毕业生就业率92.24%。招生808人，其中，学历教育全日制研究生364人（博士生21人、硕士生343人）、普通本科生367人、成人专科生77人。高考北京地区提档线文科644分、理科642分。在校生2363人，其中，学历教育全日制研究生836人（博士生95人、硕士生741人）、普通本科生1387人、成人专科生140人。留学生毕业76人、招生109人、在校生165人。网址：www.cfau.edu.cn。

2018年是学院建设一流学科的开局之年，制定《外交学院一流学科建设方案》，设立一流学科建设办公室，编制《2018年外交学院一流学科建设进展报告》，统筹一流学科建设。

人事改革。完成岗位设置工作，涉及397个岗位，包括专业技术岗位277人、管理岗位107人、工勤技能岗位13人。定岗后164人岗位级别晋升，包括141个专业技术岗位和23个管理岗位。启动人才队伍建设工作。加强师德建设，制定《外交学院师德“一票否决”实施细则》等规章。

教学改革。推进专业教学英语化改革，8门新课程申请双语或全英文教学。首次组织完成14个实践教学改革项目立项。规划设立“全球治理与国际组织”新专业，17名学生到国际组织实习或任职。制定《外交学院关于加强公共外语教学改革实施方案》，制定“三语人才实验班”筹建方案。推进“涉外卓越法律人才实验班”建设，筹建“国际经济金融人才实验班”。首次完成本科生转专业工作，6名学生在5个院系间转专业。建设网络课程433门，引进慕课课程6门，建成北京市精品教材9项。理论经济学一级学科硕士学位授权点、金融专业硕士学位授权点获批。

科研工作。教研人员发表论文127篇，出版著作20部。获5项国家社科基金立项，7项教育部项目立项，8项北京市社科基金立项。举办学术会议24场、学术讲座49场，教研人员境外交流230余人次。《外交评论》影响力指数首次升到同行刊物第2位，世界学术期刊学术影响力指数排名第42位。亚洲研究所、俄罗斯研究中心、美国研究中心、非洲研究中心和日本研究中心列入教育部国别与区域研究中心备案名单，获项目立项。亚洲研究所向第21次中国—东盟领导人会议提交研究成果，获领导人会议主席声明及《中国—东盟战略伙伴关系进展报告》肯定，实现历史性突破。

11月30日至12月2日，外交学院举办第十六届全国大学生外交外事礼仪大赛 （外交学院　供）

国际交流。组织外事活动176次。与美国加州大学伯克利分校等15所国际知名院校建立实质性合作关系。探索“本科＋硕士”联合培养项目等培养模式。成为全国首批有资格申报留基委“国际组织后备人才培养项目”院校，获批“中国政府奖学金—支持地方项目”，获批为学生类别项目直接受理单位，获批3个留基委优秀本科生项目。高端外国专家项目等四大类国家级重点和特色项目实现零突破，获批7个。与多米尼加共和国外交部外交和领事培训高等教育学院签订合作谅解备忘录。

开展培训。受外交部等委托，举办外国外交官等政府官员及学者培训班8期，受训学员91人，来自9个国家，累计培训时间128天。举办2期“香港公务员外交事务研习课程”，受训学员34人。举办第八届香港大学生“外交之友”夏令营，50名香港大学生学员参加。

学生培养。举办北京国际模拟联合国大会、全国大学生外交外事礼仪大赛等品牌赛事，推进“第二课堂”建设。累计提供志愿服务200余人次，74名学生为2018中非合作论坛北京峰会提供服务。外交部录用36名毕业生。

信息化工作。1月1日，英文网站上线，网站域名http://en.cfau.edu.cn/，包括About CFAU、Admission、Academics、Research、Global、Diplomatic Training、Campus Life等模块。6月19日，办公自动化系统（OA系统）正式启用，域名http://oa.cfau.edu.cn/。

党委书记　齐大愚
院　　长　秦亚青

（顾建俊）

机构调整

5月21日，外交学院经党委讨论、外交部批准设立一流学科建设办公室，撤销中国外交理论研究中心，并将其职责划转周恩来外交研究中心。一流学科建设办公室主要职责是在外交学院党委领导下，统筹规划一流学科建设，开展有关调研工作，建立和完善一流学科建设相关规章制度，推进一流学科建设工作落实，做好协调工作。办公室为学校处级机构，编制5人，包括正处级领导职数1个、副处级1个。周恩来外交研究中心调整后的主要职责包括以传播周恩来外交理念、弘扬周恩来外交风范、服务中国特色大国外交为宗旨；将周恩来外交思想研究与新时代中国外交重大理论和实践研究紧密结合，为中国特色大国外交提供理论服务和智力支持。中心的处级领导职数由1正1副增至1正2副，是国内唯一由国务院批准，以周恩来总理命名的外交研究中心。

（顾建俊）

北京国际交往中心建设学术研讨会

11月2日，外交学院举办“北京国际交往中心建设：理论与实践”学术研讨会。会议组织3场主旨发言，总结北京国际交往中心建设的基本情况，分析北京建设国际交往中心的机遇、优势及不足，梳理城市外交的相关理论，分析城市外交对北京国际交往中心建设的推动作用。与会人员围绕“北京市民间组织对外交流的情况”“北京国际交往中心建设的研究思路”“北京友城建设对北京经济的促进作用”“北京对在京外籍人士法律法规管理”“北京打造城市吸引力”及“北京国际组织驻地建设”议题讨论交流。市有关部门人员、有关高校专家学者及基地学术委员、研究员代表16人参加会议。

（顾建俊）

中国人民公安大学

概述

2018年，中国人民公安大学占地面积76.79万平方米，产权校舍建筑面积63.14万平方米。全年教育经费投入

87907.38 万元，其中，国家拨款 42849.74 万元、自筹经费 45057.64 万元。固定资产总值 224820.56 万元，其中，教科、仪器设备资产总值 22810.55 万元。图书馆建筑面积 43351 平方米，藏书 152.74 万册。拥有计算机 7432 台。信息化经费投入 1200 万元，网络多媒体教室 220 间，信息化设备资产 13016.24 万元，网络信息点数 23000 个，校园网出口总带宽 10500Mbps，电子邮件系统用户数 28000 个，管理信息系统数据总量 21000GB。设有木樨地、团河两个校区，设置 11 个教学院；开设 13 个本科公安专业，22 个专业方向，覆盖 2 个学科门类；具有一级学科 3 个；一级学科博士点 3 个，博士学位授权点 3 个，硕士学位授权点 3 个，专业学位授权点 4 个；博士后科研流动站 3 个，其中，博士后研究人员进站 5 人、在站 16 人。一级学科国家重点学科 2 个，国家级特色专业点 5 个，北京市重点学科 4 个，国家级实验教学示范中心 2 个，省部级重点实验室 2 个，北京市实验教学示范中心 1 个，国家级虚拟仿真实验教学中心 1 个，省部级研究机构 2 个。教职工 2198 人，其中，专任教师 637 人，包括教授 105 人、副教授 222 人；博士生导师 67 人、硕士生导师 259 人。毕业生 5613 人，其中，学历教育学生中全日制研究生 347 人（博士生 20 人、硕士生 327 人），本科生 2762 人（包括二学位生 577 人），成人教育本专科生 2504（含校外）人。招生 4897 人，其中，学历教育学生中全日制研究生 685 人（博士生 43 人、硕士生 642 人），本科生 2394 人，成人教育本专科生 1818（含校外）人。高考北京地区提档线文科 577 分，理科 543 分。在校生 16271 人，其中，学历教育学生中全日制研究生 1889 人（博士生 129 人、硕士生 1760 人），本科生 9320 人（包括二学位生 321 人），成人教育本专科生 5062（含校外）人。网址：www.ppsuc.edu.cn。

2018 年，学校扎实推进“世界一流学科”建设，各项工作呈现出持续加强改进、不断向上的良好态势。

政治建设。深入学习贯彻习近平新时代中国特色社会主义思想和全国教育大会、公安部部长赵克志在庆祝学校建校 70 周年大会上的讲话精神等，部署开展“贯彻新要求、当好排头兵、建设双一流”大讨论，明确立德树人、忠诚育警基本遵循。接受公安部第一巡视组驻校开展专项政治巡视，推出 39 项整改举措和 82 项具体任务，深入落实“政治建校”办学方针。严肃政治纪律和政治规矩，制定《严格政治纪律要求全面落实党校标准的若干规定》，组织党员干部教师签订《严守政治纪律承诺书》，开展全校严守政治纪律专题学习培训。制定《教职工警务化管理规定》，定期开展警容风纪督察。

人才培养。接受教育部专家组进驻学校开展本科教学工作审核评估。创新开展实战化教学督导，稳步推进 33 本实战化教材编写，新设《无人机警务驾驶》和《摩托车警务驾驶》通识选修课，开展摩托车警务驾驶及国宾护卫培训，成为全国公安院校第一家也是唯一取得警用无人机教学培训及考试业务资质单位。推进研究生教育改革，首次开设警务硕士经侦班、“一带一路”留学生班，首次招收非定向警务硕士研究生，制定法学、公安学和公安技术 3 个一级学科博士、硕士学位授予标准，促进研究生教育内涵式发展。探索建立本科招生与招警相协调的工作机制，完善推荐免试硕士、非全日制硕士招生机制，有效争取优质生源。

科研工作。加强科研制度建设和管理服务，获批国家级项目 27 个，经费 8805 万元；省部级项目 39 个，经费近 300 万元；签订横向项目 83 个，获经费 1686 万元。稳步推进《中国大百科全书》——《公安学卷》《公安技术卷》编撰工作。获 2018 年度公安部科学技术奖二等奖 1 名、三等奖 2 名。持续推进公安部公安发展战略研究所建设，完成 4 期成果要报选报，获批年度智库部级项目 3 个。申报中央网信办首批“网络空间国际治理研究基地”。协办第五届世界互联网大会“打击网络犯罪和网络恐怖主义国际合作”分论坛，举办“新时代枫桥经验与中国社会治安治理创新”理论研讨会等学术活动。

3 月 26 日至 29 日，公安大学迎接本科教学审核评估
（公安大学 供）

学生工作。关注学生智育发展和实践锻炼，组织开展“蓝帽”“治安”和“模拟法庭”等比赛；派出干部师生 5000 余人，完成增援上合组织青岛峰会、中非合作论坛北京峰会等安保增援任务。在 2018 年首都高校跆拳道精英赛中获得品势比赛男女混双冠军，男子团体总分第二名，男女团体总分第二名，2 人获竞技格斗冠军；在 2018 年第九届（迁安杯）中国大学生空手道锦标赛获得 1 金 5 银 4 铜，24 人在“第十一届全国大学生

创新创业年会”“中国红十字青年国际人道问题辩论赛”“全国第五届大学生艺术展演”等国家级比赛中获得冠军、一等奖等，524人次获得各类省部级比赛奖项。

国际交流。首次利用中国政府国际执法人才奖学金和北京市教委“一带一路”奖学金，面向“一带一路”沿线国家执法单位和警察院校开展警务硕士留学生和本科生联合培养，来自8个国家的15名外国在职警官来校进行3年制警务硕士课程学习。邀请20余个国家警察和司法院校代表团、共计359人次来校学术交流，支持38个批次124名干部教师赴20余个国家和地区学术访问、参加国际会议或研修培训，选派5批次、149名学生赴德、加、韩等国留学（访学），与6个国际司法、警察院校签署合作协议与备忘录。全年举办外警培训班35期，培训学员500余人，培训港澳学员271人。倡导成立“国际警察教育合作论坛”，获选首任轮值主席单位和常设秘书处单位。

党委书记 樊京玉

校　　长 曹诗权

（平李博文）

2017级西藏在职民警专业证书培训班结业

6月14日，公安大学2017级西藏在职民警专业证书培训班结业。2017级西藏在职民警专业证书培训班由警务指挥与战术和侦查两个专业组成，100名学员来自西藏7个地区（市）公安处（局）和58个县级公安机关，其中，藏族60人，汉族35人，白族、回族、门巴族、纳西族、彝族各1人。

（平李博文）

教职工警务化管理

8月29日，公安大学印发《中国人民公安大学教职工警务化管理规定》。文件分为7章35条，依据有关条令、条例和规定，对纪律规范、警容风纪、校园秩序、礼仪规范、检查督查等作出明确规定。规定旨在强化学校教职工人民警察和人民教师的双重身份意识，实现警务化在人才培养、干部培训、教师干部队伍管理方面全覆盖。

（平李博文）

建校70周年

10月12日，公安大学举办庆祝建校70周年大会。国务委员、公安部党委书记、部长赵克志出席大会并讲话。学校相关负责人、教师代表、学生代表和校友代表分别做大会发言。公安部领导和中组部、教育部、科学技术部、财政部、北京市有关领导，全国公安院校和部分高校负责人，学校离退休老同志代表、校友代表及在校师生共5500人参加大会。庆祝大会当天，学校同时举办“忠诚”主题雕塑揭幕仪式、“公大永远跟党走”庆祝公安大学建校70周年文艺晚会。校庆期间，学校举办全国公安教育改革前沿论坛暨公安院校校长论坛、国际警察教育合作论坛，组织庆祝建校70周年献礼影片《八角街》点映式、“读经典 爱公大”70本经典微课发布等系列校庆活动。公安大学起源于1948年创办的华北保卫干部训练班，几经易名合并，1984年改建为全日制普通高等学校即中国人民公安大学，1998年与中国人民警官大学合并组成新的中国人民公安大学。至2018年，先后为全国政法公安战线培养和输送30万名领导干部、业务骨干和专门人才。

（平李博文）

首次实战化教学督导

10月29日至11月9日，公安大学组织开展首次实战化教学督导工作。来自公安实战部门的21名业务专家和实战教官组成教学督导团，通过随堂听课看课、查阅试卷论文、举办师生座谈会、考察教学设施等形式，对学校实战化教学工作做出评价并提出改进建议。开展实战化教学督导工作是全面推进学校“实战化”战略的创新举措，对全面推进实战化教学改革、建立健全具有公安大学特色的实战化教学评价体系具有重要意义。

（平李博文）

国际关系学院

概述

2018年，国际关系学院占地面积15.25万平方米，学校产权校舍建筑面积15.8万平方米。全年教育经费投入24764.76万元，其中，国家拨款20605.37万元、自筹经费4159.39万元。固定资产总值4.96亿元，其中，教学、科研仪器设备资产值0.67亿元。图书馆建筑面积5925平方米，藏书232.54万册，其中，纸质图书49.33万册、电子图书183.21万册。拥有计算机1747台。学校信息化经费投入2474.23万元，多媒体教室座位4218个，信息化设备资产5733.61万元，网络信息点4130个，校园网出口总带宽2800Mbps，电子邮件系统用户4572个，上网课程14门，数字资源量16045GB，管理信息系统数据总量40203GB。设有1个校区，设置7个院（系、部）；开设10个专业，

10月30日至11月1日，国关学院主办“山地农业发展、粮食安全与营养治理”国际研讨会及地区专家磋商会　（国关学院　供）

覆盖5个学科门类；具有一级学科5个，硕士学位授权点15个，专业学位授权点4个；市重点学科1个。教职工351人，其中，专任教师170人，包括教授36人、副教授80人；博士生导师9人、硕士生导师354人；国家有突出贡献中青年专家1人，享受国务院政府特殊津贴专家10人。外籍教师7人，包括教授1人。毕业生907人，其中，硕士研究生316人、普通本科生540人、成人教育本专科生51人（本科生30人、专科生21人）。本科毕业生就业率85.74%。招生836人，其中，硕士研究生319人、普通本科生500人、成人教育本科生17人。高考北京地区提档线文科587分、理科618分。在校生2948人，其中，硕士研究生692人、普通本科生2197人、成人教育本专科生59人（本科生42人、专科生17人）。留学生毕业5人、招生14人、在校生14人。网址：https://www.uir.cn/。

2018年，学校加快发展，努力提升办学质量，推进各项工作。

深化教学改革，提升人才培养质量。组织开展2018版本科培养方案修订，全校10个本科专业基本完成模块化、进阶式的修订任务。推进混合式教学模式改革，新增精品在线开放课程5门，累计建成13门，其中，面向全国高校的优质慕课选课人数达7.74万人。与外研社共同开发混合式教学模式的小语种课程《韩语入门》《阿拉伯语入门》，拓宽小语种教学范围，开创国内高校小语种教学新模式。完成修订2018版研究生培养方案工作，实施研究生学位论文三稿提交审核机制，试点启动警务硕士、法律硕士专业案例教学建设，利用引智项目开展“PBL教学法”与研究生培养模式优化研讨工作坊系列活动。

突出优势和特色，加强国家安全学科建设。全面推进国家安全学一级学科建设。完成《国际关系学院国家安全学一级学科建设实施方案（2018—2025）》，牵头组织相关院校和科研机构成立“国家安全学学科建设与协同创新中心”，完成《国际关系学院国家安全学高精尖学科项目规划》。有序开展博士单位和博士点授权申报建设。以申报政治学一级学科博士一级授权为基础，以国家安全和国际安全为教学研究特色，完成《博士授权单位项目建设规划（2018—2020）》，获批北京市博士授权建设立项单位（2018—2020）。正式获批网络空间安全一级学科硕士授权。完善专业硕士类别调整，设立电子信息专业硕士授权。完成法律硕士和警务硕士2个专业学位自我评估和专项评估工作。

加强智库和学术刊物建设，提升科研影响力。稳步推动智库建设。国际战略与安全研究中心入选中国社会科学院《中国智库综合评价AMI研究报告（2017）》核心智库榜单，入选财政部国际财经中心发起的“美国研究智库联盟”，并担任理事成员单位。出版国际安全蓝皮书——《中国国际安全研究报告（2018）》，举办“藻园讲坛”系列讲座13期。《国际安全研究》首次跻身北京大学和中国社会科学院中文核心期刊行列，实现核刊建设零的突破。首次承办与联合国粮农组织的国际学术研讨会和地区专家磋商会议，成为中国高校与国际组织合作的新探索。与对外经济贸易大学合作编辑出版《国际安全大数据年鉴》。4个项目入选国家社科基金年度项目，1个项目入选北京社科基金年度项目。组织校内教师科研立项86项，学生科研立项320项，经费分别达501万元和88万元。

坚持人才强校，加强干部师资队伍建设。制定《国际关系学院师德行为规范》《国际关系学院师德“一票否决”实施细则》《国际关系学院师德考核办法》，严明师德行为规范，严格考核管理。推进高层次人才引进、专业技术职务评审、思政人员专业职务评定，加强师资专业化队伍建设。按照学校《高层次人才选聘办法》和《高层次人才培育计划》，确定3名高层次人才人选，完成1名急需特殊人才聘用和1名引进人才三级专业技术岗位评审。开展年度专业技术职务评审，4名正高、5名副高和6名中级通过学校的职称评审，其中向北京市送审4名正高和4名副高。探索思想政治工作队伍和党务工作队伍职务职级“双线”晋升办法，初步调研形成《国际关系学院思想政治工作人员专业职务评定规章》。全年完成双高专任教师引进1人，招录应届博士、博士后毕业生从事专任教师工作10人，硕士毕业生从事其他专业技术工作2人，共计13人。全年组织教师参加各类培训15次，培训187人次。组织新入职教师参加初任培训，组织33名教师参加青年教师政德培训。重视学工队伍建设，为每名辅导员制订培训计划，平均参加培训约80学时。创新开展辅导员沙龙活动5次，加强辅导员跨学科跨专业交流。

党委书记 刘慧

院　　长 陶坚

（任婉君）

《国家安全教育》教材出版

8月，国关学院组织编写的《国家安全教育》（大中小学版）系列教材由人民出版社出版。该系列教材由国关学院国家安全学学科建设与协同创新中心和公共管理系共同编写，共6册，主要内容包括总体国家安全观宣传教育，国家安全科普知识。该书是国内首套适合不同学业层次学习使用的《国家安全教育》系列教材。

（任婉君）

北京体育大学

概述

2018年，北京体育大学占地面积75.52万平方米，学校产权校舍建筑面积46.93万平方米。全年教育经费投入89822.32万元，其中，国家拨款48339.87万元、自筹经费41482.45万元。固定资产总值24.87亿元，其中，教学、科研仪器设备资产值3.31亿元。图书馆建筑面积5766平方米，藏书125.5万册。拥有计算机3650台。学校信息化设备资产值12436.25万元，多媒体教室104间，网络信息点20224个，校园网出口总带宽4600Mbps，电子邮件系统用户18921个，上网课程4门，管理信息系统数据总量82GB。设有1个校区，设置26个院（系、部）；开设27个专业，覆盖9个学科门类；具有一级学科1个，一级学科博士点1个，博士学位授权点1个，硕士学位授权点5个，专业学位授权点3个；博士后科研流动站1个，其中，博士后研究人员出站3人、进站11人、在站19人。二级学科国家重点学科5个、二级学科北京市重点学科2个、部级重点学科2个。教职工1058人，其中，专任教师789人，包括教授139人、副教授216人；博士生导师92人、硕士生导师229人。毕业生3856人，其中，学历教育学生中全日制研究生737人（博士生97人、硕士生640人）、普通本科生2198人、成人教育本专科生921人（本科生461人、专科生460人）；本科毕业生就业率94.21%。招生4342人，其中，学历教育学生中全日制研究生903人（博士生121人、硕士生782人）、普通本科生2371人、成人教育本专科生1068人（本科生615人、专科生453人）。高考北京地区提档线文科605分、理科573分。在校生14501人，其中，学历教育学生中全日制研究生2811人（博士生409人、硕士生2402人）、普通本科生9425人、成人教育本专科生2265人（本科生1215人、专科生1050人）。留学生毕业181人、招生216人、在校生360人。网址：www.bsu.edu.cn。

5月16日至17日，北体大举办第50届田径运动会（北体大 供）

2018年，学校紧跟国家教育、体育事业改革发展步伐，以积极回应教育强国、体育强国、健康中国建设与备战服务奥运会、足球改革等国家重大战略需求为切入点，全面深化综合改革，以“三个转型”加快推进世界一流大学建设和高水平竞技体育后备人才培养基地建设。

办学定位。学校全面对接2020东京奥运会、2022北京冬奥会、2022卡塔尔世界杯三大国际赛事参赛办赛需求，将办学目标定位确定为建设世界一流大学和高水平竞技体育后备人才培养基地，努力为国家培养勇担新时代体育事业发展重任的优秀人才。全面推进从以夏季项目为主向冬夏季项目全面发展转型、从传统经验型体育大学向现代科技型体育大学转型、从本土化体育大学向国际化体育大学转型“三个转型”。

科学研究。学校获批国家级、省部级科研项目19个，包括科技部国家重点研发计划项目4个、国家自然基金项目1个、国家社科基金项目4个。以国家战略为导向，面向重点研究领域，加强实验室、基地、智库“三位一体”的科研平台布局，建立“中心—学院—学校”三级科研平台耦合机制。针对性支持现有省部级重点实验室，为其升级为国家级实验室创造基础条件；出台学校重点实验室管理办法，积极培育校级重点实验室。成立学校科技成果转化中心，逐步健全科技成果转化内部管理制度，培育重大创新成果，促进成果转化。北体科技中心入选中关村协同创新服务平台第五批创新驿站，初步形成产、学、研、用相融合的科研链。全年教师申请专利18个，授权专利总数17个。创办《体育运动科学（英文）》。与中国知网合作创建《北京体育大学学报》（英文版）。

竞赛训练。制定训练竞赛工作综合改革方案，成立学校训练竞赛工作委员会，加强学校训练竞赛工作管理。师生在国际级比赛中获得金牌42枚、银牌42枚、铜牌27枚。在18届亚运会上获得金牌13枚、银牌5枚、铜牌8枚；在全国比赛中获得金牌158枚、银牌105枚、铜牌88枚。成功主办“全国大学生健身健美锦标赛暨亚洲青年锦标赛选拔赛”，承办国台办“第一届海峡两岸（北京）体育交流运动会”“2018全国田径室内锦标赛总决赛暨大奖赛”等13项比赛。1人获“国家体育总局2018年度体育运动荣誉奖章教练员”称号，8人获“国家体育总局2018年度体育运动一级奖章教练员”称号。

人才培养。修订2018本科培养方案的指导意见，进一步拓展“体育+”“+体育”特色化、精细化人才培养实验班（方向班）培养体系。新增11个本科专业。制定、修订2018研究生培养方案。体育类专业省级体育统测80分以上新生占专业录取总数的96%。将部分运动训练专业运动技术等级标准提高为一级，一级及以上录取人数占录取总人数的75.7%，比上年提高14.4%。博士研究生招生首次试行申请审核制。逐步建立校内创新创业实训平台、北体创客空间和校外体育产业园“三位一体”大学生创业园孵化体系。北体创客空间投入运行。

师资队伍建设。制定学校教师（教练员）职业道德规范和师德“一票否决制”实施细则。完善人才分类考核评价机制，建立以绩效为考核基础、以业绩为目标导向的奖励体系，建立师资博士后制度，推动和规范客座教授、客座研究员聘任工作，制定学校合同聘用制实施办法，实行按岗位分类管理、同工同酬。人员招聘指标重点向教师岗倾斜，除春、秋季招聘外，通过英国、美国等专场海外招聘，接收军转干部、师资博士后，举办青年学者论坛等多渠道扩大教师队伍规模，进一步提高进人门槛，优化师资队伍结构。

构建国家主导的青训体系。优化运动项目布局，实现夏奥冬奥项目协调发展。陆续调整优化重点运动项目布局，通过以足、篮、排“三大球”项目为引领，以田径等基础项目为重点，以冬季项目为突破口，实现夏奥项目与冬奥项目、基础项目及集体项目协调发展。探索竞技体育“三员四化”人才培养新模式。坚持“世界眼光、国际标准、中国特色、高点定位”，以培养各项目高水平运动员、教练员、裁判员“三员”为重点，坚持高端化、贯通化、国际化和协同化“四化”人才培养模式，完善体育与文化、科技深度融合发展新机制，培养具有国家情怀、社会责任和国际水平的新时代竞技体育人才及各项目技术、管理人才。

全面备战服务参与北京冬奥会。从组织领导、人才培养、冬奥培训等方面，全面备战服务参与北京冬奥会。调整招生计划，重点向奥运备战急需的专业人才倾斜，积极为国家集训队跨界跨项输送人才，依托冬奥培训学院，积极承担北京冬奥会、冬残奥会培训任务，学校 83 名师生历经近 3 个月封闭式训练，高质量完成平昌冬奥会闭幕式“北京 8 分钟”演出任务。开展冬奥科技研究。设立中国奥林匹克高等研究院，开展冬奥会等体育理论和政策研究。入选首批国家体育总局体育产业研究基地。冬奥文化研究中心正式入选中国智库索引（CTTI）来源智库。受北京冬奥组委委托，编辑出版《冬奥参考》共 12 期。启动国家队服务保障模式改革，对国家队保障处进行全面重构和职能转型，组成专项工作组全程参与实施二七厂国家冰雪运动训练科研基地改建项目。

党委书记 曹卫东
校　　长 池建（6 月免）
曹卫东（6 月任）

（董健）

胡文新奖教奖学金设立

5 月 7 日，北体大举办“胡文新奖教奖学金”捐赠仪式。香港合和实业有限公司执行副主席、国际冰联副主席胡文新以个人名义向北体大教育基金会捐赠 1000 万元，设立北京“体育大学胡文新奖教奖学金”。用于奖励北京体育大学在冰雪运动和冰球项目上成绩突出的优秀教师、教练员、教育工作者，奖励在冰雪运动和冰球运动方面表现优秀的学生，奖励科研与教学成果项目，以及有其他突出贡献和业绩的教职员工。

（董健）

第 50 届田径运动会

5 月 16 日至 17 日，北体大举办第 50 届田径运动会。40 支代表队共 839 名运动员参加男女甲、乙、丙、教工校友队共计 8 个组别、95 个项目比赛。北体大田径运动会 1954 年设立，全国各地的北体大校友 400 余人返校参加运动会。

（董健）

篮球雏鹰计划一期训练营开营

8 月 11 日，北体大 2018 国家篮球雏鹰计划一期训练营开营。开营仪式上，到场嘉宾为球员颁发雏鹰勋章，学员在 6 名教练的带领下，开展破冰游戏和篮球训练。训练营为期 4 天，包括骨龄测试、身体测试和集中训练。雏鹰计划 6 月 29 日正式启动，经过自主报名，选材小组从柳州、南宁、无锡等 10 余地开展人才选拔，200 人入选首期雏鹰训练营。“国家篮球雏鹰计划”是由中国篮球运动学院（北京体育大学）和北京首钢篮球俱乐共同打造的篮球新青训体系项目，项目联合美国篮球学院和海外大学等国内外优质资源，旨在培养具备国际视野的优秀职业篮球人才。

（董健）

中央音乐学院

概述

2018 年，中央音乐学院占地面积 6.48 万平方米，产权校舍建筑面积 20.81 万平方米。全年教育经费投入 62202.40 万元，其中，国家拨款 35084.04 万元、自筹经费 27118.36 万元。固定资产总值 113352.73 万元，其中，教学、科研仪器设备资产值 21736.52 万元。图书馆建筑面积约 5871 平方米，藏书 56.6845 万件。拥有计算机 1171 台。学校信息化经费投入 621.37 万元，多媒体教室 38 间，信息化设备资产 6867.12 万元，网络信息点数 4589 个，校园网出口总带宽 2600Mbps，电子邮件系统用户 5398 个，上网课程 81 门，数字资源量 10.5TB，管理信息系统数据总量 290GB。设有 11 个教学部门，1 个音乐学研究所和 1 所附属中等音乐学校。开设 6 大专业 72 个招考方向；具有一级学科 1 个，一级学科博士点 1 个，博士学位授权点 5 个。硕士学位授权点 6 个。博士后科研流动站 1 个，其中，进站 8 人、在站 16 人。教育部人文社会科学重点研究基地 1 个，国家级实验教学示范中心 1 个，国家非物质文化遗产研究与保护中心 1 个，北京市实验教学示范中心 1 个和国家人才培养模式创新实验区 2 个。教职工 668 人，其中，专任教师 396 人，包括教授 109 人、副教授 136 人；博士生导师 65 人、硕士生导师 81 人。有“长江学者奖励计划”讲座教授 1 人。外籍教师 32 人，其中，教授 21 人、副教授 2 人。全日制学历教育毕业生 521 人，其中，研究生 181

10 月 10 日至 11 日，中央音乐学院实景歌剧“一带一路”《图兰朵》首演（中央音乐学院 供）

人（硕士生 165 人、博士生 16 人），本科生 340 人；网络教育本专科毕业生 1088 人，其中，本科生 467 人、专科生 621 人。招生 2874 人，其中，学历教育学生中全日制研究生 285（博士生 41 人、硕士生 244 人），普通本科生 376 人；网络教育本专科生 2213 人（本科生 1551 人、专科生 662 人）。在校生 8237 人，其中，学历教育学生中全日制研究生 790 人（博士生 118 人、硕士生 672 人），普通本科生 1546 人；网络教育本专科生 5901 人（本科生 3746 人、专科生 2155 人）。留学生毕业 10 人，招生 15 人，在校生 24 人。网址：www.ccom.edu.cn

2018 年，学校为助力世界一流大学建设，促进教学工作再上新台阶，迎接教育部全国高校本科教学评估。

学科建设。学校在教育部全国首次专业学位水平评估中获艺术硕士专业学位音乐领域 A+。音乐教育学院、音乐学系两项教学成果获 2017 年北京市高等教育教学成果奖一等奖。10 个项目入选国家艺术基金 2017 年度项目立项名单。学校陆续成立交响乐团、合唱团、民族室内乐团等音乐表演艺术中心，成为国家表演人才和师资力量的储备基地。

社会服务。践行对山西省吕梁老区在文化、艺术、教育等方面的帮扶计划，与山西省吕梁市政府签订“精准扶贫战略合作协议”，派出 20 余人师生团队赴吕梁开展教师培训，中央音乐学院附属中学招收 5 名吕梁老区初一新生。与宁波市政府共同举办第二届“海上丝绸之路国际音乐节”。“高雅艺术进校园”活动为吉林、湖北、广东的 12 所高校送去 12 场交响乐专场音乐会。与延安市政府签署“文化扶持战略合作协议”，对口帮扶延安大学鲁迅艺术学院复排《白毛女》。主办“庆祝‘6 · 21’国际乐器演奏日‘九九’乐扬天下活动”，通过学校官网向全球 37 个国家和地区 350 万人次即时直播各系部音乐演奏、演唱、排练、授课的实况，展示师生的日常教学和表演。学校民族室内乐团入选首届全国优秀民族乐团展演。

学生获奖。圆号学生在“布拉格之春国际音乐比赛”中获得第二名，中提琴学生在“ARD 慕尼黑国际音乐大赛中提琴比赛”中获冠军、最佳观众奖和最佳委约作品演奏奖，声乐系学生在“玛利亚 · 卡拉斯国际歌剧大奖赛”中获三等奖。原创歌剧《拉贝日记》伦敦大剧院揭晓的“2018 国际歌剧大奖”上获原创歌剧入围奖。电子音乐中心的师生在美国“首届丹尼奖国际电子音乐比赛”的 3 个组别共获得 13 个奖项。钢琴系电子管风琴研究生在法国“凡尔赛国际管风琴青年演奏家比赛”中获冠军。钢琴系手风琴两学生在德国特罗辛根举办的“第二届国际手风琴公开赛”上分获成人古典组二等奖。

党委书记　赵旻
院　　长　俞峰

（王小夕）

共建“信息学爱乐乐团”实验室签约

5 月 8 日，中央音乐学院与美国印第安纳大学信息计算与工程学院签署共建“信息学爱乐乐团”实验室合作协议。根据协议，中方建设“信息学爱乐乐团”实验室，引进印第安纳大学“信息爱乐”音乐人工智能伴奏系统，并参与共同开发。此次签约为学院参与、引导音乐人工智能领域的发展呈现新的可能，也是学校产学研用和社会服务方面的重要战略布局。11 月 26 日，学院举办“信息学爱乐乐团”音乐会，学校 12 名不同专业的独奏家与 AI 人工智能“信息学爱乐乐团”联袂演出 12 首不同体裁风格的中外作品，其中，《长城随想曲》是人工智能伴奏系统与中国民族音乐的第一次联合表演。

（王小夕）

实景歌剧《图兰朵》首演

10 月 10 日和 11 日，中央音乐学院出品、国家艺术基金资助的实景歌剧“一带一路”《图兰朵》在清 · 醇亲王府首演。新版歌剧“一带一路”《图兰朵》续写全新尾声版本，由中央音乐学院交响乐团、合唱团倾力打造，特邀中国知名歌唱家演出。歌剧演绎关于“中国公主”的传奇故事，弘扬“爱可以战胜仇恨”的人间大爱。教育部、文化部、宣传部等相关部门领导，京内艺术院校和兄弟高校领导，以及本校师生等观众共 650 余人次观看演出。

（王小夕）

中国音乐学院

概述

2018年，中国音乐学院占地面积4.42万平方米，产权校舍建筑面积3.75万平方米、非产权校舍建筑面积4.80万平方米。全年教育经费投入62336.97万元（含附中），其中，国家拨款38437.80万元、自筹经费23899.17万元。固定资产总值95665.40万元（含附中），其中，教学、科研仪器设备资产值43765.81万元。图书馆建筑面积3351平方米，藏书497.94万册，其中，纸质图书33.39万册、电子图书464.55万册。拥有计算机1428台。学校信息化经费投入1803万元，信息化设备资产4423.44万元，多媒体教室40间，网络信息点5534个，校园网出口总带宽1610Mbps，电子邮件系统用户2438个，数字资源量55500GB，管理信息系统数据总量744.77GB。设有9个系；开设3个专业，覆盖1个学科门类；具有一级学科1个，一级学科博士点1个，博士学位授权点1个，硕士学位授权点1个，专业学位授权点2个；博士后科研流动站1个，其中，博士后研究人员出站1人、进站3人、在站15人。部级重点学科1个，北京市重点学科1个，国家级特色专业建设点3个。教职工408人，其中，专任教师237人，包括教授43人、副教授98人；博士生导师88人、硕士生导师181人。外籍教师15人，其中，教授13人。毕业生600人，其中，研究生148人（博士生16人、硕士生132人）、普通本科生307人、成人教育本专科生145人（本科生124人、专科生21人）。本科毕业生就业率77.52%。招生947人，其中，研究生223人（博士生20人、硕士生203人）、普通本科生365人、成人教育本科生359人。在校生3972人，其中，研究生609人（博士生52人、硕士生557人）、普通本科生1339人、成人教育本专科生2024人（本科生1965人、专科生59人）。留学生毕业11人、招生14人、在校生32人。网址：www.ccmusic.edu.cn。

2018年，学校以建成“中国特色世界一流高等音乐学府”为总目标，以构建“中国音乐教育体系”为使命，以“一流学科”之中国声乐为引领，实现全学科跨越式发展，努力向高水平研究型大学目标迈进。同时加强党对学校工作的全面领导，制定62项制度，不断完善中国特色现代大学管理和运行机制。

人才培养。修订《中国音乐学院2018版本科人才培养方案》，完善课程体系，建立课程标准，课程教学从“以教为中心”向“以学为中心”转变。建设主课课程标准，整体修订教学管理体系。积极推动英语课程改革，搭建英语实践应用平台，探索具有学校特色的“互联网+”大学英语教学模式。新增50个北京市师范生培养名额，为北京市中小学培养音乐专业教师。完善学术委员会决策、研究生院管理与培养单位执行、学位委员会监督三者分离互动的研究生管理体制。制定《中国音乐学院本科招生“系主任负责制”试点工作方案》，在作曲系、指挥系2018年本科招生中试点执行。

科研成果。完成国家级项目立项4个，省部级、市级项目立项7个，校级项目39个，总经费310万元。成立“中国音乐学院中国乐派高精尖创新中心北京大学百周年纪念讲堂实践基地”，展示“中国乐派”建设成果与成绩，携手推进全民美育事业发展。召开中国乐派理论研究与课程建设学术研讨会。在国家大剧院举办“中国音乐学院专场音乐会”“中国音乐学院新年音乐会”，在人民大会堂举办“为人民歌唱——中国乐派声乐大师郭兰英艺术成就音乐会”。

队伍建设。进一步完善《中国音乐学院2017—2020人才队伍建设规划》《高水平人才队伍建设支持计划》等人才工作制度。修订《中国音乐学院专业技术职务聘任条件的规定》，完善教师分类评价机制。公开招聘26人，公开引进6人，特聘教授4人。开展青年教师教学能力展示与评比活动，参与教师70余人。完善人才分类评价机制，贯彻以品德和业绩为导向的评聘原则。

10月26日，中国音乐学院举办民族管弦乐原创作品音乐会
（中国音乐学院 供）

交流合作。派出17个团组、57人次赴美国、意大利等9个国家和地区开展合作交流。举办第一届国际作曲技术理论专题交流季。举办2018全球音乐教育联盟校长交流季，召开联盟第一次理事会，成立“中意音乐文化交流中心”，将意大利20所音乐学院纳入全球音乐教育联盟。成立全球音乐教育联盟中国音乐学院学生联合培养中心。全年聘请外籍专家99人次，“中国音乐学

院国际讲坛”聘请国际顶级专家学者 84 人次参加活动。

服务社会。全国参加学校考级 173 万人，比上年增长 71.28%。培训 9433 人次，比上年增长 480.8%；认证 9593 人次，比上年增长 730%。全面推动美育“高参小”工作，促进学生身心健康成长，提高学生审美和人文素养。开发《排箫》《中华小四弦》等教材。

党委书记 张雅君
院　　长 王黎光

（江瑾尧）

中国声乐教学体系建设研讨大会

12 月 8 日，中国音乐学院召开中国声乐教学体系建设研讨大会。会议围绕“什么是中国声乐”“要不要建设中国声乐”“怎样建设中国声乐”3 个议题，为中国声乐的发展寻找更好的路径。会议是学校建设中国声乐一流学科的重要组成部分和重要举措。学校声歌系、音乐师范教育中心、附中全体在职声乐教师以及部分返聘声乐教师近 80 人参加会议。

（江瑾尧）

中央美术学院

概述

2018 年，中央美术学院占地面积 29.64 万平方米，产权校舍建筑面积 29.24 万平方米。全年教育经费投入 73481.07 万元，其中，国家拨款 42367.54 万元、自筹经费 31113.53 万元。固定资产总值 14.42 亿元，其中，教学、科研仪器设备资产值 2.18 亿元。图书馆建筑面积 1.03 万平方米，藏书 53.94 万册，电子图书 336.43 万册。拥有计算机 3892 台。年度信息化经费投入 369.36 万元，多媒体教室 31 间，信息化设备资产 5979.19 万元，网络信息点 9500 个，校园网出口总带宽 1200Mbps，电子邮件系统用户 15000 个，管理信息系统数据总量 3640501GB。设有 3 个校区，设置 13 个院（系）；开设 21 个专业，覆盖 9 个学科门类；具有一级学科 6 个，一级学科博士点 3 个，博士学位授权点 3 个，硕士学位授权点 6 个（一二级）；博士后科研流动站 3 个，其中，博士后研究人员出站 4 人、进站 4 人、在站 17 人。一级学科国家重点学科 1 个、北京市重点学科 2 个、部级重点学科 2 个。教职工 635 人，其中，专任教师 381 人，包括教授 107 人、副教授 161 人；博士生导师 14 人、硕士生导师 185 人，“长江学者奖励计划”特聘教授 1 人。引进海内外高层次人才 26 人，聘请荣誉教授、客座教授共 46 人。毕业生 1286 人，其中，学历教育学生中全日制研究生 324 人（博士生 40 人、硕士生 284 人）、普通本科生 785 人、成人教育本科生 82 人；非计划招生高等教育学生中在职人员攻读硕士学位 95。本科毕业生就业率 99.24%。招生 1263 人，其中，学历教育学生中全日制研究生 434 人（博士生 60 人、硕士生 374 人）、普通本科生 829 人。在校生 4671 人，其中，学历教育学生中全日制研究生 1227 人（博士生 194 人、硕士生 1033 人）、普通本科生 3422；非计划招生高等教育学生中在职人员攻读硕士学位 22 人。留学生毕业 63 人、招生 79 人、在校生 198 人。网址：www.cafa.edu.cn。

2018 年，是学校办学历史和发展历程的重要里程碑的一年，在习近平给学校 8 名老教授回信的鼓舞和激励下，学校组织实施校庆年各项活动取得圆满成功，推动“双一流”建设取得积极成果。

师资建设。加强师德要求，建立中央美术学院教师行为规范；积极引进人才，不断完善专业技术职务评审规则，建立职称评价标准，完善职称系列，推动高层次人才队伍建设，全年聘请 46 名荣誉教授、客座教授，引进一批高层次人才，着手搭建人事数据数字化平台，实行绩效工资改革。

学科建设和人才培养。强化教学中心，深化教学改革，提升教学质量。加大本学科专业的教学改革力度，形成新的教材体系建设规划，整合教学资源，在本科教学审核评估中，本科教学总体获得好评。研究生院统筹美术学、设计学、艺术学理论三大学科招生工作，加强对学位教育教学质量的监管，完成风景园林学、城乡规划学、艺术学理论学位授予点合格评估；加强对博士生导师科研能力、课题质量与教学水平的要求，改革博士生导师聘任制度；进一步优化研究生学籍学位管理，加强硕博士论文抽检力度；举办博士研究生系列教学观摩展，组织 10 次双个展，“博导大讲坛”效果显著，全校研究生教学水平明显提高。实施文化和旅游部主导的“国家主题性美术创作研究班”教学，31 名学员的草图创作入选签约。

思想政治教育及学生工作。印发《进一步推进“五位一体”思想政治理论课教学改革实施方案》规范教学过程；学校主要领导及分管领导为学生授课，创立“新生第一堂思政课”品牌课，“五位一体”思政课教学方法入选教育部高校思想政治理论课教学方法改革项目择优推广计划，探索与地方共建中央美院思政课实践教学基地，组织开展实践教学；举办“笔墨与时代”首届思政课优秀作品展；编辑完成《中央美术学院习近平关于文艺重要论述研讨会论文集》。印发《中央美术学院全员全过程全方位育人长效机制》。学生主体创作实践丰富展开，“直面名师”“校园活动季”等品牌校园活动发挥效果；持续实施“青竹计划”，选派优秀学生骨干到重要机构单位锻炼实习；持续推进“艺术就业力”工程，学生创业就业平台得以扩展，不断完善具有特色的学生就业创业模式。

学术成果及社会服务。举办“悲鸿生命——徐悲鸿艺术大展”“百年辉煌系列名家名师展”等 22 个大型展览。先后完成“改革先锋奖章、中国改革友谊奖章”设计，庆祝宁夏回族自治区成立 60 周年中央代表团贺匾和纪念礼品设计，同时高效推进国家荣誉勋章设计等。以《中央美术学院美术馆馆藏作品大系》、美术史学科建立 60 周年教师论文集、“灰色的调色板”为代表的多种画册和文集出版。举办各种学术讲座数百场，美术馆举办特色工坊 75 场。举办“EAST——科技艺术教育国际大会”“王逊美术史论坛”“东亚艺术发展论坛”等学术研讨会，成功举办国际美术教育大会。

百年校庆系列活动。4月1日，举办百年校庆活动，新建校史馆开馆，“悲鸿生命——徐悲鸿艺术大展”开幕式、《八十七神仙卷》真迹展开展，发行中央美院建校100周年金银纪念币、纪念邮票等。

党委书记 高洪
院　　长 范迪安

（牟亚利）

国际美术教育大会

11月2日至3日，中央美院主办国际美术教育大会。会议以“新时代的美术教育”为主题，聚焦全球美术教育领域里前沿问题，回顾、总结、交流中外美术教育所取得的创新成果，探讨世界发展变化格局中美术教育的使命任务，建构全球美术教育的合作平台。会议包括开幕会、主题演讲以及校长论坛、设计论坛、建筑论坛、艺术史论坛、艺术管理论坛、美术馆论坛6个分论坛。来自俄罗斯列宾美术学院，美国哈佛大学设计研究院、芝加哥艺术学院等国际知名院校负责人及学者作主题演讲。来自30余个国家和地区114所美术院校、艺术机构的校长、负责人及知名专家等近300人参加会议。该活动是学校百年校庆的重要学术活动，是高等美术教育国际顶级学术盛会。大会期间，学校举办“美术馆之夜”活动，同时还举办“中央美术学院与丝绸之路艺术文献展”“与世纪同行—中央美术学院百年设计教育文献展”等展览，与列宾美术学院、哈佛大学、英国皇家艺术学院等国外美术院校签署合作协议，并聘请一批国际专家学者担任中央美术学院荣誉教授、客座教授和高精尖中心首席专家。

（牟亚利）

“五位一体”思政课教学模式

至年底，中央美院实践“五位一体”思政课教学模式。该模式是具有中央美学特色的全新思政课教学改革方案，通过“课堂串讲+名师讲座+经典阅读+课堂讨论+实践教学”的“五位一体”模式实现思想引领、思考引领、状态引领、实践引领“四个引领”的目的。该模式经过两年多的实践，使学校思想政治理论课到课率、抬头率和满意率大幅提升。7月24日，“中央美术学院‘五位一体’思想政治理论课教学方法改革项目”入选2018年度高校示范马克思主义学院和优秀教学科研团队建设项目。

（牟亚利）

中央戏剧学院

概述

2018年，中央戏剧学院占地面积25.76万平方米，产权校舍建筑面积18.55万平方米。全年教育经费投入42205.06万元，其中，国家拨款31100.39万元、自筹经费11104.67万元。固定资产总值90399.59万元，其中，教学、科研仪器设备资产值22654.48万元。图书馆建筑面积10546.60平方米，藏有纸质图书56.52万册、电子图书424.6万册。拥有计算机1026台。学校信息化经费投入592万元，信息化设备资产3339.7万元，多媒体教室58间，网络信息点5833个，校园网出口总带宽1534Mbps，电子邮件系统用户3278个。设置12个系，2个教学部；开设6个本科专业，覆盖1个学科门类；具有一级学科2个，一级学科博士点2个，博士学位授权点2个，硕士学位授权点2个，专业学位授权点1个；博士后科研流动站2个，其中，博士后研究人员在站5人。一级学科国家重点学科1个。教职工392人，其中，专任教师250人，包括教授65人、副教授81人；博士生导师54人、硕士生导师82人。外籍教师8人。毕业生564人，其中，学历教育学生中全日制研究生90人（博士生25人、硕士生65人）、普通本科生471人，非计划招生高等教育学生中在职人员攻读硕士学位3人。招生761人，其中，学历教育学生中全日制研究生156人（博士生32人、硕士生124人）、普通本科生605人。在校生2851人，其中，学历教育学生中全日制研究生373人（博士生84人、硕士生289人）、普通本科生2472人，非计划招生高等教育学生中在职人员攻读硕士学位6人。留学生毕业11人、招生11人、在校生32人。网址：www.chntheatre.edu.cn。

2018年，学校在党建、教学、科研、管理等方面工作顺利开展，取得突出成绩。

学科建设。制定“一流学科”建设行动方案，狠抓推进落实。完成本科教学工作审核评估。高质量完成2018年度本科招生录取工作，确保公平公正。组织承办“2018—2022年教育部高等学校戏剧与影视学类专业教学指导委员会成立仪式暨第一次工作会议”，规划戏剧影视学科基本布局，促进本科教学质量提升。增设艺术管理专业剧院管理方向，与北京保利剧院管理有限公司合作培养专业人才。完成国家精品网络课程——“戏剧概论”的建设工作。

人才培养。推进本科国际化戏剧艺术人才联合培养工作，完善双学位人才培养模式；进一步拓宽学生国际交流平台，与伦敦艺术大学就舞台美术专业“3+2”校际交流项目开展合作。响应“一带一路”倡议，实施话剧影视表演“丝绸之路”人才培养项目，学历层次实现全覆盖。

科研工作。健全科研工作体制，成立戏剧艺术研究所，探索制订驻所专家制度。建成科研信息化系统平台，为科研工作提供保障。组织开展6类院内科研项目的申报工作，完成32个项目立项和36个项目结项工作。积极参与全国和北京市十余类国家和省部级科研项目。

交流合作。赴韩国参加第三届世界戏剧教育大会暨第五届亚洲戏剧院校大学生戏剧节，成功申办第十一届亚洲戏剧教育研究国际论坛，赴云南艺术学院出席第六届中国高等戏剧教育联盟交流活动，举办世界戏剧教育联盟第三届校长大会，牵头成立“一带一路”国家电影教育国际联盟，与海口市政府联合举办系列学术活动。

服务保障。梳理和完善已有规章制度，推进依法治校，推进昌平校区基本建设，完成体育场工程建设。影视教学楼通过规划和竣工验收。强化审计监督职能，严格执行政府采购制度和招投标程序。数字化校园建设水平不断提高，网络安全得到有力保障。

12 月，戏剧学院戏剧教育系演出 2015 级毕业剧目《仲夏夜之梦》
（戏剧学院　供）

演出任务。完成各项演出任务 121 项，包括表演系 2015 级话剧影视表演本科班毕业演出剧目《即兴》、导演系 2013 级本科班毕业演出剧目《坠落之前》、音乐剧系 2013 级本科班毕业演出剧目《为你疯狂》等教学实践类演出 65 项；“高参小”项目《戏润童心、快乐成长》、北京国际音乐节声乐大师班演出剧目《女武神》、全国中小学戏剧教育研讨会剧目展演等非教学类演出 46 项；“高雅艺术进校园”演出剧目《家》、纪念鲁迅艺术学院成立八十周年纪念活动演出剧目《兄妹开荒》、北京艺术院校教学成果展示演出剧目《俄克拉荷马》等巡演 10 项。

党委书记　徐翔
院　　长　徐翔（11 月免）
　　　　　　郝戎（11 月任）

（王兴民）

第二届全国中小学戏剧教育研讨会

10 月 26 日至 28 日，第二届全国中小学戏剧教育研讨会在戏剧学院召开。与会专家、学者与中小学戏剧教育一线的教师一道，剖析中小学戏剧教育的现状、发展趋势，探索艺术院校、社会教育机构与中小学戏剧教育联动新模式。研讨会还邀请英国皇家中央演讲与戏剧学院副院长、国际木偶联合会专业教学委员会主席举办专题工作坊。全国中小学优秀戏剧作品展演活动也同期举行，来自全国各地的中小学生表演《寻找桃花源》《窝头会馆》等 14 个剧目。会议由中国中小学戏剧教育研究中心主办，戏剧学院、北京大学、台湾艺术大学等高等院校，中国传媒大学附属中学、北京市回民实验小学、小马儿童剧团等中小学，以及艺术院团共计 110 家单位代表参加会议。

（王兴民）

中国戏曲学院

概述

2018 年，中国戏曲学院占地面积 86246 平方米，学校产权建筑面积 95000 平方米。全年教育经费投入 26864.32 万元，其中，国家拨款 22002.08 万元、自筹经费 4862.24 万元。固定资产总值 79415.83 万元。图书馆总建筑面积 4797.79 平方米，藏有纸质图书 29.61 万册。拥有计算机 2384 台。年度信息化经费投入 221.85 万元，信息化设备资产 2781.15 万元，网络信息点 6378 个，校园网出口总带宽 2148Mbps，电子邮件系统用户 3367 个，上网课程 6 门，数字资源量 450TB，管理信息系统数据总量 39GB。学院设有 12 个教学单位，开设 14 个本科专业和 27 个专业方向，覆盖 2 个学科门类；具有“戏剧与影视学”“音乐与舞蹈学”和“艺术学理论”3 个一级学科硕士点。北京市重点学科 1 个，并入选北京市文化艺术人才培养基地建设项目。京剧表演专业为国家和北京市特色专业。教职工 431 人，其中，专任教师 280 人，包括教授 52 人、副教授 96 人；硕士生导师 81 人。毕业生 722 人，其中，学历教育学生中全日制研究生 95 人，普通本科生 517 人，成人教育本专科生 110 人（本科生 66 人、专科生 44 人）。招生 732 人，其中，学历教育学生中全日制研究生 109 人，普通本专科生 524 人、成人教育本专科生 99 人（本科生 43 人、专科生 56 人）。在校生 2551 人，其中，学历教育学生中全日制研究生 301 人，普通本科生 2059 人，成人教育本专科生 191 人（本科生 108 人、专科生 83 人）。留学生毕（结）业 93 人，招生 90 人，在校 93 人。网址：www.nacta.edu.cn。

2018 年，学院以提高戏曲人才培养质量为中心，推进“三个中心”建设，强化学院在全国戏曲教育领域的示范和引领作用。

学科建设及人才培养。组织进行博士、硕士点申报工作，硕士学位授权点评审工作顺利完成。推动教学系部开展有特色、有内涵的专业建设，不断提高、丰富核心专业的教学质量和专业内涵。指导和支持京剧表演专业一流专业建设工作，为新媒体艺术系与中央美院相关专业合作共建搭建平台，开始招收文化产业管理新专业学生；推动实施《中国戏曲学院本科实践教学指导手册》；执行《中国戏曲学院本科教学事故认定与处理暂行办法》；全年党委常委听课62节，对各类专业课程授课、通识类课程和考试环节分别进行督导，坚决实行“推门听课”；完成2017—2018学年本科教学质量报告的编制。“2018青春国戏中国戏曲学院京剧系一流专业建设汇报演出”，学院京剧系教学成果展演剧目《白蛇传》《伍子胥》在上海表演，同时亦推荐两出剧目的参演学生参评第29届白玉兰戏剧表演奖·新人主角奖和新人配角奖，践行培养“科里红”人才的目标。《发挥行业特色大学优势，培育京剧武戏尖端人才》获国家级教学成果奖二等奖，同时获得市高等教育教学成果奖一等奖1项、二等奖3项。独舞《思凡春怀》在市舞蹈大赛中获表演一等奖、创作一等奖；群舞《新贵妃醉酒》获表演二等奖、创作一等奖；在“第二届中国京胡演奏展演”中6人获金奖、3人获银奖、1人获铜奖。新媒体艺术系学生获得第15届“北京礼物”旅游商品大赛“金奖”“银奖”和“优秀组织奖”。

科研教研工作。14个项目获得立项，包括国家级重大项目1个，省部级3个，其中，“戏曲人才培养体系研究”获批国家社科基金艺术学重大项目；承担中宣部和国家艺术基金管理中心委托课题2项。加强学科宏观统筹，资源共享搭平台，指导共建促发展，不断提高学科建设水平。与中央民族大学建设马克思主义学院共建共享机制，着力推动思想政治理论学科建设和教学科研工作；积极推进与北京电影学院博士研究生的联合培养工作；推进与北京师范大学“戏剧与影视学”学科共建。启动国家社科基金艺术学重大项目“戏曲人才培养体系研究”。开展“纪念田汉先生诞辰120周年”“戏曲高等教育四十年暨纪念史若虚校长诞辰100周年”“纪念萧长华先生诞辰140周年”学术研讨会活动，总结继承先辈的教育思想和办学理念。

开放办学。与英国奥斯特大学、日本樱美林大学以及中国香港演艺学院签署合作协议3份。孔子学院全年开设大学课程15门次共25个教学班682课时，注册学员450人，举办教育、文艺、文化各类活动56次，使用自编教材4部。派出暑期学生日本歌舞伎研修团18人赴日本樱美林大学孔子学院研修学习。

改进人才工作。加强“高水平教师队伍建设”等项目申报和管理，完成2019年度高水平教师队伍建设申报评审推荐工作；2人获“北京市师德先锋”称号；1人获市高等学校青年教学名师奖；1人获市三八红旗奖章；大型原创北京曲剧音乐剧《翦氏夫人》获2018年度国家艺术基金资助项目、北京市文化艺术基金支持和北京市精品工程重点项目；3名老艺术家入选2018年度“名家传戏”工程。完成人才强教项目的结题验收工作；启动非遗传承人记录工作；完成第二批精准师资队伍建设15个项目的管理实施，启动第三批精准师资队伍建设项目10个；做好高层次人才引进工作，引进京剧系2名专业紧缺人才。修订《中国戏曲学院核心期刊认定办法》，细化工作流程，完成年度余岗聘任工作。

党委书记 龚裕

院　　长 巴图

（孙玉坤）

首家海外教学实践基地成立

5月31日，戏曲学院和新加坡传统艺术中心合作建立教学实践基地的签约授牌仪式在新加坡中国文化中心举行。根据协议，戏曲学院定期派戏曲教师赴新加坡，为当地戏曲表演与爱好者上课，提升戏曲表演艺术水平。基地定期举办戏曲活动、推广戏曲文化、探索传播戏曲的新模式。该基地是学院在海外建立的第一个教学实践基地。

（孙玉坤）

昆曲班开班

9月25日，戏曲学院表演系2018级昆曲班开班。此举旨在有规模地培养新时代“百戏之祖”昆曲传承群体，探索新时代昆曲教育模式，在国粹昆曲人才培养领域不缺位，并在学校构建昆曲专业的完整教育体系。该班是建校以来规模最大的昆曲班，招生46人，学制四年。学校同时完善学院昆曲学科和专业体系，加强昆曲剧目教学体系、基功训练体系、实践和演出体系、资料文献和剧种研究体系建设。

（孙玉坤）

北京电影学院

概述

2018年，北京电影学院占地面积91558.18平方米，学校产权建筑面积113339.85平方米。全年教育经费投入约4.60亿元，其中，国家拨款约3.30亿元、自筹经费约1.3亿元。固定资产总值95259.02万元，其中，教学、科研仪器设备资产值56308.76万元。图书馆建筑面积1029.60平方米，藏书183.69万册，其中，纸质图书45.37万册、电子图书138.32万册。拥有计算机2926台。学校信息化经费投入300万余元，多媒体教室38间，信息化设备资产2238.71万元，网络信息点2398个，电子邮件系统用户4241个，管理信息系统数据总量967GB。学校设置19个院（系、部）；开设本科专业22个，专科专业12个，覆盖3个学科门类；具有一级学科3个；一级学科博士点3个，博士学位授权点3个，硕士学位授权点3个；博士后科研流动站1个。教职工544人，其中，专任教师283人，包括正高级57人、副高级123人；博士生导师25人、硕士生导师162人。外籍教师2人。毕业生1048人，其中，普通本专科生493人（本科生463人、专科生30人），成人教育本专科生240人（本科生174人、专科生66人），学历教育学生中全日制研究生187人（博士生23人、硕士生164人），非计划招生高等教育学生中在职人员攻读博士硕士学位128人，进修及培训1150人。本科毕业生就业率92.52%。招生1226人，其中，学历教育学生中普通本专科生584人（本科生543人、专科生41人）、成人教育本专科生 334 人（本科生 238 人、专科生 96 人），全日制研究生 308 人（博士生 30 人、硕士生 278 人）。在校生 3874 人，其中，普通本专科生 2174 人（本科生 2083 人、专科生 91 人），成人教育本专科生 817 人（本科生 608 人、专科生 209 人），学历教育学生中全日制研究生 883 人（博士生 106 人、硕士生 777 人）。留学生毕业 86 人，招生 96 人，在校生 178 人。网址：www.bfa.edu.cn。

11 月 2 日至 11 月 3 日，电影学院献礼改革开放 40 周年话剧《向阳理发馆》在国家大剧院完成首演　（电影学院　供）

2018 年，学校稳中求进谋求新发展，全力推进学校怀柔新校区建设，建设完成一期工程。同时按照“五大”统筹（育大师、著大作、拍大片、盖大楼、养大气）、“三结合”（艺术与科技相结合，国际资源与本土资源相结合，三电影专业教育与普及教育、终身教育相结合）的发展思路和“5+1”发展战略（学科专业拓展与质量提升战略、人才强校与机制创新战略、科研提升与产学研创一体化战略、校园拓展战略、加强外联和国际化战略、党建思政和大学文化建设工作战略），深入实施《决胜 2020：世界一流电影学院建设 2018—2020 三年行动方案》，各项工作取得长足发展。

贯彻落实习近平新时代中国特色社会主义思想。学校成立“习近平新时代中国特色社会主义思想研究中心北京电影学院基地”，开展具有国际影响力的学术研讨会，推动习近平新时代文艺思想与大学生艺术观教育相结合。制订《北京电影学院〈关于统筹推进北京高等教育改革发展的若干意见〉实施方案》，凝练学校“高水平特色大学”的办学类别，总结出坚持以立德树人为根本任务，坚持“向人民学习，为人民服务、做人民艺术家”的艺术观教育；培养知识结构合理、专业能力扎实、富有艺术创新精神，具备较深厚的人文素养、艺术素养、科学素养和职业素养，符合社会主义文化事业发展需要的，具有国际视野、创新精神的复合型卓越艺术人才。独具中国特色的电影人才培养模式。“青春北影”学习小组被评选为“百校千组学讲行”主题教育活动示范学习小组。

学科建设。召开学科建设专题大会，构建“学校统筹—研究生院 / 学科建设教授责任小组 / 院（系）等相关单位联动—导师负责的多层次多主体、有机联动、责任明确”的工作机制，促进学科建设发展和电影人才培养。与北京大学等形成艺术学理论学科共建。瞄准北京市建设一百个一流专业的目标，重点建设优势专业，积极打造国际或国内一流的电影强势专业、电影行业一流的急需专业、新兴交叉复合的国内电影品牌专业。支持推动一流课程和一流教材建设，开设“中国艺术传统与中国电影”课程。

师资建设。组织召开人才工作大会，进一步理顺人才发展机制，完善人才工作发展思路，形成教师分类分级管理、师资队伍梯队建设的共识，支持推动领军人才培养、创新团队支持、青年骨干教师培养、青年教师国际化培养等 4 个计划的制订和实施。

科研工作。促进科技和艺术相融合，支持科研提升与产学研一体化发展。成为中国电影电视技术学会指定的声音作品评审中心，负责中国电影电视技术学会“声音制作优秀作品奖”及“声音学院奖”的专业评审组织和技术保障工作。以国家电影智库和中国电影学派理论研究部为平台，召集系列国际学术活动，为政府决策和行业发展建言献策，推动中国电影学派的发展。支持青年电影制片厂改革创新，夯实“新学院派”基础，新学院派大片屡获殊荣。本科毕业联合作业共 26 部，其中，故事短片 20 部、动画片 6 部；入围各大电影节 15 次，获奖 34 次。

国际交流。主办北京国际电影节、上合组织国家电影节、丝绸之路国际电影节、海南岛国际电影节等国家的重大国际电影交流活动，取得良好的社会效果。连续举办 17 届国际学生影视作品展，促进国际大学生间的文化交流；连续筹办 5 届亚洲大学生电影节。

党委书记　侯光明

（徐晴　程麒台）

迎接中国电影学派建设新时代学术研讨会

4 月 10 日，电影学院举办“纪念改革开放 40 年，迎接中国电影学派建设新时代”学术研讨会。会议探讨改革开放 40 周年中国电影艺术和产业发展，总结改革开放给予中国电影的精神促发作用，分析中国电影在改革开放历史进程中的演进规律。研讨会设两个分论坛，与会人员开展发言和点评讨论，对改革开放 40 周年以来中国电影的发展从宏观到微观、从理论到实践、从电影类型到电影美学等方面详细论述，对电影的发展提出展望。会议倡导电影同仁在建立中国电影学派的使命中，珍惜40周年中国电影新经验，延伸回望中国电影的既有传统，开拓面向新时代中国电影壮阔景观，为中国电影的全面跃进而共同努力。会议是全国第一个关于纪念改革开放40周年中国电影发展的研讨会。来自全国各地电影专家50余人参加论坛。

（徐晴　程麒台　毕晟）

《中国电影史料影印本丛书》发布

6月10日，电影学院举办《中国电影史料影印本丛书》发布暨座谈会。会上发布《中国电影史料影印本丛书》第一辑，“丛书”主编分别从选题策划、项目运作和资料搜集等方面介绍丛书的出版缘起和历程；东方出版社编辑从图书市场和读者接受的角度分享出版的经验。与会专家从电影史学研究的专业层面给予高度评价并提出出版意见和建议。《中国电影史料影印本丛书》第一辑共6本，分别是《新剧史》《影戏学》《电影讲义》《影戏剧本作法》《中国影戏大观》《影戏年鉴》，由钟大丰主编，历时3年，把中国早期电影的珍贵史料以影印珍藏的形式展现，涵盖中国早期影剧从业者对电影本体的认知思考、电影创作的理论阐释，以及对早期中国电影业态的细节描述，是研究中国无声片时期电影思想与创作的重要文献。

（徐晴　程麒台）

北京舞蹈学院

概述

2018年，北京舞蹈学院占地面积5.73万平方米，学校产权建筑面积12.75万平方米，非产权建筑面积4.10万平方米。全年教育经费投入61211.21万元，其中，国家拨款37615.29万元，自筹经费23595.92万元。固定资产总值46943.95万元，其中，教学、科研仪器设备资产值20308.71万元。图书馆建筑面积3855平方米，藏书51.67万册，其中，纸质图书26.67万册、电子图书25万册。拥有计算机1210台。年度信息化经费投入518.69万元，多媒体教室21间，信息化设备资产值6588.69万元，网络信息点5000个，电子邮件系统用户750个，管理信息系统数据总量5000GB。学院共设立13个院（系），1个教学部；开设本科专业5个，覆盖3个学科门类;具有一级学科1个，国家级特色专业3个、国家级校外人才培养基地1个、北京市市级实验教学示范中心3个。学校教职工总数470人，其中，专任教师249人，包括教授50人、副教授81人。毕业生544人，其中，学历教育学生中全日制硕士研究生68人，普通本科生327人，成人教育本专科生119人（本科生117人、专科生2人）。招生668人，其中，学历教育学生中全日制研究生64人（硕士58人、博士6人），普通本科生381人，成人教育本专科生227人（本科生223人、专科生4人）。在校生2518人，其中，学历教育学生中全日制硕士研究生183人，普通本科生1366人，成人教育本专科生949人（本科生931人、专科生18人）。外国留学生毕业3人、招生5人、在校生20人。网址：www.bda.edu.cn。

2018年，学校坚持以立德树人为根本，深化教育教学综合改革，推进落实学校“十三五”规划和“双一流”建设。

深化教育教学改革。本科教学审核评估准备工作进展顺利，本科教育教学质量不断提高，学科建设扎实推进，研究生教育改革不断深化，附中人才培养质量稳步提升。中国民族民间舞系教学成果获北京市高等教育教学成果奖一等奖、国家级教学成果奖二等奖；创意学院教学成果获北京市高等教育教学成果奖二等奖；学校“舞蹈编导”专业入选北京市第一批市属高校一流专业，进行重点建设；1人入选北京市高等学校教学名师。完成“音乐与舞蹈学”硕士一级学位授权点合格评估、艺术硕士（舞蹈领域）专业型学位授权点专项评估、艺术学理论一级硕士学位点申报工作。学校成为市教委2020年新增博士点培养建设高校，与中央音乐学院合作开展“音乐与舞蹈学”学科共建工作，与首都师范大学联合培养“音乐与舞蹈学”博士研究生。修订研究生培养方案，加强课程体系建设，规范研究生培养过程管理，加强教学督导力度，严格把控论文质量，规范学位授予环节。附中注重学生综合素质培养，促进学生全面发展。创新人才培养模式，拓宽人才培养渠道，提升德育工作管理水平，人才培养质量稳步提升。

至年底，舞蹈学院完成122场演出

（舞蹈学院　供）

推进师资队伍建设。艺术创作与教学实践成果显著，学术科研创新能力不断提升。落实“人才强教”计划，5人入选市级青年拔尖人才项目、2 人入选“长城学者资助计划”、2 支团队入选高水平教师创新团队，聘请校外特聘教授 7 人。继续实施“学术休假”制度，6 名教师享受学术休假。制定《北京舞蹈学院返聘教师“传帮带”工程实施办法》，通过举办“教与学”工作坊系列课程、设立教师发展基金项目、组织教师赴京外兄弟院校开展教学交流活动。成立党委教师工作部，开展做新时代“四有”好老师和“四个引路人”学习实践活动。加强师德师风建设，制定《北京舞蹈学院教师职业道德规范（试行）》，举办第二届师德论坛，实行师德一票否决制。召开全校德育工作会、组织师生积极参与“首都百万师生同上一堂课”活动。

学校科研成果质量和水平稳步提升。获得省部级以上科研项目立项 13 个，立项校级“一流学科科研计划项目”11 个。开展传统舞蹈文化资源的挖掘，成立中国敦煌舞蹈文化研究中心和中国舞蹈创研基地。加强科研平台建设，成立中国街舞文化研究中心等多个非实体研究中心，成功举办首届“中国舞蹈创作讲坛”，完成北京市哲学社会科学研究基地一期（2015—2017）建设工作。承担国家级、省部级项目和课题 40 余项，在 CSSCI 期刊上发表学术论文 155 篇，出版专著 34 部，获得国家级、省部级奖励的学术成果 4 项，《北京舞蹈学院学报》被中国社会科学评价研究院评定为“2018 年度中国人文社会科学期刊 AMI 综合评价”A 刊核心期刊。

社会服务工作。承担国家重要任务，国际交流与合作成果显著，完成 122 场演出。举办第七届北京国际舞蹈院校芭蕾舞邀请赛暨舞蹈展演。与国家花样滑冰协会签署“战略合作协议”，在附中设立花样滑冰实验班。原创红色舞剧《井冈·井冈》被教育部列入首批“高校原创文化精品推广行动计划”、入选 2018 年度北京市文化精品工程重点项目。举办“桃李芬芳”全国青少年、儿童舞蹈展演。“高参小”“高参高”项目将舞蹈艺术作为美育内容向北京市中小学校推广，稳步推进中小学舞蹈素质教育课程体系的开发和舞蹈教师的培训工作。

党委书记 王旭东
院　　长 郭磊

（段晓萌）

国际舞蹈院校芭蕾舞邀请赛

10 月 19 日至 28 日，北京舞蹈学院举办 2018 北京国际舞蹈院校芭蕾舞邀请赛暨舞蹈展演。比赛特邀 9 名国际芭蕾大师、教育专家担任评委，来自 20 个国家的 147 名年龄在 14 岁至 25 岁之间年轻舞者报名参赛。经过视频初选，66 名选手现场参加比赛。经过角逐，24 人获得一、二、三等奖和评委会特别奖。比赛期间，学校邀请俄罗斯、法国、美国等 16 个国家的 21 名大师和嘉宾开展芭蕾舞、拉丁舞、中外舞蹈音乐等 4 个“大师工作坊”；举办“东方舞蹈艺术传承与发展沙龙”“国际舞蹈教育论坛——中国舞蹈高等教育 40 周年”“国际芭蕾教育研讨会和国标舞教育教学座谈”等 5 场主题学术研讨交流活动；开展“My 风采”国际合作院校舞蹈展演、“花儿朵朵”少年芭蕾舞专场表演等 7 场舞蹈展演活动。

（段晓萌）

中央民族大学

概述

2018 年，中央民族大学占地面积 38.10 万平方米，产权校舍建筑面积 59.20 万平方米，另规划新校区占地面积 81 万平方米。全年教育经费投入 15.28 亿元（含附中 1.34 亿元），其中，国家拨款 11.09 亿元（含附中 0.7 亿元）、自筹经费 4.19 亿元。固定资产总值 18.33 亿元，其中，教学、科研仪器设备资产值 4.3 亿元。图书馆建筑面积 2.45 万平方米，藏书 520.8 万册，其中，纸质图书 245.2 万册（含院系 35.0 万册）、电子图书 275.6 万册。拥有计算机 9644 台。学校信息化经费投入 2498.8 万元，多媒体教室 184 间，信息化设备资产 613.3 万元，网络信息点 15900 个，校园网出口总带宽 16712Mbps，电子邮件系统用户 40740 个，上网课程 133 门，数字资源量 2.1TB，管理信息系统数据总量 290.1GB。设有 2 个校区（其中丰台校区正在建设中），设置 28 个院（系）；开设 65 个专业，覆盖 27 个学科门类；具有一级学科 27 个；一级学科博士点 5 个，博士学位授权点 5 个，硕士学位授权点 27 个，专业学位授权点 17 个；博士后科研流动站 5 个，其中，博士后研究人员出站 10 人、进站 12 人、在站 35 人。二级学科国家重点学科 3 个、省部级重点学科 22 个。教职工 1959 人，其中，专任教师 1128 人，包括教授 296 人、副教授 348 人；博士生导师 214 人，学术型硕士研究生导师 594 人，专业学位硕士研究生导师 415 人。“长江学者奖励计划”特聘教授 3 人、青年学者 1 人。外籍教师 25 人，其中，教授 9 人、副教授 4 人。毕业生 5916 人，其中，学历教育学生中全日制研究生 1470 人（博士生 207 人、硕士生 1263 人）、普通本专科生 2784 人、成人教育本专科生 1662 人（本科生 1004 人、专科生 658 人）。本科毕业生就业率 89.92%。招生 6258 人，其中，学历教育学生中全日制硕士研究生 1633 人（普通计划 1485 人、少数民族骨干计划 131 人，单独考试、退伍大学生士兵计划专项计划 17 人），博士研究生 275 人（普通计划 226 人，少数民族骨干计划 35 人，对口支援西部地区高校专项计划 13 人，援疆博士师资专项计划 1 人）；普通本科生 2812 人、成人教育本专科生 1653 人（本科生 764 人、专科生 889 人）。高考北京地区提档线文科 637 分、理科 629 分。在校生 20676 人，其中，学历教育学生中全日制研究生 4929 人（硕士研究生 3983 人、博士研究生 946 人），普通本科生 11248 人、成人教育本专科生 4402 人（本科生 2256 人、专科生 2146 人）。留学生毕业 288 人（含非学历生 224 人）、招生 293 人（含非学历生 212 人）、在校生 639 人（含非学历生 267 人）。网址：

www.muc.edu.cn。

2018年，学校围绕立德树人根本任务，全面推进学校“双一流”建设。

人才培养。深化教育教学改革，不断加强学科建设水平，切实提升人才培养质量，高质量高标准完成65个本科专业培养方案修订；强化实践教学和创新教育，重点突出课程思政理念的贯彻落实；推进信息技术与教育教学深度融合；深化各类型人才培养模式改革；推动研究生教育教学改革，提升研究生培养质量。发展留学生教育和国际汉语教育，努力提升继续教育办学水平。创新创业教育实现覆盖全体学生，立项“双创”项目477个（国家级150个、省部级117个）；学生参加学科竞赛和创新创业竞赛获奖499项（国家级110项、省部级389项）；加强就业指导帮扶。截至10月31日，全校就业率92.71%。

管理服务。坚持党委领导下的校长负责制，坚持党对学校工作的全面领导。完成党政职能部门机构改革，党政职能部门数量由33个调整为25个，职能部门处级干部岗位由87个调整为82个，提升管理效能和服务水平，全力推进管理强校战略。完成党政职能部门领导干部换届和领导干部聘任工作，选拔任用70名优秀干部到适合的岗位上。定期开展意识形态工作督查，健全师德建设长效机制。

师资建设。公开招聘各类岗位人员53人，引进高层次人才11人。加大教师培训力度，举办校内教师培训活动30场，服务教师1183人（3963人次），内容涵盖教学设计、教学技能、信息化教学手段等。首次召开人才工作会议。强化人才激励机制，建立人才约束机制，形成科学的人才选用机制，创建人才优先发展保障机制，围绕立德树人根本任务和“双一流”建设战略任务，对学校人才工作作出全面部署，全力推进人才强校战略。舞蹈学院马云霞团队入选“全国高校黄大年式教师团队”。

科研工作。召开全校科研工作会议，明确科研工作目标。选举产生第11届学术委员会。完善科研项目资金管理，提高经费使用效率；获批国家级项目88个；获批国家民委“一带一路”国别和区域研究中心5个、“服务国家战略服务民族工作重大现实问题研究”8项，省部级以上科研获奖22项；举办中国海南自由贸易区（港）发展论坛、第24届中国电子学会青年学术年会、边疆发展中国论坛国际学术会议。

交流合作。坚持开放办校，2018年度签订12个国内校地校际战略合作协议、18个国外高校合作协议；获国家留学基金委“优秀本科生国际交流项目”名额50个；实施国家级、校级重点引智项目61个。

信息化建设。构建学校全新智慧门户服务体系。完善IT治理体制机制，升级建设云数据中心，夯实信息化基础设施。新建500T新一代数据存储平台和700台虚拟服务器，实现全数据闪存存储。

党委书记 张京泽

校　　长 黄泰岩

（周翊兰）

《吉尔吉斯语教程》发布

2月4日，民大在吉尔吉斯斯坦驻华大使馆举行《吉尔吉斯语教程》发布会。会上，吉尔吉斯斯坦驻华大使向教授胡振华颁发“感谢状”并表示，《吉尔吉斯语教程》的出版为促进吉中文化交流，增进两国人民友好往来作出重大贡献。该书由胡振华编著、中央民族大学出版社出版。全书共388页，450千字，包括50课课文及10课补充材料，介绍吉尔吉斯共和国、吉尔吉斯族，吉尔吉斯语的语音、语法、词汇、方言及古文字、文献等情况。

（周翊兰）

法学院首届藏语基地班毕业

6月27日，民大法学院2014级法学（藏语基地班）22名学生毕业。学校法学本科设法学、法学（法学与英语）、法学（藏语基地班）3个专业方向。法学（藏语基地班）方向2014年9月创设，是中央政法委、教育部联合实施的“卓越法律人才教育培养计划”中的一部分，致力于为藏区培养“双语”法律人才。至2018年共招收5届，累计招生115人，生源来自西藏、青、甘、滇4省藏区，学生入学后接受法学与藏语两个专业的学习。2014级法学（藏语基地班）是民大法学院培养藏区卓越双语法律人才的首届班级，招生21人，毕业21人。

（周翊兰）

首届乌兰牧骑培训班开班

7月6日，民大首届“内蒙古乌兰牧骑培训班”开班。培训班旨在贯彻习近平总书记关于乌兰牧骑的重要批示精神，落实《内蒙古自治区人民政府—中央民族大学关于支持推进乌兰牧骑事业发展的合作项目协议》。培训为期10天，包括“乌兰牧骑音乐创作高级研修班”和“乌兰牧骑舞蹈编导高级研修班”，其中，音乐创作高级研修班培训内容包括歌曲创作、民族化和声、中国音乐结构分析等，为期5天；舞蹈编导高级研修班培训内容包括藏族舞蹈、朝鲜族舞蹈、现代舞等，为期5天。结业后，全体学员以专题晚会和汇报演出的形式展示培训成果。内蒙古自治区乌兰牧骑队员

7月10日，民大与内蒙古自治区合作举办乌兰牧骑培训班，开启乌兰牧骑人才培养先河（民大 供）

和艺术工作者代表 60 人参加培训。

（周翊兰）

中国政法大学

概述

2018 年，中国政法大学占地面积 40.24 万平方米，产权校舍建筑面积 50.51 万平方米、非产权校舍建筑面积 1.59 万平方米。全年教育经费投入 142557.27 万元，其中，国家拨款 87362.46 万元、自筹经费 55194.81 万元。固定资产总值 161139.34 万元，其中，教学、科研仪器设备资产值 22702.42 万元。图书馆建筑面积 24050 平方米，藏书 555.37 万册，其中，纸质图书 253.69 万册、电子图书 301.68 万册。拥有计算机 1340 台。学校信息化经费投入 1395.38 万元，信息化设备资产 11493.99 万元，多媒体教室 257 间，网络信息点 16911 个，校园网出口总带宽 6000Mbps，电子邮件系统用户 25000 个，上网课程 152 门，数字资源量 26773.6GB，管理信息系统数据总量 82000GB。学校设有昌平校区和学院路校区 2 个校区，设置法学院等 18 个教学单位、诉讼法学研究院（教育部人文社会科学重点研究基地）等 11 个在编科研机构、资本金融研究院等 10 个新型研究机构、司法文明协同创新中心等 7 个协同创新中心。开设 24 个本科专业，覆盖 7 个学科门类；拥有一级学科 13 个，一级学科博士点 4 个，博士学位授权点 34 个，硕士学位授权点 78 个和专业学位授权点 8 个；博士后科研流动站 3 个，其中，博士后研究人员出站 23 人、进站 23 人、在站 139 人；一级学科国家重点学科 1 个、一级学科北京市重点学科 1 个，二级学科北京市重点学科 3 个，交叉学科北京市重点学科 2 个，国家级特色专业 3 个。教职工 1715 人，其中，专任教师 1006 人，包括教授 330 人、副教授 419 人；博士生导师 197 人（含特聘 10 人、兼职 23 人）、硕士生导师 663 人。“长江学者奖励计划”特聘教授 2 人，青年学者 2 人。中国台湾籍教师 2 人，澳大利亚籍教师 1 人，其中，教授 1 人、副教授 1 人。毕业生 4063 人，其中，本科生 2092 人，研究生 1971 人（博士生 145 人、硕士生 1826 人）。本科毕业生就业率 98.80%。招生 4472 人，其中，全日制研究生 2134 人（博士生 261 人、硕士生 1873 人），非全日制研究生 211 人，普通本科生 2127 人。高考北京地区提档线文科 645 分、理科 643 分。在校生 19239 人，其中，全日制研究生 7045 人（博士生 1244 人、硕士生 5801 人）、普通本科生 9804 人、成人业余本科生 1360 人、成人函授本科生 1030 人。留学生毕业 45 人、招生 51 人、在校生 343 人。网址：www.cupl.edu.cn。

2018 年，学校以改革创新为动力，以教师队伍建设为抓手，以提高办学质量为核心，聚焦聚力“双一流”建设，实现新时代学校各项事业的科学发展。

学科建设协同发展。以法学一流学科建设带动各个学科协同发展。理论经济学获批为博士学位授权一级学科，金融、国际商务、新闻与传播获批为硕士专业学位授权点；牵头与国内其他 5 所世界一流法学学科建设高校联合发布《组建法学一流学科建设共同体倡议书》；加强校内交叉学科和新兴学科建设，遴选产生校级交叉学科建设项目 3 个、新兴学科建设项目 7 个；制订三年学科振兴计划；与实施目标责任制相结合，研究制定《法学一流学科建设指导与评估体系》和《法学以外一级学科建设指导与评估体系》，确定各学科建设发展的时间表、任务书和路线图。

人才培养质量提升。推动“思政课程”向“课程思政”转变，着力打造 15 门“特色示范课堂”和 5 门“名师示范课堂”；以特色学科为试点，建设首批法学专业 10 个种子课堂；推进慕课教学，实现优质资源共享；全新打造“尚学法大”学生学习发展工作体系，为学生提供个性化、全天候的学业指导和服务。“‘四型人才’导向的‘四跨’卓越法治人才培养模式”获国家级高等教育教学成果一等奖，“‘学训一体’法律职业伦理教学模式的开创实践与创新推广”获二等奖。“四大工程”（铸魂工程、暖心工程、添翼工程、思源工程）资助育人体系项目，成功入选教育部“高校思想政治工作精品项目”。

科学研究成果丰硕。为 12 项立法草案或修正案提出建议咨询报告，申报并认领 19 项国家高端智库年度重点课题，发布《法治政府蓝皮书：中国法治政府发展报告（2017）》。在 2018 年软科法学学科排名中，各类科研项目得分和学术论文得分均位列全国第一；全年共获得科研项目 489 个，比上年增长 28%；纵向科研项目共获得 99 个，包括国家社科基金重大项目 3 个、教育部哲学社会科学研究重大课题攻关项目 1 个、国家社会科学基金年度项目 19 个；“法治与全球治理学科创新引智基地”入选 2018 年国家“高等学校学科创新引智计划”。

师资队伍不断优化。本年是学校“强化教师队伍建设年”，学校大力推进“人才强校”战略，通过“内培外引”的方式强化师资队伍建设，启动实施“钱端升杰出学者支持计划”，设置钱端升特聘讲座教授、钱端升讲座教授、钱端升学者、钱端升青年学者四类岗位。新进教职工 100 余人。加强师德师风建设，全面启动“做新时代‘四有’好老师和‘四

3 月 6 日，“习近平新时代中国特色社会主义思想与当代中国”课程在法大昌平校区开课 （法大 供）

个引路人'”学习实践活动；严格实施师德师风一票否决制，出台《教师职业道德规范》《师德“一票否决”实施细则》《课堂教学规范》。

交流与合作步伐加快。签署国际以及涉港澳台合作协议54份，新增合作伙伴23个，同世界53个国家和地区的258所高校、科研机构、国际组织建立合作交流关系；接待来自32个国家和地区的87个代表团来访；获批国家留学基金委员会“优秀本科生国际交流项目”47个；校团出访“一带一路”沿线国家，并与9所高校签署11份合作协议；联合成立“德国大学中国项目办公室”，覆盖36所德国高校；首次获评国家“孔子学院先进中方合作机构”称号，新增成为挪威卑尔根大学孔子学院中方合作院校；首次应邀承接“孔子新汉学计划”之美国青年领袖访华团项目。

综合保障全面加强。完成中层行政班子换届工作，启动实施目标责任制。正式启用“全球化学习管理平台”，为师生海外学习交流等提供“一站式”服务;开设“学习通”“雨课堂”等移动教学软件；特殊类型招生测试分数统计系统、招生管理信息系统、智能教务答讯系统和综合教务系统等程序和平台陆续上线升级。

党委书记 胡明
校　　长 黄进

（陈泉廷）

“习近平新时代中国特色社会主义思想与当代中国”课程开设

3月6日，法大开设“习近平新时代中国特色社会主义思想与当代中国”课程。该课程为面向全校本科生开设的通识主干课，以党的十八大以来重要理论创新、历史成就、时代命题等为讲述重点，以学生关切的热点问题为切入点，对习近平新时代中国特色社会主义思想的讲授突破以教材框定教学内容的模式，结合国际国内形势、大政方针政策、学生专业特点和职业发展需要，以思想逻辑划分授课内容，既与本科生思想政治理论课相辅相成、紧密衔接，又有所深化和拓展，成为充满时代气息的“进阶版”课程。课程32学时，2学分，通过综合平时成绩（占30%）与结课作业（占70%）的方式考察。本年主修人数144人。

（陈泉廷）

首批“种子课堂”启动

10月10日，法大首批“种子课堂”启动。“种子课堂”建设旨在提升课堂教学效果、实现教学方式的革命，使学校的课堂教学符合教育教学发展的规律、符合知识传授的科学规律、符合当代学生的习惯，从而以点带面在全校范围内引发一场课堂革命，使教师和课堂最大化发挥其力量。首批共遴选出10个“种子课堂”，包含最新“法学类教学质量国家标准”中的10门核心专业课程。

（陈泉廷）

华北电力大学

概述

2018年，华北电力大学占地面积97.93万平方米，学校产权校舍建筑面积112.93万平方米。全年教育经费投入204767.58万元，其中，国家拨款105355.58万元、自筹经费99412万元。固定资产总值396970.17万元，其中，教学、科研仪器设备资产值95779.61万元。图书馆建筑面积3.79万平方米，藏书265.96万册。拥有计算机21566台。其中，北京校部信息化经费投入1399.19万元，多媒体教室192间，信息化设备资产值20690.36万元，网络信息点16793个，电子邮件系统用户21559个，管理信息系统数据总量1311336GB。学校设有直属学院11个，教学部1个，另设有国际教育学院、研究生院、继续教育学院、艺术教育中心和工程训练中心；开设本科专业59个；具有一级学科23个；一级学科博士点7个，博士学位授权点7个，硕士学位授权点23个，专业学位授权点19个；博士后科研流动站5个，其中，博士后研究人员出站11人、进站25人、在站73人。二级学科国家重点学科2个、省部级重点学科25个；国家重点实验室1个，国家工程试验室1个；北京市重点实验室8个;北京市哲学社会科学研究基地1个。教职工2922人，其中，专任教师1880人，包括教授427人、副教授676人;博士生导师198人、硕士生导师927人;工程院院士2人，双聘院士5人，“长江学者奖励计划”特聘教授5人。毕业11753人，其中，学历教育学生中全日制研究生2371人（博士生176人、硕士生2195人）、普通专科生5417人、成人教育本专科生2622人（本科生1881人、专科生741人）、在职人员攻读硕士学位1209人。本科毕业生就业率96.2%，研究生就业率98.5%。招生13666人，其中，学历教育学生中全日制研究生3504人（博士生240人、硕士生3264人）、普通本科生6090人、成人教育本专科生2729人（本科生2218人、专科生511人）。高考北京地区提档线文科631分、理科626分。在校生43375人，其中，学历教育学生中全日制研究生10107人（博士生1110人、硕士生8997人）、普通本科生23293人、成人教育本专科生5574人（本科生4358人、专科生1216人）、在职人员获取硕士学位3720人。留学生毕业134人、招生343人、在校生681人。网址：www.ncepu.edu.cn。

2018年，学校建校60周年，举办建校60周年系列创新发展大会，重新编撰《校史》。

“双一流”建设。组织编制“双一流”建设实施方案，出台“双一流”建设管理办法和资金管理办法。学科建设方面，新增水利工程、核科学与技术2个博士学位一级学科授权点，2个硕士专业学位授权点。“工程学”进入ESI世界前1‰行列，“材料科学”“化学”两个学科进入ESI世界前1%行列，世界前1%学科数达到4个。

人才培养。“大思政”工作格局初步确立。本科教育中心地位全面凸显，通过教育部本科教学工作审核评估，首次召开全校本科教育工作大会，开启建设一流本科。启动“双一流”研究生人才培养项目建设，完成34个学位授权点的自评估工作，完善博士研究生选拔机制，开展研究生优质课程建设工作，实施研究生国际交流计划。教育教学改革深入推进，2项成果获国家高等教育教学成果奖，16项成果获北京市高等教育教学成果奖。探索多元化人才培养机制，与中科院工程热物理所联合成立吴仲华学院，成立人工智能实验班。专业建设实现新突破，电气工程及其自动化、核工程与核技术2个专业通过教育部工程教育专业认证。创新创业教育蓬勃开展，学生获各类国际、国家级竞赛奖582项，省部级奖471项，成功承办首届全国大学生可再生能源科技竞赛。

10月28日，电力大学举行建校60周年校庆晚会

（电力大学 供）

科技创新。国家自然科学基金创新研究群体项目和教育部哲学社会科学研究重大课题攻关项目取得零的突破。全年共承担各类科研项目1089个，包括国家科技计划项目45个、国家自然科学基金和社科基金项目72个，获国家、省部级科技成果奖49项。高被引论文总数增至170篇，增幅85%，位列国内高校第46位。科研经费合同额首次突破7亿元，到账经费4.89亿元。科技创新体系建设取得新成效，新能源电力系统国家重点实验室通过评估，先后成立国家能源交通融合发展研究院、先进材料研究院、能源电力大数据研究院等跨学科研究机构。召开全校科技创新大会，邀请诺贝尔化学奖得主以及47名两院院士开展前沿学术交流。

人事人才工作。持续深化人事制度改革，开展聘期考核和新一轮岗位聘任，修订专业技术职务评聘办法，完成机构设置及定岗定责基础工作，推进养老保险及职业年金的实扣实缴工作，出台七级及以下职员职级晋升办法。加大高层次人才引育力度，新增各类高层次人才9人。3人入选国家“万人计划”，2人入选科技部中青年科技创新领军人才。

合作与交流。国内交流合作积极推进，与大唐集团、国家能源集团、三峡集团达成全面战略合作，推进落实重要领域、重大项目的合作。与华电集团合作成立“华电‘一带一路’能源学院”，作为发起单位成立“中国电力高校联盟”。国际合作持续深化，与挪威科技大学、东京大学等10所世界知名大学建立合作关系，与“一带一路”沿线主要国家15所知名高校达成战略合作伙伴，主办“能源革命与大学责任”中外大学校长论坛，启动“一带一路”能源学院伙伴计划。继续教育稳中有进，建设印尼海外继续教育基地，国际业务进一步拓展。

条件保障。完成年度22亿元收入目标。建成大学主数据平台、移动端数字门户、IT运维平台、两校区视频会议系统和教师综合信息查询系统，分步推进“一表通”系统建设，升级网站群，信息化水平进一步提升。北京校部15号学生宿舍楼、保定校区20号学生宿舍楼投入使用。

党委书记 周坚
校　　长 杨勇平

（王振华）

建校60周年创新发展大会

10月28日，电力大学举办“建校60周年创新发展大会”。会议回顾学校发展历史，总结办学经验，听取校长题为《立足新起点面向新时代 建设特色鲜明高水平研究大学》的主旨演讲。举办电力大学“新时代，新甲子，新征程”启航仪式。教育部、北京市、河北省相关领导，以及能源电力企业代表，海内外华电校友近万人参加大会。会议通过人民日报APP、人民网等平台全球直播，近100万人在线上观看。2018年，电力大学以“点亮新时代的电力之光”为主题突出文化校庆、学术校庆、开放校庆、共享校庆的定位，举办“诺奖大师华电行”“院士华电行”等系列校庆活动。电力大学1958年创建于北京，原名北京电力学院；1969年，由北京迁至河北邯郸，随后迁往河北保定，更名为河北电力学院；1978年，更名为华北电力学院；1995年，与北京动力经济学院合并，并组建华北电力大学;2005年10月，经教育部批准，学校校部由设在保定变更为设在北京，分设电力大学（保定）校区。至年底，学校累计培养毕业生27万人。

（王振华）

中华女子学院

概述

2018年，中华女子学院校园占地面积10.60万平方米，产权校舍建筑面积10.61万平方米，非产权校舍建筑面积

5.59万平方米。全年教育经费投入25810.27万元，其中，国家拨款18868.93万元、自筹经费6941.34万元。图书馆建筑面积12614平方米，藏有纸质图书66.89万册，电子图书161.4375万册。固定资产总值44448.59万元，其中，教学、科研仪器设备资产值5104.52万元。拥有计算机4365台。学校信息化经费投入2131.42万元，网络多媒体教室124间，信息化设备资产8641.06万元，网络信息点5000个，校园网出口总带宽2000 Mbps，电子邮件系统用户5186个，上网课程282门，音视频24263.53小时，管理信息系统数据总量325GB。学校设有1个本校区和4个分校区，15个教学单位。开设24个本科专业，4个高职专业，覆盖7个学科门类；具有一级学科12个，专业学位授权点1个，服务国家特需项目专业硕士学位授权点1个。教职工497人，其中，专任教师340人，包括教授28人、副教授88人。毕业学生1756人，其中，学历教育学生中全日制研究生98人、普通本专科生1687人（本科生1167人、专科生520人）、成人教育专科生67人。招生1716人，其中，学历教育学生中全日制研究生63人、普通本专科生1653人（本科生1253人、专科生400人）。在校生6279人，其中，学历教育学生中全日制普通本专科生6123人（本科生4746人、专科生1377人）、成人专科生38人、全日制硕士研究生118人。外国留学生毕业21人，招生25人，在校生51人。网址：www.cwu.edu.cn。

2018年，学校加强学科建设。获批北京地区新增硕士学位授予单位三年建设规划立项；以本科教学工作审核评估整改为契机，完成新一轮人才培养方案的修订，新增数字媒体技术、网络与新媒体、表演3个专业；成立育慧书院并面向全校选拔招生，将卓越女性人才培养的战略构想付诸于实践；成立创新创业教育学院，加强创新创业人才培养；开设首期小学期国际课程，全校近300名学生参加全英文授课课程。

社会服务与合作办学。成立家庭建设研究院和全球女性发展研究院，着手打造服务党和国家、服务社会发展的高端智库；发布第三本妇女教育蓝皮书《中国妇女教育发展报告NO.3——高等教育中的女性》，探寻保障和促进高等教育领域性别平等的机制与途径；教师入选“十三五”时期妇女儿童发展专家库、联合国儿基会儿童工作智库，参与各省市“十三五”妇女儿童规划实施情况中期评估。聘任联合国副秘书长、妇女署执行主任姆兰博—努卡为荣誉教授；与中国传媒大学共同成立联合国教科文组织“媒介与女性”联合教席；援外学历学位教育项目实施质量获商务部培训中心充分肯定，来自19个国家的商务部援助发展中国家学历学位教育项目社会工作专业硕士项目第一届21名毕业生顺利毕业；学校成立北京中华女子学院教育基金会，召开第五次中国女子高等院校联盟理事会，吸纳各方资源助推女子高等教育发展。

学生工作。国家级、北京市大学生创新创业项目、科学研究与创业行动计划立项项目79个；艺术设计专业国际合作教学成果亮相2018北爱尔兰亚麻布双年展；学生创业团队获北京地区高校大学生优秀创业团队评比二等奖；多名学生分别在全国高校学前教育专业优秀毕业论文评选大赛、中国年轻设计师创业大赛、2018年全国移动互联创新大赛、第11届中国大学生计算机设计大赛、2018年“创青春”首都大学生创业大赛、“希望中国”青少年英语戏剧大赛等各类学科竞赛中获奖。

党委书记 李明舜
校　　长 刘利群

（杨莉锋）

首期小学期国际课程开班

7月9日至29日，女子学院开设小学期国际课程。小学期国际课程共2门，全部英语授课。其中，《女性领导力》《跨文化沟通》课程分别聘请美国西北大学、加利福尼亚州圣地亚哥州立大学学者授课。全校近300名学生参加小学期国际课程。

（杨莉锋）

学生入驻北校区

9月11日，女子学院北校区（汇佳校区）迎来2018级新生。女子学院2018新生共计1087人在北校区（汇佳校区）学习、生活，为期1～2年。7月，学校与北京汇佳职业学院签订合作办学协议。根据协议，北京汇佳职业学院与女子学院合作办学，北京汇佳职业学院在北京昌平中关村科技园区创新路20号内，为女子学院提供满足当年入驻本专科学生和相应配备教师（含管理人员）的教学、学习、生活场所及相应设施和配套服务。协议有效期3年。北京中关村科技园区昌平园20号占地40万平方米，建筑面积8.36万平方米，包括教学楼、图书馆、学生公寓等生活学习设施。

（杨莉锋）

北京信息科技大学

概述

2018年，北京信息科技大学占地面积33.85万平方米，学校产权校舍建筑面积33.32万平方米、非产权校舍建筑面积0.54万平方米。全年教育经费投入115239.48万元，其中，国家拨款97020.87万元、自筹经费18218.61万元。固定资产总值13.18亿元，其中，教学、科研仪器设备资产值6.37亿元。图书馆建筑面积9661平方米，藏有纸质图书124.5万册、电子图书188.5万册。拥有计算机8023台。年度信息化运维经费投入893.70万元，多媒体教室146间，信息化设备资产24301.90万元，网络信息点13925个，校园网出口总带宽6349 Mbps，电子邮件系统用户48102个，上网课程72门，管理信息系统数据总量102.5GB。拥有5个校区，下设12个学院以及研究生院、体育部、继续教育学

1月21日，信息科大承办北京高校电子信息类专业群2017年度总结会暨研讨会 （信息科大 供）

院等教学机构。开设本科专业39个，覆盖5个学科门类；硕士学位授权点25个，其中，一级学科14个，专业学位授权领域11个。博士后科研流动站1个，其中，博士后研究人员进站3人、在站3人。国家级特色建设专业4个、北京市级特色专业9个。北京市重点学科3个、北京市重点建设学科9个；北京市级重点实验室5个，部级重点实验室2个，机械工业重点实验室2个，北京市哲学社会科学研究基地1个。教职工1434人，其中，专任教师878人，包括教授123人、副教授321人。兼职博士生导师22人、硕士生导师323人；双聘工程院院士10人。毕业生4153人，其中，学历教育学生中全日制硕士研究生385人，普通本科生2297人，成人教育本专科生1471人（本科生387人、专科生1084人）。本科毕业生一次就业率99.45%，研究生一次就业率100%。招生5983人，其中，学历教育学生中全日制硕士研究生535人，普通本专科生2757人（本科生2683人、专科生74人）、成人教育本专科生2691人（本科生1371人、专科生1320人）。高考北京地区录取线一批理科532分、二批理科517分，二批文科556分。在校生17703人，其中，学历教育学生中全日制硕士研究生1430人，普通本专科生10990人（本科生10916人、专科生74人），成人教育本专科生5283人（本科生2615人、专科生2668人）。留学生毕业40人，招生87人，在校生159人。网址：www.bistu.edu.cn。

2018年，学校加强党对学校工作的全面领导，以信息特色为主线，贯穿新一代信息技术、智能制造、国防军工等相关学科群，形成以工为主、多学科协调发展的学科体系，推动建成信息特色鲜明、国际知名、国内一流的高水平大学。学校在教育教学关键领域成效显著，内涵建设持续加强，办学综合水平进一步提升。

学科建设与科研工作。完成本科教学工作审核评估。入选北京市博士学位授予建设单位，提出并实施《2018—2020年学科建设总体方案》，重点打造仪器科学与技术、控制科学与工程、机械工程、管理科学与工程4个专业。与清华大学签约开展“仪器科学与技术”学科共建，进一步调整优化学科结构。光电测试技术与仪器教育部重点实验室获得教育部批准认定，现代测控技术实验室教育部重点实验室顺利通过教育部评估，北京市知识管理研究基地入选中国智库索引来源智库，基地建设成效显著。“多学科交叉融合的大数据应用型人才培养模式探索与实践”入选教育部首批“新工科”研究与实践项目。学校科研经费到款额1.78亿元，比上年增长23.61%；新增各类科研项目345个，比上年增长26.37%。全校教师发表学术论文968篇，出版学术专著25部，获各类知识产权授权、登记254项，包括发明专利96项，同比增长37.14%。印发《科技成果转移转化管理办法》，成立技术转移转化中心。

师资建设与人事改革。全年引进博士（博士后）106人，新增兼职院士4人，4名教师入选新一届高校教学指导委员会；3人分别获得北京市高创计划教学名师、北京市高等学校教学名师奖。继续加强研究生导师队伍建设，新增兼职博士生导师3人、新增硕士研究生导师50人。深化人事制度改革，优化教师职务岗位晋升管理办法，完善校内绩效考核体系及薪酬分配体系，完成校内机构设置调整和处职干部聘任。制定《专业技术职务岗位晋升聘任实施办法》（试行）、《专业技术职务岗位分级聘任实施办法》（试行）、《实施绩效工资的指导意见》（试行）3个文件。

人才培养。推动“以学为中心”教学范式转型，启用“勤信学堂”网络教学平台，建设“大学生创业基础与实训”等创业课程。承办第六届华北五省（市、自治区）大学生机器人大赛，在校学生获得各类学科及科技竞赛省部级以上奖励500余项，获奖1100余人次。以第一完成单位获得7项北京市高等教育教学成果奖，包括一等奖4项。以本科生为主的足球机器人water队在中型机器人足球世界杯赛中五次获得冠军；学生“捷能车队”在全国大学Honda汽车节能比赛中连续4年蝉联冠军。

交流与合作。学校与国外合作院校新签、续签合作协议16项，与6所高校新建立合作关系，共开展校际交流项目30个，派出长、短期交流学生共计194人次。开发信息特色鲜明的高水平交流项目，信息领域学科专业学生外出交流人数占全校出国（境）交流总人数的62.9%。全年共接待来访团组16个，来访人员44人次。入选第二批北京市“一带一路”国家人才培养基地项目，首次向美国堪萨斯大学、加州大学伯克利分校，日本东京大学等院校派出交流学生，研究生出国交流人数比上年增长2.56倍。

党委书记 王传亮
校　　长 王永生

（李飞）

校内机构设置调整和处职干部聘任

11月至12月，信息科大完成学校机构设置调整和处职岗位聘任工作。新设发展战略与规划处、对外联络办公室、新校区招投标办公室、新校区管理委员会办公室、国防科技研究院、北京高校教师党员在线管理中心等机构，撤销新闻中心、健翔桥校区管理办公室、清河校区管理办公室、东部校区管理办公室等机构，调整后的处级机构共61个。在职位聘任中，通过严把德才标准，坚持公正用人，拓宽用人视野，激励干部积极性的方式，共计提任正处级干部16人

（含正处级转任正处职 1 人）、副处级干部 30 人，干部队伍的年龄结构、知识结构、专业结构进一步优化。

（李飞）

产业研究院获批设立博士后科研工作站

12 月 3 日，信息科大技术研究院设立博士后科研工作站。授牌后，学校通过产业技术研究院每年招收和培养 20 名左右博士后研究人员，作为学校师资补充的重要来源，推动学校与市场的深度对接与合作。这是学校第 1 个博士后科研工作站。

（李飞）

中国矿业大学（北京）

概述

2018 年，中国矿业大学（北京）占地面积 34.67 万平方米，产权校舍建筑面积 55.87 万平方米。全年教育经费投入 103031 万元，其中，国家拨款 59349 万元、自筹经费 43682 万元。固定资产总值 197147 万元，其中，教科仪器设备资产值 46441 万元。图书馆建筑面积 14985 平方米，藏有纸质图书 95.1 万册，电子图书 224 万册。拥有计算机 6866 台。学校信息化建设经费投入 1000 万元，多媒体教室 182 间，信息化设备资产 8793 万元，网络信息点 22400 个，校园网出口总带宽 4500Mbps，电子邮件系统用户 19800 个，数字资源量 9000GB，管理信息系统数据总量 17.9GB。设有研究生院和 11 个学院；开设本科专业 63 个，覆盖 5 个学科门类；一级学科博士点 17 个，博士学位授权点 68 个；一级学科硕士点 34 个，硕士学位授权点 163 个，专业学位授权点 12 个。博士后科研流动站 14 个，其中，博士后研究人员出站 35 人、进站 32 人、退站 3 人，在站 120 人。一级学科国家重点学科 1 个，二级学科国家重点学科 8 个，国家重点培育学科 1 个，省部级重点学科 21 个；建有 2 个国家重点实验室、2 个国家工程研究中心、2 个教育部工程研究中心，2 个北京市重点实验室。教职工 1045 人，其中，专任教师 739 人，包括教授 186 人、副教授 249 人；博士生导师 192 人、硕士生导师 250 人；中科院院士 1 人、工程院院士 8 人。“长江学者奖励计划”特聘教授 8 人，国家杰出青年基金获得者 8 人，8 人被评为国家有突出贡献的中青年专家，全国优秀教师 2 人。毕业生 2666 人，其中，学历教育学生中全日制研究生 1026 人（博士生 216 人、硕士生 810 人），普通本科生 1549 人，成人教育本专科生 91 人（本科生 69 人、专科生 22 人）；非计划招生高等教育学生中在职人员攻读硕士学位 375 人。招生 4522 人，其中，学历教育学生中全日制研究生 2353 人（博士生 316 人、硕士生 2037 人），普通本科生 1973 人，成人教育本专科生 196 人（本科生 191 人、专科生 5 人）。在校生 15680 人，其中，学历教育学生中全日制研究生 6751 人（博士生 1271 人、硕士生 5480 人），普通本科生 7675 人，成人教育本专科生 1254 人（本科生 588 人、专科生 666 人）；非计划招生高等教育学生中在职人员攻读硕士学位 463 人。高考北京地区本科录取线理工科 594 分，文科 623 分。本科毕业生就业率 95.80%，研究生就业率 98.91%。留学生招生 3 人，在校生 13 人。网址：www.cumtb.edu.cn。

2018 年，学校坚持以习近平新时代中国特色社会主义思想为指导，统筹推进“双一流”建设，不断深化综合改革，学校各项事业稳步推进。

深化本科教学改革。学校顺利通过本科教学审核评估工作，这是学校恢复本科教育以来，第一次独立接受教育部对学校本科教学工作的全方位考察，专家组对学校本科教育工作给予充分肯定。召开本科教育二十周年总结大会。深入实施本科生全程导师制，制定《加强本科生全程导师制工作体系建设的意见》，“实施本科生全程导师制，建设一流本科教育”入选教育部综合改革典型案例。建成大学生创新中心。4 个项目被评为国家级新工科研究实践项目，2 个专业通过工程教育专业认证。7 项成果获北京市教育教学成果奖，其中一等奖 2 项。1 人获北京市教学名师奖，2 人获全国煤炭教学名师。学生学科竞赛获奖数量再创新高，共获奖项 505 项，其中获全国大学生节能减排大赛一等奖 1 项。2018 年共授予学士学位 1625 人，录取本科生 2002 人。2018 届本科毕业生国内外深造率在“双一流”高校中排名第 30 位。

创新研究生培养制度。加强研究生教育管理，建立研究生教育工作月例会制度。研究生优秀生源工程成效显现，硕士推免生比上年增长 14%。推行博士生“申请—考核”招生制度，硕博连读生所占比例超过 30%。硕士研究生报考人数达到 5201 人，比上年增长 18%。全年共授予博士、硕士学位 1192 人，录取各类研究生 2377 人。37 人入选 2018 年建设高水平大学公派研究生留学项目。召开“庆祝改革开放四十周年暨中国煤炭行业恢复研究生教育四十周年座谈会”。

推进“人才强校”战略。制定《教师行为规范》《师德“一票否决制”实施细则》等制度。引进兼职院士 6 人，教职工 56 人，招收师资博士后 12 人。晋升教授 10 人，副教授 32 人，完成第二批 6 名“越崎杰出学者”和 20 名“越崎青年学者”聘任工作。1 人入选“万人计划科技创新领军人才”，1 人获“美国 SYD S.PENG 采矿岩层控制奖”，1 人获“孙越崎能源大奖”，1 人入选“长江学者奖励计划”特聘教授，1 人入选“长江学者奖励计划”青年学者项目，1 人入选阿根廷国家工程院院士，3 人入选“青年人才托举工程”，1 人材料入选教育部《长江学者奖励计划 20 周年发展报告》典型案例。

创新开展科研工作。制定《科技成果资产评估项目备案工作操作细则》《基本科研业务费项目滚动资助暂行办法》等制度。获国家重点研发计划项目资助 8 个，国家自然科学基金项目资助 46 个，北京市自然科学基金项目资助 4 个，科研经费到账 2.6 亿元，其中，纵向 1.5 亿元、横向 1.1 亿元。获省部级以上奖项 56 项，其中国家技术发明奖二等奖 1 项；授权专利 362 项；软件著作权 45 项；发表论文 1702

篇，其中 SCI 收录 503 篇，EI 收录 318 篇，CPCI 收录 3 篇；著作 56 部。成立新一届校学术委员会，加强学术委员会及专门委员会工作。积极参与沙河高教园区未来科学城建设，申请成立安全科学技术研究院。

推进学科建设工作。编制完成学校《与北京市共建一流学科建设计划书》及 2018 年学校“双一流”建设引导经费预算。新增 1 个一级学科博士点。学校 ESI 国际排名第 80 位，比 2018 年 3 月上升 115 位。矿业工程学科 QS 排名全球第 19 名，学校成为学科排名进入 20 强的中国大陆地区 5 所高校之一。

党委书记 徐孝民
校　　长 杨仁树（10 月免）
葛世荣（10 月任）

（朱家骏）

第一次学生代表大会

12 月 9 日，矿大召开第一次学生代表大会。学生代表审议并通过《中国矿业大学（北京）学生会工作报告》及有关事项。经过民主投票，选举产生由 21 名委员组成的中国矿业大学（北京）第一次学生代表大会常任代表委员会。校党委书记、副书记，市学生联合会代表，学校相关职能部门负责人、各学院党委（副）书记以及各级团组织负责人及学生代表 150 余人参加会议。

（朱家骏）

12 月 9 日，矿大召开第一次学生代表大会
（矿大　供）

煤炭行业恢复研究生教育 40 周年座谈会

12 月 16 日，矿大举行庆祝改革开放 40 周年暨中国煤炭行业恢复研究生教育 40 周年座谈会。学校邀请业内知名人士共同商讨中国煤炭行业研究生教育现状及未来发展趋势，与会人员回忆过去 40 年煤炭行业恢复研究生教育的历程，探讨当前煤炭行业发展和研究生教育的现状和问题，展望未来煤炭行业的发展前景和研究生教育的前进方向。中国煤炭行业专家学者、部分高校领导、杰出校友代表、学校老领导、老教师代表等共计 120 余人参加会议。

（朱家骏）

中国石油大学（北京）

概述

2018 年，中国石油大学（北京）占地面积 32.64 万平方米（不含新疆克拉玛依校区），学校产权校舍建筑面积 58.32 万平方米。全年教育经费投入 214041.40 万元，其中，国家拨款 74792.98 万元、自筹经费 139248.42 万元。固定资产总值 27.31 亿元，其中，教学、科研仪器设备资产值 10.17 亿元。图书馆建筑面积 17994 平方米，藏有纸质图书 120.62 万册、电子图书 330 万册。拥有计算机 12080 台。学校信息化经费投入 3362.31 万元，多媒体教室 146 间，信息化设备资产 32645.13 万元，网络信息点 26000 个，校园网出口总带宽 7100Mbps，电子邮件系统用户 40656 个，管理信息系统数据总量 8000GB。设置 16 个院（系、部）及非常规油气科学技术研究院 1 个直属研究院；开设本科专业 26 个，覆盖 8 个学科门类；具有一级学科 33 个，一级学科博士点 14 个，博士学位授权点 17 个、硕士学位授权点 38 个、专业学位授权点 9 个，工程硕士授权点涵盖 20 个工程领域。博士后科研流动站 11 个，其中，博士后研究人员出站 58 人、进站 33 人、在站 130 人。一级学科国家重点学科 1 个、二级学科国家重点学科 2 个、国家重点（培育）学科 2 个，一级学科省部级重点学科 3 个、二级学科省部级重点学科 4 个；国家重点实验室 2 个。教职工 1479 人，其中，专任教师 977 人，包括教授 246 人、副教授 383 人；学术型博士生导师 300 人、工程博士生导师 86 人、学术型硕士生导师 694 人、专业型硕士生导师 586 人。中科院院士 2 人，工程院院士 2 人，“长江学者奖励计划”特聘教授 9 人。毕业生 11992 人，其中，学历教育学生中全日制研究生 1975 人（博士生 164 人、硕士生 1811 人）、普通本科生 1795 人、成人教育本专科生 1433 人（本科生 1021 人、专科生 412 人）、网络教育本专科生 6789 人（本科生 3131 人、专科生 3658 人）。本科生就业率 97.59%，研究生就业率 98.27%。招生 57978 人，其中，学历教育学生中全日制研究生 2323 人（博士生 358 人、硕士生 1965 人）、普通本科生 1957 人、成人教育本科生 548 人、网络教育本专科生 53150 人（本科生 17749 人、专科生 35401 人）。在校生 103423 人，其中，学历教育学生中全日制研究生 7054 人（博士生 1428 人、硕士生 5626 人）、普通本科生 7777 人、成人教育本专科生 1721 人（本科生 1080 人、专科生 641 人）、网络教育本专科生 86871 人（本科生 29260 人、专科生 57611 人）。留学生毕业 214 人、招生 272 人、在校生 576 人。网址：www.cup.edu.cn。

2018 年，学校重点工作包括以下几个方面：

综合改革。完成学院（研究院）改革调整工作，新成立地球物理学院、新能源与材料学院、安全与海洋工程学院等 7 个学院（研究院）。实施绩效工资改革；完成委员会、领导小组等议事协调机构的清理规范和规章制度废改立工

1月18日，石油大学举行东校园启用仪式
（石油大学 供）

作，学校治理体系持续完善。

学科建设。着力构建有效推进“双一流”建设的体制机制，制定《“双一流”学科平台及学科团队建设实施办法（试行）》；建立“2+1+X”油气科学与工程学科群4个学科平台和23个学科团队；成功申报4个北京市“双一流”和“高精尖”学科建设项目；全面完成51个学位点自评工作；新增7个学位授权点，包括马克思主义理论、控制科学与工程、地球物理学3个博士一级学位授权点，工程博士专业学位授权点，应用统计、工程管理、法律3个硕士专业学位授权类别。至此，学校一级博士点由11个增至14个，专业学位类别由6个增至9个，新增工程博士专业学位授权点。动态撤销6个学位授权点。

师资队伍。2名教师入选国家“万人计划”科技创新领军人才；3名教师获批享受国务院政府特殊津贴；1名教师获北京市高等学校教学名师称号；1名教师入选国家“万人计划”青年拔尖人才项目；1名教师入选“长江学者奖励计划”青年学者项目；2名教师获国家优秀青年科学基金资助。

科研成果。3项成果获国家科学技术奖；85项成果获得省部级或社会力量设立的科技奖励。获得专利授权411项；计算机软件著作权登记46项；获得国际专利授权13项。论文共被SCI、SSCI、EI、CPCI收录2234篇，被SCIE收录论文1043篇，EI收录论文1000篇，CPCI-S收录论文148篇，SSCI收录论文43篇。国际论文数量和质量结构有显著改善，在数量稳步增长的同时，质量明显提高。

国际合作。学校以65周年校庆为契机，积极拓展高层次合作，发起成立世界能源大学联盟，举办首届国际青年精英论坛，加入“21世纪海上丝绸之路”大学联盟，参与共建“一带一路”教育行动。

办学条件。正式启用东校园，稳步推进东校园修缮改造工程；启动校园规划修编工作，重新梳理南北校园及东校园功能布局；完成校史馆建设，全年共接待参观人员3800人次。此外，图书馆文献信息资源不断丰富，积极推进智慧教室建设。

党委书记 山红红
校　　长 张来斌

（李强楠）

东校园启用

1月18日，石油大学东校园启用。东校园为原北京化工大学昌平南环路校区，占地面积15.15万平方米，缓解学校办学空间紧张的矛盾。根据学校事业发展规划及基本建设规划，东校园将结合校园功能分区定位规划，重新梳理校园功能布局，实现南北校园与东校园的有机融合，规划新建双一流大厦、工程实训中心、博物馆等建筑。

（李强楠）

首批智慧教室投入使用

11月，石油大学首批2间智慧教室建成并投入使用。2间智慧教室分别为多屏研讨教室和小型互动教室，总投资84万元，均具备视频录播、无线投屏、远程互动、智能显示等功能。其中，多屏研讨教室占地面积112平方米，拥有座位48个；小型互动教室占地面积66平方米，拥有座位30个。学生可通过手机参与课堂，实现即时反馈，同时通过手机互动平台，集课前、课中、课后于一体，实现教学的随时互动。

（李强楠）

中国地质大学（北京）

概述

2018年，中国地质大学（北京）占地面积52.58万平方米，学校产权校舍建筑面积58.03万平方米。全年教育经费投入146806.52万元，其中，国家拨款72557.51万元、自筹经费74249.01万元。固定资产总值25.13亿元，其中，教学、科研仪器设备资产值7.80亿元。图书服务中心建筑面积600平方米，藏书631万册，其中，纸质图书99万册、电子图书532万册。拥有计算机13147台。学校信息化经费投入1365.5万元，多媒体教室111间，信息化设备资产28347.3万元，网络信息点数19400个，校园网出口总带宽9300Mbps，电子邮件系统用户数43348个，上网课程341门，管理信息系统数据总量38.5GB。设置17个院（系、部）；开设42个本科专业，覆盖7个学科门类；具有一级学科17个，一级学科博士点16个，博士学位授权点16个，硕士学位授权点17个，专业学位授权点11个。博士后科研流动站13个，其中，博士后研究人员出站48人、进站42人、在站146人。一级学科国家重点学科2个、二级学科国家二级重点学科8个、省部级重点学科14个；国家重点实验室1个。校内教职工1487人，其中，专任教师1056人，包括教授237人、副教授315人；博士生导师214人、硕士生导师364人；中科院院士4人。“长江学者奖励计划”特聘教授4人、讲座教授2人。外籍教师23人。毕业生28211人，其中，学历教育学生中全日制研究生1950人（博士生308人、硕士生1642人）、普通本科生1956人、成人教育本专科生1943人（本科生 1489 人、专科生 454 人）、网络教育本专科生 22362 人（本科生 7086 人、专科生 15276 人）；非计划招生高等教育学生中在职人员攻读硕士学位 361 人。本科毕业生就业率 94.99%。招生 63994 人，其中，学历教育学生中全日制研究生 2491 人（博士生 388 人、硕士生 2103 人）、普通本科生 2084 人、成人教育本专科生 883 人（本科生 882 人、专科生 1 人）、网络教育本专科生 58536 人（本科生 23484 人、专科生 35052 人）。高考北京地区提档线文科 613 分，理科 600 分。在校生 119937 人，其中，学历教育学生中全日制研究生 7433 人（博士生 1705 人、硕士生 5728 人）、普通本科生 8352 人、成人教育本专科生 3688 人（本科生 3394 人、专科生 294 人）、网络教育本专科生 100464 人（本科生 42442 人、专科生 58022 人）；非计划招生高等教育学生中在职人员攻读硕士学位 1913 人。留学生毕业 27 人、招生 31 人、在校生 169 人。网址：www.cugb.edu.cn。

5 月 26 日，“松科二井”工程完井

（地大 供）

2018 年，学校坚持立德树人根本任务，加强党的领导，深化教育教学改革，创新人才培养模式，加强师资队伍建设，突出科技创新，优化管理服务，提升核心竞争力，积极落实学校“十三五”规划目标任务，进一步加快高水平研究型大学建设。

学科建设。继续深化“双一流”建设，10 个求真创新群体的建设成果显著，2 个一流建设学科获得北京市重点支持。新增马克思主义理论、公共管理、控制科学与工程 3 个一级学科博士学位授权点，心理学 1 个一级学科硕士学位授权点和应用统计硕士 1 个专业学位硕士授权点。进一步优化学科结构，促进优先发展学科、重点扶持学科、交叉特色学科以及基础保障学科的建设发展。

教育教学。提升本科教育质量，出台《本科教育质量提升计划（2019—2023）》，立项在线开放课程 9 项，立项建设新生研讨课程 10 项，资助出版 10 余本教材，3 名教师获得北京市教学名师和青年教学名师奖，4 个项目获批教育部协同育人项目，8 项成果获北京市高等教育教学成果奖。探索多元化博士招生选拔方式，首次开展本科生直博和博士生申请—考核等多元招生选拔机制，调整研究生学习年限，加强与境外高水平大学合作开展博士、硕士“双学位”“联合学位”等项目。在校生发表 SCI 检索论文超过 700 篇，1 名研究生获“李四光优秀学生奖”。构筑大学生创新创业体系，6 支团队获北京地区高校大学生优秀创业团队奖，7 支团队分获“互联网 +”大学生创新创业大赛奖。

科学研究。开展“十三五”重大科技基础设施地球深部实验观测系统、深时数字地球等重大项目申报，获批 99 项国家自然科学基金项目。王成善院士担任首席科学家的“松科二井”项目完工，成为全球首个钻穿白垩纪地层的陆相科学钻井。获批国家重点研发项目 1 个，课题 8 个，获得各类社科基金项目 7 个。获得 1 项国家级奖励、7 项省部级奖励，发表 SCI 论文首次突破 1000 篇，标志性成果 60 余篇。科研平台建设取得新进展，新获批建设 4 个省部级科研平台，3 个省部级平台顺利通过验收评估。促进科技成果转化，获批新授权专利 216 项，对外转让专利 6 项，实施许可 4 项。建立学校领导联系专家制度，定期召开学术委员会议，强化学术委员会职能和责任。

师资建设。编制完成“十三五”师资队伍建设规划、制定院士退休实施方案、荣誉教授聘用实施办法、高层次人才津贴实施办法等制度。引进新教职工 62 人，引进特聘教授 1 人，2 人入选国家“万人计划”，国家公派高级访问学者获批 23 人，“青年骨干教师出国研修项目”3 人，基础课教师出国获批 9 人。

合作与交流。新增“111 计划”1 项、“一带一路”教科文卫引智计划 1 项、国家重大科技专项外国人才引进计划 1 项、高端外国专家项目 5 个、海外名师项目 1 个。接待来自 13 个国家 40 余所高校、科研院所、研究机构代表团来校访问，主办 3 场国际会议和世界地质公园培训班。有效推进“中非大学 20+20 合作计划”项目实施，支持纳米比亚孔子学院建设发展，授予纳米比亚总统哈格根哥布名誉博士学位。积极加强与地方政府和企事业单位的交流合作，签署 10 份合作协议和 6 份合作意向，推进平泉基地建设。对口支援青海大学，帮扶地质工程系的建设。定点扶贫青海省化隆县，教育扶贫形成品牌项目，产业扶贫找到突破点，文化扶贫和消费扶贫精准度不断提高。

党委书记 王鸿冰（10 月免）
马俊杰（10 月任）
校　　长 邓军

（李媛媛）

新媒体联盟成立

5月16日，地大新媒体联盟成立。联盟由党委宣传部、新闻与信息管理中心主办，校内各单位和学生组织共同发起成立，主要职责是加强校内新媒体平台间的资源整合，构建全校联动的新媒体宣传格局。地大自2012年、2015年相继开通新浪官方微博与腾讯官方微信公众平台以来，逐渐成为新闻宣传、舆论引导、校园服务和公众沟通的重要渠道，同时带动校内各级新媒体的发展，至2018年5月，学校26个二级单位注册开通新媒体平台170余个。地大为规范管理各级新媒体，形成全校新媒体工作合力，制定发布《中国地质大学（北京）新媒体建设与管理实施办法》，并成立新媒体联盟。

（李媛媛）

世界地质公园国际培训班开班

10月30日，地大、泰山世界地质公园联合举办的第四届联合国教科文组织世界地质公园国际培训班开班。培训班以“地质遗迹解说”为主题，旨在使地质公园所在地政府官员、地质公园管理者和工作人员了解世界地质公园的理念、标准、申报与评估，以及地质公园的新进展。培训班为期5天，采取专家授课、工作坊和世界地质公园实地考察等形式，同时为学员提供与专家面对面交流的机会。世界地质公园网络执行局主席、联合国教科文组织世界地质公园理事会主席参加开班仪式，来自俄罗斯、中国等世界地质公园、世界地质公园候选地、科研院所、大专院校和其他技术支撑单位的100余名学员参加培训。地大2016年成立“地质遗迹研究中心”，组建一支具有国际视野的地质公园专家队伍，2016—2017年，学校先后举办三届联合国教科文组织世界地质公园国际培训班。

（李媛媛）

北京联合大学

概述

2018年，北京联合大学占地面积44.66万平方米，产权校舍建筑面积51.83万平方米、非产权校舍建筑面积1.62万平方米。全年教育经费投入169825.46万元，其中，国家拨款145038.10万元、自筹经费24787.36万元。固定资产总值26.21亿元，其中，教学、科研仪器设备资产值9.22亿元。图书馆建筑面积3.34万平方米，馆藏纸质图书295.37万册、电子图书87490.77GB。拥有计算机19413台。学校信息化经费投入1021.37万元，多媒体教室369间，信息化设备资产46557.29万元，网络信息点19176个，校园网出口总带宽7000Mbps，电子邮件系统用户数45399个，上网课程数5120门，数字资源量300000GB，管理信息系统数据总量18699.65GB。设有12个校区，设置15个学院，4个直属教学部；开设本科专业64个，专科专业7个，覆盖10个学科门类；具有一级学科学术型硕士学位授权点9个，专业授权点10个。北京市重点建设学科6个。教职工2750人，其中，专任教师1562人，包括教授213人、副教授555人；硕士生导师201人；特聘工程院院士3人。外籍教师111人次，其中，长期聘任外籍教师22人次。毕业生7833人，其中，学历教育学生中全日制硕士研究生112人、普通本专科生6254人（本科生5556人、专科生698人）、成人教育本专科生1467人（本科生756人、专科生711人）。本（专）科毕业生就业率96.96%。招生7684人，其中，学历教育学生中全日制硕士研究生100人、普通本专科生5249人（本科生5044人、专科生205人）、成人教育本专科生2335人（本科生1216人、专科生1119人）。北京地区高考本科录取最低分文科518分、理科475分；在京普通高职最低分文科263分、理科241分，单招高职150分（其中，艺术类195分）。在校生23980人，其中，学历教育学生中全日制硕士研究生299人、普通本专科生19397人（本科生18523人、专科生874人）、成人教育本专科生4284人（本科生2194人、专科生2090人）。留学生毕结业604人、招生511人次、在校生934人次，其中，学历教育留学生毕业76人、招生81人次、在校生349人次。网址：www.buu.edu.cn。

2018年，学校落实立德树人根本任务，围绕人才培养这一中心抓落实，不断加大思政课和“课程思政”建设力度，全面推进“课程思政”“专业思政”“三全育人”工作，开设市级思政公开课，开展北京教育元素融入思政课教学改革，承办北京高校“课程思政”现场交流会，举办课程思政专题展和“课程思政”教学设计大赛，组织中国特色社会主义青年教师培训班，举办师德建设论坛。

人才培养。学校接受教育部本科教学工作审核评估，评估专家组对学校本科教育教学情况及城市型、应用型大学建设成果给予肯定。制定本科人才培养能力提升计划等6个系列文件。特殊教育专业首次招收硕士研究生推免生。获批全国残疾人高等融合教育试点高校。新增校级校外人才培养基地11个。获批校级创业孵化基地4个、培育基地2个。获批北京市考古勘探服务专业资质单位。通过教育部本科教学工作审核评估。

学科专业建设。学校接受教育部本科教学工作审核评估，评估专家组对学校本科教育教学情况及城市型、应用型大学建设成果给予肯定。新增10个硕士学位授权点，包括马克思主义理论、地理学、中国史、设计学4个硕士学位授权一级学科点和新闻与传播、文物与博物馆、工程、会计、图书情报、旅游管理6个硕士专业学位授权点。其中，中国史学科由硕士学位授权二级学科点升至一级。农业文化遗产可持续旅游发展院士工作站揭牌，主要开展农业文化遗产旅游发展研究。

文化建设。庆祝建校40周年，召开纪念大会，举办中外大学校长论坛、音乐会、文艺晚会、校友座谈会、老同志座谈会、教职工文化节、优秀辅导员论坛系列活动。组织创作歌曲《联大正青春》、制作《联大兴学图》绘画长卷、编创交响乐《京华兴学颂》、编排舞台剧《玉汝于成》、创作动画宣传片《奔向2035》。开展“原创联大”文化建设，建设“印韵北京”文化幕墙和“元堃书院”。

合作交流。新增国际合作院校5所。参与主办首届“都市轨道交通可持续发展论坛”。加入“一带一路”铁路国际人才教育联盟。举办第二届中国—中东欧“16+1”旅游院校联盟年会。当选为中俄交通大学校长国际联盟中方主席单位，金砖国家交通类大学校长论坛副主席单位。

12月13日，北京联大“课程思政”话剧《青春之歌》首轮公演（北京联大 供）

管理制度。坚持和完善党委领导下的校长负责制实施细则，制定党委会、常委会、校长办公会议事规则及落实“三重一大”实施细则。制定预算管理办法、因公出国（境）公示管理办法、基础设施改造工程项目管理办法、科研成果奖励办法、规范岗位设置与管理的意见，修订专业技术职务评聘实施方案，实施分类评价的绩效考核评价机制。

基础建设。完成基础设施改造项目20个，小额应急修缮项目40余个，经费总额4000万元。建立教学质量动态数据监测平台，采购管理系统建成正式运行，完成4个二级信息系统定级备案，4个信息系统测评整改。

党委书记　韩宪洲

校　　长　李学伟

（王岩　金培莉）

建校40周年庆祝活动

10月20日，北京联大举办建校40周年系列庆祝活动。学校召开纪念大会，回顾和总结学校发展历程、历史成就和宝贵经验；举办中外大学校长论坛，共话国际化人才培养；召开1978级校友座谈会，共叙40年革新，共商学校城市型、应用型大学建设；举办音乐会等活动，先后召开老同志座谈会，举办教职工文化节、优秀辅导员论坛。56所国家机关、企事业单位的领导，社会各界人士和机构代表，50余名企业代表，以及学校老领导，各届校友代表，师生员工代表1500余人参加庆祝活动。北京联大前身是1978年北京市依靠清华大学、北京大学等高校创办的36所大学分校，其中的24所经调整合并后，1985年组建为北京联合大学。

（王岩）

“课程思政”话剧《青春之歌》首轮公演

12月13日，北京联大出品，根据杨沫同名小说改编的“课程思政”话剧《青春之歌》在北京隆福剧场首轮公演。演出为期4天，共5场。该剧由北京联大教师导演，主要班底为学校艺术学院表演系30余名师生，是学校“课程思政”项目建设成果之一。学校结合艺术专业人才培养与思想政治、道德教育，向中国现代文学馆申请获得小说改编版权。该剧作为教学剧目于2017年12月在校内演出3场。9月，获批成为北京文化艺术基金2018年资助项目。

（王岩）

中国青年政治学院

概述

2018年，中国青年政治学院占地面积11.32万平方米，学校产权校舍建筑面积17.29万平方米。全年教育经费投入17105.98万元，其中，国家拨款10708.95万元，自筹经费6397.03万元。固定资产总值21816.14万元（不含房产），其中，教学、科研仪器设备值7093.11万元。图书馆建筑面积约9000平方米，藏书74.5万册。拥有计算机2131台。学校信息化经费投入154.25万元，多媒体教室95间，信息化设备资产3735万元，网络信息点7448个，校园网出口总带宽2Gbps，电子邮件系统用户15000个，数字资源量10752GB，管理信息系统数据总量549GB。设有7个教学科研部门和3个干部教育培训部门。拥有二级学科硕士授权点21个，专业型学位授权点2个。现有教职工235人，其中，专任教师66人，包括教授13人、副教授28人；硕士生导师54人。毕业生623人，其中，全日制硕士研究生91人，成人教育本专科532人（本科生226人、专科生306人）。招生150人、在校生320人，全部为全日制硕士研究生320。网址 www.cyu.edu.cn。

2018年，学校贯彻中央办公厅、国务院办公厅印发的《中央团校改革方案》，保留中青院牌子和招生代码，发挥其在师资涵养、学科建设、学理支撑、国际交流等方面的作用；保留现有学位授权点和招生资质，支持学院加强马克思主义理论一级学科建设，推进青年学等群团工作学科创建，新增“青年学”和“马克思主义中国化研究”两个二级学科；按照有关规定和程序申请博士、硕士学位授权，7月入选北京市教委新增博士学位授予单位项目建设三年规划。参加马克思主义理论研究和建设工程，推进国家哲学社会科学的重大委托项目《加强高校思想政治工作与大学生理想信念教育》。

党委书记 倪邦文

院　　长 贺军科（兼）

（崔保锋）

青年学术期刊与青年发展研讨会召开

12月16日，中青院召开青年学术期刊与青年发展研讨会。会议旨在促进青年学术期刊适应新时代期刊的发展，推动学者与编者的互动交流，围绕青年学术期刊如何适应共青团改革、聚焦青年等问题展开探讨。会议强调，中青院的改革对《中国青年社会科学》的办刊宗旨、定位和内容等提出新的要求，要用学术的视角、学术的语言来解读党的理论主张、政策，并贯穿到青年工作当中去。刊物要研究青年思想政治工作的创新机制，要研究青年、青年工作、青年组织和青年政策，通过办好期刊来推动学校的学术发展和智库建设。会议为新聘任的5名《中国青年社会科学》编委会委员颁发聘书。《清华大学学报》主编、《新华文摘》原总编、《高等学校文科学术文摘》原主编等期刊出版界专家学者及《中国青年社会科学》编委会委员、编辑等参加会议。

（崔保锋）

中国劳动关系学院

概述

2018年，中国劳动关系学院占地面积42.08万平方米，产权校舍建筑面积28.31万平方米、非产权校舍建筑面积6万平方米。全年教育经费投入41484万元，其中，国家拨款24904万元、上级补助收入13951万元、自筹经费2629万元。固定资产总值6.15亿元，其中，教学、科研仪器设备资产值1.22亿元。图书馆建筑面积9800平方米，藏有纸质图书87.05万册，电子图书99.22万册。拥有计算机1052台。学校信息化经费投入450万元，多媒体教室12间，网络信息点9662个，校园网出口总带宽8.1Gbps，电子邮件系统用户650个，数字资源量为40TB，管理信息系统数据总量900GB。设置12个院（系、部）；开设16个本科专业，覆盖6个学科门类；具有一级学科6个，专业学位授权点1个。教职工499人，其中，专任教师296人，包括教授35人、副教授94人；硕士生导师53人；享受政府特殊津贴专家14人。毕业生2386人，研究生85人，普通本专科生1891人（本科生1219人、专科生672人），成人教育本专科生410人（专科生212人、本科生198人）。本科生就业率97.95%，专科毕业生就业率98.07%。招生2325人，其中，学历教育学生中全日制研究生16人、非全日制研究生52人；普通本专科生1935人（本科生1250人、专科生685人）；成人教育本专科生322人（本科生217人、专科生105人）。高考北京地区提档线理科502分、文科546分。在校生7225人，其中，学历教育学生中全日制研究生87人，非全日制研究生86人，普通本专科生6305人（本科生4723人、专科生1582人），成人教育本专科生747人（本科生431人、专科生316人）。网址：www.culr.edu.cn。

2018年，学校重点工作主要包括以下几个方面：

学科建设。成为硕士学位授予立项建设单位，首次在中国香港地区招生。制定《学院关于进一步加强劳模本科教育的实施办法》，对劳模本科教育的专业和课程设置、培养方案等提出改进措施。先后与多所地方工会院校共同探索校内办学与校外办学相结合的劳模培养方式，适度扩大劳模本科教育规模和招生专业。学校接受教育部高等教育评估中心组织的本科教学工作审核评估。学校完成教育部资助专业建设项目结项8个，课程建设结项46个；完成校级教改项目结项40个；实行现场演示为教学类项目结项方式的创新改革；获批北京市资助的教育教学改革项目立项41个。

科研工作。智库资政建言作用进一步发挥，初步形成以“劳动关系与工会研究中心”为龙头、以工会与劳动关系研究为重点的学术矩阵，全年向全总报送《研究动态》27期，《工运参考资料》12期，与中国人民大学重阳金融研究院签署合作协议，并举行“民心相通：‘一带一路’与和谐劳动关系构建研究成果发布会”。连续三年组织编写出版《中国职工状况研究报告》；获得国家、北京市科研项目立项11个，国内企事业单位委托、社会各界资助项目50个；科研经费投入持续增长，师均经费突破4.5万元。举办新时代劳模精神工匠精神与思想政治教育研讨会、全国工会学研究会2018年年会、2018中国工会劳动关系论坛等多项重要学术活动。图书馆服务水平与硬件条件得到进一步改善，“中国工运文库”建设进展顺利。《中国劳动关系学院学报》入选“中国人文社会科学期刊AMI综合评价报告（2018年）”A刊政治类核心期刊。

国际合作。学校与美国宾汉姆顿大学、密苏里大学哥伦比亚分校、圣地亚哥州立大学及英国牛津大学玛格丽特夫人学院4所大学新签合作协议，至年底，与学校签署合作协议的海外院校、机构已增至30个，覆盖欧洲、亚洲、美洲的17个国家和地区。

工会干部培训。学校发起并主办全国工会干部教育培训工作交流研讨会，工会干部培训学院与铁人学院签订合作协议。学校开始运行工会干部培训学院信息化管理系统，实现“互联网+工会”培训的新模式；开办“中国劳动关系学院工会干部培训”微信公众号。全年举办各级工会干部培训班94期，共培训工会干部7487人次。

党委书记 屈增国

校　　长 刘向兵

（李冰之）

首届校外劳模工匠本科班

10月，中国劳动关系学院与广东省总工会、教育厅合作举办的首届校外劳模工匠本科班在广东南华工商职业学院开班。中国劳动关系学院根据劳模工匠实际需求，结合自身优势开设人力资源管理专业，选派教师利用周末时间进行集中面授课程。该劳模班由中国劳动关系学院与华南理工大学、华南师范大学、广东开放大学4所高校承办，学校采用线上线下相结合不脱产的教学方式，用两年半的时间完成本科课程。首届2018级广东省劳模工匠本科班学员150余人参加开学典礼。

（李冰之）

北京警察学院

概述

2018年，北京警察学院占地面积60.77万平方米，产权校舍建筑面积21.85万平方米。全年教育经费投入19254.75万元，其中，国家拨款19254.75万元。固定资产总值127042.55万元，其中，教学、科研仪器设备资产值3970.36万元。图书馆建筑面积9840平方米，藏有纸质图书64.27万册、电子图书16.49万册。拥有计算机3044台。学校信息化经费投入663.32万元，多媒体教室101间，信息化设备资产6572.42万元，网络信息点2200个，校园网出口总带宽450Mbps，电子邮件系统用户472个，上网课程20门，数字资源量76TB，管理信息系统数据总量710GB。设有1个校区，设置8个院（系、部）；开设本科专业10个，专科（高职）专业2个，覆盖13个学科门类，具有一级学科2个。教职工401人，其中，专任教师226人，包括教授32人、副教授61人。毕业生627人，其中，本科生474人、专科生153人。本专科毕业生就业率96%。招生569人，其中，本科生491人，专科生78人。高考北京地区提档线文科505分、理科467分。在校生2074人，其中，本科生1831人、专科生243人。网址：http://www.bjpc.edu.cn。

2018年，学校瞄准建设"国内一流、国际水平"警察学院的战略目标，落实立德树人的根本任务，以本科教学工作合格评估建设为牵动，实现党建队建、迎评促建、教学改革、学生管理、民警培训、科研创新、合作办学、规范管理等"八个全面提升"。

7月16日至21日，警察学院散打队参加2018年中国大学生武术散打锦标赛
（警察学院 供）

人才培养。紧贴实战，推进学科专业建设，制定《关于本科专业（方向）调整的意见》，确定治安学、网络安全与执法专业为首批院级特色专业，组织治安学、刑侦、刑技等专业申报北京市一流专业，网安专业开展公安部重点实验室、实战实训靶场、校企合作办学以及电子物证鉴定中心四大基础建设，推动交通管理工程、涉外警务等新建专业开展全面达标建设；制定2018版本科专业人才培养方案，围绕首都经济社会发展功能定位对警务人才培养的需要，强化政治、终身学习、服务群众、规范执法、科技应用与处置突发事件等"六个能力"培养，突出高素质应用型警务人才培养办学特色；制定《大学生创新训练计划项目管理办法》，组织学院第二届大学生科技创新大赛；参加第十二届和第十三届公安院校学生科技应用创新大赛、第二届"蓝帽杯"全国大学生网络安全技能比赛、首届"长虹治安杯"全国大学生创新大赛、北京市大学生网络安全大赛、"美亚杯"第四届中国电子数据取证等专业比赛获奖22项；围绕市局中心工作，面向实战，按需施训，严格管理，形成新警岗前培训、司晋督培训和外警培训首都特色品牌，全年完成各类培训136期次15900余人次。

师资建设。组织混合式教学能力、教学管理研修、暑期教师教学技能研修等培训，组织师徒结对、教研室集体备课、外出业务交流、教学技术学术讲座、参与式工作坊、教学分享沙龙等活动，参训860余人次。组织教学名师、每月教学之星等评选活动，5名教师确定为专业带头人，1人获评北京市高等学校教学名师，1人获评第二届全国公安高等教育教学名师、13人获评市局级优秀教师。

教学管理。建立教学质量监控中心等7个教学管理服务非建制机构和4个专业教学机构；加强教学质量常态监控，完善日检查、周通报、月汇总、教学督导听评课机制，初步形成"系部自查—学院检查—反馈—系部整改—学院回头看"的闭环式教学质量监控体系；引进新的教学管理系统，构建自主选课、师生互评、教学评估等综合教学管理模式。

科研成果。立项省部级以上项目6个、局级项目24个、院级项目71个，结项66个，发表论文88篇，完成著作、教材7部；举办京津冀公安院校合作首届学术研讨会、京津冀食品药品安全协同治理研讨会、第三届警察刑事执法论坛暨“一带一路”警察刑事执法研讨会、警务技战术课程建设研讨会等学术研讨会；首次设立并资助31个大学生创新训练计划项目；举办学院第二届大学生科技创新活动，500余名学生携86个项目参赛，27个项目获奖。

合作交流。组织教师外出参加学术交流活动50次；举办警院同局属单位互动合作签约暨市局教官聘任仪式，学院分别与刑侦总队、交管局、东城分局等25个实战单位签订校局合作办学协议，聘任259名专兼职教官；聘请一线教官100余人次来院授课，组织学生3000余人次到实训基地观摩学习；与湖南警院互派交换生培养、与广东警院互派教师讲学，签署京津冀公安院校合作框架协议并举办学术研讨会及征文评选活动;与中央美术学院、北京第二外国语学院、中国音乐学院等社会院校在校园文化建设、外警培训翻译人才、涉外警务专业建设、学生社团活动等方面开展交流合作;与加拿大哥伦比亚省司法学院就18名本科学生赴该院参加2019春季学期公安学专业学分班学分转移项目交流学习达成意向。

党委书记 高岩
院　　长 王立

（胡欣坤）

警犬技术专业建设研讨会

6月26日，警察学院召开警犬技术专业建设研讨会。会议围绕警犬技术专业培养目标定位、专业课程、实践教学和民警继续教育等问题展开研讨。学院领导、警犬技术专业教师，市公安局刑侦总队、公交总队和西城、朝阳、海淀等7个区分局警犬技术部门负责人共30余人参加会议。

（胡欣坤）

中国科学院大学

概述

2018年，中国科学院大学占地面积356.43万平方米，产权校舍建筑面积27.80万平方米，非产权校舍建筑面积5.54万平方米。全年教育经费投入32.93亿元，其中，财政拨款22.80亿元、自筹经费10.13亿元。固定资产总值36.43亿元，其中，教学、科研仪器设备资产值4.38亿元。图书馆建筑面积2.41万平方米，馆藏图书59.4万册，有全文数据库141个、二次文献库15个、工具事实型数据库8个、数值型数据库4个、多媒体数据库1个，同时共享中国科学院文献情报中心资源。拥有计算机8663台。信息化经费投入2585万元，多媒体教室245间，信息化设备资产11498.33万元，网络信息点47636个，校园网出口总带宽4.2Gbps，电子邮件系统用户12.52万个，数字资源量33220GB，管理信息系统数据总量752GB。学校由京内4个校区、京外5个教育基地和分布全国的116个培养单位组成。设有36个校部学院（系、中心），15个京外科教融合学院。开设博士专业152个，硕士专业179个，本科专业13个；具有一级学科53个，一级学科博士点40个，博士学位授权点40个，硕士学位授权点53个。专业学位授权点10个。专任教师3018人，其中，教授2243人、副教授709人；中科院院士143人、工程院院士10人、两院院士1人。研究生导师11737人，包括博士生导师6637人、硕士生导师5100人；其中，中科院院士240人、工程院院士34人。“长江学者奖励计划”入选者40人。毕业生10227人，其中，全日制研究生9937人（博士生5199人、硕士生4738人）、本科生290人。招生16381人，其中，全日制研究生15982人（博士生6859人、硕士生9123人）、本科生399人。北京地区高考综合评价录取15人，分数线674分；统招录取10人，分数线678分。在校生50790人，其中，全日制研究生49249人（博士生25852、硕士生23397人）、普通本科生1541人。留学生毕业230人、招生447人、在校生1729人。网址：www.ucas.edu.cn。

2018年，学校坚持党委领导下的校长负责制，坚持全面从严治党，加强党的全面领导，继续推进科教融合3.0，加强人才队伍建设，以立德树人为根本，全面提高教育教学质量。

深化和创新科教融合。按照京内外科教融合学院布局，组建成立南京学院、能源学院、重庆学院、福建学院、航空宇航学院。成立京外科教融合推进工作组，负责与京外学院的工作协调和业务联系。成立中国科学院大学教学委员会，制定《中国科学院大学教学委员会章程》，提升研究生教学质量。制定《中国科学院大学与承办科教融合学院的京内研究所双向双聘引进“青年千人”管理办法（试行）》，支持承办研究所以“双向双聘”方式积极引进“青年千人”，增强优秀青年授课师资队伍。优化岗位教师队伍，对岗位教师进行首次聘期考核，鼓励和支持研究所高水平科学家参与教学工作。

积极推进学科建设。明确学科建设责任主体，完善材料与光电技术、化学与化工两个一流学科群建设项目报告，制定具体实施方案。组织京内外25个学院修订“十三五”学科建设规划。获得学位授权自主审核资格，自主增列公共管理学、考古学两个一级学科博士点。完成49个一级学科和23个专业学位类别的学位授权点合格评估的自评工作。积极争取北京市支持，获得两个一流学科每学科每年1000万元的建设经费。智能科学与技术、工程科学、地质与地球物理3个学科入选北京市“高精尖”学科，获得每学科每年1000万元的经费支持。

促进对外交流与合作。与4个大洲12个国家建立合作关系，与18所境外高校和研究机构签署合作协议。累计派出386批532人次前往50个国家和地区访问。接待外宾及港澳台人士262批595人次。举办国际会议12场。聘请外国文教专家 55 人次，聘请英国约克公爵安德鲁王子为名誉顾问教授。通过“研究生国际合作培养计划”派出 137 名博士研究生。获得国家留学基金委公派项目资助，派出 445 人，其中，国家建设高水平大学公派研究生项目选派 353 人。成立中国科学院大学—斯里兰卡卢胡纳大学联合科教中心、国科大和缅甸林业司联合科教中心和国科大中亚科教中心。

党委书记　张杰（6 月免）
　　　　　李树深（6 月任）
校　　长　丁仲礼（4 月免）
　　　　　李树深（4 月任）

（通拉嘎）

首届本科生毕业

7 月 2 日，国科大举行首届本科生毕业典礼。中国科学院领导、研究所领导、国科大校领导、相关学院负责人以及部分学生家长近 800 人参加毕业典礼。学校首届本科毕业生 290 人，其中，继续攻读硕士或直接攻读博士学位 244 人，占 84.1%；继续深造的毕业生到境外就读 85 人（出国 57 人、到中国香港高校 28 人），占毕业人数的 29.3%。首届本科生分布在数学、物理、化学、材料、生物、计算机 6 个专业，在学业导师指导下完成学术论文近 80 篇，部分论文发表在国际顶级刊物。2014 年，国科大开始招收本科生，形成覆盖本、硕、博 3 个层次的高等教育体系。

（通拉嘎）

建校 40 周年

10 月 14 日，国科大召开建校 40 周年纪念大会。会议以“致大尽微、家国天下”为主题，回顾学校 40 年的办学历程，表彰“李佩教学名师奖”“李佩优秀教师奖”“师德模范奖”获奖教师，宣读“国科大星”国际命名公报，颁授“国科大星”命名证书及其运行轨道图。校庆期间，国科大收到来自国内外多所高校和科研机构的贺信与祝福视频。来自 40 余所国内外高校代表、60 余所重点中学代表、社会各界人士、国科大离退休老同志、各级校友代表和在校师生 3000 余人参加庆祝大会。中国科学院大学成立于 1978 年，前身中国科学院研究生院，是经党中央国务院批准创办的第一所研究生院；2012 年更名为中国科学院大学。至 2018 年，国科大累计授予 160614 名研究生硕士、博士学位，其中，授予博士学位 77853 名；首次授予 290 名本科毕业生学士学位。

10 月 14 日，举办建校 40 周年纪念大会

（国科大　供）

（通拉嘎）

与怀柔签署战略合作协议

11 月 1 日，国科大与怀柔科学城管理委员会和怀柔区政府签署战略合作协议。三方签署的战略合作协议包含共建科技创新服务平台、建立创新创业协同机制、推进国际合作与学术交流、促进科技成果转移转化、促进校地人才交流、共同推进区域化党建、共同推进“法人经营地”统计工作、积极对接统战工作以及加强基本建设工作合作共 9 方面内容。根据协议，科学城管委会、怀柔区政府支持国科大在怀柔主办和承办国际学术会议，提升科研人员以及学生的国际合作与交流能力，提升怀柔科学城国际知名度和影响力，稳步推进国际学术交流与合作。国科大为科学城、怀柔区管理队伍提供短期培训，探索开展委培学位教育，提高科学城人才队伍管理和服务水平，开放图书馆等教育资源，打造面向基础教育、面向高等教育以及面向大众的科普教育体系。

（通拉嘎）

中国社会科学院大学（中国社会科学院研究生院）

概述

2018 年，中国社会科学院大学（中国社会科学院研究生院）占地面积 40.84 万平方米，产权校舍建筑面积 7.66 万平方米、非产权校舍建筑面积 3.18 万平方米。全年教育经费投入 5.6539.76 万元，其中，国家拨款 36798.10 万元、自筹经费 19741.66 万元。固定资产值 68535.27 万元，其中，教学、科研仪器设备资产值 13050 万元。图书馆建筑面积 10700 平方米，藏书 46.38 万册，其中，中文图书 35.7 万册，外文图书 4.8 万册，中外文期刊 5.8 万册。拥有计算机 1168 台。学校信息化经费投入 927 万元，多媒体教室 53 间，信息化设备资产 1600 万元，网络信息点 5500 个，校园网出口总带宽 700Mbps，电子邮件系统用户 1006 个，数字资源量 1300GB，管理信息系统数据总量 1000GB。设有两个校区，设置 6 个学部，40 个教学系，开设 34 个专业，覆盖 7 个学科门类；具有一级学科 18 个；一级学科博士点 16 个、博士学位授权点 114 个；硕士学位授权点 119 个（含自主设置硕士学位授权点 23 个），专业学位授权点 8 个。博士后科研流动站 1 个，其中，博士后研究人员出站 1 人、进站 7 人、在站 11 人。北京市重点二级学科 5 个。教职工 410 人，其中，专任教师 214 人，包括教授 28 人、副教授 75 人。外籍教师 7 人。社科院 40 个教学系指导教师 1619 人，其中，博士生导师 933 人，硕士生导师 686 人。毕业生 2368 人，其中，研究生 1272 人（博士 337 人、硕士 935 人）、本科生 1096 人。毕业生就业率本科生 91.6%，研究生 93.5%。招生 1954 人，其中，研究生 1555 人（博士生 453 人、硕士生 1102 人）、本科生 399 人。高考北京地区提档线文科 643 分、理科 643 分。在校本科生 2960 人，其中，西三环学区 2189 人，良乡校区 771 人;在校研究生 4365 人，其中，(博士生 1700 人、硕士生 924 人)。在校留学生 13 人，其中，博士 11 人、硕士 2 人。港澳台学生 43 人，其中，博士 33 人、硕士 10 人。网址：http://ucass.gscass.cn，http://www.gscass.cn。

2018 年，学校围绕立德树人这一根本任务，聚焦社科大人才培养目标和培养特色，充分发挥社科院系统的整体优势，以“社科大学子扬帆新时代计划”为抓手，以“高校思想政治工作提升工程实施纲要”为路径，以加强队伍建设和体制机制建设为保证开展各项工作。

党建工作。制定《大学（研究生院）关于进一步加强基层党组织建设的意见》(试行)，根据《中国共产党章程》《中国共产党普通高等学校基层组织工作条例》《普通高等学校学生党建工作标准》等规定，结合学校实际，建立健全学生党建工作组织领导机制，形成党委统一领导，组织部门牵头抓总，学生工作（研究生工作）、宣传、共青团、教务、人事等部门协同配合，院（系）党组织负责实施、党支部具体落实的党建工作格局。

思想政治工作。通过实施“社科大学工队伍能力提升计划”，加强学工队伍在思政理论、心理健康咨询、职业生涯辅导与规划、大学生创新创业等专业领域的教育培训，打造一支专职为主，专兼结合、数量充足、素质优良的思政工作队伍。

人才培养。启动本科生“人文社会科学新苗支持计划”，制定“课题研究”“读书会”“学术竞赛”“研究小组”“成果奖励”五位一体的本科生科学研究管理体系。

学科建设。马克思主义学院“国家高校思想政治工作创新发展中心”项目通过教育部组织的评审，成功拥有一个省部级重点研究基地。汉语国际教育硕士项目已初步完成培养方案与课程大纲设计、导师库与授课师资团队建立、学位与学生管理规章制度建设。

筹办校报。按照校领导指示，经社科院办公厅指导，与中央重点新闻单位光明日报社、光明网达成合作，重点推动本年度本科生招生宣传工作。6 月，中国社会科学院大学官方微信公众号正式上线。在不同阶段的舆情环境下，实现新闻安全与专业，践行习近平总书记提出的“团结稳定鼓劲、正面宣传为主”的宣传思想工作方针。

党委书记 张政文

校　　长 王伟光

（李安）

本科生毕业典礼暨学位颁授仪式

6 月 28 日，社科大举办 2018 届本科生毕业典礼暨学位颁授仪式。活动以“今日拨穗离别小院，明朝起航不负青春”为主题，为获得学士学位的毕业生颁授学位并合照留念，为毕业生代表颁发毕业证书，表彰中国社会科学院大学 2018 届优秀毕业生和北京市优秀毕业生名单。校长发表题为《记住母校，中国社科大永远是你们的精神家园、事业后盾》的讲话，并为毕业生送上临别赠言。学校 2018 届全体本科毕业生参加毕业典礼。

（李安）

建院 40 周年庆祝大会

10月13日，社科院研究生院举办建院40周年庆祝大会。会议回顾研究生院建院 40 年来走过历程以及取得的丰硕成果，向各位校友所取得的成就表示祝贺。该校研究生导师代表、教职工代表、港澳校友代表、在校生代表分别发言祝贺研究生院建院 40 周年。会上，在校生代表向导师代表和老教职工代表献花，举行校友捐赠纪念品仪式。社科院研究生院 1978 年建院，为中央部委直属的研究生培养单位，2017 年创办中国社会科学院大学，以中国社会科学院研究生院为基础，整合中国青年政治学院本科教育及部分研究生教育资源而组建，以马克思主义为指导，坚持党的领导，坚持正确的办学方向，坚持中国特色社会主义大学的办学方针，致力于培养政治可靠、作风过硬、理论深厚、学术精湛的哲学社会科学后备人才，培养又红又专、德才兼备、全面发展的中国特色社会主义事业接班人和建设者，努力建设成为具有中国特色的社会主义一流文科大学。至 2018 年，累计培养毕业生 18694 人，其中，博士 5496 人、硕士 12106 人。

（李安）

中国农业科学院研究生院

概述

2018 年，中国农业科学院研究生院占地面积 1.50 万平方米，产权校舍建筑面积 4.30 万平方米。固定资产总值 17487 万元，其中，教学、科研仪器设备总值 5761 万元。全年教育经费投入 15670 万元，其中，国家拨款 10788 万元，自筹经费 4882 万元。国家农业图书馆建筑面积 31936 平方米，馆藏文献 210 万余册，国内外图书 33 万余种，建有数据量 80G 以上的大型农业科学数据库。拥有计算机 100 台。虚拟教学机位 280 个。学校信息化经费投入 3600 万余元，多媒体教室 23 间，信息化设备资产 4480 余万元，网络信息点 2100 个，校园网出口总带宽 1500Mbps，电子邮件系统用户 5871 个，上网课程 65 门，数字资源量 80000GB，管理信息系统数据总量 500GB。该院研究生教育以其分布在全国 18 个省（市、自治区）的 43 个研究所为依托，覆盖 4 个学科门类。具有一级学科 17 个，一级学科博士点 11 个、博士学位授权点 51 个；硕士学位授权点 61 个；专业学位授权点 4 个。拥有中国农业领域仅有的农作物基因资源与基因改良国家重大科学工程和国家农业生物安全科学中心 2

11月13日至14日，农科院研究生院举办2018年教师教学培训班
（农科院研究生院　供）

个国家重大科技基础设施，国家重点实验室6个，农业部重点开放实验室62个；国家工程技术研究中心5个，国家工程实验室5个和国家工程研究中心2个。拥有专业技术人员5911人，其中，正高级1142人、副高级1181人；博士生导师704人、硕士生导师1280人。中科院院士3人、工程院院士10人。全日制研究生毕业881人，其中，博士220人、硕士661人。全年累计招生1711人，其中，普通全日制招生1175人（硕士804人、博士371人）；非全日制专业学位招生311人。在校生5543人，其中，博士生1270人、硕士生4273人。留学生毕业43人、招生158人、在校生523人。网址：gs.caas.cn

2018年，学校面向国家战略需求，科教融合，开展协同育人。

招生与就业。新增与西南大学、南京农业大学联合培养博士生项目并招生，试行哈尔滨兽医学院2019年博士研究生“申请—考核制”招生实施方案。全年累计招生1711人，比上年增长8%。推进博士生源质量提升；改变过去研究生院统一举办夏令营的方式，鼓励并支持9个研究所举办具有学科特色中小型夏令营活动，选拔优秀硕士生源。总计招收推免生130人，其中，“211”高校生源占43.1%。开展就业宣讲会，春秋两季毕业生双选会和数十场专场双选会，举办京区科研院所联合双选会。加强与用人单位联系，向用人单位推送毕业生电子版名册。开展对就业困难及离校未就业学生帮扶工作。采用微信公众号等贴近学生的方式进行就业指导与服务，提高就业服务水平。

学科建设。新增农业工程博士学位授权一级学科，大气科学、水产2个硕士学位授权一级学科以及工程硕士、图书情报硕士2个专业学位授权类别，新增5个学位授权点。撤销设施农业与生态工程、作物土壤机械工程学2个自主设置二级学科，以及情报学二级学科。

交流合作与社会服务。与加拿大阿尔伯塔大学、爱尔兰国立都柏林大学成功签署博士学位教育项目合作协议。中比（比利时）、中荷（荷兰）项目招生合计40人。21名学生首次获得中国政府奖学金资助。服务中国农科院“立地”战略，服务“三农”发展。配合院党组要求，制定“一懂两爱”农业科技队伍建设行动方案，将培训工作纳入到院乡村振兴和科技扶贫的统一部署。“中国农业科学院乡村振兴学院”实施方案得到农科院批准。累计举办25个班次及国际会议，培训3495人次，比上年增长47%。做好“院地合作”，与新津县政府和新希望集团联合共建“天府希望绿领学院”。

校园活动。利用“农科校园”App及微信公众号加强思政建设，完成“树人讲堂”8期；举办首届三分钟论文演讲比赛；开展在校生心理筛查及主动干预，关注学生心理健康；参与中国研究生创新实践系列大赛并获佳绩。组织义务植树、无偿献血、暑期社会实践等团学活动，引导学生践行社会主义核心价值观。完成“数字校园无线覆盖设备购置项目”，铺设1035个无线接入点，实现公共区域无线网络全覆盖，信息化建设逐步完善。完成心理咨询室建设，面向2018级全体新生开展心理健康普查，加强研究生心理健康教育。与国防大学联合举办“一二·九”合唱比赛、师生元旦联欢会等活动，提高军民共建工作水平。

党委书记　刘大群
院　　长　刘大群

（王仕龙）

研究生指导教师培训

4月12日至14日，农科院研究生院2018年研究生指导教师培训班在北京举办。培训班以“加强师德师风建设、落实立德树人职责”为主题，设置国家研究生教育政策解读、师德师风建设宣讲、研究生心理健康及导师经验交流四大模块。全院34个研究所的216名新增研究生导师参加培训。学校另于11月13日至14日举办教师教学培训班，邀请中国农业大学、北京航空航天大学、中国人民大学等高校7名教学名师，围绕研究型教学、案例教学、师生沟通、信息化时代的混合式教学、教学设计、讨论式教学主题开展培训。近70名教师参加培训。

（王仕龙）

（本栏责任编校　张晓兰）

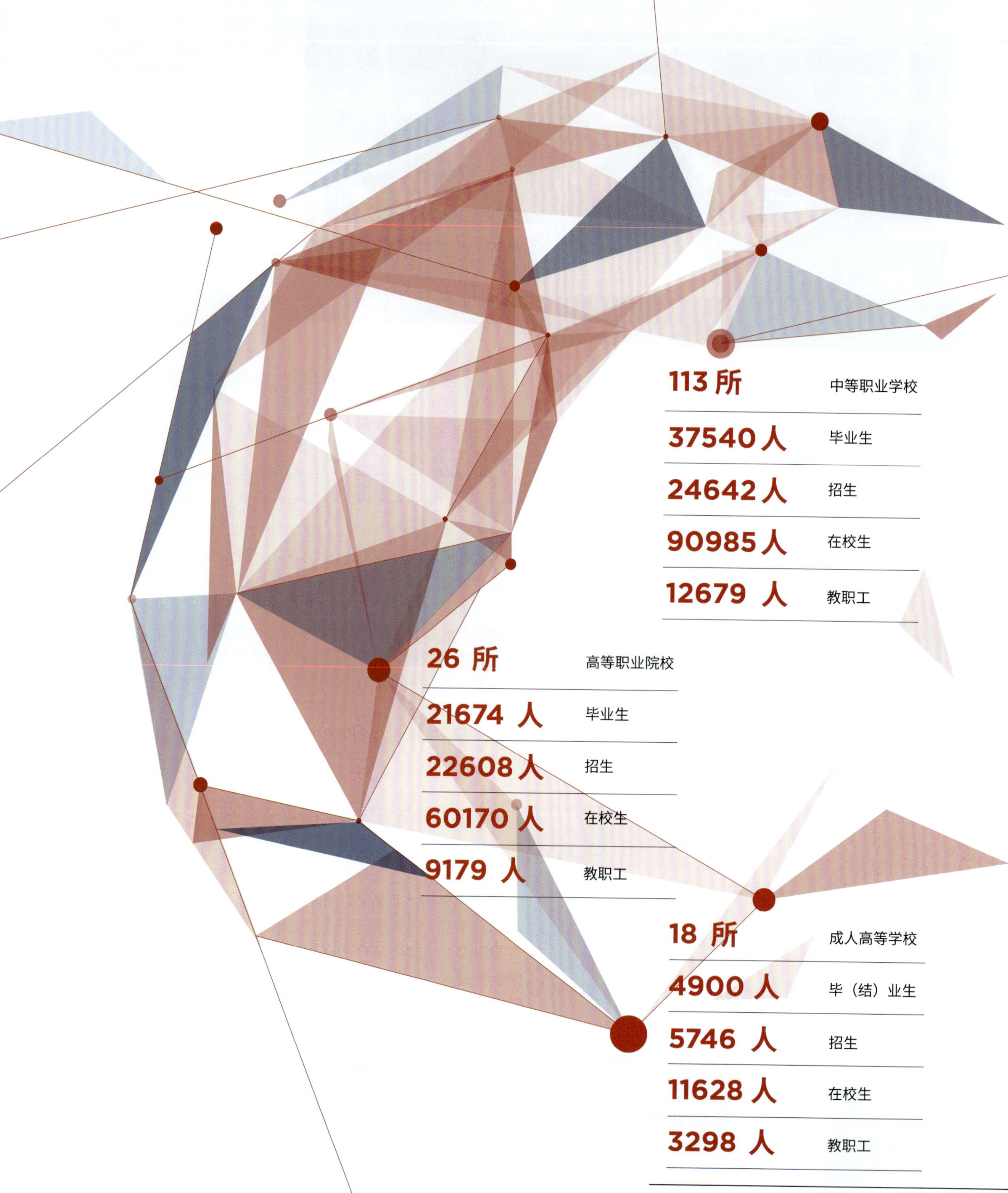
113 所 中等职业学校
37540 人 毕业生
24642 人 招生
90985 人 在校生
12679 人 教职工
26 所 高等职业院校
21674 人 毕业生
22608 人 招生
60170 人 在校生
9179 人 教职工
18 所 成人高等学校
4900 人 毕（结）业生
5746 人 招生
11628 人 在校生
3298 人 教职工

2019 | 职业与继续教育

VOCATIONAL AND CONTINUING EDUCATION

- 重视职业院校思想政治和德育工作
- 中高职教育结构调整
- 职业教育改革试验开展
- 人才培养模式和课堂教学改革推进
- 职业教育改革发展行动计划（2018—2020 年）发布
- 高等学历继续教育专业设置管理改革完成
- 第二批北京市职工继续教育及新型职业农民培训基地认定
- 第二批北京市民终身学习示范基地认定

VOCATIONAL AND CONTINUING EDUCATION

职业与继续教育

综述

概述

2018年，北京市有中等职业学校113所，其中，普通中等专业学校29所、成人中等专业学校11所、职业高中46所、技工学校27所。普通中等专业学校毕业生12695人，招生7869人，在校生35094人；教职工3232人，包括专任教师1823人；占地面积143.54万平方米，学校产权校舍建筑面积86.92万平方米；固定资产总值29.57亿元，包括教学、实习仪器设备资产9.48亿元。成人中等专业学校毕业生8193人，招生4056人，在校生18649人；教职工573人，包括专任教师286人；占地面积19.17万平方米，学校产权校舍建筑面积11.03万平方米；固定资产总值1.24亿元，包括教学、实习仪器设备资产0.34亿元。职业高中毕业生5149人，招生2448人，在校生8556人；教职工5702人，包括专任教师4038人；占地面积235.72万平方米，学校产权校舍建筑面积139.52万平方米；固定资产总值49.98亿元，包括教学、实习仪器设备资产22.08亿元。技工学校毕业生11503人，招生10269人，在校生28686人；教职工3172人，包括专任教师1617人。

高等职业院校26所，毕业生21647人，招生22608人，在校生60170人；教职工9179人，包括专任教师5050人；占地面积623.11万平方米，学校产权校舍建筑面积359.52万平方米；固定资产总值123.19亿元，包括教学、科研仪器设备资产35.37亿元。

独立设置成人高等学校18所，毕业生4900人，招生5746人，在校生11628人；教职工3298人，包括专任教师1424人；占地面积136.01万平方米，学校产权校舍建筑面积83.99万平方米；固定资产总值29.28亿元，包括教学、科研仪器设备资产3.24亿元。培训机构3079所，注册学生279.17万人。

（武晔　胡雨）

重视职业院校思想政治和德育工作

2018年，市教委把落实立德树人根本任务放在学校工作首位，高度重视职业院校思想政治和德育工作。深入开展课程思政研究、师德师风教育、学生思想状况调研、第二批“一校一品”优秀德育品牌创评、文明风采竞赛、班主任基本功大赛、职业素养护照等活动。

（武晔）

12月13日，大兴一职国旗护卫队“北京市职业院校一校一品”优秀德育品牌复评工作完成　（大兴一职　供）

中高职教育结构继续调整

2018年，市教委继续调整中高职教育结构。遴选特色高水平职业院校、特色高水平骨干专业（群）、实训基地（工程师学院、技术技能大师工作室）。撤并部分中心城区中职学校，清理无办学行为民办职业学校。围绕北京产业结构和京津冀协同发展需求优化专业布局，22所中职

5月，2018北京市中等职业学校美发美容技术技能大赛在西城职校举行。图为新娘化妆比赛现场 （西城职校 供）

学校新增移动商务、机器人技术与应用、文物保护技术等39个专业（技能方向），18所高职院校新增互联网金融、信息安全与管理、无人机应用技术等36个专业；严格执行北京市新增产业禁限目录，中职学校撤销3所学校焊接技术应用、土建工程测量等7个专业，高职院校撤销3个专业。

（武晔　项明）

职业教育改革试验继续开展

2018年，市教委继续开展职业教育各项改革试验。研究制定和完善贯通培养试验政策措施，加强过程跟踪和质量监测，试验院校范围进一步扩大，试点专业进一步优化，共投放计划5330人（包括高端技术技能人才贯通培养项目招生计划4100人、校企深度合作人才培养项目140人、非通用语外语人才培养项目招生计划100人、学前教育与基础教育师资培养项目招生计划990人），录取2094人；继续稳步扩大“3+2”中高职衔接办学项目试验范围，新增办学项目61个，试验专业布点达281个。遴选7所职业院校在物流专业开展第二期胡格教育模式改革试验，遴选8所职业院校在数字媒体专业开展第三期胡格教育模式改革试验；决定在首钢技师学院和首钢工学院以智能制造、计算机网络等若干重点专业为试点开展胡格教育模式改革试验。

（武晔）

人才培养模式和课堂教学改革

2018年，市教委继续推进人才培养模式和课堂教学改革。各职业院校广泛开展以提升学生专业技能和综合职业素养能力为主要内容的“三有课堂”建设，重构教学计划，重组教学模块，改进教学方法和手段，遴选出12所职业院校参与教育部第三批现代学徒制人才培养模式试验。加强教学科研，推荐14项成果参评2018年国家级职业教育教学成果奖，获得国家级教学成果奖一等奖2个、二等奖10个。提升教师教学能力，参加全国职业院校技能大赛教学能力比赛，获得一等奖12个、二等奖14个、三等奖8个，名列全国第二。举办北京市职业院校技术技能比赛，80所职业院校3300余名中高职学生参加130项比赛；组团参加全国职业院校技能大赛，共获得一等奖19个、二等奖36个、三等奖65个。

（武晔）

产教融合校企合作

2018年，市教委推进产教融合、校企合作。全市职业院校走进知名企业开展调研，推动院校与企业开展育人合作。创新性提出“工程师学院”的校企合作新模式，企业通过制定人才培养方案、编写教材、指派教师、提供真实工作场景等方式深度参与学生培养全过程，实现零距离培养模式。继续推进集团化办学改革试验，2018年新组建学前教育职教集团、文化艺术职教集团，目前共组建职教集团13个，吸引20余所本科高校、100余所职业院校、200余家企业、10余个行业协会和近30家科研机构参与，共同推动职业教育发展。

（武晔）

职业教育国际交流与合作

2018年，市教委加强职业教育国际交流与合作。借鉴国际先进职业教育经验，探索创新有北京特色的国际经验本土化职业教育模式。遴选学生由政府资助赴国外访学实习。举办第二届中英“一带一路”国际青年创新创业技能大赛中国区决赛、“新丝路”职业教育国际论坛，与“一带一路”沿线国家职业院校代表磋商学生交流互访、中国传统文化输出、国际技能比赛等项目。继续输出北京市优质职业教育资源，帮助埃及、赞比亚、泰国等“一带一路”沿线国家培养高素质技术技能人才。

（武晔）

继续教育和学习型城市建设

2018年，市教委推动继续教育和学习型城市建设。组织“城教融合”课题组，对城教融合背景下北京职成教育发展策略、开放教育发展策略进行深入研究。实施《北京市学习型城市建设行动计划》，开展16个区的学习型城市工作成果展示及经验交流活动，培训第三批学习指导师，评选160名首都市民学习之星。继续大力推进家庭教育及家风建设。评选认定30个北京市第二批市民终身学习示范基地、16个北京市第二批职工继续教育基地。出台《北京市关于加快发展老年教育的实施意见》，加快涉老养老服务人才培养。大力开展农村成人教育，验收认定20所农村地区成人学校为第二批北京市新型职业农民培训基地。开办“村务管理”专班，面向在职村干部开展学历提升和素质培训。

（武晔）

职业教育改革发展行动计划（2018—2020年）发布

4月12日，市教委、市发展改革委、市财政局、市人力社保局、市政府教育督导室联合发布《北京职业教育改革发展行动计划（2018—2020年）》。行动计划于3月16日经市教育体制改革专项小组第四次全体会议审议通过。计划明确“立足需求、提升质量、优化布局、城教融合、协同发展”的职业教育改革发展基本思路，提出7个方面共15项改革任务，将重点建设10所左右特色鲜明、世界一流的职业院校，高水平建设100个左右国内领先、世界一流的骨干专业，重点建设100个左右工程师学院及技术技能大师工作室，每年完成职业技术技能培训100万人次以上。

（武晔 胡雨）

北京学前教育职业教育集团成立

11月10日，北京学前教育职业教育集团在北京青年政治学院成立。北京联合大学与朝阳区福怡苑幼儿园、北京京北职业技术学院与怀柔区第二幼儿园举行校企合作签约仪式。学前教育职教集团是在市教委指导下，在共青团北京市委员会等单位指导下，由北青政牵头，联合北京师范大学、首都师范大学、北京联合大学、中国少年文化基金会、北海幼儿园、《学前教育》杂志社等80家北京市相关院校、幼儿园（集团）、科研机构、行业公司、出版单位组建，其基本任务是提升成员院校学前教育专业品质，提高专业人才培养能力，解决北京学前教育教师紧缺问题，培养更多让孩子暖心、让家长安心、让社会放心的优秀学前教师。学前教育职教集团将按照“平等互利、资源共享、合作共赢、共谋发展”原则，开展人才培养、专业建设、产教融合、成果孵化、国际交流与合作5项工作。当天，学前教育职教集团召开预备会，表决通过由北青政院长担任理事长，并表决通过《北京学前教育职业教育集团章程》。

11月10日，北京学前教育职业教育集团揭牌

（市教委相关处室 供）

（杨颉 王玉江）

北京文化艺术职业教育集团成立

12月26日，北京戏曲艺术职业学院成立北京文化艺术职业教育集团。北京文化艺术职业教育集团由北戏倡议、发起，联合京内外其他文化艺术类院校、企事业单位和文化机构等71家单位组建成立，北戏院长担任集团理事会理事长。集团以服务首都文化建设为宗旨，以提升文化艺术职业教育综合实力为核心，以人才培养为基础，努力构建政府主导、行业引领、校企合作的育人机制，构建集人才培养、实习实训、艺术创排、社会服务于一体的全方位、多层次的现代集团化办学体系。

（贺红梅）

职业教育

新增61个“3+2”中高职衔接办学项目

1月24日，市教委、市人力社保局公布2018年新增“3+2”中高职衔接办学项目。经专家小组集中评审、评委会评议、领导小组审议通过，新增项目61个。至此，该项目自2012年实施至今共有试点项目281个。同时，指导中高职院校继续完善一体化衔接人才培养方案，引导院校重视加强衔接课程体系建设、优化衔接课程设计。

（张兰）

昌平职业学校教育集团成立

1月24日，北京市昌平职业学校教育集团成立大会在北京市昌平职业学校举行。会议讨论通过《北京市昌平职业学校教育集团章程》，并以举手表决方式通过常务副理事长、副理事长、秘书长、监事长名单。昌平职校校长被任命为昌平职业学校教育集团第一届理事会理事长。昌平区教委、唐山市第一职业中专以及15家集团理事单位代表150人参加成立大会。该教育集团是由昌平职校牵头，唐山市第一职业中专、黄炎培职业教育思想研究院和联想工程师学院等15家单位联合成立的非法人教育组织，探索集团化办学模式，聚合资源，实现学校新发展。

（李晨）

北京市代表队参加全国中职学校班主任基本功大赛

3月24日至26日，北京市代表队参加第三届全国中等职业学校班主任基本功大赛。5名参赛教师全部获奖，包括2个一等奖、2个二等奖、1个三等奖和2个单项奖，北京市获最佳组织奖。比赛由中国职业技术教育学会德育工作委员会主办，包括笔试和面试两部分，全面考察中职学校班主任的建班育人能力、解决疑难问题的能力以及运用相关政策、法规、原理、方法进行学生教育管理的能力。

（巫梅琳）

3月，西城职校教师获全国中职班主任基本功大赛一等奖（西城职校　供）

中澳职业教育合作TAFE教育模式改革启动

3月，市教委启动中澳职业教育合作TAFE教育模式改革。首先在会计和学前教育两个专业开展改革试验，借鉴澳大利亚先进的职业教育办学理念和考核标准，通过系统化的师资培训、教学实践和质量评估，将澳大利亚职业教育的“能力标准＋课程体系＋教学评估”TAFE教育模式，深度融入北京职业院校教学全过程，与北京职业教育特色相融合，培养具有国际视野的会计专业人才和学前教育师资，努力探索世界一流、开放发展的应用型人才培养模式和专业建设模式。同时引入澳大利亚国际知名的职业资格证书，进一步提升学生就业竞争力，拓展学生职业生涯发展道路。通过中澳双方联合培养机制，为北京市职业院校学生搭建海外升学就业渠道。

（余俊　胡雨）

6校加入中德职业教育创新学习联盟

5月9日，在2018年中德职业教育创新学习联盟年会上，北京市6所职业院校加入中德职业教育创新学习联盟，并被授予“中德创新学习学院”牌匾。6所学校分别为首钢工学院、北京信息职业技术学院、北京财贸职业学院、北京农业职业学院、北京市商业学校、顺义区人力社保局高级技校。年会上，举行首钢工学院胡格教育模式改革项目签约仪式，并为汽修专业胡格项目考核合格学生代表颁发“汽车维修机电一体化毕业考试职业能力证书”。中德职业教育友好协会、市教委、昌平区教委、朝阳区教委等单位领导和代表、新加入联盟的6所学校领导以及北京市汽修专业胡格模式7所试验校师生代表200人参加会议。中德职业教育创新学习联盟暨中德创新学习学院于2016年12月在北京市昌平职业学校成立，以研究和推广胡格模式为抓手，开展职业精神与专业技能融合培养，为北京市职业教育“有用、有趣、有效”三有课堂建设提供有力支持。

（杨艳　胡雨）

职业教育宣传月

5月11日，2018年北京市职业教育工作推进会暨职业教育宣传月启动仪式在北京交通运输职业学院举行。宣传月主题是“产教融合谋发展，全民学习促提升”，10余所职业院校和技工学校开放校园，面向中小学生和广大市民开展丰富多彩的观摩体验活动800余次，参与人数近8万人，学生参与覆盖率83%，引导社会、家长和学生更加客观、科学、全面了解职业教育。

（武晔）

高职院校思政课教学创新发展研讨会

5月26日，北京青年政治学院与北京高校思想政治理论课高精尖创新中心共同举办“改革开放40周年高职院校思想政治理论课教育教学创新发展”研讨会暨北京青年政治学院马克思主义学院揭牌仪式、北京高校思想政治理论课高精尖创新中心北京青年政治学院分中心揭牌仪式。来自北京、天津、河北、山东、新疆、广东等地25所高职高专院校90余名思想政治理论课主管领导、部门负责人和思政一线教师参加研讨会，围绕推进习近平新时代中国特色社会主义思想学习宣传、建设用好马克思主义学院、提升高职院校思政课教育教学效果等问题进行深入研讨。北京高校思想政治理论课高精尖创新中心北青政分中心是在北京高校思想政治理论课高精尖创新中心领导下，面向高职高专思想政治理论课建设和青年马克思主义者培养的研究基地，立足北京、辐射京津冀、服务全国高职高专院校，着眼于为高职高专院校思想政治理论课教育教学提供全方位、立体化服务，着力培养青年马克思主义者领军人才和团青工作骨干队伍，建设思想政治理论课全方位育人及师资队伍提升平台、北京市高职高专思想政治理论课指导平台和青年马克思主义者和团青工作骨干培养平台三大平台。

（王玉江）

昌平职校与京东集团共建产教融合学院

6月6日，京东大学产教融合学院暨京东大学全国职业院校产教联盟成立大会在北京市昌平职业学校举行。昌平职校与京东集团签署产教融合合作协议，双方共建京东大学产教融合学院，在原有电子商务合作基础上，在京东X无人机、汽车后市场、7Fresh等领域开展合作，拓展合作深度与广度。学院下设京东大学华北分院昌职培训中心、京东无人机飞服中心（北京）、京东大学7Fresh培训中心和京东汽车后市场人才培养基地，会议为3个中心1个基地揭牌。此外，昌平职校还与京东大学牵头成立“京东大学全国职业院校产教联盟”，与全国优秀职业院校一起，

6月7日，商业学校教育艺术系学生在“贯通阶段育人成果汇报活动”上进行才艺展演 （商业学校 供）

在共同育人、共建机制、共赢发展方面协同创新，着力解决教育与产业脱节、课程与企业岗位脱节等难题。市教委职成处处长、中国职业教育创新联盟秘书长以及来自湖北、河南、黑龙江等13个省24所中高职院校领导和教师代表参加会议。昌平职校自2014年起与京东集团在办学模式、现代学徒制人才培养、电商标准研发等方面开展校企合作探索。

（周林娥）

贯通培养项目阶段育人成果汇报交流

6月7日，北京市商业学校—北京联合大学“高水平师范生”贯通培养项目阶段育人成果汇报交流活动在商业学校举办。活动采用听课、座谈、作品展览、汇报演出等形式，全面展示学校贯通教育教学质量和学生综合素养能力。市教委、北京教育科学研究院、北京联合大学、北京祥龙资产经营有限公司等相关领导、企业专家、家长代表、媒体代表参加交流活动。商业学校于2016年经市教委批准与联合大学联合开展“3+2+2”高水平师范生培养，项目学制7年，前3年在商业学校学习，后4年在联合大学学习，修满学分，成绩合格，可取得联合大学本科毕业证书和学士学位证书。此种体制机制创新为促进教育公平、完善职业教育体系、构建人才培养“立交桥”提供有力支撑，也为学生选择适合自己成人成才的道路提供多样通道。

（陈又瑜　胡雨）

商贸职业教育集团学分互认

6月8日，北京商贸职业教育集团主办，北京财贸职业学院、新道科技股份有限公司承办的北京商贸职教集团第二届理事会第一次会议暨2018年产教融合活动举办。活动举行职教集团学分互认仪式，即集团内院校学生或企业职工可通过线上线下混合学习，选修集团学习平台在线开放课程，学习者学完课程规定内容后，由课程教学团队确认学习成绩，再由集团秘书处统一签发课程结业证书，最后由学习者所在学校或企业认定其学分。会议选举产生北京商贸职教集团新一届常务理事会成员和理事会成员单位；与新道科技股份有限公司、北京东大正保科技有限公司、慧科教育科技集团有限公司和北京广慧金通教育科技有限公司签署产教融合校企合作协议。来自市教委、通州区教委以及北京、天津、河北三地院校、行业企业、科研机构和媒体等共计85家成员单位150余名代表参加活动。

（李红兵）

“工匠精神进校园”活动

6月14日，北京教育系统关工委、市总工会合作在北京电子科技职业学院启动“工匠精神进校园”并举办首场活动。活动邀请首批“北京大工匠”、北京奔驰汽车有限公司首席技师、汽车装调工赵郁走进电科职院，讲述工匠故事、表达工匠情怀、展示工匠形象、传播工匠精神，并与学生互动交流。教育部关工委、北京教育系统关工委、市教委、市总工会领导，北京职业院校师生代表、电科职院师生代表、关工委老同志代表约300人参加活动。至年底，走进2所院校举办2场活动。

（闫妍）

职业教育国际化校长论坛

6月23日，北京财贸职业学院主办职业教育国际化校长论坛。论坛以“职业教育国际化”为主题，围绕全球化背景下的产教融合、“一带一路”框架下的创新创业教育、高端技术技能人才国际合作培养机制等话题开展交流。论坛期间，北财院分别与泰国信武里农业技术学院、泰国披集农业技术学院、英国北安普顿大学签署合作备忘录和高端技术技能人才贯通培养试验项目国际合作协议。论坛由中国教育国际交流协会、北京市国际教育交流中心指导，北京商贸职业教育集团、英国国家创新创业教育中心（中国）协办，来自英国、新西兰、泰国等境内外政府、高校、企业、学界代表近百人参加论坛。

（李红兵）

北京市高端技术技能人才贯通培养实验项目签约

7月17日，北京市高端技术技能人才培养实验项目签约仪式在北京市昌平职业学校举行。北京联合大学、联想集团、昌平职校三方签署校企深度合作人才培养项目协议。会议还为昌平职校和联想集团分别颁授北京联合大学职业技术教育专业硕士人才培养实践基地牌匾。“贯通培养”是市教委为探索培养高端技术技能人才新路径，完善职业教育体系，构建人才培养“立交桥”而实施的一项教育领域综合改革项目，部分职业院校与优质高中、本科院校、国内外企业协作，选择对接产业发展的优势专业，招收初中毕业生，完成高中阶段基础文化课学习后，接受高等职业教育和本科专业教育。贯通培养项目分为高端技术技能人才贯通培养项目、校企深度合作高端人才培养项目、非通用语外语人才培养项目、学前教育与基础教育师资培养项目。

（赵小平）

北京学生参加全国职业院校技能大赛获奖

8月27日和9月7日，教育部分别公布2018年全国职业院校技能大赛常规赛项和行业特色赛项获奖名单。北京选派506名学生组成代表队参加73个赛项，共获得一等奖19个（包括常规赛项中职组2个、高职组13个，行业特色赛项中职组2个、高职组2个）、二等奖36个和三等奖65个，其中珠宝玉石鉴定赛项获得全国冠军。另有4所学校4个作品在2018年中华优秀传统文化艺术表演赛获奖。比赛于5月6日至6月30日在天津主赛区和北京、山西等22个分赛区分别举行，共有来自全国37个地区15640名选手参加中、高职组74个常规赛项和8个行业特色赛项比赛。

（胡雨 武晔）

2018年全国职业院校技能大赛一等奖（北京）

一、常规赛项（中职组）

网络搭建与应用（团体）

北京市信息管理学校 李志博 戴禄

物联网技术应用与维护（团体）

北京市信息管理学校 吴宇 王哲 韩旭凯

二、常规赛项（高职组）

风光互补发电系统安装与调试（团体）

北京电子科技职业学院 钟俊灵 田思祥 孟泽宇

轨道交通信号控制系统设计与应用（团体）

北京工业职业技术学院 朱晨 宣磊 丁炳涛

大气环境监测与治理技术（团体）

北京电子科技职业学院 周洋 郭小妮

珠宝玉石鉴定（团体）

北京工业职业技术学院 沈少真 庄斯锐 魏天羽

北京经济管理职业学院 王远镝 程雨欣 翟灵菲

制造单元智能化改造与集成技术（团体）

北京工业职业技术学院 郭继远 刘兴海 石峻宇

机电一体化项目（团体）

北京工业职业技术学院 王举康 张海壮

现代电气控制系统安装与调试（团体）

北京电子科技职业学院 刘向前 王磊

软件测试（团体）

北京电子科技职业学院 李思奇 黄哲 肖海静

虚拟现实（VR）设计与制作（团体）

北京信息职业技术学院 文方宇 权仁杰 周昱君

信息安全管理与评估（团体）

北京信息职业技术学院 王晨旭 徐博松 祝李维

计算机网络应用（团体）

北京信息职业技术学院 张秋圆 王子恒 田川

物联网技术应用（团体）

北京信息职业技术学院 杨建臣 修贤 葛天恒

三、行业特色赛项（中职组）

艺术专业技能（弹拨乐器演奏）（个人）

中央音乐学院附属中等音乐学校 胡许愿

北京戏曲艺术职业学院中专部 边婧怡

四、行业特色赛项（高职组）

艺术专业技能（弹拨乐器演奏）（个人）

北京戏曲艺术职业学院 郭佳嘉 韩丽萍

（胡雨）

2018年中华优秀传统文化艺术表演赛获奖项目（北京）

北京市杂技学校	杂技《九级浪》
中国戏曲学院附中	弹拨乐合奏《打虎上山》
北京舞蹈学院附中	群舞《一方沃土》
北京戏曲艺术职业学院	京剧《美猴王》

（胡雨）

大兴一职与大兴二职合并

8月，经大兴区教委批准，北京市大兴区第一职业学校与北京市大兴区第二职业学校合并。合并后学校名称为北京市大兴区第一职业学校，有永华路总校区、东校区和实习实训基地3个校区。大兴一职将原数字媒体艺术系、网络信息工程系合并为数字信息技术系，原大兴二职生物制药专业整合为生物环境工程系，保留原航空机械工程系、现代商务服务系，4 系 15 个专业中，有 13 个专业分别与 6 所高职院校开展“3+2”中高职衔接，为学生搭建成才立交桥。大兴二职（原大兴县第二职业高中）建于 1990 年，隶属于原大兴县教育局，是北京市重点职业学校；2001 年 5 月与大兴县成人中等专业学校合并，更名为北京市大兴区第二职业学校；2009 年 9 月与大兴区第五职业高中（2008 年 8 月大兴四职并入大兴五职，学校名称为大兴区第五职业高中）合并，学校名称为北京市大兴区第二职业学校，建校共 28 年。

（李辉）

中央芭蕾舞团舞蹈学校挂牌

9 月 1 日，北京育才学校和中央芭蕾舞团合作举办的中央芭蕾舞团舞蹈学校挂牌。学校设在育才学校，为北京市中等职业学校，在文化部和市政府支持下，由中央芭蕾舞团和育才学校合作办学、协同育人。学校开设芭蕾舞专业，学制六年，培养德智体美劳全面发展、具有较高综合素养、品德优良、具有国际水平的优秀芭蕾舞演员，为社会和国家贡献新兴芭蕾力量。学校面向全国，招收 30 名小学毕业学生，学生完成本专业规定的教学科目，经考核合格，报市教委批准、备案，颁发北京市中等专业学校毕业证书。首批芭蕾舞学员班于 2017 年 9 月入学，学员 30 人。根据合作协议，中央芭蕾舞团负责安排芭蕾专业课教学；育才学校提供相应的文化课程教学、配备相应的师资，所有学生纳入育才学校寄宿管理。

（吴君艳）

北京市职业院校技术技能比赛

9 月 23 日，市教委公布 2018 年北京市职业院校技术技能比赛获奖名单。比赛与北京教育科学研究院、北京市职业技术教育学会联合举办，全市 80 所职业院校 3300 名中、高职学生参加比赛，其中，高职组完赛 13 个专业大类 70 个学生分赛项，中职组完赛 12 个专业大类 60 个学生分赛项和 1 个教师赛项，共有 408 人次学生获得一等奖，22 名教师获得首席指导教师称号。在市级比赛选拔基础上，选派优秀学生参加全国职业院校技能大赛。

北京市职业院校技能大赛园林景观设计与施工比赛现场（2018）
（市教委相关处室 供）

（武晔）

第五届全国养老产业与职业教育高端对话活动

12 月 6 日至 8 日，北京社会管理职业学院举办第五届全国养老产业与职业教育高端对话活动暨第三届京津冀养老高峰论坛。活动经教育部、民政部批准，由社职院承办，以“培养高素质专业人才、推动养老服务业发展”为目标，以“对接 · 合作 · 共赢 · 发展”为主题，旨在深化校企合作，对接人才需求，推动教学变革，构建养老、孝老、敬老产教融合体系和教学环境，推进医养结合，搭建沟通、交流和合作平台，为养老服务业发展提供人才保障和智力支持。全国近 130 家职业院校、养老服务机构和相关部门、媒体共 450 余人参加活动。

（张冼）

4 所学校通过首批职业院校数字校园建设实验校项目总结评估

12 月 28 日，中央电化教育馆公布首批职业院校数字校园建设实验校项目总结评估结果，北京市 4 所职业学校通过评估。分别为北京市昌平职业学校、北京市对外贸易学校、北京电子科技职业学院、北京信息职业技术学院。全国共 112 所学校通过评审。中央电化教育馆于 2015 年 12 月评选出首批职业院校数字校园建设实验校，为检查首批实验校实验任务完成情况，于 2017 年 9 月组织专家开展首批实验校评估工作，2018 年 1 月召开职业院校数字校园建设实验校项目工作会议，交流职业院校信息化建设与应用成果，对通过实验校建设评估的学校授牌。

（胡雨　王琴）

物流专业胡格教育模式改革项目持续推进

至年底，市教委持续推进物流专业胡格教育模式改革项目。市教委与德国巴登符腾堡州教育部在北京交通运输职业学院等 7 所职业院校物流专业开展第二期胡格教育模式改革试验。通过 18 期师资培训，德方专家团队为各试验院校带来先进的职业教育理念和教学手段方法，中方教师团队吸收后，将其运用到实际教学过程中，促进德国先进职业教育思想理念和手段方法的本土化。

（余俊）

高端技术技能人才贯通培养试验稳步推进

至年底，市教委推进高端技术技能人才贯通培养试验。活动本着“稳中求进，优化完善”工作原则，共投放招生计划 5330 人。新增“校企深度合作人才培养项目”，以北京市重点职业院校为招生单位，支持职业院校与国内知名企业开展深度合作，本科阶段对接市属本科高校，三方合作培养契合北京城市定位和紧缺人才需求的高端技术技能人才。探索“人才共育、师资共建、设备共用、技术共享”的校企深度合作运行机制，充分发挥工程师学院在高端技术技能人才培养中的重要作用。

（余俊）

职业教育质量年度报告（2017）

至年底，市教委编制完成《北京高等职业教育质量年度报告（2017）》和《北京市中等职业教育质量年度报告（2017）》。报告采集16个区政府、57所中等职业学校、25所高等职业学院的人才培养状态数据，全面展示北京市中、高等职业教育的办学成绩、社会贡献、面临问题及建议。

（张兰　孙毅颖）

继续教育

校外教学站检查落实

3月至12月，市教委举办在京高等学历继续教育的88所各类高校及其校本部、校外函授教育辅导站、校外学历教育教学站的梳理和专项检查。检查涵盖192个各类办学延伸机构，以问题为导向，按照“负面清单”，引导学校自查整改，专家组现场检查、书面反馈建议和复检，指出负面问题和办学风险，引导、督促相关高校落实整改。通过专项检查，进一步规范各类高校及其校本部、校外函授教育辅导站、校外学历教育教学站的学历继续教育办学，对构建新的治理体系、提高教育质量、回应社会关切、维护办学信誉具有重要导向和基础作用。

（段磊）

继续教育系统教学骨干研修班

4月至11月，市教委与清华大学共同举办2018年（第五期）北京高校继续教育系统教学骨干研修班。研修班主要利用周末时间统一集中安排授课、讲座和研讨等，以专家讲座、集中辅导、自学、分组讨论、专题调研等方式为主，组织学习党的十九大精神、全国教育大会要求和高等继续教育面临的新形势、新要求，专注于提升高校继续教育教学及管理骨干综合素质，提高政策理论水平，拓宽视野，强化能力培训。研修班共培训学员46人，其中校处级学员占70%以上，实现北京地区高校全覆盖。

（段磊）

继续教育大学生计算机应用设计竞赛

5月至10月，市教委举办2018年（第三届）北京高校继续教育大学生计算机应用设计竞赛。共有40余所高校（包含部属院校、市属院校和独立设置成人高校）139支学生代表队参加动画短片组、视频短片组、微课组、技术应用APP组4个组别竞赛，经各校选拔、全市范围初赛及决赛3个赛段，评出29个团体组织奖、203个个人奖和45个优秀指导教师奖。比赛由北京航空航天大学承办。

（段磊）

《2017年度北京高等学历继续教育发展报告》编制完成

9月28日，《2017年度北京高等学历继续教育发展报告》出版发行。报告由对外经济贸易大学出版社出版，全书70余万字，包括2017年北京高等学校继续教育发展年度报告、北京各高等学校继续教育发展报告、北京部分高等学校继续教育特色报告等共3部分内容。报告分析各校继续教育状态数据，汇总各校发展报告、特色报告，呈现北京高校继续教育2017年度工作历程，初步梳理新时期高校继续教育在办学定位、质量监管、特色发展、信息化建设等方面的不均衡、不充分问题，为北京高校继续教育质量保障体系建设的提供参考。

（段磊）

第二批北京市职工继续教育及新型职业农民培训基地认定

11月7日，市教委认定第二批北京市职工继续教育基地及北京市新型职业农民培训基地。在各区及有关部门推荐申报基础上，组织专家组对各申报基地材料进行综合评议，并选择部分基地进行实地考察与综合评议，研究确定第二批北京市职工继续教育基地16个、第二批北京市新型职业农民培训基地20个。

（胡雨　武晔）

10月，市教委专家组实地考察验收新型职业农民培训基地
（市教委相关处室　供）

高等学历继续教育专业设置管理改革完成

至年底，市教委完成北京地区高等学历继续教育专业设置管理改革工作。按照属地化管理原则，统筹指导北京75所开展高等学历继续教育的高校，按照教育部统一部署

和要求完成北京高校学历继续教育专业核验和 2018 年拟招生专业信息填报，比上年增加北京工业职业技术学院，减少北京交通职业技术学院、北京劳动保障职业学院、北京农业职业学院、北京政法职业学院和国际关系学院。2018 年总拟招生专业点 1750 个，其中，高起本 370 个、专升本 777 个、专科 603 个；成人高等教育 1087 个（含业余形式 756 个、函授形式 307 个、脱产形式 24 个）、网络教育 448 个、开放教育 215 个；29 所部属高校拟招生专业点 960 个，21 所市属高校拟招生专业点 311 个，8 所高职高专院校拟招生专业点 71 个，2 所开放大学拟招生专业点 215 个，14 所独立设置成人高校拟招生专业点 193 个。涉及总招生专业数 367 个，包括高中起点专科专业 208 个、高中起点本科专业 107 个、专科起点升本科专业 155 个。

（段磊）

学习型城市建设

第九批首都市民学习之星评选

4 月至 10 月，北京市建设学习型城市工作领导小组开展第九批首都市民学习之星评选活动。各系统、各区共推荐报送市民学习之星 381 人参加评选，经专家评审，认定 160 人为第九批“首都市民学习之星”，并在北京市第 14 届全民终身学习活动周开幕式上给予表彰。

（陈敬文）

11 月 8 日，为第九批首都市民学习之星颁奖

（市教委相关处室　供）

第二批北京市民终身学习示范基地被认定

11 月 7 日，市教委认定第二批北京市民终身学习示范基地。在各区及有关部门推荐申报基础上，组织专家组对各申报基地材料进行实地考察与综合评议，研究确定第二批北京市民终身学习示范基地 30 个，作为为市民提供学习、体验、创新、交流的平台。示范基地面向社会开放，并不定期开展相应学习培训项目。

（胡雨）

北京市全民终身学习活动周

11 月 8 日，北京市第 14 届全民终身学习活动周开幕。活动周由北京市学习型城市建设领导小组举办，主题是“城教融合谋发展，全民学习促提升”。活动周全方位展示北京市家庭教育、社区教育、继续教育、老年教育、网络教育、特殊教育、职业教育等取得的突出成就，呈现北京市学习型城市建设工作新特点、新特色。开幕式上，举办 16 个区及燕山地区北京市建设学习型城市 2016—2020 年中期成果汇报，表彰 2018 年在北京市建设学习型城市工作中取得突出成绩的 160 名市民学习之星，认定 30 个北京市第二批市民终身学习示范基地、16 个北京市第二批职工继续教育基地、20 个北京市第二批新型职业农民培训基地。300 人参加开幕式。活动周历时 2 个月，16 个区、在京高等学校等各组织单位安排 1700 余场活动，进一步阐释新的学习理念、教育方式，使终身学习成为首都市民一种生活方式。

（陈敬文）

学习型城市工作交流展示

11 月 8 日，市教委、市学习办举办北京市各区开展学习型城市建设成果展示及经验交流活动。各区教委主管主任进行汇报展示，汇报时间控制在 8 分钟以内，由视频短片及演讲构成，由专家组根据实地考察、现场评分、综合评定，西城区、房山区、顺义区获一等奖，其他区分别获得二等奖、三等奖。活动旨在进一步深化、创新北京市“十三五时期”学习型城市建设工作，加大已有创建成果宣传，加强各区之间交流和学习，提升各区建设学习型城市工作能力。

（陈敬文）

第三批学习指导师高级研修班

11 月 9 日，由市教委和联想集团共同举办的第三批“学习指导师”高级研修班结业。研修班为期 9 天，从 102 名全市职成教系统报名教师中遴选 60 名学员，培养成为“懂教学、会指导、能策划”的学习指导师，使学员实现由素质培训向素质和能力相结合的培训的转变。

（陈敬文）

怀柔区被认定为市建设学习型城市工作示范区

12 月 5 日，市教委印发通知，认定怀柔区为“北京市建设学习型城市工作示范区”。成为继西城、顺义、房山、门头沟、延庆 5 个区之后北京市第六个建设学习型城市工作示范区。在申报、自评和专家视导基础上，市教委组织专家于 11 月 29 日至 30 日，检查评估怀柔区创建学习型城市工作示范区情况。专家组指出，怀柔区围绕“以学习促提升，以创新谋发展”主题，推进城教融合，发挥教育服务区域发展、服务社会治理的功能，全面提高市民素质和文明程度，全方位提升区域核心竞争力，为区域经济和社会发展提供智力支持和不懈动力；希望怀柔区认真总结创建工作经验，紧紧围绕“1+3”发展格局，不断深化建设学习型城市示范区工作，为推进北京学习型城市建设作出新贡献。

（陈敬文）

高等职业院校

北京工业职业技术学院

概述

2018 年，北京工业职业技术学院占地面积 24.01 万平方米，产权校舍建筑面积 20.80 万平方米。全年教育经费投入 33439.58 万元，其中，国家拨款 29951.19 万元、自筹经费 3488.39 万元。固定资产总值 93318.77 万元，其中，教学、科研仪器设备资产值 38835.51 万元。图书馆建筑面积 1.95 万平方米，藏有纸质图书 73.50 万册、电子图书 340 万册。拥有计算机 3475 台、笔记本电脑 125 台。学校信息化设备资产 3080 万元，网络信息点 4628 个，无线网络信息点 1191 个，校园网出口总带宽 2.10GB，电子邮件系统用户 704 个，上网课程 182 门，数字资源量 52TB，管理信息系统数据总量 96.50GB。设有 5 个二级学院和 2 个部，168 个实训室，开设高职专业 39 个，包括国家级重点专业 5 个、北京市重点专业 7 个。获国家教育教学成果二等奖 2 项，国家级精品资源共享课程 10 门、国家级精品课程 10 门、北京市精品课程 11 门。教职工 501 人。专任教师 372 人，包括教授及教授级高级工程师 37 人、副教授及高级工程师 155 人；博士 37 人，硕士 260 人；“双师型”教师 307 人。聘请校外教师 39 人。外籍教师 13 人。毕业生 1549 人，其中，高职生 1091 人、中职生 458 人。毕业生一次就业率 98.32%，一次签约率 84.31%。招生 2360 人，其中，高职生 1711 人、中职生 649 人。高考北京地区提档线文科 150 分、理科 150 分。在校生 4926 人，其中，高职生 4229 人、中职生 697 人。网址：www.bgy.org.cn。

2018 年，学校坚持“高端化、精品化、信息化、国际化”高质量发展道路，取得一系列新成绩。获全国职业院校信息化教学大赛一等奖 2 项，国家级技能大赛奖项 16 个，包括一等奖 4 项；国家教学成果奖职业教育二等奖 2 项。

服务国家战略，发挥国家示范性高职学校的辐射带动作用。依托学校“一带一路”国家人才培养基地，为中国有色行业赞比亚、蒙古、缅甸、刚果（金）等国的海外员工开展 5 批次技术技能培训。取得招收外国留学生资质。与海军航空大学签署直招士官联合培养协议，共同培养机电一体化专业高素质士官人才。加入京津冀汽车职业教育联盟；与张家口职业技术学院共建机电实训室，探索高水平实训共享平台建设；继续深化与山西机电职业技术学院的合作，接收其选派干部来校挂职锻炼，共同选派教师赴赞比亚开展培训。

加强教育教学内涵建设，提高人才培养质量。推进现代学徒制试点，完成现代学徒制试点项目 4 个专业中期检查。研究制定学校专业建设方案（2018—2020），将现开设专业按骨干专业、一流专业、顶尖专业 3 个层次，分为智能设备运行与维护、地理信息资源建设、电子信息技术与应用、现代高端服务业 4 个专业群加以建设。学校入选首批“全国机械行业服务先进制造高水平骨干职业院校”。依托北京城市建设与管理职教集团，推动建立“人才共育、设备共用、技术共享、文化互补、管理互通”校企合作长效机制，构建产教融合育人体系。

完善机制，多措并举，提升师资队伍建设水平。成立教师工作部，统筹教师思想政治工作和师德师风建设。修订《学校师德建设长效机制》，出台《学校教师职业道德和行为规范》等文件，开展“师德先锋”评选活动，将师德教育贯穿教师职业教育全过程。成立教师发展中心，为教师职业成长和素质能力提升提供支持与服务，选派专业教师到国内外访学交流、深造，提高教师实践能力和职业教育教学水平。完成 2018 年职业院校教师素质提高工程—新教师培训（工程机电类和测绘类国家级培训基地）项目申报和培训工作，高职辅导员培训基地入选北京市职业院校教师素质提升计划教师培训基地。

加强科学研究和社会培训工作，增强社会服务能力。专利申请 25 项，授权 15 项。学报被评为 2018 年度中国高校优秀科技期刊。组织以西山永定河文化带研究、燕通构件有限公司生产项目为代表的应用性研究课题，促进科研服务区域发展。推进军地融合式发展，与石景山区委、区政府和中部战区共同实施“强军育才接力工程”，为驻区部队现役士兵免费开展职业技能培训。推进学校与行业企业合作，开展技术服务和员工培训。

改善教学条件和育人环境，提升管理服务保障能力。推进信息化建设工作，制定学校信息化建设 2018—2020 三年行动计划，推进校园网应用管理平台等项目建设，完成多项网络及信息化项目建设升级。完成一号学生公寓改造、食堂东侧绿化等工程。调整学校内控领导机构和工作机构，

党委书记　王伟

（向琨娜　孙晨）

服务“一带一路”国家战略

至年底，北工职院服务“一带一路”国家战略。依托学校“一带一路”国家人才培养基地，为中国有色行业赞比亚、蒙古、缅甸、刚果（金）等国海外员工开展技术技能培训 5 批次。开展有色金属行业职业教育“走出去”试点工作，派出第二批 3 名教师赴赞比亚对中国有色集团赞比亚当地员工开展培训，推进中赞职业技术学院自动化与信息技术分院（北京工业职业技术学院赞比亚分院）筹建工作，学校负责制定的《自动化与信息技术专业标准》通过赞比

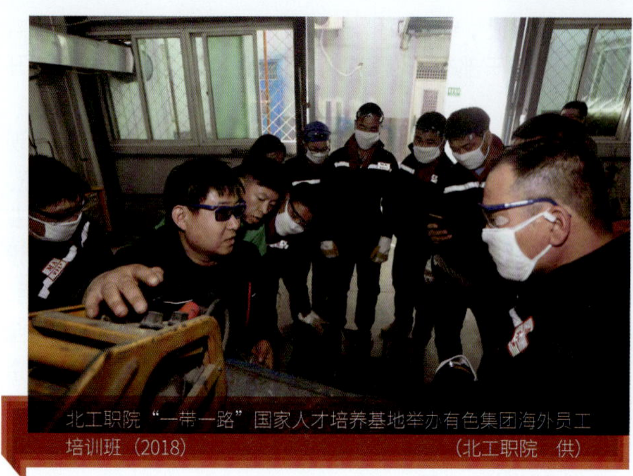
北工职院“一带一路”国家人才培养基地举办有色集团海外员工培训班（2018） （北工职院 供）

亚职业教育管理局专家评审。

（向琨娜）

北京信息职业技术学院

概述

2018年，北京信息职业技术学院占地面积20.21万平方米，产权校舍建筑面积24.30万平方米、非产权校舍建筑面积0.14万平方米。全年教育经费投入48130.52万元，其中，国家拨款44375.17万元、自筹经费3755.35万元。固定资产总值131379.47万元，其中，教学、科研仪器设备资产值41936.77万元。图书馆建筑面积12434.24平方米，藏有纸质图书63.26万册、电子图书412.51万册。拥有计算机7718台，网络多媒体教室151间。学校信息化经费投入2335.26万元，信息化设备资产16731.34万元，网络信息点11567个，校园网出口总带宽3700Mbps，电子邮件系统用户17956个，上网课程305门，数字资源量234146GB，管理信息系统数据总量20450GB。设有3个校区，设立5院2系4部，1个研究中心，开设42个专业，包括微电子技术、智能交通技术运用、商务数据分析与应用3个新增专业。教职工858人。专任教师398人，包括教授及教授级高级工程师14人、副教授及高级工程师151人；博士22人，硕士138人；“双师型”教师333人。聘请校外教师99人。毕业生2290人，其中，高职生1669人、中职生333人、成人教育专科生252人、留学生36人。毕业生一次就业率98.55%，一次签约率97.60%。招生2452人，其中，高职生1847人、中职生295人、成人教育专科生211人、留学生99人。高考北京地区提档线文科150分、理科150分，单考单招150分。在校生6386人，其中，高职生4902人、中职生824人、成人教育专科生488人、留学生172人。网址：www.bitc.edu.cn。

2018年，学校全面实施立德树人工程。将立德树人思想融入思想道德教育、文化知识教育、社会实践教育各环节。坚持把师德建设放在教师队伍建设首位，引导教师以德立身、以德立学、以德施教、以德育德。以科技艺术节为载体，中华传统文化传承、工匠精神培育等贯穿其中，营造全方位文化育人良好氛围，为提升学生文化素养和思想道德水平搭建平台。学校体育品牌“1度2趣3质4享型”体育节获得群体活动类全国高职院校“一校一品”体育工作示范基地称号。

推进治理体系建设。深化机构改革，优化机构设置，开展新一轮全员聘任，探索构建新型校院两级管理体制。全面推动内控管理、预算管理、绩效考核三大管理体系建设，提高管理质量与管理水平。入选北京市特色高水平职业院校建设单位。

推进人才培养模式改革。职业教育计算机应用技术专业教学国家资源库建设项目通过教育部验收。微电子技术专业现代学徒制人才培养试点项目通过教育部中期检查。在2018年全国职业院校技能大赛19个赛项中，取得一等奖4项、二等奖3项、三等奖6项。

深化产教融合、校企合作。牵头组建京津冀信息安全职业教育产教融合联盟、全国信息安全产教融合联盟。与北京兆维电子（集团）有限责任公司、北京燕东微电子有限公司、北京北广科技股份有限公司等企业联合开展技术研发，推动校企合作培养技术技能人才，协同共建产学研基地，成立信息安全工程师学院、北广—北信协同创新中心。

持续开展学生创新创业活动。北信职业智慧众创空间获批北京地区高校大学生创业园高校分园。学生参加北京市“挑战杯”创新创业大赛获得4项金奖、4项银奖、5项铜奖。

持续提升科研和社会服务能力。落实京津冀职业教育协同发展，与河北省怀来县职教中心、石家庄财经职业学院开展职业教育对口帮扶，与石家庄财经职业学院签署合作意向书，合作内容涉及专业建设、课程共享、社会技术服务等各个方面。实施精准扶贫，面向云南东川、内蒙古、新疆等地区职业院校开展教师信息化能力提升培训，学生跟班学习、大赛训练等。与内蒙古电子信息职业技术学院签署合作框架协议书，合作内容涉及专业建设、课程改革、师资培养、校园信息化、联合培养学生和国际交流6个方面。完成各类教改项目数十项，获得北京市教学成果奖8项。

推进教育国际化。成为北京市“一带一路”国家人才培养基地。首个海外分校“埃中应用技术学院”在苏伊士运河大学揭牌成立，首批在电子信息工程技术、机电一体化技术、通信技术3个专业招收学生83人。首届25名埃及留学生毕业。

党委书记　洪伟
院　　长　武马群（1月免）　卢小平（1月任）

（赵燕平）

埃中应用技术学院揭牌成立

6月21日，信息职院与埃及苏伊士运河大学、MEK基金会合作共建的“埃中应用技术学院”（ECCAT）揭牌仪式及记者招待会在埃及伊斯梅利亚苏伊士运河大学举行。这是学校首个海外分校。市教委及学院有关领导、中国驻埃及大使馆教育参赞等中方代表，以及伊斯梅利亚省省长、埃及高等教育与科学研究部副部长等埃方代表及媒体等 200 人参加活动。仪式后，第一届埃中应用技术学院理事会召开，探讨埃中应用技术学院教学和管理制度、埃方教师赴中国培训、中国援助设备等相关事项。埃中应用技术学院由中埃两国共同建设，信息职院、苏伊士运河大学和埃及 MEK 基金会三方合作运营，执行信息职院提供的职业教育标准；学院举办四年制应用型本科教育，重点开设机电一体化技术、电子工程、通信技术 3 个专业；通过信息职院质量审核的毕业生，可取得信息职院高职学历证书以及苏伊士运河大学本科学历和学位证书。10 月 28 日，埃中应用技术学院 2018 级开学典礼在埃及苏伊士运河大学 ECCAT 校区举行，首批电子信息工程技术、机电一体化技术、通信技术 3 个专业 83 名新生参加开学典礼。

（赵燕平）

9 月，电科职院首批留学生入校

（电科职院 供）

北京电子科技职业学院

概述

2018 年，北京电子科技职业学院占地面积 45.67 万平方米，产权校舍建筑面积 33.75 万平方米。全年教育经费投入 55141.11 万元，其中，国家拨款 48890.67 万元、自筹经费 6250.44 万元。固定资产总值 230403.05 万元，其中，教学、科研仪器设备资产值 66919.95 万元。图书馆建筑面积 2.28 万平方米，藏有纸质图书 116.54 万册、电子图书 117 万册。拥有计算机 9345 台，多媒体教室 255 间。学校信息化经费投入 3256.48 万元，信息化设备资产 26746.72 万元，网络信息点 25050 个，校园网出口总带宽 3000Mbps，电子邮件系统用户 960 个，上网课程 260 门，数字资源量 100TB，管理信息系统数据总量 330GB。设有 3 个校区，34 个系部，开设 44 个专业。教职工 903 人。专任教师 546 人，包括教授及教授级高级工程师 30 人、副教授及高级工程师 194 人；博士 65 人，硕士 316 人；“双师型”教师 311 人。聘请校外教师 12 人。毕业生 3002 人，其中，高职生 2148 人、中职生 854 人。毕业生一次就业率 98.46%，一次签约率 86.63%。招生 2556 人，其中，高职生 1904 人、中职生 399 人、成人教育专科生 253 人。高考北京地区提档线文科 150 分、理科 150 分。在校生 6448 人，其中，高职生 4004 人、中职生 2154 人、成人教育专科生 290 人。网址：www.bpi.edu.cn。

2018 年，学校深化职业教育改革。制定学校教育改革行动计划实施方案（2018—2020 年），实施“三化”战略，打造“产教融合机制化、人才供给精准化、社会服务多样化”升级版。围绕智能制造、智慧服务两大领域，跨学院整合专业资源，组建高端装备智能制造技术和大数据技术与应用两个专业群。电气自动化技术专业被火箭军政治工作部确定为全国定向培养院校牵头专业。作为第一批教育部现代学徒制试点单位，5 个试点专业全部通过教育部现代学徒制试点总结验收。深入推进产教融合、校企合作，建立赵郁大师工作室，成立航空工程技术学院、李宁魔术艺术学院。

提升教学和人才培养质量。启动内部质量保证体系诊断与改进工作，初步完成“五横五纵一平台”体系建设。“经济技术开发区内高职院校深化产教融合的‘三化’模式研究与实践”获得 2018 年职业教育国家级教学成果奖一等奖。进一步完善“三全”育人格局，加强和改进学生思想政治教育。加强创新创业教育，成立“创新创业联盟”，举办“生涯·职场活动周”、创业活动周等活动。重点支持的 10 支学生科技创新团队完成 16 篇论文、80 件实物成果和 14 份研究报告，获得 4 项专利。完成内培、外培和北京学院等不同项目专业人才培养方案，北京学院、创新中心等项目与北京理工大学和中央财经大学顺利对接。建立外培方向英语课程体系，初步完成体育课程俱乐部制改革方案。牵头成立北京市贯通培养基础教育阶段数学、英语师资培训基地以及北京市高职数学和体育师资培训基地。学生参加职业技能竞赛获得全国职业技能大赛一等奖 4 项，获 2018“一带一路”暨金砖国家技能创新大赛一等奖 2 项；学校被教育部认定为“国防教育特色学校”，士官人才培养工作获得北京市 2018 年教育教学成果奖一等奖。贯通学生获得全国大学生数学建模竞赛一等奖 1 项，2018 IMMC 中华赛特等入围奖 1 项、国际一等奖 2 项，“外研社杯”全国高职高专英语写作大赛（北京赛区）一等奖 1 项。学校入选 2018《中国高等职业教育质量年度报告》发布的“2017 年高等职业院校教学资源 50 强”名单及教育部职业技术教育中心研究所发布的“全国职业院校实习管理 50 强”案例名单。

提高科研和社会服务水平。立足“三城一区”申报“复杂和异形件智能制造中试基地”及“药物一致性评价中试基地”2 个开发区中试基地。组建由经济开发区政府以及有影响力的行业企业组成的学校发展理事会，与开发区签订战略合作协议，纳入开发区经济社会发展规划。加入开发区高技能领军人才工作室，承办企业首席技师工作室研修培训，与北京奔驰签署新一轮培训合作框架协议。发表三大检索论文 18 篇、北大中文核心期刊 50 篇，出版著作 46 部，申请专利 23 项，获得授权专利 37 项。教师在全国职业院校技能大赛教学能力比赛中获一等奖 3 项、二等奖 2 项、三等奖 1 项。

拓宽国际交流合作领域。留学生教育实现零的突破，学校成为北京市“一带一路”国家人才培养基地建设单位，为“走出去”企业培养本土化人才，获得接收国际学生资质，第一批 15 名留学生已到校学习；与美国、泰国等国院校建立中外合作办学项目，开展“2+1”学历教育。派出 15 名教师前往德国、新加坡、澳大利亚进行专业教学技术技能培训，聘请法国、德国等国家 20 余名外国专家来校培训、示范教学，确定美国默瑟郡社区学院为合作院校。贯通培养项目与新西兰、英国等国家院校完成专业课程学分互认。

党委书记　楚国清
院　　长　孙善学

（王琴）

建校 60 周年

10 月 20 日，电科职院举办建校 60 周年纪念大会。与会领导和学生代表共同启动“北京电子科技职业学院创新创业联盟”。北京奔驰汽车有限公司培训中心与学校签署职业教育与培训合作框架协议，根据协议，奔驰培训中心在学校设立“北京奔驰职工培训基地”，学校在奔驰培训中心设立“北京电子科技职业学院校外实训基地”；北京奔驰赠送学校 4 辆教学用车。会上，为“李宁魔术艺术学院”和“北京奔驰赵郁大师工作室”揭牌。市教委、各兄弟院校领导、各界校友、师生代表等参加大会并观看建校 60 周年师生文化素质教育成果展演。电科职院建校可追溯至创建于 1958 年的北京邮电工业学校，2004 年与北京轻工职业技术学院合并成立北京电子科技职业学院，2007 年，北京二轻工业学校、北京市机械工业学校（北京市机械工业管理局职工大学）、北京市仪器仪表工业学校、北京市汽车工业学校（北京汽车工业总公司职工大学）并入电科职院，是国家首批独立设置的高职学院，全国百所高职示范校之一，是全国职业教育先进单位、国家高等职业教育综合改革试验区建设单位、全国首批百所现代学徒制试点院校之一。

（王琴）

航空工程技术学院成立

12 月 19 日，由电科职院、北京飞机维修工程有限公司和成都航空职业技术学院共同成立的航空工程技术学院（ATEC）启动仪式在电科职院举行。三方领导为航空工程技术学院揭牌。航空工程技术学院以职业院校和民用航空维修企业为平台，汇聚校、企、行多方优质资源，为首都培养民用航空技术技能型人才，并开展航空专业群建设。北京飞机维修工程有限公司（AMECO）为中国国际航空股份有限公司和德国汉莎航空公司合资经营企业，可为航空公司提供航线维护、飞机大修及喷漆、发动机大修等服务，是中国民用航空局授权的民用航空器改装设计委任单位代表，持有中国民用航空局（CAAC）、美国联邦航空局（FAA）、欧洲航空安全局（EASA）等近 30 个国家或地区颁发的维修执照，有 160 余个国内国际维修站点。

（王琴）

北京京北职业技术学院

概述

2018 年，北京京北职业技术学院占地面积 12.40 万平方米，产权校舍建筑面积 6.13 万平方米。全年教育经费投入 8273.30 万元，其中，国家拨款 5932.05 万元、自筹经费 2341.25 万元。固定资产总值 22847.49 万元，其中，教学、科研仪器设备资产值 8099.52 万元。图书馆建筑面积 8685 平方米，藏有纸质图书 61.35 万册、电子图书 120500GB。拥有计算机 824 台，网络多媒体教室 62 间。学校信息化经费投入 124.69 万元，信息化设备资产 3007.54 万元，网络信息点 1059 个，校园网出口总带宽 400Mbps，电子邮件系统用户 120 个，上网课程 2 门，数字资源量 3200GB，管理信息系统数据总量 45GB。开设 16 个专业。教职工 215 人。专任教师 148 人，包括教授及教授级高级工程师 5 人、副教授及高级工程师 53 人；博士 4 人、硕士 106 人；“双师型”教师 51 人。聘请校外教师 14 人。毕业生 662 人。毕业生一次就业率 98.79%，一次签约率 96.67%。招生 756 人，其中，高职生 703 人、中职生 53 人。高考北京地区提档线文科 150 分、理科 150 分。在校生 2155 人，其中，高职生 1919 人、中职生 236 人。网址：www.jbzy.com.cn。

2018 年，学校落实立德树人根本任务，在教学改革、德育管理、招生就业、实训室建设等方面均取得可喜成绩，综合实力和社会影响力稳步提升。

组织学生参加学前、护理、建筑、会计、影视等专业的市级竞赛，获得一等奖 1 项、二等奖 5 项、三等奖 10 项。护理专业学生参加 2018 年全国护士执业资格证考试全部通过。

开展教师岗位大练兵活动和辅导员能力提升系列活动，提升教师技能水平和辅导员各方面能力。青年教学人才和优秀团队不断涌现，1 名教师入选“北京市青年教学名师”；“社区康复专业教学团队”被评为北京市创新团队，“康护医养专业群”被评为北京市第一批骨干专业。

全年开展各级各类培训、测试 7752 人次；志愿服务总时长 32869 小时。

党委书记　梁勇
院　　长　焦宝军

（王长兴）

与碧桂园签约合作

10 月 10 日，京北职院建筑工程系与碧桂园筑梦高科建筑有限公司签署战略合作协议。根据协议，校企共同制定 SSGF 岗位资质认证培训体系，公司为学校建筑系学生提供实习和就业机会，共同促进建筑行业技术升级和人才升级。

筑梦高科建筑有限公司由碧桂园授权经营 SSGF 品牌，致力于以 SSGF 高质量建造体系为核心打造新型建筑行业集成平台；SSGF 以“Safe&share 安全共享”“Sci-tech 科技创新”“Green 绿色可持续”“Fine 优质高效”为四大核心理念，以建筑科技创新为内生驱动力，在综合效益不降低的前提下，通过不同技术体系和管理体系的组合，提升产品品质，达到精品质、高效益的目的，实现绿色节能环保、全天候工地开放、多方共赢，是碧桂园实现高质量发展的重要核心竞争力。

（秦纪伟）

北京交通职业技术学院

概述

2018 年，北京交通职业技术学院占地面积 20.38 万平方米，产权校舍建筑面积 9.70 万平方米。全年教育经费投入 9138.80 万元，其中，国家拨款 7739.60 万元、自筹经费 1399.20 万元。固定资产总值 21956.46 万元，其中，教学、科研仪器设备资产值 139.60 万元。图书馆建筑面积 2916.95 平方米，藏有纸质图书 11.44 万册、电子图书 11 万册。拥有计算机 1360 台，网络多媒体教室 69 间。网络信息点 1640 个，校园网出口总带宽 120Mbps，上网课程 30 门，数字资源量 7310GB，管理信息系统数据总量 32GB。设有路桥系、汽车系、管理系、轨道交通系和基础部“四系一部”，开设 18 个专业，55 个教学班。教职工 229 人。专任教师 87 人，包括教授及教授级高级工程师 2 人、副教授级高级工程师 28 人；博士 5 人，硕士 74 人；“双师型”教师 43 人。聘请校外教师 18 人。毕业生 628 人。毕业生一次就业率 93%，一次签约率 21%。招生 452 人。高考北京地区提档线文科 165 分、理科 161 分。在校生 1486 人。网址：www.jtxy.com.cn。

2018 年，学校坚持“立足昌平，面向北京，服务区域经济发展和交通行业”办学定位，形成交通土建类、汽车机电类、城市服务类、轨道交通类 4 大专业群，其中，城市轨道交通专业群入选第一批北京市特色高水平骨干专业（群）。结合自身特点聚焦交通运输产业链重点领域，适时调整专业设置，新增设新能源汽车技术（智能技术服务与营销方向）、无人机应用技术 2 个专业。加大校企合作，先后与北京地铁运营公司、华润置地有限公司、北京现代汽车有限公司、三一集团有限公司等多家大型企业建立合作关系，开设“订单班”，实现学院、学生、企业和社会多方共赢。

制定《改革发展行动计划（2018—2020 年）》，以教师团队建设为抓手，以国家级示范专业（城市轨道交通运营管理）和北京市级优秀教学团队（道路桥梁工程技术）为龙头，在校内 6 个优秀教学团队基础上，开展专业创新团队建设。2018 年，落实教师参加各类教育教学能力提升培训 264 人次，累计 704.5 天；引进紧缺专业教师 3 人；9 名中青年教师深入企业挂职锻炼，累计 320 天；参与社会服务能力提升培训 1 人；专任教师的双师素质比例由 2017 年 58.06% 提高至 59.55%。教师主编、参编“十三五”高职高专规划教材 14 部；校企合作共同开发教材 12 部；院级重点课题 5 项，一般课题 7 项；结题 8 项；专利 4 项；公开发表论文 32 篇。获 2017 北京市职业教育教学成果二等奖 2 项。

4 月 19 日，交通职院教师到地铁昌平线十三陵车辆段观摩交流（交通职院　供）

构建“国家—市—校”三级竞赛体系，以赛促学、以赛促教。学生参加各类技能大赛，获省市级特等奖 1 项、一等奖 3 项、二等奖 9 项、三等奖 8 项。专业教师参与和指导校、区、市、国家等各级赛项 50 余项，参与教师 160 余人次，获区、市、国家级奖项 31 项。

完成心理健康综合管理系统建设工作，使学生心理危机干预、心理测评等工作实现信息化管理，提升心理咨询工作规范化和专业化水平。

探索京冀职教联合办学新模式，与河北能源职业技术学院城市轨道交通工程技术专业和天津城市建设管理职业技术学院工程造价（BIM）专业开展深度合作。河北能源职业技术学院城市轨道交通工程技术专业 59 名新生正式入学，开启“2+1”校校合作新模式。工程造价、旅游管理等 7 个专业与北京金隅科技学校等 5 所重点中职学校合作开展中高职衔接办学试点。

探索国际职业教育深度合作与交流，与马来西亚吉两所技职学院签署合作框架备忘录。

服务昌平区域经济社会发展，开展“一校带一镇”工作，与延寿镇签署协议书，约定在旅游、心理、课外实践 3 个方面牵手合作。承接市财政局、昌平区财政局、区考试中心、人力社保部教育培训中心等组织的全国注册会计师、北京市会计从业资格、全国一级建造师、一级建模师等大型考试共计 14 场，考生 3994 人次。

推进人事制度改革，逐步完善内部管理机制。在编人员进入昌平区绩效工资规范体系。实施《员额制人员管理办法》《员额制工资分配方案》，稳定教职工队伍，逐步破解员额制人员管理工作难题。

党委书记　李卫东

院　　长　林海波

（宋雪莲）

北京青年政治学院

概述

2018年，北京青年政治学院占地面积2.59万平方米，产权校舍建筑面积3.78万平方米、非产权校舍建筑面积3.62万平方米。全年教育经费投入22536.07万元，其中，国家拨款19063.76万元、自筹经费3472.31万元。固定资产总值32400.42万元，其中，教学、科研仪器设备资产值14933.31万元。图书馆建筑面积4618平方米，藏有纸质图书53.80万册、电子图书119万册。拥有计算机3602台，网络多媒体教室68间。学校信息化经费投入350万元，信息化设备资产4232万元，网络信息点4478个，校园网出口总带宽2150Mbps，电子邮件系统用户732个，上网课程356门，数字资源量14140GB，管理信息系统数据总量21928GB。设有2个校区，6个二级学院、1个中心、1个继续教育学院，3个研究所，开设19个专业（含方向）。教职工317人。专任教师237人，包括教授及教授级高级工程师17人、副教授及高级工程师88人；博士34人，硕士178人；"双师型"教师159人。聘请校外教师11人。毕业生1195人，其中，高职生1168人、成人教育专科生27人。毕业生一次就业率98.63%，一次签约率68.49%。招生974人，全部为高职生。高考北京地区提档线文科218分、理科235分。在校生3241人，全部为高职生。网址：www.bjypc.edu.cn。

2018年，学校推进综合改革，进行院系调整，院系结构由"系部制"向"二级院制"转变，组建"六院一中心"。牵头组建北京学前教育职业教育集团。

加强教育教学改革，人才培养质量稳步提升。优化调整专业结构，学前教育专业获批高职院校唯一师范类专业，并入选北京市特色高水平专业建设项目。承接会计、学前教育专业中澳TAFE教育模式改革项目建设，推进"工学结合、校企合作"育人模式改革，逐步形成小班化、模块化、项目式、案例式、混合式学习为主要特色的高职人才培养模式。深入落实"教学工作进课堂"，积极跟进教学秩序与教学规范检查。

推进教学研究，教育教学改革成果丰硕。获北京市职业教育教学成果奖一等奖1项。1名教师被评为北京市教学名师。学生参加全国和北京市职业院校技能大赛，获国家级奖项8项、市级奖项42项，参赛项目和获奖数量创历史新高。

推进科研体制机制建设，科学研究水平不断提升。承担中国青少年研究会青年学研究专委会、中国青年院校协会学术研究专委会的组织管理工作，推进青年学研究发展，举办"新时代青年学与青年工作"学术研讨会。

加强学生教育管理，全面提升共青团工作。开展首届"大语杯"演讲比赛，推进"今日我晨讲"特色活动。开展"学生日常行为问题集中整治"专项行动。成为受邀2019年天安门地区志愿服务独家支持团队，各项志愿服务时长超过1.50万小时，服务人数超过220万人次；"艺术思政"重点项目原创团史音乐剧《燧石》入围北京市双百实践团队立项。

深化国际交流，拓展国际合作。全年接待11个国家和地区来访团组15个，招收在读留学生326人次。组建因公出访团组18个，出访师生72人次。选派5名优秀教师赴美国等地交流访学，选送1名教师赴法国孔子学院进行汉语教学。举办"一带一路"国际职业教育论坛学前教育专业分会，与俄罗斯阿尔泰人文教育大学签署合作备忘录。

发挥团校教育培训主渠道，拓宽工作领域。全年举办培训班105期，培训11634人次，约4万人/天。获批市教委师德教育基地。100余名青海杂多师生接受"三热爱"教育。为市社工委举办社区骨干实务培训和新入职社区工作者培训19期。完成国侨办、市侨办委托的2018"文化中国水立方杯"海外华人中文歌曲大赛和澳门"千人计划"公务员北京交流团在京活动任务。

党委书记　程晓君
院　　长　乔东亮

（王玉江）

首部原创团史剧试演

11月19日至21日，北青政首部原创团史剧《燧石》首轮试演。团史剧《燧石》剧名来源于学校团刊刊名，剧情关键词是"青春"和"信仰"，以"五四运动"前夕到团的"一大"胜利召开为历史背景，通过对高君宇、邓中夏为代表的一大批有志青年群像刻画，再现20世纪中国青年振兴中华的决心和行动，是一部凸显学院青年特色、政治特色和人文特色的文艺作品。该剧主创平均年龄32岁，演员平均年龄20岁，是一部由当代青年讲述一百年前青年勇担历史任重、改变国家命运的故事。该剧入选2018年度首都高校师生服务"四个中心"建设功能"双百行动计划"市级大学生社会实践团队立项项目、申报教育部思政司高校原创优秀文化精品项目。

（王玉江）

11月19日至21日，北青政首部原创团史剧《燧石》首轮试演

（北青政　供）

首钢工学院

概述

2018年，首钢工学院占地面积16.75万平方米，产权校舍建筑面积10.85万平方米。全年教育经费投入4541万元，全部自筹。固定资产总值8511万元，其中，教学、科研仪器设备资产值4997万元。图书馆建筑面积6129平方米，藏有纸质图书35.90万册、电子图书13.80万册。拥有计算机674台，多媒体教室80间。信息化经费投入50万元，信息化设备资产1429万元，网络信息点3760个，校园网出口总带宽200Mbps，电子邮件系统用户550个，上网课程330门，数字资源量45TB，管理信息系统数据总量410GB。设有6个二级学院和1个继续教育学院，开设高职专业31个、成人专科专业12个，有普通本科学士学位授予资格专业6个（1996年后未招生）。教职工251人。专任教师187人，包括教授、副教授84人。毕业生1091人，其中，普通专科生952人、成人教育本专科生139人（本科生22人、专科生117人）。专科毕业生就业率99.70%。招生1493人，其中，普通专科生691人、成人教育专科生802人。北京地区高考提档线文科150分、理科150分。在校生3608人，其中，普通专科生2408人、成人教育专科生1200人。网址：www.sgit.edu.cn。

2018年，学校开展机构改革。整合校内机构，设8个职能处室、7个二级学院和实习实训中心、网管中心、图书馆3个教学辅助部门。

教学改革。获得市教委授牌“中德创新学习学院”，开展中德胡格教学模式改革试验，在德国专家团队培训与指导下，完成智能制造、计算机网络2个专业的行业或企业访谈、人才需求与规格确定、职业行动领域分析、学习领域描述等工作。构建“3+2”中高职教育衔接课程体系，与首钢技师学院联合在机电一体化等6个专业试点推进。完成9个专业各1门核心课程的载体化建设、5个专业15门课程的信息化建设。适应素质教育需要，开设文学鉴赏、影视鉴赏（英语）、音乐鉴赏3门艺术类美育公共课，组织开展大学生创新创业训练营等活动。护理、社区康复2个高职新专业完成首次招生。学生参加全国职业院校技能大赛获得高职组2个国赛奖项。

校企合作、服务政府。引企入校，成立虚拟现实技术大师工作室、导游学基础理论与教学实践研究中心。开展技术服务，利用虚拟现实技术创新中心技术力量，为门头沟区“紫石砚雕刻技法、京西太平鼓、京西童子大鼓”3个非物质文化遗产保护项目设计制作数字化产品，用于非遗保护项目展示与宣传。服务政府行业，利用与市安监局合作成立的北京市安全生产管理学院、建成的北京市安全生产实训基地（一期）平台，为市安全生产监管系统开展安全生产专项培训，全年培训7500余人次。承办“2018年全国安全宣传咨询日”主会场活动，活动由全国安全生产月活动组委会办公室、市安全委办公室、市安监局等部门主办。

学生教育。落实立德树人根本任务，提出“教育主体多元化、行为养成指标化、思想教育行动化、教育过程全面化”育人工作体系。制订《进一步强化学风教风实施意见》，开展“净化心灵 从我做起”主题教育活动，推进学风建设。与石景山区公检法等部门合作开展法制教育，促使学生知法、懂法、守法。推动大学生志愿服务常态化，组织学生参加北京市第一届冬运会志愿服务、石景山区“全国助残日”志愿服务等活动。组织学生参加北京市大学生运动会、北京市职业院校（高职组）技能比赛等，获各级奖项25个。

师资建设。保证兼职教师比例，聘请企业兼职教师29人，占比15.50%，授课学时占比13.40%。教师入企实践，安排2名专任教师去企业锻炼，通过参与企业技术改造熟悉企业生产工艺流程、了解行业现状与发展方向。首名教师获北京市高校青年教学名师奖。

党委书记　黄吴兵
院　　长　段宏韬

（徐励　杨淑敏）

人工智能创新工作室建成

10月17日，首钢工学院人工智能创新工作室建成并通过验收。该工作室是中央财政现代职业教育质量提升计划项目，受助经费499.95万元，占用面积315平方米，包括工业4.0智能管理库、双臂机器人、智能设计与组装实验操作区、现场多媒体教学区等，可用于工业机器人综合智能制造、机电一体化系统项目设计等教学实训，提高学生专业综合职业能力，为学校人工智能创新领域开展产学研创深度合作奠定基础。

（徐励）

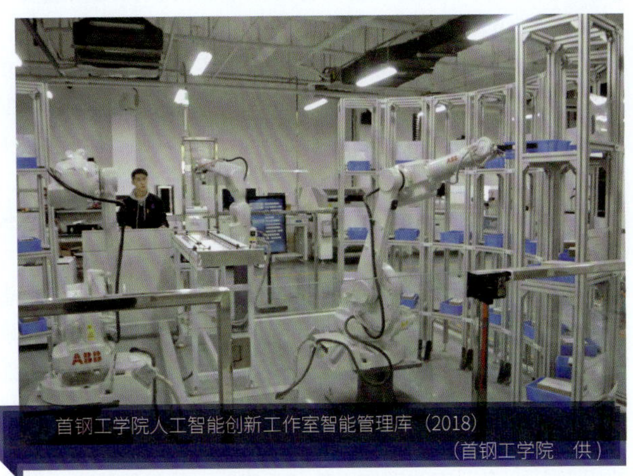

首钢工学院人工智能创新工作室智能管理库（2018）
（首钢工学院　供）

北京农业职业学院

概述

2018年，北京农业职业学院占地面积81.22万平方米，产权校舍建筑面积32.54万平方米。全年教育经费投入55788.80万元，其中，国家拨款48926.69万元，自筹经费6862.11万元。固定资产总值78395.44万元，其中，教学、科研仪器设备资产值18726.28万元。图书馆建筑面积11548.56平方米，藏有纸质图书53.55万册、电子图书328万册。拥有计算机4120台，多媒体教室200间。信息化设备资产12284.47万元，网络信息点8200个，校园网出口总带宽2000Mbps，电子邮件系统用户965个，上网课程44门，管理信息系统数据总量950GB。设有4个校区，9个系部，1个研究中心，1个研究所，开设44个专业。教职工845人。专任教师410人，包括教授及教授级高级工程师37人、副教授及高级工程师202人；博士54人，硕士253人；“双师型”教师290人。聘请校外教师35人。毕业生1474人，其中，高职生1195人、中职生215人、成人教育专科生64人。毕业生一次就业率97.37%。招生1499人，其中，高职生1418人、中职生71人、成人教育专科生10人。高考北京地区提档线文科150分、理科150分，单考单招150分。在校生4084人，其中，高职生3761人、中职生279人、成人教育专科生44人。网址：www.bvca.edu.cn。

2018年，学校建校60周年，举办系列纪念活动，回顾历史，展示成就，表达建设特色鲜明、世界一流职业院校的决心。争办特色高水平职业院校，申报北京市特色高水平职业院校、第一批特色高水平骨干专业（群）和实训基地（工程师学院、技术技能大师工作室）建设。18种教材入选农业部“十三五”规划教材。

办学水平全面提升。2项成果获北京市职业教育教学成果奖一等奖。1名教师获第14届北京市高等学校教学名师奖，1名教师获第二届北京市高等学校青年教学名师奖。教师论文在国际期刊《农业与食品化学》发表，并入选期刊封面论文。学生参加各级各类技能竞赛获得国家级奖项51项、市级奖项94项。

人才队伍建设取得新突破。制定实施《专业技术人员直接提任处科级领导职务的规定》，完善干部选拔任用制度。首次实现一年两次招聘工作，首次开展破格申报人员评审工作。高级职称比例提高5个百分点，达到55%，比2015年末正高级职称增长39.40%、副高级职称增长26.90%。

科技帮扶领域进一步拓宽。与国家体育总局和山西省繁峙县、代县签署扶贫合作框架协议；与房山、门头沟和延庆3个区6个乡镇11个低收入村开展对接帮扶工作，选派农业推广教授32人到农村从事种植、养殖、节水灌溉等推广项目40余个，选派2名第一书记挂职，选派39名专业教师到行业企业实践锻炼、赴“三农”一线挂职服务；接收拉萨市第一中等职业技术学校40名学生到校进行为期2个月实习；完成内蒙古乌兰察布市、河北省青龙县和赤城县等扶贫协作工作任务。完成中组部边疆民族地区和革命老区村党支部书记培训任务，全年开办培训班9期，累计培训学员8673人天，涉及18个省（区、市）、41个民族1239名边疆民族地区村党支部书记。

区域合作取得长足进步。开展“一带一路”沿线国家院校合作，在泰国签署首个海外分院办学协议，与毛里求斯福尔肯公民联盟和中非商会毛里求斯分会达成合作协议，与澳大利亚北京澳联国际教育科技有限公司签订合作协议，与俄罗斯莫斯科金融工业大学签署合作备忘录，与马来西亚4所职业技术学院签署合作备忘录。与台湾地区大仁科技大学、中华医事科技大学签署合作备忘录。

10月21日，农职院与毛里求斯建立合作关系
（农职院 供）

承担北京市新型职业农民培育三年行动计划任务。承担北京市新型职业农民学历教育和培训工作，负责师资数据库建设、信息化平台建设、服务体系建设、培育模式创新以及新型职业农民日常管理工作，开辟教学服务新领域。与首农集团北京西郊农场有限公司合作共建首农西郊农场园艺工程师学院。

党委书记　李云伏

院　　长　王福海

（孙田田）

首届村务管理专业新生开学

8月31日，农职院首届2018级村务管理专业新生开学。村务管理专业是农职院在市委组织部和市委农工委领导下开办的涉农专业，是实施北京市农村基层干部人才培养工程重要组成部分，主要面向农村党员、村干部、农民和社会青年招生，旨在提升村干部履职能力，吸引社会青年回归农村，助力乡村振兴。4月完成首届村务管理专业自主招生考试和录取工作，共575名基层党员干部、群众报考村务管理专业，正式录取83人，录取比7∶1。学生将在学院接受3年全日制高职学历教育，提升履行农村公共管理服务工作职责的能力，为全市农村基层干部人才队伍建设提供示范。

（王晓民）

建校60周年

9月10日，农职院为庆祝建校60周年，举行教师节表彰暨60周年办学成果展。活动回顾农职院60年改革发展历程，表达建设特色鲜明、世界一流职业院校的决心；表彰11名“我身边的师德榜样”和21名“我最喜爱的老师”；向新型职业农民培养对象、来自佛子庄乡贾峪口村和石板房村的农民代表赠送科技图书；京津冀三地农广校共同签署京津冀职业农民联合培养协议。学院1961届农机专业毕业生代表校友、院学生会主席代表在校生、园艺系教授代表全体教师、北京农学院校长代表合作院校、北京首农食品集团代表合作企业相继发言。学院历届校友、老领导以及广大师生参加活动。农职院前身为1958年建校的北京农业技术学校，1999年接受北京市农业广播电视学校并入，2001年与北京市农业管理干部学院合并组建北京农业职业学院，2002年4月挂牌，2003年合并原北京市城乡建设学校，2004年12月整建制合并原北京市城乡建设学校及原北京市八一农业机械化学校，成立北苑分院、清河分院，形成“一院四区”办学格局。60年来，学校累计向社会培养输送7万余名高素质技术技能型专门人才，为首都“三农”事业发展和中国社会主义现代化建设作出积极贡献。

（王凌云）

北京政法职业学院

概述

2018年，北京政法职业学院占地面积29.64万平方米，产权校舍建筑面积13.84万平方米。全年教育经费投入23322.29万元，其中，国家拨款21069.55万元、事业收入1787.98万元、其他收入464.76万元。固定资产总值35064.67万元，其中，教学、科研仪器设备资产值16258.04万元。图书馆建筑面积1.08万平方米，藏有纸质图书49.72万册。拥有计算机3216台。学校信息化设备资产11705.55万元，网络信息点3611个，校园网出口总带宽600Mbps，电子邮件系统用户1011个，上网课程122门，数字资源量559.88TB，管理信息系统数据总量28.20GB。设有社会法律工作系、安全防范系、应用法律系、经贸法律系、信息技术系、基础部5系1部，开设22个专业，包括中央和北京市重点支持建设专业6个；有中央和北京市重点支持建设实训基地5个，国家级专业教学资源库建设项目1个，国家及省部级精品课程9门，国家及省部级优秀教学成果奖13项。教职工395人。专任教师174人，包括教授及教授级高级工程师13人、副教授及高级工程师88人；博士30人，硕士201人；“双师型”教师145人。聘请校外教师94人。毕业生1057人，均为高职生。毕业生一次就业率84.77%，一次签约率68.87%。招生1576人，其中，高职生1276人、中职生300人。高考北京地区提档线文科150分、理科150分。在校生4132人，其中，高职生3242人、中职生890人。网址：www.bcpl.cn。

2018年，学校完善内部管理服务机制。学院章程于1月11日经市教委核准。历时3年的学院规章制度制度“废、改、立”工作完成，形成《学院规章制度汇编》（包括党群行政分册、财务总务后勤分册、教学科研分册和学生管理4个分册），同时将2014—2017年度党委会会议纪要汇编成册。

完善教学科研管理制度。制定、修订学院《教学运行管理规定》《社会参与教学质量评价办法》《学生网上评教管理办法》等制度，加强教学运行管理、检查，促进“一课堂”教学秩序、教学纪律、教学质量与效果稳步提高。制定《学院管理国家社会科学基金项目办法》，落实各项科研管理制度，院外课题立项申报数量和质量显著提高，获准纵向课题立项4项。

深化教学建设和改革。全面修订2018级专业人才培养方案，研究制定《专业建设指导委员会工作规程》《学院校企合作管理办法》，推动形成产教融合、校企合作、工学结合、知行合一的共同育人机制。与京东大学电商学院、新大陆教育集团、联想集团等企业签署校企合作协议，全面推行校企协同育人，实现学院专业整体建设水平提升。“退役士兵‘三特双协同’安保人才培养首都模式创新与实践”获得2018年职业教育国家级教学成果奖二等奖。

持续加强师德师风建设。围绕“一个承诺、一个评选、两项制度建设、四项专题活动”，形成任务清单，组织开展“做新时代‘四有’好老师和‘四个引路人’”学习实践活动。同时选树师德典型，推选学院和北京市师德先进个人，营造为人师表、教书育人的良好氛围。组织2017—2018学年院级教学质量奖评选。

创新大学生思想政治教育方式方法。落实立德树人根本任务，推动党的十九大精神进教材、进课堂、进头脑。不断健全完善全员全过程全方位育人的大思政格局，实现思政工作全覆盖。设立思政理论教研部，在全院学生中开展社会调查指导和评比，组织思政课公开观摩课交流研讨活动，在2018级高职学生课程中首次开展实践教学改革。开展第二期“青年马克思主义者成长营”教育实践活动，加强学生理想信念教育和理论武装。围绕纪念改革开放40周年，利用学雷锋活动月、国家安全教育日、五四青年节等重大时间节点，开展教育实践活动，积极培育和践行社会主义核心价值观。开展“四进四信·青年行”主题教育实践活动，实施“基层团支部活力提升工程”“三个一”创建评选等五大行动，切实推动习近平新时代中国特色社会主义思想“进支部、进社团、进网络、进团课”。通过学院团委微信公众号开展网络思想政治教育，打造网络育人新平台。

拓宽社会服务范围。选派23名学生参加第13届全国人大一次会议秘书处议案组服务工作。开展暑期社会实践六大行动，13支暑期社会实践团队参加。组织资格证书考试5场，1800余人参考；承接社会化考试18次，2.10万余人参考；合作举办全国速记考评员培训班等3期培训班，培训140余人。举办市政法系统基层党组织负责人党务轮训试点班、示范班，市政法系统第五期优秀中青年领导干部培训班等14期培训班，培训学员800余人。

党委书记　郑振远
院　　长　许传玺

（李治建）

北京财贸职业学院

概述

2018年，北京财贸职业学院占地面积29.73万平方米，产权校舍建筑面积16.51万平方米。全年教育经费投入40194.37万元，其中，国家拨款32435.35万元、自筹经费7759.02万元。固定资产总值76326.37万元，其中，教学、科研仪器设备资产值17616.08万元。图书馆（室）建筑面积12803平方米，藏有纸质图书84.25万册、电子图书119万册。拥有计算机8464台。学校信息化经费投入902.66万元，信息化设备资产17756.40万元，网络信息点13769个，校园网出口总带宽1610Mbps，电子邮件系统用户9424个，上网课程199门，数字资源量2706GB，管理信息系统数据总量3292.45GB。设有4个校区，11个二级学院，开设25个高职教育专业（含方向）、16个中专教育专业，包括3个中央财政重点支持专业、4个市级财政支持专业。教职工633人。专任教师355人，包括教授及教授级高级工程师15人、副教授及高级工程师149人；博士33人，硕士270人；"双师型"教师123人。聘请校外教师129人。毕业生2200人，其中，高职生1570人、中专生595人、成人教育专科生35人。毕业生一次就业率99.90%，一次签约率46.45%。招生2507人，其中，高职生1832人、中专生491人、成人教育专科生184人。在校生5617人，其中，高职生3872人、中专生1619、成人教育专科生126人。网址：www.bjczy.edu.cn。

2018年，学校成立60周年，举办"辉煌甲子 匠心独运"建校60周年教育教学成果系列展示活动;完善"招生—培养—就业"一体化运行机制，超额完成年度招生计划，就业率连续10年99%以上。以建设"财贸特质、首都特色、世界一流"高职院校为目标，扎实推进产教融合、校企合作、开放办学和人才培养等工作，入选"北京市特色高水平职业院校"建设单位，学校办学核心竞争力和社会影响力进一步增强。

科学规划特高校建设项目。统筹规划、科学设计特高校"10+1"建设计划，智慧会计、科技金融2个专业群和菜百

10月26日，北财院大学生创业企业在北京股权交易中心新四板挂牌 （北财院 供）

商学院同时入选北京市第一批特色高水平骨干专业（群）和实训基地（工程师学院、技术技能大师工作室）建设单位。

实施专业升级改造攻坚计划。开展"职业教育与产业发展契合度"专业调研，在专业结构优化、产教融合、课程建设与教学改革等方面全面推进专业升级改造。虚拟现实、财务模拟、跨境电商等一批现代化、智能化实训室建成并投入使用，同时配套支持17门职业核心能力课程的开发建设。互联网金融、建筑室内设计2个专业和财务大数据应用、人力资源、物联网系统设计与软件开发、国际物流4个专业方向实现首次招生。新增7个"3+2"中高职衔接办学项目。

课程建设与教学改革扎实推进。以校级教改立项为载体，持续推进课程改革与建设，验收16门人文素养类和6门职业类平台课，继续支持55门课程建设立项。依托中央财政专项经费，推进胡格教育模式改革试验，启动澳大利亚TAFE教学模式培训项目。深化"三有"课堂建设，"财贸好课堂"成为学校课堂教学新品牌。获得国家级教学成果奖二等奖1项，市级教学成果奖特等奖1项。全年承办市级技能竞赛和2018年首届两岸大学生投资理财规划大赛，获得各级各类奖项110项次，包括国家级比赛一等奖10项、二等奖8项、三等奖16项。

产教融合校企合作不断深化。拓展与业内知名企业的战略合作，新组建企业冠名商学院4个，签署校企战略合作协议6个。与北京华财会计股份有限公司共建智慧型会计工厂，与新道科技股份有限公司共建"新道特训营"，与慧科教育科技集团有限公司共建"互联网金融课程"。举办产教融合系列活动及京津冀高水平特色会计专业建设研讨会。首次开展职教集团成员院校1305名学生的学分互认教学工作。

高水平师资队伍建设和师德师风建设形成机制。实行培优计划，搭建鼓励青年教师成长的科研平台，创造包括出国进修等更多培训机会，多措并举进一步优化教师学历结构、职称结构。教师参加北京市职业院校教学能力比赛取得历史最好成绩。制定教师职业道德规范、师德一票否决实施细则、师德师风考核评价实施办法等系列关于师德师风建设的制度性文件。组织师德师风专题网络培训班及专项实践活动，引导教师践行"四个相统一"。

社会服务功能不断拓展。承办内蒙古高职专业教师培训班。当选全国职业院校精准扶贫协作联盟副理事长单位，承接国家精准扶贫项目、北京市"引智帮扶"项目和市教委对口支援与区域合作项目。承办中英创新创业职业教育联盟（北京）领导力培训、第二届中英"一带一路"国际青年创新创业技能大赛中国区总决赛、首届两岸大学生投资理财规划大赛。承办"彩虹计划"通州区青年人才培养工程首期培训班，全年为政府和银行、旅游、航空、地产等行业开展培训1.50万人次；首次承接全国一级注册建筑师考试资格审核工作，全年完成各类社会考试10.40万人次。

科研教研成果丰硕。坚持"科研立校、科研育人"方针，深化科研管理改革，发挥科研先导作用。全校取得各类科研教研成果334项，比上年增加79项，包括立项科研课题76项、公开发表论文171篇、出版学术著作和教材29部。

主办第 13 届京商论坛暨第 5 届北京国际商贸中心研究基地学术论坛。

党委书记　高东

院　　长　王成荣

（李红兵）

构建贯通基础教育人才培养模式

3 月 23 日，北财院与国际青年成就中国部（JA 中国）联合举办企业见习日活动“走进 Caterpillar”，拉开贯通基础阶段学生职业体验的序幕。至年底，“三个课堂”建设基本成型，贯通基础教育课程建设主体框架基本完成。实施 12 门基础文化课，增设 5 门财贸通识课，开设约 80 门次校本选修课，巩固贯通第一课堂教学；建立以语文文化月、外语文化节、数学竞赛季为代表的“一月一节一季”三大主干学科竞赛体系，丰富贯通第二课堂学科活动；设置专业认知体验周，组织“走北京”“看中国”为主题的旅行文化实践活动，知行合一研学实践第三课堂逐步成型。落实扬长教育，打造“三节两会一讲堂”为载体的贯通文化活动体系，其中“三节”即学科竞赛节、文化艺术节、研学实践节，“两会”即春季田径运动会、冬季趣味运动会，“一讲堂”即贯通大讲堂。通过搭建多个平台让学生人人出彩，72 名学生获政府奖学金，4 名学生获市级奖项，1 个班级被推荐为市级优秀班集体，3 个班级、1 个宿舍被推荐参评市级优秀学生基层组织；142 名学生、3 个班级、1 个团支部、34 间宿舍获校级奖励。

（李红兵）

建校 60 周年

6 月 23 日，北财院召开建校 60 周年纪念大会。会议为高端技术技能人才贯通培养试验项目教学基地校校合作揭牌和“菜百商学院”“永辉商学院”“新道管理会计师学院”“金通民航学院”4 家新的校企合作企业冠名学院揭牌。来自政府、行业协会、国内外 60 余所院校、40 余家知名合作企业嘉宾和历届校友、离退休教师代表以及在校师生代表 1000 人参加活动。学校还举办系列庆祝活动，包括建校 60 周年教育教学成果展、以“通州副中心商业发展机遇与挑战”为主题的第 13 届京商论坛暨第 5 届北京国际商贸中心研究基地学术论坛、全国职业院校商业文化素质教育暨中华老字号文化传承研讨会、职业教育国际化校长论坛、高职毕业生职业能力暨技能大赛成果展示会、“十八而志，财贸青春”高端技术技能人才贯通培养项目学生成人礼活动、校友师生书画笔会、学生话剧团自编自演话剧《漕运码头》展演、教职工主题经典诵读活动等。财贸职院前身是北京市财政贸易干部学校，1958 年由北京市政府粮食局粮食干校、北京市供销合作社供销干校、北京市第一商业局商业干校、北京市第一商业局商业职工学校、北京市城市服务局服务训练班、人民银行训练班 6 个单位合并建立，后来又合并 1 所通州干校，1983 年更名为北京市财贸职工学院，1984 年更名为北京市财贸管理干部学院，2001、2002 年先后与中国石油天然气集团总公司物探局职工大学、北京财政学校和北京市立信会计职工大学合并，2003 年更名为北京财贸职业学院，同时保留北京市财贸管理干部学院名称。

（李红兵）

北京戏曲艺术职业学院

概述

2018 年，北京戏曲艺术职业学院占地面积 2.71 万平方米，产权校舍建筑面积 3.06 万平方米。全年教育经费投入 17359.44 万元，其中，国家拨款 15080.98 万元、自筹经费 2278.46 万元。固定资产总值 23209.29 万元，其中，教学、科研仪器设备资产值 21497.39 万元。图书馆建筑面积 1569 平方米，藏有纸质图书 16.18 万册、电子图书 16.67 万册。拥有计算机 642 台，网络多媒体教室 1 间。学校信息化经费投入 292.06 万元，信息化设备资产 181.53 万元，网络信息点 2000 个，校园网出口总带宽 2000Mbps，数字资源量 100000GB，管理信息系统数据总量 2GB。设有 1 个校区，7 个系部，1 个研究中心，开设 7 个专业。教职工 347 人。专任教师 220 人，包括教授及教授级高级工程师 15 人、副教授及高级工程师 41 人；博士 9 人，硕士 117 人；“双师型”教师 64 人。聘请校外教师 148 人。毕业生 330 人，其中，高职生 154 人、中职生 176 人。毕业生一次就业率 98.03%，一次签约率 80.93%。招生 344 人，其中，高职生 179 人、中职生 165 人。高考北京地区提档线文科 105 分、理科 105 分。在校生 1245 人，其中，高职生 430 人、中职生 815 人。网址：www.bjxx.com.cn。

2018 年，学校坚持“树德育才”育人理念，注重职业教育持续发展和艺术人才全面培养，服务国家重大发展战略和北京文化中心城市建设，全力提高办学水平和教育教学质量。

加强学术和科研建设。成立首届学术委员会，加强学术管理，规范学术工作制度，推动专业建设。完成“基层文化组织员培训项目成果、作用和影响研究”调研课题，为基层文化组织员的后续能力建设及政府出台相关政策提供借鉴和依据。完成国家语言文字工作委员会科研项目《简明京剧词典》编纂，整理京剧行业专业术语，填补京剧专业词典的空白。

服务北京文化中心城市建设，推动传统文化艺术传承发展。以培养优秀艺术后备人才和传承优秀文化艺术为宗旨的少儿戏剧场继续坚持每周末演出精彩剧目的传统，共演出 51 台 71 场。“北戏书馆”和“北戏书馆平谷分馆”每周固定演出，两个书馆全年分别演出 38 场。与首都文明办合作的系列舞台短剧《中华美德故事汇》完成皮影戏《狼牙山五壮士》、舞剧《刑场上的婚礼》、音乐剧《寻找殷雪梅》、话剧《比生命更重要的》4 个新剧目创作，并在北京 16 个区巡演。学院艺术团深入各区、乡镇、学校等开展民族艺术

3月至4月，北戏举办国家艺术基金艺术人才培养资助项目“京剧荀派艺术人才培训” （北戏 供）

进校园、百姓周末大舞台、星火工程等公益演出，演出累计98场。开展公共文化培训和艺术培训，举办2018北京市基层文化骨干培训班，为北京各区培养基层文化组织员；举办国家艺术基金艺术人才培养资助项目“京剧荀派艺术人才培训”和“中国戏曲传统化妆、服装技术培训”。完成北京文化艺术基金资助项目“大型京剧《哑女告状》加工提升”和“氍毹心传——人才培养项目‘名家传戏’”。

促进优秀文化艺术传播交流，服务国家重大发展战略。京剧系师生先后赴欧洲丹麦、希腊参加“欢乐春节”演出和中非论坛演出，推动京剧走向世界，加强与其他国家文化交流。分别与贵州省花灯剧院、海南省文化艺术学校签约合作。参加2018中国艺术教育博览会、2018中国戏曲文化周，以多种方式向广大群众普及京剧、评剧等传统戏曲知识。

落实职教精神，提高人才培养水平。开展高职教学能力比赛暨北京市职业院校教学能力比赛选拔赛，推荐3名教师组队参加北京市职业院校教学能力比赛，获得一等奖。参加北京市及全国职业教育教学成果评选，获得市级教育教学成果特等奖1个、一等奖1个，国家教育教学成果奖一等奖1个。举办校园首届“火花杯”创业大赛。承担北京市职业技能大赛“文化艺术专业赛委会”主任单位职责，承办2018年北京市职业院校技能大赛艺术技能中职组国标舞表演和高职组中国舞表演、声乐表演、钢琴演奏4个赛项。通过北京市特色高水平职业院校建设项目评审，成为北京市12所特色高水平职业院校之一。结合北京文化艺术发展要求和职业教育未来趋势，组建“北京文化艺术职业教育集团”。

院　　长　刘侗

（贺红梅）

少儿戏剧场5周年庆典

6月1日，北戏少儿戏剧场举办5周年庆典。活动回顾少儿戏剧场5年来发展历程，上演北戏京剧系教师胡希芳“琴韵流芳”教学成果汇报音乐会。少儿戏剧场是以在校学生为演出主体、为学生提供舞台演出实践平台的剧场，服务于学校的人才培养，也服务于传统文化艺术的普及传播。少儿戏剧场自2013年6月1日开办以来，演出剧（节）目累计400余场，观众近15万人次，创作出京剧《少年马连良》《谁共白头吟》《南海子》、舞剧《夕照》、大型民族器乐音乐会《燕落花枝》、未成年人思想道德建设系列短剧《中华美德故事汇》等众多优秀剧目；通过这个舞台，培养锻造大量优秀艺术后备人才，推动艺术创作创新，促进优秀传统文化传承发展，丰富北京市民精神文化生活。

（贺红梅）

北京经济管理职业学院

概述

2018年，北京经济管理职业学院占地面积85.80万平方米，产权校舍建筑面积13.19万平方米、非产权校舍建筑面积0.25万平方米。全年教育经费投入31815.91万元，其中，国家拨款26798.22万元、自筹经费5017.69万元。固定资产总值35258.45万元，其中，教学、科研仪器设备资产值10757.34万元。图书馆建筑面积8318平方米，藏有纸质图书52.90万册、电子图书64.92万册。拥有计算机3963台，多媒体教室190间。学校信息化经费投入668.92万元，信息化设备资产13845.83万元，网络信息点7222个，校园网出口总带宽1310Mbps，电子邮件系统用户583个，上网课程134门，数字资源量27009GB，管理信息系统数据总量473GB。设有2个校区，下设8个二级学院（部），1个研究中心，开设29个专业及方向。教职工504人。专任教师205人，包括教授及教授级高级工程师14人、副教授及高级工程师70人；博士31人，硕士190人；“双师型”教师65人。聘请校外教师45人。毕业生782人，均为高职生。毕业生一次就业率98.85%，一次签约率67.60%。招生1089人，其中，高职生1067人、成人教育专科生22人。高考北京地区提档线文科150分、理科150分，单考单招150分。在校生2831人，其中，高职生2687人、成人教育专科生144人。网址：www.biem.edu.cn。

2018年，学校加强党对学校工作全面领导，推进基层党组织建设，基层党支部由29个增至46个。

思想政治工作。参与2018年教育部高校习近平新时代中国特色社会主义思想大学习领航计划，获北京市优秀组织奖，是唯一获奖的高等职业院校。青年志愿者协会首都学雷锋志愿服务岗被评为第三批首都学雷锋志愿服务岗，10支团队获“首都大学生暑期社会实践优秀团队”称号。完成北京市职业院校“一校一品”德育品牌复评工作。

专业建设与教学改革。成立珠宝与艺术设计学院，作为改革创新试验区；“宝玉石鉴定与加工专业”国家级职业教育专业教学资源库成为国家级104个教学资源库之一，宝玉石鉴定与加工专业被评为北京市特色高水平骨干专业；宝玉石鉴定与加工、机电一体化、应用电子3个专业进入教育部现代学徒制教育教学试点，人工智能学院试点项目获批立项。申报北京市特色高水平职业院校、第一批特色高水平骨干专业（群）、实训基地（工程师学院、技术技能大师工作室）。

产教融合、校企合作。成立学校产学合作与服务地方工作领导小组，与达内集团等10家企业签订校企合作协议。入选首批中英创新创业职业教育联盟（北京）院校和首批中英创新创业教育北京示范学校。承办竞赛5项；学生参加54项比赛获得市级奖项82个；宝玉石鉴定与加工专业学生在2018年全国职业院校技能大赛珠宝玉石鉴定赛项获一等奖，实现学校参加国赛一等奖零的突破。

科研管理。完成北京市社科基金项目立项1项，设立42个校级科研项目，完成167项校级课题、3项市级课题结项，资助出版4部学术专著。完成学校2018年教育质量年度报告。

国际教育合作。留学生教育开设29个班次的汉语课程，对来自30个国家442名留学生进行汉语培训，包括招收“一带一路”国家学生160人。中英合作“2+2”项目2个专业共招收新生40人；12名学生赴英国博尔顿大学留学。

师资队伍建设。获2018年北京市职业教育教学成果奖4项；2名教师获北京市教学名师奖；完成2018年学校适应社会需求能力评估工作。做好人才资源引进，面向社会公开招聘教师17人、辅导员4人，接收军转干部2人。

党委书记　张连城

院　　长　姚光业

（于平波）

北京劳动保障职业学院

概述

2018年，北京劳动保障职业学院占地面积21.53万平方米，产权校舍建筑面积12.61万平方米。全年教育经费投入20084.76万元，其中，国家拨款16231.80万元、自筹经费3852.96万元。固定资产总值55826万元，其中，教学、科研仪器设备资产值19253万元。图书馆建筑面积7105平方米，藏有纸质图书44.17万册、电子图书113万册。拥有计算机2901台。学校信息化经费投入1321.22万元，信息化设备资产5315万元，网络信息点2192个，校园网出口总带宽2210Mbps，电子邮件系统用户1500个，上网课程442门，数字资源量7508GB，管理信息系统数据总量360GB。设有2个校区，4系2部和实训中心，开设17个专业。教职工236人。专任教师166人，包括教授及教授级高级工程师8人、副教授及高级工程师49人；博士30人，硕士90人；“双师型”教师128人。聘请校外教师100人。毕业生1614人，其中，高职生1057人、中职生181人、成人教育专科生376人。毕业生一次就业率99.28%，一次签约率75.92%。招生1435人，其中，高职生938人、中职生110人、贯通培养学生194人、成人教育专科生193人。高考北京地区提档线文科150分、理科150分，单考

11月，劳动保障职业学院承办北京市延庆区服务冬奥世园管道工培训班　（劳动保障职业学院　供）

单招150分。在校生4764人，其中，高职生2650人、中职生428人、贯通培养学生681人、成人教育专科生1005人。网址：www.bvclss.cn。

2018年，学校实施教育教学综合改革，提升人才培养质量。入选特色高水平职业院校行列，老年服务与管理专业入选第一批骨干专业（群）。贯通培养工作加快推进，构建起贯通培养、中职教育、高职教育相衔接、学历教育与社会培训并行的办学格局。培训工作稳步推进，职业技能鉴定所“电梯安装维修工”鉴定资格获批，成为北京市唯一具有“电梯安装维修工”鉴定资格的鉴定所；全年共培训6689人次，成人学历教育1230人次，技能鉴定6641人次；打造培训品牌，完成全国养老机构院长培训495人次，北京市老龄产业养老机构管理人员高级研修培训750人次，邀请台湾养老行业专家来京开展养老服务人才培训180人次。

开展教育部现代学徒制试点工作，以劳动与社会保障、老年服务与管理、城市轨道交通机电技术、安全技术与管理（城市管理与监察）4个试点专业为龙头，与多家企业共建校外“嵌入式实训基地”，实现专业、课程、教学与产业、就业的精准对接，深化产教融合、校企合作，人才培养模式不断创新与完善。城市轨道交通机电技术专业通过教育部、交通运输部等联合遴选获批交通运输类示范专业。

科研成果创历史新高，获得省部级教学成果奖3项，完成省部级科研课题2项，组织完成第15届北京哲学社会优秀成果奖申报2项，院级课题立项、评奖数量和资助金额均为建院历史上最多的一年。

组织承办北京市高职院校技能大赛5个赛项，派出37支参赛队113名学生参加，取得团体一等奖8项，个人一等奖1项。

规范学生管理服务各项政策，创造性地在未成年学生中实行“标准化”宿舍管理新方式，全面推进“平安校园”建设；高度重视网络安全工作，加强信息化建设。

立足“一带一路”东南亚沿线国家，迈出“国际化”关键步伐。接收马来西亚和泰国留学生来校学习，探索具有职业教育特色的留学生培养模式；与东南亚多所职业院校建立稳定合作关系，签署合作备忘录。第一批14名留学生结业。

优秀高职在校生赴国外应用型大学交流访学。市教委

和市财政局支持遴选优秀高职在校生赴国外应用型大学进行交流访学，开创财政全额资助高职学生赴国外访学的先河。选派 2 批共 80 名学生分别赴澳大利亚、英国交流访学，拓展学生国际视野，推动学校人才培养国际化进程。

党委书记　卢琳

院　　长　李继延

（彭雪松）

北京社会管理职业学院

概述

2018 年，北京社会管理职业学院占地面积 60.39 万平方米，产权校舍建筑面积 8.97 万平方米。全年教育经费投入 22554.42 万元，其中，国家拨款 18924.89 万元、自筹经费 3629.53 万元。固定资产总值 27308.04 万元，其中，教学、科研仪器设备资产值 6249.96 万元。图书馆建筑面积 3821 平方米，藏有纸质图书 35.90 万册、电子图书 10 万册。拥有计算机 1712 台，网络多媒体教室 38 间。学校信息化经费投入 381.02 万元，信息化设备资产 2526.37 万元，网络信息点 2010 个，校园网出口总带宽 1190Mbps，电子邮件系统用户 4827 个，上网课程 126 门，数字资源量 17500GB，管理信息系统数据总量 8510GB。设有 2 个校区，7 个系部，开设 16 个专业和专业方向，15 个研究中心。教职工 330 人。专任教师 195 人，包括教授及教授级高级工程师 15 人、副教授及高级工程师 68 人；博士 36 人，硕士 210 人；“双师型”教师 157 人。聘请校外教师 55 人。毕业生 1086 人，全部为高职生。毕业生就业率 95.60%。招生 1656 人，其中，高职生 1635 人、成人教育专科生 21 人。高考北京地区提档线文科 154 分、理科 157 分。在校生 4445 人，其中，高职生 4365 人、成人教育专科生 80 人。网址：www.bcsa.edu.cn。

2018 年，学校围绕立德树人根本任务，以全面从严治党为主线，以贯彻落实全国教育大会精神为动力，以服务民政事业发展为宗旨，以建设新校区为契机，实现各项事业新发展。

人才培养、社会服务取得新成效。坚持“立足民政、服务首都、特色强校、开放发展”办学理念，提升人才培养水平，健康养老专业群、现代殡葬技术与管理专业入选北京市第一批骨干专业（群），校企合作举办的格林彩虹矫形工程师学院入选北京市第一批工程师学院。老年服务与管理专业教学资源库通过教育部验收，社会工作专业教学资源库建设顺利推进。2 项教学成果分获国家级职业教育教学成果二等奖和北京市职业教育教学成果特等奖，搭建服务地方金融行业与产业发展的平台。服务民政事业发展和民政人才队伍建设，助力脱贫攻坚、乡村振兴等国家战略，举办各类培训班 35 期、培训学员 1839 人次，获批“北京市职工继续教育基地”。1 名教师获评 2018 年中央和国家机关脱贫攻坚优秀个人。

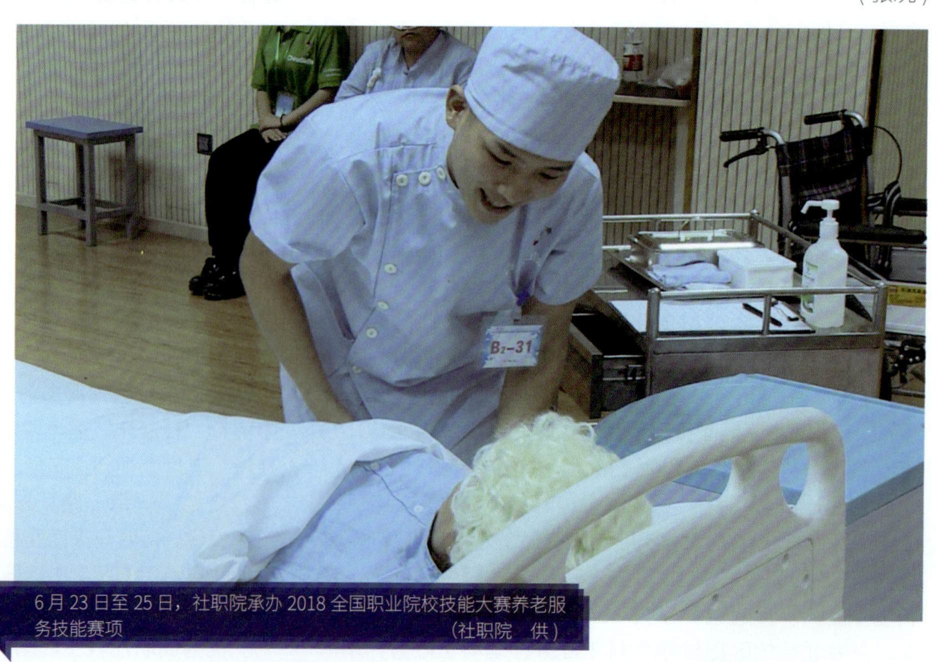

6 月 23 日至 25 日，社职院承办 2018 全国职业院校技能大赛养老服务技能赛项（社职院　供）

开放办学、内部管理取得新突破。与日本群马医疗福祉大学合作举办“中日老年服务与管理专科教育”“中日护理专科教育”国际合作项目获市教委批准。被市教委、市民政局、市人力社保局认定为“北京市养老服务人才教育培训学院”，将为养老服务业发展发挥更加积极作用。通过国际假肢矫形学会（ISPO）认证，成为国内首家获 ISPO 假肢与矫形器技术专科教育认证的学校。承办全国职业院校技能大赛养老服务技能赛项，获突出贡献奖和优秀组织单位称号。被人力资源和社会保障部评为“国家技能人才培育突出贡献单位”，办学成绩和技能人才培养工作水平受到肯定。获 2018 年婚庆人才特色教学贡献奖。科研课题立项实现突破，首次获国家社科基金和科技部国家重点研发计划立项，“深度贫困户精准识别与精准脱贫措施研究”项目获得一般项目立项。新“三定”方案获批，内部机构设置得到优化，管理效能进一步提升。

新校区建设取得新进展。打通影响建设进度的瓶颈问题，协调解决施工道路、红线外市政管线规划方案审批等难点问题，完成食堂、宿舍、教学楼和实训楼主体工程施工，工程质量获北京市“结构长城杯”金奖，现场管理取得绿色施工文明安全样板工地称号，为实现 2019 年搬迁和两个校区办学奠定基础。

党委书记　邹文开

院　　长　邹文开

（张冼）

校企合作成立格林彩虹矫形工程师学院

9月26日，社职院与北京格林彩虹假肢矫形器装配中心合作举办的格林彩虹矫形工程师学院启动。成立该工程师学院开创校企协同培养“现代假肢矫形器技术人才”新局面，双方将应对假肢矫形器技术服务数字化、智能化发展趋势，坚持国际化、高端化发展定位，服务首都产业发展，为培养真正符合行业发展和企业高端用人需求的创新型假肢矫形器技术人才共同努力。

（张冼）

北京体育职业学院

概述

2018年，北京体育职业学院占地面积8.57万平方米，产权校舍建筑面积6.95万平方米。全年教育经费投入5457.34万元，其中，国家拨款5098.29万元、自筹经费359.05万元。固定资产总值43023万元，其中，教学、科研仪器设备资产值7063万元。图书馆建筑面积300平方米，藏有纸质图书14.88万册、电子图书2200GB。拥有计算机398台，网络多媒体教室29间。学校信息化经费投入496万元，信息化设备资产240.40万元，网络信息点416个，校园网出口总带宽100Mbps，数字资源量2463GB。设有3个校区，2个系部，开设4个专业。教职工144人。专任教师67人，包括教授及教授级高级工程师2人、副教授及高级工程师26人；博士2人，硕士20人；“双师型”教师12人。聘请校外教师16人。毕业生198人，其中，高职生63人、中职生135人。毕业生一次就业率100%，一次签约率57.10%。招生285人，其中，高职生143人、中职生142人。高考北京地区录取分数线文科154分、理科153分，河北地区录取分数线文科282分、理科206分；自主招生运动训练专业247分、体育运营与管理（冰雪运动服务与推广方向）188分、运动训练专业（儿童体智能方向）221分。在校生681人，其中，高职生275人、中职生406人。网址：www.bjtzhy.org。

2018年，学校强化专业建设，深化教学改革。调整内设机构，重新制定各部门职责，明确各岗位工作要求和任务。

专业建设和教学改革。聘请客座教授，启动职业教育课程改革项目，以冰雪专业和儿童体智能专业为试点，改造专业人才方案和课程体系，强化专业内涵建设，提升专业人才培养质量。制定2018级儿童体智能专业人才培养方案，修订2018级运动训练专业和初中阶段教学计划，使教学内容和课程设置更符合运动员学生实际需要。继续推进冰雪专业建设，深入企业，明确就业岗位群，细化冰雪方向相关课程，修订冰雪专业人才培养方案；与奇趣童年运动馆、颐信泰通（北京）信息科技股份有限公司签署战略合作协议，三方共研人才培养方案，建设信息化专业核心课程，共同

9月，北京体职院教师教学团队首次参加2018年北京市职业院校教学能力比赛获奖 （北京体职院 供）

培养儿童体智能产业人才。

师德师风建设。强化教师职业道德意识，提升职业道德规范。利用教师在线学习平台，将师德教育课程纳入年度教师继续教育必修课，使教师不断加强自我修养，树立良好师德师风。

师资队伍建设。通过院外进修、院内培训、网络学习等形式开展有针对性的教师职业技能培训，全年组织19人次教师外出培训学习，参加院内培训177人次，网络学习140人次；围绕“三有课堂”“信息化教学”等教改主题，邀请院外专家开展讲座，帮助教师提升实施“三有”课堂和信息化教学能力。鼓励教师参加教学能力比赛，以赛促教，教学团队首次参加2018年北京市职业院校教学能力比赛获得高职组课堂教学赛项一等奖；参加2018年全国职业院校技能大赛职业院校教学能力比赛获得高等职业教育组课堂教学赛项二等奖，取得历史性突破。

信息化建设。完成学院基础网络建设与教学管理系统建设项目，内容包括中心机房改造、校园网改造、光缆干线系统信息点部署、新建教务管理系统。通过基础IT信息化项目建设，整体提升学院综合教学能力。

工资绩效改革。修订学院教师职务聘任制实施细则，积极推进教师职务聘任工作。修订和完善现有绩效考核体系，建立相对完善的分配激励机制，实现多劳多得、优绩优酬，调动全体教职工工作积极性，稳步推进绩效工资制度改革。

党委书记　段利民

院　　长　石风华

（杨玉玲）

校企共育儿童体智能训练人才签约

5月16日，北京体职院儿童体智能训练专业与悦卡奇（北京）投资管理有限公司（UKK）旗下奇趣童年运动馆、颐信泰通（北京）信息科技股份有限公司共同签署校企战略合作协议，校企合作共建儿童体智能训练专业方向。三方共同研究人才培养方案，建设信息化专业核心课程，探索就业导向、产学结合、工学交替育人模式，共育儿童体智能训练人才。儿童体智能训练专业于2017年底完成专业报备，本年首招新生。

（刘阳）

北京交通运输职业学院

概述

2018年，北京交通运输职业学院占地面积17.92万平方米，产权校舍建筑面积17.52万平方米、非产权校舍建筑面积0.20万平方米。全年教育经费投入28130.25万元，其中，国家拨款27537.42万元、自筹经费592.83万元。固定资产总值49205.60万元，其中，教学、科研仪器设备资产值31236.59万元。图书馆建筑面积5882平方米，藏有纸质图书43.86万册、电子图书2200GB。拥有计算机2547台，多媒体教室168间。设有6个校区，11个院系部，1个研究中心，开设城市轨道交通、汽车后市场、综合交通体系运行管理、交通基础设施建设、古建筑工程5大专业群20个专业。教职工401人。专任教师233人，包括教授及教授级高级工程师2人、副教授及高级工程师69人；博士5人，硕士146人；“双师型”教师187人。聘请校外教师174人。毕业生1449人，其中，高职生1333人、中职生80人、成人教育专科生36人。毕业生就业率98.66%。招生2072人，其中，三年制高职生732人、两年制高职生（五年制及“3+2”转段）864人、五年制高职生406人、中职生15人、成人教育专科生55人。高考北京地区提档线文科156分、理科196分。全日制在校生5766人，其中，高职生3661人、中职生1999人、成人教育专科生106人。网址：www.bjjt.edu.cn。

2018年，学校加快构建集团化办学模式下现代交通运输职业教育体系，深化产教融合、校企合作，强化内涵建设、品牌专业建设。

依托集团化办学，推进互联网＋职教集团“三步走”战略。发挥学院在北京交通职业教育集团、京津冀沪宁晋川交通职教集团联盟以及全国城市轨道交通职教集团的核心引领作用。在北京交通职教集团内深化与北京市交通行业企业合作，获评中德职业教育汽车机电合作项目（SGAVE）全国“示范学校”“全国优秀合作院校”；推进汽车、物流专业胡格模式改革。完善京津冀沪宁晋川交通职业教育集团联盟结构，成立汽车、轨道、物流和思政、路桥4个专业委员会，重点开展高层论坛、学生夏令营、教师专业比武、思政交流工作，建设交通运输骨干职教集团，辐射京津冀。依托全国城市轨道交通职教集团，建立城市轨道交通专业国家级教学资源库，完成教育教学、实训基地建设等标准建设，发挥专业引领示范作用。

扩大职业教育国际合作与对外交流，服务“一带一路”。与泰国纳瓦明塔提腊大学签约关于北京市“一带一路”国家人才培养基地项目合作项目，开展城市轨道交通专业高端技术技能人才培训。承办“中英职业教育连线”活动、“一带一路”职业教育校长论坛活动，与外方7所院校签约。成立中澳教师能力发展中心，与澳大利亚新南威尔士技术与继续教育委员会开展辅导员专业化培训。

推进精准扶贫工作。对口帮扶丽江、阜平、怀来、威县、新疆，开展定向招生和师资培训工作。对口支援西藏职业教育发展。

依托“一校一品”打造红色思政品牌。建立以“学生联合社团”为主的红色理论社团，打造多元志愿服务、文体活动平台，注重实践育人、文化育人。做好校外毛主席纪念堂志愿服务红色教育基地，获评志愿服务优秀单位。开展劳模进校园系列活动，邀请全国劳动模范、全国交通技术能手进入校园，激励学生传承弘扬大工匠精神、劳模精神、中国精神。

教育教学质量显著提升。1名教师获北京市高等学校教学名师奖。获2018全国职业院校技能大赛职业院校教学能力比赛一等奖、交通运输大类比赛第一名，获国家教学成果奖二等奖1个。

社会影响力不断增强。承办北京市职教宣传月启动仪式和北京市职成教育系统工作会议，作为唯一职业院校代表在北京市教育大会上发言。完成交通运输部高水平优质交通运输职业院校和北京市特色高水平建设校申报工作。城市轨道交通运营管理、城市轨道交通车辆技术、汽车运用与维修技术、智能交通技术运用4个专业获批全国职业院校交通运输大类示范专业点。

党委书记　李怡民

院　　长　李怡民

（赵蕊）

3月13日，二十一中学生在交通运输职院开展“普职融通，职业体验”活动　（交通运输职院　供）

道桥虚拟仿真实训中心投入使用

6月2日，交通运输职院道路桥梁工程虚拟仿真实训中心投入使用。中交一公局总承包经营分公司有限元分析软件（Midas）及BIM应用培训班在此开班。培训为期20天，全程采取封闭式培训，个性化定制培训课程，内容涵盖Midas简介、用户界面、基本操作技能、Revit基础、Revit桥梁建模、Revit桥梁建模深化、Navisworks、BIM5D共7个部分24个方面。道路桥梁工程虚拟仿真实训中心于2017年12月开始建设，位于通州区云景东路90号，占地面积550平方米，建筑面积550平方米，拥有BIM、VR和AR等设备设施，具备实训、培训和科学研究等功能，能满足土木工程信息化领域技术技能人才培养需求。

（赵蕊）

北京卫生职业学院

概述

2018年，北京卫生职业学院占地面积7.42万平方米，产权校舍建筑面积2.45万平方米、非产权校舍建筑面积3.66万平方米。全年教育经费投入72313万元，其中，国家拨款69035万元、自筹经费918万元、经营收入和预算外收入2360万元。固定资产总值36440.35万元，其中，教学、科研仪器设备资产值13872.12万元。图书馆建筑面积747.40平方米，藏有纸质图书49.70万册、电子图书249册。拥有计算机2744台，包括教学用计算机1253台。学校产权网络多媒体教室89间，非学校产权网络多媒体教室52间。学校信息化设备资产值7340.26万元，网络信息点4302个，校园网出口总带宽500Mbps，电子邮件系统用户1138个，上网课程26门，管理信息系统数据总量2150.50GB。设有3个院区，开设11个高职专业、7个中职专业。教职工529人。专任教师265人，包括副教授及高级讲师92人；博士4人，硕士122人；“双师型”教师92人。聘请校外教师67人。毕业生2005人，其中，高职生910人、中职生1095人。招生1662人，其中，高职生1216人、中职生446人。高考北京地区提档线文科277分、理科231分。在校生4742人，其中，高职生2778人、中职生1964人。网址：www.bjwszyxy.com。

8月，卫生职院对口帮扶河北威县技能培训 （卫生职院 供）

2018年，学校以立德树人为中心，推进思想政治工作。研究制定学院教职工职业道德规范、师德师风考核办法等制度，建立健全思想政治工作机制。以“做新时代‘四有’好老师和‘四个引路人’学习实践活动”为契机，组织开展培训讲座、研讨交流、主题教育等多种活动，评选学院首届“十佳优秀教师”和“十佳优秀教育工作者”，树立教职工队伍优秀典型，引导教职工以德立身、以德立学。

加强教学科研，人才培养逐显成效。组织各系（部）修订三年制和五年制19个专业人才培养方案和教学计划进程；修改全院专业教学计划，合理设置学期课程，保持新旧人才培养方案课程体系的稳定与衔接，实现周学时≤26学时的目标。护理、药学、中药康复等系参与国家精品课资源库建设，开展课程教学标准及教学资源建设；护理专业被遴选为北京市特色高水平骨干专业。组织第五届学生院级职业素质技能大赛，2700余人次学生参与；组织护理、中药、检验、影像等专业学生参加全国、市级及行业各类技能大赛，14名学生获奖，其中，护理专业学生首获一个全国护理技能大赛二等奖，实现历史成绩突破。密切联系教学医院和实习单位，巩固“紧密合作、共育共享的院校三段融合式”人才培养模式，不断扩大实习单位规模，提升实习单位质量，全年落实中高职1516名学生在96家实习单位的实习安排。

强化学生教育和管理，育人水平全面提升。以提升思想政治理论课质量为核心，持续推进思想政治理论课改革。建立健全《班主任、辅导员聘任考核工作管理办法》《学院德育品牌创建工作实施办法》等13个规章制度，为加强学生管理提供制度保障。全面落实学生心理筛查、普查与咨询等工作，开展班级团体心理辅导、特殊群体个别辅导和专题讲座，关注学生身心健康。制定学院自主招生管理办法及中招提前招生管理办法，规范招生各环节。接收海淀卫生学校“3+3”中高职衔接护理专业学生110人。主动与用人单位联系，分类举办8场招聘会、供需见面会，中高职就业率均达到98%。

推进队伍建设，教工素质整体提升。加大人才引进力度，加大教师培训力度，完成20余名专业教师岗位实践及考核；完成71名教师“发展与教育心理学专业课程研修班”学习；组织6名护理专业教师赴英国和日本交流培训。1名教师获“北京市高等学校青年名师”称号。组织教师参加北京市及全国比赛，获得3个一等奖。严格落实班主任选聘制度、见习班主任制度、班主任辅导员考核等制度，开展心理教育、职业技能等专题培训，开展“班主任、辅导员职业能力大赛”，不断提升学工人员的育人素质和管理能力。

深入分析充分调研，稳妥推进综合改革。组织开展第三次综合改革，调整部门设置和管理岗位职数，理清各职能部门与系（部）的责、权关系，解决部门之间和岗位人员工作量不平衡、不均衡问题。坚持“德才兼备、以德为先”用人原则，采取干部交流、组织调整与竞聘选拔相结合的方式聘任中层干部 54 人。以按劳分配、多劳多得为原则，完善绩效结构和收入分配机制，制定学院绩效工资实施办法，实行多元化绩效组成结构，统筹规范工作量核算标准，优化收入分配办法，充分调动全体教职工工作积极性和主动性。

加强院外交流培训，提升服务社会能力。推进对口帮扶河北省威县工作，组织护理系和医学技术系相关教师完成为期 6 天、2 个批次 160 人次的威县在职护士和检验人员培训。落实江西省 2 所院校管理人员到学院相关医学系跟岗研修任务；选派护理系教师赴三门峡职业技术学院送教指导。妥善做好北京开放大学、北京大学医学网络教育学院、奥鹏网络学历教育现有 3871 名成人学历教育在校学生的教学及管理工作。承接社会培训和考试辅导等工作，组织完成 298 人次的护士执业资格考试考前辅导工作，通过率 93.46%；完成护士执业资格考试、全国医师资格考试、注册会计师考试、北京市考评中心公开招聘等相关考试 13316 人次共 419 场的考务组织工作，发挥服务行业、服务社会的职能和作用。

党委书记　董维春

院　　长　黄惟清

（邢怡）

独立设置成人高等学校选介

国家开放大学

概述

2018 年，国家开放大学占地面积 1.55 万平方米，产权校舍建筑面积 8.75 万平方米。全年教育经费投入 6.43 亿元，其中，国家拨款 1.60 亿元、自筹经费 4.83 亿元。固定资产总值 11.45 亿元，其中，教学、科研仪器设备资产值 1.39 亿元。图书馆建筑面积 1.39 万平方米，藏有纸质图书 11.14 万册、电子图书 318 万册。拥有计算机 1964 台。学校信息化经费投入 860.30 万元，信息化设备资产 9518.81 万元，网络信息点 4382 个，校园网出口总带宽 800Mbps，电子邮件系统用户 1554 个，上网课程 3728 门，数字资源量 61952GB，管理信息系统数据总量 3600GB。设有 3 个校区，开设 132 个专业。教职工 570 人。专任教师 154 人，包括教授 13 人、副教授 73 人。聘请校外教师 3 人，均为正教授。毕业生 76.38 万人，其中，专科生 55.66 万人、本科生 20.72 万人；4368 人获得国家开放大学学士学位。招生 125.49 万人，其中，专科生 97.91 万人、本科生 27.58 万人。在校生 360.97 万人，其中，专科生 264.32 万人、本科生 96.65 万人。全年培训 7.01 万人次。网址：www.ouchn.edu.cn。

2018 年，学校继续深化教育教学改革。开展教育教学改革大调研。优化专业结构，取得“高起本”专业办学资格。完善学位授予和学位论文管理相关制度。推进《国家开放大学质量标准（2.0 版）》建设，引入第三方开展毕业生和用人单位满意度调查。落实立德树人根本任务，出台加强学生思想政治教育和师德师风建设的相关举措，召开办学体系思想政治教育工作会，推出“1+4+X”思想政治理论课模式，实现碎片化系统学习。推进产业工人、士官和残疾人等特定人群教育，招收残疾人学生 900 人、农民大学生 6.18 万人；制定《“产业工人求学圆梦”项目学历教育实施方案》，与大型企业合作招收产业工人学生近 2000 人。深化“六网融通”人才培养模式改革，网络学习空间活跃用户 229.08 万人，上线 247 门网络核心课程，组建 161 个网络核心课程团队，开展“形成性考核与终结性考试一站式”探索。加大教师培训力度，完成 3 门教师能力培养课程的 63 门微课建设，面向全国办学体系组织 27 期骨干教师高级研修班，培训 1826 人。

完善治理体系和覆盖全国城乡的办学组织体系。推进以质量保证委员会、学术委员会、学位委员会为主体的治理体系建设。修订行业学院设置与管理办法，新成立 5 个行业学院，行业学院招生 1.35 万人。成立国开大华侨学院宁波分院、西安分院，面向海内外和港澳台地区提供办学服务。加快推进实验学院改革，新设立 2 个分院（分校）和 13 个学习中心。与中国民航总局、连锁经营协会等合作设立行业“圆梦大学”，9 月，“民航职工圆梦大学”首批 1298 名学员开学，享有专项奖助学金。

推动教育信息化升级。完善数字化学习环境，升级云平台，强化招生、教学和评价等业务一站式管理与服务；上线“国开在线”APP，整合移动教学和移动办公功能；完成 224 间云教室的技术升级设计和招标；国家开放大学学习网注册用户 124.96 万人，全年访问量 3996.37 万人次，产生学习行为 1.46 亿次。推进数字化学习资源建设，联合各方累计共建 3.31 万门“五分钟课程”，建设 40 门通识课程；在线视频公开课累计完成 30 余个系列、480 余学时的视频建设；1 门课程入选“国家精品在线开放课程”。

推进学分银行建设。启动国家开放大学“1 + X”证书制度建设。推进学习成果认证服务体系建设，学习成果认证中心覆盖全国 31 个省市、23 个行业。初步建立学习成果互认联盟机构间资源共享与学分互认机制，引入第三方认证。

推进非学历教育。推动新型业务模式落地与完善，在各类非学历项目中培训 7.01 万人次。与全国妇联合作的女性终身学习计划在 27 个城市推广实施。推进国家老年开放大学建设；设立梧州、天府和九华山等 6 个地方特色养老学院，探索迁移式、候鸟式、集“游、学、养”于一体的养老模式。

推进国际化办学合作。与“一带一路”沿线国家合作筹建海外学习中心，赞比亚和坦桑尼亚 2 个学习中心及其云教室投入运营，与巴基斯坦、印度尼西亚等国达成海外学习中心建设意向。与德国马格德堡大学商学院签署硕士层次联合办学协议。

教育扶贫工作成效显著。推进“长征带教育精准扶贫工程”，开展学历与非学历教育项目，援建云教室、计算机机房等基础设施，累计投入 2000 余万元，惠及贫困人口和乡村学生超过 2.50 万人。加大教育部定点帮扶河北省青龙县、威县教育扶贫力度，投入经费 200 余万元，设立专项奖学金，援建计算机机房和国开书屋等。提出“三区三州”教育精准扶贫工作总体方案，启动对口支援新疆阿克苏地区沙雅县 2609 名教师的“中小学教师信息技术应用能力提升创新培训”。面向内蒙古自治区通辽市开展教育扶贫，实施“乡村干部能力提升计划”。

教育科学研究成果丰硕。“职业教育国家学分银行制度的系统构建”获国家级职业教育教学成果一等奖。“‘六网融通’：基于网络的人才培养模式探索与创新”和“残疾人的教育探索与实践”获北京市高等教育教学成果奖一等奖。

党委书记　杨志坚

校　　长　杨志坚

（卓晗）

中德硕士研究生联合培养

6 月 5 日，国开大、德国马格德堡大学商学院和北京亚欧国际教育文化院签订合作协议。根据协议，三方联合开展中德应用型硕士研究生培养，国开大派遣国内具备本科学历和学士学位的学生前往德国马格德堡大学攻读硕士学位，学制 2 年；国开大与德方共同开设工商管理（MBA）等 3 个经济管理类专业，共建相关课程及教学资源；合作三方共同开展学分互认工作。这是国开大首个硕士研究生联合培养项目。

（卓晗）

首次授予士官国开大学士学位

7 月 26 日，国开大八一学院举办首批国开大学士学位授予仪式。学士学位获得者共 19 人，来自全军不同兵种，其中，13 人获得管理学学士学位、4 人获得法学学士学位、2 人获得工学学士学位。这是国开大 2015 年获批学士学位授予单位后，首次向士官学员授予学士学位。

（卓晗）

远程开放教育领域学生思政教育新模式探索

至年底，国开大推进思想政治教育模式创新，探索远程开放教育领域学生思想政治教育新模式。组织专家学者和技术制作团队，用“制大片”精神推进思想政治理论课建设，创新课程形式、教学手段和教学方式，以 326 门视频微课（“五分钟课程”）为核心资源构建网络课程，实现碎片化学习与系统学习相结合。2018 年秋季学期思想政治课程上线，选课学生 120.33 万人。

（崔乃鹏　卓晗）

北京教育学院

概述

2018 年，北京教育学院占地面积 9.59 万平方米，产权校舍建筑面积 15.65 万平方米。全年教育经费投入 28705 万元，其中，国家拨款 23593 万元、自筹经费 5112 万元。固定资产总值 30320.37 万元，其中，教学、科研仪器设备资产值 339.61 万元。图书馆建筑面积 2807.50 平方米，藏有纸质图书 71.16 万册、电子图书 1.11 万册。拥有计算机 2541 台。学校信息化经费投入 215.36 万元，信息化设备资产 1641.59 万元，网络信息点 1600 个，校园网出口总带宽 1064Mbps，电子邮件系统用户 583 个，上网课程 75 门，数字资源量 3546GB，管理信息系统数据总量 27.80GB。设有 5 个校区，40 个教学系，覆盖 17 个中小学、幼儿园学科。教职工 526 人。专任教师 269 人，包括教授 22 人、副教授 109 人。另有国内外知名专家学者担任客座教授和兼职教授。毕业生 575 人，其中，专科生 218 人、本科生 357 人。招生 417 人，其中，专科生 153 人、本科生 264 人。在校生 1930 人，其中，专科生 549 人、本科生 1381 人。全年培训 11985 人次。网址：www.bjie.ac.cn。

4 月 17 日，教育学院面向西城五路通小学开展图书馆课程专项培训　（教育学院　供）

2018 年，学院完善人才培养体系，提高人才培养质量。围绕“3+1+N”人才培养体系开展干部教师培训工作；承担各类市级项目共计培训中小学幼儿园干部教师 10813 人；承担“国培计划”任务培训全国各地学员 596 人；组织开展面向京苏粤浙、京津冀、北京城市副中心等的区域性干部教师培训活动。学历教育不断转型，与 4 所研修机构联合开展教师“第二学历”进修。认定各级各类教师资格 22615 人，启动北京市教师资格定期注册试点工作。举办第二届北京市中小学新任教师“启航杯”教学风采展示活动，16 个区及燕山地区共 611 名教师参加。

提升科研、学术能力，切实提升学院核心竞争力。组织各级各类课题申报，获得全国和北京市各类课题 14 项。推进“北京房山区北沟教育联盟项目”横向科研项目。教职工共发表论文 231 篇，出版专著 15 部，编著教材等 35 部，科研能力和水平显著提升。年内 3 批次 16 个学科创新平台立项，包括一级平台立项 7 项、二级平台立项 9 项。全年完成 2018 年度国家级、省部级和院级课题申报 117 项，立项 39 项，包括全国教育科学规划课题立项 2 项、北京教育科学规划课题立项 7 项、北京市社科基金项目立项 2 项、北京教育学院课题立项 25 项、市教委社科计划项目立项 3 项，这是学院历史上第一次获得重大课题立项，并完成重大课题开题论证和方案修改工作。

深入开展师德建设，强化学院人才队伍建设。将师德师风教育贯穿于干部教师培训工作全过程，在教职工岗位聘任、职称评审、考核评价等工作中实行师德“一票否决”。开展师德榜样推荐活动，评选出 14 名院级师德榜样。2 名教授分别获得 2018 年“北京市师德先锋”和“首都劳动奖章”称号。完善职评相关管理办法，使职称评审更加公平公正透明。推动高层次人才支持计划，发挥领军人才和骨干教师引领作用。启动青年干部教师挂职助理工作，促进青年干部成长。完成在职在编管理岗位人员定级、晋级工作。

庆祝建院 65 周年，营造学术氛围，传承学院文化。以建院 65 周年为契机，通过召开北京市中小学干部教师教育培训 65 年回顾与展望座谈会、举办首届教师学习与专业发展国际研讨会、举办新时代基础教育教师发展 20 人论坛暨建院 65 周年学术研讨会、开展以“唱响新时代 共筑学院梦”为主题的教职工歌咏比赛活动，推动学院事业蓬勃发展。

优化发展环境，提升办学保障能力。加强制度建设，建立健全规范管理长效机制，建立完善消防安全、社会治安综合治理、保密工作等非常设组织结构。召开第七届教职工代表大会暨第十届工会会员代表大会。持续推进基础网络设施建设，各校区无线网络部署工作基本完成，文兴街校区北侧楼宇基础网络建设工作基本完成；推进文兴街校区部分教学楼改造项目，完成校区建筑物加固改造。校园新网站正式上线。开展基建修缮工程项目审计工作。成立全院物业考核工作小组，建立监管和沟通平台。

党委书记　杨公鼎

院　　长　何劲松

（石燕）

批判性思维国际化素质提升培训活动

5 月 20 日至 22 日，教育学院数学与科学教育学院开展“在中国课堂中培养批判性思维”国际化素质提升培训。活动邀请加拿大约克大学专家，围绕批判性思维技巧的培养、4C（批判、创造、沟通、合作思考）思维工具、批判性思维策略技巧与探究模式的融合 3 个方面，为数学、地理、化学、物理、通用科学技术 5 个学科的卓越教师以及 STEM 培训项目学员开展培训。学员通过挑战式游戏的教学体验，构建批判性思维框架，深度思考批判性思维要素的关联以及教学应用，领会批判性思维对教学实践的新意与教育价值，丰富认知体系和教学设计方法。

（石燕）

5 月 20 日至 22 日，教育学院开展批判性思维国际化素质提升培训活动　（教育学院　供）

基础教育人才发展 20 人北京论坛

9 月 20 日，教育学院主办第三届基础教育人才发展 20 人北京论坛。论坛主题为“迈向新时代的教师培训和专业发展”，与会专家分别就教育现代化对教师专业发展的新挑战、北京市卓越教师队伍的打造与培养路径、信息技术支持的教师培训与专业发展等问题分享有关理论研究和实践探索的最新成果。论坛邀请多名专家学者共同为教师职后教育的健康发展建言献策。各区教委及教师培训机构、中小学校长代表和师范院校师生代表等 150 人参加论坛活动。

（石燕）

首届教师学习与专业发展国际会议

11 月 28 日至 29 日，教育学院主办首届教师学习与专业发展国际研讨会。来自美国、英国、加拿大、芬兰、日本等国家 20 余名国际学者和国内该领域的研究者及培训者、实践者等 400 余人参加研讨会。主论坛上，香港大学教育学院院长、英国剑桥大学教育学院院长、北京师范大学教育学部部长、北京教育学院副院长、美国布鲁金斯学会布朗教育政策中心主任 5 名知名学者分别作前沿主题报告。大会设 4 个分论坛，聚焦教师学习规律与实践转化、教师学习影响因素与实践应对、教师学习方式变革与实践创新、教师学习管理与实践改进，来自美国、芬兰、加拿大、德国、日本、南非和中国师范院校知名学者，来自北京的国际学校和教育学院附属中学的优秀校长，以及教育学院学术骨干教师共 27 人作分论坛报告。

（石燕）

北京开放大学

概述

2018 年，北京开放大学占地面积 2.61 万平方米，产权校舍建筑面积 2.78 万平方米、非产权校舍建筑面积 1.60 万平方米。全年教育经费投入 31423.69 万元，其中，国家拨款 21968.17 万元、自筹经费 9455.52 万元。固定资产总值 15693.21 万元，其中，教学、科研仪器设备资产值 9022.07 万元。图书馆建筑面积 145.60 平方米，藏有纸质图书 4.70 万册、电子图书 12.32 万册。拥有计算机 1299 台。学校信息化经费投入 769 万元，信息化设备资产 5898.72 万元，网络信息点 3200 个，校园网出口总带宽 2010Mbps，电子邮件系统用户 1839 个，管理信息系统数据总量 3920GB。国家开放大学业务上网课程 1539 门，数字资源量 16.20GB；北京开放大学业务上网课程 323 门，数字资源量 727GB；数字图书馆数字资源量 47799.56GB。设有 3 个校区。国开专业设有 49 个系统教学单位，开设 20 个本科专业，覆盖 14 个学科；40 个专科专业，覆盖 24 个学科。自主专业设有 10 个教学系，开设 25 个专业，覆盖 13 个学科。教职工 317 人。专任教师 113 人，包括教授 13 人、副教授 32 人。聘请校外教师 387 人，包括教授 16 人、副教授 128 人。自主专业毕业生 205 人，其中，专科生 69 人、本科生 136 人；招生 5355 人，其中，专科生 1234 人、本科生 4121 人；在校生 8653 人，其中，专科生 2494 人、本科生 6159 人。国开专业毕业生 10020 人，其中，专科生 6381 人、本科生 3639 人；招生 18097 人，其中，专科生 13183 人、本科生 4914 人；在校生 66948 人，其中，专科生 42985 人、本科生 23963 人。合作办学招生 2802 人，在校生 3710 人。全年培训 46354 人次。网址：www.bjou.edu.cn。

2018 年，学校坚持稳中求进总基调，坚持目标和问题导向，实施“质量立校、人才强校、开放兴校”战略，制定并实施学校事业发展三年行动计划，为全面完成战略转型奠定坚实基础。

加快推进社会教育，扩大非学历教育培训品牌影响力。围绕服务首都市民终身学习和学习型城市建设，依托“京学网”开展终身教育服务，履行北京市社区教育指导中心职能，推动建立全市社区教育联盟。启动全市“乐学驿站”建设，完成首批乐学驿站挂牌。与天津、黑龙江签订家庭教育战略合作协议。推进“社会教育在线”平台建设，大力拓展公职考试研究与培训中心、外语培训中心、传统音乐教育事业部、国学教育中心，开展从业人员普法培训、科技教育、老年教育、职业技能培训，逐步形成“数独”“极客极客”“九九乐学”等教育培训品牌。

着重开展特色科研，建成博士后培养基地。围绕国家和首都重大发展战略，加强特色科研和学科建设，与北京市科学技术研究院合作共建博士后培养基地。搭建大数据与智能健康研究院、智能技术研究等校企合作研究平台，开展高层次人才培养试点工作，初步形成协同创新、共创共享的基地建设格局。2018 年科研论文总数 110 篇，比上年增长 13%；CSSCI 论文数 18 篇，比上年增长 29%；纵向项目数量比上年增长25%。在国家教学成果奖及国家自然科学基金、国家社会科学基金、北京市创新团队等高水平项目立项方面取得突破。1 名教师获 2018 年北京市师德先锋奖。

推进校园文化和智慧校园建设。探索大数据、网络信息技术、人工智能与开放教育深度融合的实践教学模式，统筹信息化建设、智慧校园建设，完成资源开发中心、沉浸式互动实验室、智慧共享实验室和创新成果体验室 4 个仿真中心建设，信息技术服务能力不断提升。

党委书记　黄先开

校　　长　褚宏启

（李玉）

餐旅学院成立

6 月 23 日，北开大举办餐旅学院揭牌仪式暨新时代“互联网 + 旅游教育”创新与发展学术论坛。揭牌仪式上，为餐旅学院特聘专家教授颁发聘书；市商务委与学校共同打造的“北京生活性服务业培训平台”启动。此举是学校落实市委、市政府关于“深化城教融合，推动继续教育、网络教育与首都经济社会发展需求更紧密结合，建设学习型城市”任务要求而进行的全新探索与尝试。揭牌仪式后，旅游类院校专家教授、大型旅游文化集团领导和行业相关协会代表共同参加新时代“互联网 + 旅游教育”创新与发展学术论坛，研讨新时代旅游人才培养需求，并围绕“互联网 + 旅游教育”现状、挑战与思考展开交流。学院师生 150 余人参加揭牌仪式。餐旅学院开设旅游管理专科、旅游管理本科、酒店管理专科、酒店管理本科 4 个专业，主要面向旅游及酒店行业培养能够适应酒店业转型发展需要的精技能、懂管理的专门人才。11 月 18 日，北开大餐旅学院—首旅集团 2018 秋职工学历提升班开班。北京首都旅游集团有限责任公司 70 名职工参加北开大学历教育学习，完成学业并通过考核可获得专科或本科学历证书。

（李玉）

北开大讲堂

至年底，北开大举办 8 次北开大讲堂，共计培训 1300 余人次。来自北京师范大学、江苏开放大学等地及校内专家作《21 世纪核心素养及其培育》《新时代的开放教育：责任与担当》《电大人的机遇、挑战、发展与成长》等专题讲座，内容包括解读国际国内教育发展趋势、开放教育当前面临机遇和挑战、北开非学历教育培训方面探索经验和阶段性成果、教育现代化本质等内容。“北开大讲堂”是学校2018年加强干部教育培养重要举措，旨在补齐干部的知识弱项、能力短板，着力培养专业能力、专业精神和国际化视野，全面增强干部工作本领。

（李玉）

北京宣武红旗业余大学

概述

2018年，北京宣武红旗业余大学占地面积7415万平方米，产权校舍建筑面积10480万平方米。全年教育经费投入3146.18万元，其中，国家拨款2890.19万元、自筹经费255.99万元。固定资产总值1490.09万元，其中，教学、科研仪器设备资产值885.73万元。图书馆建筑面积300平方米，藏有纸质图书6.54万册、电子图书4800册。拥有计算机592台，多媒体教室座位590个。学校信息化经费投入11万元，主要用于计算机教室网络线路维修改造；信息化设备资产639.28万元，网络信息点400个，校园网出口总带宽20Mbps，上网课程24门，数字资源量82GB，管理信息系统数据总量30GB。设有1个校区，5个教学系，开设21个专业，覆盖12个学科。教职工71人。专任教师24人，包括教授3人、副教授15人。聘请校外教师27人，包括教授3人、副教授13人。专科学历毕业生280人、招生165人、在校生635人；北京理工大学继续教育学院红旗大学教学站毕业生28人、招生36人、在校生100人；北京交通大学继续教育学院毕业生200人、招生66人、在校生400人；北京师范大学继续教育学院毕业生9人。远程教育毕业生38人、招生46人、在校生209人。网址：www.hqdx.com。

2018年，学校建校60周年，举办校史展、书画作品展、职业素质素养系列沙龙、百场讲座公益行等一系列庆祝活动。全年，围绕“学习、规范、开拓”根本任务开展各项工作。

规范教育行为，深化教学改革。制定和修订师德规范等一系列教学管理规定，规范教学管理和教师行为。组织开展人才培养方案修订和各专业教学大纲修订完善工作。新申报美术专业通过市教委审核。以市教委教学专项检查工作为契机，对学历教育相关资料进行梳理、分类、整理、自查，组织校内教学管理整改，指导监督顺义区成人教育学校和北京市工艺美术高级技工学校2个校外教学站完成教学管理整改工作。着重对提升学员职业素养和创新创业思维进行相关课程研发与教学改革，举办“人生定位与职业规划”“如何成为好员工”2场主题职业素质素养系列沙龙活动，共120余名学员报名参与。

12月，红旗大学学生油画《冰雪激情》入选“走进2022年冬奥会——第二届北京西城区、延庆区、张家口市书画摄影展”（红旗大学 供）

加强科学研究，提升师资水平。加强科研管理制度建设，制定和完善科研经费管理办法。申请市区级课题7项，完成结题6项。推动混合式教学改革工作，进行微课开发。继续联合管理系、计算机系、外语系与国开数字化教学服务中心共同开发制作24个网上教学课件。坚持内外培训相结合，组织30名教师参加教育部“教师发展在线”课程学习并取得结业证书。

拓宽培训渠道，增强服务能力。全年为西城区档案局、椿树街道、金源公司等开展不同形式培训。培训工作转型，将培训重心放到为区教委服务的方向上，举办幼儿园教师心理健康培训班、小学教师家校沟通培训班、系统音响师培训班、摄影摄像和后期处理培训班，累计开设课程80课时，培训学员540人次。开展西城区教委“城宫计划”，对3所学校学生进行授课共计120班次，授课学生1.28万人次，授课内容涉及美术、科技、传统文化等。社区教育稳步推进，开设社区教育课程8门，培训4930人次。家长学校通过“新父母 心成长”大讲堂开展讲座13场，培训5930人次。社区教育将骨干队伍与居民普及培训两手抓，举办西城区学习型社区建设骨干“双提升”培训班，200人参加培训；承办西城区道德讲堂，共组织实施30场主题活动，全区15个街道近2000名居民和单位职工参与。开展社区教育特色项目，组织京彩瓷、中华家风馆、德胜社区教育学校等6场“西城区市民终身学习服务基地开放日”活动。老干部大学全年开办57个班，学员929人。

党委书记 钱孝先

校　　长 车亚军

（罗克东）

建校60周年

6月16日，红旗大学举办校园开放日活动庆祝建校60周年。开放日活动以“不忘初心 砥砺前行”为主题，举办“承载六十年发展历程、十年发展硕果”校史展，学校离退休教师代表、校友代表、在校学生代表、全体在职教职工共150余人参加活动。学校还举办书画作品展、职业素质素养系列沙龙、百场讲座公益行等一系列活动庆祝建校60周年。红旗大学创建于1958年，是北京市最早成立的地区性成人高等学校，原名宣武红旗夜大学；1966年学校停止招生，1978年12月4日经北京市委教育部批准恢复招生，1980年10月经北京市评审验收，批准红旗夜大学为高等专科学历教育的成人高等学校，1982年6月经国家教育部批准、备案，定名为北京宣武红旗业余大学，成为国家承认的地区成人高等学校。

（罗克东）

北京市总工会职工大学

概述

2018年，北京市总工会职工大学占地面积2.07万平方米，产权校舍建筑面积2.87万平方米。全年教育经费投入2600万元，其中，国家拨款1730万元、自筹经费870万元。固定资产总值5804万元，其中，教学、科研仪器设备资产值2819万元。拥有计算机321台，网络多媒体教室56间。学校信息化经费投入93万元，信息化设备资产540万元，网络信息点494个，校园网出口总带宽250Mbps，电子邮件系统用户291个，上网课程30门，数字资源量1850GB，管理信息系统数据总量4000GB。设有工会理论与职工教育研究所、素质工程工作部、继续教育部、职业技能培训部等教学科研机构及13个职能教辅部门。设有2个教学系，开设6个专业，覆盖3个学科。教职工122人。专任教师27人，包括副教授7人。聘请校外教师38人，包括教授1人、副教授4人。毕业生236人，其中，专科生197人、本科生39人。在校生1024人，其中，专科生426人、本科生598人。招生604人，其中，专科生83人、本科生521人。全年培训工会干部28426人。网址：www.ghgy.com.cn。

2018年，学校聚焦城市功能定位，组织分层次职工培训。全年组织职工培训、活动733场次，服务119779人次。其中，面向劳动模范、大工匠、创新工作室领军人以及各类专业技术骨干举办BIM、金蓝领技能、创新方法、高技能领军人才研修等培训班13期，培训高技能人才2539人次。以智能制造、物联网、文化创意、非遗文化传承等为主题，举办沙龙活动24场，服务技能人才700余人次，超过1万人次在线参与劳动午报直播平台学习交流。依托素质工程，举办公益大讲堂、劳模讲堂、技术工人职业培训、岗位练兵等10个项目活动664场次、360252学时，涉及单位404个，直接服务职工93240人次。开展定制式培训56个班次，培训职工24000余人次。

依托各类培训项目，创新技能人才培养新模式。以基础性调研为基础，搭建素质素养和技术技能课程架构，挖掘培训主题和课程内容，形成150门课程菜单。通过“寻找职工好讲师”大赛、机器人师资培养班、职工读书沙龙等项目培养50余名来自各行各业生产服务一线的培训讲师和“读书导师”，并纳入职工教育培训系统兼职师资库，其中部分师资已承担起2018年金蓝领培训项目教学和智能制造课程开发任务。全年完成智能制造20个课程模块研发任务，形成“机器人应用技术”和“BIM技术应用”精品课程，逐步建立起紧贴职工需要的课程体系和生成机制。此外，与北京奔驰汽车有限公司合作建立教学基地，在智能制造（工业机器人）人才培养的课程体系建设、课程研发、师资培养、实习与实训等方面深入融合，探索技能人才培养新模式。

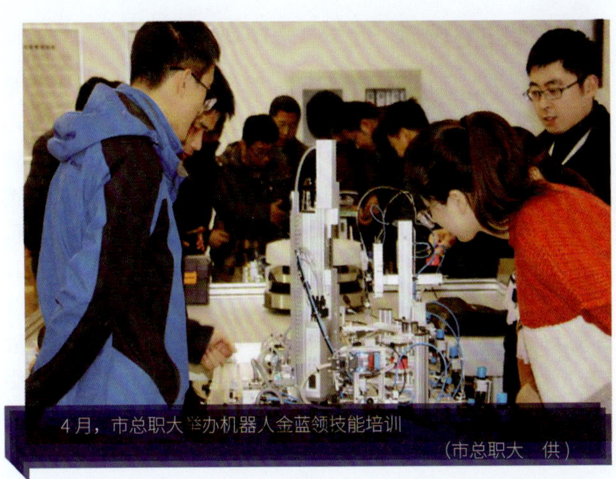

4月，市总职大举办机器人金蓝领技能培训

（市总职大　供）

建立完善工会干部教育课程体系，优化教研专业方向。学校在工会干部能力素质模型基础上，对应设置18个课程模块，并细化产生271门课程，形成工会干部教育课程体系，组建富有工会特色的工会党建、公共管理、工会基础理论与实践、组织建设与职工服务、劳动关系与工会经费、工会法律与维权保障、劳动保护与职业健康7个专业教研组，搭建起教研师资团队的立体培养机制。以教研组为主体，围绕课程体系建设，着重进行课程研发和教学设计，研发出“工会训练营”“中国（北京）工运史”“十九大精神与新时代工会工作”“劳模精神、工匠精神与工会工作”“工会十七大精神解读”等9门新课程并直接应用于教学。

培训工会干部28426人次。全年完成工会干部培训219个班次，比上年增长52.10%，包括市总计划内66期、全总特色培训2期、计划外1期、送教上门150期。累计培训219天，比上年增长34.90%。平均培训满意度95%。

党委书记　刘蓉

校　　长　王冬强

（周东妹）

首个工会干部精品课程培训班

5月4日，市总职大首个工会干部精品课程培训班即北京市工会办公室骨干人员素养提升培训班开班。工会理论与职工教育研究所开发的“工会训练营”首秀，以“工会是职工最温暖的娘家人”为主题，通过训练活动与情境任务，打造团结、高效、和谐团队。培训班为期10天，利用每周五和周六开展。培训课程既有涉及工会工作实务、舆情研判、保密工作形势、党政机关公文处理及信息报送等业务型课程，也有职业礼仪规范、沟通技巧、压力管理与积极心态及人格理论在工作和生活中的应用等素养型课程，旨在全面提高工会工作质量和水平，发挥工会办公室参谋助手、综合协调和服务保障的作用。来自全市各区总工会和市总下属事业单位30名办公室骨干人员参加培训。

（周东妹）

“寻找职工好讲师”教学基本功竞赛

12月6日至7日，市总职大首都职工素质建设工程举办“寻找职工好讲师”教学基本功竞赛总决赛。来自全市20家单位30名职工讲师参与角逐。“寻找职工好讲师”教学基本功竞赛于9月27日开赛，经过初赛、赛前培训、选拔赛等环节，从80名职工讲师中选拔30名选手进入总决赛，其中10名选手曾得过全国劳模、北京市劳模、首都劳动奖章、北京市首席技师等称号。决赛选手通过10分钟现场教学演示，展示他们在知识萃取、授课技巧等方面成果。大赛最终评出一等奖3人、二等奖6人、三等奖9人以及优秀组织单位奖20个。优秀选手纳入素质工程师资库，参与素质工程技术工人培训、劳模讲堂、职工微培训等项目教学活动。

（周东妹）

北京市西城经济科学大学

概述

2018年，北京市西城经济科学大学（西城区社区学院）占地面积0.73万平方米，产权校舍建筑面积1.61万平方米。全年教育经费投入4748.94万元，其中，国家拨款4652.56万元、自筹经费96.38万元。固定资产总值1532.24万元，其中，教学、科研仪器设备资产值640.54万元。图书馆建筑面积168平方米，藏有纸质图书6.71万册。拥有教学用计算机728台，多媒体教室38个。学校信息化经费投入115.50万元，信息化设备资产740.73万元，网络信息点445个，校园网出口总带宽100Mbps，电子邮件系统用户131个，数字资源量128.70GB，管理信息系统数据总量19GB。设有3个校区，1个教学工作站，3个教学系，开设11个专业，覆盖6个学科。教职工124人。专任教师60人，包括副教授21人。毕业生500人。招生334人。在校生928人。中国传媒大学远程与继续教育学院西城经科大教学站毕业生220人，招生233人，在校生660人。全年培训6100余人次。网址：www.xcjkd.org。

2018年，学校承办京津沪地区独立设置成人高等学校协作会第20届大会和西城区学习型城区建设暨市民教育工作会议，被市教委认定为“北京市民终身学习示范基地”。

6月19日，西城经科大对教师进行继续教育培训

（西城经科大　供）

学历继续教育内涵发展。学校坚持立德树人办学方向，优化人才培养方案，加强专业课程建设，在专业课程培养目标中融入立德树人理念，加大学生思想政治课程的教学力度，调整课程安排、教学实施和考核方式，在企业定制专业课程建设中融入更多企业元素，满足企业对应用型人才的需求。学校抓住学生教育关、教师任课关、教学过程关、质量监控关和教学服务关的关键环节，提升教学管理和服务质量，推进学历教育人才培养模式改革内涵发展。

提升教师教学能力。教师以团队形式参与校企合作培训项目方案、课程教学、教学内容、教学方法等设计研讨，为企业定制实施人才培养计划。教师针对社区居民需求，集体研发开设社区居民课程，制作市民微课视频，为辖区内市民提供美术、外语、计算机等系列的专业课程教学服务，丰富社区居民学习资源。学校以项目带队伍，开展教师专业技术培训和继续教育培训，促进教师教学和研究能力提升。

加强社区教育引领作用。学校筹办文明市民学校总校教育工作会，表彰市民教育先进集体和个人，举办西城区市民专题活动、社区居民课程班、市民大课堂等多种形式的学习活动，加强市民终身学习成果认证单位和认证管理员队伍及学分认证课程建设工作。学校作为西城区市民终身学习服务基地，发挥社区教育三级网络协调中心作用，为市民终身学习搭建服务平台，对市民参与终身学习进行实时记载、认证、兑换，提供信息化、网络化、社会化的终身学习支持服务体系，引领市民参与终身学习的方向。

完善学校信息化建设。建立和完善学校网络安全的防范加固建设，建成在线教育综合平台，建设运行学校新门户网站和招生、教学子网站，升级校内邮件系统，实现学校信息系统的资源优化和升级，满足教学和招生宣传需求，提升学校服务学习型城区建设的社会公信力。

做好非学历教育培训。学校为区属行政事业单位人才培养、机构改制提供各类培训，开展面向区域内一线职工的首都职工素质教育培训，承接会计职称审核报名，组织各项社会化考试，承担西城区公务员线上培训的数据统计，编写西城区办公软件应用知识培训教材。全年开展9个培训项目，53个培训班，开设149门课程，培训6100余人次，总课时5228学时。

党委书记　张建国
校　　长　张建国

（何伶）

开设49门社区居民课程

至年底，西城经科大开设49门社区居民课程。课程分英语、艺术、计算机3个系列，以短期培训班、教师进社区班的形式进行教学，全年开设64个班，共计1608课时，参与学习11646人次，学校19名教师授课。增设数独、中国工笔花鸟画、初级生活英语、中医养生保健4门社区居民课程，合计 120 课时。

（何伶）

国家重点中等职业学校选介

北京市昌平职业学校

2018 年，北京市昌平职业学校占地面积 40.54 万平方米，产权校舍建筑面积 11.43 万平方米、非产权校舍建筑面积 4.10 万平方米。全年教育经费投入 4686 万元，全部为国家拨款。固定资产总值 27948 万元，其中，教学、实习仪器设备资产值 17555.20 万元。图书馆建筑面积 1646 平方米，藏有纸质图书 12.50 万册、电子图书 16TB。拥有计算机 1400 台。学校信息化经费投入 106 万元，网络信息点 2000 个，校园网出口总带宽 1200Mbps，上网课程 20 门，数字资源量 21TB。设有 8 个系部，开设 42 个专业，121 个教学班。教职工 328 人，包括特级教师 1 人、北京市学科教学带头人 1 人、北京市骨干教师 3 人。专任教师 244 人、教辅人员 25 人。专任教师中具有研究生学历 66 人，本科及以上学历占教师总数 100%；高级专业技术职务 87 人、中级 48 人；“双师型”教师 272 人。聘请校外教师 49 人。毕业生 920 人，就业率 100%。招生 870 人，包括京籍学生 378 人。在校生 2752 人，包括京籍学生 998 人。网址：www.cpvs.com.cn。

2018 年，学校围绕北京市、昌平区功能定位进行改革创新，探索转型升级。牵头成立昌平职业学校教育集团，探索集团化办学模式，聚合资源，实现学校新发展。

开展新一轮教育教学改革。学校坚持立德树人，升级“三路十八弯”德育体系，促进学生德智体美劳全面发展。学生在各级各类比赛、评选中获佳绩，1 名学生入选全国“最美中职生”，1 名学生获得北京市中小学生“银帆奖”，1 名学生获评“北京市优秀学生”。学校获评全国职业院校实习管理 50 强，是北京市唯一入选的中职学校。深化有用、有趣、有效“三有”课堂建设，提高打造“金课”能力，教师在全国职业院校技能大赛教学能力比赛中取得 1 个一等奖、2 个二等奖、1 个三等奖，“三有”课堂解决方案获北京市教学成果特等奖、国家级教学成果二等奖。1 名教师获 2018 年北京市师德先锋称号；2 名教师在北京市第 31 届“紫禁杯”优秀班主任评选中分获一、二等奖。

3 月 24 日，昌平职校承办京东物流未来战士特训营

（昌平职校 供）

探索校企合作、产教融合新模式。学校对接世界标准，与联想集团、京东集团、华彬天星通用航空有限公司等行业龙头企业共建 7 家工程师学院，探索专业—学院—产业“三融合”模式，校企携手培养面向未来的高素质技术技能人才，带动专业特色发展、服务产业转型升级。建成联想智能家居体验馆、立思辰大数据中心，启动大数据专业高端技术技能人才贯通培养项目；建成中小保—昌职爱心教育基地、CKU 宠物文化产业学院，承办宠物行业相关资格认证考试；建成冰雪运动实训基地，服务 2022 年北京冬奥会。

形成学历教育与社会培训“双轮驱动”格局。接纳河北唐山、尚义和河南栾川等地 300 余名学生到校就读，融入京津冀协同发展，支持南水北调工程；提出“五个面向”精准服务模式，即“一城、一社区、一学校、一军队、一村镇”，面向未来科学城、回天社区、中小学生、部队官兵以及昌平山区村镇农民提供优质职教课程，年培训 3.20 万人天，服务区域经济。

创设展示职教改革成果的平台。承办黄炎培职业教育思想研究会 2018 学术年会，成立黄炎培职业教育思想研究院，获第六届黄炎培职业教育优秀学校奖。承接来自全国各地 35 批、1505 人次卓越校长、骨干教师专题研修班。广泛传播学校办学理念与办学成果，不断提升职业教育影响力和辐射力。

（彭天夫）

北京市延庆区第一职业学校

2018 年，北京市延庆区第一职业学校占地面积 11.37 万平方米，产权校舍建筑面积 5.72 万平方米。全年教育经费投入 7041 万元，全部为国家拨款。固定资产总值 16240.60 万元，其中，教学、实习仪器设备资产值 8090.46 万元。图书馆建筑面积 1879 平方米，藏有纸质图书 4.92 万册、电子图书 0.16 万册。拥有计算机 712 台。学校信息化经费投入 59.97 万元，网络信息点 432 个，校园网出口总带宽 270Mbps，上网课程 68 门，数字资源量 3000GB。设有 1 个主校区，7 个系部，开设 16 个专业，56 个教学班。教职工 228 人，包括专任教师 167 人、教辅人员 39 人。专任教师中具有研究生学历 5 人，本科及以上学历占教师总数 98.90%；高级专业技术职务 81 人、中级 52 人；“双师型”教师 54 人。聘请校外教师 8 人。毕业生 388 人，就业率 98.90%，职业资格证书取证率 98.28%。招生 53 人，包括京籍学生 36 人。在校生 983 人，包括京籍学生 836 人。网址：www.yqyz.org.cn。

2018 年，学校秉承“服务发展、促进就业、保证质量”办学宗旨，围绕职教转型发展机遇，坚持“学历教育与社

4月11日，延庆一职开展中小学职业体验活动
（延庆一职 供）

会培训并重并举”功能定位，深化教育教学改革，探索“无缝对接”育人模式。加入北京—燕太片区职教扶贫教育集团和京津冀餐饮行校企协同发展联盟。

教育教学工作。坚持立德树人根本任务，通过“四全六化”德育管理模式加以落实。“四全六化”即“全员育人，全程育人，全面育人，全方位育人”“德育管理制度化、德育内容序列化、德育形式多样化、德育途径网络化、德育评价科学化、学生管理自主化”。通过“聚焦课堂”提升教学质量，包括聚焦规范课、聚焦研究课、聚焦早自习、聚焦晚自习、聚焦社团、聚焦班团会6个方面。打造“三型四师”教师队伍，即双师型、教练型、科研型“三型”，课堂教学的讲师、技能培养的技师、心理健康的辅导师、社会服务的培训师“四师”。鼓励教师积极转型。教师团队参加全国信息化大赛获得一等奖2个。1名学生获年度全国“最美中职生”称号。

职普融通工作。发挥“北京市中小学生社会大课堂资源单位”优势，开发中小学生职业体验项目80余个，通过政府购买服务，主管部门协调，中小学校积极参与，形成职业教育转型发展新格局。做优中小学生职业体验，让延庆区中小学生实现“四个一”，即“走进一所职业学校、体验一个职业项目、学会一种职业技能、感受一门职业文化”，培养学生劳动精神和工匠精神。全年接待16所中小学6000余名学生到校开展职业体验。

社会培训工作。坚持学历教育与社会培训并举并重，利用学校专业师资和实训设备优势主动服务延庆区社会经济发展。围绕服务世界园艺博览会、2020冬季奥运会，创新培训形式、丰富培训内容、强化培训效果、提升培训影响力；开设园艺、化妆、烹饪等10余种培训课程，全年举办各类培训班97个，培训学员1.05万人次。成为北京市首批新型职业农民培训基地。

（卫秀宗）

北京市密云区职业学校

2018年，北京市密云区职业学校占地面积13.60万平方米，产权校舍建筑面积7.10万平方米。全年教育经费投入7361万元，其中，国家拨款7263万元、自筹经费98万元。固定资产总值36375万元，其中，教学、实习仪器设备资产值16359万元。图书馆建筑面积4155平方米，藏有纸质图书8.15万册、电子图书1550GB。拥有计算机1272台，多媒体教室座位2220个。学校信息化经费投入33万元，网络信息点1565个，校园网出口总带宽10000Mbps，上网课程18门，数字资源量22TB。设有3个校区，6个系部，开设12个专业，38个教学班。教职工201人，包括专任教师134人、教辅人员43人。专任教师中具有研究生学历13人，本科及以上学历占教师总数80%；高级专业技术职务65人、中级52人；“双师型”教师46人。聘请校外教师15人。毕业生210人，就业率99%，职业资格证书取证率100%。招生155人，包括京籍学生153人。在校生710人，包括京籍学生702人。

2018年，学校以“精”字为工作目标开展各项工作，坚持内涵发展，加强师资队伍建设，提升人才培养质量，在教育教学、职普融通、京冀合作等方面精准发力。

提升教学质量。通过组织教师参加各级各类培训、技能竞赛、公开课、评优课及教科院专家联手进课堂听评课督导等活动提升教学质量；做好专业契合度调研，设置适应行业企业人才培养需要的专业核心课程及专业方向课程；加强专业建设，聘任11名专业顾问，聚焦质量和内涵发展；组织8名教师的转型培训工作；规范中小学职业体验课程，严格制定方案、安全预案，规范组织程序，严格监督授课

密云职校特色中小学职业体验课程——教师指导小学生做挂历（2018）
（密云职校 供）

过程；开设34个技能社团，开展各类社团活动，丰富学生业余生活，提升学生综合素质。

强化德育管理。贯彻“立德树人”1个中心，“陪伴看见”1个理念；增强“为学生成长服务的意识、为班主任成长服务的意识”2种服务意识；搞好“家庭教育、学校教育、社会教育相结合，常规工作与重点工作相结合”2个结合；抓住“常规教育管理、主题教育管理、综合治理”3条主线。

对口协作帮扶。与河北省蔚县职业技术教育中心、河北省滦平县职教中心、内蒙古赤峰市巴林右旗大板职业中学、内蒙古通辽市库伦旗民族职业中等专业学校开展“对口协作、结对帮扶”工作，双方开展定期互访、专业师资对口培训、互派建档立卡户学生学习交流、推荐实习就业等方面合作，共赢共进。9月，接待河北省承德县职教中心21名学生到校学习；10月，5名教师赴河北省蔚县职业技术教育中心对81名建档立卡户学生开展职业素养和专业技能提升培训。

深化区域合作。在原有京津冀职业教育教学协同发展联盟首批成员单位基础上，参加北京—燕太片区职教扶贫教育集团，成为密宝唐职业教育联盟成员单位，探索北京市密云区、天津市宝坻区和河北省唐山区三地在产教融合、校企合作、师资培训、课程建设、联合招生、合作办学等方面合作交流机制。

（陆洋林）

北京市怀柔区职业学校

2018年，北京市怀柔区职业学校占地面积4.87万平方米，产权校舍建筑面积4.45万平方米。全年教育经费投入7477.27万元，全部为国家拨款。固定资产总值18207.98万元，其中，教学、实习仪器设备资产值13355.93万元。图书馆建筑面积500平方米，藏有纸质图书7万册、电子图书11万册。拥有计算机959台，网络多媒体教室58间。学校信息化经费投入1764万元，网络信息点500个，校园网出口总带宽100Mbps，上网课程5门，数字资源量10TB。设有2个校区，4个系部，开设8个专业，21个教学班。教职工223人，包括专任教师153人、教辅人员69人。专任教师中具有研究生学历10人，本科及以上学历占教师总数67%；高级专业技术职务95人、中级86人；“双师型”教师178人。毕业生184人，就业率100%。招生27人，包括京籍学生13人。在校生441人，包括京籍学生104人。网址：www.bjhrzyxx.com。

2018年，学校坚持发展有特色的职业教育，努力探索现代职业教育的成长道理和先进理念，促进职业教育健康发展。

校企合作创新人才培养模式。深化校企合作模式，推进学校教学、实习领域的校企合作深度，助推学校人才培养模式创新。先后与北汽福田汽车制造厂、北京现代4S店、九九嘉饭店签订实习协议，与多家企业洽谈合作意向，实施“订单培养”；与中影基地探索电视片制作联合办学事宜，实现资源共享，促进学校产教结合、校企合作。

中高职衔接为升学就业搭建桥梁。探索中高职一体化贯通培养改革，探索中高职“3+2”对接工作，实现中高职与本科教育“无缝对接”。与商鲲培训学校签订合作协议，与北京市外事学校建立“手拉手”合作关系。探索京津冀一体化发展办学模式，搭建区域职业教育合作平台。与河北丰宁、滦平签订联合办学协议，建立“1+1+1”办学模式。

军事管理提升学生整体素养。坚持学校住宿军事化管理特色，建立军事化管理课题，探索研究对学生进行生活自理能力和日常行为规范的养成教育。坚持“全员管理、全过程管理、全方位管理”模式，实行“一天一公布、一周落实一个行为习惯训练点、一周一小结、一月一兑现、一期一总评”，培养学生自我教育、自我管理、自我提高“三自”能力。

技能大赛提升职业教育品质。组织学生参加各项赛事，以赛促学。12名学生参加市级技能大赛获奖。

师资建设打造“双师型”专业团队。加强专业课教师和“双师型”教师队伍建设，组织专业课教师参加培训活动，倡导教师一专多能，掌握第二技能，适应专业发展需求。做好师资培训，提高“双师型”教师比例，打造高素质的专业化“双师型”教师团队。完成27节文化课精品课程专集录制，作为教师教学的标杆和榜样。

对口帮扶推进区域发展一体化。先后与河北丰宁、滦平、怀安，内蒙古四子王旗、科左后旗，以及河南卢氏开展对口帮扶工作，初步形成“三省区六县旗”帮扶局面，在京蒙对口帮扶、南水北调对口协作、京津冀协同发展等方面取得较大成效。采取教学交流、送讲送教、挂职培训、学生互访等多种措施稳步推进教育帮扶。面向京郊开展新型职业农民素质提升培训班，培养当地农村实用型人才，带动区域经济发展。

（张素亚）

北京金隅科技学校

2018年，北京金隅科技学校占地面积11.84万平方米，产权校舍建筑面积10.08万平方米。全年教育经费投入12868.15万元，其中，国家拨款11733.68万元、自筹经费1134.47万元。固定资产总值27824.13万元，其中，教学、实习仪器设备资产值12242.11万元。图书馆建筑面积2082.94平方米，藏有纸质图书17万册、电子图书6.30万册。拥有计算机1375台。学校信息化经费投入485.27万元，网络信息点1970个，校园网出口总带宽600Mbps，上网课程49门，数字资源量32.60GB。设有2个校区和邯郸、保定2个分校，5个系部，开设32个专业，74个教学班。教职工279人，包括专任教师176人、教辅人员9人。专任教师中具有研究生学历46人，本科及以上学历占教师总

金隅学校学生进行数控加工实训（2018）
（金隅学校　供）

数 100%；高级专业技术职务 69 人、中级 62 人；“双师型”教师 91 人。聘请校外教师 42 人。毕业生 815 人，就业率 98%，职业资格证书取证率 100%。招生 321 人，包括京籍学生 109 人。在校生 1369 人，包括京籍学生 459 人。网址：www.bjjyp.org.cn。

2018 年，学校制定《落实北京职业教育三年行动计划的实施方案》，明确构建特色高水平职业院校、高水平特色骨干专业（群）、工程师学院及技术技能大师工作室项目的建设目标。

加强专业建设。以智能楼宇专业建设为重点，着力构建智能制造、智能控制、建筑与工程材料、信息与管理工程四大专业群。新申报机电设备安装与维修（轨道交通）、数控技术应用（三维数字化设计与 3D 打印）等 5 个专业方向及 3 个“3+2”中高职衔接专业。

深化校企合作。与机械科学研究总院先进制造技术研究中心合作成立“国创轻量化先进成形技术工程师学院”，校企共建生产性实训基地，探索实施基于现代学徒制的“双元一体，学岗直通”人才培养模式，工程师学院建设获得市教委批准；与科大讯飞股份有限公司签订校企合作框架协议，在人工智能领域开展合作。

开展精准扶贫。协助完成内蒙古兴安盟、通辽、锡林郭勒盟地区中等职业学校 3 批次 158 名教师培训任务；组织完成江西工程学校教师为期 1 个月的跟岗培训；完成北京 · 燕太片区职教集团教师为期 1 周的访学研修项目；选派 1 名援疆干部赴新疆和田开展为期 2 年的援疆工作；选派 2 名教师赴新疆墨玉开展电子商务专业教学交流与培训。

持续推进“1+N”办学模式改革。召开京保石邯职教联盟理事年会，组织专业教师互派交流、教师访学研修、学生参观、信息化教学设计比赛等活动 15 次，参与师生 500 人次。

多元途径加强师资培训。组织教师参加校外各种培训 288 人次；教师指导学生参加市级技能大赛 14 项，52 人次获奖；参加国家级技能大赛 9 项，18 人次获奖。教师参加市级技能大赛 2 项，11 人次获奖；参加国家级技能大赛 2 项，3 人次获奖。获得北京市优秀教育教学成果一等奖 1 项。

活动育人。以“责育匠心”优秀德育品牌为引领，创建和巩固“我的中职时代”“阳光晨练阳光晨读”等系列学生德育活动品牌。实施“师生健康中国健康”主题健康教育活动，连续举办 15 届师生校园马拉松比赛，参与师生 1020 人次。

完善社会培训职能。面向物业行业开展培训服务，开展 2 期外交部拟派驻外物业人员培训班和 3 期人才选拔考试，完成北京物业管理行业协会电工培训、选拔和市级比赛，协办第二届全国物业管理行业职业技能竞赛决赛等重大赛事。全年培训 7407 人次。

（陆娜）

北京市园林学校

2018 年，北京市园林学校占地面积 7.49 万平方米，产权校舍建筑面积 2.28 万平方米。全年教育经费投入 4000.50 万元，其中，国家拨款 3807.64 万元、自筹经费 192.86 万元。固定资产总值 12683.72 万元，其中，教学、实习仪器设备资产值 2481.79 万元。图书馆建筑面积 1271.70 平方米，藏有纸质图书 4.50 万册、电子图书 620GB。拥有计算机 538 台。学校网络信息点 1013 个，校园网出口总带宽 100Mbps，上网课程 1 门，数字资源量 1.20TB。设有 1 个校区，开设 11 个专业，17 个教学班。教职工 95 人，包括专任教师 56 人、教辅人员 7 人。专任教师中具有研究生学历 15 人，本科及以上学历占教师总数 100%；高级专业技术职务 12 人、中级 30 人；“双师型”教师 32 人。聘请校外教师 8 人。毕（结）业生 89 人，就业率 96.56%，职业资格证书取证率 71.91%。招生 45 人，包括京籍学生 45 人。在校生 234 人，包括京籍学生 232 人。网址：www.bjlas.com。

2018 年，学校围绕行业发展，深化校企合作，提高教育教学质量。以教学工作为中心，着力加强课程建设、教师队伍建设和教学质量建设。组织教师开展形式多样的培训、学习活动，提升业务能力，教师信息化成果“花卉穴盘苗工厂化生产”获得全国生态文明信息化教学成果二等奖。以“中小学教师国家级培养计划”为导向，开展 24 项培训，437 人次参加。

利用资源优势，发挥平台作用，助力京津冀协同发展。开办京津花艺教师培训班，两地八校 24 名花艺教师参加培训；应东城区人力社保局职业能力建设科邀请，参与崇礼共建工作；与中华少年儿童慈善救助基金会“红伞心理援助计划”合作，在海淀区第二书房为社区托管中心开授心理团体课程；发挥园林专业示范引领作用，接待青岛市园林环卫技术学校 170 名师生到京研学实习；与市公安局房山分局合作举办 3 期基层派出所反恐实战技能培训，累计培训 150 人。

强化制度建设，关注内涵发展，提升内部管理水平。梳理学校 13 个科室部门各类规章制度 206 项，经组织讨论学习，保留制度 177 项、修订制度 38 项、废止制度 15 项、新增制度 26 项。规范工作流程，提升整体管理水平。

（张旭）

中央音乐学院附属中等音乐学校

2018年，中央音乐学院附属中等音乐学校占地面积1.46万平方米，产权校舍建筑面积2.95万平方米。全年教育经费投入4767.06万元，其中，国家拨款3374.21万元、改善办学条件专项款331万元、自筹经费1061.85万元。固定资产总值4728.03万元，其中，教学、实习仪器设备资产值2571.96万元。图书馆建筑面积915平方米，藏有纸质图书1.54万册。拥有计算机226台。学校网络信息点802个，校园网出口总带宽100Mbps，数字资源量1000GB。开设6个专业，包括钢琴、小提琴、民乐、管乐4个六年制专业。设立中国少年交响乐团、少年民族管弦乐团、少年室内乐团、少年合唱团、少年管乐团和四季室内乐团。附属小学是附中六年制中专学历教育之外“学前培训班”，学制3年。教职工116人，包括专任教师95人、教辅人员21人。专任教师中研究生及以上学历69人，本科及以上学历占教师总数100%；高级专业技术职务13人、中级82人。毕业生141人。招生206人，包括京籍学生29人。在校生889人，包括京籍学生155人。网址：fuzhong.ccom.edu.cn。

2018年，学校以师德师风建设和提高教学质量为根本，强化内部管理，坚持以校长办公会、党政联席会、教学行政研讨会、校长约谈制等多种方式开展各项工作。

提高教学质量和管理服务水平，组织教学研究和科学研究活动。各专业学科共举办音乐会243场，包括教师音乐会107场、学生音乐会136场；聘请专家讲学56人，开展讲座36场、大师课647节；各学科专业教师出版音像资料5盘，出版个人专著8本、乐谱2册。教师和学生开展社会实践178场。文化课教学方面，深化课程改革，使学生在专业课和文化课方面取得协调平衡发展。

开展交流合作，扩大国际影响力。全年专家来访并指导专家课60人次，学生团体来访133人次，来访者来自15个国家与地区，专业涉及12种乐器。

开展为人师表全面育人活动和有特色的师德教育活动。开展“讲附中故事，传承优良传统”师德教育培训系列活动，定期聘请资深教授为青年教师开展师德师风教育讲座，在政治上关怀引其进、生活上关心引其稳、业务上传帮带引其能，使全体教师树立“立德树人、德艺双馨”思想，推进师风师德建设。

加强民主管理，规范执行各项规章制度。制定《教辅行政奖教金评选制度》等6项规章制度，修订《办公规范管理制度》，确定并修订学校发展规划，提出各项工作“有计划、有检查、有落实，奖惩分明”工作方式，将精细化管理落实到学校管理各个方面。

获奖情况。全年321人次师生参加各级各类比赛，其中，国际比赛获奖100人次、国内比赛获奖221人次；教师获奖67人次、学生获奖257人次。参赛人数和获奖人数均创历史新高。

（秦萌）

北京市什刹海体育运动学校

2018年，北京市什刹海体育运动学校占地面积3.37万平方米，产权校舍建筑面积4.74万平方米、非产权校舍建筑面积0.20万平方米。全年经费投入12891.25万元。图书馆建筑面积136平方米，藏有纸质图书2.30万册。固定资产总值22362.40万元。拥有计算机291台，网络多媒体教室16间。学校信息化经费投入49.95万元，网络信息点622个，校园网出口总带宽30Mbps，上网课程1门，数字资源量120GB。拥有8个运动队，开设8个运动项目。教职工350人（含一线运动员），包括专任教练118人、教师28人、教辅人员3人。专任教师教练中具有研究生学历19人，本科及以上学历占教师总数95%；副高级及以上专业技术职务27人、中级43人。聘请校外教师3人。运动班向一线运动队输送正编运动员5人，聘用15人，试训18人。招生31人，包括京籍学生8人。在校生295人，包括京籍学生36人。专业队运动员年龄15～34岁。

2018年，学校围绕队伍及制度化建设展开工作，坚持以训练比赛为核心，推进教育教学改革。组织开展运动员跨界选材工作，派出83人次参加国家测试，6人入选国家冬奥会集训队。开展摄影比赛等系列活动庆祝建校60周年，同时丰富学生校园文化生活。

运动队获得1项世界冠军、2项洲际比赛冠军、4项全国比赛冠军。青少年后备人才培养见成效，青少年运动员参加全国比赛共取得15金17银15铜，前八子项共90个。

（路迪）

北京市外事学校

2018年，北京市外事学校占地面积2.50万平方米，非产权校舍建筑面积2.80万平方米。全年教育经费投入6604.22万元，其中，国家拨款6579.46万元、自筹经费24.76万元。固定资产总值7056.57万元，其中，教学、实习仪器设备资产值5216.09万元。图书馆建筑面积300平方米，藏有纸质图书4.15万册、电子图书12万册。拥有计算机814台，多媒体教室座位596个。学校信息化经费投入93.70万元，网络信息点1165个，千兆以太网主干网速5120Mbps，上网课程19门，数字资源量10TB。设有1个校区，4个系部，开设4个专业，15个教学班。教职工144人，包括专任教师116人、教辅人员28人。专任教师中具有研究生学历15人，本科及以上学历占教师总数100%；高级专业技术职务49人、中级54人；“双师型”教师50人。聘请校外教师3人。毕业生132人，就业率100%，职业资格证书取证率95%。招生33人，包括京籍学生29人。在校生202人，包括京籍学生181人。网址：www.bjwszg.net。

2018年，学校推动转型、主动创新。培育社区教育、中

5月11日，外事学校举办技能大赛“风筝制作”
（外事学校 供）

小学城宫计划、企业培训新品牌；调整教务、招生就业系统职能，设置培训助理、培训指导教师岗位；加强校企合作，开发企业培训课程；加强与国内外教育机构合作，推广适合中小学生的中国文化、北京文化课程；加强与区内街道、社区合作，开发市民课程；加强在线课程建设，完成北京开放大学4门课程开发。学校35名教师参与、完成各级各类培训2.10万人次，包括为北京市教育工会“美好生活”教职工能力提升工程举办培训10期，开设24科次课程，480人次参加，惠及北京市50所高校和13个区教育工会代表。与北京饭店签约共建“北京饭店外事服务学院”，在高星级饭店运营与管理、烹饪工艺与营养、旅游外语等专业开展人才培育、资源共享、技术创新、社会服务4个方面合作。

专注教学、提升水平。与北京师范大学、华东师范大学合作开展不同层面培训，选送教师参加日语、古琴、烘焙、普高课程等培训。开展“创新教学方法，打造三有课堂”骨干教师研究课活动，25名骨干教师展示25节课，355人次参与听评课。开展公共基础课大教研。做好中小学社会实践活动和服务中小学城宫计划。继续考法改革，改变一卷定评形式。公共基础课通过设计数学小报、诵读经典课文、演绎英文歌曲等综合考查学生所学知识，通过理解题、作文题考查学生人生观、价值观、世界观;专业课考核走出课堂，融入社会、企业，通过完成项目的形式，注重考核学生对基本知识的掌握和对技能点知识的记忆与理解。

发挥优势、辐射周边。开展对口帮扶，推进京津冀职业教育协同发展，为冬奥培养和储备人才。组织京津冀“迎冬奥杯”酒店专业技能交流赛；为河北省阜平县职教中心专业师生开展技能强化集训28人/天，与赤峰建筑工程学校签订对口帮扶协议并为该校师生进行酒店、烹饪专业技能培训120人/天。全年7名干部教师分别赴新疆、河北、内蒙古承担支教任务。

争先创优、效果明显。入选国家旅游局旅游职业教育校企合作示范基地，获评首批北京市民终身学习示范基地。

（张朝辉）

北京市实美职业学校（北京市西城职业学校）

2018年6月5日，北京市实美职业学校经西城区机构编制委员会批准更名为北京市西城职业学校。学校占地面积2.09万平方米，产权校舍建筑面积3.66万平方米。全年教育经费投入13835.01万元，其中，国家拨款13655.01万元、自筹经费180万元。固定资产总值12462.29万元，其中，教学、实习仪器设备资产值7097.59万元。图书馆建筑面积598平方米，藏有纸质图书11.80万册。拥有计算机2059台，网络多媒体教室18间。学校网络信息点310个（包括无线接入10个），校园网出口总带宽5120Mbps，音视频资源1350小时。设有2个校区，开设5个专业，25个教学班。教职工345人，包括专任教师292人、教辅人员10人。专任教师中具有研究生学历15人，本科及以上学历占教师总数98%；高级专业技术职务105人、中级120人；“双师型”教师115人。毕业生385人，就业率100%，职业资格证书取证率95%。招生199人，均为京籍学生。在校生460人，均为京籍学生。网址：www.bjsm.net。

2018年,学校以立德树人为根本,坚持“识变化谋发展，抓细节保质量，促规范创特色，勇开拓铸品牌”工作思路，努力实现办学思想引领水平和课程管理能力双提升，在职教改革背景下，探索职业教育发展思路。

加强德育队伍建设,推行赏识教育。开展德育交流培训。组织班主任基本功大赛培训及参赛，1名教师获全国中等职业学校班主任基本功大赛一等奖，1名教师获北京市中等职业学校“紫禁杯”优秀班主任评选一等奖。以“孝道教育”为突破口，把新时代“孝道教育”融入学生管理、教师队伍建设、教育教学工作中。

选派教师进学区，为推进学区制工作献策出力。学校17名学区教师覆盖西城区9个学区，针对不同学区的特殊性，抓住学区工作主线，落实学区办公室六项职能。

（牛秉毅）

北京市财会学校

2018年，北京市财会学校占地面积0.99万平方米，产权校舍建筑面积1.18万平方米。全年教育经费投入4140万元，全部为国家拨款。固定资产总值3670.28万元，其中，教学、实习仪器设备资产值1261.55万元。图书馆建筑面积70平方米，藏有纸质图书6万册、电子图书10万册。拥有计算机591台。学校信息化经费投入1万元，网络信息点988个，校园网出口总带宽5120Mbps，上网课程14门，数字资源量2000GB。设有金融、会计和文秘3个专业部，开设金融事务、会计和文秘3个专业，5个教学班。教职工96人，包括专任教师56人、教辅人员24人。专任教师中

12 月，财会学校技能节——点钞比赛现场
（财会学校 供）

有研究生学历 7 人，本科及以上学历占教师总数 100%；高级专业技术职务 26 人、中级 23 人；“双师型”教师 19 人。毕业生 73 人，就业率 100%，职业资格证书取证率 100%。未招生。在校生 83 人，包括京籍学生 76 人。网址：www.bjckxx.cn。

2018 年，学校坚持“走出去、请进来”，提升教师队伍水平。以传统文化课程为切入点推进课程全面开发与推进；坚持“走出去”，学理论、强实践、掌技能、开眼界、提内涵，到科技馆、相关学校进行实践学习，通过系统学习和专业培训，提升教师专业能力；坚持“请进来”，请专业教师讲理论、传技艺、厚底蕴；推进骨干教师及学科带头人培养工作；出台“双教师授课”“内训提升”等教师队伍提升规划执行方案，从课堂教学、综合实践课程、社区课程等方面细化落实责任，加强干部队伍建设，分层构建紧密衔接的管理制度体系。

坚持德育为首，职业引领，德智一体，促进学生全面发展。把立德树人作为中心环节，开展全程育人、全方位育人、全员育人。结合职业教育特点，将弘扬劳模精神和工匠精神、提升职业素养融入人才培养全过程。进一步梳理、完善学校德育课程体系建设，发挥课堂主渠道功能；丰富、创新“开学一课”“德育讲堂”活动；开展“感悟榜样力量践行志愿服务”区级德育主题活动和“诗歌传承文明 经典浸润人生”系列活动，提升育人实效。

强化教学管理，深化专业内涵发展，以课堂教学为突破口，全面提升教学质量。教学工作以“夯实创新、特色发展”为工作主线，以完善并实施专业及教师发展“十三五”规划、保持专业生命力与影响力、落实教师能力转型提升、推进课堂教学改革 4 项任务为工作重点，努力实现职业教育转型发展。学校一方面多方位推广普及传统文化课程，精心打造传统文化体验课程，另一方面采取校内授课、送课下校、专门定制、社区培训等形式，多层次保障综合实践课程实施。先后开发益智珠算、手工香皂、百变绳结、现金流体验等近百门课程，接待 20 所小学 22448 人次到校参加综合实践活动课程学习。发挥辐射作用，推进“城宫计划”和终身教育示范基地建设，开发社区课程，推进社区教育进程。

（马向燕）

北京市实验职业学校

2018 年，北京市实验职业学校占地面积 1.03 万平方米，产权校舍建筑面积 1.35 万平方米。全年教育经费投入 6430 万元，均为国家拨款。固定资产总值 5400.74 万元，其中，教学、实习仪器设备资产值 3471.69 万元。图书馆建筑面积 247 平方米，藏有纸质图书 10.82 万册、电子图书 2.58 万册。拥有计算机 1106 台，网络多媒体教室 25 间。学校信息化经费投入 10.05 万元，网络信息点 240 个，校园网出口总带宽 5120Mbps，上网课程 12 门，数字资源量 1269GB。设有 1 个校区，开设 4 个专业，6 个教学班。教职工 167 人，包括专任教师 114 人、教辅人员 53 人。专任教师中具有研究生学历 7 人，本科及以上学历占教师总数 92.10%；高级专业技术职务 42 人、中级 48 人；“双师型”教师 41 人。毕业生 185 人，就业率 99%，职业资格证书取证率 100%。未招生。在校生 87 人，包括京籍学生 87 人。网址：www.bjsyzyxx.com.cn。

2018 年，学校全面推进西城区职业教育“管理转型、发展转型、品质提升”改革目标，努力实现以提高质量为主线、专业建设和市民教育相结合、京津冀协同发展为重点、教学变革为核心、师生共同成长为导向的改革思路，在培养高素质劳动者和技术技能型人才方面进行探索。

12 月 28 日，张北县职教中心师生到实验职校研学
（实验职校 供）

坚持问题导向，开展新形势下职业教育基础调研。面向全校教职工开展调研，收集整理学校管理、教育教学、课程开发、功能拓展、资源整合等方面问题和建议，梳理和解决制约学校发展的问题，不断完善学校管理制度。加强对学区办的管理，通过召开学区办现场办公会，走访各学区，协调教委、街道、教师三方关系等方式解决学区办教师实际困难，促进学区办这一新的发展形态的稳步推进。

积极拓宽市场，教职工积极开发课程，累计开设课程90门，培训学生50508人次、社区居民10448人次，涉及单位108家，参加授课的教师115人，编写课程大纲19门，组织学校转型教师接受校内外培训80人次；举办北京市中药饮片验收技能培训班2期，累计培训北京16个区基层医疗机构二甲以上中医类别和综合医院相关人员201人。

以中药专业恢复招生为契机，继续推进“小班化教学与管理”。继续实行部门管理和专业教学专项视导工作制，提高教师队伍在专业建设、课程开发、课题研究、教法改革等方面能力和水平，组织教师开展微课制作评比、教学综合评优、主题班会观摩交流等活动。继续以“我身边的榜样”为主题开展“人人皆可成才”成才教育和“技达四海行天下，一技在手创人生”为主题的技能大赛等，通过多种主题教育活动，坚持立德树人根本任务，构建良好校园教育生态。

开展教育帮扶，助力精准扶贫。派出支教干部1人、骨干教师4人分两批赴河北省阜平县职业技术教育中心、河北省张北县职教中心、内蒙古赤峰喀喇沁旗崇正中学开展干部为期1年、骨干教师为期1个月的支教工作。接待河南省邓州市挂职干部业务交流，接待河北省张北县职教中心学生到校研学。

（郝昕蕊）

北京市商务科技学校

2018年2月1日，北京市商务科技学校经市教委批准整建制并入北京物资学院，原商务科技学校建制撤销。以原商务科技学校为基础设立北京物资学院附属商务科技学校，作为北京物资学院非法人教学单位，承担中专层次教学任务。商务科技学校前身为建于1963年的北京市物资贸易学校（隶属北京市物资总公司），2005年2月，与建于1964年的北京市纺织工业学校（隶属北京市纺织工业总公司）合并，更名为北京市商务科技学校，隶属北京市教委，是以中等职业教育为主，集高中学历教育、职业培训及其他社会培训于一体的综合办学实体。占地面积4.80万平方米，产权校舍建筑面积2.13万平方米、非产权校舍建筑面积2.68万平方米。建校55年来，共培养学历毕业生近2万人。

（潘京华）

北京市黄庄职业高中

2018年，北京市黄庄职业高中占地面积9.06万平方米，产权校舍建筑面积7.88万平方米。全年教育经费投入6395.35万元，其中，国家拨款6093.75万元、自筹经费301.60万元。固定资产总值21488.17万元，其中，教学、实习仪器设备资产值9542.52万元。图书馆建筑面积1600平方米，藏有纸质图书13.50万册、电子图书30万册。拥有计算机1490台。学校网络信息点1280个，校园网出口总带宽100Mbps，上网课程3门，数字资源量73728GB。设有1个校区，4个学部，开设11个专业，21个教学班。教职工169人，包括专任教师111人、教辅人员2人。专任教师中具有研究生学历18人，本科及以上学历占教师总数99.09%；高级专业技术职务43人、中级37人；“双师型”教师52人。聘请校外教师16人。毕业生555人，就业率100%，职业资格证书取证率91%。招生118人，包括京籍学生94人。在校生577人，包括京籍学生498人。

2018年，学校玉泉校区学生全部迁至主校区鲁谷校区，实现同一校区统一办公。

推进对口帮扶合作项目。以开办学员班、挂职研修、送教、支教等形式，助力对口帮扶学校发展，先后接纳6个专业175名学生开展为期1个月的短期实训。接待内蒙古宁城县职教中心教师交流团一行9人到校交流学习，接待新疆生产建设兵团第十四师职业技术学校2名教师到校完成为期30天跟岗研修；服装专业5名教师赴新疆和田支教，并与新疆和田市职业学校达成合作共建服装专业等事宜；3名教师赴河北省顺平职教中心开展送教活动，2名教师赴内蒙古宁城县职教中心完成为期1个月支教任务。

推进冰雪体育服务人才培养项目。对接北京体育职业学院申报冰雪运营与服务“3+2”中高职衔接专业，9月，首次招生10人；年内，学校100名师生参加冰雪体育社会指导员培训，为全区中小学校普及冰雪运动知识和技能。

推进校企合作。与中国数字文化集团有限公司签约成立培养文化创意领域创新型、应用型人才的“中数文化创意学院”；成立引进行业专家的“赵炳音工作室”“李玫玫

9月，法国亚眠高等预科学院教师为黄庄职高学生讲授法语课
（黄庄职高　供）

工作室”。与企业合作共建工程师学院。

推进国际合作与交流。4月，与法国亚眠高等预科学院（ISPA）签署协议，合作开设“ISPA中国分校”，开展法语、西班牙语等小语种课程及法国相关职业培训教育。

弘扬优秀传统文化。设计开发“走进世界遗产”公共必修课程，以实践活动项目为载体，通过专题讲座、实地参观、汇报交流等方式使学生学习优秀传统文化。推进非物质文化遗产项目“京式旗袍”技艺与文化传播，4月28日，“京式旗袍”参加“北京沙龙·亲历北京”活动；6月，参加“流动的文化——大运河文化带非遗大展暨第四届京津冀非遗联展”，京式旗袍第五代传承人通过展示各年代京式旗袍、“2022冬奥”雪花系列旗袍盘扣手工工艺品，以及现场指导观众制作手工盘扣、旗袍表演等方式传播京式旗袍技艺与文化；9月，与中国文化和旅游部中外文化交流中心等单位在曼谷中国文化中心合作举办“霓裳雅韵——中国旗袍文化体验工作坊”，通过旗袍静态展区、文创产品区、盘扣DIY区、试穿区、展板区向泰国民众传播京式旗袍发展历史、制作技艺。

（文昌敏）

北京市丰台区职业教育中心学校

2018年，北京市丰台区职业教育中心学校占地面积9.43万平方米，产权校舍建筑面积4.92万平方米。全年教育经费投入12248.39万元，其中，国家拨款11917.19万元、自筹经费331.20万元。固定资产总值24961.26万元，其中，教学、实习仪器设备资产值14158.34万元。图书馆建筑面积2099平方米，藏有纸质图书10.82万册、电子图书2万册。拥有计算机1072台。学校信息化经费投入161.59万元，网络信息点2500个，校园网出口总带宽1000Mbps，上网课程26门，数字资源量14430GB。设有6个校区，开设14个专业，74个教学班。教职工316人，包括专任教师152人、教辅人员19人。专任教师中具有研究生学历25人，本科及以上学历占教师总数100%；高级专业技术职务47人、中级49人；“双师型”教师135人。聘请校外教师12人。毕业生811人，就业率99.15%，职业资格证书取证率98.77%。招生604人，包括京籍学生292人。在校生1846人，包括京籍学生814人。网址：www.ftzj.com。

2018年，学校扎实推进职业与成人教育一体化发展；深化教育教学改革，创新人才培养模式；深入推动校企合作，推进对口帮扶和精准扶贫，服务区域经济社会转型发展、京津冀协同发展和“一带一路”建设，不断提高职业教育服务区域经济和社会发展的能力和水平，推动人才培养质量的提升；大力开展北京市特色高水平职业院校和骨干专业（群）、工程师学院以及技术技能大师工作室建设和申报工作，正式成为“国家中等职业教育改革发展示范学校”。

深化产教融合。推进校企深度合作，与派来特影视科技有限公司共建影视技术人才综合培养与制作中心、曲思义大师工作室，将其作为影像与影视技术专业的生产性实训基地和公司项目制作基地；与首创置业股份有限公司共建“首创非遗与设计学院”，建立集人才培育、资源共享、技术创新、社会服务四位一体的“产教共同体”，推动文创领域产教协同创新发展。

开展“三新”培训。开展新理念、新方法、新手段“三新”教师培训，5月，完成对河南省水源地区中职学校骨干教师第三期培训任务；10月，完成对2018年北京市教育对口支援河北涞源、威县职业院校骨干教师培训；对辽宁、内蒙古等受援地教师开展专门培训，年度共计培训2500人天，推进京豫、京冀等地职业教育协同发展。

推进对口帮扶。落实国家教育精准扶贫政策，对口帮扶河北省涞源县职业技术教育中心并取得阶段性成果。在第六届“博导前程杯”全国电子商务运营技能大赛中，学校利用专业师资优势帮助涞源职教中心备赛，涞源职教中心3个团队获得河北赛区一等奖、三等奖和优秀奖。9月，派出8名教师到涞源职教中心对133名建档立卡户学生开展职业素养提升培训，完成对涞源职教中心的对口帮扶任务。

推进“一带一路”教育合作。3月28日，承办“新丝路”职业教育校长论坛，与6所外方学校达成合作意向，在信息技术、餐饮等专业开展合作交流。5月，学校被市教委认定为第二批北京市“一带一路”国家人才培养基地，是两批40所院校中唯一中等职业学校。

（芦倩英）

北京市电气工程学校

2018年，北京市电气工程学校占地面积13.37万平方米，产权校舍建筑面积9.80万平方米、非产权校舍建筑面积0.19万平方米。全年教育经费投入10272.73万元，其中，国家拨款9857.57万元、自筹经费415.16万元。固定资产总值35079万元，其中，教学、实习仪器设备资产值6869万元。图书馆建筑面积351平方米，藏有纸质图书13.30万册。拥有计算机1642台，多媒体教室137间。学校信息化经费投入3656万元，网络信息点4372个，校园网出口总带宽1000Mbps，上网课程1门，数字资源量25000GB。设有6个校区，开设12个专业，49个教学班。教职工218人，包括专任教师160人、教辅人员17人。专任教师中具有研究生学历16人，本科及以上学历占教师总数100%；高级专业技术职务67人、中级63人；“双师型”教师79人。毕业生419人，就业率98.10%，职业资格证书取证率78%。招生178人，包括京籍学生73人。在校生1105人，包括京籍学生223人。网址：dqgcxx.bjchyedu.cn。

2018年，学校围绕首都产业转型升级和京津冀协同发展需求，制订教育发展三年行动计划，加快专业布局调整，推进各专业人才培养方案调整、课堂教学改革、校企合作和现代学徒制研究，整体推动学校转型升级和内涵发展。

强化民主管理和科学管理，落实党风廉政建设责任制、校区主管校长责任制和项目管理制，实现干部管理系统化；以绩效考核为突破点，通过校情日报、校内督查联查、岗位月绩效考核、月工作报告等机制建设，实现内部管理规范化；以 ISO 9001 质量管理体系认证为抓手，实现学校管理精细化；以校训重塑为契机，推进学校文化建设，实现管理特色化。

以项目建设和品牌建设为重点，强化名师工作室建设、绿色项目管理认证建设、学生职业核心素养建设、中小学职业体验和社区教育服务建设、京津冀协同发展和精准扶贫建设、社会取证培训和企业服务建设“六项建设”，成果丰硕。

形成电工技能、电子制作、智能控制、艺术生活、创客体验等职业体验课程和 50 个职业体验项目，全年接待中小学生职业体验 1950 人次。学生参加各级各类比赛获得全国三等奖 1 个、市级一等奖 5 个。

与河北省唐县职业教育中心、邯郸市肥乡区职业技术教育中心、阳原县职教中心、唐山第一职业中专学校、曹妃甸区职业教育中心以及唐山市丰润区教育局签署协议，在技能人才培养、教师队伍建设、学生互访、共享实训基地等方面开展交流与合作，促进京津冀职教协同发展。

（林启惠）

北京市求实职业学校

2018 年，北京市求实职业学校占地面积 8.78 万平方米，产权校舍建筑面积 4.84 万平方米、非产权校舍建筑面积 0.84 万平方米。全年教育经费投入 16893 万元。固定资产总值 35702 万元，其中，教学、实习仪器设备资产值 13921.15 万元。图书馆建筑面积 979.90 平方米，藏有纸质图书 16.60 万册、电子图书 1 万册。拥有计算机 3100 台，网络多媒体教室 138 间。学校网络信息点 1620 个，校园网出口总带宽 100Mbps，上网课程 15 门，数字资源量 1637GB。设有 6 个校区，开设 15 个专业，93 个教学班。教职工 415 人，包括专任教师 365 人、教辅人员 50 人。专任教师中具有研究生学历 82 人，本科及以上学历占教师总数 85%；正高级专业技术职务 1 人、高级 132 人、一级 154 人；“双师型”教师 107 人。聘请校外教师 25 人。毕业生 168 人，就业率 100%，职业资格证书取证率 85%。招生 159 人，包括京籍学生 89 人。在校生 1019 人，包括京籍学生 631 人。网址：www.bjqszx.com。

2018 年，学校坚持“让教育适应学生、让学校适合学生、让幸福伴随学生”办学理念，围绕朝阳区实施“高端、精品、国际化”职业教育发展战略，完成各项工作任务。

学校针对多校址办学现状，形成“横向定标准、纵向谋发展”管理思路。完善“校务会集体决策，党组织监督保障，四大管理系统统筹落实，各校区特色办学，舰队式发展”管理模式，建立健全各项规章制度和运行机制，使用现代化管理手段实现学生管理、教师管理、教学管理、财务管理、资产管理的规范化、科学化、信息化，完善教学质量监控和保障体系，优化学校、行业、企业、研究机构和其他组织参与的评价机制，全面提高学校管理的规范化、现代化和信息化水平，不断提升办学实力。11 月，学校通过验收，成为国家中等职业教育改革发展示范学校。

与河北省唐山市迁安职教中心互建基地校揭牌，分“合作共建、携手发展交流研讨”和“部门对接、携手发展话合作”两部分展开首轮办学交流研讨。全年双方互派教师交流学习 60 人次，学生交流访学 500 人次。与湖南省株洲市幼儿师范学校签约建立战略合作关系，开展三年制学前教育专业合作。

（占福林）

北京市平谷区职业学校

2018 年，北京市平谷区职业学校占地面积 4.99 万平方米，产权校舍建筑面积 4.66 万平方米。全年教育经费投入 5268.52 万元，全部为国家拨款。固定资产总值 9218.88 万元，其中，教学、实习仪器设备资产值 3205.98 万元。图书馆建筑面积 312 平方米，藏有纸质图书 1.29 万册。拥有计算机 480 台。学校信息化经费投入 5.20 万元，网络信息点 1490 个，校园网出口带宽全区共享 2.50GB，上网课程 15 门，数字资源量 1300GB。设有 2 个校区，9 个教研组，开设 8 个专业，13 个教学班。教职工 152 人，包括专任教师 71 人、教辅人员 9 人。专任教师中具有研究生学历 2 人，本科及以上学历占教师总数 94.37%；高级专业技术职务 30 人、中级 22 人；“双师型”教师 38 人。毕业生 51 人，就业率 100%。招生 86 人，均为京籍学生。在校生 200 人，均为京籍学生。网址：www.pgyz.cn。

2018 年，学校关注学生可持续发展，加大师资培训力度，推进教育教学改革，服务区域经济发展，完成对口支援工作。

新增专业及中高职衔接班，畅通学生升学就业渠道。新开设计算机动漫与游戏制作专业，并分别与北京北大方正软件技术学院、北京经济管理职业学院、北京农业职业学院在中餐烹饪、计算机网络技术、机电技术应用等专业开设“3+2”模式试验班，搭建学生升学、就业平台。

构建全方位课程体系，关注学生可持续性发展。各专业通过职业岗位分析，以胜任工作岗位为基准，以工作过程为主线，构建立身、修能、就业三大模块课程体系，融知识传授、能力培养、素质教育、个性发展于一体，使学生在“能劳动、会学习、强技术”基础上，具备较强的岗位迁移能力和可持续发展能力。

立足课堂，全员参与校本课题研究。以“小、细、实”为特征，探求有效而独特的教学方法；以课例为载体，聚焦课堂，增强“校本教研”实效；以问题研究为起点，提升教师在课堂上发现问题、分析问题、解决问题的能力。

12 月 4 日，新疆访学学生在平谷职校汽修实习实训基地进行专业体验学习 （平谷职校 供）

开展校本课题研讨、展示、评比活动，提升教师驾驭课堂能力。

以“生态立区、三产带动、旅游富民”的区域发展战略为指导，以培养懂技术、善经营、能创业的实用型农民为重点，采取“一走访、两深入、三结合”方式，即走访服务对象，深入社区和乡村，结合学校专业特色、结合地方特点、结合农民需求，变“求”学为“送”学，进行民俗旅游培训，全年培训 1 万余人次。2018 年，学校被市教委评为新型职业农民培训基地。“烹饪技能进农家美食大讲堂”入选北京市终身学习品牌项目。

完成对口支援工作。完成对内蒙古商都、河北望都、新疆洛浦、湖北郧西四地的对口支援工作，先后接待四地培训教师 200 人、建档立卡贫困学生 185 人交流访学；派出 16 名教师外出支教，授课 280 余节，听课 260 余节，开展集体教研 53 人次，举办讲座 23 次，举办留疆战士礼仪培训 1150 人次。

（贾迎春　刘海燕）

北京国际职业教育学校

2018 年，北京国际职业教育学校占地面积 5.94 万平方米，产权校舍建筑面积 11.25 万平方米。全年教育经费投入 12696.22 万元，其中，国家拨款 12206.67 万元、自筹经费 489.55 万元。固定资产总值 18738.86 万元，其中，教学、实习仪器设备资产值 8417.68 万元。图书馆建筑面积 602.17 平方米，藏有纸质图书 22.88 万册、电子图书 26.10 万册。拥有计算机 2202 台，网络多媒体教室 99 间。学校信息化经费投入 205.47 万元，网络信息点 665 个，校园网出口总带宽 145Mbps，数字资源量 4928GB。设有 3 个校区，开设 15 个专业，36 个教学班。教职工 338 人，包括专任教师 266 人、教辅人员 27 人。专任教师中具有研究生学历 28 人，本科及以上学历占教师总数 100%；高级专业技术职务 111 人、中级 103 人；“双师型”教师 24 人。聘请校外教师 65 人。毕业生 770 人，就业率 100%，职业资格证书取证率 92%。招生 81 人，包括京籍学生 76 人。在校生 392 人，包括京籍学生 339 人。网址：www.bjive.net。

2018 年，学校坚持“厚德尚学、求实强能、和谐发展、多元提升”办学理念，秉持“师生共育”“好习惯成就好人生”育人理念，明确以培养德技兼修的国际化技能人才为育人目标，进一步面向社会发挥职业教育功能。

坚持立德树人，构建德育课程。以“求真、向善、唯美、尚勇”为内容开展养成教育；重视中华传统文化教育和体育健康教育，开展“理想信念教育”活动和“志愿星”活动，以及生命教育、国际教育、消防安全教育、法制教育、生态文明教育、心理健康教育，促进学生全面发展。

深化专业内涵建设，探索高端技能人才培养途径。文物保护技术专业探索实施“3+2+2”人才贯通培养。入选“北京市十三五职业院校教师素质提升计划”创新团队项目，成功申报北京市职业院校首批技术技能大师工作室。与北京联合大学、故宫博物院合作研制人才培养方案，积累实践经验，努力探索高端技术技能人才培养方法。

深化课程改革，培养国际化技能人才。办学 20 余年的中外合办专业（金融事务和国际商务）改造原有英语课程和商科课程的两段式培养，将英语雅思课程延伸至三四年级并贯穿始终；商科课程增加中英文双语基础课程下探至一二年级，形成“语言 + 专业”双轨并行式培养。改革英国高等教育文凭课程（HND 课程）教学方式，组织商业设计大赛，培养实践创新力。2018 届毕业生 100% 获得专业证书，78% 出国留学。服装设计专业引进英国 A-Level 艺术设计课程，培养师资队伍。

推进职教改革转型，进一步发挥职教功能。为 9 所小学、5 所中学开设 121 门职业体验课程，近百名教师授课，上课学生近 10 万人次；接待 10 所学校师生到校进行职业体验，参与人数 2500 人次。为 4 个社区、单位的居民和在职人员提供课程服务近 3000 人次。

开展对口支援和京津冀合作。与湖北郧阳、新疆和田、内蒙古化德等地学校签订帮扶协议，开展对口支援。与河北邯郸、涿州、沧州和安徽阜阳等地学校开展合作交流。赴西藏、新疆、青海、崇礼、化德等地援教。

（戈萌）

北京市大兴区第一职业学校

2018年，北京市大兴区第一职业学校占地面积24.95万平方米，产权校舍建筑面积11.32万平方米。全年教育经费投入6114.34万元。固定资产总值48025.06万元，其中，教学、实习仪器设备资产值21675.09万元。图书馆藏有纸质图书11.36万册、电子图书32万册。拥有计算机2963台，网络多媒体教室59间。学校网络信息点66个，校园网出口总带宽100Mbps，上网课程5门，数字资源量340GB。设有3个校区，4个系部，开设15个专业，33个教学班。教职工375人，包括专任教师253人、教辅人员57人。专任教师中具有研究生学历12人，本科及以上学历占教师总数95%；高级专业技术职务109人、中级114人；“双师型”教师79人。聘请校外教师11人。毕业生131人，就业率100%，职业资格证书取证率74.80%。招生176人，包括京籍学生125人。在校生1210人，包括京籍学生385人。网址：www.dxyz.com.cn。

2018年，学校与大兴区第二职业学校合并，整合专业资源，开展教学管理改革。将原数字媒体艺术系、网络信息工程系合并为数字信息技术系，原大兴二职生物制药专业整合为生物环境工程系，保留原航空机械工程系、现代商务服务系，4系15个专业中，有13个专业分别与6所高职院校开展“3+2”中高职衔接，为学生搭建成才立交桥。

以专业工作室、大师工作室为现代学徒制试点和起点，探索生产性实习实训等职业教育新模式，引知名企业入校合作，建立校企合作长效机制，完善校企合作制度，优化专业人才培养环境。产教融合、校企共育人才质量提升明显，学生参加各级各类比赛获得国家级一等奖1个、二等奖2个、三等奖1个，市级一等奖3个、二等奖8个、三等奖5个，实现历史性突破。1人获全国“最美中职生”称号。

开展教育精准扶贫，助力京蒙两地发展。与内蒙古苏尼特右旗签订《携手推进教育扶贫协议》，与察右前旗职业中学、正镶白旗察汗淖中学分别签订《手拉手合作交流协议书》；选派3名教师赴苏尼特右旗进行为期1年支教；安排2批内蒙古教师、校长到校跟岗研修。

6月23日，大兴一职学生参加“[illegible]量杯”现代制造技术技能大赛“车加工技术”赛项（大兴一职　供）

（李辉）

北京现代职业学校

2018年，北京现代职业学校占地面积1.26万平方米，产权校舍建筑面积1.09万平方米。全年教育经费投入3840.47万元，其中，国家拨款3732.25万元、自筹经费108.22万元。固定资产总值5896.58万元，其中，教学、实习仪器设备资产值4112.81万元。图书馆建筑面积102.40平方米，藏有纸质图书10.24万册、电子图书15万册。拥有计算机534台，网络多媒体教室21间。学校网络信息点1600个，校园网出口总带宽1000Mbps，上网课程3门，数字资源量230GB。设有1个校区，开设4个专业，6个教学班。教职工96人，包括专任教师83人、教辅人员3人。专任教师中本科及以上学历占教师总数100%；高级专业技术职务36人、中级34人；“双师型”教师13人。毕业生138人，就业率95%。未招生。在校生38人，包括京籍学生25人。网址：www.bjmvs.com。

2018年，学校调整办学发展思路，探索职教转型新模式，在培养中职人才同时，发挥“东城区中小学职业体验中心”“东城区青少年学院天永学区分院”“东城区市民体验中心”作用，以“特色鲜明、差异发展、深入挖掘”为目标，为社会服务。

学历教育。伴随北京疏解人口政策实施，学校学历教育连续两年停止招生，主要完成金融专业与北京经济管理职业学院“3+2”衔接工作、实习生管理和毕业生工作岗位的推荐落实。

职业体验。教师根据自身专业优势、实训基地资源及各职业文化氛围，针对中小学不同年龄层次生源特点，设计、开发一系列与行业岗位高度对接的职业体验及综合实践课程。年内，采用“基地授课”“送课下校”“团队订制”3种组织实施方式，进一步提升学校职业体验课程质量。职业体验课程数量达到56门，服务东城区13所中小学学生1.50万人次。

中小学生课后服务。开设“330”“530”课堂，落实《关于做好中小学生课后服务工作的指导意见》，为东城区6所小学提供精准课程服务，打造多姿多彩的课后下午3:30至5:30的“330”“530”课堂，建立全面发展学生素养的课程体系，为家长解决后顾之忧。

市民教育。面向东城区龙潭街道、东四街道、景山街道、东华门街道、空军93658部队、东城区职工大学等开设“葫芦工艺课”“中医药传统养生”“美课堂之化妆”和“魅力女兵之美妆课堂”4门市民体验课程，累计83课时，服务群众2220人次。

教师培训。学校开设12门东城区教师公共选修课，为东城区教师提供优质培训课程。课程涉及教育教学技能、专业素养、综合素养、人文素养、艺术素养5大类课程，培训东城区中、小、幼教师3000余人次。

（毕志萍）

北京铁路电气化学校

2018年，北京铁路电气化学校占地面积14.06万平方米，产权校舍建筑面积7.71万平方米。全年教育经费投入11480.05万元，其中，国家拨款11030.38万元、自筹经费449.67万元。固定资产总值14735.50万元，其中，教学、实习仪器设备资产值6338.65万元。图书馆建筑面积1996平方米，藏有纸质图书17.78万册、电子图书8万册。拥有教学用计算机772台，网络多媒体教室181间。学校信息化经费投入127.39万元，网络信息点970个，校园网出口总带宽500Mbps，上网课程55门，数字资源量810GB。设有轨道交通技术类、供用电技术类、电气技术类3个专业群，四年制中专班开设13个专业，50个班；“3+2”中高职衔接班开设5个专业，28个班；“3+2+2”高端技术技能人才贯通培养开设轨道交通车辆运用专业1个专业，15个班。教职工200人，包括专任教师141人、教辅人员6人。专任教师中具有研究生学历27人，本科及以上学历占教师总数95%；高级专业技术职务39人、中级64人；“双师型”教师83人。聘请校外教师7人。毕业生1428人，就业率98.79%。招生323人，包括京籍学生314人。在校生1783人，包括京籍学生1485人。网址：www.jtdx.com.cn。

2018年，学校坚持立德树人，加快转型发展，工作重心转移到贯通培养、对外培训和特色高水平专业建设上。构建“基于一体化设计、贯通培养的厚基础、强技能、高素质”的“3+2+2”人才培养模式和“三衔接、二融合、双证书”的“3+2”人才培养模式。完善贯通培养题库和考试系统，深化教考分离改革。承办4项市级比赛，学生参加8项市级比赛获奖34个、参加6项国家级比赛获奖5个。

申报北京市特色高水平骨干专业群（轨道交通技术）和天佑工程师学院建设获得批准；与企业合作开发9门职业素养课程；被市教委认定为“北京市职工继续教育基地”；为企业培训13.90万人日，收入779.30万元，同比增加388.30万元。

承担河北省张家口市贫困地区中职教师培训，50人参训；承担涿鹿县贫困学生技术技能提高培训，为期5个月，40人参训；接受湖北省十堰市5名干部跟岗锻炼。开展“励志动车”助学工程。

领导班子完成15项重点调研课题、13条整改措施；制定和修订16项管理制度和办法；开展“做新时代‘四有’好老师和‘四个引路人’”学习实践活动；与昌平区第一中学合作完成46名教师一对一带教转型培训。

（朱春然）

北京市商业学校

2018年，北京市商业学校占地面积20.93万平方米，产权校舍建筑面积10.53万平方米、非产权校舍建筑面积1.44万平方米。全年教育经费投入16348.93万元，其中，国家拨款14672.67万元、自筹经费1676.26万元。固定资产总值29339.84万元，其中，教学、实习仪器设备资产值10859.76万元。图书馆建筑面积3629.78平方米，藏有纸质图书11.72万册、电子图书9.40万册。拥有计算机4768台。学校信息化经费投入416.78万元，网络信息点3100个，校园网出口总带宽700Mbps，上网课程65门，数字资源量34449GB。设有7个校区，6个系部，开设22个专业，85个教学班。教职工319人，包括专任教师201人、教辅人员29人。专任教师中具有研究生学历91人，本科及以上学历占教师总数99.50%；高级专业技术职务49人、中级104人；“双师型”教师166人。聘请校外教师100人。毕业生1208人，就业率100%，职业资格证书取证率100%。招生797人，包括京籍学生494人。在校生3339人，包括京籍学生1802人。网址：www.bjsx.com.cn。

2018年，学校纵深推进教育教学改革，提升人才培养质量，办学特色更加鲜明，获教育部“国防教育特色学校”称号、中华职教社“黄炎培职业教育优秀学校奖”。

创新师德建设，通过市政府教育督导室师德建设专项督导调研，承办北京市职业院校师德师风建设展示交流会。

深化产教融合，探索校企合作长效机制，启动新道云财务会计师学院、祥龙博瑞汽车工程师学院、阿里巴巴数字贸易学院建设，深化眼镜、珠宝等技术技能大师工作室建设，筹建非遗大师、书画大师工作室和祥龙公司劳模工作站。

调整专业布局，建立专业动态调整机制，立足区域经济社会需求，形成财会经济、交通运输、商贸信息、教育艺术四大专业集群。

提升教学质量，完善中高职衔接、贯通培养一体化培养方案和课程体系建设，打通技能类职业资格和职业院校学历双向贯通培养通道，持续开展专家听评课和集体教研，加强课堂诊断，推进“三有”课堂教学及标准研究。

提升科研能力，加快建立学校智库和激励机制，推进

5月4日，商业学校组织来自云南保山精准扶贫的学生代表参加“开往2049：00后成人礼”公益活动　（商业学校　供）

重大课题研究任务，加速研究成果后期转化，被教育部职业院校文化教指委授予首批“劳动教育研究中心”称号。

丰富评价体系，加速“互联网+”职业素养护照落地转化，相关研究成果获2018年国家级教学成果奖二等奖。

拓展国际合作，引入伦敦国际学徒制中心考核标准，丰富学校人才培养质量多元评价体系；实施姆渡旅游学院等原有国际合作项目，全面推进德国胡格模式和澳大利亚TAFE模式改革项目的教学应用，主持开展北京市职业院校教师相关培训，与俄罗斯、哈萨克斯坦、波兰6所院校就人才培养、学术交流签署备忘录或合作协议。

综合服务能力进一步提升。服务国家战略，深入推进云南保山、勐海、河北青龙、新疆和田精准扶贫任务，以北京现代服务业职业教育集团为实施主体搭建京津冀行业企业和职业教育一体化发展服务平台，签署京津冀三地职教集团战略合作协议；服务职业教育，承接教育部《全国大中小学教材建设规划（2018—2022年）》等文件编制起草任务。主持国家标准专业建设8项，开发国际通用的专业教学标准2项、课程标准36项。承担中国职教学会二级学会5家主任单位、1家秘书处，7家行指委主任或常务理事单位工作。承担全国和北京市师资培训基地任务，开展电商、物流等专业教师培训1500人天；服务区域社会经济，为人社部、财政部、北京市交通委等部委提供优质的政府购买服务。开展企业党员干部培训、职工继续教育培训、中小学生职业体验和人文素养培训、新型职业农民劳动技能和再就业培训，年均社会培训3.60万人天。

（陈又瑜）

北京商贸学校

2018年，北京商贸学校占地面积9.51万平方米，产权校舍建筑面积7.95万平方米。全年教育经费投入7773.49万元，其中，国家拨款7460.46万元、自筹经费313.03万元。固定资产总值2.84亿元，其中，教学、实习仪器设备资产值15358.53万元。图书馆建筑面积3652平方米，藏有纸质图书7.94万册、电子图书24.30万册。拥有计算机2460台。学校信息化经费投入320万元，网络信息点1564个，校园网出口总带宽70Mbps，数字资源量15.20TB。设有4个系部，开设8个专业，45个教学班。教职工158人。专任教师85人，均为本科及以上学历，包括高级讲师26人、讲师44人；“双师型”教师53人。招生150人，包括京籍学生139人。在校生1082人，包括京籍学生878人。网址：www.bjsmxx.com.cn。

2018年，学校结合自身实际，搭建行动计划，科学制定“三年教育规划”。以专业建设、课程改革为抓手，以师资队伍建设为基础，以学生技能培养为中心，始终坚持“以赛促教，以赛促学”教学思路，120名师生和5个团体在省市级以上各项比赛中获奖，再次刷新历年最好成绩。

以国家级项目为平台，开展校企合作，拓宽专业人才培养渠道。根据冰雪场地运营与维护人才需求，成立课题组，对人才培养展开调研；依托北京首农食品集团、北京二商集团在冷链物流行业的地位以及强大的制冷专家资源库，凭借自身曾开设制冷专业的教学经验和冷链物流实训基地的教学设施，率先与企业合作共同培养场馆冰雪运维人才；与北京国家游泳中心有限责任公司、北京国家速滑馆经营有限责任公司、北京外企莱茵体育文化有限公司签订战略合作协议，校企合作共同培养冬奥期间及“后冬奥”急需的冰雪场馆运营维护人才；与北京电子科技职业学院联合开设“双冰场馆”制冰师校企合作联合培养订单班，创新人才培养模式，建立学徒制、订单班相结合的新型人才培养模式，实现“两条路、三支撑”人才培养思路。

国际合作继续推进。与澳大利亚博士山学院的合作自开展以来，已选送1名学生赴澳学习，5名学生在读。双方拓展合作方向和合作渠道，签订会计专业合作协议，获得集团批复。

对口援疆深入开展。选派会计专业教师前往新疆和田完成2年援疆支教工作。赴新疆和田地区走访新疆和田地区中等职业技术学校，开展帮扶调研工作，根据调研结果组织落实帮扶工作，完成两校直接对接的5个专业（会计、电子商务、旅游、饭店、计算机）人才培养方案的修改，为该校量身打造旅游专业建设初步方案，购买和田学生在会计专业技能学习中需要的各类教学用具和学习用具，保证学校会计专业技能课程正常教学。

加强师德师风建设，提高教师队伍整体素质。围绕师德师风建设、教学质量提升等内容对教职工进行有针对性的专题培训；完善师德师风制度建设，起草制度文件，从管理角度加强师德建设，全力打造一支师德高尚、纪律严明、素质全面、业务精湛、爱岗敬业、开拓创新的教师队伍；举办师德师风建设宣传月活动，要求全体教职工签订承诺书；组织开展“不忘初心 立德树人”主题征文活动。

（张帆）

北京市供销学校

2018年，北京市供销学校占地面积11万平方米，产权校舍建筑面积8.45万平方米。全年教育经费投入4302.08万元，其中，国家拨款4238.50万元、自筹经费63.58万元。固定资产总值12223万元，其中，教学、实习仪器设备资产值4726万元。图书馆建筑面积2642平方米，藏有纸质图书7.13万册、电子图书15万册。拥有计算机626台。学校信息化经费投入290.81万元，网络信息点1000个，校园网出口总带宽100Mbps，上网课程40门，数字资源量202GB。设有2个校区，5个系部，开设11个专业，33个教学班。教职工91人，包括专任教师55人、教辅人员6人。专任教师中具有研究生学历18人，本科及以上学历占教师总数100%；高级专业技术职务14人、中级29人；“双师型”教师35人。毕业生379人，就业率98%，职业资格证书取证率 100%。招生 75 人，包括京籍学生 70 人。在校生 418 人，包括京籍学生 328 人。网址：www.bjgx.com。

2018 年，学校坚持“高端引领、校企合作、多元办学、内涵发展”原则，遵循“融合、创新、务实、发展”理念，深化体制机制改革；全面深化校企合作，开发一体化课程；探索多元化办学体制，深化人事制度改革；通过 ISO 9001 质量管理体系认证，完善管理流程。

巩固学历教育，开拓社会培训，发展联合办学，打造世欣教育品牌。开拓培训市场，完成社会培训、鉴定 1.20 万人次，培训方式逐步向高端培训和网络课程培训发展；联办的高等教育北京开放大学供销学院平稳发展，招生 1260 人。

围绕职业意识、职业习惯、职业道德、职业能力形成“每月一个主题、每月一个活动”教育管理模式，引导学生学会做人、求知、共处，开拓以育人为根本、以学生安全为底线、以素质教育为长线的全新的学生管理工作模式，为学生提供良好学习和生活环境，在全校范围内做好“一校一品”德育品牌工作。积极承接各类技能大赛，通过以赛代练的培养模式激发学生的专业兴趣和专业创造力。

以一体化教学改革为抓手，打造新型职教科研队伍。加大对教研组长、骨干教师和年轻教师的培养力度。全年教师发表论文 11 篇，承担课题 3 项，论文获奖 2 篇，其他教师获奖 12 项，校外获奖 25 个，出版教材、教参 5 本，公开发行微课 1 门。

加强校园基本建设，努力打造优美校园。学校共获财政批复资金 63.68 万元，有效改善教育教学环境。

（沈骏）

北京水利水电学校

2018 年，北京水利水电学校占地面积 3.85 万平方米，产权校舍建筑面积 2.95 万平方米。全年教育经费投入 6207.42 万元，其中，国家拨款 5869.94 万元、自筹经费 337.48 万元。固定资产总值 14036.11 万元，其中，教学、实习仪器设备资产值 4392.60 万元。图书馆建筑面

4 月，水电学校开展护水走河活动，学生志愿者清捡河道垃圾（水电学校 供）

积 3241.63 平方米，藏有纸质图书 9.08 万册、电子图书 3 万册。拥有计算机 506 台，网络多媒体教室 34 间。学校信息化经费投入 131.08 万元，网络信息点 796 个，校园网出口总带宽 250Mbps，上网课程 3 门，数字资源量 12746.31GB。设有 4 个教学部，开设 15 个专业，29 个教学班。教职工 153 人，包括专任教师 82 人、教辅人员 10 人。专任教师中具有研究生学历 22 人，本科及以上学历占教师总数 100%；高级专业技术职务 28 人、中级 34 人；“双师型”教师 33 人。聘请校外教师 8 人。毕业生 276 人，就业率 98%，职业资格证书取证率 66%。招生 63 人，包括京籍学生 61 人。在校生 612 人，包括京籍学生 511 人。网址：www.slsdschool.org。

2018 年，学校坚持需求导向，开展专业结构改革。调整中高职衔接培养项目，增加机电技术应用、给排水工程施工与运行“3+2”专业的企业订单培养方向；新增工程测量、建筑工程施工 2 个中高职衔接培养专业（方向）；深度调研北京经济发展人才需求，申报数字影像技术专业及其衔接培养项目。开展高职院校校园宣讲会等活动，122 名学生完成测试升入相关高职院校。

加强立德树人，涵养优秀师德师风。开展“四有好老师、四个引路人”教育实践活动，利用校园网、微信公众号、校园电子屏等平台宣传师德事迹，组织教师代表座谈会和新任教师师德“第一课”等活动，修订《教师职业行为规范》《师德考核办法》等一系列师德考评制度。

坚持德技并修，提升人才培养质量。开展创业教育、演讲比赛、文明风采展示等竞赛，丰富学生社团组织活动，促进学生全面发展。组织主题团日、拓展训练、知识竞赛、公益劳动等团组织活动。开展建筑材料、机械拆装等 20 余项“第二课堂”活动，组织校级学生技能竞赛，选拔优秀学生参加市级、国家级技能大赛，24 人次获奖。

坚持赛训结合，推进信息化教学改革。开展混合式教学、微课制作、课程平台资源建设等主题的信息化教学培训活动。开展校级信息化教学比赛，评选优秀作品参加市级信息化教学竞赛、微课竞赛，14 人次获奖。

重视师资培养，加强教师梯队建设。完成 4 名校级专业带头人、16 名校级骨干教师的评定工作，推进 4 名教师的市级专业带头人、优秀青年骨干教师培养项目。9 名教师获评全国水利行业“双师型”教师。

改善基础设施，提升办学硬件条件。完成水质监测分析、水利工程仿真教学等 10 个现代化实训室建设，提升学生实训教学条件。更换教室桌椅、安装教室储物柜，更新体育测试器材和医疗卫生器械，完成供水、供电、供暖等基础设施改造，改善办学基础条件。

坚持水务培训，提升培训服务水平。完成南水北调对口协作培训、水务系统内部培训等继续教育培训活动 9 期共 315 人。承办市水务局系统继续教育工作，编制《北京水务专业技术人员培训教程》（2018 版）。

（张一鸣）

北京市自动化工程学校

2018年，北京市自动化工程学校占地面积3.76万平方米，产权校舍建筑面积3.20万平方米。全年教育经费投入7333.67万元，其中，国家拨款6867.92万元、自筹经费465.75万元。固定资产总值24264.80万元，其中，教学、实习仪器设备资产值10814.88万元。图书馆建筑面积680.40平方米，藏有纸质图书6万册、电子图书10万册。拥有计算机780台。学校信息化经费投入65万元，网络信息点434个，校园网出口总带宽200Mbps，上网课程3门，数字资源量3000GB。设有1个校区，开设9个专业，48个教学班。教职工128人，包括专任教师82人、教辅人员11人。专任教师中具有研究生学历23人，本科及以上学历占教师总数96%；高级专业技术职务20人、中级37人；"双师型"教师5人。毕业生674人，就业率97.92%，职业资格证书取证率56%。招生115人，包括京籍学生108人。在校生806人，包括京籍学生732人。网址：www.zdhschool.com.cn。

2018年，学校坚持"深化改革、内涵发展、完善机制、打造品牌"方针，转变发展理念，深化教育改革。全面推进依法治校，以"规范化、制度化、科学化和流程化"为目标，不断深化内部管理体制改革，进一步加快建设现代学校制度，全面提高学校依法管理的能力和水平。

坚持把师德建设放在教师队伍建设首位，深入分析学校师德建设工作现状，全面梳理师德建设重点任务，制定学习实践活动实施办法，推动学校师德师风建设常态化、长效化，引导广大教师以德立身、以德立学、以德施教。

重视学工基地建设工作，专门成立中小学生实践教育办公室，负责学工基地日常管理及对外联系工作。成立学工基地领导小组、课程开发小组等6个工作小组，制定《北京市初中学生学工教育活动项目安全预案》等5个方面15项管理制度和办法，确保学工基地各项工作顺利开展。学工基地根据学生年龄特点和个性需要，设计14个特色学工项目课程，4月至10月，接待大兴、房山、顺义3个区12所初中校60个学工班级1743名师生到基地开展学工活动。全员、全程落实精细化管理，做到"日常生活流程化、日常管理标准化、生活育人规范化、环境育人精细化"，高质量高标准完成市教委下达的学工任务。

3月15日，自动化学校志愿者走访慰问北沙滩、南沙滩社区老人（自动化学校 供）

以"打造品牌"理念为指导，高质量开展科学实践体验活动。全年开展初中开放性科学实践活动27天，开放实践项目8个，开放场次328场，共接待学生6670人次，以有趣实用的课程、严谨规范的组织、贴心细致的服务赢得来校实践中学生、家长及评估巡视员好评。

更新教师教育理念，开展有趣、有用、有效"三有"课堂教学，加强"三有"课堂教学考核，稳步提升教育教学工作质量。落实技能积分制，组织学生参加各级各类技能比赛，800余人次学生在校级比赛获奖，20余名学生在市级技能比赛获奖。

（王爱芬）

北京市劲松职业高中

2018年，北京市劲松职业高中占地面积9.26万平方米，非产权校舍建筑面积8.42万平方米。全年教育经费投入11524万元，其中，国家拨款11155万元、自筹经费369万元。固定资产总值58875万元，其中，教学、实习仪器设备资产值14049万元。图书馆建筑面积2538平方米，藏有纸质图书16.30万册、电子图书60万册。拥有计算机1469台，网络多媒体教室95间。学校信息化经费投入30万元，网络信息点1910个，校园网出口总带宽1000Mbps，上网课程56门，数字资源量25100GB。设有5个校区，开设13个专业，71个教学班。教职工242人，包括专任教师192人、教辅人员34人。专任教师中具有研究生学历45人，本科及以上学历占教师总数100%；高级专业技术职务70人、中级83人；"双师型"教师68人。聘请校外教师19人。毕业生717人，就业率97%，职业资格证书取证率87%。招生274人，包括京籍学生131人。在校生1601人，包括京籍学生416人。网址：www.jszg.com.cn。

2018年，学校通过师德标兵宣讲、优秀班主任工作交流等形式树立师德典型，发挥榜样示范作用。2名教师获北京市学科带头人称号，8名教师获北京市骨干教师称号，2名班主任获北京市"紫禁杯"优秀班主任称号。

通过"课程育人提素质、文化育人润心灵、活动育人展风采、实践育人炼品格、管理育人强规范、协同育人成合力"6个途径全面提升学生综合素养。完成"松"文化课程体系框架构建；推进产业文化进校园、行业文化进专业、企业文化进班级；逐步形成政、行、企、校、社、家多方管理、共同育人格局。

深化专业内涵建设，全面推进学校改革发展。建立校企合作长效机制，以专业建设指导委员会为纽带，实现人才共育、课程共建、过程共管、成果共享、责任共担。与大董餐饮投资有限公司共建"大董餐饮商学院"，与希必迪教育集团共建“百度营销大学互联网营销人才培养基地”。全年召开专业建设研讨会30次，修订中餐烹饪、西餐烹饪、酒店管理等专业人才培养方案10个。修订“电子商务实务”等专业核心课程标准65门，新课标26门，录制微课112节。学生参加各级各类比赛获奖341人次，包括1名学生获国际青年创新创业技能大赛银奖。教师在信息化大赛、评优课、微课、论文等评选中获奖187人次。“中餐烹饪专业‘三级融合’综合实训项目开发与实践”获2018年国家级教学成果奖二等奖。

年内，学校开展中小学生职业体验、职工技能培训等社会培训累计16027人次。“舌尖上的美好生活”项目入选北京市2018年“终身学习品牌项目”，学校被市教委认定为北京市民终身学习示范基地。获评全国餐饮职业教育示范校（中国烹饪协会）、全国骨干校长教师挂职研修基地（中国教育科学研究院）。新增河北唐县、新疆墨玉2个精准扶贫项目，接收学生96人。继续对昆明、贵阳、河北等地对口帮扶。学校加入中英创新创业职业教育联盟。

（王为民）

中国音乐学院附属中等音乐专科学校

2018年，中国音乐学院附属中等音乐专科学校占地面积2.64万平方米，产权校舍建筑面积2.27万平方米。全年教育经费投入4536.67万元，其中，国家拨款3978.66万元、自筹经费558.01万元。固定资产总值11901.63万元，其中，教学、实习仪器设备资产值3233.94万元。图书馆建筑面积243平方米，藏有纸质图书2.48万册、电子图书9.02万册。拥有计算机278台，网络多媒体教室7个。学校信息化经费投入84.74万元，信息化设备资产570.61万元，网络信息点200个，校园网出口总带宽200Mbps，数字资源量5500GB，管理信息系统数据总量197.16GB。设有1个校区，开设5个专业，18个教学班。教职工82人，包括专任教师69人、教辅人员13人。专任教师中具有研究生学历33人，本科及以上学历占教师总数100%；高级专业技术职务17人、中级42人；“双师型”教师7人。聘请校外教师46人。毕业生129人，就业率100%，职业资格证书取证率100%。招生162人，包括京籍学生21人。在校生647人，包括京籍学生83人。网址：www.msccmusic.com。

2018年，学校秉承中国音乐学院“承国学、扬国韵、育国器、强国音”办学理念，围绕“艺术专业突出、综合素质全面”人才培养目标，推进各项工作。

党建工作。成立中国音乐学院附中党总支，召开党总支全体党员大会，完成党总支换届工作。

教学工作与学科建设。修订、拟订10余项教学管理相关规章制度和条例，统计、核查全校教师任教资质，规范教学行为。启动人才培养方案修订工作。完成学科教学带头人、骨干教师评选。建立完善的教学质量监督体系，坚持执行领导听课制度。支持鼓励教学科研工作，推进高水平项目申报与落实。各专业学科根据新版课程标准模板，调整专业教学内容，完善学科建设。3月起，学校与好未来集团（学而思）开展文化课教学合作，逐步探索形成符合艺术类院校的文化课教学新模式。

学生工作。严抓日常行为规范，严厉惩肃校园不文明现象，实现手机有效管控。建立“家委会例会”“家长学校”“家长接待日”等沟通渠道，发挥“家校共管”机制。支持“学生发展中心”建设，开展健康教育、法制教育系列活动，及时疏导学生成长困惑，引导学生形成积极、阳光、守法的健康人格。

交流与艺术实践。发展建设中国乐派少年国乐团、中国乐派少年爱乐乐团、中国乐派少年弹拨乐团、中国少年女声合唱团等8个艺术实践团体，展现高质量艺术实践教学成果。4月，与法国戛纳音乐戏剧学院联合举办校际交流艺术周活动，进行声乐、小提琴、小号、长笛等讲座和大师课，举办联合音乐会。10月15日，举办“少年之光2018”中国乐派少年国乐团音乐会。11月29日，举办附中“青年作曲家培养计划”项目“余韵和音”新作品音乐会。12月17日，举办“大河之舞——中国少年爱乐管乐团音乐会”，这是学校管乐团自2016年管乐专业开始招生后的首次公开演出。12月21日，中国乐派少年弹拨乐团参加中央电视台新年音乐会“启航2019中国音乐盛典”节目录制工作。12月，理作学科4名作曲专业学生参加2018第三届“音中奖”全国作曲比赛取得好成绩。

（冯琦　南秀渊）

11月29日，中国音乐学院附中“青年作曲家培养计划”项目“余韵和音”新作品音乐会　（中国音乐学院附中　供）

（本栏责任编校　胡雨）

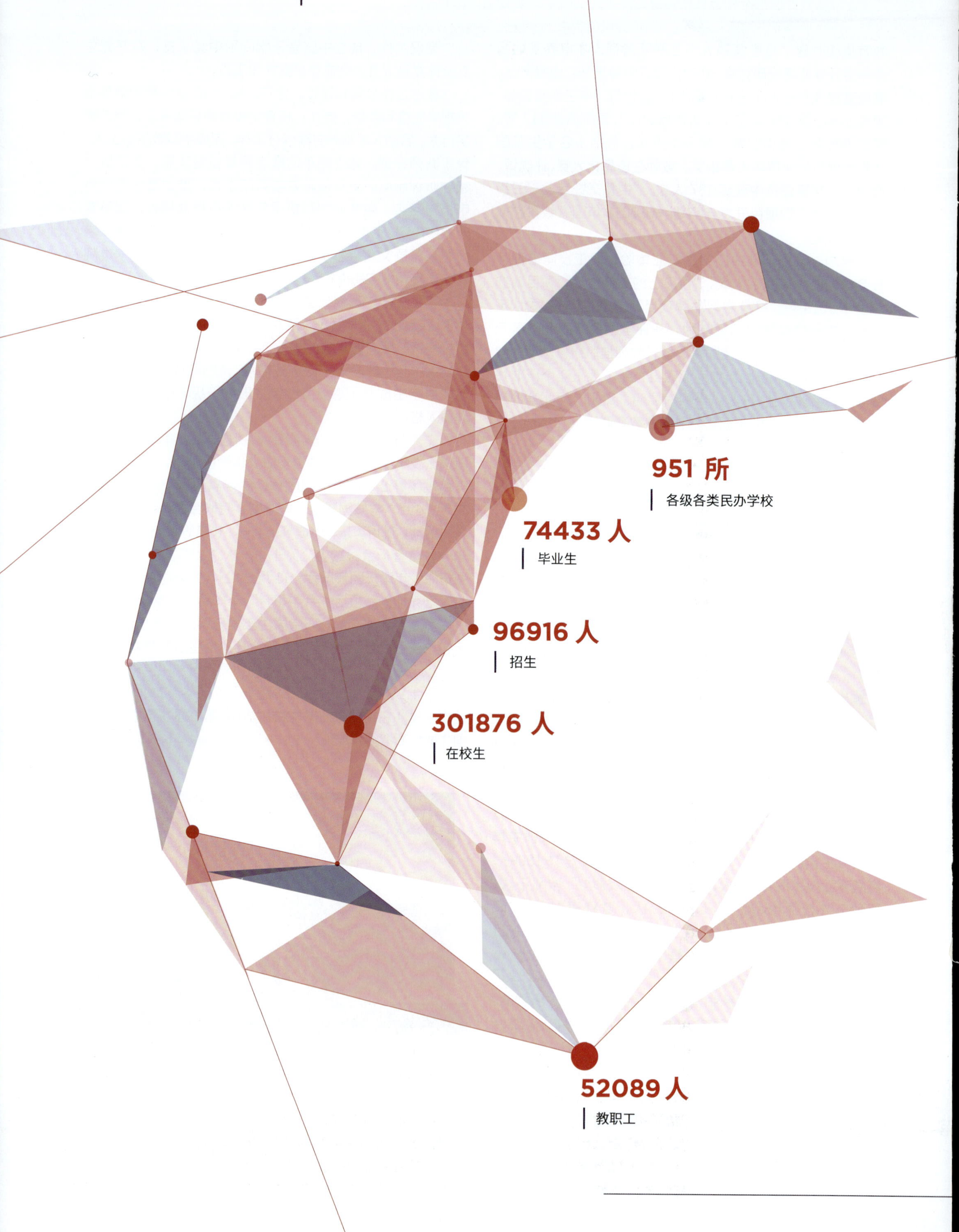
951 所
各级各类民办学校
74433 人
毕业生
96916 人
招生
301876 人
在校生
52089 人
教职工

2019 | 民办教育

NON-STATE EDUCATION

- 民办教育各项工作规范
- 校外培训机构专项治理
- 全市校外培训机构管理服务平台开发
- 5 所民办高校关工委成立

NON-STATE EDUCATION 民办教育

综述

概述

2018年，北京市有各级各类民办学校951所。其中，民办幼儿园701所，毕业39793人，招生62398人，在园166127人；教职工30964人，包括专任教师14363人。民办小学56所，毕业9128人，招生8114人，在校46006人；教职工2038人，包括专任教师1501人。民办普通初中26所，毕业6285人，招生8441人，在校23397人。民办普通高中68所，毕业2259人，招生1882人，在校6677人；教职工12532人，包括专任教师7642人。民办中等职业教育学校20所，毕业613人，招生337人，在校1639人；教职工653人，包括专任教师298人。民办普通高校16所，毕业16355人，招生15744人，在校58030人；教职工5902人，包括专任教师2851人。其他民办高等教育机构64所，教职工3408人，包括专任教师1312人。在教育行政部门注册的民办职业技术培训机构1048所，结业1025629人次，注册学生1256221人；教职工60835人，包括专任教师22224人。

（胡雨）

全市校外培训机构管理服务平台开发

2018年，市教委组织开发全市校外培训机构管理服务平台。为创新监管方式，利用信息化手段提高管理水平和治理能力，平台开发工作按照开放共享原则，实现排查登记、整改跟踪、备案审核、信用公示、举报处罚等针对校外培训机构的全业务监管，通过校外培训机构地理信息系统直观全市校外培训机构各类信息。平台在专项治理中发挥重要支撑作用，被教育部采用，作为“全国中小学生校外培训机构管理服务平台”推广到全国使用。

（张代龙）

民办教育各项工作规范

2018年，市教委规范民办教育各项工作。出台民办教育“1+2”文件。市政府印发《关于鼓励社会力量兴办教育促进民办教育健康发展的实施意见》，市教委印发《北京市民办学校分类登记办法》《北京市营利性民办学校监督管理办法》。文件明确北京民办教育的基本定位、工作思路和民办学校分类登记方法步骤，全面加强党对民办学校的领导，完善对民办学校扶持政策。健全监督管理机制，加强对民办高校办学行为的监管，完善民办高校办学状况年检制度，探索建立民办学校信息公开制度、违规失信惩戒机制，依法依规整治办学质量低、管理秩序乱、存在违法违规和安全隐患的学校，促进民办教育规范健康发展。

（姚林修）

校外培训机构专项治理

2018年，市教委完成校外培训机构专项治理第一阶段和第二阶段工作。第一阶段，建立拉网排查、主管单位检查、机构自报自查、学生调查、社会举报核查、舆论督查基于信息化平台6项机制，全市排查出校外培训机构12681家，其中7705家存在安全隐患、办学不规范、资质不全等各类问题。第二阶段，建立分类整改、信息通报、台账销号、工作督查、信息化监管、风险防控、综合治理、黑白名单、联合执法、课后服务10项制度机制。截至12月24日，全市台账内的校外培训机构全部完成整改。累计执法检查11348次，对违规机构责令整改2276次，对303家机构实施行政处罚。市教委、海淀区教委、丰台区教委推进治理工作态度坚决、措施有力，得到教育部通报表扬。

（张代龙）

9月11日至24日，延庆区教委开展校外培训机构专项治理联合检查　（延庆区教委　供）

民办高校招生简章和广告备案

3月至12月，市教委开展民办高校招生简章和广告备案工作。备案程序包括网络预审、纸质备案材料审核、备案材料公示和招生宣传活动监测。完成61所学校招生简章和广告备案工作，以及105所学校招生宣传监测工作。该项工作由北京民办教育协会承办。

（刘鸿瑞）

5所民办高校关工委成立

6月5日、9月20日、11月6日、11月23日、11月30日，北京5所民办高校分别成立关心下一代工作委员会。分别为首都师范大学科德学院、北京经贸职业学院、北京工商大学嘉华学院、北京北大方正软件技术学院和北京培黎职业学院。学校关心下一代工作委员会以重视青年成长成才、关注青年社会主义核心价值观的培养为工作宗旨，以关心、教育、培养青年学生健康成长为目的，搭建党和政府教育青年、联系青年的桥梁，搭建青年教师向离退休老同志学习的平台。6月28日，北京教育系统关工委召开民办普通高校关工委组织建设推进会，旨在推动北京16所有学历教育的民办高校建立关工委组织。

（王金凤　李玲玲　朱峻枚）

民办高校及非学历民办高等教育机构办学状况年检

6月19日，市教委公布2017年度北京民办高等学校及其他民办非学历高等教育机构办学状况年度检查结果。共78所学校参加年检，包括11所民办普通高校、5所独立学院及62所民办非学历高等教育机构。专家组审核学校提交的自查报告、办学状况调查表及2017年度财务审计报告等材料，对12所学校进行进校考察，并会同相关部门对开展全日制教育及为短期培训学生提供餐饮住宿服务的非全日制教育的31所民办非学历高等教育机构进行卫生安全、食品安全和安全稳定的专项检查，25所学校年检结论为“通过”、36所学校为“基本通过”、15所学校为“暂缓通过”、5所学校为“不通过”。对于年检结论为“通过”和“基本通过”等次的学校，准予在2018—2019学年招生；对于年检结论为“暂缓通过”等次的学校，要求在一年内限期整改，整改期间暂停招生活动。学校应针对存在的问题，制定切实可行的方案和措施，认真整改，在整改期限内达到要求，准予恢复招生。对于年检结论为“不通过”等次的学校，要求停止招生活动，加紧处理存在的问题，切实维护学校的安全稳定。年检工作委托北京民办教育协会开展。

（刘鸿瑞　胡雨）

民办高校及非学历高等教育机构年度招生政策公布

6月20日，市教委公布北京市民办普通高校及市教委审批的民办非学历高等教育机构2018年秋季招生政策。根据2017年度北京民办高等学校及其他民办高等教育机构办学状况年度检查结果及相关学校整改情况，2018年北京市具有招生资格的民办普通高校及独立学院共16所、民办非学历高等教育机构共46所（包括全日制民办非学历高等教育机构18所、非全日制民办非学历高等教育机构28所）。

（刘鸿瑞　胡雨）

2018年北京市具有招生资格的
民办普通高校及独立学院（16所）

北京城市学院
北京北大方正软件技术学院
北京经贸职业学院
北京经济技术职业学院
北京汇佳职业学院
北京吉利学院
首都师范大学科德学院
北京工商大学嘉华学院
北京科技职业学院
北京培黎职业学院
北京邮电大学世纪学院
北京工业大学耿丹学院
北京艺术传媒职业学院
北京第二外国语学院中瑞酒店管理学院
北京网络职业学院
北京科技经营管理学院

（刘鸿瑞　胡雨）

2018 年北京市具有招生资格的
民办非学历高等教育机构（46 所）

全日制民办非学历高等教育机构（18 所）	
北京现代音乐研修学院	北京东方文化艺术研修学院
北京航空旅游专修学院	北京涉外经济专修学院
北京演艺专修学院	北京明园研修学院
北京应用技术专修学院	北京影视研修学院
北京工商管理专修学院	北京经贸研修学院
北京文理研修学院	北京华嘉专修学院
北京国际标准舞研修学院	北京新亚研修学院
北京财经专修学院	北京华夏管理研修学院
北京北大资源研修学院	北京瀚林职业研修学院
非全日制民办非学历高等教育机构（28 所）	
北京金融研修学院	北京管理软件进修学院
北京国际青年研修学院	北京华大研修学院
北京彼得 · 德鲁克管理研修学院	北京美容研修学院
北京机械工程师进修学院	北京韩红艺术研修学院
北京东方老年研修学院	中国现代教育研修中心
中关村创新研修学院	北京盛唐研修学院
北京经济研修学院	北京当代艺术研修学院
北京翻译研修学院	北京军地专修学院
北京民生财富研修学院	北京摄影函授学院
北京礼仪专修学院	北京经济技术研修学院
北京计算机专修学院	北京长城研修学院
北京京海研修学院	北京国际汉语研修学院
中国教育国际交流研修学院	北京商务研修学院
北京逻辑语言研修学院	北京高等珠宝研修学院

（刘鸿瑞　胡雨）

11 人续聘为第四届民办高校督导专员

11 月 6 日，市委教工委续聘 11 人担任第四届民办高校督导专员兼党建工作联络员。自 2008 年，市委教工委实施选派民办高校督导专员兼党建工作联络员制度，覆盖全市民办高校，每届聘期 3 年，每批选派 15 人，其主要职责是指导民办高校党建和思想政治工作，同时监督民办高校依法办学、规范办学、诚信办学工作。

（孙亚茹）

民办教育培训机构办学行为规范

11 月 9 日，市教委、市人力社保局联合印发《北京市民办教育培训机构办学标准（暂行）》，规范民办教育培训机构办学行为，提高办学质量，促进教育培训市场健康有序发展。标准对于民办教育培训机构的举办者、办学条件、教育教学、资产财务与收费等作出明确规定。适用范围为在北京市行政区域内，由国家机构以外的社会组织或者个人，利用非国家财政性经费，面向社会举办的不具备颁发学历证书资格的教育培训机构。标准自公布之日起实施。

（张代龙）

北京市民办学校分类管理工作部署会

12 月 12 日，市教委召开北京市民办学校分类管理工作部署会。会议专题部署民办学校分类登记工作，启动北京市民办学校非营利性和营利性分类管理改革。市教委主任刘宇辉作分类管理文件解读，市人力社保局、市市场监督管理局、市民政局、市委编办单位负责人发言。会议通报培训机构治理情况。城六区主管区长，市区两级教育、人社、民政、编办、市场监督管理部门负责人，81 所民办高校董事长、校长约 280 人参加会议。

（胡雨　华蕾）

民办教育管理

朝阳检查自办学校（托幼场所）安全

1 月，朝阳区社会力量办学管理所开展自办学校（托幼场所）安全检查。检查组针对房屋、消防、取暖、教育宣传等问题，制定 59 项安全检查项目，对全区 9 所自办学校和 201 个自办托幼场所开展全过程、全覆盖假期前安全排查，对检查中发现问题当场反馈学校并监督整改落实。检查结果显示：部分自办学校（托幼场所）消防通道堆放杂物，教室内电线混乱，取暖方式有自采暖、集体供暖、空调取暖多种形式。要求校园立即清理杂物，整理混乱线路，消除安全隐患。

（姜彤）

通州民办教育管理服务中心成立

3 月 13 日，通州区教委成立通州区民办教育服务中心。中心为区教委所属公益一类事业单位，内设科长 1 人、副科长 2 人，核定全额拨款事业编制 20 人，办公地点为通州区离退休教职工活动中心西小楼；主要职责为开展对民办学校、幼儿园的管理、监督、评估和服务工作，查处民办学校及幼儿园非法办学办园、违法违规办学案件，组织实施民办教育有关规章和发展规划，做好民办教育交流、培训服务和信息化建设工作。中心成立旨在强化教育行政部门对民办教育日常监管，深化民办教育管理模式改革；健全常态化教育行政执法机制，加大查处违法违规办学行为力度，促进民办教育健康发展。

（冯洋）

西城开展民办教育机构年检

3月至6月，西城区教委开展区属各级各类民办学校、民办幼儿园2017年年度检查工作和2018年换发办学许可证工作。年检工作贯彻落实《中华人民共和国民办教育促进法》《中华人民共和国民办教育促进法实施条例》《北京市实施〈中华人民共和国民办教育促进法〉办法》和各级各类民办学校、民办幼儿园设置标准，强化对民办学校的监督与管理，依法规范其办学行为，提高教育质量。共计检查民办学校（幼儿园）234所。经初审和复审，200所民办学校（幼儿园）通过年检，并统一换发2018年《民办学校办学许可证》。

（王竞艳）

海淀民办非学历教育培训机构星级评估

3月至6月、9月至12月，海淀区开展民办非学历教育培训机构星级评估试点工作。该工作由北京民办教育协会承担，历时6个月，通过组织专家制定评估方案和评分表，召开专家研讨会、调研会、学校培训会、总结会等，完成对39所培训机构的进校评估，形成专家组评估意见，整理、撰写、汇总评估资料。

（刘鸿瑞）

通州举办首届民办教师才艺展示大赛

10月25日，通州区教委举办首届民办学校教师才艺展示大赛。比赛主题为“扬师德，正师风，建功副中心”，设置讲故事、朗诵、器乐演奏、歌唱、舞蹈5个项目，评出一等奖12个、二等奖12个。全区20余所民办学校80余名教师参加比赛。比赛以推动民办学校教师业务素质提高与发展为宗旨，激励民办学校教师不断钻研业务提高执教水平，推动民办教育事业有序健康发展。

（张俊英）

10月25日，通州区教委举办首届民办学校教师才艺展示大赛
（通州区教委 供）

朝阳开展培训机构治理

11月，朝阳区教委建立培训机构治理工作台账，形成联合执法工作机制。区教委按照街乡划片，对643所挂账机构及群众反映突出重点楼宇、机构开展联合执法检查，治理行业乱象。组织教研员90人次，审查校外培训机构340类教学材料1526册，发现21所机构教材存在超纲教学、提前教学和强化应试等问题。对62所违规开展学科类教学的培训机构印发《行政指导书》，关停存在严重安全隐患机构1所。

（邢凯）

昌平开展民办幼儿园年度考核

12月25日至28日，昌平区教委对全区审批注册的32所民办幼儿园开展年度考核。考核小组由区教委相关部门负责人及部分园长组成。考核工作在园所自评基础上，通过实地观摩、听取园长工作总结、查看园所环境、深入班级考察教育教学活动、查看园所相关资料等形式，全面考核评价园所依法办园、财务管理、行政管理与办园条件以及教学管理、卫生保健工作，并现场反馈意见。考核结果显示：10所为优秀，12所为合格，2所为基本合格。对基本合格幼儿园提出整改意见。

（汤武）

怀柔开展校外培训机构专项治理

12月29日，怀柔区召开校外培训机构专项治理工作会。会议解读北京市校外培训机构治理相关配套文件和实施办法，通报怀柔区校外培训机构清理整顿情况，并部署下一步整治工作的任务、时间表和具体工作规范。区教委、区社区教育中心、区工商部门、泉河和龙山街道相关负责人，全区各民办教育培训机构负责人等80人参加会议。4月至12月，怀柔区在全区范围内开展校外培训机构专项治理行动，摸排核查培训机构201家，发现存在问题培训机构166家。经会商研判，对112家机构进行复查核对，对存在问题较多、涉及学科类的54家培训机构进行联合执法，印发《行政指导书》25份，下达《责改通知书》33份，签订承诺书 22 份，开展执法检查 225 次，行政处罚 7 家。至年底，166 家存在问题的校外培训机构全部完成整改。

（线金秋）

海淀支持民办教育规范发展

至年底，海淀区教委支持民办教育规范发展。全面推进民办培训机构专项治理行动和实验区建设，建立专业管理团队，制定重点区域专项治理方案，以“吹哨报到”机制为载体，强化综合治理，协调属地执法力量形成合力，联合检查 4450 次，对区内 2377 家培训机构建立台账，督促整改，对 13 家机构行政处罚立案。对未经注册审批幼儿看护点检查 100 余次，立案 4 件，取缔 20 余处。开展星级评估试点，加强信息公示，优化营商环境。压缩 5 家民办机构，疏解 7550 人次，超额完成疏解任务。

（宋亚甫）

朝阳加强民办教育单位资金监管

至年底，朝阳区教委加强民办教育单位资金监管。委托中介机构进行 2017 年拨付民办单位专项资金审计工作，涉及幼儿园 109 所、中小学 21 所，审计金额 20873 万元；对 372 家民办单位开展 2017 年财务情况年检审核监督，其中，238 家单位一次性通过、5 家单位未通过、129 家接受督促整改；对使用国有资产承办到期的 9 所民办幼儿园进行财务考核；对投入民办幼儿园、街乡等非区教委二级核算单位的财政资金使用方案进行事前审核，涉及 120 所学校，金额 7104.83 万元。

（刘新利）

民办高等学校选介

北京城市学院

概述

2018 年，北京城市学院占地面积 131.71 万平方米，产权校舍建筑面积 48.50 万平方米、非产权校舍建筑面积 0.22 万平方米。固定资产总值 100498.41 万元，其中，教学、科研仪器设备资产值 22831.84 万元。图书馆建筑面积 1.84 万平方米，藏有纸质图书 171.74 万册、电子图书 36.06 万册、电子期刊 0.85 万册、学位论文 364.60 万册、音视频 127 小时。拥有计算机 7606 台，网络多媒体教室 420 间。学校信息化设备资产 13324.44 万元，网络信息点 9750 个，校园网出口总带宽 7300Mbps，电子邮件系统用户 1548 个，上网课程 370 门，管理信息系统数据总量 80.70GB。拥有校内本科实验场所 190 个，校外实习、实训基地 578 个。设有 11 个院，开设 79 个专业，包括本科 58 个、专科 14 个、

1 月 11 日，城市学院首届师生新年音乐会

（城市学院　供）

硕士 4 个、七年制贯通培养 3 个。教职工 2064 人。专任教师 825 人，包括高级职称 258 人。聘请校外教师 1287 人，包括高级职称 540 人。毕业生 6391 人，其中，学历教育全日制普通本科生 4841 人、普通专科生 1222 人、成人教育本科生 246 人、硕士研究生 82 人。招生 6864 人，其中，学历教育全日制普通本科生 5192 人、普通专科生 1142 人、成人教育本科生 71 人、硕士研究生 254 人、七年制贯通培养中职全日制学生 205 人。全日制学历教育高考招生北京地区本科第二批次 A 最低控制分数线理科 432 分、文科 488 分。在校生 25256 人，其中，学历教育全日制普通本科生 20421 人、普通专科生 2825 人、成人教育本科生 263 人、硕士研究生 577 人，七年制贯通培养中职全日制学生 1170 人。网址：www.bcu.edu.cn。

2018 年，学校围绕“立德树人”中心任务，聚焦“质量提升年”工作主题，加快高品质校园和高水平应用型大学建设，在推动首都教育科学发展和京津冀协同发展进程中贡献力量。

深化教育教学改革，提高人才培养能力。结合新一轮科技革命和产业变革，建立校部两级专业建设指导委员会，按阶段按步骤实施学习路线图计划，组织申报 2018 年新本科专业。专项支持信息化环境下教育教学的改革探索，推动网上课程资源共享、更新与使用，以首批公共能力课慕课资源为载体，开展线上线下融合教学模式改革。推动校内实践中心建成行业或区域性生产性实训基地、职业鉴定或培训基地和产业技术实验室等，推动混合式教学模式，推动建立以城市学院为主导的区域高等教育产学研联盟，建设专业化、开放共享的产教融合信息服务平台。制定产学合作协同育人管理办法，修订完善“实培计划”项目管理办法，申报教育部新工科研究与实践项目，启动实践教学质量标准及评价体系实施试点，专项培育示范性虚拟仿真实验教学项目建设。建立“外部评估 + 检查、内部监督 + 诊断”机制，探索全日制和非全日制研究生的分类培养模式，建立研究生课程建设项目化机制，推进“科教协同、校行融通”研究生培养思路，完善研究生教育质量保证和监督体系。

扩大校企合作，提升产学研用水平。落实校企合作框架协议，推进与北汽集团、中国工美集团等重点企业合作。

着眼促进人才培养、成果转化和产业发展，创建产学研合作示范基地，实现分类指导、分层落实、互相促进。与顺义区相关部门联合举办校企合作峰会，展示学校产学研合作成果，组织项目路演、合作签约、专家研讨、园区考察等活动。支持分行业、分学科开展校企对接活动，提高合作精准度。先进制造材料表征校企联合实验室揭牌，与市建筑设计研究院、北京演艺集团、中国中医科学院西苑医院、顺鑫集团签订战略合作协议，与顺义供电公司共建合作，在产业调研、学科建设、实习实践、产学合作协同育人等方面推进产教融合。创新工作方式，注重发挥行业组织、协会商会等方面带动作用。及时转化成果，推进资源共享。继续支持3D打印领域在关键技术取得突破，研究成果产业化。

注重社会服务，推进区域与学校融合发展。加强与海淀区、顺义区政府有关部门沟通协调，推动各层次项目合作，促进融合发展。推进北京市“引智帮扶”工程，做好荆坨村、小营村、下营村对口帮扶工作。会同顺义区委组织部，持续办好“顺义博士论坛”，研究设立人才基金，成立博士智库，组织博士服务团成员，深入基层实际，服务区域发展。承办顺义区干部人才国外培养项目，根据新时代干部素质能力要求，科学设计项目内容，分期分批选派实施。推进中关村科技园区顺义园、城市学院协同创新研发中心建设，对接全国科技创新中心建设重点任务和项目，积极引进国家实验室、重大产业项目落户。

（高尚）

中英合作硕士项目首届毕业生授予学位

6月30日，城市学院与英国华威大学合作举办的项目管理硕士学位项目第一届毕业生学位授予仪式在京举行。城市学院校长与英国国会议员、华威大学制造工程学院院长共同为毕业生颁发学位证书并授予学位，优秀毕业生代表发言，华威大学制造工程学院对外联络部主任宣布成立华威大学制造工程学院（WMG）校友会。项目首届毕业生、在校生及制造工程学院历届校友参加。英国华威大学与城市学院合作举办的项目管理硕士学位项目于2014年获得教育部批准，同年开始招生，其学位证书具有与英国华威大学本土学位证书同等含金量。

（高尚）

沙岭实验学校成立

7月3日，城市学院沙岭实验学校挂牌仪式在顺义区沙岭学校举行。挂牌成立后，城市学院将通过派遣教师到沙岭学校任教等方式，为学生提供优质课堂教学资源，提升教学质量；同时通过师资支持、科研引领、课程共建等途径提高沙岭学校教师教学水平，带动整个河东地区教学质量提升。原沙岭学校成立于1958年，是北京市非物质文化遗产传承单位。成立城市学院沙岭实验学校，是顺义区依托城市学院资源优势，探索高校支持义务教育模式，促进沙岭学校在教师教育教学能力提升、特色课程建设、学生课外辅导、教育资源共享等方面与高校实现深度合作，促进河东地区教育均衡发展和质量提升的重要举措。

7月3日，城市学院沙岭实验学校成立

（城市学院 供）

（高尚）

北京北大方正软件技术学院

概述

2018年，北京北大方正软件技术学院占地面积38.66万平方米，产权校舍建筑面积6.74万平方米、非产权校舍建筑面积3.25万平方米。全年教育经费投入5957.53万元，其中，国家拨款362.86万元、自筹经费5594.67万元。固定资产总值20016.37万元，其中，教学、科研仪器设备资产值6046.20万元。图书馆建筑面积2050平方米，藏有纸质图书36.22万册、电子图书12.75万册。拥有计算机3578台。学校网络信息点3420个，校园网出口总带宽1000Mbps，电子邮件系统用户450个，上网课程8门，数字资源量2300GB，管理信息系统数据总量120GB。拥有校内专业实训室66个、综合实训室14个，校外实训基地47个。设有4个分院，开设30个专科专业。教职工193人。专任教师126人，包括教授8人、副教授26人。聘请校外教师68人，包括教授4人、副教授12人。毕业生1118人，全部为专科（高职）生。招生93人，全部为转段专科（高职）生。在校生2028人，全部为专科（高职）生。网址：www.pfc.edu.cn。

2018年，学院坚持“规范办学、特色办学、追求卓越、持续发展”。成立国际教育学院，为整个学院的国际化发展战略、学生出国留学和国际交流以及师生出境培训服务。

教育教学方面，不断进行课程改革与建设，开展以践行有趣、有用、有效“三有”课堂为主题的系列活动；将“安全教育”课程贯穿人才培养方案；各专业构建“工学训”一体化、立体式课程体系等。同时，为深化教育教学改革，智慧课堂系统建设不断升级，对现有多媒体教室进行升级改造，建设落成智慧云教室；课堂上，推广“三有课堂”“翻转课堂”“蓝墨云班课”等创造性的教学方式，提高学生学习兴趣。

北大方正软件学院飞机机电设备维修专业学生上实训课（2018）
（北大方正软件学院　供）

安全管理工作方面，充实完善安全制度，新修订安全稳定工作预案、治安安全管理规定等10项规章制度；开展消防知识讲座及法制课参观学习等活动，增强学生、教师安全意识；对学生公寓开展专项整改等。

（朱峻枚）

与北京博雅大数据院签约合作

3月14日，北大方正软件学院与北京博雅大数据院战略合作签约。根据协议，双方利用各自优势，在大数据专业学科体系构建、人才培养模式、课程设置、教学资源建设等方面开展深入合作。

（朱峻枚）

北京经贸职业学院

概述

2018年，北京经贸职业学院占地面积10.57万平方米，产权校舍建筑面积5.06万平方米。全年教育经费投入3014万元，其中，国家拨款141万元、自筹经费2873万元。固定资产总值14394万元，其中，教学、科研仪器设备资产值1707万元。图书馆建筑面积610平方米，藏有纸质图书18.87万册。拥有计算机1178台。学校信息化设备资产1299万元，网络信息点200个，校园网出口总带宽100Mbps，上网课程4门，数字资源量2GB，管理信息系统数据总量8.93GB。拥有校内专业实训室21个、综合实训室9个，校外实训基地14个。设有3个系和1个二级学院，开设23个专业。教职工130人。专任教师73人，包括教授1人、副教授14人。聘请校外教师38人。毕业生440人，其中，学历教育全日制高职生395人、非学历教育学生45人。招生739人，其中，学历教育全日制高职生431人、非学历教育学生308人。全日制学历高职教育高考招生北京地区提档线理科150分、文科150分。在校生1706人，其中，学历教育全日制普通高职生1376人、非学历教育学生330人。网址：www.csuedu.com。

2018年，学校推进校企合作办专业。学前教育专业与巨人教育集团、良乡卡酷双语幼儿园等6家单位开展合作，实行教育教学内容与幼教工作岗位需要对接。11月，学校加入北京学前教育事业教育集团，12月，加入北京市学前教育三年行动计划。

推进教学改革、加强实践教学和创新创业教育工作。学校项目组申报的《基于教育部“实验班”校企合作项目的人才培养方案探索与研究》结项，并获得北京市职业教育教学成果奖二等奖，是建校以来最佳成绩。

（李爽）

北京经济技术职业学院

概述

2018年，北京经济技术职业学院占地面积22.37万平方米，产权校舍建筑面积8.81万平方米、非产权校舍建筑面积8.02万平方米。全年教育经费投入3158.11万元，全部自筹。固定资产总值21249.70万元，其中，教学、科研仪器设备资产值2280.51万元。图书馆建筑面积0.29万平方米，藏有纸质图书23.39万册、电子图书11万册。拥有计算机827台，网络多媒体教室30间。学校信息化经费投入12.76万元，信息化设备资产4.06万元，网络信息点900个，校园网出口总带宽180Mbps，电子邮件系统用户200个，上网课程28门，数字资源量1400GB，管理信息系统数据总量80GB。拥有校内专业实训室42个、综合实训室4个，校外实训基地27个。设有3个二级学院，开设11个专科专业。教职工132人。专任教师72人，包括教授9人、副教授17人。聘请校外教师1人。毕业生519人，均为学历教育全日制专科（高职）生。招生416人，均为学历教育全日制专科（高职）生。全日制学历教育高考招生北京地区提档线理科150分、文科150分。在校生1164人，均为学历教育全日制专科（高职）生。网址：www.bibt.

edu.cn。

2018 年，学校面向区域经济社会发展和产业结构调整需求，加强内涵建设，以质量求生存，靠特色促发展。

专业建设。面向新兴技术应用，发展信息技术类专业群，改造会计、金融管理、电子商务专业；面向首都城市管理服务领域紧缺人才需求，发展学前教育专业，培育老年护理专业群；面向北京新机场建设、2022 年冬奥会等重大项目人才需求，发展民航运输类专业群，培育休闲体育（户外运动）专业；面向北京城市副中心影视文化旅游产业发展定位，改造广告设计与制作和酒店管理专业，新增“大数据技术与应用”专业。与首都大酒店、燕达金色年华健康养护中心、北京香格里拉大饭店、万豪集团北京金茂威斯汀大酒店等 27 家企业建立校外实训基地，校企联合培养相关专业学生。

思想政治教育。围绕培育和践行社会主义核心价值观，结合课程构建“思政课 + 课程思政”的大思政教育体系，在第二课堂开设“爱国主义教育”大讲堂、大学生骨干班，开讲“习近平用典谈信念”；成立大学生文明使者团，开展校园文明修身工程建设活动；依托“国学经典诵读班”“好女子学堂”等载体开展优秀传统文化教育和特色育人工作。

以赛促学。注重学生技能培养，鼓励学生参加各种比赛，全年学生共获奖 93 项，371 人次，包括全国高职高专英语写作大赛北京赛区一等奖、北京市第九届高职高专大学生数学竞赛一等奖等。

以赛促教。建立“举办校级比赛、参加市级比赛、冲击国家级比赛”竞赛机制，为教师搭建课堂教学能力提升与展示平台，全年教师参赛获奖 100 项，159 人次。引导教职工关注科研，提高科研成果水平，4 名教师入选北京市青年骨干教师培养计划。87 人次教师参加各级各类培训，提升能力、拓展视野。

国际合作交流。与英国德比大学、斯塔福德郡大学、胡弗汉顿大学合作取得实质性进展；组织学生开展为期 15 天英国游学，访问斯塔福德郡大学和胡弗汉顿大学。接待加拿大魁北克省萨格奈市教育局代表团到校访问，双方就中加国际职业教育紧缺人才培养项目中的健康协助与护理以及学前教育等项目达成合作意向。

社会服务。全年为 2150 人次提供培训服务。10 月，2016 级贫困学生获得北京市学生资助事务管理中心授予“学生资助宣传大使”称号。12 月，学校学生资助工作在北京市 2017 年度市属高等院校学生资助工作绩效考评工作中获第二名。

（庄恒辉）

北京汇佳职业学院

概述

2018 年，北京汇佳职业学院占地面积 24.50 万平方米，产权校舍建筑面积 8.42 万平方米。全年教育经费投入 5613.45 万元，其中，国家拨款 131.28 万元、自筹经费 5482.17 万元。固定资产总值 8968.52 万元，其中，教学、科研仪器设备资产值 1762.93 万元。图书馆建筑面积 5745 平方米，藏有纸质图书 19.41 万册、电子图书 160GB。拥有计算机 753 台，多媒体教室 51 间。学校信息化经费投入 338.42 万元，信息化设备资产 1238.13 万元，网络信息点 349 个，校园网出口总带宽 100Mbps。拥有校内实训室 24 个、校外实训基地 42 个。设有 5 个系，1 个学院，开设 15 个专业。教职工 155 人。专任教师 62 人，包括教授 1 人、副教授 15 人。聘请校外教师 66 人。毕业生 800 人，招生 678 人。全日制学历教育高考招生北京地区提档线理科 150 分、文科 150 分。在校生 1683 人。网址：www.hju.net.cn。

2018 年，学校深化课程体系改革。以促进学生综合职业能力为提升目标，重构教学计划，合理设计教学模块，改革公共基础教学，推动专业核心课程对接国家职业标准和行业操作标准，着重提升学生专业能力、方法能力及社会能力，促进学生职业生涯的可持续发展。贯彻现代学徒制改革精神，深化学生实践教学，规范实习实训活动，突出职教特色，加强产教结合。学前教育专业坚持“系园一体、滚动实训”，组织学生分批到汇佳幼儿园跟岗实训 2 个月，分别在保教岗、助教岗、教师岗轮岗实训，全面锻炼专业素养。开展课堂教学质量月活动，并将之与师德师风建设有机结合，评选“四有好老师”、优秀辅导员、优质课堂教学奖和优良学风班级奖。

开展重点专业群建设。针对北京市幼儿教育供需矛盾，依托汇佳教育机构 45 所连锁幼儿园的优势，建设学前教育专业群；针对北京市体育休闲运动迅速发展的需求，建设以休闲体育、高尔夫球、马术、冰雪运动与服务等特色专业（方向）为引领的体育运营与管理专业群。投入 4000 万元建立可举办国际比赛的现代化“绿雪冰场”。

坚持以赛促教、以赛促训。组织学生参加各类职业技能比赛，提升学生职业技能水平。学生参加第 11 届全国三维数字化创新设计大赛（全国 3D 大赛）获得北京赛区特等奖 2 项、一等奖 1 项、二等奖 1 项、三等奖 2 项；获得全国总决赛二等奖 1 项、三等奖 1 项。参加 2018 北京市职业院校技能比赛获得动漫制作一等奖 1 项；参加首届创新创意 Paws3D 游戏设计全国总决赛获得二等奖 1 项、三等奖 1 项。

（杨永琴）

中国冰球运动学院入驻

3 月，汇佳职院与中国冰球协会达成合作协议，中国冰球运动学院入驻汇佳职院。根据协议，全国各省市推荐冰球运动员或曲棍球运动员分批前来培训，从中发现优秀候选人才，经集中训练后选拔尖子人才，参加 2022 冬奥会男女国家冰球队。汇佳职院与中国冰球协会合作为北京冬奥会服务，同时推动学院冰雪运动与服务专业建设与发展。

（李建生）

重点专业群建设

至年底，汇佳职院开展学前教育专业群和体育运营与管理专业群建设。学前教育专业群为幼教行业职业岗位群设置，依托汇佳教育机构45所连锁幼儿园的优势，坚持产教深度融合，培养大批德智体美劳全面发展的高素质幼儿教师，旨在缓解北京市幼儿教育供需矛盾，解决入托难和师资数量不足、水平参差不齐的问题。体育运营与管理专业群以休闲体育、高尔夫球、马术、冰雪运动与服务等特色专业（方向）为引领，是为适应北京作为全国体育中心城市的需求和体育休闲运动迅速发展的需求而建立。为迎接2022北京冬奥会，学院投入4000万元建立可举办国际比赛的现代化“绿雪冰场”。3月，中国冰球运动学院落户汇佳职院，汇佳职院设置“冰雪运动与服务”专业方向。5月以来，举办首届全国冰球锦标赛、国际冰球裁判员培训班、国际制冰师培训班等系列活动，体育运营与管理专业群学生承担系列服务任务。

（李建生）

北京吉利学院

概述

2018年，北京吉利学院占地面积66.11万平方米，产权校舍建筑面积43.97万平方米。全年教育经费投入1034.74万元。固定资产总值86043.35万元，其中，教学、科研仪器设备资产值7630.46万元。图书馆建筑面积2.27万平方米，藏有纸质图书66.43万册。拥有计算机3441台，网络多媒体教室129间。学校信息化设备资产1113.02万元，网络信息点2702个，校园网出口总带宽590Mbps，电子邮件系统用户436个，数字资源数据库3个，管理信息系统数据总量12GB。设有1个校区，5个二级学院，开设高职专业20个、本科专业22个。教职工309人。专任教师174人，包括正高级教授32人、副高级教授51人；博士16人、硕士88人；“双师型”教师48人。聘请校外教师26人。毕业生1482人，其中，高职生728人、本科生158人、非学历教育学生596人。毕业生一次就业率99.04%。招生982人，其中，高职生537人、本科生445人。在校生3345人，其中，高职生1724人、本科生1621人。网址：www.bgu.edu.cn。

12月，吉利学院代表队获全国啦啦操冠军赛公开青年丙组两项冠军（吉利学院 供）

2018年，学校坚持为京津冀协同发展服务、为汽车产业发展服务、为吉利集团发展服务的服务面向和定位，从严治校，严抓学风、教风、校风、考风，加强学科专业建设和师资队伍建设，深入开展产教融合，探索实践校校企合作人才培养模式，大力实施“吉时雨”教育精准扶贫项目，获批学士学位授予单位。

加强学科建设，优化专业结构。新增数据科学与大数据技术、电子信息工程、表演（幼儿教育方向）、管理科学与工程、产品设计以及数字媒体技术专业6个本科专业，本科专业23个，涵盖6个学科门类，初步形成布局合理、结构优化、特色鲜明的多学科协调发展的专业体系。

推进校校企合作“成蝶计划”。完成“成蝶计划”首届订单班教学任务，二期订单班如期开班。举办2018校校企合作暨“成蝶计划”项目发展高峰论坛，共同交流校校企合作和“成蝶计划”项目经验，进一步凝聚共识，推动构建校校企合作共同体。全年会同吉利集团与河北、山西、四川、重庆等近10个省市区75所职业院校签订校校企合作协议，成立89个“成蝶计划”订单班，探索实践校校企合作人才培养模式。

从严治校。从课堂禁止学生玩手机抓起，整顿学风、教风、校风，坚决刹住学生课堂玩手机的不良风气，全校形成禁止课堂玩手机的整体合力。全年发布整顿学风校风违纪通报194份，全年邀请271名家长来校，下半年有31天课堂零违纪。经过检查整改，全校课堂违纪现象明显减少，学风、教风、校风发生积极变化。

交流与合作。与马来西亚、英国、挪威、哥斯达黎加、泰国以及台湾地区多所高校、企业、社会团体互访交流，洽谈合作事宜；与马来西亚 I-systems 教育集团、北丹麦大学分别举办合作交流会；学院马来西亚英语国际研修营首批78名学生赴马开展为期3个月游学活动。

（段岚岚　赵志莉）

马来西亚英语国际研修营

10月11日，吉利学院举办马来西亚英语国际研修营第一期学生欢送仪式。首批78名学生分别来自人文与设计学院英语、商务英语、国际幼儿教育丹麦特色班和欧美国际学院。活动通过3个月纯英语环境研修，帮助学生体验异域文化，拓展国际视野，尽快突破语言关；学生回国后，采用“英语＋专业”培养模式，任选方向，学习专业技能，培养具有英语特长、一专多能的复合型人才。年初，吉利学院与马来西亚I-systems教育集团签订合作意向书，学校决定在2018级英语类专业中先行试点，让该专业招生的学生20%以上是建档立卡户学生，学校给予精准扶贫的学生免学费、住宿费，报销往返路费，所有经费均由吉利控股集团承担。通过赴马来西亚3个月强化英语学习项目，带动其它项目。

（孙国芳　吕其永）

校企共建项目新能源汽车实验室捐赠落成

12月17日，吉利学院与吉利控股集团校企共建项目新能源汽车实验室捐赠落成仪式举行。吉利汽车研究院向吉利学院新能源汽车实验室捐赠15辆新能源汽车，汇集吉利新能源汽车各主要车型，价值316.80万元。作为校企合作重要伙伴，北京百通科信机械设备有限公司向吉利学院新能源汽车实验室捐赠教具88台/件以及课程包、实验室装修等，价值207万元。当天，举行新能源汽车系列教材编写启动暨签约仪式，吉利汽车研究院、机械工业出版社、天津职业技术师范大学、北京百通科信机械设备有限公司与吉利学院专家、学者和教师代表共同商讨新能源汽车系列教材编写工作，共同推动学校精品教材工程。吉利控股集团启动实施吉利蓝色行动，在吉利学院建设新能源汽车实验室，让师生介入最新的新能源汽车技术，为吉利汽车培养更多新能源汽车人才。

（袁媛　吕其永）

首都师范大学科德学院

概述

2018年，首都师范大学科德学院占地面积28.27万平方米，校舍建筑面积16.62万平方米，河北易县实习实践基地99.83万平方米。全年教育经费投入32211万元。固定资产总值83958万元，其中，教学、科研仪器设备资产值6606万元。图书馆建筑面积1.10万平方米，藏有纸质图书54.20万册、电子图书1.20万册。拥有计算机1767台，网络多媒体教室53间。学校信息化经费投入511万元，信息化设备资产6949万元，网络信息点8412个，校园网出口总带宽2.50GB。拥有校内实训室28个，校外实践教学基地136个。设有4个学院，开设28个本科专业。教职工330人。专任教师202人，包括教授30人、副教授55人。毕业生960人，均为学历教育全日制普通本科生960人。招生948人。全日制学历教育高考招生北京地区提档线理科432分、文科488分，艺术理科300分、艺术文科340分。在校生3811人。网址：www.kdcnu.com。

2018年，学校以立德树人为根本任务，坚定社会主义办学方向。成立习近平新时代中国特色社会主义思想师生研修中心，开展大学生思想政治教育工作。以全人教育为理念，以“高端化、国际化、个性化”战略为引领，探索应用型艺术人才培养模式，构建全员育人体制下的教学课程体系，走“艺术化、精品化、国际化”特色办学之路，获得新华网教育论坛“2018年度·综合实力独立学院”称号。

以“全人教育理念”为指导，解决教学工作存在的问题，优化课程体系、课程结构和教学内容，完善应用型艺术人才培养方案，推进教育教学改革，落实全员育人人才培养模式，提高人才培养质量。学生参加2018年国际高校商业精英挑战赛暨第12届会展创新创业实践竞赛全国总决赛获得会展策划本科组一等奖、展示设计组二等奖。“应用型艺术人才实践教学体系的构建”教学成果获2017年北京市高等教育教学成果奖二等奖。

深化国际化办学进程。聘请国际导师，助力学生发展，3月至11月先后接待澳大利亚第26任陆克文、加拿大前总理乔·克拉克、诺贝尔经济学奖得主马斯金、希腊前总理乔治·帕潘德里欧等国外政治、经济、艺术等领域领袖人物到校访问，与学生面对面交流、座谈、指导，拓宽学生视野，引导学生国际化思维。积极开拓海外实习基地，打造多元化国际课堂新局面。学校赴澳大利亚、法国实习实践团分别进行为期2周实习实践体验，海外实习基地建设不断壮大、完善。

（王金凤）

3月25日，澳大利亚前总理陆克文与科德学院学生交流座谈
（科德学院　供）

全国大学生无人机航拍竞赛

5月27日至30日，科德学院承办第三届“科德杯”全国大学生无人机航拍竞赛。来自国内外近200所高校260支代表队810余名选手携近300架无人机参赛。开幕式上，科德学院与中国高校影视学会、中国传媒大学新媒体研究院、中翼通航（北京）科技有限公司、新影集团中视航通

国际传媒有限公司、北京浩横征途航空科技有限公司等单位共同成立无人机综合应用研究院，开展无人机综合应用开发与研究。比赛由中国高校影视学会、中国电影家协会、中国电影摄影工作委员会、延庆区政府、中国传媒大学、国际大学生微电影组委会成员单位联合主办。

（王金凤）

海外升硕定向培养项目启动

9月20日，科德学院举行海外升硕定向培养第一期班开班仪式，海外升硕定向培养项目正式启动。第一期海外升硕定向培养班有学生30人，聚集学校传媒学院、艺术设计学院、演艺学院学生。学校定向培养并帮助学生申请赴美国、加拿大、英国、澳大利亚等国家高校攻读硕士研究生，取得中国留学服务中心认证、国家教育部认可的正规全日制硕士学历，为学校学生专业学习、海外深造提供更高、更远、更坚实的国际化平台。

（王金凤）

北京工商大学嘉华学院

概述

2018年，北京工商大学嘉华学院占地面积36.49万平方米，学校产权校舍建筑面积6.31万平方米、非学校产权校舍建筑面积5.93万平方米;绿化用地面积10.89万平方米，运动场地面积1.29万平方米。全年教育经费投入22694万元。固定资产总值113346.66万元，其中，教学、科研仪器设备资产值4478.12万元。图书馆建筑面积1118.04平方米，藏有纸质图书61.30万册、电子图书38.61万册、电子期刊0.80万册。拥有教学用计算机2147台、平板电脑46台，网络多媒体教室53间。信息化设备资产3686.75万元，网络信息点4005个（包括无线接入1490个），校园网出口总带宽1536Mbps，上网课程71门。设有3个学院，开设24个本科专业。教职工377人。专任教师275人，包括教授30人、副教授78人。聘请校外教师60人，包括教授17人、副教授27人。毕业生1166人，均为学历教育全日制普通本科生。招生869人，均为学历教育全日制普通本科生。全日制学历教育高考招生北京地区提档线理科432分、文科488分。在校生3972人，均为学历教育全日制普通本科生。网址：www.canvard.edu.cn。

2018年，学校围绕高端化、国际化、个性化商学院的发展定位，融入行业、融入国际，推进教育教学改革，推进国际化进程。入选硕士学位授予立项建设单位。

教育教学方面，开设世界名师讲堂，聘请国际知名高校校长、行业精英为学生讲授相关专业学术前沿和行业发展动态。实行现代导师制，通过“三位一体、六维协同导师制”育人体系，按照教育教学相融原则，落实“以学生为中心、以学习为中心、以学习效果为中心”现代教育理念，将通识教育与专业教育紧密结合。从社会和重点毕业院校引进大量具有海外留学背景或具有博士学位的师资力量，并鼓励在校教职工进行学历深造；为建设优势学科，从投资方下属的高等院校中调入符合学校师资建设要求的教师；在引进师资力量过程中，在要求高学历基础上，优先引进一批具有从业资格证或在企业有过相关工作经验的高端人才，本学年“双师型”教师及具有博士学位的师资力量有所增加。

校园建设方面，邀请美国著名设计师团队、美国著名教育建筑公司PBK建筑设计公司和中国中元国际工程有限公司3家设计公司共同打造的国际化高标准校园改造基本完成，形成具有信息化、开放化、国家化特点的人文校园、科技校园、绿色校园，为师生建立便利舒适的学习生活环境，创造一流育人环境。

创新创业方面，6个大学生创新创业团队获得第四届中国“互联网+”大学生创新创业大赛北京赛区三等奖。

（彭士校）

11月6日，嘉华学院成立关心下一代工作委员会

（嘉华学院　供）

嘉华世界名师课堂

11月16日，嘉华学院启动“嘉华世界名师课堂”。国际课堂课程扩展至英国、美国、加拿大三国，由学生自主选择参与课程，为学生提供更广阔的海外学习平台。学院与国际合作院校英国朴茨茅斯大学、英国赫尔大学、英国哈德斯菲尔德大学、加拿大卡普顿大学等25所国际合作院校共同开发近30门国际课程，这些学校会定期派遣教师前来嘉华学院讲授专业课程，使学生在出国之前体验国外授课方式、掌握专业词汇，为出国深造平稳过渡打下良好基础。

（彭士校）

北京科技职业学院

概述

2018年，北京科技职业学院占地面积167.50万平方米，产权校舍建筑面积69万平方米。全年教育经费投入2561.80万元，全部自筹。固定资产总值16.93亿元。图书馆建筑面积1.93万平方米，藏有纸质图书84.60万册、电子图书 30 万册。拥有计算机 1230 台，网络多媒体教室 49 间。学校信息化经费投入 198 万元，信息化设备资产 1977 万元，网络信息点 982 个，校园网出口总带宽 400Mbps，电子邮件系统用户 865 个，上网课程 13 门，数字资源量 4910.50GB，管理信息系统数据总量 169.80GB。设置 6 个二级学院，开设高职专业 23 个、培训专业 22 个。教职工 383 人。专任教师 166 人，包括教授及教授级工程师、研究员 12 人，副教授及高级工程师 31 人。聘请校外教师 26 人，包括“双师型”教师 21 人、特聘学科带头人 2 人。毕（结）业生 1765 人，包括计划内高职生 791 人（含享有国家计划的自主招生 126 人）。招生 968 人。全日制学历教育高考北京地区提档线理科 150 分、文科 150 分。在校生 3962 人，包括计划内高职生 2592 人。网址：www.5aaa.com。

2018 年，学校坚持“党建引领办学”“以德育人报国”两大传统特色，以民办教育体制、机制、责任制为总抓手，精准指导办、教、学三个层面工作。

党建引领办学。举办“北科发展大家谈”互动活动，为学校发展集思广益；自办“党建引领办学成果与思想政治工作活动图展”，发挥党的十九大精神宣传与落实的阵地作用；召开“党建引领办学”论坛，邀请 42 名党内外人士参加，共同探讨未来办学的痛点、难点、热点与焦点，明确“党建引领”办学机制是立校之基强校之魂。

以德育人报国。创新大学生思想政治课教学模式，由老党员联袂开讲思政课，提高思政课课堂效果。开展校园文化月学习总结宣传活动，总结提炼学校创始人文化理念。开展校园禁烟行动，打造无烟校园，创造良好校园环境。

深化教学改革。重点推进 6 个二级学院“一院一品”专业特色建设，实施“精、细、严、稳、准、实”钉钉子方略。其中，艺术设计学院电子商务专业打造以教学流程全面对接行业标准的新模式，成为京东电商人才第三个孵化基地；经济管理学院与北京唐宫文化旅游有限公司、沃尔玛集团共同制定教学大纲、教学计划与实践课程表，实行“工学交替、分段培养、无使用期入岗”，且由用人单位全额全程提供奖学金并以“用人定单”式合同予以固定。5 月至 9 月，接受 25 个高职、中职教育机构到校访问，在邢台、唐山、河间、大同、乌兰察布等市县缔结 36 家生源“基地校”。11 月，与北京师范大学缔结“一带一路”涉外管理高级人才培训中心。

加强队伍建设。举办两期各 28 人参加的中青年骨干培训班，邀请北京高校以及天津、大连的学者专家讲学，以问题为导向，共同研讨新时代高职教育的思想、行动方略、实现途径及治校治学人才的素质与特质问题。培训结业后 15 人被选拔到教学与管理一线，替换老同志进入督导或科研岗位。

教学、实训与教科研。年内 19 名教师获得岗位职称晋级，21 人获得校内外学术奖项，7 人主编或参编高职院校专业实用教材。

（王枫　树玉森　李爱东）

“一院一品”专业群建设

11 月 20 日，科技职院召开“一院一品”专业建设模式发布会。分别由“电子商务”“学前教育”“云计算技术与应用”“旅游与饭店经营管理”4 个有特色的成熟型专业及“航空高铁乘务”“农村环保与文化振兴”2 个日臻成熟的专业集成宣示。一是进行市场调查与企业对口对接，如为打造全额奖学金助学的旅游饭店管理专业班，与京北 20 余家三产类企业沟通洽商；二是找准对接点，即人文素养的陶冶与企业文化对接、课程与企业经营流程对接，并与企业共同制定教学大纲、教学计划与课程表，年内共形成教育教学执行文件 52 份；三是请企业管理及业务骨干不定期到校指导教育教学，全年授课 110 教时；四是派出中青年教师到企业实训实习，就地调研并编制现场教学教案，写成调查报告及教科研论文 41 份；五是开展品牌专业班学生的专业口才与专业技能大赛，并请企业人力资源部门派人观摩，全年举办 13 场次；六是在开学初与毕业季两次邀请在企业工作的校友 10 人到校现身说法。

（树玉森　李爱东）

思政课教学模式创新

至年底，科技职院创新大学生思想政治课教学模式。由 3 名老党员、老教授成立老党员联袂党课教研组，在每一任教课题选择时，主讲者 3 人中必有 2 人对该课题更有讲准讲精讲好的把握，于是“三定二”联袂成功，再“捉对

“首都百万师生同上一堂课”北京科技职业学院专场

5 月 30 日，“首都百万师生同上一堂课”北科院专场

（北科院　供）

北科院创新大学生思想政治课教学模式，老党员联袂开讲“思政课”

（北科院　供）

备课”到同台授课；讲台上有两名主讲教师，每次联手完成一个专题；上课时，讲课的“主角”站着用简洁生动的语言与旁征博引的案例完成到一定程度时，“接力棒”交给另一人主讲，授时可长可短，实行交替互补，以一种既相同又有区别的风格，让主题主旋律更加鲜明而充满正能量。以此种方式开展思政课讲授，全年进行16场计32教时，受众1.50万人次。3名老党员中，1人曾担任两届校党委书记，1人曾任思想政治教研室主任多年，另1人是市委教工委派驻学校的党建联络员；3人平均年龄超过65岁。

（树玉森　李爱东）

北京培黎职业学院

概述

2018年，北京培黎职业学院占地面积49.09万平方米，产权校舍建筑面积8.92万平方米。全年教育经费投入68.56万元。固定资产总值2264.74万元，其中，教学、科研仪器设备资产值2264.74万元。图书馆建筑面积8358平方米，藏有纸质图书33.47万册。拥有教学用计算机1690台，多媒体教室50间。学校信息化设备资产139.17万元，网络信息点2450个，校园网出口总带宽170Mbps，上网课程26门，数字资源量57228GB，管理信息系统数据总量145GB。拥有校内实训室53个，校外实习实训基地52个。设有9个系，29个高职专业。教职工215人。专任教师91人，从行业企业聘请兼职教师57人。聘请校外教师70人，包括教授4人、副教授27人。毕业生739人。招生658人。全日制学历教育高考招生北京地区提档线理科150分、文科150分。在校生1881人。网址：www.bjpldx.edu.cn。

2018年，学校紧贴首都产业发展需求，探索专业动态调整。聚焦首都功能定位和产业转型优化，紧贴首都“四个中心”建设调整专业设置，新增社区管理与服务（高级管家）方向，撤销专业方向12个。

深化产教融合，促进协同育人。加入北京市学前教育职教集团，拓宽学前教育专业合作渠道；以学前教育专业为试点，借鉴诧楷酒店学院精细化管理经验，做实、做细教育教学全过程；录取“北京市拓展中小学教师来源行动计划”学前教育专业新生121人。组织学生参加北京市职业院校技术技能比赛，32名学生获得奖项。2名学生获得“北京市三好学生”称号，1名学生获得“北京市优秀学生干部”称号。

加强教师培训与培养，提升教师素质和能力。组织教师参加市教委组织的国培项目，提升教师业务水平和教学能力。修订学院职称审评文件，推荐6名教师参加北京市教师职称评审，其中2人参评副高职称。举办校内信息化大赛系列活动，并推选一等奖选手参加北京市教师教学能力大赛，获得高职组教学设计项目三等奖。3名教师入选北京市职业院校优秀青年骨干教师培养项目。《发扬艾黎和何克的职业教育思想，构建“适合的教育”人才培养体系》教学成果获得北京市职业教育教学成果奖二等奖。

坚定走国际化办学之路，国际交流合作取得较大发展。6月，学院取得招收国际生资质后，首批34名来自17个国家的国际生来院接受学历教育或语言培训。学院在与安徽东至、河北无极联合举办路易艾黎实验班国际课程合作项目基础上，复制孵化安徽东至合作办学模式，在北京等地建立路易艾黎国际实验班，为学生搭建通往世界名校的平台。西班牙专科升硕士项目进展顺利，41名毕业生在西班牙攻读硕士学位；英国专科升硕士项目取得实质性突破，外语系1名学生在英国阿尔斯特大学攻读硕士；8名学生先后参加赴美国带薪实习项目。先后派出由29名院、处级领导干部组成的5个考察组赴英国、西班牙、日本的9所院校考察访问，与多所学校建立校际合作关系。西班牙康普顿斯大学、日本吉备国际大学等学校校长到院访问，深化校际合作关系。

（刘艳）

庆祝建校35周年

5月28日，培黎职院举行建校35周年庆祝大会。学院董事长回顾建校35年来，培黎人传承和发扬培黎优秀文化传统和国际化品质，励精图治，殚精竭虑，呕心沥血，奋发图强，开展国际文化交流合作，为社会主义现代化建设所作贡献；表达培黎人贯彻落实习总书记回信精神，“发扬传承艾老‘努力干，一起干’的工合精神，开展国际文化交流，谱写国际友谊新篇章，为促进世界和平与发展、构建人类命运共同体作出新的贡献”的情怀和决心。会议听取校友代表、教师代表、学生代表分别发言。学校师生代表和30余名校友代表参加庆祝大会。培黎职院前身为创建于1983年5月的北京培黎职业大学，是中国改革开放中最早创立的民办大学之一，其历史源于上世纪抗战时期路易·艾黎创办的培黎学校；后经北京高等教育局批准更名为北京培黎职业学院，是经市政府批准，国家教育部备案，具有独立颁发国家承认学历的市属全日制民办普通高校，开展高等职业教育（专科）。

（刘艳）

首届留学生班开课

9月17日，培黎职院2018级留学生班开课。这是学校首届留学生，共68人，分别来自丹麦、土库曼斯坦、乌克兰、波兰、墨西哥、意大利、巴西等20余个国家。留学生班采取小班授课，浸入式教学，上课宗旨是以“快乐汉语从我们做起”为前提从各个方面满足留学生不同需求，使留学生在短期内快速提高汉语水平且了解更多中国文化。

（刘艳）

培黎欧喜春蕾班开班

11月23日，培黎职院与美国欧喜集团联手打造和支持“培黎欧喜春蕾班”。培黎职院自2001年起连续举办6届“春蕾班”，2018 年学院与欧喜投资（中国）有限公司签署合作备忘录，共同携手打造“培黎欧喜春蕾班”，旨在为品学兼优、家庭贫困的女生提供优质教育，通过教育实现精准扶贫。按照春蕾生入选条件和规定标准，确定“培黎欧喜春蕾生”共计 104 人，欧喜投资（中国）有限公司每年捐助 100 万元用于资助春蕾学生就读期间学费以及依计划实施项目所发生的合理费用。7 月 19 日，学院春蕾计划项目被市民政局、市扶贫援合办列为北京市社会组织参与脱贫攻坚和精准救助对接项目。

（刘艳）

11 月 23 日，培黎职院“培黎欧喜春蕾班”开班

（培黎职院 供）

北京邮电大学世纪学院

概述

2018 年，北京邮电大学世纪学院占地面积 33.30 万平方米，非产权校舍建筑面积 14.90 万平方米。全年教育经费投入 2343.71 万元，全部自筹。固定资产总值 9278.39 万元，其中，教学、科研仪器设备资产值 5397.80 万元。图书馆建筑面积 1.55 万平方米，藏有纸质图书 66.12 万册、电子图书 120 万册。拥有计算机 2952 台，网络多媒体教室 65 间。学校信息化经费投入 126 万元，信息化设备资产 3660.92 万元，网络信息点 5000 个，校园网出口总带宽 700Mbps，电子邮件系统用户 481 个，上网课程 78 门，数字资源量 800GB，管理信息系统数据总量 800GB。拥有实验室 90 间，校外实训基地 157 个。设有 8 个教学单位，在招 14 个本科专业。教职工 420 人。专任教师 283 人，包括教授 29 人、副教授 65 人。聘请校外教师 38 人，包括教授 4 人、副教授 5 人。毕业生 1127 人，全部为学历教育全日制普通本科生。招生 1252 人，全部为学历教育全日制普通本科生。全日制学历教育高考招生北京地区提档线理科 424 分、文科 481 分。在校生 4990 人，全部为学历教育全日制普通本科生。网址：www.ccbupt.cn。

2018 年，学院探索、创新本科应用型人才培养模式，深化教育教学改革，实施工程教育和工程师培养，人才培养质量稳步提升，院内管理体制和运行机制稳步健全，服务信息领域和区域社会经济能力更加突出。

教学改革持续深化。围绕信息、互联网领域和相关发展方向，优化专业结构，整合和调整专业，停招电子科学与技术、市场营销专业，启动自动化新专业招生。继续推进基于 CDIO 工程教育理念的专业综合改革，开展基于 OBE 理念的课程大纲修订。举行青年教师教学基本功大赛，营造积极向上的教风学风；做好在线开放课程建设及优质课程资源共享工作，引进网络线上课程并出台相关管理办法；各教学单位开展专业自评，寻找差距、凝练特色；进一步加强教学质量监控工作，实现教学综合评价全覆盖。

科研工作深入开展。承担部委级项目、北京市重点研发计划 4 项纵向课题、6 项横向课题；在核心期刊发表论文、申请专利、编写教材著作 10 余项。移动媒体与文化计算北京市重点实验室成立中国通信学会移动媒体与文化计算专业委员会；文化基因在线中试完成；发表论文 10 篇；授权专利 8 项、专利 4 项。艺术与传媒学院申报的“《诗经》艺术的数字化传播推广平台建设”项目获得 2018 年度国家艺术基金资助，实现学院在艺术类国家级项目零的突破。“ITU-T.621 手机（移动终端）动漫国际标准”获得中国文化艺术政府奖第三届动漫奖“最佳动漫技术奖”。“能力导向集成资源探索与实践多元培养应用型人才之路”获得北京市高等教育教学成果二等奖。

师资队伍建设得到强化。制定师德师风相关管理办法及实施细则，启动“优秀人才支持计划”及相关管理举措。组织教职工参加北京市高校教师岗前培训、师德师风、网络课程、企业工程实训等各类培训 113 人次。1 人获得外研社“教学之星”大赛一等奖；2 人获得“外教社杯”全国高校外语教学大赛北京赛区二等奖。

国际合作与交流广泛开展。加快推进国际合作进程，拓展与完善合作办学项目，先后与法国利摩日计算机工程师学院、英国德蒙福特大学、英国金斯顿大学签署校际合作协议。全年选拔 19 名学生前往芬兰、韩国、日本等国家学习和交流；接收 4 名留学生来院交流学习。

创新创业教育蓬勃开展。举办第三届“互联网 +”大学生创新创业大赛，与中国电信北京公司建立“学子双创基地”。继续加大对大学生创新基地支撑力度，不定期召开大学生创新基地工作推进会，以基地为平台，打造多维创新环境，“E+E”“世纪工厂”“漫天星”等一批创新团队走向成熟，创新工作室的成果大量涌现。2 支队伍参加全国三维数字化创新设计大赛北京赛区比赛获得特等奖。学生参加各级各类比赛获得国际奖项 17 项、国家级奖项 6 项、省部级奖项 88 项。

服务社会职能不断深化。承接北京市社会建设专项资金购买社会组织服务项目“红烛行动——名师大课堂”“高校师生志愿者助力成长，与延庆区青少年共谱青春”；学生志愿者参与各种助学、助困、助残、养老、文明城市以及大型文化活动；系院、党支部与驻地村镇共建活动蓬勃开展，从教育、文体、科技等方面着手开展为农产品电商销售培训、

6月30日，世纪学院学生接受达内时代科技有限公司培训指导
（世纪学院 供）

支教、助老服务等项目。

（杜函蔚）

首届中国文化计算大会

12月，世纪学院联合北京邮电大学、中国通信学会主办首届中国文化计算大会。国内文化计算领域数十所院校专家学者、企业高管以及相关部门领导，共同倡导推进PatternNet中华传统文化图案资源库建设。演讲嘉宾来自清华大学、浙江大学、中国社科院、中国科学院等院校，以及中移动咪咕文化、中国动漫集团、腾讯等企业单位，演讲内容既涵盖文化计算领域综述、标准制订、研究动态，也有具体应用案例。会议由移动媒体与文化计算北京市重点实验室承办，是文化计算领域第一次全国性盛会。

（杜函蔚）

北京工业大学耿丹学院

概述

2018年，北京工业大学耿丹学院占地面积32.20万平方米，产权校舍建筑面积21.75万平方米、非产权校舍建筑面积0.92万平方米。全年教育经费投入4260.60万元，全部自筹。固定资产总值45705万元，其中，教学、科研仪器设备资产值4874万元。图书馆建筑面积9028平方米，藏有纸质图书68.48万册、电子图书140万册。拥有计算机3470台，网络多媒体教室132间。学校信息化经费投入300万元，信息化设备资产2806万元，网络信息点9800个，校园网出口总带宽900Mbps，电子邮件系统用户3332个，上网课程32门，数字资源量60GB，管理信息系统数据总量60GB。拥有校内专业实训室80个、综合实训室112个，校外实训基地152个。设有4个院，开设25个本科专业。教职工321人。专任教师223人，包括教授19人、副教授64人。聘请校外教师116人，包括教授10人、副教授15人。毕业生1318人，全部为学历教育全日制普通本科生。招生1285人，全部为学历教育全日制普通本科生。全日制学历教育高考招生北京地区提档线理科432分、文科488分。在校生5042人，全部为学历教育全日制普通本科生。网址：www.gengdan.cn。

2018年，学校初步形成以能力为导向的人才培养模式。

在地国际化，满足多样化需求。学校面向全体在校学生提供在地国际化教育，引进国际高水平应用型大学的优秀管理者及教师，引进优质核心课程以及先进的教育理念、教学模式，采用先进的教学方法和评价方式，结合学校办学实际，进行本土化、校本化的改造。在原有与爱尔兰都柏林理工学院（DIT）合办城乡规划专业、视觉传达设计专业的基础上，新增合办环境设计专业，引领带动3个二级学院的5个专业开设12个国际班，借鉴国外相关合作院校的课程体系和质量保障体系，实施全英文或双语教学，提高学生综合素质和能力，提升学生自信心和获得感。

校企合作，搭建多元实践平台。与国内外院校及战略新兴企业共同建设产教深度融合、多元合作、知行合一、理实一体的专业教学、创新创业、服务社会的平台，实现多方共建共享，在产教深度融合中提升教学能力和服务水平。学校与北京比目鱼信息科技有限责任公司共建耿丹BIM学院；引进中外艺术家和知名企业专家建立日式手绘动漫工作室、数字艺术中心、游戏校企合作实训基地、动作捕捉实验室、光影艺术工作室、ShowBIM师徒邦情景教学工作室等；教师科研团队带领学生服务学校建设，中外师生共同设计、建设工程创新中心，提供双创教育平台及孵化器，为教学改革搭建平台。与大唐高鸿数据网络技术股份有限公司、北京金蝶软件园、中国民生银行、北京比目鱼信息科技有限责任公司等企业共建105个校外实践教学基地。

跨专业融合，培养复合型人才。跨专业融合，打造专业群与产业链的对接，培养学生适应产业转型发展的核心竞争力。在数字媒体技术、数字媒体艺术两个专业共同构建光影应用技术研发中心，带动工业设计、国际经济与贸易、电子信息工程等专业，融合社会科学、人文科学、网络艺术、数字媒体技术、网络直播、影视制作、数字传播学等交叉学科的知识、技术、技能，面向影视制作、数字娱乐、网络媒体、

9 月，耿丹学院承接 2018 年中非合作论坛北京峰会安保服务工作
（耿丹学院 供）

交互多媒体制作、广告创意、移动传媒等不同领域培养复合型人才。

加强引导，开展创新创业教育。开设创新创业训练系列课程；组织大学生创新创业大赛；制定《耿丹学院深化创新创业教育改革实施方案》；对于创新创业取得成绩的学生给予学分和奖金奖励，对指导教师奖励课时、绩效、奖金等。引进知名学者、创业家、企业家等各行业成功人士指导学生创新创业，建立创新创业导师库，鼓励教师深入行业企业，定期面向教师开展创新创业教育相关培训。鼓励、支持各二级学院跨学科跨专业举办工作室，将专业教育与创新创业教育有机融合，形成一批教学创新的前沿基地。

（管书艳）

城乡规划专业首批学生赴都柏林理工学院学习

7 月 5 日，耿丹学院城乡规划专业 2016 级第一批 7 名学生赴爱尔兰都柏林理工大学城乡规划专业进行“2+2”学习。学校于 2015 年与都柏林理工大学签订合作协议，开展学生联合培养，“2+2”指学习分为国内、国外两个部分，学生在国内、国外分别学习两年左右，毕业时可获得耿丹学院和都柏林理工大学双学位。

（管书艳）

北京第二外国语学院中瑞酒店管理学院

概述

2018 年，北京第二外国语学院中瑞酒店管理学院占地面积 17.65 万平方米，产权校舍建筑面积 10 万平方米。全年教育经费投入 13420 万元。固定资产总值 4.22 亿元，其中，教学、科研仪器设备资产值 3203 万元。图书馆建筑面积 7676 平方米，藏有纸质图书 41.74 万册、电子图书 20076.52GB，有单独建设的行业特色文献资源库 1 个。拥有计算机 671 台。学校信息化经费投入 3381.50 万元，信息化设备资产 3381.50 万元，网络信息点 6000 个，校园网出口总带宽 2000Mbps，电子邮件系统用户 10000 个，数字资源量 8TB，管理信息系统数据总量 14TB。设有品酒实验室、中西食品制作实验室、多媒体实验室、语音实验室和计算机中心。开设酒店管理 1 个专业。教职工 340 人。专任教师 180 人，包括副高级及以上专业技术职务 54 人。兼职教师 10 人，包括副高级及以上专业技术职务 8 人。毕业生 876 人。招生 776 人。全日制学历教育高考招生北京地区提档线理科 432 分、文科 488 分。在校生 3079 人。网址：www.bhi.edu.cn。

2018 年，学院成立 10 周年，坚持只开设酒店管理一个特色专业，特色立校、专业办学。总结 10 年办学经验，结合新一代学生学习特点、移动互联发展趋势及泛服务业的发展和专业人才需求的实际，以“特色鲜明、亚洲一流、政府放心、师生喜爱”的酒店管理大学为目标，制订未来 5 年发展规划。

厚积校园文化，走内涵式发展道路。2018 年学院成立校园文化建设办公室，进一步明确如何开展校园文化建设的工作脉络。中瑞校园文化建设分为精神文化、物质文化、行为文化、制度文化 4 个方面、130 个分项任务。以文化育人、感染人，完成首期中瑞 5H 教师认证培训，打造中瑞首批“动手、用脑、走心、健康、快乐”的 5H 培训师 10 人、学员 23 人。举办教师理论及实操沙龙活动、工作坊 14 次，开办讲座 17 次；举办辅导员内部培训 9 次、宿管员培训 3 次。鼓励学生自我管理和参与学院管理，全年开展学生法庭、开庭评议活动 115 场次。实行班级“自我管理”模式，加强班干部队伍建设，建立“集体文化”，通过运动会、红歌会、班歌大赛、毕业典礼等增强班级凝聚力和创新力，增强班级荣誉感。积极拓展国际交流合作，招收学历留学生，重点发展“一带一路”国家市场。2018 年与 4 所高校签订合作协议，合作院校覆盖 12 个国家 26 所高校；首次开办中瑞国际交流日，邀请 9 个国家 24 所院校及机构，为学生提供院校介绍、课程体系、申请流程、海外学习交流等方面咨询。全年共接待 8 个国家 18 所合作院校和机构来访共计 12 次、35 人次。

巩固办学优势，坚持融合业界的特色化发展。与开元酒店集团签订科研合作协议，就“SOP 再设计与服务品质提升”课题展开研究；协助国家世赛中心世界技能大赛“酒店接待”项目组策划赛事技术标准。邀请业界经理人进校讲座，充分进行业界融合。全年分别邀请 14 家知名酒店及旅游相关企业管理者到校与师生分享行业前沿讯息。与业界合作举办“北京诺金酒店杯”中瑞房务知识竞赛、首届微课教学竞赛、“太古酒店杯”中瑞酒店英语基本功大赛等专业竞赛活动 6 场。探索与酒店及泛服务行业的合作，助力中国援外项目，完成“桑给巴尔食品与营养”海外培训班；举办浙江开元酒店管理公司培训、“瑞管家”培训等对外培训 15 场次；与北京旅游协会饭店分会合作举办以酒店总经理高级研修班为主题的培训 2 场；举办酒店评论高峰论坛并发布 2018 中国酒店人力资源调查报告。

激发内生动力，加强师资队伍建设。调整学院整体组织结构，管理模式进一步扁平化，确立教学和事业发展为学院发展的两个原动力。全年举办教师沙龙活动 5 次、教师教学工作坊活动 9 次，包括特色教学技法、优秀教案分享、国际商务礼仪等多方面内容，全面提高教师素养。假期安排教师重返业界，回炉学习，更新知识储备。推出专业学科带头人机制，树立典范。开展形式多样的师德师风实践活动，健全“双培养”机制。

（冯力谨）

首届全球酒店业未来领袖高峰论坛

10 月 10 日至 12 日，中瑞学院举办第一届全球酒店业未来领袖高峰论坛（Future Hoteliers Summit）。论坛以“大住宿时代酒店业可持续发展的道路和未来”为主题，主要探讨在互联网以及经济飞速发展的时代，酒店业格局不断革新，业态结构日益复杂，如何在大环境中突出重围维持酒店自身品牌价值并探索出可持续发展路线。论坛包括主题研讨、专家研讨、企业宣讲、终极挑战 4 个环节，通过酒店管理公司高管、各大高校教授及学生、青年酒店业人之间的对话，为未来酒店业精英提供学习、就业机会。来自瑞士、韩国、爱尔兰、泰国，以及中国香港、中国澳门和内地 25 所酒店管理院校共 86 名代表参加。论坛前身是亚洲酒店业青年领袖峰会（Young Hoteliers Summit-Asia），此前已举办 7 届，为扩大学生交流范围，更名为全球酒店业未来领袖高峰论坛。活动全部由中瑞学院学生自主策划、组织，全面锻炼学生能力。

（邰爱科）

北京网络职业学院

概述

2018 年，北京网络职业学院占地面积 20.01 万平方米，非产权校舍建筑面积 9.09 万平方米。全年教育经费投入 3893 万元，其中，国家拨款 2 万元、自筹经费 3891 万元。固定资产总值 3953 万元，其中，教学、科研仪器设备资产值 1843 万元。临时图书馆建筑面积 1500 平方米，藏有纸质图书 12 万册。拥有计算机 502 台，网络多媒体教室间。学校信息化经费投入 1893 万元，信息化设备资产 1893 万元，网络信息点 4000 个，校园网出口总带宽 900Mbps，数字资源量 1000GB，管理信息系统数据总量 20GB。设有 1 个校区，5 个系部，2 个培训实训中心，开设 11 个专业。教职工 229 人。专任教师 66 人，包括教授及教授级高级工程师 2 人、副教授及高级工程师 8 人；硕士 9 人；“双师型”教师 49 人。聘请校外教师 3 人。无毕业生。招生 265 人，均为高职生。高考北京地区提档线文科 150 分、理科 150 分，单考单招 150 分。在校生 2026 人，其中，高职生 397 人、非学历一年制培训生 1629 人。网址：www.bjwlxy.org.cn。

2018 年，学校确立“职业教育和培训并举，构建信息类和网络类特色专业群，紧密依托深信服科技股份有限公司、北京银汉文化传播有限公司等企业培养首都经济社会发展所需要的高素质技能型人才”的发展思路，既要办好高职学历教育，还要适当发展社会培训教育，力争做到职业教育和培训融合发展、优势互补、经验共享。

以信息类和网络类专业作为构建专业的基本支柱，通过深化教育教学改革，着力提高学生技能水平，突出技能型人才培养特色；以首都经济建设需求为导向，突出学校直接服务于国民经济建设和社会发展的应用特色；集中力量，整合资源，专业结构进一步优化，突出在网络和信息类专业领域内做精、做强的学科特色。

依托知名企业开展校企合作，在专业建设、师资培训、实习实训、环境建设等方面和深信服科技股份有限公司、北京银汉文化传播有限公司等企业开展合作。以办学模式改革为重点，通过产教深度融合，创新校企合作模式，积极推进集团化办学。校企高层领导参与学校重大事项决策、管理、教学等工作；学校部分骨干教师以兼职身份进入企业生产第一线，担任项目负责人或承担具体生产任务；实现校企合作设计人才培养方案，开发核心技能课程，建设实训基地，建设教师队伍，开展技术研发，形成“人才共育、设备共用、技术共享、文化互补、文理互通”的校企合作长效机制。

首次获得北京市青年教学名师奖，广播影视节目制作专业 1 名教师被评为第二届北京市青年教学名师。

逐步减少京外生源比例，将吸引更多京内学生报考作为招生重点任务，京内生源由 2016 年 1 人增至 170 人，学历教育在校生京内比重 47.40%。

配合市政府关于非首都功能疏解工作要求，自 2017 年 10 月起对教学楼、实训楼、宿舍、食堂、运动场等场所进行全面改造，2018 年 3 月，北京卫生职业学院 260 余名教职工和 1400 余名学生正式入驻学校部分校区，包括教学实训楼 22400 平方米、宿舍 23600 平方米、食堂 4650 平方米、室外体育场等生活教学场地。

（黄明玥）

校企合作开展职业培训教育

至年底，网络职院联合企业共同开展职业培训教育。5 月，与 360 企业安全集团、丰沃创新科技有限公司合作建成建筑面积 236 平方米、可容纳 50 ～ 70 名学员边学变练的网络安全攻防实验室。11 月，与深信服科技股份有限公司合作共建“深信服信息安全工程师学院”，采取“订单 + 顶岗实习”人才培养模式，以深信服安全工程师认证（SCSA）作为学生的毕业要求。至 12 月，学院招收以在校大学生、大学毕业生、各类在职员工为主的职业培训生 68 人，通过为期 4 个月的网络安全攻防安全产品实操演练，培养具有相关工作经验的信息安全工程师、安全产品工程师、安全产品测试工程师、信息安全工程师讲师、网络安全运维工程师等。

（黄明玥）

民办高等教育机构选介

北京现代音乐研修学院

2018 年，北京现代音乐研修学院占地面积 3.60 万平方米，产权校舍建筑面积 7.02 万平方米。全年教育经费投入 11541.33 万元，全部自筹。固定资产总值 181440.52 万元，其中，教学、科研仪器设备资产值 3718.58 万元。图书馆建筑面积 0.15 万平方米，藏有纸质图书 11.72 万册、电子图书 20 万册。拥有计算机 429 台，网络多媒体教室 15 间。学校信息化经费投入 12 万元，信息化设备资产 735 万元，网络信息点 1117 个，校园网出口总带宽 200Mbps，电子邮件系统用户 678 个，数字资源量 4590GB，管理信息系统数据总量 15GB。拥有 350 间国际标准琴房、24 个舞蹈练功厅、8 个音频工作站、6 个视频工作站、16 个 MIDI 工作室及双排键工作室，以及影视节目制作中心、动画制作中心、电子图书馆和网络管理中心。设有 6 个系，开设 22 个专业。教职工 521 人。专任教师 237 人，包括教授 15 人、副教授 17 人。兼职教师 78 人，包括教授 18 人、副教授 26 人。结业生 994 人。招生 1182 人。在校生 4222 人。网址：www.bjcma.com。

2018 年是学校建校 25 周年，学校举办“逐梦辉煌”创立 25 周年专场文艺晚会；出版《北京现代音乐研修学院建院二十五周年教师论文集》，收录学校 25 年来不同专业部分教师所撰写的涉及管理研究、理论研究、教学研究等领域论文近 60 篇。

深化教学体系建设。增强校级课题研究成果的应对性与实用性，加强学生管理及教育体系参与性建设，加强建立在校园节庆活动平台上的实践体系建设。举办“北音大讲堂”系列讲座，结合艺术实践开展讲座 32 场次，包含流行音乐演唱、演奏、创作、录音、制作、语言表达、职场精英励志方略、文化市场成功途径等，涉猎众多艺术样态。举办“北音 2018 公开课教学评比”活动，组织 32 节公开课评比，夯实和推动北音教学特色，优化并提升整体课程教学品质。启动“尖子工程”奖学金评比办法，设立“尖子工程”奖学金，组织评审小组对 15 名学生上报材料进行审核，243 名学生获得奖学金。开启远端观访查核监控系统，采取“大课远端观访、小课现场查核”相结合方式，学生到课率提升 12%，为探索全院教学管理大数据的使用奠定基础。全年总计完成校内实践教学活动 166 场次、校内和校外实践活动共计 6425 课时，宣传片拍摄 102 学时。

坚持“以人为本、德育为先”教育管理理念。坚持把师德建设放在教师队伍建设首位，通过每学期“生评教”活动，对全体授课教师的师德和授课情况进行测评；利用宣传窗口，让师德教育充分体现在教师授课、艺术实践、参与校外主流媒体等演出活动中。定期组织教育队伍开展学生教育管理工作讲座、经验交流、课题研究等活动，全年开展辅导员岗位培训 8 次、院团委组织志愿者活动 24 次、社团活动 40 余场、大型学生活动 7 场、团课培训 5 场、大型公益活动 4 次。定期开展新员工入职培训（包括教师、行政管理、后勤人员），全年对新入职员工进行 7 场培训，培训 140 人次；全年参加培训的教师、辅导员及部分管理人员等共计 300 余人。

推进平安校园建设。完善校园数字化监控系统，新调试安装摄像头机位共计 250 个，实时监控各区域。投资 180 万元建设启用“校园一卡通”，应用于教学、大门、通道门禁、琴房教学管理使用，通过“校园一卡通”进一步强化安全管理。全年组织消防演练 3 次、大型消防安全知识讲座 12 次、小型讲座 90 余次，未发生重大安全责任事故。

5 月 1 日，北音学生参加 2018“五月的鲜花”全国大中学生文艺会演 （北音 供）

推动国际交流与合作进程。继续加强国内外学术交流与合作研究，拓展学校开展国内、国际合作研究的空间。支持教师参加国际和国内艺术交流，扩大学校学术影响力。邀请国内外著名专家与学者来校开展学术讲座与交流，不断培育学术氛围、拓宽学术视野，把握学术前沿。

（王金君）

北京工商管理专修学院

2018 年，北京工商管理专修学院占地面积 5.30 万平方米，产权校舍建筑面积 7.69 万平方米。全年教育经费投入 2159.63 万元，全部自筹。固定资产总值 19259 万元，其中，教学、科研仪器设备资产值 758.36 万元。图书馆建筑面积 1876.50 平方米，藏有纸质图书 8157 册。拥有计算机 853 台。学校信息化经费投入 51 万元，信息化设备资产 45.60 万元，网络信息点 222 个，校园网出口总带宽 800Mbps，电子邮件系统用户 90 个，上网课程 168 门，数字资源量 40GB，管理信息系统数据总量 14GB。拥有校内专业实训室 8 个、综合实训室 2 个。设有 6 个院，开设 8 个专业。教职工 260 人。专任教师 104 人，包括副教授 1 人。结业生 499 人。招生 1487 人。在校生 2511 人。网址：www.bjuba.com.cn。

2018 年，学校走改革创新之路，坚持社会主义办学方向，围绕北京市“四个中心”战略定位和昌平区“科教新区”发展目标，逐步走出以培养互联网等高新技术产业技能应用开发人才为目标、以成人成才同步教育为理念、以独特的教育教学模式为保障的特色办学之路。通过市民政局评估获得 AAAAA 级社会组织称号。4 名学生组队参加市教委 2018 年北京高等学校继续教育大学生计算机设计应用竞赛获得二等奖，学校获参赛组织奖。

学校在改革过程中摒弃传统专业和传统教育教学模式，专业设置聚焦信息技术产业创新发展需求，符合首都产业功能定位，重点专业有大数据开发、JAVA、软件测试、移动智能终端应用开发、跨境电商、视觉设计、WEB 架构、虚拟现实（VR）。教育教学过程中，形成“以高质量就业为目标，以两个计划为依托，以三个体系为保障”教育体系。通过切实有效的教学计划和教育计划，培养学生专业技能和高尚人格；通过严谨的教学管理体系、教育管理体系和完善的就业服务体系，确保教育教学和就业服务质量，完成就业薪资高、就业岗位受人尊敬、所从事的专业有发展空间的高质量就业目标。

（崔友芝）

民办中小学幼儿园选介

北京市门头沟区智慧摇篮倚山幼儿园

2018 年，北京市门头沟区智慧摇篮倚山幼儿园为日托制民办园。占地面积 2125 平方米，校舍建筑面积 1852 平方米。全年教育经费投入 689 万元，其中，国家拨款 452 万元、自筹经费 237 万元。固定资产总值 76.97 万元。拥有多功能厅 1 个，普通教室 10 个。教室内设有钢琴、一体机和白板等教学设施。教职工 50 人。教师 23 人，包括本科学历 7 人、专科学历 14 人；专业技术职称二级 3 人、三级 9 人。保健员 2 人，包括本科学历 1 人、大专 1 人。开设 10 个教学班，其中，小班 5 个、中班 4 个、大班 1 个。幼儿离园 120 人、入园 136 人、在园 290 人。

2018 年，幼儿园完善管理体系，利用园本培训，促进教师专业成长；利用园本教研，带动保教质量提升；利用家园共育提升项目，推进家园共育同步发展。

聚焦传统文化，让优秀传统文化生根发芽。以弘扬和传承优秀传统文化特色，推进园所文化精神，开展丰富的中华优秀传统节日主题活动教育，通过环境布置和构建园本课程改革融入传统节日文化元素，使幼儿了解传统节日文化内涵、体验传统节日文化意义。

聚焦本土资源，开展园本课题研究。围绕“有效利用乡土资源，构建传统节日主题课程”主题开展实践研究，挖掘本地教育资源，创设传统节日主题活动环境，将蕴含传统节日内容和贴近幼儿生活的事物作为教学内容，选择、制定和实施适合各年龄班幼儿的课程方案，以游戏化的形式开展传统节日主题活动，探索传统节日主题课程开发与实施的途径和方法，逐渐形成具有本土特色的传统节日主题课程。

（袁金敏）

北京市昌平区幸福童年幼儿园

2018 年，北京市昌平区幸福童年幼儿园为日托制民办园。占地面积 5139 平方米、校舍建筑面积 3555 平方米。全年教育经费投入 175 万元。固定资产总值 800 万元。图书 5200 余册。拥有教师备课室、多功能活动厅、档案室和会议室等专用教室 6 个，普通教室 13 个；计算机 28 台，投影仪 16 台，监控 104 个，钢琴 14 架。教职工 69 人。专任教师 26 人，包括本科学历 4 人、专科学历 15 人。保健医 4 人，包括专科及以上学历 3 人。开设教学班 13 个，其中，小班 5 个、中班 4 个、大班 4 个。幼儿入园 159 人、离园 114 人、在园 458 人。网址：www.xftnyey.com.cn。

2018 年，幼儿园晋升为北京市一级二类普惠性幼儿园。

10 月 31 日，幸福童年幼儿园开展户外玩教具制作评比
（幸福童年幼儿园 供）

环境创设与教育保育工作方面，以幼儿为主体，为幼儿创设轻松、自主的生活及学习氛围。全年投入资金改善办园条件，增添户外大型玩具和13个班级的玩教具；新增图书1600册；更换3个班级桌椅和床。教师队伍建设方面，为各岗位教师提供机会学习培训，全年培训教师48次；紧抓师德师风建设，培养年轻教师，壮大幼儿园师资力量。开展体育特色教育课程，促进幼儿体能发展；全园开展六一游园、秋游采摘、重阳节、爱国主题月、新年游园、反恐防暴演练、幸福故事汇等活动，幼儿获得丰富体验，实现健康全面发展。

（欧阳芙红）

北京中芯幼儿园

2018年，北京中芯幼儿园为全日制民办非企业幼儿园。占地面积5800平方米、校舍建筑面积4479平方米。全年教育经费投入2080.92万元，全部自筹。固定资产总值764.69万元。拥有美术和英语等专用教室3个，普通教室17个。教室内设有交互式电子白板、电脑和电钢琴等教学设施。教职工94人。教师58人，均为专科及以上学历；保育员17人，包括专科及以上学历10人。开设教学班17个，其中，混龄班13个、国际班4个。幼儿园离园167人、入园179人、在园455人。

2018年，幼儿园通过开展“自主性区域活动的探索和研究”课题，使幼儿充分体验、感知和理解中国传统文化魅力。首先在自主性区域活动中丰富环境创设，设计元素根据幼儿年龄特点和兴趣点，投放天文地理、世界人文、科学实验等相关教具，丰富日常生活、感官、数学、文化科学、地理人文、语言、美术、音乐等特色制作材料；在区域活动内容上融入中国传统文化，将节气、传统节日、茶道、插花、扎染、制香、活字印刷、造纸、皮影等特色活动投放到幼儿区域活动中；同时设置幼儿小厨房，开展简单烹饪课程，并结合传统节日和节气制作相应食品，通过特色区域活动，让幼儿真正体会中国传统文化精髓。教师培训方面，针对教师对儿童进行系统性观察、记录、指导及评估开展相关培训，让教师更加读懂幼儿，从个体发展角度出发，呈现个性化教育原则。

（庞露露）

北京市大兴区十一建华实验幼儿园

2018年，北京市大兴区十一建华实验幼儿园为日托制民办园。占地面积9000平方米，建筑面积4700平方米。全年教育经费投入1494万元，全部自筹。固定资产总值376.90万元。拥有艺术厅、美术室、木工坊、陶泥房等专用教室4个，普通教室16个。教室内设有玩教具、图书绘本、桌椅、学习用具、多媒体一体机、电脑等教学设施。教职工93人。教师41人，均为专科及以上学历；保健员4人，均为专科及以上学历。开设15个教学班，其中，小班5个、中班5个、大班5个。幼儿入园180人、离园155人、在园473人。

4月至12月，十一建华幼儿园成立种植活动项目组，创新方式与方法开展种植活动（十一建华幼儿园 供）

2018年，幼儿园围绕“精耕细作”，以提升保教质量为中心任务，促进幼儿健康发展。在园所管理方面，通过结构性优化“海星管理模式”，强化部门之间协作和联动，让各项工作做到有章可循、有据可依、科学规范；在干部队伍培养方面，通过合理配置班子结构、干部队伍梯队建设、学习培训等举措，在实践中培养和锻炼，提升干部管理执行能力和实践指导能力；在教师队伍建设方面，以园本教研为主要途径，创设“在研究中工作，在工作中研究”氛围，引领和帮助每一名教师找到自己的最近发展区，提升教师研究能力和思辨意识。在园本课程方面，在梳理现有课程基础上，对园本课程进行顶层架构，形成以人生中心教育论为指导，以美好人生基本素养为目标体系的“人之初”课程；在家园共育方面，成立专项研究项目组，从“父母学院”的宏观带动，到“家长进课堂”的聚焦儿童，实现家庭与幼儿园深度合作，增进信任，扩展教育资源，引领和转变家庭观念，开创家园共育新局面。

（李晓静）

北京市平谷区第五幼儿园

2018年，北京市平谷区第五幼儿园为日托制民办园。占地面积2.10万平方米，建筑面积1万平方米。全年教育经费677万元，全部自筹。固定资产2000万元。拥有美术教师、舞蹈教室和音乐教师等专用教室6个，普通教室23个。教职工110人，包括专任教师80人。开设教学班23个，其中，小班8个、中班7个、大班8个。幼儿离园227人、入园200人、在园620人。网址：pgdwyey.zgyey.com。

2018年，幼儿园增强教职员工对幼儿园发展前景的信心。创新幼儿园管理机制，继续进行人性化管理。

强化队伍，完善师资队伍培养机制，加强班长队伍与新教师的管理与培养。开展多元化的园本培训，建立多层次、多形式、参与、开放的园本培训新模式，促进每名教师专业成长。加强保育员业务培训，并进行年度考核突出特色。加强师德建设工作，增强广大教职工教书育人的使命感和责任感。

以保教并重为前提，在丰富幼儿一日活动内容，强化幼儿日常行为规范上下工夫，阅读、德育教育及艺术教育等特色教学上有所突破。

6月，平谷五幼举办端午节活动

（平谷五幼 供）

优质服务，进一步树立服务思想，落实安全责任与措施。家园共育，召开学期初和学期末家长会，继续家访和家长开放日活动的开展。

创新卫生保健工作管理机制，促进幼儿身心健康、和谐发展。完善卫生保健工作管理体系，建立健全幼儿卫生保健管理档案，严格执行幼儿卫生保健制度及标准。做好传染病的预防和隔离工作。严把新生入园关，凡是新生必须经过区妇幼保健所的体检合格方可入园。体检率达 100%。健全幼儿园传染病疫情监控与报告制度。重视幼儿的饮食管理。制定科学合理的食谱，严格按食药局卫生防疫站的要求规范操作。加强对炊事人员的管理和培训。

加强校园安全综合治理，构建安全、舒适、和谐、良好的育人环境。加强安全防范工作。建立安全检查制度，定期检查设备的安全状况。继续执行值班制度，并做好值班检查记录工作。户外活动时，加强安全教育，重视幼儿安全工作，做好各种安全预案。坚持重大安全事故上报制度。

（孙垚）

北京市延庆区人文大学附属幼儿园

2018 年，北京市延庆区人文大学附属幼儿园为日托制民办园。占地面积 4500 平方米，校舍建筑面积 1900 平方米，户外活动场地 2600 平方米，绿化面积 1200 平方米。全年教育经费投入 59 万元。固定资产总值 2.70 万元。图书室藏书 0.10 万册。拥有计算机 5 台。有标准幼儿活动室、室内游戏场和淘气堡拓展区、户外活动区。普通教室 4 个。教职工 18 人。教师 8 人，包括专科及以上学历 7 人；保健员 1 人，包括专科及以上学历 1 人。开设 4 个教学班，其中混龄班、小班、中班、大班各 1 个。幼儿离园 28 人、入园 40 人、在园 138 人。

2018 年，幼儿园以“人文关怀、人本发展、人人幸福”为办园理念，以“全面关注每一个孩子健康成长，热心服务每一位家长教育需求”为办园宗旨，以人文大学学术环境为依托，整合多种专业师资，共享教育文化。

加强师德师风建设。开展相关专项培训，提升教师专业素养，每月考核中师德师风占有重要部分，每月评选出“最美教师”推出师德榜样。举办“师德师风”演讲评比，评选“最美教师”。

培养幼儿好习惯。改进培训幼儿常规习惯的方式方法，教师利用教研时间开展研究学习，养成教育逐步走向正轨。

家园共育工作。举办半日开放活动，让家长进一步了解幼儿在园生活。组织六一儿童节亲子运动会、元旦联欢会等活动。

安全工作。落实“谁主管，谁负责”原则，与各岗位人员签订安全责任书。定期培训园所制度，开展管理规范职责讨论，明确“园长—后勤主任—年级组长—班长”分层管理路径。硬件设备方面加大投入，完善保健室、设备室设施设备；厨房安装监控，实施阳光餐厅，保证幼儿成长环境更加安全、卫生。

（刘帆）

北京第二实验小学怡海分校

2018 年，北京第二实验小学怡海分校占地面积 0.75 万平方米，建筑面积 1.32 万平方米，体育场（馆）面积 0.38 万平方米。全年教育经费投入 2564.91 万元。固定资产总值 1049.04 万元。图书馆（室）藏书 3.80 万册、电子图书 5 万册。拥有计算机 206 台。学校信息化经费投入 48.88 万元，校园网出口总带宽 100Mbps，数字资源量 8000GB，“信息技术”课程 1 课时 / 周。普通教室 44 个、专用教室 11 个。教职工 109 人，包括高级职称 3 人、中级职称 22 人。专任教师

12 月 8 日，实验二小怡海分校参加故宫 2018 年成果汇报与展演活动（实验二小怡海分校 供）

6 月，八中怡海分校参加 2018 北京市中小学科技创客活动（八中怡海分校 供）

90 人，包括本科及以上学历 75 人。开设教学班 45 个。毕业 192 人。招生 241 人。在校生 1301 人，包括寄宿生 157 人、外省市借读生 724 人。网址：www.yhxx.org。

2018 年，学校凸显特色教育，深化内涵发展。

凸显特色教育。课堂教学以深度融合为目标，在钻研目标和教材、课堂实践、发展学生个性、落实立德树人上下工夫。以新媒体新技术为突破点，改进教学模式，在高质量完成国家课程的同时，充分发挥特色课程优势，满足学生个性发展需要。编写、印制上下册的校本教材，组织“一带一路”“茶道”“故宫”课程班实践活动，开展 STEAM 班培养学生探究意识、合作精神。

德育工作体系化、科学化。以活动为突破口，引导家长正能量参与学校工作。以活动构建家、校、社协同育人体系。开展社会主义核心价值观个人层面的“友善”教育活动。通过“开学第一课校长引领—各年级友善活动启动—中期落实检查监控—期末展示评价总结”活动模式，使德育活动形成“启动仪式有目标、有内容、有方法，实施过程有落实、有监控、有检验，实施成果有展示、有总结、有表彰”的课程化体系，使德育活动富有成果。

教科研成果显著。教科研延伸到队伍建设、德育、校本课程、现代信息技术各领域，学校从经验型管理向教科研引领迅速转变，教师从单纯教教材向科研型迅速转变。党建课题“党组织在民办学校教师队伍中发挥作用的实践研究”结题。

（刘扬）

北京市第八中学怡海分校

2018 年，北京市第八中学怡海分校占地面积 3.83 万平方米，建筑面积 4.71 万平方米，运动场地面积 1.27 万平方米。全年教育经费投入 4702.77 万元。固定资产总值 1451.23 万元。图书馆（室）藏书 2 万余册、电子图书 30GB。拥有计算机 285 台。学校信息化经费投入 55 万元，校园网出口总带宽 110Mbps，数字资源量 200GB，“信息技术”课程 1 课时 / 周。普通教室 77 个、专用教室 21 个、实验室 11 个。教职工 203 人，包括本科及以上学历 161 人、硕士研究生 27 人、博士 1 人、博士后 1 人。专任教师 139 人，包括高级职称 38 人、中级职称 71 人、特级教师 1 人。开设教学班 41 个，其中，初中班 23 个、高中班 18 个。毕业 233 人，其中，初中 140 人、高中 93 人。招生 295 人，其中，初中 212 人、高中 83 人。北京学籍注册生 379 人，其中，初中 194 人、高中 185 人。高中录取分数线 469 分。有社团 56 个。网址：www.yh8z.com。

2018 年，怡海教育集团将八中怡海分校和国际部两个校区合并，更好的整合资源，统一管理。学校以培养具有竞争力的国际化复合型创新人才为办学目标，以立德树人为根本宗旨，以德为评价学生的基本标准，以德育为基本内容设计教育活动，以德育为核心建设校园文化。

坚持素质教育的教育方针，举办外语节、艺术节、读书节、体育节、科技节，开设 56 项课外选修课和俱乐部，每天每班开设一节体育课。学校以英语教育和国际化、现代化为办学特色，开设外教英语、法语和西班牙语，开展国际交流。

开展科技教育，开设 3D 打印、机器人、编程设计、人工智能、科学思维博士高研班等课程，开展创新性社会实践活动、学生创意作品展等。在科技竞赛中获国家级一等奖 2 项、北京市一等奖 3 项；在北京市英语剧比赛中获北京市三等奖 2 项；在体育竞赛中，花样跳绳队获北京市一等奖 3 项、道德风尚奖 1 项，并获得参加 2019 年全国跳绳联赛选拔赛资格。

（朱晓艳）

北京市海淀外国语实验学校

2018 年，北京市海淀外国语实验学校占地面积 20.01 万平方米，建筑面积 8.52 万平方米，绿化用地面积 6.85 万平方米，运动场地面积 4.15 万平方米。图书馆藏书 9.83 万册，电子图书 1 万册。固定资产总值 6090.45 万元，全年教育经费投入22399.62万元。学校信息化经费投入115.20万元，拥有计算机421台。信息化设备资产100.27万元，校园网出口总带宽550Mbps，“信息技术”课程1课时/周。普通教室155间、网络多媒体教室143间，专业教室120间、实验室7间、多功能报告厅9间、180个一对一钢琴房。教职工952人，其中，高级职称26人、中级职称115人。专任教师395人，本科及以上学历373人。开设教学班109个，其中，小学班63个、初中班31个、高中班15个。毕业生730人，其中，小学376人、初中225人、高中129人；招生968人，其中，小学444人、初中414人、高中111人；在校生3768人，其中，小学2320人、初中1137人、高中311，包括寄宿生3768人。高中录取分数线510分（本区）。网址：www.bjfles.com。

2018年，学校将课程作为核心，教材作为载体，尊重学生成长需要，努力办“社会满意、家长满意、学生受益”的教育。建设高素质教师队伍，强化学校内涵发展，完善组织管理变革，充实研修模式，总监、主任、组长监督，共享数据库。针对小升初特殊情况，中小学进行“中小衔接座谈会”，了解中高考方向，以提高学生整体成绩、完成中小过渡为着眼点，有针对性地适当调整教学。为具有体育、艺术及各类特长的学生搭建平台，组织学生参加各级各类体育、艺术展示与比赛。学校设有开展科学和技术类学科教育的场地和设备，其中科技教室13间、信息技术教室6间、通用技术教室4间、机器人教室6间、3D打印教室2间、微生物教室2间、微电影教室1间、创客教室3间、航模教室1间，学校还有天文台、动物园等，充分保障学生开展各类科技培训与实验。

（郭莹霞）

北京市二十一世纪国际学校

2018年，北京市二十一世纪国际学校占地面积8.8万平方米，校舍建筑面积5.2万平方米，运动场地面积1.43万平方米。图书馆藏书5.69万册。固定资产总值37783万元，包括教学仪器资产值3269万元。全年教育经费投入23930万元，其中，政府补助收入470.2万元、自筹经费23459.8万元。学校信息化经费投入300万元（包含在自筹经费内），拥有计算机1916台，多媒体教室137个，网络信息点410个，校园网出口总带宽300Mbps，数字资源量11TB，“信息技术”课程2课时/周。普通教室111个、专用教室26个、实验室6个、多功能报告厅3个、钢琴房14个。教职员工404人，包括副高级职称19人、中级职称50人。专任教师277人，包括特级教师2人、北京市学科教学带头人2人、市级骨干教师2人，外籍教师31人；本科及以上学历288人。开设教学班91个，其中，小学班47个、初中班26个、高中班18个。毕业355人，其中，小学139人、初中144人、高中72人；招生387人，其中，小学194人、初中152人、高中41人；在校生1659人，其中，小学1007人、初中493人、高中159人，包括寄宿生1659人。网址：www.21cis.com.cn。

7月3日，二十一世纪国际学校小学部举办期末考试游戏闯关活动
（二十一世纪国际学校　供）

2018年，学校深化教育教学改革，坚持立德树人，塑造学生健全人格。宋庆龄故居管理中心命名三（4）班为“宋庆龄班”。德育工作在继承中不断创新，开展少先队、共青团多彩活动，举办清明诗会、书法节，开展礼仪教育、规则教育、阅读工程等系列活动，将德育培养融入学生生活。

以课堂为主阵地，提升教学效率。高中学生AP考试通过率94%。至年底，有151名学生获“AP学者”称号，79人获“AP荣誉学者”称号，115人获“AP杰出学者”称号。

倡导以教科研推动教学发展，全员参与教育教学研究。“十二年一贯制课程体系的构建与实施”课题研究获北京市基础教育教学成果奖二等奖。承担中国教育学会“十三五”规划课题“学校OTO转型行动研究”结题。

（兰格）

北京市海嘉双语学校

2018年，北京市海嘉双语学校是十二年一贯制双语教育民办学校。占地面积4.58万平方米、建筑面积3.33万平方米，运动场地面积1.35万平方米。全年教育经费投入1042.50万元。固定资产总值10422.50万元。图书馆（室）藏书9.50万册，电子图书6万册。拥有计算机573台，多媒体教室座位95个。学校信息化经费投入18.81万元，校园网出口总带宽180Mbps，数字资源量200GB，“信息技术”课程1课时/周。普通教室86个、专用教室37个、实验室6个。教职工330人，包括高级职称27人、中级职称23人。专任教师259人，包括本科及以上学历211人。开设教学班80个，其中，幼儿园班22个、小学班41个、初中班11个、高中班6个。毕业133人，其中，小学85人、初中42人、高中6人。招生350人，其中，幼儿园196人、小学89人、初中61人、高中4人。在校生1576人，其中，幼儿园429人、小学757人、初中270人、高中120人；包括外省市借读生252人。学校有社团13个。网址：www.bibachina.org。

2018年，学校秉承“根深中华、心怀天下”的教育理念，

10月25日至27日，海嘉双语学校承办2018年中蒙国际学校协会排球锦标赛（海嘉双语学校　供）

4月23日，牛栏山一中实验学校组织家长讲堂（牛栏山一中实验学校　供）

以“心怀大梦，起航海嘉”为主题，贯穿于学校各项活动中，探讨教育活动成功的核心元素，设立全年的各项工作目标和实现方式。

致力于构建和谐发展的教育团队。邀请多名知名教育培训师、职业发展顾问对教职工进行专题职业拓展培训。选派152人次教师和员工赴15个国家和地区参加200余场研讨会和工作坊。教师以培训和研讨为契机，从课程体系、学与教的方法、成绩评估、教师评估等多方面汇总质量保证概念执行的内容。

继续举办主题为“服务社区，荣耀中国”的海嘉日活动。通过组织公益活动，让学生用一颗“关爱”他人的爱心，体会分享和付出的快乐，培养学生对中华文化的认同。

（王伟）

北京市牛栏山一中实验学校

2018年，北京市牛栏山一中实验学校占地面积19万平方米、建筑面积9万平方米，体育场面积3万平方米。全年教育经费投入14500万元，其中，国家拨款281万元、自筹经费14219万元。固定资产总值14112万元。图书馆藏书3万册，订阅杂志、报刊220种。拥有计算机700台，多媒体教室座位5060个。学校信息化经费投入400万元，校园网出口总带宽1000Mbps，数字资源量1000GB，“信息技术”课程1课时/周/班。普通教室90个、专用教室15个、实验室13个。教职工321人，包括高级职称66人、中级职称77人。专任教师243人，包括特级教师1人、北京市骨干教师5人、北京市学科教学带头人1人；本科及以上学历305人。开设教学班103个，其中，小学班17个、初中班73个、高中班13个。毕业1197人，其中，小学180人、初中880人、高中137人。招生1388人，其中，小学180人、初中1114人、高中94人。在校生4251人，其中，小学500人、初中3251人、高中500人，包括寄宿生4012人。高中录取分数线410分（本区）。网址：syxx.nlsyz.com.cn。

2018年，学校课程、课堂双管齐下，共谋发展。学校形成一套结构严谨、内容丰富、形式多样的课程体系。与中国科学院研究生院联合开发科学实践课程、科普课程、科学实验课程、实验探究课程等，实现理论与实践、课内与课外结合。音、体、美不断推陈出新，编结、篆刻、国画、彩绘等课程受到学生欢迎；民乐团首次获得“北京市学生金帆艺术团”称号，学校舞蹈、合唱等艺术团不断发展壮大。继续推进高效课堂和智慧课堂建设，在日常教学中开展青年教师展示课、骨干教师示范课等教研活动。

品德与成绩同步发展，协同成长。加强德育工作，提高学生思想道德素质。开展“党在我心中”主题教育活动，参观抗日战争纪念馆、南京大屠杀国家公祭日纪念活动，让爱国主义精神在学生心中扎根；开展社会主义核心价值观和“践行《行为规范》，建设自律牛班”主题系列教育活动；开展知、情、意、行合一“文化体验”课程，开辟走进海南、岭南、西北、江南的“科学考察”与“文化之旅”，千余名学生参加活动。开设学生讲堂、家长讲堂、励志学堂等学生自主成长联盟课程，注重提升学生综合素养。开设“开心农庄”课程，以班级为单位自主申领土地，自主规划、自主设计，学生在教师指导下自主进行农作物种植，并结合营养健康食育项目提升学生劳动与健康素养。

（马天翔　樊宏宇）

北京市新英才学校

2018年，北京市新英才学校是集特色双语幼儿园、精品小学、AP国际中心、剑桥国际中心、国外大学预科、汉语中心于一体的寄宿制国际化学校。占地面积12万平方米、建筑面积11.70万平方米，体育场（馆）面积4995平方米。全年教育经费投入21097万元，全部为自筹经费。固定资产总值60560万元。图书馆（室）藏书6.60万册，电子图书5.50万册，订阅杂志、报刊110种。拥有计算机1000台，多媒体教室座位125个。学校信息化经费投入650万元，校园网出口总带宽800Mbps，数字资源量12000GB，“信息技术”

课程 1 课时 / 周。普通教室 104 个、专用教室 21 个。教职工 701 人，包括高级职称 30 人、中级职称 43 人、初级职称 22 人。专任教师 422 人，包括本科及以上学历 401 人。开设教学班 103 个。毕业 598 人。招生 899 人。在校生 2300 人，包括寄宿生 1221 人。网址：www.bjnewtalent.com。

2018 年，学校建校 10 周年，总结 10 年来办学成果，结合教育教学工作实际，各项工作全面落地。

践行“爱与创造”教育理念，拓宽办学渠道，面向“一带一路”国家招收品学兼优学生来华留学，减免学杂费。5 月，中华慈善总会“一带一路 · 民心相通 · 七国学生手拉手”活动在学校举办，并将学校确定为活动实践基地。

“爱与创造”课程体系的实践课程顺利开展。小学五年级开展主题探究式学习“曲阜游学”，小学六年级开展毕业游学项目“梦回唐朝，相约丝路”，小学交换生项目再次走进美国南加州圣地亚哥的河景小学。AP 国际中心第五届中美交换生到美国佛罗里达州坦帕市学习；剑桥国际中心学生分别走进美国、英国等夏令营。教师从教学、活动两方面，在 STEAM 基础上，结合中国教育现实环境，将人文学科融入其中，开发学校独有的“大融合课程”。

加强家校联系。全年对家长开展 3 次家庭教育课程，邀请学生家长进行经验分享，邀请“关爱青少年健康”项目授课专家从正念静观的作用、对学习生活的影响等方面为家长解读正念静观。

（邢雪华）

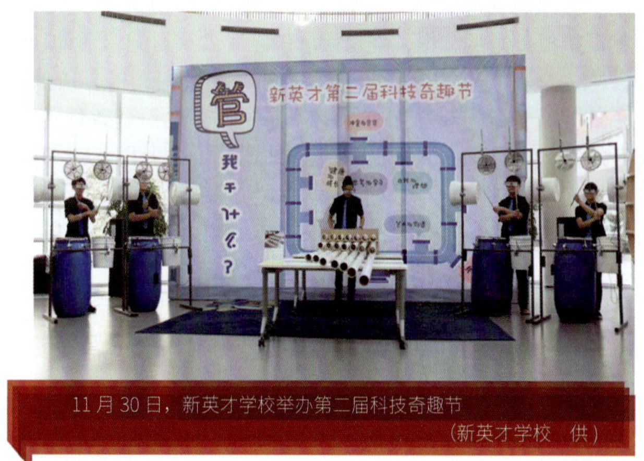

11 月 30 日，新英才学校举办第二届科技奇趣节

（新英才学校　供）

北京王府外国语学校

2018 年，北京王府外国语学校占地面积 10 万平方米，建筑面积 5.60 万平方米，体育场（馆）面积 4.10 万平方米。图书馆藏书 5 万册，电子图书 2.20 万册、电子期刊 2.30 万册。固定资产总值 2714.87 万元，全年教育经费投入 1616.52 万元。学校信息化经费投入 514 万元，拥有计算机 537 台，多媒体教室 120 个，校园网出口总带宽 2500Mbps，数字资源量 3.50TB，“信息技术”课程 1 课时 / 周。普通教室 60 个、专用教室 50 个、实验室 10 个。教职工 503 人，其中，高级职称 3 人、中级职称 14 人。专任教师 271 人，包括外籍教师 52 人。本科以上学历 400 人，包括硕士 197 人、博士及博士后 7 人。开设教学班 78 个（小学班 43 个、初中班 27 个、高中班 8 个）。毕业 263 人，其中，小学 83 人、初中 180 人；招生 808 人，其中，小学 435 人、初中 354 人、高中 19 人；在校生 1660 人，其中，小学 1028 人（含寄宿生）、初中 547 人（含寄宿生 508 人），高中 85 人（含寄宿生 79 人）。

2018 年，学校着力推进教学研究，“以教带研、以研促教”。开展师德教育，以“老”带“新”，同伴互助，加强师德师风建设，促进教师不断成长；加强教师培训，引入 UCL 教法培训。立德树人，组织初中部键盘社成员与“阳光助困”志愿者到河北省张家口市赤城县白草学校开展儿童节公益活动。开展各类学生活动，关注学生过程性评价，举办戏剧中文课展示活动，展演原创三幕话剧《1906 鲁迅在日本》；开展特殊的美术课堂活动，将美术课堂“搬到”北京今日美术馆；举办 STEAM 科学实验展，让学生感受到动手实验的乐趣。创立校长就餐日，广泛收集学生意见。加强信息化建设，开通绿芽学生请假系统；引入剑桥英语考评系统，对学生进行标化测试；创新家校沟通方式，引入“一起做”在线管理软件。加强宣传力度，以宣传促进学校招生和德育工作。

（杨婷婷）

北京王府学校

2018 年，北京王府学校为中外合作办学民办学校，占地面积 10 万平方米、建筑面积 6.90 万平方米，体育场（馆）面积 4.80 万平方米。全年教育经费投入 20488.58 万元，全部自筹。固定资产总值 6499.68 万元 . 图书馆藏书 5 万册，电子图书 2.20 万册、电子期刊 2.30 万册。订阅报刊 4 种，引进易阅通、Jstor 数据库和大英百科线上学院版（Britannica School）3 种数据库。拥有计算机 1448 台，网络多媒体教室 107 个。学校信息化经费投入 981 万元，校园网出口总带宽 1000Mbps，数字资源量 4.50TB，“信息技术”课程 1 课时 / 周。普通教室 67 个、专用教室 30 个、实验室 10 个。教职工 351 人，包括高级职称 6 人、中级职称 19 人。专任教师 151 人，包括外籍教师 48 人。本科及以上学历 303 人，包括硕士 195 人、博士及博士后 21 人。开设行政班 41 个。毕业 285 人。招生 284 人。在校生 843 人，包括寄宿生 787 人。网址：www.bjroyalschool.com。

2018 年度，学校开展“教学教研”建设，推进教师集体备课，组织教师观摩优秀教师示范课；实现初高中英语课程衔接和互通走班；实现学生自行选择基于不同运动项目的体育课程；新增两门音乐方向专业课，首批音乐专业学生考入世界级音乐学院；秉承“学术立校”教育理念，学术论文、图书出版及科研项目等学术成果方面均获重大突破；全面推进 IB 课程体系建设；推进语言类学生活动，创建英语相关学生社团；加强心理辅导工作，定期举办心理健康讲座，开展心理测评，建立学生心理档案；加强师德建设，编写完成《师德手册》；加强生活区管理团队建设，细化生活区宿舍管理条例；贯彻终身学习理念，定期举行校内校外培训；加快信息化建设，实现工作数据电子化；重视数据分析和利用，及时发现问题和有效解决问题；开通高端升学资源渠道，抓好学生一对一升学辅导；推进 WASC 认证工作，加速完善学校制度流程建设。

（杨婷婷）

北京市中芯学校

2018 年，北京市中芯学校分两址办学，总占地面积 4.13 万平方米，建筑面积 3.16 万平方米，运动场地面积 1.72 万平方米。全年教育经费投入 7653 万元。固定资产总值 1391 万元。图书馆（室）藏书 64425 册，电子图书 425 册。拥有计算机 161 台，多媒体教室座位 1600 个。学校信息化经费投入 72 万元，校园网出口总带宽 150Mbps，数字资源量 3TB，“信息技术”课程 60 课时 / 周。普通教室 62 个、专用教室 20 个、实验室 6 个。教职工 252 人，包括高级职称 13 人、中级职称 24 人。专任教师 167 人，包括特级教师 3 人；本科及以上学历 230 人。开设教学班 62 个，其中，小学班 49 个、初中班 11 个、高中班 2 个。毕业 206 人，其中，小学 175 人、初中 31 人。招生 322 人，其中，小学 201 人、初中 88 人、高中 33 人。在校生 1457 人，其中，小学 1224 人、初中 200 人、高中 33 人。学校有社团 8 个。网址：bjsmicschool.com。

2018 年，学校高中部成立，3 年学前教育与 12 年基础教育贯通。9 月，33 名高一新生入驻新校区。9 月 27 日，大兴区民政局经过现场考察、集中评审等环节，完成对学校的社会组织评估。10 月 27 日，学校生命教育中心获得北京生命教育科普促进会和中国生命教育网联合颁发的“2018 年度全国生命教育先进单位”称号，成为全国首批生命教育先进单位。

（陈珺）

北京市私立君谊中学

2018 年，北京市私立君谊中学占地面积 2.48 万平方米、建筑面积 1.24 万平方米，运动场地面积 1.10 万平方米。全年教育经费投入 3133 万元。固定资产总值 588 万元。图书馆（室）藏书 0.40 万册，电子图书 2 万册。拥有计算机 135 台，多媒体教室座位 660 个。学校信息化经费投入 33 万元，校园网出口总带宽 200Mbps，数字资源量 256GB，“信息技术”课程 10 课时 / 周。普通教室 21 个、专用教室 4 个、实验室 3 个。教职工 122 人，包括高级职称 7 人、中级级职称 5 人、初级职称 31 人。专任教师 58 人，均为本科及以上学历。开设教学班 22 个，其中，初中班 5 个、高中班 17 个。毕业 93 人，其中，初中 28 人、高中 65 人。招生 83 人，其中，初中 30 人、高中 53 人。在校生 369 人，其中，初中 102 人、高中 267 人；寄宿生 298 人，外省市借读生 12 人。高中录取分数线 450 分（本区）。学校有社团 49 个。网址：www.junyi.org。

2018 年，学校德育工作围绕“立德树人”的工作要点，每月一个主题，立足实际，营造校园文化氛围。目标使常规工作精品化，精品工作亮点化。每周常规德育五次例会。围绕食品安全、消防安全、卫生安全、预防传染病、青春期教育、心理课堂等话题开展德育微课堂。学生会有一级社团 6 个、二级社团 42 个。

教学工作以中高考综合改革为契机，推进课程改革，着重提升教师队伍素质，不断提高教学质量。重视过程管理，促进教育教学有序高效开展。对教师要求考前有培训、考中有要求、考后有分析；对学生要求考前有动员、考中有监管、考后有总结；对家长要求考前有计划、考中有沟通、考后有交流。

（尹凝瑶）

北京市延庆区庆源学校

2018 年，北京市延庆区庆源学校占地面积 9000 平方米，建筑面积 2400 平方米，操场面积 2000 平方米。全年教育经费投入 61 万元。固定资产总值 630 万元。图书馆（室）藏书 3 万册，电子图书 100 册。拥有计算机 56 台，网络多媒体教室 15 间。校园网出口总带宽 100Mbps，“信息技术”课程 1 课时 / 周。普通教室 15 个、专用教室 5 个。教职工 17 人，包括中级职称 1 人。专任教师 14 人，包括本科及以上学历 1 人。开设教学班 7 个，其中，小学班 6 个、学前班 1 个。毕业 17 人。招生 4 人。在校生 125 人，包括寄宿生 74 人。

2018 年，学校在社会各界帮助下开展多项爱心活动。沈家营镇派出所和司法所协助开展节约用水及预防青少年犯罪等各项安全教育活动。美克美家家具连锁有限公司在学校成立“美克美家希望工程快乐美术教室”并捐赠美术用品，使学生接受艺术熏陶。

德育工作。大力推进“书香校园”进程，充分发挥环境育人的作用，开设宣传栏、黑板报、广播站，举办少先队活动室等，创设“时时受教育，处处受感染”的德育环境。坚持升国旗仪式，践行“日行一善”“红领巾相约中国梦”等活动。

家庭教育工作。重视家教工作，成立家长学校，定期开展活动，使学校教育和家庭教育步调一致。通过“家长学校”向家长介绍学生基本情况、学校发展规划及对学生要求和对家长希望等，转变家长中不正确教育思想和教育方法，提高家庭教育效果。

（张美丽　方启录）

（本栏责任编校　胡雨）

德育

体育卫生

冬季奥林匹克教育

劳动教育

艺术与校外教育

2019 德育体育美育劳育

MORAL,PHYSICAL, AESTHETIC AND LABOUR EDUCATION

- 推进特色示范课堂建设
- 校园足球特色校建设
- 推进“高参小”项目
- 47 万人次中小学生参加“四个一”活动
- 新认定 335 个中小学高水平学生社团
- 冬季项目普及推广系列活动
- 10 家单位入选全国中小学生研学实践教育基（营）地

MORAL，PHYSICAL，AESTHETIC AND LABOUR EDUCATION
德育体育美育劳育

综述

推进特色示范课堂建设

2018年，市教委推进“特色示范课堂”建设工作，建设“特色示范课堂”400堂。其中，道德与法治、思想政治“特色示范课堂”200堂，语文“特色示范课堂”100堂，历史“特色示范课堂”100堂；组织“特色示范课堂”优秀课例评选活动，经区级推荐申报、专家评审，评出优秀课例395节。1月15日，市教委印发《关于建设学习贯彻党的十九大精神“特色示范课堂”的通知》，决定在全市中小学建设学习贯彻党的十九大精神优秀教师“特色示范课堂”，推动习近平新时代中国特色社会主义思想进教材、进课堂、进头脑。计划通过中小学优秀教师“特色示范课堂”建设活动，将党的十九大有关精神和内容有机融入到道德与法治、思想政治课及语文、历史等学科课堂教学中。12月6日，市教委举办北京市中小学学习贯彻党的十九大精神“特色示范课堂”建设总结会暨德育工作区校行走进石景山活动。活动组织参会人员观摩7节“特色示范课堂”和3节北京市京源学校特色校本德育课程，并为“特色示范课堂”优秀课例获奖教师代表颁发证书。

（王昱人　孙晓楠）

校园足球特色校建设

2018年，市教委多措并举加强校园足球特色校建设。3月至7月，举办2018年北京市校园足球特色校（传统校）联赛。比赛以“点燃绿茵”为主题，首次将校园足球特色校作为参赛必要条件，全面覆盖264所中小学校园足球特色校（全国校园足球特色校254所、北京市校园足球特色校10所）。比赛采取主客场赛制，周一至周五下午三点半以后在校园内进行；营造主场校园足球文化氛围，将足球竞技比赛与文化传播相结合。其间，举办6场校园足球文化周活动，吸引学生拉拉队、足球解说员、小记者、小裁判参与其中。391支球队10423名学生参赛，11.20万人次观赛，比赛场次超过1000场。9月29日，北京市青少年校园足球工作领导小组办公室印

7月20日，人大附小获北京市校园足球特色校联赛小学组冠军
（人大附小　供）

发《关于开展2018年校园足球特色学校调研评估工作的通知》和《北京市校园足球特色学校调研评估指标体系》，委托北京市校园足球协会组织专家对2015年至2018年教育部和市教委批准的264所校园足球特色校开展调研与评估，着重从组织领导、条件保障、教育教学、训练竞赛、校园文化等方面进行调研评估。此次调研评估工作经过学校自评、区级复核和专家实地调研评估3个阶段。评估结果显示：北京市校园足球特色校在组织领导层面高度重视，能够把发挥足球育人功能作为发展校园足球的首要任务；落实各项政策，将校园足球纳入学校发展规划；能按照国家标准配备足量体育教师，保证日常足球训练竞赛活动开展；各校在教育教学和课程建设方面有待加强。至年底，北京市青少年校园足球工作领导小组办公室委托北京市校园足球协会组织564名校园足球特色校体育教师和200名足球特色校校长在北京李宁中心开展5期专项培训，内容涉及国家校园足球相关政策、校园足球发展理念、教育教学方法、技战术分析等方面；面向中小学体育教师培训亚足联C级教练员24人、中国足协D级教练员48人、市足协E级教练员240人、国家二级足球裁判员98人、国家三级足球裁判员98人、学生裁判员196人；分别选派10名和11名体育教师赴英国和法国，参加教育部组织的校园足球专项培训，培训为期3个月；联合市足协选派11名中小学体育教师和3名足球教练员赴日本进行为期21天的足球专项培训。

（张志华）

校园足球海外引智及评估工作

2018年，市教委开展校园足球海外引智及评估工作。继续实施校园足球海外引智计划，引进16名外籍足球教师到16所校园足球特色校开展足球教学、训练等工作。所有外籍教师均为男性，全部来自欧洲（西班牙5人、葡萄牙4人、塞尔维亚2人、英国1人、荷兰1人、比利时1人、波兰1人、法国1人），平均年龄33.86岁，全部为本科及以上学历（包括硕士学位4人）。其中，欧足联A级教练员4人、B级教练员7人、C级教练员5人。为了解外籍教师对于推进校园足球发展的效果，9月29日，北京市青少年校园足球工作领导小组办公室印发《关于开展校园足球海外引智计划调研评估的通知》，组织专家从外籍教师的条件资质、组织管理、工作效果、保障体系、经费使用、满意度6个方面开展评估。评估结果显示，项目实施情况总体符合预期，外籍教师在校期间工作认真负责，有效带动校园足球发展，受到学生、教师和学校好评。

（张志华）

推进“高参小”项目

2018年，市教委继续推进北京高校、社会力量参与小学体育美育发展工作。32所高校和社会力量单位深入支持166所小学体育美育发展，惠及30万名学生，组织37名专家深入92所小学听课、评课109节。召开中国戏曲学院、国家大剧院“高参小”教育教学系列现场会，“高参小”项目相关活动及成果被多家媒体采访报道。

（徐春生）

国家重大国事迎宾、演出等相关任务

2018年，市教委完成国家重大国事迎宾、演出等相关任务。组织北京市第二中学等10余所学校的400名学生参与完成中非合作论坛高峰会迎宾任务；北京师范大学附属中学等32所学校的1500名学生参加改革开放40周年文艺晚会演出；北京市第一七一中学等6所学校的244名学生参加国家烈士纪念日向人民英雄敬献花篮仪式，同时参加党中央、国务院、全国政协新春团拜会以及2019新春戏曲晚会等重大国事活动。2月25日，北京高校师生参与平昌冬奥会闭幕式《2022·相约北京》“北京8分钟”表演的技术保障及演出工作。受北京冬奥组委委托，北京理工大学虚拟仿真团队、北京电影学院未来影像高精尖中心、北京服装学院服装设计团队参与技术保障工作，北京体育大学83名师生参加《2022·相约北京》“北京8分钟”现场表演。《2022·相约北京》由张艺谋执导，表达“2022，北京见”的核心理念和中国热情。

（徐春生　谢文全）

1月18日，中央美院“高参小”2018—2019学年教学成果展开幕
（中央美院　供）

32 名学生获金帆奖

3 月 30 日，市教委公布 2017 年度北京市中小学生金帆奖、银帆奖获奖名单。经市评审小组评选，市教委决定授予 32 名学生北京市中小学生金帆奖，授予 159 名学生北京市中小学生银帆奖。金、银帆奖是市教委对品学兼优并在国际和国内科技、体育、艺术、学科竞赛中取得突出成绩学生授予的一项荣誉奖，旨在鼓励广大中小学生不断进取、奋斗向上、全面发展并学有特长。

（孙晓楠）

47 万人次中小学生参加“四个一”活动

3 月至 12 月，市教委组织 47 万人次中小学生参加“四个一”活动。其中，8.60 万人次中小学生参加天安门升旗仪式、10.80 万人次中小学生走进国家博物馆、10.70 万人次中小学生走进首都博物馆、16.90 万人次中小学生走进抗日战争纪念馆。此项活动的开展有利于加强学生理想信念教育、爱国主义教育和革命传统教育，引导学生牢固树立道路自信、理论自信、制度自信和文化自信。

（王昱人）

北京校园戏剧教育联盟成立

4 月 2 日，市教委和北京人民艺术剧院《推进学校美育工作战略合作协议》签约仪式暨北京校园戏剧教育联盟启动仪式在北京人艺举行，北京校园戏剧教育联盟正式成立。联盟第一批成员校包括北京大学、清华大学、北京市第一六六中学等 27 所学校。联盟旨在通过北京人艺专业优势，围绕经典和精品，通过开发课程、观演经典、培训师资和戏剧活动等多种形式，共同加强学校艺术教育的优质资源供给。2015 年，戏剧进课堂被国务院办公厅写入美育文件。北京市将戏剧作为丰富全市美育课堂和学生美育实践的重要内容，已在 16 个区 404 所学校推广。

（徐春生）

新认定 335 个中小学高水平学生社团

5 月 3 日，市教委召开北京市中小学高水平学生社团命名大会，为新认定的 335 个高水平学生社团授牌。其中，北京市学生金奥运动队 56 支、北京市学生金帆艺术团 119 个、北京市学生金鹏科技团 78 个、北京市学生金帆书画院 64 个、北京阳光少年艺术团 18 个。16 个区教委及燕山教委主管领导，北京市高水平学生社团承办单位负责人、团队教师代表等 500 人参加会议。

（徐春生）

第 14 届全国中职“文明风采”竞赛北京复赛

6 月，第 14 届全国中等职业学校“文明风采”竞赛活动北京市复赛完赛。比赛由市教委、首都精神文明办、团市委、市妇联、市关工委联合主办，北京市职业技术教育学会德育与学生管理工作研究会、北京市商业学校共同承办，于 2017 年 11 月开始，包括初赛、复赛、决赛 3 个阶段，不仅涵盖全国比赛的征文演讲、职业规划、摄影视频、才艺展演、特色项目 5 类 14 个赛项，还增设“工匠的故事”征文和“最美中职朗读者”诵读赛项。按照“校校组织、班班活动、人人参与”活动机制，全市 38 所学校 14585 人次学生参赛，报送参评作品 13178 件。最终，评出一等奖作品 1971 件、二等奖作品 3290 件、三等奖作品 4609 件，并推选 70 件优秀作品参加全国宣传展示。

（巫梅琳）

冬季项目普及推广系列活动

6 月至 12 月，市教委、市体育局、北京冬奥组委新闻宣传部、北京奥运城市发展促进中心联合主办 2018 年北京市中小学生冬季项目普及推广系列活动。项目开展冰雪文化进校园、队列滑、轮转冰、旱地冰球、旱地冰壶、冬奥知识竞赛等活动，通过各区电视台、各校校园平台作宣传推广。冰雪文化进校园活动面向 16 个区，每区一校，让一部分学生掌握冰雪技能，提高学生对冰雪运动的兴趣。来自 16 个区的 7 万余人参与活动。活动由北京学生活动管理中心承办。

（李铮　池飞龙）

12 月 12 日，北京市中小学冬季项目普及推广系列活动在天竺一小举行（天竺一小　供）

10 家单位入选全国中小学生研学实践教育基（营）地

10 月 31 日，教育部公布 2018 年全国中小学生研学实践教育基地、营地名单，10 家北京市中小学生社会大课堂资源单位入选。该评选秉承“创新、协调、绿色、开放、共享”发展理念，在中央有关部门和各省级教育行政部门推荐基础上，经专家评议、营地实地核查及综合评定等程序，最终命名“全国中小学生研学实践教育基地”377 个、“全国中小学生研学实践教育营地”26 个。

（牛文国）

全国中小学生研学实践教育基地（北京推荐）
北京生存岛文化传播有限公司
北京乐园星光文化传播有限公司
北京汽车博物馆
中国园林博物馆北京筹备办公室
北京花乡世界花卉大观园有限公司
北京黄花城长城旅游开发有限责任公司
北京市黄垡苗圃
北京陶瓷艺术馆
北京天文馆

全国中小学生研学实践教育营地（北京）
北京市自动化工程学校

（牛文国）

德育

德育工作

273 所学校入选首都文明校园

3 月 12 日，首都精神文明建设委员会印发《关于表彰 2015—2017 年度首都精神文明创建工作先进单位的决定》。经首都精神文明办、市人力社保局考评，首都精神文明建设委员会审议，授予 273 所学校（中小学 255 所、高校 18 所）首都文明校园称号。中小学按区分布情况为，东城区 39 所、西城区 26 所、朝阳区 22 所、丰台区 17 所、石景山区 10 所、海淀区 22 所、门头沟区 10 所、房山区 16 所、通州区 13 所、顺义区 9 所、昌平区 11 所、大兴区 14 所、怀柔区 14 所、平谷区 15 所、密云区 7 所、延庆区 10 所。

（赵国伟）

航天员与高校青年学生代表座谈会

4 月 22 日，教育部、市委教育工委、北京航空航天大学在第三个“中国航天日”来临之际，联合举办航天员与首都高校青年学生主题座谈交流会。座谈会邀请中国人民解放军航天员大队航天员刘旺、王亚平、邓清明与来自北京大学、清华大学、中国人民大学等高校的 30 余名大学生代表，以“担当民族复兴大任，在实现中国梦的生动实践中放飞青春梦想”为主题，就学习、科研、生活等方面内容开展座谈交流。座谈会后，3 名航天员与学生共同参观航空航天博物馆。

（赵国伟）

校园禁毒戏剧推广计划剧目上演

6 月 25 日至 28 日，中央戏剧学院、北京市禁毒教育基地管理中心联合出品的校园禁毒戏剧《蒲公英》上演。该剧讲述某强制戒毒所“蒲公英”宿舍的 6 名女性成瘾者染毒、戒毒并在此踏上人生旅程的故事。该剧的编剧、导演和舞台设计人员均为戏剧学院师生，戏剧学院戏剧教育系 2017 级本科班全体学生参演。作为北京市“禁毒教育高校公益联盟”成员，戏剧学院已连续多年创作禁毒题材戏剧，以戏剧艺术的形式传播禁毒理念，通过戏剧向社会尤其是青年学生揭示毒品的危害，引导青年学生洁身自好，远离毒品。

（王兴民）

主题教育读书活动演讲比赛北京赛区决赛

6 月 29 日，北京教育系统关工委举办“红旗飘飘、引我成长”主题教育读书活动演讲比赛北京赛区决赛暨颁奖仪式。演讲比赛设小学组和中学组 2 个组别，29 名选手参加比赛。经过角逐，来自北京工业大学附属中学和北京市通州区潞河中学的 2 名学生分获小学组和中学组第一名，同时获得代表北京参加全国比赛的资格。北京教育系统关工委、全国青少年主题教育活动组委会办公室领导及相关负责人，来自中国传媒大学的专家评委，各区参赛中小学生、辅导教师等 300 人参加活动。

（闫妍）

中小学生社会大课堂十年建设成果总结

7 月 9 日至 10 日，市委教育工委、市教委共同召开北京市中小学生社会大课堂十周年总结展示会。会议从开发社会资源、促进资源共享，推进课程建设、深化内涵发展，整合实践活动、打造首都特色，健全工作机制、保障平稳运行 4 个方面总结社会大课堂十年建设经验。会议表彰社会大课堂先进集体 100 家、先进个人 200 人。东城区教委、延庆区教委、中国宋庆龄青少年科技文化交流中心等单位围绕实践育人介绍经验做法。中国宋庆龄青少年科技文化交流中心展示 20 节社会大课堂活动课程。会议启动社会大课堂综合管理服务平台。教育部、中国宋庆龄基金会、市政府、市委教育工委、市教委、市政府教育督导室等单位相关领导参加 9 日上午大会，市、区教育行政部门领导、德育干部、专家以及社会资源单位代表等600人参加总结展示会。会议由北京学生活动管理中心承办。12月27日，市教委委托学生活动中心举办2018年北京市中小学生社会大课堂学习成果展示会，展示2018年北京市中小学生社会大课堂学习成果一等奖获奖学生项目16个，同时组织19家2018年度社会大课堂优质资源单位展示教育教学活动。2008年，在市委、市政府领导下，市委宣传部、市教委等12个部门联合启动北京市中小学生社会大课堂，整合全市人文、自然资源，为学校和学生开展课外、校外活动创造条件。截至2018年，全市共有市、区两级资源单位1300余家，包括市级资源单位700余家。中小学生社会大课堂在促进首都基础教育高水平发展、培养高质量人才方面发挥独特作用：提升学生核心素养，促进学生全面发展；拓展教师教学资源，促进教学方式转变；丰富学校育人载体，扩充教育资源。

（王昱人　向姣姣　牛文国）

7月14日至19日，第三届“最美少年”传统艺术体验活动在北戏举行　（北戏　供）

“最美少年”传统艺术体验活动

7月14日至19日，第三届“最美少年”传统艺术体验活动在北京戏曲艺术职业学院举行。活动由首都精神文明办主办，北戏承办，组织北京各区美德少年、社区文明小使者60人参加全封闭式传统艺术体验活动，通过让少年儿童学习京剧和曲艺等艺术形式，培养他们对传统文化的认知，在潜移默化中提升其道德品质。活动内容包括授课教学、观摩演出、实践体验、成果展示4个环节，邀请名家授课，设计词、曲、舞、画全覆盖的课程，结合现场观摩学习，展现传统戏曲文化的博大精深。

（贺红梅）

第五届全国中学生朗诵大会

10月21日，北京教育系统关工委、北京市第一〇一中学联合举办第五届全国中学生朗诵大会。大会以“弘扬传统文化，争做时代新人”为主题，设初中组和高中组2个组别，学生以个人朗诵或集体朗诵方式参赛。朗诵内容包括课内篇目与课外篇目、推荐篇目与自选篇目、古代经典与现当代经典。来自14个省市及北京28所中学的50名选手参赛。最终，评出初中组特等奖2人、高中组特等奖6人。全国及全市各区学生200人现场观赛。

（闫妍　张欣）

大学生传统文化公开课

10月31日，市委教育工委举办首都大学生中华优秀传统文化公开课。公开课邀请北京师范大学教授主讲《中国文化的自信与力量》。活动由北京高校辅导员“景行”传统文化工作室承办，北京理工大学、北京交通大学、中央民族大学、北京外国语大学、北京工商大学、首都师范大学6所高校800名大学生参加活动。

（王星星）

280所学校被认定为北京市中小学文明校园

11月7日，市教委、首都精神文明办联合印发《关于认定第三批北京市中小学文明校园的通知》，认定280所学校为第三批北京市中小学文明校园。第三批北京市中小学文明校园考核认定工作于3月开始，设置学校自主申报、各区教委及文明办联合考核推荐、市教委及首都精神文明办审核验收、社会公示等程序。

（王昱人）

中国首家基础教育德育馆开馆

11月13日，中国首家基础教育德育馆——中国德育馆（延庆馆）在北京市延庆区第五中学建成并开馆。德育馆分为序厅和中国古代德育、中国近代德育、中国当代德育、延庆德育4个展厅，通过网络资源、新媒体技术应用和图片文字展示，呈现中国古代、近现代历史时期以及新时期德育教育发展脉络、重大事件和主要德育思想，具有展览、研究、培训三大功能，面向各级各类学校和社会各界免费开放。德育馆由延庆区政府投资建设，于2016年9月28日开工，工程造价1005.75万元，占地面积800平方米，建筑面积1370平方米，属框架结构建筑。

（张美丽）

中小学生思想道德发展测评

11月28日至12月2日，市教委面向全市各区统一开展学生思想道德发展测评工作。抽测样本学校444所（小学202所、初中135所、高中107所），参测学生23461人、干部教师4482人、学生家长22534人，建成全市中小学生思想道德发展测评数据库。

（林臻）

专门教育

朝阳工读学校建筑装饰建设专业校企合作签约

1月13日，北京市朝阳区工读学校召开建筑装饰建设专业校企合作签约仪式。学校分别与金龙腾装饰股份有限公司、英景瑞国际教育科技（北京）有限公司和北京市建筑装饰协会签订合作协议。根据协议，朝阳工读学校负责专业申报及建设；英景瑞国际教育科技（北京）有限公司负责入学招生、专业课程师资配备、毕业生输出；金龙腾装饰股份有限公司负责提供实践基地、实习基地，帮助学生提升实际技能；北京市建筑装饰协会负责提供企业资源需求。各用人单位从企业发展需求出发，对学校开设建筑装饰建设专业提出合理化建议，进一步指明建筑装饰建设专业发展方向。

（刘禹喆）

朝阳工读学校国际交流活动

6月6日至6月15日，北京市朝阳区工读学校与华益社会工作促进中心、美国罗格斯大学共同开展第二届“魅力劲六”国际文化交流活动。活动以文化体验和课程培训为主，邀请罗格斯大学指导教师团队为全校学生送课，课程内容根据联合国提出的青少年生活技能课程设置，融合专注力与生活技能培训，分为专注力、自尊、识别情绪、管理情绪、学会决策、果断、感恩7个主题，鼓励学生发掘长处、潜能、兴趣、天分。活动举办学生与外籍教师共同参与的“包粽子”、篮球赛、礼物互赠等活动。罗格斯大学团队14人及学校全体师生参与活动。

6月6日至6月15日，朝阳工读学校举办第二届“魅力劲六”国际文化交流活动 （朝阳工读学校 供）

（刘禹喆）

朝阳工读学校社工活动

7月13日，北京市朝阳区工读学校举办“助力学校社会工作服务项目2＋1成长陪伴主题活动”。活动内容为组建团队及破冰游戏。活动目的为协助支持学校迅速介入评估学生问题和需求，发掘学生优势和潜能，搭建学生自我成长安全网，提升学生自我效能感，帮助学生应对当前问题和困境，促进学生行为转化，实现学生健康成长。11名社工参加活动。

（刘禹喆）

海淀偏差行为转化教育现场会

9月21日，海淀区教委召开海淀区中学生偏差行为转化教育工作现场会。会议旨在落实立德树人任务，总结海淀区学生偏差行为转化教育工作经验。会议听取北京市海淀工读学校《为偏差行为学生提供适合的教育》汇报，阐述学校办学63年中适合学生偏差行为教育转化的管理制度与教育举措。2所中学分享转化学生偏差行为的有效做法、正面教育策略及分级处理机制。海淀工读学校15名学生表演心理剧《英雄之旅》。海淀区教委、区法院、区检察院、全市5所专门教育学校和海淀区中学领导、教师140人参加会议。

（付俊杰　王常智）

9月21日，海淀区教委召开海淀区中学生偏差行为转化教育工作现场会 （海淀工读学校 供）

东城专门教育40周年成果展

12月25日，东城区专门教育40周年成果展示活动在北京市东城区工读学校举行。活动主题为“办适合学生的教育，培养最伟大的普通人”，分展示课观摩和主旨论坛2个环节。活动组织参会领导及东城区中学德育干部、班主任观摩汽修、礼仪、足球等7节展示课。论坛上，参会人员共同观看东城工读学校宣传片《东城工读学校砥砺奋进四十年》，听取《办适合学生的教育，培养最伟大的普通人》东城工读学校办学成果汇报、东城区学生援助中心分中心工作情况介绍；北京交通运输职业学院与东城工读学校共同签订“3＋2”中高职衔接合作办学协议。2018 年是东城工读学校建校 40 周年，该校将继续脚踏实地、开拓创新、与时俱进，探索特色教育新路。

（商彦芬）

国防教育

第三届国防大讲堂

4 月 15 日，由北京高校国防教育协会主办的全民国家安全教育日主题报告会暨第三届国防大讲堂——网络信息安全观教育活动在首都经济贸易大学举行。活动围绕“网络信息安全观教育”主题，邀请国防大学教授担任主讲人，介绍网络安全问题的由来、表现形式以及中国网络安全面临的严峻挑战。讲座从强化网络安全意识，筑牢思想路线；增强网络法纪观念，规范网络行为；实现技术自主可控，消除固有隐患；加强国际交流合作，参与规则制订以及军民融合人人参与，营造和谐网络等方面内容提出维护中国网信安全的几点思考。来自北京 20 所高校的 700 余名师生参加活动。

（张兵　肖娜）

4 月 15 日，国防教育协会举办全民国家安全教育日主题报告会暨第三届国防大讲堂　（国防教育协会　供）

北京学生定向运动比赛

4 月 22 日和 11 月 3 日，北京高校国防教育协会在奥林匹克森林公园分别举办 2018 年“北斗杯”学生定向运动锦标赛和 2018 年“铸剑杯”军事定向运动普及赛。“北斗杯”定向运动锦标赛设军事定向组、高校男子组、高校女子组、高职男子组、高职女子组、中专男子组、中专女子组和邀请组 8 个组别。北京科技大学、首都师范大学、北京电子科技职业学院、北京市海淀区卫生学校、华北科技学院分获各组别第一名。来自 43 所北京高校的 1000 余名学生运动员参加比赛。“铸剑杯”定向运动普及赛要求参与者掌握识图和用图技巧，同时学会对地形地貌的判断，能够凭着地图和指北针在陌生地域独立穿越。比赛设军事定向组、高校精英男子组、高校精英女子组、高校男子组、高校女子组、高职男子组、高职女子组、中专男子组、中专女子组、邀请男子组和邀请女子组 11 个组别。清华大学获高校新生男女总团体第一名、北京化工大学获高校男女总团体第一名、电科职院获高职男女总团体第一名和中专男女总团体第一。来自 40 余所学校的 1000 余名学生参加比赛。

（张兵　肖娜）

海洋意识教育活动启动

4 月 26 日，市委教育工委、市教委等 6 家单位联合举办海洋主题活动暨 2018 年北京学生海洋意识教育系列活动启动仪式。活动围绕“海洋、海权、海军”主题，计划开展海洋知识竞赛、海洋主题征文、海洋大讲堂及海洋知识巡展、海洋主题绘画摄影大赛、海洋主题创意作品大赛、海洋模型大赛、海洋文化节、海洋教育拓展训练营等多项活动。

（卢亭）

国旗文化教育和升国旗展示活动

6 月 10 日和 9 月 15 日，北京高校国防教育协会分别举办国旗仪仗队培训和第九届北京高校国旗仪仗队检阅式活动。培训涉及国旗文化建设和升旗仪式程序两方面内容。来自 36 所北京高校的国旗护卫队指导教师、队长和队员参训。来自 38 所北京高校的国旗仪仗队参加检阅式活动，9 名评委从队形动作、技术动作、升旗礼仪等 10 个方面进行评审。最终，北京电子科技职业学院、北京航空航天大学、北京化工大学 3 所高校获特等奖，11 所高校获一等奖，12 所高校获二等奖，12 所高校获三等奖；另评出最佳队长和最佳升旗手各 6 人。

（肖娜　张兵）

9 月 15 日，国防教育协会举办第九届北京高校国旗仪仗队检阅式活动　（国防教育协会　供）

承办全国军事课教学展示活动

7 月 11 日至 12 日和 10 月 26 日至 28 日，2018 年度全国军事课教学展示（战场医疗救护）活动和 2018 年度全国军事课教学展示（军歌小合唱）活动分别在北京交通大学和北京市第三十五中学举行。展示活动由教育部主办，市教委承办。“战场医疗救护”活动依托激光模拟战术对抗系统进行红蓝军对抗，各代表队队员分别扮演颅顶部受伤、小腿部开放性骨折等伤势的伤员等待救治，现场展示分战术、技术两部分。战术部分包括观察与发现伤员、接近伤员、脱离火线搬运伤员、转运护送伤员4个环节；技术部分包括战场止血、包扎、固定、搬运4项急救基本技术。26个省级代表队和1支部属高校队伍参赛。“军歌小合唱”活动分为展示和体验两部分。20个省级代表队作军歌演唱展示；体验部分组织全体成员到天安门观看升旗仪式、参观中国人民解放军三军仪仗队、了解中国人民解放军军乐团团史、参加《唱响国歌》专题讲座。

（张兵）

高校、高中军事理论课教师培训

9月26日至28日和10月21日至23日，市教委分别举办“全市高校军事理论课教师培训班”和“高中阶段学校军事课教师培训班”。培训班聘请专家学者就新形势下的中国国防、中国武装力量、周边安全形势、周边热点以及如何上好军事理论课等相关教学内容进行授课辅导，旨在加强北京市高校、高中军事理论课教师队伍建设，规范军事理论课教学，提升高校、高中阶段军事理论课教师教学能力和水平。来自全市40所高校的97名专兼职军事教师，以及全市16个区教委和燕山教委所属普通高中、职业高中、中等专业学校的110名军事课教师参加培训。

（张兵）

北京高校国防教育培训暨交流研讨会

11月17日至21日，北京高校国防教育培训和交流研讨会在四川省西昌卫星发射中心举行。活动分为航天知识培训和国防教育研讨交流两个阶段，组织参会人员见证长征三号乙运载火箭以“一箭双星”方式成功发射第42、43颗北斗导航卫星，参观卫星发射场、卫星发射中心及火箭实体厂房，听取卫星发射中心技术部高级工程师《探索浩瀚宇宙 寻梦出发之地》主题报告；研讨大会上，北京交通大学、首都师范大学、北京化工大学、北京子凡文化交流中心分别从军训、征兵、国防教育理论研究及途径4个方面作主旨发言。20余家会员单位30名代表参与活动。

（张兵）

高校军事理论调讲与学生军训工作理论研讨会

12月17日至19日，市教委委托高校军事课教学指导委员会在中国科学院大学怀柔校区举办“高校军事理论调讲与学生军训工作理论研讨会”。会议邀请各高校专兼职军事教师100人全程观摩，组织全体参会人员就如何深入贯彻落实国务院办公厅、中央军委办公厅《关于深化学生军事训练改革的意见》及北京市如何贯彻落实文件措施、开展高校军事理论课教学工作进行研讨交流。清华大学、北京化工大学、北京科技大学等10所高校的28人参加调讲，24人获北京市军事理论课协作教学任课资格。

（张兵）

体育卫生

体育

青少年校园足球后备人才梯队建设冬训营

1月29日至2月3日，2018北京市青少年校园足球后备人才梯队建设足球冬训营在厦门华侨大学集美校区举行。经过前期选拔，来自全市16区的80名中小学生参加活动，组建小学男子甲组、小学男子乙组、小学女子组、初中男子组和初中女子组5个梯队，每个梯队16名队员。冬训营聘请前国家女足主教练担任总教练，为各梯队配备1名外籍主教练和1名中方助理教练。冬训营同时开展文化、艺术教育活动，增设“绘画培训”“球衣设计”“新春贺卡制作”等课程和活动，组织“参观集美中学”“了解厦门”“外联友谊赛”等研学旅行活动。活动由北京市青少年校园足球工作领导小组办公室主办，北京学生活动管理中心承办。

（李铮　齐景宇）

阳光体育民族传统体育节

3月至6月，市教委、市体育局联合主办2018年北京市中小学生阳光体育展示活动——民族传统体育节系列活动。3月25日和31日，举办跳绳、踢毽、花样跳绳比赛。来自全市11个区22所学校的1838名运动员参加跳绳比赛，来自全市7个区22所学校的187名运动员参加踢毽比赛，来自全市14个区94所学校的1395名运动员参加花样跳绳比赛。4月20日和22日，举办毽球比赛。来自7个区27所学校的73支队伍355名运动员参赛。5月20日，举办轮滑比赛。来自14个区的70支学校代表队549名中小学生参赛。6月3日，举办跳皮筋比赛。来自45所学校的734名学生参赛。

（李铮）

3月25日，市教委、市体育局联合举办2018年北京市中小学生阳光体育展示活动——民族传统体育节（市教委相关处室　供）

校园篮球特色校篮球赛

4月1日至5月31日，市教委、市体育局联合主办2018北京校园篮球特色学校篮球比赛。比赛设初中男子组和高中男子组2个组别，各组别均有8支队伍，共计16支队伍参赛。最终，清华大学附属中学获初中组冠军并代表北京参加大区赛和全国赛，获全国赛亚军；清华附中获高中组冠军。比赛由北京学生活动管理中心、NBA中国共同承办。

（李铮 池飞龙）

阳光体育武术健身操和武术集体套路比赛

5月5日至6日，市教委、市体育局联合举办2018年北京市中小学阳光体育系列活动——武术健身操比赛和武术集体套路比赛。武术健身操比赛设小学组和中学组2个组别，包括小学组《旭日东升》《雏鹰展翅》和中学组《英雄少年》和《青春功夫》4个项目。来自98所学校的2984名运动员参赛。评出小学组《旭日东升》项目一等奖31个、《雏鹰展翅》项目一等奖23个，中学组《英雄少年》项目一等奖16个、《青春功夫》项目一等奖6个。武术集体套路比赛设小学组和中学组2个组别，武术拳术集体套路、武术器械集体套路、武术基本功集体套路、集体武术竞艺表演4个项目。来自27所学校的609名运动员参赛。评出小学组一等奖18个、中学组一等奖8个。

（李铮 孙晓楠）

金奥运动队承办校田径运动会

5月5日至6日，市教委、市体育局联合举办2018年北京市学生金奥运动队承办学校田径运动会。来自11个区的16支队伍参赛。最终，北京市顺义区杨镇第一中学、北京市顺义牛栏山第一中学、北京市大兴区第一中学分获金牌榜前三名。北京市学生金奥运动队由市教委命名，是代表北京市中小学生最高运动水平的学校体育运动社团。全市共有金奥运动队承办校37所。

（李铮）

首都高校第56届学生田径运动会

5月10日至13日，由市教委、市体育局联合主办的首都高等学校第56届学生田径运动会在中国人民公安大学举行。运动会设4个组别，159个比赛项目。来自72所高校的2000名运动员参赛。最终，清华大学、北京大学、北京科技大学分获甲A组前三名，北京体育大学、北大、首都体育学院分获甲B组前三名，北京建筑大学、公安大学、北京工商大学分获乙组前三名，北京农业职业学院、北京印刷学院、北京电子科技职业学院分获丙组前三名，北体大、首体院、中央民族大学分获丁组前三名。教育部、公安部、市教委、市体育局等单位领导以及各参赛高校校领导、教师和学生代表4000余人参加开幕式。

（李铮）

北大登山队登顶珠峰

5月15日10时23分，北京大学山鹰社珠峰登山队成功登顶世界第一高峰珠穆朗玛峰。登山队一行14人，包括学生7人、教师2人、北大校友及登山爱好者5人，从西藏北部出发，经过与章子峰之间的北坳从北坡登顶。登山队在珠峰展示国旗、北大校旗和山鹰社社旗，高呼“北大精神，永在巅峰”“团结起来、振兴中华”等口号。北大山鹰社1989年成立，是全国首个以登山、攀岩为主要活动的学生社团。此次活动是社团策划的北大120周年校庆活动之一。

（徐聪颖）

中小学生校园足球联赛暨冠军赛落幕

5月19日，2017—2018年度北京市中小学生校园足球联赛暨冠军赛落幕。联赛于2017年11月9日在16个区全面展开，设高中男子A组、高中男子B组、初中男子A组、初中男子B组、小学男子甲A组、小学男子甲B组、小学男子乙A组、小学男子乙B组、中学女子组和小学女子组10个组别，根据赛制及赛程安排，分为小组赛、交叉赛、四强主客场赛、总决赛4个阶段，共计70个比赛日，520场比赛。最终，中国人民大学附属中学一队、北京市昌平区第一中学、北京市顺义区第十三中学、清华大学附属实验学校、清华育才实验学校、北京市大兴区旧宫镇第一中心

4月1日至5月31日，市教委、市体育局联合举办2018北京校园篮球特色学校篮球比赛 （学生活动中心 供）

小学、北京市通州区运河小学、北京市海淀区民族小学、北京市平谷区第八小学、北京市昌平区东小口中心小学分获各组别冠军。比赛由北京市青少年校园足球工作领导小组办公室主办，北京学生活动管理中心承办。

（李铮　董默轩　齐景宇）

阳光体育啦啦操比赛

5月26日至27日，市教委、市体育局联合主办2018年北京市中小学生阳光体育系列活动——啦啦操比赛。比赛设小学甲组、小学乙组、小学丙组、小学丁组、中学甲组、中学乙组和中学丙组7个组别。来自全市16个区251所中小学的5506人参赛。最终，北京市京源学校获16版校园花球中学甲组第一名、中国民族大学附属中学获16版规定甲组爵士第一名、北京市陈经纶中学获16版技巧一级中学丙组第一名、清华大学附属小学清河分校西校区获16版规定儿童组花球小学丙组第一名。

（李铮）

5月26日至27日，市教委、市体育局联合举办2018年北京市中小学生阳光体育系列活动——啦啦操比赛（市教委相关处室　供）

学龄前儿童运动指南发布

6月9日，北京体育大学发布国内首部《学龄前儿童（3～6岁）运动指南（专家共识版）》。指南由北体大、首都儿科研究所、国家体育总局体育科学研究所共同研制。在“体医融合”背景下，团队集结运动人体科学、儿科学、公共卫生等领域专家学者，邀请来自北京大学、苏州大学附属儿童医院、首都儿科研究所等单位的国内医学界和体育界专家系统审稿并完成制定。指南适用于学龄前（3～6岁）健康儿童，包括学龄前儿童运动的益处和基本要素、学龄前儿童运动的推荐意见、学龄前儿童运动监测与评估等内容。“学龄前儿童运动指南”微信公众号将以图文形式向公众发布主要推荐意见。

（董健）

中小学生跆拳道比赛

6月30日，市教委、市体育局联合主办2018年“八喜杯”北京市中小学生跆拳道品势比赛。来自全市各区的39支代表队500余名运动员参赛。最终，龙基跆拳道获小学组团体总分第一名，北京市第五十七中学获中学组团体总分第一名。

（李铮）

北京市青少年校园足球夏令营

7月至8月，北京学生活动管理中心承办2018年北京市青少年校园足球夏令营并组织优秀学生参加全国总营活动。7月10日至19日，承办2018年北京市青少年校园足球夏令营。来自全市16个区的63名小球员参加活动。经过为期1周的夏令营活动，北京营全体师生分别前往山东青岛市和潍坊市参加第二营区夏令营活动，17人入选分营最佳阵容。8月10日至20日，入选第二营区最佳阵容的学生分别前往秦皇岛市（小学组）和上海市（初中组）参加为期10天的全国总营活动，3名学生入选全国最佳阵容名单。

（董默轩）

校园足球“小比赛，大梦想”项目推广

9月8日，市教委与北京中赫国安足球俱乐部联合举办“小比赛，大梦想”项目启动仪式。全市1.80万名师生、家长参与现场活动。项目首期安排100所小学进行试点，试点校每班组建2支足球队，每人每周参与2场（每场40分钟）比赛。至年底，比赛34963场，425881人次小学生参赛。“小比赛”按照国际足联草根足球计划提倡的方式，组织学生在小场地比赛，采用活动围栏将场地分隔为多块小场地，解决足球场不足的问题。比赛不设教练和裁判，不计比分和名次，不允许中断比赛，鼓励学生在游戏性的比赛中体验和享受足球乐趣。

（张志华）

阳光体育乒乓球赛

9月14日至15日和10月26日至28日，市教委、市体育局联合主办2018年北京市中小学生阳光体育系列活动乒乓球比赛暨“和谐杯”中小学生乒乓球比赛。比赛设高中男子组、高中女子组、初中男子组、初中女子组、小学男子甲组、小学女子甲组、小学男子乙组、小学女子乙组和

9月15日，市教委、市体育局联合举办2018年北京市中小学生阳光体育系列活动乒乓球比赛（市教委相关处室　供）

亲子组9个组别，7个项目，包括个人赛和团体赛。来自全市14个区165所中小学的889名学生参赛，其中24组家庭参加亲子组比赛。最终，北京师范大学附属第二中学获高中男子、女子组冠军，北京市三帆中学获初中男子、女子组冠军，北京市海淀区万泉河小学获小学男子、女子甲组冠军，北京小学获小学男子乙组冠军，北京市怀柔区实验小学获小学女子乙组冠军。比赛由北京学生活动管理中心承办。

（李铮 傅玥）

第56届中学生田径运动会

10月28日至30日，市教委、市体育局联合主办第56届北京市中学生田径运动会。比赛设22个小项。来自全市16个区及燕山地区的816名学生运动员报名参赛。最终，海淀区获A组团体总分第一名、顺义区获B组团体总分第一名。活动由北京学生活动管理中心、海淀区教委、海淀区体育局联合承办。

（李铮 董默轩 傅玥）

阳光体育武术比赛

11月25日，市教委、市体育局联合举办2018年北京市中小学生阳光体育系列活动——武术比赛。比赛设高中男子组、高中女子组、初中男子组、初中女子组、小学男子组和小学女子组6个组别，自选类和传统类2类，18个小项。来自全市16个区116所学校的600名中小学生参赛。最终，北京市海淀区双榆树第一小学获小学组团体总分第一名，北京市中关村中学获初中组、高中组2项团体总分第一名。

（李铮）

校园足球文化节

12月13日，2018年北京市校园足球文化节展示活动在北京体育大学举行。展示活动分“春的成长”“夏的热情”“秋的绚烂”“冬的蓄力”4个篇章，通过歌曲、舞蹈、啦啦操、情景剧、现场解说、足球技能表演，全景展示足球文化。市教委、市体育局、市足协等相关单位领导，16个区教委及燕山教委相关负责人，全市304所市级和国家级校园足球特色校校长、教师及学生代表等2000人参加展示活动。足球文化节于3月启动，由北京市校园足球工作领导小组办公室主办，围绕“校园绿茵，记录我们的成长”主题，从个人和集体2个方向，开展标语、徽标设计、球衣设计等11个类别的作品征集，征集优秀作品1229件。

（张志华）

校园足球通讯社以活动促发展

至年底，北京市校园足球通讯社积极开展活动。开展4期小记者培训活动，从足球文化、足球规则、采访报道、摄影技巧出发建立培训课程体系，帮助小记者多角度、多方位、多维度、多层次了解足球运动与足球文化，来自全市校园足球特色校的1600名师生参加培训。结合全年校园足球赛事活动、世界杯热点话题、校园足球文化活动等开展实践活动，邀请专业媒体记者现场指导小记者参与报道，开展活动32期，1280名小记者参与。开通“北京青少年校园足球”微信公众号，全年发布原创文章300余篇。北京市校园足球通讯社成立于2017年4月14日，是由市教委、团市委、北京人民广播电台等单位联合发起成立的全国首家校园足球通讯社。

（张志华）

学校卫生

第12届首都大学生心理健康节

4月11日，市委教育工委和北京市高等教育学会心理咨询研究分会共同主办的第12届首都大学生心理健康节启动。截至5月28日，共有49所高校报送活动总结，超过20万名大学生直接或间接参与由清华大学、北京航空航天大学、中国人民大学、北京师范大学、北京交通大学、中国农业大学、首都师范大学、北京工商大学、中央财经大学、北京体育大学、北京舞蹈学院、中央音乐学院、北方工业大学、北京联合大学、北京城市学院15所高校联合承办的11项活动。活动分为4个大类，分别为心理健康知识类活动（阳光讲堂、知识竞赛），艺术表达类活动（绘画、心书笺、心理剧、微视频、舞蹈），主题演讲类活动（演讲、微课）及素质拓展类活动。

（刘晖）

中小学生体质健康训练营

7月28日至8月16日，市教委举办中小学生体质健康训练营。活动面向10～14岁在读中小学生，每区10人（男、女生各5人），共计160人。活动旨在通过训练提升中小学生身体素质，控制其体重，使其养成健康的生活方式，内容包括体质健康训练、学习健康知识、培养感恩意识、加强团队协作、提升沟通能力、提高创新能力。

（宋玉珍）

中小学体育与健康教育大会

10月30日，市教委召开北京市中小学体育与健康教育大会。会议以“享受乐趣、增强体质、健全人格、锤炼意志——为每一位学生的终身健康奠基”为主题，全面研讨和交流如何引导广大一线教师关注课堂教学，提高体育教学实效，设立“游戏，让孩子们爱上体育”“比赛，促青少年人格完善”和“专项，助学生运动能力提高”3个分论坛。首都体育学院、北京教育科学研究院专家作专题报告。教育部、市教委领导，各区教委、各区教科研部门相关负责人，中小学体育与健康学科教师、教研员代表等600人参加会议，为推进京津冀基础教育协同发展，特别邀请河北、天津教师代表参会交流。

（赵以文）

控烟主题创意大赛

10月至11月，市教委开展“共建无烟校园 共享健康北京”——2018年北京市教育系统控烟主题创意大赛。比赛面向全市大中小学校，收到参赛作品3746件（视频类119件、艺术设计类3627件），其中，高校提交764件、中学提交646件、小学提交2336件。经大赛组委会专家组评选，评出优秀控烟主题创意作品117个、优秀指导教师68人、优秀组织奖25个。

（宋玉珍）

全国中小学心理健康教育研讨会举行

11月1日，北京教育学院举办全国中小学心理健康教育研讨会。会议以“中小学心理辅导工作的机遇与挑战”为主题，分为开幕式、主题报告、3个分论坛和4个工作坊。来自河北、内蒙古、浙江等地及北京的领导、专家、校长和教师共计260余人参加会议。自2016年起，教育学院已连续3年共计举办4期“北京市中小学心理健康教师心理辅导能力提升培训”。

（石燕）

健康教育进校园系列活动

至年底，市教委举办“北京市大中小学生防近视、控肥胖系列健康教育活动”。活动针对现阶段中小学生中普遍存在的近视、肥胖等健康问题，组织开展“专家进校园健康大讲堂”“健康饮水，远离含糖饮料”以及“我和家长一起锻炼”摄影作品征集等活动。其中，“专家进校园健康大讲堂”活动组织权威专家为师生、家长讲解防近视、控肥胖和校园控烟、体育锻炼等健康知识，举办专家讲座170场，参与师生10万人；在16个区举办“健康饮水，远离含糖饮料”主题教育活动900场，参与学生10万人（中学2万人、小学8万人），99%的学生认为这种亲自勾兑、现场互动的授课方式更直观、更有效，100%的学校对活动效果表示满意；“我和家长一起锻炼”摄影作品征集活动面向全市中小学生，征集学生和家长一起锻炼摄影作品上万件，选出各区推送优秀摄影作品320件刊登在《健康咨询报·学生健康成长专刊》上，并组织评选，表彰一等奖5个、二等奖10个、三等奖20个和优秀奖50个。

（宋玉珍　侯建鹏）

冬季奥林匹克教育

两次校园冰雪运动推广普及交流活动走进东城

1月4日和12月28日，市教委、市体育局等相关单位分别在东城区的北京市广渠门中学和北京市东城区史家小学分校举办北京市中小学生校园冰雪运动推广普及经验交流会。活动组织观摩模拟滑雪机、仿真冰、真冰、旱地冰球、旱地越野滑雪、旱地冰壶等冰雪特色课程；听取全市各区教育系统冰雪运动负责人、师生代表的校园冰雪运动开展情况汇报和经验分享。市教委、市体育局、北京奥运城市发展促进中心、北京冬奥组委等单位相关负责人参加活动。2次活动的参与人数分别为200人和130人。2018年，东城区率先制订《东城区校园冰雪运动五年行动计划（2018—2022年）》，通过全面普及冬季奥林匹克教育、冰雪运动项目，培养冬奥及冰雪运动教师队伍、优化场地设施建设、搭建发展平台，推进冬奥教育、冰雪运动推广与普及。11月19日起，东城区通过政府购买服务方式，在6所学校铺设季节性冰场，并为各校及周边学校学生开设基础滑冰、冰上排舞、队列滑、花滑等冰上课程。

（陈红　皮唯薇　李银姬）

海淀中小学冰雪运动联盟成立

3月21日，海淀区中小学冰雪运动联盟成立发布会在五棵松体育中心举行。发布会宣布海淀区中小学冰雪运动联盟成立，同时发布海淀区中小学冰雪运动吉祥物。北京冬奥组委、北京市冬季运动管理中心、海淀区政府等相关单位领导，海淀区各学区、中小学干部教师、教练员和部分冰雪运动小队员100人参加发布会。该联盟在海淀区教委、区体育局倡议下成立，首批成员单位12个。联盟主要工作内容有，实现联盟内社会场馆、企业和教育科研机构等资源共享；组织教育教学科研机构围绕中小学生冰雪运动开展专题研究，进行产品设计，定期组织冰雪运动文化宣传活动；丰富中小学生业余活动，提升中小学生体质健康水平，举办冰雪运动各类项目赛事。3月15日至19日，区教委面向全区师生征集海淀区中小学冰雪运动吉祥物名称。区教委专门设计5个“小企鹅”，作为海淀区中小学冰雪运动吉祥物。经学校初选、专家复选及审核确定，清华大学附属中学上地学校学生提案命名“冬冬、奥奥、慧慧、圆圆、萌萌”1组作品获优胜奖，被选定为海淀区中小学冰雪运动吉祥物名称。

（宋亚甫）

顺义首家镇级青少年滑雪体验中心启用

6月9日，顺义区首家镇级青少年滑雪体验中心——天竺镇青少年滑雪体验中心投入运行。中心建于北京市顺义区空港第二小学院内，占地面积890平方米，建筑面积860平方米，使用面积802平方米，为天竺地区中小学生创造参与冰雪运动的条件。中心推出“滑雪训练器＋规范教学＋安全有效”科学实践教学新模式，通过还原真实滑雪场景，让学生近距离感受冰雪运动的独特魅力，实现冰雪运动进校园。是日，顺义天竺地区青少年冰雪体验活动启动仪式在中心内举行。区人大、区政府、区政协、区教委、区体育局等单位相关领导，天竺地区各学校学生及家长代表等80人参加启动仪式。

（于田）

昌平首届中小学生旱地冰雪运动会

6月20日，昌平区教委、区体育局联合举办昌平区首届中小学生旱地冰雪运动会。比赛设初中男子组、初中女子组、小学男子甲组、小学女子甲组、小学男子乙组、小学女子乙组、小学男子丙组和小学女子丙组8个组别，包括旱地越野滑雪60米、100米、200米、300米、400米竞速赛和旱地轮滑赛6个单项，以及4×400米旱地轮滑、旱地越野滑雪接力赛2个集体项目。来自昌平区15所中小学的300名学生参赛。

（王东兴）

青少年体育文化夏令营

7月14日至20日，市教委主办2018年北京市青少年体育文化夏令营活动。活动与以往的最大不同是以“绽放冰雪激情，感受冬奥之旅”为主题，围绕冬季奥林匹克教育展开，同时延续以往夏令营的“成长、挑战、协作、技能”四大板块理念，组织学生体验冬奥会运动项目、参与百人冰上冬奥主题巡礼、参观奥运场馆、培训奥运礼仪、制作有舵雪橇，发挥体育文化夏令营“活动育人”作用。来自全市16个区17所学校的200名师生参加活动。活动由北京学生活动管理中心承办。

（李铮　徐颖）

7月14日至20日，市教委举办2018年北京市青少年体育文化夏令营　（学生活动中心　供）

冬奥会和冬残奥会吉祥物全球征集活动

9月13日，首场“北京2022年冬奥会和冬残奥会吉祥物全球征集活动”在北京服装学院举办。活动中，北京2022年冬奥会和冬残奥会组织委员会文化活动部相关负责人，中央美术学院、服装学院专家从不同角度诠释2022年冬奥会和冬残奥会吉祥物设计征集要求、分析冬奥会形象景观设计理念、阐释历届吉祥物设计理念与方法。活动通过交流冬奥文化，共议奥运吉祥物设计思考，推动吉祥物全球征集工作。活动由北京2022年冬奥会和冬残奥会组织委员会文化活动部、服装学院联合主办，相关人员300人参加现场活动。

（付佳）

延庆张家口两地学生冬奥演讲比赛

10月12日，延庆区教委与河北省张家口市教育局联合举办“迎冬奥，赞家乡”演讲比赛。双方分别通过复赛选拔20人，共计40人参赛。比赛采用分组循环赛制，分为小学组、初中组、高中组和大学组4个组别，每组10人，评委根据内容、语言、形象等标准打分。延庆区7名选手获一等奖、7名选手获二等奖、6名选手获三等奖。

（赵文新）

全国首个“小小冬奥组委”成立

11月2日，北京市石景山区电厂路小学在首钢园区北京2022冬奥组委驻地举行“小小冬奥组委”成立仪式。活动宣布“小小冬奥组委”主席、顾问以及组成人员名单，为顾问团代表颁发聘书并为组员佩戴胸牌；学生代表发表《小小奥组委主席致辞》，号召组员为全国乃至全世界小朋友提供与奥运会相关的支持和帮助。冬奥组委、首都体育学院、新西兰奥克兰大学相关负责人及该校学生等175人参加活动。“小小冬奥组委”有主席、秘书长、新闻宣传员等不同岗位成员40人，通过校内外张贴招聘广告、红领巾电视台宣传讲解、学生填表申报和海报展示、投票选举等流程选拔产生。

（丁筱　孙晓楠）

“双冰场馆”制冰师校企合作联合培养订单班签约

11月8日，在“双冰场馆”制冰人才校企合作联合培养订单班签约仪式上，北京商贸学校与北京国家游泳中心有限责任公司、北京国家速滑馆经营有限责任公司、北京外企莱茵体育文化有限公司签订战略合作协议。根据协议，校企合作共同培养冬季奥林匹克运动会期间及“后冬奥”急需的冰雪场馆运营维护人才。同时，商贸学校将与北京电子科技职业学院（机电工程学院）联合开设“双冰场馆”制冰师校企合作联合培养订单班，面向2019届中考考生开展“3＋2”贯通培养。校企双方将挂牌建立“北京商贸学校校企合作基地”和“双冰场馆订单班”，共同推动组建衔接专业建设工作组和专业教学团队，校企合作开发“中高本”人才联合培养方案，在人才培养定位、人才培养模式、专业建设等内涵建设改革实践和教学研究方面开展合作与研究。

（张帆）

第三届中小学生冬季运动会

11月10日至12月27日，市教委、市体育局、国家体育总局冬季运动管理中心、北京冬奥组委新闻宣传部、北京奥运城市发展促进中心联合主办2018年北京市第三届中小学生冬季运动会。运动会分别在5个分赛场举行，设冰上、雪上2个大项13个运动项目；将冰雪运动与中小学生积极向上、青春健康的形象相融合，设计专属形象会旗、会徽、吉祥物。来自16个区及燕山地区的近1400名师生参赛。活动由北京学生活动管理中心承办。12月15日，北京市第三届中小学生冬季运动会开幕式暨阳光展示活动在奥众冰上中心举行。体育展示活动中，38所学校320名学生将冰球、花样滑冰、速度滑冰等冬季运动项目与京剧、民乐、诗歌朗诵等艺术表现形式和科学技术手段相融合，表达全市中小学生对2022北京冬奥会的期盼与祝福。市教委、市体育局、国家体育总局冬季运动管理中心等有关单位领导，16个区教委、燕山教委及52所冰雪特色校师生代表观摩开幕式及展示活动。2016年至2018年，全市中小学生参加雪上运动25万人、参加冰上运动20万人。

（李铮　徐颖　孙晓楠）

怀柔推广冰壶特色项目

11月18日，怀柔区台办、区教委共同主办京台青少年冰壶交流（怀柔）基地授牌暨"青春系两岸 携手迎冬奥"第二届京台青少年交流营冰壶活动开幕式。北京中体奥冰壶运动中心被授牌"京台青少年冰壶交流（怀柔）基地"，标志着怀柔区京台青少年交流活动品牌初步建立，两岸青少年冰雪交流长效机制形成，有助于怀柔区京台青少年交流工作常态化发展。来自台湾和北京的青少年冰壶爱好者，混合编队组成12支队伍参加比赛。最终决出冠、亚、季军队各1支。2017年，怀柔区举办首届京台青少年交流营冰壶活动，陆续开展多项京台冰雪交流活动，共有200名台湾学生到怀柔体验冰雪运动。2012年，区教委将冰壶项目作为"特色项目"在全区各中小学推广；2012年至2018年，全区中小学生累计参与冰壶项目体验2万人次，通过国家体育总局注册的正式队员300人次，包括有效注册队员58人，可随时参加国家级比赛。2018年，怀柔区选派20名学生参加北京市第一届冬季运动会冰壶比赛，获3金1银。

（缐金秋　王昊）

冬奥术语平台交付使用

12月13日，北京语言大学"冬奥术语平台V1版"交付北京冬奥组委使用。平台汇集大量涉奥专业词语的标准表达，为办赛、参赛、观赛等客户群提供准确、及时的查询服务，也为语言智能服务提供有力支撑。"冬奥术语平台V1版"是北京冬奥会语言技术集成及服务研发中最先交付使用的研究成果。"冬奥术语平台V1版"共收集整理冬奥术语数据近8万条，涵盖中、英、法等8个语种，北京冬奥组委各部（中心）及场馆团队可通过该平台随时查询并进行术语的补充和修正。交付仪式上，北语代表向冬奥组委提交冬奥术语查询网站中英法三语使用手册并启动术语平台。

（费凡）

中小学生旱地冰球比赛

12月23日，市教委、市体育局、北京冬奥组委新闻宣传部、北京奥运城市发展促进中心联合主办2018年北京市中小学生旱地冰球比赛。比赛设小学、初中、高中3个组别。来自8个区的23支球队345人参赛。北京市第二十中学附属实验学校、北京市昌平区第二中学、北京大学附属中学分获各组别冠军。活动由北京学生活动管理中心承办。

（李铮　池飞龙）

密云推进校园冰雪运动普及与发展

至年底，密云区教委推进校园冰雪运动普及与发展。加大经费投入力度，统筹经费220万元用于扶植学校冰雪项目，开展冰雪项目教学、训练及竞赛，组织31所中小学5000名学生走进滑雪场学习专业滑雪技能。加强冰雪运动师资培养，组织全区200名体育教师进行滑雪技能培训，提高教师冰雪运动技能和教学水平。培育学校冰雪特色项

12月23日，市教委等4家单位联合举办2018年北京市中小学旱地冰球比赛　（市教委相关处室　供）

6月21日，延庆一中开展学生手绘画板助力冬奥活动
（延庆区教委 供）

目，全区有市级冰雪特色校2所、区级冰雪项目培育校10所。2所冰雪特色校通过架设仿真冰场和租赁场地开设滑冰课；组建由50名师生组成的区级冰雪运动队，参加北京市第三届中小学生冬季运动会，获教师组冰球传球赛冠军。面向全区中小学开展“我心中的冬奥会吉祥物”设计方案、教学案例及活动方案征集评选，2018年密云区中小学生冬奥知识竞赛等活动，邀请专业教练员、退役运动员走进32所中小学，开展冬奥文化及冰雪知识宣讲活动。

（商德良）

海淀迎接北京冬奥行动

至年底，海淀区教委开展迎接北京冬奥行动，进一步挖掘冰雪运动试点校带动引领作用，发展一批海淀区中小学冬季奥林匹克教育示范校，继续推进海淀区中小学冰雪教育。区教委继续加强冰雪运动体系建设，制订《海淀区中小学校体育工作三年行动计划（2015—2018年）》，首次将冰雪运动列入全区中小学体育工作三年发展计划；坚持普及为主的工作原则，立足海淀实际，出台《海淀区中小学开展冰雪运动实施意见（2016—2022年）》；开展“冰雪运动进校园”活动，举办第三届海淀区中小学冰球联赛、首届中小学速滑比赛、首届中小学花滑比赛以及中小学冰壶比赛；组建学生冰雪社团和冰雪项目运动队，涉及冰球、冰壶、短道速滑、花滑、滑雪等项目，冰雪运动试点校达到41所，全区10万余名学生参与冰雪运动；成立海淀区中小学冰雪运动联盟，首批成员单位12个；筹建海淀区中小学冰雪运动教师和教练员资源库，统筹社会冰雪运动人才资源，探索实行校园冰雪教练员等级认定和校园任教准入机制。

（宋亚甫）

延庆学生参与各类迎冬奥活动

至年底，延庆区各级各类学校学生积极参与各类迎冬奥活动。2月27日，师生400人在延庆八达岭长城望京广场参加奥林匹克会旗迎接仪式。北京冬奥组委秘书长将会旗交到延庆青少年手中。奥林匹克会旗首站到达延庆八达岭长城，标志2022年冬奥会进入北京时间。6月21日，北京市延庆区第一中学学生在八达岭长城开展“手绘艺术绽放长城，一中学子筑梦冬奥”手绘画板助力冬奥活动。130名学生在美术教师指导下，将3367块手绘画板组成130米冬奥元素拼图。活动是延庆一中将美术实践课程与大地艺术相结合的首次尝试。1100名学生用半学期时间创作、绘画共同完成。9月6日，延庆区录取冬奥小记者。全区43所中小学（小学26所、中学17所）每校推荐小记者2人，经过笔试和面试，每校录取1人进入冬奥小记者班学习。小记者承担学校通讯员职责，成立学校冬奥通讯社，报道迎冬奥期间学校各项冬奥、科技及其他特色活动，工作持续到冬奥会结束。12月12日至28日，延庆区服务冬奥滑雪志愿者培训班在北京市延庆区第一职业学校举办。培训以理论和实践相结合的方式，由延庆一职教师讲授志愿服务相关知识，石京龙滑雪场教练演示滑雪技术。培训结束后进行考核，全区各个系统学员72人成绩合格，全部结业。

（赵文新　卫秀宗）

艺术与校外教育

艺术教育

认定119个金帆团和64个书画院

3月23日，市教委发布《北京市学生金帆艺术团评审认定名单》和《北京市学生金帆书画院评审认定名单》，认定北京市学生金帆艺术团119个、北京市学生金帆书画院64个。同时要求各区优化教育资源配置，发挥金帆团和书画院的育人功能；各承办学校发挥示范引领作用，积极参与社会公益活动，推动学校美育教育工作深入开展。评审工作于2017年10月至12月进行，经过学校申报、区级推荐、市级评审、网络公示等相关评审程序，并经市教委2018年第7次主任办公会议审议通过后公布评审结果。

（孙晓楠）

民族艺术进校园

11月7日，怀柔实验小学开展戏曲进校园活动
（怀柔实验小学　供）

4月至12月，市委宣传部、市文化局、市教委联合主办2018年北京市民族艺术进校园活动，组织演出853场。其中，中小学演出691场，高校演出52场，专场演出110场（中小学68场、高校42场），覆盖16个区及燕山地区的近千所学校；完成戏曲和中华优秀传统艺术进校园演出近500场，农村地区学生进校园演出465场，覆盖60%农村地区学校。演出包括昆曲、曲剧、曲艺、合唱、芭蕾、管乐、现代舞、皮影戏、话剧等多种艺术形式，62家艺术团体参与演出，全年观演人数32万人次。活动以美的形象、高的情感、雅的形式，让学生“在动中学，在乐中学”，取得良好的艺术普及效果。活动由北京学生活动管理中心承办。

（徐春生　张君）

第21届学生艺术节

4月至12月，市教委举办北京市第21届学生艺术节。艺术节面向北京市中小学（小学、初中、普通高中、职业高中）和中等职业学校在籍学生；设合唱市级展演、行进管乐市级展演、戏剧节、艺术作品展览、艺术讲座和夏令营6项市级活动。覆盖16个区及燕山地区，70万人次学生参与市、区、校级活动。活动由北京学生活动管理中心承办。

（徐春生　王杨）

北京大学生音乐节

6月至11月，市委教育工委、市教委共同举办2018年北京大学生音乐节市级集中展演活动。活动以“激扬青春 向美而行”为主题，分为声乐类和器乐类两大类展演活动。来自全市56所高校的3万余名师生参加开幕式、17场市级展演、2场剧目展示、10场精品音乐会、4场奥运足迹音乐会、3场森林音乐会、10堂艺术讲堂、4期创意营等50余场活动。活动由北京学生活动管理中心承办。

（徐春生　刘弦　林清）

第五届北京国际青少年艺术周

10月15日至21日，市教委举办第五届北京国际青少年艺术周——2018北京国际学生合唱周。活动充分发挥北京作为全国政治中心、文化中心、国际交往中心、科技创新中心的示范作用，举行开闭幕式、17场专场音乐会、10场校际交流、10场大师课、1场合唱博览会。3万余人参与活动，来自14个国家的近千名青少年与全市大、中、小学生开展文化交流。活动由北京学生活动管理中心承办。

（徐春生　刘弦）

戏曲进校园系列活动

10月至12月，市教委开展北京市戏曲进校园系列活动。活动设计戏曲电视公开课24期，量身打造适合中小学生学、看、演的戏曲小国剧50部；举办面向全体学生的戏曲知识大赛；编辑发行以京剧为主要内容的戏曲知识读本；举办2018年校园戏曲节，组织经典剧种演出19场、戏曲知识讲座13场、大师戏曲工作坊16场；组织大、中、小学生观演91部戏曲经典剧目演出；继续举办国戏杯学生戏曲大赛；举行戏曲教师专题培训活动，提升学校开展戏曲教育教学活动的能力。

（徐春生）

戏剧学院“高参小”师资培训计划原创话剧演出

11月17日至18日，中央戏剧学院“高参小”师资培训计划原创话剧《静待花开》在戏剧学院上演。该剧取材于小学教师现实生活，聚焦社会话题，展现当今社会校方与家长、教师与学生以及家长与孩子之间的关系。7所小学组织师生观看演出。剧目创作过程中，参训教师在专业教师指导下，承担剧本编创、表演、分场导演、舞台监督、宣传设计、音乐音效操作、主题歌作词、演唱等艺术创作工作。戏剧学院从2015年开始，启动小学戏剧师资培训计划，通过演出观摩、见习实践、集中培训、剧本创作、剧目排演等形式，提升小学戏剧教师专业理论知识和实践技能。

（王兴民）

顺义学生纪录片获金犊奖

11月29日至12月2日，在中国教育电视协会、中央电化教育馆、中小学校园电视专业委员会联合主办的第15届全国中小学校园影视教育成果展示活动暨校园影视媒体应用研讨会上，北京市顺义区第二中学学生任毅的校园影视作品《中巴友谊之路》获"金犊奖"和"最佳电视片奖"，创造北京市参加该项比赛的最好成绩。该片创作过程中，作者独自完成喀喇昆仑公路即中巴友谊公路骑行，历时40天，行程2500公里，穿越塔利班控制区，横跨帕米尔高原，记录和见证中巴友谊及无数中国建设者的付出与汗水。

（莽娜）

中小幼校园影视评优活动颁奖

12月6日至7日，北京教育网络和信息中心召开2018北京市中小幼校园影视评优活动总结颁奖会。市委教育工委、石景山电教馆、门头沟区教育宣传中心等单位负责人以及来自各相关单位、中小学、幼儿园的220名师生参加会议。评优活动设教师组和学生组2个组别，教师组分设教育教学类、专题类、文艺类、校园电视栏目类、摄影类5个大类，学生组分设学生作品类和学生主持人类2个大类，共计收到师生参评作品996部。经过专家评审，最终评出一等奖46个、二等奖104个、三等奖267个，最佳组织奖10个，校园影视先进单位10个，校园影视先进工作者10人；通过现场投票，在40部获得各类最佳提名的作品中，选出8部作品分获4个教师组单项奖和4个学生组单项奖。

（马东）

城市学院韶光合唱学院启动运行

12月27日，北京城市学院韶光合唱学院启动运行。韶光合唱学院在市教委、中国合唱协会与城市学院共同支持下成立，是全国首个旨在培养优秀指挥的学院，以发展中国合唱教育事业、普及中国音乐基础素质教育为使命，现阶段以在职人员继续教育培训为主要工作内容，重点为全国各地中小学音乐教师提供专业化、高水平合唱教育培训，聘请中国音乐学院指挥系首任系主任吴灵芬担任首任院长。10月，韶光合唱学院获批后即启动试运行，在城市学院开办第一期合唱指挥学员班，学员大部分是来自少数民族地区及边远山区的中小学音乐教师、艺术文化馆工作人员及在校大学生。

（高尚）

校外教育

2018北京国际模拟联合国大会

5月10日至13日，外交学院举办"青年责任·共同命运"2018北京国际模拟联合国大会。会议下设12个委员会，分别以中文、英文、法文、西文为工作语言，其中西文为该语种在该项活动中的首次使用。大会使用由外交学院模拟联合国协会首创的《北京议事规则》。各委员会青年代表围绕17项联合国可持续发展目标，20个议题，从社会、经济和环境3个维度探讨如何转向可持续发展道路。闭幕式上，12个委员会分别颁发"最佳代表""杰出代表""外交风采"等奖项。活动评出"杰出代表团"4个、"最佳代表团"2个。来自全球176所大学和高中的700余名青年学生参加活动。1995年，外交学院首次将模拟联合国活动引入中国，北京国际模拟联合国大会已成为中国乃至亚太地区最知名的模拟联合国活动之一。

（顾建俊）

数学与科技系列活动

5月18日至30日，北京校外教育协会与北京市学习科学学会、北京科学中心等单位联合主办北京市中小学职业学校数学与科技"创·艺·汇"系列活动。其中，"无用之用，创艺美好"中学生数学与科技主题创意制作赛在北京天文馆举行，19支中学及职业学校队伍参赛；小学生"数学真有趣 科学真好玩"数学之光活动中，来自15个区近60所小学的240名"数学小达人"以团队为单位角逐"最强大脑"称号；以创意为主题的数学与科技创意论坛中，20余名校长与学生代表开展研讨交流。

（王媛媛）

5月18日至30日，校外教育协会联合多家单位共同举办数学与科技"创·艺·汇"系列活动　（校外教育协会　供）

环球自然日青少年自然科学挑战赛

5月20日至27日，北京校外教育协会与北京自然博物馆共同举办2018年度“环球自然日青少年自然科学知识挑战赛活动”（北京赛区）。活动以“过去、现在、未来——把握创新的来龙去脉”为主题，通过学生组队，借助展览、表演2种形式诠释活动主题。来自东城、西城、朝阳等9个区的1300名学生、辅导教师和家长组成260余支队伍参赛。5月20日，表演组比赛在北京自然博物馆4D影院举行，评出一等奖5个、二等奖9个；5月26日至27日，展览组比赛在中国妇女儿童博物馆举行，评出一等奖35个、二等奖70个。7月24日，北京赛区选派40支代表队参加2018年度环球自然日（武汉）全球总决赛，收获一等奖20个、二等奖15个、三等奖5个，单项奖5个，北京市育才学校入选年度十佳学校，2名教师分获模范教师称号和自然探索大使称号，北京自然博物馆获优秀组织奖。

（王媛媛）

5月26日，校外教育协会与自然博物馆共同举办2018环球自然日北京赛区活动　（校外教育协会　供）

乡村学校少年宫交流展示

7月30日，市教委、首都精神文明办、市财政局联合举办北京市全国乡村学校少年宫交流展示活动。来自门头沟、房山等9个区的600余名学生站上国家大剧院音乐厅舞台，表演《茉莉花》《编花篮》《春天来到田野上》等合唱作品，展示乡村学校少年宫建设成果。全国乡村学校少年宫建设工作于2011年启动，至年底，全市已建成乡村学校少年宫85所。

（卢亭）

校外教育机构教师基本功展评

10月19日，市教委举办2018年北京市校外教育机构教师基本功展评市级优秀案例展示活动。活动总结展评情况，组织17名优秀校外教师代表作案例展示，涵盖艺术、科技、体育等专业。活动为优秀获奖单位和个人颁奖。来自各区、各校外教育机构的500余名管理者和教师代表参加活动。此次展评活动贯穿全年，覆盖全市各级校外教育机构，评出一等奖53人、二等奖96人、三等奖145人。活动由

10月19日，市教委举办2018年北京市校外教育机构教师基本功展评活动市级优秀案例展示　（学生活动中心　供）

北京学生活动管理中心承办。

（卢亭　高红燕）

首届北京高校学生跨文化能力大赛

11月17日至18日，首届“外教社杯”北京高校学生跨文化能力大赛决赛在北京第二外国语学院举行。比赛于3月启动，经过初赛，来自北京24所院校的70余名选手进入复赛和决赛。参赛队伍从各自视角解读跨文化交际冲突中所包含的文化因素并给出合理化建议。经过客观题快问快答、情境分析和评委提问3个环节角逐，评出特等奖1个、一等奖3个、二等奖6个、三等奖14个。比赛由市教委指导，北京高校大学英语教育发展中心、北京市高等教育学会大学英语研究会和上海外语教育出版社共同主办，二外承办。

（王薇）

中华经典诗词诵读吟唱比赛

11月29日，市委教育工委、市新闻出版局联合举办的第三届北京高校“诵读经典 礼赞辉煌”中华经典诗词诵读吟唱比赛决赛在北京师范大学举行。决赛设置“起·新声”，追忆悠悠音韵；“承·豪情”，抖落两袖清风；“转·家国”，魂穿古今明月；“合·辉煌”，且观时代飞扬4个主题。10所高校入围决赛，北京高校800余名师生现场观赛。经过角逐，北师大获吟唱组一等奖，北京联合大学、国际关系学院、北京建筑大学获诵读组一等奖。比赛于9月启动，北京33所高校选送99件作品参赛，经过组委会初评，选拔出33件参赛作品。其中，20件作品入围诵吟比赛初赛、13件作品给予优秀奖。

（申政　王星星）

首师大附中非遗教育博物馆启用

11月30日，首都师范大学附属中学非遗教育博物馆启用。该馆位于学校综合楼地下一层，建筑面积860平方米（专业教室350平方米、走廊展示区510平方米）。作为北京市首个非遗教育孵化基地，馆内整体空间分为多彩

11月30日，首师大附中非遗教育博物馆启用
（首师大附中　供）

非遗、魅力非遗、点亮非遗3个板块，设有烙画教室、扎染教室和书法教室3个专业非遗活动教室，展示北京、中国和世界非物质文化遗产作品与技艺故事，为学生提供非遗课程学习、非遗作品制作和非遗社团活动场地。

（范广宁　邓晨）

雏鹰建言活动

至年底，北京教育科学研究院开展雏鹰建言活动。6个区11所发布学校学生代表发布“一带一路与我们”“科技冬奥”“世园会‘绿色生活，美丽家园’”等主题。围绕20余个建言主题，征集到16个区321所中小学1.20万名学生提出的雏鹰建言1万余条。

（朱娜）

科技活动

认定78个金鹏团

3月23日，市教委发布《北京市学生金鹏科技团评审认定名单》，认定北京市学生金鹏科技团78个。评审工作由北京学生活动管理中心承办，于2017年6月至12月进行，分为网络申报、区级评审及验收、市级评审3个阶段，并经市教委2018年第7次主任办公会审议通过后公布评审结果。2017年6月14日，召开金鹏团评审工作培训会；7月1日至9月11日，进行网络申报，15个区130家单位提交网络评审材料；9月12日至10月10日，完成区级评审工作，15个区124家申报单位通过区级评审；10月27日至11月9日，集中开展市级评审集中汇报工作，80个团参加。

（卢亭　赵茜）

第38届青少年科技创新大赛

3月24日至27日，第38届北京青少年科技创新大赛在中国科学院大学雁栖湖校区举行。比赛以“发现创新责任”为主题，主会场设置封闭答辩与评审、公开展示与交流、国际创客交流展示活动等环节。30万名青少年参加比赛，192个青少年科技创新成果项目和16名优秀科技辅导员进入终评。比赛评出优秀青少年科技创新项目一等奖97项、二等奖195项，十佳科技辅导员奖10项。比赛由市教委、市科协、市科委、市知识产权局、怀柔区政府联合主办。

（卢亭）

文化科普进校园

3月至12月，北京校外教育协会开展第13届（2018）北京阳光少年活动暨阳光少年文化科普进校园活动。活动组织中国科技馆、中国铁道博物馆、北京自然博物馆等20家单位，以郊区中小学为主要服务对象，开展文化科普活动214次，服务16个区194所学校。参加活动工作人员605人次，志愿者406人次。学生87460人（中学35930人、小学51530人）参与活动。

（王媛媛）

一〇一中学生获日内瓦国际发明展金奖

4月11日至15日，北京市第一〇一中学学生参加第46届日内瓦国际发明展获金奖。高二年级学生张化雨的“天然砂硒肥对绿甘蓝富硒作用及生长的影响”项目和初中部霍宇阳、刘艺晓、苗德涵、赵润桐4人的“金漆镶嵌漆艺盒设计”项目获发明展金奖。日内瓦国际发明展由瑞士联邦政府、日内瓦州政府、日内瓦市政府及世界知识产权组织共同主办，

3月至12月，校外教育协会开展第13届北京阳光少年活动暨阳光少年文化科普进校园活动
（校外教育协会　供）

来自 40 个国家和地区的近千件作品参展。

（张欣）

国际大学生程序设计竞赛全球总决赛

4 月 15 日至 19 日，第 42 届国际大学生程序设计竞赛全球总决赛在北京大学举行。来自全球六大洲 111 个国家和地区 3098 所高校的 49935 名选手报名参赛，经过洲区域预赛，来自 51 个国家和地区的 140 支队伍晋级全球总决赛。决赛期间，各队共用 1 台标准配置计算机解决 11 道题目。各队可以自由选择解题顺序并对每个问题进行多次提交，答对题目越多，所用时间、提交错误答案次数越少者排名越靠前。最终，北大获第三名。该项赛事由国际计算机学会（Association for Computing Machinery，简称 ACM）主办。此次比赛作为北大 120 周年校庆系列活动之一，赛会期间，北大为参赛选手们举办“承 · Musicode”欢迎音乐会，居庸关长城参观游览和文艺表演、座谈等活动。

（徐聪颖）

4 月 15 日至 19 日，第 42 届国际大学生程序设计竞赛全球总决赛在北大举行　（北大　供）

人大附中学生获国际科学与工程赛一等奖

5 月 13 日至 18 日，中国人民大学附属中学学生丑瑞华参加第 69 届英特尔国际科学与工程大奖赛获一等奖。比赛在美国匹兹堡市举行。来自 81 个国家和地区的 1800 名学生参赛。中国代表团由 24 名中学生组成，12 名选手获得 14 个奖项。丑瑞华以“恶劣天气下路况环境增强感知系统”项目获“系统软件学科最佳奖”“系统软件”一等奖。丑瑞华，人大附中高三年级学生，2016 年入选“全国英才计划”和“北京市第一届青少年拔尖人才计划”。2017 年，其研发的“家用电器节能型电源通断智能控制装置”获得第 37 届北京市青少年科技创新大赛一等奖，并获日内瓦发明展银奖。

（袁中果）

首届北京市学生“人工智能＋”活动

6 月 10 日，北京学生活动管理中心主办第一届北京市学生“人工智能＋”活动。活动设置机器人五子棋对战、智能创意挑战、Scrach 趣味编程、人工智能宪章和机器人视觉识别 5 项内容。其中，机器人五子棋对战是北京市诞生的首例机器人棋类竞技项目。活动旨在通过开展“人工智能＋”交流展示活动，促进全市中小学生对人工智能知识、技能的了解，提高中小学生对人工智能的整体认知和应用水平，并在这一过程中锻炼中小学生的思维能力，满足未来社会对人工智能人才的需求。来自各区 58 所学校的 206 名学员参加活动。

（张超　刘星汉）

首届北京市大学生光电设计竞赛

7 月 8 日，北京信息科技大学承办第六届全国大学生光电设计竞赛（北京赛区）暨第一届北京市大学生光电设计竞赛。竞赛采用实物作品竞赛的形式，设置光电“寻的”竞技车、穿透毛玻璃的可见光成像系统 2 个竞赛主题，面向 2018 年暑期前在校的全日制本科生、留学生及研究生。经过角逐，首都师范大学、信息科大各有 2 支代表队，共 4 支代表队获光电“寻的”竞技车组一等奖；北京理工大学、北京交通大学各有 1 支代表队，共 2 支代表队获毛玻璃成像组一等奖。来自 6 所高校的 58 支代表队、200 名师生参赛。全国大学生光电设计竞赛由中国光学学会和教育部高等学校电子信息类专业教学指导委员会联合主办，是一项全国高校光电类专业的顶级赛事，自 2008 年开始举办。

（李飞）

北航学生获航空发动机设计大赛冠军

7 月 10 日，北京航空航天大学 3 名 2014 级本科生在美国辛辛那提举办的美国航空航天学会（American Institute of Aeronautics and Astronautics,AIAA）国际本科生航空发动机设计大赛复赛答辩中获冠军，刷新中国学生在该项比赛中获得的最好成绩。经过前期准备，比赛评委会肯定北航学生王英军、郭明皓、胡誉提交的《下一代超声速客机动力 CJ-3000 涡扇发动机概念方案》的合理性和先进性，确定其进入全球前三并入围复赛答辩。复赛中，北航团队从整体性能设计、组件设计、全发动机结构设计等方面，对下一代超音速民用涡扇发动机进行初步构想和讨论，最终获得赛事冠军。

（朴悦嘉）

北京学生科技文化夏令营

7 月 16 日至 21 日，市教委举办北京学生科技文化（重庆）夏令营。夏令营以“求知、探索、合作”为主题，组织学生走进自贡恐龙博物馆、白鹤梁水下博物馆、红岩魂陈列馆等文化科普教育场馆。来自 5 所学校北京学生金鹏科技团地球与环境分团的 80 名师生代表参加活动。活动由北京学生活动管理中心承办。

（黄鑫）

5 名学生获中国青少年科技创新奖

7 月 25 日，共青团中央、全国青联、全国学联、全国少工委联合发布《关于颁发第 11 届中国青少年科技创新奖的决定》，5 名北京学生获奖。其中，小学 1 人、中学 2 人、高校 2 人。该奖项为表彰在科技创新方面取得突出成绩或显示出较大潜力的青少年设立。经过各地区选拔、推荐，评委会评审认定，中国青少年科技创新奖励基金管理委员会确认等环节，全国有 100 名学生获奖。

（王玲　毕可雷　孙晓楠）

第 11 届中国青少年科技创新奖（北京）

殷梓盛	北京第二实验小学
张曦文	北京市第一六一中学
刘东泽	中国人民大学附属中学朝阳学校
苗伟宁	北京航空航天大学
李爱军	北京大学

（孙晓楠）

清华学生兴趣团队首颗实验卫星发射入轨

10 月 29 日，清华大学“天格计划”学生兴趣团队首颗实验卫星从酒泉卫星发射中心发射入轨。11 月 9 日，卫星上电成功；11 月 14 日，完成基本任务调试。实验卫星的探测器载荷采用新型闪烁晶体与半导体光电倍增器件，实现对于空间伽马射线的探测。“天格计划”学生兴趣团队由清华工程物理系与天体物理中心共同发起，是一个以学生为主体、针对基础科学前沿研究的科研实践和基础科学人才培养项目。

（张含晨）

14 人获科学建议奖

11 月 24 日至 25 日，市教委主办北京市中小学生特色科技活动展示暨第 36 届北京学生科技节闭幕式。活动以“体验、智造、共享”为主题，突出多元展示、互动体验、快乐参与的表现形式。全市 78 家金鹏科技团展示 300 个科技互动体验项目。活动为 10 个项目颁发“2018 年北京市中小学生科学建议奖”。3000 名中小学师生和近千名高校、科技企业以及新闻媒体代表参加活动。活动由北京学生活动管理中心承办。第十届北京市中小学生科学建议奖评选活动于 5 月启动，以“关注社会热点，科学表达主张”为主题，征集到科学建议和建言献策 3923 项，包括远郊区学生申报项目 792 项，占申报总数的 20.18%。4000 余名学生参加评选，提出的建议涉及环境治理、京津冀协同发展、冬奥文化普及等多个方面。经网上初评、复评合议、终评答辩等环节，评出科学建议奖 10 项（14 人）、科学建议提名奖 10 项（16 人）。

（卢亭　黄鑫　蒋小建）

劳动教育

京源学校莲石湖分校开展劳动教育

3 月 30 日、4 月 22 日和 10 月 12 日，北京市京源学校莲石湖分校分别组织学生到北京农业职业学院、北京农学院和“田妈妈蘑法森林”开展劳动教育。组织三、四年级学生到农职院农事教育体验基地，参加在地自然春季课程学习，学生通过品位、体验、实践感受春的魅力，了解春季耕种步骤、方法及工具的使用，体验劳作的辛苦与快乐。组织八年级全体学生到农学院开展为期 1 周的学农教育活动。组织一、二年级师生到“田妈妈蘑法森林”参加秋季课程学习，学生做叶画、种蘑菇、采摘白薯，体验秋的收获和希望。

（刘晓静　张思远　曹靖贺）

大兴农耕文化特色系列课程

3 月，大兴区中小学综合实践活动基地推出农耕文化特色系列课程。课程设置农耕体验（包括传统农耕和现代农耕）、扎染艺术、造纸和印刷等活动项目。课程设计上结合文化课程和科学实验相关知识，将种植区划分到各校。传统农业课程旨在保护、传承传统农耕文化，让学生顺应自然

10 月 12 日，京源学校莲石湖分校组织一、二年级师生参加秋季课程学习（京源学校莲石湖分校　供）

气候体验种植，理解农耕“应时、取宜、守则、和谐”规律，在“春种、秋收”中收获知识，提高能力，获得乐趣。全区35所学校1000名学生参与农耕体验活动。

（孟祥宾）

4月8日至11月16日，石景山区教委组织初中生到北京农学院参加学农教育活动　　（石景山区教委　供）

怀柔劳技教师技能培训

4月24日，北京市怀柔区教科研中心邀请北京教育科学研究院劳技教研员，对全区中小学劳动技术学科教师开展木工技能培训。培训详细讲解确定基准边、排料、尺规作图的基本方法；演示校验钢板尺、直角尺的方法；结合怀柔区各校框锯规格不同的情况，讲解、演示调教框锯的方法，并引导学员讨论如何克服锯缝带来的误差问题；现场演示七巧板的设计与制作。全区中小学劳动技术学科教师26人参加培训。

（缐金秋）

中关村三小成立“成学农场”

4月，北京市海淀区中关村第三小学万柳北校区成立“成学农场”。该农场位于万柳北校区西侧，原为一片小菜园，占地面积416.22平方米。校务部和学生部共同组织改造工作，将小菜园分成16块，命名为“成学农场”，并面向学生公开进行土地招标。根据要求，参与招标的学生要以班群组为单位设计标书，参加公开竞标并获得土地使用权。中标的16个班群组学生在家长和学校帮助下，在农场内栽种蔬菜水果。学生通过参与土地招投标、土地种植、土地管理、产品收割、产品拍卖的全过程，提升综合素养。该校四年级至六年级学生450人参加活动。

（魏凌）

中小学劳动教育基地建设研讨会

12月19日，市教委召开北京市中小学劳动教育基地建设研讨会。会议围绕“中小学劳动教育基地建设”主题开展交流研讨。北京市自动化工程学校、北京农学院、中国农业机械化科学研究院、北京农业职业学院分别作劳动教育基地建设情况经验介绍。市教委就做好2019年中小学劳动教育工作进行部署。市教委、市级学工学农基地相关负责人等20人参加会议。

（韩景毅）

石景山学农教育活动实现初中全覆盖

至年底，石景山区初中生学农教育活动覆盖区内全部初级中学。4月8日至11月16日，第4期学农教育活动组织来自16所学校的1800余名学生，分13批到北京农学院，体验农业、园艺、畜牧、家务等劳动过程，学习现代农业知识，了解中国以农业发展为根基的社会历史发展进程。学农教育活动是教育综合改革的重要配套环节，是落实新课程方案关于开展学科实践活动的重要举措。

（荆林）

自动化学校承接初中生学工教育

至年底，北京市自动化工程学校承接初中生学工教育活动。学校作为北京市首家中学生学工教育基地试点校，全年接待大兴、房山、顺义3个区12所初中60个学工班级1743名师生到校开展学工教育。学工教育内容包括学工实践技能教学、日常生活管理和工业科普教育。学工教育基地根据学生年龄特点和个性需要，开设无人机、艺术印章、转运珠等14个特色学工项目课程，让学生感知工业，了解工业。在项目课程学习过程中，还安排学生到北京精雕集团参观体验，让学生有机会动手尝试，提高实践能力。

（阎寰宇）

（本栏责任编校　孙晓楠）

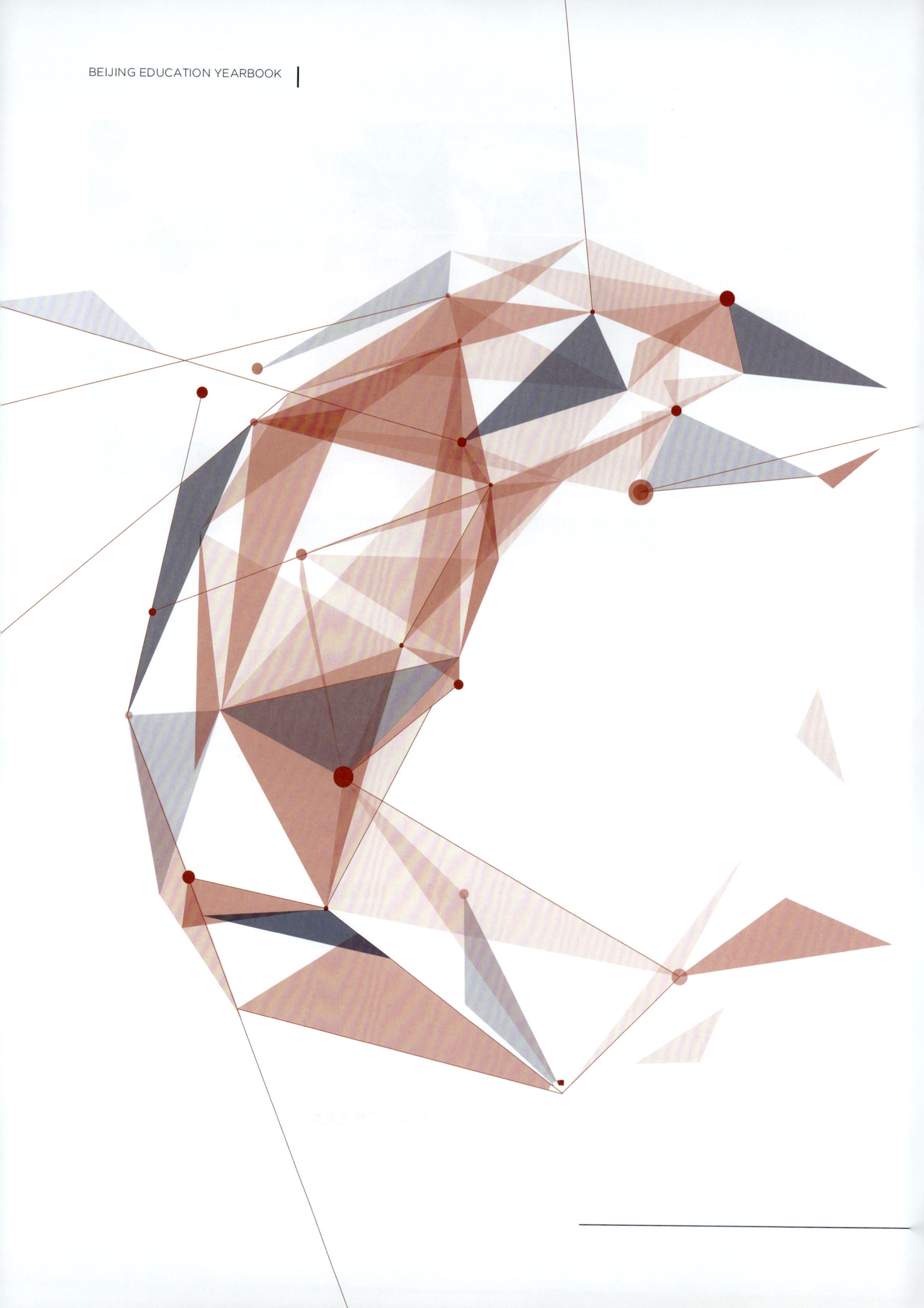

2019 | 党的工作

PARTY WORK

- 加强党对教育工作的领导
- 习近平新时代中国特色社会主义思想“三进”
- 推动高校思想政治工作
- 首都百万师生同上一堂课
- 56 所高校成立党委教师工作部
- 党支部规范化建设推进

PARTY WORK 党的工作

综述

加强党对教育工作的领导

2018年，北京市加强党对教育工作的领导。扎实推进习近平新时代中国特色社会主义思想进课堂、进教材、进头脑。深入推进教育系统党的建设，完善细化党委领导下的校长负责制、院（系）党组织会议和党政联席会议制度，研究制定《北京市中小学校党建工作标准》。加强教育工作的总体统筹，市委全面深化改革领导小组教育体制改革专项小组完善部门协同机制，市委教育工委履行专项小组办公室职责，承担与中央教育工作领导小组办公室对接、相关规程起草等工作。全年专项小组审议通过重点改革议题12个，完成重点督察任务2项。选优配强高校领导班子，举办系列培训班，强化高校领导班子政治意识、理论水平和业务能力。加强对民办高校的指导，不断提升民办高校党建和思想政治工作水平。实施党建难点项目支持计划，选优配强基层党组织书记，落实党员活动和工作经费、教师支部书记激励经费。

（谢文全）

习近平新时代中国特色社会主义思想“三进”

2018年，市委教育工委推进习近平新时代中国特色社会主义思想“进教材、进课堂、进头脑”。组织开展浸入式宣讲300余场，蔡奇、陈吉宁等近20名市领导带头走进高校宣讲党的十九大精神。联合教育部开展“首都百万师生同上一堂课”活动，由此形成的“北京模式”在全国推开。邀请部分高校领导、专家等60余人组成“习近平总书记重要讲话精神讲师团”赴首都各高校巡回授课，形成“三个一百”（走进百所高校、举办百场授课、百万师生共同学习）的局面。编写《习近平新时代中国特色社会主义思想在京华大地的生动实践融入课堂教学建议》，会同市委宣传部遴选建设10所市级重点马克思主义学院，建设一批理论人才教学基地、理论研究学术高地、理论宣传思想阵地；组织15所高校参与市级习近平新时代中国特色社会主义思想研究中心建设。

（谢文全）

推动高校思想政治工作

2018年，市委教育工委推进高校思想政治工作。持续推动思想政治工作创新发展。编写《莫辜负新时代：“四个正确认识”大学生读本》等读本，开设优秀传统文化公开课，编印“红色教育地图”。开展服务首都“四个中心”功能建设“双百行动计划”，引导师生主动服务首都经济社会发展。举办大学生心理健康节，开通“心理健康直通车”，编印《北京高校心理危机预防与干预手册》等，不断提升心理危机干预能力和水平。提升思政课教学质量。持续向课程供给侧发力，围绕习近平新时代中国特色社会主义思想14条基本方略，在20所高校开设系列市级思政课。创新开展“浸入式”宣讲十九大精神。召开“课程思政”现场交流会，总结形成课程思政“四同四步”法。持续向改革纵深端发力，设立20个思政课教学改革示范点，引导高校从教材、教师、教学等7个方面实施综合改革。设立教学改革创新重大项目，改进教学方法，课堂“抬头率”、学生“获得感”明显提升。持续向教学支撑点发力，组织专家编写《习近平新时代中国特色社会主义思想在京华大地的生动实践融入课堂教学建议》。启动共享网络平台，试点推进马克思主义学院“1+1”共建，对教学薄弱学校进行帮扶。编写《大国之都》《首善北京》等教辅材料。着力加强思想政治工作队伍建设。强力推进人员配备，制定印发《北京高校思想政治理论课专职教师配备五年行动计划（2018—2022）》，推动56所高校全部完成辅导员配备任务。大力强化素质提升。依托市级培训

12月14日，国科大2018年思想政治工作会议召开
（国科大　供）

研修基地等，每年培训思政干部5000余人次。实施思政课教师队伍培养规划，建立一对一帮扶机制。实施“铸魂工程”，组织思政工作干部开展学习实践。着力加强激励保障。评聘思政课特级教授、特级教师，评审支持思政课扬帆资助计划、择优资助计划，培养一批中青年骨干教师。资助建立14个思政课和22个辅导员工作室，为思政课教师、辅导员发放岗位补贴，并将专职心理教师纳入补贴范围。

（谢文全）

基层党建工作质量提高

2018年，市委教育工委、市教委推进基层党建工作质量提高。市委教育工委、市教委以首善标准推进中央、市委关于高校、中小学校、民办学校党建意见落地见效，在全国率先制定《关于坚持和完善北京普通高等学校院（系）党组织会议和党政联席会议制度的指导意见（试行）》，推动向民办学校选派党组织书记或指导员，实现党的工作全覆盖。认真落实教育部“对标争先”计划，实施第二批党建难点项目。实施教师党支部书记“双带头人”培育工程，2018年“双带头人”比例达到87.3%；全面推进党支部规范化建设，清华大学入选首批“全国党建工作示范高校”，北京高校14个院（系）党委入选“全国党建工作标杆院系”、48个党支部入选“全国党建工作样板支部”，分别占全国14%和8.6%，党建工作持续走在全国前列。

（谢文全）

干部教育培训

2018年，市委教育工委分级分类开展干部教育培训工作。5月7日至5月18日、5月21日至6月1日，市委组织部、市委教育工委联合举办第三期、第四期“市属高校副校级领导干部理论教育和党性教育专题培训班”。每期培训班为期两周，包括市委机关党校理论教育和井冈山党性实践活动教育。市属高校副校级领导干部共81人参训。5月21日至25日，中央党校、教育部、市委联合举办“北京高校党委书记校长贯彻落实习近平新时代中国特色社会主义思想专题研讨班”。北京高校党委书记、校长共86人参加培训。7月17日，市委教育工委举办两委一室挂职干部培训班。2018年两委一室接收的挂职处级干部、青年教师、辅导员50人参加培训。9月12日，市委教育工委举办机关和直属单位处级干部集体读书活动。活动分为两期，每期三天，机关干部集中封闭读书，并组织测验考试，共210人参加活动。11月7日，市委教育工委举办的第三期北京高校年轻正处级干部培训班举行开班仪式。47名北京高校40岁以下正处级干部参加为期10天理论和实践培训学习。12月5日，市委教育工委举办的市属高校财务管理专题培训班和市属高校基建管理专题培训班分别在首都经济贸易大学和北京建筑大学举办。分管北京高校财务工作、基建工作的校领导和财务处长、基建处长120余人分别参加为期三天的培训学习。

（付兴锋）

陈吉宁到北大宣讲党的十九大

1月12日，陈吉宁到北京大学宣讲党的十九大精神并与师生代表座谈交流。北大是陈吉宁的高校党建工作联系点，他围绕深入学习贯彻落实党的十九大精神进行宣讲，他强调北大是中国高等教育的排头兵，希望北大与北京市共同努力建设全国科技创新中心，承担引领创新型国家建设的使命担当。宣讲后，陈吉宁与北大师生代表围绕人才培养、“双一流”大学建设、全国科创中心建设等话题座谈交流。北大党委书记、校长，市委市政府、市委教育工委相关人员参加座谈，北大全体师生听取宣讲报告。陈吉宁另于11月28日到北大医学部调研，与师生代表就首都发展、人才培养、创新成果转化等话题交流探讨并召开专题座谈会。

（谢文全　徐聪颖）

3所高校成立习近平新时代中国特色社会主义思想研究院

1月，中国人民大学、清华大学、北京大学相继成立习近平新时代中国特色社会主义思想研究院。人民大学研究院是学校直属研究机构，计划建成理论创新中心、决策咨询中心、人才培养中心、学科建设中心、学术交流中心、图书资料中心6大中心。清华研究院挂靠马克思主义学院，社会科学学院等院系参与共建，实行管委会领导下的院长负责制。北大研究院实行理事会领导下的院长负责制，是学校学术实体机构，整合各系研究资源参与建设。2017年底至2018年初，经中央批准，10家习近平新时代中国特色社会主义思想研究中心（院）分别在中央党校、教育部、中国社会科学院、国防大学、北京市、上海市、广东省、北大、清华和人民大学成立。

（陈伟杰　张含晨　刘鹏）

高校党建和思想政治工作标准入校检查

3月2日，市委教育工委以书面形式向北京60所高校反馈《北京高校党建和思想政治工作基本标准》入校检查结果。要求各高校要高度重视检查结果运用，对照反馈意见中的问题清单，逐条进行整改，把整改工作作为持续推动全国和北京市高校思想政治工作会议精神落地见效、提升学校党建和思想政治工作水平的有利契机，针对“检查中发现的重点问题清单”深入开展调查研究，把问题进一步找准、分析透，有针对性地制定整改方案，明确整改措施和任务分工，扎实推动整改落实。2017年11月至12月，市委教育工委完成对北京60所高校开展《北京高校党建和思想政治工作基本标准》集中检查。9月，市委教育工委编辑出版《强基固本改革创新——北京高校党建和思想政治工作先进经验案例》一书，向北京高校发放。教育部充分肯定北京市做法，并在教育部工作简报刊发北京市基本标准入校检查工作经验。受教育部委托，市委教育工委起草《高校党建工作标准（初稿）》。

（果志伟）

教育系统全面从严治党工作会议

3月16日，市委教育工委召开北京教育系统2018年全面从严治党工作会议。会议贯彻落实中央和市委关于全面从严治党的精神和要求，分析研判教育系统全面从严治党形势，总结2017年工作，部署2018年主要任务。会议认为，2017年北京教育系统不断压实管党治党政治责任，落实立德树人根本任务，教育事业保持积极向上的发展态势。但在推进主体责任向基层延伸、形成协同监督工作合力等方面还存在不足。林克庆参加会议并讲话。他要求首都教育系统要积极回应人民群众对教育的新期盼，继续抓好教育乱收费、有偿补课等专项治理，规范招生、入学等办学行为，促进教育公平。引导教师潜心育人，切实加强师德师风建设。按照市委部署，落实巡察工作各项任务，研究制定关于建立市属高校巡察制度的意见，以及关于在市委教育工委、市教委直属单位开展巡察工作的方案，为办好人民满意的教育提供坚强保障。驻教育部纪检监察组、市纪委市监委相关领导，各高校党委书记、校长、纪委书记，各区委教工委书记及市委教育工委市教委各处室、直属单位党政主要负责人300余人参加会议。

（谢文全　喻真）

思想政治理论课高精尖创新中心课程资源平台开通

3月30日，市委教育工委、中国人民大学共同举办习近平新时代中国特色社会主义思想研讨会暨北京高校思想政治理论课高精尖创新中心课程资源平台开通仪式。会议开通北京高校思想政治理论课高精尖创新中心课程资源平台，中央党校、北京大学、清华大学等高校专家学者做大会交流发言。北京各高校马克思主义学院院长（思政部主任）、思想政治理论课特级教授和特级教师、思想政治理论课高精尖创新中心共建单位代表约180余人参加会议。资源平台由市委教育工委、市教委依托人大北京高校思想政治理论课高精尖创新中心开发，包括马克思主义理论研究和文献支撑平台、思想政治理论课教学资源共享平台、思想政治理论课数字化教学平台、大学生思想政治教育质量评估平台和大学生思想动态调查分析平台5大平台，其门户网站为“思想政治理论课信息资讯平台”，网址：www.bjcipt.com。

（刘冰　陈伟杰）

习近平新时代中国特色社会主义思想专题研讨班

5月21日至25日，中央党校、教育部、市委在中央党校联合举办“北京高校党委书记校长贯彻落实习近平新时代中国特色社会主义思想专题研讨班”。研讨班围绕习近平新时代中国特色社会主义思想解读、习近平新时代中国特色社会主义思想的北京实践、习近平新时代中国特色社会主义思想在高校贯彻落实等方面开展学习培训。培训期间，研讨班邀请中纪委驻教育部纪检组组长、教育部党组成员吴道槐作《坚定不移推进全面从严治党向纵深发展，为高校“双一流”建设提供坚强政治保证》主题报告，市委常委、副市长阴和俊作《不负重托共担使命积极作为，加快建设具有全球影响力的全国科创中心》主题报告，市委常委、宣传部长杜飞进作《深入学习贯彻习近平新时代中国特色社会主义文化思想，扎实做好推动首都文化繁荣兴盛这篇大文章》主题报告。中央美术学院、中国音乐学院、北京工商大学、北京印刷学院、北京联合大学学员作为代表做交流发言。北京各高校党委书记、校长86人参加培训。61所北京高校其他相关领导、7所高校高端智库负责人、两委一室班子成员和各处室负责人旁听部分报告。

（付兴锋）

首都百万师生同上一堂课

5月23日，教育部、市委在清华大学举行“首都百万师生同上一堂课”启动仪式暨首场授课。启动仪式上，与会领导为“首都百万师生同上一堂课”讲师团授课专家代表颁发聘书，为干部师生代表赠送《习近平总书记关于青年学生成长成才和教师思想政治工作重要论述摘编》辅助读物。首场授课邀请教育部社会科学委员会副主任顾海良、清华大学校长邱勇分别以《坚持正确办学方向和加强马克思主义理论学习研究宣传》《立德树人，培养德智体美全面发展的社会主义建设者和接班人》为题授课。教育部、北京市委、清华大学领导及首都高校师生代表1000余人参加启动仪式。“首都百万师生同上一堂课”旨在深入学习宣传贯彻习近平总书记在北京大学师生座谈会和纪念马克思诞辰200周年大会上的重要讲话精神，面向高校干部师生讲清楚总书记重要讲话的学理支撑和理论蕴涵，讲清楚新时代教育工作的使命担当和广大干部师生的责任要求。活动邀请部分高校党委书记、校长、院士、长江学者、知名理论专家和思政工作骨干60余人组成“习近平总书记重要讲话精神讲师团”赴首都百余所高校巡回授课，同时通过电视授课、网络直播等形式扩大覆盖面和受益面，形成“走进百所高校”“举行百场授课”“百万师生共同学习”的“三个一百”的局面，持续掀起学习宣传贯彻习近平新时代中国特色社会主义思想的热潮。至年底，共组织授课近百次，北京80余所高校百万人次师生听课。

（王星星　谢文全）

5月23日，首都百万师生同上一堂课活动启动

（市教委相关处室　供）

北京高校党建工作论坛

6月25日，北京高校党建研究会召开成立30周年暨北京高校党建工作论坛。会议总结研究会2017年工作，部署2018年工作要点，表彰2017年度优秀课题成果，正式开通北京高校党建研究会网站。会议要求各学校要做好新时代高校党建研究工作，同时部署北京高校基层党建重点任务。郑吉春参加会议并讲话。北京各高校300余人参加会议。

（果志伟）

坚持和完善普通高校院（系）党组织会议和党政联席会议制度的指导意见印发

7月18日，市委教育工委印发《关于坚持和完善北京普通高等学校院（系）党组织会议和党政联席会议制度的指导意见（试行）》。《意见》明确北京高校院（系）党组织的管理体制和运行机制，着力推动健全院（系）党组织在干部队伍、教师队伍建设中发挥主导作用，要求北京各高校要认真贯彻落实，结合学校实际制定具体的会议制度。7月20日，市委教育工委召开2018年北京高校组织部长会议，开展专题培训，推动高校抓好贯彻落实。

（果志伟）

机关系统巡察工作启动

7月19日，市委教育工委、市教委召开机关系统巡察工作动员部署会。部署会启动并布置市委教育工委、市教委机关系统巡查工作，明确此次巡察主要针对机关处室和直属单位党组织领导班子及其成员，重点巡察执行党章和其他党内法规，遵守党的六项纪律，落实党风廉政建设责任制情况；围绕“四个着力”，落实全面从严治党，严守政治纪律和政治规矩情况；反对“四风”及党员领导干部廉洁自律情况；加强党员和职工队伍建设情况及完成上级重大任务情况。要求各单位各部门结合巡察问题在规定时间内完成整改。市委教育工委成立巡察组，巡察组对机关巡查时间为2—4周，对直属单位巡察时间为1—2个月，计划5年内实现机关系统巡察全覆盖。巡察组全体成员，市委教育工委、市教委处级干部和直属单位领导班子成员等220余人参加会议。至年底，完成北京教育志编纂委员会办公室、北京教育新闻中心、北京市校办产业管理中心、北京学校后勤事务管理中心的巡察工作。

（谢文全）

“中国共产党与中国道路”改革开放四十年学术研讨会

7月29日，中国人民大学举办“中国共产党与中国道路”——中国改革开放四十年国际学术研讨会。会议围绕“改革开放与当代中国政治发展的模式和经验”“改革开放与当代中国经济”“改革开放与当代中国社会”“改革开放与中国的文化发展”“改革开放与执政党建设”5个主题展开探讨。中央统战部、中国社会科学院、北京大学等国内高校和科研院所，以及美国加州大学伯克利分校、杜兰大学，日本横滨市立大学的80余名专家学者参加研讨会。

（楚艳红）

56所高校成立党委教师工作部

至年底，党组织关系在京归口市委教育工委管理的56所高校全部成立党委教师工作部。其中，单独设立党委教师工作部的10所，与人事处合署办公的32所，与宣传部合署办公的13所，与教务处合署办公的1所。根据相关要求，北京高校于2017年起陆续成立党委教师工作部。市委教育工委、教育部、中国人民大学另于12月4日联合举办首届全国高校党委教师工作部部长工作研讨会。会议以“新时代高校教师师德建设探索与创新”为主题，围绕深入学习贯彻习近平总书记关于教育的重要论述和全国教育大会精神，全面推进落实教师职业行为“十项准则”系列文件精神展开工作研讨。

（刘娟）

17 个工作室入选“双带头人”教师党支部书记工作室

9 月 14 日，教育部办公厅关于公布首批全国高校“双带头人”教师党支部书记工作室建设名单。经资格审查、专家通讯评审、教育部党建工作领导小组成员单位集中审议、结果公示，遴选产生 100 个首批全国高校“双带头人”教师党支部书记工作室。北京高校 17 个工作室入选。“双带头人”工作室建设周期 3 年，自 2018 年 9 月至 2021 年 8 月，教育部按年度划拨工作室专项建设经费，每年 5 万元。

（果志伟）

全国首批高校“双带头人”教师党支部书记工作室（北京高校）

北京大学口腔医学院修复科党支部书记工作室
清华大学机械系摩擦学所党支部书记工作室
中国人民大学中共党史党支部书记工作室
北京师范大学思想政治教育教师党支部书记工作室
中国农业大学动物遗传育种与繁殖教职工党支部书记工作室
北京航空航天大学机械学院师生联合党支部书记工作室
北京理工大学自动化学院导航制导与控制研究所党支部书记工作室
北京交通大学建筑工程系党支部书记工作室
北京科技大学外国语学院亚欧语系党支部书记工作室
北京化工大学化学实验教学中心党支部书记工作室
中国矿业大学（北京）建筑系党支部书记工作室
北京林业大学湿地学教师党支部书记工作室
中央财经大学经济学院经济史学系教工党支部书记工作室
北京外国语大学专用英语学院教师党支部书记工作室
中央民族大学中国民族理论与民族政策研究院教工党支部书记工作室
北京工业大学材料学院薄膜党支部书记工作室
北京体育大学运动生理教研室党支部书记工作室

（果志伟）

中小学校和民办学校党建工作推进会

11 月 9 日，市委组织部、市委教育工委在北京联合大学召开北京市中小学校和民办学校党建工作推进会。会议深入学习贯彻全国和全市教育大会、全国和全市组织工作会议精神，强调要高标准推进中小学校和民办学校党的建设，为全面推进首都教育现代化提供坚强保证。会上，海淀区委组织部，西城、朝阳区委教工委，房山区纪委区监察委派驻区委教工委区教委纪检组，北京广渠门中学、丰台区第五小学、海淀区克丽斯文化培训学校等单位负责人作大会交流发言。郑吉春参加会议并讲话。市委社工委、市教委、市民政局、市人力社保局、市工商局、北京教育党校，各区委组织部、区委教工委、驻区委教工委区教委纪检组，民办普通高校和部分中小学校党组织书记代表等 160 人参加会议。

（孙亚茹）

北京高校入选首批全国党建工作培育创建单位

12 月 10 日，教育部公布首批全国党建工作示范高校、标杆院系、样板支部培育创建单位名单。清华大学入选首批“全国党建工作示范高校”，北京大学化学与分子工程学院等 14 个院（系）党委入选“全国党建工作标杆院系”、北京大学第一医院泌尿外科等 48 个党支部入选“全国党建工作样板支部”。该评选经资格审查、专家通讯评审、教育部党建工作领导小组成员单位集中审议、结果公示等程序，遴选产生 10 个高校党委、100 个院系党组织、559 个党支部分别作为全国党建工作示范高校、标杆院系、样板支部培育创建单位。此轮创建工作到 2020 年 8 月结束，党建工作示范高校建设经费 50 万元，标杆院系建设经费 10 万元。

（谢文全　果志伟）

首批全国党建工作示范高校、标杆院系、样板支部培育创建单位名单（北京高校）

全国党建工作示范高校
清华大学党委
全国党建工作标杆院（系）
北京大学化学与分子工程学院党委
清华大学电子工程系党委
中国人民大学财政金融学院党委
北京师范大学文学院党委
中国农业大学理学院党委
北京科技大学材料科学与工程学院党委
中国矿业大学（北京）地球科学与测绘工程学院党委
北京林业大学水土保持学院党委
中央财经大学金融学院党委
华北电力大学能源动力与机械工程学院党委
北京航空航天大学机械工程与自动化学院党委
北京理工大学机械与车辆学院党委
中央民族大学生命与环境科学学院党委
北京工业大学环境与能源工程学院党委

全国党建工作样板党支部
北京大学第一医院泌尿外科党支部
清华大学学生直属总支艺术团马兰花开党支部
清华大学航天航空学院航空宇航工程系党支部
中国人民大学哲学院马克思主义哲学教研室教师党支部
中国人民大学法学院宪法与行政法教师党支部
北京师范大学马克思主义学院思想政治教育教师党支部
北京师范大学历史学院中国古代史党支部
中国农业大学动物医学院基础兽医学系教工第二党支部
中国农业大学水利与土木工程学院水利系教工党支部
北京科技大学外国语学院大学英语系党支部
北京科技大学数理学院信息与计算科学系党支部
北京化工大学理学院大学化学实验教学中心党支部
北京化工大学经济管理学院本科生第一党支部
北京交通大学土木建筑工程学院建筑工程系党支部
北京交通大学交通运输学院系统科学研究所党支部
北京邮电大学信息与通信工程学院泛网无线中心党支部
北京邮电大学网络空间安全学院软件安全中心党支部
中国地质大学（北京）地球物理与信息技术学院教工第一党支部
中国地质大学（北京）数理学院物理党支部
中国矿业大学（北京）力学与建筑工程学院力学系党支部
中国矿业大学（北京）化学与环境工程学院环境与生物系党支部
中国石油大学（北京）化学工程学院化学工艺系党支部
中国石油大学（北京）地球科学学院盆地与油藏研究中心党支部
北京林业大学马克思主义学院教工第二党支部
北京林业大学经济管理学院统计系教工党支部
中央财经大学金融学院国际金融系教工党支部
中国政法大学法学院国际私法研究所党支部
中央音乐学院附中教师党支部
中央戏剧学院电影电视系教师党支部
北京中医药大学中药学院中药资源与鉴定系党支部
北京航空航天大学仪器科学与光电工程学院测控与信息技术系党支部
北京航空航天大学航空科学与工程学院飞机系党支部
北京理工大学机电学院无人飞航工程系党支部
中央民族大学马克思主义学院教工第一党支部
北京体育大学中国运动与健康研究院业务党支部
北京工业大学机械工程与应用电子技术学院机械设计及理论党支部
北方工业大学电气与控制工程学院交通信息与控制工程系教工党支部
北京服装学院艺术设计学院环境设计系教师党支部
北京工商大学食品学院食品科学与工程系教工党支部
北京建筑大学环境与能源工程学院环境工程党支部
北京联合大学机器人学院机械工程及自动化系教工党支部
北京农学院经管学院会计系教师党支部
北京物资学院物流学院物流管理教工党支部
北京信息科技大学机关党委宣传部党支部
首都经济贸易大学工商管理学院旅游管理系教工党支部
首都医科大学宣武医院机关第一党支部
中国音乐学院作曲系学生党支部
北京城市学院信息学部党支部

（果志伟）

党支部规范化建设推进

至年底，市委教育工委、市教委推进高校党支部规范化建设。1月18日，市委教育工委印发《加强北京高校党支部规范化建设的实施方案》，并于1月19日召开高校党委书记会，部署党支部规范化建设重点工作，北京61所高校党委书记参加会议。为切实把党支部规范化建设作为推进全面从严治党向基层延伸的重要方式，3月9日，市委教育工委开展北京高校党支部规范化建设工作专题培训。市委教育工委另于6月21日印发《北京高校贯彻落实教师党支部书记“双带头人”培育工程的实施方案》，着力把教师党支部书记队伍建设成为新时代高校党建和业务双融合、双促进的中坚骨干力量，建设成为新时代高校基层的坚强战斗堡垒。

（果志伟）

党委领导下的校长负责制推进

至年底，市委教育工委推进各高校落实党委领导下的校长负责制。市委教育工委指导31所高校制定（修订）党委领导下的校长负责制实施细则（办法），至2018年，北京57所高校均已完成实施细则（办法）的制定（修订）工作。市委教育工委同时突出问题导向，开展高校领导班子成员落实党委领导下的校长负责制正面清单、负面清单课题研究。

（付兴锋）

组织干部工作

概述

2018年，党的关系隶属北京市委、归口市委教育工委管理的高校及事业单位共有61个，其中，中央部委所属高校30所（教育部24所，工业和信息化部2所，国家体育总局、国家民委、国家安全部、中国科学院各1所），市属高校及事业单位30所（含5所高职院校、3个事业单位、2所成人院校），民办高校1所。61所高校共有基层党组织16437个（其中，校级党委61个，院（系）党委671个，党总支499个，党支部15206个）；共有党员27.96万人（占全市党员的12.94%）。其中，教师党员3.74万人，占高校教师总人数的60.08%。35岁以下青年教师中党员比例64.69%。学生党员14.59万人，占学生总人数18.41%。其中，研究生中党员比例39.20%，本科生中党员比例8.01%，大专生中党员比例2.55%。本年，北京高校系统共有入党申请人23.9万人，入党积极分子13万人，发展党员3.1万人（包括学生党员3.02万人）。

2018年，市委教育工委干部工作以党的政治建设为统领，积极打造新时代高素质的教育系统干部队伍，全面做好干部调配、监督、教育培训及其他方面工作，不断提高干部工作质量和水平。全年共完成各级各类干部调配182人次，其中，北京高校校级领导干部任免121人次，包括双管高校干部105人次、市属高校16人次；机关和直属单位处级干部任免49人次，包括提拔任职7人次。全年完成对444名干部的年度考核工作，其中，高校校级领导干部251人，机关处级干部132人，直属单位处级领导干部61人。完成对9名干部试用期满考察，批准4名市属高校领导干部延迟退休。完成千余人次的领导干部出国（境）政审备案审批、出入境登记备案、社团及企业兼职审批、离京请假审批等监督管理工作；统筹组织各级各类干部培训班10余个，培训各级干部598人次。

（果志伟　付兴锋）

规范高校教师及学生党支部经费使用

1月8日和2月5日，市委教育工委、市教委、市财政局、市人力社保局联合印发《北京高校教学科研一线教师党支部书记考核激励办法》《北京高校学生党支部工作和活动经费拨付使用管理办法》。两个文件旨在进一步规范高校教师及学生党支部经费使用。2018年，市委教育工委、市教委共拨付教师党支部书记激励经费3273.6万元，学生党支部工作和活动经费4251.9万元。

（果志伟）

高校民主生活会督导工作

1月至2月，市委教育工委组织开展高校民主生活会督导工作。市委教育工委组建高校民主生活会督导组，聘请16名党建专家，重点对各单位民主生活会的会前准备、会议过程、会后事项全过程监督检查。督导组督导北京60所高校完成2017年度领导班子民主生活会。

（付兴锋）

领导干部个人事项报告

2月至6月，市委教育工委协助完成领导干部个人有关事项报告录入和上报工作。协助完成两委一室局级领导干部个人有关事项填报，完成212名机关和直属单位处级干部个人有关事项报告的组织填报和数据录入工作。

（付兴锋）

机关处级领导干部年度考核

3月，市委教育工委完成两委一室机关和直属单位处级干部2017年度考核工作。机关142名处级干部中，24人考核等次为“优秀”，118人为“称职”，10人获三等功奖励，20人获嘉奖。直属单位61名处级干部中，12人考核等次为“优秀”、47人为“称职”、1人为“基本称职”、1人为“不称职”。

（付兴锋）

高校开展基层党组织和在职党员“双报到”工作

4月10日，市委教育工委召开北京高校党组织党员“双报到”专项工作部署会。会议强调，“双报到”是实现“街道吹哨、部门报到”的重点工作，是年内全市党建工作的重要任务，各高校要认真贯彻落实“双报到”工作。4月下旬，北京高校党组织和6.8万余名党员按时完成报到，并积极为社区服务，参与地方社会治理。

（果志伟）

党建工作有关要求纳入民办学校章程

4月10日，市委教育工委、市教委召开民办高校章程修改工作会。会议明确民办高校章程修改工作要求和标准，建立机关处室联合预审机制，对进入预审阶段的60所民办高校完成党建工作部分预审工作，对不合格的19家高校逐一反馈修改意见。至年底，全市1616所民办学校完成章程修订，占比79.70%。

（孙亚茹）

国科大党的关系转入市委

4月11日，中国科学院大学党的关系从中国科学院转入北京市委。国科大党委下设12个学院党委、6个党总支部。至2017年9月，国科大共有基层党支部215个，包括教职工支部34个、离退休支部12个、学生支部169个；党员共计4714人，其中，学生党员3892人、在职教职工党员521人、离退休党员301人。

（果志伟）

高校党建工作任务清单

5月2日，市委教育工委、市委组织部制定《北京高校党建工作重点任务清单》。文件提出认真贯彻落实党委领导下的校长负责制、加强院（系）党建工作、加强高校师生党支部和党员队伍建设等共23项任务、72条具体措施，明确牵头单位、参加单位、完成时限。

（果志伟）

选派民办普通高校党组织书记

5月8日，市委教育工委印发《北京市选派民办普通高校党组织书记工作实施办法》。文件明确民办普通高校党组织书记选派人选的范围、条件、职责、程序、管理等内容。文件印发后，市委教育工委明确选派范围及补贴标准、开展调研走访、酝酿推荐人选，稳步推进党组织书记选派工作。至年底，完成9所民办普通高校党组织书记选派工作。

（孙亚茹）

民办普通高校党建调研

5月至7月，市委教育工委开展全市民办普通高校党建和思想政治工作调研以及民办普通高校辅导员队伍建设专项调研。5月至6月，印发《民办普通高校党建和思想政治工作有关情况统计表》，深入了解民办普通高校管理体制和运行机制，全面掌握民办普通高校党建和思想政治工作经验成效、问题短板。调研发现全市民办普通高校党建和思想政治工作取得积极进展，但工作中仍存在一些薄弱环节，主要包括党组织地位发挥作用不到位，组织生活不规范；有的出资人认识不到位，有的党组织书记存在“打工”思想；有的思想政治工作队伍人员配备不齐等。7月，根据教育部要求，组织开展民办普通高校辅导员队伍建设专项调研，各学校围绕全国高校思想政治工作会议精神和中共中央、国务院《关于加强和改进新形势下高校思想政治工作的意见》的有关精神，开展贯彻落实情况调研自查，剖析当前重难点问题，并提出下一步解决思路和整改措施。市委教育工委另于6月组织民办普通高校参与教育部党组和市委联合开展的“首都百万师生同上一堂课”活动，反响热烈。

（孙亚茹）

中小学校党组织书记高研培训班

5月至12月，市委教育工委举办“提升中小学校党组织组织力书记高研班”。培训班通过理论讲授、专题研讨、课题引领方式，围绕提升基层党组织组织力，以问题为导向、以实践为基础、以课题为牵引，实现做、学、研紧密结合。培训班学员通过组织选调方式选拔，北京中小学党组织书记30人参加培训。

（孙亚茹）

高层次人才发展党员工作现场会

6月25日，市委教育工委、光明日报社在清华大学举办北京高校纪念中国共产党成立97周年暨高层次人才发展党员工作现场会。会上，清华党委书记陈旭介绍学校高层次人才发展党员的相关经验和做法，光明日报社总编辑张政回顾自己向党组织靠拢的心路历程和工作历程，清华医学院党委书记、美术学院信息艺术设计系党支部书记等分别做大会交流发言。郑吉春参加会议并讲话，他强调三点要求：一是要强化政治引领，增强工作主动性；二是要强化思想引导，增强工作实效性；三是严格组织程序，严把发展入口。北京61所高校的党委书记、主管副书记或组织部负责人，光明日报社副总编和清华大学各院系党委书记等180余人参加会议。

（果志伟）

提升教育治理能力境外培训班

11月4日，市委教育工委举办的北京高校校长提升教育治理能力境外培训班全体学员启程赴英国参加培训。培训班为期21天，学员深入牛津大学、伦敦大学、斯特拉斯克莱德大学等多所高校，参观苏格兰高等教育质量保障署、英国大学校长联盟等教育机构，与机构负责人座谈，深入学习英国知名高校教育管理经验，提高治校办学能力。市属高校18名校级领导干部参加培训。

（付兴锋）

民办高校党组织书记负责人示范培训班

12月4日至6日，市委教育工委举办北京市民办高校党组织书记示范培训班。培训包括理论辅导、部署民办高校党建工作、党性教育与交流研讨3部分内容。81所民办高校及高等教育机构党组织书记100人参加培训。

（孙亚茹）

高校领导干部理论文章评选

12月，市委教育工委完成高校领导干部理论学习文章评审工作。2017年度，北京高校应上交理论学习体会文章的领导干部共490人，其中484名领导干部上交文章487篇，有6名领导干部未上交文章，上交率98.78%。经过初评、复评、终评程序，评出一等奖10篇、二等奖15篇、三等奖25篇，6所高校获组织奖。

（付兴锋）

高校党委纪委换届

至年底，北京应换届高校9所（包括延期高校3所）。其中，双管高校5所，分别为北京林业大学、对外经济贸易大学、中央音乐学院、北京体育大学、中国地质大学（北京）。市属高校4所，分别为北京服装学院、北京电影学院、北京财贸职业学院、北京工业职业技术学院。至年底，3所高校完成换届工作，分别是对外经济贸易大学、北京林业大学、中央音乐学院。

（果志伟）

高校“三长”进常委工作推进

至年底，市委教育工委推进高校“组织部长、宣传部长、统战部长进常委或不设常委的委员”工作。根据中共中央国务院颁发的《关于加强和改进新形势下高校思想政治工作的意见》要求，各个高校落实届内增补党委委员和组织部长、宣传部长、统战部长进党委工作。至12月底，北京48所高校（双管高校22所、市属高校26所）完成增补及“三长”进党委工作，其中，中层干部进常委45人（双管高校14人、市属高校31人）、校领导兼任常委65人（双管高校38人、市属高校27人）。

（付兴锋）

干部挂职

至年底，市委教育工委组织开展年度干部挂职工作。全年共安排19名机关干部到基层锻炼，推荐1名机关干部到澳门工委北京联络部借调。接收51名高校和直属单位处级干部、青年教师和辅导员到两委机关挂职，接收新疆、河南来京挂职干部各1人，安排2名内蒙古高校干部到北京高校挂职。

（付兴锋）

教育系统24人通过政工职称评审

至年底，北京教育系统24人通过政工职称评审。经个人申请、学校推荐、工委审核、答辩评审等程序，共有24人通过政工职称评审。其中，政工师13人、高级政工师11人。教育系统政工师评审每年举行1次。

（付兴锋）

人才选派

至年底，市委教育工委完成年度人才选派工作。市委教育工委从北京高校选派5人参加第19批“博士服务团”，1人参加中央人才工作协调小组“专家咨询服务活动”，2人参加2018“京青专家服务活动”、1人参加“首都专家拉萨行”、7人参加“人才京郊行”。做好“西部之光”访问学者接收工作，接受西部学者7人到北京高校研修。

（付兴锋）

干部日常管理监督

至年底，市委教育工委做好干部日常监督管理工作。坚持把纪律和规矩挺在前面，市委教育工委全年完成试用期满谈话、审计整改约谈、年度考核约谈、不如实报告个人有关事项提醒诫勉谈话累计40人次。做好出国政审备案、社团兼职、离京请假审批等管理工作。全年接收各类各级干部出国政审备案531人次，其中，因公259人次、因私272人次；涉及高校干部422人次、机关和直属单位干部129人次。加强因私证件的管理，做好领导干部因私出国（境）审批备案工作，集中管理因私证件156本。接收北京高校正职领导干部离京请假437人次。接收社团兼职申请115人次，其中，高校干部102人次、机关和直属单位干部13人次。上报出国人员备案信息26人次，其中，新增备案9人、撤销备案17人。

（付兴锋）

首都党建智库重点课题研究完成

至年底，市委教育工委完成首都党建智库重点课题“中小学党组织发挥作用情况研究”。课题围绕中小学校党组织发挥作用情况，采用听取汇报、座谈访谈、查阅资料、实地考察和问卷调查等方式开展调查研究。课题认为新时代发挥中小学校党组织的作用，必须坚持以习近平新时代中国特色社会主义思想为指导，深入学习习近平总书记关于教育的重要论述精神，探索中小学校党建工作规律，从严要求、从实推进中小学校党建工作，确保中小学党组织始终成为推动学校发展的领导核心、攻坚克难的坚强堡垒、凝聚人心的重要阵地。该课题是首都党建智库十大重点项目之一，市委教育工委组织处、市基础教育党建研究中心组成课题组，形成《北京市中小学党组织发挥作用情况研究报告》，获北京市党的建设研究会二等奖。

（孙亚茹）

宣传与思想政治教育

概述

2018年，北京高校宣传教育战线坚持以习近平新时代中国特色社会主义思想为指导，深入贯彻落实全国全市教育大会、宣传思想工作会议和高校思想政治工作会议精神，按照“把握要点、突出重点、攻克难点、创造亮点”的工作思路，从严从紧从实抓好高校宣传教育各项工作。

推进习近平新时代中国特色社会主义思想“进教材、进课堂、进头脑”。蔡奇、陈吉宁等近20名市领导走上高校讲台，与教育部联合开展“百万师生同上一堂课”活动。以习近平新时代中国特色社会主义思想研究为主题，以14个基本方略为重点，在20所高校开设系列市级思政课，编写《习近平新时代中国特色社会主义思想在京华大地的生动实践融入课堂教学建议》，会同市委宣传部遴选建设10所市级重点马克思主义学院。

推进德育及思想政治教育工作。市委教育工委组织20余万人参观“真理的力量——纪念马克思诞辰两百周年主题展览”和“伟大的变革庆祝改革开放四十周年大型展览”。继续发挥北京高校习近平新时代中国特色社会主义思想博士生宣讲团生力军作用。制定印发《2018年北京高校思想政治理论课教师队伍建设专项工作实施方案》《北京高校思想政治理论课专职教师配备五年行动计划（2018—2022年）》《北京高校教师思想政治工作规划（2018—2022）》《北京高校学生思想政治工作规划（2018—2022）》。编写《北京高校学生心理危机预防与干预手册》，举办首届中英心理健康教育论坛，召开北京高校学生心理危机预防与干预现场交流会。继续推进新生引航工程，举办首都大学生中华优秀传统文化大讲堂。成立北京市学校德育研究会，推动构建大中小幼一体化德育体系。实施北京高校师生服务首都“四个中心”功能建设“双百行动计划”，得到市委领导肯定。

开展师德建设和思想政治教师培训。在全市教育系统开展新时代“四有好老师”和“四个引路人”教育实践活动，推动所有高校制定印发《教师职业道德规范》《师德“一票否决”制实施细则》《师德考核办法》等师德规范性文件，全部成立党委教师工作部。召开“课程思政”现场交流会，总结形成“四同四步”法工作模式。以全国“三全育人”示范区建设为契机，推动“三全育人”综合改革。市委教育工委依托哲社培训班、青年教师理论培训班、辅导员基地、心理基地等，培训3000余名思想政治工作干部、青年教师。

举办专题培训。面向高校教师党支部书记、教研室负责人（学科带头人）和海归教师，举办5期习近平新时代中国特色社会主义思想培训班，累计培训教师500人次。围绕高校学生工作法治化、高校意识形态工作、辅导员职业素养培训、学业辅导、民族、宗教主题共举办18期培训，培训辅导员等思想政治工作干部1500人次。

开展专项调研。调研60所高校师德建设委员会和教师工作部、师德长效机制实施方案、师德“一票否决制”细则、2015年以来师德问题处理年份及数量、研究生导师考核制度等方面的师德师风情况；调研中央民族大学少数民族学生教育服务管理工作；联合团市委和各高校开展禁毒调研；联合团市委、卫计委、市红十字会和北京市青少年法律与心理咨询服务中心召开北京市高校预防艾滋病健康教育工作成效评估专题调研工作会；调研清华大学、中国人民大学等10所学校禁毒防艾教育工作开展情况；联合北京教育科学研究院，面向北京大学、清华大学等10所高校，以专题介绍会、师生深度访谈、问卷等形式调研高校师生关系。

（刘娟）

50个小组入选“百校千组学讲行”示范学习小组

2月7日，市委教育工委公布“百校千组学讲行——党的十九大精神我学我讲我践行”主题教育活动评选结果。经学校推荐、专家评选等程序，北京高校50个学习小组被评选为示范学习小组，12所学校获优秀组织奖。“百校千组学讲行——党的十九大精神我学我讲我践行”主题教育活动是市委教育工委于2017年11月至2018年1月组织开展，以深入学习贯彻党的十九大精神，在首都大学生中掀起学习党的十九大精神热潮为宗旨的专项教育活动。活动开展以来，高校依托基层党支部、班团组织、科研团队和理论社团等基层组织，组建学习小组5800余个，累计开展16000余次，参与学生数量超过60万人。

（王星星）

高校学习宣传贯彻党的十九大精神优秀项目遴选

2月9日，市委教育工委组织开展北京高校学习宣传贯彻党的十九大精神优秀项目遴选活动。活动面向全部北京高校，旨在总结推广北京高校在学习宣传贯彻党的十九大精神中的好做法、好举措、好典型。经各高校推荐、专家评审、工委会审定等程序，最终确定北京大学“把学术优势转化为宣传优势——北京大学举办‘十九大与社会主义现代化国家’高端理论研讨会”等共70个项目入选。

（王星星）

大学生思想政治工作实效奖评审

3月9日，市委教育工委组织开展第五届首都大学生思想政治工作实效奖评审会。此次评审旨在总结展示各高校在贯彻落实全国和北京高校思想政治工作会议精神，推进

9月10日，朝阳区教委举办弘扬高尚师德 潜心立德树人 争做新时代“四有”好老师和“四个引路人”活动 （朝阳区教委 供）

大学生思想政治工作中取得的成效与进展，交流推广好做法、好举措、好经验。要求各校推荐广受学生欢迎和好评、对于推进大学生思想政治工作具有显著效果、具有针对性、创新性和示范意义及推广价值的工作成果。经学校推荐、初步评审，共有51所学校的101个项目参加评审会。经现场答辩、评委打分，评选出特等奖4项、一等奖11项、二等奖9项、优秀奖28项。

（王宇航）

高校宣传教育工作会议

3月16日，市委教育工委召开2018年北京高校宣传教育工作会议。会议总结交流2017年北京高校宣传教育工作，研究部署2018年工作任务，表彰2017年北京高校宣传教育工作先进集体和个人。郑吉春参加会议并讲话。各高校主管校领导以及相关部门负责人300余人参加会议。

（王星星）

市级思政课专题推进会

3月21日，市委教育工委召开“习近平新时代中国特色社会主义思想研究”市级思政课专题推进会。清华大学、北京林业大学、北京外国语大学、对外经济贸易大学、中央财经大学、中国政法大学、中央民族大学、北京工业大学、中国戏曲学院汇报春季学期课程筹备情况。市委教育工委要求20所开课高校以政治的高站位看待这门课程、以组织的高水平开好这门课程、以保障的高层次办好这门课程。推动习近平新时代中国特色社会主义思想“进教材、进课堂、进头脑”，用党的最新理论成果统一学生思想和行动，切实增强“四个意识”、坚定“四个自信”。

（刘冰）

中美贸易问题专题辅导

4月13日，市委教育工委在对外经济贸易大学举办北京高校“中美贸易问题”专题辅导报告会。4名外经贸国际经济贸易学院、国际经济研究院的专家学者分别以《中美贸易战的深度思考》《中美油气合作潜力分析》《中美贸易战：为何而战？如何战？》《走到三岔路口的中美贸易摩擦》为题讲解中美贸易问题发生的原因、背景，分析可能的走势，并提出政策建议。60所北京高校的党委宣传部部长、学生工作部部长、马克思主义学院院长（思政课负责人），和外经贸青年教师代表等200余人参加会议。

（赵国伟）

市中小学校党组织书记高级研修培训

4月26日至12月，市委教育工委委托北京教育学院党建研究中心组织开展北京市中小学党组织书记高级研修培训。培训面向北京市3批党建示范点中小学校党组织书记，采取调训方式，以“新时代中小学校党组织力提升”为主题，历时一年。研修培训内容突出党的十九大精神和基层党组织组织力提升要素，按照党建研究的流程和规律，通过开展理论准备、主体框架研讨、拟写要点确定等环节，突出学员参与、分组研讨形式，把研究和培训紧密结合。培训结合中小学校党建工作实际，举办专题报告9场，走进4所学校和北汽集团，观摩学校和国企党建特色，同时针对《新时代基础教育领域党组织组织力研究内容框架》开展集体研讨。北京中小学书记30人参加培训。

（石燕）

高校学生心理危机预防与干预手册印发

4月，市委教育工委印发《北京高校学生心理危机预防与干预手册（试行）》。手册由市委教育工委、北京高教学会心理咨询研究会组织编写，包括高校心理危机事件的危机筛查、重点干预、现场处置、死亡善后等4部分内容。手册面向在京61所高校学生工作部门负责人、心理中心主任和全体一线专职辅导员发放，共计发放6000册，受到广泛欢迎。

（王星星）

高校师生服务首都“四个中心”功能建设“双百行动计划”授旗仪式暨培训会

5月3日，市委教育工委、市教委组织召开北京高校师生服务首都“四个中心”功能建设“双百行动计划”授旗仪式暨培训会。会上，与会领导为北京高校师生服务首都“四个中心”功能建设“双百行动计划”团队代表授旗，青年教师社会调研团和青年学生社会实践团负责人代表分别发言。“双百行动计划”由市委教育工委、市教委联合市相关委办局组织开展，包括一百个青年教师社会调研团、一百个青年学生社会实践团，他们围绕“四个中心”功能定位、结合首都经济社会发展需求开展调研实践活动。市委教育工委、市教委对入选的每个青年教师社会调研团队支持2万元，向每个青年学生社会实践团队支持3000元，保障师生顺利开展实践活动；同时，对青年学生参与该计划并通过考核，要求学校给予1—2个实践学分。市委教育工委、市教委另于6月14日至15日，联系市相关委办局对“双百行动计划”的重点团队开展培训和对接指导，邀请市委宣传部、市发改委、市科委、市农委、市文化局、市环保局、市政府外办、团市委和北京冬奥组委新闻宣传部9个单位的相关业务处室负责人，分别围绕“做好习近平新时代中国特色社会主义思想和党的十九大精神基层宣讲”“融入首都科技创新中心建设”“聚焦污染防治攻坚战”等主题开展专题培训和项目对接指导。

（马聪）

高校辅导员素质能力大赛决赛

5月7日至8日，市委教育工委举办的第六届北京高校辅导员素质能力大赛决赛暨颁奖典礼在北京师范大学举行。

经过各高校校内选拔、市级初赛，20 所高校的 20 名辅导员选手参加决赛。决赛通过谈心谈话、理论宣讲两个环节，综合考查辅导员的思想教育能力、语言表达能力、逻辑思维能力等方面知识和技能。最终，中国石油大学（北京）韩瑾、北京师范大学李力、中国劳动关系学院段正 3 人获一等奖，北京化工大学董华等 7 人获二等奖，中国地质大学（北京）吕慧敏等 10 人获三等奖。北京各高校的学工部门负责人和辅导员代表 200 余人到场观摩比赛。获得大赛一等奖的 3 名辅导员代表北京市参加全国总决赛。

（王星星）

5 月 7 日至 8 日，市委教育工委举办第六届北京高校辅导员素质能力大赛颁奖　　（市委教育工委相关处室　供）

北京高校思想政治工作科研培训班

5 月 7 日至 9 日，北京高校思想政治工作研究中心、北京市高等教育学会高校德育研究分会和北京高校学生工作学会联合举办第 11 期北京高校思想政治工作科研培训班。开班仪式上，相关负责人总结 10 年来北京高校思想政治工作科研培训班工作成效，重点讲解和指导北京高校思想政治工作研究课题申报及管理；与会人员听取《我国外交新战略》专题报告。培训期间，报告专家与学员进行交流和互动，学员分小组进行交流讨论。北京高校党委宣传部、学生工作部、研究生工作部、教师工作部、校团委负责人及干部，高校马克思主义学院（思政部）思想政治理论课教师，高校二级学院（系）主管学生工作副书记、辅导员，体育教学部、后勤集团教职工等 140 余人参加培训。

（刘晖）

北京高校思想政治工作专题会

5 月 11 日，市委教育工委召开北京高校学习贯彻习近平总书记在纪念马克思诞辰 200 周年大会上重要讲话精神座谈会暨北京高校思想政治工作专题会。会议部署本年度高校思政课建设特别是思政课教师队伍建设工作。北京科技大学、中央财经大学、中国地质大学等高校校领导作交流发言。郑吉春参加会议并讲话。北京 56 所高校 104 人参加会议。

（姜男）

高校思政课专职教师配备五年行动计划印发

5 月至 6 月，市委教育工委印发《北京高校思想政治理论课专职教师配备五年行动计划（2018—2022）》。计划明确要求各高校按照“一校一策”“挂图作战”方式，在 5 年内按照 1：350 师生比配齐专职思想政治理论课教师，旨在加强北京高校思想政治理论课教师队伍建设。同时印发《2018 年北京高校思想政治理论课教师队伍建设专项工作实施方案》，实施队伍配备计划、师德培育计划、进阶培养计划、共建共享计划、师资储备计划、激励保障计划，开展思政课教师“1+X”培养计划和马克思主义学院“1+1”共建计划。

（姜男）

第二期中小学校党组织书记网络培训示范班

5 月至 7 月，市委教育工委委托北京教育学院党建研究中心组织北京市中小学校新任书记、副书记参加国家教育行政学院党组织书记网络培训。全市 16 个区和燕山地区的 207 名中小学新任书记和党务工作者参加培训。经过一个半月网上 1440 学时课程的学习，北京市所有学员全部通过考试，考核分数平均分 98.65，其中，85 分以上的学员 204 人；满分学员达到 141 人，占总人数的 68%，总成绩全国第一。

（石燕）

马克思主义理论学科学位授权点调研督查

6 月 1 日至 7 月 1 日，市委教育工委、市教委开展高校马克思主义理论学科学位授权点调研督查。此次督查要求各高校撰写提交自查报告，在学校自查基础上，专家组入校开展调研督查。市委教育工委、市教委组成 5 个调研督查组，围绕学科建设情况、人才培养情况、学科对办好思想政治理论课的支撑情况 3 个方面，对北京航空航天大学、北京外国语大学、中央民族大学等 22 所高校的马克思主义理论学科学位授权点入校调研督查。督查组认为，相关高校能够把马克思主义理论学科纳入学校发展规划，进行重点建设，在学科研究方向上能够抓住学科发展中带有基础性、导向性和战略性的主要问题，教师政治素质、理论素养、业务能力能够适应马克思主义理论学科的建设要求。

（姜男）

高校心理素质教育工作会

6 月 14 日，市委教育工委 2018 年北京高校心理素质教育工作会暨“新时代、心梦想、心健康”首都大学生心理健康节闭幕式在北京邮电大学召开。会议表彰 2018 年首都心理健康节获奖学校及个人，总结 2017 年北京高校心理素质教育工作，部署 2018 年工作。中央民族大学、北京邮电大学、北京舞蹈学院等学校作大会交流发言。郑吉春参加会议并讲话。北京各高校学工部长、研工部长、心理中心主任 150 人参加闭幕式。心理健康节由市委教育工委携手 15 所高校共同举办，以“新时代，心梦想，心健康”为主题，举办心理微课大赛、心书笺大赛、绘心绘意点亮校园等活动251场，各高校学生累计20万人次参加活动。

（王星星）

高校“课程思政”现场交流会

6月15日，市委教育工委举办北京高校“课程思政”现场交流会。会上，北京联合大学、北京化工大学、中国地质大学（北京）、北京林业大学、北京第二外国语学院、北京服装学院党委书记先后介绍学校“课程思政”建设的经验和做法。郑吉春参加会议并讲话，他强调，要精准开展课程思政，深入推动理论创新融入各类课程建设，深入推动社会主义核心价值观融入各类课程建设，深入推动青年责任和时代命运融入各类课程建设，深入推进意识形态责任制融入各类课程建设。北京56所高校主管思政、教学工作的校领导120余人参加会议。

（马驰知）

《莫辜负新时代：“四个正确认识”大学生读本》首发

6月29日，教育部、市委教育工委和人民出版社联合主办《莫辜负新时代：“四个正确认识”大学生读本》新书首发式暨首届京津沪渝高校思想政治工作创新论坛。该书是第一部系统阐释习近平“四个正确认识”重要论述的通俗理论读物，也是学习贯彻习近平总书记关于青年成长成才重要思想的权威读物，由教育部思想政治工作司和市委教育工委共同组织编写，人民出版社出版发行。论坛上，京津沪渝四地教育部门共同签署《京津沪渝高校思想政治工作合作框架协议》，与会人员围绕“以引导大学生牢固树立‘四个正确认识’为目标，创新新时代高校大学生思想政治教育工作体系”交流发言。来自京津沪渝四地党委教育工作部门职能处室负责人，部分理论期刊负责人，四地高校学工部部长、研工部部长，在京高校辅导员和学生代表等150余人参加活动。活动由北京市高等教育学会高校德育研究分会联合北京高校学生工作学会、北京高校思想政治工作研究中心共同承办。

（王星星　刘晖）

6月29日，《莫辜负新时代：“四个正确认识”大学生读本》新书首发仪式 （市教委相关处室 供）

艺术院校思政课改革示范点市级选修课教学展演

6月30日，市委教育工委、北京舞蹈学院举办“社会主义核心价值观与艺术创作思政实践课”重大改革创新项目暨北京市艺术院校思政课教学改革示范点市级选修课实践教学汇报展演。本次展演以“中国精神 中国力量 青年担当”为主题，分三个篇章共展示《俺从黄河来》《微山湖》《走向复兴》等10个作品。北京舞蹈学院、中国音乐学院、中国戏曲学院190名学生参演。北京大学、清华大学、中国人民大学、北京物资学院、北京联合大学、北京服装学院等高校师生600人观演。“社会主义核心价值观与艺术创作思政实践课”重大改革创新项目是由舞蹈学院承担的北京高校思想政治理论课教育教学创新项目，2016年立项。该项目坚持思想政治理论教育与专业教育相结合的原则，课堂内思想政治理论课教师进行思想引领和理论指导，指导学生在艺术创作过程中自觉把社会主义核心价值观渗透到艺术创作中；课堂外专业教师指导学生以社会主义核心价值观为题复排或编创艺术作品。本次“社会主义核心价值观与艺术创作思政实践课”学生共提交作品60项，其中复排经典作品17项、新创作43项。

（马驰知）

高校师生暑期实践团培训

7月20日，市委办公厅、市委教育工委联合组织首都高校师生暑期实践团培训。培训面向首都高校师生暑期实践团负责人，包括如何开展社会调研和如何撰写决策参考类信息材料等内容。首都高校师生暑期实践团负责人、实践团督导员40余人参加培训。2018首都高校师生暑期实践团以“用脚步丈量民生，用汗水做好工作”的精神，围绕市委中心工作，主要开展首都城市功能优化调研、首都环境建设调研、首都遗产保护调研等暑期实践，市委教育工委要求实践团要围绕调研题目，发挥专业优势，坚持问题导向，深入首都基层一线扎实调研，用实际行动为首都“四个中心”建设作出应有贡献，推动新时代中国特色社会主义思想在京华大地形成生动实践。

（王星星）

暑期大学生记者团采访

7月22日至28日，市委教育工委组织首都大学生记者团采访活动。活动以“听东方春潮澎湃、看祖国辉煌巨变”为主题，来自北京37所高校的学生记者，前往深圳、广州、合肥等地实地采访，活动行程5000余千米。中国教育电视台、北京电视台、人民网等媒体报道该活动，其中，人民网搭建专题网页，刊发学生稿件144篇；北京电视台科教频道制作专题节目《非常向上之大学生记者团：他们眼里的改革开放》。

（赵国伟）

高校新生引航工程启动

9月13日，市委教育工委举办的2018北京高校新生引航工程在中国国家博物馆举行。启动仪式上，中国国家博物馆北京高校师生中华优秀传统文化教育基地揭牌。参会领导为高校图书馆代表赠送《北京志》系列书籍，为新生代表赠送《习近平新时代中国特色社会主义思想三十讲》《习近平谈治国理政》《莫辜负新时代——“四个正确认识”大学生读本》《大学新生适应与成长攻略》。国家博物馆、市委教育工委、北京地方志编委会办公室等单位领导及各高校主管学生工作校领导、学工部长、研工部长、2018级新生代表等参加活动。启动仪式后，与会人员听取《习近平新时代中国特色社会主义思想引领青年学生成长成才》主题宣讲，并一同参观展览《复兴之路》。2018北京高校新生引航工程突出抓好“思想引领、价值塑造、调整适应、社会实践、指导服务”五个关键环节，教育引导新生做到“爱国、励志、求真、力行”，为大学学习生活和成长发展奠定坚实基础。

（王星星）

7月22日，首都大学生记者团暑期集中采访启动仪式

（市委教育工委相关处室 供）

194项课题入选大学生思想政治教育课题

10月，市委教育工委委托首都大学生思想政治教育研究中心完成2018年度首都大学生思想政治教育课题招标工作。经学校申报、专家评审，共评选出战略课题2个、重点课题12个、一般课题58个、支持课题（含一线专项）122个。大学生思想政治教育课题旨在加强大学生思想政治教育科学研究，为工作创新提供理论支持，其中，战略课题研究期限2—3年，研究经费10万元；重点课题研究期限1—2年，研究经费5万元；一般课题研究期限1年，研究经费2万元；支持课题研究期限1年，研究经费1万元。支持课题中专项课题面向一线专职辅导员、思想政治理论课教师和心理素质教育教师；其他课题面向大学生思想政治教育工作者。

（寇红江）

名家领读经典市级思政课

10月9日至11月28日，“名家领读经典”市级思政课秋季学期课程在高校开讲。王向明、金灿荣、孙毓敏等名师走上讲台，在中国人民大学、中国农业大学、北京航空航天大学等11所高校，为学生解读“习近平新时代中国特色社会主义思想”。11所高校共举办“名家领读经典”市级思政课53节，累计听课人数10000人次。

（姜男）

市学校德育研究会成立

11月8日，北京市学校德育研究会成立大会在北京会议中心召开。会上，与会领导为研究会首批咨询专家颁发聘书，为首批德育研究基地校代表授牌。原市政府教育督导室副主任关国珍当选会长。会议由刘宇辉主持，郑吉春参加会议并讲话。国家教育咨询委员会、中国教育学会领导，市相关委办局、各区委教育工委区教委相关负责人，研究会首批会员单位代表，研究会理事会成员80余人参加会议。研究会工作重点围绕“一纵一横”，研究解决大中小幼一体化德育工作纵向衔接和学校、家庭、社会横向协同育人问题，重点突出研究会“立足学校，聚焦衔接，强化协同，深化研究”四个工作特征。研究会聘请国家教育咨询委员会委员、国家总督学顾问陶西平，中央美术学院党委书记高洪，清华大学教授吴潜涛，北京教育科学研究院院长方中雄，中国教育科学研究院副院长曾天山5人为首批咨询专家。选取57所“北京市大中小幼一体化德育研究首批基地校”承担课题研究任务，其中，幼儿园6所、小中学41所、大学10所。

（谢文全　杜德健）

12月7日，首都高校大学生阅读演讲比赛举行
（市委教育工委相关处室　供）

学生心理危机预防与干预现场交流会

11月23日，市委教育工委在中国农业大学召开北京高校学生心理危机预防与干预现场交流会。中国人民大学、北京师范大学、中国农业大学代表围绕“大学生心理危机预防与干预工作”作大会交流发言。会议邀请北京回龙观医院心理危机研究与干预中心常务副主任作题为《预防自杀全球要务——世卫报告解读》的报告，介绍全球自杀预防的工作现状以及未来的工作方向。北京56所高校的学工部长、研工部长和心理咨询中心主任参加会议。

（赵妍）

博士生宣讲团分享交流会

11月29日，北京高校学习习近平新时代中国特色社会主义思想博士生宣讲团成立一周年暨清华大学博士生讲师团成立20周年分享交流会在清华大学举行。会议回顾北京高校宣讲育人工作的历史发展脉络，肯定北京高校博士生宣讲团和清华大学博士生讲师团取得的成绩，表彰北京高校博士生宣讲团2017—2018年度十佳讲师，6名宣讲团讲师代表分享一年里的收获与成长。北京高校的500余名师生现场聆听报告。北京高校学习习近平新时代中国特色社会主义思想博士生宣讲团由市委教育工委、市委讲师团联合清华大学于2017年10月28日成立，43所在京高校150名研究生入选首批讲师，一年来讲师们在高校及社会各界广泛开展宣讲300余场，覆盖3万余人次。宣讲团第二期共遴选43所在京高校的120余名研究生，拟于培训后开始宣讲活动。清华博士报告团1998年组建，后更名博士生讲师团，20年来累计开展宣讲千余场，覆盖听众10万余人次，足迹遍布31个省、自治区、直辖市。

（王星星）

思政课案例教学研讨会

12月5日，市委教育工委举办的“新时代北京高校思想政治理论课案例教学”研讨会在北京理工大学举行。会上，北理工“崔建霞案例教学工作室”介绍从案例建设向案例教学成果转化过程中的工作创新，即新时代思想政治理论课“教材—案例—原著”三位一体案例教学新模式，总结提炼出思想政治理论课案例教学的方法论。与会人员围绕全面深入推进习近平新时代中国特色社会主义思想“三进”工作，以案例教学提升思想政治理论课育人实效开展研讨交流。市委教育工委领导及北京各高校马克思主义学院院长代表、骨干教师代表、校内外管理学和法学案例教学专家参加会议。

（姜男）

首都高校大学生阅读演讲比赛

12月7日，市委教育工委、书香中国·北京阅读季领导小组办公室主办的第三届首都高校大学生阅读演讲比赛决赛在首都师范大学举行。本届比赛以“辉煌四十载　筑梦新时代”为主题，有41所高校参与，经过初赛和复赛，15所高校的选手晋级决赛。决赛中，选手围绕改革开放40年来经济社会的变化发展和新时代的辉煌成就，分享阅读心得和体会。最终，北京大学郑方一、中国传媒大学田尹男获一等奖，首都师范大学王帅等3人获二等奖，北方工业大学纪艾莎等4人获得三等奖。此次比赛由首师大承办，北京各高校的百余名师生代表现场观看比赛，45万余人通过网络直播在线观看。

（王星星　赵国伟）

首届中英高校心理健康教育论坛

12月9日，市委教育工委主办的首届中英高校心理健康教育论坛在中国地质大学（北京）举行。论坛中，清华大学心理中心主任介绍中国高校心理健康教育工作的现状及面临的挑战，牛津大学心理咨询中心主任就英国高校心理咨询服务与心理咨询师专业化建设等问题作主题报告，剑桥大学心理咨询中心主任以剑桥大学为例，分享英国高校心理危机预防与干预的模式和经验。与会心理专家围绕高校心理咨询服务与心理咨询师的专业化建设、心理危机干预与预防等交流探讨。来自英国牛津大学、剑桥大学，以及清华大学、北京师范大学、中国人民大学等56所高校的心理咨询中心主任、学工部长、研工部长等200余人参加论坛。

（赵妍　刘晖）

12月9日，首届中英高校心理健康教育论坛举行

（新闻中心　供）

高校贯彻教育大会和宣传思想会议精神研修班

12月12日至14日，市委教育工委举办北京高校学习贯彻全国全市教育大会和宣传思想工作会议精神研修班。研修班邀请中央教育工作领导小组、教育部思政司、市委宣传部、市委党校、中央党校等单位相关负责人及专家学者围绕全国和全市教育大会、宣传思想工作会议精神为学员授课。北京高校主管宣传工作校领导及相关部门负责人等100余人参加研修班。

（赵国伟）

清华“我和我的祖国”快闪活动

12月17日，清华大学研究生会学生组织“我和我的祖国”快闪活动。活动由中宣部、教育部牵头指导，在第六教学楼举行，数百名师生被突如其来的歌声吸引，集体挥舞国旗，为伟大祖国喝彩。快闪实录视频经中央电视台《朝闻天下》节目首发后，引起社会各界强烈反响，被《人民日报》、新华社和《光明日报》等多家媒体报道，3日内全网播放量超过2200万人次。12月31日，《新闻联播》对快闪活动做专题报道。快闪是“快闪影片”或“快闪行动”的简称，是新近在国际流行开的一种嬉皮行为，一般由许多人用网络或其他方式，在一个指定的地点，在明确指定的时间，出人意料地做一系列指定的歌舞或其他行为，然后迅速离开。

（袁浩歌）

京沪高校学工部长论坛

12月20日，市委教育工委、上海教卫委共同举办2018年京沪高校学工部长论坛。论坛邀请大连海事大学教授、时代楷模曲建武围绕辅导员工作精细化做大会主旨报告；上海市学生德育发展中心、北京市委教育工委宣教处负责人分别介绍上海、北京高校围绕学生工作精细化做的一些探索和成效以及未来展望。京沪高校代表分别以《完善立德树人落实机制，推进全员全过程全方位育人》《“三全育人”背景下的大思政工作格局构建探索与实践》《建构精细辅导模式，助力学生学业成功》等为题作交流发言。教育部思政司、市委教育工委领导及北京、上海、河南等近90所高校的100余名学工部长参加论坛。

（焦帅）

全国大学生思政课艺术作品展开幕

12月27日，教育部思想政治理论课教学指导委员会、市委教育工委共同举办的第二届全国大学生思政课艺术作品展在北京联合大学开幕。展览以“庆祝改革开放40周年”为主题，收到27个省市275所高等艺术类院校的作品799件，经专家初评、复评、终评，最终确定381件作品参展，参展作品类型包括书法、绘画、摄影、雕塑、广告、工业设计、陶瓷、剪纸、编织、刺绣、染织、手工艺品，集中展现出当代大学生对思想政治理论课的理解和感悟，体现艺术类大学生对思想政治理论课的获得感。

（姜男）

高校师生思想政治工作规划印发

12月28日，市委教育工委、市教委印发《北京高校教师思想政治工作规划（2018—2022年）》和《北京高校学生思想政治工作规划（2018—2022年）》。两个文件落实全国和全市教育大会、宣传思想工作会议、高校思想政治工作会议精神，明确2018年至2022年北京高校师生思想政治工作的基本要求和重点任务。文件自发布之日起执行。

（刘娟）

推进2018年度高校难点公关计划项目

至年底，市委教育工委推进2018年度北京高校难点攻关计划项目。北京10所高校10个项目围绕“三全育人”、课程思政、教师理论学习全覆盖、网络意识形态等4个难点问题开展攻关。各项目所在高校党委重视难点攻关项目研究推进工作，形成一批理论研究成果，凝练一批制度建设规范，研制课程思政大纲，总结一批改革创新经验，同时历练一批思政骨干队伍。

（王星星　寇红江）

统一战线与群众工作

概述

2018年，北京高校认真贯彻落实党的十九大精神，以推动落实市委教育工委《关于加强和改进新形势下北京高校统一战线工作的意见》为牵引，以纪念中共中央发布“五一口号”70周年为契机，全面加强高校统战工作。北京高校共有党外知识分子6.2万余人，占知识分子总数的48%，有党外高级知识分子（副高级以上职称、副处级以上干部）1.79万人（含无党派人士约1万人），占高级知识分子总数的39.7%；有民主党派基层组织330个，民主党派成员7800余人；8个民主党派有2名中央主席、10名中央副主席来自北京高校，由市委教育工委推荐的第13届全国政协委员68人，北京市政协委员73人。截至2018年底，32所高校配备37名党外校级领导。有30所高校成立党外知识分子联谊会，16所高校成立归国留学人员联合会。

（相京）

高校民族宗教工作高级研修班

3月19日至4月13日，市委教育工委、市委统战部、市委党校联合举办2018年北京高校民族宗教工作高级研修班。研修班在京理论学习2周，在甘肃兰州实践教学1周。来自北京57所高校的思政课专任教师，统战、学工、保卫干部85人参加研修。

（相京）

京冀高校统战工作经验交流会

4月26日，京冀高校统战工作经验交流会在清华大学举办。会议以加强京冀高校统战工作交流为主题，各高校统战部长就做好高校统战工作座谈交流。与会人员表示，今后将进一步加强交流与合作，促进两地高校统战工作协同发展。会议由北京市委教育工委、河北省教育厅共同主办，北京大学、清华大学等10所北京高校与河北大学、河北师范大学等9所河北省省属高校统战部长参加会议。

（相京）

高校统战部长座谈会

5月8日，市委教育工委、民盟北京市委联合召开高校统战部长座谈会。此次会议是市委教育工委与民盟北京市委对口联系制度的一项具体举措，旨在进一步密切党盟合作，加强高校党委对民盟基层组织的领导和支持。会上，民盟北京市委代表向参会各方给予民盟北京市委的大力支持和帮助表示感谢，并介绍民盟北京市委及高校基层组织的发展概况。北京大学、清华大学、中国农业大学、北京大学医学部、中国政法大学、北京工业大学的统战部门负责人分别介绍各自学校民盟组织的基本情况以及党委统战部支持民盟组织开展工作的经验和体会。民盟中央专职副主席徐辉，市政协副主席、民盟市委主委程红及市委统战部、市委教育工委相关领导，32所高校的党委统战部部长及民盟基层组织负责人70人参加座谈会。

（相京）

高校统战理论与实践研究会换届

6月20日至22日，市委教育工委召开北京高校统战理论与实践研究会换届大会。会议审议通过《北京高校统战理论与实践研究会章程（修改草案）》、北京高校统战理论与实践研究会第六届常务理事建议名单；召开北京高校统战理论与实践研究会第六届常务理事会第一次会议，选举北京航空航天大学为第六届研究会会长单位，北航党委副书记程基伟为第六届研究会会长。会议同时表彰2013至2017年度优秀研究课题、优秀组织奖以及工作贡献奖获奖单位和个人。中央统战部、市委统战部有关负责人，各高校党委统战部部长、研究会常务理事80余人参加会议。

（相京）

开展宗教工作检查

6月至12月，市委教育工委开展宗教工作检查。市委教育工委按中央和市委统一部署，成立教育两委宗教工作督查领导小组，完成教育两委宗教工作自查报告，研究制订宗教工作督查方案，召开专题会议，部署各高校、各区教育部门排查工作中存在的问题和不足。市委教育工委于9月25日至29日实地督查北京工业大学、首都师范大学、首都医科大学等10所市属高校，通过听取汇报、座谈、实地检查等方式检查每所高校宗教工作的基本面、创新点和问题。检查组认为市委教育工委高度重视贯彻落实中央和市委关于宗教工作的重大决策部署，不断加强党对宗教工作的领导，对宗教工作特殊重要性的认识进一步提高，主体责任进一步明确，宗教工作成效明显。

（相京）

高校党外代表人士高级研修班

11月19日至21日，市委教育工委举办2018年北京高校党外代表人士高级研修班。培训期间，邀请教育部、中央社会主义学院、中国社科院、北京大学、中国人民大学等专家，就全国和北京市教育大会精神、新时代统一战线思想、党外代表人士如何履职、改革开放40年等内容作专题报告。理论培训后，市委教育工委组织学员赴深圳、广州开展实践教学，为期3天，主要参观暨南大学，考察深圳华为、南岭村。北京高校党外代表83人参加培训。北京14所高校另于5月21日至5月27日联合举办北京部分高校党外代表人士培训班，邀请相关专家学者讲授新时代党外人士如何建言参政发挥作用、新时代的党派工作与民主党派的政治参与、纪念“五一口号”发布70周年等专题辅导报告。组织学员赴江苏省社会主义学院（北京高校统战理论与实践教学基地）开展实践教学并分别听取相关专家现场授课。市委教育工委代表参加培训班开班仪式，14所高校共120余名党外代表人士参加培训。

（相京）

高校民主党派组织校级负责人培训班

12月10日至12日，市委教育工委在中央社会主义学院举办北京高校民主党派组织校级负责人培训班。培训内容包括政治理论和中华文化两部分，旨在促进民主党派组织校级负责人深刻认识新时代背景下国家的政党制度。培训班学员听取《参政议政与合作共事》的主题报告和《坚持多党合作，增强民族自信》《西方文化的困境与中华文化的发展》《中西政党制度比较》《中共与中华民族伟大复兴》《中国近代思想史》《中华文化大一统》培训报告。北京45所高校的64名民主党派负责人参加培训。

（相京）

党外干部专家挂职锻炼

至年底，市委教育工委协调党外干部及专家到相关部门挂职锻炼。市委教育工委、市委统战部推荐164名国家“高端智库”人选，探索与门头沟区区委试点共建党外干部挂职基地，组织30所高校、8名青年干部赴门头沟区有关单位、街道挂职。配合市委组织部、市委统战部推进局级高层挂职，在6月启动的第四批挂职中，来自北京大学、清华大学、中国农业大学等高校的8名党外专家学者挂职任市环保局、市住建委、市农委等单位的副局级领导职务。

（相京）

纪检与监察

概述

2018年，北京高校有纪检监察机构61个。其中，双管高校30所，纪检监察专职干部181人；市属高校31所，纪检监察专职干部142人。市纪委市监委驻市委教育工委市教委纪检监察组在编干部17人。

（喻真）

推动市属高校巡察工作

至年底，驻市委教育工委市教委纪检监察组协助市委教育工委推动市属高校巡察工作。市委教育工委市教委纪检监察组、市委教育工委印发《关于建立北京市属高校巡察制度的意见（试行）》，突出政治巡察，强化问题导向，明确巡察机构建立、巡察工作重点、巡察工作流程，把市委巡视整改情况纳入高校巡察范围。2017年3月，部分市属高校开始探索启动校内巡察工作。至2018年底，所有市属高校已完成第一轮校内巡察工作。

（喻真）

教育系统警示教育大会

12月27日，市委教育工委召开北京教育系统警示教育大会。会议学习贯彻全市领导干部警示教育大会精神，以案为鉴，引导教育系统全体干部职工增强“四个意识”，坚定不移推动全面从严治党向纵深发展。郑吉春主持会议，王宁参加会议并讲话。市委教育工委、市教委领导班子全体成员，各高校党委书记、校长、纪委书记，各区委教工委书记、驻区教育两委纪检监察组组长，市委教育工委市教委机关副处级及以上干部、直属单位领导班子成员参加会议。

（喻真）

12月27日，全市教育系统警示教育大会召开

（新闻中心 供）

重要时间节点监督检查

至年底，驻市委教育工委纪检监察组开展重要事件节点监督检查工作。督促在京高校、驻在部门以及直属单位，把中央八项规定精神及实施细则落到实处，推动作风建设常态化。联合市纪委市监委，在元旦、春节、五一、国庆等节假日期间，开展公车管理、公务消费的监督检查。在重要时间节点发出节日通知提醒，强化对党员干部和教职工的纪律要求。

（喻真）

专项监督检查

至年底，驻市委教育工委纪检监察组积极开展专项监督检查。加强对教育系统扶贫领域腐败、营商环境、扫黑除恶等专项治理工作的监督，跟踪了解两委工作和治理情况。结合全面从严治党主体责任考核，检查8所承担对口支援任务的市属高校。在深入开展“为官不为”“为官乱为”和“严肃查处群众身边的不正之风和腐败问题”两个专项治理工作中，处置“为官不为”“为官乱为”线索14件，处置“群众身边的腐败和作风问题”线索1件。

（喻真）

纪检监察内部管理和干部队伍建设

至年底，驻市委教育工委市教委纪检监察组加强纪检监察内部管理和干部队伍建设。严格工作流程，制定规章制度，先后制定《纪检监察组干部考勤管理制度》《关于做好新形势下信访举报工作的实施办法》等9个工作制度，《纪检监察组受理信访举报工作流程》等10个工作流程，建立《来访接待台账》等7本工作台账，规范《责成立案通知书模板》

等20个文书模板。与市纪委市监委共同打造高校纪检监察干部技能提升大讲堂平台，通过专题报告、业务讲座和案件协审等方式，提高干部队伍的业务素质和工作能力。

（喻真）

安全稳定

概述

2018年，市委教育工委、市教委和各高校认真贯彻落实中央和市委有关部署要求，以维护高校安全稳定为根本，以做好全国“两会”、中非合作论坛北京峰会等重大活动维稳安保为重点，有效应对影响校园安全稳定事端，不断提升校园安全管理防范水平，确保北京高校系统总体稳定局面。

（杨硕）

高校安全稳定工作会议

3月1日，市委教育工委召开2018年北京高校安全稳定工作会议。会议部署2018年和全国“两会”期间高校安全稳定工作，要求各高校坚持全面贯彻习近平新时代中国特色社会主义思想和中共十九大精神，准确把握高校安全稳定工作面临的新形势新要求，不断提高新时代维护高校安全稳定的能力水平。北京普通高等学校、普通高等职业学校、市教委直属单位主管稳定工作领导和保卫处长、民办非学历高等教育机构相关负责人约280人参加会议。

（杨硕）

教育系统安全稳定专项督查

4月28日至5月3日，市委教育工委、市教委组织开展“五一”教育系统安全稳定专项督查。市委教育工委、市教委组成15个督查组深入普通高等学校、高等职业学校、市教委直属单位等96个学校及单位，16个区开展督查指导，通过听取汇报、调研座谈、实地检查等方式，全面了解掌握各单位工作落实情况。

（杨硕）

高校系统保密自查自评工作督查

5月至6月，市委教育工委、市保密局联合开展高校系统保密自查自评工作督查。市委教育工委、市保密局成立5个督查组，对全市56所党的关系在市委的高校保密自查自评工作逐一督查指导。督查组通过听取汇报、查阅资料、实地检查等方式，重点检查保密工作责任制落实、涉密载体和涉密人员管理、自查自评工作开展等情况。经综合评定，55所高校中，北京大学、清华大学等9所高校检查结果为优秀。

（杨硕）

安全稳定工作专项调研

7月11日、12日、20日，市委教育工委开展安全稳定工作专项调研。此次调研针对高校领域面临的安全稳定形势及相关问题，听取相关工作意见和建议，研究推进校园安全稳定工作的具体措施。调研工作共组织5次专题座谈会，邀请北京40所高校相关负责人参会，北京大学、清华大学、中国人民大学、中国政法大学4所高校主管校领导，西城区委教工委、北京市十一学校主要负责人作调研专题发言。

（杨硕）

安全知识和反邪教知识手册发放

8月，市委教育工委发放安全知识和反邪教知识手册。市委教育工委面向高校所有入学新生，发放《大学生安全知识手册》和《大学生反邪教知识手册》共计56万次。此举旨在帮助大学生提高安全意识和自救、自护、救人的素质及能力，增强广大师生识别和防范邪教侵蚀的能力。

（杨硕）

首都高校安全教育专项业务培训班

12月4日至5日，由市委教育工委、市教委主办，北京市高教学会保卫研究分会承办的首都高校安全业务专项培训班举办。培训安排清华大学、北京航空航天大学和北方工业大学专家作3场专题讲座，邀请4所高校结合各自开展的安全教育特色活动作典型发言。首都各高校保卫部门负责人及安全教育管理干部共110余人参加培训。

（刘晖）

离退休干部与关心下一代工作

概述

2018年，北京市属高校、两委机关及直属单位有离休干部721人，比上年减少90人，平均年龄88.6岁；中共党员625人；第二次国内革命战争时期参加革命工作2人；抗战时期参加革命工作94人；解放战争时期参加革命工作625人。有退休干部19107人，比上年增加555人，平均年龄70.8岁；中共党员10909人。离退休干部分党委14个，离退休干部党总支18个，离退休干部党支部482个；老干部活动站（室）82个，建筑面积1.5万平方米。全年，北京高校举办离退休老同志各类学习班、读书班528期，1.65万人次参加；举办各类情况通报会、报告会609场，4.43万人次参加；组织外出参观607批，3.13万人次参加。走访慰问离退休老同志5.26万人次；为8647人次离退休老同志发放困难补助金共计1601万元。

2018年，北京教育系统关工委有基层单位108个，其中，普通高等学校关工委53个、民办普通高等学校关工委16个、区教育系统关工委17个、高职中专院校关工委22个。北京

9月19日，北大举行首届离退休教职工金婚庆典

（北大　供）

教育系统关工委认真学习贯彻党的十九大精神，坚持围绕立德树人的根本任务，以理想信念教育、社会主义核心价值观教育为重点，积极配合教育部门和学校，加强青少年思想道德建设、服务青少年健康成长。举办2018年北京教育系统关工委学习贯彻党的十九大精神培训班暨工作会，200余人参加。持续深入开展“老校长下乡”活动，举行第二批“老校长下乡”工作启动仪式，聘请赵景芝等17人为第二批“老校长下乡”助教团专家，分别与河北阜平、承德及北京延庆签署为期三年的“老校长下乡”工作协议。开展“红旗飘飘、引我成长”主题教育读书活动，全市20余万中小学生参与活动。连续六年开展军训服装捐赠和帮困助学活动，26所高校共募集军训服装1.6万余套。举办关工委秘书长培训班，120余人参加培训。由近400位关工委老同志组成的特邀党建组织员、思政课信息员工作队伍，在高校党建和思想政治工作中发挥重要作用。

（杨旭　闫妍）

教育系统关工委工作会议

3月21日至23日，北京教育系统关工委召开学习贯彻党的十九大精神培训班暨工作会。工作会全面总结2017年关心下一代工作的成效和经验，具体部署2018年工作。表彰“关心下一代优秀主题教育活动”78个，2017年“信息宣传工作先进单位、先进个人”31个，2017年北京高校军训服装捐赠工作先进集体22个。清华大学关工委、房山区教育系统关工委、北京工业职业技术学院关工委、北京科技大学党委分别作会议交流发言。党的十九大精神培训班传达“全国两会”精神，作《北京教育系统关心下一代工作委员会工作规程》辅导报告。邀请中共中央党史研究室副主任，中国人民大学、清华大学、北京外国语大学专家学者分别作《新时代党建理论的创新》《中国特色社会主义新时代的理论指南和行动纲领》《开启中华民族“强起来”的新征程》《今日中国之世界影响力》主题报告。教育部关工委、北京教育系统关工委领导，北京教育系统关工委委员，各高校、区、高职中专院校主管领导，关工委负责人200余人参加会议。

（闫妍）

高校老干部大讲堂

4月和10月，市委教育工委分别在北京第二外国语学院、北京航空航天大学举办两场“北京高校老干部大讲堂”。大讲堂邀请北京财贸职业学院李悦华、北京第二外国语学院吕龙根两名老同志和中国社会科学院美国研究所战略研究室樊吉社分别作《悟道而出鼓与呼跟随领袖奔复兴》《学习贯彻十九大精神，讲好中国故事，传播中国好声音》《中美经贸争端与双边关系前景》专题报告。北京各高校局级离退休干部、离退休干部党支部书记、理论学习骨干共计350余人参加活动。

（杨旭）

高校离退休干部党支部书记、委员培训

4月至11月，市委教育工委组织北京高校离退休干部党支部书记、委员参加培训。市委教育工委组织高校离退休干部党支部书记、委员参加在北京市老干部党校、北京教育老干部党校举办的培训班。培训班邀请中央党校、市委党校以及北京高校多位专家学者，深入解读党的十九大精神和习近平新时代中国特色社会主义思想，以案例教学形式学习清华大学离退休干部党支部“六连环特色组织生活法”，开展支部工作研讨和经验交流，促进支部书记工作水平的提高。北京高校离退休干部党支部书记、支部委员690人参加培训。

（杨旭）

“为党的事业增添正能量”系列活动

5月至10月，市委教育工委、市教委举办“为党的事业增添正能量”系列活动。活动以纪念中国共产党成立97周年、改革开放40周年、“展示阳光心态、体验美好生活、畅谈发展变化”为主题。5月，在首都体育学院举办“增添正能量、健身乐晚年”北京高校老同志健身项目展示；6月，举办5场“共筑中国梦、歌舞赞辉煌”北京老教育工作者

文艺演出；10月，举办“增添正能量、共筑中国梦”北京教育系统老同志书画作品展。北京各高校、各区县教育系统离退休人员近万人次参加活动。

（杨旭）

“我看改革开放新成就”调研座谈会

6月15日，市委教育工委召开“我看改革开放新成就”专题调研座谈会。座谈会邀请北京大学、清华大学、首都师范大学等10所高校的离退休老领导、老专家、老教授参加，从不同主题、不同角度畅谈改革开放40年来取得的成就。调研显示，教育系统老同志们对改革开放40年来，在中国共产党的坚强领导下，国家在各个领域取得的辉煌成就给予高度赞扬和充分肯定，对继续全面深化改革十分赞同、充满信心。

（杨旭）

“不忘初心、牢记使命”主题党日活动

6月22日，市委教育工委市教委机关离退休干部党员举办纪念中国共产党成立97周年暨“不忘初心、牢记使命”主题党日活动。林克庆参加活动并讲话。活动中向47名60年以上党龄老党员赠送当年自己的《入党志愿书》复印件；老党员代表回忆入党初衷和为党的教育事业不懈奋斗的人生历程；离退休干部党总支发出做“四新老人”倡议书，号召两委机关全体离退休老同志学习新思想、跟上新时代、体验新生活、做出新贡献，大力弘扬“离岗不离党、退休不褪色”的光荣传统，继续为党和人民事业增添正能量。两委机关120余名离退休干部党员参加活动。

（杨旭）

6月[illegible]梦 歌舞赞辉煌”北京老教育工作者文艺演出 （市委教育工委相关处室 供）

高校贯彻市离退休干部工作领导责任制指导意见印发

7月9日，市委教育工委印发《北京高校贯彻落实〈北京市离退休干部工作领导责任制〉指导意见》。文件从准确把握新时代离退休干部工作定位和工作要求、学校党政领导班子和班子成员职责、各有关职能部门在离退休干部工作中的主要职责3个方面，对全面贯彻落实《北京市离退休干部工作领导责任制》作出部署，提出明确要求。

（杨旭）

第二批“老校长下乡”工作启动

10月22日，北京教育系统关工委举行第二批“老校长下乡”工作启动仪式。启动仪式上介绍由教育部关工委倡议的、北京作为试点城市开展两年来的“老校长下乡”工作情况及取得的成效，重点解读北京“老校长下乡”工作方案，宣读《北京教育系统关工委关于聘请赵景芝等17名同志为“老校长下乡”助教团专家的决定》。北京教育系统关工委分别与延庆区，河北省保定市阜平县、承德市承德县签署为期三年的“老校长下乡”工作协议，根据协议，老校长要帮助受助学校提升办学理念、管理水平、提高教育教学水平、加强师德师风建设等。17名老校长及大学生助理、受援地区教育部门负责人及学校校长、相关区教育关工委负责人、市教委相关部门负责人等约80人参加启动仪式。

（闫妍）

家校社共育研讨会

11月1日，北京教育系统关工委、教育部关工委家庭教育中心联合举办“家校社共育的实践与探索”研讨会。朝阳、海淀、大兴、昌平4个区教育系统关工委从自身工作角度出发，介绍各自开展“家校社共育”工作的经验体会。海淀区中关村第三小学、首都师范大学附属中学、北京市第十二中学介绍各校在“家校共育”方面的做法、举措。与会专家学者围绕家社校共育主题交流发言。教育部关工委、北京教育系统关工委、各区教育关工委相关负责人及老同志，中小学校、高校相关人员代表和关心家校社共育的社会人士约50人参加会议。

（闫妍）

高校离退休干部工作人才队伍建设专业培训班

11月5日至8日，市委教育工委举办“2018年

北京高校离退休干部工作人才队伍建设专题培训班”。培训班邀请中组部老干部局、教育部老干部局、《中国老年报》、北京师范大学等相关部门和高校专家学者围绕中央关于离退休干部工作的新要求新任务、中国人口老龄化发展形势、离退休干部工作信息化建设、老年人权益保障等多项内容作专题报告，帮助高校离退休工作人员开阔视野、提升站位、提高水平。各高校离退休工作部门负责人、工作骨干共165人参加研讨培训。

（杨旭）

高校二级关工委组织建设推进会

11月27日，北京教育系统关工委召开北京高校二级关工委组织建设工作推进会。会议明确，力争在2019年年底前，北京高校二级关工委组织全部建立。会上，清华大学关工委、北京科技大学党委和化学与生物工程学院党委、北京信息科技大学党委代表作大会交流发言。北京69所高校关工委负责人150余人参加会议。

（闫妍）

第七届高校离退休工作人员运动会

12月7日，市委教育工委举办第七届北京高校离退休工作人员运动会。清华大学、北京航空航天大学、北京工业大学等40所高校的近300名离退休工作人员参加。运动会设置3个集体项目和跳绳、踢毽、沙包掷准、篮球运球过杆上篮等个人项目，展现新时代教育系统离退休工作人员昂扬奋发的精神面貌。北京航空航天大学、北京外国语大学、北京体育大学获得团体总分前三名。

（杨旭）

机关党建

概述

2018年，市委教育工委市教委机关全面深入学习宣传贯彻党的十九大精神，以习近平新时代中国特色社会主义思想为指引，坚持稳中求进工作总基调，坚持新发展理念，紧扣中国社会主要矛盾变化，以新时代党的建设总要求为根本遵循，以“不忘初心、牢记使命”主题教育为重点，切实增强“四个意识”，坚定“四个自信”。围绕首都教育综合改革与发展，切实提升政治站位，着力提升精神状态、增强担当精神、强化规矩意识，扎实推进机关党风廉政建设，以改革创新精神全面推动机关党的建设工作，为推进首都教育现代化，办好人民满意的教育提供强有力的思想和组织保障。

（马千里）

直属单位工作绩效考核汇报会

3月15日，市委教育工委市教委召开直属单位2017年度工作绩效考核汇报会。市委教育工委市教委直属单位2017年度工作绩效考核采取单位自查、现场汇报、评委评价方式进行。直属单位主要负责人依次汇报一年来的工作业绩、全面从严治党和党风廉政建设情况、《关于推进“两学一做”学习教育常态化制度化的实施方案》落实情况、“三会一课”制度落实的情况、本单位社会治安综合治理情况、市委巡视整改情况、近年来审计整改情况。同时汇报工作中存在的问题、面临的困难以及需要上级部门予以支持的工作，下一步的工作思路。郑吉春参加会议并讲话，两委一室领导和相关处室负责人担任评委并打分。

（刘纪江）

基层党建述职会

3月19日，市委教育工委市教委机关党委召开基层党建述职会。述职会上，12个机关处室党支部、机关离退休党总支、9个直属单位党委（总支、支部）的书记围绕基层党组织建设现场述职，机关纪委书记对现场述职的22个单位初步点评。另有其他25个单位书面述职。考核会上，机关党委委员、纪委委员、各直属单位党组织负责人听取述职汇报并参与评议。

（刘纪江）

两委一室机关系统2018年党的工作会议

3月28日，机关党委召开两委一室机关系统2018年党的工作会议。会议回顾2017年机关系统党的工作，并对2018年重点工作进行说明。会议强调，机关党建工作任务艰巨、责任重大。两委一室机关系统各级党组织和党员干部要以党的十九大提出的党建总要求，不忘初心，牢记使命，推动机关党建工作再上新台阶，为办好人民满意的首都教育而不懈努力。两委一室机关党委委员、纪委委员，各处室党支部书记，直属单位党组织负责人近60人参加会议。

（刘纪江）

党风廉政建设责任制检查考核结果分析及整改会

5月28日，市委教育工委市教委机关党委召开两委一室机关系统2017年党风廉政建设责任制检查考核结果分析及整改会。会议通报直属单位2017年度工作绩效考核情况，批评2017年存在违纪问题和重大工作失误的直属单位。两委一室机关党委委员、纪委委员、机关系统各党组织书记及纪检委员76人参加会议。

（刘纪江）

主题党日活动

6月，市委教育工委市教委机关党委组织两次主题党日活动。6月6日，机关党委以“展望副中心城市建设、凝聚教育发展力量”为主题，组织机关各处室支部党员干部赴通州，调研城市副中心建设及教育配套情况。活动中，通州区委教育工委负责人介绍全区的教育基本情况，机关党员干部参观正在建设中的北京师范大学附属未来实验学校、北京市第一幼儿园副中心园、中国人民大学附属中学通州学校，了解学校建设及办学情况；参观城市副中心规划展，通州大运河森林公园，登上观景台眺望城市副中心建设全貌。此次活动旨在引导党员干部热爱副中心、服务副中心、奉献副中心，确保搬迁工作顺利完成。机关各处室党支部100余名党员干部参加活动。6月27日、28日，市委教育工委市教委机关党委以“不忘初心重走革命路、牢记使命阔步新征程”为主题，组织两委一室机关系统党员代表赴门头沟区斋堂镇斋堂爱国主义教育基地开展纪念中国共产党成立97周年主题党日暨党员党性教育拉练活动。活动中，两委一室党员建连队、穿军服、打绑腿、敬军礼、站军姿、重走抗战路、重温入党誓词，活动同时在斋堂镇斋堂爱国主义教育基地举行两委机关党委“党员党性教育基地”揭牌仪式。两委一室机关处室党支部党员代表，直属单位党组织书记、组织委员、党务工作者和2017年新发展的党员近70人参加活动。

6月28日，两委一室机关系统“七一”主题党日暨党员党性教育拉练活动（市教委相关处室　供）

（刘纪江）

《中国共产党纪律处分条例》专题讲座

10月19日，市委教育工委市教委机关纪委组织新修订的《中国共产党纪律处分条例》专题讲座。讲座解读新修订的《中国共产党纪律处分条例》，引导两委一室机关系统纪检监察干部树牢党纪意识，坚守纪律底线。机关纪委要求，广大纪检干部要提高政治站位，切实增强“四个意识”，充分认识条例重新修订的重大意义，增强学习贯彻的自觉性和主动性，做到先学先悟，学深悟透、入脑入心；要强化日常管理和监督，进一步严明纪律规矩，采取有力措施，将条例贯穿于监督执纪问责全过程。机关纪委委员、机关系统党支部纪检委员88人参加培训。

（鲜万标）

和平门社区教育政策宣讲咨询活动

10月19日，市委教育工委市教委市政府教育督导室组织和平门社区报到党员参加和平门社区教育政策宣讲咨询活动。此次活动以“政策宣讲解民忧党员报到助和谐”为主题，两委一室报到党员立足职能特点，针对社区居民关心的教育热点问题，分别设立高等教育、基础教育、教育督导、关心下一代、职业教育、学前教育、法律法规共7个咨询区域。郑吉春、刘宇辉、唐立军等两委一室主要领导及相关业务处室的工作人员面对面为居民宣讲政策、答疑解惑。

（刘纪江）

主题团日活动

10月19日，市委教育工委市教委机关团委开展“不忘初心重走革命路，牢记使命建功新时代”主题团日活动。活动旨在深入学习习近平总书记“7·2”重要讲话精神和团的十八大精神。市委教育工委市教委机关团委组织机关青年和团员代表赴门头沟区斋堂爱国主义教育基地开展“不忘初心重走革命路，牢记使命建功新时代”主题团日活动。机关团委委员、青年干部和直属单位团青代表共30人参加活动。

（刘纪江）

机关大讲堂学习活动

11月5日，市委教育工委、市教委举办机关大讲堂学习活动。活动上，刘宇辉作北京教育大会精神专题辅导报告。机关全体干部、直属单位班子成员，基层党组织书记培训班学员300余人参加。市委教育工委另于9月13日举行理论学习中心组学习（扩大）会，专题传达全国教育大会和市委常委扩大会精神。市委教育工委、市教委全体班子成员和各处室负责人参加。

（谢文全　刘纪江）

基层党组织书记培训班

11月5日至10日，市委教育工委市教委机关党委举办两委一室基层党组织书记培训班。与会人员听取《习近平新时代中国特色社会主义思想的内涵、特征和创新》《改革开放四十周年与中国特色社会主义理论体系》《依法治国与中国国家治理现代化》《全市教育大会精神全面解读》4场专题报告，集中自学《习近平新时代中国特色社会主义思想三十讲》，参观怀柔区党支部规范化建设实训基地，观摩和体验实训课程。此次培训班共分两期，两委一室基层党组织书记和部分党务干部100余人参加培训。

（刘纪江）

教育部党组与两委一室理论学习中心组联学

12月11日，教育部党组与两委一室理论学习中心组在北京市八一学校开展联合学习。此次学习以“健全立德树人落实机制构建德智体美劳全面培养体系”为主题，与会人员参观八一学校图书馆、学生发展指导中心、艺术中心等地，观摩学校小卫星课程、机器人课程、陶艺课程、管乐团表演等教育特色活动。市委教育工委、市教委理论学习中心组成员，海淀区教委、八一学校、北京小学相关负责人分别就落实全国教育大会精神、中小学党建工作、基础教育改革情况发言。陈宝生、林克庆参加会议。教育部党组理论学习中心组成员，市委教育委、市教委理论学习中心组成员，中央和国家机关工委有关负责人参加集体学习研讨。

（谢文全　刘纪江）

两委机关系统学习全国和全市教育大会精神

至年底，市委教育工委市教委机关党委组织两委机关系统学习全国和全市教育大会精神。两委一室全体党员通过学习原著、学习系列讲话、专题报告、分组自学及讨论，以及利用网络、新媒体等手段开展学习。党员们结合各自实际工作，系统学习总书记推进中国教育发展的“九个坚持”、对教育工作做出的重大部署和对加快推进教育现代化、建设教育强国、办好人民满意的教育提出的新使命、新要求。同时立足首都教育实际，总结首都教育发展取得的成就，认清形势和挑战，研究落实北京市教育事业改革发展各项任务，齐心协力推进首都教育现代化。

（刘纪江）

中共北京市委教育工作委员会书记、副书记、委员

书　　记　林克庆（12月免）　王宁（12月任）

常务副书记　郑吉春

副 书 记　刘宇辉　唐立军（10月免）　狄涛（9月任）

委　　员　王文生　叶茂林　李奕　黄侃　陈江华

中共北京市委教育工作委员会处室负责人

市委教育工委（市教委）办公室主任　刘晓明

研究室（体制改革处）主任　宋晓晖（11月任）

离退休干部处处长　刘新军

组织处处长　李丽辉

干部处处长　陈江华（兼）

宣教处处长　王达品（1月免）

统一战线与群众工作处处长　王建辉

安全稳定工作处处长　卢向红（11月免）　王建辉（11月任）

中共北京市纪律检查委员会、北京市监察委员会
驻中共北京市委教育工作委员会纪检监察组组长、副组长

组　长　王文生

副组长　滕继辉　刘刚　杨威（4月任）

（本栏责任编校　张晓兰）

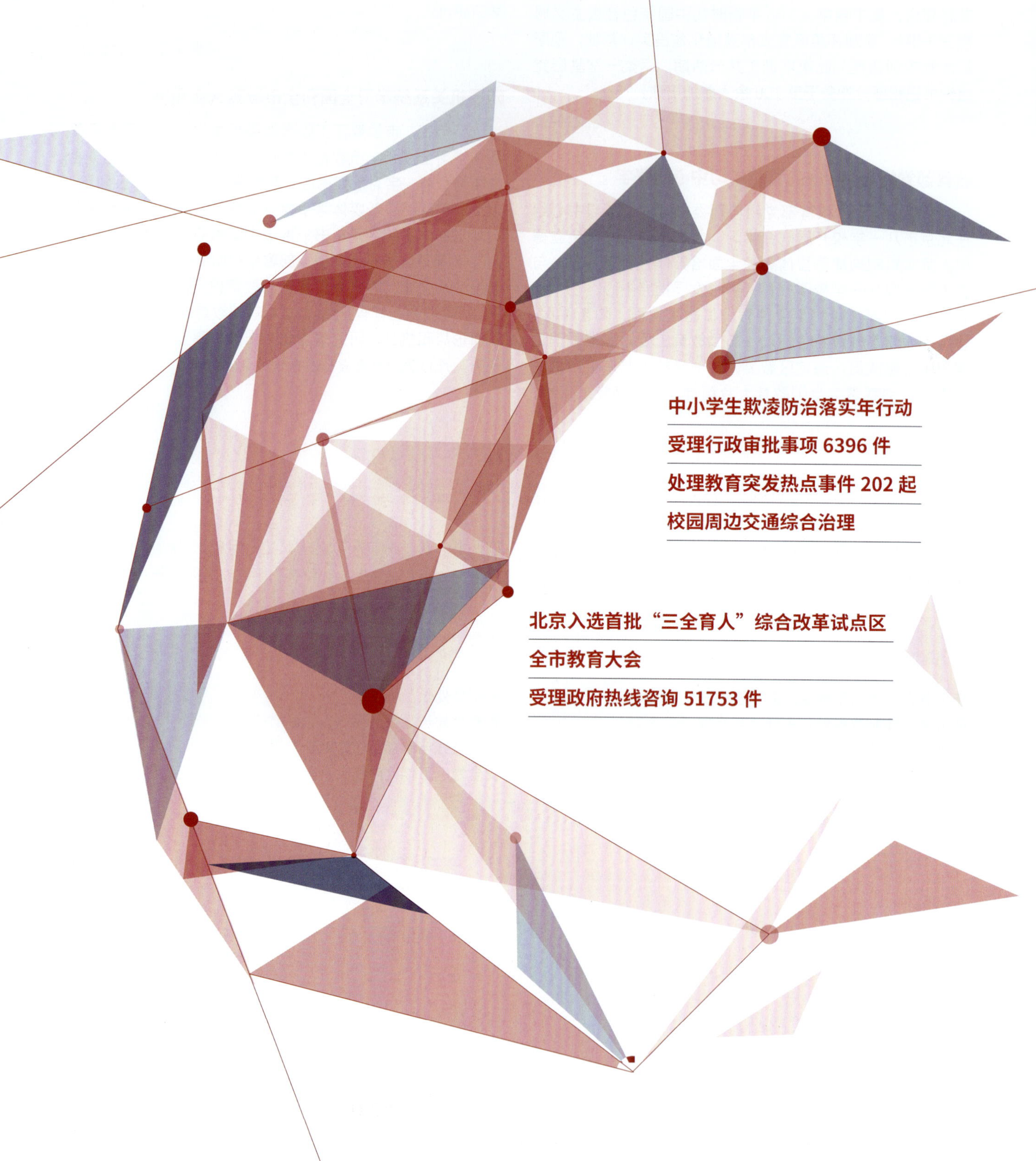
中小学生欺凌防治落实年行动
受理行政审批事项 6396 件
处理教育突发热点事件 202 起
校园周边交通综合治理
北京入选首批“三全育人”综合改革试点区
全市教育大会
受理政府热线咨询 51753 件

2019 | 综合管理

INTEGRATED MANAGEMENT

- 落实依法行政
- 两委一室机关机构及编制调整
- 城市副中心教育质量提升
- 落实全面预算管理

INTEGRATED MANAGEMENT
综合管理

综述

落实依法行政

2018年，市教委落实依法行政，推进教育系统工作规范高效。制定2018版市教委权力清单，完成精简市教委审批服务事项工作，取消8项，精简后共有政务服务事项22项。做好中介服务清理后续工作，确保除保留的5项证明外，不再要求群众开具各种证明。组织市区两级相关人员行政执法专题培训，组织行政执法资格考试，完善持证执法机制。共办理师生申诉、行政诉讼等各类行政案件33件，切实维护师生合法权益。全年主动公开各类文件323份，受理依申请公开79件，全部依据相关法律法规按期答复。大力推进政务公开全清单编制工作，将634个业务事项按照主动公开、依申请公开和不公开事项进行科学分类。

（刘转林）

落实年度绩效任务

2018年，市教委推动年度绩效任务落实。市教委承担市委、市政府平台挂账督办的市政府工作报告重点任务28项，绩效任务57项，市委常委会2018年工作要点3项、市政府党组2017年民主生活会整改方案3项、清洁空气行动计划等多项任务，全部按计划推进完成。落实市政府重要民生实事项目新增3万个学前学位的任务，通过新建、改扩建152所幼儿园，截至11月底，124所幼儿园完成开班招生、涉及学位24074个，28所幼儿园完成装修改造具备招生条件、涉及学位6000个。在学前教育领域率先实施预算成本绩效管理，在重点新城和生态涵养区启动新建一批示范性学校、加大对学区制集团化办学和乡村学校的支持力度、推进教育综合改革等市政府工作报告重点工作20项任务全部按时落实。严格按照程序推进，主动沟通协调相关部门，全年承办应对幼儿园虐童事件、培训机构整治、媒体反映问题、推进解决高校共性问题等市领导批示督办单210件，保证件件有回音，事事有落实。

（刘转林）

两委一室机关机构及编制调整

2018年，市委教育工委、市教委、市政府教育督导室内设机构及编制调整。2月，市委教育工委、市教委调整内设机构并核增行政编制。成立基层联络处，为正处级内设机构，核定行政编制4名，其中，新增3名、内部调剂1名，核定处级领导职数1正1副；政策研究与法制工作处（法制办公室）分设为研究室（体制改革处）和法制工作处，研究室（体制改革处）核定行政编制6名，其中，新增2名，从原政策研究与法制工作处（法制办公室）调剂4名，核定处级领导职数1正1副。调整后，市委教育工委、市教委内设机构增至32个，编制增至282名，处级领导职数增至35正58副。3月，市委教育工委核增副书记领导职数1名，同时核减市政府教育督导室副主任领导职数1名，调整后，市委教育工委副书记3名，市政府教育督导室副主任2名。4月，市委教育工委、市教委接收安置2016年度军队转业干部增加行政编制8名。至年底，两委一室同时做好机关公务员管理工作，完善公务员考录机制，全年共面向社会公开招录公务员8人，接收安置军转干部4人。

（杨喜姝）

中小学生欺凌防治落实年行动

2018年，市教委、市政府教育督导室开展中小学生欺凌防治落实年行动。市教委、市政府教育督导室成立防治中小学生欺凌领导小组，统筹领导本市学生欺凌防治工作，

11月16日，燕山向阳小学开展校园欺凌防治活动
（燕山教委　供）

各区教委和中小学校进一步建立健全防治学生欺凌工作机制，市区校三级分别制定治理工作方案，公示欺凌工作机构、工作和举报电话，拓宽校园欺凌线索发现渠道。学校成立学生欺凌治理委员会，注重源头治理，加强德育、法制、学生日常行为规范教育，加强学生思想工作和日常矛盾排查调处，发挥学校、家庭和社会各方面作用，形成工作合力。至年底，北京教育系统基本建立市、区、学校三级责任体系，基本形成欺凌防治齐抓共管、各级责任落实到位、管理制度健全完善、防治措施可行有效、处置程序依法规范的工作局面。全年校园欺凌发生率为零，营造学生健康成长的良好环境，相关做法被中央电视台《新闻1＋1》进行报道和点评。

（战先政）

城市副中心教育质量提升

2018年，北京城市副中心教育质量提升。硬件设施建设方面，在城市副中心新增规划学校133所，支持在行政办公区周边规划建设13所左右优质中小学、幼儿园，实现北京学校小学部全面开工，中国人民大学附属中学通州校区小学部改造项目完工，胡各庄小学封顶并由西城区黄城根小学对接承办，北京第一幼儿园海晟一分园、二分园和北京市第五幼儿园副中心园等建设项目有序推进。软件提升方面，持续推进实施教师素质提升和基础教育质量提升两个支持计划，按照“虚位以待、优先安排”的原则，实现第一批入驻副中心干部职工子女入学转学需求全部安排到位。

（姚林修）

“疏整促”专项任务完成

2018年，市教委“疏整促”专项任务实现三个超额完成。超额完成学生疏解5131人；超额完成压缩整治培训机构55个，减少培训13861人次；超额完成减少招生计划工作，市属高校和普通中专招生计划比上年减少3106个，京外招生计划减少1066个。

（姚林修）

刘延东考察北大清华

1月10日，刘延东到北京大学、清华大学考察。刘延东实地考察北大国际数学研究中心、马克思主义学院，清华航空发动机研究院、苏世民书院，深入了解学校重点工作进展情况并与师生座谈。她强调师生员工要认真学习贯彻落实十九大精神，以习近平新时代中国特色社会主义思想为指导，坚定走中国特色社会主义高等教育发展道路，扎根中国大地、加快一流大学建设，为国家发展、人民幸福和人类文明进步作出新的更大的贡献。教育部、北京市相关部门负责人陪同考察。

（谢文全　刘鹏　袁浩歌）

受理行政审批事项6396件

1月至12月，市教委政务窗口受理行政审批事项6396件。市教委窗口全年受理行政审批事项6396件，办结6385件，办结率99.8%。接待面对面教育咨询和电话咨询1500余人次。窗口接待满意率100%，多次收到办事单位赠送的锦旗。制定《北京市教育委员会驻北京市政务服务中心窗口管理制度（试行）》和《北京市教育委员会行政审批服务专用章使用管理规定（试行）》，明确市教委窗口工作管理细则和工作规程。完成服务事项标准化梳理和34项政务服务事项网上可办率100%的任务。

（刘转林　罗芳）

处置教育突发热点事件202起

1月至12月，市教委妥善处理各类教育敏感突发热点事件202起。包括代课教师、食品卫生、非京籍入学、校园欺凌、幼儿园虐童、学区房、国际学校办学纠纷等事件，指导区教委处置中考减招、高考命题等各类敏感突发热点事件。市教委应急管理体系进一步健全。有效发挥“急诊室”作用，确保教育系统突发事件第一时间有人管，有人处置；应急处置能力进一步增强。牢固树立“一盘棋”思想，坚持“内紧外松、积极应对”工作原则，不断强化风险意识，主动加强处室间联动协同，主动聚焦各种涉及教育的不稳定因素，做到关口前移、预防在先；服务保障作用进一步彰显。统筹做好全国和全市教育大会、总书记“五·四”座谈会、中考命题专家评议会等重大会议筹备组织工作，全力做好学前教育学位新增、课后服务组织实施、校外培训机构治理、市属高校分类发展、基层党组织建设等服务保障工作。全年处理夜间和节假日应急值班电话1200余次，接收处理各类文电传真290余件，报送市委市政府突发事件工作报告110余个。

（刘转林）

高校领导干部会议

2月25日，市委教育工委召开2018年北京高校领导干部会议。会议由王宁主持，林克庆参加会议并讲话。会议深入贯彻习近平新时代中国特色社会主义思想和党的十九大精神，贯彻落实中央关于教育工作的系列会议和市委第十二届四次全会精神，总结2017年北京高等教育工作，部署2018年工作，统一思想、提高认识，齐心协力、攻坚克难，推动北京高校党建思政和改革发展各项任务落到实处。会议强调，要把讲政治的要求落到实处、把思想政治工作落到实处、把基层党建重点工作落到实处、把立德树人根本任务落到实处、把改革创新的重要举措落到实处、把队伍建设的关键要求落到实处、把安全稳定各项工作落到实处。市委、市人大、市政府、市政协和市纪委市监委有关部门负责人，北京各高校党委书记、校长共280余人参加会议。

（谢文全）

2月25日，2018年北京高校领导干部会议召开

（新闻中心　供）

林克庆调研市属高校分类发展

2月至3月，林克庆到部分高校调研市属高校分类发展情况。林克庆到首都师范大学、首都医科大学、中国戏曲学院，与学校主要负责人座谈交流，深入了解学校重点工作进展情况，实地察看基础设施建设情况。到北京财贸职业学院、北京电子科技职业学院了解产教融合、“双师型”人才引进、贯通培养、实习实训等方面的情况。调研期间，林克庆围绕市属高校内涵、特色、差异化发展提出具体要求。刘宇辉陪同调研。市委教育工委、市教委相关部门负责人参加调研活动。

（谢文全）

第29届北京教育装备展示会

3月11日至13日，第29届（2018年）北京教育装备展示会暨北京教育装备论坛在北京展览馆举办。活动由北京市高等教育学会技术物资研究分会、北京教育装备行业协会主办，《中国现代教育装备》杂志社承办。展示会展区面积近2万平方米，展位800余个，设置教育信息化设备，实验室、专用教室、实训平台装备，学前教育装备及玩教具，校园节能与环保设备创新，体育等其他类教育装备5个展区，展品覆盖幼教、基教、高教、职教4大领域，同时为教育装备采购者、使用者、研究者提供更具互动性、实操性的教育解决方案。来自北京、天津、河北、内蒙古、黑龙江等10余个省市高校参加，包括北京16个区教委教育技术装备部门人员和53所高校教师以及京外近30所高校教师，注册观众1.50万人。活动同期举办第九届北京教育装备论坛。

（赵文强　刘晖　胡雨）

教育体制改革专项小组全体会议

3月16日、6月28日、8月21日、9月20日，市委全面深化改革领导小组教育体制改革专项小组召开第四次、第五次、第六次、第七次全体会议。审议《北京职业教育改革发展行动计划（2018—2020年）》《北京市关于推行中小学校长职级制度的实施意见》《北京市深化高等学校考试招生制度综合改革实施方案》《北京市关于全面深化新时代教师队伍建设改革的实施意见（征求意见稿）》《北京市拓展中小学教师来源行动计划专项督查工作计划》《北京市第三期学前教育行动计划专项督查工作计划》《北京学校建设管理综合改革方案》《关于依托社会大课堂完善中小学实践育人体系的指导意见》《关于加强中小学校管理的若干意见（试行）》《关于进一步加强中小学家庭教育指导服务工作的实施意见》《首都教育现代化2035》《加快推进首都教育现代化实施方案（2018年—2022年）》。教育体制改革专项小组另于10月12日、11月20日召开专项督查会，就《北京市拓展中小学教师来源的行动计划（2018—2022年）》《北京市第三期学前教育行动计划》的落实情况进行督查。

（谢文全）

蔡奇调研市属高校

4月3日，蔡奇到首都师范大学、首都医科大学、北京工业大学3所市属高校调研。他观摩特色课程、参与主题研讨，与师生交流，并主持召开座谈会。蔡奇强调，要坚持社会主义办学方向，落实党的教育方针和立德树人根本任务，全面提高高等教育发展水平，为建设国际一流的和谐宜居之都提供人才保障和智力支持。市属高校要把握好首都发展需求，坚持内涵、特色、差异化发展。林克庆、王宁及市委市政府相关部门负责人陪同调研。蔡奇另于9月7日到中国音乐学院、北京舞蹈学院调研，走访慰问干部教师，并召开座谈会，征求市属高校改革发展意见建议，研究解决高校青年教师住房、高端人才引进等问题。

（谢文全）

9月28日，怀柔区教育系统召开学习贯彻全国教育大会精神部署会
（怀柔区教委 供）

陈宝生考察政法大学

4月28日，陈宝生考察中国政法大学。陈宝生参观位于逸夫楼的总书记考察法大一周年纪念展，参观实践教学课堂，并就学校贯彻落实习近平总书记考察法大重要讲话精神及学校“双一流”建设工作做出指示。同日，教育部党组、法大党委理论学习中心组在法大开展联合学习，与会人员紧紧围绕深入学习贯彻习近平总书记重要讲话精神，重点就法治教育、“双一流”建设中的法学学科体系建设、高层次法治人才培养等发言。

（陈泉廷）

陈吉宁调研高教园区

4月28日和29日，陈吉宁到房山良乡、昌平沙河高教园区调研。他走进高教园区学校教室、图书馆、学生宿舍，实地察看教学设施运行状况，了解学校在建设发展的问题。他强调要围绕首都城市战略定位和新版城市总体规划，统筹做好区域规划和各校事业发展规划，优化布局，完善配套，提升园区环境质量和服务水平，改善师生教育教学及生活条件，促进部分高等学校向中心城外有序布局，加快建设结构合理、要素齐全、职住平衡、充满活力的科教融合新城。林克庆、王宁分别参加调研。市委市政府相关部门负责人参加调研活动。

（谢文全　马骏）

孙春兰与北京少年儿童共度“六一”

6月1日，孙春兰到北京有色金属研究总院幼儿园、北京医科大学附属小学与少年儿童共度“六一”。孙春兰向全国少年儿童致以节日的祝贺，向广大少儿工作者致以诚挚的问候。她指出要从小培养少年儿童良好的道德品质与行为习惯，学习科学知识，加强体育锻炼，积极参加劳动，实现德智体美劳全面发展。素质教育是教育的核心，要落实立德树人根本任务，把社会主义核心价值观融入教育全过程，加强中华优秀传统文化教育，重视体育、艺术教育、劳动教育。学前教育要遵循幼儿身心发展规律，坚持保教结合，以游戏为基本活动，防止和纠正“小学化”倾向。孙春兰强调，各级政府要加大经费投入，切实把普惠性学前教育纳入基本公共服务予以保障，完善鼓励企事业单位办园的政策，着力解决“入园难”“入园贵”问题。要树立正确的教育观念，充分发挥学校主渠道作用，科学确定课后服务内容和形式，持续推进校外培训机构综合治理，维护基础教育的良好生态。要营造尊师重教的社会氛围，完善教师的待遇保障机制，维护教师职业尊严和合法权益，让教师更好担负起教书育人的使命。教育部、市委市政府相关人员参观活动。孙春兰另于6月6日到东城区史家胡同小学参加“科学防控近视、关爱孩子眼健康”主题活动。

（谢文全）

校园周边交通综合治理

7月至12月，市教委、市公安局、市交通委联合开展中小学校周边交通综合治理工作。治理工作于9月首先在城五区试点，在试点基础上，市教委于11月会同公安局、市交通委制定《中小学校周边交通综合治理工作方案》。市教委通过加强学生公德教育、加强学生日常行为规范管理、加强对家长的交通文明引导教育、鼓励有条件的学校实行错峰上下学、进一步完善义务教育阶段就近入学制度、加强校门值班管理、坚持小黄帽路队制、配合公安交通部门大力整治学校门前及周边交通秩序和强化学校上下学高峰勤务等措施，推进16区按照“一区一案、一校一策”原则，全面开展校园周边交通综合治理。

（李异军　王建水）

学习宣传贯彻全国教育大会精神

9月至12月，市委教育工委、市教委组织教育系统深入学习宣传贯彻全国教育大会精神。市委教育工委、市教委在第一时间组织传达学习的基础上，召开北京教育系统深入学习贯彻全国教育大会精神部署会，全面部署贯彻落实工作。把习近平总书记在全国教育大会上的重要讲话精神作为当前和今后一个时期教育工作的根本遵循，抓好宣传解读，加强调查研究，使习近平总书记重要讲话精神和会议要求转化为全市教育系统各级党组织、全体党员干部师生的自觉行动。制定印发《北京教育系统认真学习宣传贯彻全国教育大会精神的通知》，切实做好传达学习、座谈培训、宣教宣传、研究阐释、调研实践等工作，在全市教育系统掀起学习宣传贯彻全国教育大会精神的热潮。

（谢文全）

孙春兰调研清华

10 月 11 日，孙春兰到清华大学调研并主持召开座谈会专题研究加强高校科技创新工作。孙春兰考察清华现代机构学与机器人化装备实验室、宽带数字媒体技术实验室，看望科研人员，详细了解项目进展和应用前景。在座谈会上，孙春兰听取有关部委、北京市、部分高校相关负责人的互动交流，强调要完善高校科技创新的项目布局，支持高校加强与地方、科研院所、企业开展协同创新，力争在关键核心技术自主创新上实现重大突破。要以“双一流”建设为契机，加强对高校基础研究稳定支持，建设一批前沿科学中心，努力取得引领性原创成果。要简化科研项目申报和过程管理，扭转不科学的评价导向，要着眼创新人才培养，坚持科教融合，优化学科设置，优先布局国家发展急需、影响未来发展的学科专业，完善高水平科研支撑高质量人才培养的机制。教育部、科技部、市委、市政府领导及 10 余所高校负责人参加座谈会。

（谢文全　张含晨）

蔡奇、陈吉宁调研中小学

10 月 12 日，蔡奇、陈吉宁到北京市广渠门中学、朝阳区实验小学调研走访。蔡奇、陈吉宁参观学校特色展览、教研室、特色教室和学生课堂，察看教育改革创新成效和学校特色教学成果。蔡奇落实全国教育大会精神，以首善标准推进教育现代化，努力办好人民满意的教育。陈吉宁指出，要遵循学生身心发展特点和教育规律，更好发挥教育在知识传授、能力培养和价值塑造方面的作用。林克庆、王宁等陪同调研。蔡奇、陈吉宁另于 10 月 15 日到朝阳区实验小学雄安校区考察，听取学校运行情况介绍，察看学生教室、图书阅览室、教师办公室、校史筹备室等设施。该校是北京市援助雄安新区的首批四所学校之一。

（谢文全）

2018 年全国科学道德和学风建设宣讲报告会

10 月 15 日，中国科学技术协会、教育部、市政府等共同主办的 2018 年全国科学道德和学风建设宣讲教育报告会在人民大会堂举办。报告会邀请中国工程院院士黄旭华，中国科学院院士施一公、怀进鹏分别以《使命、责任与担当》《做诚实的学问　做正直的人》《弘扬新时代中国科学家精神　汇聚科技强国建设磅礴力量》为题作宣讲报告。来自北京高校、科研院所以及部队院校等 40 余家研究生培养单位的研究生近 6000 人现场聆听报告，全国 31 个省区市 500 余所高校、研究院所设立分会场同步收看报告会。2011 年，全国科学道德和学风建设宣讲教育报告会举办首届，至 2018 年已连续举办八届。

（谢文全　于歌）

北京入选首批“三全育人”综合改革试点区

10 月 17 日，教育部办公厅公布首批“三全育人”综合改革试点单位名单。北京入选“三全育人”试点区，北京 3 所高校入选试点高校，10 所高校的 10 个院系入选试点院系。建设周期 2 年，自 2018 年 10 月至 2020 年 10 月，教育部划拨试点专项经费，其中试点区 100 万元、试点高校 50 万元、试点院（系）10 万元。经报送单位推荐、专家审议、结果公示等程序，全国共遴选产生“三全育人”综合改革试点区 5 个、“三全育人”综合改革试点高校 10 个、“三全育人”综合改革试点院（系）50 个。

（马驰知）

首批“三全育人”综合改革试点高校（北京）

首批“三全育人”综合改革试点高校（北京）
清华大学
中国人民大学
北京科技大学

（马驰知）

首批“三全育人”综合改革试点高校院（系）（北京）

首批“三全育人”综合改革试点高校院（系）（北京）
北京师范大学教育学部
中国农业大学农学院
北京理工大学机械与车辆学院
北京外国语大学欧洲语言文化学院
北京语言大学汉语教育学院
北京交通大学电子信息工程学院
北京邮电大学电子工程学院
中国政法大学民商经济法学院
华北电力大学控制与计算机工程学院
首都师范大学初等教育学院

（马驰知）

全市教育大会

10月18日，市委、市政府召开全市教育大会。会议学习习近平总书记关于教育的重要论述和全国教育大会精神，总结党的十八大以来首都教育取得的成绩，进一步明确首都教育的地位作用、总体要求、战略目标和工作重点，形成教育改革发展的强大合力。会议研究部署今后一个时期全市教育工作，讨论《首都教育现代化2035》和《加快推进首都教育现代化实施方案（2018—2022年）》两个文件，市委组织部等10家单位作大会交流发言。蔡奇、陈宝生参加会议并讲话。陈吉宁主持会议。市政协、市纪委监委、市高级人民法院、市人民检察院相关负责人，市委市政府各委办局、市级群众团体主要负责人，各区区委区政府相关负责人，在京高校主要负责人，北京市及各区教工委、教委、教育督导室相关负责人及职业学校、中小学校、幼儿园、部分民办教育机构相关负责人参加会议。

（刘转林　谢文全　张晓兰）

刘宇辉参加“听民意解民意”热线电话接听活动

11月20日，刘宇辉及市教委部分领导、相关处室（部门）负责人参加市政府“听民意解民忧”第五季热线电话接听活动。活动接听关于教育热线电话118个，主要涉及“三点半”课后服务开展、学前教育学位紧缺、校外培训机构治理、“回天”地区教育发展、人大附小航天城分校施工进度慢影响适龄孩子入学、积分落户人员子女在京高考等问题。接听期间，今日头条发布信息13条，被转发评论83次，被阅读57412次。

（刘转林）

王宁调研8所中央部委属高校

12月20日至24日，王宁到8所中央部委属高校走访调研。王宁分别到北京大学、清华大学、中国人民大学、北京师范大学、北京航空航天大学、北京理工大学、中国农业大学、中央民族大学8所中央部委属高校了解学校2018年总体工作情况，听取2019年重点工作意见建议。市委教育工委相关负责人陪同调研。

（谢文全）

市教委官方微博影响力提升

至年底，市教委官方微博影响力提升。微博权威解读教育改革政策，积极回应社会关切，全年共发布微博内容4623条，粉丝量超过113万，长期稳居教育部各省厅微博排行榜榜首。五四青年节期间，策划推出“这个五四青年节，王俊凯陪你重温《少年中国说》”特别节目，两条微博内容分获158万和68.4万阅读量，单篇转发量超1.2万，点赞总数近3万，成功入选《2018教育政务新媒体年度案例》。在由教育部新闻办主办的“2018年中国教育政务新媒体年会”上，获得“2018年表现最亮眼的教育部门微博”称号，获得传播力第一、点赞量第一、总转发量第一、单篇微博转发量第一、与粉丝互动次数第一在内的五个第一，并获“最爱与粉丝互动”奖项。市教委官方微博由北京教育新闻中心运行维护。

（周也青）

落实全面预算管理

至年底，市教委强化预算管理。制定《北京高校教学科研一线教师党支部市级考核激励办法》《北京高校学生党支部工作和活动经费拨付使用管理办法》《北京市属高校基本科研业务费管理办法》《北京高校“双一流”建设资金管理办法》等管理制度，规范经费使用管理。落实政府采购和政府购买服务政策，修订《北京市教育委员会内部控制手册》《市教委机关政府采购管理办法》和《北京市教育委员会关于政府购买公共教育服务的实施方案》。积极开展项目支出绩效评价，2018年上半年市教委对727个预算项目进行绩效跟踪，形成绩效跟踪报告；对826个项目开展绩效自评，形成绩效自评报告；积极配合市财政局开展重点项目绩效评价工作。完成绩效审计各项指标，严格遵守财经法律法规，严格落实中央八项规定，部门预算编报和执行合法、合规，财政结余资金使用高效，积极配合审计工作，审计整改各项措施落实到位。

（刘转林）

政府信息公开

至年底，市教委依法依规做好政府信息公开工作。市教委财务预算、决算，“三公经费”、教育经费执行公告，年度教育事业统计资料等公众关注热点方面的政府信息主动公开已形成惯例，按法定时限主动向社会发布。全年主动公开文件类政府信息348条。其中，法规文件类44条，占12.7%；规划计划类7条，占2.0%；业务动态类297条，占85.3%。市教委畅通依申请公开渠道，全年共收到90人次申请公开政府信息事项101项，均已按规定程序办理答复完毕。其中，已经公开10项，占受理总数的9.9%；同意公开29项，占受理总数的28.7%；不予公开6项，占受理总数的5.9%；非本机关政府信息17项，占受理总数的16.8%；信息不存在34项，占受理总数的33.7%；申请人撤销申请3项，占受理总数的3.0%；告知申请人通过其他途径办理2项，占受理总数的2.0%。涉及市教委信息公开复议案1件，市政府法制办维持市教委作出的信息公开答复告知结果；全年无信息公开工作的行政诉讼和投诉举报。市教委按照教育部和市政府关于涉及民生的信息公开工作部署，组织高校继续将招生考试和财务信息公开作为信息公开的重点，认真落实各项要求。

（钱进军）

“首都教育”公众号关注量近50万人次

至年底，市教委微信公众号“首都教育”关注量近50万。全年阅读量超2万人次的文章180篇，5万人次和10万人次的文章30余篇。公众号坚持“服务改革，服务社会，服务受众需求”的运营宗旨，权威传播首都教育好政策，塑造首都教育好形象，传递首都教育好声音，分享首都教育好思维，提供首都教育好办法，在形象塑造和危机处理方面站位准、举措多、效果硬，不断获得用户的正向反馈，取得良好的口碑效应，稳居各类微信排行榜前列。市教委微信公众号由北京教育新闻中心运行维护。

（周也青）

经营类事业单位改革

至年底，市教委推进所属经营类事业单位改革。市教委按照《北京市关于从事生产经营活动事业单位改革的实施意见》的要求，制定关于经营类事业单位改革的实施方案并推进实施。撤销首都师范大学国际教育发展中心和北京考试院北京高等学校教育科技发展中心，完成北京建筑大学北京市建设机械与材料质量监督检验站转企改制工作。

（房卫青）

支持雄安新区建设

至年底，市教委支持雄安新区建设。按照《北京市支持河北雄安新区“交钥匙”项目实施暂行办法》，北京市采取“交钥匙”工程方式，全额支持建设1所幼儿园、1所小学、1所完全中学。市教委配合市发展改革委协同办推进项目建设相关工作，在市发展改革委统筹安排下与河北雄安新区管委会、北京市3所承办学校（北京市第四中学、东城区史家胡同小学、北京市北海幼儿园）对接，研究项目选址和概念设计。组建雄安“交钥匙”工程学校项目工作专班及工作督查专班，建立多方沟通联系工作机制，每周召开调度会，按进度有序推进。

（黄莹莹）

城市副中心重点项目建设

至年底，市教委推进城市副中心重点建设项目。市教委通过建立“周汇报、月盘点、季总结”的跟踪督办机制，联合市级各相关部门定期调度会商和专题协调对接等多种方式，加强城市副中心“专班”服务保障工作，协调推进重点项目进展。会同城市副中心工程办等部门和项目参建各单位，逐项目“手把手”“一对一”对接设计方案、建设方案，周汇报、月调度工程实施中存在的问题。至年底，北京市第五幼儿园、北京市第一幼儿园海晟实验园、西城区黄城根小学（胡各庄址）主要施工作业已完成。北京学校小学部于8月18日开工，12月18日主体钢结构封顶。各学校教师储备和课程设计工作有序推进。

（张逊）

发布教育系统空气重污染预警16次

至年底，市教委发布教育系统空气重污染应急预警指令16次（含启动和取消）。1月至10月，发布预警指令10次，其中，橙色预警4次、黄色预警6次，无红色预警和蓝色预警。10月28日，印发《北京市教育委员会空气重污染应急预案（2018年修订）》，修订文件明确，将空气重污染预警由4个级别调整为3个级别，由轻到重依次为黄色预警、橙色预警和红色预警，同时明确应急措施。新预案发布后，市教委发布预警指令6次，其中，橙色预警4次、黄色预警2次，无红色预警。

（刘转林）

受理信访事项1641件

至年底，市教委受理群众信访事项1641件。其中办理来信697件、接待群众来访944批次，包括集体访167批次2606人次。市教委积极落实市信访办受理率、按时办结率和群众满意率的“三率”要求，领导带头批阅群众来信218件，主要领导批阅145件，受理办结复查复核25件，办理政风行风转办件48件。信访室接听投诉电话2500余次。

（刘转林）

信息报送

至年底，市教委向市政府报送各类信息327条。市教委建立健全各处室信息员制度，明确信息报送的主要方向、报送重点、格式要求及时限；编发《北京教育信息专报》223期，向市委、市政府报送各类信息327条，采用81条。其中，中办、国办采用2条，市主要领导批示32条（应急信息10条），市领导批示51条（应急信息22条）。报送教育部信息57条，采用2条，其中，专刊1条（北京教育大会召开系列报道）。

（刘转林）

办结人大代表建议和政协提案

至年底，市教委协调办理人大代表建议、政协提案共262件。其中，人大代表建议105件、政协提案157件。建议提案主要涉及学前教育、基础教育、高等教育、“冬奥”冰雪人才培养、教师切身利益等方面。代表委员对市教委承办的建议提案答复意见满意率达99.8%。市教委同时3次安排代表委员参加座谈会或调研视察，听取首都教育工作情况通报、视察高招录取现场等情况，做好全国政协领导和委员来京考察调研接待工作。

（刘转林）

受理政府热线咨询51753件

至年底，市教委受理政府热线咨询51753件。其中，接听群众来电42283件（包括咨询33755件，诉求8365件，建议件163件）；网上在线问答回复2625件；办理市非紧急救助服务中心（12345）网络派单6845件。

（刘转林 罗芳）

政策法规

概述

2018 年，市教委落实全国、全市教育大会精神，紧密围绕中心工作和首都教育改革发展的重点难点问题，为首都教育改革发展提供决策服务和法治保障。

推动教育改革任务落实。履行教育体制改革专项小组办公室“秘书处”职责，狠抓改革任务落实。召开四次教育体制改革专项小组会，审议包括《关于推进中小学学区制管理的指导意见》等重点改革议题 17 项。建立 2018 年教育改革工作台账，有效推进工作全面深入落实。抓好改革督查，明确重点督查任务，召开专项督查会，推动工作落实。

推进依法治教。印发《2018 年教育法治工作要点》，召开全市基础教育法治工作会，围绕教育法治工作新要求，明确年度重点工作任务。推动完善地方法规体系。完成地方性法规、规章、规范性文件清理工作，清理规范性文件 372 项。印发《北京市深化高等教育领域简政放权放管结合优化服务的实施意见》。全面清理规范权力清单，完成精简市教委审批服务事项工作，精简后共有政务服务事项 22 项。着力推进政务公开，完成 68 项信息公开答复告知书的合法性审查。加强教育执法。多措并举，努力改进全市教育系统执法弱的总体情况。邀请市法制办副主任和执法监督处处长在委办公会前专题讲解行政执法，组织市区两级机关相关人员行政执法实务培训，对市教委机关各处室进行后续全员培训。组织行政执法资格考试，完善持证执法机制。建立行政检查、处罚情况通报制度，实现教育系统年执法检查 1.2 万件，处罚立案超过 40 件。

推进依法治校。印发《关于全面推进中小学依法治校工作的指导意见》《关于推进中小学校章程建设的意见》，研制《北京市中小学依法治校基本标准》，全面推进中小学“一校一章程”建设，提升中小学依法治校水平。维护师生合法权益。及时办理师生申诉、行政诉讼等案件，全年办理各类行政案件 42 件。加强对学校落实工作指导监督，开展相关法律事务服务咨询，维护各方合法权益及教育系统和谐稳定。

强化法治宣传教育。落实领导干部学法要求，5 次组织委办公会会前学法。邀请相关领域专家分别就政府机关依法行政背景与现状等工作举行专题讲座。举办第二届全市中小学教师法治教育基本能力展示活动、北京教育系统“12 · 4”国家宪法日及宣传周系列活动。

（范新栋）

12 月 4 日，首师大附中举办第二届法治文化节 （首师大附中 供）

深化高教领域“放管服”改革实施意见印发

1 月 16 日，市委教育工委、市教委、市编办、市发展改革委、市财政局、市人力社保局联合印发《关于深化高等教育领域简政放权放管结合优化服务改革的实施意见》。文件包括总体要求、完善高校学位学科设置机制、改革高校编制及岗位管理制度、改善高校进人用人环境、改进高校教师职称评审机制、健全符合中国特色现代大学特点的薪酬分配制度、加强高校经费和资产使用管理、推进高校内部治理体系建设、强化监管优化服务 9 个部分共 20 项具体内容。文件自印发之日起开始执行。

（杨俊）

中小学校依法治校工作指导意见印发

1 月 17 日，市委教育工委、市教委、市教育督导室印发《关于全面推进中小学校依法治校工作的指导意见》。文件包括总体要求、健全依法办学的制度体系、健全学校内部治理结构、着力打造平等公正法治安全的育人环境、进一步完善依法治校工作体系、建立健全依法治校工作保障体系 6 个部分共 21 项具体内容。提出到 2020 年，每所中小学至少有 1 名教师接受 100 学时以上的系统法律知识培训，能够承担法治教育教学任务，协助解决学校相关法律问题。

（杨俊）

年度法治工作要点印发

2 月 13 日，市教委印发 2018 年法治工作要点。要点明确 2018 年法治工作总体要求，主要从积极稳妥推动教育

12月，顺义区特殊教育学校开展"宪法在我心中"主题活动
（顺义区特殊教育学校 供）

立法、严格实施教育决策合法性审查、动态调整完善权责清单、持续深化"放管服"改革、着力加强教育行政执法、深入推进依法治校、做好教育行政救济工作、加强改进信息公开工作、着力抓好宪法学习宣传、落实落细青少年法治教育、进一步加强依法治教学习培训、强化教育法治工作保障方面部署重点工作。

（朱迎）

第二届中小学教师法治教育基本能力大赛

5月17日，市委教育工委、市教委举办第二届北京市中小学教师法治教育基本能力展示活动（第二届中小学教师法治教育基本能力大赛）成果总结现场会。会议总结活动开展以来取得的工作成效，北京市第十一中学的张萌等4名教师现场说课。市委教育工委、市教委相关负责人，法治教育基本能力展示活动参赛教师代表、各区中小学教师观摩代表等共300余人参加总结现场会。展示活动于3月启动，设小学、初中、高中3个组别，16个区道德与法治、语文、英语等学科近千名教师报名参赛。其中，高中组别为本届新设。通过初赛、复赛，共有78名教师进入决赛。决赛中，经现场说课、法治素养问答、专家答辩，顺义区后沙峪中心小学的赵丽获小学组冠军，北京汇文中学的王铮、中国人民大学附属中学的王莹莹获初中组冠军，北京市第十一中学的张萌获高中组冠军。活动由北京教育音像报刊总社、北京市青少年法治教育中心承办。

（朱迎）

全国学生"学宪法讲宪法"北京市活动启动

6月12日，第三届全国学生"学宪法讲宪法"活动北京市启动仪式在北京景山学校举行。仪式上，全体起立奏唱《中华人民共和国国歌》。教育部政策法规司司长领读宪法章节，全场师生诵读宪法。学生代表宣誓：学习宪法知识，弘扬宪法精神，维护宪法权威，争当宪法小卫士。仪式后，与会领导和师生一起观看中国人民大学教授韩大元主讲的《中国宪法的诞生与发展历程》宪法微课视频，演唱歌曲并在活动签名墙上签名。各区教委法治教育工作相关负责人，北京景山学校学生代表400人参加主会场活动。活动通过网络平台向16个区的25个分会场同步直播，近4000名师生通过网络视频参与启动仪式。活动标志2018年北京教育系统宪法教育活动全面启动。

（朱迎）

增设4个教育法治研究基地

9月18日，市教委、市人大法制办、市人大教科文卫体办、市政府法制办在市教委联合举办北京教育法治研究基地工作推进会。会上，4部门领导向首都师范大学、首都经济贸易大学、北京教育学院、北京教育科学研究院的第二批4个北京教育法治研究基地授牌，向第一批、第二批8个基地校领导交授2018—2019年度基地建设任务书。会议听取中国人民大学、北京师范大学、北京外国语大学和中国政法大学第一批基地2017—2018年建设及工作情况汇报和第二批基地基本情况介绍。北京教育法治研究基地就北京市教育法治的理论与实践开展研究，主要承担北京市教育行政立法的研究起草、教育行政执法操作规范化、青少年法治教育资源建设、教育疑难行政案件研究等任务。

（杨俊）

机关干部法律法规集中学习

至年底，市委教育工委、市教委、市政府教育督导室组织5次机关领导干部集中学法活动。活动分别邀请市政府法制办副主任、市审计局副局长、市国家保密局局长、市物价和公平竞争局副局长、市法制办执法监督处处长，分别就政府机关依法行政背景与现状、《审计署关于内部审计工作的规定》、依法做好保密工作、全面贯彻公平竞争审查制度、积极推进教育系统行政执法等工作举行专题讲座。两委一室主要领导、各处室负责人50余人听取讲座。

（朱迎）

政务服务事项精简

至年底，市教委开展政务服务事项精简工作。为进一步优化政务服务流程，提是政务服务效能，方便企业群众办事，市教委精简政务服务事项，全年取消政务服务事项8项、"零办件"1项；列入禁限目录3项；整合政务服务事项22项，整合后为7项；不面向社会内部审批和管理事项5项。精简后保留政务服务事项22项。

（马乐）

文件清理

至年底，市教委完成市发展改革委布置的2018年"清理现行排除限制竞争政策措施工作"。经法规规章文件目录的整理汇总、处室提出初步清理意见、清理意见确认、汇总报送等程序，市教委清理政府规章3项，以市政府名义印发的规范性文件60项，市教委规范性文件310项，除5项市教委规范性文件外，均不涉及市场经济主体。5项市教委规范性文件经审查清理不存在排除限制竞争的内容。

（李群伟）

印发行政规范性文件38个

至年底，市教委印发行政规范性文件38个。市教委严把合法性审查和公平竞争审查关，严格制定程序。按照《北京市教委行政规范性文件备案管理办法》规定，编制2018年市教委行政规范性文件目录，全年共印发并报送备案行政规范性文件38个。

（李群伟）

办理行政案件42件

至年底，市教委共办理各类行政案件42件。本着"以事实为基础，以法律为准绳"的原则，努力化解矛盾，切实维护师生合法权益，同时落实行政机关负责人出庭应诉要求。全年共办理各类行政案件42件。其中，学生申诉7件，教师申诉5件，考试复核1件，行政复议案件9件，被复议案件5件，行政诉讼案件15件。

（马乐）

发展规划

概述

2018年，市教委启动编制《首都教育现代化2035》和五年实施方案。两个规划明确新时代首都教育的基本定位、历史方位、基本理念、基本原则、战略目标、战略任务和实施路径，方案在全市教育大会期间得到广泛讨论和普遍认可。完善高考改革方案和各项配套措施，《北京市关于深化高等学校考试招生制度综合改革实施方案》经中央改革办批准，教育部批复同意印发。高考综合改革实施方案包括建立高中学业水平考试制度、完善学生综合素质评价制度和开展高考综合改革等方面。8月底，市教委对外正式发布高考综合改革实施方案和等级性考试赋分办法。应对化解中高考矛盾，妥善化解中招计划引发的群体上访事件，制定彻底解决中央民族大学附属中学非京籍少数民族学生高考问题的措施，做好积分落实学历审核，继续推进异地中高考政策研究。

（姚林修）

民办高校变更

1月至6月，市教委同意部分民办高校变更申请。1月3日，同意蒙代尔国际企业家大学名称变更为北京蒙代尔企业家研修学院；1月5日，同意中国现代教育研修中心变更地址；1月16日，同意北京国际商务学院名称变更为北京商务研修学院；1月16日，同意北京华夏管理学院名称变更为北京华夏管理研修学院；2月6日，同意北京新亚研修学院变更地址；2月24日，同意北京东方妇女老年大学变更地址；2月24日，同意东方文化艺术学院名称变更为北京东方文化艺术研修学院；3月13日，同意北京应用技术专修学院变更地址；4月23日，同意北京国际经贸研修学院名称变更为北京经贸研修学院；4月23日，同意北京东方妇女老年大学名称变更为北京东方老年研修学院；4月25日，同意北京心理学函授学院名称变更为北京心理学研修学院；6月11日，同意北京中国驻颜美容学院名称变更为北京美容研修学院；6月11日，同意北京明园大学名称变更为北京明园研修学院。

（崔晶）

中央芭蕾舞团舞蹈学校批准设立

2月1日，市教委批准设立中央芭蕾舞团舞蹈学校。经市教委第33次主任办公会研究通过并报请市政府同意，批准设立中央芭蕾舞团舞蹈学校。学校由中央芭蕾舞团举办，为普通中等专业学校，主要开设芭蕾舞专业，面向全国招收小学毕业生，学制六年。招生计划报市教委审批。

（丁建）

9月1日，中央芭蕾舞团舞蹈学校揭牌

（育才学校）供

市商务科技学校并入物资学院

2月1日，市教委批准北京市商务科技学校并入北京物资学院。经市教委第33次主任办公会研究通过并报请市政府同意，批准商务科技学校并入物资学院，同时撤销商务科技学校建制。以原商务科技学校为基础设立物资学院附属商务科技学校，作为物资学院非法人教学单位，承担中专层次教学任务。

（丁建）

“十三五”教育规划中期评估

3月至9月，市教委开展“十三五”教育规划中期评估工作。市教委按照教育部和全市统一要求，通过自评估与专家评估相结合的方式，系统评估新发展理念落实情况，全面评估“十三五”教育规划明确的目标任务、改革事项和保障措施推进情况，特别是学前教育服务保障、义务教育优质资源扩大整合、高等学校高水平人才交叉培养等20个重大项目推进情况并形成评估报告。评估报告显示，“十三五”教育规划提出的主要目标和任务总体进展良好，基本实现“时间过半，完成任务过半”，为下阶段教育改革发展奠定基础。

（孙运科）

两个单位建制撤销

5月18日，市教委经研究同意撤销两个单位建制。两个单位分别为北京市测绘院职工学校、北京测绘技术培训中心。

（丁建）

人大附中通州学校更名

6月6日，市教委印发《关于中国人民大学附属中学通州学校更名的决定》，将中国人民大学附属中学通州学校更名为北京学校。学校仍为市教委直属财政补助的独立法人事业单位。2018年，市教委分别提请市政府会议和市委全面深化改革领导小组会议审议通过《北京学校建设管理综合改革方案》。方案为整体提升北京城市副中心教育质量，优化教育布局，配合市级党政机关顺利搬迁，确定在原人大附中通州学校基础上建设一所十二年一贯制综合改革试验学校——北京学校。市编办、市发展改革委、市财政局等部门和通州区创新政策，明确分工，全力支持北京学校建设发展。

（丁建　杨伟丽）

北工大与通州区政府合作

12月20日，市教委同意北京工业大学与通州区政府在北工大实验学院现址举办北工大（通州校区）。实验学院纳入北工大统一办学，统一招生代码。市教委支持北工大深化与通州区的战略合作，共建高精尖科技创新中心、高层次人才培养基地和高水平国际合作交流窗口，为通州区培养输送高素质人才、提供决策参考和政策咨询，助力北京城市副中心建设和全区经济社会发展。

（丁建）

农村基层干部人才培养工程实施

至年底，市教委与市委组织部、市委农工委组织实施“北京市农村基层干部人才培养工程”。工程依托北京农业职业学院采取高职自主招生的办法，为乡村基层干部提升学历拓宽途径。年内，市教委先行在延庆、门头沟、房山区试点，安排招生计划200人，实际录取201人。

（张桓）

财务

概述

2018年，市教委财务工作创新管理思路，优化结构，简政放权，加强监管，提升资金效益，完成各项工作任务。全年市级财政拨款教育经费预算357.03亿元，其中，市本级预算单位220.18亿元，市对区补助资金136.85亿元。

（李高远　陈彦旭）

决算编报

1月至2月，市教委完成所属预决算单位2017年决算数据审核、汇总、上报工作。决算数据包括市教委机关事业及所属58个事业单位（含25所市属高等院校、10所中等专业学校、23个直属单位）。数据显示，2017年决算全年收入276.7亿元，包括财政拨款224.09亿元，支出276.04亿元。

（李奇）

预决算公开

3月至8月，市教委完成相关财务预算决算公开工作。市教委3月公开2018年部门预算和“三公经费”，8月公开2017年部门决算和“三公经费”。市教委制定相关公开文件，严格把关，加强数据材料审核，确保公开数据真实可靠。

（李高远）

59个教育项目绩效评价

4月至7月，市教委完成59个教育项目绩效评价工作。其中，事前绩效评估项目3个；市属高校的学生资助项目25个；中专直属单位的设备购置、直属单位业务发展等项目31个。经过专家考评，共评出事前绩效评估项目良好3个，市属高校优秀项目1个、良好项目24个，中专直属单位优秀项目4个、良好项目20个、一般项目3个。

（李高远）

事业单位产权登记

6月至8月，市教委组织开展事业单位产权登记。参加此次产权登记的单位85家（不含市教委本级和北京教育考试院）。截至2017年12月31日，市教委所属事业单位国有资产总额6494057.34万元，负债总额401531.56万元，资产总额6895588.90万元。

（时阳）

中国音乐学院率先实现收费管理全程信息化

8月30日，中国音乐学院开出北京市教育系统第一张财政电子票据。财政电子票据是以数字信息代替纸质文件、以电子签名代替手工签章，通过网络手段进行传输流转，通过计算机等电子载体进行存储保管的票据。中国音乐学院作为北京市财政电子票据改革的第一批试点单位，打造从“学生跑腿”到互联网“数据跑腿”的服务管理新模式。学生在电脑端或者移动设备可选择微信、支付宝、银联等多种方式缴费，完成在线缴费后，手机即可收到财政电子票据开具成功的短信通知。学校实现收费管理工作全程信息化。

（江瑾尧）

基础教育公用经费定额标准调整

9月11日，市教委、市财政局修订《北京市基础教育公用经费定额标准》。新标准在原有的校园文化、教育国际交流合作、校园体育活动专项的基础上，加强顶层设计和统筹规划，把涉及中小学生实践育人各项活动经费全部整合纳入中小学生实践活动专项定额，并调整相关标准，各区按比例或定额统筹使用，用于保障市级各项学生活动年度计划的完成。此举旨在提高政府提供基本公共服务的能力和水平，进一步优化经费支出结构，保证中小学校正常运转，巩固完善基础教育经费保障机制。

（陈彦旭）

预算编制

10月至12月，市教委完成所属预算单位及市对区教育补助2019年预算的审核、汇总、上报工作。预算数据包括市教委机关事业及所属54个事业单位（含25所市属高等院校、5所中等专业学校、24个直属单位）。市教委2019年部门预算全年预算收入310.21亿元，其中，财政拨款223.31亿元；全年支出310.21亿元。市对区教育补助96.5亿元。

（李高远　陈彦旭）

部分基本经费拨款制度修订

至年底，市教委修订部分基本拨款制度。一是把内涵发展定额中的学生综合素质定额、就业创业定额、大学生科研训练项目、教师教学发展中心经费调入生均公用经费定额，由生均公用经费统筹安排。二是将常规在项目经费中安排的人才培养、教师队伍建设、职业教育发展等市教委规划项目纳入促进高校内涵发展定额，各单位结合市教委下达的任务在内涵发展定额中统筹优先安排。

（李高远）

审计

概述

2018年，北京市教育系统内部审计机构71个，包括独立设置机构43个；内部审计人员1138人，包括专职审计人员157人。全年完成审计5459项，其中，财务收支审计356项，效益审计13项，经济责任审计540项，内部控制审计49项，基建修缮项目审计3669项，科研经费审计656项，资产管理审计15项，其他项目审计161项。审计资金共计1320.84亿元，促进增收节支6.31亿元，提出意见建议被采纳5117条。组织教育系统各单位开展审计理论研讨，市教委获北京市内部审计理论研讨组织奖；研究课题“基于整合评价模式的高校内部审计工作评价体系研究”获全国内部审计理论研讨二等奖，北京市内部审计理论研讨一等奖。

（赵凤旗）

审计整改跟踪检查

2月至9月，市教委开展审计整改跟踪检查。主要包括2017年9名领导干部经济责任审计、2个市属高校内部控制审计调查、5个高校基础设施改造项目的整改跟踪检查。市教委审计处审核被审计单位提交的审计整改结果报告、审计发现问题结果清单、审计整改证明材料，并制定审计整改结果检查与对账销号清单。

（徐焕喆）

预算执行与决算审计

3月至10月，市教委开展2017年度预算执行与决算审计。此次审计与6家单位经济责任审计同时进行，实现“一审多果”。6家单位包括中国戏曲学院、北京舞蹈学院、北京经济管理职业学院、北京市盲人学校、市委教育工委市教委机关服务中心、北京学校后勤事务中心。审计内容包括：2017年度单位预算管理、预算编制、预算执行、财务决算、有关所属独立核算单位的财务收支管理以及落实审计整改情况，重点审计单位“三公经费”使用、项目执行和政府采购政策落实等情况。审计总金额42.25亿元，发现问题78个，提出审计意见建议被采纳103条。

（张作勇）

内部审计工作会

3月20日，市教委召开2018年教育系统内部审计工作会。会议强调要扎实开展各项审计工作，开展重大改革政策措施落实情况跟踪审计，围绕本地区和本单位教育改革和发展的中心任务，贴近需要解决的热点、难点问题和各方面关注的相关经济活动中的重点领域，组织开展专项审计调查，加大审计整改落实力度，强化结果运用，夯实基础工作，提升审计服务质量和效率。会议要求各单位要提高认识，进一步增强做好教育审计工作的责任感和使命感；要扎实开展各项审计工作，为教育改革发展保驾护航；要加强自身建设，提升教育审计管理水平。房山区教委、首都经济贸易大学、首都医科大学3家单位分别作大会交流发言。会议同时印发《北京市教育委员会关于做好2018年教育审计工作的通知》。各区教委、市属高等学校、市教委直属单位主要负责人和审计机构负责人150余人参加会议。

（李新影）

制定新任领导干部经济责任告知书

3月28日，市委教育工委、市教委联合制定《新任职领导干部经济责任告知书》。告知书主要内容包括：任职期间负有经济责任；任职期间所在部门、单位及个人应禁止和避免的经济行为；任职期间经济责任审计等三部分。市委教育工委市教委审计工作协调小组对各新任职领导干部经济责任告知书自批准日起在市教委直属单位执行。

（徐焕喆）

完成8人经济责任审计

3月至10月，市委教育工委、市教委完成8名领导干部经济责任审计。市教委审计处受市委教育工委干部处委托，以《党政主要领导干部和国有企业领导人员经济责任审计规定实施细则》确定的审计内容为基础，根据领导干部的职责权限，结合履职特点，先后完成中国戏曲学院、北京舞蹈学院、北京经济管理职业学院、北京市盲人学校、市委教育工委市教委机关服务中心、北京高校房地产开发总公司、北京学校后勤事务中心的8名领导干部经济责任审计，并出具审计报告、审计结果报告。审计总金额197.22亿元，发现问题158个，提出审计意见建议196条。

（徐焕喆　付兴锋）

9月29日，市教委开展特教专项审计

（昌平区特教学校　供）

市治理教育乱收费局际联席会议办公室工作会

4月27日和9月29日，北京市治理教育乱收费局际联席会议办公室先后召开两次会议。会议启动《北京市规范教育收费重要文件汇编》编制工作，研究2018年规范教育收费专项督查工作。会议强调各成员单位要结合部门职能及政策更新情况，认真审核文件汇编收录文件，确保文件准确；要制定好规范教育收费督查方案，督查内容有所侧重，切实做好专项督查工作。市治理办成员单位20人参加会议。

（李新影）

开展审计整改约谈

8月至9月，市委教育工委、市教委审计工作协调小组开展审计整改约谈。协调小组针对2016年、2017年审计项目的整改结果，先后约谈4所市属高等学校、10个直属单位的主要负责人。约谈旨在提醒各单位主要负责人要严格落实审计整改责任；加强内部控制管理和监督，防范经济活动风险，杜绝屡审屡犯；重视审计工作，切实履行审计整改第一责任人的主体责任。

（李新影）

完成6家单位经济责任审计后续审计

9月至11月，市教委完成6家单位经济责任审计后续审计。6家单位包括北京工业职业技术学院、北京教育科学研究院、北京教育音像报刊总社、北京市教育网络和信息中心、北京铁路电气化学校、北京市自动化工程学校。市教委通过后续审计，了解单位对审计发现问题采取的具体措施及效果，测试类似问题是否再次发生，促进单位完善内部控制，提升管理科学化水平。审计总金额1.87亿元，纠正问题资金1962.27万元。经济责任审计整改率85.38%；后续审计新发现问题1个；提出建议意见被采纳44条；促进完善制度126个。

（徐焕喆）

完成市对区专项转移支付资金专项审计调查

9月至12月，市教委完成17个区（含燕山地区）市对区特殊教育专项转移支付资金管理和使用情况的审计调查。调查内容包括：2014年和2015年示范性资源教室建设项目、2017年示范性自闭症及情绪障碍儿童教育训练项目和2017年示范性融合教育资源中心建设项目经费执行情况。审计总金额9877.72万元，发现问题79个，提出建议意见被采纳124条。

（徐焕喆）

规范教育收费工作

10月至11月，市治理教育乱收费局际联席会议办公室组织开展规范教育收费工作，印发《关于开展2018年规范教育收费检查工作的通知》。通知要求各高等院校、中等职业学校、中小学、幼儿园以及教育行政主管部门下属事业单位，针对2017年秋季开学以来发生的教育收费行为开展自查。至11月底，全市基础教育系统1417所中小学开展收费自查，自查率100%。在自查基础上，各区组织检查组67个、检查人员285人，抽查教育单位600个，其中，高中87所、初中115所、小学217所、幼儿园164所，其他有关直属单位17个，查出违规问题17个，清退违规收费金额28.83万元。各高校共计964个部门开展收费自查，在自查基础上组织检查组48个，检查278个部门收费情况。因《中共中央办公厅关于统筹规范督查检查考核工作的通知》《中共北京市委办公厅印发<关于统筹规范督查检查考核工作的若干措施>的通知》要求“加强对督查检查考核工作的统筹规范”，根据领导批示，市治理办原定11月20日至12月20日开展的专项督查工作停止。

（李新影）

开展市属高校内部审计工作评价

10月至12月，市教委在市属高校开展内部审计工作评价。工作分高校自评和市教委抽查两个阶段组织实施。各市属高校按照《市属高校内部审计工作评价指标体系》，从管理体制与保障机制、队伍建设、制度建设、审计业务、审计质量控制、审计实效和审计信息化7个方面对内部审计工作开展自评。市教委会同市审计局对北京联合大学、首都医科大学两所市属高校开展内部审计工作抽查评价。抽查结果显示，两所学校领导重视内部审计工作和审计队伍建设；审计工作条件得到有效保障；内部审计制度比较健全；注重发挥内部审计作用，全面开展内部审计工作；审计信息化建设得到逐步推进。不足之处：部分制度和整改机制尚需完善；审计质量控制措施需进一步加强。北京市在全国率先开展市属高校内部审计工作评价。

（张作勇）

实施机关内部控制后续审计

10月至12月，市教委组织实施对机关内部控制后续审计。主要检查市教委机关对审计发现问题的整改情况，同时对市教委机关整改后的内部控制情况进行评价，并出具审计报告。后续审计确认10个问题已整改，2个问题整改中，提出审计意见建议被采纳7条。

（赵凤旗）

基本建设

概述

2018年，市教委基本建设工作围绕实施新版北京城市总体规划，以疏解非首都功能和扩大中小学学位为主线，推进市属高校新校区和两个高教园区建设，推进城市副中心重点建设项目，启动北京学校、清华大学附属中学昌平学校、北京师范大学附属实验中学丰台学校等一批优质学校建设，支持雄安新区建设3所学校，编制并印发《中小学办学条件标准》（建设部分—试行），启动并推进北京教育设施专项规划编制工作。

2018年，北京市各级各类学校基本建设完成投资387493.80万元，其中，国家投资381898.40万元（北京市地方安排211189.70万元、区安排170708.70万元）、自筹资金5595.40万元。在施建筑面积1746400平方米，其中，本年新开工面积690916平方米。竣工建筑面积560155平方米，其中，教学及辅助用房312347平方米、行政办公用房35412平方米、生活服务用房146323平方米、其他用房66073平方米。新增固定资产291772.30万元。

（马骏　黄莹莹）

中小学校办学条件标准印发

4月26日，市教委会同市发展改革委、市财政局、市规划国土委、市住房城乡建设委、市政府教育督导室联合修订并印发《北京市中小学学校办学条件标准（建设部分—试行）》。文件旨在贯彻落实十九大精神和《北京城市总体规划（2016—2035年）》部署要求，深化教育改革，发展素质教育，进一步推进城乡义务教育一体化发展。新标准把原城乡不同建设标准的指标合一；调整普通教室、科学教室、实验室、劳技教室、音体美教室等主要教学用房的使用面积、形状及设施，增设分层次教学及选修走班课教室等教学用房；完善体育场地的设置；增加“建设绿色学校”和“建设智慧学校”部分。标准自印发之日起执行，原市教委等8部门印发的《北京市中小学校办学条件标准》的建设部分同时废止。

（张逊）

加强中小学幼儿园室内装修改造管理

5月4日，市教委印发《关于进一步加强中小学、幼儿园室内装修改造管理工作的通知》。通知要求各区教委要遵循“必需、节俭、可行、实用”的原则，确保学校装修改造项目符合建筑“安全、适用、经济、绿色、美观”的要求，按轻重缓急实施装修改造工作。各区要建立装修改造工作风险点预判机制和应急反应机制，应采取分阶段实施材料入场检测、竣工后室内空气质量检测以及家具设备安装后形成多因素叠加的环境检测，有效防控室内空气污染风险。对管理责任不到位、失管、缺位引发质量问题，影响师生身心健康和学校秩序，在社会产生不良影响的要进行追责、问责。文件自颁布之日起实施。

（黄莹莹）

8月，明天幼稚集团完成3个园所综合修缮改造工程
（明天幼稚集团　供）

编制大学城建设发展规划

6月，市教委牵头房山区、昌平区政府及入驻高校编制的《良乡、沙河大学城建设发展规划》（2018—2025年）经市政府专题会审议获得通过。规划明确规划范围和期限，分析以往建设情况及当前发展环境，提出两个大学城建设的指导思想、基本原则和发展目标。在具体规划中，围绕新版北京城市总体规划，突出“减量双控”理念，鼓励高校新校区建设充分利用地下空间，集约节约利用土地资源；结合高校“双一流”建设，突出“疏解提升”理念，鼓励高校将重点学科和实验室搬迁至新校区；结合高水平建设“三城一区”，优化科技创新布局，突出“协同创新”理念，鼓励和支持高校和地方在科技、人文、产业等方面协同创新，打造北京经济发展新高地；依托共建共享平台，突出“开放共享”理念，高校间在人才培养和科技创新开放共享，校地间在实验室、图书馆、体育馆等设施及人文活动上开放共享，带动区域文化品质提升。规划同时包括2018—2025大学城高教园区基本建设项目和各高校基本建设项目。

（马骏）

市属高校基本建设管理培训

12月5日至7日，市教委组织市属高校主管领导基本建设管理专题培训。市教委、市住建委、教育部学校规划发展研究中心、市规划院、北京建筑大学相关人员分别就全国和全市教育大会精神、建设领域招投标和合同管理、高校校园规划的理念和展望、新版北京城市总体规划、北京建筑大学的新校区规划和老校改造进行解读和培训。市纪委市监委驻市委教育工委市教委纪检监察组长做党风廉政教育专题讲座。各市属高校主管校领导和基建处相关负责人60余人参加培训。

（王虹）

市级统筹建设优质学校工作推进会

12月13日，市教委召开市级统筹建设一批优质学校工作推进会。会议旨在贯彻市委、市政府决策精神，落实市政府2018年工作报告的有关要求，在城市副中心、三城一区等重点地区市级统筹建设一批优质中小学校。会议由刘宇辉主持。会议强调，优质学校建设既是推进基础教育优质均衡发展的战略举措，又是促进城乡均衡发展的有效手段，同时顺应当地百姓对优质教育的期待。2018年，市级统筹建设学校取得阶段性进展，初选入库建设的17个项目中，开工6个，其他项目按计划开展前期征地、拆迁和规划调整、方案设计等相关工作。相关区教委、市教委相关处室负责人36人参加会议。

（黄莹莹）

优化提升回天地区公共服务教育项目

至年底，市教委落实《优化提升回龙观天通苑地区公共服务和基础设施三年行动计划（2018—2020年）》取得进展。回龙观天通苑地区公共服务和基础设施三年行动计划涉及教育项目26个，其中，11个为接收小区配套移交项目，15个为新建、改扩建项目。2018年计划实施项目14个。至12月底，14个计划实施项目中11个项目（10所幼儿园、1所小学）已完成无偿移交；3个新建项目（1所幼儿园、2所一贯制学校）实现开工建设。

（黄莹莹）

基建项目竣工财务决算审批试点

至年底，市教委对市属高校和直属单位基建项目竣工财务决算审批开展试点工作。按照市财政局《关于转发基本建设项目竣工财务决算管理暂行办法的通知》、市教委《关于加强基本建设项目竣工财务决算审批工作的通知》和《关于完善市本级基本建设项目竣工财务决算工作的通知》等文件所规定的市级项目审批权限、范围、方式和具体要求，市教委批复7所市属高校和1个直属单位共计10个市级投资基建项目，加强基建项目竣工财务决算管理。另外，有4所市属高校按照相关规定和规范程序，完成26个长期交付使用未进行竣工财务决算的市级基建项目的转固处置。

（黄莹莹）

编制北京教育设施专项规划

至年底，市教委组织编制北京教育设施专项规划。该规划旨在贯彻落实《北京城市总体规划（2016—2035年）》。按照全市各专项规划和分区规划编制进度要求，市教委会同市规自委、市规划院组建工作专班，制订工作方案和技术标准，重点加强过程管控，通过专题会、座谈会、调度会、技术培训会、现场调研多种形式，把控各区规划编制进展，了解问题并指导编制工作。该规划时限为2017年至2035年，主要包括基础教育、职业教育、高等教育三部分内容，其中，基础教育是规划的重点。至12月底，市教委已协调完成总规层面深度编制，并有序推进控规层面的编制工作。

（张逊）

后勤管理

概述

2018年，北京市学校后勤系统紧密围绕中心、服务大局，坚持稳中求进和安全发展、质量发展、绿色发展，一切以广大青少年学生的安全和健康成长为出发点，积极发挥管理育人、服务育人、环境育人作用，保障后勤系统平稳运行。全年坚持质量发展，推动后勤工作转型升级；坚持绿色发展，深化节能减排；加强督促检查，确保食品安全；加强能力建设，提升管理水平。

（武怀海）

高校推进“阳光餐饮”工程实施方案印发

3月9日，市教委印发《北京高校推进“阳光餐饮”工程实施方案》。方案明确工作目标、重点任务、组织实施及工作要求。提出利用1年时间，在全市高校食堂基本完成“阳光餐饮”工程建设任务，夯实高校食品安全管理工作基础，提升高校后勤标准化、规范化、精细化水平。明确重点任务包括推进高校食堂食品安全信息公开、实现食品加工操作过程可视化、依托互联网实现信息实时查询、强化高校食品安全责任落实4个方面。

（于杰　常勇）

学校后勤工作会议

3月29日，市教委召开2018年学校后勤工作会议。会议以“强勤固本、不辱使命，推动全市教育后勤工作优质高效发展”为主题，总结2017年学校后勤工作，部署2018年重点工作，印发《2018年北京市学校后勤工作要点》。中央财经大学、北方工业大学、北京城市学院、朝阳区教委、丰台区教委、北京市第九中学6家单位分别作交流发言。会议表彰2017年度北京市中小学校服研发成果展示活动中做出贡献和2017年度北京市中小学绿色生态校园建设与节能减排教育活动中获得优秀组织奖的区教育行政部门。各高等院校分管后勤工作的校领导和后勤部门主要负责同志，各区教委分管学校安全、后勤工作的领导和安全、后勤部门主要负责人，相关直属单位分管后勤工作的领导和后勤部门主要负责人300人参加会议。

（李异军）

学校食品安全专项检查

5月14日至6月3日，市教委组织开展食品安全专项检查。此次检查面向全市各级各类学校（幼儿园），主要检查学校食品安全宣传教育、主体责任、安全管理制度、食堂餐饮服务许可证持有、学校食堂从业人员管理、食堂加工场所环境卫生、食堂加工操作、食堂食品添加剂使用、食堂清洗消毒、“阳光餐饮”工程建设的推进和落实情况。此次检查以学校全面自查、区教委重点检查为主，市教委会同市食品药品监督管理局、卫生计生委等部门组成联合检查组先后对丰台、石景山、朝阳、海淀部分中小学校进行抽查。检查着力督促学校消除食品安全隐患，有效推动各项工作落到实处。

（于杰）

“营在校园美食”主题宣传活动启动

5月18日，市卫生计生委、市教委在东城区板厂小学高年级部启动2018年“营”在校园——北京市平衡膳食校园健康促进行动暨“营在校园美食”主题宣传活动。“营”在校园——北京市平衡膳食校园健康促进行动2014年开始，每年一个宣传主题。2018年围绕“营在校园美食”主题开展6方面活动内容，一是在中小学校中发起校园大厨教做营养餐、“感恩食物”、小学生一周午餐食谱设计3项活动；二是发布修订后的《北京市中小学生健康指引》；三是汇总分析第二轮学生营养与健康状况监测结果；四是完善北京市平衡膳食校园行动专家团队和工作团队建设工作；五是开展中小学校健康食堂创建工作；六是通过“营在校园”公众微信号开展形式多样的主题活动展示和宣传。各区卫生计生、教委主管领导，各区疾控中心、中小学保健所相关科所负责人、学生及家长代表近300人参加活动。

（程增科　于杰　常勇）

5月18日，“营”在校园工作会议暨主题宣传活动启动

（学校后勤中心　供）

中小学垃圾分类形象代言人征集活动

5月至7月，市教委、市城市管理委面向全市中、小学生公开征集垃圾分类形象代言人“分小萌”卡通形象。活动共收到各类绘画作品648幅，综合“思想性、科学性、创新性、实用性、美观性”等方面，经过设计师初评、网络投票、专家评审会打分等环节，最终东城区灯市口小学张子夏创作的作品被评选为“分小萌”垃圾分类形象代言人。该作品以八爪章鱼宝宝作为“分小萌”的形象，活泼、可爱，寓意垃圾分类，应当多伸手，人人管，在保护环境、共筑美好家园的远景和责任中，人人有责，各显身手。形象手持红、绿、蓝三色风车，表示爱心呵护绿地、蓝天、可持续发展。

（张炀）

垃圾分类进校园系列主题活动

6月至11月，市教委、市城市管理委联合组织各区开展垃圾分类进校园系列主题宣传教育活动。活动旨在推动绿色学校建设，着力提高全体师生的生活垃圾分类和绿色环保意识，倡导简约适度、绿色低碳的生活方式，努力提升广大中小学生的综合素质。各区通过专题讲座、现场讲解、知识竞赛、分发图册等形式，广泛介绍宣传生活垃圾分类相关政策、知识。共举办主题宣传活动53场，累计参加人数16000余人。

（张炀）

高校学生公寓床上用品质量抽检

8月至9月，市教委、学校后勤事务中心开展高校学生公寓床上用品质量抽检。根据市教委、市质监局《关于开展2018年度高校学生公寓床上用品质量安全专项检查的通知》要求，在北京全市高校范围内组织开展入校抽检工作，本着入选企业全覆盖的原则，检查组从93所高校中抽取20所学校开展入校抽检，每个被抽检企业均抽取4件产品（被子、床单、被罩、枕巾），涉及的19家床品企业共抽取检品30批次，按照国家标准和相关要求进行质量检验，此次抽样检验所有产品全部合格，合格率100%。

（郭迎庆　程增科　常勇）

食品安全专项培训会

9月27日至28日，市教委举办北京市教育系统食品安全专项培训会。培训会通报2017—2018学年度教育系统食品安全情况。与会人员听取题为《新时代食品安全治理：形势，挑战和对策》《科学饮食健康生活》《学校食堂食品安全案例》《校园餐饮食品安全监管》的专题讲座。培训会强调，开展学校食品安全管理工作，一是要注重教育引导；二是要注重压实责任；三是要注重建强队伍；四是要注重改善设施;五是要注重督导检查。各高校、区教委、有关直属单位主管食品安全工作领导及负责人等200余人参加培训会。

（于杰）

中小学校服研发成果展示活动

12月2日，北京学校后勤事务中心在北京服装学院举办2018北京市中小学校服研发成果展示活动。活动内容包括《北京市中小学校服面料体系》展示与发布、2018年北京市中小学校服研发成果展演。静态展示部分是根据国内面料发展情况且适合北京地区中小学生穿着的常服（夏装、春秋装和冬装）、制服及礼服（春秋装、冬装）和功能服装的实际需求遴选出48种面料进行展示；动态展演部分由依据北京市中小学校服色彩体系和面料体系为基础研发的80多套校服组成，分为“青·萱”“纯真年代”和“安全出‘型’”三个系列。来自教育部、市教委、北京服装学院、各区教委相关领导以及部分校长、教师、中小学生和家长代表300人参加活动。

12月2日，在北京市中小学校服研发成果展示活动中，学生模特展示新款校服　（学校后勤中心　供）

（陈娜）

高校后勤标准化达标验收

至年底，市教委开展高校后勤标准化达标验收工作。市教委按照申报一批、审核一批、建设一批的原则，通过组织专家入校指导、完

善相关制度规范、加强经费投入保障、验收组评估验收等措施，完成对北京师范大学等13所高校34栋学生公寓、10个学生食堂和4栋教学楼、2个校园环境、2个设施设备运行物业项目的标准化达标验收工作。

（程增科　常勇）

稳控高校食堂饭菜价格

至年底，市教委下达平抑资金1.93亿元稳控高校食堂饭菜价格。市教委针对2017年秋季农副产品价格迅猛增长的严峻形势，按照市政府统一部署，稳控高校食堂饭菜价格，共下达平抑资金1.93亿元，用于补贴学生食堂基本伙食，有效缓解高校食堂运行压力。市教委同时借助第三方审计机构对平抑资金开展使用审计，约谈和整改问题高校29所，确保平抑资金使用效益。

（程增科　常勇　崔莲莲）

节能减排成绩显著

至年底，北京教育系统节能减排取得良好成绩。市教委开展教育系统2017年节能目标责任考评，实现全市教育公共机构人均能耗降低6.25%，教育公共机构总能耗61.07万tce，超额完成市政府节能减碳责任考核指标，行业部门考核“优秀”。北京交通大学、北京工业大学获2017—2018年度“全国公共机构能效领跑者”称号，对外经济贸易大学、北京物资学院、北方工业大学、北京林业大学获“北京市能效领跑者”称号。市教委学校后勤处获市政府第二届“首都环境保护奖”。北京学校后勤事务中心先后调研82所高校和14个区的848所中小学，分析全市教育系统2017年的能源利用状况，根据调研材料编制《北京市教育系统节能减碳发展报告》。研究制定《2017年市属高校节能目标责任考评工作方案》，在市属高校范围内组织实施节能目标责任考评工作，集中走访31家高校，指导各学校如何系统、全面地推进节能减排工作。了解各学校工作经验和困难，指导学校科学规范开展节能减排工作，实施能耗限额管理和绩效考核，健全能耗消费统计与公示制度。学校后勤事务中心全年通过教育系统节能减排应用平台，实现对教育系统所有用能单位的水、电、气、热、油、煤等用能数据采集，保证基础大数据全面准确。

（张炀　陈娜）

90%以上中小学校食堂实现“阳光餐饮”

至年底，北京市90%以上中小学校食堂实现“阳光餐饮”。全市中小学校食堂完成“阳光餐饮”工程建设95.7%；幼儿园食堂完成“阳光餐饮”工程建设98.1%。按照2018年市政府重点工作“全市80%以上的中小学校、幼儿园食堂达到阳光餐饮标准建设”的目标要求，提前超额完成年度目标任务。

（程增科　常勇）

信息化管理

职业教育与成人教育综合管理云平台上线

4月，北京市职业教育与成人教育综合管理云平台上线。系统为职业院校的文明风采大赛、学习之星评比、教师信息化教学技能大赛、职业院校学生职业技能大赛4个赛事提供赛事立项、比赛申报、专家评分、成果展示等环节的信息化服务支撑。

（刘宇光）

义务教育入学服务平台开放

5月1日，北京市义务教育入学服务平台开放。平台公布市级、区级相关政策规定以及各区各学校相关介绍，同时通过采集学生基本信息，完成学生入学的信息化工作。使用统一的小学和初中入学服务系统，一是为预测适龄儿童入学数量和分布，做好入学服务；二是利用信息化手段规范入学流程，保障公正、公开。5月8日起，家长可以通过适龄儿童入学信息采集系统进行信息采集。

（刘宇光）

教委科研管理平台投入使用

6月，市教委科研管理平台投入使用。平台为北京市科研项目提供从申报、立项、审批到评审、评优等全流程的信息化管理。平台共采集718个项目、32家高校的社科类和科技类项目的申报材料，并于12月开展北京市哲社科优秀成果奖的评选。

（刘宇光）

教育信息化三年行动计划（2018—2020）印发

7月16日，市教委在北京市教育信息化工作会上发布《北京教育信息化三年行动计划（2018—2020）》。行动计划提出要落实《教育信息化2.0行动计划》总体要求，构建新型“互联网+教育”管理服务平台，构建新型教育大数据支撑体系，进一步推动信息技术与教育教学深度融合创新发展，全面提升师生信息素养与创新能力，到2020年实现“两新一融一提升”的工作目标，形成北京教育信息化新模式。

（陈萌）

北京市教育信息化工作会

7月16日，北京市教育信息化工作会召开。会议对标《教育信息化2.0行动计划》和《北京大数据行动计划》，总结交流工作经验，部署今后工作，发布《北京市教育信息化三年行动计划》。会议听取北京建筑大学、北京财贸职业学院、海淀区教委、北京市第十八中学、朝阳区实验小学分别从高等教育、职业教育、区级教育行政部门、中学、小学等层面交流经验；市经济信息化委副主任回顾北京市信息化发展的几个重要节点，围绕云计算、大数据的建设与应用对北京市教育信息化工作提出意见；教育部科技司副司长介绍国内外教育信息化发展的新趋势、新变化，肯定北京教育信息化取得的成绩，并就如何结合《教育信息化2.0行动计划》的要求做好教育信息化工作提出要求。刘宇辉指出，全市教育单位要认真贯彻国家和市委市政府的部署，统一思想、坚定信念、埋头苦干，进一步提高对教育信息化重要性的认识，强化教育信息化工作的组织保障，加强教育信息化顶层设计，促进教育信息化融合创新，全力保障教学系统网络信息安全。到2020年实现新型“互联网＋教育”管理服务平台，新型教育大数据支撑体系，进一步推动信息技术与教育教学深度融合创新发展，全面提升师生信息素养与创新能力的目标，形成北京教育信息化发展新模式。各区教委、市属高校、直属直管单位主要负责人、信息化工作负责人，中小学校校长、幼儿园园长代表及北京市教育信息化领导小组成员单位负责人共300人参加会议。

（陈萌）

7月16日，市教委召开全市教育信息化工作会

（新闻中心　供）

组队参加全国中小学生电脑制作活动夏令营

7月16日至21日，北京教育网络和信息中心组织北京市中小学生赴江苏无锡参加全国中小学生电脑制作活动夏令营。共有170名学生、19支机器人代表北京市参与评比。64名选手代表赴无锡参与活动，其中，参与作品面试20人、机器人竞赛32人、创客竞赛12人。经过评比，北京市获得数字创作评比奖101个（一等奖17个、二等奖29个、三等奖55个）、机器人竞赛奖19个（一等奖8个、二等奖6个、三等奖5个）、创客竞赛奖12个（一等奖3个、二等奖6个、三等奖3个）、8所学校获得“和教育”专项优秀组织奖。市教委获优秀组织奖。该比赛由中央电化教育馆举办，来自全国31个省、区、市代表队共计5000多名学生参加此次活动。

（覃祖军）

北航首次采用智能人脸识别系统开展学生证注册

9月，北京航空航天大学首次采用智能人脸识别技术开展学生证自助注册。自助注册流程要求学生本人持校园卡在自助机上完成人脸识别校验，系统实时校验通过后在学生证指定区域按学期打印注册标识，全流程用时不到20秒，同时开展学籍状态验证、学费欠费校验等信息核准，确保在校学生相关信息准确。系统配合“航财通＋”小程序可自助完成校园卡头像采集、人证信息核验、银行卡绑定核验等相关流程，全流程自助手机移动端办理，无线下人工参与。开学首月超过70%的学生选择通过自助方式完成办理。

（朴悦嘉）

北京市教育资源个人空间建设完成

10月，北京教育网络和信息中心完成北京市教育资源个人空间建设。个人空间具有面向教师、学生的资源个性化在线服务与应用管理功能，实现向区级、校级平台的共享分发，初步形成国家、市级、区校三级协同的资源生态。该空间根据教育部、中央电化教育馆工作要求建设，率先完成国家数字教育资源公共服务体系对接。北京市也成为全国最先完成资源体系接入的省级试点单位。

（顾忆岚　宋洁）

北京教育信息技术高峰论坛

11月9日，北京教育网络和信息中心举办北京教育信息技术高峰论坛。论坛围绕“科技启迪智慧，教育塑造人生”主题，邀请清华大学、北京师范大学教授以及中国科学院自动化所研究员等专家作主题演讲。教育部教育信息管理中心、中央电化教育馆、市教委等单位相关负责人，部分高校信息中心主任、各区县教育信息中心主任和电教馆馆长等代表260人参加活动。

（覃祖军）

北京市第19届中小学师生电脑作品评选

11月9日，市教委公布北京市第19届中小学师生电脑作品评选结果。共有2729件电脑作品参加评选，其中，参评学生作品1389件、参评教师作品1340件。经组委会评选，共评选出获奖作品1660件，其中，学生获奖作品729件、教师获奖作品931件。共有262支代表队参加机器人竞赛活动，199支代表队获奖。并将评选出的优秀学生作品170余件上报至中央电化教育馆参加全国中小学生电脑作品制作活动，将优秀教师作品近200件推荐至中央电化教育馆参加全国教育教学信息化大奖赛活动。该活动由北京教育网络和信息中心承办。

（覃祖军）

首届中小学人工智能课程教学与创新素质培养高端论坛

11月13日，北京市首届“中小学人工智能课程教学与创新素质培养高端论坛”在北京教育科学研究院通州区第一实验小学举行。参会领导、专家分别发言，并与学生同上 VR 虚拟现实技术体验课。论坛正式发布北京师范大学“人工智能 + 青少年创新素质教育”学术项目。北京教科院通州实验一小学校等项目实验校分享“中小学人工智能课程教学与创新素质大数据测评”的实践成果和经验。北京师范大学、人民教育出版社等单位的领导，北京市人工智能项目实验校代表及通州区教学干部、教师 110 人参加论坛。论坛由北师大主办，北京教科院通州区第一实验小学承办。

（陈军华）

中小学学生卡联合认证

11 月 13 日，北京教育网络和信息中心联合北京市政交通一卡通公司完成全市 120.5 万张中小学学生卡的联合认证工作。这标志北京市中小学生可以通过具有 NFC 功能的手机在线办理学生卡的充值及延期业务，升级之后，学生卡的申领、挂失、补卡、缴费、充值等业务均可实现移动端一站式办理，极大地方便学生家长的交通出行需求。

（刘宇光）

中小学人工智能师资培训班

12 月 7 日，北京教育学院举办首届《中小学人工智能课程探究与实践》专题培训班。培训面向昌平、东城、西城 3 个区 38 所学校的信息技术、科学、化学、物理等学科教师，历时 3 个月。通过培训，教育学院基本形成人工智能培训的课程框架，一是人工智能的技术发展前沿、人工智能对教育的影响等方面介绍，提升对人工智能的认识；二是通过学习人工智能基础知识，包括机器学习、Python 神经网络编程、知识图谱、自然语言处理等方面的知识，使学员了解人工智能的基本原理，完成人工智能课程实施的知识储备；三是通过体验式学习加深对人工智能理论及教学实施策略的理解，通过对中国人民大学附属中学人工智能课程教学观摩和一些公司的产品体验，增强对人工智能产品的认识。此次培训班为开展中小学人工智能课程师资培训打下基础。43 名学员参加培训课程。

（石燕）

市教委高清视频会议系统试运行

12 月，市教委高清视频会议系统一期建设投入试运行。系统可实现市区两级高清交互视频会议功能，设有 2 个市教委节点、17 个区节点、1 个信息中心节点。系统开发建设 9 月底启动，总投资 400 余万元。二期建设计划 2019 年启动，市教委高清视频会议系统建设将为未来高清视频会议建设打下坚实基础。

（陈昊）

幼儿园办园质量督导评估信息管理系统研发完成

12 月，市政府教育督导室研发完成“北京市幼儿园办园质量督导评估信息管理系统”。该系统旨在增强信息化建设对教育督导工作的支撑作用，推进学前信息多平台数据整合应用。系统面向全市 3000 余所幼儿园（含审批园和无证园）开展幼儿园办园质量督导评估工作，各幼儿园通过系统开展园所自评、上传自评佐证材料，系统自动与市教委学前处学前教育综合管理系统数据联动，智能化完成基础数据抽取以及客观评估指标自动计算并生成评估结果，借助信息化手段完成幼儿园办园质量督导评估自评工作，提升自评结果的科学性、精准性，减轻幼儿园基层的工作压力。系统同时面向市教委及各区教委提供幼儿园办园质量督导评估工作的部署、监测、区级督评、市级抽检复核等工作支撑功能，支撑全市幼儿园办园质量督导评估年度工作的推进、完成和幼儿园的评估评价以及评级，促进幼儿园办园质量的提升。系统研发中按照“多标合一、一标多用”的要求，将与幼儿园所相关的 6 个数据系统模块的 1654 项数据进行整合，整合后，自动关联生成数据 647 项、动态填报数据 97 项。系统推进信息服务下移增效，减轻基层幼儿园因不同评估检查工作和不同系统要求而产生的重复填报信息的负担。系统计划于 2019 年投入使用。

（张军　汤毅）

4 月 18 日，北京教科院通州实验一小开展 VR 人文创客课程项目研究　（北京教科院通州实验一小　供）

教师在线服务全市中小学教师

至年底，北京教育网络和信息中心承担教师在线服务全市中小学教师任务。教师在线面向17个区（含燕山地区）中小学教师发放账号3.2万个，提供7×24小时教育信息化咨询服务。注册教师通过账号可以获得与教育教学相关的信息技术支持服务。年内，教师在线累计服务次数15.52万次，用户问题首次解决率99%、满意度98%，在线服务平均时长25分钟以内。

（季茂生）

加强网站管理建设

至年底，市教委加强网站的管理和建设。完成市教委网站群环境向政务云的整体迁移，将首都高校科研网、北京语言文字工作网、北京市青少年法制教育资源网的网站迁移至北京政务云，以购买服务的形式增加相应安全策略，确保系统稳定运转。明确市教委网站首页栏目更新责任分工，制定《网站信息发布管理办法》，实现网站信息发布账号实名制、内容更新职责到人、日常操作安全规范。大力推进市级教育系统门户网站整合工作，关停下线8个处室站点、将7个处室站点和12个直属事业单位网站整合纳入市教委网站，完成直属事业单位网站集约工作。完成市教委网站新域名jw.beijing.gov.cn及处室子域名的切换上线工作；完成市教委邮件系统整合迁移工作，将使用bjedu.gov.cn政务邮箱的600余名用户迁移至北京市公务员邮件系统。

（刘转林）

教育督导信息平台建设

至年底，市政府教育督导室持续推动北京市教育督导信息管理应用平台建设，实现“一级建设，四级应用”的目标。持续完善平台系统功能，按管理层级分为市级、区级、校级和督学4个模块。新调整的区级模块设有区域特色数据接口，便于各区特色模块开发；校级模块链接到全市所属学校；督学模块设置收发文、督导人员信息采集管理、督导业务的数据共享等功能，并通过移动互联技术，使用“蓝信”移动端，实现督导管理业务的移动化办公，提高数据共享能力，提升北京市教育督导的工作效率。

（韩宝来　张军）

校园安全

概述

2018年，全市校园安全工作坚持以习近平新时代中国特色社会主义思想为指引，按照市委、市政府总体部署和“平安中国”“平安北京”建设工作要求，牢固树立“以生为本、安全第一、生命至上”理念，一切以广大青少年学生的安全和健康成长为出发点，紧密围绕中心工作、服务首都大局，全面推进中小学幼儿园“平安校园”建设，同时以维护高校安全稳定为根本，不断提升校园安全管理防范水平，为首都教育事业改革发展提供有力保障。

（武怀海　杨硕）

平安校园建设意见及标准印发

2月26日，市委教育工委、市教委、首都综治办、市公安局联合印发《关于推进中小学幼儿园平安校园建设工作的意见（试行）》和《北京市中小学幼儿园平安校园建设标准（试行）》。文件明确，力争从2018到2020年通过3年的平安校园建设，使全市中小学幼儿园基本达到平安校园建设标准，各区基本完成中小学幼儿园平安校园建设达标任务。平安校园建设的主要内容包括安全领导组织体系、加强安全管理制度和日常管理体系、加强安全宣传教育体系、加强安全综合防控体系、加强安全隐患排查整治体系、加强安全突发事件应急处置体系6个方面。平安校园建设标准包括8项一级指标、92项二级指标。各中小学幼儿园参照建设标准，制定创建方案。各区积极开展区级达标验收，至年底，562所中小学幼儿园通过区级达标验收。

（战先政　房俊焱　王建水）

幼儿园视频监控专项检查

3月19日，市教委组织开展全市幼儿园视频监控专项检查。市教委组成专项检查组，重点围绕是否实现视频监控全覆盖、监控是否完好清晰等方面，通过入园检查、远程调看等方式开展检查。检查发现视频点位覆盖不足、视频画面不清晰、视频存储时长不达标等问题1076处，整改幼儿园855所。5月至6月，市教委联合市公安局，对东城、朝阳、海淀、丰台、门头沟等区开展视频监控专项督查检查；9月，联合市委教育工委、市政府教育督导室组成14个督查组，深入各区检查秋季新学期开学和中小学、幼儿园安防视频监控等工作落实情况，现场查找问题，及时整改。

（房俊焱）

国家安全教育日主题宣传教育活动

4月9日至4月15日，市委教育工委组织北京高校开展“4·15全民国家安全教育日”宣传教育活动。市委教育工委打通线上线下，突出宣传重点，加强统筹协调，为每所高校提供主题宣传海报和专题宣传片，组织高校师生参观国家安全主题展览，充分利用校园网、微信公众号、校内大屏、宣传栏等宣传阵地，加大宣传推送力度，形成线上线下宣传教育合力。结合思想政治教育课堂，推进安全教育，利用高校思政课教育平台，在对外经济贸易大学、中央财经大学等高校开设系列主题讲座，聚焦国家外交战略、绿色发展、中美经济贸易等热点问题正面引导、解疑释惑，同时组织高校发挥自身优势，举办特色活动。中央电视台《焦点访谈》、北京电视台、千龙网等媒体报道北京高校的宣传教育活动。

（杨硕　谢文全）

放射源及 X 射线装置专项清查与处置工作

4 月至 10 月，市教委、市生态环境局联合开展放射源及 X 射线装置专项清查与处置工作。清查范围涵盖普通中学（含社会力量办学）、职业高中、中等专业学校及相关直属单位，按照全员覆盖的原则，经过初期摸底、实地调研、中期培训、后期复核、送贮、环保手续办理 6 个阶段，收到 821 家单位的清查登记表（公办普通中学 559 所、民办普通中学 106 所、中职院校 63 所、市教委直属单位 1 家、区教委直属单位 92 家）。经过清查，收贮放射性物质 136 枚（涉及 32 家单位），其中，镭（Ra）27 枚、钍（Th）102 枚、镅（Am）7 枚；处置 X 射线类装置 378 件（涉及 168 所学校），其中，需要继续使用 78 件（涉及 39 所学校）、报废处置 300 件（涉及 140 所学校）。

（陆小红）

中小学幼儿园平安校园建设推进会

5 月 31 日，市委教育工委、市教委、首都综治办、市公安局召开北京市中小学幼儿园“平安校园”建设暨校园周边治安综合治理工作推进会。会议明确，各单位各部门要准确把握“平安校园”建设的指导思想和原则要求。坚持以生为本、安全第一、生命至上理念，牢固树立校园安全红线意识和底线思维，严格按照“党政同责、一岗双责、齐抓共管、失职追责”和“谁主管，谁负责”的要求，紧紧抓住“平安校园”建设这一工作抓手，全面夯实安全工作基础，健全完善制度机制，提高安全风险防控能力，提升校园安全整体水平，促进校园安全的系统化、科学化、规范化、法治化发展。在 2018 年中小学幼儿园平安校园启动年，市教育、综治、公安等部门将全面加强部门协作和联动配合，着力提高学校安全防控能力水平，共同营造安全和谐的校园环境。会上，门头沟区大峪中学分校、东城区教委、通州区公安分局、海淀区综治办 4 家单位分别做典型交流发言。各区教委、区综治办、区公安分局相关负责人、部分中小学幼儿园校（园）长代表等共 340 人参加会议。

（张晓兰）

中小学实验室废弃物处置对策研究培训

5 月至 11 月，市教委依托北京市教育技术设备中心举办北京市中小学实验室废弃物处置对策研究培训班 8 期。培训旨在进一步提高中小学装备管理队伍业务水平，面向相关干部和教师，每期培训为期半天，培训学分纳入教师继续教育系列，录入基教学时。全市 538 所中小学 1000 名行政后勤主管领导、学科教师及实验员参加培训。

（陆小红）

小学生交通安全帽配发

9 月，市教委为全市新入学一年级小学生配发小学生夜光型交通安全帽（小黄帽）。市财政投入资金 720 万元，共配发约 19 万套，同时，市教委以小黄帽路队制工作为载体，广泛开展“小手拉大手”等多种形式的交通安全教育，保障小学生道路交通安全。

（王建水）

投保校方责任保险及附加无过失保险

9 月，市教委启动新一轮中小学幼儿园校方责任保险投保工作。2018—2019 学年度校方责任保险投保人数约 176.70 万人，保费约 883.5 万元；附加无过失保险投保人数约 137.78 万人，保费约 688.90 万元。2018 年，在保费不变的情况下，市教委进一步创新工作机制，扩充保险范围，统筹保险内容，提高保赔限额，完善管理制度。

（房俊焱　陈娜）

中小学幼儿园校长园长安全专题培训

11 月，市教委组织开展中小学校长幼儿园园长安全专

11 月 8 日，燕山地区教委举行“消防安全进校园，共筑平安防火墙”应急疏散演练（燕山地区教委　供）

题培训。培训旨在落实“十三五”时期全市中小学校长幼儿园园长安全专题培训计划，是针对校园安全管理“关键少数”的培训工作。培训解读《地方党政领导干部安全生产责任制规定》，与会人员听取题为《防范校园欺凌，建设阳光、平安校园》《校园及周边治安管理与扫黑除恶专项斗争》《校园火灾防护与应急演练》《中小学平安校园建设与公共安全事件应急处置》《中小学饮食卫生与食育教育》的专题讲座。全年培训中小学幼儿园校长园长 600 人。自 2016 年至 2018 年，累计培训校长园长 2400 人。

（房俊焱　陈鼎琪）

社会治安综合治理（平安校园建设）考核工作

12 月，市委教育工委、市教委组织开展社会治安综合治理（平安校园建设）考核工作。此次考核工作面向 25 个市属高校及市教委直属单位，通过日常工作评价与自查自评相结合的方式量化计分，对各单位全年的安全稳定工作整体评价。经考核组入校评估、综合打分等环节，北京物资学院等 8 所高校、北京教育学院等 7 家直属单位年度综治考核结果为优秀。

（杨硕）

教育系统“雪亮工程”建设

至年底，市教委落实市委、市政府相关要求，继续实施教育系统“雪亮工程”建设。市教委推进校园安防视频监控建设、联网与应用，至 12 月，全市各中小学、幼儿园建设安全视频监控近 30 万路，重点部位的覆盖率达到 97%；各学校涉及校门口及周边区域摄像头与各区教委连接，全市平均联网率达到 92.9%。

（房俊焱）

系列主题安全教育活动开展

至年底，北京市组织开展系列主题安全教育活动。分别举办“5 · 12”防灾减灾日、安全生产月、“11 · 9”消防日、百名安全专家进校园、世界粮食日、应急救援进校园、“平安高铁”进校园等一系列宣传活动。全年共开展宣传教育活动 36000 余场次，发放宣传品 130 余万份，开展安全演练 11000 余次，受教育师生达 210 余万人次。

（李异军　王建水　陈鼎琪）

实验室危险化学品安全综合治理三年行动计划继续实施

至年底，市教委继续实施全市教育系统学校实验室危险化学品安全综合治理三年行动计划。5 月至 6 月，市教委、市公安局、市应急管理局联合开展危险化学品安全专项检查。检查组走进清华大学、北京理工大学等学校，深入良乡、沙河高教园区高校，以及东城、朝阳、海淀、门头沟部分中学，通过座谈调研、专家现场指导等方式，指导学校进一步开展危险化学品综合治理。11 月至 12 月，通过学校自查自评、入校实地走访等方式，全面开展中期检查。

（房俊焱）

语言文字

概述

2018 年，北京市语言文字工作以增强首都北京文化软实力、提高全体市民人文素养、传承中华优秀传统文化和维护社会和谐为重点，全面加强语言文化建设。一是注重宣传教育。突出语言文字工作宣传要求，深入开展第 21 届“推普周”宣传活动；注重网络宣传，加强网站建设，整合网站系统平台，加强信息管理，增强信息内容更新，全年更新信息 650 余条，充分发挥网络宣传优势；完成“语言文字知识在线测试系统”“通用规范汉字听说读写辅助训练系统”项目上线运行，协调推进“北京语言文化数字博物馆”系统项目上线调试，丰富和完善社会公共文化资源建设，提升服务社会、服务公众、服务基层水平。二是推进提升工程。“中华经典诵读工程暨中小学语言能力提升”“市民语言文化大讲堂”两个专项面向中小学师生和广大市民群众，开展百余场语言文化交流活动和上千场次的语言文化竞赛活动，受众上万余人次，赠书 6500 余册；承担开展“中国诗词大会”（第四季）教育系统的 100 名中小学选手的选拔工作；组织专家团队编撰出版北京市民语言文化大讲堂系列丛书、《“一带一路”国家语言文化知识普及绘本》等 9 种读本，社会效益显著。三是加强交流协作。落实京津冀语言文字事业协同发展战略协议，推进京津冀语言文字工作的协同发展，组织第四届京津冀中学生辩论邀请赛、第二届京津冀中小学生辩论赛、“联合会杯”中学生华语辩论公开赛以及“老少共圆中国梦”第三届成语文化龙门阵邀请赛，参加学校 59 所，参赛人数 1500 余人；落实推普脱贫攻坚工作要求，积极谋划，精准施策，统筹安排，完成对口支援深度贫困地区推普脱贫攻坚工作相关任务，共完成 4 批次 420 人次的京疆学院学员测试及培训工作；承办第二届中国北京国际语言文化博览会，参与以“语言服务与人类生活”为主题的国际语言文化论坛组织工作，邀请 40 余个国家的 600 余名专家学者和企业界人士参与交流研讨，进一步促进语言文化交流互鉴，增强中国话语权，扩大国际影响力。四是创新工作重点。落实国家通用语言文字普及攻坚工程要求，开展县域普通话普及情况调查工作，历时 4 个多月，共完成 6400 余人的调查采录；积极开展学校语言文字工作规范化达标建设，研究制定各级各类学校开展语言文字工作指导标准，指导督促各区开展达标建设工作，至年底，全市累计有 1380 所中小学（含幼儿园）完成达标建设任务，占全市中小学（含幼儿园）84.30%；普通话水平测试工作稳步推进，举办各类普通话测试员和管理人员培训班三批次，受训人员 150 余人。全年共完成普通话水平测试 327 批次 71821 人次。

（邓鸿）

中小学生诵读大赛

5 月 30 日，北京语言文化促进会举办 2018 年“通州之声天籁之音”暨北京市中小学经典诵读大赛决赛及现场展示活动。活动包括初赛和决赛，经过评委背对背打分、决赛现场打分等环节，最终产生一等奖 8 个、二等奖 23 个、三等奖 23 个。通州区 54 所学校 1300 余名学生参加活动。活动由通州区教委、通州区语委支持，通州区教师研修中心承办，首都师范大学中国国学教育学院及北京教育科学研究院通州区第一实验小学协办。

5 月 5 日至 5 月 6 日，首都师范大学附属苹果园中学参加北京市第二届时事辩论赛　（首师大附属苹果园中学　供）

（邓鸿）

中小学生辩论赛

6 月 2 日，市语委举办的第三届北京市中小学生辩论赛总决赛在海淀区教育科学研究院举行。来自 16 个区的 2496 名辩手围绕“校园秩序”“网络语言”“人工智能”等热点现象展开辩论。经过 479 场角逐，最终决出一等奖 28 个、二等奖 56 个、三等奖 56 个。第三届北京市中小学生辩论赛为个人赛，根据选手的年龄和赛程积分划分赛区，随机编队，包括预选赛、初赛、复赛、决赛等环节。比赛于 2017 年启动，历时 8 个月，16 个区 238 所学校的 2000 余名中小学生报名参赛。10 月，市语委启动第四届北京市中小学生辩论赛，至 12 月，已完成预赛、初赛和复赛。

（邓鸿）

“联合会杯”中学生华语辩论公开赛

6 月 2 日，市语委举办 2018 年“联合会杯”中学生华语辩论公开赛。来自北京、天津的 23 所学校的 150 名选手参加比赛。经过表演赛和决赛环节，最终产生冠军 4 人、亚军 4 人、最佳辩手 1 人。决赛观赛人数近 500 人。市语委赛后举办辩论专题讲座。

（邓鸿）

中学生演讲比赛

6 月 9 日，市语委举办第六届北京市中学生演讲比赛决赛。决赛中，10 名中学生选手围绕主题“问”“四九城的韵味”“灵魂的加法和减法”展开演讲，100 余人观摩比赛，比赛评委现场打分。第六届北京市中学生演讲比赛经过初赛、复赛、决赛，最终产生一等奖 4 个、二等奖 6 个、三等奖 10 个。来自东城、西城、朝阳、海淀等区 30 余所学校的 100 余名选手参加比赛。

（邓鸿）

小学生诵读活动

6 月 15 日，市语委举办北京市小学生“中华颂”诵读活动。经过年级选拔、学校推选，以及决赛现场诵读、专家打分等环节，最终产生一等奖 10 个、二等奖 17 个、三等奖 24 个。共有来自各区的小学生 300 人参加比赛。北京市小学生“中华颂”诵读活动由市语委办、北京语言文化建设促进会、朝阳区语委等单位联合主办，每年举办一次。

（邓鸿）

一〇一中成为国家语言文字规范使用志愿者工作联系学校

6 月 27 日，北京市第一〇一中学成为国家通用语言文字规范使用志愿者工作联系学校。该项工作由中国现代语文学会主持，一〇一中成为首家联系学校，学生可自愿发起成立相关社团，社员可获得专业委员会颁发的志愿服务证书，志愿者可将身边发现的不规范用语用字现象拍摄记录，上传到协会微信公众号中，为净化祖国语言文字作出贡献。至年底，学校发展志愿者 400 人参与语言规范监督活动，拍摄并向中国现代语文学会提交文字不规范使用现象 200 件。

（张欣）

县域普通话普及情况调查

6月，市语委组织各区开展县域普通话普及情况调查工作。调查范围包括北京16个区，要求每个区选择有代表性的4至5个乡镇抽样调查，样本数量掌握在区域总人口数的0.5‰且不少于400个。调查对象不包含在校中小学生和教师，可结合学生家访、家长会、入户调查、街头访问等方式进行。市语委于8月召开2018年北京市县域普通话普及情况调查员培训班，各区语委办负责人及普通话普及情况调查管理员、调查员100余人参加培训。至12月，16个区共完成6400余人的调查采录。

（邓鸿）

普通话测试员资格考核培训

7月3日至8日和7月4日至8日，市语委分别举办13期普通话测试员资格考核培训班和计算机辅助普通话水平测试测试员培训班。普通话测试员资格考核培训采取理论学习与听音评分实践相结合方式进行，内容包括《中华人民共和国国家通用语言文字法》《普通话测试管理规定》《普通话测试员管理规定》《汉语拼音方案》“普通话测试评分标准”“‘机测’评分系统操作”“‘机测’评分问题及测试员职业素养”。全市32所大中小学的50名学员参加培训，其中，44名学员通过考核。计算机辅助培训内容包括“我国普通话水平测试的现状及发展趋势”“‘机测’评分标准及常见问题讲解”《普通话测试管理规定》《普通话测试员管理规定》“普通话发声及朗诵艺术”“普通话测试评分训练”。全市所有参与“机测”评分的测试员共70余人参加培训，65人通过考试获得证书。其间，市语委还举办普通话测试管理人员培训班，各测试分中心主任或主要负责人31人参加培训。

（邓鸿）

第21届推广普通话宣传周活动

9月10日至16日，市语委组织举办第21届推广普通话宣传周活动。宣传周以“说好普通话，迈进新时代”为主题，各区依托学校、党政机关、新闻媒体、公共服务行业等重点领域，发动社会各界群众，组织开展具有地方或行业特色的宣传教育活动。宣传周期间，各区共组织活动400余次，参与人数约15万人次，编制印发张贴宣传画册标语2万份，发放北京市语言文字工作地图3万份，电视广播新闻报道60余次，发表宣传文章200余篇，提高广大市民的语言文字规范意识。

（邓鸿）

第二届国际语言文化博览会

10月25日至28日，第二届中国北京国际语言文化博览会在北京中国国际展览中心举行。博览会以“语言让世界更和谐，文明更精彩”为主题，作为第十三届中国北京国际文化创意产业博览会的组成部分参与展览。展览分为成就展区、企业展区和中小学展区。成就展区集中展示改革开放40年来中国语言文字事业取得的突出成就；企业展区汇集科大讯飞股份有限公司、北京声望远播商贸有限公司等10余家企业和语言文化机构在语言科技、科学研究、图书出版等方面最新成果；中小学展区展示北京市中小学语言文化建设成果。博览会由市语委承办，朝阳、通州、丰台、大兴、门头沟、东城、昌平区语委协办，北京市语言文字工作协会运营。其间，还举办以“语言服务与人类生活”为主题的国际语言文化论坛，并设立系列分论坛，包括人工智能时代的语言科技论坛、“一带一路”语言文化高峰论坛、“一带一路”语言文化共兴发展论坛和第二届中国语言康复论坛。王宁、刘宇辉以及30余名国际组织代表和外国驻华使节出席开幕式。

（邓鸿）

学校语言文字工作规范化建设检查

11月13日至11月28日，市语委、市政府教育督导室联合开展2018年度学校语言文字工作规范化达标建设检查调研。检查调研工作组听取各区语委和36所中小学、幼儿园以及中等职业学校语言文字工作规范化达标创建汇报，通过听课、考查校园语言文化环境、查阅档案、座谈交流方式实地考查16所中小学语言文字工作。通过检查，市语委、市教委最终认定36所学校为北京市语言文字工作规范化达标建设优秀学校名单、1007所学校为北京市语言文字工作规范化达标建设学校。至此，北京市共有两批1380所学校、园所语言文字工作规范化建设全面达标，完成预定的语言文字工作规范化达标建设的任务。

（邓鸿）

北京市语言文字工作规范化达标建设优秀学校名单（第二批）

东城区（2所）
北京市第一七一中学
北京市东城区黑芝麻胡同小学
西城区（2所）
北京市西城区登莱小学
北京市实美职业学校
朝阳区（3所）
首都师范大学附属实验学校
北京市朝阳区呼家楼中心小学
清华大学附属小学商务中心区实验小学
海淀区（3所）
北京市海淀区万泉小学
中国人民大学附属小学
北京市第一〇一中学
丰台区（3所）

北京教育科学研究院丰台实验小学
北京市第十二中学附属实验小学
北京市丰台区丰台第二幼儿园
石景山区（2 所）
北京市京源学校莲石湖分校
石景山区爱乐实验小学
门头沟区（2 所）
北京市第八中学京西附属小学
北京市大峪中学分校
房山区（2 所）
北京市房山区琉璃河水泥厂学校
北京市房山区琉璃河中学
通州区（2 所）
北京市通州区玉桥中学
北京教育科学研究院通州区第一实验小学
顺义区（2 所）
北京市顺义区杨镇中心小学校
北京市顺义区南法信中心幼儿园
昌平区（2 所）
北京市昌平区霍营中心小学
清华大学附属小学昌平学校
大兴区（3 所）
北京小学大兴分校
人大附中北京经济技术开发区学校
北京市大兴区安定镇中心小学
平谷区（2 所）
北京市平谷区黄松峪中学
北京市平谷区放光中心小学
怀柔区（2 所）
北京市怀柔区实验小学
北京市怀柔区桥梓中学
密云区（2 所）
北京市密云区东邵渠镇中心小学
北京市密云区第六中学
延庆区（2 所）
北京市延庆区旧县中学
北京市延庆区永宁幼儿园

（邓鸿）

第四届京津冀中学生辩论邀请赛

12 月 23 日，第四届京津冀中学生辩论邀请赛在北京师范大学附属实验中学举行。来自天津市南开中学、河北省沧州市第二中学和北京师范大学附属实验中学等学校的 20 支辩论队围绕着中学生新高考、艺术教育、国情教育、校园欺凌，以及网约车管理、焦虑营销等当下中学生比较关心的话题展开辩论，最终北京师范大学附属实验中学获得本届比赛的冠军，河北省沧州市第二中学获亚军，北京新东方国际双语学校、天津市第七中学并列季军。比赛冠军队获得苏州大学“东吴杯”全国中学生辩论赛的保送晋级资格；本届冠、亚军队还获得台湾地区“亚洲杯”国际中学生华语辩论锦标赛的保送晋级资格。赛事还增设网络投票环节，天津市耀华中学获得最佳网络人气奖。决赛和闭幕式通过网络直播的形式向社会开放。

（邓鸿）

北京市教育委员会主任、副主任，巡视员、副巡视员

主　任　刘宇辉
副主任　叶茂林　李奕　黄侃
巡 视 员　王定东
副巡视员　张永凯　冯洪荣　葛巨众

北京市教育委员会处室负责人

市教委（市委教育工委）办公室主任　周彤
政策研究与法制工作处处长　王艳霞（11 月免）
法制工作处处长　王艳霞（11 月任）
机关党委办公室主任　王栋（11 月免）　马千里（11 月任）
机关工会专职副主席　吴雅星
发展规划处处长　姚林修
基本建设处处长　张龙
学前教育处处长　张小红（1 月免）
基础教育一处处长　张凤华
基础教育二处处长　徐建姝
职业教育与成人教育处处长　王东江
高等教育处处长　邵文杰（10 月免）
学生处处长　沈聪伟
科学技术与研究生工作处处长　张宪国
体育卫生与艺术教育处处长　王军
国际合作与交流处处长　潘芳芳
学校后勤处处长　武怀海
语言文字工作处处长　贺宏志（1 月免）　王栋（11 月任）
审计处处长　陶春梅
财务处处长　李艳春
人事处处长　杨江林
对口支援与区域合作处　王力志

（本栏责任编校　张晓兰）

全市教育督导工作总结交流会

7 个区被认定为第二批国家级责任督学挂牌督导创新区

义务教育优质均衡发展督导方案发布

教育督导改革与发展三年行动计划印发

市教育督导学会成立

市学前教育规范监督管理办公室成立

2019 | 教育督导

EDUCATION SUPERVISION

- 构建教育评估监测体系
- 教育质量监测加强
- 16 个教育督导报告发布
- 全市教育督导工作总结交流会

EDUCATION SUPERVISION 教育督导

综述

构建教育评估监测体系

2018年，市政府教育督导室加强顶层设计，构建首都教育评估监测体系。督导室加强学前教育、基础教育、职业教育、高等教育、民办教育评估与质量监测工作课题研究，探索研制北京市规范各级各类教育督导评估与质量监测的实施办法等系列文件，完成《北京地区高等教育发展质量监测评价标准研究》《北京地区高等学校与科研院所研究生培养质量督导评估标准研究》《北京民办高等学校办学状况与质量督导评估标准研究》等项目，构建和完善教育评估监测政策标准体系，推进教育评估监测基础建设。推进教育督导评估与质量监测专家库和第三方机构库建设，印发《北京市人民政府教育督导室教育评估监测第三方机构入库资格评审工作方案》《关于建立北京市教育督导评估与质量监测专家委员会的通知》和《关于建立北京市教育评估监测第三方机构库的通知》，公开遴选高层次督导评估与质量监测专家和高水平第三方机构。至2018年底，有67家社会第三方机构入库，有800余名高水平专家入专家智库。推进教育教学基本状态数据、学前教育发展状况监测数据、国家义务教育质量监测数据、中高职院校评估数据平台信息化建设，探索构建评估监测数据库。编制《北京市教育评估监测报告汇编（2018）》，推进结果使用，为改进教育教学和教育公共决策提供支撑。

（王家兵）

教育质量监测加强

2018年，市政府教育督导室加强教育质量监测工作。组织开展学前教育发展状况监测，形成《北京市2017年学前教育发展状况监测报告》，同时加强监测结果使用；研究制定《北京市学前教育发展状况监测工作实施方案》，部署落实2018年学前教育发展状况年度监测工作。组织实施全国义务教育质量监测工作，在确保无安全或责任事故发生的前提下，各区全部顺利完成监测数据采集及上报工作；同时做好2017年国家义务教育质量监测结果使用，组建义务教育质量监测专家队伍，指导区、校做好监测结果使用，提升基础教育质量；加强与北京师范大学中国基础教育质量监测协同创新中心协作，利用双方已签署的关于区域教育质量监测合作机制，做好报告解读。完成2017年北京市教育工作满意度调查，组织召开北京市2017年教育工作满意度调查结果通报暨2018年教育工作满意度调查启动会，推动区政府及相关职能部门进一步重视满意度调查结果，有针对性地做好改进工作。完成《北京市2017年高等教育本科教学状态分析报告》，依据北京地区高等学校2016—2017学年度本科教学基本状态数据，编制本科教学质量年报，实现对地区普通高等学校本科教学工作的常态监测。

（王家兵）

16个教育督导报告发布

2018年，市政府教育督导室发布教育督导报告16个。分别是《北京市2017年教育督导工作报告》《北京市2017年教育法律法规执行情况督导检查报告》《北京市2017年责任督学挂牌督导工作报告》《北京市2017年教育工作满意度调查报告》《北京市2017年幼儿园办园行为督导评估报告》《北京市2016—2017学年学前教育发展状况监测报告》《北京市中小学校培育和践行社会主义核心价值观督导调研报告（2015—2017）》《北京市中小学办学体制机制改革情况督导调研报告（2017年度）》《北京市基础教育学科教学改进情况督导调研报告（2015—2017）》《北京市2017年初中实践活动实施情况调查报告》《北京市2017年中小学校春季开学情况督导检查报告》《北京市2017年高等职业院校课堂教学诊断与现状调研总结报告》《北京市2017年市属高等学校师德与学风建设情况督导调研报告》《北京市硕士学位论文抽检结果分析报告（2017年度）》《北京市2017年普通高等学校本科教学质量分析报告》《北京市2017年市属普通高等学校本科教学工作审核评估实施情况报告》。

（赵兴）

全市教育督导工作总结交流会

1月4日，市政府教育督导室召开全市教育督导工作总结交流会。会议总结2017年教育督导工作，研讨北京教育督导“十三五”发展规划和2018年全市教育督导工作思路、重点任务。会上，各单位总结交流本单位2017年教育督导工作，并对全市教育督导工作提出意见建议。市政府教育督导室各处、各区政府教育督导室、市教育督导与教育质量评价研究中心、市督学研修中心负责人参加会议。

（乔永）

7个区被认定为第二批国家级责任督学挂牌督导创新区

2月5日，国务院教育督导委员会公布第二批全国中小学校责任督学挂牌督导创新县（市、区）名单。在相关省（区、市）推荐基础上，经国务院教育督导委员会办公室组织专家材料审查、实地核查，东城区、西城区、海淀区、石景山区、门头沟区、通州区、昌平区7个区在内的全国208个县（市、区）被认定为第二批全国中小学校责任督学挂牌督导创新县（市、区）。至此，北京市共有11个区被认定为国家级责任督学挂牌督导创新区。

（龙梅）

市政府教育督导委员会全体会议

2月7日，市政府教育督导委员会召开2018年第一次全体会议。会议听取2017年北京教育督导工作总结和2018年工作思路，审议并原则通过2017年北京市教育督导工作报告、《北京市教育督导改革与发展三年行动计划（2018—2020）》，通报市中小学校教师有偿补课治理情况、幼儿园挂牌督导工作情况，通报市政府教育督导委员会部分委员调整情况。王宁参加会议并讲话。尹培彦、刘宇辉、唐立军及市政府教育督导委员会委员、成员单位督学参加会议。4月9日，北京市人民政府教育督导委员会召开2018年第二次全体（扩大）会议，审议通过2017年北京教育督导报告。

（乔永）

义务教育优质均衡发展督导方案发布

2月11日，经市政府同意，市教委、市政府教育督导室印发《北京市推进义务教育优质均衡发展督导评价实施方案（试行）》。方案包括指导思想、评价内容、组织实施、工作程序、结果使用、工作要求6个方面内容，北京市2018年围绕组织领导、资源配置、队伍建设、教育治理、教育质量、创新发展开展区级人民政府推进义务教育优质均衡发展督导评价工作。此轮评价由市政府办公厅统筹领导，市教委、市政府教育督导室组织实施，对达到市级评价标准且基本符合国家优质均衡评估条件的区，组织申报国家级评估认定。市教委、市政府教育督导室同时印发《北京市推进义务教育优质均衡发展督导评价指标体系》，坚持“国标”“市标”双遵循，服务引领首都义务优质均衡发展。3月7日，市政府教育督导室在基础教育重点工作会议上启动和部署市义务教育优质均衡发展督导评价工作。

（刘中阁）

5个区被认定为第三批北京市责任督学挂牌督导创新区

3月15日，市教委、市政府教育督导室联合印发《关于认定丰台区等5个区为“北京市中小学校责任督学挂牌督导创新区”的通知》。5个区分别为丰台区、房山区、平谷区、密云区、延庆区。市中小学校责任督学挂牌督导创新区评估认定工作2015年启动，按照各区自评、提交申请、专家组核查、市级审定等程序组织开展。至此，16个区已分三批次全部被认定为“北京市中小学校责任督学挂牌督导创新区”。

（龙梅）

教育督导改革与发展三年行动计划印发

3月，市政府教育督导委员会办公室印发《北京市教育督导改革与发展三年行动计划（2018—2020）》。文件明确未来三年内教育督导工作指导思想、主要目标、主要任务和重点工程，指明发展方向。市政府教育督导室组成专项组赴朝阳等区开展宣传、培训、指导工作，推动行动计划落地实施。

（胥丹丹）

教育督导工作会议

4月9日，2018年北京市教育督导工作会议召开。会议为第二批全国中小学校责任督学挂牌督导创新区、第三

4月9日，全国中小学校责任督学挂牌督导创新区

（市教委相关处室 供）

批北京市中小学校责任督学挂牌督导创新区颁发铜牌。西城区政府副区长、海淀区政府教育督导室主任、北京财贸职业学院副校长分别作交流发言。王宁参加会议并讲话，他强调 2018 年教育督导要适应新形势新要求，全面落实各项任务。一是把握重点，围绕教育改革发展核心任务强化督导；二是注重统筹，围绕政府履职强化督导；三是服务育人，围绕教育质量提升强化督导；四是回应关切，围绕教育热点强化督导。郑吉春、唐立军、市政府教育督导委员会副主任、各成员单位代表，各区政府主管教育工作的副区长，市、区教育两委一室负责人，市属高校主管副校长，市政府特约教育督导员和市级督学代表等近 200 人参加会议。

8 月 28 日，北京市教育督导学会成立大会召开

（新闻中心　供）

（胥丹丹）

教育督导与评价研讨会

6 月 21 日至 22 日，国务院教育督导委员会办公室、市政府教育督导委员会办公室共同举办北京 2018 教育督导与评价研讨会。会议以“深入推进政府履行教育职责督导评估”为主题，围绕准确把握政府教育职责、建立健全政府履行教育职责督导评估与考核机制、有效开展政府履行教育职责督导评估等交流研讨。与会人员听取题为《深入推进政府履行教育职责的督导评估，护航教育改革与发展》的主旨报告、听取题为《深化党和国家机构改革大局下的政府、学校、社会新型关系》的专题演讲。国务院研究室、北京师范大学、上海市教科院等专家介绍政府履行教育职责评价的相关研究成果，北京、上海、江西等省市督导部门负责人向与会人员介绍各自推进政府履行教育职责督导评估的经验与做法。全国各省市教育行政部门、督导部门及科研机构负责人，相关专家、学者，北京市、区教育两委一室负责人及部分督学代表参加会议。

（邸小宝）

国务院对市政府履行教育职责情况实地核查

6 月 23 日至 30 日，国务院教育督导委员会办公室专家组对北京市政府履行教育职责情况的实地核查。专家组围绕贯彻执行党的教育方针情况，落实教育法律、法规、规章和政策情况，各级各类教育发展情况，统筹推进教育工作情况，加强教育保障情况，规范学校办学行为 6 个方面、38 项测评内容、92 个测评点，通过召开政府见面会、查验档案资料、核查市级责任部门、抽查有关区政府和学校、开展随机访谈的方式开展实地核查。经过核查，专家组对北京市政府履行教育职责情况给予充分肯定，认为北京市政府高度重视教育事业，注重加强领导统筹，注重加强投入保障，深入推进教育综合改革，在落实立德树人根本任务、推进义务教育均衡发展等方面均形成有益经验。同时，专家组对加快学前教育发展、推进高校分级分类管理等方面提出意见建议。

（刘中阁）

政府履职相关工作方案和指标体系印发

7 月 6 日，市政府办公厅印发《对区政府和市政府有关部门履行教育职责情况督导评价的工作方案》。方案包括指导思想、总体要求、评价内容、组织实施、结果运用、工作要求共 6 方面内容。按照文件要求，市政府教育职责督导委员会办公室每年抽取部分区和市政府部门进行实地督导检查，结合监测数据和实地督导评价情况，对相关单位形成督导评价报告。市政府教育督导室另于 9 月 29 日印发《区政府履行教育职责督导评价指标体系》《市政府有关部门履行教育职责督导评价指标体系》。《对区政府和市政府有关部门履行教育职责情况督导评价的工作方案》和两个指标体系的印发标志市综合督政工作体制机制特别是同级督政制度进一步完善。

（刘中阁）

市教育督导学会成立

8 月 28 日，北京市教育督导学会成立大会暨第一届会员代表大会召开。会议表决通过《北京市教育督导学会筹备工作报告》《北京市教育督导学会章程》《北京市教育督导学会会员代表产生办法》《北京市教育督导学会第一次会员代表大会选举办法》《北京市教育督导学会会费标准及管理办法》等制度文件，选举产生第一届理事会理事 265 人、监事会监事 3 人。大会后，第一届监事会、第一届理事会分别召开第一次会议，选举会长 1 人、副会长 24 人、秘书长 1 人、监事长 1 人、常务理事 69 人。北京市教育督导学会是由北京市各级各类学校、教育研究机构、从事教育督导工作的社会组织和个人、关心支持教育督导事业的企事业相关单位及个人自愿联合发起成立，经市民政局批准成立的非营利性社会组织，包括单位会员 464 个，个人会员 539 人，是从事教育督导研究、政策咨询和督导评估监测服务的第三方智库机构。国务院教育督导委员会办公室、市政府教育督导室领导及会员代表 200 余人参加会议。

（乔永）

5 个区接受全国中小学校责任督学挂牌督导创新区实地核查

11 月 4 日至 9 日，5 个区接受全国中小学校责任督学挂牌督导创新区工作实地核查。国务院教育督导委员会办公室组织专家组分别对申报第三批全国中小学校责任督学挂牌督导创新区的丰台、房山、平谷、密云、延庆 5 个区开展实地核查。专家组通过听取区级工作汇报会、查看督学责任区、巡视校园环境、随机访谈教师等方式，全面核查各区责任督学挂牌督导工作情况和工作实效。专家组认为各区高度重视责任督学挂牌督导工作，强化顶层设计，建立工作机制，健全督导制度，加强经费等条件保障，重视督导结果运用。在工作实践中，充分结合实际，积极探索责任督学挂牌督导工作新机制、新手段、新方法，形成区域挂牌督导工作的创新经验和特色亮点。

（龙梅）

市学前教育规范监督管理办公室成立

11 月，北京市学前教育规范监督管理办公室成立。办公室负责全市学前教育督查队伍的统筹协调、监督指导、培训服务等，可组成专项督查工作组，跨区域开展督查工作。办公室设在北京学生活动管理中心，为内设部门，设主任 1 人、副主任 1 人，专职督查员 4 人。市教委学前处负责办公室业务管理，学生活动管理中心负责市级学前教育专职督查人员的日常管理。至年底，办公室向市教委报送第一份学前教育督查专题报告，完成第一轮全市学前教育全覆盖督查工作。

（葛宜科）

政府履职督导

义务教育优质均衡发展督导调研

3 月 29 日至 4 月 17 日，市政府教育督导室组织开展义务教育优质均衡发展督导调研。调研组深入东城、西城和朝阳等区，通过座谈、实地走访等方式，了解各区义务教育优质均衡发展推进情况以及存在的突出困难问题，为市区协同推进义务教育优质均衡发展工作做好基础性服务。调研发现，各相关区积极推进义务教育优质均衡发展，按照国家、市级相关文件要求以及指标体系，围绕各项重点工作，与相关指标体系对标对表，针对一些重点区域、重点问题要深入研究，制定可行措施解决相关问题。

（刘奇）

中小学校和在职教师有偿补课长效治理专项督导检查

4 月 1 日至 5 月 15 日，市教委、市政府教育督导室开展中小学校和在职教师有偿补课长效治理专项督导检查。检查工作分为各区自查和市级实地检查两个阶段，重点检查各区在建立长效机制、落实职责任务、具体工作措施等方面的情况和问题。各区通过学校自查，区域内互查、抽查以及挂牌责任督学经常性检查等形式，做到自查工作 100% 全覆盖。市政府教育督导室、市教委相关处室和部分特约教育督导员、市级督学组成市级检查组，实地检查东城、海淀、石景山、门头沟、通州、大兴 6 个区。检查结果显示，市教委、市政府教育督导室《关于加强中小学校和在职中小学教师有偿补课长效治理工作的意见》实施一年来，各区高度重视中小学校和在职教师有偿补课专项治理工作，制定具体实施方案，加大师德师风教育宣传力度，建立区域专项检查、监督举报、学业负担监测等制度，初步建立有偿补课长效治理工作机制。2018 年中小学校和在职教师有偿补课举报线索核查工作显示，随着市区校长效治理机制的不断完善，查处力度不断加大，举报线索明显减少，取得阶段性治理效果。

（沈柳莺）

区政府履行法定教育职责督导检查

4 月至 5 月，市政府教育督导室开展区政府履行法定教育职责督导检查。依据《中华人民共和国教育法》《中华人民共和国义务教育法》《幼儿园管理条例》，市政府教育督导室组织检查组赴东城区、海淀区、石景山区、门头沟区、通州区、大兴区、燕山办事处，通过听取汇报、座谈访谈、实地核查等方式，开展实地执法检查。此次检查突出在资源供给问题上要摸清底数、精准分析、提前谋划、加强保障，在督促各区履行资源保障职责的同时，从整体上把握全市的情况。经检查，各区加强组织领导，积极调整教育专项规划，优化结构布局，加快基础设施建设，相关法定职责基本落实。同时，市政府教育督导室梳理 2016 年以来全市教育资源布局调整和供需情况，形成《2018 年教育法律法规执行情况督导检查报告》，印发各区政府和市政府教育督导委员会成员单位。

（陈琦璐）

市属行业企业履行法定教育职责督导检查

7 月 2 日、6 日和 10 日，市政府教育督导室开展市属行业企业履行法定教育职责情况督导检查。检查组依据

《中华人民共和国职业教育法》以及北京市实施办法，对北京二商集团有限责任公司、北京京仪集团有限责任公司、北京飞机维修工程有限公司实地督导检查。本年度行业企业督导检查重点围绕行业企业加强职工职业教育工作的规划管理、组织实施、经费保障等方面，同时强化职工培训经费的实际使用情况和用于一线职工教育培训的情况检查，引导行业企业切实增强法律职责意识、关注一线职工教育培训权益。检查组把督导检查意见和问题情况反馈到各被检单位，并督导整改落实。

（陈琦璐）

6月27日，北京市盲人学校责任督学挂牌

（海淀区教委 供）

中小学办学体制机制改革实践督导调研

至年底，市政府教育督导室组织开展北京市中小学办学体制机制改革情况调研。此轮调研在2017年中小学办学体制机制改革情况整体调研的基础上，重点围绕学区制管理、集团化办学、集群式发展等相对普遍和典型的办学体制机制模式，聚焦顶层设计、机制建设、队伍建设以及改革实践过程中出现的关键问题，深入东城等7个区和28所学校。调研组总结成熟经验、梳理关键问题、提出政策建议，形成《北京市中小学办学体制机制改革情况督导调研报告(2018年度)》。报告认为，市区两级统筹推进办学体制机制和教育管理机制改革的探索实践，呈现出多元、多种样态的学校办学和管理模式，形成鲜活的教育改革工作经验，在促进教育公平和提高教育公共服务水平及提升教育质量方面发挥重要作用。该报告上报市委改革办，同时印发各区教委、区政府教育督导室。

（张士佐）

学校督导

开学专项督导检查

2月和9月，市政府教育督导室组织开展春秋季开学专项督导检查。全市1400余名中小学、幼儿园挂牌责任督学深入到2300余所中小学和幼儿园，通过听取学校汇报、巡视校园、查看记录、个别访谈等方式，重点围绕开学条件保障、校舍安全管理、食品安全与卫生防疫管理等工作落实情况逐项检查。检查结果显示，各校开学准备充分，工作井然有序，师生思想动态和校园网络舆情总体平稳，校园安全工作保障体制机制健全，校舍隐患排查及时并积极整改，全市中小学幼儿园均如期顺利开学，平稳进入新学期。责任督学在入校进园实地督导检查过程中，登录北京教育督导信息管理应用平台“开学专项督导检查”在线记录检查情况，及时将督导检查意见反馈给被督导学校，督促学校立行立改。

（沈柳莺）

师德与学风建设专项督导调研

5月至9月，市政府教育督导室开展师德与学风建设专项督导调研。调研采取学校自查自评、市级实地督导调研相结合的方式开展。市政府教育督导室牵头，“两委一室”相关处室、北京教科院高教所相关人员及市级督学组成3个督导调研组，分别进入北方工业大学、首都医科大学、北京第二外国语学院、北京物资学院、北京工业职业技术学院、北京信息科技大学、北京联合大学、北京财贸职业学院、北京经济管理职业学院9所市属高校，北京铁路电气化学校等20所中专学校和1所特殊教育学校，通过听取汇报、干部个别访谈、教师代表座谈、学生问卷调查、查阅工作档案等方式，重点围绕师德建设的7个方面29项内容和学风建设5个方面6项内容，全面了解学校师德与学风建设工作情况，分别整理完成专项督导调研报告，为加强全市高等学校、中专学校师德、学风建设提供决策参考。调研结果显示各学校高度重视师德建设，加强师德建设组织领导，明确职责任务，完善工作机制，创新师德教育，注重考核检查，坚持把师德培养放在教师队伍建设首位，为各学校的教育改革发展和人才培养工作发挥促进作用。

（龙梅）

10月26日，西城区政府教育督导室督导了解幼儿活动情况（西四北幼儿园 供）

阶，促进立德树人根本任务的有效落实。同时，市教委、市政府教育督导室结合《北京市普通中小学校全面实施素质教育督导评价方案（试行）》的研制，对6个区12所中小学校实施素质教育情况督导调研，深入了解各区、各中小学校实施素质教育的主要做法与经验特色、存在问题等，形成专项督导调研报告。

（龙梅）

幼儿园办园行为专项督导评估

9月至10月，市教委、市政府教育督导室组织开展2018年度幼儿园办园行为专项督导评估。此次督导评估重点包括办园条件、安全卫生、保育教育、教职工队伍、内部管理5个方面共32项评估指标，评估对象包括区域内每一所幼儿园，重点是经审批幼儿园的规范办园情况。评估方式以幼儿园自评、区域督导检查为主。督导检查结果显示，全市幼儿园办园条件持续改善、安全卫生总体良好、保教质量稳中有升、教职工队伍建设得到加强、内部管理秩序不断规范，整体办园水平稳中向好。

（沈柳莺）

盲校和西藏中学实施挂牌督导

6月27日和29日，市政府教育督导室分别在北京市盲人学校和北京西藏中学举行责任督学挂牌督导揭牌仪式，正式启动两所学校责任督学挂牌督导工作。盲人学校和西藏中学直接隶属市教委，实施责任督学挂牌督导后，由所在区政府教育督导部门具体负责实施挂牌督导工作。市政府教育督导室通过对两所特殊类型学校责任督学挂牌督导，探索特殊教育和民族教育学校开展经常性督导工作方式、方法，为强化教育督导职能、为健全学校督导工作体系提供补充。

（龙梅）

培育和践行社会主义核心价值观督导评估

9月19日至28日，市教委、市政府教育督导室开展培育和践行社会主义核心价值观督导评估。督导评估采取全面督导与实地督导相结合的方式，对东城、门头沟、房山、通州、大兴、怀柔6个区开展督导。督导评估中，充分利用市教育督导信息管理应用系统，要求各区及中小学校全面自查，完成区校档案材料提交，完成3000余名教师、1200余名学生、900余名家长参与的网络问卷调查统计。督导评估组在查阅相关档案资料基础上，深入6个区的18所学校（每区小学、初中、高中各1所），通过听取学校汇报，召开教师、学生座谈会、听“推门课”等形式，从引领育人、融入课堂、文化熏陶、实践养成、为人师表、家校协同、特色工作和工作效果8个方面，全面督导评估各区、学校培育和践行社会主义核心价值观工作。此次督导评估，共有120余名区级相关科室干部、240余名教师和180余名学生参加座谈会，督导组听取“推门课”120余节。督导结束后，督导组向各区反馈督导评估意见，要求各区加强研究整改，不断推动中小学校培育和践行社会主义核心价值观工作再上新台

严禁商业广告和活动进入中小学、幼儿园专项检查

10月15日，市政府教育督导室紧急部署开展严禁商业广告和活动进入中小学校园、幼儿园的专项督导检查工作。各区政府教育督导室组织督学入校开展工作，重点检查中小学校、幼儿园是否存在商业广告或商业行为活动、借助教育教学相关媒介发布或变相发布广告行为、各类“进校园”活动有无夹带商业活动或广告等问题。检查显示，全市各区均未发现存在商业广告行为。

（沈柳莺）

幼儿园责任督学挂牌督导工作现场会

10月31日，市政府教育督导室在海淀区空军直属机关蓝天幼儿园举行幼儿园责任督学挂牌督导工作现场会。会上，海淀区政府教育督导室负责人介绍学前教育督导工作情况及取得的成效，北京大学幼儿园挂牌责任督学、空军直属机关幼儿园园长分别作题为《带着“尺子”去督导的实践感悟》《以督促建、以督促改、以督促发展综合督导的发展成效和收获》大会交流发言。与会者实地观摩空军直属机关蓝天幼儿园、海淀区颐慧佳园幼儿园、海淀区四季青育红幼儿园3所幼儿园挂牌责任督学示范挂牌督导工作并回答相

关问题，共同探讨幼儿园督导评估工作的新模式和新方法。北京市及海淀区政府教育督导室相关负责人、各区幼儿园责任督学代表、海淀区全体幼儿园责任督学160人参加会议。

（沈柳莺）

中小学幼儿园规范办学和校园安全督导检查

10月至12月，市政府教育督导室启动中小学校、幼儿园规范办学和校园安全督导检查工作。工作以规范办学办园行为、落实校园安全主体责任为重点，分阶段、有重点地对中小学校、幼儿园进行全覆盖、无死角检查。各区制定工作实施方案，立足实际，开展专项督导检查、部门联合检查、综合督导、责任督学经常性督导等。检查中，各区重视校园安全条件保障，开展部门联动，加强日常管理；规范中小学幼儿园办学办园行为，开展“商业广告和商业行为进校园”“非零起点教学”行为专项检查和治理，同时建立台账，推动整改落实，基本实现全覆盖、零报告。检查工作计划于2019年1月结束。

（沈柳莺）

中小学校全面实施素质教育督导评价方案印发

11月16日，市教委、市政府教育督导室联合印发《北京市普通中小学校全面实施素质教育督导评价方案（试行）》。该方案包括指导思想、基本原则、督导内容、督导实施、工作要求、督导评价指标体系等内容。方案是继1997年市教委、市政府教育督导室建立“三位一体”素质教育督导评估制度，实施4轮素质教育综合督导工作之后，按照教育改革发展新形势和推进学校素质教育发展的需要，建立以学校为主体的素质教育督导评价方案。该方案的印发实施，进一步促进学校不断强化和落实办学主体责任，持续推进素质教育的实施与发展。

（龙梅）

职业学校、民办学校督导调研

至年底，市政府教育督导室积极开展职业学校、民办学校督导调研。调研组围绕职业学校实践教学与就业能力培养、职业技能人才培养，民办学校规范办学行为等方面，以政策落实、过程监督、效果评估为重点，对北京财贸职业学院、北京商业学校、北京经济管理职业学院、北京工业职业技术学院、北京铁路电气化学校、北京自动化工程学校、北京城市学院、海淀凯文学校等不同类别的职业院校、民办学校开展督导调研，促进各级各类学校提升育人质量，持续健康发展。

（龙梅）

挂牌责任督学经常性督导

至年底，市政府教育督导室组织挂牌责任督学开展经常性督导工作。全年，围绕教育改革发展的热点难点问题，全市800余名挂牌责任督学对1600余所中小学校开展培育和践行社会主义核心价值观、“减负”、规范办学、教育教学、安全管理等开展经常性督导。同时积极做好春秋季开学专项督导与空气重污染等应急督导，充分发挥挂牌督导机制优势，督促学校规范办学行为、提高教育教学质量，积极推进首都教育改革各项任务落实。

（龙梅）

督导标准研制

至年底，市政府教育督导室围绕学校督导工作重点推进学校督导政策标准建设。研制完成《北京市普通中小学校全面实施素质教育督导评价方案（试行）》《北京市普通中小学校学科教学督导评估方案》《北京市属高等学校师德建设督导评估工作方案》《北京市属高等学校思想政治理论课教学质量督导评估工作方案》等督导政策标准，统筹指导、规范实施各级各类学校督导工作。

（龙梅）

评估与监测

国家义务教育质量监测

5月24日，市教委、市政府教育督导室组织2018年全国义务教育阶段学生数学学习质量和体育与健康状况监测实施工作。16个区的198所小学、129所中学的9500名四、八年级学生，3300余名校长，数学、体育教师和班主任参加现场测试。市教委、市政府教育督导室主要领导分赴16个区巡视测试准备及现场测试工作，各区成立由区教委、区政府教育督导室、考试中心、信息中心、装备中心等部门组成的领导小组和实施工作小组，全市共有5000余人参与组织实施监测工作。北京市测试组织实施工作得到教育部高度肯定，市政府教育督导室被教育部基础教育质量监测中心授予“省级优秀组织单位”称号，东城区政府教育督导室等11个单位被授予“县级优秀组织单位”称号。

（杨旸）

10所市属高校本科教学工作接受审核评估

5月至11月，市政府教育督导室完成10所市属高校本科教学工作审核评估。10所高校分别是北京服装学院、北京信息科技大学、北京工商大学、北京物资学院、北京第二外国语学院、北方工业大学、首都医科大学、北京石油化工学院、北京联合大学和首都经济贸易大学。专家组围绕学校“办学定位和人才培养目标与国家建设和区域经济社会发展需求的适应度，专业定位、建设和人才培养目标的达成度，教师和教学资源条件的保障度，教学和质量保障体系运行的有效度，学生和社会用人单位的满意度”5个度，通过实地走访、深度访谈、听课看课、小型座谈、调阅试卷及毕业论文（设计）材料方式，对学校本科教学工作全面考察，

11月9日，石化学院召开本科教学工作审核评估反馈会
（市教委相关处室 供）

把脉存在问题，提出意见建议。专家组充分肯定各校本科教学工作的成绩，完成审核评估报告并印发至学校，推动学校整改落实，提升本科教学工作水平。

（黄灵燕）

中高职院校接受评估

6月至12月，市政府教育督导室按照教育部要求组织中等职业学校开展办学能力评估、高等职业院校开展适应社会需求能力评估。根据国务院教育督导委员会办公室关于开展2018年中高职院校评估工作要求，研究制订《北京市2018年全国职业院校评估工作实施方案》，组织53所中职学校开展办学能力评估、24所高职院校开展适应社会需求能力评估。形成《北京市中等职业学校办学能力评估报告》和《北京市高等职业院校适应社会需求能力评估报告》，同时组织参评中高职院校全面完成平台数据填报、审核和清理工作，并指导学校撰写自评报告。

（黄灵燕）

与教育部学位与研究生教育发展中心签署合作协议

7月12日，市政府教育督导室与教育部学位与研究生教育发展中心举行战略合作框架协议签约仪式。仪式上，双方签署《北京市人民政府教育督导室教育部学位与研究生教育发展中心学位与研究生教育督导评估与质量监测战略合作框架协议》，根据协议，双方合作开展学位论文质量、学科状态监测工作，合作探索专业学位研究生质量评估监测工作并建立交流合作工作机制。此次签约对于加强北京地区研究生培养的督导评估与质量监测，提高研究生培养质量具有重要意义。市教委、市政府教育督导室、教育部学位与研究生教育发展中心领导及相关负责人参加签字仪式。

（王家兵）

学前教育发展状况监测

8月31日，市政府教育督导室完成2017—2018学年度北京市学前教育发展状况监测。监测周期为2017年9月1日至2018年8月31日，其中，教育经费和幼儿园建设的有关数据采集的统计时期为2017年1月1日至2017年12月31日。监测内容为各区学前教育发展状况，主要包括幼儿园结构、分布、建设、分级分类情况、适龄儿童入园情况、学前教育经费投入、教师队伍结构情况等。2017—2018学年学前教育发展状况监测报告的质量和时效性进一步增强。监测结果显示，2017学年北京市学前教育经费不断增加、学前教育规模进一步扩大。但入园需求与学位紧张仍是北京市学前教育主要矛盾，按常住人口统计口径，千人学位指标未达市颁标准。

（杨旸）

教育工作满意度调查

10月至11月，市政府教育督导室组织开展北京市区域教育工作满意度调查。调查内容主要包括公众对政府职责、学校管理、师资队伍、教育效果，以及北京市近年来深化教育领域综合改革出台的新举措实施情况的满意度。按照科学抽样，采用入户调查（针对学生及家长、社区工作者群体）和网络调查（针对人大代表、政协委员，学校干部、教职员，督学、媒体工作者群体）相结合的方式，共调查11600名学生及家长、795名人大代表和政协委员、6326名学校干部和教职员、1168名督学、654名社区工作者及58名媒体工作者。调查结果显示，六类公众对北京市区域教育工作满意度综合评价均达到“比较满意”水平（得分为86.7分），较2017年提高2.6分。各区教育工作满意度也均达到“比较满意”水平。

（王家兵）

年度硕士学位论文抽检

12月，市政府教育督导室向北京地区各相关学位授予单位反馈2016—2017学年度硕士学位论文抽检结果。2016—2017学年度，北京地区122个学位授予单位（军队系统除外）共抽检硕士论文2388篇，抽检比例5.6%。抽检结果显示，2016—2017学年度北京地区抽检合格硕士学位论文2348篇，占抽检硕士学位论文总体的比例为98.32%；存在问题学位论文40篇，占抽检硕士学位论文总体的比例为1.68%。

（王家兵）

督学管理

市级教育督导专题培训

4月19日至20日，市政府教育督导室举办的2018年区政府教育督导室主任高级研修班、中小学挂牌督导责任督学专题培训班及中小学内部督导培训班同时开班。与会人员听取题为《国家教育改革发展与教育督导形势》《坚持立德树人，建立实施完备的教育督导与质量监测体系》《深化改革，内涵发展，把首都基础教育改革提高到新水平》《全面深化基础教育课程教学改革》的专题报告。市政府教育督导室同时根据各班次后续安排，结合学员需求，有计划、分阶段开展集中授课和现场学习实践活动。各区政府教育督导室主任、督学近96人参加培训。按照《2018年北京市督学培训计划》，本年度另举办督学大讲堂、市级督学集中、职业学校内部督导人员等共12个培训项目。其中，区督评中心主管领导、高校内部督导人员、京津冀督导人员、教育质量提升与督导评价、督导人员境外培训是为适应首都教育改革发展需要和重点工作而首次开设的培训。

（李丽晖　单聪　石燕）

首次举办幼儿园责任督学全员培训

5月2日至18日，市政府教育督导室、市教委举办三期全市幼儿园责任督学培训班，首次对全市幼儿园责任督学进行全员培训。培训围绕学前教育改革发展形势与任务、幼儿园安全管理、幼儿园保育教育、幼儿园办园行为监督监管主题，通过专题讲座、交流研讨方式，引导帮助幼儿园责任督学把握学前教育形势任务，理清挂牌督导工作思路，掌握督导方法手段。培训邀请10名专家做专题报告25场，16个区（含燕山地区）教委、区政府教育督导室相关负责人，学前教育领域市级督学，各区幼儿园责任督学800余人参加培训。

（张军　单聪　沈柳莺）

督学队伍能力建设合作协议签订

5月29日，市政府教育督导室与国家教育行政学院签订督学队伍能力建设合作协议。双方将重点在督学队伍面授培训、督学队伍网络培训、督学培训现场教学、教育督导研究和开展督导研讨等方面加强合作。市政府教育督导室、国家教育行政学院主要负责人参加签约仪式。

（韩宝来　单聪）

加强教育督导队伍建设的意见印发

10月11日，市政府教育督导室印发《关于加强教育督导队伍建设的意见》。意见包括重要意义、指导思想和总体目标、主要任务、保障措施共4方面内容，明确要全面加强督学队伍、教育督导管理队伍、教育督导专家队伍、社会支持队伍、社会参与监督队伍5支教育督导队伍的建设，为首都教育督导改革发展提供队伍支撑和智力支持。文件自印发之日起实施。

（李丽晖　单聪）

学前教育专职督查队伍建设与管理暂行办法印发

11月19日，市教委印发《北京市学前教育专职督查队伍建设与管理暂行办法》。内容包括专职督查队伍管理机制、职责任务、工作机制、资格要求和考核及奖惩等内容，促进学前教育专职督查队伍整体持续发展，规范与加强学前教育管理。至年底，全市组建100余人的学前专职督查队伍，督促检查各类幼儿园办园条件、安全卫生、保育教育、内部管理等工作。

（郭春彦）

首次开展市属高校督导评估高级研修班

11月20日至22日，市教委、市政府教育督导室、国家教育行政学院、北京教育学院共同举办2018北京市属高校督导评估高级研修班。研修主题围绕“坚持立德树人，健全高校内部督导与自我评价机制，完善高校教学质量保障体系”展开，邀请教育部综合改革司司长解读习近平总书记关于教育的重要论述的科学内涵和精神实质。与会人员听取题为《坚持深化改革，扎实推进北京高校督导评估》《学习贯彻全市教育大会精神，深入推进首都高等教育改革发展》《加强高等教育质量保障，推进高等学校内涵发展》《贯彻落实全国教育大会精神，推动建设一流本科教育》主题报告，邀请黑龙江大学原校长、北京化工大学副校长分享高校督导评估工作经验与体会。研修班同时安排小组研讨和大会交流环节，分享交流督导评估和质量管理方面的经验、做法，并就如何建立健全高校内部质量保障体系提出意见和建议。市属本科高校（含民办高校）教学工作校级领导、教务处负责人、教学质量监控岗位责任人，以及来自天津市政府教育督导室相关人员80余人参加研修。

（单聪）

督学国外研修班

12月2日至15日，市教委、市督导室组织开展督学国外研修活动。15个区的17名督学组成赴美“教育质量提升与督导评价”研修交流团。交流团访问13所学校（或机构）；通过专家讲座、项目介绍、问题研讨、校园巡视、课堂观察等形式，了解到美国基础教育和教育督导组织架构及相关的职能。

（韩宝来　单聪）

各区教育督导

东城教育督导委员会成立

1月17日，东城区政府教育督导委员会成立大会在北京市东直门中学召开。区政府办公室宣读《北京市东城区人民政府办公室关于成立北京市东城区人民政府教育督导委员会的通知》，为东城区政府教育督导委员会揭牌；区体育局、和平里街道作为委员会成员单位代表和督学代表分别发言。市政府教育督导委员会、市政府教育督导室、东城区政府及相关委办局及街道办事处主管领导，全区各中小学、幼儿园、直属单位负责人、责任督学及人大代表、政协委员代表 260 余人参加会议。

（李银姬）

怀柔开展春季开学安全风险防控专项督导

2 月 28 日至 3 月 2 日，怀柔区政府教育督导室完成全区 2018 年春季开学安全风险防控专项督导。此次督导由区督导室主任带队，区专职督学、挂牌督学分为 12 个组，深入到全区 19 所小学、15 所中学（含高中、职校）、2 所九年一贯制学校、86 所幼儿园及 1 所特殊教育学校，通过实地考察、座谈访谈的形式，全面了解各单位开学初准备工作。

（线金秋　昝晨曲）

西城开展春季开学安全风险防控专项督查

2 月至 3 月，西城区政府教育督导室开展春季开学安全风险防控专项督查。在各单位自查的基础上，挂牌督学对全区 170 余所中小学、幼儿园开展下校督查，填写督查表和问题清单，并按要求登录北京教育督导信息管理应用系统平台，填写入校专项督导检查信息。同时组织 1500 余名师生参加网络测评，撰写专项督查报告，整理出 5 大方面 8 类共计 130 余条的问题清单，请区教委协助解决并督促相关单位整改。

（王锦红）

燕山开展民办非学历教育机构督导评估

3 月 14 日至 16 日，燕山办事处教育督导室联合燕山教委、燕山体卫中心组成督导组综合督导燕山地区民办非学历教育机构。督导组通过听取汇报、查阅相关材料、实地查看等方式，共检查 4 个民办非学历教育机构，逐项排查办学证照、超范围经营、师资配备、教育教学情况、幼儿餐饮管理、安全设备设施，及时发现存在的问题。经检查，督导组认为，部分教育机构在办学条件、教学形式、安全管理、餐饮等方面还存在不足，要求教育机构限期进行整改。

（蒋楠）

大兴基层党组织党建工作专项督导

3 至 5 月，大兴区政府教育督导室专项督导教育系统 141 个基层党组织工作。督导评估内容主要包括党组织在学校工作中政治核心作用的发挥、基层党组织自身建设、德育和思想政治工作以及适应新时期思想政治工作需要，在机制创新、制度创新、工作创新等方面工作成效等。督导组制定评价方案和指标体系，编制调查问卷和访谈提纲。在单位自查自评基础上，督导组到各基层单位，通过听取支部工作汇报、查阅支部工作档案、单位教职工问卷调查、干部教师及党员访谈等形式，系统评估支部职能履行情况和党建工作成效，沟通、指导工作中的问题。现场督导结束后，督导组对每个基层党组织下发督导回复意见，分学段撰写专项督导报告。

（王建春）

燕山开展中小学校和教师有偿补课督导

4 月 10 日至 4 月 27 日，燕山办事处教育督导室开展燕山地区中小学校和教师有偿补课督导检查。检查组通过听取学校汇报、走访民办教育机构、设立举报电话等方式，共检查 10 个单位。督查结果显示，各中小学能够认真落实市教委、市政府教育督导室关于《关于加强中小学校和在职中小学教师有偿补课长效治理工作的意见》文件精神，加强领导，注重防范，建立长效机制，完善各项制度措施。

（蒋楠）

房山召开幼儿园分层评价标准研发研讨会

4 月 12 日，房山区教育督导室召开幼儿园分层评价标准研发研讨会。会议分析北京市幼儿园分层评价标准的制定标准，结合各园工作实际，研讨分层评价标准的具体内容、积极作用、特色创新及管理措施等。房山区教育督导室相关人员及部分幼儿园园长、副园长 16 人参加研讨。

（石金生）

通州完成 9 所小学综合督导

4 月 17 日至 5 月 17 日，通州区教育督导室完成北京

4 月 17 日至 5 月 17 日，通州区完成 9 所小学综合督导工作

（通州区教委　供）

第二实验小学通州分校等9所小学综合督导工作。督导组由督学科牵头，聘请18名退休的校长为责任督学，对每所学校进行为期一天的全面实施素质教育综合督导评价、社会主义核心价值观和《中小学体育工作三年行动计划》专项督导；通过听取校长工作报告、进入课堂听课、查阅档案材料、组织师生调查问卷、个别座谈等方式广泛收集信息，督导检查学校发展规划、队伍建设、教育管理、发展绩效、创新与特色等工作；根据评价指标体系，在学校自查自评基础上，按照所负责检查的内容和学校实际情况集体讨论研究，并与学校沟通后，形成督导评价意见，以书面形式反馈给学校。

（刘森）

9月25日至10月12日，燕山教育督导室开展秋季教学督导工作
（燕山教委　供）

顺义教育督导委员会成立

4月18日，顺义区政府教育督导委员会成立大会召开。会议宣读顺义区政府《关于设立顺义区人民政府教育督导委员会的通知》，对教育督导委员会职能、组成人员等提出具体要求。会议回顾与展望顺义区教育督导工作，听取区人力社保局、天竺镇相关负责人及督学代表分别从人才保障、政府扶持、督学修养等方面作的主题发言。大会后，督导委召开第一次全体会议，审议并通过《顺义区人民政府教育督导委员会工作规则》《顺义区教育督导报告发布管理暂行办法》，要求教育督导委员会办公室对文件进行审核印发。区教委机关各科室负责人，顺义区全体督学，教育系统各学校、幼儿园、直属单位党政主要负责人等600余人参加会议。

（马艳芬）

密云开展中小学校课外活动专项督导检查

5月21日至30日，密云区教育督导室组织中小学校课外活动开展情况专项督导检查。24个责任区的责任督学分别到39所小学、17所中学、2所九年一贯制学校，就课外活动的组织管理、教师队伍、活动开展、经费管理及特色发展方面，对全区中小学校课外活动落实情况进行专项督导检查。经督查，各校课外活动内容丰富多彩，特色鲜明，学生参与性、互动性强。

（商德良）

门头沟国家义务教育质量监测任务完成

5月24日，门头沟区完成2018年国家义务教育质量监测任务。全区22所中小学参与现场监测，584名学生参加笔试、558名学生参加体育测试、168名教师参加问卷调查。10月，区政府教育督导室被教育部基础教育质量检测中心授予“县级优秀组织单位”称号。

（邵华）

石景山教育督导与教育质量评估监测中心成立

7月，石景山区教育督导与教育质量评估监测中心成立。中心设在北京教育学院石景山分院，业务接受区政府教育督导室指导。此举旨在构建和完善督政、督学、评估监测三位一体的现代督导教育体系。

（王贤鑫）

大兴教育督导委员会成立

6月27日，大兴区政府教育督导委员会成立。督导委员会在区政府领导下独立行使教育督导职能，代表政府对各级各类教育进行监督、检查、监测、评估、指导，主要职责包括：研究制定大兴区教育督导重大政策；审议本区教育督导发展规划和重大事项；统筹指导全区教育督导工作；聘任大兴区督学；发布大兴区教育督导报告等。

（王建春）

怀柔教育督导委员会成立

6月28日，怀柔区政府教育督导委员会成立。怀柔区政府教育督导委员会由主管教育副区长担任主任，区政府办公室主任、区委教育工委书记、区教委主任、区政府教育督导室主任、副主任，区发展改革委、区财政局、区人力社保局等 16 个部门为区政府教育督导委员会成员。区政府教育督导委员会在区政府领导下独立行使教育督导职能，代表政府对各级各类教育进行监督、检查、监测、评估、指导，主要职责是负责研究制定怀柔区教育督导重大政策，审议怀柔区教育督导发展规划、计划和重大事项，统筹指导全区教育督导工作，聘任怀柔区督学，发布怀柔区教育督导报告。

（綫金秋 昝晨曲）

丰台教育督导委员会成立

7 月 20 日，丰台区政府教育督导委员会成立大会召开。会议宣布区政府教育督导委员会正式成立，为新一届特约教育督导员和专职督学代表颁发聘书。市教育督导室及丰台区主要领导及区相关委办局、各街乡镇相关负责人，区特约教育督导员、专职督学、兼职督学代表、校长园长代表等共计 160 余人参加会议。区政府教育督导委员会从在职副校长以上学校干部中遴选一批专职挂牌责任督学，聘请人大代表、政协委员、街乡镇、教育领域、驻区企业中热爱教育事业的优秀人才作为特约教育督导员。

（杨雯婷）

海淀首次把学生身心健康发展纳入专项督导

9 月 25 日，海淀区首次把学生身心健康发展纳入专项督导。专项督导结合中小学校体育、卫生、心理、红会等教育教学工作实际，围绕学生体质健康促进、卫生健康促进、心理健康促进、红会建设促进 4 个方面开展专项督导评价，成立海淀区普通中小学校学生身心健康专项督导工作评价组，由区教育督导室督学科牵头，组织相关专兼职督学，联合相关部门专业人员和北师大、市健康促进办、市特教中心等单位专家共同实施督评。通过审议自评报告和自评赋值表、听取相关汇报、问卷调查等方式，实现评价基础数据“伴随式收集”和互通共享，增强评价客观性、科学性。

（宋亚甫）

密云开展幼儿园办园行为督导评估

9月28日至10月10日，密云区政府教育督导室组织 24 个幼儿园责任督学区开展 73 所幼儿园规范办园行为专项督导检查。督导检查以《幼儿园工作规程》为基本依据，按照教育部《幼儿园办园行为督导评估办法》确定的 32 个评估指标和园所实际，围绕办园条件、队伍建设、安全卫生、保育教育、内部管理 5 个方面督导评估。责任督学采取听汇报、看师幼活动、和师幼访谈、查阅档案资料、实地考察等方式，全面了解各园的内部管理、安全卫生、保育教育等各项工作的开展情况。经检查，全区各园环境干净整洁、师幼精神风貌良好，保教活动开展有序、安全卫生工作扎实，内部管理规范到位。

（商德良）

朝阳幼儿园“小学化”专项督导

10 月，朝阳区政府教育督导室开展幼儿园“小学化”专项治理工作。工作组通过查看园所教育环境、听取园长汇报、查阅相关档案资料、访谈家长等方式，完成全区幼儿园 330 址实地专项督导检查。督导结果显示，部分幼儿园存在“小学化”教学现象。督导结果为教育行政部门提供决策依据。

（王茜）

东城召开责任督学换届大会

11 月 7 日，东城区政府教育督导室召开责任督学换届大会。会议回顾 4 年来东城区挂牌督导工作，宣布 2014 届卸任督学名单、新一届责任督学名单、新一届学区评价委员会主任名单并颁发聘任证书。会议肯定该区教育督导工作者取得的成绩和付出的辛勤劳动，对今后工作提出具体要求，希望新聘督学加强学习、更新教育理念，深入基层、认真履职，廉洁自律、公道正派，以高度负责的精神，开创教育督导工作新局面。督导室相关人员及所有专、兼职督学和各中、小学校、幼儿园、职业教育学校的督学联系人共计 190 人参加会议。

（苏炜 李银姬）

7 月 20 日，丰台区人民政府教育督导委员会成立大会召开

（丰台区教委 供）

朝阳开展学前教育行动计划执行情况专项调研

11 月 24 日至 25 日，朝阳区政府教育督导室开展“朝阳区第三期学前教育行动计划”执行情况专项调研。区政府教育督导室组织督政督学和督评人员共 20 人，对 6 个街乡和 5 个委办局开展专项督导。督导调研采取实地走访和听取汇报两种形式，共走访 2 个街乡 2 所幼儿园，听取 11 个部门落实区学前教育三年行动计划工作汇报，最终形成《〈朝阳区第三期学前教育行动计划〉落实情况督导调研报告》。报告认为，朝阳区落实第三期学前教育行动计划工作项目取得较好成绩，创新幼儿园管理监督机制，新增学前教育配套全部办成普惠园，挖潜各类资源增加普惠班，持续规范整治无证园所。报告同时提出意见建议，要发挥区级统筹作用，建立会商工作机制，多方联动相互助力，挖潜扩大普惠幼儿园增量；优化布局结构，满足多样需求，完善政策，加强宣传，调动民办幼儿园自主办园积极性。

（陈静）

昌平召开学前教育规范管理工作推进会

11 月 27 日，昌平区教委、区政府教育督导室召开学前教育规范管理工作推进会。会议总结回顾幼儿园挂牌责任督学一年中的工作进展，提出 2019 年幼儿园督学工作要求；解读《北京市学前教育专职督查队伍建设与管理暂行办法》，并对学前专职督查员、幼儿园挂牌责任督学的对口联系与协同工作作出具体安排；通报社区办园点备案工作进展；总结回顾 2018 年“疏解整治促提升”专项行动提前、超额完成情况，并部署 2019 年清理整治重点任务与时限要求；对幼儿园安全保卫与后勤管理工作提出要求，并面向幼儿园挂牌责任督学、学前专职督查员、镇街教育工作负责人印发督导督查工作标准清单。会议要求从 11 月 28 日开始，幼儿园挂牌责任督学、学前专职督查员迅速行动，按照规定的督导、督查工作流程和检查标准，落实学前教育专项督查工作任务。全区各镇政府、街道办事处教育工作负责人、学前专职督查员、幼儿园挂牌责任督学 150 人参加会议。

（苏凤兰）

朝阳开展学前教育专项督查

12 月 4 日至 7 日，朝阳区教委开展学前教育专项督查。督查工作组成 13 个专项督查小组，走进全区公办园、民办园、无证园 502 址，检查安全、卫生保健、小学化、幼儿及教师用书、家园纠纷 5 大类 51 项内容。检查结果显示，公办园各项工作良好，民办园整体在卫生保健工作方面相对规范，在“家园沟通”“安全设施设备”等方面存在问题，无证园各项工作均有待改进。

（赵玉梅）

海淀召开教育督导工作会

12 月 12 日，海淀区政府教育督导室召开 2018 年教育督导工作会。会议听取《精准施策有序推进护航海淀教育优质均衡发展》工作报告，表彰优秀兼职督学 52 人，宣布增聘兼职督学 30 人。在督学论坛环节，4 名优秀督学代表作交流发言。会议要求加强督导队伍建设，发挥督导平台作用，提升督导工作实效，凝心聚力，推动教育督导工作再上新台阶。海淀区委教工委、区教委、区政府教育督导室领导以及区教育系统两委一室班子成员，两委一室相关科室负责人、各学区管理中心主任、海淀区全体专兼职督学代表 400 人参加会议。

（宋亚甫）

西城全面实施素质教育综合督导

至年底，西城区政府教育督导室全面实施素质教育综合督导。依据《北京市区县政府、教委、学校（教育机构）全面实施素质教育评价方案》以及西城区督导评价指标体系与细则，会同相关直属单位对北京市西城区虎坊路幼儿园、北京市西城区长安幼儿园、北京市西城区和平门幼儿园、北京市西城区鸦儿胡同小学、北京市西城区陶然亭小学、北京第二实验小学广外分校、北京市第十三中学、北京市第十四中学、北京市第十五中学、北京市第一五六中学、北京市鲁迅中学 11 所中小学校、幼儿园开展全面实施素质教育综合督导，并形成督导评价意见。督导结果显

至年底，延庆区教育督导室开展素质教育督导评估

（延庆区教委　供）

示，各校（幼儿园）均能依法办学，着力提升教育水平，提高办学质量，办人民满意的教育。

（王锦红）

延庆开展素质教育督导评估

至年底，延庆区政府教育督导室开展素质教育综合督导评估。选派32名督学组成4个评估组，依据《北京市区县政府、教委、学校（教育机构）全面实施素质教育评价方案》，对20所中小学校幼儿园开展评估，通过听取校长汇报、查阅相关档案、召开座谈会等方式收集信息并进行分析研究，形成评价意见。

（宋佳）

北京市人民政府教育督导室主任、副主任

主　任　唐立军（11月免）　刘宇辉（11月任）

副主任　刘莉　关国珍（1月免）　冯义国

北京市人民政府教育督导室处室负责人

综合处处长　马千里（11月免）
督政处处长　张士佐
学校督导处处长　龙梅
专项督导处处长　聂荣
督学管理与信息化处处长　韩宝来
评估与监测处处长　张晓玲

各区人民政府教育督导室主任

东城区　付葵
西城区　赵蓬欣（4月免）
朝阳区　王世元
丰台区　张婕（4月免）
石景山区　王鑫
海淀区　乔键
门头沟区　杨玉柱（3月免）
房山区　周靖和
通州区　李少杰
顺义区　张海东
昌平区　吴彬
大兴区　（空缺）
怀柔区　王恩成
平谷区　王福胜
密云区　王树生
延庆区　闫利宽
燕山地区　张凤玲

（本栏责任编校　张晓兰）

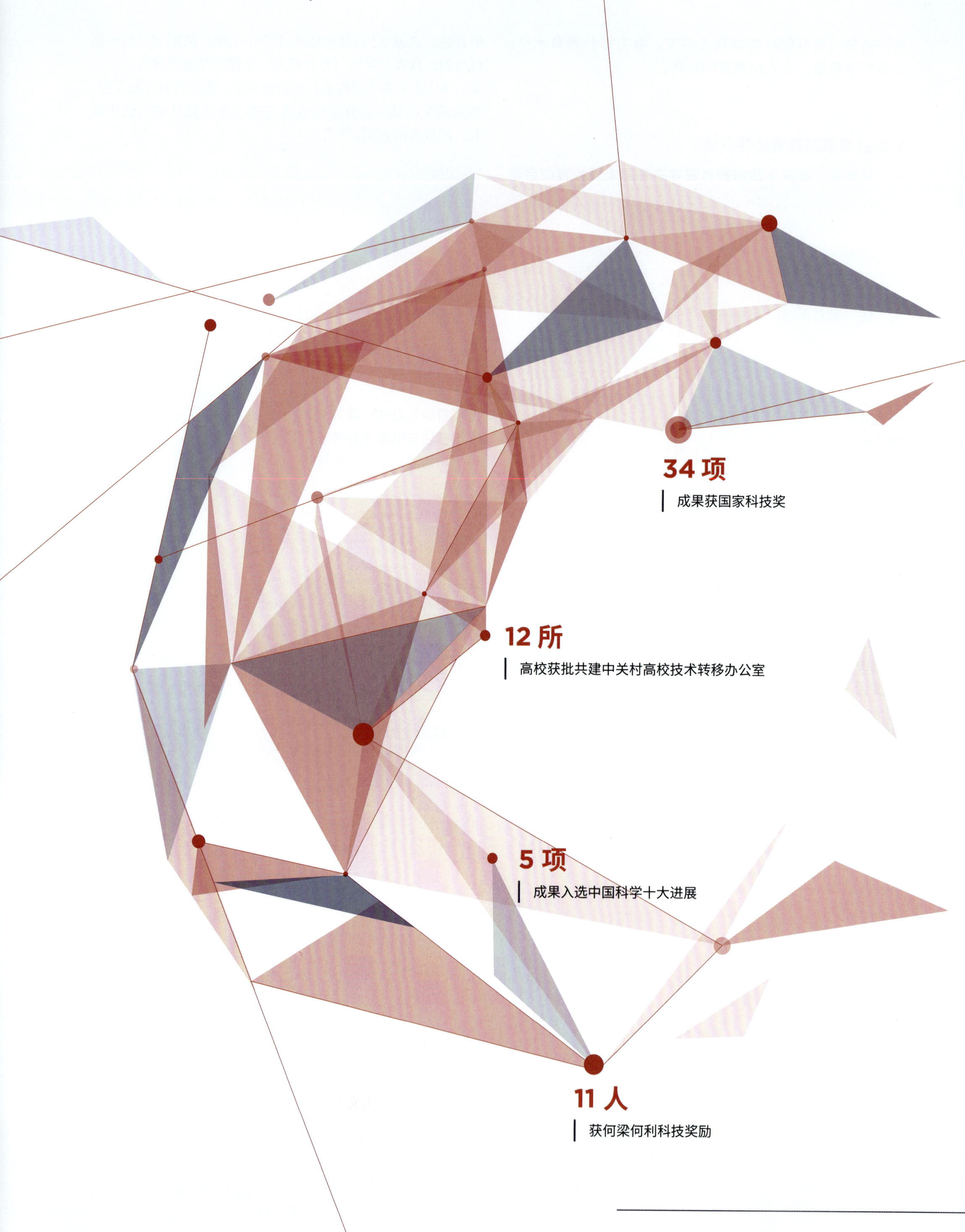
34 项
成果获国家科技奖
12 所
高校获批共建中关村高校技术转移办公室
5 项
成果入选中国科学十大进展
11 人
获何梁何利科技奖励

2019 | 科学研究

SCIENTIFIC RESEARCH

- 科技人员及投入
- 科技活动
- 科技产出
- 科技推广
- 人文社科人员及投入
- 人文社科活动
- 人文社科研究成果

综述

概述

2018年，北京地区高校及附属医院有教学与科研人员117553人，包含科研活动人员85849人；科研经费总投入312.0亿元；承担研究项目114329个；发表学术论文129562篇、出版学术专著4227部；获省部级及以上奖励515项；研究机构1083个，当年研究与发展（R&D）经费支出100.0亿元，年末科研仪器设备原值230.1亿元。

（高飞）

科技人员及投入

2018年，北京地区46所设有理工农医类高校（含27所高校附属医院）有教学与科研人员79973人，包含具有教授职称9344人、具有高级职称30614人；研究与发展（R&D）人员43032人；科技经费投入283.6亿元，包含政府资金投入188.3亿元、企事业单位委托投入86.8亿元。市属25所设有理工农医类高校（含17所高校附属医院）有教学与科研人员35043人，包含具有教授职称1778人、具有高级职称9812人；研究与发展（R&D）人员15391人；科技经费投入31.2亿元，包含政府资金投入22.0亿元、企事业单位委托投入8.1亿元。

（高飞）

科技活动

2018年，北京地区46所设有理工农医类高校（含27所高校附属医院）有科研活动机构755个；开展科技课题69706项，包含研究与发展（R&D）课题61307项，R&D成果应用及科技服务课题8399项；派遣进修访问学者4721人次，接受进修访问学者4522人次；出席国际学术会议35697人次，交流论文16445篇。25所市属设有理工农医类高校（含17所高校附属医院）有科研活动机构175个；开展科技课题11131项，包含研究与发展（R&D）课题10370项，R&D成果应用及科技服务课题761项；派遣进修访问学者735人次，接受进修访问学者698人次；出席国际学术会议5126人次，交流论文2881篇。

（高飞）

科技产出

2018年，北京地区高校出版科技专著1026部，包含大专院校教科书390部，另有编著345部；发表学术论文97999篇，包含在国外学术刊物发表49261篇；《科学引文索引》(SCI)收录34917篇、《工程索引》(EI)收录28900篇、《科技会议索引》(ISTP)收录8522篇；获奖成果282项（第一单位），其中，国家级奖45项、省部级奖237项。市属高校出版科技专著364部；发表学术论文18293篇，包含国外学术刊物发表6931篇；《科学引文索引》（SCI）收录4780篇、《工程索引》（EI）收录2593篇、《科技会议索引》（ISTP）收录1680篇；获奖成果18项（第一单位），其中，国家级1项、省部级17项。

（高飞）

科技推广

2018年，北京地区高校签订技术转让合同855项，合同总金额10.2亿元，当年实际收入7.2亿元。包含专利出售合同514项，合同总金额6.9亿元，当年实际收入5.3亿元。北京地区高校共申请专利17460项，其中，发明专利14537项、实用新型2634项、外观设计289项。市属高校签订技术转让合同336项，合同总金额8934.1万元，实际收入4894.3万元。包含专利出售合同91项，合同总金额5930万元，当年实际收入4500万元。市属高校共申请专利3349项，占北京地区高校专利申请量的 19.18%，其中，发明专利 2828 项、实用新型 474 项、外观设计 47 项。

（高飞）

人文社科人员及投入

2018 年，北京地区 92 所设有人文社科全日制普通本科高校有人文社会科学活动人员 37580 人，研究与发展（R&D）人员 42826 人；53 所市属高校人文社会科学活动人员 14752 人，研究与发展（R&D）人员 13370 人。北京地区高校投入人文社科研究经费 28.4 亿元，其中，政府资金投入 16.6 亿元、企事业单位委托资金投入 9.7 亿元、其他资金投入 2.1 亿元；市属高校投入人文社科经费中，政府资金投入 3.6 亿元，占北京地区高校政府资金投入的 21.69%；企事业单位委托资金投入 1.6 亿元，占北京地区高校企事业单位委托资金投入的 16.49%；其他资金投入 0.2 亿元，占北京地区高校其他资金投入的 9.52%。

（高飞）

人文社科活动

2018 年，北京地区高校在研人文社科项目 44623 个，当年投入经费总额 20.3 亿元；举办学术会议 2068 次，其中，独办 1359 次、合办 709 次，参加学术会议 35299 人次，提交论文 10288 篇；受聘讲学派出 4840 人次，来校受聘讲学 6558 人次；进修学习派出 2960 人次，来校进修学习 3225 人次；合作研究课题 1239 项。市属高校在研人文社科项目 10900 个，占北京地区高校在研人文社科项目总数的 24.43%，当年投入经费总额 3.2 亿元，占北京地区高校当年投入经费总额的 15.76%。从在研项目的级别看，北京地区高校在研人文社科国家级项目 880 个，占在研项目总数的 8.07%；在研省部级项目 2792 个，占在研项目总数的 25.61%；在研其他项目 7228 个，占在研项目总数的 66.31%。市属高校举办学术会议 318 次，其中，独办 212 次、合办 106 次，参加学术会议 7187 人次，提交论文 2077 篇；受聘讲学派出 1186 人次，来校受聘讲学 1870 人次；进修学习派出 1221 人次，来校进修学习 794 人次；合作研究课题 208 项。

（高飞）

人文社科研究成果

2018 年，北京地区高校出版人文社科著作 3591 部；发表人文社科学术论文 31563 篇；提交研究与咨询报告 979 篇，研究与咨询报告被采纳 361 篇。市属高校出版人文社科著作 937 部，占北京地区高校出版人文社科著作总数的 26.09%；发表人文社科学术论文 7696 篇，占北京地区高校发表人文社科学术论文总数的 24.38%；提交研究与咨询报告 171 篇，占北京地区高校提交有关部门研究报告总数的 17.47%，研究与咨询报告被采纳 42 篇。

（高飞）

北京高校 34 项通用成果获国家科技奖

1 月 8 日，2017 年度国家科学技术奖励大会在北京人民大会堂举行，北京高校作为第一完成单位的 34 项通用项目入选。其中，国家自然科学奖二等奖 7 项，国家技术发明奖二等奖 15 项，国家科学技术进步奖一等奖 2 项、二等奖 10 项。党和国家领导人习近平、李克强、张高丽、王沪宁出席大会并为获奖代表颁奖。2017 年度国家科学技术奖共评选出 271 个项目和 9 名科技专家。其中，国家最高科学技术奖 2 人；国家自然科学奖 35 项，其中，一等奖 2 项、二等奖 33 项；国家技术发明奖 66 项，其中，一等奖 4 项、二等奖 62 项；国家科学技术进步奖 170 项，其中，特等奖 3 项、一等奖 21 项（含创新团队 3 项）、二等奖 146 项；授予 7 名外籍科技专家中华人民共和国国际科学技术合作奖。1 月 1 日，国务院颁布《关于 2017 年度国家科学技术奖励的决定》。

（华蕾）

2017 年度国家自然科学奖二等奖项目
（北京高校　第一完成单位）

北京大学
低维碳材料的拉曼光谱学研究
细胞钙信号及分子调控
网络化动态系统的分析与控制
清华大学
卤代持久性有机污染物环境污染特征与物化控制原理
植物油菜素内酯等受体激酶的结构及功能研究
范德华层状介质的滑移行为和力学模型
北京航空航天大学
新型磁弹性材料的功能调控、晶体生长和大磁致应变特性研究

（华蕾）

2017 年度国家技术发明奖二等奖获奖项目
（北京高校　第一完成单位）

中国农业大学
生鲜肉品质无损高通量实时光学检测关键技术及应用
中国矿业大学（北京）
矿井灾害源超深探测地质雷达装备及技术
中国石油大学（北京）
深层油气藏靶向暂堵高导流多缝改造增产技术与应用
复合离子液体碳四烷基化新技术

北京师范大学

基于高能效纳晶薄膜电极的工业废水电催化深度处理技术及应用

清华大学

堆石混凝土坝

电力线路行波保护关键技术及装置

大型互联电网阻尼特性在线分析与控制技术及应用

清华大学深圳研究生院

高性能锂离子电池用石墨和石墨烯材料

北京航空航天大学

飞机电液自馈能刹车装置与防滑控制新技术

多物理效应协同雾化水灭火系统关键技术及应用

北京理工大学

交互式显示关键技术及应用

北京大学

高效视觉特征分析和压缩关键技术

北京交通大学

智慧协同网络及应用

北京邮电大学

远海域定位导航与通信融合关键技术

（华蕾）

2017年度国家科学技术进步奖项目（通用项目　北京高校　第一完成单位）

一等奖

清华大学

600MW超临界循环流化床锅炉技术开发、研制与工程示范

北京交通大学

复杂环境下高速铁路无缝线路关键技术及应用

二等奖

北京交通大学

复杂路网条件下高速铁路列控系统互操作和可靠运用关键技术及应用

北京工业大学

城市大型地下结构抗震设计理论与方法及工程应用

清华大学

泥沙、核素、温排水耦合输移关键技术及在沿海核电工程中应用

膜集成城镇污水深度净化技术与工程应用

北京航空航天大学

气动元件关键共性检测技术及标准体系

北京大学人民医院

单倍型相合造血干细胞移植的关键技术建立及推广应用

中国医学科学院药用植物研究所

中药大品种三七综合开发的关键技术创建与产业化应用

中国农业大学

大型灌溉排水泵站更新改造关键技术及应用

首都医科大学附属北京天坛医院

脑胶质瘤诊疗关键技术创新与推广应用

北京大学第三医院

配子胚胎发育研究与生育力改善新方法的应用

（华蕾）

北京高校5项成果入选中国科学十大进展

2月27日，北京高校5项成果入选2017年度中国科学十大进展，占入选项目的50%。分别是北京大学3项、清华大学1项、北京科技大学1项。该遴选活动由科技部基础研究管理中心牵头，联合《中国基础科学》《科技导报》《中国科学院院刊》《中国科学基金》和《科学通报》5家编辑部共同组织，遴选程序分为推荐、初选和终选3个环节。上述5家编辑部从2017年度完成并正式发表的研究成果中遴选出270项作为推荐进展，经专家初选出30项进入终选。终选采取网上投票，邀请两院院士、“973计划”顾问组和咨询组专家、“973计划”项目首席科学家、国家重点实验室主任等2200余名专家学者进行网上投票，得票数排名前10位的科学进展入选。

（华蕾）

2017年度中国科学十大进展入选项目（北京高校）

北京大学

将病毒直接转化为活疫苗及治疗性药物

实现氢气的低温制备和存储

研制出可实现自由状态脑成像的微型显微成像系统

北京科技大学

研发出基于共格纳米析出强化的新一代超高强钢

清华大学

利用量子相变确定性制备出多粒子纠缠态

（华蕾）

12 所高校获批共建中关村高校技术转移办公室

4 月 26 日，教育部、中关村管委会认定首批 12 所高校共建中关村国家资助创新示范区高校技术转移办公室。高校技术转移办公室集科技成果统计汇总、分析评估、转化服务等职能，形成校内科技成果转化服务平台。教育部要求办公室所在高校整合校内各类技术转移、转化机构，优化成果转化工作流程，出台高校技术转移办公室管理办法，形成有效的激励与考核机制。中关村管委会将办公室纳入中关村科技服务平台支持体系，并在设备购置、信息系统建设、房屋租赁和人员聘用等方面给予 100 万元资金支持。12 所高校分别是北京大学、清华大学、北京航空航天大学、北京理工大学、中国农业大学、北京科技大学、北京化工大学、北京交通大学、中国矿业大学（北京）、北京工业大学、首都医科大学、北京农学院。

（肖勇）

北京高校 11 人获何梁何利科技奖励

11 月 6 日，何梁何利基金 2018 年度颁奖大会举行，北京高校 11 人获奖。其中，获得科学与技术进步奖 10 人、科学与技术创新奖 1 人。此次何梁何利基金评出最高奖项科学与技术成就奖 1 人、科学与技术进步奖 37 人、科学与技术创新奖 18 人。获奖者是中国优秀科技人才、战略科技人才、领军科技人才、青年科技人才的缩影。何梁何利基金由香港爱国金融家何善衡、梁銶琚、何添、利国伟于 1994 年创立，20 余年来，何梁何利基金共遴选奖励优秀科学家、工程师和产业领军人才 1198 人。

（华蕾）

11 月 6 日，北京交大高亮获何梁何利基金科学与技术进步奖

（北京交大 供）

2018 年度何梁何利科学技术奖获奖名单（北京高校）

奖项	姓名	单位
科学与技术进步奖		
化学奖		
	严纯华	北京大学、兰州大学
医学药学奖		
	黄晓军	北京大学人民医院
电子信息技术奖		
	陈杰	北京理工大学、同济大学
	彭练矛	北京大学
	张平	北京邮电大学
交通运输技术奖		
	高亮	北京交通大学
冶金材料技术奖		
	潘峰	清华大学
资源环保技术奖		
	武强	中国矿业大学（北京）
	杨志峰	北京师范大学
工程建设技术奖		
	聂建国	清华大学
科学与技术创新奖		
	庞思平	北京理工大学

（华蕾）

北京高校 4 项成果入选中国高等学校十大科技进展

12 月，北京高校 4 项成果入选 2018 年度中国高等学校十大科技进展，占入选项目的 40%。北京大学、北京协和医学院、清华大学、中国农业大学各入选 1 项。该评选由教育部科学技术委员会主办，经过地方和高校遴选及公示、部门形式审查、学部初评和专家综合评议 4 个阶段，最终推选出 10 项入选。评选自 1998 年开展以来，至 2018 年已 21 届。

（华蕾）

2018 年度“中国高等学校十大科技进展”入选项目（北京高校）

北京大学
视频编码国家标准 AVS2 支撑中央电视台播出超高清电视
北京协和医学院
炎症性免疫反应的新型分子与细胞机制
清华大学
原子尺度测量材料轨道与自旋磁矩

中国农业大学
土壤——作物系统综合管理技术研究与应用

（华蕾）

科研管理

首批高精尖创新中心中期评估

4 月，市教委完成首批 13 个高精尖创新中心的中期评估。根据分类指导原则，11 个创新中心采取第三方评估方式，委托国家科技评估中心负责组织实施；中国人民大学“北京高校思想政治理论课高精尖创新中心”和北京师范大学“未来教育高精尖创新中心”由市教委单独组织评估。经过中心自评、材料评估和专家评审等程序，第三方评估的结果为：清华大学“未来芯片技术高精尖创新中心”等 2 个中心在组织建设、运行管理、条件保障等方面亮点突出，评估成绩为“优秀”；北京大学“工程科学与新兴技术高精尖创新中心”等 6 个中心通过评估；另有 3 个中心在组织建设等方面存在一定的问题，需要进一步整改。市教委单独评估的 2 个中心通过评估。

（翟昊）

建设期满的市哲学社科研究基地接受检查评估

4 月，市教委联合北京市哲学社会科学规划办公室检查评估 17 个建设期满的北京市哲学社会科学研究基地。经评审，北京交通发展研究基地（北京交通大学）等 4 个研究基地免检，首都互联网经济发展研究基地（中央财经大学）等 5 个研究基地评估结果为优秀。至年底，61 个北京市哲学社会科学研究基地被批准建立。

（张豫）

北京高校新增 9 个教育部重点实验室

9 月，教育部科技司印发《关于同意中国农业大学等高校立项建设教育部重点实验室的函》，北京高校新增 9 个教育部重点实验室。共涉及 9 所高校，其中，中央部委所属高校 6 所、市属高校 3 所。

（高飞）

2018 年新增教育部重点实验室
（北京高校）

中国农业大学
食品精准营养与质量控制教育部重点实验室
北京化工大学
天然高分子医用材料教育部重点实验室
首都师范大学
地面沉降机理与防控教育部重点实验室
首都医科大学
心血管疾病生物医学工程教育部重点实验室
北京信息科技大学
光电测试技术及仪器教育部重点实验室
北京大学
创伤救治与神经再生教育部重点实验室
北京航空航天大学
极弱磁测量技术教育部重点实验室
北京理工大学
先进光电量子结构设计与测量教育部重点实验室
中国传媒大学
智能融媒体教育部重点实验室

（高飞）

2 个北京实验室通过中期评估

11 月，市教委完成 2 个北京实验室中期评估检查。该项工作对建设满 5 年的北京实验室开展中期评估。首都医科大学心血管精准医疗北京实验室、北京邮电大学先进信息网络北京实验室参加评估，经过单位自评和专家实地考评等程序，通过审阅材料、听取汇报和提问评议等环节，2 个北京实验室通过中期评估。

（高飞）

北京高校新增 2 个省部共建协同创新中心

12 月 4 日，教育部办公厅公布 2018 年度省部共建协同创新中心，北京高校 2 个中心入选。分别是首都医科大学脑重大疾病防治省部共建协同创新中心、北京工业大学首都资源循环材料技术省部共建协同创新中心。这是教育部首批评定的省部共建协同创新中心。该评选在各地培育推荐基础上，经专家评审、统筹考虑，最终认定协同创新中心 59 个（其中 6 个为军民融合类，名单未公布）。创新中心由省、部共同支持建设、运行，各地教育行政部门落实经费投入承诺，加强目标管理、政策支持和绩效评价，支持中心在服务地方需求、推动创新发展方面做出示范。

（高飞）

7 个北京实验室通过周期评估

12 月，市教委完成 7 个北京实验室周期评估检查。该项工作对建设已满 5 年的北京实验室建设情况开展周期评估检查。经过单位自评和专家实地考评等程序，通过审阅材料、听取汇报和提问评议等环节，北京理工大学新能源汽车北京实验室、北京科技大学现代交通金属材料与加工技术北京实验室、北京交通大学城市轨道交通北京实验室、中国农业大学食品质量与安全北京实验室、清华大学生物医学检测技术及仪器北京实验室、北京航空航天大学通用航空技术北京实验室、北京化工大学生物医用材料北京实验室7个实验室通过周期评估。

（高飞）

480个项目入选年度科研计划项目

至年底，32所高校480个科研项目入选2019年度市教委科研计划项目。经项目申请、学校初选推荐、市教委评审等程序完成科研项目遴选。入选项目中科技计划资助项目307个，其中，科技重点项目（市自然基金—市教委联合资助）50个、一般项目257个；社会科学计划资助项目173个，其中，社会科学重点项目31个、一般项目142个。

（高飞）

科研成果

卤代持久性有机污染物环境污染特征与物化控制原理获国家自然科学奖二等奖

1月8日，清华大学作为第一完成单位承担的“卤代持久性有机污染物环境污染特征与物化控制原理”项目获2017年度国家自然科学奖二等奖。该项目围绕卤代POPs污染水平和存在形态、脱卤机理和降解原理、吸附特性和去除机理3个关键科学问题，通过深入剖析典型受污染环境，揭示传统POPs和新增列POPs的污染水平和赋存状态等环境污染特征；针对卤代POPs难降解特点，突破高效催化脱卤降解和吸附去除等物化技术原理，持续研究15年，成果得到国内外同行的高度认可。

（张含晨）

植物油菜素内酯等受体激酶的结构及功能研究获国家自然科学奖二等奖

1月8日，清华大学作为第一完成单位承担的“植物油菜素内酯等受体激酶的结构及功能研究”项目获2017年度国家自然科学奖二等奖。该项目针对植物众多的受体激酶是如何识别不同性质的配体进而引起不同的生理功能，通过采用各种前沿的结构生物学方法结合遗传学、分子生物学、细胞生物学和生物化学等手段，对植物重要受体激酶的配体识别及活化机理及信号通路的转导机理进行系统的研究，取得重要发现。

（张含晨）

范德华层状介质的滑移行为和力学模型获国家自然科学奖二等奖

1月8日，清华大学作为第一完成单位承担的“范德华层状介质的滑移行为和力学模型”项目获2017年度国家自然科学奖二等奖。该项目取得重要科学发现和开拓性创新研究成果，超滑行为方面：实现固体接触“零”（零或几乎为零）摩擦突破技术瓶颈，力学模型方面：发现范德华层状介质可出现一种源于高度各向异性、且仅由材料弹性常数决定的内禀失稳机制。发现石墨在所有已知六方晶体材料中具有最高的各向异性程度；而单壁碳纳米管束作为六方超晶格材料具有更高的各向异性。首次建立包含所有的弹性常数、各向异性和尺度效应的单壁碳纳米管的弹性力学模型。发现多层石墨烯梁具有传统连续介质力学不能解释的共振模式，提出多梁剪切模型。提出基于微结构和层间交联调控的动态材料力学模型，并应用于范德华层状介质的强韧化设计。

（张含晨）

电力线路行波保护关键技术及装置获国家技术发明奖二等奖

1月8日，清华大学作为第一完成单位承担的“电力线路行波保护关键技术及装置”项目获2017年度国家技术发明奖二等奖。该项目属于电气工程学科领域，解决电力系统安全问题。项目发明具有高可靠性行波保护技术；发明基于行波的输电线路纵联保护技术；发明配电线路单相接地故障行波保护技术。所发明技术解决超特高压线路和配电线路继电保护难题，被国内外继电保护厂商产业化并广泛应用于电力、军工、航天、石化等多行业领域，并应用于欧美等国家和地区，有力保障电网安全，获国内外同行和用户高度评价，经济社会效益显著。

（张含晨）

大型互联电网阻尼特性在线分析与控制技术及应用获国家技术发明奖二等奖

1月8日，清华大学作为第一完成单位承担的“大型互联电网阻尼特性在线分析与控制技术及应用”项目获2017年度国家技术发明奖二等奖。该项目基于“即测—即辨—即控”的思路，建立完全基于量测的复杂电力系统阻尼特性在线分析与自适应控制技术体系，克服传统方法对模型、参数和运行方式的依赖性，为电力系统阻尼特性分析、预警和控制提供新的完整的解决方案，并在实际系统中成功应用。项目在国际上首次发现电力系统广域闭环控制中通道延时引起高频振荡、进而限制控制器增益的问题，首次成功实现广域控制系统在实际电网中的闭环运行，首次提出利用振荡能量流分析电力系统振荡的技术方向，处于国际领先水平。

（张含晨）

堆石混凝土坝获得国家技术发明奖二等奖

1月8日，清华大学作为第一完成单位承担的“堆石混凝土坝”项目获2017年度国家技术发明奖二等奖。该项目开创混凝土自流充填堆石空隙新技术路线，发明成套工艺和配套新构造，并在工程中快速推广应用的新坝型，是唯一由中国人发明，并得到国际大坝委员会认可的新坝型。堆石混凝土技术在降低水化热、取消简化温控和提升材料抗裂性能等方面取得突破性进展。该技术获20余项发明专利授权。

（张含晨）

600MW超临界循环流化床锅炉技术项目获国家科技进步奖一等奖

1月8日，清华大学作为第一完成单位承担的“600MW超临界循环流化床锅炉技术开发、研制与工程示范”项目获2017年度国家科学技术进步奖一等奖。该项目系统解决从300MW亚临界自然循环突破到600MW超临界强制流动带来的巨大的理论及工程挑战，完成世界首台600MW超临界CFB锅炉的创新实践，性能指标全面优于国外同期开发的超临界CFB锅炉，取得系列原创性成果。该项目成果完全自主开发，关键技术创新性显著，研究成果达到国际领先水平。项目实现国际燃烧界把CFB发展到600MW超临界的梦想，国际能源组织认为是国际CFB燃烧技术发展的标志性事件，是洁净煤燃烧技术领域中国对世界的贡献。

（张含晨）

脑胶质瘤诊疗关键技术获国家科技进步奖二等奖

1月8日，首都医科大学附属北京天坛医院研究成果“脑胶质瘤诊疗关键技术创新与推广应用”获2017年度国家科学技术进步奖二等奖。该成果制定国人脑胶质瘤分子分型新标准，建立脑胶质瘤个体化分子诊疗与精准化手术技术体系，降低术后致残率和癫痫发生率，提高患者生存期。相关研究成果在国内39家、国际9家研究机构和医疗机构应用，累计开展分子病理检测1万余例，获国家发明专利8项。

（陈飞飞）

膜集成城镇污水深度净化技术与工程应用获国家科技进步奖二等奖

1月8日，清华大学作为第一完成单位承担的“膜集成城镇污水深度净化技术与工程应用”项目获2017年度国家科学技术进步奖二等奖。该项目针对中国严峻的水污染和水资源短缺，开发高效的城镇污水深度净化技术对于同时解决水污染和水资源短缺具有重要意义。以膜生物反应器（MBR）为代表的膜集成水处理工艺因其出水优异、运行稳定、占地紧凑等特点具有广阔的应用前景。开发针对不同水质需求的高性能膜材料和低能耗膜组器、高效组合工艺及节能降耗技术是膜集成水处理技术大规模应用的关键。围绕这些关键技术，项目从基础研究、技术创新、工程应用全产业链开展攻关，取得创新性成果。高强度膜材料成功应用于国内首座15万吨级MBR工程，超大型超滤膜组器成功应用于国内首座百万吨级再生水厂。

（张含晨）

泥沙、核素、温排水耦合输移关键技术及在沿海核电工程中应用获国家科技进步奖二等奖

1月8日，清华大学作为第一完成单位承担的“泥沙、核素、温排水耦合输移关键技术及在沿海核电工程中应用”项目获2017年度国家科技进步奖二等奖。该项目针对泥沙与核素的耦合关系复杂难解，影响到泥沙、核素、温排水的运动分布和核电工程的安全与环境安全，取得创新成果：在分子尺度上建立泥沙与核素耦合系统理论；构建水沙运动及床面冲淤条件下核素迁移的模拟系统；根据中国沿海核电工程不同海域不同的水动力特征，研究核电工程取排水优化布置方式，保证核电工程的取排水安全和环境安全，并降低工程投资运行成本。该项目整体达到国际领先水平。研究成果在中国田湾、石岛湾等多个核电工程中应用。

（张含晨）

首次在琥珀中发现一亿年前完整古鸟标本

2月2日，中国地质大学（北京）在一件距今约1亿年的琥珀中发现一只近乎完整的古鸟标本。古鸟标本沿冠状面剥蚀，形如薄片，部分皮肉损失，暴露出体腔内细节，科学家形象地称它为“煎饼鸟”。“煎饼鸟”为理解古鸟演化提供更多解剖学信息，它表明在白垩纪中期，反鸟类已出现许多物种，具有高度的多样性。该研究成果作为《科学通报》（英文版）封面文章在线发表。

（李媛媛）

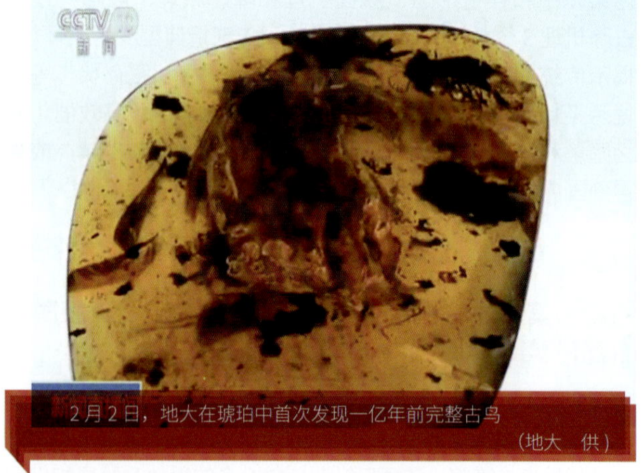

2月2日，地大在琥珀中首次发现一亿年前完整古鸟

（地大 供）

利用量子相变确定性制备多粒子纠缠态入选中国科学十大进展

2月27日，清华大学作为第一完成单位的研究成果“利用量子相变确定性制备出多粒子纠缠态”入选2017年度中国科学十大进展。该项目通过调控铷—87原子玻色—爱因斯坦凝聚体中的自旋混合过程，使其连续发生两次量子相变，实现包含约11000个原子的双数态的确定性制备。通过直接观测该纠缠态，他们表征其不同内态间原子数的差值的涨落低于经典极限10.7±0.6分贝，其集体自旋的归一化长度为近似完美的0.99±0.01。这两个指标反映该多体

纠缠态可以提供超越标准量子极限约6分贝的相位测量灵敏度，以及至少910个的纠缠原子数，创造目前能确定性制备的量子纠缠粒子数目的世界纪录。4月20日，清华在量子信息领域又取得重要进展，首次实现25个量子接口之间的量子纠缠。研发新颖的二维量子接口阵列，解决相关技术问题，可以方便地实现多个量子接口间的纠缠。该成果相比于先前美国加州理工学院研究组保持的4个量子接口之间纠缠的世界纪录，纠缠的量子接口数目提高约6倍。该成果的研究论文《25个可独立操控的量子接口之间纠缠的实验实现》(Experimental entanglement of 25 individually accessible atomic quantum interfaces) 发表于《科学》子刊《科学·进展》(Science Advances)。

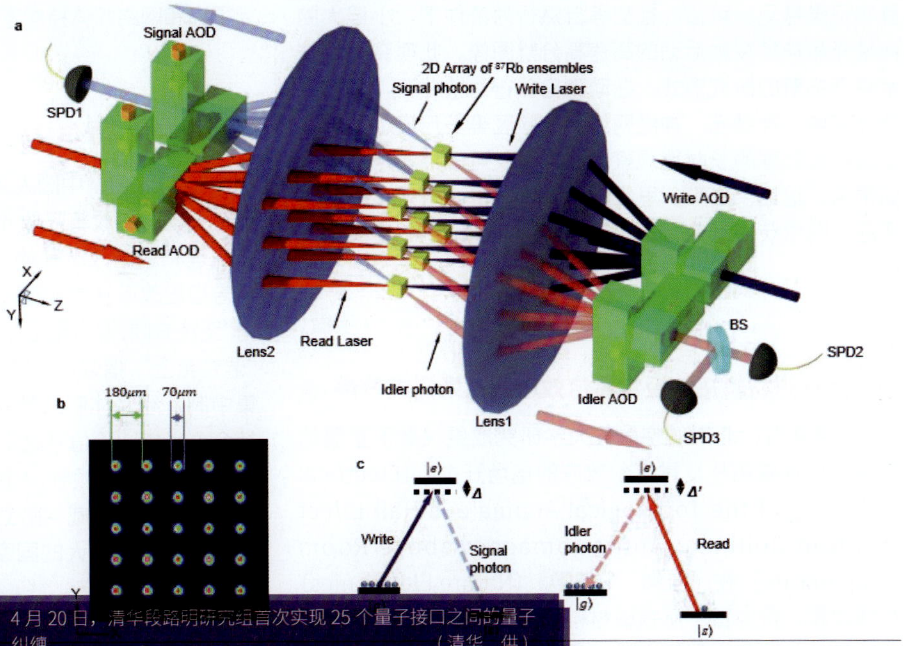

（张含晨）

4月20日，清华段路明研究组首次实现25个量子接口之间的量子纠缠　（清华　供）

基于共格纳米析出强化的新一代超高强钢入选中国科学十大进展

2月27日，北京科技大学作为第一完成单位的研究成果“基于共格纳米析出强化的新一代超高强钢”入选2017年度中国科学十大进展。该研究基于低成本高性能的目标，创新性提出利用高密度共格纳米析出相来强韧化超高强合金的设计思想，采用铝元素替代马氏体时效钢中昂贵的钴和钛等元素，大幅降低成本，通过简单的热处理促进极高密度、全共格纳米相析出，研发出共格纳米析出强化的新一代超高强钢。该研究通过调控晶格错配度使得析出相在产生极低共格畸变的同时又具有高的有序抗力，在不降低延展性能的同时，极大增强合金的强度。

（陈曦）

将病毒直接转化为活疫苗及治疗性药物入选中国科学十大进展

2月27日，北京大学作为第一完成单位的研究成果“将病毒直接转化为活疫苗及治疗性药物”入选2017年度中国科学十大进展。研究以流感病毒为模型，在保留病毒完整结构和感染力的情况下，仅突变病毒基因的一个三联遗传密码为终止密码，流感病毒就由致病性传染源变为预防性疫苗，再突变多个三联码为终止密码，病毒就变为治疗性药物。此类疫苗的特点是保留野生型病毒的全部抗原、感染活力和相同的感染途径，可以诱发人体产生强而广的体液免疫、鼻腔黏膜免疫以及T-细胞活化免疫应答，但感染人体后复制能力缺失。这种复制缺陷的活病毒疫苗在老鼠、雪貂和天竺鼠模型中得到验证，达到广谱、持久和高效的效果。

（华蕾）

实现氢气的低温制备和存储药物入选中国科学十大进展

2月27日，北京大学作为第一完成单位的研究成果“实现氢气的低温制备和存储药物”入选2017年度中国科学十大进展。研究表明，将铂原子级分散在面心立方结构的碳化钼 (α-MoC) 上制备的催化剂可用于甲醇的液相重整，在较低温度下 (150~190摄氏度) 能够表现出很高的产氢活性，可达每摩尔铂每小时产氢18046摩尔。这种优越的制氢能力远大于以前报道的低温甲醇重整催化剂（高出近两个数量级），其关键在于α-MoC突出的解离水的能力以及铂和α-MoC协同活化并重整甲醇的能力。同时，研究团队在水煤气变换产氢过程（$CO+H_2O=CO_2+H_2$）中也突破低温条件下高反应转化率与高反应速率不能兼得的难题，发展基于Au/α-MoC的新一代催化过程。

（华蕾）

研制出可实现自由状态脑成像的微型显微成像系统药物入选中国科学十大进展

2月27日，北京大学作为第一完成单位的研究成果“研制出可实现自由状态脑成像的微型显微成像系统药物”入选2017年度中国科学十大进展。研究显示，运用微集成、微光学、超快光纤激光和半导体光电子学等技术，在高时空分辨在体成像系统研制方面取得突破性技术革新，成功研制出2.2克微型化佩戴式双光子荧光显微镜，在国际上首次记录悬尾、跳台、社交等自然行为条件下，小鼠大脑神经元和神经突触活动的高速高分辨图像。此项突破性技术将开拓新的研究范式，在动物自然行为条件下，实现对神经突触、神经元、神经网络、多脑区等多尺度、多层次动态信息处理的长时程观察，这样不仅可以“看得见”大脑学习、记忆、决策、思维的过程，还将为可视化研究自闭症、阿尔茨海默症、癫痫等脑疾病的神经机制发挥重要作用。

（华蕾）

首个反铁磁材料拓扑反常霍尔效应的电场门控器件

3月9日，北京航空航天大学研究成果《高于室温的非共线反铁磁拓扑反常霍尔效应的电场开关》（Electrical Switching of the Topological Anomalous Hall Effect in a Non-Collinear Antiferromagnet above Room Temperature）在《自然·电子学》（Nature Electronics）在线发表，报道首个反铁磁材料拓扑反常霍尔效应的电场门控器件。该研究利用电场对反铁磁材料电阻态的调控可以用于信息存储器件，同时抗外界磁场干扰并且耗能非常低，不发热。可用于日常生活的信息存储，还能应用于恶劣磁场环境下的信息存储与处理，如探索木星、中子星等强磁场星球的宇航飞行器中。该项研究获得国家自然科学基金和北航青年拔尖人才支持计划的资助。

（朴悦嘉）

绘制人脑前额叶胚胎发育过程的单细胞转录组图谱

3月14日，北京大学最新研究成果 A single-cell RNA-seq survey of the developmental landscape of the human prefrontal cortex 在《自然》（Nature）上在线发表。该研究利用单细胞转录组测序手段，绘制人脑前额叶胚胎发育过程的单细胞转录组图谱，解析人类胚胎大脑前额叶发育的细胞类型多样性及不同细胞类型之间的发育关系，揭示神经元产生和环路形成的分子调控机制，并对其中关键的细胞类型进行系统的功能研究，为最终绘制完整的人脑细胞图谱奠定重要基础。

（孙启明）

人文社会科学学术成果评价发布

3月27日，中国人民大学发布《2017年度复印报刊资料转载指数排名研究报告》和《复印报刊资料重要转载来源期刊（2017版）》两项成果。在2017年度复印报刊资料转载指数排行中，共有500余种人文社科期刊和300余家作者机构上榜，如《中国社会科学》《学术月刊》《北京大学学报（哲学社会科学版）》等学术期刊在各类综合刊榜单中位列第一。《复印报刊资料重要转载来源期刊（2017年版）》则根据转载数据和同行专家评议结果，共有745种期刊最终入选。复印报刊资料系列评价研究成果于2001年3月首次发布，相继在《光明日报》《中国新闻出版广电报》等各大平面和网络媒体持续发布18年。

（陈伟杰）

《改革开放40年之国家治理变革之道》报告发布

3月28日，中国人民大学发布《中国之治：坚持方向，混合至上——改革开放40年之国家治理之道》的报告。报告梳理和总结改革开放40年间国家治理变革的重要内容。报告指出改革开放40年间的国家治理之道的模式可以概括为“坚持方向，混合至上”。“坚持方向”即坚持社会主义方向；“混合至上”指混合型的治理体制，体现在政治体制的民主集中制、经济体制的社会主义市场经济和文化价值体系的社会主义核心价值观之上。中国在改革开放40年间发展起来的“坚持党的领导、人民当家作主和依法治国的有机统一”的制度，体现权威—民主—法治的动态平衡，“好政治”的制度优势也在强大的国家治理能力上得到有力的证明。报告包括7个分报告。

（陈伟杰）

健康城市报告发布

4月18日，清华大学地球系统科学系与《柳叶刀》（The Lancet）期刊联合发布《健康城市：释放城市力量，共筑健康中国》的报告。报告分析中国在快速城市化背景下城市所面临的健康挑战，提出建设健康城市的建议。这是《柳叶刀》创刊近200年来首次和中国研究机构合作。报告由清华主导，国家卫健委疾病预防控制局、世卫组织驻华代表处等机构和高校45名专家学者组成委员会，历时两年完成。

（张含晨）

《马克思主义发展史》一至三卷出版

4月25日，中国人民大学组织编写的《马克思主义发展史》一至三卷出版。《马克思主义发展史》（十卷本）是国家出版基金项目和“十三五”出版规划项目，全书700万字，以整体性的视野完整阐述马克思主义170余年来的形成、发展和在新的实践中不断深化的历史过程。是截至2018年规模最大、体系最完整的马克思主义史研究著作，由人民大学组织编写，人民出版社出版，人民大学党委书记靳诺担任主编。该书第一至第三卷是其中的马克思、恩格斯部分，吸收学术界最新研究成果，运用大量新文献、新资料，体现中国马克思主义史研究的新发展、新成就。

（陈伟杰）

国产M55J级高强高模碳纤维制备取得突破

5月8日，北京化工大学在国产M55J级高强高模碳纤维制备的研究方面取得突破。学校国家碳纤维工程技术研究中心领衔的研究团队自主研发并掌握国产M55J级高强高模碳纤维（6K）制备关键工艺技术；自主设计研制成功高温石墨化设备，形成M55J级高强高模碳纤维工程化生产能力；产品满足热熔预浸和热熔缠绕工艺要求，制备出相应典型结构试验件，通过科技部验收，实现从工艺到装备的完全国产化制备。

（肖勇）

超强碳纳米管纤维领域重大突破

5月14日，清华大学在全球首次报道接近单根碳纳米管理论强度的超长碳纳米管管束，其拉伸强度超越目前发现的所有其他纤维材料。研究团队采用气流聚焦法，制备出具有确定组成、结构完美且平行排列的厘米级连续超长碳纳米管管束，把管束的拉伸强度提高到80GPa以上，接近单根碳纳米管的拉伸强度，并证明随碳纳米管根数增加，强度可以保持。其团队在《自然纳米技术》在线发表《拉伸强度超过80GPa的碳纳米管管束》的研究论文。

（袁浩歌）

首次得到水合钠离子的原子级分辨图像

5月14日，北京大学研究成果 The effect of hydration number on the interfacial transport of sodium ions 在《自然》（Nature）上发表。北大物理学院量子材料科学中心课题组、化学与分子工程学院课题组与中国科学院/北京大学联合课题组合作，继2014年获得世界首张亚分子级分辨的水分子图像后，再次取得突破，首次得到水合钠离子的原子级分辨图像，并发现一种水合离子输运的幻数效应。

（徐聪颖）

“月宫365”实验再创世界纪录

5月15日，北京航空航天大学“月宫365”实验志愿者出舱，再创世界纪录。“月宫365”实验于2017年5月10日开始，历时370天，是世界上时间最长、闭合度最高的生物再生生命保障系统实验。实验主要任务是研究一个生物系统如何实现为不同代谢水平的乘员组提供生命保障，并保持系统稳定。实验志愿者8人，分为2个乘员组，设置3班。其中，第二班于2017年7月9日入舱，2018年1月26日出舱，历时200天，打破由俄罗斯创造的同类系统中最长驻留180天的世界纪录。“月宫365”实验场地“月宫一号”是中国第一个、世界上第三个生物再生生命保障地基有人综合密闭实验系统，也是世界上第一个成功的四生物链环系统。

（朴悦嘉）

发现氨基酸依赖的 mTOR 调控新机制

5月16日，北京大学分子医学研究所、北大—清华生命科学联合中心的研究论文 KLHL 22 activates amino-acid-dependentm TORC1 signaling to promote tumorigenesis and ageing 在《自然》（Nature）杂志发表。其研究发现 E3 泛素连接酶 KLHL22 对氨基酸依赖的哺乳动物雷帕霉素靶蛋白（mTORC1）的调控具有重要作用，同时证明 KLHL22 能够影响乳腺癌发生和机体衰老进程。

（孙启明）

成年非人灵长类脊髓损伤修复难题破解

5月29日，北京航空航天大学的修复成年非人灵长类脊髓损伤研究成果在《美国科学院院刊》发表。该研究与首都医科大学及同济大学共同完成。研究首次证明，中国自主研发的活性生物材料可改善损伤局部微环境，促进非人灵长类恒河猴的皮质脊髓束（CST）长距离再生，越过损伤区与宿主脊髓建立起功能性神经网络从而使截瘫肢体功能恢复。

（朴悦嘉）

《中国生态旅游大数据报告》发布

6月9日，北京联合大学国家智慧旅游重点实验室发布《中国生态旅游大数据报告》。报告采取大数据抽样分析的方法截取2017年3个时间段，以主要生态旅游景区的1537万份生态旅游消费者数据为基础，洞察生态旅游客群的消费偏好。报告显示，中国生态旅游游客以中青年为主，已婚、

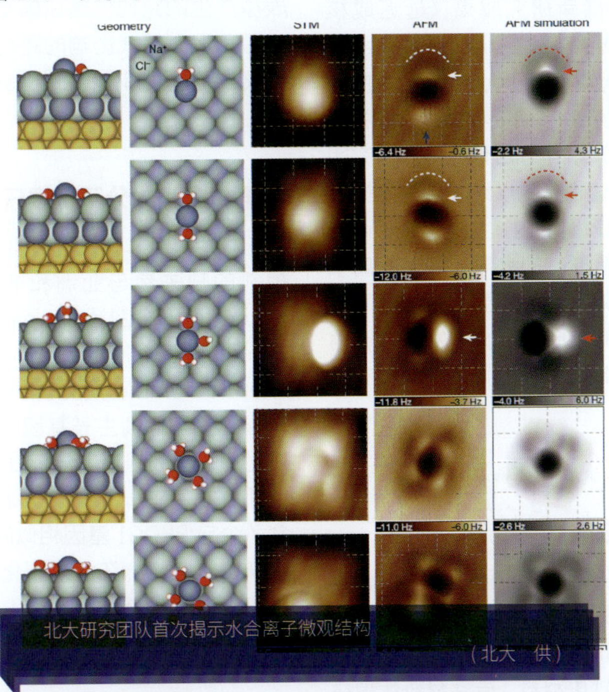

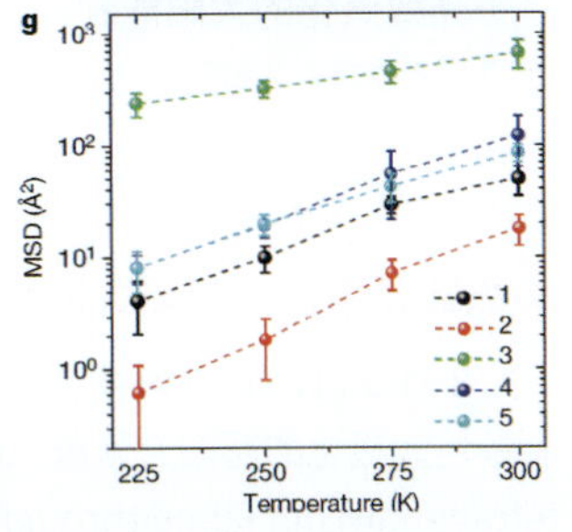

北大研究团队首次揭示水合离子微观结构

（北大 供）

已育占比较大；出游时间以暑期和国庆假期居多，4 月形成一个小高峰；高达 59% 的生态旅游游客选择驾车出行，自驾游成为生态旅游最主流的出行方式。

（王岩）

暗物质实验合作组获世界领先成果

6 月 12 日，清华大学主导的中国暗物质实验合作组获世界领先成果。合作组利用液氮直冷点电极高纯锗探测器在 4～5 GeV 范围内给出 8×10^{-42}cm^{2} 的自旋无关暗物质直接探测灵敏度，为截至 2018 年世界最好结果。合作组在国际物理学期刊《物理评论快报》(Physical Review Letters）上在线发表题为《基于 CDEX-10 实验首批 102.8 公斤 · 天数据的轻质量暗物质限制》(Limits on light WIMPs from the first 102.8 kg-days data of the CDEX-10 experiment）的研究论文。

（张含晨）

《中国绿色减贫发展报告（2017）》发布

7 月 31 日，北京师范大学中国扶贫研究院、国务院扶贫办全国扶贫宣传教育中心、经济日报出版社联合发布《中国绿色减贫发展报告（2017）》。报告由总报告（新时代中国绿色减贫发展新探索）、专题研究报告和案例报告三部分组成，总结实践中的绿色农业产业化扶贫、绿色生态旅游扶贫和观光农业扶贫、光伏产业扶贫、电商扶贫实践五个扶贫模式，并分别展开专题研究。

（申政）

激光等离子体气泡机理研究取得重要进展

7 月，北京航空航天大学最新研究成果《延迟成核触发的超大超动态新形态激光等离子气泡》(Giant and explosive plasmonic bubbles by delayed nucleation) 在《美国科学院院刊》(PNAS）在线发表。该研究与荷兰特温特大学德特勒夫罗斯（Detlef Lohse）院士等合作开展。研究团队采用帧频高达 25MHz 的超高速相机，以纳秒级的测量分辨率，首次发现在激光照射后很短时间内，金纳米粒子修饰的材料表面会快速生成一种全新形态的大尺寸激光等离子气泡。研究团队建立基于热扩散和液体亚稳相分解的模型，系统揭示初始激光等离子气泡的生成机理。该发现有望为基于光致汽化的太阳能利用、细胞疗法和微纳操纵等应用提供更有效解决途径。

（朴悦嘉）

负热膨胀体系铁电研究取得进展

8 月 3 日，北京科技大学研究成果“通过相界面应变制备巨大极化的超四方薄膜”(Giant Polarization in Super-tetragonal Thin Films through Interphase Strain) 发表在《科学》(Science)。该研究着眼铁电材料，专注材料体积在温度上升情况下产生反常收缩的“负热膨胀性”进行持续深入研究，揭示铁电极化对负热膨胀的作用机制。在此基础上，该研究提出通过“相界面应变”，不受基底影响调控铁电材料晶格的方法，成功制备出“超强”铁电体薄膜，使铁电材料功能特性得到显著提升且更加稳定，为铁电材料在铁电存储器、可调谐微波器件、大容量电容、压电传感器件等领域的应用拓宽空间。

（陈曦）

中国妇女教育发展报告 NO.3 出版

8 月，中华女子学院妇女教育蓝皮书系列《中国妇女教育发展报告 NO.3——高等教育中的女性》出版。该书以“中国高等教育中的女性”为主题，包括 11 章内容，共计 42 万字。展示高等教育中的女大学生、女教师、女管理者等不同女性的基本状况，从社会性别视角揭示法律、政策对女性群体的影响，研究不同女性群体在发展中面临的突出困难和问题，探寻保障和促进高等教育领域性别平等的途径与机制。截至 2018 年，学校连续出版 3 本妇女教育蓝皮书并成为学校妇女教育研究品牌。

（杨莉锋）

外界母源刺激对家禽后代的跨代传递研究取得进展

9 月 30 日，中国农业大学动物科学技术学院研究团队在《美国实验生物学会联合会会志》(The FASEB Journal）上发表题为《外界母源刺激对家禽后代影响的跨代传递研究》(Transgenerational Transmission of Maternal Stimulatory Experience in Domesticated Birds) 的研究论文。该研究以蛋鸡群体（n＝1606）为动物模型，揭示外界免疫刺激母本（F0）后，对随后子代（F1、F2）表型产生的跨代传递现象及表观遗传机制。该团队在外界母源刺激对后代影响的跨代传递研究中取得重要进展，对畜禽生产管理和育种工作具有重要参考意义。

（戴晓曦）

水稻株型驯化分子机理研究取得进展

10 月 8 日，中国农业大学研究成果《PROG1 基因相邻的缺失参与亚洲和非洲水稻的株型化》(Deletions linked to PROG1 gene participate in plant architecture domestication in Asian and African rice）在《自然 · 通讯》(Nature Communications）杂志在线发表。该研究在前期克隆野生稻匍匐生长基因（PROG1）的基础上，进一步通过遗传和基因组序列分析发现，亚洲栽培稻在 PROG1 基因相邻位置存在一个约 110-kb 的染色体缺失。该缺失片段包含 7 个与 PROG1 基因相似的锌指基因，形成一个锌指基因串联重复结构。在水稻驯化过程中，该染色体片段的缺失导致功能锌指基因的丢失，推动株型的转变，最终实现产量的大幅度提高。

（戴晓曦）

中国金融科技创新发展指数发布

10月13日，中央财经大学发布中国金融科技创新发展指数。该指数基于86T的金融数据和国内领先的金融知识图谱以及176万亿次计算能力，用来评价金融企业和金融科技企业的金融科技创新能力和金融科技综合服务创新能力，实现静态、动态和APP三种发布形式。基于指数评价结果，中央财大公布面向金融企业的金融科技创新奖和面向金融科技公司的金融科技综合服务创新奖。

（任婷）

发现早期宇宙中最大的原初星系团

10月15日，北京大学科维理天文与天体物理研究所领衔的国际团队在《自然·天文》（Nature Astronomy）在线发表论文 A giant protocluster of galaxies at redshift 5.7。该论文被选为当天唯一的高亮（highlight）文章。该研究发现宇宙早期一个超大质量的原初星系团。该原初星系团最终会塌缩为质量 3.6×10^{15} 太阳质量的星系团，使之成为目前已知宇宙早期最大的原初星系团。

（徐聪颖）

北大科维理天文与天体物理研究所发现宇宙早期一个超大质量的原初星系团（北大 供）

CPU硬件安全动态检测管控技术入选全球领先科技成果

11月7日，清华大学研制的集成电路硬件安全技术“CPU硬件安全动态检测管控技术”入选2018届世界互联网大会15项全球领先科技成果。该技术以CPU的行为跟踪为基础，通过快速分析和识别来判断CPU运行过程中是否存在损害其硬件安全的行为，克服传统的在CPU芯片商业部署前进行安全检测无法有效应对软硬结合的复杂硬件安全攻击、难以发现全新硬件技术漏洞等先天不足。

（张含晨　袁浩歌）

实现三端垂直磁各向异性纳米磁隧道结的无磁场翻转

11月12日，北京航空航天大学研究成果 Field-free switching of a perpendicular magnetic tunnel junction through the interplay of spin-orbit and spin-transfer torques 在《自然·电子学》（Nature Electronics）在线发表。该研究首次利用自旋轨道矩（Spin orbit torque，SOT）和自旋转移矩（Spin transfer torque，STT）的协同作用实现三端垂直磁各向异性纳米磁隧道结的无磁场翻转；通过调节STT电流密度，所需SOT电流密度可以显著降低，从而实现磁隧道结的超低能耗翻转；也为三端自旋存储器件占用面积过大的问题提供解决方案。

（朴悦嘉）

金属材料研究取得重要进展

11月14日，北京科技大学研究成果“有序间隙原子复合体增强高熵合金的强度和延展性”(Enhanced strength and ductility in a high-entropy alloy via ordered oxygen complexes) 发表在《自然》(Nature)。该研究以等原子比TiZrHfNb高熵合金为模型合金，添加适量的氧，突破性发现介于常规随机间隙氧原子和陶瓷相之间的新的间隙原子存在状态“有序间隙原子复合体 (Ordered Interstitial Complexes)”。它能够显著提高合金的强度和塑性，打破金属材料强度和塑性不可兼得的“魔咒”，为重新认识间隙强化和有序强化，从而进行高强度高塑性金属材料设计提供新思路。该研究提出的有序间隙原子复合体应变硬化机制突破以往研究提出的相变或孪晶变形等思路，为难以通过调节层错能或调控相变实现强韧化的合金体系提供提高强度和塑性的新途径。

（陈曦）

《清华大学藏战国竹简（捌）》成果公布

11月17日，清华大学出土文献研究与保护中心成立十周年之际发布《清华大学藏战国竹简（捌）》。该书收入8

11月17日，《清华大学藏战国竹简（捌）》中首次面世的《摄命》全文（清华 供）

篇前所未见的战国佚籍《摄命》《邦家之政》《邦家处位》《治邦之道》《心是谓中》《天下之道》《八气五味五祀五行之属》《虞夏殷周之治》，为先秦历史学、文献学、思想史等领域提供全新研究资料。

（张含晨 袁浩歌）

首个基于摩擦纳米发电机构建植入式心内压监测器件的研究成果发布

11月，北京航空航天大学研究成果《可经导管介入自供能超灵敏心内压传感器》（Transcatheter Self-powered Ultrasensitive Endocardial Pressure Sensor）在《先进功能材料》（Advanced Functional Materials）在线发表。该研究与中国科学院北京纳米能源与系统研究所共同完成，是首个基于摩擦纳米发电机构建植入式心内压监测器件的研究，具有向医疗器件发展的重要潜力，为微型化植入式自驱动医疗传感器件的研究提供新的思路。

（朴悦嘉）

发现首批三维保存的古鸟类尾羽琥珀

12月15日，中国地质大学（北京）科研团队发现世界上首批三维保存的古鸟类尾羽琥珀。研究标本来自缅甸北部克钦邦胡冈谷地，距今约1亿年，属于白垩纪晚期的最早期，不同形态的羽毛赋予恐龙和鸟类不同的功能，尾羽绝大多数出现在原始鸟类身上。研究初步揭开一亿年前古鸟类尾羽的秘密，研究成果在线发表于《古地理学报》。该研究与加拿大萨斯喀彻温省皇家博物馆教授、中国科学院古脊椎动物与古人类研究所研究员等合作开展。

（李媛媛）

新兴市场30国综合测度与发展前景研究成果发布

12月15日，北京师范大学发布《新兴市场30国（E30）：综合测度与发展前景》的研究成果。该项研究从客观实际出发，运用发展经济学的基本原理，结合中国改革开放40周年的发展实践及世界各国的发展现实，通过发展理论及其相关分析指标体系构建与测算，对“新兴市场”概念重新界定，基于规模总量、制度环境、经济增速、社会经济结构、发展动力等维度，对新兴市场国家进行甄别和遴选，最终确定“新兴市场30国”（E30）。即亚洲13国（中国、印度、印度尼西亚、伊朗、哈萨克斯坦、马来西亚、巴基斯坦、菲律宾、沙特阿拉伯、泰国、土耳其、乌兹别克斯坦、越南）、非洲5国（埃及、加纳、摩洛哥、南非、突尼斯）、拉丁美洲9国（阿根廷、巴西、智利、哥伦比亚、多米尼加、厄瓜多尔、危地马拉、墨西哥、秘鲁）、欧洲3国（波兰、罗马尼亚、俄罗斯）。

（申政）

中国医院科技量值首次发布

12月23日，中国医学科学院首次发布2018年（2017年度）中国医院科技量值。该项研究在以往医院科技评价体系的基础上，完善针对中国情况的医院科技能力评价指标体系，首次提出并运用“科技量值”（Science and Technology Evaluation Matrics，简称STEM）这一概念，围绕科技活动全过程，覆盖创新活动全链条，以统一标准、统一来源、统一方法，从科技产出、学术影响、科技条件三方面反映医院科技活动影响广度和深度。此次评价以全国1662家三级医院为对象，以国家标准《学科分类与代码》为分类依据，学科范围为该标准“临床医学”下的二级类目，以及“内科学”和“外科学”两个二级类目下的三级类目，针对医院的29个学科开展。经过评价，综合排名前三位的医院分别是四川大学华西医院、中国人民解放军总医院、中国医学科学院北京协和医院。

（易婧婧）

恒星消亡爆发瞬态揭秘

12月，清华大学物理系研究组与国内外近130名天文学家合作利用美国开普勒空间望远镜探测到一颗巨蟹座UGC4780星系的Ia型超新星SN 2018oh爆发的瞬态特征。这是人类首次观测到这类源于致密白矮星的完整爆发过程。清华研究团队通过分析全世界近20个天文台对这颗爆发星体的观测数据，发现在爆发早期点亮该超新星的能量可能存在两种物理机制，同时提出该超新星爆发抛射物中从里到外均存在未燃烧的碳元素，与已知的Ia型超新星不同，为Ia型超新星乃至超新星宇宙学研究提供新线索。

（张含晨）

教育科学研究

“社会、学校、家庭协同教育研究”课题成果推广交流会

1月19日，北京教育科学研究院举办用家长教师协会推动现代学校制度建设——北京市教育科学规划“十二五”重点课题“社会、学校、家庭协同教育研究”成果推广交流会。会议分享课题的研究成果，汇报课题开展5年来所面对的问题、采取的行动、取得的成果和反思，表彰30所优秀实验校，现场观摩北京市昌平区回龙观中心小学家长教师协会组织的教育活动和年度工作会议。来自16个区的实验校的教师共150余人参加会议。课题于2012年立项，完成《家长教师协会在构建现代学校制度中的应用和推广》研究报告；编写著作《为了儿童——家长教师协会的理论、经验与行动》《家校合作研究手记》；发表论文《家长在纯洁师生关系中的作用》《协同教育视角下主题家

长会实践探索》。

（赵澜波）

学生阅读水平测评与阅读发展促进成果发布

4 月 14 日，北京师范大学儿童阅读与学习研究中心“学生阅读水平测评与阅读发展促进”成果发布。研究成果认为从阅读能力的角度理解，一个成功的阅读者需要三阶阅读能力：首先是学会阅读（learning-to-read），这部分能力是阅读的必备基本技能；其次是为获得信息而阅读（reading-to-learn），从中获得新的信息和知识；第三是为实践而阅读（reading-to-do），这一层阶的阅读已经超越阅读理解本身，而扩展到批判性思维层面。在此理论基础上，测评体系主要从提取、推论、整合、评价等层面来系统考察学生的阅读能力。

（申政）

北京市教育规划课题立项 409 个

4 月 29 日至 6 月 1 日，北京市教育规划课题立项 409 项。其中，重大课题 1 项、优先关注课题 26 项、重点课题 40 项、校本研究专项课题 40 项、青年专项课题 31 项、一般课题 271 项。至年底，处理重要事项变更 39 项、中期检查课题 200 项、完成 165 项课题结题鉴定。

（庞立场）

北京市家长素质状况调研

4 月至 11 月，北京教育科学研究院受市妇联委托开展北京市家长素质状况调研。调研采用文献研究、问卷调查、座谈与访谈 3 种途径，并就有关北京市家长素质提升的工作机制和公共政策进行可行性研究。抽取城区和郊区的幼儿园家长 10043 人作为样本量，开展家长素质问卷调查，了解家长的基本文化素质、思想道德素质和教育观念、教育方法等素质以及家长素质提升需求，挖掘家长在家庭教育中体现出来的优秀品质与经验，发现家长在家庭教育中的难点和困惑，及对家庭教育支持、指导和服务的需求和期望等。通过对北京市公办幼儿园和民办幼儿园园长、家庭教育专家的访谈，了解当前家园共育工作、家庭教育研究和实践中面临的问题和政策需求，并完成《北京市家长素质调研报告》。

（李一凡）

校外教育理论与实践研讨

5 月至 11 月，北京校外教育协会举办第七届北京校外教育理论与实践研究征文活动。全市 39 家校外教育机构、9 家校外教育场馆、9 所学校参与活动，共报送 195 篇论文、292 篇活动案例。经评审委员会初评、复评、终评，87 篇论文、122 篇案例获奖，其中，一等奖论文 17 篇、二等奖论文 29 篇、三等奖论文 41 篇，一等奖案例 24 篇、二等奖案例 41 篇、三等奖案例 57 篇。

（安彦臻）

儿童伤害干预试点项目研究

6 月至 12 月，北京教育科学研究院与联合国儿童基金会中国办事处、中国疾病预防控制中心合作开展“儿童伤害干预试点项目”研究，在全国推广《安全小卫士》儿童伤害预防教育北京模式。项目组撰写专著《学生伤害预防教育的理念、模式与推广策略》，同时编写儿童伤害预防教育中学版教材，承担全国 6 个省 22 个地区儿童伤害预防教育教师培训与教学指导。项目在河北省的试点学校启动，在陕西省、广东省深圳市龙华区和宝安区开展教师研修活动。《安全小卫士》由北京教科院与教师研修网合作研发，11 节优秀课例入选教育部国家教师培训计划，充实国家教师培训计划在安全教育领域的内容覆盖。

（马莉）

《北京教育发展研究报告·2018 年卷》编著完成

至 9 月，北京教育科学研究院完成《北京教育发展研究报告 · 2018 年卷》编著。报告以“‘四个中心’建设与首都教育新使命”为主题，分析首都城市战略定位与教育功能关系并开展前瞻性研究，明确 2035 年首都教育的发展方向和重点，以推进首都教育现代化向更高水平迈进。该书在内容上分概述、比较、审视、展望 4 个部分，共计 8 篇研究报告。

（唐科莉）

学生综合素质评价论坛

10 月 18 日和 12 月 8 日，北京教育科学研究院分别举办北京市中小学生综合素质评价论坛和高中学生综合素质评价论坛。中小学生综合素质评价论坛上，13 个区的 17 名教师作大会发言，从专题研究、学校实践、区域推进机制层面就综合素质评价的校本化实施、评价内容与方式、评价策略、评价机制的建立等方面开展交流。来自各区教委、教科研部门及学校的相关人员共计 240 余人参加会议。高中学生综合素质评价论坛上，围绕学生综合素质评价作为考试招生制度改革和评价制度开展深入研讨，来自北京、上海、天津、重庆等省市高等学校、教育科研单位和高中学校的领导、专家、研究人员、教师等共 180 余人参加论坛。

（曹飞　吕晓丽）

基于学生发展核心素养的课改深化研讨会

10 月 30 日，北京教育科学研究院在北京市中关村中学召开基于学生发展核心素养的课改深化专题研讨会。研讨内容包括学校课改深化的整体推进汇报交流，设立基于学科核心素养的课程整体设计与实践、落实学科核心素养的教与学方式创新、学生发展指导的制度化设计与课程实践 3 个分论坛的专题研讨，24 节课堂观摩核心素养的教学落实。北京教科院、北京师范大学、海淀教委相关负责人，以及各区课程负责人、骨干教师 400 人参加会议。

（范佳午）

2018 学校影响力大会

11 月 8 日，北京教育科学研究院召开 2018 年度学校影响力大会。会议以“新时代 · 新探索”为主题，通过交流展示学校在科研引领下的课程建设、网络教学、实践活动、智慧校园等创新成果，展现教育科研让学校焕发活力，促进学校内涵发展的新探索。各区教科所相关人员、年会论文获奖代表及北京教科院实验学校教师等 280 余人参加会议。

（汪志广）

第二批基础教育科研先进学校被表彰

11 月 8 日，北京教育科学研究院表彰“十三五”第二批北京市基础教育科研先进学校。评审工作采取学校自评申报、各区初评推荐名单、各区教科所评审、市级专家评审 4 个程序，在市级评审中安排入区到校考察。根据两轮评审结果，按照各区科研总体水平及分配比例，评出科研先进校 100 所。北京大学附属小学、北京市京源学校、北京市东城区史家实验学校作为代表，在 2018 学校影响力大会上作典型经验交流。

（汪志广）

中小学心理健康教育优秀成果展示交流活动

11 月 14 日，市教委和北京教育科学研究院联合主办北京市中小学心理健康教育优秀成果展示交流活动。活动以“唤醒生命能量、激发成长动力”为主题，通过现场课、个体辅导案例、校园心理剧等形式，展示近年来北京市中小学心理健康教育的优秀成果。顺义区教师研修中心、顺义区杨镇第一中学和西辛小学分别介绍区域和学校心理健康教育工作的整体情况；西城区、海淀区、通州区、顺义区、昌平区和大兴区的 8 名中小学教师展示不同主题的心理健康教育活动课和个体辅导案例；杨镇一中和后沙峪中心小学的学生表演两场校园心理剧；朝阳区中小学心理教师展示即兴心理剧。活动为获奖教师颁发证书，并对现场课和个体辅导案例进行点评。活动在杨镇一中举办，来自各区的心育教研员和学校心理健康教育教师 230 人参会。北京市中小学心理健康教育优秀成果展示交流活动连续举办 8 年。

（朱凌云）

11 月 14 日，北京市中小学心理健康教育优秀成果展示交流活动
（北京教科院　供）

中小学生综合素质评价基地校专题研究系列研讨会

11 月至 12 月，北京教育科学研究院举办北京市中小学生综合素质评价基地校专题研究系列研讨会。研讨活动包括高中学段全体基地校的阶段汇报交流、初中学段以区域科研人员为主的研讨和小学学段走进学校的具体指导。全市各区教委及有关科室负责人、教科所专职科研人员，基地校课题负责人及课题组成员，以及全区中小学教师代表共 400 人次参加研讨活动。

（曹飞）

北京学校体育科学大会

12 月 8 日，市教委召开 2018 年北京学校体育科学大会。会议为获得优秀展示奖和优秀组织奖的个人和单位颁发奖牌。会议由北京市大学生体育协会和北京市教育学会体育研究会、北京教育学院承办，来自各区教委、高校体育部、中小学体育教研员、论文获奖者代表共计 500 人参加会议。该工作于 6 月启动，经过个人网上申报、区级网上初审、市级网上专家审核、复审、终审等流程，最终评选出优秀获奖论文，其中，中小学个人申报 1826 篇，获奖 861 篇；高校个人申报 653 篇，获奖 305 篇，获奖论文总体上反映近年来北京市学校体育研究进展、研究水平和研究成果。

（石燕）

减轻中小学生课外负担的实践研究

至 12 月，北京教育科学研究院受市委教育工委、市教委委托开展“减轻中小学生课外负担的实践研究”课题研究。课题研究在梳理减负政策历史沿革的基础上，分析减负政策实施效果及其存在的问题；通过对学生 9486 人、家长 9330 人、教师 725 人的问卷调研，了解课外负担的客观现状、产生原因、主观感受;发现课外负担的新情况、新变化;得出 8 个方面的基本结论；提出减轻课外负担在治理校外培训机构、规范办学行为、学校“课后三点半”教育活动等方面 10 条政策建议。

（李海波）

民办非学历高等教育机构管理研究

12 月，北京教育科学研究院完成北京市民办非学历高等教育机构办学标准与管理办法专题研究。课题组通过赴江苏、上海、广东等地的民办高校开展专题调研，全面了解各地民办高等教育监督管理的实践与经验，完成《北京市民办非学历高等教育机构办学现状研究》《北京市民办非学历高等教育机构管理政策研究》等研究报告和 4 个省市调研报告。

（丁秀棠）

15 项课题入选全国教育科学规划课题

至年底，北京市教育科学规划办公室组织完成全国教育科学“十三五”规划 2018 年度课题申报工作。共报送课题申报材料 123 项，15 项入选全国教育科学规划课题。

（庞立场）

民办教育分类管理配套政策研究

至年底，北京教育科学研究院完成民办教育分类管理配套政策研究。项目组召开专家咨询会、专题研讨会，调研工商、税务、编制、发展改革、土地等政府部门，全面了解北京推进民办教育分类管理遇到的困难，最终完成《北京市民办教育分类管理政策设计与制度衔接研究报告》《现有民办学校分类登记的实施成效与制度衔接的反思与建构》等专题报告 11 篇。项目研究成果为北京制定民办教育政策文件《北京市人民政府关于鼓励社会力量兴办教育促进民办教育健康发展的实施意见》《北京市民办教育分类登记办法》和《北京市营利性民办学校监督管理办法》提供决策参考。

（李曼　周蔺）

教育教学研究

中学物理实验教学展示交流颁奖活动

1 月 4 日，北京教育科学研究院举办第七届北京市中学物理实验教学展示交流颁奖活动。活动围绕“促进深度学习的物理实验教学重难点突破”主题,分初中和高中两个会场,举办获奖教师代表说课展示、专家点评、集体颁奖。16 个区的教师代表、获奖教师等 200 余人参加活动。

（时雁）

《普通高中生物学课程标准》（2017 版）发布

1 月 16 日，北京师范大学主持修订的《普通高中生物学课程标准》（2017 版）发布。新修订标准凝练学科核心素养、聚焦生物学大概念、更新课程的基本理念、整合生物学课程目标、优化课程结构与内容、新增学业质量及水平。该标准在教育部普通高中课程方案和各学科课程标准新闻发布会上发布。修订项目组在全国各地广泛调研的基础上，经过 3 年完成修订。

（申政）

首都教材数字化协同研究中心成立

3 月 11 日，北京教育科学研究院召开首都教材数字化协同研究中心启动大会。研究中心由北京出版集团、北京教科院、人教数字教育研究中心共同组建，以统编三科教材和京版教材为依托，以京版云平台为路径，开展北京教育信息化研究、培训和服务。

（时雁）

国际作曲技术理论教学公开课

3 月 17 日至 21 日，中国音乐学院举办教学实践公开课暨第一届国际作曲技术理论专题交流季活动。活动围绕 21 世纪作曲技术理论教学、作曲技术理论的传承与发展、作曲技术理论在不同音乐文化中的应用等方面探讨交流，集中开设 13 节教学实践公开课，围绕和声、音乐理论教学等 5 个议题开展专题发言与讨论，并推出《国乐》《理论东来、音乐西去》2 场彰显中国音乐特色及中西音乐交流成果的音乐会。活动作为作曲技术理论课程改革工作的重要组成部分，系列活动旨在梳理并解决作曲技术理论课程改革中的重要理论问题，来自中国、美国、德国等 7 个国家的专家学者 29 人参与授课，近百人参加活动。

（江瑾尧）

高中课改系列指导意见编制完成

3 月至 6 月，北京教育科学研究院编制完成《普通高中 2018 级课程实施指导意见》。指导意见依据教育部《普通高中课程方案（修订）》和语文等学科课程标准，相应调整指导意见中课程结构名称，物理、综合实践活动等课程的必修学分或内容。同时起草《普通高中学生选课及生涯发展指导实施意见》《普通高中班级管理制度建设指导意见》《高中学校课程、师资资源建设与共享实施指导意见》《关于做好普通高中选课工作指导意见》文件。开展面向全市的高中课程方案培训，相继培训各区教育行政部门、教研机构负责人、高中校长等 6900 人次。

（黄晓玲）

中小学实验教学说课活动

3月至9月，市教委委托北京教育科学研究院和北京市教育技术设备中心组织开展2018年北京市中小学实验教学说课活动。初中和高中物理、化学、生物实验教学说课活动设置个人网上申报、网上初评、复评、终评等环节，123名教师参加评选，6名教师被推荐参加第六届全国中小学实验教学说课活动。其他学科采取市级教研员遴选、说课团队集体备课形式推荐，9名教师推荐参加第六届全国中小学实验教学说课活动。经过评比，9名教师入选现场展示案例名单，3名教师展示课例入选优秀作品集。

（陆小红　赵文强）

原创课程辅导资源征集评优

3月至10月，北京教育科学研究院开展北京市第五届首都原创课程辅助资源评审。评审工作采取校、区、市三级征集、评审的流程，面向各中小学校教师，各区相关部门的教育工作者，及其他具备资源开发能力的人员，旨在全市范围内挖掘已经成熟应用的优质资源，征集评选出一批学生喜欢、教师好用、类型丰富、具有示范作用的原创资源，实现教材与资源配套同步，更好地支持日常教与学应用、首都基础教育课程改革向纵深推进。经市级各学科专家评定，评出一等奖406个（占12.88%）、二等奖731个（占23.20%）、等外2014个（占63.92%），优秀组织奖10个。

（余发碧）

中小学语文教育大会

4月20日，市教委召开北京市中小学语文教育大会。会议以“核心素养取向的语文课堂变革：观念与途径”为主题，分为专家讲座、课例展示和主题研讨2个部分，课例展示和主题研讨部分设5个分论坛。专家讲座中，北京大学、北京师范大学、北京市第二中学等单位的专家学者作主旨发言。5个分论坛的主题分别为：传承中华优秀传统文化、整本书阅读、落实语言实践活动的语文学习方式变革、指向核心素养的教学方式变革和小学语文整合性教学。教育部、市委教育工委、市教委领导，各区教委、教科研部门相关负责人，中小学语文学科教师、教研员代表等600人参加会议。会议特别邀请河北、天津语文教师代表参与交流，全面总结北京市中小学语文教育成果和经验。

（赵以文　时雁）

3月5日，怀柔喇叭沟门满族乡中心小学开展“闹元宵、猜灯谜”语文实践活动　（怀柔喇叭沟门满族乡中心小学　供）

中小学教师优秀课堂教学设计征集与评选

5月22日至25日，北京教育科学研究院组织完成“2018年北京市中小学教师优秀课堂教学设计征集与评选”年度终评工作。活动主题为“促进核心素养发展，关注学生实际获得”，设有西城、东城、海淀、朝阳、丰台、顺义、通州区7个会场，28个学科的400余名教师参加现场说课与答辩。来自北京教科院、北京师范大学、首都师范大学、北京教育学院、各教材出版社等单位的100余名学科专家及工作人员参加终评工作。全市近千名教师到现场观摩，网络同步直播。经过评审，评出一等奖400个。

（时雁）

北理工附中推进阅历课程建设

5月至12月，北京理工大学附属中学推进阅历课程建设。5月，在初中增设阅历课程，组织初一年级到安徽开展阅历课程学习；11月，小学部六年级师生首次开启阅历课程之雄安发现之旅；12月，高一年级新增阅历课程之冰雪课程。学校研发的阅历课程发现之旅从高中扩展至初中、小学，形成从科技强国为主题的“中国系列”，到非物质文化遗产体验为主题“爱国系列”的跨人文、科技、企业、红色多领域阅历课程。2017年，学校首先在高一年级开设阅历课程之发现之旅，设置人文、科技、红色基地探访、研究实践活动等9条线路；2018年，阅历课程之发现之旅增至12条线路。

（关健　彭警）

北京市课程建设优秀成果评选

6月4日，北京教育科学研究院公布2017—2018学年度北京市课程建设优秀成果评审结果。在各区初评推优的基础上，全市217项成果进入复评，最终评出一等奖36个、二等奖78个、三等奖103个。

（李群）

职教法律文秘专业国家教学资源库通过验收

7月5日，北京政法职业学院和司法部行指委主持的职业教育法律文秘专业国家教学资源库通过教育部验收。资源库自2015年6月批准立项，经过3年建设，建成10个栏目、3个平台、6类用户频道、19门标准化课程、18门培训课程、580门微课；建成资源总量31105条，完成建设任务的113%，超额完成建设任务目标。项目推广应用效果良好，注册用户30210人，分布在18个省、自治区和直辖市，主持校相应专业教师使用资源库进行专业教学的学时数占专业课总学时的比例达94.60%，参建院校该比例达40%以上；开展培训86787人次，资源库总计访问590余万次。完成应用法律研究与服务142项，完成率142%。资源库建设辐射法律文秘、法律事务、司法助理、警务管理、刑事执行等10余个专业，推进专业群建设，发挥示范辐射效应。

（李治建）

新时代背景下的外语教学研讨会

9月7日至9日，北京第二外国语学院举办“新时代背景下的外语教学：困境、挑战与出路”系列学术研讨会。会议针对外语教育学的创立与建设、外语专业与产业人才培养、外语课堂教学模式创新、学生外语能力培养、外语教学实践与科研创新等诸多涉及外语高效课堂教学的宏观和微观议题展开研讨，提供解决当前课堂教学问题的新思路、新观点。来自全国70余所院校、科研机构的180余名教师、学生参加会议。

（王薇）

职业院校教学能力比赛

9月9日，由市教委主办、北京教育科学研究院承办的2018年北京市职业院校教学能力比赛暨全国职业院校技能大赛教学能力比赛选拔赛在北京市昌平职业学校举办。比赛设置教学设计、课堂教学、实训教学3个比赛项目，按照中等职业教育和高等职业教育分成2个大组，共279件作品参加比赛，包括中职学校135件、高职院校144件。经专家组评审，评选出一等奖35项（中职17项、高职18项），二等奖59项（中职28项、高职31项），三等奖91项（中职46项、高职45项），6个区教委和6所职业院校获优秀组织奖。11月24日至26日，北京市职业院校代表队参加2018年全国职业院校技能大赛职业院校教学能力比赛，36项参赛作品中的34项作品获奖，包括一等奖12项（中职5项、高职7项），二等奖14项（中职9项、高职5项），三等奖8项（中职4项、高职4项），获奖率94.44%，总成绩居全国第二，市教委获最佳组织奖。

（项明）

“启航杯”教学风采展示活动总结交流大会

9月29日，北京市中小学新任教师第二届“启航杯”教学风采展示活动总结交流大会在北京教育学院召开。新任教师从教学设计、说课和微格展示3个方面全方位展现一年的培训、实践成果。组委会专业组为更好地分析新教师教学设计、说课和教学技能的表现，将评价指标细化分解，设计调查问卷，每个展示现场的评委现场评价。最终，126人获奖。会议为获奖代表颁奖。北京市611名新任教师代表全市2017年新入职的4700余名中小学教师参加教学风采展示活动。

（石燕）

9月9日，北体职院教师参加2018年北京市职业院校教学能力比赛（北体职院　供）

中小学数学教育大会

9月29日，市教委、北京教育科学研究院召开北京市中小学数学教育大会暨京津冀基础教育课改联盟工作会。会议以“人人获得良好的数学教育——中小学数学课堂学习变革”为主题，聚焦数学学科教学改革，全面总结交流北京市中小学数学教育成果和经验，设立整体视角下的单元教学、问题引领儿童深度学习、“数学好玩”与“玩好数学”、数学关键能力的解析与获得、认知加工与数学复习活动的整合5个分论坛。同时召开京津冀基础教育课改联盟工作会，邀请三地教育行政、教研、考试、电化教育等部门相关负责人研讨交流课改联盟工作。中国科学院院士、东北师范大学教授等专家作专题报告。教育部、市教委、北京教科院领导，各区教委、各区教科研部门相关负责人，京津冀三地中小学数学学科教师、教研员代表等600人参加会议。

[illegible] 燕山东风小学开展生涯教育主题活动

（燕山东风中学　供）

（赵以文　时雁）

中小学体育与健康教育大会

10月30日，市教委、北京教育科学研究院召开北京市中小学体育与健康教育大会。会议以“享受乐趣、增强体质、健全人格、锤炼意志——为每一位学生的终身健康奠基”为主题，根据不同学段学生身心特点和发展需求，设立“游戏，让孩子们爱上体育”“比赛，促青少年人格完善”和“专项，助学生运动能力提高”3个分论坛，全面研讨和交流如何引导广大一线教师关注课堂教学，提高体育教学实效。各区教委、教科研部门负责人，中小学体育与健康学科教师、教研员代表600人参加会议。会议邀请河北、天津教师代表参会交流，并通过网络直播的形式带动京津冀教研联盟千余人观看直播。

（时雁）

全国落实《中小学综合实践活动课程指导纲要》深化教育改革工作推进会

10月31日至11月2日，北京教育科学研究院和朝阳区教育研究中心联合召开全国“落实《中小学综合实践活动课程指导纲要》深化教育改革工作推进会”。会议听取教育部教材局专家、中国教育科学研究院研究员、北京开放大学校长分别作专题讲座，北京市朝阳区第二实验小学校长作主题发言。文件研制核心组成员、教育部教材局专家柳夕浪作“《中小学综合实践活动课程指导纲要》政策要点”详细解读，介绍文件出台的背景，针对“综合与分科的问题”“生成与预设的问题”“研究性学习与综合实践活动”以及“国家、地方、学校三级主体关系”四方面需要重点关注的问题进行分析和说明，并且指出劳动教育要与综合实践活动的各种方式有机融合，而不是独立开展技术训练。会议在朝阳实验二小召开，来自京津冀以及山东、辽宁、江苏、浙江等地的专家、教研员、学科教师代表等500人参加会议。

（时雁）

普通高等学校公共艺术课展评活动

10月至12月，市教委开展北京市普通高等学校公共艺术课展评活动。活动面向全市普通高等学校在职、在编教师，要求讲授公共艺术课3年以上，年龄原则上不超过50岁。共有29名选手报名参赛。经过专家评审组打分、投票、集体合议，评出一等奖3人、二等奖6人、三等奖13人。活动由首都师范大学美育研究中心承办。

（徐春生　霍达）

卓越大学联盟高校青年教师教学创新大赛

11月25日，北京理工大学举办第二届卓越大学联盟高校青年教师教学创新大赛现场决赛。比赛突出“以学生为中心”的教学创新，引领高校青年教师树立“以学生为中心”的人才培养理念，改变传统教学模式，实现高效课堂、深度学习。参赛教学创新主题包括：基于翻转课堂模式的教学设计与实践、能力导向的研究型课程开发、成果导向的教学设计与策略、体现“以学生为中心”的其他教学创新设计。经过初赛选拔、专家网上评审等环节，来自卓越大学联盟高校的140余名选手进入现场决赛。经过角逐，共评出一等奖10个、二等奖21个、三等奖34个。

（岳鹏）

11月30日至12月2日，教育学院举办芬兰小学科学探究式教学活动
（教育学院 供）

中小学生涯指导实践创新现场会

11月30日，北京教育科学研究院在北京市房山中学召开北京市中小学生涯指导实践创新现场会。会议以“整体设计 提升实效”为主题，聚焦学生发展、核心素养和课程融合等热点话题，通过理念分享、经验介绍和课程观摩等形式，多维度展示房山区的生涯发展指导工作经验。全市各区教委代表、项目负责人、骨干教师共300人参加会议。

（王红丽）

芬兰小学科学探究式教学活动

11月30日至12月2日，北京教育学院举办“卓越计划”小学科学探究工作室开放活动——芬兰小学科学探究式教学。该活动邀请芬兰赫尔辛基大学专家，聚焦科学探究，通过芬兰小学科学课堂实施现状的分析，从芬兰现象式科学教学、激发学生兴趣的教学设计、项目式学习和科学课程评估4个方面，阐述芬兰课程设计的理论基础，以及探究式教学的持续性、开放性，引导学员体验模型、游戏和故事在小学科学课堂教学中的应用，培养学员探究式教学的进阶设计能力，启发学员开展跨学科教学和项目式教学的新思路。

（石燕）

公共外语教学改革研讨会

12月9日，国际关系学院举办公共外语教学改革研讨会。会议介绍国关学院公共外语改革规划和英语系大学英语创新实验班教学实验改革情况。来自北京大学等高校的7名专家分别做主旨发言，围绕如何培养高素质国际化复合型人才、非通用语教学与公共外语教学改革、非通用语教学现状、“一带一路”建设在非洲的情况及国际组织语言服务人才的培养与输送等主题开展研讨交流。来自中国外文局、新华社、北大的专家学者及学校相关专业的师生代表近40人参加研讨会。9月，国关学院被教育部列为公共外语教学改革全国首批21所试点高校之一。

（任婉君）

北京艺术院校教学成果展示活动

12月18日，市教委主办“2018北京艺术院校教学成果展示活动”。时值中国改革开放40周年时间节点，活动以“风华四十年 青春新时代”为主题，以民族音乐、歌舞、戏曲、芭蕾舞、钢琴独奏等形式展示教学成果，传承中华文化、融汇中西。来自中央音乐学院、中央戏剧学院、中国音乐学院、中国戏曲学院、北京舞蹈学院、北京电影学院、中央民族大学、中国传媒大学、北京体育大学9所艺术院校以及普通高校艺术院系的500余名学生参与演出，全市2000余名大、中、小学师生观看演出。活动由北京学生活动管理中心承办。

（徐春生　林清）

（本栏责任编校　华蕾）

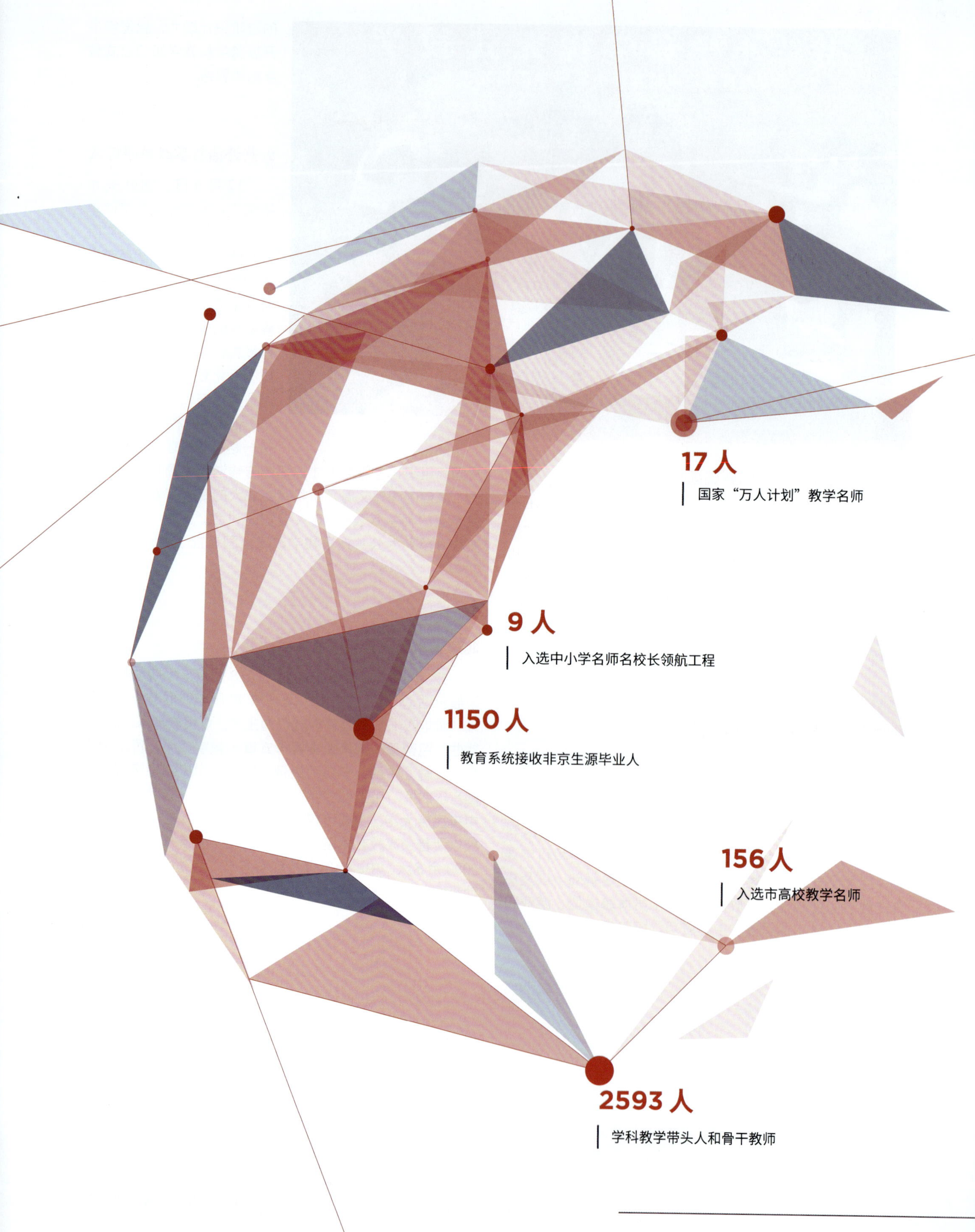
17 人
国家“万人计划”教学名师
9 人
入选中小学名师名校长领航工程
1150 人
教育系统接收非京生源毕业人
156 人
入选市高校教学名师
2593 人
学科教学带头人和骨干教师

2019 | 师资建设

TEACHERS CONSTRUCTION

- 推进师德建设
- 拓展中小学教师来源
- 幼儿园园长教师全员培训
- “做新时代‘四有’好老师和‘四个引路人’”学习实践活动

TEACHERS CONSTRUCTION
师资建设

综述

推进师德建设

2018年，市委教育工委、市教委、市政府教育督导室推进师德建设。市委市政府确定2018年为师德师风建设年，两委一室组织开展2018年“做新时代‘四有’好老师和‘四个引路人’”学习实践活动并召开动员部署会。通过学习实践活动的开展，一是健全师德师风建设工作推进机制，建立以市委市政府分管领导为组长的师德师风建设工作领导小组，制定高校和中小学党建工作、思想政治工作等系列文件。二是建立健全师德建设长效机制，各区制定新时代中小学、幼儿园教师职业行为规范、师德考核办法和负面清单；各高校和职业院校制定新时代教师职业行为规范、师德一票否决制实施细则（负面清单）和师德考核办法；实施高校教师党支部书记“双带头人”培育工程，制定《北京高校教学科研一线教师党支部书记考核激励办法》。三是创新师德教育宣传方式，把思想政治和师德师风建设内容作为教师培训必修课，实施“铸魂工程”，开展社会主义核心价值观全员培训。四是健全师德师风监督反馈机制，建立中小学教师校外有偿补课专项检查制度，建立师德建设督导制度。五是开展师德师风建设课题研究。

（邓永卫）

9月10日，总后六一幼儿园举办“我是幼儿教师”师德演讲活动
（总后六一幼儿园　供）

拓展中小学教师来源

2018年，北京市采取多种方式拓展中小学教师来源。市教委、市编办、市人力社保局、市财政局制定《北京市拓展中小学教师来源的行动计划（2018—2022年）》，通过多种途径扩大师范生培养规模、加大公开招聘力度和创新教师管理体制机制改革，加快解决中小学教师来源不足问题。一是培养高水平优秀毕业生。委托北京师范大学（教育学部）和首都师范大学（教师教育学院、教育学院）为北京市定向培养高起点的教师，每年面向北京地区高校招收非京生源非教师教育类专业在读研究生200人，参加一到两个学期的教师教育类课程专项培训。2018年共招生210人，经培训，取得合格证书152人。二是扩大京籍师范生招生计划。扩大首都师范大学、北京联合大学、首都体育学院招生计

划，2018 年实际招收京籍师范生比上年增加 918 人；支持部分院校增设相关学科教育专业（师范），中国音乐学院增设音乐教育专业（师范）、北京服装学院增设美术教育专业（师范）、北京舞蹈学院增设艺术教育专业（师范）、北京青年政治学院增设学前教育专业（师范），4 所院校 2018 年实际在京招收增设相关教育专业学生 407 人；委托相关院校培养师范生，委托北京师范大学与首都师范大学合作培养高层次教师，联合贯通培养教育硕士，委托中华女子学院增加培养学前教育专业师范生，2 个项目 2018 年招收京籍师范生和教育硕士比上年增加 198 人；扩大北京城市学院、北京汇佳职业学院、北京培黎职业学院、北京京北职业学院相关专业招生规模，4 所学校合计增加 275 人。2018 年，北京市实际招收京籍师范生 4375 人，比上年增加 1752 人，实际完成增加计划的 85.5%；实际招收京籍教育硕士 142 人，比上年增加 46 人，完成增加计划的 46%。

（杨伟丽）

中学教师开放型在线辅导计划试点工作

2018 年，市教委继续推进北京市中学教师开放型在线辅导计划试点工作。市教委在总结通州区试点工作的基础上，中学教师开放型在线辅导计划扩大到延庆、怀柔、密云、平谷、房山的初中阶段全体学生。试点期间，通过搭建中学教师开放型在线辅导管理服务平台，教师使用电脑，学生使用手机、PAD 等移动终端，共同实现基于音频、图片和文本的实时在线辅导。辅导形式共分为“一对一在线辅导”“一对多在线辅导”“问答广场”和“微课辅导”4 种。2018 年，全市共招募辅导教师 10617 人，其中，区级及以上骨干教师 7842 人，非骨干教师 2775 人。全年 2238 名教师完成对 22382 名学生共计 289645 次有效的一对一在线辅导；190 名教师面向 12332 名学生开设 6547 个不同学科主题一对多在线辅导；1878 名教师在问答广场参与问答 8603 名学生提出的 142050 个问题，给出 449841 个答案，115304 个被采纳；323 名教师发布 610 个微课资源，68 个微课被评为优质微课。6 区整体试点良好。

（崔亚超）

通州区教师素质提升支持计划持续实施

2018 年，市教委持续实施通州区教师素质提升支持计划。1 月 18 日，市教委召开关于促进通州区教师素质提升支持计划阶段性工作总结会，协调推动通州区与各资源单位的深入合作，研究制定《通州区教师招聘制度改革三年行动计划（2018—2020 年）》《通州区编外教育人才聘用管理暂行办法》《通州区高层次教育人才引进暂行办法》等一系列配套管理办法，明确职责、压实任务，各项目深入开展，不断提高支持计划各项工作的实效性。全年市教委、通州区政府继续实施通州区“小学德育干部培训”“中学德育干部培训”“名校长名园长工作室”“协同创新学校计划”“名教师工作室”“支持骨干教师送教到校”“支持教师研修人员的专题培训”项目。截至 12 月 31 日，名教师工作室共组织活动 182 次；学科教学改革与新中高考改革的专题培训活动共开展活动 287 次；“协同创新学校计划”共组织活动 80 次；“骨干教师送教到校”项目深入 10 所中小学针对相关学科开展活动 190 次；依托北京师范大学未来教育高精尖中心搭建教师网络研修平台在通州率先实施的“北京市中小学在线辅导计划”共开展活动 82 次。全年通州教师参与东城、西城、海淀三个城区的研修活动 1552 人次。

（崔亚超）

幼儿园园长教师全员培训

2018 年，市教委组织开展 2018 年北京市幼儿园园长教师全员培训。市教委依据北京市 2018 年重要民生实事项目提出的“对全市幼儿园园长和教师进行全覆盖培训，提升幼儿园管理水平、保教能力和师德师风修养”工作任务，印发《2018 年北京市幼儿园园长教师培训工作实施方案》，明确市各级各类幼儿园在职在岗的幼儿园园长、专任教师和保育员等人员在 2018 年 10 月底前，根据园所类型、岗位要求和专业发展，完成规定课时的学习任务并获得规定学分。培训采用面授和网络相结合的混合式培训方式，要求幼儿园园长、专任教师和保育员培训不少于 30 学时。其中，师德、教育法律法规、教育管理与安全等培训内容采取面授的培训方式，由市、区两级教委负责；教育教学等培训内容采取网络培训方式，培训组班方式由各区教委确定，网络培训由各区教委负责。6 月 26 日，市教委召开全市幼儿园园长教师培训启动大会，海淀、房山两个先行试点区作经验交流，全市培训工作全面展开。同时，市教委对全市近 1700 名幼儿园园长、特级教师、学科教学带头人和骨干教师开展市级面授培训。截至 11 月，7 所学校或科研机构的 60 余名专家、幼儿园园长、优秀教师参与培训课程建设，研制开设通识和专题两大类 7 个模块 176 个专题的培训微课程和面授课程。全市 7 万余名幼儿园园长和教师完成为期 7 个月的混合式培训。

（陈静）

中小学教师开放型教学实践活动

2018 年，市教委继续推进市中小学教师开放型教学实践活动计划。市教委要求全市义务教育阶段一线市级骨干教师、学科教学带头人、特级教师和正高级教师开放课堂或研修活动，通过“北京市中小学开放型教学实践活动管理服务平台”进行活动项目申报，每人每学期开放 2 ～ 4 次；全市义务教育阶段普通教师通过平台自主选课并到实地参加活动，每次实践活动要求选课教师 5—10 人，课后授课教师和选课教师共同研修两个小时。全市共有 613 个学校和研修机构的 1842 名授课教师开展并完成 7310 次中小学教师开放型教学实践活动，参加并完成活动的选课教师 30157 人，共计 60783 人次，其中，跨区上课 45677 人次，占比 75.1%。城六区开展并完成活动 3950 次，参加并完成活动的教师 34524 人次，其中，远郊区教师赴城区完成活动 26324 人次，占比 76.2%；包括乡村学校教师 13473 人次，占比远郊区赴城区教师的 51.2%。

（崔亚超）

“做新时代‘四有’好老师和‘四个引路人’”学习实践活动

2018 年，市委、市政府组织开展 2018 年“做新时代‘四有’好老师和‘四个引路人’”学习实践活动。4 月 19 日，市委、市政府在北京会议中心组织召开 2018 年“做新时代‘四有’好老师和‘四个引路人’”学习实践活动动员部署会。会议印发《关于开展 2018 年“做新时代‘四有’好老师和‘四个引路人’”学习实践活动方案的通知》。通知明确实践活动实施范围为北京地区各级各类学校、幼儿园、校外教育机构全体教师，要求构建大、中、小、幼一体化的师德建设体系，健全师德教育、宣传、监督、考核与奖惩相结合的长效机制，按照思想政治教育和师德建设相结合的要求，区分层次、区分对象，有针对性地解决问题，用心用力，抓细抓实；各区教育部门、各高校和职业院校要制定实施办法，每所学校都要开展学习实践，每名教师都要参加学习实践，真正把教师的思想政治工作和师德建设抓在日常、严在经常，把提升思想政治素质和师德水平的要求落到实处。要推出一批师德典型，抓出一批工作典型，形成丰富的学习实践活动成果。主要活动内容包括加强教师党支部和党员队伍建设，加强“做新时代‘四有’好老师和‘四个引路人’”学习教育，开展研讨交流、讲师德故事、表彰师德典型等系列活动。林克庆、郑吉春、刘宇辉、唐立军及北京地区各高等学校、职业院校分管师德工作的书记或校长、分管师德工作部门主要负责人，市委组织部、市委宣传部、市人力社保局、市财政局等单位领导及相关部门负责人，各区主要负责人及中、小、幼、职的全国和北京市部分人大代表、政协委员共计 400 人参加会议。至年底，各高校、职业院校和各区在组织教师开展大讨论基础上，分别制定新时代高校、职业院校、中小学、幼儿园教师职业行为规范、师德考核办法和负面清单等 320 余份制度性文件，完成学习实践活动任务。

（邓永卫）

北京高校 27 个团队入选首批黄大年式教师团队

1 月 3 日，教育部公布“全国高校黄大年式教师团队”名单。经各学校推荐，教育部审核，认定吉林大学地球探测与信息技术教师团队等 201 个团队为首批“全国高校黄大年式教师团队”。北京高校 27 个团队入选。

（张晓兰）

首批全国高校黄大年式教师团队名单（北京）

北京大学	环境科学与工程教师团队
清华大学	核科学与技术教师团队
中国人民大学	中国语言文学教师团队
北京师范大学	古代汉语教师团队
北京外国语大学	中国外语与教育研究中心教师团队
北京语言大学	汉语国际教育专业教师团队
北京科技大学	冶金工程教师团队
北京交通大学	下一代互联网互联设备国家工程实验室教师团队
北京邮电大学	无线新技术研究所教师团队
中国地质大学（北京）	地质学教师团队
中国矿业大学	矿物加工工程教师团队
北京林业大学	森林经营教师团队
中央财经大学	法学教师团队
中国政法大学	法学教师团队
北京中医药大学	中医学教师团队
华北电力大学	“热科学与工程”教师团队
北京电子科技学院	密码保密管理教师团队
外交学院	外交学重点学科教师团队
北京航空航天大学	材料科学与工程教师团队
北京理工大学	信息安全与对抗教学团队
中央民族大学	民族舞蹈教育教师团队
北京协和医学院	临床医学教师团队
中国科学院大学	数学教师团队
北京工商大学	食品添加剂教学科研教师团队
北京信息科技大学	机械工程教师团队
首都医科大学	生理学与病理生理学教师团队
北京第二外国语学院	旅游管理教师团队

（张晓兰）

“紫禁杯”优秀班主任工作室成立

1 月 10 日，市教委、北京教育科学研究院、北京银行联合主办北京市“紫禁杯”优秀班主任工作室启动仪式暨特色班级文化建设展示活动。活动分为工作室启动仪式和特色班级文化建设展示两个环节。市教委宣布成立北京市“紫禁杯”优秀班主任工作室的决定并为工作室揭牌，5 名学员介绍开展特色班级文化建设典型经验。各区教委、教育培训部门、德育研究部门负责人，“紫禁杯”优秀班主任工作室成员等代表共 380 余人参加活动。北京市“紫禁杯”优秀班主任工作室设在北京教科院班主任研究中心，由班主任研究中心依据《北京市紫禁杯优秀班主任工作室章程》开展日常事务管理和各项工作，北京银行为工作室每年提供 30 万元活动经费。

（杨丙涛　王昱人）

拓展中小学教师来源行动计划动员部署会

1月16日，北京市拓展中小学教师来源行动计划暨学术型研究生修读教师教育课程动员部署会在首都师范大学召开。会议深入分析北京市中小学教师需求情况和编制管理情况，介绍《北京市拓展中小学教师来源行动计划(2018—2022年)》的工作思路，提出通过扩大师范生培养规模、加大公开招聘力度和创新教师管理体制机制改革等多种方式，加快解决中小学教师来源不足问题，切实满足基础教育规模发展和教育改革的需要。会议要求相关院校要认真落实教师培养的任务；市、区编办要积极指导各区教委切实解决中小学教师编制问题；市、区人力社保局要积极支持各区教委深化人事制度改革，做好教师的招聘工作；各区政府要认真履行教师队伍建设的主体责任。会议同时解读学术型在读研究生修读教师教育课程的试点方案，并介绍2018年首批教师教育课程培训班的进展情况。市委教育工委、市教委、市编办、市人力社保局、市财政局、北京师范大学、首都师范大学领导及承担师范生培养任务的相关院校分管招生工作校领导和部门主要负责人、北京地区其他高校分管研究生工作的校领导；各区教委、区编办、区人力社保局、区财政局的分管领导及首批修读教师教育课程的学术型研究生及参与培训的教师代表400人参加会议。

（杨伟丽　张晓兰）

17人入选第三批国家“万人计划”教学名师

3月17日，教育部转发第三批国家“万人计划”教学名师入选人员名单。共有195人入选第三批国家“万人计划”教学名师，北京17所学校17人入选，其中，普通高校12人、中小学4人、幼儿园1人。“万人计划”即国家高层次人才特殊支持计划，是国家层面实施的重大人才工程，是与引进海外高层次人才的“千人计划”并行、面向国内高层次人才的重点支持计划。国家“万人计划”教学名师是国家“万人计划”体系的重要组成部分，是唯一以教育教学能力和实绩为遴选标准的国家级高层次人才项目。

（张晓兰）

第三批国家“万人计划”教学名师入选人员名单（北京）

刘玉鑫	北京大学
朱文一	清华大学
张杰	中国人民大学
康震	北京师范大学
彩万志	中国农业大学
苏海佳	北京化工大学
赵旭东	中国政法大学
张冰	北京中医药大学
丁志杰	对外经济贸易大学
张晓林	北京航空航天大学
蒋宗礼	北京工业大学
罗红霞	北京农业职业学院
王贵军	北京市第八十中学
汪艳	北京市第八中学
程翔	北京市第一〇一中学
李兰瑛	北京市海淀区中关村第二小学
芦德芹	北京市朝阳区劲松第一幼儿园

（张晓兰）

市教委直属事业单位招聘40人

3月，市教委组织开展直属处级事业单位2018年公开招聘工作。市教委结合直属处级事业单位实际工作需要，面向社会人员和应届毕业生公开招聘事业单位工作人员49人。经过资格审查、笔试、面试、公示等程序，实际招聘40人。2018年，市教委另协调开展北京西藏中学统筹教师的公开招聘和调入手续办理工作，共招聘统筹教师129人；开展北京学生活动管理中心、北京教育综合服务中心的学前执法岗、教育热线管理岗的专项招聘工作，共招聘学前教育执法岗位6人、教育热线管理岗位1人。

（房卫青）

“紫禁杯”优秀班主任和“学生喜爱的班主任”评选

3月至10月，市教委分别开展第31届“紫禁杯”优秀班主任和第6届“学生喜爱的班主任”评选表彰活动。经学校申报、各区教委审核推荐、北京市“紫禁杯”教育奖励基金管理委员会组织评选等程序，评出“紫禁杯”优秀班主任400人；经学校申报、各区教委审核推荐、北京市教育学会组织评选等程序，评出“学生喜爱的班主任”200人。

（王昱人）

997项成果入选2017年度市教育教学成果奖

4月25日，经市政府核准，市教委公布2017年度北京市教育教学成果奖名单。经申报、审查、评选、公示等程序，共有997项成果入选。其中，基础教育160项，包括特等奖9项、一等奖51项、二等奖100项；职业教育218项，包括特等奖10项、一等奖52项、二等奖156项；高等教育619项，包括特等奖9项、一等奖256项、二等奖354项。

（杨馨珠）

9 人入选中小学名师名校长领航工程

4月27日，教育部公布“国培计划”——中小学名师名校长领航工程学员名单。经自主申报、省级教育行政部门推荐、专家会议遴选，确定123人入选首期“国培计划”中小学名师领航班学员，北京中小学教师4人入选；113人入选第二期“国培计划”中小学名校长领航班学员，北京中小学校长5人入选。教育部另确定14所院校为“国培计划”中小学名师领航班培养基地，北京地区北京师范大学、首都师范大学、北京市海淀区教师进修学校入选；确定13所院校（机构）为“国培计划”中小学名校长领航班培养基地，北京地区北京大学、清华大学、北京教育学院入选。

（邓永卫）

首期“国培计划”中小学名师领航班学员名单（北京）

蒋炎富	北京市第十二中学
杨冬香	北京中法实验学校
周京昱	北京教育学院宣武分院
王长青	北京市怀柔区第五中学

（邓永卫）

第二期“国培计划”中小学名校长领航班学员名单（北京）

翟小宁	中国人民大学附属中学
王蕾	北京市第一六六中学
陈立华	北京市朝阳区实验小学
张文凤	北京小学翡翠城分校
刘金玉	北京市第一幼儿园

（邓永卫）

市属高校 5 人入选市级百千万人才工程

5月14日，市人力社保局公布2018年北京市百千万人才工程入选人员名单。经单位推荐、专家评审、公示等程序，共有21人入选，北京市属高校5人入选。

（纪奇明）

2018年北京市百千万人才工程入选人员名单（市属高校）

北京工业大学	李平雪 崔玲丽
北京信息科技大学	张健
北京工商大学	钱立军
首都师范大学	娄新徽

（纪奇明）

新时代教师队伍建设改革实施意见

9月7日，市委、市政府印发《关于全面深化新时代教师队伍建设改革的实施意见》。意见旨在贯彻落实中共中央、国务院《关于全面深化新时代教师队伍建设改革的意见》，明确今后5年北京市全面深化新时代教师队伍建设改革的目标，要求坚持确保方向、突出师德，统筹规划、优先发展，深化改革、创新机制，分类指导、精准施策的4个改革总体原则。文件提出要着力提升思想政治素质，全面加强师德师风建设；着力提升基础教育、高等教师、职业教育教师专业素质能力，全面深化教师管理综合改革。同时要在强化组织、经费、资源保障和督查督导方面，确保政策举措落地见效。

（杨江林）

教师节师生主题展演活动

9月9日，市教委举办“春风化雨 桃李成林”——2018年教师节北京市师生主题展演活动。展演以北京市不同时期、不同类型的教育工作者的真实故事为基础，编创《老师好》等10个原创节目和4段视频，以合唱、器乐、舞蹈等多种艺术形式展示。全市1500余名师生参加演出，近3000名师生代表和关心首都教育发展的各级领导、各界人士代表共同观看演出。主题展演活动作为北京市师德师风建设的重要内容，突出新时代教师队伍灵魂工程师的职业成就和使命担当。以“德”“才”“爱”为主线，浓缩教师的职业品格，阐述新时代培育“四有”好老师和做“四个引路人”的内涵要求，是对教师职业精神的生动再现，也是一次意义深远的主题宣讲教育。

（徐春生）

高校教师“城乡体验日”系列社会实践活动

10月至11月，市委教育工委举办北京高校教师“城乡体验日”系列社会实践活动。活动面向组织关系在京，归口市委教育工委管理的56所高校，旨在进一步增进高校教师对国情、市情、党情的了解，坚定“四个自信”。市委教育工委共举办中关村国家自主创新示范区展示中心、金六环农业观光园、冀东抗日根据地等参观学习活动30余次，覆盖高校教师约1600人次。

（刘娟）

156 人入选市高校教学名师

11月2日，市教委公布第十四届北京市高等学校教学名师奖暨第二届北京市高等学校青年教学名师奖获奖名单。其中，青年教学名师评选主要面向45岁以下、具有10年以上高等教育、高等职业教育或独立设置成人教育教学经历的青年教师。经学校推荐、现场教学观摩课评价、评审专家组评议、评审委员会投票、市教委审核并公示，授予北京大学付志明等78名教师第十四届北京市高等学校教学名师奖、中国人民大学张成思等78名教师第二届北京市高等学校青年教学名师奖。

（赵晓琳）

9月9日，2018年教师节北京市师主主题展演活动

（市教委相关处室 供）

教育系统社会组织检查调研

11月，市委教育工委、市教委组织开展全市教育系统社会组织检查调研工作。检查调研工作主要采取自查与实地检查相结合的方式进行，范围包括市委教育工委、市教委为业务主管单位，并在市民政局登记注册的社会团体、基金会、民办非企业单位等社会组织。在社会组织自查的基础上，检查组围绕贯彻落实中央关于改革社会组织管理制度促进社会组织健康有序发展的决策部署，重点检查全市教育系统社会组织各项管理制度贯彻落实情况，深入排查存在的突出问题和薄弱环节，强化工作、落实主体责任。

（邓永卫）

市教师管理信息系统维护工作

至年底，市教委完成北京市教师管理信息系统教师信息集中更新维护工作。继续完善中小学教师管理信息系统建设，推动学校、各区积极推进教师信息的伴随式采集、更新和高频度审核。优化系统功能，完成信息上报自动校验、教师信息查看、审核统计查询等11个方面的优化，方便使用和管理。同时持续推动教师管理信息系统作为教师信息唯一来源与市教委11个平台的数据共享工作，通过创设机制和以用促建的方式提升整体数据质量。上半年，配合全市幼儿园干部教师全员培训任务完成对1592所幼儿园71565名教职工的信息采集和维护工作。全年更新数据256923条，占比全部数据的95.5%。

（崔亚超）

接收安置军队转业干部93人

至年底，北京教育系统接收安置军队转业干部93人。经岗位申报、网上审核、组织面试等程序，通过双向选择、指令派遣的方式，市属高校、两委一室机关各处室、市教委直属单位全年共接收安置军队转业干部93人。

（房卫青）

3家社会组织成立

至年底，市教委组织完成北京中国劳动关系学院教育基金会、北京中华女子学院教育基金会、北京宸星教育基金会3家社会组织的审批注册登记工作。其中，北京中国劳动关系学院教育基金会由中国劳动关系学院主办，主要职责是代表学校接受社会各界、广大校友和爱心人士的捐赠，做好资金募集、项目管理、制度建设等工作，同时奖励优秀师生、资助家庭经济困难学生、鼓励学生个性化发展。北京中华女子学院教育基金会由中华女子学院主办，旨在融合社会力量，促进女性高等教育事业发展，培养高素质女性人才，服务妇女发展和经济社会发展。北京宸星教育基金会由清华大学国际与地区研究院主办，旨在推出“学习星球”的构想，充分吸收社会资源，支持面向未来的创新教育模式的交流、研究与示范，助力“学习型城市”的建设。

（杨伟丽）

师德建设

北师大实验小学加强师德师风建设

3月，北京师范大学实验小学加强师德师风建设。召开加强师德师风建设全体教师会及班主任会，围绕师德师风建设深入学习，宣读《中小学教师职业道德规范（2008年修订）》，学习《中华人民共和国监察法》，并就出现的家校沟通问题提出要求。123名教师签署《北京师范大学实验小学教师遵守师德相关规定承诺书》。

（徐欣　王崇娥）

大兴西红门双语幼儿园开展师德建设活动

3 月至 12 月，北京市大兴区西红门双语幼儿园开展师德建设活动。内容包括观看电影《燃灯者》并举办座谈会、签订师德承诺书、教师拓展培训、为身边教师点赞、全园会“修心一刻”等，共收取点赞文章 175 篇，在宣传栏张贴并在全园大会上朗诵。活动旨在加强师德修养，增强团队凝聚力。

（郭雅伟）

推动高校制定印发加强师德师风建设相关文件

4 月 27 日，市委教育工委印发《关于推动高校制定印发加强师德师风建设相关文件的通知》。通知要求各高校结合本校教师队伍建设实际，以高线引领、底线控制为原则，制定《教师职业道德规范》《师德一票否决制实施细则》，明确 6 月 30 日前全部制定印发完成两个文件。截至 6 月 29 日，市委教育工委归口管理的 56 所高校全部印发完成。

（刘娟）

教育学院“做新时代‘四有’好老师和‘四个引路人’”学习实践活动启动

5 月 11 日，北京教育学院召开 2018 年“做新时代‘四有’好老师和‘四个引路人’”学习实践活动启动会。会议对学习实践活动作出部署，要求教育学院所有老师一要提高政治站位，深刻认识新时代全面加强师德师风建设的极端重要性和现实紧迫性。二要明确工作要求，扎实推进学习实践活动的蓬勃开展。要加强理想信念教育，要健全完善管理制度，要大力弘扬高尚师德，要切实强化师德监督。三要加强组织领导，确保学习实践活动各项任务落实落细落到位。学习实践活动历时 7 个月，共组织专题活动 16 次，教育学院 1000 余人次参加活动。

（石燕）

东城师德师风建设年主题实践活动启动

5 月 22 日，东城区委教育工委、区教委共同举办东城区教育系统 2018 年师德师风建设年主题实践活动启动仪式暨“教育的智慧”专家报告会。会议解读《东城区教育系统关于开展 2018 年“做新时代‘四有’好老师和‘四个引路人’”师德师风建设年主题实践活动实施方案》，要求各单位围绕主题制订 2018 年师德师风建设年主体实践活动实施方案，并以支部为引领开展学习讨论活动，引导一线教师全员参与校级师德师风优秀典型评选活动，多措并举，切实提升东城区师德师风建设水平。市委教育工委、市教委、区委教工委、区教委、区政府教育督导室相关领导，教育系统各单位党政主要领导、工会主席、德育工作主管领导等 400 余人参加会议。

（李银姬）

接受教育部师德师风建设长效机制专项督查

6 月 25 日至 26 日，北京市接受教育部第九督查组师德师风建设长效机制贯彻落实情况专项督查。督查组现场督查市教委、朝阳区教委、大兴区教委和 6 所中小学幼儿园，走访北京大学、清华大学等 7 所央属高校，听取市、区、校相关人员的工作汇报并组织召开座谈会，查阅相关档案资料。督查组充分肯定北京市区教育行政部门、中小学、普通高校在抓师德长效机制落地生根方面所做的工作，认为北京严格贯彻落实教育部工作部署和要求，建立健全相关工作制度机制，取得良好成效，亮点突出、特色鲜明。

（邓永卫　谢文全　刘娟）

延庆一幼开展师德演讲活动

7 月 9 日，北京市延庆区第一幼儿园开展“我的教育故事”师德演讲活动。一班组、二班组、三班组、分园组和行政后勤组职工分别结合工作实践讲述与幼儿、家长的互动故事。在全园演讲基础上，开展第一期“榜样星”事迹宣讲活动。榜样星每 2 月评选一次，采用自主推荐、行政会讨论，最终确定榜样星人选。从 2018 年 7 月至年底，评选榜样星 4 人。

（张俊燕）

9 月 28 日，海淀区教委举办“传统师德与新时代教育”书记校长师德论坛

（海淀区教委　供）

市职业院校师德师风建设展示交流会

9月12日，北京市职业院校师德师风建设展示交流会在北京市商业学校召开。商业学校校长、北京财贸职业学院党委书记作师德师风建设经验交流。商业学校、北京铁路电气化学校、北京市劲松职业高中、北京市昌平职业学校、北京交通运输职业学院、北京戏曲艺术职业学院教师代表发言，讲述育人故事。商业学校家长代表、2016级贯通项目小学教育一班学生分别以“家长心中的好老师”“好老师从这里起航”为题作代表发言。商业学校青年教师团向全市职业院校教师发出“做出师德承诺，践行师德规范，做新时代‘四有’好老师”倡议。市教委职成处相关负责人和18所北京市职业院校代表参加交流会。

（陈又瑜　胡雨）

海淀中关村二小召开师德研讨会

12月1日，北京市海淀区中关村第二小学召开师德研讨会。会议以“君子之德与教师引领”为主题，学校校长、教师5人分别从师德、师风建设方面介绍办学实践与思考。海淀区教委领导及该校教师120人参加研讨会。2009年起，学校在每学期期末开展师德交流活动。

（张苗）

通州师德主题教育活动交流大会

12月20日，通州区委教育工委、区教委、区教育工会共同举办“扬师德 正师风 建功副中心”师德主题教育活动交流大会。会议全面总结此次师德主题教育活动，表彰在活动中表现突出的65个“师德建设先进单位”、130名“千师访万家先进个人”、103名“从事教育三十年优秀教师”和132名“最美教师”。“北京市师德榜样”白杰带领参会教师宣读《师德承诺》。区委教育工委、区教委领导，教师代表以及学生家长代表等400人参加活动。

（张俊英）

师资管理

北航成为市属高校教师发展基地

1月10日，市教委在北京航空航天大学举行北京市属高校教师发展基地挂牌仪式。市教委为北航基地授牌，为教师发展基地评出的前三期优秀学员和在“十二五”期间作出突出贡献的教师发展基地管理者颁发证书。市属高校教师发展基地学校，各市属高校，北京市高等学校师资培训中心等单位代表100余人参加会议。“十二五”期间，市教委建设北京大学、清华大学、北京师范大学、中国人民大学、北京外国语大学和北京交通大学6个市属高校教师发展基地。至11月23日，包括北航在内的7个基地完成2017—2018年度共计105名研修学员中期、结业考核。至2018年，7个基地累计培训市属高校青年骨干教师650余人。

（杨江林）

中小学名校长（名园长）发展工程监控与管理

1月至12月，北京教育科学研究院对北京教育学院、首都师范大学第二批北京市中小学名校长（名园长）发展工程4个培养基地进行统筹管理与监控评价。全过程参与、评价学员的开题报告论证、跟岗实践、学校发展诊断、专题研修、京外研修、年度总结等工作。组织遴选第三批名校长（名园长）发展工程的学员。召开导师、学员座谈会，召开名校长（名园长）培养工作研讨会、名校长工程年度工作总结交流会。撰写监控评价年度报告及4个培养基地的评价年度报告。

（郝保伟）

中小学名师发展工程培养基地管理与监控

1月至12月，北京教育科学研究院分别对北京教育学院、首都师范大学、北京外国语大学、北京师范大学4个北京市中小学名师发展工程培养基地进行全程管理与监控评价。组织召开第六批名师学员选拔评审、第四批培养基地和学员结业评审，举办第四批学员结业典礼暨第六批新学员启动仪式、第六批名师学员的通识课培训，并对第五批学员研究课进行监控。定期召开学术导师、实践导师、学员的座谈会、名师工程培养工作研讨会、年度工作总结交流会。撰写名师工程监控评价年度总报告及4个培养基地监控评价年度分报告。

（赖德信）

2593人入选学科教学带头人和骨干教师

2月9日，市教委公布2017年北京市幼儿园、中小学、中等职业学校学科教学带头人和骨干教师名单。经幼儿园、中小学、中等职业学校申报，各区教委推荐，市幼儿园、中小学、中等职业学校学科教学带头人和骨干教师评审委员会评审及市教委审定，399人入选北京市幼儿园、中小学、中等职业学校学科教学带头人，2194人入选骨干教师。任期2018年3月1日至2021年3月1日。市教委对市级学科教学带头人和骨干教师实行动态管理，每三年评定一次。

（杨伟丽）

第三届中小学班主任基本功培训展示活动

2月至10月，市教委开展第三届北京市中小学班主任基本功培训展示活动。活动以“教育情怀 专业理性 实践智慧”为主题，经过校级培训与展示、区级培训与展示、市级培训与展示3个环节，评选出市级班主任基本功展示一等奖50人、二等奖70人、三等奖80人，最佳班会奖、最佳方略奖、最具智慧奖、最具魅力奖各7人。

（王昱人）

第二期中小学心理健康教育名师发展研究室组建

4月28日，北京教科院组建第二期“北京市中小学心理健康教育名师发展研究室”并召开工作推进会。会议确立第二期名师发展研究室主任、副主任等核心管理团队和50余名拟入室的心理名师，介绍名师发展研究室的工作设想和管理方法，听取知名专家开展专题培训。

（冯丽娜）

2月至10月，市教委开展第三届北京市中小学班主任基本功培训展示活动 （市教委相关处室 供）

职业院校教师素质提升计划新增6个教师培训基地

5月21日，市教委认定6所学校为北京市职业院校教师素质提升计划新增教师培训基地。经学校申报、专家组评议，北京市职业院校教师素质提升计划领导小组认定北京青年政治学院等6所院校为北京市职业院校教师素质提升计划教师培训基地。新增基地承担高职教师师德培训等新增培训项目。

（纪奇明）

北京市职业院校教师素质提升计划
新增教师培训基地名单

北京青年政治学院	高职教师师德培训
北京财贸职业学院	贯通项目语文、高职思政课教师培训
北京交通运输职业学院	中职数学教师培训
北京市商业学校	中职教师师德培训
北京电子科技职业学院	贯通项目数学、贯通项目英语教师培训
北京工业职业技术学院	高职辅导员培训

（杨伟丽）

教师持证上岗检查

5月至12月，市教委组织开展全市各级各类学校及教育机构“教师持证上岗大检查”工作。经查，2018年北京市高校专任教师资格证总平均执证率为84.7%，各区各级各类学校专任教师资格证总平均执证率为99.27%。本年，市教委实现教师资格行政许可事项全面进驻北京市政务服务大厅。

（陈静）

学术型研究生修读教师教育课程遴选

6月20日，市教委开展遴选学术型研究生修读教师教育课程。此次遴选面向在京普通高校在读全日制研究生，要求有从事中小学教师工作的强烈意愿；所学专业与中小学需求学科直接相关，且为非教师教育专业；年龄不超过29周岁；非京籍。进入本项目的学生需参加为期一学年的教师教育课程学习，培养方案由北京师范大学、首都师范大学共同研发。经本项目考核合格的学生，如在就业时被北京市中小学聘用，将优先保障进京指标。经学生自荐、资格审查、面试等程序，共录取学生210人。经过一年学习，最终获得合格证书的研究生共有152人，占总学员数的72.4%。其中，107人进入基础教育系统工作。

（杨伟丽）

71人入选第六批中小学名师发展工程培养对象

8月1日，市教委公布第六批北京市中小学名师发展工程培养对象名单。经区教委推荐、专家评议，共有71人入选第六批北京市中小学名师发展工程培养对象。市教委要求各学校要创造条件，支持培养对象参加工程所有活动，适当核减其在校工作量。

（杨伟丽）

师范生免费教育协议书签订

9月，市教委、相关培养院校与2018年北京市新招考的近4000名师范生签订《北京市师范生免费教育协议书》。根据协议，师范生4年修读年限内免缴学费、并领取生活补助，同时可享受其他非义务性奖学金。毕业时在需求岗位范围内双向选择，要求在本市从事中小学校、幼儿园教育教学工作（含教育行政及相关部门审批注册的中等及中等以下的学历教育机构）不少于5年。市教委同时组织完成首都师范大学为远郊区定向培养100名“一专多能”乡村教师工作，并签订《定向培养学生就业协议书》。

（房卫青）

市名校长领航工程首个校长工作室启动

11月9日，“北京市名校长领航工程·李希贵校长工作室”开班仪式在北京市十一学校举行。刘宇辉参加仪式并讲话。经过各区推荐、笔试、面试、综合考察，11个区的23所学校的23名中小学校长成为工作室首批学员，学习时间3年共计9季课程。工作室邀请上海等5省市的18名校长参与教学，力图从传统意义上的“校长培训”走向“培养校长”，从地域型培训班走向跨区域的学习共同体，从讲授式教学走向高参与的体验式学习设计。研修课程以校长胜任力模型为基本课程架构，以价值观、管理能力和综合素养为重点内容，以具备面向未来的领导力为目标。李希贵校长工作室是北京市名校长领航工程的首个名校长工作室，同时标志着北京市教育大会推出的首个战略“北京市名校长领航工程”正式启动。

（邓永卫）

支持市属高校专业技术人员创新创业

12月2日，市教委印发《关于支持和鼓励市属高校专业技术人员创新创业的实施办法》。办法明确，支持和鼓励专业技术人员兼职或在职创办企业、在岗开展科技成果转化、到企业挂职或参与项目合作、离岗创业，同时就具体组织实施提出明确办法。要求各学校充分认识支持和鼓励专业技术人员创新创业的重要意义，要解放思想、大胆创新，自主制定支持和鼓励专业技术人员兼职或在职创办企业、设立流动岗位吸引优秀人才到本校兼职、本校专业技术人员在岗开展科技成果转化与到企业挂职或参与项目合作、本校专业技术人员离岗创业等具体实施办法。办法自发布之日起执行。

（高新民）

班主任队伍建设总结展示会

12月27日，市教委召开“潜心立德树人 提升核心素养——2018年北京市中小学班主任队伍建设总结展示会”。会议总结2018年北京市班主任队伍建设成果，表彰2018年度北京市班主任基本功培训与展示活动获奖班主任200人、“紫禁杯”优秀班主任400人、北京市“中小学学生喜爱的班主任”200人。会议由北京教育科学研究院承办，各区教育行政部门负责人、中小学德育干部、优秀班主任代表共计400人参加会议。

（杨丙涛）

市属高校高水平教师队伍建设支持计划

12月29日，市教委公布2019年度北京市属高校高水平教师队伍建设支持计划资助名单。在学校推荐和专家评议的基础上，经北京教育系统人才工作领导小组审定，确定10人入选高层次人才引进与支持计划、36人入选特聘教授支持计划、39人入选长城学者培养计划、100人入选青年拔尖人才培育计划、12人入选高水平创新团队建设计划。

（纪奇明）

教育系统4人参加第十一批“人才京郊行”

12月，市教委完成第十一批“人才京郊行”人员选派工作。市教委按要求，组织东城、西城、海淀、朝阳4个区，按照选派人员标准，完成4人的人员推荐选派工作。4人分别到北京市昌平实验中学、北京市昌平区第四中学、北京第二实验小学怀柔分校、北京市怀柔区第一中学4所学校挂职工作，为期1年。

（邓永卫）

9月20日，首师大云岗小学邀请特级教师去校授课培训
（首师大云岗小学 供）

乡村教师岗位生活补助发放

至年底，市教委落实乡村教师岗位生活补助发放工作。市教委为全市 793 个乡村中小学、幼儿园 3.5 万余名教师发放乡村教师岗位生活补助，共计 11.2 亿元。

（杨馨珠）

学前教育执法队伍建设

至年底，市教委新增编制 100 个用于学前教育执法监督员队伍建设。其中，北京学生活动管理中心增加财政补助事业编制 6 个，用于市级学前教育督查工作，增加“承担全市学前教育督查队伍的统筹协调、监督指导、培训服务”的职责。各区共计增加 94 个编制用于建立区级学前执法监督员队伍，由各区教委所属事业单位承担。

（杨伟丽）

教育系统接收非京生源毕业生 1150 人

至年底，市教委完成非京生源毕业生 1150 人的进京手续办理工作。市教委根据市人力社保局 2018 年接收非京生源毕业生计划下达数及工作安排要求，完成对市属高校、独立学院、直属单位、城六区教委的非京生源计划分配、网上材料审核申报以及进京落户手续办理等工作，共接收非京生源毕业生 1150 人。市教委同时协调市人力社保局，为市属高校从京外引进高层次人才 13 人。

（房卫青）

招聘乡村特岗计划教师 354 人

至年底，市教委公开招聘 2019 年乡村特岗计划教师 354 人。此次招聘为 10 个远郊区和朝阳、海淀、丰台的乡村中小学校，招聘中小学音乐、体育、美术、历史、地理、生物紧缺学科教师。招聘面向北京地区全日制普通高等学校、原京外“211 工程”师范院校和全国 24 所省属师范院校应届本科及以上学历毕业生。经过报名、资格审查、笔试、面试等程序，共招聘教师 354 人。

（房卫青）

奖励任教满 30 年优秀乡村教师

至年底，市教委继续施行乡村优秀教师奖励政策。经基层单位报送材料及公示、市教委审核、主任办公会审定等程序，北京银行乡村教师奖励基金奖励在乡村学校任教满 30 年的优秀乡村教师每人 1 万元，共计 100 人；奖励在乡村学校任教满 20 年的优秀乡村教师每人 5000 元，共计 200 人。北京银行乡村教师奖励基金面向北京市从教 30 年、20 年的优秀乡村教师。市教委继续落实乡村学校从教 30 年教师荣誉证书颁发工作，2018 年共发放乡村教师从教 30 年证书 14500 本。

（杨馨珠）

中小学教师绩效奖励激励机制及事业单位工资规范

至年底，市教委落实 2018 年中小学教师绩效奖励激励机制相关工作，规范市属高校、职业院校和市教委直属事业单位工资管理。2 月 23 日，市教委、市人力社保局、市财政局联合印发《关于落实 2018 年中小学教师绩效奖励激励机制相关工作的通知》，要求各区教委在 2014、2015、2016、2017 四年落实绩效奖励激励机制工作的基础上，进一步总结经验、完善实施方案，坚决杜绝平均分配的现象，精心组织，稳妥实施，做好 2018 年绩效奖励激励机制相关工作。7 月 16 日和 12 月 21 日，市教委、市人力社保局、市财政局印发《关于进一步加强市属高等学校工资规范管理有关工作的通知》《关于进一步加强市教委所属事业单位工资规范管理的意见》，进一步强调“绩效工资实行总量管理，刚性约束，不得突破”，同时明确进一步健全和完善绩效考核体系和机制，形成绩效考核结果与教职工绩效分配相结合的动态管理制度，同时开展绩效管理试点工作。新制度为下一步市属高校、职业院校和市教委直属单位分类改革发展奠定基础。年内，市教委积极贯彻落实全国教育大会和北京市教育大会精神，切实提高教师地位和待遇，让广大教师安心从教、热心从教，协调市人力社保局、市财政局研究义务教育学校绩效工资改革，研制《关于进一步完善义务教育学校绩效工资分配制度的指导意见》《北京市中小学教师绩效工资方案修订说明》，上报市政府审定。

（杨江林　杨馨珠）

师资培训

中小学专兼职体育教师专家送培项目培训

4 月至 5 月，北京教育学院开展中小学专兼职体育教师专家送培项目培训。教育学院统筹和整合各种优质教育资源，委派 34 名教师对广西忻城县、贵州盘州市、辽宁本溪满族自治县、云南弥勒市的 200 名中学专兼职体育教师开展专项培训。培训通过送培入县的方式，提高 4 个项目县中学专兼职体育教师教学能力。培训主要内容包括针对核心素养、体育课堂教学分类、运动安全与运动损伤等专题讲座，中学常见体育教学内容田径、篮球、足球、中考体能四大项的基本技能训练、观摩展示、点评互动。“专兼职体育教师专家送培项目”是教育部与联合国儿童基金会共同启动实施的“学校体育与体育教师培训项目”子项目，教育学院作为技术单位负责组织实施。按照项目总体规划，2018 年度重点关注初中专职体育教师专家送培现场指导工作。

（石燕）

幼儿园园长岗位培训班

4 月和 10 月，市教委委托北京市幼教师资培训中心举办 2018 年第 38 期、第 39 期幼儿园园长岗位培训班。培训班邀请首都师范大学等高校学前教育专家、市示范幼儿园园长、市特级教师组成授课团队，依据教育部《幼儿园园长专业标准》要求，围绕师德建设、法律法规、政治政策、园长领导力、教育原理、课程管理、事故防范与处理方面对学员授课。来自市各级各类幼儿园的园长、副园长、后备干部及培训机构教师共计 386 人参加培训。

（邓永卫）

中小学后备干部研修班

5 月，市教委委托首都师范大学举办北京市中小学后备干部研修班。研修班为期 15 天，学员围绕教育理论、学校课程、队伍建设开展专题研修。来自 12 个区和燕山地区的 40 名学员参加研修活动。

（邓永卫）

“国培计划”名校长领航班开学

6 月 14 日，北京教育学院举办的“国培计划”——中小学名校长领航工程第二期领航班开学。此次是教育学院第二次承担教育部名校长领航工程，负责来自天津、福建、四川等 8 个省市的 8 名校长的培养任务。教育学院通过启航、导航、护航 3 个阶段方式，对 8 名校长开展深度学习、导师指导、示范提升等研修活动。项目培养时间从 2018 年 6 月至 2021 年 6 月。“国培计划”——中小学名校长领航工程 2018 年启动，经自主申报、省级教育行政部门推荐、专家会议遴选，确定 13 所院校（机构）为“国培计划”中小学名校长领航班培养基地，113 名校长为第二期“国培计划”中小学名校长领航班学员。

（石燕）

9 月 7 日，300 余名海淀区新任教师代表在杜丽丽雕像前宣誓
（海淀区教委 供）

“青蓝计划”培训项目开班

9 月 15 日，北京教育学院“青蓝计划”培训项目开班。培训班面向北京市一线从事中小幼教育教学实践的优秀青年干部教师，通过两年 320 学时通识课程、专业课程、实践课程等方面的培训，培养一批在北京基础教育领域发挥示范创新引领作用的优秀青年教育人才。“青蓝计划”课程内容坚持方向性原则，坚持德育为先，将思想政治工作贯通其中，全面加强干部教师职业理想、职业道德、法治和心理健康教育。经过各区推荐、选拔测试、测试结果评判等程序，2018 年“青蓝计划”录取 16 个区的 364 名校长和教师，其中，青年学科教师 306 人、青年干部 58 人（含幼儿园园长 20 人、中小学校长 38 人）。

（石燕）

“国培计划”中小学一线教师研修班

10 月 9 日至 10 月 16 日，北京教育学院数学与科学教育学院举办“国培计划”（2018）中小学一线优秀教师教研员研修班。该培训班通过主题式初中数学教师培训课程的设计与实施，培养学员数学教育的专业理念、知识和能力。同时借助互联网和展示活动，学员分享交流教研培训方案、案例，以及培训收获。来自全国 29 个省市的近百名一线优秀教师和教研员参加培训。

（石燕）

2018 年卓越教师工作室启动

10 月 27 日，北京教育学院召开 2016 卓越教师工作室培训总结交流暨 2018 卓越教师工作室启动会。会议总结 2016 年卓越教师工作室项目，解读 2018 年卓越教师工作室工作方案。2016 年教育学院立项卓越教师工作室 5 个，29 名教师参加为期两年的研究，经过专家验收评审，11 名教师结业。2018 年，教育学院立项卓越教师工作室 10 个，入室教师 54 人。卓越教师工作室负责人及入室教师共 120 人参加会议。卓越教师工作室是教育学院“3+1+N”人才培养体系中“卓越计划”的其中一个项目，周期两年。每年教育学院教务处组织二级学院教师申报卓越教师工作室，撰写申报书，由专家评审论证后，经学院院长办公会决定是否批准立项。

（石燕）

7月8日，密云区教委组织中小学体育教师专业技能考核，体育教师进行跨栏项目考核 （密云区教委 供）

市幼儿园园长教师全员培训工作总结大会

11月9日，市教委召开北京市幼儿园园长教师全员培训工作总结大会。会议认为，此次培训是北京市首次对全市各级各类幼儿园进行的一次全覆盖培训，整合来自多所高校和幼儿园优秀师资力量研制开发专题培训微课程和面授课程，采取面授与网络学习、线上与线下相结合的混合式培训模式，过程管理中实现全程监督和服务，充分发挥信息技术培训优势。会上，东城区教委主任、密云区委教育工委书记、总后勤部五一幼儿园园长、房山区良乡第四幼儿园园长、朝阳区劲松第一幼儿园教师、延庆区第三幼儿园教师共6人从不同角度汇报培训的体会和收获。市教委、首都师范大学相关负责人及部分市人大代表、政协委员，各区委教育工委、区教委、各区教师研修学院（进修学校）负责人，幼儿园园长教师代表280余人参加会议。

（陈静）

教育系统市干部培训项目结业

12月19日，北京教育学院教育管理与心理学院（校长学院）举办2018年北京市干部培训项目结业典礼。北京市小学教学副校长研修班、高中教学副校长研修班、小学德育校长研修班、中小学科研干部研修班、集团化学校校长研修班、农村中学校长研修班6个干训项目班的180余名学员参加结业典礼。3月至12月，6个培训班培训聚焦集团化学校管理变革、农村学校管理变革、实学实用义务教育学校专业标准等专题，通过模块化研修课程，培训中小学校长、副校长及中层干部211人，其中，25人获“优秀学员”称号。

（石燕）

市中小学校长境外资源国内引进高端培训项目

12月，市教委组织开展北京市中小学校长境外资源国内引进高端培训项目。培训采取聘请国外专家进行境内培训的模式，帮助教育干部了解国外基础教育的教育政策、教育目标、教育制度、行政体制、学校类型、教育督导与评估、社区与学校关系方面的情况；借鉴国外在教学领导力、课程建设、教学评价、教师专业发展、学生成长、学科特色、集团化办学管理、队伍建设方面理论研究的最新成果。培训过程中，市区两级协调联动，培训机构精心筹备，学员积极参与，培训取得预期效果。北京各区中小学校长50人参加培训。

（邓永卫）

艺术教师专项培训

至年底，市教委开展系列艺术教师专项培训。为进一步加强师资队伍建设，提高教师专业水平和理论水平，委托中国戏曲学院、中央戏剧学院、北京舞蹈学院以及社会力量单位开展戏曲、戏剧、音乐教学法等相关培训4项，培训教师1000人。音乐教学法培训首次引进匈牙利国际级柯达伊教学法专家参与教学环节。同时，首次通过招标方式由中央戏剧学院承担戏剧教师专项培训。

（徐春生）

远郊中小学教师专业发展体验式培训

至年底，市教委发挥市级优质教育资源统筹优势，开展远郊中小学教师专业发展体验式培训，促进全市中小学干部教师队伍水平提升。依托5所普通中小学和5所特殊教育学校，面向远郊区中小学主管副校长、教学管理干部、学科带头人、骨干教师继续开展专业发展体验式培训。培训采取全脱产方式，学员通过“一对一”跟班学校，融入基地学校各类教育教学活动中。全年举办2期，每期15～20周，累计培训学员265人。

（张琳）

中小学幼儿园干部任职资格培训

至年底，市教委组织开展中小学幼儿园干部任职资格培训工作。全市各区任职资格参训人数948人，其中，校级干部201人、校级后备干部639人、中层干部57人、幼儿园干部30人，其他21人。经考核，颁发“北京市中小学校校长任职资格培训合格证书”392人。北京市幼教师资培训中心第38期和第39期幼儿园园长岗位培训班共培训北京市各级各类幼儿园的园长、副园长、后备干部及培训机构的教师386人。

（邓永卫）

职称评定与资格认定

教师资格定期注册试点

3月，市教委在密云区启动全市教师资格定期注册试点工作。市教委印发《北京市教师资格定期注册试点工作实施方案》，计划在密云区试点的基础上逐步推开。同时启动“北京市教师资格定期注册信息摸底采集系统”建设工作，为全面实施教师资格定期注册奠定基础。

（陈静）

22615人通过教师资格认定

3月至12月，北京市22615人通过教师资格认定。北京市教师资格认定事务中心全年完成各类教师资格认定共22615人，包括高校教师资格3253人、高中教师资格8496人、中职教师资格386人、中职实习指导教师资格5人、初中教师资格2025人、小学教师资格5708人、幼儿园教师资格2742人。其中，北京市教师资格认定事务中心面向社会组织3次高中、中职教师资格认定工作，认定6269人，包括高中教师资格5948人、中职教师资格316人、中职实习指导教师资格5人；指导各区17个教师资格认定机构受理认定初中及以下教师资格10475人，包括初中教师资格2025人、小学教师资格5708人、幼儿园教师资格2742人；集中受理北京师范大学、首都师范大学等6所高校的师范生认定2618人，包括高中教师资格2548人、中职教师资格70人；全年受理117所高校教师资格认定两次，共受理申请3352人，安排能力测试407人，认定3253人。

（陈静　石燕）

市属高校176人通过现代教育技术等级考试

至年底，北京市属高校176人通过现代教育技术等级考试。北京市属高校共230人报名参加高校现代教育技术等级考试，经过上机考试，176人通过考试并取得合格证书。北京市属高校现代教育技术等级考试于2004年设立，旨在提高高等学校应用教育技术的整体水平，通过对高校教师教育技术基本理论、基本技能的实际操作以及现代教育技术的考核，增强应用现代教育技术的主动性和自觉性，使教学观念、教学方法、教学手段不断更新。2004年至2018年，北京市属高校共有21377人通过高校现代教育技术等级考试。

（杨江林）

组织教师资格考试

至年底，市教委、北京市教师资格认定中心组织北京地区2018年度国家教师资格考试工作。上半年中小学教师资格考试笔试报名41461人，实际参加考试33234人，笔试合格15092人，通过率45.41%；面试报名15103人，实际参加考试14317人，面试合格9366人，通过率65.42%。下半年中小学教师资格考试至2019年1月结束，笔试报名53228人，实际参加考试43432人，笔试合格18125人，通过率41.73%；面试报名18408人，实际参加考试17606人，面试合格11943人，通过率67.83%。

（陈静）

高校教师159人通过专业技术职称评审

至年底，北京市高校教师159人通过专业技术职称评审。本年共有56所高校210人申报晋升高校教师职称学术评议，经北京市高校教师职务学术评议委员会评议，通过评议159人、未通过51人。其中，申报正高级专业技术职称78人，通过55人；申报副高级专业技术职称89人，通过66人；申报中级专业技术职称43人，通过38人。

（陈静）

中专教师76人通过专业技术职称评审

至年底，北京市中等专业学校76人通过专业技术职称评审。本年中等专业学校教师共94人申报专业技术职称评审，经北京市中专教师系列高级专业技术职务评委会审定，通过评审76人、未通过18人。其中，高级职称评审通过38人，未通过13人；中级职称评审通过32人，未通过5人；初级职称评审通过6人。

（杨伟丽）

中小学教师73人晋升正高级教师

至年底，北京市中小学73人晋升正高级教师。本年人社部、教育部下达北京市正高级教师指标77个（含4个中国科学院委托评审指标），按1:1.2的差额比例，各区共推荐正高级教师91人，经市中小学教师系列高级（正高级）专业技术职务评委会评审，人社部和教育部审定，73人晋升正高级教师。

（杨伟丽）

（本栏责任编校　张晓兰）

231394 人

高等教育培养毕业生

3 所

高校入选全国创新创业典型经验高校

6 个项目

获全国大学生创新创业大赛金奖

2019 | 学生管理

STUDENTS MANAGEMENT

STUDENTS MANAGEMENT 学生管理

综述

学籍学历和就业管理

2018年，市教委坚持依法行政，严格规范管理，做好日常学籍学历和就业管理工作。编发《2017年北京高校学生学籍学历与就业情况发展报告》；印发《关于规范普通高校毕业生就业手续办理工作的通知》和《关于进一步简化毕业生就业手续办理流程的通知》，下放审核权限，简化办理流程，实现网上申请，政务服务中心领取。

（张海涛）

落实学生资助政策

2018年，北京市学生资助事务管理中心完成各项学生资助政策的落实工作。各项资助资金及时足额拨付到位，从学前教育到研究生教育的各类奖、助、贷、勤、补、免达20余项，全年受助学生（含义务教育“三免两补”）167.27万人次，资金累计12.18亿元。其中，中央财政2.15亿元、市财政9.93亿元、区级财政0.1亿元。

（罗芳）

35人入选最美中学生和中职生

1月，2017年度全国“最美中学生”“最美中职生”寻访活动结果揭晓，北京28名学生入选“最美中学生”、7名学生入选“最美中职生”。该评选由团中央学校部、全国学联秘书处、中国青年报社共同举办，于2017年6月启动，面向全国中学、中等职业学校在校生，寻访一批在热爱祖国、勤奋学习、科技创新、技术技能、志愿服务、热心助人、见义勇为、诚信友善、孝老爱亲、自强自立等方面表现突出、自觉树立和践行社会主义核心价值观的“最美中学生”和“最美中职生”。经过校级、县级、市级和省级寻访，全国评出10名“最美中学生标兵”、10名“最美中职生标兵”，671名“最美中学生”、320名“最美中职生”。

（华蕾）

新版《北京市中小学学生奖励和处分办法》印发

2月6日，市教委印发《北京市中小学学生奖励和处分办法》。新办法提出对学生进行奖励要坚持精神激励和物质奖励相结合，以精神激励为主，物质奖励为辅。对义务教育阶段的学生可以给予警告、严重警告、记过处分；对高中阶段的学生可以给予警告、严重警告、记过、留校察看、开除学籍的处分；对8周岁以下的学生一般不予处分，可以给予口头批评教育，帮助其改正错误。加强对严重不良行为学生的惩治力度，同时强化学生权利救济，并专门增设学生申诉内容。

（华蕾）

高校学生学籍学历与就业情况发展报告发布

2月15日，市教委发布《2017年北京高校学生学籍学历与就业情况发展报告》。报告分两部分：一部分是北京高校学生学籍学历情况，包括当年新生、在校生及毕业生按学历层次、学校类型、性别等维度的分布情况和每所高校的具体数据。数据来源于北京地区高等教育学籍学历电子注册数据，数据采集时间为2017年12月31日；另一部分是北京高校毕业生就业情况，包括当年毕业生生源、就业去向的总体情况和每所高校的具体数据，数据来源于北京地区高校毕业生就业数据库，数据采集时间为2017年10月31日。

（张海涛）

10 人当选市优秀学生

6 月 28 日，市教委公布 2017—2018 学年度“北京市优秀学生”名单。根据教育部和北京市评选省级优秀学生的文件精神，依照评选程序，经北京市优秀学生评审小组评审和市教委 2018 年第 16 次主任办公会研究决定，授予 10 名学生 2017—2018 学年度“北京市优秀学生”称号。

（冯雪）

2017—2018 学年度“北京市优秀学生”

景白云	北京汇文中学
白钰卓	北京市第四中学
刘馨凝	北京市朝阳外国语学校
冷延鹏	清华大学附属中学
刘梦扬	北京市平谷中学
贾梦辰	北京市顺义区牛栏山第一中学
赵明新	北京市怀柔区第二中学
夏雨	北京市昌平职业学校
崔安迪	首都医科大学附属卫生学校
张晓宇	北京市商业学校

（冯雪）

3 所高校入选全国创新创业典型经验高校

7 月 6 日，教育部公布 2018 年度全国创新创业典型经验高校名单，北京 3 所高校入选。分别是北京化工大学、中国农业大学、北京联合大学。评选工作于 1 月启动，经过学校总结、省级推荐申报、全国专家初选、社会调查和实地调研等环节，全国 50 所高校入选，其中，中央部门所属高等学校 9 所、省属本科院校 33 所、高职高专院校 8 所。

（吴静）

6 个项目获全国大学生创新创业大赛金奖

10 月 15 日，北京地区高校 6 个项目在第四届中国“互联网 +”大学生创新创业大赛中获得金奖。6 个项目分别是北京理工大学“中云智车——未来商用无人车行业定义者”“‘飞天工兵’智能空中作业机器人”“枭龙科技 AR 智能眼镜”，北京邮电大学“人工智能影视制作——聚力维度”，清华大学“农业秸秆生产高价值微藻饲料”。其中，3 个项目进入 5 强冠军争夺战，经过角逐，“中云智车——未来商用无人车行业定义者”获冠军、“人工智能影视制作——聚力维度”获亚军、“枭龙科技 AR 智能眼镜”获季军。比赛由教育部、中央网络安全和信息化领导小组办公室、国家发展改革委等部门和福建省政府共同主办，厦门大学承办，全国高校 64 万个项目参加比赛，382 个团队进入总决赛。

（谢文全　荣燕宁）

高等教育培养毕业生 231394 人

至 10 月，北京地区普通高校、研究生培养单位共培养毕业生 231394 人。其中，北京生源毕业生 63440 人，占毕业生总数的 27.42%。按照毕业去向统计显示，升学 39712 人、出国（境）18289 人、拟继续升学 1222 人、拟出国 497 人、申请暂不就业 29 人。实际参加就业人数 165348 人，占毕业生总数的 71.45%。按教育部统计口径，截至 10 月 31 日，毕业生总体就业率 96.51%，其中，博士生就业率 96.84%、硕士生就业率 97.34%、本科生就业率 95.97%、高职（专科）生就业率 96.62%。北京地区高校家庭经济困难等特殊困难毕业生 1.9 万人，就业率 96.46%；北京地区高校毕业生到西部地区就业 1.5 万人，基层就业 2.5 万人，有 1306 名毕业生实现自主创业。

（张海涛）

高校毕业生就业质量年度报告发布

12 月 29 日，市教委发布《2018 年北京地区高校毕业生就业质量年度报告》。报告全面反映 2018 年北京地区高校毕业生就业创业工作的整体情况，由 4 个章节和附录组成，数据来源于两部分，分别是 2018 年北京地区高校毕业生就业信息库（数据统计时间截至 10 月 31 日）、毕业生就业创业状况问卷调查（调查时间为 4 月 25 日至 7 月 10 日）。调查有效样本量 42365 份，约占北京地区毕业生总数的 19%。报告主要内容包括毕业生规模与结构、毕业去向情况、与就业质量相关的部分指标、北京地区高校毕业生就业创业工作特色、各学校数据统计。

（张海涛）

12 月 29 日，《2018 年北京地区高校毕业生就业质量年度报告》发布　（人才交流中心　供）

学籍管理

高校学籍学历管理工作交流会

5月31日，市教委召开2018年北京地区高等教育学生学籍学历管理工作交流会。会议总结上年北京高校学生学籍学历管理工作，开展学信网平台业务培训，部署2018年工作。来自各高校教务处、学生处、研究生院（部）及科研单位主管学生学籍学历工作的负责人和工作人员共319人参加会议。

（张道明）

学历证书电子注册完成

7月，市教委完成学生学历证书电子注册。审核注册141个研究生培养单位毕业生学历证书91593本，比上年增加1527本。其中，博士生18504本、硕士生73089本。审核注册92所普通高等教育学校（按教育部国标代码计算）毕业生学历证书150415本，比上年减少5016本。其中，本科119936本、专科（含高职）29719本、第二学士学位760本。审核注册82所成人高等教育学校毕业生学历证书60048本，比上年减少10931本。其中，本科37423本、专科22625本。审核注册17所高校网络教育学院毕业生学历证书263926本，比上年增加24375本。其中，本科97324本、专科166602本。审核注册38所普通中等专业学校毕业生学历证书12642本，比上年减少45本。其中，毕业证书12599本、结业转毕业证书43本。

（张道明）

全市中小学校学籍管理工作会

11月1日至2日，市教委召开全市中小学校学籍管理工作会。会议明确学籍管理的价值和功能，有助于各级学籍主管部门负责人和学籍管理员准确理解学籍管理政策，熟练掌握各项业务操作办法和要求，发挥学籍管理工作的基础性保障作用。各区教委中小学学籍管理工作主管主任、主管科室科长、学籍管理员、各区信息中心技术支持人员和学校代表100人参加会议。

（李磊）

新生学籍电子注册完成

11月，市教委新生学籍电子注册工作完成。审核注册140个研究生培养单位新生123851人，比上年增加6061人。其中，博士生25628人、硕士生98223人。审核注册89所普通高等教育学校（按教育部国标代码计算）新生154510人，比上年增加4995人。其中，本科生126946人、专科（高职）生27031人、第二学士学位生533人。审核注册16所高校网络教育学院新生367326人，比上年减少112732人。其中，本科生152225人、专科生215101人。审核注册37所普通中等专业学校新生7456人，比上年减少2586人。新生中北京生源5701人。4月，市教委完成成人高等教育新生学籍电子注册，审核注册88所成人高等教育学校新生56404人，比上年减少7035人。其中，本科生39654人、专科生16750人。

（张如双）

创新创业

150个团队获评市级大学生优秀创业团队

8月6日，市教委公布2018年北京地区高校大学生优秀创业团队评选结果。150个优秀创业团队入选，其中，一等奖30个、二等奖51个、三等奖69个。该项工作于4月至7月举行，由北京市教育系统人才交流中心承办。58所北京高校共推荐797个团队参加评选，经专家复评，遴选出197个团队参加现场答辩。经现场复赛、决赛，10所高校获“最佳组织奖”，14所高校获“优秀组织奖”。比赛面向北京地区高校全日制在校大学生、2016年和2017年毕业生（包括高职生、本科生和研究生，不含定向生和委培生）作为工商注册法人或项目负责人组建的创业企业或创业团队。此次参与团队的数量、水平较往年均有较大提升。

（侯文磊 吴静）

第四届中国“互联网+”大学生创新创业大赛（北京赛区）决赛

9月6日至7日，市教委举办的第四届中国“互联网+”大学生创新创业大赛（北京赛区）决赛在北京邮电大学举办。比赛分为创意组、初创组、成长组、就业型创业组、青年红色筑梦之旅赛道5个组别，包括一等奖争夺赛、四强争夺赛暨颁奖典礼及创新创业训练营共3个环节。经过视频播放、现场陈述及答辩、专家提问等环节，共决出冠军1个、亚军1个、季军2个，一等奖团队29个、二等奖团队130个，18个优秀组织奖。该项比赛于4月启动，90余所高校（含高职院校和科研院所）2万人次、4055个项目参赛。经过校级初赛、学校推荐及专家评审等环节，37所高校的159个项目进入决赛。决赛一等奖29个团队入围全国比赛。

（荣燕宁）

中云智车项目获“互联网+”大学生创新创业大赛冠军

10月15日，北京理工大学“中云智车——未来商用无人车行业定义者”项目获第四届中国“互联网+”大学生创新创业大赛金奖及总决赛冠军。该项目从北理工特种无人车辆创新基地、方程式赛车队孵化而来，是国内首个车规级特定场景无人车整车研发者，拥有车规级无人车全栈研发能力。中云智车已形成“模块化车规级无人车通用底盘＋订制化功能上装及算法”的无人车整车研发与生产新模式。打造无人物流车、无人摆渡车、无人运货车、无人军用车等特定场景商用无人车。至年底，与多家物流电商、高等院校达成战略合作，生产基地完成建设，预计年产能超 1200 台。比赛由教育部、中央网络安全和信息化领导小组办公室、国家发展改革委、工业和信息化部等十余家单位共同主办。

（岳鹏）

8 所高校分园纳入北京大学生创业园孵化体系

11 月 2 日，市教委公布第二批北京地区高校大学生创业园高校分园名单。评选工作通过集中审阅材料、专家评议、工作领导小组审议等环节，最终评选 8 所高校创业园为第二批北京地区高校大学生创业园高校分园，并纳入北京高校大学生创业园孵化体系，进一步提升市级创业园辐射能力。

（吴静）

第二批北京地区高校大学生创业园高校分园名单

北京大学全球大学生创新创业中心
北京科技大学创业园（贝壳创空间）
北京服装学院 BIFT WORKS 创新创业中心
中国农业大学大学生创业园
中央财经大学大学生创业园
中央民族大学创新创业中心（56 创）
北京信息职业技术学院（北信职业智慧众创空间）
北京联合大学大学生创业孵化基地

（吴静）

2019 年北京高校毕业生就业创业工作会

12 月 19 日，市教委联合市人力社保局召开 2019 年北京高校毕业生就业创业工作会。会议落实 2019 届全国普通高校毕业生就业创业工作网络视频会议要求和市委市政府的工作部署，总结和部署年度毕业生就业创业工作。会议对各高校 2019 年北京高校毕业生就业创业工作提出明确要求；为北京地区高校大学生创业园高校分园授牌，为 2018 年北京地区高校优秀创业团队评选“最佳组织奖”“优秀组织奖”获奖高校颁发证书。北京地区高校、科研单位毕业生就业工作部门，各区人力社保局，市政府各委办局，各有关单位人事部门负责人共 400 人参加会议。

（张海涛）

“一街三园多点”大学生创业孵化体系构建完成

至年底，北京教育系统“一街三园多点”大学生创业孵化体系构建全面完成。6 月，理工大厦创业园投入使用，市级创业园面积 2.15 万平方米，其中，理工园孵化面积 1.35 万平方米、中关村软件园孵化面积 0.3 万平方米、良乡园孵化面积 0.5 万平方米，孵化服务涵盖 11 项内容，基本满足大学生多样化创业需求。创业环境、创业园承载能力及创业孵化成效均达到全国领先水平。市级创业园累计孵化大学生创业团队 300 余个，在园孵化团队 282 个，195 个团队完成工商注册，注册资金 4.2 亿元。其中，173 个团队自有资金投入 1.3 亿元，52 个团队完成社会融资 2 亿元，72 个团队获专利 276 项，77 个团队注册商标 258 个，152 个团队近一年营业额 3.1 亿元。该项工作由北京市教育系统人才交流中心配合市教委完成。

（侯文磊）

至 12 月，北京大学生创业园（理工园）开放办公区
（人才交流中心　供）

毕业与就业

高校毕业生赴新疆和西藏基层工作

3 月至 7 月，市教委配合新疆和西藏组织部门开展优秀毕业生招录工作。经过选拔，72 名毕业生赴新疆和西藏基层工作。8 月，市教委安排工作人员护送毕业生进疆、进藏。

（张海涛）

规范毕业生就业手续办理

5 月 30 日，市教委印发《关于规范普通高校毕业生就业手续办理工作的通知》。文件规定毕业生办理就业手续、特殊情形就业手续办理和就业手续办理流程及材料要求，提出各高校要认真落实就业政策制度，坚持公开、公平、公正原则，严格履职尽责，做好就业指导服务，维护毕业生合法权益；各高校要制订符合学校实际的实施细则，并加大宣传力度，确保每名毕业生熟知各项就业政策。

（张海涛）

毕业生就业手续办理流程简化

12月26日，市教委印发《关于进一步简化毕业生就业手续办理流程的通知》。文件明确市教委不再收取各类材料，改由学校审核并保存，学校在申请办理毕业生《就业报到证》时，通过“北京高校毕业生就业及资源管理系统”提交申请，市教委在3个工作日内完成审核并打印《就业报到证》，学校凭“北京地区高校《就业报到证》打印申请单”到北京市政务服务中心领取《就业报到证》。

（张海涛）

5月11日，2018年北京市优秀在校退役大学生士兵先进事迹巡回宣讲活动启动仪式暨首场报告会　（国防教育协会　供）

征兵工作

高校优秀在校退役大学生士兵评选

3月至9月，市教委、市征兵办联合开展北京高校优秀在校退役大学生士兵评选系列活动。评选设置各校推荐、专家审核材料、培训、答辩等环节。评选出优秀退役大学生士兵30人，并在此基础上选出宣讲团成员15人。5月11日，2018年北京市优秀在校退役大学生士兵先进事迹巡回宣讲活动启动仪式暨首场报告会在北京市学生军训基地（怀柔）举行。7月至8月，活动组织18名优秀退役大学生士兵、10名北京高校部分学生国防类社团骨干赴山西观看卫星发射，参加爱国主义教育现场教学。9月，出版优秀退役大学生士兵事迹读本《迷彩青春 砥砺人生》。活动由北京高校国防教育协会承办。

（张兵　肖娜　孙晓楠）

高校征兵工作动员部署

4月18日，北京市召开2018年高校大学生征兵工作动员部署会。会议听取军地领导动员讲话，解读征兵政策，2017年高校征兵工作先进单位进行交流发言。会后对征兵工作人员进行业务考核，确保考核合格再上岗。北京地区92所高校和16个区武装部的100余名征兵专武干部参加动员培训。

（孙世光）

北京征兵工作动员大会

7月31日，市政府召开2018年征兵工作动员大会。会议总结2017年征兵工作情况，部署2018年任务，表彰上年度征兵工作先进单位，共有20所高校被北京市评为“2017年度高校征兵工作先进单位”，22名高校个人被评为“2017年度高校征兵工作先进个人”。

（孙世光）

大学生征兵数量较上年提高

至年底，北京大学生征兵数量较上年提高。征集大学生士兵数量较上年提高3个百分点，超过全国平均水平。北京市征兵工作持续走在全国前列。

（孙世光）

退役大学生士兵就业升学

至年底，市教委落实退役大学生士兵就业和升学工作。就业方面，为符合条件的1000余名退役大学生士兵提供3000余个定向招录招聘岗位。升学方面，服役期间获一次“优秀士兵”称号，可免试专科升本科；没有获“优秀士兵”称号，可不受名额比例限制，直接参加专科升本科考试，录取比例不低于50%。全年共有64名符合条件的大学生士兵参加专科升本科考试、785名大学生士兵免试升入本科学习。

（孙世光）

奖贷助学

学生资助工作大检查

5月29日至7月3日，北京市学生资助事务管理中心开展学生资助工作大检查。全口径实地抽查22个区、校学生资助工作开展情况。通过听取工作汇报、查看资助档案、召开学生座谈会和核查资金台账，查找管理漏洞，并及时召开全市总结大会、民办高校检查工作总结座谈会，通报检查工作情况，向市教委提交工作报告。学生资助中心按照“三年全覆盖、整改回头看”的指导原则，将每年面向全市 1/3 区、校的资助工作大检查列为常规工作。

（罗芳）

组织参加第五届“助学·筑梦·铸人”主题宣传活动

5 月至 12 月，北京市学生资助事务管理中心组织全市学校和单位参加第五届“助学·筑梦·铸人”主题宣传活动。活动由全国学生资助管理中心主办，分为征文比赛、视频大赛、音频大赛和宣传画大赛，实行两级评选、两级表彰。北京市参赛对象由高校、中等职业学校扩大至所有区及区属校。截至 6 月，收到征文 768 篇、宣传画 158 幅、视频材料 50 份。在全国评选中，4 篇征文获学生组三等奖、2 篇征文获教师组优秀奖、5 幅宣传画获全国优秀宣传画奖、1 个视频获全国优秀视频奖。市级评选中，评出征文一等奖 10 人、二等奖 21 人、三等奖 30 人；宣传画一等奖 7 人、二等奖 8 人、三等奖 8 人；视频一等奖 6 人、二等奖 9 人、三等奖 15 人；10 个单位获组织奖。

（罗芳）

普通高中资助管理办法修订印发

9 月 10 日，市财政局、市教委印发《北京市普通高中资助管理办法（修订）》。办法根据财政部、教育部《关于免除普通高中建档立卡家庭经济困难学生学杂费的意见》印发，完善北京市普通高中资助制度，使每名家庭经济困难的学生均能享受到资助政策，并顺利完成高中学业。普通高中家庭经济困难学生资助包括国家资助、北京市资助、学校资助和社会捐资。国家资助包括助学金、免交学费；北京市资助包括免教科书费（国家课程规定的教材）、住宿生免住宿费。适用范围为国家批准设立、实施普通高中学历教育的全日制普通高中学校和完全中学的高中部、特殊教育学校的高中阶段。具有北京市正式注册学籍符合一定条件的普通高中学生可享受相应资助。

（陈彦旭　华蕾）

学前教育资助管理办法修订印发

9 月 10 日，市财政局、市教委印发《北京市学前教育资助管理办法（修订）》。办法适用于公办性质幼儿园，包括教育行政部门、地方企业、事业单位、集体、部队及其他部门办园。在园儿童符合下列条件之一的可享受学前教育资助：持有民政部门核发的《北京市城市（农村）居民最低生活保障金领取证》《北京市城市居民生活困难补助金领取证》《农村五保供养证》《北京市特困人员救助供养证》和《北京市低收入家庭救助证》的适龄儿童；持有民政部门核发的《中华人民共和国烈士证明书》的烈士子女；持有民政部门核发的《儿童福利证》的适龄儿童；持有残联发放《残疾人证》的残疾儿童。资助标准为符合资助条件的在园儿童免交保教费（最高不超过同级公办幼儿园收费标准）。

（陈彦旭　华蕾）

市属高校国家奖学金评审

10 月 12 日，2017—2018 学年度北京市属高校国家奖学金评审暨评审工作领导小组会议召开。会议审核 47 所市属普通高校、高等职业学校和民办高校推选参评国家奖学金的学生申请材料，365 人参评，全部通过评审，并上报全国国家奖学金评审委员会参加全国评审。

（罗芳）

“因学致贫”专项排查

至 12 月，北京市学生资助事务管理中心开展“因学致贫”专项排查。中心收到市农委关于“有 3372 个低收入农户家庭属于‘因学致贫’”的信息，本着摸清底数、建立台账、修订政策的原则开展专项排查。排查工作做到全覆盖、全范围、全口径，共涉及公办及民办幼儿园、中小学在校生和市属高校、中央在京高校学生 1693507 人。同时，重点排查市农委提供的“因学致贫”学生名单中基础教育、高等教育学段学生。经排查分析，全市受助学生 17166 人，其中，低收入农户家庭学生 2073 人，占受助学生的 12.08%；未纳入学生资助 572 人，包括低收入农户家庭学生 296 人。

（罗芳）

学生资助政策宣传力度加强

至年底，北京市学生资助事务管理中心开展多项举措加强北京市学生资助政策的宣传力度。面向学生、家长及社会，扩大资助政策及成效宣传面。全年完成《大学生》《中国研究生》《中国商界》杂志 36 期，《北京日报》《北京晚报》《京郊日报》《北京考试报》共开展 69 次各学段学生资助政策宣传。在“中国教育新闻网”开设北京市学生资助政策专题宣传、“北京市 2016—2017 学年普通本科高校和高等职业学校国家奖学金获得者风采录”专题宣传、致初中和高中毕业生的一封信等板块，抓住重点时段、面向重点人群深化资助政策宣传，实现资助政策宣传手段多媒体融通、宣传对象全方位覆盖、宣传时段全年度持续。

（罗芳）

（本栏责任编校　华蕾）

1301 人

随迁子女符合申报中等职业学校条件

32272 人

中考统招录取

55906 人

高考统一招生录取

2917 人

高职生升入本科学习

99088 人

北京 142 个高等学校和科研机构招收硕士生

25883 人

北京 80 个高等学校和科研机构（不含解放军在京单位）招收博士生

2019 | 招生与考试

ENROLLING AND TESTING

- 义务教育招生政策
- 新中考招生制度改革
- 新高考招生制度改革
- 初中实践活动计入中考成绩
- 首次高中学业水平考试合格性考试举行

ENROLLING AND TESTING
招生与考试

综述

义务教育招生政策

2018年，市教委进一步完善义务教育入学规则、严格规范入学秩序，保持政策连续性和稳定性，确保义务教育阶段入学工作有序推进。4月25日，市教委印发《2018年义务教育阶段入学工作的意见》。入学工作坚持政府统筹，区级为主，免试就近入学的原则。凡年满6周岁（2012年8月31日以前出生）的北京市户籍适龄儿童均须参加学龄人口信息采集，免试就近入学。根据学位供给情况和户籍、房产、居住年限等因素，采取单校划片和多校划片相结合的入学方式，继续推行学区制和九年一贯制对口招生，形成更加公平完善的就近入学规则。完成小学教育的学生，应当进入初中继续接受并完成义务教育。各区教委根据适龄学生人数、学校分布、学校规模等因素，按相对就近原则，根据学生志愿进行派位入学。非北京市户籍适龄儿童少年持有相关证明，可到居住地所在街道办事处或乡镇人民政府审核，通过审核后到居住地所在区教委确定的学校联系就读。严格规范特长生入学工作，各区招收特长生比例严格控制在本区初中招生计划的4%以内。2019年取消各类特长生招生。民办学校与公办学校同步招生，纳入属地区教委统一管理。各区教委严格执行市教委统一规定的时间表和入学工作程序，坚决治理乱收费；坚决禁止任何学校及社会培训机构举办各类以选拔生源为目的的培训班；坚决禁止学校私自招生；坚决禁止在义务教育阶段入学工作中组织任何形式的考试、测试和面试选拔学生，严禁将各种考试成绩、奖励证书作为入学依据；坚决禁止初中校违规在小学非毕业年级提前招生。全市使用统一的小学和初中入学服务系统，将每名学生入学途径和方式全程记录，教育行政部门依据权限进行查询和监控。

（华蕾）

7月，2018年北京市中招录取现场

（北京考试院 供）

新中考招生制度改革

2018 年，市教委将高中阶段学校考试招生制度改革落到实处。7 月 13 日，市教委印发《关于进一步推进高中阶段学校考试招生制度改革的实施意见》。实施意见进一步深化高中阶段学校考试招生制度改革，发挥改革正确导向作用，推进基础教育课程与教学改革，引导义务教育优质均衡发展，扩大优质高中办学规模，形成多样化、有特色的高中阶段教育，促进学生健康成长。实施意见对建立初中学业水平考试制度，加强和改进初中学生综合素质评价，改革招生录取办法等做出明确规定。

（华蕾）

新高考招生制度改革

2018 年，《北京市深化高等学校考试招生制度综合改革实施方案》经市委、市政府同意上报，中央改革办和教育部审定同意后于 8 月 22 日印发。方案明确改革目标和工作原则，确定主要任务和措施，内容包括明确建立高中学业水平考试制度和完善学生综合素质评价制度。高考改革从 2020 年起实施。

（华蕾）

控制市属高校招生规模

2018 年，市教委根据疏解非首都功能的要求，控制市属高校招生规模。7 月，市教委下达市属高校普通高等教育计划招生 75678 人，比上年减少 1125 人。其中，本科招生 47237 人，比上年增加 1 人；高职招生 28441 人，比上年减少 1126 人。

（张桓）

市属高校研究生招生适度增长

2018 年，市属高校研究生招生规模继续保持适度增长。9 月，市属高校实际录取研究生 15048 人，比上年增长 6.3%。其中，博士生 1130 人，比上年增长 19.5%；硕士生 13918 人，比上年增长 5.4%。按照教育部安排，市属高校研究生计划招生 15712 人，其中，博士生 1137 人、硕士生 14575 人。市教委按照教育部要求统一下达全日制和非全日制研究生招生计划，市属高校全日制硕士生计划招生 13094 人、非全日制硕士生计划招生 1481 人。

（卜薇）

市属成人高等教育招生基本稳定

2018 年，市属成人高等教育招生规模基本稳定。9 月，市属成人高等教育实际招生 22655 人，比上年增长 2.3%，其中，本科（含高中起点本科和专科起点本科）实际招生 12689 人，比上年增长 20.9%；专科（高职）实际招生 9966 人，比上年下降 14.5%。

（卜薇）

高职院校分类考试招生改革推进

2018 年，市教委推进高职院校分类考试招生改革。9 月，市教委健全“文化素质 + 职业技能”考试招生方式，推进单独招生、高职自主招生等高等职业院校分类考试招生改革。其中，高职院校单考单招计划招生 743 人，实际录取 136 人；自主招生计划招生 13343 人（包括农村户籍考生 6501 人），比上年增加 451 人（包括农村户籍考生增加 172 人），实际录取 9199 人。

（张桓）

高校农村地区专项招生扩大

2018 年，市教委扩大高等院校城市发展新区和生态涵养发展区农村专项招生计划。6 月，市教委在地方农村专项招生中，计划人数从上年的 340 人扩大至 370 人，招生院校范围包括市属本科一批招生高等学校。专项计划进一步提高市农村考生升入本科一批比例。

（张桓）

农村户籍落榜考生专项培养计划实施

2018 年，市教委实施农村户籍落榜考生的专项培养计划。该培养计划是教育领域落实中央和北京市乡村振兴战略的重要措施，通过专项培养计划为有一定知识基础、有学习愿望的高考落榜农村户籍考生适当降低要求，拓宽升学渠道，提供专业化的人才培养途径。市教委依托北京农业职业学院，实行“单列计划、单设专业、单独培养”机制，招生专业以涉农类专业为主，招生标准在市高职录取线（150 分）基础上，再降低 100 分。在高考高职录取工作结束后，北京教育考试院面向未录取农村户籍考生再次征集志愿。至 8 月底，专项培养计划共录取考生 18 人。被录取进入涉农类专业的学生，可享受免收学费政策。

（张桓）

师范生招生规模扩大

2018 年，市教委扩大师范生招生规模。9 月，市教委贯彻落实《北京市拓展中小学教师来源行动计划（2018—2022 年）》要求增加招生计划，其中，首都师范大学 200 人、北京联合大学 200 人、首都体育学院 100 人、北京舞蹈学院 26 人、北京服装学院 50 人、中国音乐学院 50 人，用于招收本科师范生。同时安排北京青年政治学院、北京城市学院、北京汇佳职业学院、北京培黎职业学院、北京京北职业技术学院等院校按照文件要求足额编制学前教育专业招生计划。

（张桓）

初中实践活动计入中考成绩

1 月 3 日，市教委印发《关于初中综合社会实践活动、开放性科学实践活动计入中考成绩有关事项的通知》。自

2018年起初中学生综合社会实践活动和开放性科学实践活动（统称初中实践活动）成绩计入相关科目中考原始成绩。成绩按照算术平均、四舍五入取整方式计入相关科目中考原始成绩，由北京教育考试院依据当年中考政策予以认定。其中，综合社会实践活动成绩除以三，分别计入思想品德、历史、地理科目中考原始成绩；开放性科学实践活动成绩除以二，分别计入物理、生物（化学）科目中考原始成绩。通知对计入原则、计入办法、特殊情况处理办法做出明确规定。7月，综合社会实践和开放性科学实践活动两项均满分的考生53841人，占具有录取资格考生的97%。

11月19日，北京市初中综合社会实践活动成果展示交流会——学生展示综合社会实践活动成果　　（市教委相关处室　供）

（汪玥　伊宏　华蕾）

2018年中考招生意见颁发

1月19日，市教委印发《关于做好2018年高级中等学校考试招生工作的意见》。文件对招生计划编制和招生政策、考试工作、评卷工作、招生录取、组织管理做出明确规定。2018年北京市各类高级中等学校招生规模6.8万人，其中，普通高中4.8万人、中等职业教育2万人。中等职业教育招生规模中，普通中等专业学校招生0.6万人、职业高中招生0.4万人、技工学校招生0.4万人、贯通培养项目招生0.5万人、五年制高职招生0.1万人。中考文化课考试科目为语文、数学、外语、历史、地理、思想品德、物理、生物（化学），总分540分。学生可以选择其中3个科目参加考试，物理、生物（化学）须至少选择1科，所选3科成绩，由高到低分别按照100%、80%、60%的系数折算为实际分数（保留1位小数），即3科折算后实际满分分别为100分、80分和60分。各科成绩相加后按四舍五入原则取整。录取实行考后知分填报志愿。招生录取分为提前招生录取、名额分配招生录取、统一招生录取和补录4个阶段。名额分配批次计划占优质高中招生计划的50%以上，一般公办初中升入优质高中比例达到40%以上。

（汪玥　姚转珍　华蕾）

招考委2018年第一次会议

4月4日，北京市招生考试委员会2018年第一次会议召开。会议听取2017年高招工作汇报，审议并通过《北京市2018年普通高校招生工作规定》。王宁出席会议，并就做好考试招生工作提出四点要求：一是压实安全责任，确保高考平稳顺利；二是深入实施“阳光工程”，确保录取公平公正；三是坚持首善标准，提供优质招考服务；四是坚持蹄疾步稳，有序推进高考综合改革。市招考委成员单位相关负责人参加会议。

（卢杰）

新高考背景下普通高中教学组织管理工作

5月12日，市教委印发《关于做好新高考背景下普通高中教学组织管理工作的通知》。通知主要从课程实施、选课要求、学生发展指导、教学组织、师资安排、学生管理、条件保障7个主要方面对区、校提出要求。新的高考改革取消文理分科，实行新的“3+3”考试模式，学生可以文理兼修，文理兼考，学生选课选考组合由2种变成20种。传统固定的“理科班”“文科班”教学组织方式已不能满足需求，高中学校面临教育理念、课程结构、教学内容、实施方法和管理机制等方面的变革要求，市级层面需有效指导保证改革措施平稳有序推进，特制定该文件给予指导。

（华蕾　汪玥）

首次高中学业水平考试合格性考试举行

6月30日至7月2日，首次北京市普通高中学业水平考试合格性考试举行。54244人报考，其中，普通高中类53119人、职技类1041人、社会类84人。共报考356171科次，开考语文、数学、英语、历史、地理、物理、化学、生物8个学科。17个考区共设考点88个，12204个考试场次。3月1日，北京教育考试院发布《北京市普通高中学业水平考试合格性考试有关工作实施方案（试行）》。方案明确考试内容以普通高中课程标准中的必修课程要求为依据，成绩以“合格／不合格”呈现，具有北京市户籍或学籍的普通高中在校学生、职技类学校在校学生以及社会类考生均可参加。

普通高中在校学生参加合格性考试13门科目全部达到合格水平后，可颁发《北京市普通高中学业水平考试合格证》，高中离校2年内参加合格性考试合格后可补发《北京市普通高中学业水平考试合格证》，职技类和社会类考生参加全市统一组织的9门合格性考试达到合格水平后，可颁发《北京市普通高中学业水平考试合格证》，证书上注明“职技类”或“社会类”字样。2017年7月5日，为更好推进新高考改革，市教委发布《北京市普通高中学业水平考试实施办法（试行）》，明确学业水平考试成绩是学生毕业和升学的重要依据，分为合格性考试、等级性考试。原高中会考政策执行至2019年6月30日止。

（肖军　华蕾）

高级中等学校招生

概述

2018年，北京市65328人报名参加2018年北京市高级中等学校招生考试，比上年减少13961人，减少17.60%。招生学校340所，招生计划68389人，比上年减少9649人，减少12.36%。截至7月31日，共录取考生52683人，完成招生计划77.03%，录取率95%。招生计划普职比为6.7∶3.3，录取普职比为8∶2。全市建成中考英语机考考点286个，考场634个，考试机位2.6万个。参加中考英语听说机考考生满分率54%，平均分37.2分。首次将初中实践活动成绩纳入中考成绩。综合社会实践和开放性科学实践活动两项均满分的考生53841人，占具有录取资格考生的97%。其中，综合社会实践满分考生54261人、开放性科学实践活动满分54085人。

（伊宏）

两次英语听说机考

3月24日和12月22日，2018年北京市高级中等学校招生考试第二次英语听说机考和2019年中考第一次英语听说机考举行。3月，全市设17个考区，161个考点，379个考场，3.4万人参加考试，12月，全市设17个考区，237个考点，571个考场，6.7万人参加考试。全年参加中考英语听说机考考生满分率54%，平均分37.2分。

（伊宏）

中考加分资格审核完成

4月23日，2018年北京市高级中等学校招生考试加分资格审核工作结束。全市有1362名考生获得加分和优先照顾录取资格，包括少数民族加分考生2人。

（伊宏）

回户籍所在区参加中考需到所在区确认

5月18日，北京市有398人回户籍所在区参加2018年北京市高级中等学校招生考试。学生需回所在区中招办办理确认手续。各区中招办依据考生户口簿再次审核考生回户籍报考资格，并向考生讲解中招报考和考试的有关规定和要求。

（伊宏）

中考体育现场考试

5月31日，2018年北京市高级中等学校招生考试体育现场考试工作结束。全市设17个考点，61296名考生参加考试。体育现场考试继续按照统一考试科目、统一成绩评定标准、统一考试规程、统一考试时间和统一仪器设备标准的“五统一”要求组织实施。

（伊宏）

12月22日，2019年北京市中考第一次英语机考考场

（北京考试院　供）

中考文化课考试

6月24日至26日，2018年北京市高级中等学校招生考试文化课考试开考。这是北京市新中考改革方案下首次举行的文化课考试。必考科目为语文、数学和外语，此外，考生须从物理、生物（化学）、历史、地理、思想品德5科中选3个考试科目，其中，物理、生物（化学）须至少选1科。全市设17个考区，157个考点，2094个考场，60464名考生参加考试。7月5日至6日，高级中等学校统一招生加试

和提前招生专业测试举行，25 所加试学校在统一规定时间内举行考试，104 所提前招生学校对报考考生进行专业加试。

（伊宏）

考后知分填报志愿

7 月 7 日至 11 日，2018 年北京市高级中等学校招生考试考生开展网上志愿填报。截至 11 日 17 时，填报志愿考生 49217 人，占有升学资格考生的 88.64%。志愿填报采用考后知分填报方式。

（伊宏）

统一招生录取 32272 人

7 月 31 日，2018 年北京市高级中等学校统一招生录取结果发布。考生可在北京教育考试院网站查询录取结果。全市参加统一招生学校计划招生 42626 人，实际录取 32272 人，完成计划的 75.71%。15 所贯通项目学校计划招生 5330 人，共录取考生 2904 人，完成计划的 54.48%。112 所提前招生学校计划招生 14905 人，共录取考生 10358 人，完成计划的 69.50%。“名额分配”计划招生 13203 人，录取考生 10053 人，完成计划的 76.14%。133 所具有招收特殊学生资格及任务的普通高中共招收特殊学生 4509 人。8 月 3 日，补录工作完成。未被录取考生持“补录考生登记表”和“体检表”到自己选定的未完成招生计划学校办理报名手续，共录取考生 859 人。

（伊宏）

外省新生户口迁京审核

11 月 22 日，北京教育考试院为经批准招收外省市新生的中等专业学校办理外省市新生户口迁京审核手续。办理户口迁京 1127 人，占审核备案新生 87.57%。

（伊宏）

高中毕业会考

概述

2018 年，北京市首次举行高中学业水平考试合格性考试，54244 人报名参加考试。全年参加全市统一会考（不含自主会考和替代科目考试）136911 人，比上年减少 5.3%；报考 9 个学科 413134 科次。87938 人报名参加春季会考全市统一考试。此外，全市自主会考和替代科目考试学校的 17441 名考生同期参加 40596 科次的考试。48973 人报名参加夏季高中会考。此外，全市自主会考和替代科目考试学校的 13213 名考生同期参加 42627 科次的考试。全市颁发《北京市高中会考合格证》51843 份（春季 48947 份、夏季 2896 份）。全市参加高中会考的应届普通高中毕业生 58998 人，取得合格证 50401 人，占毕业生总人数的 85.43%。

（肖军）

春季高中会考

1 月 10 日至 12 日，2018 年北京市春季高中会考举行。87938 人报名参加 9 个学科的会考，其中，普通高中考生 87267 人、职技类学校考生 622 人、社会考生 49 人，报考 369088 科次。全市设 88 个考点，10650 个考试场次。

（肖军）

两次自主会考成绩验收

3 月 5 日和 9 月 7 日，北京教育考试院分两次验收 2018 年春季自主会考和替代科目考试学校的考试成绩。3 月，共接收 20 所学校 16232 名学生 38290 科次的自主会考成绩；28 所学校 1209 名学生 2306 科次的替代科目成绩。9 月，共接收 20 所学校 11987 名学生 40773 科次的自主会考成绩；28 所学校 1226 名学生 1854 科次的替代科目成绩。

（肖军）

高中会考合格证核发

5 月 18 日，2018 年北京市普通高中会考合格证核发工作完成。全市有 48338 名学生获得高中会考合格证，其中，应届生 47817 人、往届生 511 人、社会类 10 人。2018 年全市普通高中应届毕业生 57497 人，合格率 83.2%。9 月 28 日，补发会考合格证 2896 份，其中，应届生 2582 人、往届生 311 人、社会类 3 份。此外，补发离校两年以上考生社会类合格证 978 份。

（肖军）

夏季高中会考

6 月 30 日至 7 月 2 日，2018 年北京市夏季高中会考举行。48973 人报名参加 9 个学科的考试，共计 104265 科次。17 个考区设考点 80 个，3622 个考试场次。同时，20 所自主会考学校的 11987 名学生参加自主会考考试，共计 40773 科次；28 所替代考试学校的 1226 名学生参加替代科目考试，共计 1854 科次。

（肖军）

普通高等学校招生

概述

2018 年，全国有 749 所高等学校在北京招生。全市有 63073 人报名参加 2018 年普通高等学校招生考试，录取 55906 人。在统招部分中，报名 56370 人，录取 51336 人（含高职自主招生录取4781人)。其中,文史类考生18255人,录取16290人,占录取总数31.73%;理工类考生38115人,录取35046人,占录取总数的68.27%。在高职单独招生部分中,报名6703人,录取4570人,其中,高职自主招生录取4418人、单独考试招生录取136人、北京联合大学师资班录取16人。

(卢杰)

2917名高职生升入本科学习

3月24日,北京市43所高校推荐的高等职业教育(专科层次)优秀应届毕业生4410人(含退役士兵考生62人)参加"高职升本科"文化课考试。考试在中国劳动关系学院、北京联合大学、北京城市学院和北京财贸职业学院4个考点举行。北京市16所高校参加招生,计划招生2245人,实际录取2132人(含录取实行计划单列的退役士兵考生31人)。此外,经市教委审核批准,录取符合免试专升本的优秀退役士兵考生785人。根据《教育部办公厅关于2016年试点开展大陆专科生赴台接读本科工作的通知》,北京继续试点开展台湾部分科技大学招收大陆专科(高职)学生赴台攻读二年制学士班工作。24名考生报名,23名考生符合条件。

(卢杰)

234人参加高水平运动队招生统一测试

3月24日,北京市完成2018年高校高水平运动队招生全市统一测试。测试在北京体育大学举行,测试内容包括田径、篮球、排球、足球、乒乓球、游泳、健美操、武术、羽毛球、网球10个项目。共有349人报名参加考试,实际测试234人。经测试,达到合格等级考生222人,合格率94.87%;不合格考生12人,不合格率5.13%;115人放弃测试。

(卢杰)

29所高校高职自主招生录取9199人

3月31日和4月21日,29所高校举行2018年高职自主招生考试。计划招生13343人,10529人报名参加考试,录取9199人。

(卢杰)

924人参加体育专业测试

4月7日,北京市2018年普通高等学校招生体育教育、社会体育、休闲体育专业测试工作举行。测试在首都体育学院举行,测试项目为田径、篮球、排球、足球、体操、艺术体操(女)、武术、游泳和乒乓球等。全市共有924人参加考试。经测试,成绩90分(含)以上28人,80分(含)~89分151人,70分(含)~79分261人,60分(含)~70分196人,60分以下288人。

(卢杰)

37490人参加外语口试

4月14日至15日,北京市2018年普通高等学校招生外语口试举行。口试在北京外国语大学、北京语言大学、中国传媒大学、对外经济贸易大学、首都师范大学、北京第二外国语学院6个考点举行,37490人参加外语口试。

(卢杰)

655人参加体育单招文化课统一考试

4月21日至22日,北京市2018年普通高等学校运动训练、武术与民族传统体育专业招生文化课统一考试举行。考试科目为语文、数学、政治和英语4科,各科试卷满分为150分,总分600分。考试在朝阳区陈经纶中学举行,655人报名参加考试。

(卢杰)

6月30日至7月1日,警察学院组织开展2018年本科招生加试
(警察学院 供)

高等职业技术教育单独招生办法发布

4月,《北京市2018年试办高等职业技术教育单独招生工作实施办法》发布。办法规定具有北京市正式户口,或符合《2018年进城务工人员随迁子女在京参加高等职业学校招生考试实施办法》规定条件的进城务工人

员随迁子女，或在北京定居并符合报名条件的外国侨民（须持公安机关签发的《中华人民共和国外国人永久居留证》）可以报名。考试分为文化课考试、专业课考试。命题、考试和评卷由北京教育考试院和招生学校组织实施。考试科目设置采取“3+X”的模式。“3”指语文、数学、外语3科公共文化课，由全市统一命题并组织考试和评卷；“X”指招生学校根据不同专业要求设定的综合专业课1科，或者专业基础课、职业技能课2个科目，考试内容和考试方法由招生学校自主确定。各科满分均为150分。录取工作根据全市考生语文、数学、外语考试成绩，按招生计划数的一定比例划定统一的录取控制分数线。

6月8日，在五十中高考考场门口，考生与任课老师热情相拥
（东城区教委　供）

（华蕾　汪玥）

252人在京参加港澳台侨学生联招考试

5月19日至20日，北京市2018年普通高等学校联合招收香港、澳门、台湾以及华侨学生入学考试举行。考试在北京科技大学附属中学举行，252人（含华侨考生44人）参加考试。

（卢杰）

52917人参加高考

6月7日至8日，北京市2018年普通高等学校招生考试举行。设立17个考区91个考点，1872个考场，其中，统考86个考点，1812个考场；单独考试16个考点，60个考场。52917人参加考试，其中，参加普通高考统考的考生51399人、高职单考考生1518人。6月9日至23日，北京市完成2018年高考评卷工作。阅卷工作在北京大学、清华大学、北京师范大学、首都师范大学、北京第二外国语学院和北京工业大学6个评卷点举行，继续采用全科目网上评卷的办法，共计扫描考生答题卡31万余张，累计评阅试卷21万余份，参加评卷教师1173人。

（卢杰）

普通高校招生最低录取控制分数线确定

6月23日，北京市招生考试委员会2018年第二次会议召开，审议并通过北京市2018年普通高等学校招生各批次录取最低控制分数线。本科一批文科576分、理科532分；本科二批文科488分、理科432分；艺术类本科文科340分、理科300分；专科（三科总分）文科150分、理科150分；体育教育、社会体育、休闲体育专业成绩60分，文化课成绩文科340分、理科300分；高职单招分数线150分；艺术高职分数线105分。同时会议还审议通过北京市2018年普通高等学校招生录取工作意见。王宁参加会议并提出工作要求。

（卢杰）

45556名考生参加高考本科志愿填报

6月25日至29日，北京市高考考生参加本科和单考单招志愿填报。本科普通批志愿设置为大平行方式，本科一批可填报6个平行志愿、本科二批可填报10个平行志愿。本科提前批分为A、B、C三段，按顺序依次录取。对高校自主招生选拔、高水平艺术团和高水平运动队特殊类型招生单独设置特殊类型志愿。截至6月29日20:00志愿填报结束，45556名统考考生完成本科志愿填报，196名单考考生完成志愿填报。

（卢杰）

高校招生计划分析

6月，北京市完成2018年普通高等学校招生计划汇总工作。全年在京招生高校749所，计划招生42789人，高职班及师资班单独招生计划757人。在统考统招计划中，按科类分：文史类计划11799人，占计划总数的27.57%；理工类计划30990人，占计划总数的72.43%。按学历层次分：本科计划34289人，占计划总数的80.14%；专科计划8500人，占计划总数的19.86%。按学校所在地域分：在京院校计划招生36473人，占计划总数的85.24%，其中，部委院校招生计划4982人，占招生计划总数的11.64%，市属市管院校在京招生计划31491人，占招生计划总数的73.60%；外埠院校招生计划6316人，占计划总数的14.76%。

（卢杰）

6月7日，北京市2018年高考北师大燕化附中考点
（燕山教委　供）

4057人参加2019年美术类专业招生统一考试

12月8日，北京市2019年美术类专业统一考试举行。考试在北京工业大学、首都师范大学、北京城市学院3个考点举行，4216人报名，实际参加考试4057人，缺考率3.77%。12月10日至26日，评卷工作在首都师范大学和北京服装学院举行，并于27日公布考试合格成绩要求，本科合格成绩要求为3个科目总成绩不低于180分，且其中2个科目各不低于60分；高职（专科）合格成绩要求为3个科目总成绩不低于120分；高职单考单招合格成绩要求为3个科目总成绩不低于120分。经评定，全市有4013人取得美术统考合格资格，占报考人数的95.19%。其中，取得本科合格资格考生3566人，占取得合格资格考生的88.86%。

（卢杰）

高考统一招生录取55906人

7月6日至8月3日，北京市2018年普通高等学校统一招生录取55906人。其中，统考考生录取51336人（统考本科录取41981人，本科录取率76.27%；专科录取9355人，含高考统招录取4574人、高职自主招生录取4781人）；单考单招录取4570人，含高职自主招生录取单考考生4418人、单考单招录取152人。2018年市属高校继续实施“双培计划”和“外培计划”招生。其中，16所高校参加“双培计划”招生，招生计划1516人，实际录取1352人；18所高校参加“外培计划”招生，招生计划395人，实际录取317人。

（卢杰）

5.9万余人报考2019年高考

11月30日，北京市2019年普通高等学校招生考试报名工作结束。全市5.9万余人报名参加考试，比上年减少3800余人，降幅6.16%。其中，全国统考报名5.4万余人，比上年减少980余人，降幅1.79%；高职单考单招报名5100余人，比上年减少1500余人，降幅23.48%。应届生近5.5万人，占报名人数的92.51%；往届生4400余人，占报名人数的7.49%；男生近3万人，占报名人数的50.20%，女生2.9万余人，占报名人数的49.80%；城镇考生近4.5万人，占报名人数的75.44%，农村考生近1.5万人，占报名人数的24.56%。在全国统考报名考生中，文史类考生近1.7万人，比上年减少1400余人，降幅7.78%，理工类考生3.7万人，比上年增加400余人，增幅1.13%。此外，2019年北京市继续实施进城务工人员随迁子女在京参加高职招生考试政策，538人提出申请，经审核，375人符合条件并参加高考报名。

（卢杰）

53205人报考2019年首次英语听力机考

12月15日，北京市2019年第一次英语听力机考报名考生53205人。全市设立17个考区156个考点，392个考场，共举行5场次考试。根据《北京市关于深化考试招生制度改革实施方案》的要求，2019年北京市继续实施高考英语听力机考，一年两考。

（卢杰）

1189人次参加高水平艺术团招生统一测试

12月16日，北京市2019年高水平艺术团招生统一测试举行。测试在清华大学举行，测试过程实施全程摄像，共设置声乐、管乐、弦乐、键盘、民乐、舞蹈、戏剧7大类49个小项，1355人次报名考试，实际测试1189人次。其中，979人取得合格等级成绩，通过率82.34%；不合格考生210人，占实考人数的17.66%。

（卢杰）

研究生招生

概述

2018年，北京市研究生（博士生、硕士生）招生计划132439人，比上年增加6883人，增幅5.48%。硕士生招生计划 106480 人，比上年增加 4724 人，增幅 4.64%。全国网上报名系统报考北京招生单位的硕士生考生 322897 人，推免服务系统接收的推荐免试硕士生考生 27966 人，两项共计 350863 人，比上年增加 34743 人，增幅 11.00%。142 个高等学校、科研机构共招收硕士生 99088 人，比上年增加 3747 人，增幅 3.93%。博士生招生计划 25959 人，比上年增加 2159 人，增幅 9.07%。报考博士生 65199 人，比上年增加 1919 人，增幅 3.03%。80 个高等学校、科研机构（不含解放军在京单位）共招收博士生 25883 人，比上年增加 2271 人，增幅 9.63%。北京市 32 家招生单位面向香港、澳门特别行政区和台湾地区招收攻读硕士学位研究生 755 人、攻读博士学位研究生 76 人。北京市同等学力人员申请硕士学位全国统考报名 27928 人，比上年增加 2310 人，共报考 43386 科次，比上年增加 4236 科次。

（李青文）

264 名考生被认定违规

1 月 29 日，北京市 2018 年全国硕士研究生招生考试违规处理认定会召开。会议邀请北京大学、清华大学等 9 所高等院校的 12 名招生考试专家，对报考北京招生单位和在京考试报考京外招生单位的 264 名考生违规事实和处理意见进行认定。通过专家集中研究讨论，共认定违纪考生 153 人、作弊考生 110 人、其他违规考生 1 人。

（李青文）

优秀应届本科毕业生被推荐免试攻读研究生

1 月 31 日，2018 年推荐优秀应届本科毕业生免试攻读研究生工作结束。教育部下达给北京高校推荐名额 15403 人，比上年增加 414 人，增幅 2.76%。北京 45 所推荐高校通过“全国推荐优秀应届本科毕业生免试攻读研究生信息公开暨管理服务系统”上报经高校公示的推免生 15180 人，比上年增加 552 人，增幅 3.77%。除军队院校以外，北京 87 个高等学校、科研机构共接收推免生 27966 人，比上年增加 1341 人，增幅 5.03%。其中，硕士生 23562 人（含医学长学制转段生 562 人）；占 84.25%；直博生 4404 人，占 15.74%。

（李青文）

同等学力申请硕士学位全国统考

5 月 20 日，北京市 2018 年同等学力人员申请硕士学位外国语水平和学科综合水平全国统一考试举行。全市设 8 个考点，704 个考场。北京市报名 27928 人，比上年增加 2310 人，增幅 9.01%；报考 43386 科次，比上年增加 4236 科次，增幅 10.82%。经学位授予单位审核通过，全市报考外国语水平考试 20864 人，比上年增加 2051 人，增幅 10.90%；报考学科综合水平考试 22522 人，比上年增加 2185 人，增幅 10.74%。

（李青文）

研究生录取 124971 人

7 月，2018 年北京录取研究生 124971 人。北京 142 个高等学校、科研机构（除军队院校）招收硕士生 99088 人，比上年增加 3747 人，增幅 3.93%。其中，全日制学术学位录取 44917 人、全日制专业学位录取 38712 人，非全日制学术学位录取 211 人、非全日制专业学位录取 15248 人。教育部下达招生计划 106480 人，比上年增加 4724 人，增幅 4.64%。北京 80 个高等学校、科研机构（不含解放军在京单位）录取博士生 25883 人，比上年增加 2271 人，增长 9.63%。教育部下达招生规模 25959 人，比上年增加 2159 人，增幅 9.07%。

（李青文）

2019 年全国硕士生招生考试

12 月 22 日至 24 日，北京市举行 2019 年全国硕士研究生招生考试。北京设置 57 个考点，4659 个考场，应试考生 129434 人。全国报考北京硕士招生单位的应试考生

7月11日，北京市全国硕士研究生招生考试工作表彰会召开

（北京考试院 供）

383172 人（不含推免考生），分别在 31 个省、市、自治区的 558 个考点参加考试。全国报名参加北京招生单位的考生 383357 人（不含推免考生），比上年增加 60460 人，增幅 18.72%。北京 57 个报考点现场确认，129497 名考生在京参加考试，比上年增加 17014 人，增幅 15.13%。

（李青文）

成人高等学校招生

概述

2018 年，在京招生成人高等学校 72 所，比上年减少 7 所院校。其中，市属院校 38 所、部（委）及外埠院校 34 所。全市报名确认考生 54027 人，比上年减少 3959 人，减少 6.83%。确认考生中，高起专考生 18569 人、高起本考生 7502 人、专升本考生 27956 人。确认考试生 53207 人，比上年减少 3580 人，减少 6.30%；免试生 820 人。72 所高校在京招生专业 1056 个，比上年减少 277 个。单考单招的学校有中国劳动关系学院、北京体育大学、首都体育学院、北京联合大学，共计 8 个专业。北京市招生计划 42936 人，比上年减少 1399 人，减少 3.15%。招生计划中，高中起点专科 14924 人、高中起点本科 5745 人、专科起点升本科 22267 人。单考单招计划招生 1252 人，比上年增加 20 人。实考考生 48525 人，缺考率 8.80%，违规 84 人。实际录取新生 42442 人，完成调整计划的 98.08%，录取率 86.0%。高起本及专升本共录取新生 30121 人，其中，高起本录取 5569 人、专升本录取 22068 人；高起专录取 14805 人；单考单招录取 1202 人，比上年减少 81 人。北京地区成人本科学士学位英语统一考试，上半年 79956 人报名参加考试，实考考生 54040 人，缺考率 32.41%，考试及格率 22.36%；下半年 94230 人报名参加考试，实考考生 63797 人，缺考率 32.3%，考试及格率 17.12%。

（尚武）

两次成人本科学士学位英语考试

5 月 12 日和 11 月 10 日，上半年和下半年北京地区成人本科学士学位英语考试分别举行。上半年考试设 85 个考点，其中，北京市考点 41 个、外埠考点 44 个。实考考生 54040 人，及格 12086 人，及格率 22.367%。6 月 25 日起，发放考试成绩与合格证书。56 所院校的 79956 名考生报名参加考试，其中，北京考生 41953 人，占全部考生的 52.47%；外埠考生 38003 人，占全部考生的 47.53%。全部考生中成考考生 24971 人，占 31.23%；电大考生 27114 人，占 33.91%；网络学院考生 27871 人，占 34.86%。下半年考试设 85 个考点，其中，北京市考点 41 个、外埠考点 44 个。实考考生 63797 人，及格 10920 人，及格率 17.12%。12 月 7 日起，发放考生成绩与合格证书。54 所院校的 94230 名考生报名，其中，北京考生 49511 人，占全部考生的 52.54%；外埠考生 44719 人，占全部考生的 47.46%。全部考生中成考考生 35108 人，占 37.26%；电大考生 17015 人，占 18.06%；网络学院考生 42107 人，占 44.68%。

（尚武）

成人高校招生专业汇总

8 月 21 日，北京市成人高校招生专业核对汇总工作完成。72 所高校在京招生，比上年减少 7 所，招生专业 1056 个，比上年减少 277 个。招生专业中，市属高校 609 个、部属高校 447 个；按学习形式分，脱产专业 63 个、业余专业 952 个、函授专业 41 个；按专业层次分，高起本专业 185 个、高起专专业 455 个、专升本专业 416 个。单考单招专业 8 个。

（尚武）

成人高校招生统一考试

10 月 27 日至 28 日，北京市举行 2018 年成人高校招生全国统一考试举行。全市设 17 个考区 83 个考点，1884 个标准化考场，比上年减少 119 个考场。48525 人参加考试，确认违规考生 84 人，违规率 1.73‰。其中，违纪考生 20 人、作弊考生 64 人。11 月 2 日至 7 日，评卷工作在首都师范大学进行，共评阅 18 科 15 万份试卷。11 月 12 日，考试成绩发布。

（尚武）

划定成人高校招生录取最低控制分数线

11 月 20 日，北京市成人高校招生录取最低控制分数线划定。高中起点专科，文史外语类：116 分；艺术类（不含数学）：70 分；理工类：111 分。高中起点本科，文史外语类：173 分；艺术类（不含数学）：144 分；理工类：133 分。专科起点升本科，文史中医类：168 分；艺术类：145 分；理工类：115 分；经济管理类：112 分；法学类：181 分；教育学类：151 分；农学类：130 分；医学类：166 分。

（尚武）

成人高校录取新生 42442 人

11 月 30 日至 12 月 21 日，2018 年北京市成人高校招生考试录取工作完成。72 所院校录取 42442 人，完成调整计划 43270 人的 98.08%。本科录取 27637 人，比计划减少 375 人，其中，高起本录取 5569 人、专升本录取 22068 人；专科录取 14805 人，比计划减少 119 人。单考单招录取 1202 人。在录取工作中，制定“校企合作”试点院校录取工作方案，结合统考成绩和职业技能测试成绩综合划定最低控制线进行录取。9 所院校参加“校企合作”项目试点，报名 3151 人，录取 2490 人；6 所院校参加“专升本推优免试入学”项目试点，报名 690 人，录取 636 人；2 所院校参加“教师二学历免试入学”项目试点，报名 152 人，录取 125 人；1 所院校参加“三一口语替代”项目试点，报名 3 人，录取 3 人。

（尚武）

高等教育自学考试

概述

2018 年，北京高等教育自学考试 20 所主考学校共开考 81 个专业。其中，专科 37 个、本科 44 个；开考课程 656 门次（不含实习、实践、论文）；公布教材 598 种，完成 69 门课程大纲的新编和修订；命制 287 门次课程试题。全年组织大规模报考 3 次，总计报考考生 150981 人次，比上年减少 2.61%；报考 500731 科次，比上年减少 13.78%；注册新生 40733 人，比上年减少 19.50%。其中，自学考试有 146230 人次报考 489641 科次；非学历证书考试有 4751 人次报考 11090 科次。论文申报 4134 人。共有毕业生 7138 人，其中，本科 3446 人、专科 3692 人，比上年增长 1.16%，3235 人获得学士学位。全年组织笔试课程考试 3 次，设置考区 17 个，累计设置考点 234 个，考场 3402 个，组织考试 20648 场次；5 个考区 7 所监狱设置监狱考场 196 场次，112 人次；2 个考区为 12 名考生设置特殊单独考场。处罚违规考生 575 人次。组织 20 所主考学校完成三期考试网上评卷 325215 份，完成两期非笔试课程成绩及毕业论文（设计）成绩网上录入 68221 科次，发布 4 期成绩 582943 科次（含 1711 期），其中，笔试课程 514722 科次、非笔试课程 68221 科次。受理成绩复核 10489 科次。办理考籍 7431 人次，现场咨询考生 4000 人次，接听人工电话咨询 3.23 万人次，收听语音咨询 3 万人次。接待来访考生 20 余人次，处理信访 130 件。

（蒋来）

网上申办学位分两次开展

3 月 17 日至 23 日和 9 月 17 日至 23 日，北京市自学考试本科毕业生分两次开展网上申办学位。3 月，1789 名考生成功申请办理学位；9 月，1466 名考生成功申请办理学位。申报工作需由主考学校审核。

（蒋来）

两次自学考试

4 月 14 日至 15 日和 21 日至 22 日、10 月 13 日至 14 日和 20 日至 21 日，2018 年北京高等教育自学考试上半年考试和下半年考试分别举行。上半年考试设 17 个考区，123 个考点校，1710 个考场。实考 168254 科次，实考率 64.55%。开考 76 个专业、352 门课程。78115 名考生报考笔试课程 260656 科次、非笔试课程 22006 科次。评卷学校 20 所，共评阅答卷 352 科 168254 份。6 月 9 日，发布考试成绩 296399 科次，其中，笔试课程 260656 科次、非笔试课程 23975 科次、笔试加实践课程 11768 科次。下半年考试设 17 个考区，102 个考点校，1565 个考场。实考 148969 科次，实考率 65.06%。开考 71 个专业、344 门课程。68115 名考生报考笔试课程 228985 科次、非笔试报考 28103 科次。评卷学校 20 所，共评阅答卷 342 科 148969 份。12 月 9 日，发布考试成绩 278040 科次，其中，笔试课程 228985 科次、非笔试课程 30268 科次、笔试加实践课程 18787 科次。注册新生 13243 人。根据市教委《关于调整北京市高等教育自学考试注册条件的批复》要求，自 9 月 1 日起，具有北京市户籍或具有市公安机关签发的《北京市居住证》的考生，以及在京工作的港澳台居民和外籍人员方可报考北京市高等教育自学考试。

（蒋来）

上半年非学历证书考试结束

5 月 19 日至 20 日，2018 年北京市高等教育自学考试非学历证书考试在西城区、朝阳区举行。4751 名考生报考笔试课程 11090 科次，实考 7992 科次，实考率 72.06%。开考 2 类证书、20 门课程，设立考点校 9 个、考场 127 个。评卷学校 2 所，共评阅答卷 20 科 7992 份。按照教育部考试中心要求，自 6 月 1 日起不再组织该项考试。

（蒋来）

分两次申报毕业

6 月 9 日至 23 日和 12 月 9 日至 23 日，北京市高等教育自学考试学生分两次在网上申报毕业。经各区自考办、主考学校自考办对考生资格审核，6 月，3387 名考生成功办理毕业手续，其中，本科 1667 人、专科 1720 人；12 月，3313 名考生成功办理毕业手续，其中，本科 1637 人、专科 1676 人。

（蒋来）

分两次开展专科毕业考核和本科毕业论文申报

6 月 11 日至 14 日和 12 月 11 日至 14 日，2018 年下半年和 2019 年上半年专科毕业考核（实习）、本科毕业论文（设计）申报工作开展。6 月，2165 名考生申报；12 月，3078 名考生申报。

（蒋来）

社会考试

概述

2018 年，北京教育考试院举办 6 个考试项目，组织 113 次考试，报考 850928 人次，比上年增长 4.2%。全年新增53个考点，其中，全国计算机等级考试2个，中小学教师资格考试18个，中国书画等级考试3个，全国大学英语四、六级考试1个，全国大学英语四、六级口语考试29个。完成培训和考核任务有伦敦三一学院英语口试考官19人，全国计算机等级考试系统管理员254人，全国大学英语四、六级口语考试系统管理员88人。

（何淼淼）

全国计算机等级考试(NCRE)常规考试

3月和9月，北京教育考试院组织两次全国计算机等级考试(NCRE)常规考试。3月考试开考4个级别19个科目；9月，开考4个级别20个科目，所有科目均采取无纸化上机考试形式。全市年报名113547人次，比上年增长8.05%。其中，3月考试报名62665人次、9月考试报名50882人次。从报考级别情况分析，一级考生32456人，占考生总数的28.58%；二级考生73631人，占考生总数的64.85%；三级考生6357人，占考生总数的5.60%；四级考生1103人，占考生总数的0.97%。全市有35229人次取得合格证书，取证率31.03%。

（周德松）

中小学教师资格考试（笔试）

3月和11月，北京教育考试院组织两次北京市中小学教师资格考试（笔试）。报名94689人，比上年增长24.89%。3月，41461人报考，共83938科次，2828场次，实考33234人，笔试合格15092人，通过率45.41%。11月，53228人报考，共114109科次，3828场次，实考43432人，笔试合格18125人，通过率41.73%。

（宋戍）

全国大学英语四、六级口语考试（CET-SET）

5月和11月，北京教育考试院组织两次北京地区全国大学英语四、六级口语考试(CET-SET)。72623人参加考试，比上年增长175.81%。上半年报考36510人，其中，四级考生19965人、六级考生16545人，全市共设31个考点。下半年报考36113人，其中，四级考生21564人、六级考生14549人，全市共设44个考点。

（金辉）

中国书画等级考试（CCPT）

5月和11月，北京教育考试院组织两次中国书画等级考试（CCPT）。全年报考4029人次，比上年增长51.18%。5月，14个考点1926人次参加考试，其中，书法1448人次、硬笔书法261人次、动漫画57人次、色彩71人次、素描89人次；11月，14个考点2103人次参加考试，其中，书法1247人次、硬笔书法295人次、动漫画38人次、色彩37人次、素描72人次、国画花鸟392人次、国画人物3人次、国画山水19人次。全年新增考点3个，停考考点2个。

（姜树昕）

全国大学英语四、六级考试（CET）

6月和12月，北京教育考试院组织两次北京地区全国大学英语四、六级考试。共有555844人参加考试，与上年增长2.25%。上半年报考283220人，其中，英语四级120311人、英语六级161103人，日语四级577人、日语六级124人，德语四级297人、德语六级58人，俄语四级114人、俄语六级31人，法语四级605人。全市共75个考点，92个考试地点，9661个考场，其中，四级4190个考场、六级5471个考场。下半年报考272624人，其中，英语四级116304人、英语六级156320人。全市共75个考点，92个考试地点，9173个考场，其中，四级3919个考场、六级5254个考场。

（金辉）

伦敦三一学院英语口语等级考试（GESE）

至12月，北京教育考试院共举行伦敦三一学院英语口语等级考试（GESE）103次。报考总人数10193人，比上年增长7%。成绩合格率34.88%、良好率31.01%、优秀率17.26%。

（刘莹）

（本栏责任编校　华蕾）

22 个
中外合作办学机构

123 个
中外合作办学项目

5079 人
在京高校港澳台侨学生

383 所
接受外国留学生学校

163 个
市级统筹精准实施教育援助项目

2019 | 交流与合作

COMMUNICATION AND COOPERATION

COMMUNICATION AND COOPERATION
交流与合作

综述

北京教育国际影响力提升

2018 年，市教委创新工作方式，加强北京市教育的国际影响力。一是加大首都教育对外推介力度，组织北京市高校和中小学负责人 87 人分 6 个团组赴波黑、塞尔维亚等 17 个国家举办教育展和教育说明会，向境外学校推介北京优质教育资源，推动北京与当地学校深入合作，展示中国传统文化和首都青少年优良风貌，吸引国际优秀人才来华留学。二是举办国际学生北京夏令营、北京—首尔青少年体育交流大会、北京—世宗青少年艺术交流活动等中外学生交流活动，为各国和各地区青少年提供国际化交流平台。

（刁文淇　刘斯）

2018 北京教育说明会——俄罗斯站

（市教委相关处室　供）

共建“一带一路”发展战略对接

2018 年，市教委服务国家“一带一路”发展战略，对接教育部《推进共建“一带一路”教育行动计划》，发挥北京教育在“一带一路”建设中的基础和支撑作用。统筹规划北京市与“一带一路”沿线国家开展教育互联互通、人才培养合作和共建合作机制的工作。开展北京市外国留学生“一带一路”奖学金项目，吸引沿线国家优秀学生来京学习。2018 年新增 14 个“一带一路”国家人才培养基地。

（刘斯）

京港澳台教育合作交流全面加强

2018 年，市教委全面加强与港澳台地区教育合作交流。依托已有品牌项目，设计新项目，推进京港两地、京澳两地以及北京与台湾青少年合作交流。与市台办联合主办第四届京台基础教育校长峰会。以“京港澳姊妹校”和“京台结对校”为抓手，发挥涉台基地校示范作用，将品牌活动做大做强，举办 2018 京港澳学生交流夏令营、2018 京港青少年科技创新交流营等活动，全面提升京港澳台基础教育交流力度。

（刘文川）

规范因公出国（境）管理

2018 年，市教委规范因公出国（境）管理。完善因公出国（境）管理制度，严格计划管理，加强因公出国境政策培训，执行专办员制度和行前教育制度，因公出访规模、经费及党政干部额度严格控制在规定标准内。全年派出因公出国（境）团组 58 个，其中，出国团组 43 个、赴港澳台团组 15 个，涉及两委党政人员及直属事业单位人员共计 119 人次，团组共计 458 人次，包括赴境外培训团组 2 个 32 人次、教师研修团组 8 个 124 人次。出访内容以签署合作协议、洽谈合作项目、推介北京教育、参加国际会议或国际比赛、执行汉语国际推广任务和合作交流任务为主，培训涵盖高校提升教育治理能力、校园足球培训项目，教师研修包括中小学英语骨干教师教学能力提升、中小学骨干教师创新思维能力提升、教育督导能力提升，在拓展国际合作领域、引进优质资源、培养国际化师资、提升学校国际化水平、推动首都教育国际化和现代化发展方面发挥重要作用。

（刁文淇）

国家公派出国留学

2018 年，北京教育系统受理国家公派出国留学工作。包含国家留学基金公派高级研究学者及访问学者（含博士后）项目等 8 个大项目 26 个子项目共 421 人，录取（含候选人）213 人。

（任军）

地大授予纳米比亚共和国总统名誉博士学位

3 月 29 日，中国地质大学（北京）授予纳米比亚共和国总统哈格·根哥布名誉博士学位。学校学位委员会主席为哈格·根哥布颁发学位证书。根哥布总统发表演讲，欢迎地大师生到纳米比亚传播知识，用教育武装自己、改变世界，实现国家乃至世界的共同发展繁荣。他还与现场学生互动交流。10 月 13 日，为庆祝纳米比亚大学孔子学院建院 5 周年，纳米比亚大学合唱团受邀来到中国与地大艺术团合作举办“在‘纳’美丽的地方——交流音乐会”。地大与纳米比亚大学 2006 年开展合作，2010 年成为中非高校“20+20”合作项目成员之一，2013 年纳米比亚大学孔子学院揭牌成立。

（李媛媛）

荷兰王国首相访问北外

4 月 12 日，荷兰王国首相马克·吕特访问北京外国语大学。马克·吕特参加北外荷兰研究中心成立揭牌仪式；与荷兰语专业学生和荷兰在华留学生就文化、教育、经济等方面交流，并回答中外学生提出的问题。

（朱玉清）

法国总理访问清华

6 月 24 日，法国总理爱德华·菲利普访问清华大学。爱德华·菲利普做客“清华大学海外名师讲堂”，发表题为《创新：服务全球挑战的战略合作》演讲。演讲后，清华与欧洲高等商学院签署《中法联创之家合作备忘录》。根据备忘录，中法联创之家将为中法两国学者、学生、创业者和企业提供一个独特的创新合作平台，汇聚各方共同参与创新创业项目。

（张含晨）

第七届世界和平论坛

7 月 14 日至 15 日，清华大学举办第七届世界和平论坛。论坛以“构建安全共同体：平等、公平、正义”为主题。杨洁篪参加开幕式并致辞，巴基斯坦前总理阿齐兹分享他对于当今世界安全秩序中三大趋势的看法。欧洲理事会前主席范龙佩从欧洲的视角梳理当今世界的安全秩序，分析欧盟面临的挑战。论坛共设 2 场大会、2 场大会讨论、2 场午餐演讲和 26 场小组讨论，涵盖全球性、地区性和专题性三类安全问题。40 余个国家的驻华使节、23 个国家的 70 余名智库学者与会发言。270 名中外国际关系学者、业界嘉宾参加论坛。世界和平论坛是中国举办的第一个高级别非官方国际安全论坛，由清华主办，中国人民外交学会协办。论坛创建于 2012 年，至 2018 年已成功举办六届，旨在为世界各国战略家和智库学者提供一个讨论国际和平与安全问题的平台，受到社会各界广泛关注。

（张含晨　袁浩歌）

第 24 届世界哲学大会

8 月 13 日，北京大学、国际哲学团体联合会共同主办的第 24 届世界哲学大会开幕式在人民大会堂举行。开幕式上，北大校长，国际哲学团体联合会主席、秘书长，陈宝生先后致辞，回顾哲学大会的筹办过程及学术传统、北

8 月 13 日，世界哲学大会开幕

（北京大学　供）

大人文及哲学学科百年以来的发展历程及学术特色，解读“学以成人”这一主题与大学教育之间的密切关系，强调哲学在当代的责任及价值。林克庆参加开幕式。会议至8月20日结束，包括全体大会、专题论坛、邀请讲座、分组会议、圆桌会议、特邀会议及学生专场等不同类型的学术活动，活动总数超过1000场次。来自121个国家的6000余名哲学学者参加会议。世界哲学大会每5年召开一次，由国际哲学团体联合会和其中一个成员单位共同举办，该会议是大会第一次来到中国，第一次以中国传统哲学思想的学术框架为基础设定主题，也是北大120周年校庆系列活动之一。

（谢文全　徐聪颖）

马拉维总统访问外经贸大

8月31日，马拉维共和国总统阿瑟·彼得·穆塔里卡率代表团访问对外经济贸易大学并发表主题演讲。外经贸大校长向穆塔里卡总统赠送学校研究团队撰写的《新时期中非发展合作研究报告》，并代表学校授予穆塔里卡总统名誉教授头衔。随后，穆塔里卡总统作题为《从贫穷到繁荣的选择》(Achoice from poverty to prosperity) 演讲。马拉维共和国第一夫人格特鲁德·穆塔里卡及部分内阁部长随行访问，中国驻马拉维共和国大使参加活动。

（曹亚红）

市属高校26人完成国外访学

8月，北京市属高校26人完成国外访学回国。此次国外访学人员派出时间为12个月。各派出教师分别在美国、英国、加拿大、澳大利亚等国家的耶鲁大学、麻省理工学院、华盛顿大学、伯明翰城市大学、卡尔顿大学、墨尔本大学等高校完成访学计划和访学学校所要求的培训任务。市教委要求访学人员回国后完成访学总结、教学和科研论文，并在学校和所在院系开展一次学术讲座。市属高校国外访问学者项目于2007年开展，至2018年，累计派出访问学者526人。

（杨江林）

拉脱维亚共和国总统访问二外

9月18日，拉脱维亚共和国总统莱蒙德斯·韦约尼斯率高级代表团访问北京第二外国语学院。韦约尼斯总统充分肯定学院专业建设，并赠送书籍。他表示，相信通过教育、语言、文化等方面的交流合作，中拉两国之间的关系将越来越紧密。二外围绕服务“一带一路”倡议，于2015年在国内率先开设拉脱维亚语专业，当年招收贯培生，次年招收本科生，至此，拥有各类在读学生46人。二外与拉脱维亚大学、拉脱维亚里加理工大学开展多层次合作关系，2017年，派出20名贯培学生赴拉学习一年；2018年，又派出10名本科生赴拉学习一年。二外拉脱维亚语专业旨在培养能够使用拉脱维亚语、英语双语交流工作的高端的具有“中国心”的德才兼备的国际化、复合型、专业型人才。

（王薇）

日本首相访问北大

10月26日，日本首相安倍晋三访问北京大学并与学生座谈交流。安倍表示，期待通过中日青年的交流，进一步推动两国关系友好发展。他与来自北大多个院系的学生代表围绕人工智能、世界经济、国际政治、动漫等话题交流互动。中国驻日大使、日本驻华大使及外交部、教育部相关人员陪同来访。

（徐聪颖）

萨尔瓦多共和国总统访问外经贸大

10月31日，萨尔瓦多共和国总统桑切斯·塞伦访问对外经济贸易大学。桑切斯·塞伦听取外经贸大国际化特色、国际人才培养等情况的介绍，并与在京5所高校学习的27名萨尔瓦多留学生座谈，询问学习、生活方面的情况。

（曹亚红）

国际交流与合作

中外合作办学

概述

2018年，市教委支持首都高校与国外知名学校通过多种方式合作办学，报教育部审批本科及以上中外合作办学项目20个（含延期）、机构2个（含延期）。批准7个高中项目（续办）、3个高职项目（含续办）、1个高中机构（续办）、1个学前教育机构（续办）。北京市有中外合作办学机构22个，其中，硕博教育机构1个、本硕教育机构3个、硕士教育机构2个、本科教育机构1个、专科教育机构2个、中等学历教育机构5个、学前教育机构3个、非学历高等教育机构3个、文化补习机构2个；有中外合作办学项目123个，其中，非学历培训项目5个、学历项目118个（包括博士项目4个、硕士项目34个、本科项目34个、高职项目17个、中等学历项目26个、中职项目3个）。

（刘月）

中外合作办学管理规范

至年底，市教委规范中外合作办学管理工作。一是按照政务服务事项管理要求，规范办事流程，所有行政许可和备案事项进驻政务服务大厅，并及时对外公开办事指南。二是规范高等学校办学活动，配合教育部做好本科及以上层次机构和项目评估工作，通报并公示 2018 年本科及以上层次中外合作办学评估结果，督促问题项目进行整改。三是加强对中外合作办学的监管，开展对本科以下中外合作办学机构和项目的抽查，对发现的问题及时要求整改，促进中外合作办学健康发展。四是召开业务培训会，传达教育部关于中外合作办学最新精神，交流经验，并对下一步工作提出具体要求。

（刘月）

友好往来

中英职业教育连线活动

3 月 22 日至 23 日，“中英职业教育连线”活动在京举办。活动由英国文化教育协会、北京市职业技术教育学会、北京市联合国教科文组织协会联合主办，教科联（北京）信息技术研究院、北京交通运输职业学院承办。英国波士顿学院、贝克斯希尔学院、爱克赛斯学院等 10 余所院校代表及中方 10 余所职业院校代表参加活动。英方代表参观北京职业院校的专业实训教室，双方围绕合作办学、联合培养、师生互换互访、学术研讨等方面洽谈；英国爱克赛斯学院与北京信息职业技术学院、北京交通运输职业学院，纽卡斯尔学院与北京交通运输职业学院签订合约；贝克斯希尔学院、波士顿学院与北京商贸学校在教师培训、合作办学等方面确定合作意向，西南柴郡学院与北京市电气工程学校、牛津城市学院与北京城市学院确定合作意向。

（赵蕊　胡以伦）

3 月 22 日，中英职业学校代表参观交通运输职院城市轨道交通实训基地　（交通运输职院　供）

华语辩论世界杯决赛

4 月 21 日，国际关系学院与北京市学生联合会共同主办 2018 华语辩论世界杯决赛。哈佛耶鲁联队和中国人民大学队就“21 世纪青年人，做加法还是做减法更幸福”题目开展辩论，最终哈佛耶鲁联队以 15:6 的比分获得冠军。比赛由团中央学校部、全国学联秘书处共同指导，来自 8 个国家的 48 支队伍共 340 名选手参加比赛。华语辩论世界杯 2012 年建立，赛事覆盖 15 个国家和地区，超过 500 所高校参与比赛。

（任婉君）

中国与世界思想对话会

4 月 28 日，清华大学举办“中国与世界思想对话会”。会议围绕习近平新时代中国特色社会主义思想、中国改革开放 40 年的实践与经验以及近期的中美贸易关系等议题开展研讨。论坛与中国经济 50 人论坛联合主办。来自美国、英国、新加坡等国家和地区的全球知名思想领袖，以及中国政府相关部门负责人，学者、企业家代表就相关议题展开交流。4 月 30 日，国务院副总理刘鹤会见与会的美国、新加坡、英国专家学者。

（袁浩歌）

东盟及中日韩外交学院院长会议

5 月 23 日至 25 日，外交学院举办第 13 届东盟及中日韩（10+3）外交学院院长会议。“10+3”会议围绕“外交官培训面临的新挑战”“外交官培训的方法创新”“外交人才培养的新模式”及“外交官培训的合作机制建设”议题展开讨论。会议讨论决定，第 14 届东盟及中日韩（10+3）外交学院院长会议由越南（或老挝）外交学院主办。来自东盟 10 国和中国、日本、韩国外交部及外交培训机构的 50 余名代表参加会议。会上，中日韩三方达成多项关于外交官培训和合作的共识。

（顾建俊）

尼泊尔—中国友谊赛跑

6 月 21 日，北京体育大学举办“尼泊尔—中国友谊赛跑”活动。活动旨在通过体育这一世界通用的语言，展示和切磋运动技艺，增进了解，深化友谊。尼泊尔总理卡普夏尔马奥利，尼泊尔驻华大使利拉马尼鲍德尔等参加活动并为比赛发令，100 名在京的尼泊尔留学生和 100 名北体大学生参加活动。

（董健）

北京—济州道高中生互访交流

6月至7月，市教委与韩国济州道教育厅共同主办北京—济州道高中生访问交流活动。来自济州道 25 名高中生和 5 名教师访问北京，顺义区 25 名高中生和 5 名教师访问韩国济州，双方师生通过一起学习、生活，增进交流，加深友谊。

（刘文川）

中华文化小使者交流活动

7 月 14 日至 8 月 20 日，北京市国际教育交流中心组织开展“2018 中华文化小使者”交流项目。12 个区 304 名师生及工作人员分 8 个团分别赴美国、加拿大、英国和俄罗斯开展“2018 中华文化小使者”交流项目。通过在境外参加营地活动、学校上课、住宿家庭等形式接触当地师生，体验当地校园文化、深入了解当地社会，在互动过程中，宣传展示中华文化、展示北京学生风采、宣传北京教育成果，使外国师生在体验、理解中国文化的同时，提升北京学生对中华民族文化的认知度，自发产生民族自豪感，激发团队协作精神，提高国际交往和跨文化理解能力，从而促进汉语国际教育工作在境外深入开展。

（郑静慧）

“雏鹰计划”中哈青年领袖项目

7 月 16 日，中国人民大学举办的第二届“雏鹰计划”中哈青年领袖项目开营。此届“雏鹰计划”于 7 月 15 日至 8 月 6 日在中哈两国开展，以社会调研日和模拟上合峰会为亮点，培养学生作为新时代青年的思辨能力、合作意识及国际责任感。来自中哈两国师生 30 人参加。“雏鹰计划”中哈青年领袖项目是学校与纳扎尔巴耶夫大学合作主办的全英文短期暑期青年学生领导力培养项目。项目以“EYAS”（雏鹰）命名，突出“Experience（体验），Youth（青春），Aspiration（志向），Speaking（表达）”的主题，旨在使中哈两国青年通过亲身经历对两国政治、经济、文化产生更深刻和全面的认识，发挥聪明才智为中哈友好发展贡献力量。首届“雏鹰计划”中哈青年领袖项目于 2017 年 7 月举办。

（楚艳红）

中日大学生千人交流大会

8 月 29 日，“纪念中日和平友好条约缔结 40 周年 · 中日大学生千人交流大会”在北京大学百周年纪念讲堂举行。李克强、日本首相安倍晋三分别向大会致贺信。与会中日学生分团组进入北大各院系深度体验，游览未名湖，参观赛克勒博物馆和生物标本馆，并参与社团活动。近 500 名日本大学生还分赴北京、上海、浙江、山西等地参加访问交流活动。中日两国 1000 余名大学生参加此次大会。

（孙启明）

40 个项目入选中小学友好校交流项目

9 月 14 日，市教委公布 2019 年度中小学友好校交流项目入选学校名单。经学校申报、专家评审、市教委审核等程序，2019 年度共有 40 个项目入选。

（胡雨　爱·鑫）

中日韩三国教育合作论坛举行

9 月 15 日至 17 日，亚洲校园——中日韩三国教育合作论坛在北京师范大学举行。“亚洲校园”暨“亚洲大学生集体行动交流计划”由中日韩三国政府主导实施，旨在促进中日韩大学交流与合作。论坛设校长论坛、学者论坛、学生论坛及师生交流会 4 个部分，分别就三国高校国际化政策设计与推进、三国高校间学生跨国学分互认与认证、三国高校间联合课程开发与建设、三国高校间硕士生联合培养 4 个主题进行研讨。北师大、东京学艺大学、首尔国立教育大学校长作为三方代表致辞。来自中日韩三国 8 所高校的 150 余名师生代表参加论坛，20 余名师生提交论文并发言。

（申政）

6 月 21 日，北体大举办尼泊尔—中国友谊赛跑

（北体大　供）

第二届塞浦路斯中国文化节暨首届中国非物质文化遗产展

9月29日至10月1日，由塞浦路斯大学孔子学院、塞浦路斯中国国际投资者协会和利马索尔市政府主办的第二届塞浦路斯中国文化节暨首届中国非物质文化遗产展在塞浦路斯经济和国际文化交流中心利马索市举办。活动突出展示中国特色文化和非物质文化遗产以及代表中国形象的国际知名品牌，包括西安文化交流团大型专场文艺演出、全聚德中国美食、同仁堂传统中医药、景德镇中国瓷器、中国非物质文化遗产项目传承人的多类别展演、中国传统服饰及手工艺品展示，以及塞浦路斯中国艺术团、旅塞华人华侨和当地艺术团体文艺表演。同期还举办国家艺术基金支持的《海上丝绸之路两千年》美术作品欧洲五国·塞浦路斯站巡展。中国驻塞浦路斯大使、利马索尔市长、西安市归国华侨联合会主席等领导参加开幕式并致辞，俄罗斯驻塞浦路斯大使以及当地政商界代表、旅塞侨胞、各国友人近万人参加活动，大力推动中国文化走出去，扩大中国国际影响力，为塞浦路斯广大民众学习汉语、深入了解现代中国创建交流合作平台，成为塞浦路斯大学孔子学院传播汉语和中国文化的重要窗口。

（石燕）

国际大学生华语辩论公开赛

10月20日至27日，中国政法大学举办第二届国际大学生华语辩论公开赛。比赛围绕“界定我们生活方式的十大判例”展开辩论，旨在以辩论为主要形式，寻求价值平衡的原则与公民权利的边界。经过63场比赛，马来亚大学辩论队获得冠军，四川大学辩论队获得亚军，香港大学辩论队和新南威尔士大学辩论队获得季军。来自澳大利亚、英国、马来西亚、新加坡以及中国大陆与港澳台的32所代表队参加比赛。

（陈泉廷）

10月27日，第二届国际大学生华语辩论公开赛闭幕

（法大　供）

北京—世宗青少年艺术交流活动

11月12日至16日，市教委与韩国世宗特别自治市教育厅共同主办北京—世宗青少年艺术交流活动。活动在北京举办，北京市第十八中学和北京芳星园中学师生代表与韩国世宗市学生文化交流代表团进行音乐、舞蹈等方面艺术交流，增进两地青少年文化艺术沟通。

（刘文川）

北京—首尔青少年体育友好交流大会

11月20日至24日，市教委与韩国首尔特别市教育厅共同举办的第19届北京—首尔青少年体育交流大会在北京举办。韩国可在尔初中和泰陵高中共40名师生代表参加初中女子排球和高中男子足球项目比赛，与北京市第一〇一中学、北京市顺义牛栏山第一中学师生共同竞技。该活动自1996年以来采用隔年互访形式开展，涵盖教育交流、体育友谊比赛、文化参访等内容，是市教委与首尔教育厅友好交流传统项目和品牌项目。

（刘文川）

一带一路

“一带一路”全球新闻传播英文硕士项目启动

3月1日，中国人民大学“一带一路”全球新闻传播英文硕士项目启动。这是国内新闻传播院（系）首个面向“一带一路”沿线国家和地区媒体记者开办的全日制硕士项目，学制两年，实行全英文教学，授课教师主要来自新闻学院，除日常的课堂教学环节，还设置报道实践、调研参访、暑期实习等课外实践环节。首批学员17人，分别来自埃及、南非、肯尼亚、菲律宾等17个国家和地区的媒体机构。

（陈伟杰）

“新丝路”职业教育校长论坛

3月27日至28日，国际教育学校威酷联盟主办、北京市丰台区职业教育中心学校承办的“多元参与、国际开放、校企协同，对话‘一带一路’沿线国家人才培养——‘新丝路’职业教育校长论坛”举办。论坛以“开放、融合、创新、共享”为主题词，旨在推动职业教育深度融入国家“一带一路”建设，促进北京市与“一带一路”沿线国家加强教育合作、人文交流，提升新时代首都教育对外开放水平，加快北京职业教育提质增效。论坛深化北京市与“一带一路”沿线国家职业教育的互通互联，进一步推动北京职业教育国际化发展。论坛由分会场院校交流和主论坛两部分组成。分会场从信息技术、学前教育、烹饪、城市管理4个专业方向展开交流，分别由北京信息职业技术学院、北京青年政治学院、北京市劲松职业高中、北京交通运输职业学院承办。主会场在丰台职教中心校举办，北京信息职业技术学院、丰台职教中心校等13所北京院校与来自俄罗斯、乌克兰、波兰、哈萨克斯坦、乌兹别克斯坦等国家的19所职业院校签署合作协议。

（杜静　胡雨）

“一带一路”中外中学校长见面会

3月27日至28日，北京理工大学附属中学发起并主办“走近‘一带一路’中外校长见面会”。海淀区5所中小学，“一带一路”沿线国家俄罗斯、爱沙尼亚5所中小学以及北京其他区2所中学领导和教师25人参加会议。会上，中外各学校共同签署《北京市中小学与“一带一路”沿线国家中小学国际友好合作框架协议》，将发挥各方办学优势，在教育理念、教学方式等方面互相学习借鉴。参会人员先后参观海淀区6所中小学。海淀区6所中小学与俄罗斯、爱沙尼亚5所中小学相互选择与各自需求和意向相匹配的学校签订友好校协议。北理工附中与爱沙尼亚库雷萨雷中学、俄罗斯第七十一中学签约友好校协议，北京市第十九中学与俄罗斯陶里亚蒂第三十八中学签约友好校协议。

（张铁军　彭警）

14所学校入选“一带一路”国家人才培养基地

5月4日，市教委公布第二批北京市“一带一路”国家人才培养基地项目入选学校名单。经学校申报、专家评审、市教委审核，14所学校入选。基地建设时间为3年，市教委将给予建设经费支持并适时组织项目领导小组对学校验收情况进行抽查评估。市教委于2017年在全国率先设立“一带一路”国家人才培养基地项目，首批遴选出26所院校。

（刘月　胡雨　杜静）

第二批北京市“一带一路”
国家人才培养基地项目入选学校

学校
中国农业大学
北京林业大学
北京外国语大学
华北电力大学
北京理工大学
中央民族大学
北京服装学院
北京石油化工学院
首都体育学院
北京第二外国语学院
北京电影学院
北京信息科技大学
北京电子科技职业学院
北京市丰台区职业教育中心学校

（胡雨）

北语成立非洲研究中心

5月24日，北京语言大学非洲研究中心揭牌。研究中心是教育部国别和区域研究中心研究院认证的直属高校科研中心，以新时期国家“一带一路”倡议为指导，以“加强中非友谊、服务中非合作”为原则，打造中非合作与交流的信息沟通平台，以科研工作、智库建设、人文交流作为重点领域，加大“一带一路”专门人才培养力度。北语同时举办“我的非洲故事”网络作品征集大赛颁奖礼和“中非大使论坛”。北语另于9月6日举办以“中非合作新时代”为主题的中国日报社“新时代大讲堂”。亚洲基础设施投资银行行长、中欧论坛创始人、浙江师范大学非洲研究院东非区域国别研究中心执行主任等嘉宾发表演讲，分享对中非合作论坛北京峰会的感想和认识，以及对深化中非全面战略合作伙伴关系、构建更加紧密的中非命运共同体的思考与建议。国务院新闻办、市委宣传部、中国日报相关负责人及北京高校中外师生、留学生代表1000人参加大讲堂。

（费凡）

中国—斯里兰卡智库论坛

5月31日，中国—斯里兰卡智库论坛在北京第二外国语学院举行。论坛以“中斯‘一带一路’合作机遇与挑战”为主题，并分为“斯里兰卡之于中国，中国之于斯里兰卡”“‘一带一路’下的经济机遇与挑战”“‘一带一路’下的中国和斯里兰卡”“‘一带一路’下的旅游机遇与挑战”“‘一带一路’下的民间交流”5个子主题。中斯两国各自学科或专业领域的带头人、“一带一路”研究相关专家、中斯企业代表、媒体记者参加论坛。论坛由北京市人民对外友好协会、天津市人民对外友好协会、河北省人民对外友好协会、门头沟区政府、二外、首都图书馆共同主办。

（王薇）

“一带一路”/南南合作农业教育科技创新联盟成立

6月22日，中国农业大学举办“一带一路”/南南合作农业教育科技创新联盟成立大会。会议宣读联盟章程，明确联盟开展人才培养、共享教育资源，推进农业科技创新，推进中国与各国间农业科技与发展经验共享，促进农业政策对话与沟通4个方面工作。会议讨论通过《一带一路/南南合作农业教育科技创新联盟行动计划》。该联盟是国内外最大的农业全领域教育科技合作平台，首批加入的高校包括农大、西北农林科技大学等国内40所农林院校和吉尔吉斯斯坦国立农业大学、以色列希伯来大学等“一带一路”沿线30所院校。作为联盟秘书长单位，农大负责联盟常务理事会日常联络和组织工作。会上，农大、塔里木大学、吉尔吉斯斯坦国立农业大学、海南大学、柬埔寨皇家农业大学、阿尔巴尼亚地拉那农业大学、俄罗斯滨海国立农学院等9所院校签署5个双边和多边合作协议，共建农业教育科技合作创新中心。中外院校校长等200名代表参加会议。

（戴晓曦）

7月29日，“一带一路”国家大学生科技创新训练营开营
（市教委相关处室 供）

“一带一路”国家大学生科技创新训练营

7月29日至8月17日，市教委举办2018北京市“一带一路”国家大学生科技创新训练营。营地设在北京理工大学中关村校区，主题为“新能源及智能汽车”，活动包括科技课程、文化体验、创新比赛、产业考察等内容。来自12个“一带一路”沿线及有关国家18所大学的84名师生和10所北京高校的60名师生参加训练营，学习新能源及无人驾驶汽车技术相关专业课程，实地考察北京及周边地区大型新能源汽车企业，参观北京著名历史文化景点。活动评出最佳展示奖、最佳设计奖、最佳形象设计奖，并在闭营仪式上颁奖。活动由北京市国际教育交流中心承办。

（刁文淇　郑静慧）

中学生“一带一路”研学交流项目

8月12日至23日，北京市国际教育交流中心举办中学生“一带一路”研学交流项目。来自房山、大兴、密云和门头沟4个区的77名师生分两个团组分别前往捷克、匈牙利和塞尔维亚、奥地利。项目通过专家讲解、实景授课、文化交流等途径，涉及历史、艺术、建筑、科技、体育、文化和音乐等领域，融合学业教育于一体的海外研学课程，增进青少年对丝路文化遗产的认识和对不同国家文化的理解。同时，师生作为中华文化的传播者，通过面对面与海外学生交流，展示北京青年风采、宣传北京教育成果，增强文化自信，着力提高学生的创新与实践精神、团队协作以及跨文化交往和国际理解能力。

（楚艳红）

公安大学首届“一带一路”国际班开班

9月11日，中国人民公安大学首届“一带一路”国际班开班。首届国际班学生共计14人，将在侦查与反恐怖学院开展为期4个月的学分转换学习。学校利用2018年市教委“一带一路”留学生奖学金，面向“一带一路”沿线国家警察院校招收培养留学生，旨在推进“一带一路”沿线国家警察教育交流与合作。学校适时选派同等数量学生赴韩国警察大学、蒙古执法大学和越南人民警察学院进行交换学习。公安大学首届警务硕士留学生班另于9月28日开班。该班为期3年，首批招收来自亚美尼亚、哈萨克斯坦、越南、埃塞俄比亚、安哥拉、老挝、斐济和菲律宾的15名在职警官。警务硕士留学生是中国政府国际执法人才奖学金项目的第一批学生，将在公安大学学习3年。

（平李博文）

化大“一带一路”学院成立

9月14日，北京化工大学成立“一带一路”学院。“一带一路”学院是学校为推动“一带一路”教育合作而成立的机构，将与“一带一路”沿线国家的教育机构及企业在人才培养、科研合作、文化交流等领域开展实质性合作，汇聚各方共识与发展战略，探讨国际科研合作以及产学研融合的国际人才培养机制与模式等，共建长效合作机制。重点开展来华留学生人才培养、来华教师交流互访与研修以及“一带一路”政策研究与智库建设工作。

（肖勇）

石油大学“一带一路”油气工程师学院成立

9月22日，中国石油大学（北京）成立“一带一路”油气工程师学院。学院与哈萨克斯坦哈英理工大学合作共建，旨在联合“一带一路”沿线国家，推动沿线国家在石油工程高等教育领域的交流与合作，培养专业基础扎实、具有国际化视野的石油工程高端人才，为“一带一路”建设提供科技和人才支撑。学院主要职责是通过与“一带一路”多个国家的高校联结，开展学生联合培养、交流互换，教师互访交流、学术研讨、联合科研、联合实验室建设等活动。

（李强楠）

中英“一带一路”国际青年创新创业技能大赛

10月22日，中英创新创业职业教育联盟（北京）举办的第二届中英“一带一路”国际青年创新创业技能大赛（北京赛区）闭幕。全市 25 所职业院校参加比赛，评出特等奖 2 个、金奖 5 个、银奖 11 个、铜奖 11 个。经过选拔，北京 7 所院校入围中国区总决赛，取得 1 金 5 银 4 铜，其中，北京经济管理职业学院获金奖，北京市昌平职业学校、北京市劲松职业高中、北京市大兴区第一职业学校 3 所中职学校首次参赛，与高职院校同台竞技，均获得银奖。中国区总决赛由全国高等职业院校创新创业教育联盟（IEEAC-HVC）、英国国家创新创业教育中心 NCEE（China）主办，北京财贸职业学院承办，全国 5 个分赛区 47 支队伍参加中国区总决赛，评出金奖 8 个、银奖 21 个、铜奖 18 个，北京财贸职业学院等 8 所院校获得杰出院校奖。

（陈敬文　李辉）

中泰“一带一路”国家人才培养基地项目签约

11 月 6 日，北京交通运输职业学院与泰国纳瓦明塔提腊大学关于北京市“一带一路”国家人才培养基地项目合作项目在北京签约。项目主要包括泰方教师及教学管理人员培训、泰方学生来京研修、对双方共同感兴趣的领域合作开展研究 3 项内容。12 月 3 日，中泰合作交流项目正式展开，首批城市轨道交通专业教学管理骨干研修班开班。培训为期 3 周，以校内外学习、企业参观、文化交流等形式，开展国际化城市轨道交通运营人才培养，内容包括了解轨道专业建设，企业专家讲解信号系统理论，企业调研体验、学习技术应用，中国传统文化体验 4 个部分。

（赵蕊）

中埃高校共建“一带一路”合作研究中心

11 月 17 日，中国人民大学与埃及艾因夏姆斯大学签订共建“一带一路”合作研究中心谅解备忘录并举行研究中心揭牌仪式。研究中心计划通过种子基金、合作研究以及学者交流，深化校际合作。

（楚艳红）

“一带一路”国家电影教育国际联盟成立

11 月 28 日，中央戏剧学院发起成立“‘一带一路’国家电影教育国际联盟”。联盟旨在响应国家“一带一路”战略，增强“一带一路”沿线国家的文化交流，推动该地区电影文化的传播，促进各国青年电影人才的培养。联盟首批成员包括韩国中央大学、乌克兰基辅国立戏剧影视大学、塞尔维亚诺维萨德电影学院、越南河内戏剧电影大学、新加坡拉萨尔艺术学院、尼泊尔波里根大学、以色列马阿勒电影学院、意大利罗马国际电影学院、菲律宾 CEZA 经济特区电影教育机构和斯里兰卡海拉伍德表演学校共 10 所国外电影艺术高等院校和机构。联盟成立活动还包括电影艺术专家“国际学术论坛”“青年电影学者论坛”和“国际学生短片展”等。国家电影教育国际联盟是中国首个“一带一路”框架下加强各国电影艺术教育合作交流的组织。戏剧学院另于 10 月 16 日至 17 日组织召开世界戏剧院校联盟第三届校长大会。

（王兴民）

中国巴拿马发展智库论坛

12 月 6 日，北京第二外国语学院、巴拿马大学、中国银行巴拿马分行在巴拿马首都巴拿马城共同举办“一带一路”中国巴拿马发展智库论坛。论坛围绕“一带一路”与中巴关系、中巴关系的历史与现状、“一带一路”与中巴经贸合作和中巴“一带一路”人文交流 4 个议题发言并开展交流。来自中巴两国教育、经济、文化等领域的专家、学者共计 200 人参加论坛。同日，二外中美洲校友分会在巴拿马城成立。

（于思淼）

首届“一带一路”中波大学联盟艺术节

12 月 7 日，北京工业大学承办的首届“一带一路”中波大学联盟艺术节暨艺术设计大赛开幕。活动以“一带一路，艺心相通”为主题，来自中国、波兰、乌克兰、韩国、爱沙尼亚的 31 个高校和机构的代表、参赛选手近 400 人参加活动。经过三轮评审，284 件佳作入围总决赛，收录于大赛作品集并正式出版。大赛优秀作品在北工大艺设展览馆展出。活动由“一带一路”中波大学联盟主办，中国驻波兰大使馆、波兰驻中国大使馆名誉赞助，北工大、重庆交通大学、奥波莱工业大学、波兹南理工大学承办。

（刘典华）

外国学生教育与管理

概述

2018 年，在北京市高校和中小学学习的外国留学生近 12 万人。接受外国留学生学校共 383 所，其中，高校 94 所、中小学 289 所。投入北京市留学生奖学金 8000 万元，受益留学生 5300 余人。市教委加大对北京市留学环境的推介力度，深入基层调研，指导高校采取有效措施，加大对北京市外国留学生奖学金项目支持力度，统筹推进来华留学规模发展和质量提高。起草《北京市关于学校招收和培养国际学生的管理办法（草案）》，加强来华留学管理工作；加强对外国留学生监督管理，开展两次专项督查和多次检查，营造良好的涉外教育环境。

（刘斯）

北京市外国留学生汉语辩论邀请赛

6 月 15 日，市教委、天津市教委、河北省教育厅主办的 2018 北京外国留学生汉语辩论邀请赛决赛暨颁奖仪式在北京电视台举行。比赛全程历时 2 个月，云集京津冀三地

7月16日，2018国际学生北京夏令营开营
（市教委相关处室 供）

20余所高校的来自30个国家100余名留学生选手，经过海选、初赛、复赛、半决赛、决赛，北京外国语大学代表队获得冠军，河北大学代表队、天津大学代表队、北京理工大学代表队分别获得亚军、季军及第四名。

（刘斯）

国际学生北京夏令营

7月16日至25日，市教委、市外办主办2018国际学生北京夏令营。中外学生通过汉语学习、中国文化体验、中外学生交流、主题活动、文化参观等丰富多彩的活动感受源远流长的中国历史文化底蕴和时尚又充满活力的现代化都市文明。与往年不同，此次夏令营的课程设计由传统课堂教学转变为以“纵览古今，体验中国”为主题的30余种体验式互动课程，包括中国书法、京剧、3D打印、VR科技等项目，通过体验互动课程，外国学生可以更加全面了解中国历史和发展，深入了解中国文化渊源和发展历程及其博大精深的文化内涵。在夏令营营地，主办方还安排国际友谊嘉年华主题活动，使国际学生有机会展示各自民族特色文化，增进对不同文化的理解和尊重。活动由北京市国际教育交流中心承办，来自中国、美国、加拿大等31个国家近900名中外师生参加夏令营，包括“一带一路”沿线国家的中学生。

（刁文淇）

国际汉语教育

市国际汉语教师培训项目启动

7月11日，汉语国际教育专业建设研讨会暨北京市国际汉语教师志愿者培训项目在北京第二外国语学院启动。会议启动国际汉语教师志愿者培训项目，以会议报告和研讨交流的形式分享国际汉语教学的新形势、发展趋势以及师资培养等问题，并为二外的汉语国际教育专业建设进言献策。20余所大学的40余名专家学者参加研讨会。北京市国际汉语教师志愿者培训项目由北京市汉语国际推广中心主办、二外文学院国际汉语教师人才储备与培训基地承办，旨在推动汉语国际推广工作，弘扬中国文化，为汉语国际推广工作储备汉语师资人才。北京各高校的300余名学员参加培训。

（王薇）

首都高校学生赴国外教学实习

7月至10月，市教委组织首都高校学生赴国外开展教学实习。首都师范大学、北京第二外国语学院和首都经济贸易大学的100名对外汉语相关专业学生分别到马来西亚中小学以及泰国、美国40余所大中小学校和培训机构参加教学实习活动。每名学生实习3周，内容包括教学实习和中华文化展示等。通过项目实施，使高校汉语国际教育专业学生深入认识各国汉语教育体系、校园特色和课程设置；学生将所学理论知识和亲身实践相结合，锻炼在非母语环境下的对外汉语教学能力。

（刘斯　郑静慧）

北语成立中国书法国际传播研究院

10月16日，北京语言大学成立中国书法国际传播研究院。研究院是全国第一家中国书法国际传播实体研究学术机构，以“研究中国书法，阅通文化视野，推动国际传播”为宗旨，强化北语汉语国际教育和中华文化传播特色，发挥汉字书法在国际文化传播中的重要作用，促进中国书法创作、研究、教学和国际传播一体化发展，并整合国际传播力量，以协同创新模式构建中国书法国际传播研究与交流平台。揭牌仪式后，中国书法国际传播研究院在北语举办名家书法藏品展，近百件当代名家作品参展。同时展出北语近年来在汉语国际教育、中华文化传播和中国书法篆刻研究方面的部分成果。

（费凡）

第六届世界汉学大会召开

11月3日，孔子学院总部、国家汉办和中国人民大学共同主办的第六届世界汉学大会开幕。会议围绕“理解中国：包容的汉学与多元的文明”主题，结合汉学的发展与中西文化交流展开对话。邀请美国普林斯顿大学、比利时鲁汶大学、匈牙利罗兰大学专家学者分别以《在古代世界理解古代中国》《书籍的文化间巡回传播：在十七世纪的中国建立一个“之—间”的文本社群》《中国的佛经翻译》为题发表主题演讲。会议同时设置“汉学的译介与对话”“汉学的传统与现代转型”“汉学与跨学科研究”“汉学发展与人才培养”“海外汉学与本土学术”5场专题会议。来自美国普林斯顿大学、耶鲁大学，英国牛津大学等国外高校和研究机构的学者代表，中国高校和机构的学者代表参加大会。世界汉学大会自2007年起，至2018年已举办六届。

（楚艳红）

驻华使馆官员汉语言文化培训

至年底，市教委举办驻华使馆官员汉语学习课堂。来自74个国家和地区及世界组织的官员224人参加学习。培训由北京市国际教育交流中心承办。驻华使馆官员汉语学习课堂从2011年开始，连续举办8届。

（郑静慧）

境内汉语教师队伍建设

至年底，北京市国际教育交流中心组织802名高校汉语国际教育及其他相关专业学生分类开展对外汉语教学培训。培训内容涉及汉语教学基础、教学组织与课堂管理和小语种等内容，开展相关中国文化体验式教学。开设中小学汉语教学沙龙活动6次，组织北京市中小学对外汉语优质论文评选活动，收到参赛论文40篇，评比9所学校的获奖论文21篇，并印制成《2018年北京市中小学国际汉语教学优质论文评选获奖作品集》。

（郑静慧）

孔子学院（课堂）建设

至年底，市教委加大对孔子学院（课堂）建设布局的指导和支持力度。年内，北京市有37所高校和9所中小学在59个国家和地区举办131所孔子学院和235个孔子课堂，其中，北京市属高校和中学在20个国家举办19所孔子学院和56个孔子课堂。

（刘斯）

汉语教师和志愿者招募及派出

至年底，市教委协助国家汉办完成汉语教师招募及志愿者派出工作。选派教师和志愿者96人（含市教委派出赴泰国志愿者13人）。

（刘斯）

驻华使馆官员汉语学习课堂

至年底，市教委联合市外办继续举办驻华使馆官员汉语学习课堂。共有224名使馆官员参加学习，内容涵盖汉语学习、中国文化体验等。驻华使馆官员汉语学习课堂已连续举办8届，共有近100个国家1573名驻华使馆官员参加学习。

（刘斯）

境外汉语教师培训

至年底，北京市国际教育交流中心继续组织境外汉语教师培训班。培训以首都高校为依托，邀请高校专家及中小学一线优秀教师授课，为每个为期14天的培训团组开展汉语教学理论、实地教学观摩和中国文化体验3部分内容培训。全年有来自俄罗斯、越南、瑞典、韩国、日本、巴基斯坦、印度尼西亚等30余个国家的境外汉语教师及官员195人，分9批来京。根据学员汉语水平，分为10个班进行培训。在帮助境外汉语教师提高教学水平同时，让他们感受中国文化的博大精深。

（刘斯 郑静慧）

4月22日，塞浦路斯大学孔子学院举办2018年中塞友好运动会

（教育学院 供）

对外汉语教学培训

至年底，市教委针对语言类专业学生进行对外汉语教学技巧、中华文化培训。来自首都10余所高校500余名对外汉语相关专业学生参加培训，邀请北京语言大学、北京大学、首都师范大学等高校的对外汉语教学专家及中国非物质文化遗产传承人授课，课程内容涵盖汉语本体知识、二语习得教学法、中华文化、现代教育技术等方面内容，帮助学生掌握课堂实际教学技巧，同时组织文化体验活动，通过实地参访学习，加深学生对中华文化理解。

（刘斯）

北京汉语网宣传推广

至年底，市教委继续利用北京汉语网开展宣传推广。北京汉语网全年发布汉语国际推广新闻、为留学生服务的一站式服务信息1500余篇，中国文化信息1600余条；组织创作、上传发布完全由北京市一线教师原创的国际汉语教学图文教学课件资料、多媒体教学课件150余个。

（刘斯）

港澳台侨交流与合作

概述

2018年，北京市具有接收港澳台侨学生资质的高校和科研院所56所，其中，51所学校招收港澳台侨学生。在京高校就读的港澳台侨学生5079人，其中，香港学生1773人、澳门学生740人、台湾学生2457人、侨生109人。为营造良好政策环境，配合市台办开展系列惠台政策调研。

（刘文川）

京港大学联盟签约

4月13日，由市教委与香港特别行政区政府教育局共同倡议成立的京港大学联盟签约仪式在香港科技大学举办。教育部部长陈宝生参加签约仪式。京港大学联盟是京港两地大学自愿组成的非营利性大学合作联盟，以汇集京港精英大学、实现互利共赢为宗旨，致力于深化联盟大学在人才培养和科学研究领域交流与合作，提升两地合作层次和水平。联盟12所北京高校分别为清华大学、北京大学、北京航空航天大学、北京外国语大学、北京理工大学、北京师范大学、北京工业大学、首都医科大学、首都师范大学、首都经济贸易大学、中国人民大学及中国科学院大学；8所香港高校分别是香港科技大学、香港城市大学、香港浸会大学、岭南大学、香港中文大学、香港教育大学、香港理工大学及香港大学。

（刘文川　胡雨）

首届京港中学生地铁列车模型创意科技大赛

4月26日至7月12日，市教委、市交通委、市政府港澳事务办公室共同主办的首届京港中学生地铁列车模型创意科技大赛。比赛以“地铁 · 城市 · 未来”为主题，以未来城市轨道交通创意设计比赛、地铁列车静态模型制作比赛、地铁列车模型制作及操控比赛为活动项目。16个区74所中学542名中学生以及来自香港地区9所中学54名师生代表参加比赛。经过层层选拔，最终京港两地的350名学生进入总决赛，共评出一等奖12个、二等奖22个、三等奖66个，其中，北京市第八十中学望京校区、北京市第九中学、北京市陈经纶中学等35支参赛队分获“设计地铁”项目一、二、三等奖，北京市大兴区庞各庄中学、北京市第二十二中学、清华附中永丰学校等24支参赛队分获“制造地铁”项目一、二、三等奖，香港中华基督教会谭李丽芬纪念中学、中国矿业大学（北京）附属中学和北京市铁路第二中学等40支参赛队分获“驾驶地铁”项目一、二、三等奖。比赛由北京学生活动管理中心承办。

（蒋小建　卢亭）

公安大学举办首期香港入境事务处内地研修班

5月7日至14日，中国人民公安大学举办2018年第一期香港入境事务处内地研修班。研修班分为入境业务、国情研修、文化研修等三个模块，来自香港入境事务处的20名学员参加培训。年内，公安大学承办香港警察赴内地研修班2期，香港入境事务处赴内地研修班5期，澳门司法警察局培训班3期，澳门治安警察研修班2期，澳门保安部队综合培训班2期，共计培训港澳地区学员271人。

（平李博文）

海峡两岸知识产权高峰论坛

6月28日，北京吉利学院举办海峡两岸知识产权高峰论坛。论坛旨在以学术交流为基础，在两岸知识产权论坛基础上，建立海峡两岸知识产权交流平台，形成海峡两岸知识产权产学研交流机制，建立海峡两岸知识产权人才培养基地，培养更多具有务实能力的知识产权人才。来自海峡两岸30余名专家学者就中美贸易中的知识产权问题进行深入研讨交流。

（余雯颖　吕其永）

两岸青年交流合作北京峰会

7月5日，北京市青年联合会、海淀区政府、北京大学、清华大学等共同主办的两岸青年交流合作北京峰会在北京举办。来自两岸的青年机构负责人，文化、教育、科技、经济等领域青年代表和高校师生代表400余人参加开幕式和主论坛。峰会以“新时代 · 新发展 · 新成长”为主题，以两岸高校大学生为主体，通过组织两岸高校大学生校园系列交流、职业技能和创新创业大赛、相亲联谊交流等活动，发挥首都“四个中心”优势和对台工作的引领作用，共同打造两岸青年交流合作新平台。9日，峰会系列活动之一“吉利杯”新能源汽车技能大赛在北京吉利学院开幕。来自台湾大同大学、台湾南台科技大学、北京交通运输职业学院、衡水职业技术学院、三亚理工职业学院等13所高校参赛队混编重组15支代表队参加比赛，共同学习交流，展示两岸参赛青年学生携手同心、团结友爱的骨肉亲情，展示参赛院校新能源汽车人才培养的最新成果。比赛为期2天，两岸高校青年学生共同参加新能源汽车动力电池拆装、电路搭建等技术竞赛，同期举办两岸高校合作交流座谈会。

（余雯颖　吕其永　胡雨）

7月，首届两岸大学生职业技能大赛宠物美容赛举行

（农职院　供）

首届两岸大学生职业技能大赛

7月6日，北京电子科技职业学院举办首届两岸大学生职业技能大赛。比赛以“新时代·新发展·新成长”为主题，以技术技能交流为主、竞赛为辅，以弘扬中华文化为主线，以技术技能竞赛为载体，京台两地参赛师生在建筑艺术、智能制造、中药辨识、护理技能、投资理财、汽车技能、视觉传达、宠物美容、创新创业等专业项目方面开展技能比赛和交流。来自北京10所高校和台湾20所院校共400余名师生参加活动。比赛由北京中医药大学、北京交通大学、北京联合大学、北京农业职业学院、北京财贸职业学院、北京工业职业技术学院、北京工业大学耿丹学院、北京北大方正软件技术学院、北京吉利学院协办。

（王琴）

京港青少年音乐研习营

7月12日至15日，京港青少年音乐研习营活动在中央音乐学院附属中等音乐学校举办。研习营活动由中央音乐学院、香港希望之声少儿慈善基金会主办，中央音乐学院统联部、中央音乐学院附中承办。活动安排专业教师、教授为香港希望之声少儿弦乐团及其导师团队（香港青年爱乐乐团主力团员）分组进行乐队课训练和专业课指导，组织京港青少年联合音乐会；安排学员聆听音乐文化专题讲座；安排中央音乐学院附中获国际奖项的学生与研习营学员交流互动；组织学员参观中央音乐学院校史馆、天坛等。32名香港青少年参加活动。

（秦萌　胡雨）

京港青少年科技创新交流营

7月14日至18日，由北京国际民间交流促进会和香港北京交流协进会主办，北京教育科学研究院、香港新一代文化协会承办的“2018京港青少年科技创新交流营”活动在香港举办。来自北京22所中学和1所高校的30名学生以及香港地区11所学校33名学生参加活动，开展微振机械人、波子过山车等合作共创项目，参观香港铜锣湾、新一代文化协会科学创意中心等地。

（刘文川　徐健）

京港澳学生交流夏令营

7月25日至31日，由市教委、香港特别行政区政府教育局、澳门特别行政区教育暨青年局主办的2018青春港澳行—京港澳学生交流夏令营在香港、澳门举办。来自港澳两地159名师生和北京200名师生参加活动。夏令营突出文化交流主题，三地学生通过参加金紫荆广场升旗仪式、参访香港会议展览中心、香港历史博物馆、澳门博物馆、澳门科学馆等活动增强文化理解和共鸣。活动由北京市港澳台教育交流中心承办。

（刘文川）

50个项目入选京港澳姊妹校交流项目

9月14日，市教委公布2019年度京港澳姊妹校交流项目入选学校名单。经学校申报、专家评审、市教委审核等程序，2019年度共有50个项目入选，其中，25个项目为北京师生赴港澳交流项目、25个项目为港澳师生来京交流项目。

（胡雨　爱·鑫）

澳门教育督导人员赴京交流学习

9月16日至21日，澳门特别行政区5名学校督导人员到市政府教育督导室学习交流。澳门督导人员在市教委召开京澳教育督导工作座谈交流会，赴海淀区、东城区、朝阳区教育督导室开展座谈交流，并随同教育督导室督学到辖区学校，观摩参与督学检查工作，交流督导评估工作经验。

（刘文川）

首届京台基础教育校长联合研修班

10月17日，北京教育学院主办的首届京台校长联合研修班在第四届京台基础教育校长峰会上举行开班仪式。研修班于10月16日至21日组织实施，共有学员30人，包括北京和台湾两地各15名中小学校长。活动旨在通过京台两地校长联合研修，增进彼此了解，就京台两地基础教育改革发展中的共同问题，聚焦校长的课程领导力，分享各自的领导策略与经验，促进各自学校发展，进而惠及两岸中小学生，为中华民族培育更多有用人才。

（石燕）

首届京台基础教育发展联盟合作论坛

10月18日，首届京台基础教育发展联盟合作论坛在北京举办。来自京台两地基础教育领域专家学者、优秀中小学校长代表50余人围绕“提高基础教育领导者领导素养和教学领导力”主题，就两地校长的办学思想、中小学课程建设和教学领导等问题进行研讨。论坛依托北京教育学院承办的首届京台校长联合研修项目，邀请北京大学教育学院教授、暨南国际大学教育政策与行政学系教授、康邦教育技术研究院软件研究所所长等教育专家和参加研修活动的两地中小学校长作论坛发言，就立德树人、课程管理、智慧校园建设等共同关注的问题畅谈见解，交流有关理论研究成果和教育管理实践经验。北京、台湾两地中小学校长和基础教育领域专家先后发言，就教育理念、领导素养、办学模式、学科教学等问题交流研讨，分享见解。京台基础教育发展联盟由教育学院与台湾中小学校长协会于2017年共同发起成立，决定在该联盟框架内自2018年起定期举办联盟合作论坛，对共同感兴趣的重大教育问题开展交流研讨、课题研究、学者互访和课程开发等活动，共同应对教育变革的挑战。

（石燕）

京港大学校长峰会

10月24日，市教委与市港澳办联合举办京港大学校长峰会。峰会就京港两地高校人才培养、招生就业、科学研究、协同创新、政策咨询等方面进行研讨，推动京港两地经济和社会加强合作交流。峰会由北京大学和香港科技大学承办，来自京港两地40所高校领导和师生约300人参加。

（刘文川）

京港姊妹校签约

10月29日，市教委主办的京港两地姊妹校签约仪式在清华大学附属小学举行。31所北京中小学与31所香港中小学缔结为姊妹校。两地学校就姊妹校之间友好合作关系、科技教育、艺术教育等共同关心的话题交换意见并达成共识：以签约为契机，以科技教育、艺术教育为切入点，开展姊妹校师生交流交往活动，加深京港两地青少年真挚友谊，增进两地学生对京港的了解、对国家的认同以及对中华文化的自信。实施京港姊妹学校项目是市教委推动京港教育合作交流的重要方式。活动由北京市港澳台教育交流中心承办、香港伙伴基金会协办。

（刘文川）

京台高等教育研讨会

12月3日至6日，北京科技大学主办2018京台高等教育研讨会。会议以“两岸融合、共创一流”为主题，北京工业大学校长、台湾朝阳科技大学校长、北科大副校长分别就“双一流”建设背景下人才培养、高校产学研用协同创新发展、科技政策引领下的创新与合作主题发表主旨演讲。两岸高校专家学者就两岸高校交流合作与教育现代化、两岸高等教育科技创新与人才培养、两岸高等教育产学研用协同发展交流探讨。论坛期间，北科大与台湾朝阳科技大学、高雄科技大学，北京理工大学和台湾朝阳科技大学，北京邮电大学和台湾交通大学，北京交通大学和台湾东华大学，北京联合大学和台湾树德科技大学分别签署校际合作协议。会议由清华大学、北京航空航天大学、北京交通大学、北京邮电大学、北京理工大学、北京工业大学、北京联合大学共同协办，两岸高校校长、专家学者、高等教育协会负责人130人参加研讨会。

（刘文川　陈曦）

配合落实澳门“千人计划”

至年底，市教委配合落实澳门“千人计划”。推荐北京文汇中学等18所中学承担澳门15所中学师生来京交流任务。澳门特别行政区政府于2016年推出旨在促进澳门青年学生了解国情、提升能力的“千人计划”，计划在3年内，每年在澳门中学和青年工作社团中遴选出1000人赴内地交流学习。

（刘文川　胡雨）

扶贫协作与支援合作

概述

2018年，市教委坚持首善标准，发挥首都教育代表性、指向性和示范性的优势，推进扶贫协作与支援合作工作。全年市级统筹精准实施援助项目163个。构建多方联动机制，各区教委、在京高校开展教育扶贫协作与支援合作。与受援合作地区签署协议 201 份，全市 743 所学校开展“手拉手”帮扶，选派 323 名干部教师“组团式”支教，组织送教讲学 1425 人次，来京跟岗培训 65839 人次，资助贫困学生 18641 人，高校学科共建项目 242 个，解决贫困地区学生就业 4114 人，大学生助力脱贫攻坚项目 69 个。

（贺捷）

援助雄安新区办学项目启动

3 月 1 日，北京市援助雄安新区办学项目启动仪式在雄安新区容城小学举行。北京市朝阳区实验小学雄安校区、北京市第八十中学雄安校区、北京市海淀区中关村第三小学雄安校区、北京市六一幼儿院雄安院区揭牌。新校区成立后，4 所学校选派 28 名干部教师开展支教，组建 4 个“名师工作室”，深度开展交流合作。市教委会同有关部门研究制定《北京市学校援助雄安办学专项经费支出标准》，组建雄安新区教育规划北京专家顾问团，统筹实施京雄两地教育机关干部对岗交流、雄安三县校长来京跟岗研修、雄安三县中小学学科骨干教师来京培训等重点项目。

（王力志）

京赣签署教育合作协议

3 月 20 日，市教委与江西省教育厅签订《京赣教育合作协议》。根据协议，双方将在基础教育、职业教育、高等教育、教师队伍建设等方面开展交流合作。

（王力志）

选派 323 名干部教师赴民族地区支教

4 月 11 日，市教委召开 2018 年支教教师选派工作部署会。为贯彻落实《援藏援疆万名教师支教计划实施方案》和有关工作要求，北京市选派 323 名干部教师赴受援地区支教，其中，新疆和田 225 人、西藏拉萨 65 人、青海玉树 5 人、雄安新区 28 人。援疆教师支教时间由 1 年改为 2 年，并修改完善支教教师管理办法。各区教委还分别向内蒙古、河北结对贫困县选派支教教师。

（王力志）

14 所部属高校支援石油大学克拉玛依校区建设

5 月 4 日，中国石油大学（北京）、教育部学校规划建设发展中心在新疆克拉玛依市召开全面推进对口支援石油大学克拉玛依校区建设协调会。教育部组织 14 所部属高校支援克拉玛依校区建设。会上，签署《教育部直属高校团队对口援建中国石油大学（北京）克拉玛依校区框架协议书》和《克拉玛依市人民政府、中国石油新疆油田分公司、石油大学及对口支援高校科学研究战略合作协议》。克拉玛依校区由教育部批准设立，坚持教育部、新疆维吾尔自治区、克拉玛依市共建的办学模式，与北京校本部互补借力并差异化发展，走特色发展、创新发展、开放发展之路。

（李强楠）

与什邡签订新一轮教育合作协议

5 月 9 日至 11 日，在什邡市举行的“5 · 12”汶川特大地震十周年纪念活动上，市教委与什邡市政府签订新一轮《京什教育合作框架协议》。北京市于 2010 年和 2013 年先后签订两轮《北京市—什邡市合作框架协议》，提升什邡教育质量，助推什邡义务教育高位均衡。

（王力志）

深化京邯教育援助

5 月 14 日，市教委 2018 邯郸教育帮扶援助活动启动仪式在邯郸市教育局举行。活动旨在贯彻落实京津冀协同发展战略，借助北京优质资源帮助提升邯郸教育水平，促进邯郸教育发展，具体包含北京市选派九大学科名师开展送教讲学、面向邯郸市高三贫困学生捐赠 VIP 助力升学卡两项内容。市教委、北京教育学院、邯郸市教育局、北京鸿德教育科学研究院领导，北京市优质学校九大学科专家教师，邯郸市教育局机关和直属事业单位、教科所相关人员以及相关学校负责人员等共计 100 余人参加启动仪式。

（王力志）

市属高校“引智帮扶”低收入村

5 月至 12 月，市教委推进市属高校“引智帮扶”低收入村工作。5 月，在 2017 年试点经验基础上，印发《关于进一步加强低收入农户帮扶工作的通知》，全面启动市属高校引智帮扶低收入村工作。5 月 30 日，在北京市昌平职业学校组织第二批 17 所市属高校与 17 个低收入村签约结对；12 月，召开“引智帮扶”工作年度总结交流会，进一步总结交流帮扶工作经验，筹划成立“引智帮扶”高校联盟，扎实推进相关工作。至年底，全市有 23 所市属高校结对帮扶 34 个低收入村。

（项明）

12 月，市教委[illegible]2018[illegible]

（市教委相关处室　供）

京湘签署教育战略合作协议

6月2日，市教委与湖南省教育厅签署战略合作协议。根据协议，京湘两地各遴选10所学校开展手拉手交流，双方学校可在管理与教学人员互派交流、学生互助结对、教学资源共享共通等方面开展合作交流；举办“韶山连北京”京湘青少年交流活动；湖南省教育厅每年选派部分教育管理干部和学科骨干教师到北京市优质学校进行跟岗研修；北京市教委每年组织部分名优教师组成“北京专家教师示范讲学团”，到湖南省深度贫困县开展送教讲学活动；通过网络教学、同步课堂等方式，将北京市优质教学资源推送到湖南省农村学校或教学点。双方还将在教育督导和教育科研方面开展合作。签约仪式上，北京市东城区史家胡同小学与湖南第一师范学院第一附属小学、北京市朝阳外国语学校与湘潭市第一中学、北京中学与韶山学校、北京市第八十中学与芷江侗族自治县第一中学、北京市陈经纶中学与麻阳县锦江中学、北京市朝阳实验小学与凤凰县文昌阁小学等手拉手结对学校分别签订合作协议。

（贺捷）

市教育学会在兴安盟地区建立科普研学教育基地

6月，北京市教育学会与内蒙古兴安职业技术学院联合建立首家科普研学教育基地、社会实践教育基地。基地依托内蒙古兴安职业技术学院、大兴安研学旅行研究院、中蒙俄东北亚旅游商务学院的研学旅行优质资源，利用该学院旅游与公共管理系学生理实一体化实习实训基地和高校服务地方发展平台，秉承培育和践行社会主义核心价值观、全面推进中小学生素质教育的宗旨，挖掘大兴安岭红色文化、民族文化资源，着力打造新型兴安研学模式，为中小学生研究性学习搭建平台。基地以“研学探索未来旅行触摸世界”为理念，以“乌兰浩特——蒙语红色城市”“美丽阿尔山——绿色大兴安”为主线，研制出50余个研学课程。研学旅行是由学校根据区域特色、学生年龄特点和各学科教学内容需要，组织学生通过集体旅行、集中食宿的方式走出校园，在与平常不同的生活中拓展视野、丰富知识，加深与自然和文化的亲近感，增加对集体生活方式和社会公共道德的体验，提升中小学生自理能力、创新精神和实践能力。

（马亚莉）

京蒙签订教育扶贫协作三年计划备忘录

7月9日至12日，北京市教育考察团赴内蒙古自治区兴安盟和通辽市调研教育扶贫工作，召开京蒙教育扶贫协作推进座谈会，市教委与内蒙古自治区教育厅签署《京蒙教育扶贫协作三年计划备忘录（2018—2020年）》。双方将在教师交流培训、职业教育优质资源支持、优质数字教育资源共享、高校科技交流合作、社会力量参与教育扶贫帮扶、本科招生计划投放倾斜、京蒙结对帮扶区县开展教育交流合作7个方面开展帮扶合作。5月30日，市教委主任与内

7月，市教委与内蒙古自治区教育厅签署京蒙教育扶贫协作三年计划备忘录　（市教委相关处室　供）

蒙古教育厅厅长在京举行会谈。

（王力志）

北京名师送教送培活动

7月13日至15日，北京教育科学研究院组织实施“北京名师送教送培”活动。北京教科院与东城区教师研修中心、丰台区第二中学等单位的教研员和教师组成培训专家团队，赴陕西省宁陕县送教下乡，开展示范教学及专题讲座。北京名师送教送培活动是中共中央办公厅会同市教委，委托北京教科院实施的一项教育扶贫项目。至年底，北京教科院还组织赴四川什邡、陕西、宁夏银川、河北雄安新区、河北丰宁、湖北十堰、广西柳州等地支教；接收内蒙古乌兰察布、宁夏银川等部分省市自治区的教研员到北京教科院跟岗学习。

（时雁）

新疆中小学生民族团结北京夏令营

7月26日至8月2日，市教委举办2018年“热爱祖国 感受北京”新疆（和田、乌鲁木齐）中小学生民族团结北京夏令营。夏令营活动围绕“热爱祖国 感受北京”主题，以改革开放40周年为契机，突出爱国主义教育、中华民族优秀传统文化教育，使新疆师生深入了解祖国悠久历史和灿烂文化，感受北京崭新面貌和独特魅力。西藏拉萨、青海玉树高中生北京夏令营及研学活动也相继开展，共有241

8月2日，“热爱祖国 感受北京”新疆中小学生民族团结北京夏令营闭营　（市教委相关处室　供）

9月，2018年“感恩祖国 研学北京”玉树州高中生主题教育活动在京举办 （市教委相关处室 供）

名师生参与活动。同时，继续在对口高中班开展“民族一家亲活动”。

（王力志）

教育援助北三县工作启动

8月23日，市教委举办的北京市教育援助北三县工作对接会在京召开。会议决定采取跟岗、培训、挂职、送教等多种方式开展教育援助活动，定于10月中旬安排北三县30名教育管理干部及骨干教师到京跟岗研修。市教委、市京津冀协同办有关负责人员，廊坊市教育局和三河、大厂、香河北三县教育局有关负责人员参加会议。

（王力志）

玉树州高中生主题教育活动

9月，市教委联合北京青海玉树指挥部主办2018年“感恩祖国 研学北京”玉树州高中生主题教育活动。活动围绕“感恩祖国 研学北京”主题，以“走进首都 梦想启程”“追寻古迹 悟梦文化”“唱古抒怀 戎梦青春”“激情体育 燃梦冬奥”“飞扬足球 畅梦海洋”“古韵悠然 扬梦清华”“拥抱自然 筑梦未来”“结伴同行 圆梦北京”主线，安排丰富多彩的主题活动，使玉树州少数民族学生近距离感受首都北京历史与魅力，感知首都人民对藏族同胞的深情厚谊，感受祖国强盛与伟大，体验当下幸福生活的来之不易。活动还开展科技主题营地活动，组织学生进行车模、航模、模型搭建等科技创客活动，进一步加强学生动手实践能力，开阔学习视野。玉树州34名高中师生来京参加活动。活动由北京学生活动管理中心、北京市盲人学校承办，中共玉树州教育工作委员会、玉树藏族自治州教育局协办。

（胡雨）

接受扶贫督查与项目评估

10月8日，市教委接受市委市政府扶贫协作第三督查组教育扶贫协作工作督查。督查组听取北京市教育扶贫协作总体情况汇报，通过查阅资料、个别谈话及问卷调查形式开展督查，对市教委教育扶贫工作给予肯定，希望市教委继续树标杆、做示范，在受援地扶智扶志工作有新的突破。至年底，市扶贫协作和支援合作办委托第三方评估机构对市教委组织实施的6个扶贫培训项目开展评估。评估报告指出，市教委所承担的培训项目质量合格，满足项目设计要求，取得丰硕成果，受到学员及送培单位广泛好评和高度肯定；下一步工作要以需求侧为中心，深挖“内涵式”培训潜力，倡导理论拓展、跟岗实训、视野拓展各占三分之一的“三三制培训模式”。

（贺捷）

通蒙冀鄂职业教育扶贫协作与区域合作签约

10月17日，通蒙冀鄂职业教育扶贫协作与区域合作签约仪式在北京新城职业学校举行。签约仪式上，北京新城职业学校分别与河北省廊坊市大厂县职业技术教育中心、湖北省十堰市科技学校、内蒙古科尔沁右翼中旗中等职业学校、内蒙古奈曼旗民族职业中等专业学校、内蒙古翁牛特旗职业教育中心签订扶贫协作与区域合作协议。根据协议，通蒙冀鄂职业教育在办学理念交流、两支队伍建设、教学经验分享、名师结对帮扶、特色学校建设、师生联谊活动、优势资源共享等方面扩大交流领域，各校开展跨区域人才培养、课程开发、数字化教学资源共享、实习实训基地共享、教学科研成果共享、技术技能大赛等交流合作。市教委、廊坊市教育局、通州区教委以及四地各学校干部、教师、学生代表500人参加活动。

（刘琼　白文会）

清华获全国脱贫攻坚奖组织创新奖

10月17日，清华大学继续教育学院获2018年全国脱贫攻坚奖组织创新奖。清华是高校中唯一获表彰集体。全国脱贫攻坚奖由国务院扶贫开发领导小组主办，每年开展一次表彰活动，经过报名推荐、实地考察、报批审定等程序，共有139个先进个人和先进单位获奖。2003年，学校建立教育扶贫现代远程教学站1100余个，覆盖全国93%以上的国家扶贫工作重点县，累计培训各类学员240余万人次。

2011年，清华大学教育扶贫办公室获国务院扶贫领导小组颁发的“全国扶贫开发先进集体”称号。2016年，“清华大学教育帮扶南涧县典型项目”入选教育部直属高校精准扶贫精准脱贫十大典型项目。

（张含晨）

京宁签署教育互联互助支持合作协议

11月22日，在宁夏回族自治区“互联网+教育”示范区建设启动大会上，市教委与宁夏教育厅签署《“互联网+教育”互联互助支持合作协议》。北京财贸职业学院、北京交通运输职业学院、北京市商业学校、北京市广渠门中学、北京市第四中学、北京大学附属中学、北京市中关村第三小学、北京市第十二中学将与宁夏结对学校开展“互联网+教育”合作。

（贺捷）

面向受援地区开展研修培训

至年底，市教委面向受援地区开展研修培训。委托部分高校及职业院校举办84个受援地区教育管理干部、学科骨干教师培训班，近4000人参训（包括扶贫协作地区65个培训班，近3000人参训）。接收866名校长、管理干部、学科教师、教研人员（包括扶贫协作地区496人）到北京市优质学校跟岗研修，学习现代教育理念。采取“同步课堂”方式，开展京藏优质教育资源远程互动共享教学教研活动。

（王力志）

5月8日，在京参加培训的银川职业教育人表达对京银教育合作的期待 （市教委相关处室 供）

贫困地区人才培养

至年底，市教委注重贫困地区人才培养。完成新疆和田、青海玉树对口高中班340名高一新生招收计划。设立拉萨北京实验中学“京藏宏志班”，精准招收31名建档立卡户学生。实施贫困县中职学生“北京访学计划”，为河北省保定市、张家口市贫困县120名中职学生开展职业技能培训，开展特教学生联合培养。完成新一批115名新疆内派服务管理教师接收安置工作，组织相关人员业务培训。部分市属高校向受援合作地区投放定向招生计划143个，向新疆、西藏基层选派72名优秀毕业生，接收第二批10名玉树青年人才研究生课程跟班就读。

（王力志）

社会力量参与教育扶贫

至年底，市教委动员社会力量参与教育扶贫。会同市工商联组织爱心企业家资助河北省保定市涞源县45名建档立卡贫困学生。动员北京思源教育集团、北京鸿德教科院、中科科智教育有限公司为河北省贫困县中小学校捐赠网络阅读平台和英语双师网络互动课程，为贫困县教学点捐赠图书，为建档立卡高三学生赠送助力升学VIP系统学习卡，总价值650万元。会同市关工委在贫困地区开展“老校长下乡”活动，帮助提升当地教育教学水平。

（王力志）

重点督查事项推进落实

至年底，市教委推进落实重点督查事项。2018年援助雄安新区办学项目全面落地。启动北三县教育援助工作。推动中国人民大学附属中学与西藏拉萨市联合办学事项，建立三方会商机制，修改完善合作框架协议，确定堆龙德庆区羊达乡为人大附中拉萨明珠学校新校区选址。落实市领导对北京援建干部人才子女受教育情况给予关照的指示要求，组织各区教委、各有关高校摸清底数，形成台账，分别制订工作推进方案，270名学生得到关照。

（王力志）

京银教育合作成果丰厚

至年底，北京市与宁夏银川教育合作成果丰厚。京银教育合作组织实施10余个项目，北京市中关村第一小学、北京市广渠门中学与银川市结对学校深入开展教师学生互访交流，银川市西夏区携手北京市海淀区全力推进教育高质量发展，北京中关村中学与银川市中关村中学结对共建。北京市统筹优质资源在学前教育、职业教育、师资培训、教育科研、医学人才培养等方面给予银川市大力支持，双方协同构建“首都带首府”新型教育合作“京银模式”“京银方案”和“京银标准”，并将成效向“首府带城乡”“银川都市圈”拓展。

（王力志）

（本栏责任编校 胡雨）

六一幼儿院雄安院区挂牌成立

中关村三小雄安校区成立

人大附小雄安校区挂牌

京津冀长城教育联盟成立

密宝唐职教联盟成立

2019 | 京津冀教育协同发展

BEIJING-TIANJIN-HEBEI EDUCATION COORDINATED DEVELOPMENT

- 京津冀教育协同发展深化
- 《京津冀教育发展研究报告（2017—2018）》出版
- 京津冀一体化毕业生人才战略合作推进
- 河北省 12 家资源单位成为北京市中小学生社会大课堂资源单位

BEIJING-TIANJIN-HEBEI EDUCATION COORDINATED DEVELOPMENT
京津冀教育协同发展

综述

京津冀教育协同发展深化

2018年，市教委深化京津冀教育协同发展。把握首都城市战略定位，全面贯彻京津冀协同发展战略，多次召开专题会议。与天津、河北密切合作，定期对招生计划、雄安新区建设、通武廊协作等问题进行专项对接。推进政策创新，逐步完善各项工作运行机制，印发规范民办学校办学行为的系列文件，持续对疏解学校在新校区建设、经费等方面给予支持。

（王鑫）

京津冀职业教育协同发展和支援扶贫

2018年，市教委继续推动京津冀职业教育协同发展和支援扶贫工作。引导职业院校依托职教集团（联盟）开展师资培训、教研科研、联合培养、技能比赛等形式多样的跨区域交流合作。继续加强职业教育对口支援和精准扶贫工作，承担9省29项对口支援与区域合作任务。印发《关于进一步加强低收入农户帮扶工作的通知》，组织23所市属高校全面参与实施“引智帮扶”低收入村工作。

北方工大师生为门头沟雁翅镇田庄村绘制400米红色文化墙
（市教委相关处室 供）

（武晔）

《京津冀教育发展研究报告（2017—2018）》出版

4月，北京教育科学研究院主编的《京津冀教育发展研究报告（2017—2018）》正式出版。该书由社会科学文献出版社出版发行，方中雄主编，共计29万字。研究报告分为总报告、分报告、实践篇、地区篇、专题篇5部分，共计12篇研究报告，以全局高度、比较视角和规划监测思路，全面分析三地教育发展和教育实践的疏解与承接问题，提出推进协同发展的政策建议，为教育决策者、管理者、实践者和研究者提供有益借鉴。研究报告为年度性研究，每年出版一部。

（李璐）

京津冀教育学会发展共同体续签协议5年

4月，北京市教育学会与天津市教育学会、河北省教育学会三方商定续签“京津冀一体化教育学会发展共同体”协议书。协议有效期5年。三方教育学会于2015年5月共同创建京津冀一体化教育学会共同体，3年来，三方齐心协力，推动区域教育发展创新链深度融合，构建交流、分享、合作、共赢平台，共同就科研规划、课题指南、工作进展等内容通报情况、交流信息，定期举办学术论坛，取得预期效果，受到三地会员广泛认可和好评，为巩固共同体成果，续签协议。

（马亚莉）

河北省12家资源单位成为北京市中小学生社会大课堂资源单位

5月5日，市教委向12家河北省社会大课堂资源单位授牌。市教委、唐山市领导共同启动2018北京市中小学生走进河北省社会实践活动。京冀资源单位、学校、企业机构开展交流研讨，北京研学组织机构与河北资源单位的运营单位签订战略合作书。12 家河北省资源单位代表、北京市中小学校部分代表人员参加活动。

（牛文国）

首届京津冀协同推进民族团结教育成果展示活动

5 月 6 日，市教委、市民委、市民族教育学会主办的“中华民族一家亲 同心共筑中国梦”首届京津冀协同推进民族团结教育成果展示活动在昌平区举办。三地签署《京津冀协同推进民族教育工作战略合作框架协议》，秉承“共建沟通会商、学习交流、资源共享机制”，发挥京津冀三地民族教育优势，形成工作合力，实现资源共享，全面提升三地民族教育整体水平；三地师生共同演出 9 个精彩文艺节目，展示丰富的实践项目，汇报三地开展民族团结教育的成果；会场设立 54 个展棚，通过展出民族工艺、手工制作、书法篆刻、非遗项目等几十个不同特点的项目，集中展示三地民族团结教育成果；活动中展出北京市第三批 36 所民族团结教育示范校的 72 块展板，反映北京市开展民族团结教育经验与做法。活动由天津市教委、天津市民委、河北省教育厅、河北省民族宗教事务厅协办，来自教育部、国家民委及京津冀三地教育、民族等部门领导，各界人士及 66 所中小学校师生 2500 人参加活动。5 月是北京市首个民族团结教育月，5 月 6 日象征 56 个民族大团结。

（陆小红　王振清）

京津冀大学生创意集市开幕

9 月 15 日，市委教育工委、团市委举办的 2018 京津冀大学生创意集市在雄安新区开幕。活动旨在将学生创意与社会需求相对接，为创意成果转化提供便捷“快车道”。北京大学、天津师范大学、河北大学等 25 所高校 285 名大学生的手工编织、扎染布艺品、绿色鱼塘曝气装置等万余件创意产品在集市展示并出售。活动同时评选出“创意之星”作品金奖 2 人、银奖 5 人、铜奖 8 人和最佳设计奖、最佳工艺奖、最佳组织奖及优秀奖。活动由北京服装学院、雄安新区河北省保定市容城县政府承办。

（谢文全　于歌）

5 月 6 日，“中华民族一家亲 同心共筑中国梦”首届京津冀协同推进民族团结教育成果展示活动在昌平区举办　（市民族教育学会　供）

京津冀“老校长下乡”工作推进会

10 月 9 日，京津冀“老校长下乡”工作推进会在河北省保定市阜平县召开。会议播放北京市开展“老校长下乡”工作纪实专题片，听取北京市“老校长下乡”工作经验介绍；北京市老校长下乡支教团代表、阜平县城南庄镇谷家庄小学校长、阜平县城厢中学教师、阜平县教育局局长、河北省教育厅厅长分别作会议发言。为推进“老校长下乡”工作，扩充力量并增加受援区域和学校，新增 17 名老校长和 17 名大学生志愿者，采用老校长与助理队伍相结合的“1+1”模式；阜平县受援学校由 5 所增至 12 所，北京市支援区域增加延庆区。中国关心下一代工作委员会主任，教育部关心下一代工作委员会主任，北京教育系统关工委主任，北京市教委、天津市教委、河北省教育厅领导，北京市部分老校长及保定市教育系统相关人员 200 余人参加会议。北京市于 2016 年 9 月正式启动“老校长下乡”工作，组织 15 名老校长深入河北阜平、北京密云乡村学校开展送课送教活动，有效提升受助学校办学理念与管理水平、教师教育教学水平，加强校园文化建设、师德师风建设，成为区域同类学校的示范，辐射带动周边学校共同发展。

（王力志）

京津冀职业院校校长领导力内涵建设高级研修班

10 月 22 日至 24 日，市教委联合天津市教委、河北省教育厅在河北省保定市雄县举办京津冀职业院校校长领导力内涵建设高级研修班。来自京津冀三地，包括部分国家示范性高职院校、骨干高职院校、中职改革发展示范校的 32 所职业院校共 35 名校领导参加培训，学习现代管理理论、借鉴先进企业经营理念、加强课程的课上实际体验和课下交流互动，有效提高自身创新思维和管理水平。培训是为贯彻落实全国教育大会精神，响应京津冀协同发展战略对职业教育提出的新要求，应时举办的职业教育管理人才高端培训项目，旨在通过跨界交流提升职业院校领导的大局意识和改革创新意识。培训期间，参加教育部“京津冀高职学院结对子任务”的北京河北15所高职院校举行对接会，两地学校就专业建设、教师跟岗、学生访学等方面合作事宜进行深入探讨。

（杨颉）

10月22日至24日，京津冀职业院校校长领导力高级研修班举办（市教委相关处室 供）

京津冀创新人才早期培养工作会

10月28日，市教委召开京津冀创新人才早期培养工作会。会议在北京市基础教育阶段第12批翱翔学员培养现场推选活动期间召开，组织来自河北、天津的教师和学生代表现场观摩创意市集、探秘奥林匹克等翱翔学员培养现场推选活动。京津冀三地教育行政部门、教科研部门、学校代表共同研讨京津冀创新人才早期培养工作。20人参加会议。

（赵以文）

高校军训服装捐赠仪式

11月15日，北京教育系统关工委捐赠军训服装仪式在河北省承德市承德县第二中学举行。捐赠仪式上，北京高校关工委代表、大学生代表把募集到的军训服装1.60万套捐赠给承德市承德县第二中学。这是北京大学生连续第六年开展捐赠军训服装活动，累计捐献军训服装8万余套。北京教育系统关工委、承德市教育局关工委，北京物资学院、北京电影学院、北京工业大学相关人员，承德市承德县第二中学师生300余人参加捐赠仪式。

（闫妍）

首届京津冀基础教育管理干部民族政策专题研修班

12月5日至7日，市教委、市民委、市民族教育学会联合举办首届京津冀基础教育管理干部民族政策专题研修班。研修班学员听取国家民委《我国处理民族问题的宪法原则》《新中国民族教育政策及实践》《习近平总书记新时代民族工作思想》、中央统战部十一局《当前我国宗教工作形势和任务》、中央党校（国家行政学院）文史教研部《文化自信与中国特色社会主义文化发展道路》5个专题讲座和市教委领导关于北京市教育大会精神宣讲。来自河北省、天津市和北京市16区教委、民委（民宗办）主管民族教育工作的主任、科长，内地民族班学校校长、民族中小学校长、普通中小学校长及主管德育工作的副校长、民族幼儿园园长351人参加培训。

（陆小红 王振清）

12月5日至7日，首届京津冀基础教育管理干部民族政策专题研修班举办（市教委相关处室 供）

学前教育

六一幼儿院雄安院区挂牌成立

3月1日，北京市六一幼儿院雄安院区挂牌成立。六一幼儿院根据《北京市对雄安新区援助办学实施方案2018—2020年》，援助雄安新区雄县幼儿园。该幼儿园加挂“北京市六一幼儿院雄安院区”校牌。六一幼儿院选派优秀管理干部和骨干教师3人组团援助，整体托管雄安院区，输出先进办学理念、管理文化、课程资源和师资队伍等，实现北京院区与雄安院区一体化管理。雄县幼儿园占地面积9200平方米，建筑面积6055.42平方米，拥有教职工110人，收托3岁至6岁幼儿936人。北京市、河北省两地教育部门、北京市京津冀协同发展办公室、市财政局有关部门负责人，雄安新区管委会、雄安新区三县领导，援助办学双方有关学校负责人及部分挂牌学校干部教师、学生500余人参加活动。

（张凤珠）

通州名校长工作室开展京津冀幼教联盟活动

10月18日，通州区名园长第一工作室暨“京津冀”幼教联盟走进新城东里幼儿园“为玩而建”户外主题建构游戏现场进行观摩研讨活动，开展科研课题专家诊断活动。名园长工作室理论导师和实践导师以及名园长工作室的5名成员、京津冀幼教联盟各幼儿园保教干部及教师40余人参加活动。

（史新杰）

北实附幼对口支援望都辛街幼儿园

11 月 6 日和 15 日，北京实验学校附属幼儿园组成两批支教小组，到河北省望都县辛街幼儿园开展支教送教。北实附幼结合望都县辛街幼儿园实际情况开展多种形式的指导和帮扶工作。通过建立微信工作群，实时沟通和交流，实现优质资源共享。实地指导，领导带队到实地，根据园所现状，传授管理经验；走进班级观摩研讨，从区域环境创设原则、材料投放、教师指导等方面把脉指导；查看园所环境，针对幼儿园安全问题提出整改方法和策略。跟岗学习，辛街幼儿园教师到北实附幼对口班级开展跟岗培训。

（于立涛）

基础教育

中关村三小雄安校区成立

3 月 1 日，北京市海淀区中关村第三小学雄安校区挂牌成立。根据《北京市对雄安新区援助办学实施方案 2018—2020 年》内容要求，中关村三小对接帮扶河北雄县第二小学，挂牌成立“北京市海淀区中关村第三小学雄安校区”。中关村三小选派 1 人担任执行校长，12 名优秀教师进驻，以提升雄安校区办学品质为目标，开展系列教育教学活动。雄安校区占地面积 46690 平方米，建筑面积 12744 平方米，拥有教职工 126 人，临时校聘教师 32 人，教学班 58 个，在校生 3590 人。

（张文峰）

京津冀小学特色建设校长研讨会

3 月 26 日，北京教育学院与河北省中小学教师继续教育中心联合举办 2018 年京津冀小学特色建设校长研讨会。研讨会主题为学校特色建设，主要聚焦搭建京津冀小学校长联盟圈和小学特色建设两个方面。研讨会邀请 23 名在京津冀三地有影响力的教育家型校长介绍学校特色建设经验，北京史家胡同教育集团校长、天津市和平区新星小学校长、河北省石家庄外国语小学校长从创新人才培养、新生态教育、教师发展等方面进行智慧分享。研讨会由教育学院高级研修中心与中小学管理杂志社具体承办，来自京津冀三地 130 余名校长参加研讨会，共同建立协同发展圈。

（石燕）

京津冀三地教育协同发展系列活动

4 月 12 日，门头沟区教师进修学校举办京津冀三地初中英语学科听说与阅读教学“同课异构”研讨会。来自门头沟区、天津静海区、河北石家庄市正定县教育行政部门、教研部门相关工作人员及 100 名英语教师参会，共同开展英语教学研究。会议主题为学科素养背景下的初中英语听说和阅读教学，研讨活动采用“同课异构”教研方式，旨在引导教师深入探索更适合学生个性化发展和学科素养提升的课堂教学模式，在交流互动中完善、提高课堂教学效益。

（马荧）

京津冀基础教育研讨会

5 月 24 日，京津冀三区市在北京市通州区永乐店中学召开基础教育研讨会。通州区教委从顶层设计、签订三方协议，学校对接、实现强强联合，联盟成立、实现示范辐射，校际交流、达成互利共赢，活动搭台、促进共享提升 5 个方面介绍一年来通武廊三区市在教育协同合作方面所取得的丰硕成果。北京教育科学研究院作题为《核心素养导向下的教学改进》专题讲座。市教委功能疏解工作负责人指出，在推进京津冀协同发展背景下，实现教育布局优化对京津冀发展具有重要意义，要把推进京津冀协同发展、加强京津冀教育事业合作作为全市教育工作重中之重；坚持高点定位、顶层规划，要勇于开辟新路，完善规划制度和保障措施，让“通武廊”教育合作成为京津冀教育协同发展的示范和典型。市教委、北京教科院、通州区教委、武清区教育局、廊坊市教育局领导及专家、三地的中学校长和骨干教师 300 人参加会议。

（郭书彤）

首届“京津冀—粤港澳”（国际）青年创新创业大赛少年精品双创项目北京区域展评活动

5 月 27 日，北京学生活动管理中心举办第一届“京津冀—粤港澳”（国际）青年创新创业大赛少年精品双创项目北京区域展评活动。活动以“创享未来城市、构建智慧家园”为主题，特设少年精品创新创业教育项目公益板块，以贫困家庭孩子为主，通过组建“爱心科技团队”的形式，深入教育资源匮乏地区及学校，开展少年精品创新创业教育项目展评及研学活动。活动由高校延伸到小学，来自各小学的 35 支队伍参加活动。

（董玉龙）

京津冀“非遗进校园”交流会

6 月 28 日，海淀区教委和海淀区文化委共同举办第三届京津冀“非遗进校园”交流会暨海淀区“非遗进校园”成果展。活动组织学生表演武术、口技、京剧等节目，授予 23 所学校和单位 2018 年非遗传承项目基地称号。中国国家京剧院和海淀区文委签订加强合作框架协议，共同推进京剧进校园活动；海淀区文委和海淀区教委签订加强促进非物质文化遗产保护和传播合作框架协议。活动展示中医文化蜜丸制作、中国结、彩塑京剧脸谱等 10 节非遗特色课程，采取“1＋1”教学方式，学校教师和非遗传承人共同教学。海淀区有教育部认定的中华优秀传统文化传承学校 3 所，区级非物质文化遗产传承项目基地校 63 所。海淀区 160 所中小学及天津、河北部分非遗项目学校师生等 2300 人参加活动。

（宋亚甫）

第三届京津冀班主任论坛

6月29日，北京教育科学研究院与天津、河北相关教育部门联合举办的第三届京津冀班主任论坛在河北省石家庄市举行。论坛以“深化交流促进班主任队伍共建共赢”为主题，表彰京津冀三地150名优秀班主任，观摩京津冀三地3名教育行政部门负责人和3名中小学校长关于班主任队伍建设经验交流展示。来自京津冀三地的中小学德育干部、班主任代表共计200人参加会议。

（杨丙涛）

京津冀中小学校长协同创新专题研修项目启动

9月18日，京津冀中小学校长协同创新专题研修项目启动。培训为期1周，采取封闭式模式，围绕“资源共享，协调创新”主题展开，授课专家由政策研究专家、高校专家和一线专家构成。京津冀三地60名中小学校长参加专题研修。该项目由北京教育学院协同天津市中小学教师继续教育中心、中共河北省委高校工委党校（河北省教育干部学院）组织实施，旨在搭建京津冀中小学校长共同学习、相互交流的平台，促进三地校长开阔视野，丰富学识，提高资源共享、协同创新意识和能力，促进京津冀教育均衡发展、优质发展。

（石燕）

京津冀长城教育联盟成立

10月25日，京津冀长城教育联盟成立仪式在延庆八达岭中学举行。联盟由八达岭中学发起，与密云区古北口中学、天津市蓟州区黄崖关小学、河北省张家口大境门小学、延庆区八达岭小学、延庆永宁学校等京津冀长城沿线14所学校对接联系，组建以长城符号为主题的公益组织，旨在使长城沿线教育逐步实现共建共享，促进学校办学品质提升。联盟学校代表宣读《长城教育联盟章程》，张家口市教育局与延庆区教委领导为长城教育联盟会徽揭牌，分别为联盟成员单位和联盟学生实践基地颁牌。联盟学校从教育教学管理、学科教师交流、特色课程实施、学生社会实践4个方面开展工作。联盟实行轮值主席制，主席团每年召开一次工作会议，听取并审议工作报告、讨论并决定重大事宜。延庆区委、区教委、张家口市教育局相关领导及14所联盟学校校长60人参加成立大会。

（赵文新）

人大附小雄安校区挂牌

11月12日，中国人民大学附属小学援助雄安新区办学签约暨揭牌仪式举行。人大附小与河北保定容城县容城镇沟西小学签订《援助办学合作协议》，活动为“人大附小雄安校区”揭牌。根据协议，人大附小对口援助沟西小学，主校区将派驻优秀教学管理团队到雄安校区，利用自身优势，在办学理念、管理模式、教务管理、教师发展、学生管理等工作中指导帮扶雄安校区，实现雄安校区学校品位和教育教学质量全面提升。容城县容城镇沟西小学1950年建校，1990年迁到现址，占地面积10590平方米，建筑面积4680平方米，教职工41人，开设教学班17个，在校生763人。2018年7月，容城县政府投资316万元改造、改建基础设施。

（金丽文　张宏光）

民大附中援助雄安新区容城县

11月12日，中央民族大学附属中学与雄安新区容城县政府签署援助办学协议。经中央民族大学、海淀区政府、雄安新区、荣城县政府协商，委托民大附中通过援助办学。根据协议，民大附中与容城中学、容城镇第一中学确立合作关系，2所容城学校合并，合并后挂牌“中央民族大学附属中学雄安校区”。容城中学建于1952年，2003年，通过省级示范性高中验收，占地面积6.80万平方米，建筑面积5.20万平方米，教职工317人。

（孙立清）

京津冀特殊教育学校教学研讨会

11月30日，京津冀聋校课堂教学研讨会在北京市东城区特殊教育学校举行。活动由北京市特殊教育研究指导中心主办，以“培养聋生问题意识，提升课堂教学策略制定

11月30日，京津冀特殊教育学校教学研讨会在东城特教学校举行
（东城特教学校　供）

与实施的有效性”为主题。活动中，来自北京启喑实验学校、北京健翔学校、东城特教学校的3名教师分别展示六年级体育课、八年级和九年级语文课。课堂设计聚焦听障生个性化需求，采用启发式教学、问题教学等方式，激发学生兴趣，引导其自主探究学习，找到自身生长点，强调合作学习，共同提高。北京师范大学、国家盲文与通用手语研究会、市特教中心、东城区教师研修中心、东城区特教中心等单位的领导和专家，80名来自天津、河北特教学校的领导及教师参加研讨会。

（宋雯　王相又）

海淀人道教育走进雄安新区

12月18日至19日，海淀区红十字会学校工作委员会人道教育师资赴雄县教育局为所辖中小学100余名学校干部及骨干教师开展“人道教育第一课”送课培训活动。与雄安新区各校干部教师就青少年学生开展人道教育、生命安全教育和尊严教育，培植人道理念和志愿服务精神等内容进行探讨，支持新区建设，并就教育督导、红十字青少年工作、共建拉手校等深度合作进行交流，交流内容涉及红十字运动起源与发展、开展红十字青少年人道教育的意义、应急救护心肺复苏、常见外伤包扎止血固定搬运和红十字标志的使用等。

（刘东冬）

12月18日至19日，海淀人道教育走进雄安新区

（市红十字会　供）

通州区组织京津冀体育专业技能展示

12月25日，通州区教委组织天津市静海区、唐山市路南区部分中小学体育教师开展专业技能展示活动。史家小学通州分校、通州区第一实验小学、育才学校通州分校小学部、北京实验二小通州分校等11所通州中小学与天津静海、唐山路南3支代表队开展广播操和队列集体展示以及武术、技巧、支撑跳跃、健美操等个人单项展示。通州区中小学体育名师工作室实践导师与研修员总结和点评2018年通州区第三届专业技能比赛活动。通州区教委、通州区中小学体育名师工作室理论及实践导师、北京市基教研中心体育教研室主任、天津市静海区教育局体卫艺科、天津市静海区和唐山市路南区体育教育教学研究室体育教研员、三地体育教师代表70余人参加活动。

（崔宝春）

高等教育

京津冀高校辅导员挂职锻炼总结会

4月2日，市委教工委在北京外国语大学举行第二届京津冀高校辅导员挂职锻炼总结会暨第三届京津冀高校辅导员挂职锻炼启动仪式。会议总结第二届京津冀高校辅导员挂职锻炼工作，启动第三届京津冀高校辅导员挂职锻炼。第三届共8人，北京高校派出1人、接收7人。京津冀高校辅导员挂职锻炼始于2016年，主要内容为三地高校互派辅导员到校、院两级学工部门及辅导员培训基地、心理素质教育基地等相关部门工作，时间3个月，旨在深入落实国家京津冀协同发展战略，促进三地大学生思想政治教育资源共享。

（王星星）

京津冀高校信息化论坛

6月29日，2018京津冀高校信息化论坛在北京工业大学召开。论坛由中国高等教育学会教育信息化分会、北京市高等教育学会信息化工作研究分会、天津市教育信息化协会和河北省高等教育学会信息网络技术分会联合主办。论坛围绕“高校信息化2.0时代的区域协同创新”主题，分专家主题报告、高校案例分析和论坛工作报告3个单元。与会人员深入学习习近平网络强国战略思想的丰富内涵，领会教育信息化2.0行动计划带来的理念提升和格局变化，研究探讨通过信息化建设带动京津冀三地高等教育协同发展的工作思路和行动步骤。市高教学会、中国高教学会教育信息化分会、市教委相关处室有关领导，以及来自京津冀地区64所高校信息化部门负责人和技术骨干参加会议。

（刘晖）

首届雄安电影周

9月9日至17日，北京电影学院、雄安新区容城县政府共同举办“光影·未来”首届雄安电影周。“光影·未来”首届雄安电影周是第三届白洋淀国际服装节的核心项目之一。电影周期间，组委会精选改革开放40年来最能代表中国电影艺术创作“朝向未来”精神方向的20部优秀影片在容城学校、村庄、小区和机关单位展映；围绕主题举办专题学术论坛，讨论和梳理改革开放40周年以来，中国电影作品中“朝向未来”的精神品质和艺术特征，深化“中国电影学派”的理论体系。与会专家选出“朝向未来——改革开放40周年主题电影精品推介清单”。电影周由电影学院未来影像高精尖创新中心、中国电影教育研究中心、影视文化产业创新园、中华爱子影视教育促进会、北京服装学院容城时尚产业园、雄安新区中小学学生装（校服）研究中心承办。

（徐晴　程麒台）

城市智能物流研究院（雄安）成立

10月18日，北京物资学院与南开大学、上海海事大学、国家发改委综合运输研究所等9家单位共同发起成立城市智能物流研究院（雄安）。研究院以物资学院专题研究成果“新区冷链物流规划”“新区物流产业规划”为基础，着力打造城市智能物流研究平台。研究院依托雄安新区进行京津冀世界级城市群智能物流枢纽规划、城市物流系统顶层设计、物流大数据和云计算平台建设、空间物流探索及体系搭建、城市智能物流前瞻研究等，服务雄安新区智能物流和智能城市建设，为全球城市智能物流和现代物流体系建设提供样板。

（丁兆博）

京津冀大学生食品创新创意大赛

10月27日，北京农学院举办2018“燕京杯”京津冀大学生食品创新创意大赛暨北京农学院第11届食品节。活动以“新时代、新创意、新食品”为主题，来自京津冀13所院校的14组选手参加竞赛。参赛学生通过PPT介绍参赛作品，阐述产品的理念、特点、成本和市场分析。比赛最终评出一等奖2个、二等奖5个、三等奖7个、最佳创意奖1个、最具人气奖1个、最佳口感奖1个。

（梁全英）

第二届京津冀研究生网络与信息安全技术大赛

11月3日至4日，北京高校12支代表队参加第二届京津冀研究生网络与信息安全技术大赛。比赛分为挑战赛和对抗赛两个阶段，涉及安全编程、漏洞利用、网络流量分析等技术，京津冀地区25所高校36支队伍参加比赛。清华大学获特等奖，国际关系学院获一等奖，华北电力大学、北京理工大学获二等奖，中国传媒大学、北京工业大学、北京科技大学获三等奖。

（陈萌）

京津冀一体化毕业生人才战略合作推进

至年底，北京市教育系统人才交流服务中心推进京津冀一体化毕业生人才战略合作。人才交流中心联合津冀教育行政部门及高校共同举办2018年学前教育协同发展峰会暨第四届京津冀学前教育类高校毕业生专场招聘活动、京津冀地区2018届理工类高校毕业生校园招聘活动和校企交流合作研讨会等活动，推进“京津冀一体化”毕业生人才战略合作。据统计，近3年来每年均有超过4%的北京高校毕业生到津冀地区就业创业，有效缓解毕业生在京就业压力。

（侯文磊）

职业与继续教育

京津冀信息安全职业教育产教融合联盟成立

4月22日，京津冀信息安全职业教育产教融合联盟在京成立。联盟由北京信息职业技术学院牵头组建，汇集40余家信息安全技术企业和近100所京津冀三地职业院校，达成多项“引企入教”人才联合培养、生产性实习实训、协同创新与成果转化等方面战略合作协议，促进校企在技能竞赛、学术研究、学科建设、师资培训、就业创新等方面深度合作，缩短职业院校创新成果转化链条，增强校企合作、产教融合深度和广度。

（赵燕平　武晔）

11月3日至4日，第二届京津冀研究生网络与信息安全技术大赛举行　（信息中心　供）

京保石邯职教联盟教学能力比赛

12月21日至22日，北京金隅科技学校牵头组织金隅学校教学能力比赛暨京保石邯职业教育联盟交流与

12月27日，密宝唐职教联盟成立
（密云职校 供）

比赛。来自京保石邯职教联盟6所学校40名教师参赛，近200名教师现场观摩。比赛项目为教学设计，重点考察教师针对一个教学任务或教学单元完成教学设计的能力。比赛以全面提高教师教学能力，展现联盟教师教学改革成果为目标，遵循国家教学能力比赛方式和流程，聘请北京教育科学研究院专家担任评委并进行现场提问，最终评出一等奖2个、二等奖3个、三等奖4个。

（陆娜）

京津冀会计职业教育协同发展中心成立

12月22日，特色高水平会计专业建设研讨会暨京津冀会计职业教育协同发展中心成立大会在北京财贸职业学院通州校区举行。会议审议通过《京津冀会计职业教育协同发展中心规程》，理事长、副理事长、秘书长、副秘书长名单，发展中心主任、副主任和专家组成员名单，并为中心揭牌。随后，举办特色高水平会计专业建设研讨会和智慧课堂示范课暨评优活动。京津冀高职院校会计专业共同搭建协同发展中心，共同探索高等教育领域特别是高职教育领域深化改革重要路径，共同破解高等教育领域协同育人、立德树人过程中的诸多难题，共同交流各院校为国家培养优秀合格人才的宝贵经验，共同搭建产教融合、校企合作的战略平台。活动由北京商贸职业教育集团、河北省财经职业教育集团、天津市会计学会职教分会、会计教育专家委员会主办，北财院承办，来自京津冀地区51所高职院校119名会计相关专业系主任和专业带头人参会。

（李红兵）

密宝唐职教联盟成立

12月27日，北京市密云区、天津市宝坻区、河北省唐山市签订职业教育合作框架协议，正式成立密宝唐职业教育产业对接联盟。三地将以发展职业教育事业、拓展职业教育渠道、开发职业教育资源、提升职业教育质量为出发点，遵循“优势互补、互利共赢、密切合作、共同发展”原则，按照产业、行业、企业、职业与专业“五业联动”思路，积极探索产教融合、校企合作、师资培训、课程建设、联合招生、合作办学等方面交流机制，共同打造区域职业教育品牌，提升服务区域经济社会发展的能力。联盟包括密云职校、唐山市路南区职业技术学校、天津市宝坻区职成教中心等9个成员单位。

（陆洋林　商德良）

（本栏责任编校　胡雨）

2019 | 各区教育

DISTRICTS EDUCATION

- 东城区
- 西城区
- 朝阳区
- 丰台区
- 石景山区
- 海淀区

DISTRICTS EDUCATION
各区教育

东城区

概述

2018年，东城区教委辖属教育单位190个(幼儿园52所、小学61所、中学40所、中等职业学校5所、特殊教育学校2所、工读学校1所、成人教育学校4所、其他法人单位25个)。招生29525人(幼儿园5654人、小学12025人、初中7033人、普通高中4617人、中等职业学校178人、特殊教育18人)；毕业23997人（幼儿园4489人、小学7884人、初中5394人、普通高中5069人、中等职业学校1141人、特殊教育20人）；在校生112848人（幼儿园17012人、小学59319人、初中20551人、普通高中15049人、中等职业学校729人、特殊教育188人）。教职工总数16686人（幼儿园2997人、中小学11804人、中等职业学校574人、特殊教育120人、工读学校56人、成人教育176人、校外教育346人、其他法人单位613人)，其中，高级职称2771人、中级职称5529人。北京市特级教师62人、北京市骨干教师158人、北京市学科教学带头人28人。全年教育总投入69.16亿元。中小学固定资产总值37.36亿元。设立学区8个。

2018年，东城区教委立足首都核心区功能定位，围绕区域“一条主线、四个重点”战略任务，凝心聚力、攻坚克难，立德树人、全面育人。

2018年，东城区青少年学院实现自主选课

（东城区教委　供）

加强党对教育工作的领导，队伍建设成果显著。召开东城区教育大会，宣传贯彻全国及全市教育大会精神，开展系列调研，出台全面深化新时代教师队伍建设改革、发展素质教育、加强学校管理等方面的系列文件。启动第五期“双名工程”，新成立名教师工作室36个，11名校长成为名校长工作室主持人。开展师德师风建设年主题活动，召开东城区“弘扬高尚师德　潜心立德树人”庆祝教师节表彰座谈会。

身心健康协同保障，文化自信植根心中。开展“四个一”等百余项主题教育活动，提升未成年人思想道德建设水平。“健康·成长2020工程”重点对表冬奥“北京时间”，研究制订《东城区校园冰雪运动项目五年行动计划》，启动3期100名中小学教师滑雪项目培训，坚持各类体育赛事及活动普及与提高相结合；启动儿童青少年近视防控行动；营养改善、卫生防疫、心理健康工作协同保障学生身心健康发展。“文化·传承2030工程”全面铺开，经典诵读、书画展览、戏剧展演、传统项目活动丰富多彩；出台关于加强学校美育工作的实施意见，在全国率先建立起义务教育阶段学生艺术素质测评标准，艺术、科技教育在推广普及的基础上继续发扬精品团队品牌优势，戏剧节、艺术展演、科学运动会等各类展示和赛事促进青少年全面发展并学有所长。探索学院制育人模式，召开学院制改革工作推进会；推进青少年法治教育学院建设，完成中小学校章编制工作；成立青少年媒介素养学院。选送师生2996人次赴20余个国家开展友好校交流和境外课程体验活动。

12月24日，汇文中学学生话剧《呐喊》在北京人艺上演
（汇文中学 供）

扩优提质深入推进，改革成果惠及百姓。举办“盟贯带团”教育综合改革专题座谈会4场。在原有学区工作基础上，组建学区党建工作组，形成“一组三委一办”学区工作组织架构。承办北京市中小学教育集团化办学论坛。启动东城区义务教育学校标准化建设，开展全市首批义务教育学校管理标准达标校验收工作。72组165校次单位参与改革，优质教育资源覆盖率达到97.05%。

各级各类教育协调发展。启动东城区第三期学前教育行动计划，制订扩增学位专项工作实施方案，通过多种途径，拓展学前教育资源，增加学位2000余个；研究试行支持学前教育事业发展专项补助资金管理办法和管理使用实施细则，加大学前教育专项资金投入，调动多种社会力量办园积极性。推进课程改革，加强信息技术与教育教学深度融合，通过翻转课堂、教学云平台建设等举措，提升学校整体信息化应用水平。关注百姓诉求，各中小学以课外活动为基础，以提供课后托管服务为内容，落实课后服务工作。推进首次中高考改革要求落地，中高考成绩在高位平台继续保持全市领先水平。职业教育在转型升级中落实“疏整促”专项行动，压缩招生规模。完成148所民办学校年检，压缩培训机构10个，关停无证园7所。

推进教育精准扶贫落地，重点在崇礼、阿尔山、化德、当雄、郎阳5个地区开展工作，分别与崇礼区教科局、阿尔山市教育局签订框架协议。东城区人民政府教育督导委员会成立。通过信息化手段完善校园安保措施，教育系统中小学及直属单位重点部位视频监控覆盖率达到98%，实现幼儿园全覆盖。东城教育新媒体联盟成立。

（关英 李银姬）

综合改革座谈会

1月10日，东城区委教育工委、区教委共同召开东城区2017—2018学年度教育综合改革座谈会。区委教育工委、区教委以及全区18所改革任务校相关负责人等45人参加座谈，研讨2017年教育综合改革工作亮点、2018年发展计划等内容。会议强调要在工作中树立“新时代强化党的领导的理论自觉”“新时代首都市民的感召自觉”和“新时代东城教育的行动自觉”3点“自觉”。

（陆瑾 李银姬）

中小学校章建设工作部署

3月13日，东城区教委召开东城区中小学校章程建设工作部署会。会议分启动仪式、专题培训、专家分组座谈交流三部分，整体部署东城区中小学校章程建设工作，提出在2018年年底前实现“一校一章”的工作目标。会上，北京市第十一中学、北京市东城区史家胡同小学、北京市崇文小学3所学校分别作经验交流，参会领导为东城区中小学校章程建设工作评审委员会专家颁发聘书。会议要求各校加强对干部教师的法治培训，全面提高其依法治校、依法从教意识，增强学生法治观念和法律意识，提高法治教育在国民教育体系中的地位。市教委、区教委相关领导，东城区中小学校章程建设工作评审委员会教育专家和法律专家（学区法律顾问），东城区各中小学及职业学校校长、法治工作主管领导，区教委相关业务科室科长共计160余人参加会议。

（陈龙龙 李银姬）

首届青少年戏剧节

4月9日至12月18日，东城区委教育工委、区教委、区政府教育督导室共同举办东城区“戏润心灵”首届青少年戏剧节。戏剧节期间，成立“东城区青少年戏剧教育共同体”，聘请14名戏剧专家组建新一轮戏剧教育专家导师团；成立由4名专职教研员和11名兼职教研员组成的东城区戏剧教研组；开展“戏剧工作坊”“走进金帆”“戏剧展演”“戏剧论坛”“戏剧课程展示”5个系列10余项戏剧实践活动，还特别邀请英国莎士比亚青年剧团与该区中小学生同台演出；承办北京市第21届学生艺术节戏剧专场演出，该区12个戏剧作品参加展演，并取得优异成绩。全区83所中小学1487名学生参加区级展演；全区教师、学生新创编和改编话剧、音乐剧、儿童歌舞剧等作品153部；60余所学校开展各类戏剧实践活动，全区观剧师生达到12万人次。

（王司光　李银姬）

龙潭—体育馆路学区融合教育资源中心成立

4月，龙潭—体育馆路学区融合教育资源中心在北京光明小学建成。中心有专职人员1人、兼职人员2人，全部为光明小学教师。该中心旨在整合、调配、优化学区特殊教育资源，为学区内学校提供融合教育服务。至12月，中心完成学区内42名有特殊需求儿童普筛工作；对光明小学二年级至五年级学生进行注意力、人际交往、学业成绩、情绪管理方面的评估，并与北京林业大学心理系合作，采用标准化儿童行为量表以及沙盘等方式对一年级新生进行立体评估。基于评估情况，为学区内17名有特殊需求的儿童提供行为干预支持，为1名有特殊需求的儿童提供陪同教师，为12名有特殊需求的学生提供沙盘辅导。

（卢凤霞）

第三期学前教育行动计划启动

5月3日，东城区教委举办第三期学前教育行动计划启动大会。会上，区教委部署《东城区第三期学前教育行动计划（2018—2020年）》和《扩增学位专项工作实施方案》；区财政局解读《东城区支持学前教育事业发展专项补助资金管理暂行办法》。会议强调各单位要认清形势，提高认识，切实增强做好学前教育工作的紧迫感和责任感；加强领导，落实责任，统筹推进各方面工作。市教委、区委、区人大、区政府、区政协领导，东城区20余个委办局、17个街道办事处相关领导，各类幼儿园和学前教育机构负责人400人参加会议。5月25日，区教委召开东城区学前教育工作推进会。会议进一步解读相关政策和实施细则，听取各街道扩增学位等任务落实情况的汇报，并对下一阶段相关工作进行部署。

（王娟　李银姬）

精准扶贫签约

6月29日，东城区教委与河北省张家口市崇礼区、内蒙古自治区兴安盟阿尔山市合作办学签约仪式在北京市东城区少年宫举行。区教委与崇礼区教育和科学技术局及阿尔山市教育局签订教育帮扶框架协议；北京景山学校与崇礼区第一中学、北京市第二中学与阿尔山市第一中学签订合作办学协议。根据协议，各校将通过一体化办学提升教育教学质量，打造当地学校品牌，实现共同发展；东城区的2所学校将派驻干部教师到对口学校开展教育帮扶工作。三地党和政府以及外联、教育部门相关领导，4所合作办学学校校长及派驻崇礼、阿尔山的14名干部教师参加签约仪式。

（李倩　李银姬）

校园防范恐怖袭击培训

7月12日，东城区教委与东城区反恐办联合开展校园防范恐怖袭击培训活动。培训包括理论知识讲座和实战技能训练两部分，聘请专家围绕反恐怖主义法视野下的校园安全工作、反恐防恐常识及自救互救基本技能、校园突发事件处置流程等方面进行讲座，同时开展反恐器材装备使用和自我防护基本要领的实战训练。活动旨在推进反恐怖宣传教育进学校工作，使东城区师生掌握紧急避险、自救互救的知识和技能，切实提高区内中小学校防范应对恐怖袭击和个人极端事件的能力。活动同时部署教育系统暑期安全管理及防溺水教育、突发事件应对、校园治安保卫、反恐防爆等工作。市反恐办、市公安局、区反恐办、区公安分局相关负责人及东城区各中小学保卫干部、安保负责人180人参训。

（陆启忠　李银姬）

第五期双名工作室启动

7月16日，东城区教育系统第五期“名教师工作室”“名校长（书记）工作室”启动大会在北京市东直门中学举行。会议总结第四期“双名工程”情况，解读第五期“双名工程”基本内容。会上，36名“名师”和11名“名校长（书记）”作为工作室主持人接受聘书，5名干部教师作为工作室主持人代表发言表态。市教委、区委、区政府、首都师范大学相关领导，全区教育系统各单位党政负责人、工会主席，区教委全体工作人员等600人参加会议。

（郭淑华　李银姬）

中高考改革专题调研

9月11日至14日，东城区教委分学区开展中高考改革专题调研。调研中，各学校汇报2018年高中课程改革方案、交流应对新中高考改革各项工作的准备实施情况、分享学校提升教学质量的具体目标及措施。调研显示：面对考试改革将更多自主权赋予学生的情况，在促进学生发展方面，学校提出要强化学生的自主学习、自我管理和自我规划意识，以学生发展为中心，突出学段衔接和贯通，依据校情主动探索阶梯测试模式，为学生提供不同层次、不同进度的深度学习；在打造教师队伍方面，学校在思考如何更好地发挥名教师作用形成辐射力量，通过成立名教研组和建设优秀学科团队，引领教师整体发展；在学校管理方面，面对“选科走班”等改革给学校带来教学管理难度加大的情况，学校通过目标化管理、信息化手段等措施开展精细化管理，从而实现教学管理活动动态有序开展。调研指出：学校在新课程背景下，

11月26日，东城区第14届小学课改培训月走进校园第二站活动
（史家胡同小学　供）

要加强师资队伍建设，做好重点学科建设；要通过课程建设来促进学校的发展；要在选科走班中，关注学生实际获得。

（张英新　李银姬）

儿童青少年近视防控行动启动

9月12日，东城区教委举办东城区儿童青少年近视防控行动启动仪式。行动旨在贯彻习近平总书记关于学生近视问题的重要指示，落实教育部等八部门《综合防控儿童青少年近视实施方案》，推进东城区青少年“健康·成长2020”工程，控制学生近视上升趋势。东城区教委、区卫计委共同制定《东城区儿童青少年近视防控工作方案》，明确以政府为主导，强化建立“家庭—学校—社会”综合防控体系，强化健康教育、监测预警、跟踪管理、监督检查等综合防控措施，严控视力不良检出率的增长幅度。两部门将在此次行动中联合组织眼科专家开展东城区爱眼护眼知识进校园活动，进行青少年近视防控讲座及学生视力筛查，提供儿童青少年眼病咨询及专业指导，普及科学用眼知识。教育部、市教委、市卫计委、区政府、区教委、区政府教育督导室、区卫计委、首都医科大学附属北京同仁医院、北京大学儿童青少年卫生研究所相关负责人，全区各中小学及幼儿园校长（园长）、主管领导、校医及部分学生、家长代表等500人参加启动仪式。

（金雅静　李银姬）

学院制课程建设工作成果展示

10月31日，东城区教委举办“学院制”课程建设工作推进会暨优秀课例展示活动。会议听取东城区青少年教育学院总结“学院制”改革在新型人才培养模式、育人机制、课程体系建设方面的创新实践；表彰在管理、教学等方面的先进个人；聘请中国教育学会基础教育评价专业委员会理事长等9人为首批顾问团成员；成立东城区青少年媒介素养学院；现场展示8节公开课。会议肯定“学院制”改革和课程建设取得的成果，要求坚持德智体美劳五育并举，提高育人质量，提升学生的综合素质。教育部、中国教育学会、北京教育科学研究院、北京教育考试院、北京市教育学会相关部门负责人，东城区委教育工委、区教委、区教育督导室领导及相关负责人，各校教师和学生代表等300余人参加会议。“学院制”课程经过8年的探索与实施，构建覆盖小学、初中、高中不同学段的若干个课程群，涵盖文化与艺术、科学与技术、体质与健康、职业与社会等方面，为全区学生提供430余门可选择的课程。

（蒋仁超　李银姬）

集团化办学研讨

11月7日，东城区委教育工委、区教委共同举办东城区教育集团化办学工作研讨会。会上，参会人员共同学习市教委《关于推进中小学集团化办学的指导意见》；7个教育集团的负责人围绕集团整体工作推进情况、目前形成的典型经验与做法作交流发言。会议指出，集团化办学是东城区实施优质均衡战略的重要途径之一，要以保留特质、促进均衡、优质发展为出发点，对标对表，规范管理、各美其美，让集团化办学成为人民满意教育的新亮点、新名片。会议要求在集团化办学中，加强集团党建工作，设计集团改革体制机制下的党组织架构，把支部建在教研组、年级组，尝试探索成立家长支委会等路径，为集团化办学保驾护航。市教委、区委教育工委、区教委领导和相关负责人，全区7个教育集团的理事长等30人参加会议。

（陆瑾　李银姬）

组合式阅读系列活动

12月7日，东城区小学“探索组合式阅读提升师生阅读素养”现场会在北京第一师范学校附属小学举行。活动中，北京市东城区史家胡同小学、一师附小和北京市第五中学分校附属方家胡同小学分别作语文“组合阅读”教学展示；区教委以《主渠道引领 多路径推进 全过程研究——阅读工作管理中的实践与探索》为主题，介绍区域中小学阅读促进工作的顶层设计和推进思路与举措；区教师研修中心作《组合阅读教学模式的设计与实施》主题报告，介绍区域开展组合阅读教学的目标与思路、实施路径与策略；北京景山学校、一师附小和区域各项目校以吟诵、儿童诗朗诵、视频短片等形式展示区域中小学阅读促进工作的开展情况和成效。区教委、北京师范大学相关领导和专家，全区各中小学教学干部、阅读促进工作主管干部以及部分语文教师代表等200人参加活动。该项活动是当年东城区小学课改培训月品牌活动之一，在11月22日至12月7日期间分“三站式”进行，第一站、第二站活动分别走进景山学校和史家胡同小学，主题分别为“纪念改革开放40周年和小平同志为景山学校题词35周年”“展现学校在新时代背景下课堂改革方面取得的最新成果和WALS2018世界课例大会”。

（刘哲　李银姬）

西城区

概述

2018年，西城区教委辖属教育单位399个，其中，幼儿园82所（教育部门办园30所、集体办园10所、民办园24所、其他部门办园13所、地方企业办园2所、部队办园3所）；小学58所（教育部门办校57所、民办校1所）；中学42所（教育部门办校38所、民办校3所、其他部门办校1所）；特殊教育学校2所；中等职业学校4所；工读学校1所；校外教育单位12个；其他法人单位16个；成人学校3所；监管培训机构法人单位179个。招生42793人（幼儿园8518人、小学18328人、初中10119人、高中5697人、中等职业学校87人、特殊教育38人、工读学校6人）；毕业30100人（幼儿园5643人、小学10531人、初中6481人、高中6574人、特殊教育63人、工读学校11人、中等职业学校797人）；在校生152917人（幼儿园20721人、小学84963人、初中27353人、高中18836人、中等职业学校629人、特殊教育351人、工读学校64人）。教职工总数18486人（幼儿园3760人、小学5859人、中学7851人、中等职业学校755人、特殊教育223人、工读学校38人），包括专任教师14729人。专任教师中，中级职称5655人、高级职称2908人。北京市特级教师69人、北京市骨干教师192人、北京市学科教学带头人38人。全年教育总投入75.65亿元。中小学固定资产总值57.89亿元。设立学区11个。

2018年，西城区教委深化教育综合改革，提升学校治理水平，提高教育教学质量，各项工作取得新发展。

落实中高考改革，完成原创课程建设和首次新中考。实施《西城区小学教育教学质量监控评价方案》，优化学生评价方式。聚焦学生综合发展，推进“三个一”活动，印发《西城区关于加强和改进美育工作实施方案》。提升学校健康教育质量，推进校址间送餐工作，调整中小学新生入学体检工作。推进“城宫计划”“高参小”“课后服务”工作，“城宫计划”课外活动品牌得到260家社会机构的支持；“高参小”项目13所高校支持31所小学体育美育工作；72家市、区级社会大课堂单位以及百余个部委、院团与中小学建立长期合作；“课后服务”采取“课外活动”与“课后托管”相结合的方式提供托管服务保障。

优化教育布局，健全完善管理体制机制。新成立5个区教委所属事业单位；将西城区国防教育中心更名为西城区学生活动管理中心；整合调整原西城区教育研修学院、北京教育学院宣武分院职能，成立新的西城区教育研修学院、西城区教育学院、西城区教育科学研究院。推进学区制改革，11个学区办公室运行并成立学区理事会。推进职业教育改革，启动以“北京市西城职业学校”为名义的小规模招生，招收198人；研发职业教育社会化课程，120门课程被采用。加大新入职教师培训力度，制订《2018年西城区幼儿园园长、教师培训工作实施方案》，开展幼儿园全员培训。

各级各类教育协调发展，教育公共服务水平不断优化。多措并举增加学前教育学位供给，印发《西城区支持学前教育事业发展补助资金管理使用实施细则》，加大各级各类幼儿园资金扶持力度，引导社会力量举办普惠性民办园，发展教育部门办园，新增9所幼儿园和6个学前教育中心。提升融合教育服务质量，制订《西城区特殊教育提升计划落实方案》，完善特殊教育专家指导、研究、巡回指导团队建设；开展驻点支持服务，6个特殊教育服务实体为130名残疾学

9月12日，西城区教委对口支教张北县培训活动举行

（西城职业学校　供）

生和特需生开展专项干预训练，6 名全职支持教师为普校提供精准服务。

助力京津冀协同发展，做好教育精准扶贫。开展京津冀教育合作交流，为通州城市副中心、雄安首都副中心建设服务。分 2 批接待河北校长和教师 70 人挂职锻炼和跟岗学习；加大对 3 所通州分校的支持力度，参与 4 所学校规划设计，为 13 所学校建立“手拉手”关系；推进与雄安新区 2 所学校对接。选派全职西藏支教教师 5 人、新疆支教教师 18 人、青海支教教师 1 人；与河北阜平县、张北县，内蒙古喀喇沁旗、鄂伦春自治旗，青海囊谦县 5 个贫困地区建立帮扶机制。开展疏解整治促提升专项行动，职业教育调减职业学校在校生 560 人；民办教育压缩疏解培训机构 15 个，涉及 450 人。

推进管理转型。建设首批学科建设示范基地校与拔尖创新人才培养示范基地校，鼓励支持干部带题管理，组建教育教学干部专题研究组。提升教育信息化保障水平，推动排课、选课软件建设，完成中小学生缺勤报送和统计系统建设。制定《关于加强西城区教育系统网络安全工作的意见》，强化教育城域网和办公平台运维管理；印发《媒体理解教育》，引导青少年绿色上网、安全合法上网。落实学区法律顾问制度，全年为近百校次提供法律支持和服务；开展中小学一校一章程建设。

健全完善教育审计机制，推动审计全覆盖，指导监督全系统各单位开展内部审计，搭建审计信息平台。支持教育教学创新补助项目，划拨教育教学创新补助项目经费 1777.49 万元。利用重要节点，在全系统开展系列安全教育宣传活动、禁毒宣传、防校园欺凌等主题活动。建立校园周边隐患台账，做好校园及周边环境秩序综合治理工作。

（杨海蓉）

支教帮扶继续落实

2018 年，西城区教委继续落实支教帮扶工作。区教委选派全职西藏支教教师 5 人、新疆支教教师 18 人、青海支教教师 1 人。9 月至 11 月，区委教育工委、区教委选派教学干部、骨干教师 37 人赴对口扶贫地区内蒙古自治区赤峰市喀喇沁旗、呼伦贝尔市鄂伦春旗，河北省保定市阜平县、张家口市张北县分别开展为期 1 年和 30 天的教育帮扶工作。

（梁勇　田桂华）

疏解整治促提升专项行动

2018 年，西城区教委开展疏解整治促提升专项行动。职业教育疏解方面，各职业学校拓宽就业渠道，加强毕业就业指导，调减职业学校在校生 560 人。民办教育疏解方面，根据区政府关于疏解非首都核心功能工作要求，压缩疏解培训机构 15 个，涉及 450 人。教育系统社会用工本地化方面，减少非京籍用工 417 人。

（杨海蓉　王竞艳）

各类人员引进和流动

2018 年，西城区教委开拓渠道，多种方式促进各类人员引进和流动。截至 10 月，调入 157 人、调出 130 人、区教委所属单位间流动 65 人、安置军转随军退役士官 10 人。组织全系统所属中小学、幼儿园、基建管理中心，面向应届高校毕业生及社会人员，采取公开招聘方式，分 2 个批次招聘 510 人。其中，新建学前单位招聘财务、保健医、厨工岗工作人员 12 人；基建管理中心招聘工程管理人员 4 人；补充教师 494 人（应届毕业生 471 人、社会人员 23 人）。应届毕业生按学段分：中学 78 人、小学 226 人、学前 167 人；按来源分：京籍生源 412 人、非京籍生源 59 人；按学历分：博士 4 人、硕士 89 人、本科 262 人、学前大专 116 人。

（田桂华　申海峰）

新增 9 所幼儿园和 6 个学前教育中心

2018 年，西城区新增 9 所幼儿园和 6 个学前教育中心。区教委审批北京市西城区美仁幼儿园、北京市爱之泉幼儿园、北京博雅汇英幼儿园、北京智慧摇篮幼儿园、北京市西城区金色启蒙 5 所民办幼儿园和北京市第十五中学附属陶然亭幼儿园、北京市西城区育民五一幼儿园、北京市西城区大栅栏幼儿园、北京市西城区教育研修学院附属幼儿园（装修中）4 所区教委直属幼儿园。9 所幼儿园可开设教学班共计 53 个，可招收幼儿 1590 人。分别在西城科技馆、宣武科技馆、西城区少年宫、西城青少年美术馆、金融街少年宫、新街口少年宫新建 6 个学前教育中心。6 个学前教育中心可开设教学班共计 9 个，可招收幼儿 270 人。

（王丽萍）

因公出访透明度提高

2018 年，西城区教委强化境外监管和公示要求，提高因公出访透明度。加强计划管理，严格因公出国（境）和外事接待审批，全年因公出访计划团组数 152 个（包括港、澳团组 5 个），办理出访团组 143 个，实际出访团组 113 个（出国团组 109 个、出境团组 4 个）。实际出国教师 374 人、学生 2184 人；出访香港教师 14 人、学生 92 人。完成接待任务 12 个团组，接待外宾 141 人。配合国家高端国事活动，选派 756 名小学生到首都机场向外国元首献花，到人民大会堂东门外广场参加欢迎仪式。7 所中小学 9 名教师到 5 个驻外使领馆阳光学校任教。

（苏丽云）

中小学校长助理项目启动

1 月 15 日，西城区教委召开“西城区中小学校长助理项目”启动会。会上，北京市第十三中学、北京市西城区什刹海小学作交流发言；区教委为校长助理代表颁发聘书，并作出工作要求。此期项目通过前期面试，中学选出 34 名、小学选出 22 名北京师范大学优秀在读研究生，在 56 所不同办学模式的学校任职 1 个学期。

（谢歆）

学区办公室运行

3 月 5 日，西城区 4 所职业学校选派 29 名教师到 11 个学区办公室报到，西城区学区办公室工作运行。学区办公室组成人员由街道办事处和区教委共同委派，设在学区所在街道（由 2～3 个街道组成的学区，设在学区名称中的第一个街道办事处）。学区办公室负责科学统筹、协调共享学区内教育资源；调研学区内北京市户籍常住适龄儿童入学需求情况；协助开展学区内各级各类教育机构的检查和管理工作；协助做好校园周边综合治理，维护良好的教育环境；协助做好社区教育和校外教育工作，重点推动社区教育学校、社区家长学校、学生社会实践基地建设；协助做好文明城区创建、首都功能核心区建设中与教育有关的工作。截至 12 月，月坛、德胜、展览路、西长安街、新街口、广外 6 个学区理事会成立。1 月 16 日，西城区政府印发《北京市西城区推进学区制工作实施方案》，提出构建以学区理事会为咨询研究机构，学区办公室为运行管理机构，学区内各类教育单位为主体，学区内各类社会机构共同参与的运行机构（简称为“1＋1＋N＋X”）的学区制“西城模式”。

（王珍　孙晓楠）

62 所幼儿园考核验收

4 月 10 日至 5 月 11 日和 10 月 20 日至 12 月 21 日，西城区教委组织专家考核组分别考核验收 6 所市级示范幼儿园和 56 所非市级示范幼儿园。考核按照市级示范园验收标准和北京市分级分类验收标准，围绕园所管理、队伍建设、办园条件、保教、科研、早教、卫生保健 7 个方面，采取听取园长自查自评报告、查看园所环境建设、观摩游戏教学活动、与干部教师座谈、查阅档案资料等形式，检查分析幼儿园整体建设情况，提出改进意见，指出努力方向。接受考核的 62 所幼儿园全部符合其申报的级类水平。

（王丽萍）

示范高中联合体成立

4 月 27 日，西城区教委召开示范高中联合体成立启动大会。会上，北京市第十三中学作首场课程展示，校长与教师代表分别作集中汇报。各示范校将定期轮流开展系列活动，通过深度研讨交流促进共同发展。区教委主任、15 所示范校校长、区教委及区教研部门相关负责人等 30 人参加会议。会议同时宣布成立首批学科建设示范基地校与拔尖创新人才培养示范基地校，并为各示范基地校颁牌。示范高中联合体是在区教委领导下组建的学校管理和教育教学研究共同体，由 15 所示范高中组成，各学校将根据各自特点，发挥优势，开展交流研讨，促进资源共享。

（王贞茶）

义务教育学校管理标准化建设启动

5 月 15 日，西城区教委召开推进北京市义务教育学校管理标准化建设入校调研暨培训会。会议明确工作思路与具体要求，启动义务教育学校管理标准化建设。至 12 月，区教委组织全区所有小学对照管理标准评估指标体系开展自查，制订整改方案，并完成教育部管理信息系统填报工作。在学校全员自评、自主申报的基础上，区教委相关科室审阅学校自评材料，最终，将 20 所小学确定为首批达标学校。12 月 25 日至 26 日，市教委组织专家组对西城区开展全市首批义务教育学校管理标准达标验收。北京市西城区陶然亭小学、北京市育才学校、北京市西城区三里河第三小学、北京市第三十九中学 4 所首批义务教育学校管理标准达标校接受抽样调研。

（谢歆　王贞茶）

小学毕业班教学指导手册印发

5 月，西城区教委印发《西城区小学毕业班教学指导手册（试用）》，并印发至全区各小学。手册为学校开展小初衔接教育提供教学参考，辅助各学科小学毕业班教师基于教材梳理知识脉络，拓展教材，贯通小学和初中之间的联系，以提升小学毕业生的学科核心素养。

（谢歆）

5 个事业单位成立

6 月 23 日，西城区委编办批准新成立北京市西城区教育督导研修中心、北京市西城区教育史馆、北京市西城区国际教育交流中心、北京市西城区教育新闻与传播中心、北京市西城区民办教育管理中心 5 个区教委所属事业单位。区教育督导研修中心为区教委所属相当正科级财政补助事业单位，人员编制 21 人，领导职数 1 正 2 副。主要职责有，协助区政府教育督导室组织实施督导教科研工作，全区督学队伍建设，督导数据库建立和培训教材开发等工作。区教育史馆为区教委所属相当正科级财政补助事业单位，人员编制 12 人，领导职数为 1 正 1 副。主要职责有，区教育史志及年鉴编纂工作，指导各校内博物馆、文史展馆建设及管理工作。区教育国际交流中心为区教委所属相当正科级财政补助事业单位，人员编制 18 人，领导职数 1 正 2 副。主要职责有，中外合作办学项目日常管理，国事、外事接待任务的统筹和协调，承办国际比赛、国际教育会议或国际教育论坛，为因公出访人员办理手续。区教育新闻传播中心为区教委所属相当正科级全额拨款事业单位，人员编制 12 人，领导职数 1 正 1 副。主要职责有，协助开展教育系统对外新闻宣传和对内宣传教育工作，教育舆情监测及舆论引导，编辑制作教育专题片、宣传片，信息刊物编发和区教委官方网站维护。区民办教育管理中心为区教委所属相当正科级财政补助事业单位，人员编制 12 人，领导职数 1 正 1 副。主要职责有，民办教育相关法律法规的宣传和政策培训，指导民办非学历教育培训机构规范办学，协助区教委调查处理违规和无证办学行为。

（申海峰）

中考中招工作完成

6月24日至26日，西城区中招办完成北京市高级中等学校招生统一升学考试组织工作。报考总计6467人（具有升学资格的考生6011人、全科缺考和未体检考生76人、借考考生380人）。中考设考点14个，最大考场数216个。西城区41所初中学校被录取考生5826人（占全区有升学资格考生比率96.92%）。被录取考生按招生批次统计：提前招生批次942人（占全区有升学资格考生比率15.67%）、名额分配批次1079人（占全区有升学资格考生比率17.95%）、统一招生批次3805人（占全区有升学资格考生比率63.30%）。被录取考生按招生学校统计：示范高中录取3635人（占全区有升学资格考生比率60.47%），其中，西城区示范高中录取3539人（占全区有升学资格考生比率58.88%）、外区示范高中录取96人（占全区有升学资格考生比率1.60%）；一般高中录取1540人（占全区有升学资格考生比率25.62%），其中，西城区一般高中录取1341人（占全区有升学资格考生比率22.31%）、外区一般高中录取199人（占全区有升学资格考生比率3.31%）；中专、技校、职业高中、五年高职及高等院校录取651人（占全区有升学资格考生比率10.83%），包括贯通培养项目录取159人（占全区有升学资格考生比率2.65%）。西城区中考落榜生185人（占全区有升学资格考生比率3.08%），包括有志愿的落榜生58人（占全区有升学资格考生比率0.96%）。

（吴献平）

普通高等学校招生

8月，西城区教育考试中心完成秋季招生考试工作。西城区高考报名总人数7559人。普通高考报名7055人，其中，文科2513人（含3科56人）、理科4542人（含3科43人），包括参加29所高职自主招生并被提前录取289人；高职单考单招报名人数504人，其中，参加29所高职自主招生并被提前录取431人、参加考试考生73人，实考31人，被录取25人。全区参加普通高考考生6750人，其中，参加全科考试6736人（实考考生6498人），上本科线5314人（上线率81.78%）；只参加高会统招（专科）14人（实考考生9人）。中学应届实考5246人，上本科线4736人（上线率90.28%），其中，文科应届实考1370人，上本科线1184人（上线率86.42%）；理科应届实考3876人，上本科线3552人（上线率91.64%）。截至9月，全区普通高考共计录取6482人（含高职自主招生），录取率95.38%。高职单考单招录取456人（含高职自主招生），录取率98.70%。

（王清）

均衡优质提升工程启动

9月，西城区教委启动均衡优质提升工程。采用一对一精准对接的方式，分别将北京市第四中学与北京市第三十九中学、北京市第三十五中学与北京教育学院附属中学、北京市第一六一中学与北京市第四十三中学、北京市铁路第二中学与北京市第五十六中学组成4个学校发展共同体，通过制度共建，探索共同发展模式。

（王贞茶）

附小直升学校校长论坛

10月30日，西城区教委召开“务实贯通培养提升发展品质”附小直升学校校长论坛。会上，北京师范大学亚太实验学校校长以《发挥一体化优势，深化贯通培养研究，促进学生全面发展》为题作论坛主发言，六年级教师代表交流小初衔接教学研究与实践，学生代表进行综合实践活动展示。交流环节中，参会校长结合“贯通培养”专题，交流收获与思考，并就教师评价等话题进行探讨。西城区附小直升学校校长、干部50人参加活动。截至2018年，西城区共有中学附小及中学直升学校15所。

（谢歆）

成人高等学校招生

10月，西城区完成成人高等学校招生工作。成人高等学校招生类型分为高中起点升本科、高中起点升专科和专科起点升本科3种；选用脱产、业余（包括半脱产和夜大学）、函授3种形式进行成人高等学历教育；继续采用网上报名加现场确认的报名方式，通过读取二代身份证进行现场确认；专科起点升本科验证工作仍采用网上验证的方式，相关考生进行网上报名时，学历证书相关信息经教育部高等教育学生信息网的数据库进行比对和审验，通过后才能确认报名信息。全区网上报名2794人，实际缴费2549人，现场参加资格确认2361人（高中起点升专科518人、高中起点升本科292人、专科起点升本科1551人）；报名7375科次，比上年减少2504科次；设置成人考试考点校5所，考场87个。

（王清）

幼儿园安全工作会

11月13日，西城区教委召开幼儿园安全工作会，部署加强幼儿园安全管理工作。会议分析当前社会背景和教育形势，指出各单位教育管理方法要适应家长教育观念的转变，要求幼儿园既要加强师德师风建设，又要像绣花一样将管理精细化，做好基础性工作。会议通报全区幼儿园安全大检查情况，并强调幼儿园工作首要任务是保安全；通报校园安全事件，说明和强调学校门卫制度、监控制度、规范化程序以及师德师风建设的重要性和紧迫性。会议解读加强幼儿园分类管理和教职工队伍建设、健全幼儿园安全风险防控机制、建立幼儿园与家庭及社会共育机制、做好学前教育考核检查和督导评估、完善区级联动管理机制等工作要求。区教委、区教育研修院、区公安分局相关领导和负责人，全区各级各类幼儿园园长和民办培训机构自办园负责人120人参加会议。

（王丽萍）

校外教育“三个一”工作现场评审

12月26日，西城区教委举办校外教育“三个一”工作现场评审，对全区12家校外教育机构教师设计开展的84个项目进行现场评审。评审设置项目介绍、现场答辩等环节，综合考评教师活动设计、组织及反思能力。此次活动以推进校外教育改革，提升活动育人质量；适应教育改革形势，促进校外教师成长；推动项目建设，展现校外育人活动亮点为目的，突出教师“育人能力”建设。最终，按照排序选出36个优质项目参加市级评审。

（傅晓月）

“两金一免”工作完成

至12月，西城区教委完成“两金一免”工作，落实学籍变动及学生资助工作。完成268名学生享受免学费、74名学生享受助学金、54名学生享受北京市政府奖学金的信息审核上报工作。

（李同焕）

朝阳区

概述

2018年，朝阳区教委辖属教育单位466个，其中，幼儿园270所（教育部门办园33所、其他部门办园4所、地方企业办园14所、事业单位办园13所、部队办园6所、集体办园40所、民办园160所），小学83所（教育部门办校76所、民办校7所），初级中学10所（全部为教育部门办校），完全中学13所（教育部门办校11所、民办校2所），高级中学2所（教育部门办校1所、民办校1所），九年一贯制学校37所（教育部门办校30所、民办校7所），十二年一贯制学校27所（教育部门办校14所、民办校13所），特殊教育学校2所，中等职业学校5所，其他法人单位17个。招生79501人（幼儿园33051人、小学28666人、初中13739人、普通高中3777人、中等职业学校268人）；毕业49850人（幼儿园19165人、小学17652人、初中7814人、普通高中4563人、中等职业学校656人）；在校生276878人（幼儿园82723人、小学143429人、初中36280人、普通高中12871人、中等职业学校1273人、特殊教育302人）。教职工总数37410人（幼儿园14973人、小学7515人、中学13948人、中等职业学校899人、特殊教育75人），其中，高级职称3203人、中级职称6612人。北京市特级教师234人、北京市骨干教师355人、北京市学科教学带头人63人。教育部门办中小学全年教育总投入83.07亿元。教育部门办中小学固定资产总值184.08亿元。设立学区15个。

2018年，朝阳区教委落实全国及全市教育大会精神，推进教育强区建设，深化教育综合改革，完善教育治理体系，全面提高教育质量。

健全学前教育政策体系。部署《朝阳区第三期学前教育行动计划》，实施资源优化等8项工程。制订《朝阳区幼儿园视频监控管理办法（试行）》等8项政策，为幼儿园健康发展提供政策保障，增加普惠性学位12200个。建立覆盖全区各类型幼儿园的15个督学责任区。32所幼儿园通过级类验收。扩充优质教育资源，7址中小学高起点开学，新增学位8040个；通过改扩建教室、扩充班额、片区统筹等方式，新增中小学学位3520个。小学和初中就近入学比例分别保持在100%和96%以上。健全经费保障机制，解决“三点半难题”，9月起，中小学100%建立弹性离校制度。制订《朝阳区义务教育优质均衡发展三年行动计划（2018—2020年）》，确保到2020年全区义务教育公办学校优质资源覆盖率达到100%。制订《朝阳区特殊教育提升计划（2018—2020年）》，保障残疾儿童受教育权利。制定《朝阳区义务教育阶段学校课程设置方案评审标准》《朝阳区中小学校本课程审核管理办法》，规范义务教育校本课程开发与实施。初中升高中均衡名额分配机制惠及7成学生；高考实现所有学生上大学。

践行和培育社会主义核心价值观。贯彻落实养成教育三年行动计划，开展“学规范 正行为 养习惯”系列主题教育。推行《朝阳区义务教育阶段年级德育工作指南》，整体构建协同联动的班主任工作支持系统，评选出第二批“学校文化特色品牌项目”20个，制定《朝阳区教育系统创建家庭教育文化品牌工作的指导意见》，推进“学家风、寻家训、传家风”德育校本课程建设。

推动体育、艺术、科技教育改革。建立学生体质健康数据库，建立视力不良、肥胖、营养不良分级警示和分类指导机制。普及冰雪运动、校园足球，新入选“全国青少年校园足球特色学校”6所，朝阳区被认定为“全国青少年足球试点区”。青少年“寒暑假快乐营”活动覆盖43个街乡，累计4300课时。推进第四轮“双名工程”，选出学科教学名师39人和班主任育人名师典型15人。评选各类区级骨干教师4600人。健全分层分类培训体系，选派4批区级优秀青年教师参加国内高校精品课程轮训。

教育国际合作与交流更加深入。全区有接受外籍学生资质校54所、教育外事窗口校44所。全年引进外籍专家培训干部教师2600人。社区教育基地和资源更加丰富，认定社区学习共同体35个。“千课下基层进社区”派送课程2760课时，服务2.50万人次。6个项目被认定为北京市2018年“终身学习品牌项目”，4个单位被认定为第二批北京市民终身学习示范基地。朝阳区获“中国可持续发展教育20年最具影响力地区”、首批“国家义务教育质量监测结果应用试验区”称号。

加快职业教育转型升级，与区发展改革委、区财政局等5部门联合制定《朝阳区职业教育改革发展行动计划（2018—2020年）》，推进职业教育改革进程。优化专业结构与布局，撤销4个专业，压缩学位500个；新增网络信息安全等5个新兴专业；新增4个专业开展“3＋2”中高职衔接办学。加大民办教育监管治理力度，开展民办教育机构年度报告工作，面向社会公开年度报告成绩。成立民办教育巡查员队伍，建立643个民办教育机构的台账。研究制定民办学校诚信评价指标体系，开展民办校诚信评价。明确“一网三公开”工作内容：一网指区民办教育网；三公开指民办校年度报告、信用评价、质量评估结果公开。

1月23日，朝花艺术总团京剧团建团一周年教学成果展示（朝阳区教委　供）

健全校园安全长效机制。建立教育系统应急指挥体系，做好规范性文件、重大合同等材料合法性审查，整合7项行政许可，33项政务服务事项进驻区政务服务中心。印发《朝阳区中小学校章程管理办法（试行）》《朝阳区推进中小学校章程建设工作方案》，实现“一校一章程”目标。持续提升财务管理效益，制订《朝阳区教育系统预算管理办法（试行）》，指导学校规范内控工作流程和内控财务管理制度，实行预算执行三级监管和通报约谈制度。

（张明）

送餐企业培训督导

2018年，朝阳区教委对21家区内学生送餐企业开展培训和督导工作。培训包括《学生在校用餐10项管理规定》《朝阳区中小学食堂卫生安全管理规定》《朝阳区中小学校外供餐管理细则（试行）》等内容，要求送餐企业会上传《学生餐外供餐企业调查表》《营养餐公司从业人员登记表》《供货商登记表》《经营场地监控设备安装平面示意图》，保证师生用餐安全。12月，针对诺如病毒疫情频发现象，区卫生保健所组织专项督导小组对北京通泰餐饮有限责任公司、北京玉观音快餐有限公司和北京格瑞特沃营养配餐有限公司进行现场督导，未发现违法违规问题。

（车凤鸣）

互动课堂建设

2018年，朝阳区推进互动课堂建设。区教育信息中心互动课堂实验项目参与实验校达112所130址，使用率98.5%。全年上传资源30019件，随堂测试93099次，学生累计参与461493人次，研究性网络学习1403人次。建立微信工作群115个，涉及学校107所，及时解决问题1090件；举办互动课堂交流展示活动56场次。课题“促进区域性互动教学与混合型学习数字化云平台的构建和应用”获北京市基础教育教学成果二等奖。

（于瑞利）

教育精准帮扶

2018年，朝阳区教研中心开展教育精准帮扶工作。工作采取专家名师指导、教研专题讲座、举办示范课、听评指导等方式开展，先后面向新疆墨玉、河北康保县、内蒙古卓资县、河南淅川、云南昆明等地区开展10个批次、66人次的精准扶贫支教工作，与当地教师分享教学设计、课堂教学、教研组建设等实践经验，听课、评课128节。举办县级学科专题讲座46场，上示范课52节，指导68所中小学650个教研组学科教研活动，与受帮扶地区一线教师面对面交流3412人次。

（何爱英）

学生资助

2018年，朝阳区接受国家资助学生349755人次，资助总额3088.27万元。其中，学前教育资助幼儿190人次，资助总额25.46万元；义务教育公办校资助学生323869人次，资助总额2691.89万元；民办校资助学生24235人次，资助总额170.98万元；普通高中资助学生387人次，资助总额61.47万元；职业高中资助学生1074人次，资助总额138.47万元。

（陈玉洁　马恬静）

“博研苑”启动仪式暨首届博士学术论坛

1月16日，朝阳区“双名工程”工作小组主办朝阳区“博研苑”启动仪式暨首届博士学术论坛。活动为“博研苑”

揭牌。“博研苑”办公地点为朝阳区潘家园华威北里48号楼，既是一个地方，又是一个博士发展项目。项目主要工作方式有，中心选派33名特级教师、正高级教师、北京市学科教学带头人、北京市骨干教师与全区77名博士教师结对，为博士教师提供教学设计与实施、课堂教学实践研究等方面支持；拟创办“朝阳区博士学术论坛”“学术沙龙”“读书活动”等学术品牌；开展对博士教师的针对性培训；支持博士教师承担教育教学专项研究。首届论坛上，博士教师代表作专题发言。区教委相关负责人、区教研中心部分教科研员及全区博士教师等200人参加会议。活动由北京市朝阳区教育研究中心承办。

8月15日，八十中实验学校温榆河分校教师为新疆墨玉县学生讲解汉字知识　（八十中实验学校温榆河分校　供）

（何爱英　孙晓楠）

第三期学前教育行动计划启动

3月15日，朝阳区政府召开第三期学前教育行动计划启动会。会议发布《朝阳区第三期学前教育行动计划》，明确未来3年学前教育发展主要目标，提出重点实施8项工程，初步形成以公办幼儿园为示范、普惠性幼儿园为主体、各类民办幼儿园为补充，普惠多元新时期学前教育发展新格局。各街乡主要领导和主管领导，相关委办局主管领导，各公办、民办幼儿园党政正职，民办幼儿园举办者等500人参加会议。

（林莉）

中小学养成教育三年行动计划落实

3月，朝阳区教委推出落实中小学养成教育三年行动计划的5项行动计划、25个行动项目和50项行动任务，重点在学生良好习惯培养、教师育人能力提升、学校养成教育促进、家校养成教育协同、行政管理机制健全等方面实现突破。11月7日，区教委在北京市朝阳区实验小学召开“朝实学生行为规范60条经验推广工作会”，推广该校养成教育60条经验以及构建学校、家庭、学生层面三方联动养成教育环境操作方法。会议要求各学校对照行动计划任务完成时间表，加强本校养成教育组织管理与机制建设，创新方法，如期完成行动计划各项任务。各校代表260人参加会议。

（乔春江）

义务教育学校管理问卷调查

4月2日至20日，朝阳区教委开展义务教育学校管理现状抽样问卷调查工作。15个义务教育学区41所学校（小学23所、普通中学18所）参与问卷调查，510名干部、1043名教师、1981名学生和2669名家长完成干部、教师、学生、家长4套问卷调查，内容涵盖入学招生、均衡分班、学籍管理、学校课程、德育工作、学生学习、教师管理、师生关系等方面。抽样调查结果显示：朝阳区义务教育学校基本上能够达到教育部《义务教育学校管理标准》要求，能够依法办学、依法治教、依法治校，制度完善、机制健全、管理规范；但是部分学校存在艺术、心理师资力量不足，学科课程融合不到位等问题。

（张清军）

民办机构参与中小学学科教学改革总结

4月26日，朝阳区教委召开民办机构参与中小学学科教学改革项目总结会。会议总结2017年项目实施评估情况，对细化项目管理与实施，完善项目思路等方面提出建议，并对2018年主要任务和重点内容进行布置。15所项目学校负责人参加会议。2017年，精诚文化学校、英孚教育机构和朝阳区社区青少年教育培训中心3家民办教育机构，支持11所小学、4所中学学科教学改革，选派教师到校参与英语教学、主题课、社团活动、校本课程、师资培训等教育教学活动，共计26812课时。

（苏宏杰）

8所学校更名

4月，朝阳区机构编制委员会批准8所学校更名。分别为“北京市朝阳区左家庄第二小学”更名为“北京市朝阳区实验小学左家庄分校”；“北京市朝阳区新源西里小学”更名为“北京市朝阳区实验小学新源里分校”；“北京市朝阳区定福庄第一小学”更名为“北京第二外国语学院附属小学定福分校”；“北京市朝阳区张家店小学”更名为“北京市朝阳区十八里店小学南校”；“北京市民族学校”更名为“北京市陈经纶中学民族分校”；“北京工业大学附属中学英才分校”更名为“北京市陈经纶中学校劲松分校”；“北京青年政治学院附属中学”更名为“中央美术学院附属实验学校”；“北京市朝阳区甘露园小学”更名为“北京市朝阳区芳草地国际学校甘露园分校”。更名学校办学范围和办学性质不变。

（张志达）

5 所学校合并

4 月，朝阳区机构编制委员会批准 5 所学校合并。分别为“北京市朝阳区大山子第二小学”并入“中央美术学院附属实验学校”；“北京市草场地中学”“北京市奶子房中学”并入“北京市陈经纶中学分校”；“北京市朝阳区田华小学”并入“北京市陈经纶中学崇实分校”；“北京中医学院附属中学”并入“北京市和平街第一中学”。合并后各校办学范围、办学性质不变。“北京市朝阳区大山子第二小学”于 1965 年建校；“北京市草场地中学”于 1958 年建校；“北京市奶子房中学”于 1958 年建校；“北京市朝阳区田华小学”于 1952 年建校，原名为“北京市朝阳区厚俸小学”，1993 年 6 月更为现名；“北京中医学院附属中学”于 1975 年建校，原名为“北京市和平街第三中学”，1985 年 7 月更为现名。

（张志达）

首批学习共同体认定

5 月，朝阳区社区教育领导小组办公室开展社区学习共同体认定工作。经过学习共同体认定标准遴选，确定安贞街道安贞编织协会、南磨房地区完美隔代教育同道读书会等 35 个社区学习型组织为首批“朝阳区社区学习共同体”并予以公布。

（高健）

初中劳技学科操作评价试点

6 月，北京市朝阳区教育研究中心开展初中劳技学科操作性评价试点工作。评价以北京市日坛中学初中部为试点，分网络问卷答题（占 30%）和实际操作检测（占 70%）两部分。评价将学生常用理论知识进行回顾与梳理，包括材料选择、工具使用、打磨技巧和装配要点等，检测学生材料计算、图样绘制、锯割打磨等常规技术操作，同时强化学生安全意识、创新意识、合作意识，全面提高学生劳动技术素养。结果显示：该评价指标体系具备系统性、科学性、易操作性特点，可面向全区推广。

（何爱英）

22 所学校和幼儿园食堂改造完成

8 月，朝阳区国资中心完成 22 所学校和幼儿园食堂装修改造及设备更新工作。装修改造总面积 1 万平方米，全部通过区卫生防疫部门检查验收，满足 1.10 万名师生的就餐需求。

（彭友雄）

3 个课改项目实验学校颁牌

9 月 26 日，朝阳区教委举办 3 个课改项目实验学校颁牌仪式。分别认定“小学生阅读素养提升项目”课改实验学校 29 所、“马芯兰‘翼课程’数学课程改革项目”学校 28 所、“英语情境化教学项目”学校 26 所。阅读素养提升项目是小学语文课内阅读和课外阅读教学模式的研究，旨在通过学生课外阅读书目推荐使用，增加学生阅读量，探索阅读素养评价研究促进小学生思维发展。数学课程改革项目是课程内容整合、教学方式融通互动研究，围绕数学学科核心能力“问题解决”研制评价标准，开发评价工具。英语课堂教学活动情境化项目，主要围绕创建英语优质多媒体英语课程资源包和实验研究。

（苏宏杰）

职业教育三年行动计划启动

11 月 9 日，朝阳区启动职业教育改革发展行动计划（2018—2020 年）。计划主要内容有，优化职业教育专业布局，建设好 3 所国家级重点校、国家中职改革示范校，建设以 6 个北京市特色高水平骨干专业为引领的专业集群；提升职业学校办学水平，完善办学条件，建设 3 个工程师学院、9 个技术技能大师工作室，聘请 30 名企业专业技术人员到职业学校兼职任教；增强职业教育服务能力，建立 50 个职业体验基地，每年满足 10 万人次职业体验，健全职业培训工作新机制，发展非学历继续教育，每年完成不少于 10 万人次企业职工技能提升、创业培训等。

（李联启）

首届“千家书香家庭”评选

11 月 29 日，朝阳区教委召开“2018 年朝阳区‘千家书香家庭’表彰交流会”。活动表彰优秀组织奖学校 25 所、书香家庭 1160 个。各中小学德育干部、部分书香家庭代表 200 人参加活动。4 月至 10 月，区教委开展首届“千家书香家庭”评选活动，覆盖区内 6 万个学生家庭。105 个校区参与活动，2.70 万个家庭上传读后感、亲子阅读照片、名篇朗诵等各类作品 4.80 万件。

（乔春江）

校外教育 60 周年成果展开幕

12 月 5 日，朝阳区青少年活动中心举办“甲子跨越 筑梦朝阳”2018 朝阳区校外教育 60 周年成果展示周开幕式。活动通过历史回顾、基本经验、新时期展望 3 个篇章，回顾朝阳区校外教育 60 年历程，展示校内外教育育人成果。

（张弛）

65 所卫生环境不达标学校完成整改

12 月，朝阳区 65 所卫生环境不达标学校完成整改工作。整改工作于 6 月开始，由朝阳区教委统一部署，以学校为主体，由区设备中心和区国资中心提供技术指导。区教委依据《中小学校设计规范》和《2017 年北京市卫生计生监督抽检计划》，面向全区中小学开展校园卫生环境达标检查工作，检查出不达标学校 65 所，主要未达标项目包括黑板尺寸、黑板反射比、教室采光、教室照明、课桌椅分配等。

（赵影）

新批 20 所幼儿园

至年底，朝阳区教委新批幼儿园 20 所。分别为北京市朝阳区金盏乡皮村中心幼儿园、北京市朝阳区孙河乡新堡中心幼儿园、北京市朝阳区三间房乡新房村中心幼儿园、北京市朝阳区东八间房村幼儿园、北京市朝阳区蓝天官庄中心幼儿园、北京市朝阳区崔各庄乡黑桥中心幼儿园、北京市朝阳区黑庄户乡郎各庄村幼儿园和北京市朝阳区教育国资中心幼儿园 8 所公办幼儿园；北京市朝阳区美派幼儿园、北京市朝阳区考威小规模幼儿园、北京市朝阳区顺美小规模幼儿园、北京市朝阳区蓝杉树双语幼儿园、北京市朝阳区格瑞特双语幼儿园、北京市朝阳区中加幼儿园、北京市朝阳区启乐思双语幼儿园、北京市朝阳区京旺小金星幼儿园、北京市朝阳区力迈米克幼儿园、北京市朝阳区梧桐树双语幼儿园、北京市朝阳区向日葵北纬蓝天幼儿园和北京市朝阳区为依双语幼儿园 12 所民办幼儿园。

（郝晋）

丰台区

概述

2018 年，丰台区教委辖属教育单位 283 个，其中，幼儿园 140 所（教育部门办园 28 所、集体办园 24 所、其他部门办园 22 所、民办园 66 所），小学 75 所（教育部门办校 70 所、民办校 5 所），九年一贯制学校 13 所（教育部门办校 11 所、其他部门办校 1 所、民办校 1 所），十二年一贯制学校 4 所（教育部门办校 3 所、民办校 1 所），中学 30 所（教育部门办校 24 所、民办校 6 所），特殊教育学校 1 所，中等职业学校 5 所，其他法人单位 15 个。招生 34443 人（幼儿园 13869 人、小学 12496 人、初中 5419 人、普通高中 2219 人、中等职业学校 440 人）；毕业 26008 人（幼儿园 9906 人、小学 9095 人、初中 3863 人、普通高中 2306 人、中等职业学校 838 人）；在校生 131603 人（幼儿园 42431 人、小学 65112 人、初中 14889 人、普通高中 7254 人、中等职业学校 1753 人、特殊教育 164 人）。教职工总数 17776 人（幼儿园 6935 人、小学 4813 人、中学 5542 人、中等职业学校 446 人、特殊教育 40 人），其中，高级职称 1402 人、中级职称 4052 人。北京市特级教师 79 人、北京市骨干教师 162 人、北京市学科教学带头人 28 人。全年教育总投入 60.29 亿元。中小学固定资产总值 27.32 亿元。乡镇成人学校 1 所。设立学区 8 个。

2018 年，丰台区委教育工委、区教委积极进取、深化改革，开拓丰台教育发展新局面。

促进学生全面发展。加强德育教育，印发核心价值观教育、家校社协同育人等系列文件。关注学生体质健康，加强体育课程和师资建设，鼓励学校开展体育活动；完成 4 万名学生国家体质健康监测；获北京市中学生田径运动会城区组团体总分第二名，为北京市唯一的全国青少年校园足球改革试验区。打造教育特色，颁布戏曲进校园三年行动计划，不断扩大戏曲教育“丰台样本”影响力；把东高地航天科技馆、钱学森青少年航天科学院打造成有影响力的航天科普教育平台。推进劳动教育，开发劳动体验教育基地，组织学生参加学农学工活动。

深化教育改革。深化集团集群内涵发展，开展集团集群治理模式行动研究，推动集团集群管理体制机制、学生培养等创新。深化课程与教学改革，打造“一校一品”课程特色；落实课改、考试改革要求，探索行政班与教学班并存管理。深化人事制度改革，试行“区聘校用”，深化绩效工资改革，吸引优秀人才从教，全年招聘新教师 348 人，包括博士 8 人、硕士 98 人。深化教育督导改革，成立丰台区人民政府教育督导委员会；深入开展督学责任区建设，实现教育督导全覆盖；完成国家级挂牌督导创新区实地验收评估工作。

推动教育协调发展。落实学前教育三期行动计划，新增学位 840 个，转化民办普惠性学位 3252 个，在花乡地区开展社区办园点试点工作，疏解取缔无证园 56 所。推动高中教育实施多样化育人模式，实施“1 + 3”人才贯通培养项目，搭建小初高全学段、市区校三层次创新人才培养体系。职成一体服务区域发展，开展北京市高水平职业学校建设；新建 5 个市民学习中心，打造 3 个市级市民学习品牌。

优化教育发展环境。扩大优质资源，与北京师范大学合作推动北师大实验中学丰台学校建设；北京市第十二中学钱学森学校、中国人民大学附属中学丰台学校和北京市丰台区丰台第二中学改扩建后新增优质学位 4610 个。推动教育法治工作，分类推进民办校管理；开展校外培训机构专项治理工作。创建平安校园，完成 260 所学校评估验收，加大校园周边交通治理，实现幼儿园视频监控系统全覆盖。服务精准扶贫，连续 8 年承办内地新疆高中班，承担对 10 余个省的教育帮扶任务。

加强党的全面领导。创建市、区级党建示范点 26 个；做好“双培养”工作，发展党员中，骨干教师占 67.50%；推进民办校党建工作，组织覆盖率 80.60%；推进党政一肩挑和交叉任职工作，公办校任职比例 74.80%；启动名校长工作室、特级教师工作室建设。

（陶慧贤　武卫华）

名校长（园长）工作室启动

3月28日，丰台区教委召开丰台区名校长（园长）工作室启动大会。会议从建设目标、工作任务等8个方面解读工作室建设方案；宣布导师名单并颁发聘书。首批6个工作室以知名校长（园长）命名，分别是李有毅校长工作室、管杰校长工作室、李磊校长工作室、刘显洋校长工作室、朱继文园长工作室、赵爱芹校长工作室。6名校长（园长）结合教育发展热点问题，分别确定拔尖创新人才培养、教师专业发展、学校课程建设等6个专题进行研究。工作室致力于实现3个目标:名校长（园长）办学思想的再升华、办学实践的再丰富和办学成果的展示;加大对名校长（园长）的宣传力度，让他们的思想、治校经验形成品牌，提升行业影响力;发挥名校长（园长）示范引领作用。区委教育工委、区教委、区政府教育督导室、丰台区教育科学研究院领导，工作室导师及学员等40余人参加启动大会。

（史雨淋）

25所幼儿园晋级晋类

3月至10月，丰台区教委开展幼儿园级类验收工作。通过园所自查、自主申报、视导指导等验收环节，25所幼儿园实现晋级晋类。其中，7所幼儿园达到北京市一级一类幼儿园标准、4所幼儿园达到北京市一级二类幼儿园标准、9所幼儿园达到北京市二级二类幼儿园标准、5所幼儿园达到北京市三级三类幼儿园标准。至此，丰台区共有北京市示范幼儿园20所，北京市一级一类幼儿园58所、一级二类幼儿园10所、二级二类幼儿园25所、三级三类幼儿园6所。

（吴文静）

2个市民学习中心揭牌

4月22日和7月10日，丰台区建设学习型城区工作领导小组办公室分别在大得珍藏馆和丰台区妇女儿童社会服务中心举行市民学习中心揭牌仪式。丰台区委教育工委、区教委、区妇联等相关单位领导参加活动。丰台区市民学习中心建设项目启动于2015年，通过对街乡镇市民学习中心、学校市民学习中心、企事业单位市民学习中心、公共服务机构市民学习中心4类“市民学习中心”的认定和扶持，为市民搭建多层次、专业化的多元学习资源平台和终身教育服务平台，建成、认定市民学习中心34个，辐射21个街乡镇，惠及社区居民数万人。

（陈梦昭）

5月，“郎朗钢琴教室”揭牌

（丰台区教委　供）

幼儿园课程领导力提升项目启动

5月3日，“丰台区幼儿园课程领导力项目”启动会在北京教育学院丰台分院召开。会上，北京师范大学教授作《回归基础追寻意义——对当前幼教课程改革的几点看法》专题讲座；教育学院丰台分院院长、首都师范大学学前教育学院院长分别发言。丰台区幼儿园课程领导力提升项目班40名学员和区内幼儿园园长、骨干教师等200人参加会议。“丰台区幼儿园课程领导力项目”面向丰台区20所教育部门、其他部门办市级示范园的业务园长，旨在提升其课程领导力，采取理论培训、入园指导、构建研修团队等方式，最终梳理出园所课程方案，提升园所课程管理能力。

（秦燕）

“郎朗钢琴教室”落户

5月，北京郎朗艺术基金会与北京教育学院丰台分院联合主办“郎朗钢琴教室”揭牌仪式。郎朗到场为北京市丰台区槐房小学、北京市丰台区长辛店中心小学和北京大学附属小学丰台分校授牌，并与音乐教师、学生同台演出。北京郎朗艺术基金会为支持农村学校音乐教育，为3所农村小学捐助建设钢琴教室，以使农村学生能够学习钢琴、热爱钢琴艺术，从而更加热爱音乐。9月，3所学校的550名学生开始钢琴学习。

（刘铭书）

优秀班主任工作室成立

7月6日，丰台区委教育工委、区教委共同召开“汇集同伴智慧　让学习深度发生”丰台区优秀班主任工作室启动会，成立“蒋炎富优秀班主任工作室”“寇富弄优秀班主任工作室”“郭靖华优秀班主任工作室”“罗韶媛优秀班主任工作室”4个丰台区优秀班主任工作室。会议解读《丰台区优秀班主任工作室管理办法》，分别听取工作室主持人、指导专家、学员代表发言，并为工作室指导专家颁发聘书。北京教育科学研究院、丰台区教委、丰台区教育科学研究院相关负责人，4个工作室的主持人、指导教师及学员45人参加会议。

（简作军）

第三期学前教育行动计划印发

7月24日，丰台区政府办公室印发《北京市丰台区第三期学前教育行动计划（2018—2020年）》。该计划由区教委牵头制订，严格落实北京市学前教育工作部署，坚持“政府主导、公益普惠、优质多样”原则，以“扩学位、优结构、提质量”为核心。计划采取多种方式进一步扩大学前学位供给，到2020年，扩充学前学位4300个，学前学位总量达到4.80万个，适龄儿童入园率达到85%以上；多种方式增加普惠性学位供给，到2020年，80%的在园儿童享受普惠性学前教育服务。

（吴文静）

3所学校投入使用

9月，北京市第十二中学钱学森学校、中国人民大学附属中学丰台学校新建及北京市丰台区丰台第二中学改扩建项目顺利完成，3所学校投入使用，增加优质学位4610个。十二中钱学森学校位于万源南里，占地面积4.44万平方米，建筑面积4.10万平方米（包括新建建筑面积3.69万平方米），为可容纳36个班的完全中学，增加优质学位1530个；人大附中丰台学校位于王佐镇魏各庄村，占地面积10.67万平方米，建筑面积13.33万平方米，为可容纳72个班的十二年一贯制学校，增加优质学位3000个；丰台二中改扩建工程占地面积3.82万平方米，建筑面积4.29万平方米（包括新建建筑面积3.34万平方米），为可容纳48个班的完全中学，增加优质学位80个。

（闫子颖）

9月，十二中钱学森学校投入使用

（十二中　供）

义务教育学校管理标准达标验收工作

11月12日至15日，丰台区教委开展首期义务教育学校管理标准达标评估验收工作。40所学校申报接受达标验收。区教委制订《丰台区义务教育学校管理标准化建设首批验收工作方案》，成立由18个科室部门负责人、市级专家、专职督学组成的评估组。评估组通过听取学校汇报、资料查阅、干部教师学生访谈、研讨交流等方式对学校进行全面评估。评估结果显示：40所申报学校全部达到义务教育学校管理标准。

（李冉）

戏曲进校园三年行动计划发布

11月18日，丰台区教委发布《丰台区戏曲进校园三年行动计划（2019—2021年）》。行动计划以立德树人为根本任务，发挥学校教育对弘扬中华优秀传统文化的阵地作用，坚持传承与发展并重，营造戏曲教育发展的良好环境，扩大戏曲教育“丰台样本”影响力。行动计划确立到2018年底、2019年、2020年3个时间点的总体目标，有步骤、分阶段地推进工作。提出实施戏曲进课堂计划，包括戏曲通识教育、开展国粹第一课、教材研发；加强戏曲人才培养，包括教师队伍建设、特色学校（社团）扶持、拔尖人才培养；丰富学生戏曲实践，包括孵化原创剧目、举办戏曲文化体验活动、开展学生戏曲进社区活动、鼓励开展国际文化交流活动；推动戏曲文化普及，包括加强校园国粹景观建设、采取多种形式营造校园戏曲文化的浓厚氛围、开发戏曲文创课程及文创产品；探索戏曲教育模式，包括实施多剧种发展战略、形成教育发展合力、加强文化宣传推广；健全保障机制，包括组织保障、机制保障、经费保障和宣传保障等6项举措。

（武卫华）

首届中学生时事辩论赛

12月15日，丰台区第一届中学生时事辩论赛决赛暨表彰活动在北京市第十八中学举行。市教委、丰台区委教育工委、丰台区教委相关负责人以及全区40所中学100名师生代表参加活动。比赛由丰台区教委主办，设置初中组和高中组2个组别，采取小组赛和淘汰赛的形式。首都师范大学附属丽泽中学南校区和十八中分获初中组和高中组冠军。

（黎雪）

石景山区

概述

2018年，石景山区教委辖属教育单位107个，其中，幼儿园45所（教育部门办园11所、民办园27所、其他部门办园7所），小学26所（全部为教育部门办校），初级中学6所（全部为教育部门办校），九年一贯制学校5所（教育部门办校4所、民办校1所)，高级中学2所（全部为教育部门办校)，完全中学3所（教育部门办校2所、民办校1所)，十二年一贯制学校5所（教育部门办校3所、企业办校1所、民办校1所)，特殊教育学校1所，中等职业学校1所,其他法人单位13个。招生13331人(幼儿园5176人、小学4542人、初中2506人、普通高中989人、中等职业学校118人)；毕业10705人（幼儿园3462人、小学3361人、初中1891人、普通高中1436人、中等职业学校555人)；在校生49019人（幼儿园14430人、小学23096人、初中7049人、普通高中3797人、中等职业学校577人、特殊教育70人)。教职工总数4625人（幼儿园441人、小学1803人、中学1930人、其他事业单位451人)，其中，正高级职称5人、高级职称840人、中级职称1848人。北京市特级教师17人、北京市学科教学带头人及骨干教师71人。全年教育总投入21.03亿元。中小学固定资产总值26.86亿元。设立学区4个，教育集团7个。

2018年，石景山区教育系统全面贯彻党的教育方针，坚持党建统领，坚持一流标准，坚持改革创新，坚持服务人民。加强党员思想政治建设，开展中国人民大学专家进校园等培训。落实党风廉政建设，启动第二期书记工作室，开展基层党建课题研究，3个市级课题结题，新申请立项4个市级课题。创新开展群团组织建设，落实党建带团建、党建带队建，依托“红领巾志愿者联盟”和“青之润”志愿服务总队系统推进全区青少年志愿服务工作，支持北京市第九中学新疆班、北京师范大学附属中学京西分校拉萨班开展民族团结教育，区教委获评首都文明单位标兵。推进精准帮扶，做好内蒙古、河北、青海、湖北等地教育帮扶工作。开展创建文明城区工作，将少年宫和未成年人心理健康辅导站打造为教育系统创城特色品牌和全区第一批示范点位。完成黄庄学校分流安置工作。有效开展督政工作，创新督学工作形式，石景山区被认定为第二批国家级中小学校责任督学挂牌督导创新区。

2018年，石景山区教育精准扶贫——承接莫旗业务校长来京学习
（石景山区教委 供）

深化教育领域综合改革。成立景山远洋教育集团，引进北京市十一学校，建立集团法律顾问工作机制。学前教育普惠优质发展，探索国有企业资源与教育资源融合式发展模式，与万商公司合作举办5所幼儿园，完成6所普惠性民办园级类认定。推进基础教育综合改革，开展中华优秀传统文化教育活动的课程化开发、小初高一体化名著阅读论坛等活动；创新年度学校课程评选工作方式，重新修订《课堂教学评价标准》，完善区校两级学生综合素质评价工作实施方案，加强区教委、学校以及民办教育机构合作，制订《石景山区课后服务工作实施意见》；加强科研引领，北京市教育科学规划课题立项30项，获北京市基础教育教学成果奖一等奖2项、二等级7项。整合职教、成教、社教资源，与北京体育职业学院开展冰雪运营及管理专业“3＋2”合作办学。提升特殊教育质量，建立首个学区融合教育资源中心。民办教育规范发展，100%完成中职学生规模调减任务，完成3个民办培训机构注销工作，100%完成全年疏解任务。

落实立德树人根本任务，组织开展系列主题德育活动，推进全国禁毒示范城市创建工作，推动养成教育，编印《石景山区中小学生养成教育读本》，承办北京市中小学学习贯彻党的十九大精神“特色示范课堂”暨2018年德育区校行走进石景山活动。全面推进“阳光体育”，立足建设冬季冰雪运动先行区，实现全区学生100%上冰、体育教师100%完成冰上技能培训、冬奥知识100%进校园。艺术、科技和校外教育蓬勃开展，举办音乐大师课等活动，成立石景山区校外教育“优秀教师成长工作室”，2所学校被认定并命名为第二批全国中华优秀传统文化艺术传承学校，5个社团被认定为北京市中小学高水平学生社团。

开展教育科研工作，教育部重点课题“绿色教育理论与区域教育改革实践研究”结题，并获北京市教学成果奖一等奖；京源学校“纵向有效衔接，横向丰富多元——一贯制学校心理健康教育体系的构建与实施”和区教委“绿色教育区域推进行动研究与探索”获北京市基础教育教学成果奖一等奖。全面推进法治教育及语言文字工作，制订《石景山区关于进一步加强依法治校工作的实施意见》等政策及实施办法，开展法治宣传教育；举办普通话宣传周、第一届“语言魅力 声临其境”中小学生配音比赛等活动，完成全区普通话现状调研，开展学校语言文字规范化达标建设检查调研工作。稳步推进教育外事工作，加强友好校、姊妹校建设，组织师生开展友好交流与学习活动，加强外籍师生管理。保障校园安全稳定，印发《中小学校岗位安全工作指南》，规范校园安全管理。加大干部队伍建设力度，推行党组织与行政领导班子成员双向进入、交叉任职，加强学校后备管理人才培养；开发“新任职教师远程培养”、中加合作“STEM 课程”等重点培训项目，持续推进“双名工程”等重点项目。

（姜玮　张树升）

精准扶贫与对口协作

2018 年，石景山区教委多措并举，对内蒙古莫旗、内蒙古宁城、河北顺平、青海称多 4 个对口地区开展教育帮扶工作。通过送教下乡，以示范课、讲座等方式，完成 18 名教师短期送教工作，惠及师生 2000 人；承接培训，通过集中研修、跟岗实践等方式，承接 65 名教师来区学习培训；学校结对，组织区内学校与 38 所对口地区学校结对，并签订帮扶协议，在教育科研、课程建设等方面开展帮扶工作；教师支教，选派 23 名教师赴对口地区开展支教工作；捐资捐物，拨付教育精准助学资金 350 万元，重点解决建档立卡贫困学生学习及生活费用短缺问题，资助贫困学生 6235 人，为称多 54 名青南支教教师拨付补贴资金，为莫旗拨付资金援建学校操场，捐赠书籍资料 2905 册，书包 1114 个。

（姜玮）

义务教育学校管理标准化建设推进

2018 年，石景山区推进义务教育学校管理标准化建设。制订《石景山区推进义务教育学校管理标准化建设实施方案》，力争到 2020 年，全区义务教育学校全部达到教育部《义务教育学校管理标准》文件标准。年内，通过专家下校调研、网络问卷调研、培训讲座学校自评等工作形式，全区义务教育学校完成教育部管理信息系统填报工作，并完成北京市对石景山区首批 13 所义务教育学校管理标准达标校验收工作，13 所学校全部通过验收。

（陈曦）

校外培训机构专项治理

2018 年，石景山区教委联合区工商局、各街道等多部门完成全部区内校外培训机构治理整改工作。全区 9 个街道共有校外培训机构 216 家，其中，排查无问题机构 75 家、需要整改机构 141 家。对于需要整改的机构，治理小组建立整改台账，关停违规办学机构 7 家。

（白璐）

扩优项目开展推动

2018 年，石景山区教委联合北京教育学院石景山分院、各项目学校以及民办教育机构等相关单位，推动扩大义务教育优质资源项目开展。每月召开扩优项目联席会；3 月，完成 3 个扩优项目区级工作方案修订工作；7 月至 12 月，完成北京市民办教育机构参与中小学学科教学改革项目绩效评估工作，同时完成 2019 年扩优项目资金、合同、方案等准备工作。年内，民办教育机构参与中小学学科教学改革项目 15649.20 课时（学科教学 5420 课时、专题辅导 1140.50 课时、社团活动 2145 课时、校本课程 3866 课时、师资培训 658 课时、教科研 164 课时、其他 2255.70 课时），项目覆盖学生 7192 人次，学生覆盖率 57%；教科研部门支持中小学发展项目开展顺利，38 名研修员在首都师范大学附属苹果园中学分校和北京市古城中学 2 所基地校作示范课 17 节，听课、评课 541 节，作专题讲座 30 次，组织专题研讨 393 次；北京市石景山区实验小学、北京市石景山区第二实验小学、北京市石景山外语实验小学、北京市石景山外语实验小学分校、北京市京源学校小学部 5 所学校聘任外籍教师参与中小学英语教学。

（陈曦）

2016—2017 学年度课改总结会

1 月 4 日，石景山区教委、北京教育学院石景山分院联合召开 2016—2017 年度石景山区基础教育课程改革总结会。会上，区教委作《聚焦学生发展、统筹实施策略，全面推进课程教学改革》全区课改主题报告；教育学院石景山分院以《聚焦核心素养，提升育人质量》为主题，总结石景山区第 15 届教育教学培训与展示活动。会议表彰市、区基础教育课程改革建设先进单位、综合素质评价先进单位，以及区教育教学培训与展示活动群星奖获奖单位和个人。会议组织观摩在教育教学培训与展示活动中，获得教学设计与课堂实施双项一等奖的 3 节优质课。区委教育工委、区教委、教育学院石景山分院、各中小学领导和相关负责人 150 人参加会议。

（张树升）

5 所民办园被认定为普惠园

1 月 12 日至 1 月 22 日，石景山区教委、北京教育学院石景山分院与北京市级专家验收组共同对石景山 5 所幼儿园开展级类验收。5 所幼儿园全部通过验收，被认定为普惠性民办幼儿园，自 6 月起按照级类标准收费，并享有市级定额补贴生均 600 ～ 750 元 / 月。5 所幼儿园分别是北京市石景山区二十一世纪实验幼儿园、北京市石景山区伊顿慧智双语幼儿园、北京市石景山区滨和爱迪幼儿园、北京市卡尔贝贝实验幼儿园和北京市石景山区新世界实验幼儿园。

（黎铮）

首个学区融合教育资源中心建立

3 月，石景山区在北京教育科学研究院附属石景山实验学校建立石景山区首个学区融合教育资源中心。建立学区融合教育资源中心旨在坚持融合教育发展方向，优化资源配置，建立普教与特教责任共担、资源共享、工作共进的协同发展机制。中心为学区内有特殊教育需求的学生提供最大化教育康复保障，辐射周围普通学校，起到示范、引领、教研、评估的作用。

（陈曦）

小初高一体化经典阅读论坛

5月11日，石景山区小初高一体化经典阅读论坛在首都师范大学附属苹果园中学举行。论坛围绕“感悟经典魅力，润泽生命成长”主题，组织3所学校为参会教师展示3节阅读指导课。首都师大附属苹果园中学分校学生将欧亨利短篇小说《警察与赞美诗》改编成戏剧演绎出来。全区各中小学教学干部及语文教师80人参加论坛。

（荆林）

首届中小学生配音比赛

5月25日，石景山区教委、区语委办联合举办石景山区第一届“语言魅力 声临其境”中小学生配音比赛决赛。8支学校代表队进入决赛，经过3轮现场配音角逐，评出“配音之王”1个、一等奖1个、二等奖2个、三等奖4个。比赛于4月启动，包括专题培训、实践演练、现场比赛3个阶段。全区中小学语言工作负责人、语文骨干教师和学生300余人次参赛，报送作品40余件次。

（胡光熠）

5月25日，石景山区举办第一届中小学生配音比赛（石景山区教委 供）

景山远洋教育集团成立

7月9日，“启航海天阔 扬帆风正好”景山远洋教育集团成立仪式举行。活动宣布成立景山远洋教育集团，发布集团LOGO。石景山区政府、区教委领导共同为集团揭牌，并为8个成员单位颁牌。景山远洋教育集团成员单位有：北京景山学校远洋分校、北京市黄庄职业高中、北京市同文中学、北京市石景山区师范学校附属小学、北京市石景山区师范学校附属幼儿园、北京市石景山区银河小学、北京市石景山区向阳小学、北京市石景山区中科幼教玉泉实验幼儿园；另有八宝山街道办事处、中国国际广播电台、石景山市民冰雪体育中心、北京景山学校4个资源单位；集团理事长由区教委副主任担任。

（白丹）

学校课后服务

9月3日，石景山区启动学校课后服务工作。各学校普遍建立弹性离校制度，以提供课后托管服务为基本内容，以课外活动为重要补充。开展课外活动计划，依托校外教育机构和外聘教师，开展体育、艺术、科技活动。50余家机构通过学校购买服务方式参与课外活动计划，学生参与比例100%。全区义务教育阶段托管服务学生参与比例40%，教师参与比例60%。多数学校根据参加托管的学生数量采取合班看护方式，内容多以自习、个别答疑、完成作业、指导阅读为主，部分学校提供体育运动、礼仪教育等多形式的课后托管服务。家长对学校课后托管服务整体满意率达到98.07%。

（陈曦）

非遗项目创吉尼斯世界纪录

12月7日，石景山区非遗传承文化活动在北京市黄庄职业高中举办。黄庄职高全校师生和社会志愿者共480人在1小时内完成21182朵雪花剪纸作品，创造“一小时内团队完成最多的纸雪花”吉尼斯世界纪录。北京冬奥组委相关领导、吉尼斯世界纪录大中华区负责人、吉尼斯世界纪录认证官参加活动，并向石景山区颁发吉尼斯世界纪录证书。该活动由区文委主办，区非物质文化遗产保护中心、黄庄职高共同承办。黄庄职高为石景山区非遗传承教育基地。

（文昌敏）

12月7日，石景山区创“一小时内团队完成最多的纸雪花”吉尼斯世界纪录（黄庄职高 供）

海淀区

概述

2018年，海淀区教委辖属教育单位417个，其中，幼儿园177所（教育部门办园17所、集体办园24所、部队办园36所、地方企业办园2所、其他部门办园18所、事业单位办园26所、民办园53所、具有法人资格的中外合作办园1所），小学84所（区属公办小学75所、其他部门办校7所、民办校2所），九年一贯制学校7所（教育部门

2018 年，海淀区新优质学校现场会
（海淀区教委 供）

办校 5 所、民办校 2 所），十二年一贯制学校 20 所（教育部门办校 7 所、其他部门办校 2 所、民办校 11 所），中学 79 所（区属公办校 52 所、其他部门办校 7 所、民办校 20 所），特殊教育学校 2 所，工读学校 1 所，职业高中 1 所，其他法人单位 46 个。招生 90786 人（幼儿园 24112 人、小学 32484 人、初中 21407 人、普通高中 12150 人、职业高中 633 人）；毕业 71290 人（幼儿园 18311 人、小学 23430 人、初中 15611 人、普通高中 13131 人、职业高中 807 人）；在校生 339875 人（幼儿园 66379 人、小学 170238 人、初中 59629 人、普通高中 40671 人、职业高中 1933 人、特殊教育 1025 人）。教职工总数 35596 人（幼儿园 11723 人、小学 8278 人、中学 14832 人、中等职业学校 452 人、特殊教育 233 人、工读教育 78 人），其中，高级职称 4286 人、中级职称 8297 人。北京市特级教师 203 人、北京市骨干教师 332 人、北京市学科教学带头人 63 人。全年教育总投入 126.53 亿元。中小学固定资产总值 122.44 亿元。培训机构 416 个。小学更名 1 所、新增校址 2 个，完全中学新增校址 1 个。设立学区 17 个。

2018 年，海淀教育系统坚持维护教育公平，立德树人，推进课程教学、育人模式改革。

优化教育布局，深化课程改革。委托首都师范大学附属中学、北京大学附属中学、清华大学附属中学、清华大学附属小学承办北部新建配套学校，委托北京市海淀区教师进修学校附属实验学校承办北大附中香山学校，在北京科技大学附属中学与北京科技大学附属小学之间、首师大附中一分校与北京市海淀区玉泉小学之间建立九年一贯对口直升机制，增加优质学位 4000 个。成立中国教科院海淀 STEAM 教育协同创新中心，教育部基础教育课程教材发展中心和课程教材研究所首批化学学科教研基地落户海淀。做好中学阶段六年五方案并行改革工作，探索大学先修、特色实验和综合实践课程实验，研究跨学科课程整体育人模式。评估认定第三批中学学科教研基地和第二批小学学科教研基地，召开首届全国课堂教学研讨会。

推动学前教育公益普惠发展，促进中小学均衡特色发展。全面启动第三期学前三年行动计划，倡导多形式办园，接收鲁艺上河村、畅茜园、田村金玉府和五福玲珑居配套幼儿园，通过新建改扩建等方式，扩增学位 6800 个。完成社区办园点 4842 个学位转化任务。支持普惠性幼儿园发展，划拨补助经费 4 亿元，推进 13 所小区配套园办成普惠性幼儿园。缩小区域和校际差距，制订城乡义务教育一体化发展方案，聚焦关键“提升点”，认定 23 所中小学为首批新优质学校。将中法实验学校小学部作为北京市海淀区中关村第三小学联盟校，支持北京外国语大学附属中学建成多语贯通培养特色学校。多措并举扩大办学空间，通过购买服务等方式，增加中小学学位 6000 个。新建改扩建项目全年完工投入使用建筑面积 3.50 万平方米，全年完成投资 4 亿元；收回 6 处出租房屋，建筑面积 1.30 万平方米，增加教室 72 间，增加学位 1430 个。

推进智慧教育建设。明确智慧教育 2.0 时代“一网一云四平台”发展战略，规划教育云和支撑平台两大基础工程。完成光缆专网二期和视讯平台二期建设，审核智慧校园项目 93 个，搭建管理型区级平台 7 个、服务型平台 3 个。制订软件系统技术规范和管理模型，为大数据应用奠定基础。与科大讯飞签署战略合作框架协议，探索人工智能教学联合实验，借助信息技术推动优质资源辐射共享。

规范入学秩序，聚焦学生长远发展。细化实施“六年一学位”政策，推动多校划片入学方式落地，制订北京市其他区户籍无房家庭适龄儿童在海淀接受义务教育等细则，小学一年级登记人数 3.20 万人。优化初中入学途径，制定《随班就读学生初中入学实施方案》。推进首次中考选考、高中学业水平考试改革，完成首次中高考英语听说机考工作。全面开展课后一小时服务，为 12 万名中小学生提供优质课后服务。召开育人模式研讨会暨学生发展指导高端论坛，探索高中育人改革模式。

促进教师专业成长。以教育党校为主阵地，对学校中层以上干部开展“研修＋轮训”。召开首届海淀区教研工作会、第二届全国教师专业发展会议、教师资源联盟第八及第九次会议，海淀区教师进修学校成为教育部“国培计划”首批名师领航工程培养基地。开展世纪杯、风采杯、风华杯等教师基本功展示活动，启动“学科成长中教学名师”系列论坛、农村骨干教师教学展示活动，持续推进“中国好老师行动计划”和种子教师研究项目。

夯实体育健康基础。推进足球综合试验区建设，举办足球教练员裁判员取证培训，签订《满天星训练营备忘录》，创建足球实验校 78 所。提高冰雪运动普及率，认定冰雪试点校 50 所，成立冰雪运动联盟，构建联动新机制，举办首届短道速滑和花样滑冰比赛及第三届冰球联赛。举办各类竞赛 26 项，参赛学生 6.40 万人。学生获市级及以上竞赛第一名 112 个，包揽北京市中学生田径运动会初高中团体总分第一名。研究传染病防控新策略，完成中小学卫生视导全覆盖，出台青少年体质健康状况白皮书。

加强对外开放顶层设计，推进对口帮扶和合作交流工作。制定并落实教育对外开放规划和三年行动计划，推进国际教育专家大讲堂、海淀教育与世界对话、“一带一路”教育促进项目，成立多语学校联盟，打造首届“国际学生多元文化展示”品牌活动。开展首届优秀外教管理团队评选，推进北部新建国际学校建设。与银川西夏区、丹江口市、内蒙古科右前旗签订合作帮扶协议，向 9 个京外地区和 7 个远郊区选派教师 83 人，启动新疆百名双语骨干教师、外省市 35 名干部教师跟岗培训，组织全区师生为和田捐书 90 万册，与北京师范大学合作开展暑期“一带一路”公益支教活动。对口帮扶保定特教中心，支持区内优质学校到雄安办学，与河北雄县联合启动足球教师专项培养工程。与重庆两江新区签订战略合作协议。与密云合作建设北方交通大学附属中学密云分校。

（尹涛　宋亚甫）

儿童青少年近视防控

2018 年，海淀区教委多措并举防控儿童青少年近视。指导各中小学成立儿童青少年近视综合防控工作领导小组，健全各项规章制度和工作职责，将爱眼健康教育作为健康教育课一部分，并及时跟进过程管理；建立近视眼防控督导体系，将近视眼防控工作纳入区政府教育督导中“普通中小学校学生身心健康发展专项督导工作”指标体系，健全完善近视防控三级指标考核体系；形成海淀教育特色工作模式，利用国旗下讲话、黑板报、广播等形式及新媒体载体向学生宣传视力保护、近视预防知识，抓学生健康行为养成教育，提高自我保护能力；区保健中心在辖区小学分组开展保护视力健康干预工作；鼓励家庭参与爱眼教育，向小学一年级新生发放新生家庭推广“家庭护眼按摩操”；开展专项督导检查，每年 1 次对辖区学校卫生及儿童青少年近视综合防控工作开展情况进行联合视导，对危害儿童青少年视力健康的不稳定因素及潜在威胁，及时与学校反馈并督促学校自查整改。

（宋亚甫）

职成教育产教融合发展

2018 年，海淀区推进职业成人教育产教融合发展。依托职教集团推进校企对接，开展产教融合生态体系构建研究，信息管理学校在全国职业院校大赛中获一等奖 5 个；推进创新创业人才培训工程，实现培训导师 100 人、培训创新人才 200 人目标；开展全民终身学习周活动，中关村学院（北京市海淀区职工大学）被评为全国优秀成人继续教育院校，评出学习品牌 25 个、学习之星 120 人，落实社区教育三年发展规划，建设课程超市，满足多层次、多样化学习需求。

（宋亚甫）

特殊教育质量提升

2018 年，海淀区教委促进特殊教育质量提升。建立特殊教育三级指导和服务网络，对新建的 6 个资源教室和 3 个学区资源中心进行硬件评估；落实随班就读学生初中入学工作实施方案，加强个案研究和康复训练，召开 80 场个案研讨会，为 11 名学生配备助理，为 69 名学生开展康复训练；完成学校本位融合教育实践、资源教师、学生行为指导教师、自闭症基地骨干教师和特教学校职业教育 5 个教研组组建工作。

（宋亚甫）

幼儿园所规范管理加强

2018 年，海淀区教委继续加强幼儿园所规范管理。完成 122 所公办园年检和“幼儿园托儿所登记证书”审核换证工作，完成全区各类型幼儿园年度考核，实施动态管理；以评促建，组织 18 所幼儿园级类验收工作；完成学前教职工全员信息采集和全员网络培训，加强师德培训和队伍建设，构建广覆盖的教师专业发展服务体系，提升幼教水平。

（宋亚甫）

全国校园足球综合试验区推进会

1 月 19 日，海淀区教委召开全国青少年校园足球综合试验区推进会。会议播放《扬帆再起航　共创新辉煌》专题短片，回顾 2017 年海淀区中小学体育工作，说明和部署校园足球综合试验区工作，发布海淀区校园足球会徽，为 6 名专家学者颁发聘书，并为首届校园足球学区联赛 18 支获奖球队颁奖。教育部体育卫生与艺术教育司与海淀区政府签订《推进校园足球“满天星”训练营建设备忘录》并授旗，同时，向 17 个学区授予学区精英训练营营旗。教育部体卫艺司、市教委、区政府、区体育局、海淀教育系统两委一室领导，相关专家学者和海淀区各学区、中小学主管干部 400 人参加会议。2017 年 2 月 21 日，教育部体育卫生与艺术教育司与海淀区政府签订《“全国青少年校园足球综合试验区”改革发展备忘录》。为推进足球综合试验区建设，区教委制定《海淀区建设“校园足球综合试验区”试点工作总体方案》和 7 个分体系细化方案，组织开展海淀区校园足球会徽征集、首届海淀区校园足球学区联赛、海淀区校园足球实验学校与英国曼城足球学院交流活动等系列活动，建设区级足球实验校 78 所（包括市级和全国足球特色校 33 所）。

（宋亚甫）

海淀教师进修学校附属玉渊潭中学揭牌

2 月 24 日，北京市玉渊潭中学加挂“北京市海淀区教师进修学校附属玉渊潭中学”校牌。经海淀区教委主任办公会议通过，玉渊潭中学在保留原校名基础上，加挂“北京市海淀区教师进修学校附属玉渊潭中学”校牌，有效期 3 年。海淀区教委、海淀教师进修学校领导及学校全体教职工、部分学生 180 人参加揭牌仪式。海淀区教师进修学校对口支持玉渊潭中学发展，将在课程建设、教学质量提升及教学研究、教师队伍建设及学科基地建设方面提供助力。玉渊潭中学建于 1964 年，为全日制初级中学；1972 年增设高中部，发展为全日制完全中学；2018 年，学校占地面积 1.37 万平方米，建筑面积 1.31 万平方米，教职工 109 人，在校生 1046 人。

（宋亚甫）

建设两所特色校

2 月 28 日和 4 月 10 日，海淀区教委批准建设两所特色学校。经海淀区教委研究决定，将北京交通大学附属中学东校区建设成为艺术特色学校。学校从初一年级开始招收艺术特色人才，开展初高中人才贯通培养实验，招生 120 人；初三年级继续面向全区招收“1 + 3”培养模式实验学生，招生 30 人；高一年级按照市教委有关政策招收美术专业学生，招生 30 人。将北京外国语大学附属中学建设成为多语贯通培养特色学校。自 2018 年起，初一年级每年面向全区招收多语学习学生，在完成国家课程基础上，开展日语、德语、西班牙语和俄语等多语种教学实验，每年招生 80 人；初二年级每年学期末面向全区招收“1 + 3”人才培养实验学生，深化初高中人才贯通培养模式改革，招生 60 人。

（宋亚甫）

4 月 29 日，海淀区举行第三届中小学冰球联赛决赛
（海淀区教委　供）

第三届中小学冰球联赛

3 月 24 日至 4 月 29 日，海淀区教委举办第三届中小学冰球联赛。比赛设小学甲组、小学乙组、小学丙组和中学组 4 个组别。41 支学校球队、12 支学区球队，600 名中小学生参赛。历经 13 个比赛日，136 场比赛，北京市海淀区中关村第二小学、清华大学附属小学、北京市海淀区中关村第三小学、北京市第一〇一中学分获各组别第一名；清河学区、万寿路 2 队和万寿路学区分获学区各组别第一名。比赛通过网络平台直播报道，平均每场比赛关注量 6000 人次，总点播量 80 万人次，现场观赛 1.50 万人次。

（宋亚甫）

对口帮扶保定特教中心

3 月 26 日，海淀区教委与保定市教育局签订特教对口帮扶项目。根据协议，海淀区特殊教育研究与指导中心和保定市特殊教育中心将从研学项目、自闭症康复帮扶、师资队伍建设帮扶和教学管理帮扶 4 个方面全面对接，保定市每年组织 4 次到北京研学活动；海淀区选派专业教师到保定开展自闭症康复相关专题培训；通过专家集中培训、专家跟班指导和学员跟岗培训 3 种方式，推进师资队伍建设，重点教授智障教育、融合教育相关内容；保定市选派行政干部到海淀跟岗学习特殊教育教学管理、课程设置、德育等工作方法与经验。市教委、海淀区教委和保定市教育局领导，保定市特殊教育中心及涞水、涞源、易县、唐县、顺平、阜平县特殊教育学校干部教师代表 40 人参加签约活动。

（宋亚甫）

与科大讯飞签订战略合作协议

3 月 26 日，海淀区教委与科大讯飞股份有限公司签署战略合作框架协议，并举行人工智能教学联合实验室揭牌暨海淀区中小学人工智能教育培训班开班仪式。根据协议，双方将全面开展“人工智能+教育”长期合作，促进人工智能技术在基础教育研究领域深入应用，构建适合基础教育发展需要的新型教育应用和技术创新体系，共同推进海淀区基础教育信息化转型。活动为“海淀教科院人工智能教学联合实验室”揭牌。仪式后，海淀区中小学人工智能教育培训班开班，首批学员 22 人。区教委、科大讯飞公司、区教师进修学校、区智慧教育办、区教育党校、区教科院、区网信办相关负责人 18 人参加签约仪式。

（宋亚甫）

课后服务工作推进

4月11日和9月26日，海淀区教委分别召开教育系统课后服务工作专题会议和加强中小学课后服务工作推进会。专题会部署减轻学生课业负担、校外培训机构专项治理行动及做好课后延时服务工作。学校课后服务工作坚持自愿性、公益性、校本化原则，学生自愿参加、家长主动申请，不收取任何费用，结合学生年龄特点、家长需求和学校实际条件实施。课后服务内容不安排集体补习文化课、不安排集体讲新课、不能赶教学进度，可以组织学生开展艺术、科技、体育等课外活动、社团活动，为学生提供多样化、个性化、针对性指导，组织学生加强体育锻炼。课后服务工作建议时间段为15:30～17:30。学校可以购买社会服务，也可以引入社会力量参与志愿服务。学校可利用家长委员会等各方力量，共同承担，联合开展课后服务。区教委及学校领导教师400人参加推进会。

（宋亚甫）

清华附小承办清河一小

4月27日，海淀区教委研究决定，委托清华大学附属小学承办北京市海淀区清河第一小学。承办后，清河一小更名为“清华大学附属小学清河分校”，保持独立建制，具有独立法人地位，区属公办小学性质不变，仍作为区教委所属独立核算财政补助事业单位，享受与其他区属公办小学同等待遇，承担区教委划定服务范围内的义务教育任务。1948年，清河一小建于清河二街128号清真寺内，时称穆明小学，是一所私立全日制初级小学；1952年，由市民政局接管，改称清河镇小学；1954年，改为清河第一小学，并发展成为完全小学；1958年，由海淀区文教局接管；1967年2月，迁入现址，原址变更为清河一小分校；1971年，分校并入清河第三小学；2004年，原清河镇中心小学与原清河一小合并，一校两址，占地面积9407平方米，建筑面积10275.74平方米，有教学班40个，学生1496人，教职工93人。

（宋亚甫）

羊坊店地区科普教育联盟

5月11日，海淀区羊坊店地区科普教育联盟成立。联盟由海淀区羊坊店学区委员会（羊坊店街道办事处）组织驻区相关科教机构和学校共同组建，为开展校园科普和社区科普的非营利性专门组织，包括24家成员单位，将在科技部政策法规与监督司、中国科学技术协会科学普及部、中科院科学传播局等部门指导下，开展科普教育系列活动。

（宋亚甫）

首届中小学国际学生多元文化展示活动

5月22日，海淀区教委举办首届中小学国际学生多元文化展示活动。来自20余个国家在海淀区学校就读的国际学生200人参加活动。活动设置“弘扬非遗文化，传承民族精神”主题非遗体验展示、多国文化展示和文艺演出3个板块。非遗体验区内，非遗传承人展示做风车、捏面人、吹糖人、拉洋片、抖空竹等项目；多国文化展示区设立展板和摊位，介绍各国文化并现场制作特色食品供参观者品尝;文艺演出环节，中外学生共同表演诗词吟诵、古典舞蹈、中国武术等节目。

（宋亚甫）

促进外籍教师作用发挥

6月27日，海淀区教委召开全区教育系统外籍教师管理工作专题培训会。会议解读外国人来华工作、聘用外教日常管理工作相关政策。北京市十一学校分享外籍教师管理工作经验，北京市海淀区玉泉小学介绍挖掘外籍教师资源提升英语教学质量情况。全区中小学、幼儿园领导及教师130人参加会议。12月14日，海淀区教委评选首届外籍教师年度人物。评选工作采取前期调研、学校申报、专家评审等环节，评出优秀外籍教师14人、杰出外籍教师5人，优秀外教管理团队11个。海淀区50余所学校中外教师200人参加颁奖仪式。全区中小学每年聘用外籍教师500人次，大部分集中在中外合作办学项目及国际化特色学校。外籍教师主要承担英语、法语等语言学科和AP数学、AP经济等非语言学科教学工作，同时协助学校编写教材、开发课程、组织多元文化活动、参与教研活动、搭建友好校关系。

（宋亚甫）

初中派位入学

7月3日，海淀区教委完成2018年初中电脑派位入学工作。派位工作在相关领导、中小学校长、学生家长代表和新闻记者监督下进行，由国信公证处公证。派位结果于当日下午在初中入学平台上发布。派位入学前，部分学生已通过登记入学、特长生招生、九年一贯对口招生等方式确定录取学校。2018年，在海淀区参加升学的小学毕业生21982人，海淀区就近入学比例达到98%。

（宋亚甫）

17所小区配套幼儿园承办协议签订

7月16日，海淀区教委召开小区配套幼儿园承办协议签署会。会上，区教委介绍签约单位基本情况以及国家、市、区关于小区配套幼儿园承办工作政策背景，承办工作程序及依据等内容；区教委主任代表区教委与17家小区配套幼儿园承办单位代表签订协议；玉渊潭农工商总公司、北京培杰教育科技发展有限公司法定代表人发言，表示将利用自身资源优势和办园经验，履行社会责任，办好小区配套幼儿园。区教委相关领导、17家小区配套幼儿园承办方法定代表人、幼儿园园长 40 人参加会议。

（宋亚甫）

首批 36 名大学生挂职中学团委书记

9 月 20 日，海淀区团教工委与首都师范大学共同开展挂职团委书记项目。根据项目合作约定，首师大根据各中学需求，选拔优秀学生到指定学校担任挂职团委书记，承担学生挂职团委书记的培训管理，并对学生挂职情况进行跟踪了解；海淀区团教工委为学生提供挂职锻炼机会及必要的帮助和指导，为挂职学生提供专业化培训。根据海淀区中学申报岗位需求，首师大团委经初选、面试等环节，选拔首批优秀大学生 36 人，到 30 余所学校担任挂职团委书记。挂职学生每周在挂职学校工作 2～3 个工作日，结合专业特长，配合中学团委书记开展学生干部培养、主题活动策划与设施等共青团工作，担任中学生业余党校和少年先锋团校辅导员，参与课程方案的设计和实施，组织开展课题研究，形成并推广课题研究成果。

（宋亚甫）

首届保育员职业技能竞赛

9 月至 11 月，海淀区教委举办首届保育员职业技能竞赛。比赛以“放飞梦想，成就未来”为主题，面向区教委直属公办幼儿园、海淀许可园、海淀居民以及经海淀区人力社保局许可的具有保育员培训资质学校培训学员。全区登记在册保育员 2000 人全部参加初赛，初赛选拔 233 人参加复赛，最终，70 人进入决赛。复赛、决赛均分为理论知识和技能操作两部分进行，理论知识采取笔试方式，占总成绩的 30%；技能操作设置纸笔作答、现场竞技、现场评分 3 个环节，占总成绩的 70%。理论知识和技能操作两部分竞赛成绩全部合格、决赛获总成绩排名前 30% 的选手，获国家三级职业资格证书。

（宋亚甫）

中关村三小与中法实验学校合作

10 月 16 日，北京市海淀区中关村第三小学与中法实验学校签订合作协议，中法实验学校加挂“中关村三小联盟校”校牌。此项合作旨在探索城乡义务教育一体化发展校际合作新模式，协议规定，两校以 6 年为 1 期开展合作办学。第一期合作时间为 2017 年 7 月到 2023 年 6 月，中关村三小将输出先进办学理念，派驻干部及管理和任课教师，所派驻学科教师，除完成本学科教育教学任务外，每学年至少举办 1～2 次校级公开课，一对一定向辅导 1 名中法实验学校青年教师；中关村三小为中法实验学校小学部教师提供到校学习交流机会，双方教师共同参与课题研究、同课异构等活动；两校学生除每年进行主题式互访、项目学习交流等活动外，还将互相邀请参与对方学校重要庆典活动。海淀区委教育工委、区教委领导及两校师生 280 人参加签约仪式。

（刘成成）

首届校园中医药文化节

10 月 24 日，海淀区教委联合区卫生计生委共同主办海淀区首届校园中医药文化节。活动介绍中医药文化进校园活动工作背景、发展历程和初步成效，宣布 17 所中小学成为第二批海淀区中医药文化进校园试点学校，为北京市海淀区台头小学、首都师范大学实验小学、北京市海淀区教师进修学校附属实验学校和人大附中西山学校 4 所“北京市海淀区中医药文化进校园示范校”授牌，表彰 6 名第一批试点校优秀教师并颁发证书，为 5 家北京市海淀区中医药文化科普基地和北京市海淀区中医药文化进校园实践基地授牌，为第二批 17 所试点校赠送药用植物种子。互动体验区内，200 名师生参与百草工坊、百草飘香、技艺传承等中医药文化互动体验及义诊咨询活动。相关领导及学校师生 300 人参加活动。

（宋亚甫）

郭涵校长工作室挂牌成立

10 月 24 日，“郭涵校长工作室”在海淀区教育党校挂牌成立。工作室设在区教育党校，聘请原北京市第一〇一中学校长郭涵为实践导师，北京大学教育学院教授为理论导师，5 名校长为工作室成员。工作室通过理论培训课程、个性化指导、研修学习等方式，对成员进行为期 2 年的培养。揭牌仪式上，参会领导为工作室理论导师、实践导师、导师助理颁发聘书，并为工作室学员颁发证书。相关领导、校长、教师 13 人参加挂牌仪式。郭涵，1999 年至 2018 年任一〇一中校长，曾被授予“全国三八红旗手”“北京市有突出贡献的人才”等称号。

（宋亚甫）

智能试卷跟踪管理系统研发及试运行

10 月，海淀区教委研发的 GPS 智能试卷跟踪管理系统投入试点运行。10 月 13 日、14 日和 10 月 20 日、21 日，北京市高等教育自学考试笔试在海淀区设置 16 个考点，1435 个考场，由海淀区教育招生和考试中心信息办联合自考办创新研发的 GPS 智能试卷跟踪管理系统在课程开考时正式启用。该系统综合移动应用、电子地图及定位技术，实现试卷流转过程的可视化安全监控，包括试卷流转过程中的异常行为报警、快速追查和定位，实时监控试卷运送全过程，对试卷运送过程实现全程留痕可追溯，摄像监控无死角。

（宋亚甫）

小学养成教育现场会

11 月 9 日，海淀区召开小学养成教育现场会。会议以“修身养正 守望幸福”为主题，听取北京市海淀区五一小学养成教育主旨报告及海淀区开展养成教育群体课题研究情况汇报；组织观摩五一小学修身微课、语文、数学、美术 4 节常态课，展示行为习惯养成教育在课堂教学方面的实践效果。学生、家长和班主任代表共同探讨立德树人与养成

11月9日，海淀区小学养成教育现场会召开
（海淀区教委 供）

教育的关系。教育部、市教委及海淀区有关领导专家，全区学校干部教师及学生家长200人参加会议。

（宋亚甫）

清华附中承办上庄二中

12月20日，海淀区教委与清华大学附属中学签署承办北京市上庄第二中学协议。根据协议，海淀区教委委托清华附中承办上庄二中，创办清华大学附属中学上庄学校，清华附中上庄学校保持独立建制，具有独立法人地位，区属公办学校性质不变，作为海淀区教委所属的独立核算全额拨款事业单位，学校办学类型变更为十二年一贯制学校。学校规划建设分2期进行：一期位于学校现址，占地面积6.08万平方米，校舍建筑面积0.71万平方米；海淀区教委依据2019—2035年基础教育设施整体规划，为学校发展创造条件，如有新的配套教育设施项目，纳入学校办学，作为学校二期工程，改善学校办学条件。海淀区政府、海淀区教委、上庄镇党委、上庄镇人大、清华大学、清华附中领导等20人参加签约仪式。

（程苇航）

门头沟区

概述

2018年，门头沟区教委辖属教育单位91个，其中，幼儿园36所（教育部门办园22所、企业办园1所、民办园13所），小学23所（全部为教育部门办校），九年一贯制学校2所（全部为教育部门办校），民办十二年一贯制学校1所，中学13所（全部为教育部门办校），特殊教育学校2所，中等职业学校1所，其他法人单位13个。招生7883人（幼儿园2866人、小学2647人、初中1496人、普通高中821人、中等职业学校53人）；毕业5602人（幼儿园1785人、小学1724人、初中1256人、普通高中694人、中等职业学校143人）；在校生27119人（幼儿园7509人、小学12577人、初中4327人、普通高中2424人、中等职业学校207人、特殊教育75人）。教职工总数3841人（幼儿园1274人、小学1143人、中学1236人、中等职业学校128人、特殊教育60人），其中，高级职称475人、中级职称1179人。北京市特级教师15人、北京市骨干教师36人、北京市学科教学带头人6人。全年教育总投入15.73亿元。中小学固定资产总值14.83亿元。培训机构14个。新建小学1所、中学1所。

2018年，门头沟区教育系统坚持首善标准，全力创城创未，立足区域实际，补齐教育短板，回应百姓诉求。印发《门头沟区争创“全国文明城区”“青少年培育工程”专项工作组实施方案（2018—2023年）》，打造“一核、两翼、三大阵地、多点支撑”全国文明城区创建体系。为全区师生发放“开学大礼包”，开展“小手拉大手 文明一起走”主题实践活动，十万师生齐创城。举办门头沟区创城青少年合唱专场演出、“国韵京西美少年”专场演出。建设未成年人心理健康辅导站，开展心理测评70次、辅导咨询60次。

保持教师队伍活力，坚持立德树人。全区招聘教师114人，包括乡村教师29人。实施“银龄计划”，招聘退休特级教师2人、返聘退休教师9人、引进特级教师1人。完成校际岗位竞聘考核工作，录取50人。为31所学校审批外籍教师指标46人，核准经费1680万元。259名小学生被评为新时代好少年，3名中学生被团中央、教育部评为“全国最美中学生”。组织2384名中学生分赴20个城市开展研学旅行。

提高课堂教学质量，提升课程建设能力。制订构建有效常态课堂工作方案，打造北京市语文特色示范课2节、历史特色示范课4节。研修员下校视导670次，听课1600节。开展教育部“一师一优课”活动，晒课164节，包括部级优课5节、市级优课17节。区教委与北京教育科学研究院课程中心合作，举办讲座培训4次，走进7所学校，400名教师从中受益。120件优质课程资源获首都特色原创优质课程辅助资源征集评选活动一等奖。新增2所市级、3所区级足球特色学校以及4所区级冰雪特色校。与德国沃尔夫斯堡足球俱乐部开展校园足球战略合作。组织19场“民族艺术进校园”活动和3场民族艺术专场演出。10所学校被评为“门头沟区科技教育示范学校”。

学前教育提质增量，规范民办校办学。新增北京市门头沟区第一幼儿园龙山分园、北京市门头沟区博雅学园幼儿园、北京市门头沟区二十一世纪实验幼儿园、北京市门头沟区幸福天使幼儿园4所普惠性幼儿园，新增学位1350个，普惠性幼儿园达到31所，普惠率85%。开展手拉手结对帮扶活动，启动第二期新九年幼小衔接实验项目。实施家园共育，15名专家开展普适课程4次，4000名家长参加；开展线上课程9次，2万人参与。完成民办校执法检查256次，评估25所民办校（22所学校年度报告工作合格）；办理行政许可事项4个、备案事项27个，审批设立民办园3所；梳理民办审批事项28个，完成民办事项“一网、一门、一次”改革。排查校外培训机构510个，存在问题493个，各部门联合检查132次，完成违规机构整改关停工作。

9月28日，“国韵京西美少年”——门头沟区创建全国文明城区暨首届青少年校园国剧专场演出 （门头沟区教委 供）

优化语言文字环境，加强教育现代化建设及学习型城市建设。举办门头沟区第21届推广普通话宣传周，开展普通话普及情况调查，收集样本400个，在全市范围内率先完成100%语言文字规范化达标任务。教育信息化水平稳步提高，开发并启用教育系统办公自动化平台（OA）；召开“教师在线服务”培训工作会，下发在线咨询账号1500个。区少年宫被评为2018年度北京市民终身学习示范基地；中等职业学校开设中小学职业体验课程，体验学生1300人次；北京开放大学门头沟分校打造终身学习品牌，参加培训中老年市民13540人次。

优化教育资源布局，推进教育重点工程建设。完成2018年教育设施专项规划，制订《门头沟区教育设施专项规划（2017—2035）》；北京市大峪中学分校附属小学尝试优质初中延伸办学，成立门头沟区第一幼儿园教育集团，北京市第八中学永定实验学校开学。完成38项市级改善办学条件类工程项目、115项区级统管修缮项目；完成实体接收4个小区配建教育设施。

全面加强文明校园建设及法制和安全建设。10所学校被认定为北京市中小学文明校园，至此，全区所有中小学全部被认定为北京市中小学文明校园。5472名小学生参加“开学安全第一课”消防安全知识培训，21862名学生参与安全课程学习，808名教师完成3686节安全教育课授课；60名学校干部教师取得建（构）筑物消防员资格证书；25所学校通过“平安校园”建设区级验收。

对口帮扶精准发力，对外交流日益密切。与西藏堆龙德庆、河北涿鹿、内蒙古武川和察右后旗签订框架合作协议，确定21所“手拉手”结对校。组织222名教师支教，选派9名教师挂职。接待帮扶地区干部教师培训247人、挂职15人，校长跟岗研修12人。先后向涿鹿县教科局捐赠价值119.56万元的教育教学设备；向察右后旗提供“数字学校”教师账号1000个。39名干部教师、232名学生赴21个国家和地区开展教育交流；承办“斯里兰卡文化周in北京”系列活动；接待外事来访团组25个，涉及9个国家和地区；全区中小学缔结友好校、姊妹校数量增至18个，3所学校入选友好校及姊妹校交流项目；部分中小学开设西语课程、大使馆课程。

（周文涛　张楠）

46个外籍教师指标获批

2018年，门头沟区外籍教师参与英语教学项目为31所学校审批外籍教师指标46个，核准经费1679.97万元。1月，门头沟区教委通过公开招标选定5家合作机构。各学校根据《门头沟区中小学外籍教师聘用与管理指导意见（试行）》和《门头沟区中小学外籍教师聘用与管理指导意见补充规定》要求，与5家机构合作，聘请适合本校的外籍教师，并在区教委人事科备案。12月18日，区教委印发《门头沟区教育系统外籍教师考核暂行办法》，开展外籍教师年度考核和合作机构满意度调查工作，进一步推动外籍教师参与英语教学工作规范化、制度化。外籍教师全部通过考核，学校对5家合作机构较满意，针对不足之处区教委约谈个别机构调整改进。

（吕婕）

平安校园建设

2018年，门头沟区教委推进平安校园建设。依托中国教育学会“全国中小学安全教育实验区”项目，通过门头沟区学校安全教育平台，开展安全教育授课，808名教师完成安全教育授课3686节，21862名学生参与学习。与区消防支队、区公安分局、区气象局等部门合作，开展“安全进校园”宣传教育活动，委托专业人员对全区小学开展“开学安全第一课”消防安全知识培训，培训小学生5472人。建成“消防教育培训基地”“警校共建基地”等教育场所，丰富学生安全教育形式和内容。4月15日，联合区司法局、团区委、区国税组织全区师生2万人，通过安全教育平台、校园电台、校园广播、校园网络等媒体形式，参与学习国家安全的16个领域内容，同时发放宣传海报700份。4月，出台《门头沟区中小学幼儿园平安校园建设工作实施方案》，召开3次“平安校园”建设工作推进会，推进平安校园创建达标工作。9月，启动区级达标验收工作，27所学校通过验收。

（王冬冬）

两所学校更名

2月11日和3月27日，门头沟区1所中学和1所小学分别更名。北京市育园中学更名为北京市第八中学永定实验学校；1月11日，区教委与北京市第八中学签订合作办学协议，合作举办八中永定实验学校，在育园中学基础上全面接收教师和学生，占地面积4.67万平方米，开设教学班54个。北京市门头沟区圈门小学更名为北京市大峪中学分校附属小学，变更后，学校事业单位类别为公益一类，机构性质、机构规格等不变。

（吕婕　孙晓楠）

“紫禁杯”优秀班主任工作室门头沟工作站挂牌

3月22日，门头沟区教委举办北京市“紫禁杯”优秀班主任工作室门头沟区工作站挂牌仪式暨《中小学德育工作指南》专题培训会。工作站有成员14人，通过工作站成员与区域骨干班主任联合培养方式，开展实践研究与学习成果交流相结合的研训活动。北京教育科学研究院专家，门头沟区教委、区教师进修学校相关领导及全区中小学、中等职业学校、特教学校德育干部和优秀班主任代表100人参加会议。

（马荧）

“家园共育提升项目第二期”启动

3月23日，门头沟区教委举办门头沟区“家园共育提升项目第二期”启动仪式。区教委领导及相关科室负责人，全区32所幼儿园的领导干部、骨干教师、家长代表700人参加活动。第二期项目计划举办4场大型线下讲座和9场线上微课活动，同时针对32名幼儿教师开展家园共育示范行为研究，包括帮助孩子度过分离焦虑、培养孩子良好学习习惯、化解隔代养育分歧等内容。

（冯艳飞　孙晓楠）

李烈校长工作室成立

3月26日，门头沟区教委举行门头沟区李烈校长工作室启动仪式。工作室邀请原国务院参事、国家督学、全国知名校长李烈担任主持人。10名小学校长及中层干部被选为工作室首届学员，计划开展为期3年的研修活动。区教育两委一室领导及各科室负责人，全区各中小学、幼儿园及直属单位副校级以上干部200人参加启动仪式。9月至10月，工作室成员陆续走进北京市门头沟区斋堂中心小学、北京市门头沟区军庄中心小学开展调研指导活动。

（张博文）

两个市级融合教育学区资源中心成立

3月，门头沟区成立南、北两个融合教育学区资源中心。两个资源中心分别以中国人民大学附属小学京西分校、北京市门头沟区龙泉小学为基地校，为周边融合教育学校、特殊学生及家长提供咨询培训、师资培养、学生评估、个别化教育计划制订、专业训练等服务，提高融合教育质量，完善融合教育体系，从而提升区域教育整体品质。

（赵晓晨）

食品安全工作会暨校园大厨厨艺比拼

5月29日，门头沟区教委举办门头沟区教育系统2018年春季食品安全工作会暨校园大厨厨艺比拼活动。会议总结2018年春季门头沟区教育系统食品安全检查情况，强调区教委关于做好学校食品安全管理工作的通知内容，并邀请区食药监局作食品安全培训。区食药监局、区教委领导，全区各中小学食品安全负责人等150人参会。厨艺比拼活动设烹饪组（中小学）和面点组（幼儿园），15所中小学及幼儿园参加比赛。最终，北京市门头沟区大峪第一小学、北京市大峪中学分校获烹饪组一等奖，北京市门头沟区第三幼儿园、北京市门头沟区龙泉大地幼儿园获面点组一等奖。

（李乾）

校外培训机构专项治理行动

6月至12月，门头沟区教委开展校外培训机构专项治理工作。区教委、区工商分局等单位组建校外培训机构专项治理联合检查组，开展联合检查72次，排查校外培训机构510家，存在问题机构493家（未实际开展教育活动机构422家、问题机构71家）。区教委、区工商分局联合对有照无证开展中小学学科培训的机构下达《行政指导书》，指出其存在的办学资质问题并要求企业签订《规范经营承诺书》，承诺其不对义务教育阶段及以下学生开展教育培训活动。

（王冬冬）

教育系统创城工作推进

7月11日，门头沟区教育系统召开创建全国文明城区动员部署会。会议解读《北京市门头沟区争创“全国文明城区”工作实施方案（2018年—2023年）》。区教育两委一室领导、区教委机关科室负责人、各基层单位副校级以上干部200人参加会议。9月1日，为全区学生及教师发放创城文明大礼包（包括一封信、文明书签、社会主义核心价值观笔记本等）。组织各学校举办党团课，学习《知识手册》等内容，多种形式宣读《一封信》。9月8日，举办“小手拉大手 文明一起走”集中活动日。86所中小学、幼儿园及直属单位，开展“亲子课堂一起学”“文明行为一起赞”“清洁环境一起干”3项活动助力创城，3万名学生、4000名教职工、6万名家长共同参与活动，发放教育宣传品2.10万份。9月28日，举办“国韵京西美少年”——门头沟区创建全国文明城区暨首届青少年校园国剧专场演出。来自全区10所中小学的90名学生表演原创京剧剧目6个。

9月8日，门头沟区教委举办“小手拉大手 文明一起走”集中活动日
（门头沟区教委　供）

（范千　王燕）

未成年人心理健康辅导站成立

8月，门头沟区委教育工委、区教委成立“门头沟区未成年人心理健康辅导站”。工作站在2010年建立的“门头沟区中小学心理健康指导中心”基础上成立，有专职成员2人、兼职成员9人，分别来自门头沟区教师进修学校和各中小学，专门从事未成年人心理健康科学应用研究、教学、咨询、团体服务，工作范围辐射全区教师、学生及其家长。

（马荧）

第一幼儿园教育集团成立暨龙山分园开园

9月25日，门头沟区教委举办门头沟区第一幼儿园教育集团成立暨龙山分园开园仪式。第一幼儿园教育集团成员包括北京市门头沟区第一幼儿园、北京市门头沟区第一幼儿园西园和北京市门头沟区第一幼儿园龙山分园3所幼儿园。龙山分园占地面积5007.46平方米，使用面积3486.41平方米，办园规模12个班，可提供学位360个。区政府、区委教育工委、区教委领导等20余人参加活动。

（冯艳飞）

首届少年先锋队代表大会

10月31日，中国少年先锋队北京市门头沟区第一次代表大会召开。会议通过《大会选举办法》《大会报告》和《少先队提案工作》，选举产生第一届少工委委员，表彰门头沟区第一次少代会红领巾提案，宣布成立门头沟区骨干辅导员工作室。团市委、区委、区人大、区政府、区政协相关领导，来自全区各镇街、委办局的81名代表，120名少先队员代表和240名学生代表参加会议。

（孙颖）

中小学家校共育项目启动

11月9日，门头沟区教委举办2018年中小学家校共育项目启动会暨骨干教师培训班开班仪式。活动回顾总结家校共育项目前期开展情况，指出项目后期推进方向，并简要介绍项目实施思想、达成目标等内容。家校共育项目于2016年设立，包括家长课程、学生课程、教师课程和心理测评等实施环节。活动同时举办《心智升级与危机化解》专题讲座和《家校合作工作的有效开展》专题培训。区教委、区教师进修学校相关领导和研修员，全区中小学德育干部、骨干教师代表及知子花团队讲师等100人参加活动。

（马荧）

楚江亭教授工作室成立

11月27日，以北京师范大学教授楚江亭为首席导师的“楚江亭教授工作室”在北京市门头沟区妙峰山民族学校挂牌成立，全区15所山区学校成为工作室成员单位。该工作室是区教委与北师大教育学部合作的重要项目之一，指导周期3年，指导团队由北师大教授、博士研究生，全国名校长和名师组成，以妙峰山民族学校为基地，针对门头沟区山区学校情况和特点开展指导和帮助工作，力求有效提升校长的学校领导力，提升项目学校办学质量。

（马英博　孙晓楠）

5所幼儿园通过市一级一类园验收

至年底，门头沟区共有5所幼儿园通过北京市一级一类幼儿园验收。5所幼儿园分别为北京市门头沟区第三幼儿园、北京第二实验小学永定分校附属幼儿园、北京市门头沟区妙峰山民族学校附属幼儿园、北京市门头沟区大峪第一小学附属幼儿园、北京市门头沟区京师实验小学附属幼儿园。至此，全区北京市一级一类幼儿园达到14所，占比40%，比上年提高12个百分点。

（冯艳飞）

房山区

概述

2018年，房山区教委辖属教育单位272个，其中，幼儿园110所（教育部门办园38所、民办园68所、其他部门办园4所），小学101所（教育部门办校96所、民办校5所），中学44所（教育部门办校42所、民办校2所），特殊教育学校1所，职业高中3所，其他法人单位12个，未审批流动人口学校1个。招生28378人（幼儿园10356人、小学10351人、初中5184人、普通高中2265人、职业高中129人、特殊教育16人、未审批流动人口学校77人）；毕业21665人（幼儿园8817人、小学6693人、初中3751人、普通高中2156人、职业高中214人、未审批流动人口学校34人）；在校生101357人（幼儿园29823人、小学49057人、初中14371人、普通高中7299人、职业高中442人、特殊教育93人、未审批流动人口学校272人）。教职工总数12521人（幼儿园4327人、小学3490人、中学3931人、职业高中257人、特殊教育29人、未审批流动人口学校20人、其他法人单位467人），其中，高级职称8人、中级职称1662人。北京市特级教师30人、北京市骨干教师108人、北京市学科教学带头人10人。全年教育总投入38亿元。中小学固定资产总值30.50亿元。乡镇成人学校23所、培训机构41个。设立学区23个。

2018年，房山区坚持“用心做教育，做心中有人的教育”理念，全力推进教育综合改革，不断推动教育内涵发展。育人方式不断优化，以中小学德育工作体系建构培训项目为抓手，进一步完善区域一体化德育工作体系。

7月6日，房山区首次使用电脑派位方式分配生源

（房山区教委 供）

全面推进教育教学改革。推进区域课程建设，启动校长课程领导力再提升项目；深入研究《房山区中小学课堂教学现状调查报告》，明确课堂建设方向，提升课堂效益；完善考试评价体系，深化试题评价、学科考试多样化和小初衔接测试研究；围绕中高考改革重点，制订《房山区中学加强学科分层教学指导意见》等9项配套改革文件，全力推进中高考改革。

创新教育供给方式。引进教育优质资源，与北京中医药大学签约，支持3所中小学发展；首都师范大学实验学校和北京理工大学附属实验学校顺利开学。争取市级统筹扩优项目，推动全区7所学校与资源输出校深度合作。推进学区制建设和集团化办学，7个学区获市级专项重点支持。探索成立4个教育集团，共有成员校24所，基本实现小学学段农村薄弱校全覆盖。

扶贫协作成效显著。制订《关于进一步做好对口扶贫协作工作实施意见》，建立主要领导负责机制，明确6名领导分别牵头联系6个帮扶协作地区，选派33名优秀干部教师分赴各受援地区挂职，接待462人次干部教师到房山跟岗学习，助力受援地区如期脱贫。深入王家磨、秋林铺等结对帮扶村，开展产业配套培训、再就业技能提升培训和文化素质提升培训；争取政策支持，实现低收入农户家庭高等教育学生全学段帮扶，发放帮扶资金329.80万元，切实履行教育帮扶职责。

教育服务保障水平不断增强。提升教师队伍专业化水平，落实师德建设长效机制，开展做新时代“四有”好教师和“四个引路人”学习实践活动，全面提升教师思想政治素质和师德师风建设水平。完善教育督导体系，围绕中心工作，结合挂牌督导实际，提出“五维一体·八级联动”督导理念，探索出“3＋1”责任督学组团模式。进一步优化义务教育服务水平，提出多校划片机制，出台招生入学相关文件，首次确立“自选＋派位”原则，满足长阳核心区千余人入学需求。完成校外培训机构治理工作，落实安全责任，推进工程项目建设，规范教育经费管理。学前教育综合水平稳步提升，增加学位 3570 个，普惠性幼儿园覆盖率达到 65%，学前三年儿童入园率 97.89%。

（石金生）

高校支持中小学建设工作会

1 月 10 日，房山区教委召开高校支持中小学建设工作会。首都师范大学附属中小学、北京工商大学附属中小学总结 2017 年高校支持中小学建设工作，并就下一阶段工作进行交流研究。区教委、良乡高教园区管委会领导及相关负责人，北京工商大学、首都师范大学、北京理工大学、北京中医药大学相关领导，区内 10 所中小学相关负责人参加会议。房山区高校支持中小学建设工作于 2016 年开始，截至 2018 年，已有 2 所高校通过建设附属学校等形式，支持 4 所中小学建设。

（石金生）

推进中高考改革阶段总结会

1 月 12 日，房山区教委召开推进中高考改革阶段总结会。会议分析房山区中高考改革推进形势，总结 2017 年推进中高考改革整体实施情况，部署 2018 年中高考改革重点工作。区教师进修学校从组织变革、课题引领、课程建设、课堂诊断、命题研究、调研视导、考试评价、专题培训、关键问题 9 个维度作汇报；8 所中学的校长结合各校实际情况，围绕“学校对中高考改革的基本认识、推进学校改革工作的思路和主要措施、改革过程中学校面临的问题及思考”等内容展开交流；区教委针对在推进改革过程中遇到的相关问题进行说明。区教委领导及相关负责人，部分初高中校校长 200 余人参加会议。

（石金生）

大数据助力教育质量改进项目阶段总结

3 月 6 日，房山区教委与北京师范大学未来教育高精尖创新中心联合举办“大数据助力房山区教育质量改进”项目阶段总结会暨新学期启动会。会议总结项目实施半年多的阶段成果，听取试点学校代表经验分享，并进一步明确新学期项目推进思路。会议表彰获评“优秀实验学校”“优秀实验教师”“信息化实践模范教师”的项目学校和教师。区教委领导以及全区初中各学科教研员 180 余人参加会议。

（石金生）

十二中朗悦学校合作办学补充协议签约

4 月 26 日，房山区教委与北京市第十二中学教育集团签订“朗悦学校合作办学补充协议”。根据补充协议，将北京市房山区良乡小学纳入北京市第十二中学教育集团指导和管理，房山区长阳镇 18-02-03 等地块（理工大学 7 号地）项目小学，作为十二中教育集团分校区，名称为北京市第十二中学教育集团良乡小学铭品校区。合约有效期为 2018 年 8 月 1 日至 2021 年 7 月 31 日。

（刘志强）

两家学区党委成立

6 月 29 日，房山区委教育工委先后召开韩村河学区党委和琉璃河学区党委成立大会。会议选举产生学区党委委员和纪委委员，宣读关于同意成立学区党委的批复，举手通过学区党委党员大会选举办法（草案）和候选人初步人选。区委教育工委、两镇辖区内公办校党员共计 100 余人参加会议。

（石金生）

首次使用电脑派位方式分配生源

7 月 6 日，北京小学长阳分校在招生中使用电脑派位方式。2018 年，北京小学长阳分校计划招生 385 人，报名人数 456 人，超出计划招生 71 人通过电脑派位，由黄城根小学房山分校录取。摇号活动由区教育纪检组、区教委、长阳镇纪委监督小组，长阳镇教委、长阳镇社区和村委会代表，学校干部教师代表、促委会家长代表及报名新一年级的学生家长代表共计 37 人现场监督，并全程通过网络直播。这是房山区首次使用电脑派位方式分配生源。2017 年，区教委坚持政策导向、家长自选的原则，首次允许生源压力较大的北小片内适龄儿童在两校间双选。

（石金生）

新一轮课程改革通识培训

7 月 6 日，房山区教委举办新一轮课程改革通识培训。培训以“提高课程改革的意识”为主题。区教师进修学校教师、北京市房山第四中学校长、北京市房山区良乡第三小学校长分别作讲座。区教委领导班子成员 90 人参加培训。此次培训是区教委 2018 年面向机关公务人员举办的第三次培训，前两次培训分别以“走在中高考改革的路上”和“房山区教育改革的现状、布局与思考”为主题，介绍与分析基础教育课程改革国际国内的历史与现状，对比与详解 8 次课程改革的教育目的变化、课程理论发展。

（石金生）

北理工附属实验学校开学

9 月 3 日，北京理工大学附属实验学校开学。学校由北理工与房山区政府合作共建，为九年一贯制学校，计划每个年级设置 4 个班，共计 36 个教学班，由北理工直接管理。学校占地面积 51124.81 平方米、建筑面积 38466.30 平方米，包括小学教学楼 1 栋、初中教学楼 1 栋、综合楼 1 栋、学生教职工宿舍楼 1 栋。学校首批招收一年级教学班 2 个，学生 53 人。8 月 3 日，房山区政府与北理工签订《全面战略合作框架协议》。根据协议，双方将发挥高等教育机构引领作用，促进优质教育资源共享，统筹城乡区域教育均衡发展，合作举办北理工附属实验学校。区教委、北理工良乡管理处领导等 11 人参加签约仪式。

（岳鹏　石金生）

9 月 3 日，北京理工大学附属实验学校开学

（北理工　供）

与中医药大学及良乡镇政府签约合作

9 月 5 日，北京中医药大学、房山区教委、良乡镇政府签订教育合作协议。区政府、区教委、良乡镇党（工）委、中医药大学领导共同为“北京中医药大学共建项目校”揭牌。根据协议，中医药大学将在北京市房山区良乡中学、北京市房山区良乡第六中学、北京市房山区良乡镇官道中心小学 3 所中小学建立中医药大学共建项目校，三方将在课程建设、教师培训、学生培养、机制创新和管理理念转变等方面开展合作，共同助推房山区教育高质量可持续发展。北京中医药大学、房山区教委、良乡镇政府领导及师生代表等 600 余人参加签约仪式。

（石金生）

家庭教育指导中心成立

9 月 18 日，房山区家庭教育工作研讨暨房山区家庭教育指导中心工作启动会在北京开放大学房山分校召开。房山区家庭教育指导中心是北开大房山分校机构改革后新建的部门，主要工作职责为分析和研究国内外家庭教育发展现状和未来趋势，探索和构建具有房山特色的家庭教育指导服务网络拓展家庭教育指导服务形式，推动家庭、学校和社会密切配合，为房山区学生家庭提供科学、系统、周到的家庭教育指导服务，帮助家长掌握家庭教育科学知识和技能，推动家长自觉履行家庭教育的责任和义务。市教委、北京市教育学会、区教委领导及相关负责人等 20 余人参加会议。

（石金生）

首批名师工作室结业暨第三批名师工作室启动会

10 月 19 日，房山区教委召开第一批名师工作室结业仪式暨第三批名师工作室启动大会。会议总结第一批名师工作室研修成果，介绍第三批名师工作室情况，并为第三批名师工作室主持人颁发聘书。首批名师工作室优秀主持人代表及优秀学员代表发言。区教委、区教师进修学校领导等 200 余人参加会议。房山区第一批名师工作室于 2015 年启动，选聘 16 名特级教师和 1 名全国模范教师作为名师工作室主持人，同时遴选 173 名核心工作室成员。2015 年至 2018 年，工作室学员教师作区级公开课 57 节、获区级教学评优一等奖 19 节、作市级以上公开课 34 节、获市级教学评优二等及以上奖项 24 节，教学研究论文获区级一等奖 61 篇、市级二等及以上奖项 34 篇，18 篇研究成果或教学反思在区级刊物发表、26 篇在市级及以上刊物发表，11 人参与 19 册次区级及以上教材、教学出版图书的编写，作区级以上专题培训 30 余次。

（石金生　孙晓楠）

首个成人教育名师工作室启动

12 月 6 日，房山区首个成人教育名师工作室——社区教育专业韩革英工作室在北京市房山区成人教育中心启动。启动会介绍工作室成立背景、主持人韩革英及特聘专家基本情况，宣读 11 名成员名单，并为工作室揭牌。区教委、区成教中心领导及相关负责人，工作室成员等 25 人参加活动。韩革英，本科学历，经济学学士，高级讲师，注册税务师，会计师，全国城乡社区教育带头人，北京市学习指导师，现任房山区成人教育中心（北京开放大学房山分校）教师专业发展处主任，兼任房山区成人教育学会秘书长。

（石金生）

通州区

概述

2018 年，通州区教委辖属教育单位 259 个，其中，幼儿园 131 所（教育部门办园 44 所、其他部门办园 42 所、民办园 45 所），小学 84 所（教育部门办校 77 所、民办校 7 所），初级中学 15 所，完全中学 9 所，高级中学 1 所，一贯制学校 16 所，特殊教育学校 1 所，职业高中 2 所（教育部门办校 1 所、民办校 1 所）。招生 33389 人（幼儿园 10258 人、小学 14024 人、初中 6396 人、高中 2601 人、职业高中 110 人）；毕业 22692 人（幼儿园 6901 人、小学 9255 人、初中 4116 人、高中 2283 人、职业高中 137 人）；在校生 120281 人（幼儿园 26938 人、小学 67320 人、初中 17339 人、高中 8204 人、职业高中 330 人、特殊教育 150 人）。教职工总数 13428 人（幼儿园 3988 人、小学 4441 人、中学 4773 人、职业高中 165 人、特殊教育 61 人），其中，正高级职称 11 人、副高级职称 1777 人、中级职称 3299 人。北京市特级教师 37 人、北京市骨干教师 142 人、北京市学科教学带头人 27 人。全年教育总投入 47.53 亿元。中小学总占地面积 339.25 万平方米，总建筑面积 159.91 万平方米，固定资产总值33.63亿元。成人教育单位12个（成人教育中心1个、区教委辖管乡镇成人学校11个）。

2018年，通州区教育系统立足北京城市副中心建设发展大局，围绕提升教育服务能力，推进教育综合改革、教育品质提升等方面工作。完善德育工作体系，制订《通州区德育工作三年行动计划》，将社会主义核心价值观教育融入学生学习生活全过程；启动养成教育深化工程，逐步构建完善家校协同育人机制；13所学校被评为北京市中小学文明校园，市级文明校园增至58所。

教育综合改革焕发新活力。制订《北京市基础教育综合改革实验区教育人才引进与管理改革行动计划》，实施《通州区教育系统优秀人才奖励及管理暂行办法》，落实校级骨干班主任奖励措施，试点师资统筹调剂机制，调配26名教师到校任教。16所中小学试点选聘首批近百名编外教师上岗。创新人才培养模式，全区第一个"钱学森班"在北京市通州区潞河中学开班，新增1所市级"1＋3"贯通培养项目校——北京市通州区张家湾中学。开展通州区全学科阅读项目，成立阅读研修基地。建设创客教育基地学校，启用斯坦福生物实验室。推动模拟政协工作，启动雏鹰建言行动，提交模拟提案46件。扩充优质教育资源，北京市第五中学通州校区完成首批招生，北京市第一幼儿园海晟实验园副中心园、中国人民大学附属中学小学部具备开园、开学条件，北京学校小学部主体结构封顶。北京市西城区黄城根小学接管北京市通州区胡各庄小学，改扩建工程进入内部装修阶段。选派长期援疆、援藏、援青、援蒙教师22人，结对帮扶内蒙古46所学校，选派152名干部教师短期顶岗、交流培训，组织6期教育专业培训，受援地区1.50万人次受益。"通武廊"教育交流合作实施人才培养工程，启动14项重点干训项目，培训干部900人次。

各级各类教育快速发展。制订实施《通州区学前教育第三期行动计划》，7所幼儿园开园，新增学前学位2460个；9所幼儿园晋升为北京市一级二类幼儿园，8所幼儿园通过北京市二级二类幼儿园验收，全区纳入级类管理幼儿园达到84所；增加16名学前教育专职督查员，开展常态化监督检查。推进基础教育，开展市区学校手拉手项目，校际干部教师互访交流、教研2500人次；举办各类教师专业竞赛，实施课堂教学改革，组织"让课堂改变"活动，开展走进百年老校等多轮视导；启动高中课改与学校发展项目，建设区、校两级新高考综合管理服务平台，1712名考生升入本科学校；启动农村学校质量提升项目，制订"一校一策"发展方案；在农村学校试点网络外教，4000余名学生受益。通州区被教育部认定为国家级农村职业教育和成人教育示范区，"3＋2"中高职衔接办学达到5个专业6个合作项目；开启与内蒙古等六地合作办学模式；开展各类职业、成人培训1816次，培训15.50万人次；开展社区教育大课堂活动，新增13个区级特色培训项目，3个项目获北京市终身学习品牌项目认定，"梨园学堂"成为国家级终身学习品牌，建成5个市级继续教育、新型职业农民培训示范基地和10个市民终身学习示范基地；1人获评国家级百姓学习之星，4人获评首都市民学习之星。

教师队伍建设呈现新格局。开展教师研修培训，依托北京师范大学等优质教育资源，全年组织各级各类培训活动900余次，9830名一线教师直接受益，10万名学生间接受益；组织教师1552人次参与东城、西城、海淀等区研修活动，开展骨干教师送教到校活动190余次。持续优化教师队伍结构，举办城市副中心基础教育推介会暨研究生双选会，全年择优招聘教师548人，评选认定区级骨干教师700人，新评定高级教师178人、一级教师390人。

教育服务保障再上新台阶。制订《市级机关搬迁副中心干部职工子女就读实施方案》，安置53名首批市级机关搬迁干部子女就学。投资2.59亿元对40所学校实施68项维修改造工程，接收通州区永顺镇居住项目小区配套幼儿园、马驹桥公租房项目配套九年一贯制学校各1所。成立民办教育服务管理中心，开展校外培训机构专项治理，对培训机构开展行政检查3652次，责令整改1320个，完成退费539人次，全区1530个培训机构全部完成整改，有效治理无证办园现象。

完成教育督导工作。通州区获评全国中小学责任督学挂牌督导创新区。选聘中小学责任督学18人、学前教育责任督学125人、乡镇街道总督学15人和负责全区工作的责任督学2人。开展2018年教育法律法规执行情况督导检查，完成乡镇、街道和有关委办局及其领导干部落实素质教育责任目标情况考核工作，完成中小学、幼儿园、职业和成人学校全面实施素质教育综合督导评价。

（白文会）

"手拉手"对口支持项目推进

2018年，通州区教委推进北京市城乡中小学校一体化发展项目——"手拉手"对口支持项目。组织"手拉手"对口支持项目学校互访交流活动200余次，全区1500余人次干部教师走进优质学校参加经验交流、听课评课、课堂教学等活动；优质学校送课到通州区学校500余次，优质学校干部教师到通州区听课评课、指导教学800余次；通州区学生1000余人参与优质学校各项活动100余次。1月11日，区教委召开中学"手拉手"对口支持项目工作会，14所项目学校校长汇报交流"手拉手"对口支持项目工作进展和2018年工作计划，财务负责人解读项目资金管理办法。区教委要求项目工作要加强三年统筹规划，确定年度工作重点，目标要明确、过程要可行、结果要可测，要聚焦解决学校突出问题，精准提升学校质量。区教委相关负责人及14所中学校长参加会议。1月11日，中国人民大学附属中学通州校区与北京市通州区觅子店中学签订"手拉手"帮扶协议，内容涉及学校管理、两支队伍建设、新形势下课堂教学改革及课程建设等方面。2017年，市教委制订《通州区基础教育质量提升支持计划（2017—2020年）》，确立通州区为北京市基础教育综合改革实验区，明确14项工作任务。市教委统筹协调东城、西城、朝阳、丰台等区31所优质学校与通州区中小学建立"手拉手"对口支持关系，制订《北京市城乡中小学校一体化发展项目管理办法》。“手拉手”对口支持项目是通州区落实一体化发展项目的子项目。

（白文会　郭书彤）

多途径解决课后三点半难题

2018年，通州区教委通过实施中小学课外活动计划，解决课后三点半难题。具体措施有，建立中小学生课外活动专业资源库，强化机构准入标准，严控课外活动师资质量，审核认定223家社会培训机构，引入北京民族乐团等17家艺术院团进校园；组织多种社团活动，全区各中小学共有各类课外兴趣小组和社团1100个，满足不同学段学生需求，覆盖率100%；加大专项投入，采取政府购买社会服务的形式，组织开展各类学生活动和竞赛，建成68所中小学科技探究实验室，实现科学探究活动场地区域全覆盖。

（李瑶）

张家湾中学与工艺美院附中签约合作

3月25日，北京市通州区张家湾中学与中央工艺美术学院附属中学共同主办“手拉手”支持项目中期汇报展演活动。活动为两校师徒结对教师颁发证书，为名师成长、课改教科研、学生艺术发展和国粹艺术4个工作室授牌，为聘任为“手拉手”项目顾问的国画、京剧、书法名家颁发聘书。两校校长共同签订合作办学协议书。市教委、通州区政府相关领导参加活动并讲话，两校师生1000余人参加活动。两校于2017年10月建立“手拉手”友好校关系，逐步形成并实施互动教学实践、特色课程开发、高职对接计划等8个领域的合作支持方案。

（郭书彤）

开放型在线辅导计划试点工作启动会

4月12日，“北京市中学教师开放型在线辅导计划（双师服务）试点工作通州启动会”在通州区教师研修中心召开。会上，北京师范大学高精尖创新中心专家、教师分别讲解项目背景及意义、项目内容、项目成果及成效、项目开展规划等方面内容；区教委双师服务项目负责人作下一阶段工作推进部署，并详细解读《通州区双师工作管理办法》。北师大高精尖创新中心、区教委、区双师服务相关学校负责人等150人参加会议。

（冯洋）

全学科阅读项目启动

5月18日，通州区教委启动“基于核心素养的通州区ASR（全学科阅读）项目”。项目启动会在北京市通州区潞河中学举行，为18所项目基地学校授牌，并为学科工作坊指导教师颁发证书。该项目将由点到面推动全区中学学科阅读，探索全学科阅读模式，在全区打造首批18所全学科阅读基地学校，整体采取“2＋2＋4＋6”模式，即搭建学生活动展示与教师教研互动平台，打造全学科阅读基地校、学科阅读研修基地，全面提升学生的阅读能力和学科素养。区政府教育督导室、区教委领导以及各校校长、教师代表等400人参加启动会。

（郭书彤　商学军）

5月18日，“基于核心素养的通州区ASR（全学科阅读）项目”启动　（通州区教委　供）

提高乡村新教师待遇政策出台

6月20日，通州区政府办公室印发《通州区乡村教师支持计划实施细则》。实施细则为贯彻落实《北京市人民政府办公厅关于印发〈北京市乡村教师支持计划（2015—2020年）实施办法〉的通知》精神，提出具体实施办法，内容包括全面提高乡村教师思想政治素质和师德水平；合理优化乡村教师队伍结构，创新乡村教师编制管理，推动城镇优秀教师向乡村学校流动；拓宽乡村教师招聘渠道，对综合性院校毕业生和师范院校非师范生取得教师资格并到乡村学校任教的，满5年后给予4万元一次性补助，经费由区财政承担；完善分层、分类、分岗培训机制，配合市教委重点组织实施各类培训项目，建立乡村教师校长专业发展支持服务体系；职称（职务）评聘和骨干教师评选向乡村学校倾斜，提高乡村教师生活待遇，建立乡村教师荣誉制度，对在乡村学校任教30年、20年、10年以上的教师，分别由国家教育部、市委市政府、区委区政府按照有关规定颁发荣誉证书等，完善乡村教师激励机制。

（白文会）

学习实践活动启动会

6月29日，通州区教委召开通州区教育系统“做新时代‘四有’好老师和‘四个引路人’”学习实践活动启动会。会上，区教委解读活动方案，项目负责人部署师训方案。活动面向全区所有教师，内容强调党建引领、加强教育、深入实践、加强考核、强化监管5个方面，涵盖学习实践活动全部实施过程。在学习实践活动任务分解中，明确区教委机关各科室职责和任务，规定完成时限，保障实践活动有效开展。

（冯洋）

首届师德演讲比赛

9月28日，通州区教委举办第一届幼儿园新教师师德演讲比赛总结表彰会。会上，区教委领导与区教师研修中心学前研修部相关负责人全面总结师德演讲比赛工作，宣读师德演讲比赛各奖项获奖名单，并为一等奖获得者颁发荣誉证书；5名新教师代表作现场演讲展示。全区74所幼儿园业务园长、保教主任及新教师代表165人参加活动。此次比赛以“走进童心世界，做专业爱心教师”为主题，于4月至6月举行，经过培训、园内初赛、决赛3个阶段，最终评出一等奖60人、二等奖80人。459名公办幼儿园工作1～3年的教师参加比赛。

（王恩承）

第一次少先队代表大会

10月12日，通州区少工委召开中国少年先锋队北京市通州区第一次代表大会。会议听取并审议通过《听党的话跟党走，争做新时代好少年，为建设北京城市副中心贡献力量》工作报告，选举产生中国少年先锋队第一届北京市通州区工作委员会委员29人，表彰“活力大队”“动感中队”等先进集体和“关心少先队工作好领导”“优秀少先队辅导员”“优秀少先队员”等优秀个人。提案工作组收到提案190件，通过筛选、整理、合并，提交重点提案20件，提案评审委员会决定立案14件（少先队建设类6件、儿童身心健康类3件、社会教育类2件、学校教育类2件、生态环保类1件）。全区各中小学少先队员、少先队辅导员、少先队工作者和社会各界代表300人参加大会，来自内蒙古、西藏手拉手区县的少先队工作者观摩大会。通州区人大、区委、区政府等单位领导参加红领巾小社团展示活动。

（朱宇）

京蒙对口帮扶

10月，通州区教委、区教师研修中心分别开展系列京蒙对口帮扶工作。10月10日至12日，区教师研修中心领导及教研员6人到内蒙古奈曼旗开展系列教育帮扶活动。活动内容有，签订《通州区教师研修中心与奈曼旗教师进修学校的对口帮扶协作框架协议》；举办“中小学校、幼儿园领导干部培训班”，奈曼旗中小学校长、副校长以及幼儿园园长、副园长120人参加培训；举办“京蒙对口帮扶校对校合作启动仪式暨2018年奈曼旗初中理化生地学科教师培训班”，奈曼旗初中物理、化学、生物、地理学科教师160人参加培训；举办北京市通州区教师研修中心与奈曼旗教师进修学校对口帮扶协作之“师徒结对子仪式”。10月15日至19日，区教委举办“2018年内蒙古骨干教师综合素养提升高端研修班”。内蒙古翁牛特旗、奈曼旗、科右中旗30名骨干教师参加培训。

（马耀国　冯洋）

支持农村学校质量提升项目签约

11月15日，首都师范大学支持通州区农村学校质量提升项目签约仪式在北京市通州区台湖学校举行。北京市通州区次渠中学、台湖学校分别介绍学校现状及学校在品牌提升、特色课程开发、师资队伍建设、家校协同育人等方面的发展需求。首师大专家解读项目实施计划：开展针对干部教师主题式的培训或实训；进行针对学校的综合性诊断调研；搭建交流展示平台，引进先进教学资源；完善家校合作，形成教育合力；促进教育与信息技术的深度融合；提炼城市副中心教育模式，协助构建与副中心相匹配的特色教育体系。该支持项目是落实市教委《通州区基础教育质量提升支持计划（2017—2020年）》的重要举措之一。

（郭书彤）

第三期学前教育行动计划印发

11月15日，通州区政府印发《通州区第三期学前教育行动计划（2018—2020年）》。计划围绕强化政府职能，创新发展机制，构建多层次、多结构学前教育体系，打造“公益、普惠、多元、优质”的副中心学前教育总体目标，分解出统筹资源，扩充学位；引领扶持，支持普惠性民办幼儿园发展；破立并举，清理整治无证幼儿园；创新模式，探索新型发展机制；打破格局，加大师资队伍建设力度；夯实管理，促进园所内涵发展6项任务。计划通过22项举措，到2020年，全区适龄儿童入园率达到85%以上；普惠性幼儿园覆盖率达到80%以上；彻底消除无证幼儿园；幼儿园、办园点全部纳入规范化管理；保教队伍培训率达到100%，师资配备全部达到规定标准；公办幼儿园均达到北京市一级以上标准；打造特色鲜明、品质优良、具有较高美誉度和知名度的品牌幼儿园10所，培育优质幼儿园100所。

（白文会）

首届中小学美术教学成果展

11月24日，通州区教委举办首届中小学美术教学成果展。活动总结通州区美术教育教学成果，展示学生作品500幅。北京市通州区潞河中学学生、北京教科院通州区第一实

11月24日，通州区首届中小学美术教学成果展举行

（通州区教委　供）

验小学教师、潞河中学校长分别从美术学习、美术教学和校园美育的角度作交流发言。区教委、区教师研修中心领导，北京教育科学研究院、北京教育学院、中国书法家学会等单位及团体的专家，全区各学校分管美育工作的领导、美术教师、学生代表及家长等3万人参与此次活动。

（孟庆臣）

首届心理教师基本功培训与展示活动表彰

12月12日，通州区教委举办首届通州区心理教师基本功培训与展示活动（中学）总结表彰会。会议从“调研心理教师培训需求”“有效开展系列培训与展示活动”等5个方面进行总结，表彰一等奖获奖教师4人、二等奖获奖教师6人以及“最具风采奖”“最佳微课奖”2个单项奖获奖教师。此次活动于9月28日启动，设置教学设计、风采展示、微课展示3个环节。来自19所中学的专、兼职心理教师25人参与活动。

（邵红云）

“运河计划”教育领域人才工作室启动

12月27日，通州区教委召开“运河计划”教育领域人才工作室启动会。会议为“通州区‘运河计划’教育领域人才工作室”揭牌，并为工作室负责人颁发聘书。北京市通州区芙蓉小学、北京市通州区柴厂屯中学领导及工作室负责人分别作交流发言。区委领导对工作室发展提出建议：强化人才工作室服务职能，整体设计五年工作规划，组建高素质人才团队并发挥引领作用。区委、区人力社保局、区委教育工委、区教委领导，工作室成员及其所在单位主管领导100余人参加活动。

（白文会）

顺义区

概述

2018年，顺义区教委辖属教育单位209个，其中，幼儿园105所（教育部门办园54所、集体办园29所、部队办园1所、民办园21所）；小学49所（教育部门办校46所、民办校3所）；九年一贯制学校3所（教育部门办校2所、民办校1所）；十二年一贯制学校7所（全部为民办校）；初级中学17所（全部为教育部门办校）；高级中学4所（全部为教育部门办校）；完全中学2所（全部为教育部门办校）；中等职业学校6所（教育部门办校2所、民办校4所）；特殊教育学校2所（教育部门办校1所、其他部门办校1所）；其他法人单位14个。招生29292人（幼儿园10469人、小学9839人、初中5808人、普通高中3099人、特殊教育70人、中等职业学校7人）；毕业22208人（幼儿园7850人、小学6560人、初中4300人、普通高中3316人、特殊教育71人、中等职业学校111人）；在校生104188人（幼儿园29234人、小学48882人、初中16234人、普通高中9593人、特殊教育213人、中等职业学校32人）。教职工总数12166人（幼儿园2921人、小学3779人、初中1731人、九年一贯制学校181人、完全中学495人、高级中学1309人、十二年一贯制学校1447人、中等职业学校172人、特殊教育131人），其中，正高级职称10人、副高级职称1953人、中级职称3971人。北京市特级教师36人、北京市学科教学带头人17人、北京市骨干教师102人。全年教育总投入59.85亿元。中小学固定资产总值27.15亿元、中等职业学校固定资产总值0.45亿元。驻区高等学校6所，成人学历学校4所，社区学校6所，农村成人教育学校（乡校及村校）445所，乡镇成人学校486所，教育培训机构63个。年内新建幼儿园6所，撤并幼儿园2所。

2018年，顺义区教育系统贯彻全国及全市教育大会精神，提升教育质量，实现教育稳步发展。

立德树人扎实有效。组织中小学生走进资源单位参与社会实践活动累计12万人次；初中生走进企事业单位、高校和科研院所参加社会综合实践活动10万人次、参加“四个一”活动1.10万人。举办首届中学生“言道杯”时事辩论赛、“蝶砚杯”主持人大赛、古诗文成语大赛、小学生诵读经典展演活动，培育学生核心素养。

队伍建设不断加强。通过举办“临空杯”教师基本功竞赛、小学骨干教师汇报展示活动、中小学班主任基本功培训与展示活动等活动，持续提升教师业务能力。组织教师参加第二届“京教杯”教学基本功展示活动，入围率位居全市之首。成立“紫禁杯”优秀班主任工作站、优秀青年班主任工作坊、幼儿园骨干教师工作室和6个二期劳模工作室。招聘中小学新教师222人、乡村特岗教师14人；通过第三方招聘幼儿教师194人，缓解幼儿园师资不足；依托第二期梧桐工程走进8所高校招聘。

坚持政策导向原则，推进教育均衡发展。出台《顺义区第三期学前教育行动计划（2018—2020年）》，增加学前学位1680个；制订“补短板三年行动计划”，促进河东河西协调发展；出台《顺义区推进城乡义务教育一体化发展工作实施方案》。加强教育设施建设，挂牌成立北京城市学院沙岭实验学校、北京市顺义区教育研究和教师研修中心附属实验小学、首都师范大学附属杨镇实验幼儿园。为河东中小学602间教室部署视音频采聚设备。开通“开放课堂”系统使用权限，为远程听评课、网络视导提供信息化新途径。固定资产投资总额3亿元，推动9个项目建设；处置应急突发工程48项；采购义务教育阶段设备383项；审核、审批资产处置手续143份，为70余个校园更新配置垃圾分类设备3000个。

考试招生守正创新。采取两考合一模式，完成首次高考英语听力、中考5选3、高中学业水平合格考和会考同期考试组考工作。完成53207人次、157560科次中高考、成人高考和自学考试。

课后服务稳步推进。参与课后服务初中生14490人，占比96.5%；教师1957人，占比88.6%。参与课后服务小学生39656人，占比88%；教师3078人，占比83.6%。

规范社会办学，推进社区教育。受理办结民办许可事项38件；终止3个培训机构办学，向社会公布第一批10所办学机构白名单，整顿校外培训机构298个，取缔未经审批幼儿园36所，规范社区办园点11个。社区教育成果丰富。举办家长教育大讲堂7期、家长教育沙龙12期，家教名师校园行走进28所学校。编写初、高中2册家长教育系列丛书，创建顺义家长在线微信公众号。成人学历教育质量不断提升，中心系统招生3793人，专科、本科学历教育在校生10603人。发展非学历教育，培训1.60万人次。

12月12日，顺义学生实践活动——仁和中学领读志愿者为建北幼儿园幼儿讲读绘本 （顺义区教委 供）

推进对口帮扶。组织教师60人次到河北沽源县和万全区、内蒙古巴林左旗和科左中旗、西藏尼木县交流对接。组织57名教师到受援地区支教，接待受援地区教师117人跟岗研修。32所学校与受援地区学校签订帮扶协议。

依法依规实施资金管理。启动新《政府会计制度》培训，指导预算单位会计业务，完善学生资助政策文件及培训工作，完成全国资助系统培训及填报。完成领导干部经济责任审计30家、委托审计69家、联合后续审计10家，提出审计建议168条。完成教育系统各单位、部门申请备案合同1820份；开展合同审核备案专项审计，监督检查基层合同签订单位合同审核备案工作落实情况。年度收费项目变更4家，收费项目增加、取消各1家，收费票据打印项目变更4家。秋季教育收费检查在各单位100%自查基础上，与区发展改革委、区财政局联合抽查单位38家，抽查率23%。

（杨海红）

基础教育内在质量提升项目

3月30日，北京师范大学与顺义区“基础教育内在质量提升”项目一期总结暨二期启动会在北京市顺义区第一中学附属小学举行。活动中，8所一期项目校教师分别作课堂教学展示；北师大项目负责人分析项目背景与意义、实施路径和效果评估；各项目校教师围绕学校整体推进、学校管理制度、学校文化、家校合作等实施经验作交流分享。第二期项目主题为“学生社会情感能力发展的学校管理综合变革”。区教育研究和教师研修中心相关领导，各项目校校长以及北师大课题项目相关干部教师80人参加会议。一期项目于2017年5月25日启动，项目通过集体教研、集体讲座和集体学访等形式开展活动，共有项目校23所。

（刘晓英）

融合教育推进会

4月25日，顺义区特殊支持教育中心举办顺义区融合教育推进会。会议围绕“拥抱差异 成就梦想”主题，组织参会人员观看融合教育宣传片，回顾顺义融合教育发展历程及取得的成绩；听取区特殊支持教育中心《探索适切措施 践行融合教育》主题汇报。北京市顺义区第十三中学、北京市顺义区牛栏山第三小学代表送教上门融合教育团队，展示学校推进融合教育的经验。大会表彰12所融合教育先进校，宣布聘任4名市级特教专家作为顺义融合教育工作指导专家。区教委、区特殊支持教育中心相关负责人，各中小学主管干部及骨干教师150人参加会议。

（张欢）

北京城市学院沙岭实验学校挂牌

7月3日，北京城市学院沙岭实验学校挂牌成立。学校通过与城市学院合作，探索提升教师专业素质、提高教育教学质量新思路，树立改革典范，助力河东地区教育水平整体提升；城市学院将通过师资支持、科研引领、课程共建等途径为学校提供支持。

（郭丹青）

57名教师扶贫支教

10月18日，顺义区教委选派57名教师赴扶贫协作地区开展支教活动。支教活动结合受援地教育需求，选派长期在一线从事教育教学工作、具有丰富教学和管理经验的优秀教师承担支教任务。其中，8名教师分赴河北沽源县、万全区，内蒙古巴林左旗、科左中旗开展为期1年的长期支教；49名教师分赴河北沽源县、万全区，内蒙古巴林左旗、科左中旗，西藏尼木县开展为期1个月的短期支教。

（王乐欣）

刘金广名校长工作室结业

10月23日和24日，顺义区刘金广名校长工作室结业仪式暨顺义区推进《义务教育学校管理标准》工作大会在东风教育集团裕龙校区召开。会议组织观看《23年治校品味责任与爱》刘金广校长工作历程宣传片，听取工作室《智慧共融、提升内涵，助推校长专业发展》工作情况总结。此次会议由顺义区教委、顺义区教育研究和教师研修中心主办，顺义区东风小学教育集团承办。市教委、区委教育工委、区教委、区教育工会等单位领导及相关负责人，全区各小学校长以及来自河北、贵州的挂职领导和教师180人参加会议。工作室于2012年启动，有成员6人。

（郑新颖）

中关村一小名师工作室成立

12月14日，“中关村一小名师工作室”启动仪式在北京城市学院沙岭实验学校举行。工作室设在城市学院沙岭实验学校，由北京市海淀区中关村第一小学副校长担任主持人，首批成员40人，来自城市学院沙岭实验学校和中关村一小2所学校。由中关村一小教师一对一指导沙岭实验学校青年教师做教学设计、进班听课诊断、参与各个学科教研，提高该校青年教师业务水平，促进青年教师快速成长。

（朱凤莉）

昌平区

概述

2018年，昌平区教委辖属教育单位281个，其中，幼儿园127所（教育部门办园30所、部队办园7所、地方企业办园2所、集体办园23所、民办园62所、事业单位办园3所），小学89所（公办校76所、民办校13所），初级中学13所，九年一贯制学校16所，十二年一贯制学校14所，完全中学10所，高级中学1所，其他法人单位11个。招生34345人（幼儿园13537人、小学10657人、初中5664人、普通高中1759人、中等职业学校2700人、特殊教育28人）；毕业20321人（幼儿园7675人、小学6597人、初中4172人、普通高中1865人、特殊教育12人）；在校生111175人（幼儿园32720人、小学53999人、初中15792人、普通高中5490人、中等职业学校3071人、特殊教育103人）。教职工总数17020人（幼儿园5611人、中小学10381人、中等职业学校994人、特殊教育34人），其中，高级职称1144人、中级职称2733人。北京市特级教师36人、北京市骨干教师123人、北京市学科教学带头人24人。全年教育总投入57.65亿元。中小学固定资产总值35.57亿元。注册公办驻区高校28所（北京信息科技大学尚未投入使用）、民办驻区高校12所，在校生133181人。

2018年，昌平区教委落实全国及全市教育大会精神，各项工作稳步开展。

推进各级各类教育。落实第三期学前教育行动计划，增加学位2250个；天通苑地区移交教育配套幼儿园10所（公办园1所、普惠园9所）；举办全体园长培训7次。启动学校管理标准化建设，完成31所学校达标验收工作；培训新中考学科教师3382人次，组织教研活动72场次；审核通过校本课程954门；义务教育阶段参与课后服务学生达到84%。推进高中综合改革39项；组织或参加各级改革培训8000人次，开办高级研修班3个；3所高中成为北京大学、清华大学、北京航空航天大学、北京化工大学的优质生源基地校。产教融合、校企合作，服务区域经济社会发展，组织各类社会培训2.30万人次；高校与中小学合作育人，26所中小学与16所高校建立对接，借力高校学科建设、课程研发、名优教师等优质资源，提升办学水平；搭建教育、统计、卫生、疾控、维稳等多部门与高校的沟通联系平台。昌平区学生资助管理中心慰问13所学校65名贫困生，落实3项社会资助。

培养全面发展的学生。坚持培育社会主义核心价值观，组织1.30万名初中生走进抗日战争纪念馆、首都博物馆，81所学校12万名学生开展社会大课堂实践体验。召开劳动教育区级现场会。成立“传统音乐”“粉画”“有效运动负荷”“柯达伊”4个教学研究工作坊，成立“旱地冰球”“合唱”“书画”“校园足球”4个特色联盟。选拔166名学生出国访问，34名学生赴港澳台游学。召开昌平区第三次少代会，举办“红领巾读书”活动35场，17名学生获北京市“红领巾讲故事比赛”一等奖。

加强两支队伍建设。修订《昌平区教育系统领导干部选拔任用和聘任工作意见》和《昌平区教育系统推荐校级、中层干部暂行办法》，选拔任用正校级干部10人。选派74名干部参加国家级和市级培训；20名校长参与卓越校长培养计划，111名干部参加校长教学领导力培训、中青年人才培训等区级培训。开展“争做新时代‘四有’好老师和‘四个引路人’”学习实践活动，上报活动征文179篇，104名教师参加演讲比赛。50名学员入选教育部“加强师德师风建设做新时代党和人民满意的好老师”网络培训示范班。探索“互联网+”背景下教学新模式，举办或承办“虚拟学校”建设与课堂教学改革、“聚焦学科核心素养与信息技术应用策略研讨会”等18个市、区级主题活动。

重点解决教育热点难点问题。解决义务教育招生入学、回天地区三年行动计划、重点项目建设、疏解整治促提升、教育精准帮扶等问题。制订《昌平区义务教育阶段入学工作意见》，细化“五证”联审细则，幼升小接收京籍学生6780人、非京籍学生4413人，增加中小学学位5759个。将各类发展项目向回龙观、天通苑地区倾斜，高办小、高参小、外籍教师项目、春雨项目、城乡一体化项目100%覆盖两地区中小学。21所城区优质校（园）“拉手”回天地区中小学、幼儿园。采取审批一批、规范一批、取缔一批的工作方法，整治取缔幼儿园58所、关停未经审批自办校9所。专项治理校外培训机构，排查2868个，整治772个，达标701个。落实教育精准帮扶工作，签订协议19份，接待内蒙古阿鲁科尔沁旗、太仆寺旗，河北尚义县，青海曲麻莱县交流140

人次，派出对口支援教师 26 人。职业教育助力京津冀协同发展，与河北尚义、唐山，河南栾川，宁夏银川，内蒙古太仆寺旗等地合作，开办中餐烹饪、栗蘑种植、母婴护理等技术技能培训，公益性培训服务 6158 人次。

保障教育安全稳定。严格落实安全保障、法治校园、舆情监测、信访诉求、资金管理、平安考试管理工作。“昌平教育”微信公众号推送相关推文 700 条，包括视频 102 条；播出“花开未来”节目 52 期；监测到舆情信息 3.50 万条。制定《中小学学校章程建设工作实施方案》，完成 81 所中小学章程审核。全年督导检查 4896 校次，建立安全工作台账 420 条，发出整改通知 135 份，回复整改情况 77 条；专项督导检查和经常性督导 618 校次，提出整改建议 639 条。规范资金管理与使用，财政投入各级各类教育经费 43.03 亿元，比上年增加 5.05 亿元，增长 13.30%，保障回天地区专项资金。完成 10 个单位财务收支审计工作，对 30 个单位开展收费检查。开展“平安校园行”“平安考试”等活动。

（张翠珍）

11 月 20 日，昌平区养成教育现场会在城北中心小学举行
（昌平区教委　供）

“双报到”工作

2018 年，昌平区委教育工委开展“双报到”工作。全区教育系统各基层党组织和 4200 名在职党员回村（社区）报到，参与村（社区）社会治理，提出合理化建议承诺 4900 条，参加村（社区）的主题党课、环境整治、教育培训等活动 9818 人次，参加“回天有我”社会服务活动 1289 人次。

（王丽娜）

提升回天地区公共服务和基础设施三年行动计划

2018 年，昌平区教委根据回天地区配套设施建设与移交工作要求，制定《提升回龙观天通苑地区公共服务和基础设施三年行动计划（2018—2020 年）》，并完成部分项目。计划项目 26 个（移交项目 11 个、新建项目 15 个）。至年底，完成移交项目 11 个（天通苑地区 10 所幼儿园和 1 所小学），2 所学校及 1 所幼儿园新建项目开工。

（辛颖）

“1 + 3”人才培养模式改革试验

2018 年，昌平区推进“1 + 3”人才培养模式改革试验项目。北京市昌平区第一中学继续开展“1 + 3”人才培养模式改革试验，通过自主报名、面试选拔，招生 60 人。北京市昌平区第二中学首次招收“1 + 3”培养模式学生 60 人。昌平区于 2017 年开始开展“1 + 3”人才培养项目，有项目校 2 所，共计招生 180 人。

（彭博）

城乡市民教育大讲堂培训

2018 年，昌平区教委继续在全区范围内开展城乡市民教育大讲堂培训活动。区教委制定《昌平区 2018 年城乡市民教育大讲堂工作实施方案》，昌平职业学校培训部和昌平成教中心各站校根据镇街、社区前期调研情况，制订培训实施计划和课程安排。培训课程包括中式面点、西点制作、法律知识、手工艺、有机蔬菜家里种、串珠编织、果树种植等 30 个门类。活动在全区 20 个镇街 55 个社区展开，累计培训社区市民 18068 人次。大讲堂已连续开展 11 年。

（王颖）

《昌平区中小学生食品安全管理规范手册》印发

1 月 22 日，昌平区教委召开教育系统寒假领导干部会，部署 2018 年食品安全和创建食品安全示范区工作，印发《昌平区中小学生食品安全管理规范手册》250 本。手册由区教委、区食药局联合编制，共计 7 万字，配图 2 幅。手册包括自办食堂管理办法、委托经营合同书、学校健康饮用水管理办法和要求、食堂常用技术规程等内容，对师生供餐管理主体、职责、内容、方式作出规定，为学校提供合同范本，旨在进一步改进和完善学校食品安全管理，确保师生在校用餐安全，为 2018 年创建食品安全示范区、共享健康和谐新昌平发挥积极作用。

（樊勇）

中考“新四科”教学研讨活动

4月10日，昌平区教委在首都师范大学附属中学昌平学校举办昌平区2018年中考“新四科”教学研讨活动。活动推出4节研究课，组织参会教师在各学科教研员带领下开展分组研讨。首师大附中昌平学校介绍该校在新中考政策出台后的系列应对措施；区教委针对“新四科”中考冲刺提出阶段复习建议及人才培养新要求，要求各校要注重学生的实践创新能力、学科能力及学科核心素养，要培养学生善于学习、自主学习的习惯和解决问题的能力。区教委、区教师进修学校相关负责人及各校领导、教师等200人参加活动。

（邢月萍　赵存冀　孙媛媛）

“紫禁杯”班主任工作站成立

4月13日，昌平区教委举办北京市“紫禁杯”优秀班主任工作室昌平区工作站成立暨昌平区班主任基本功培训与展示活动启动会。会议宣布昌平区“紫禁杯”班主任工作站成立并为工作站授牌，解读工作站工作方案，部署全区班主任基本功培训与展示工作。会议表彰2017年北京市“紫禁杯”优秀班主任和昌平区优秀班主任、优秀学生获得者。优秀班主任代表以诗朗诵、演讲、情景剧的形式诠释班主任工作。会议邀请北京教育科学研究院相关专家作专题培训。全区各中小学校长、德育干部、优秀班主任代表、优秀学生代表350人参加会议。

（张彦祥）

首批昌平职业教育产教融合工程师学院成立

9月10日，在北京市昌平职业学校2018—2019学年度第一学期开学典礼暨庆祝第34个教师节大会上，昌平区教委宣布成立昌平职业教育产教融合工程师学院。认定联想工程师学院、京东大学产教融合学院、亿和昌职影视后期制作中心、上汽大众SCEP北京培训基地、曹继桐烘焙文化艺术学院、立思辰大数据学院为第一批昌平区职业教育产教融合工程师学院，并进行现场授牌。上述6家学院均为昌平职校与相关行业龙头企业共建而成。10月30日，昌平职校与华彬天星通用航空有限公司共建的华彬天星通航学院在该校南口校区揭牌成立。公司向学校捐赠飞机发动机1台。为学院首席顾问、执行院长、教师和培训教员颁发聘书，为首届通航专业学生授胸章，首届招生23人。

（王于　谭红霞　胡雨）

交通安全体验课走进乡村校园

9月11日，北京市公安局公安交通管理局、中国少年儿童新闻出版总社、中国交通频道、北京市昌平区巩华学校共同举办“安全上学，平安回家”交通安全体验课开学第一课走进乡村校园活动。活动邀请明星交警、教育专家、冠军运动员、知名歌手、课程观察员等各界人士，通过脱口秀、情景剧、微课等形式，传递步行安全、骑车安全、乘车安全相关知识。公安部、中国少年儿童新闻出版总社、共青团中央、北京市公安局、昌平区教委相关负责人以及来自全国各地的一线交警代表、交通安全公益联盟代表60人，学生代表400人参与课程。

（徐嘉翼）

教育系统师德建设工作表彰会

9月29日，昌平区教育工会举办2018年昌平区教育系统师德建设工作表彰会。区教育工会作2018年师德建设工作总结并对师德建设工作提出3点建议。“我心中的教师榜样”征文活动、师德标兵评选活动、“最美家庭”评比活动获奖教师代表分别发言，宣讲榜样事迹。会议宣读《关于表彰昌平区教育系统师德标兵、师德建设先进集体和依靠教职工办好学校的好校长（好书记）的决定》，表彰师德标兵100人、师德建设先进集体30个、依靠教职工办好学校的好校长（好书记）36人。区教委、区政府教育督导室、区教育工会相关领导及负责人，各基层单位工会主席、获奖代表280人参加会议。

（吴冬）

“一校带一镇（街道）”工作推进会

9月29日，昌平区“一校带一镇（街道）”工作推进会在北京交通职业技术学院召开。昌平区教委、区教育工会相关人员，交通职院领导及16所驻区高校负责人参加会议。“一校带一镇（街道）”工程是驻区高校参与昌平发展的一项具体工作，即发挥驻区高校在建设学习型城市工作示范区中的重要文化和人力资源优势，通过院校学习型党组织、学习型团组织、学习型社团等建设，组织师生走进镇街、走进社区、走进农村，组织社区（村）党员、市民走进高校，参观学习，是一种新型社区教育模式。

（宋雪莲）

第五学校示范性学区融合教育资源中心揭牌

10月25日，昌平区第五学校示范性学区融合教育资源中心揭牌。区教委相关负责人，北京市昌平区第五学校、北京市昌平区特殊儿童教育学校校领导及24所普通学校相关教师25人参加揭牌仪式。中心设在昌平第五学校，有兼职工作人员1人，通过开展融合教育理论与技能咨询、教学研修活动，组织教师培训、家庭教育训练、学生专业指导训练，为学区提供融合教育专业支持。活动邀请昌平特教学校教师作《相同中的不同》专题讲座。特教学校师生表演舞蹈、创作画、串珠等节目。

（王凤云）

精准扶助交流活动

11月5日，昌平区教师进修学校从8所学校选出27名教师组成送教团队，到内蒙古阿鲁科尔沁旗开展为期2天的交流活动。送教团队按学情、学段、学科分为4组，分别前往阿鲁科尔沁旗4所学校，开展同课异构、主题教研、说课评课、培训讲座相结合的参与式和任务驱动式培训交流活动。中小学交流活动中，送教团队围绕“关注核心素养、提高课堂教学实效”主题，实施两地教师同课异构授课、说课、课后评课、交流研讨；区教研员示范课展示、相关主题的微讲座等送教环节，有效提升当地教师教育教学能力，提高课堂教学实效性，提升学生核心素养。送教团队作语文学科观摩课2节，相关学科专题微讲座2场，说课2节，评课2节；中学组地理、化学学科分别作同课异构课2节，相关学科专题微讲座2场，说课2节，评课2节。10名当地优秀教师作同课异构课10节。

（于吉李）

11月5日，昌平区教师进修学校组织教师开展精准扶助同课异构活动 （昌平区教委 供）

“一校带一镇街”社区教育新模式创建

11月14日，昌平区13个镇街与14所驻区高校签订《昌平区驻昌高校助力镇街经济社会发展协议书》。根据协议，各高校将通过发挥自身教育资源优势，结合镇街实际需求，主动与镇街共同设计镇街发展规划和发展特色，并结合镇街实际，围绕社区教育培训、乡村振兴、文化建设以及产业发展等方面，开展助力帮扶服务；各镇街配合高校落实助力计划，利用结对高校资源，促进经济社会发展。此项工作是昌平区贯彻落实区委、区政府《关于创建北京市学习型城市工作示范区的实施意见》的重要举措，通过开展“高校文化助力工程”，探索建立和完善“驻昌高校助力镇街经济社会发展”这一社区教育新模式。

（王颖）

“四有”好老师和“四个引路人”学习实践活动

至年底，昌平区委教育工委、区教委共同开展“四有”好老师和“四个引路人”学习实践活动。6月，印发《关于开展“争做新时代‘四有’好老师和‘四个引路人’”征文及演讲活动的通知》，各基层单位上报征文193篇。9月28日，104名教师参加“四有”好老师和“四个引路人”演讲比赛初赛；10月16日，25名教师参加演讲比赛复赛，评出一等奖10个。11月8日，举办昌平区教育系统“争做新时代‘四有’好老师和‘四个引路人’”演讲报告会。全区各中小学、幼儿园、直属单位干部教师代表410人参加会议。

（杨然）

教师资格认定

至年底，昌平区完成教师资格认定工作。春、秋两季社会人员在昌平区进行网上申报1024人，现场确认实际受理申请889人，经评审认定875人。其中，认定幼儿园教师资格160人、小学教师资格515人、初中教师资格200人。办理换发、补办教师资格证及补申请表14人。

（高秀云　任蓉）

大兴区

概述

2018年，大兴区教委辖属教育单位258个，其中，幼儿园94所（教育部门办园43所、集体办园4所、民办园47所），小学89所（教育部门办校78所、民办校11所），九年一贯制学校16所（教育部门办校13所、民办校2所、其他部门办校1所），十二年一贯制学校5所（教育部门办校4所、民办校1所），中学22所（教育部门办校20所、民办校2所），特殊教育学校1所，中等职业学校3所（教育部门办校1所、民办校2所），其他法人单位28个。招生33976人（幼儿园12724人、小学13544人、初中5548人、普通高中1954人、中等职业学校206人）；毕业24167人（幼儿园8789人、小学8517人、初中4069人、普通高中2441人、中等职业学校351人）；在校生122768人（幼儿园35620人、小学62629人、初中16160人、普通高中6804人、中等职业学校1441人、特殊教育114人）。教职工总数11621人（幼儿园1763人、小学3490人、中学5365人、中等职业学校375人、特殊教育35人、其他法人单位593人），其中，高级职称2123人、中级职称4987人。北京市特级教师37人、北京市骨干教师134人、北京市学科教学带头人15人。全年教育总投入53.66亿元。中小学固定资产总值35.57亿元。

8月20日至24日，大兴区教委举办小学骨干教师通识培训和中学文科教师培训（大兴区教委　供）

乡镇成人学校14所、培训机构73个。新增九年一贯制学校3所（教育部门办校2所、民办校1所），幼儿园6所（教育部门办园2所、民办园4所）。设立学区8个。

2018年，大兴区教育系统以提升教育质量为统领，以优质均衡为主题，以深化改革为动力，统筹推进布局结构调整、干部教师队伍建设、教育综合改革、教育治理能力提升等各项工作。

坚持改革创新，提升教育品质。制订《大兴区第三期学前教育行动计划（2018—2020年）》《关于市级财政支持学前教育事业发展补助资金管理使用实施细则（暂行）》，出台《北京市大兴区人民政府无证园分类治理及社区办园点工作意见》。通过接收配套园、以租代建、审批民办园，新增学位1380个。规范校本课程审查、准入制度，鼓励学校建立适合学生特点、适合学校特色发展的学生综合素质评价体系，关注培养学生创新精神和实践能力。实施“初中教育质量综合评价”项目，科学诊断初中教育质量及其影响要素，指导学校改进教育教学工作、提升管理水平和办学质量。

实现教书和育人相贯通。制订《大兴区中、小学落实〈北京市中小学养成教育三年行动计划〉验收方案》。以养成教育为主题开展精品德育展示交流系列活动。执行《国家学生体质健康标准》，提高学校体育管理工作水平。以社会大课堂为依托，推进优秀传统文化教育、理想信念教育、生态文明教育。通过规范管理过程、提升课程品质、建立研发团队、拓展教育活动，落实“四个一”活动。发挥职成教育作用，服务区域经济社会发展，举办“大兴成教百年成果展”，以“不忘百年成教初心，牢记继续教育使命”为主题总结大兴成人教育历程。将北京市大兴区第二职业学校并入北京市大兴区第一职业学校，组建大兴区职成教育研究中心。

加强学校规范管理。推进《义务教育学校管理标准》达标验收工作，推进平安校园建设。制定并落实《2018年大兴区教育系统校园安全大检查专项行动实施方案》《大兴区教育系统安全工作网格化监管实施意见》，加大校园安防监控系统联网应用建设投入。加强安全突发事件应急处置体系建设，制订《大兴区教育系统突发事件应急处置工作预案》。成立“大兴区人民政府教育督导委员会”，以教育法律法规执行情况督导检查为重点开展督政工作。

加强队伍建设。制订《关于公开选拔中小学、幼儿园副校级领导干部工作实施意见》，选拔30名中小学、幼儿园副校级领导干部补充后备力量。按照“三定三公开”“一监督”工作原则，分3批招聘新教师。推进境内外、京内外、区内外相结合的教师培训模式，举办班主任基本功培训与展示活动。持续推进“助力成长”——大兴区小学学科教师专业素养提升工程，促进教师专业素养提升。

整合教育资源，增强教育发展可持续动力。新增县级教育部门办九年一贯制学校2所、幼儿园2所，撤销县级教育部门办初级中学5所、小学7所、职业高中1所、小学附设幼儿班2个，变更县级教育部门办初级中学5所；新增民办九年一贯制学校1所、幼儿园4所，撤销民办幼儿园2所，变更民办九年一贯制学校1所。15个建设项目实现开工建设或继续施工，完成6个学校、幼儿园建设项目。15所规模较小、发展不充分学校与相邻学校合并。通过“引智办学”、名校办分校等多种途径，实现与中国人民大学附属中学、北京市建华实验学校、北京市丰台区丰台第五小学合作办学，全区优质资源合办校增至38所。推进与名校合作，借助东城、西城教育优势，尝试对部分农村学校进行委托管理，确保每个镇至少布局一所优质资源校。在中小学八大协作区基础上，试点实施集团化办学，以强带弱、以优扶弱，成熟一个发展一个，推动教育优质资源均衡发展，满足群众对好学校的需求。

（张静）

政府信息公开

2018年，大兴区教委完成政府信息公开各项工作。具体工作内容有，督促科室做好委发公文公开属性确定，通过政府网站及区教委门户网站发布应公开信息；分2批次录入全区公办中小学、幼儿园信息；完成“首都之窗北京教育资源分布综合服务地图”数据采集工作；完善区教委门户网站政务公开服务内容；依程序受理依申请公开信息查询；纠正改版过程中出现的各类问题；门户网站添加新版审批事项，并公示28日；门户网站添加入学信息2条。

（李春岭）

工程管理审计

2018年，大兴区教委审计科完成工程管理审计工作。将各类资金来源的修缮改造、校园文化、购置项目纳入审计范围，以造价审计、招标审计、付款审计为重点，控制工程造价，规范项目管理。完成教委修缮类工程结算项目审计70项，总金额15104.53万元，审减额2474.75万元，平均审减率12.71%；完成各学校自行购置、校园文化、课程建设、修缮绿化工程等结算项目281个，总金额9033.89万元，审减额703.44万元，平均审减率8.11%。

（董力华）

机关党委成立

1月29日，中国共产党北京市大兴区教育委员会机关委员会成立大会召开。会议宣读大兴区委组织部关于成立大兴区教育委员会机关党委的批复。按照大会程序，全体党员表决通过选举办法（草案），选举产生第一届机关党委委员7人，并从7人中选举产生书记、副书记各1人。区委教育工委、区教委领导，区教育系统全体党员及离退休党员100人参加会议。

（刘朵朵）

农民技能培训

1月至6月，大兴区各镇成人学校发挥“一校一品一特色”项目作用，开展各类农民技能培训，为农民就业提供新渠道。培训内容有，礼贤镇成人学校金属画和现代物流培训；榆垡镇成人学校新机场内客货两用司机培训；安定镇成人学校家政服务和美容美发培训；魏善庄镇成人学校压花制作培训；采育镇成人学校黑陶制作培训；长子营镇成人学校宫灯制作培训；瀛海镇成人学校面塑艺术培训；黄村镇成人学校琉璃艺术培训；北臧村镇成人学校金丝岩画和服装设计与加工培训；亦庄镇、旧宫镇及西红门镇成人学校中华传统文化等。共计培训3857人次。

（宋薇）

1月至6月，大兴区各镇成人学校开展各类农民技能培训

（大兴区教委　供）

首届中学生时事辩论赛决赛

4月8日，大兴区教委举办首届大兴区中学生时事辩论赛决赛。比赛设初中组和高中组2个组别，初中组围绕“碎片化阅读对促进全民阅读利大于弊/弊大于利”、高中组围绕“高校自主招生应该提高/降低文化课比重”展开辩论。最终，北京市大兴区兴华中学获初中组冠军、北京市大兴区第一中学获高中组冠军。2所学校同时获得代表大兴区参加第二届北京中学生时事辩论赛资格。区教委相关领导及100名师生参加活动。

（田杰）

文明小导游项目启动

4月，大兴区教委启动文明小导游项目。项目选出10所学校作为教育系统文明旅游志愿服务首批试点单位，利用清明假期、国庆假期和周末时间，组织中学生志愿者和志愿者家庭走进景区推进文明旅游，为游客指引路线、义务讲解、清理路边垃圾、及时制止不文明现象。活动地点包括月季主题园、爱情海玫瑰园、呀路古热带植物园、绿源艺景等景区。全年有100余名志愿者和80个志愿家庭参与项目。

（闫冬青）

4月，大兴区教委启动文明小导游项目

（大兴区教委　供）

职成教研中心成立

6月，大兴区教委成立北京市大兴区职业教育和成人教育研究中心。中心整合北京市大兴区第一职业学校和北京市大兴区第二职业学校资源，办公地点位于北京市大兴区北臧村镇天宫院西（原大兴二职，暂驻）。中心统筹全区职业和成人教育工作，负责干部教师继续教育、教育教学改革与质量督促检查等工作，承接各级各类成人教育协会和职教协会工作。人员由原大兴二职31名教职工和大兴区职业教育集团办事处9名教职工构成，任命原大兴二职校长为中心主任。

（史玉玲）

“我是班主任”系列专题片播出

9月10日，由大兴区教师进修学校与耀星文化传媒联合制作的“我是班主任”系列专题片在大兴区教委官网和各校校园网等平台播出。专题片以“紫禁杯”优秀班主任大兴工作站10名成员的工作为宣传主体，时长90分钟，展示优秀班主任育人理念及成果，采取“访谈+纪实”制作理念，专业拍摄环境访谈与下校实地拍摄相结合，历时4个月完成。专题片涉及常规教育、班级文化、课题研究、带班方略、主题活动设计、家校协作、特殊学生转化、特色班本课程、青春期教育、班主任专业化发展等内容。

（韩景贵）

30名硕博副校级干部选拔培养

9月，大兴区教委组织30名硕博副校级干部到15所优质学校跟岗学习。学习为期20天，采取“双导师”“双岗位”研修方式。中小学、幼儿园副校级领导117人，申请合格并报名参加选拔。

（刘朵朵）

数学游戏与课程建设研究中心成立

10月18日，大兴区教师进修学校召开数学游戏与课程建设研究中心成立大会。会议宣布中心成立决定及中心章程，介绍游戏课题研究的重要意义，并为中心执行主任颁发聘书。参会专家、领导为大兴区教师进修学校及26所课题实验校授牌。区教委、北京师范大学等单位专家领导及26所课题实验校负责人和实验教师120人参加会议。中心由北京师范大学专家团队、大兴区进修学校小学数学教研室及课题校组成，主要开展“在游戏活动中提升学生数学思考力的研究”。

（董翠娟）

大兴区成人教育百年成果展

11月15日，大兴区政府举办2018北京市大兴区成人教育百年成果展暨大兴区第14届全民终身学习活动周启动仪式。活动以“不忘百年成教初心　牢记继续教育使命”为主题。活动为大兴区4个北京市终身学习示范基地、1个北京市职工继续教育基地、8个北京市新型职业农民培训基地颁牌，并为大兴区2名首都市民学习之星颁发荣誉证书。活动回顾并总结大兴区百年成教工作，肯定大兴区成教工作在服务新时代党的建设、服务大兴新机场建设、服务美丽乡村建设、服务居民生活质量提升、服务农民城镇化转型、服务学习型城区建设中的作用。开幕式后，参会人员参观成人教育百年成果展，展览设置百年历程展、特色品牌展、口碑展和学员书画作品展4个展区。市教委相关领导，大兴各镇街、各委办局、区教委科长以上干部，全区各中小学德育副校长，区职成教系统老干部及职工共计400余人参加活动。

（宋薇）

首届高中语文教师发展论坛

11月20日，大兴区教师进修学校举办“大兴区中学语文学科教师阅读与写作素养提升课程项目”暨首届“高中语文教师教学专业成长论坛”。论坛分为研究课展示、开幕仪式、优秀教学课例及设计颁奖、优秀教学课例及设计说课、专家点评5个环节。北京教育科学研究院、大兴区教委等单位专家领导，全区各高中语文教师150人参加论坛。

（逯秀滨）

首届人工智能创客大赛

11月20日，大兴区校外教育办公室举办“人工智能，让世界充满AI”——2018年大兴区首届人工智能创客大赛。全区40余所中小学400名师生参加比赛。竞赛设置3个板块11个项目。其中，信息创意板块下设现场编程、太空运矿赛、创客作品和远程通信技术秀竞赛、智能设计挑战赛、智能车接力赛、资源抢夺战6个项目；电子技术板块下设电路制作、面包板电路实验与万用表测量2个项目；人工智能创新板块下设MakeX—星际探索、蓝色星球、攻城守垒3个项目。最终，评出冠、亚、季军各1组，每组3人；另评出一等奖5人、二等奖7人、三等奖12人。

（杨喜来）

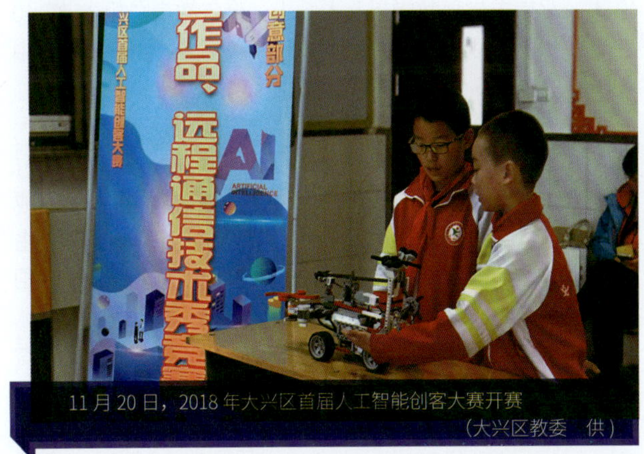

11月20日，2018年大兴区首届人工智能创客大赛开赛

（大兴区教委　供）

“一三一五”项目校英语学科名师工作坊成立

12月5日，大兴区教师进修学校举办“一三一五”项目校英语学科名师工作坊成立暨第一次教研活动。活动中，北京市大兴区北臧村镇中心小学和北京市大兴区第七中学教师作三年级和五年级现场课展示；区教师进修学校从指导思想、工作愿景、秉持理念、行动实践、工作保障5个方面，总结大兴区“一三一五”项目运行情况；参会领导为“教科研支持项目田娟英语名师工作坊”颁牌，并为各项目校校长及部分骨干教师颁发兼职教研员聘书。各项目校校长、英语教研组长以及部分新教师30人参加活动。该项目于2018年启动，为小学教科研支持项目，确立“一三一五”精准扶持模式：以区教师进修学校为主体，联合3所教研基地校教研力量，精准扶持1所项目校，同步辐射5所农村薄弱校。

（龚晴　柏东河　顾占海）

怀柔区

概述

2018 年，怀柔区教委辖属教育单位 132 个，其中，幼儿园 75 所（教育部门办园 17 所、集体办园 16 所、民办园 42 所），小学 26 所（全部为教育部门办校），九年一贯制学校 3 所（全部为教育部门办校），民办十二年一贯制学校 1 所，中学 15 所（全部为教育部门办校），特殊教育学校 1 所，中等职业学校 2 所（教育部门办校 1 所、民办校 1 所），其他法人单位 9 个。招生 10222 人（幼儿园 3550 人、小学 3279 人、初中 2193 人、普通高中 1117 人、中等职业学校 83 人）；毕业 9027 人（幼儿园 3339 人、小学 2722 人、初中 1492 人、普通高中 946 人、中等职业学校 528 人）；在校生 37666 人（幼儿园 10431 人、小学 17151 人、初中 5986 人、普通高中 3465 人、中等职业学校 552 人、特殊教育 81 人）。教职工总数 6063 人（幼儿园 1761 人、小学 1689 人、中学 2264 人、中等职业学校 313 人、特殊教育 36 人），其中，正高级职称 1 人、副高级职称 1160 人、中级职称 2316 人。北京市特级教师 13 人、北京市骨干教师 49 人、北京市学科教学带头人 6 人。全年教育总投入 23.40 亿元。中小学固定资产总值 18.80 亿元。设立学区 11 个（中学 5 个、小学 6 个），学前教育联盟 5 个。

2018 年，怀柔区教育系统学习贯彻全国及全市教育大会精神，坚持教育优先优质发展。强化中小幼德育体系建设，中学建立社会主义核心价值观工作月报机制；小学以养成教育和家访工作为抓手，加强德育课程、德育队伍和学生活动 3 个平台建设。推进三大球网点校建设，全区有全国校园足球特色校 8 所、市级校园足球特色校 6 所。推广冰壶、滑冰等冰雪运动项目，全年共有 22 所学校开展“冰雪运动进校园”活动，全区参与冰雪文化进校园学生达 2 万人。国际象棋、攀岩、棒垒球等 11 个特色项目累计培训学生 900 人次。开展民族艺术进校园活动，举办 4 场大专场、24 场小专场演出。在 11 所中小学开展戏曲进校园活动，举办 4 场戏剧专场演出，组织 1000 余名学生现场观看。全区中小学生参加体育、艺术、科技赛事，获国家级奖项 257 项、市级奖项 482 项。

坚持人才强教兴教战略。加强校长工作室建设，重点培养一批优秀校长，选派优秀校级干部参加各类市级研修培训、专题培训班，累计培训 2500 人次。发挥师德榜样作用，9 人获北京市“紫禁杯”优秀班主任称号。壮大骨干教师队伍，引进成熟人才 10 人，包括正高级、特级教师 2 人；招聘新任教师 179 人，硕士研究生及以上学历人员占比 35%；招聘乡村教师 28 人。实施“青蓝工程”，为骨干教师、青年教师结对子，促进青年教师业务成长。与北京教育学院携手启动 2018 年“启航计划”，为 173 名新教师搭建成长平台。50 名教师参加“国培计划”“青蓝计划”项目，与教育学院、首都师范大学开展联合培训活动，对 312 名骨干教师开展 280 学时的学科和研修系列培训。职业教育高水平专业师资队伍逐步成型，遴选 30 名教师参加首批学习指导师培训班，组织 30 名骨干教师参加“三有”课堂系列培训。落实义务教育学校干部教师交流轮岗工作，选派首批轮岗干部 10 人、教师 112 人。推进乡村教师岗位生活补助发放工作，完成乡村教师岗位生活补助配套五险二金补缴工作，设立乡村教师岗位生活补助台账。职称评聘向乡村学校倾斜，农村学校新评高级教师 29 人，占比 33%。

统筹发展各类教育。完善学前教育发展保障体系，拨付生均定额补助资金、扩学位补助资金 3000 万元；实施《怀柔区第三期学前教育行动计划》，2 所幼儿园开园招生，2 所幼儿园建设完工；15 所幼儿园完成扩班招生，扩充学位 1350 个；17 所幼儿园通过上级上类市级视导，14 所幼儿园完成上级上类验收任务。落实义务教育学校管理标准化建设工作，10 所学校被认定为全市首批义务教育学校管理标准达标学校。完成学习型示范区建设，完成全区 66 家单位绩效考评工作，召开全区创建工作大会，重点打造和培育 3 个示范项目，成为北京市第六个学习型城市示范区。规范民办教育管理，在全区范围内开展校外培训机构专项整治行动，摸排核查培训机构 201 个，发现存在问题的培训机构 166 个，开展执法检查 225 次，对 7 个机构进行行政处罚立案。规范民办教育审批流程，办理完成各类民办学校行政许可 44 项。出台《怀柔区特殊教育三年行动计划》，建设 1 个自闭症康复教育训练基地、2 个示范性学区融合教育资源中心，全区残疾儿童入学率 100%，15 人接受送教上门服务。

深化教育综合改革。引进优质教育资源，签订东城教育帮扶怀柔教育合作协议，实现北京市第一七一中学与北京市怀柔区第一中学一个法人，一体化管理。推进对口直升贯通分段培养改革，召开招生校和生源校“1 ＋ 3 培养试验”工作会，159 名学生分别免试升入怀柔一中和北京市第一 0 一中学怀柔分校。北部山区 5 所小学形成联盟，组建班主任、数学、英语等名师工作室，带动青年教师成长。5 个学前联盟走进全区 40 所幼儿园开展观摩活动 120 次，送课 30 节。坚持义务教育免试就近入学原则，做好“亲”“清”管家服务工作，为 140 名企业人才解决子女入园、入学问题。落实《优质高中部分招生计划分配方案》，名额分配比例 50%。

深化教育对口帮扶工作。推进对河北丰宁县、怀安县，内蒙古四子王旗、科左后旗，河南卢氏县，青海杂多县教育对口帮扶工作，全年投入 479 万元，开展教学交流 102 次，送课 177 节；选派挂职干部 15 人次、支教教师 10 人；培训受援地区挂职干部 96 人次、教师 195 人次、农村实用人才 300 人次；捐赠图书 1864 册、钢琴 4 架。推进低收入农户帮扶工作，落实联乡帮村帮扶任务，全年开展各类培训 178 场次，覆盖 11 个镇乡 61 个村，培训 10225 人次。对定点帮扶村卧龙岗开展手工艺制作课程培训 10 天，培训 592 人次。

（缐金秋）

开放型在线辅导计划

2018 年，怀柔区启动并推进开放型在线辅导计划。制定《怀柔区中学教师开放型在线辅导实施方案》《2018 年北京市中学教师开放型在线辅导计划怀柔区项目推进进度及要求》等文件。4 月 20 日，怀柔区召开《北京市中学教师开放型在线辅导计划（2018—2020）》启动会。会后，全区各校根据会议要求分别召开校级启动及培训会议。5 月 1 日，全区辅导工作全面展开。项目负责人每周在“双师服务各校负责人群”公示各校辅导教师参与辅导情况和学生使用情况数据，以督促辅导教师和学生积极参与活动。截至 11 月，全区申报双师 1761 人，141 名双师参与一对一实时辅导，累计辅导 8074 次，累计辅导时长 1609.31 小时；参与一对一实时在线辅导学生 1034 人，累计辅导 7014 次，上线率 17.73%；学生对教师平均评星 4.96 颗星（满分 5 颗星），平均评分 11.83 分（满分 12 分）；594 名学生提出问题 5067 个；7 名教师上传微课 10 节（3 节被评为优质微课）。1936 名学生和 144 名教师参与问卷调研，调研反馈满意率学生 98%、教师 96%。

（绵金秋　于晓龙）

“戏曲进校园”工作推进

2018 年，怀柔区教委多措并举推进“戏曲进校园”工作。集中组织优秀剧目演出，邀请京剧大师走进 11 所中小学开展戏曲进校园活动，普及戏曲知识；与区文委合作，采取“大手拉小手”方式在 4 所小学开展戏曲名段观演活动，观演人数 1000 人次。开展教师培训，依托市、区两级优质培训资源和高校、社会力量参与小学体育美育发展项目，推荐 13 名优秀艺术教师参加市教委举办的北京市中小学戏曲教师专业培训。组建戏曲社团或兴趣小组，指导各校根据学校现状和学生戏曲爱好、专长实际，建立不同剧种的学生戏曲兴趣小组或戏曲社团组织，鼓励有条件的学校开设戏曲教室、戏曲角，设立戏曲知识展板、板报等，为校园戏剧群体和个人提供学习交流平台。组织学生参加市教委举办的戏曲知识大赛，全区共有 6000 名同学参与线上戏曲竞赛答题，9 所学校进入复、决赛，首都师范大学附属红螺寺中学获高中组金奖。

（绵金秋　刘颖）

2018 年，怀柔区教委多措并举推进“戏曲进校园”工作

（怀柔区教委　供）

校园安全防线筑牢

2018 年，怀柔区教委把安全教育和防范工作抓细、抓实、抓出成效。各校落实校园安全稳定工作责任制，做好校园安全稳定工作，严格执行值班值守和应急管理制度。至年底，“平安校园”建设工作持续深入推进，19 所学校通过评审验收。区教委先后召开教育系统防汛、平安校园建设、食品安全、交通隐患排查、校园安全等专题工作会，建立安全检查台账，对存在问题实行限期整改。组织交通安全培训、消防安全培训、食品安全管理、反恐防暴、危化品平台操作等专题培训，提升安全工作队伍能力素质。健全风险防控和应急体系，针对饮食、交通、消防、反恐防暴等方面问题开展 2 次全面排查，组织指导消防疏散演练活动 90 次，开展集体性防汛宣传教育与演练活动 60 次。推进全区幼儿园视频监控建设，完成 90 所校园与区教委、区公安分局联网工作。完成学校阳光餐饮工程建设，实现食品安全信息公开和食品加工操作过程可视化。召开扫黑除恶专项斗争工作部署会，开展以“校园周边秩序综合治理”为抓手的系列治理工作，有效防范黑恶势力向校园渗透。

（绵金秋　王红俨）

学习型怀柔建设工作推进

2018 年，怀柔区教委六重举措推动学习型怀柔建设工作。以北京青少年科技创新大赛为依托，开展各种竞赛活动，激励青少年创新实践；开办各类农民技能培训班，搭建京冀、京豫两地实用人才培养项目平台，培育新型职业农民；打造文化怀柔项目、农民创新创业项目、学习型怀柔绩效考评项目 3 个示范项目，每个项目设立示范点 2 个，通过项目展示示范区创建成效；整合教育资源，打通学历教育、社区教育、职业教育等衔接发展壁垒，满足市民多样化学习需求，实现终身教育；线上建立微信公众号等数字化学习服务平台，服务学习型怀柔建设，线下加大校园教育设施免费开放力度，拓展文化公共设施服务功能；创建学习型学校，推动学校开放教育资源，服务全民学习，培育特色校园文化，提高学校办学能力和创新能力。

（绵金秋　侯健）

首家法治教育实践基地揭牌

1 月 20 日，怀柔区教育系统法治教育实践基地揭牌仪式举行。活动介绍法治教育实践基地建设情况；学生代表宣读尊法、学法、守法倡议书；区司法局、区教委领导共同为基地揭牌。该基地为怀柔区教育系统首家法治教育实践基地，基地的成立是加强市民和青少年法治教育的又一项创新举措，为学生、学生家长、社会各界提供学法平台，营造学法、懂法、守法氛围。区司法局、区教委领导及全区教师、学生代表等 200 人参加活动。

（缐金秋）

“紫禁杯”班主任工作站启动

3 月 27 日，怀柔区教委、区教科研中心共同主办怀柔区“紫禁杯”班主任工作站启动仪式。活动为怀柔区紫禁杯优秀班主任工作站授牌，解读《怀柔区紫禁杯优秀班主任工作站章程》及 2018 年工作站主要工作。工作站设在区教科研中心德育教研室，由德育教研室负责日常事务管理和导师聘任，区教委和区教科研中心负责学员考核。工作站首批聘任导师 3 人，来自区教科研中心德育教研室，首批学员 34 人，活动形式包括专题讲座、沙龙研讨、案例分析等。北京教育科学研究院相关领导，全区各中小学德育校长、骨干班主任、2017 年度紫禁杯获得者共计 70 人参加启动仪式。

（缐金秋　马立新）

怀柔四幼与长椿街幼儿园建立合作关系

4 月 12 日，北京市怀柔区第四幼儿园与北京市西城区长椿街幼儿园举行“合作共行 携手并进”拉手合作签约仪式。签约仪式上，双方园长介绍幼儿园基本情况，在干部队伍建设、教师队伍建设、保教工作等方面达成合作意向，并签订合作协议和师徒帮带协议，协议有效期 3 年。长椿街幼儿园干部教师现场指导怀柔四幼教育环境、主题活动、区域游戏等工作。两园领导交流探讨办园理念、园所特色课程、教师队伍建设等方面内容。怀柔、西城两区教委学前科负责人，长椿街幼儿园干部教师，怀柔区第四学前教育联盟园园长、教师 30 余人参加活动。

（缐金秋　高凤英）

4 月 23 日，怀柔区社区教育中心开展社区公益大课堂活动——南城社区剪纸课程　（怀柔区教委　供）

社区公益大课堂活动

4 月至 12 月，怀柔区社区教育中心在南城社区、新贤家园、西园等 10 个社区开展公益大课堂活动。公益课程旨在为社区居民搭建修身养性学习交流平台，将社会主义核心价值观教育落到实处，设置书法、绘画、合唱、舞蹈、剪纸、评剧、插花、朗诵、快板、色彩着装 10 门课程，开设教学班 27 个，全年培训 632 课时，1.30 万人受益。怀柔区社区教育中心经过前期调研、多次论证，构建“点线面”培训格局，即以体验室为点，体验室设在怀柔区社区教育中心；以公益课程为线，公益课程设在街道社区；以主题教育为面，在全区乡镇村社区开展教育培训。

（缐金秋　彭兴龙）

茶坞铁路中学更名为茶坞铁路小学

5 月 8 日，怀柔区教委决定将北京市怀柔区茶坞铁路中学更名为北京市怀柔区茶坞铁路小学。学校位于北京市怀柔区茶坞铁路地区 22 号，教职工 39 人，教学班 9 个，在校生 227 人。学校为九年一贯制学校，前身为大同铁路分局职工子弟茶坞中学，从 1989 年建校到 2003 年，隶属于山西大同铁路分局；2004 年，铁路推进企业改革，学校划归怀柔区教委管理，更名为北京市怀柔区茶坞铁路中学。2016 年，怀柔区教育实行区域改革，学校初中部与北京市怀柔区桥梓中学合并。

（缐金秋　杨海芹）

青少年科普专项行动签约

5 月 14 日，怀柔区教委与中国科学院大学、怀柔区科学技术协会签订三方合作协议。根据协议，三方本着平等互利、优势互补原则，共商、共建“春分工程 · 怀柔青少年科普专项行动”科普工作品牌，国科大面向怀柔区青少年开展科普活动，采取实验室开放、科学展演、公益支教等支持形式。当日，国科大举办科普开放日活动，全区 6 所小学 300 名学生在国科大师生带领下，体验钉子游戏、3D 打印、多米诺骨牌等 17 个创意项目，并以互动问答形式强化记忆。区教委推荐 8 名优秀高中生到国科大实验室学习；组织 500 名中小学生走进国科大聆听专家讲座、参观“两弹一星”纪念馆，了解中国科技顶尖技术。3 月 21 日，国科大社会责任项目“春分工程”启动，旨在通过面向全国青少年开展科普活动，建立与学术形象相匹配的社会责任形象。

（缐金秋　刘颖）

“怀柔教育”官方微信公众号开通

5月16日，“怀柔教育”官方微信公众号开通。公众号发布教育系统权威政策解读、重点工作、教育大事儿等信息。至12月31日，关注人数1.50万人，发布推文157篇，平均阅读量1000余次。公众号为社会各界了解、支持怀柔教育发展提供窗口渠道，为加强教育新闻宣传和舆论引导提供支持。

（缐金秋　刘煜）

10所幼儿园通过级类验收

8月，10所幼儿园通过级类验收。北京市怀柔区汤河口镇中心幼儿园、北京怀柔新贤家园幼儿园2所幼儿园通过北京市一级一类幼儿园验收；7所幼儿园通过北京市一级二类幼儿园验收；1所幼儿园通过北京市三级三类幼儿园验收。验收工作于6月启动，市级专家验收组通过实地查看、审阅资料、听取汇报、交流反馈4个环节开展相关工作。

（缐金秋）

宝山镇中心园开园

9月21日，北京市怀柔区宝山镇中心幼儿园开园。该园位于宝山镇宝山寺村小学北，是怀柔区北部山区第二所公办幼儿园，于2015年7月启动建设，2018年7月竣工；园所占地面积6300.07平方米，建筑面积2768平方米，绿化面积3069平方米，设有班级活动室、睡眠室，建有图书教室、音体教室等多功能教室；规划开设教学班6个，可提供学位180个；教职工11人，首届开设教学班2个，幼儿入园38人。11月，宝山镇中心园通过北京市一级二类幼儿园验收。

（缐金秋　穆敬华）

课后服务工作全面落实

9月至11月，怀柔区全面落实课后服务工作。学校课后服务内容由学校自行确定、灵活安排，主要包括体育锻炼、自主阅读等。课后服务在制度上遵循“三不”原则：不上基础文化课、不按行政班集中辅导、不加重学生课业负担。课后服务安全保障先行，各校分别采取集中看护或为参与课后服务的学生设计服务凭证，制订课后延时服务安全预案、课后延时服务看护教师职责、代班领导职责等相关制度，严格考勤、监管、交接班等要求，并按照学生自愿、家长申请、班级确认的流程，与家长签订延时管理、服务管理协议。课后服务工作中，各校多以校内师资为主，或通过购买服务方式引入社会力量参与，为学生提供场所、开设社团活动。全区服务学生7159人，占比41.8%。

（缐金秋）

怀柔一中与一七一中一体化办学签约

12月28日，北京市怀柔区第一中学与北京市第一七一中学一体化办学协议签订、挂牌及校长任命仪式在怀柔一中举行。仪式上，两校签订一体化合作办学协议；任命怀柔一中校长及执行校长；为“北京一七一中学教育集团怀柔分校高中部”揭牌，怀柔一中成为一七一中怀柔分校。根据协议，双方秉承“城乡一体化”办学模式，由一七一中统一管理本校区和怀柔分校教育教学工作，怀柔一中纳入一七一中教育集团，实施统一管理，享受集团成员校相应的权利；一七一中分期分批接待怀柔一中干部、教师入校跟岗培训，定期选派干部、教师到怀柔一中听课、研课、联合开展教研活动及师徒结对活动；接收符合条件的怀柔一中学生开展游学等教育教学活动。怀柔区委、区政府、区教委及东城区教委领导，一七一中、怀柔一中干部、教师代表等46人参加签约仪式。

（缐金秋　王红俨）

平谷区

概述

2018年，平谷区教委辖属教育单位172个，其中，幼儿园75所（教育部门办园5所、集体办园38所、民办园32所）；小学46所（教育部门办校45所、民办校1所）；初中14所（初级中学12所、九年一贯制学校2所）；高中5所（公办完全中学4所、民办高级中学1所）；特殊教育学校1所；职业高中1所；成人学校2所；乡镇成人学校18所；其他教委直属单位10个。招生11140人（幼儿园3733人、小学3647人、初中2346人、普通高中1320人、中等职业学校86人、特殊教育8人）；毕业9869人（幼儿园3746人、小学2805人、初中1673人、高中1576人、中等职业学校51人、特殊教育18人）；在校生41613人（幼儿园12140人、小学18448人、初中6436人、普通高中4284人、职业高中200人、特殊教育105人）。教职工总数5962人（幼儿园588人、小学2081人、中学2710人、职业高中151人、特殊教育64人、其他教委直属单位368人），其中，正高级职称5人（中学4人、其他教委直属单位1人），副高级职称1618人（幼儿园66人、小学318人、中学1067人、其他教委直属单位167人），中级职称2772人（幼儿园274人、小学1225人、中学1127人、其他教委直属单位146人）。北京市特级教师8人（小学3人、中学5人），北京市学科教学带头人6人（小学3人、中学3人），北京市骨干教师50人（幼儿园2人、小学26人、中学22人）。全年教育总投入25.27亿元。中小学固定资产总值12.60亿元。

2018年，平谷区教育系统坚持“问题导向、目标引领、质量优先、适度均衡”基本原则，推出一系列改革措施，教育发展呈现新面貌。

实施教育质量提升工程。加强高考数据分析及策略研究；印发《高考对你说》手册，系统整理考前各环节准备工作；组织全区师生开展物理、通用技术、英语等学科竞赛；组建创新人才培养协作体；与北京国际教育交流中心、中国教育国际交流协会合作，举办平谷区高中英语夏令营活动。以科学管理为依托，深化体制机制改革，制订《关于推进义务学校管理标准化建设实施方案》，开展第一批13所学校标准化建设达标验收工作；出台《关于进一步深化学区化建设的实施方案》，并拨付资金300万元用于集团化、学区化改革；推进中小学课后延时服务工作，破解“三点半难题”，以课外活动计划、课后活动和看护服务为主，指导学校制订本校课后延时服务方案；组织开展“家校进博”活动，安排专项资金，依托北京市社会大课堂资源，各学校每学年至少安排一次学生和家长（第一监护人）共同走进博物馆；开展心理健康教育，配备专兼职心理健康教师，设置心理咨询室，为学生提供培训或辅导，引导学生形成健康的人格品质；加强学校德育体系构建的研究与实践，组建德育体系构建研究基地校，结合市、区文件精神和学校实际，全面梳理育人目标、育人途径、育人资源，初步形成体系构建实践方案。

5月4日，2018年平谷学前幼儿读书节暨颁奖大会
（平谷区教委 供）

关注社会热点问题，提升办园质量。制订《北京市平谷区第三期学前教育三年行动计划》，出台《关于进一步加强幼儿园学籍管理实施细则》；加强13个农村办园点级类验收视导，提升民办园管理水平和业务能力；推进学前课题研究，29项市级研究课题立项；加强教师培训考核。继续推进教育系统“双积分”改革，深入学校围绕“双积分”工作开展专题调研，在示范校召开全系统“积极推进‘双积分’制，全面提高教育质量”现场会；再次对“双积分”进行完善和修订。

落实优秀人才培养工程。实施师资储备计划，解决教师队伍断档问题，聘用编内教师40人，招聘编外幼儿教师275人、小学教师96人。系统内调配，缓解师资缺编问题，加强岗位管理教师竞聘与交流相结合，促进教师流动，完成2018年暑期教师系统内交流121人。加强教师培训评优推先促发展，推选优秀教师参加北京市名师发展工程、特级教师工作室成员项目、体验式培训项目等，满足教师发展需求；继续推进“中小学教师开放型教学实践活动计划”；实施“中学教师开放型在线辅导计划”试点工作，6000名中学生参与活动；成立新一届名师工作室20个，同时引进区外优质资源，成立“吴正宪小学数学教师工作站——平谷分站”；加强校长队伍建设，开展“教育热点问题大家谈”“精品校本课程交流指导”等活动；开展第三届中小学班主任基本功培训与展示活动；召开全系统教研大会和科研大会，制订《平谷区关于教研组工作的实施意见》。

实施提升学生素质工程。推进绿谷读书行动计划，修订印发《平谷区中小学绿谷读书目录》，召开2018年平谷区义务教育学校读书节暨表彰展示大会。推进文艺科普活动进校园，启动2018年民族艺术进校园活动，累计1.80万人次参加观摩活动；联合区科协组织科普专家进校园系列科普讲座及科普“大篷车”进校园活动，累计2.60万人次参与活动；组织体育、艺术、科技教师培训，包括啦啦操、冰壶、航空航天科技等项目，累计培训350人次；开展知名艺术家结对平谷乡村学校活动，各界艺术家走进7所农村学校。借助文体活动提升学生体质，举办中小学校体育与健康课运动负荷监测现场观摩会；与体育局协商筹划，建设以俱乐部培养为模式的区级运动队，区级足球队依托中赫国安俱乐部，重点打造由2005年至2010年出生学生组成的5个组别的男、女足球队。

（吴玉仙）

校园足球专项会议

1月11日，平谷区教委召开全区校园足球专项会议。会议解读《平谷区教育委员会转发〈关于加快发展北京市青少年校园足球工作的实施意见（2016—2020）年〉的通知》《国家级足球特色校基本标准》《国家级足球特色校复核评价标准》和“2018年市级校园足球工作思路”，汇报2017年平谷区校园足球工作开展情况和2018年全区校园足球工作重点。11所国家、市级足球特色校主管领导分别汇报2017年各校校园足球开展情况、存在问题和2018年校园足球工作设想。中小学足球特色校校长、主管校长、体育组长，平谷业余体校、金龙足球俱乐部相关人员80人参加会议。

（陈绍庄）

6月20日，平谷区教委举办“幼小衔接贯通培养”开放交流活动
（平谷区教委　供）

吴正宪小学数学教师工作站平谷分站建站

3月27日，“吴正宪小学数学教师工作站平谷分站”建站启动会在北京市平谷区第八小学举行。工作站有成员33人，旨在借助吴正宪小学数学教师工作站的教育理念及资源，为平谷小学数学教师搭建成长平台，推动平谷小学数学学科教学质量提升。工作站将全面研究、领悟并推广吴正宪儿童数学教育观，引领全区小学数学教师学习并践行吴正宪教学思想，努力打造一支具有高专业技能、高专业品格的小学数学教师队伍。

（吴玉仙）

养成教育特色开放活动

4月19日，平谷区教委在北京市平谷区山东庄中心幼儿园开展养成教育特色开放活动。幼儿园展示小喇叭广播、班级环境、幼儿区域活动、教学活动和户外活动。幼儿园园长作《培养良好习惯奠基幸福人生》工作汇报，介绍幼儿园从关注幼儿行为习惯到意志品质的具体做法。现场问卷调查显示：95%以上的教师对园所环境、区域活动和教学活动评价为优秀。此次活动为乡镇幼儿园、民办幼儿园在办园特色定位、园所特色课程构建、办园思想践行3个方面起到指导和引领作用。区教委相关负责人，全区公办园及民办园园长、业务园长、骨干教师130人参加活动。

（李敏）

航天特色实验班在平谷中学成立

4月21日，北京市平谷中学举办“提升科学素养共筑航天梦想”航天科学特色实验班启动仪式。会上，平谷中学校长致辞，学生代表作《我的梦航天梦》发言；中国航天科技国际交流中心领导为学校授牌“北京市航天科学特色实验班”，平谷中学加入中国航天科技教育联盟。平谷区政府、区教委、区政府教育督导室领导等15人参加启动仪式。实验班于9月开始招生，面向高一年级学生，招生2个班，学生77人，设置航天知识类、航天体验类、科学实践类课程。9月12日，学校组织高一年级航天科学特色实验班和初三年级项目实验班学生，听取哈尔滨工业大学航天学院教授第一讲航天概论。9月14日，学校组织航天科学特色实验班全体学生及家长到北京航天员宇航训练基地学习考察。12月6日，学校组织航天科学特色实验班4名教师赴四川西昌考察。

（杜德胜）

幼儿园网络视频监控系统建设

4月，平谷区教育信息中心推进幼儿园网络视频监控系统建设。经多方配合、多次实地走访检查，全区42所公立幼儿园全部完成网络视频监控建设任务，达到全域全覆盖，并于4月19日完成使用培训。新装摄像机3731台，全区摄像机总量达到4750台。同时，完成全区民办幼儿园监控情况调查统计工作，结果显示：32所民办幼儿园中，共有监控1373路（原有952路、新增421路）；摄像头1305个（原有931个、新增374个），达到全覆盖要求。

（刘远洋）

6个农村办园点级类验收视导

5月28日至6月1日，平谷区教委会同平谷区妇幼保健院对区内6个农村办园点开展级类验收视导。验收组对照《北京市托幼园所分级分类验收标准及细则》，深入园所和班级，重点指导幼儿园半日活动组织与实施、幼儿发展与评价、园所组织机构与制度建设，分别从农村办园点课程建设、教师专业队伍培养、规范卫生保健等方面进行检查、反馈，要求各乡镇中心园加强对农村办园点的管理与指导，加强对教师业务能力的引领，对验收组反馈的问题及时整改，尽快提升园所整体工作水平。

（刘小英）

幼小衔接交流活动

6月20日，平谷区教委举办“幼小衔接贯通培养”开放交流活动。活动组织观看230名幼儿及小学生的“剪出快乐童年”特色剪纸展示，观摩幼儿语言教学活动《我上小学啦》，查看幼儿园特色剪纸档案材料，听取相关幼儿园及小学的工作汇报。区教委要求各学校发挥校长统筹协调作用，丰富并深化幼小衔接内容，同时不断完善协调互动育人机制。区教委、王辛庄镇政府相关负责人，全区公办园园长、业务园长、幼教主任、部分骨干教师，全区小学校长及部分民办园园长 110 人参加活动。

（刘小英）

首届百名中青年教师培养工程

7 月 9 日，平谷区首届百名中青年教师培养工程启动大会在平谷区教委召开。会议解读《2018 年平谷区百名中青年教师培养工程研修方案》。区委教育工委、区教委、区政府教育督导室、区教育研修中心领导，全区中小学（含职业学校和特殊教育学校）教学校长，中国教师研修网平谷项目团队成员，平谷区中小学百名中青年教师等 160 人参加大会。该培养工程每年选拔 100 名优秀中青年教师进行重点培养。首届培养工程有学员 100 人，通过各单位教师自主申报、学校选拔推荐产生。培养工程采取任务驱动式分阶段研修，为期 1 年：第一阶段围绕新背景下的教学策略方法研修，第二阶段围绕新背景下的教育研究；同时，通过聘请高校名师名家开设专题讲座，组织学员走进北京优质高校深造等形式助推中小学名师队伍成长。11 月 19 日至 11 月 23 日，举办培养工程教师第一期高校深造、基地校跟岗实践研修活动。研修包括高校深造与基地校跟岗实践两部分内容，为期 1 周，85 名项目学员参加。高校深造在首都师范大学开展，以理论培训为主；跟岗实践将学员分 4 组，分别安排到北京市丰台区丰台第一小学、北京小学万年花城分校、北京市第九中学和北京市丰台区丰台第二中学。

（吴玉仙　孙晓楠）

小学及幼儿园编外教师公开招聘

8 月，平谷区教委面向社会招聘小学、幼儿园编外教师。面向平谷区高校毕业生，为区教委所属小学一线教学辅助岗位选聘编外小学教师 100 人。要求年龄在 30 周岁（1988 年 1 月 1 日以后出生）以下，平谷户籍；具有小学一线教育教学工作经历、具有小学及以上教师资格证书或毕业于“双一流”建设高校的，年龄可放宽至 35 周岁。9 月，面向社会公开招聘编外幼儿园教师 222 人，从事幼儿园一线教育教学工作。

（吴玉仙）

内地玉树高中班办学续约

10 月 16 日，青海省玉树州教育局与北京市平谷区教育委员会内地玉树高中班办学签约仪式在北京实验学校举行。双方续签 2018—2020 年玉树内高班办学协议。平谷内地玉树高中班设在北京实验学校，2016 年 9 月 1 日首次签约招生，从青海玉树藏族自治州所辖市县的初中毕业生中，通过考试选拔首批学生 85 人。学生在平谷完成 3 年高中学业，在市教委注册高中学籍，参加北京市普通高中学业水平考试，合格后取得《北京市普通高中会考合格证》，高中毕业后回青海参加高考。2017 年，继续招生 100 人。2018 年 7 月 21 日至 30 日，北京实验学校组织 14 名教师赴玉树开展为期 10 天的家访活动，分组走访典型家庭 40 余个。

（郭峰　亭丛林）

新疆职教学生交流访学

11 月 18 日，北京市平谷区职业学校接待新疆洛浦县中等职业学校、洛浦县高级技工学校 4 名教师和 41 名学生到校交流访学。活动为期 40 天，平谷职校教师通过前期调研，确定以汉语教学为主，各专业体验和参观校企合作单位为辅的交流访学方案，同时安排国画、书法等传统文化教育，篮球、跳绳等体育运动以及观看天安门升旗仪式、参观校企合作单位等实践活动。

（吴玉仙）

首届中小学生冬季运动会

11 月 20 日，平谷区教委举办平谷区第一届中小学生冬季运动会。运动会设旱地冰壶和速度轮滑 2 个项目，分为高中组、初中组和小学组 3 个组别。10 所初中校和 16 所小学运动员 270 人次参加比赛。运动会由平谷区青少年活动中心承办，平谷区冰雪运动协会、北京冰雪风行体育文化发展有限公司共同协办。

（吴玉仙）

11 月 20 日，平谷区教委举办首届中小学生冬季运动会
（平谷区教委　供）

新型职业农民培训

12 月 18 日，平谷区农广校举办 2018 年新型职业农民培育开班典礼。此次培育对象为区内热爱农业，有培训意愿、需求和发展潜力，以果品生产为职业，具有较高专业技能，善于农业经营管理和农产品销售，收入主要来自农业且达到较高水平，有示范带头作用的现代农业从业者，包括果树种植大户、家庭农场经营者、农民合作社骨干和农业企业负

责人。根据平谷“生态涵养区”定位、“生态立区”工作重心、畜禽粪污治理等工作目标，并结合产业特点和需求调研情况，科学设置培训内容，以“农业绿色发展”“农民手机应用”“农业电商”等实用课程为主，坚持集中教学与现场实训相结合，坚持“空中课堂”“网络课堂”“流动课堂”和“田间课堂”相结合。参训学员 50 人，培训为期 8 天。

（马红梅）

密云区

概述

2018 年，密云区教委辖属教育单位 146 个，其中，幼儿园 73 所（教育部门办园 49 所、集体办园 2 所、地方企业办园 5 所、民办园 17 所），小学 39 所，九年一贯制学校 2 所，中学 21 所，中等职业学校 1 所，特殊教育学校 1 所，其他法人单位 9 个。招生 13505 人（幼儿园 4212 人、小学 4120 人、初中 3316 人、普通高中 1687 人、中等职业学校 161 人、特殊教育 9 人）；毕业 12167 人（幼儿园 4276 人、小学 3583 人、初中 2374 人、普通高中 1674 人、中等职业学校 240 人、特殊教育 20 人）；在校生 50464 人（幼儿园 13010 人、小学 22278 人、初中 9373 人、普通高中 5161 人、中等职业学校 533 人、特殊教育 109 人）。教职工总数 6800 人（幼儿园 1950 人、小学 2259 人、中学 2342 人、中等职业学校 201 人、特殊教育 48 人），其中，高级职称 1122 人、中级职称 2432 人。北京市特级教师 20 人、北京市骨干教师 62 人、北京市学科教学带头人 12 人。全年教育总投入 27.63 亿元。中小学固定资产总值 11.80 亿元。街道（乡镇）社区教育学校（成人学校）20 所、培训机构 12 个。设立中学学区 4 个、小学城乡教育共同体 7 个。

2018 年，密云区教委贯彻全国及全市教育大会精神，全面深化教育领域综合改革，稳步推进各项工作。

提升干部、教师素质。公开招考、录用新教师 161 人，选聘校（科）级干部 14 人，按需交流、精准交流教师 110 人，优化城乡师资结构。研制《2018 年密云区中小学教师职称系列评审代表作清单》，推进职称评审改革。启动“做新时代‘四有’好老师和‘四个引路人’”学习实践活动，制定师德考核办法，坚持师德宣讲机制，表彰 10 个师德先进集体、116 名师德先进个人，强化师德师风建设。加大优质教育人才“外引内培”力度，成立 39 个书记、校（园）长、学科名师工作室。组织 150 名中小学校长和骨干教师赴华东师范大学研修学习，开发“研训一体”课程 180 门，有针对性地开展各层次、各岗位干部教师系列研修、培训，在全市率先对 1753 名学科教师开展素质能力测试。

学前教育优质普惠发展。推进《密云区第三期学前教育行动计划》，新增学位 1080 个，3～6 岁幼儿入园率 98.8%。开展幼儿园“小学化”专项治理，重视家园共育。组建学前教育督查队伍，规范幼儿园筹设审批程序，加大非教育部门办园指导、监管力度，落实市对区学前教育补助资金，引导民办园提升办园品质。打造无稿创意剪纸、早期阅读等区域特色课程，开展跨区域交流，丰富园所课程内涵。教师自制玩教具获国家级一等奖 1 个，市级奖励 15 个。

义务教育优质均衡发展。加强与朝阳区、海淀区的教育协作，深化城乡一体化办学机制，辐射带动更多学校优质发展。全面启动中小学课后服务工作，有效解决“三点半”问题。深入开展“诗词文化”系列活动，学生原创诗词 8620 首。以中高考改革为突破口，推进“生动课堂”“走班教学”“学习科学理论与实践”等项目研究，“1＋3”贯通培养效果显著，教学质量稳步提升。2 所学校的校本课程获市级课程建设优秀成果一等奖，并被收录于《北京市基础教育改革干部培训教材》；1 所学校被评为市级综合实践活动课程特色校；8 个学科教学设计获市级一等奖；36 个原创课程辅助资源在市级评比中获奖。

4 月 26 日，密云区教委举办第六届幼儿体育节活动
（密云区教委 供）

职业与成人教育优质开放发展。深化校企合作，区内职业学校与 33 家企业建立合作关系。学校及个人在各类职业技能竞赛中，获全国团体三等奖 2 项、市级个人奖项 63 个。坚持学历教育和居民短期培训相结合，推进学习型密云、语言文字规范化建设，举办第 14 届全民终身学习活动周、第 21

届推普周。2人被评为首都市民学习之星，1人被评为中国百姓学习之星。严格民办教育机构年检和行政审批流程，保持非法托幼园所“零状态”。推进校外培训机构专项治理行动，摸排校外培训机构115个，发现有问题校外培训机构93个（取缔17个、整改76个），按程序审批有照无证校外培训机构22个。

“五育”并举全面发展。坚持以“美丽少年”教育为抓手，依托“紫禁杯”优秀班主任密云工作站建设，开展爱国主义、民族精神教育，培育和践行社会主义核心价值观。完善实践育人体系，利用校内外资源，加强劳动教育。建立校、家、社（村）三位一体劳动教育体系，增强家校育人合力。校园篮球、足球运动蓬勃开展，校园冰雪运动推广普及成效显著，200余名体育教师接受滑雪技能培训、5000余名学生走进雪场，建成市级冰雪特色校2所。防近控肥工作成效显著，第三方抽测显示密云区青少年儿童近视率为全市最低。建成全国优秀文化艺术传统校2所，北京市金鹏科技团承办校1所、金帆书画院承办校2所，实现密云区金帆品牌零的突破。举办首届学生书画作品巡展和第21届学生艺术节。持续推进“高参小”项目开展，校外教育“三个一”建设取得阶段成果，开展民族艺术和戏曲进校园系列活动，美育特色不断凸显。学生参加各类科技竞赛，获国家级奖项8个、市级奖项2769人次。

（商德良）

10月10日，中国合唱协会“高参小”系列活动——德国德累斯顿男童合唱团赴密云交流展示举行　（密云区教委　供）

学校品牌建设

2018年，密云区教委依托课外活动计划，加强学校品牌建设，促进学校美育工作发展。推进“一校一品”建设，全年投入1550万元开展课外活动，包括统筹378万元重点支持19个艺术特色项目建设，扶植3所山区小规模学校品牌建设。2所学校被评为第二批全国优秀文化艺术传承学校，2所学校被命名为北京市学生金帆书画院（美术分院），实现密云区金帆品牌零的突破。区教委召开“推进学校美育工作提高学生综合素养”暨金帆书画院创建工作现场会，举办“北京市学生金帆书画院密云分院首届学生作品展暨校园巡展”和密云区第21届学生艺术节。艺术节期间，7000余名学生参加6个集体项目、13个个人项目展演。9所学校参加北京市第21届学生艺术节展演，获得3金5银1铜；2所学校参加2018年首都学生演出季专场演出。12所学校240名师生参加北京电视台《非常向上》节目录制，展示美育成果。

（商德良）

农民教育服务区域经济发展

2018年，密云区教委开展农民教育服务区域经济发展。开展农民学历教育，开设农民学历教育中专班18个，7个专业，覆盖13个镇街，在校生682人。根据密云区农村产业发展特点，开展短期技能培训，包括民俗厨艺、面点制作、果蔬种植等实用技术培训，涉及9个镇街377人。推进精准帮扶工作，结合村产业实际和发展愿景，为大城子镇墙子路村提供智力支持，协助开展精准脱低工作。推进市民终身教育，建立开放学习平台，分享国家开放大学、北京开放大学数字图书馆及各类课程资源1万余课时，培训居民3万人次。完善区、镇街、村居三级办学机制，送教到镇街、到村队、到家庭。建成市级示范镇成人学校8所、区级示范镇成人学校3所，占镇成人学校总数的65%；市级示范村校15所、区级示范村校87所。

（商德良）

“高参小”工作推进

2018年，密云区教委多举措推进“高参小”项目开展。完成一年级至五年级112个教学班4400节音乐校本课程教学，4册特色校本教材投入使用，4587名学生受益。支持32个学校社团建设，累计3856小时，惠及1257名学生。提升校园文化生活质量，定期举办音乐交流欣赏及成果展示活动，项目校举办成果展示活动3场；管乐学会为2所学校制作MV，引进4场中外音乐会，2400名师生参与活动；东方歌舞团组织北京市密云区第三小学师生及家长400人参加音乐欣赏；各项目校校歌得到广泛传唱。合唱协会引进德国童声合唱团，开展专业和文化交流活动，开阔师生视野，提升专业水平。教师培训辐射全区，中国合唱协会连续4年服务全区音乐教师队伍建设，组织14名小学音乐教师赴温州参加“国际三大音乐教学法培训”，更新音乐教育理念。

“高参小”影响力和项目辐射作用进一步扩大，助推全区艺术教育水平提升。

（商德良）

教育精准帮扶

2018年，密云区教委发挥自身资源优势，开展精准帮扶工作。组织开展受援地区调研工作，明确5个受援地区在学校管理、师资队伍建设、课程建设、办公条件等方面教育帮扶需求，与受援地区签订教育对口协作协议。具体内容有，精准支教，区教委扶贫协作办公室及相关学校与受援地区对接80次，派出名校长、骨干教师50余人次到各地区开展讲学、培训，培训干部教师550余人，包括230名贫困地区教师，选派28名教师赴受援地区支教；开展校际交流合作，组织14所中小幼职学校与17所受援地区学校建立扶贫协作结对关系，开展各类教学研讨活动20次，接待各地区跟岗学习教师30人、信息化培训参训教师20人，开放密云教育云平台资源供其学习；加大资金帮扶力度，向各地区捐赠价值222万元的教学设备，各结对学校组织师生捐款4万元，衣物、文具用具2400件，图书5000本，直接资助贫困和患病学生15人。

（商德良）

各项扶贫助学金发放

2018年，密云区发放各类扶贫助学金1949.10万元。职业学校免学费、发放国家助学金和政府奖学金78.68万元，惠及学生378人次；落实“三免两补”资助金1762.63万元，惠及学生46345人次；发放普通高中扶贫助学金80.90万元，惠及学生724人次；发放学前教育资助金26.89万元，惠及在园幼儿57人。

（商德良）

学生课后三点半服务工作

2018年，密云区59所义务教育学校（小学39所、初中20所）全部启动课后三点半服务工作，启动率100%。全区中学开设各类社团709个，聘用校外教师224人、校内教师820人，平均活动时长3～4小时/周，惠及8907名学生，学生参与率100%；821名校内教师为学生提供课后托管服务，平均时长1～2小时/次，惠及7692名学生。全区小学开设各类社团1918个，聘用校外教师472人、校内教师1851人，平均活动时长3～4个小时/周，惠及22285名学生，学生参与率100%；1541名校内教师为学生提供课后托管服务，平均时长6～7小时/周，惠及5192名学生。

（商德良）

新增1080个入园学位

2018年，密云区教委落实北京市政府重要民生实事任务及相关工作要求，推进学前教育三期三年行动计划，新增入园学位1080个。通过新建、改扩建等方式，北京市密云区艾拓幼儿园、北京市密云区文硕幼儿园、北京市密云区小博士幼儿园、北京市密云区信远阳光幼儿园4所普惠性民办幼儿园新增学位1050个；北京市密云区第四幼儿园通过改造其他用房，新增学位30个。

（商德良）

无稿创意剪纸课程推进会

1月12日，密云区教委举办“聚焦幼儿提升质量加强课程建设暨密云区无稿创意剪纸课程推进会”。活动组织参会人员观摩北京市密云区第五幼儿园开放式无稿创意剪纸活动展示；听取密云五幼干部、教师代表无稿创意剪纸课程开发情况汇报，包括剪纸课程开展的具体做法、幼儿的发展、教师的收获和家长评价4方面内容。全区幼儿园园长、业务干部、骨干教师代表129人参加活动。

（商德良）

首届骨干教师读刊读报论坛

3月23日，密云区教委举办“和报刊为伍，与时代同步”第一届区教委系统骨干教师读刊读报论坛活动。活动中，来自不同工作领域的8名骨干教师交流《中国教育报》《现代教育报》《北京教育》等刊物在学校管理、教育教学改革、自身成长等方面的引领作用，《现代教育报》等相关媒体代表作现场点评。区教委领导和业务主管科室负责人，各中小学副校长、部分骨干教师代表以及相关媒体记者200人参加活动。为发挥教育专业报刊的借鉴、引导作用，2017年起，区教委为区级以上骨干教师每人订阅1份《现代教育报》，为区级以上学科带头人、市级骨干教师每人订阅1份《中国教育报》和1份《北京教育》。2017年11月至12月，区教委开展区级以上骨干教师读刊读报征文活动，收到征文657篇，评出获奖征文346篇，并从征文活动一等奖获奖教师中选出8名骨干教师参加此次论坛活动。

（商德良）

教师研究工作室启动

3月25日，密云区教委召开教师研究工作室启动大会。会议宣读《关于成立密云区“十三五”教师研究工作室的决定》，并解读工作室实施方案。区委教育工委、区教委、区政府教育督导室领导，北京教科院相关专家，工作室全体成员及区教委系统各单位领导600人参加会议。经教师自主申报、学校推荐、专家遴选等程序，全区成立涵盖中学、小学、学前、职业教育在内的语文、数学、英语、班主任、德育、跨学科STEAM、跨学段音乐等教师研究工作室35个，有理论和实践导师62人、领衔教师35人、工作室成员376人。“教师研究工作室”是以专业特色命名的、以促进学科教师专业发展为目标的、由同一学科领域的骨干教师共同组成的教师教学教研合作共同体。该工作室以3年为1个工作周期，每年度、周期进行考核。考核内容为日常工作、活动展示、云平台教师研究工作坊、教学研究成果及成员发展5项内容。

（商德良）

小学第十届读书节

3月，密云区教委举办小学第十届读书节。活动以“传承文化经典 培育美丽少年”为主题，旨在激发学生读书热情，使其感受读书快乐，培养其阅读素养。读书节为期1个月，其间，各校开展整本书导读、班级读书交流会、图书跳蚤市场、阅读演讲、诵读展示、作家进校园、“师生共读教学相长”读书论坛、讲诗词故事等活动，并表彰“书香少年”“书香班级”“书香家庭”等优秀集体和个人。密云区小学生读书节于2009年开始，每年3月举办1次。

（商德良）

义务教育学校管理标准化建设工作动员部署会

4月9日，密云区教委召开义务教育学校管理标准化建设工作动员部署会。会议解读教育部《义务教育学校管理标准》《密云区推进义务教育学校管理标准化建设实施方案》，宣布全面启动为期3年的义务教育学校管理标准化建设工作。会议要求各中小学对标研判、依标整改，切实做到“一校一方案”，全面改进和加强义务教育学校管理工作，促进学校规范办学，推进教育治理能力和治理水平现代化。区委教育工委、区教委、区政府教育督导室领导及相关负责人，各直属单位、义务教育阶段学校领导150人参加会议。

（商德良）

中学教师开放型在线辅导计划启动

4月26日，密云区教委召开中学教师开放型在线辅导计划启动会。会议介绍《北京市中学教师开放型在线辅导计划》，解读《密云区中学教师开放型在线辅导计划项目推进方案》，并作出整体推进工作要求；北京师范大学未来教育高精尖创新中心工作人员对在线平台的使用方法进行演示培训。区教委、区教师研修学院领导，各初中校项目负责人、教师代表130人参加会议。

（商德良）

吴正宪教育思想推广研究基地阶段总结暨新一期启动会

5月8日，密云区教委召开密云区吴正宪儿童数学教育思想推广研究基地三年阶段总结暨新一期启动大会。会上，参会人员共同观看《名师引领团队研修共研共进》专题片，密云区教师研修学院小学数学教研室负责人作活动站工作总结，北京市密云区太师屯镇中心小学汇报基地校工作成果，北京市密云区第六小学教师作展示课，各项目校教师代表通过互动访谈形式展示研修历程、研修感悟和研究成果。北京教育科学研究院基础教育研究中心小学数学教研室、密云区教师研修学院研修员，怀柔、平谷等区研究基地干部教师代表，全区各基地校校长、各小学干部教师150人参加活动。2014年9月29日，密云县成立吴正宪儿童数学教育思想推广研究基地，7所学校成为吴正宪儿童数学教育思想推广研究实验校；截至2018年，区教委开展吴正宪儿童数学教育思想系列研究活动66次，呈现优质课100余节，辐射教师1万人次，教师100余人次在市级评优中获奖，1人获全国评优课特等奖。

（商德良）

“紫禁杯”优秀班主任工作室密云区工作站成立

5月9日，密云区教委举办北京市“紫禁杯”优秀班主任工作室密云区工作站成立暨班主任基本功培训大会。会议解读《密云区教育委员会关于成立“紫禁杯”优秀班主任工作站的实施意见》，并为北京市“紫禁杯”优秀班主任工作室密云区工作站揭牌；相关专家围绕班主任基本功展示活动“带班育人方略、主题班会方案、魅力展示、情景问答”4个环节内容作专题培训。各中小学、职业学校相关负责人，全区“紫禁杯”优秀班主任工作站成员，各校推荐的基本功展示选手150人参加活动。该工作站学员由上一年度北京市“紫禁杯”优秀班主任二等奖以上获得者和中小学班主任工作室成员组成，区教师研修学院负责聘任学员导师，导师负责指导学员制订和落实个人研修计划，学员以课题研究的形式围绕班级管理、班级教育及家校合作等班主任工作内容进行展示交流，工作站指导学员借助各种平台，进行班主任工作理念及方法宣讲，发挥“紫禁杯”优秀班主任示范引领作用。

（商德良）

7所无级无类幼儿园晋级

6月至12月，密云区7所无级无类幼儿园通过北京市分级分类评估验收。全区共有9所无级无类园（公办园1所、民办园8所）接受评估验收。专家组通过听园长汇报、看半日活动、转园所环境、查阅档案资料以及与园长、教师交流等方式，对幼儿园管理、保教、卫生保健工作、幼儿身心发展进行综合评定。最终，北京市密云区馨苗蕾幼儿园通过北京市一级二类幼儿园验收；北京市密云区溪翁庄镇北白岩幼儿园、北京市密云区艾拓幼儿园、北京市密云区小天使幼儿园通过北京市二级二类幼儿园验收；北京市密云区世纪优博幼儿园、北京市密云区童乐幼儿园、北京市密云区穆家峪镇成长幼儿园通过北京市三级三类幼儿园验收。至此，全区共有市级示范园4所，级类园45所（一级一类27所、一级二类2所、二级二类12所、二级三类1所、三级三类3所）。

（商德良）

学前教育督查办公室成立

11月28日，密云区教委成立学前教育督查办公室。办公室设在密云区教师研修学院，由区教委学前科负责业务管理，配备督查人员3人，负责每月对全区各类型幼儿园进行全覆盖督查，涉及办园条件、安全工作、保育教育、教职工队伍、内部管理等方面内容。

（商德良）

学区融合教育资源中心启动

12月17日，密云区教委举办“密云区学区融合教育资源中心”启动仪式。仪式上，密云区项目负责人宣读启动方案；北京市朝阳区实验小学密云学校介绍资源中心工作内容及具体要求，向服务范围内12所城区学校的融合教育教师赠送专业书籍，并组织相关教师参观资源中心教育设施及训练设施。该中心设在朝阳实验小学密云学校，有兼职教师8人，分别来自北京市密云区特殊教育学校、朝阳实验小学密云学校和密云区教师研修学院，由市教委提供资金支持，用于为融合教育学校干部、资源教师、班主任、学科教师等提供特殊教育研训，为有特殊教育需求的学生和家长提供服务。

（商德良）

社区教育中心成立十周年庆祝

12月18日，密云区社区教育中心举办“共创共享新时代——庆祝改革开放40周年暨密云区社区教育中心成立十周年”庆祝活动。活动中，密云社区教育中心师生代表表演声乐、舞蹈、诗朗诵、短话剧等节目。活动组织观看密云社区教育中心成立十周年主题宣传片，为2018年秋季学期获学士学位的12名学生代表颁发学位证书，同时举行教育教学成果赠予仪式和《密云全民终身学习网》启动仪式。市教委、北京教育科学研究院、区人大、区政府、区政协等相关单位领导，开放大学和密云社区教育中心师生900人参加活动。密云区社区教育中心前身为密云县成人教育中心。1994年，密云县成人教育局合并5所成人中等学校成立密云县职工教育中心；2002年，密云县职工教育中心更名为密云县成人教育中心；2008年，北京电大密云分校与密云县成人教育中心合并成立密云县社区教育中心；2015年11月，密云撤县设区，密云县社区教育中心更名为密云区社区教育中心，为密云区教委直属单位。

（商德良）

12月15日，密云师生参加北京电视台《非常向上》节目录制
（密云区教委 供）

12所幼儿园被认定为普惠性民办园

至年底，密云区认定普惠性民办幼儿园12所。区教委按照幼儿园自主申报、调整保教费标准、递交相关承诺书、评审认定、公示公告等程序，分3批认定12所幼儿园为普惠性民办园，提供普惠性学位2850个，市、区两级提供资金补助5591.64万元。为推进普惠性民办园建设，区教委于7月11日召开普惠性民办园建设推进会，要求普惠性民办园拓宽思路，不断提升园所保教质量，把民办园办成普惠优质双发展幼儿园。21所非教育部门办园园长、干部教师代表54人参加会议。

（商德良）

延庆区

概述

2018年，延庆区教委辖属教育单位118个，其中，幼儿园51所（教育部门办园36所、集体办园2所、民办园13所），小学28所（全部为教育部门办校），九年一贯制学校5所（教育部门办校4所、民办校1所），中学16所（全部为教育部门办校），特殊教育学校1所，中等职业学校1所，其他法人单位16个。招生7035人（幼儿园1727人、小学2321人、初中1855人、普通高中900人、中等职业学校232人）；毕业6965人（幼儿园1943人、小学1943人、初中1428人、普通高中1173人、中等职业学校478人）；在校生27547人（幼儿园5561人、小学12463人、初中5178人、普通高中3280人、中等职业学校983人、特殊教育82人）。教职工总数5009人（幼儿园823人、小学1328人、中学2055人、中等职业学校228人、特殊教育35人、其他法人单位540人），其中，高级职称859人、中级职称 2018 人。北京市特级教师 15 人、北京市骨干教师 58 人、北京市学科教学带头人 8 人。全年教育总投入 20.93 亿元。中小学固定资产总值 12.94 亿元。市级乡镇成人学校 6 所、培训机构 26 个。设立学区 12 个。

2018 年，延庆教育以立德树人为根本任务，继续优化供给结构，聚焦学生实际获得，全面深化区内教育综合改革，打造延庆生态文明教育新区。

11 月 1 日，体育足球公益行走进延庆山区学校

（延庆区教委 供）

深入实施素质教育。中国首家基础教育德育馆——中国德育馆延庆馆建成开馆，分设中国古代德育、中国近代德育、中国当代德育和延庆德育 4 个展厅。落实《北京市中小学养成教育三年行动计划》，开展“学规范、正行为、养习惯”宣传教育月活动。落实北京市《关于依托社会大课堂完善中小学实践育人体系的指导意见》和《北京市中小学生社会大课堂资源单位安全管理指导意见（试行）》，建立社会大课堂资源单位动态管理制度，联合区安监局对区内所有资源单位进行安全检查。组织师生参加“四个一”活动，全区师生 3000 人次走进国家博物馆、首都博物馆。组织北京市（延庆赛区）第 21 届学生艺术节，8000 名学生参加。组织民族艺术进校园活动 25 场。实施城区小学营养配餐专项行动，1924 名小学生中午在校就餐，包括享受配送餐服务 1079 人。深化校外教育“三个一”工程，满足学生多样化需求。

推进教育综合改革。义务教育阶段坚持免试就近入学，出台非延庆户籍无房家庭子女入学办法，优先保障符合条件残疾儿童少年就近入学。市级示范高中北京市延庆区第一中学和北京市延庆区第三中学名额分配招生比例 50%，40% 初中毕业生升入优质高中。农民中专班新招收园林花卉等专业学员 640 人。推进延庆职业教育转型发展，制订并实施《职业教育转型发展方案》。落实《关于深化教育督导改革的实施意见》，以创建国家级“中小学校责任督学挂牌督导创新区”为工作重点，实现责任督学挂牌督导全覆盖。与首都师范大学签订合作共建战略协议。

推进区政府重点工作折子工程和实事工程。推进北京市延庆区刘斌堡中学、北京市延庆区第一职业学校新校区、北京市延庆区康庄中心小学新建改扩建项目，启动新城区域 5 所幼儿园建设。全面排查整改区内所有无证园，取缔 7 所在园人数少、安全隐患大无证园。发放补贴资金 500 万元扶持民办园。

加强干部教师队伍建设。完成 18 名机关科级干部和 23 名基层校级干部交流调整工作。选派 20 名成长期干部到东城区优质学校挂职培训，组织系统内基层单位副校级干部 55 人和区教委机关支部党员 46 人赴河南林州红旗渠干部学院参加党性教育活动，组建第三期青年人才班，开展校长任职资格培训。新认定延庆名师 11 人，建立 10 个名师工作室。评选表彰师德榜样、优秀教师、教育工作者 280 人。启动班主任专业能力提升“三年行动计划”，开展区级班主任基本功大赛、区级优秀班主任评选工作。通过公开招聘、人才引进等途径，补充各级各类人才 136 人。加大城乡教师交流轮岗力度，城区选派 79 名教师到乡村任教（包括区级以上骨干教师 28 人），选派 52 名乡村教师到城区顶岗学习。推进“高参小”项目，24 名音乐教师加入吴灵芬名师工作室。举办“延庆区课程建设高研班”，对 44 名中小学干部开展为期 1 年的专题培训。

打造生态文明教育特色。出台《延庆区青少年校园足球专项行动计划（2018—2025 年）》，构建“校内有班级联赛、区级有校际联赛、校际经常比赛交流、积极参与京津冀交流比赛”竞赛体系，19 所中小学被认定为全国和北京市青少年校园足球特色校，延庆区被教育部认定为全国校园足球“满天星”训练营。区教委与北京理工足球俱乐部合作共建青少年足球人才梯队。编写《世博世园园艺知识读本》，列入全区中小学地方课程。培养 100 名“世园小使者”，开展世园知识普及宣传活动。开展“冰雪进课堂”活动，1.20 万名中小学生掌握滑雪技能，1000 名学生掌握滑冰技能。2 所学校被认定为市级冰雪特色校，9 所学校被认定为区级冰雪重点校。组建区级青少年冰雪队，参加北京市中小学生冬季运动会，连续 2 年取得全市团体第二名。

（赵文新　张美丽）

三省四地教育扶贫与对口支援

2018 年，延庆区教委开展三省四地教育扶贫与对口支援工作。制定《北京市延庆区教育委员会关于教育扶贫与对口支援工作的实施方案（2018—2020 年）》，从人才培训、送教指导、学校结对等方面，与内蒙古自治区乌兰察布市兴和县教育科技体育局、河北省张家口市宣化区教育局和张家口市怀来县教育局、河南省内乡县教科体局形成“三省四地”教育帮扶网络：安排受援地区所选派70名干部、教师，以校长助理、副校长小助理和副书记助理等身份到延庆区优质学校和幼儿园进行挂职锻炼和培训学习，招收宣化区职业技术教育中心贫困生80人；选派本区5名区级骨干教师赴宣化、怀来、兴和三地开展为期一年支教服务，区属20所优质学校与受援地区23所基层学校进行结对帮扶，为兴和教育科体局和宣化二中分别捐赠价值252.98万元、108.37万元教学办公设备，区教委向精准帮扶对口村内蒙古乌兰察布兴和县哈拉沟村捐赠扶贫资金；延庆区教委及本区相关学校与兴和县、宣化区、怀来县签署26份3年帮扶合作协议，区教委和怀来县教育局联合举办京津冀五人制U10足球邀请赛等。

（张美丽）

教师职称评定和教师资格认定

2018年，延庆区教委开展教师职称评定和教师资格认定工作。区教委从北京市职称评审专家库中随机抽取延庆区评审专家43人组成评议组并开展专项培训。延庆区申报职称评定教师294人（正高级6人、高级76人、中级73人、初级139人）。通过评审、评定或晋升职称教师286人（正高级2人、高级74人、中级71人、初级139人）。组建教师资格认定专家审查委员会，考评春季、秋季申请教师资格认定人员301人。经评审，认定教师资格253人（初级中学教师资格28人、小学教师资格125人、幼儿园教师资格100人）。

（张美丽）

领军型教师人才库建成

2018年，延庆区教委建成领军型教师人才库。在个人申报、学校推荐基础上，经评审专家组考核，区教育两委审议通过，批准16人（幼儿园2人、小学4人、中学9人、职成1人）入选拔尖教师人才库，33人（幼儿园6人、小学7人、中学17人、职成3人）入选优秀教师人才库，82人（幼儿园27人、小学27人、中学27人、职成1人）入选青年教师人才库。区教委对领军型教师人才库成员实行年度考核、动态管理。

（张美丽）

校内课后服务

2018年，延庆区教委开展中小学生校内课后服务工作。制订并落实《延庆区关于做好中小学课后服务的实施方案》，坚持学生家长自愿、家校协商共治、因校因地制宜、完全公益普惠基本原则。服务形式包括课外活动、课余体育锻炼和课后托管服务，服务时间根据地域特点采取城区模式（每个工作日2小时）、农村模式（每个工作日不少于2小时）、寄宿制模式（全员寄宿中小学校，根据本校作息时间合理安排时间和内容）3种模式。小学阶段参加课后服务学生12305人，占在校生总数98.76%；初中阶段参加课后服务学生5208人，占在校生总数99.90%。小学阶段1542名教职工参与课后服务，占教职工总数89.20%；初中阶段929名教职工参与课后服务，占教职工总数66.55%。参与课后服务社会力量师资576人（专业机构316人、社会253人、返聘教师7人）。全区义务教育阶段中小学全部开展此项工作，做到全区全时段全覆盖。

（张美丽）

干部培训

2018年，延庆区教委开展各类干部培训。市级培训：2人参加青蓝计划优秀中青年校长培训、3人参加小学副校长研修、3人参加农村中学校长研修、1人参加中小学德育校长研修、3人参加北京市中小学后备干部专题研修、2人参加中小学科研干部研修、2人参加教育党校干部研修、1人参加首届京台校长联合研修、1人参加校长国培计划研修、2人参加中小学校长境外资源国内引进高端培训、1人参加北京市中小学校党组织书记高级研修等。区级培训：中层以上干部53人参加第三批青年人才培训班、中青年校长10人参加“双名工程”第二年培训、名校长9人参与“于会祥校长工作室”培训学习、20人到东城区优质学校挂职培训、教学业务干部63人参加“校本培训管理者培训班”、系统内基层单位副校级干部55人和区教委机关支部党员46人赴河南林州红旗渠干部学院参加党性教育活动、1500人次参加干部“理论大讲堂”。

（张美丽）

教师培训

2018年，延庆区教委开展各级各类教师培训。全员培训：2539人参加中小学教师教学基本功和教学技能培训、40所幼儿园1164人参加网络培训、58所幼儿园1260人（包括无证园96人）参加面授培训。骨干教师高端培训：158名骨干教师参加鸿雁计划——北京市特级教师京郊校本指导行动延庆项目、成立10个名师工作室等。学科特色专题培训：14人参加青年教师青蓝计划培训，9人参加国培计划培训，1520人参加“骨干教师研修项目、学科专题研修项目、自主设计研修项目”3类培训，470人参加北京市中学教师开放型在线辅导计划等。入职培训：136人参加新入职教师培训、50人参加新招幼儿园教师岗前专项培训。培训者培训：13名研训员参加“晨曦百家”学术论坛。

（张美丽）

2所幼儿园办分园增加150个学位

2018年，延庆区2所幼儿园办分园增加150个学位。北京市延庆区第一幼儿园在北京市延庆区十一学校办分园，开设教学班2个，每班30个共60个学位，配备正式教职工30人。分园按照示范园标准投放设施设备，区财政投入

458.70万元（修缮和基本建设282.20万元、设备购置128万元、信息化建设48.50万元）。北京市延庆区第三幼儿园对北京市延庆区第三小学幼儿园进行改造，成立延庆三幼三小分园，开设教学班3个，每班30个共90个学位，配备正式教职工11人。分园按照示范园标准投放设施设备，区财政投入206.88万元（修缮和基本建设101.27万元、设备购置85.04万元、信息化建设20.57万元）。

（张美丽）

航空类人才早期培养

2018年，延庆区教委推进航空类人才早期培养。北京市延庆区第五中学空军及民航类特色班招生44人，实行军事化全寄宿制管理，学生除完成高中全部课程外，还需学习航空模型、飞行体验等专业课程，学校于2016年开设航空班，已有3届4个班100名学员。北京市延庆区第四中学与北京航空航天大学合作，组建航空航天模型社团，开展航模制作、模拟器训练等活动，受益学生100人。在波兰举行的世界航空航天模型锦标赛中，延庆学生代表中国国家队参赛并获铜奖，这是中国参加该项目世界锦标赛首次进入前三名。在全国航空航天模型锦标赛中，延庆学生获奖28项。2015年至2018年，延庆高考被航空航天类院校录取学生37人。

（赵文新）

义务教育各项减免政策落实

2018年，延庆区继续落实九年义务教育阶段各项减免政策，落实资金1276.46万元，惠及学生51292人次。其中，落实义务教育阶段“三免两补”减免资金1024.43万元，惠及48676人次；发放高中国家助学金58.66万元，惠及636人次；发放中等职业学校资助金69.66万元，惠及622人次；精准扶贫资金投入113.53万元，惠及1297人次；学前教育阶段资助金10.18万元，惠及61人次。

（赵文新）

固定资产处置

2018年，延庆区教委完成固定资产处置工作。完成44个单位国有资产处置，总计9.02万件（套），原值3719.23万元。其中，报废信息化设备0.31万件（套），原值891.90万元，家具、教学仪器、课桌椅等设备5.24万件（套），原值1916.23万元；捐赠对口支援地区学校及河北省贫困学校信息化设备0.06万件（套），原值427.84万元，家具、教学仪器、课桌椅等设备3.41万件（套），原值483.26万元。

（赵文新）

市民积分兑物总结会

1月16日，延庆区社区教育中心召开“市民终身学习积分制”积分兑物总结会。会议组织参会人员观看专题片《社区教育映妫川》，表彰优秀学员和单位，听取优秀代表交流发言。区社区教育中心于2013年启动“延庆市民终身学习积分制”活动，开设电子琴班、钢琴班、书画班等34个培训班，包括13类课程，培训学员709人。居民通过参与学习，获得积分并兑换相应物品。区教委、街道、社区相关负责人以及区社区教育中心学员300人参加会议。

（宋佳）

“高参小”项目吴灵芬工作室揭牌

3月15日，中国合唱协会“高参小”项目“吴灵芬工作室”揭牌仪式在北京市延庆区第二小学举行。中国合唱协会介绍“高参小”项目“吴灵芬工作室”基本情况。工作室从全区范围选拔24名音乐教师，通过听专家示范课、课后专项研讨、上翻版课等方式，提升整体教学水平。根据协议，项目组将于每周四下午选派专家教师为延庆二小一、二年级学生授课。中国合唱协会、区教委领导，项目组专家教师，区内音乐教师代表和延庆二小一年级学生400人参加活动。市教委于2014年启动“高参小”项目，即高校、社会力量参与小学体育美育发展工作，提升普通学校办学水平。截至2018年，延庆区有3所学校参与“高参小”项目，惠及学生1130人。

（赵文新）

世园英语进校园活动

3月至12月，延庆区教委举办世园英语进校园活动。活动分学习、竞赛、展示3个阶段。学习阶段按照分学段、分年级专题推进方式，利用英语课堂教学和10%综合实践活动课，以《世园英语实用手册》为媒介和基础性教材，引导全区中小学生学习和使用英语。才艺展示阶段，采取体现世园会主题的英语戏剧、配音、模仿秀、英语歌曲、诗朗诵、演讲等形式。

（张美丽）

区委教育工委办纪检监察室成立

4月27日，延庆区委教育工委办公室纪检监察室成立。区委教育工委办公室增派人员专门负责纪检监察工作，并聘任2名基层干部兼任督导员，共同开展相关工作。纪检监察室办公地点设在区教委机关3楼313室，在区委教育工委领导下，负责教育系统纪检、监察工作；对教育系统党员、领导干部进行廉政教育，协助教育两委落实党风廉政建设责任制，对教育系统党风廉政建设责任制和专项治理工作的检查、监督、考核等工作。2017年7月，区教委按照上级要求撤销原审计监察科，2018年，原审计监察科纪检、监察工作由区委教育工委办公室承担。

（张美丽）

共建足球人才梯队签约

5月11日，延庆区教委与北京理工足球俱乐部举办合作共建青少年校园足球人才梯队签约仪式。根据协议，2018

年5月11日至2020年12月31日，延庆区教委与北京理工足球俱乐部共同面向延庆区中小学选拔优秀足球人才，组建北理工足球俱乐部U13、U15、U17年龄段男子足球梯队。所有队员要在俱乐部注册，并优先代表俱乐部参加中国足协举办的U系列比赛及青少年男子足球超级联赛；双方在共建俱乐部U系列梯队同时，俱乐部把北京市延庆区十一学校和延北京市延庆区第一中学分别建成俱乐部足球人才培养基地；自2019年开始，双方共同认可延庆一中优秀体育特长生和延庆区注册为俱乐部U系列梯队的队员，在高中毕业后可享受优先参加北京理工大学体育特长生加试机会。北京理工足球俱乐部隶属于北京理工大学，成立于2000年，是中国第一支全部以在校生为球员参加职业联赛（中国足球协会乙级联赛和中国大学生足球联赛）的球队。延庆区作为教育部认定的全国首批青少年校园足球试点县（区），全区有11所学校被教育部认定为全国青少年校园足球特色校，2.20万名在校中小学生中有90%参与足球运动。

（赵文新）

延庆六幼创办小世园

5月22日，北京市延庆区第六幼儿园创办小世园。幼儿以建世园、画世园、品世园、演世园、讲世园的形式展示。小世园以三园两廊（小百花园、小百草园、小百蔬园和绿色长廊、创意休闲长廊）为核心，历时2个月建成，投入草花、盆景、蔬菜8767棵（盆），资金投入4.64万元。

（赵文新　龙久云）

5月22日，延庆六幼创办小世园

（延庆六幼　供）

社会大课堂资源单位颁牌

7月13日，延庆区级中小学生社会大课堂资源单位颁牌活动在北京印象林海园艺博览园举行。延庆区教委领导为延庆葡语农庄、延庆青山农俗文化园等14家新增资源单位颁牌，区教委部署资源单位安全管理及相关社会实践活动开展工作。至此，延庆区有中小学生社会大课堂资源单位56家（市级28家、区级28家），另有烈士公祭场所22家，全部免费向区域内中小学生开放。

（张美丽）

校外培训机构专项治理

9月11日至24日，延庆区开展校外培训机构专项治理联合检查。区教委等9个部门相关工作人员组成联合检查小组，实地检查摸排过的68家校外培训机构。根据检查，区教委对14家实际开展学科类培训无证有照校外培训机构下发责令（限期）改正通知书，抽取培训机构教材、教案、课程表等相关材料进行审查，要求各机构签订整改期间不采取“拔高、超前、抢跑”等方式开展教学活动的承诺书；对51家开展语言类、艺术类、体育类及其他教育培训的无证有照校外培训机构，要求其按营业执照经营范围开展活动，并签订不开展中小学生学科类培训的承诺书。区工商分局处罚部分校外培训机构不以真实名称和标记提供商品和服务、学习成绩作证明、虚假广告等行为。区消防支队针对各培训机构消防安全设施、消防安全通道等办学场地存在的安全隐患进行约谈，并责令限期整改。消防执法人员对工作人员进行消防意识、消防培训、安全演练等指导。

（宋佳）

农民培训招生任务完成

9月，延庆区教委完成农民中专班培训招生任务。区政府实施工程计划招生500人，延庆区职业教育中心和北京市延庆区第一职业学校共招收农民学员682人（园林技术专业600人、果蔬花卉专业40人、花卉园艺专业42人），培训时长2年，毕业后颁发相应学历证书。区教委于2015年开始，连续4年承担农民中专班招生培训任务。

（宋佳）

首届科技软陶作品比赛

12月7日，延庆区教委举办首届科技软陶作品比赛。比赛以“创文明城区，塑多彩妫川，为世园冬奥添彩”为主题，以造型生动形象、独特创新、整体效果突出为标准，收到作品317件（教师作品97件、中小学生及幼儿作品220件）。全区31所学校320人参赛。评出教师组一等奖20件、二等奖30件；中小学生及幼儿组一等奖38件、二等奖54件。

（赵文新　郑艳玲）

下屯中学与下屯中心小学合址办学

12月10日，北京市延庆区下屯中学与北京市延庆区下屯中心小学完成合址办学工作。为配合延庆大榆树镇下屯村世园周边环境综合整治项目实施，下屯中心小学123名师生到下屯中学工作学习；下屯中学统筹教学用房，为下屯中心小学腾挪教学用房，新建教室400平方米。

（赵文新）

“双名工程”成果展示活动

12月18日，北京市延庆区“双名工程”成果展示活动在北京市延庆区第三中学等5个现场举行。活动中，15名名校长、名师通过主题发言、教学示范课展示、特色活动展示等形式，展示"双名工程"研修成果，涉及教育信息化、校本课程建设、学科整合等基础教育前瞻问题；800余名干部教师参与学习交流。延庆区"双名工程"是北京教育学院与延庆区教委联合举办的名校长、名师高端研修项目，是在名校长、名师培养模式上的一次市、区联合探索，由教育学院交流培训中心教授担任负责人，由教育学院作专业设计，为每名学员配备1名理论与实践导师，以行动改进研究为主要研修方式，辅以理论学习、参观考察、跟岗学习等多种方式，推动延庆教育改革与发展。

（石燕）

4所幼儿园通过市一级一类园验收

12月18日至21日，延庆区4所幼儿园通过北京市一级一类幼儿园验收。延庆区教委组织市、区两级学前教育专家分别对北京市延庆区第五幼儿园、北京市延庆区第七幼儿园、北京市延庆区康庄幼儿园和北京市延庆区红苹果艺术幼儿园进行验收，通过现场观摩半日活动、观看专题片、听取园长汇报、查看档案等方式，分别从管理、保教、保健3个方面进行现场打分。4所幼儿园全部通过验收。至此，延庆区有北京市示范幼儿园3所和北京市一级一类幼儿园7所、北京市一级二类幼儿园4所。

（张美丽）

10个名师工作室成立

至年底，延庆区教委成立10个名师工作室。工作室主持人分别由区内9名特级教师和1名北京市学科教学带头人担任。实施"1＋10＋N"培养模式，即1名工作室主持人，指导10个工作室成员制订3年个人发展规划等，每名工作室成员与至少1名学科教师结成师徒关系，发挥辐射作用。工作室原则上以3年为1个管理周期，根据考核机制，对工作室实行年度过程考核和管理周期终结性考核。每个工作室在1个周期内，至少完成1项区级以上课题研究，至少举办1次全区以上范围公开研讨活动；成员每学年至少撰写1篇研究成果、完成1篇教学设计、录制1节课例或微课。每个工作室每年运行经费额度为3万元。

（张美丽）

延庆幼儿冬奥冰雪系列活动

至年底，延庆区多所幼儿园开展冬奥冰雪系列活动。北京市延庆区第三幼儿园以"绘筑冬奥梦 画说冬奥情"为主题开展活动，组织幼儿了解冬奥知识，结合冬奥知识绘制蜡笔画、砂纸画、刮纸画等冬奥相关作品。园所自筹资金1万元完成冰场建设，占地面积150平方米；制作冰车20辆，教师自制冰壶、冰上保龄球、冰雪推推乐、冰球、陀螺等冰上玩具12种。4月18日，北京市延庆区第七幼儿园举办"七彩家园手拉手，共谱冬奥冰雪情"亲子运动会，设置钢架雪车、高山滑雪等8个冬奥元素亲子运动项目以及拍球、跳绳、亲子游戏等比赛。教师、幼儿、家长等600人参加活动。12月19日，北京市延庆区第四幼儿园组织大班幼儿20人，到北京八达岭滑雪场开展滑雪体验活动。

（刘振华　司娓娓　鲁爱文）

燕山地区

概述

2018年，燕山教委辖属教育单位27个，其中，幼儿园7所（全部为教育部门办园）、小学7所（全部为教育部门办校）、中学5所（全部为教育部门办校）、中等职业学校1所、其他法人单位7个。招生2291人（幼儿园588人、小学712人、初中661人、普通高中330人）；毕业1805人（幼儿园370人、小学681人、初中380人、普通高中374人）；在校生8424人（幼儿园1935人、小学3151人、初中2195人、普通高中1143人）。教职工总数1054人（幼儿园203人、小学280人、初中274人、高中143人、中等职业学校42人、其他法人单位112人），其中，正高级职称2人、副高级职称206人、中级职称496人。专任教师979人。北京市特级教师2人、北京市骨干教师11人、北京市学科教学带头人1人。全年教育总投入4.52亿元，中小学及幼儿园固定资产总值3.79亿元。有培训机构6个。设立学区4个。

2018年，燕山教委围绕"一区一城"新房山和活力、美丽、幸福新燕山建设，推进教育改革，实现地区教育事业健康发展。

发展各级各类教育。召开燕山地区学前教育工作大会，明确《燕山地区第三期学前教育行动计划》发展目标与任务。组织燕山地区示范园视导验收工作，北京市房山区燕山向阳幼儿园、北京市燕山幼儿园被评为燕山地区示范幼儿园。开展燕山地区幼儿教师自制玩教具展评活动，选送获奖作品代表北京市参加全国幼儿园优秀自制玩教具展评活动并获一等奖。开展"幼儿喜欢的好老师"主题实践活动、第五届"阳光杯"幼儿教师基本功展示活动、2018年燕山地区幼儿园园长和教师全员培训等活动。研究建立"0～6岁婴幼儿发展跟踪指导家庭教育体系"。开展地区第一批义务教育学校管理标准化验收工作和课后服务工作。燕山中小学社会实践基地课程建设长足发展，取得全国课程建设示范性基地联盟会员单位资质。谦益学堂与燕山石化关工委、离退休人员管理中心、燕山妇联等单位携手共建，在学校、企业、街道、社区全面引入家庭教育系列网络课程。燕山老年大学成立星城分校和东风分校。

保障学生全面发展。完成中小学生思想道德发展测评，开展"学规范正行为""中学生时事辩论赛""少年传承中华传统美德"等系列主题教育和征文活动；评选表彰地区十佳中学生等优秀团体和个人；组织燕山地区班主任工作站暨班主任培训等活动。组织第26届中小学生运动会及各类体育比赛70余场。组织学生参加第56届北京市中学生田径运动会并实现燕山地区参加市级运动会零的突破。实施晨午检地区级日报制度，完成地区学校卫生工作调研报告，加强调研结果运用。组织年度健康教育专家进校园活动4次、主题教育专栏活动10次，培训师生6万人次。普及视力保护、口腔健康、肥胖控制等知识，学生健康知识知晓率90%以上，健康行为形成率85%以上。建立参与中小学课后服务社会力量准入条件；评审和认定燕山地区中小学科技教育示范校3所；组织各校开展美育调研并建设美育发展状况年度动态数据库。以艺术节、科技节、校外教育“三个一”等系列教育活动和“我心中的冬奥吉祥物”主题教育活动为载体，搭建平台，提高学生综合素质。组织合唱、校园剧、航模等30余项比赛和“我爱民族艺术”教育宣讲、“小羽毛公益社”等实践活动。

3月27日，燕山教委开展2018年幼儿园春季教学综合视导工作
（燕山教委　供）

加强师资队伍建设。加强地区贯通培养力度，召开燕山地区教育现场会。启动燕山地区教育系统关于做新时代“四有”好教师和“四个引路人”主题学习实践活动。组织22名干部教师参与挂职及交流轮岗工作。组织燕山地区教研员赴陕西师范大学开展高端培训；组织骨干教师赴华中师范大学开展专题培训；分别组织5名教育管理干部赴芬兰学习、18名骨干教师赴英国学习。加强对区级以上骨干教师的动态管理，出台《学科带头人、骨干教师管理与考核的实施办法》并开展年度考核工作。

加强规范办学。印发《燕山地区教育发展三年行动计划》等文件，构建现代学校制度体系。保障校园安全，深入推进“平安校园”创建工作，组织校园安全保卫干部参加房山公安分局内保系统保卫干部培训及专业性考试，保卫干部100%通过考试并取得《北京市保卫人员工作证》。完成视频监控系统升级改造工程，投入专项经费600万元，提高校园安全技防能力。梳理整顿民办教育，完成民办教育机构年检工作。对取得办学许可证的民办教育机构进行课程、师资情况备案。参加燕山办事处组织的校外培训机构专项治理工作，协同相关部门对地区民办教育机构进行摸排和联合执法检查，进一步规范民办教育机构办学行为。

（韩巍）

春秋两季教学综合视导

2018年，燕山教委在春、秋两季各开展一次中小学、幼儿园教学综合视导工作，听、评课反馈率均达到100%。3月13日至3月22日，开展以“加强课堂教学研究，促进学生核心素养提升”为主题的中小学春季教学综合视导工作，重点关注教学管理、教学实施、教学效果监测3个层面。视导组累计听课440节次。3月27日至4月12日，开展2018年幼儿园春季教学综合视导工作，重点关注幼儿园集体教学活动的有效性、游戏区活动材料投放与使用的适宜性、幼儿学习品质培养的过程与途径。视导组观摩集体教学活动80节次。9月19日至9月26日，开展2018年中小学秋季综合视导工作，围绕“关注教师专业素养成长 促进课堂教学深度改革”主题，走进9所中小学，分“优质课展示”“听推门课”“学科反馈及研讨”3个阶段，听课500节次。9月28日至10月19日，开展2018年幼儿园秋季综合教学视导工作，围绕“关注教师专业素养成长促进课堂教学深度改革”主题，走进7所幼儿园，听课80节次。

（刘宁　贾淑丽　元丽平）

校园安全工作总结暨交流培训会

1月19日，燕山教委召开2017年度燕山教委校园安全工作总结暨交流培训会。北京师范大学燕化附属中学作校园安全工作经验交流，分享校园微型消防站建设、学生宿舍及西藏内高班安全管理、实验室危险化学品管理等相关工作情况。会议邀请北京市消防教育宣传中心教师结合案例讲解灭火器的正确使用方法、操作步骤及疏散逃生技巧；房山公安分局治安支队副中队长围绕校园重大安全事故归因及预防、校园安全问题的应对及处置、安全重点部位的检查及记录、化学品管理及报告、新媒体的影响及舆情应对等内容开展培训。燕山教委及其辖属单位领导及相关负责人等80人参加会议。

（王怀福）

谦益学堂网络教学平台推进会

3月9日，燕山石化关工委、燕山教委、燕山石化离退休人员管理中心联合举办谦益学堂网络教学平台推进会。会议为燕山石化离退休人员管理中心7个工作站发放谦益学堂网络二维码，并指导参会人员现场学习操作方法。燕山教委谦益学堂负责人介绍谦益学堂家庭教育平台运行情况。燕山办事处、燕山教委、燕山石化公司相关负责人和社区家长等200余人参加会议。该平台由燕山家长学校开发，具备音频教学、在线直播、平台录播等功能。

（任博文）

中小衔接交流研讨活动

5月17日，燕山教委举办“贯通理念促进地区教育整体发展‘绿色衔接’助推学生一体化培养”中小衔接交流研讨活动。研讨活动分3个阶段推进：第一阶段为“走进课堂”，北京市燕山前进第二小学2名教师作课堂展示；第二阶段为“大会交流”，燕山教委和北京市燕山前进中学作分享报告；第三阶段为“走进校园”，组织观看由前进二小学生带来的“生命如此蓬勃——蓬勃课程秀”。房山区人大、区政协以及燕山办事处、燕山教委相关领导，燕山地区各中小学校长共计50人参加活动。

（来淑英）

中高考组考工作完成

6月，燕山教委完成2018年中、高考组考工作。6月7日至6月8日，燕山地区有405人（文史类150人、理工类255人）参加2018年全国统一高考。考点设在北京师范大学燕化附属中学，合计考场21个（文史类8个、理工类13个）。燕山地区2018年全国统一高考一本率48%，本科率88.18%。6月24日至6月26日，燕山地区有317名考生参加2018年北京市中考。考点设在北师大燕化附中，分别设立语文、数学、英语考场各11个，物理考场10个，思想品德考场、生物（化学）、历史、地理考场各6个。

（姬慧智　王维）

首届小学生乒乓球比赛

9月15日，燕山教委举办第一届小学生乒乓球比赛。燕山地区5所小学选派26名乒乓球运动员参加比赛。比赛设男子单打和女子单打2项，采取三局两胜淘汰制。北京市燕山向阳小学获男子单打、女子单打2个第一名。

（王小利）

星城教育党建联盟启动仪式

10月11日，“星城教育党建联盟”启动仪式在北京市燕山星城中学举行。该联盟由同属燕山星城地区的北京市房山区燕山星城幼儿园、北京市房山区燕山星城小学和星城中学3所学校组成。联盟旨在促进星城地区基础教育优质均衡发展，促进各成员单位教育管理、办学质量、队伍建设、党建工作水平提升。市委教育工委、市基础教育党建研究中心、燕山办事处、燕山教委相关领导，3所成员校的干部教师以及部分学生和家长260人参加活动。

（陈必真）

初高中教育教学改革专题研讨会

10月19日，燕山教委召开初、高中教育教学改革专题研讨会。会上，区教研中心就2016—2018年中考质量分析作专题汇报。各中学校长围绕中、高考新形势下学校推进教学的方式方法与面对的困难等问题进行交流研讨。燕山办事处、燕山教委相关领导及负责人，各中学校长25人参加会议。

（毕玉）

3所幼儿园联合自制玩教具获全国一等奖

11月1日至4日，北京市房山区燕山星城幼儿园、北京市房山区燕山东风幼儿园、北京市房山区燕山小天使幼儿园3所幼儿园教师联合制作的《百变魔片》获2018“张謇杯”全国幼儿园优秀自制玩教具展评活动一等奖。该展评活动以“自制玩教具活动促进幼儿教师专业技能发展”为主题，由教育部教育装备研究与发展中心主办。建构类自制玩教具《百变魔片》适用于3～6岁幼儿的室内区域游戏、户外大型游戏和体能训练，支持幼儿玩中学、做中学、自主创造，以低结构——多层瓦楞纸板为核心材料，基本结构为开孔类、开槽类2类11种魔片，由一人或多人通过链接、嵌接、摆拼等方法在桌面、室内建构区进行魔片基础建构、题卡支持建构、创造性合作建构与摆拼，可以延伸用于五大领域活动辅助材料、区域间的游戏联动、支持户外游戏、支持幼儿体能训练。

（李艳瑛）

初高中教育联盟成立

12月16日，燕山教委举办燕山地区初高中教育联盟成立大会暨落实学科核心素养现场会。会议展示北京师范大学燕化附属中学青年骨干教师研究课6节，播放北师大燕化附中落实学科核心素养视频短片，宣读《燕山地区初高中教育联盟宣言》。燕山地区初高中教育联盟由北京市燕山前进中学、北京市燕山东风中学、北京市燕山向阳中学、北京市燕山星城中学和北师大燕化附中5所学校组成，采取跨校专题研讨、主题研究课、培训等形式，开展合作交流。燕山教委、北师大、北师大教育集团相关领导和负责人，来自甘肃庆阳和辽宁营口地区的干部教师，燕山地区初中校长和教师代表等200余人参加会议。

（姬慧智　李晶莹）

各区委教育工委、区教委领导名单

中共东城区委教育工委
书　　记　刘藻

东城区教育委员会
主　　任　周玉玲

中共西城区委教育工委
书　　记　丁大伟

西城区教育委员会
主　　任　丁大伟（4月26日免）
　　　　　赵蓬欣（4月26日任）

中共朝阳区委教育工委
书　　记　周炜

朝阳区教育委员会
主　　任　肖汶

中共丰台区委教育工委
书　　记　薛红

丰台区教育委员会
主　　任　张洋

中共石景山区委教育工委
书　　记　郝显军

石景山区教育委员会
主　　任　李秀兰

中共海淀区委教育工委
书　　记　尹丽君

海淀区教育委员会
主　　任　陆云泉（9月18日免）
　　　　　王方（9月18日任）

门头沟区教育委员会
主　　任　陈江锋

中共房山区委教育工委
书　　记　杜成喜

房山区教育委员会
主　　任　顾成强

中共通州区委教育工委
书　　记　张立芳

通州区教育委员会
主　　任　申键

中共顺义区委教育工委
书　　记　武捷

顺义区教育委员会
主　　任　武捷

昌平区教育委员会
主　　任　李成旺

中共大兴区委教育工委
书　　记　王学军

大兴区教育委员会
主　　任　王学军

中共怀柔区委教育工委
书　　记　杜连明

怀柔区教育委员会
主　　任　李连鑫

中共平谷区委教育工委
书　　记　崔东辉

平谷区教育委员会
主　　任　李学东

中共密云区委教育工委
书　　记　张文亮

密云区教育委员会
主　　任　杨华利

中共延庆区委教育工委
书　　记　王建军

延庆区教育委员会
主　　任　魏旭斌

房山区燕山教育委员会
党委书记　王迪
主　　任　张荣波

（本栏责任编校　孙晓楠）

北京市国际教育交流中心

北京学生活动管理中心

北京市教育技术设备中心

北京教育老干部活动中心

北京高校房地产开发总公司

北京教育志编纂委员会办公室

北京市学生资助事务管理中心

北京教育新闻中心

北京学校后勤事务中心

2019 市教委直属单位

UNITS DIRECTLY SUBORDINATE TO BEIJING MUNICIPAL EDUCATION

UNITS DIRECTLY SUBORDINATE TO BEIJING MUNICIPAL EDUCATION
市教委直属单位

北京教育科学研究院

概述

2018 年 7 月，北京教育科学研究院迁入新址，位于海淀区翠微路 4 号院 3 号楼北侧。内设机构 22 个，其中，教育科学、教学研究及辅助机构 14 个，机关行政处室 8 个。在职职工 387 人，具有专业技术职务 358 人，含高级专业技术职务 200 人、中级专业技术职务 111 人；具有本科以上学历 374 人，包括博士 75 人、硕士 163 人；享受政府特殊津贴专家 1 人，北京市有突出贡献的科学、技术、管理人才 1 人，全国模范教师 1 人，全国优秀教师 2 人，首都劳动奖章获得者 1 人，北京市特级教师 15 人，入选北京市"长城学者"培养计划 1 人，北京市幼儿园中小学中等职业学校学科教学带头人 21 人。主要开展教育宏观决策研究、教育教学研究、教育理论研究；加强对教育科学、教学研究的领导和管理；为政府教育行政部门宏观决策以及学校管理提供服务，为提高学校的教育教学质量提供服务。全年承担 200 余项重要课题和项目的研究任务，其中，各级各类规划课题 24 项，含教育部课题 1 项，北京市社会科学基金项目 4 个，市委教育工委和市教委委托课题 8 项，市教委下达的业务专项任务 55 项，教育部、市委教育工委、市教委和市政府教育督导室等上级部门临时委托任务 154 项，承担各区及学校委托等横向课题 54 项。承担、参与起草政府文件 69 份。在各类学术期刊发表教育类学术论文 387 篇，包括核心期刊 107 篇（SSCI 期刊 6 篇、CSSCI 期刊 35 篇）。外刊 9 篇，人大复印转载 5 篇。出版专著、编著、译注等著作类成果 86 部，省部级以上教材 34 部。获各类科研成果奖 64 项，包括北京市基础教育教学成果奖 26 项、国家级教学成果奖 5 项（一

11 月 14 日，北京市中小学心理健康教育优秀成果展示交流活动举行 （北京教科院 供）

等奖 2 项、二等奖 3 项）。完成 16 个二级党组织、20 个隶属党支部换届。网址：www.bjesr.cn。

发挥首都教育智库的作用，推进首都教育重大战略研究，组织开展“新时代北京教育发展不平衡不充分的具体表现及对策研究”和“首都教育在北京‘四个中心’建设中的地位和作用”的研究，完成《围绕“四个中心”战略定位，提升北京教育质量》《北京教育不平衡不充分的分析报告》。全面参与全市教育大会的筹备工作，参与《首都教育现代化 2035》《加快推进首都教育现代化实施方案（2018—2022）》《深化首都教育体制机制改革的实施意见》《关于全面深化新时代教师队伍建设改革的实施意见》等市委、市政府重要文件的研制。围绕“劳动教育”“创新教育”等教育问题开展专题研讨，形成相关成果。

围绕招生考试制度改革，开展新高考制度的系列配套研究，助推新高考改革制度在首都落实，主办全市语文、数学和体育学科大会，学科教研的影响力得到进一步加大。支持北京城市副中心的教育发展与建设，通过开展送教下乡、教师研训、命制区统测试卷等活动，提升北京城市副中心的教学质量。

深化京津冀教育协同发展战略研究，完成《京津冀教育发展研究报告（2017—2018）》，区域教育发展蓝皮系列书基本形成。援助雄安新区教育工作，配合雄安新区管委会研究雄安新区教育三年提升计划和教育中长期发展规划。加强与河北省教育科学研究所的交流合作，为河北省开展 2035 教育现代化研究提供咨询与政策建议。

院　　长　方中雄
副 院 长　桑锦龙　张军（6 月免）　刘占军
党委书记　马谊平

（倪永娟）

《北京教育一本通（2017）》印发

1 月至 4 月，北京教科院完成《北京教育一本通（2017）》编纂与印发工作。手册分中央精神、首都概况、教育市情、比较数据和专题荟萃五个部分，从不同角度反映北京教育发展的外部环境、基本状况、重点和难点问题。收录的数据以 2016 年和 2017 年为主。同时汇集若干国家和北京市相关重要会议或文件精神、调研报告、学术论文中的相关研究数据，以及部分政府网站发布的有关数据。

（雷虹）

北京市教研工作研讨会

3 月 1 日，北京教科院召开北京市新学期教研工作研讨会。会议明确“继承与发展结合，制度建设与文化建设结合，专项工作与常态工作结合，个人发展与部门发展结合，队伍建设与业务发展结合”的总体工作思路，推进京津冀协同发展教研联动，支持城市副中心教研改进，支持“回天地区”学科教研基地建设，加强市属、院属实验校指导，完成西藏、什邡等多地支教工作，做好拓展性工作、常态性工作，发挥职能、科学运行。全市各区教研部门负责人参加会议。

（时雁）

新课标高中语文区级教研员培训

3 月 7 日，北京教科院开展北京市 2017 年版新课标高中语文区级教研员培训。培训分专题讲座和语文课展示两部分，开展《新修订普通高中课程标准的学习体会与教学建议》专题讲座、《学习任务群的教学设计》案例分析、北京市第一〇一中学两节语文课展示。来自 16 个区的高一教研员和部分教师，以及河北容城的部分教师参加培训。

（时雁）

“中华传统文化讲师团”社区骨干师资培训

4 月至 9 月，北京教科院开展“中华传统文化讲师团”社区骨干师资培训。培训采取课堂教学、互动研讨、合作学习等方式，讲授中华优秀传统文化《大学》经典内容。培训推进社区文化建设，提高社区教育教师的教学能力与水平，完成社区教育骨干教师培训 8 次，培训教师 1000 人次。

（赵志磊）

城六区中小学教辅材料核查审读

10 月 29 日至 11 月 30 日，北京教科院组织核查审读城六区义务教育阶段学生使用的语文、英语、思想品德、历史、地理 5 个学科的教学辅助材料。22 名相关学科专家参与，审核教辅材料 239 册次。审读工作由市教委统筹，北京教科院负责组织与实施。审查后向市教委提交专家审读意见总报告。

（余发碧）

第五届“北京教育论坛”

11 月 10 日，北京教科院与全国大城市教科院发展联盟合作举办第五届“北京教育论坛”。论坛采取总论坛和分论坛的方式举办，总论坛以“城教融合：教育在城市发展中的使命”为主题；分论坛分为 3 个，主题分别为“城教融合·教育实验”“城教融合·教学变革”和“城教融合·可持续发展”。论坛邀请 27 名国内外一流教育研究专家、相关学者等作主题报告。来自全国的教育科研工作者、各级各类学校的一线教育工作者以及部分媒体代表 500 人参会。

（裴晓燕）

第 12 批翱翔学员推选

12 月 9 日，北京教科院开展第 12 批翱翔学员培养推选。按照个人网上申请、学校推荐、区级审核、市级评审（网上专家评审）的程序，16 个区和燕山地区的 165 所高中学校 833 名学生参加面试。经过现场评审，232 名学生成为翱翔培养学员。

（王盈）

院工会、职代会换届选举

12月24日，北京教科院召开第四届工会会员代表大会暨第四届职工代表大会。会议听取审议题为《围绕中心 服务大局 凝心聚力 坚持为职工办实事 努力开创工会工作新局面》的工会工作报告和《汇集民智 锐意进取 用民主建设实效推动我院事业科学发展》的职代会工作报告；听取提案工作委员会第三届职代会提案工作及此次会议提案征集工作报告；书面审议第三届工会委员会财务工作报告、第三届经费审查委员会工作报告。会议选举产生工会第四届委员会委员15人、经费审查委员会3人和女职工委员会3人、职代会第四届执行委员会15人。

（刘慧媛）

《首都教育现代化2035》文本研制

至年底，北京教科院参与起草《首都教育现代化2035》文本研制。通过函询、会询、座谈、调研等方式征求30余名专家学者对首都教育改革发展的政策建议，形成《加快推进首都教育现代化实施方案（2018—2022）》文件。研究文本主要内容涉及开展首都教育发展的定位、存在的主要问题、基本经验和发展指标体系等，为全面贯彻落实全国教育大会精神、推进北京教育大会召开奠定科研基础。

（尹玉玲）

《教育快报》编发

至年底，北京教科院完成《教育快报》教育决策参考版和国际教育动态版编发。教育决策参考版全年收录15篇，聚焦首都教育发展中的热点、重点、难点问题，对贯彻落实全国教育大会和北京教育大会精神及时、有效的回应。国际教育动态版全年出刊29期，包括专刊13期。2018年度扩大信息采集范围，增加国别覆盖，优化栏目设置，在“聚焦世界城市、直击发达国家、关注国际组织”的基础上增加“追踪全球智库”，国别覆盖美国、英国、法国等国家。聚焦“幼儿保育和教育”“教师政策”“高等教育”“留学生教育”“STEM教育”“国际教育政策年度盘点”等主题，呈现专题内容，全面关注各级各类教育重大政策与具体举措，部分成果在《中国教育报》《现代教育报》和《上海教育》等以专版或专题形式刊发。

（周红霞 李志涛）

北京教育考试院

概述

2018年，北京教育考试院占地面积1.43万平方米、建筑面积3.25万平方米。设有19个部门，其中，综合处室5个、综合业务处室5个、业务处室6个以及直属单位3个（北京市教育考试指导中心、北京市教育考试招生服务中心、北

5月4日，2018年北京市中考体育考试现场

（北京考试院 供）

京考试报社）。全额拨款在职人员160人，包括专业技术人员71人（含双肩挑1人）。高级专业技术职务22人、中级39人。全年组织命制各类试题735套，印制试卷314.3万份，答题卡351.8万张，组织各类考试143次，涉及考生235万人，阅卷208.6万份，发放各类证书9万份，组织各级各类招生单位录取新生28.3万人。与北京城市广播合作，组织100余所高校走进《教育面对面》高考直播节目等，及时让考生及家长了解各类信息。北京考试报社拓宽服务领域，改进服务方式，主报发行93期390万份，覆盖全体高考生，专门出版招生专刊22期144万份，北京考试报微信公众号关注人数10万人，对考生开展全方位宣传服务和政策指导。北京教育考试院网站全年点击6.6亿次，发布近4000余条招考政策信息，为社会提供170万科次成绩查询，提供9.9万个中、高考考生录取结果查询，组织完成80次网上报名报考，组织完成4次大型网上咨询活动，在线回答考生各类问题7500个，回答率93.5%。向社会发布考试招生计划、照顾加分名单及高招自主招生名单等公示信息5.5万条。网址：www.bjeea.cn。

院　　长　钱军

副 院 长　李鸿江　许晓革　袁槐莲　周剑梁

党委书记　钱军

（伍亚娜）

“艺考面对面”北京高招广播咨询活动

1月2日至14日，市教委、北京考试院、北京城市广播、北京考试报社联合开播《2018年北京高招——艺考面对面》特别节目。该节目每天播出1.5小时，29所京内外艺术类院校参加节目。

（卢杰）

高招广播电台咨询系列活动

4月1日至30日、6月11日至28日和7月7日至15日，市教委、北京考试院、北京城市广播、北京考试报社分三个阶段联合举办高考招生本科、专科院校广播电台咨询系列活动。咨询节目通过北京城市广播《教育面对面》栏目播出，每天播出1.5小时。其间，80余所本科高校、近30所高职院校以及北京市体检中心、部分区考试中心高招办负责人

参加节目录制。

（卢杰）

中招网络咨询活动

6月16日，北京考试院组织2018年北京市高级中等学校招生网络咨询活动。市区校招生工作人员在线回答考生和家长提出的招生问题，详细解读中考中招有关政策和实施办法。咨询期间，7112人次访问，页面浏览量36万余次。提出各类问题3096个，专家答复2896个问题，问题回答率93.54%。

（王翊）

高中学业水平考试评价研究

7月至12月，北京考试院完成市政府教育督导室委托的高中学业水平考试评价课题研究。北京考试院在前期大规模考试评价的基础上，挖掘学业水平考试合格考数据，形成《高中学业水平报告》，为教育督导和决策服务；形成学业水平考试合格考考生水平研究报告，服务教学；为考生提供诊断性成绩报告单，为学生学习和选科服务；统筹研制中小学生学业水平（质量）监测评价方案。

（王翊）

考试评价研究

至年底，北京考试院完成2018年北京市中考、高考、高中会考和高中学业水平合格性考试35个学科命题质量与考生水平评价研究。组织各学科百余名专家，对几类考试学生全样本数据定量分析，全年形成数据分析报告446份，比上年增加19份。在定量基础上开展定性研究，先后完成几类考试各学科的考生水平评价报告50篇、《评价报告（简缩版）》29篇，总计100万字。北京考试院针对各区开展中考、高考数据分析和分学科讲解。组织60名评价专家为10个区开展高考评价服务、为9个区开展中考评价服务，举办讲座190余场，比上年增加50场。

（王翊）

北京教育音像报刊总社

概述

2018年，北京教育音像报刊总社下设8个内设管理部门，下辖3个杂志社（学前教育杂志社、北京教育杂志社、中小学信息技术教育杂志社），2个报社（现代教育报社、健康咨询报社），1个音像社（北京高教电子音像出版社有限责任公司）。新媒体方面形成以“两微一报”（北京教育播报微博、微信和北京教育手机报）为主，包括各报刊社官方微信公众号在内的矩阵式立体传播阵容。至12月，总社有职工189人，总社编制83人。总社领导班子5人，中层干部20人。高级专业技术职务21人。总社坚持党的新闻宣传舆论引导方针，按照两委一室工作要求明确事业发展的总体思路：一是为首都教育改革与发展提供舆论支持，筑牢党的舆论阵地；二是搭建教育公共服务立体化平台，提供教育公益服务和公共产品。

社　　长　李开发
党委书记　李开发
党委副书记　张淑芳

（张建平）

新版北京教育新地图编制完成

1月，音像报刊总社完成《2018年北京教育新地图》编制。新地图由星球地图出版社出版，为16开本，75页。编制工作以“增量、提质、均衡、公平”为主题，新增京津冀区域空间格局示意图、市域空间结构规划图；新增雄安新区地图数据资料、北京与雄安新区教育交流成果；新增河北省石家庄、邯郸历史文化红色经典教育资源分布等；更新并集中展示北京各区在推进优质教育资源实质性扩大方面的新成果、新变化，突出服务学生，让学生享受教育改革成果的实际获得。

（李继君）

第四届丘瑞斯英语达人争霸赛

1月至3月，音像报刊总社举办第四届丘瑞斯英语达人争霸赛。比赛结合北京市中考口语机考形式，设听说、写作和阅读3个项目。来自北京市的24万名中小学生参加比赛。比赛连续3年设置英语听说环节，引导学生学英语、用英语、玩英语。

（解淑平）

教育资源分布综合服务地图数据采集完成

7月至8月，音像报刊总社开展2018年北京教育资源分布综合服务地图数据采集工作。该项工作在2017年市政府惠民便民综合服务地图信息采集的基础上进一步扩大数据采集范围，采集中小学信息、学前教育、高等教育、职业教育、特殊教育5个方面信息，新增4个方面的独立信息采集系统，确保北京教育资源分布综合服务地图在北京市政务门户网站“首都之窗”及时上线。

（李继君）

寻找“美丽乡村”教育系列活动

至12月，音像报刊总社举办寻找北京“美丽乡村学校、美丽乡村校长、美丽乡村教师”活动。活动以“寻访”为特色，走访门头沟、通州、房山区等9个区，发现6所美丽乡村学校、5名美丽乡村校长、9名美丽乡村教师，与237名乡村教师以多种形式互动，组织中央及北京27家媒体记者参与实地寻访，形成各类报道 102 篇，累计 15 万字，对北京的乡村学校如何抓住机遇，挖掘自身地域优势，因地、因校实现学校的内涵发展，起到良好的宣传效果。

（何文洁）

法治教育专项活动

至年底，音像报刊总社完成市教委多项法治教育专项工作。组织开展的北京市青少年“学宪法 讲宪法”活动贯穿全年，通过多轮赛事遴选，北京代表队最终在全国比赛中获得辩论赛团体一等奖，演讲小学组、初中组个人一等奖等；在中央财经大学启动 2018 年全市教育系统国家宪法日宪法宣传周系列活动；启动第六届北京高校法治动漫微电影征集展映活动，展示北京高校法治教育宣传成果。

（解淑平）

《身边的好学校》节目拍摄 25 期

至年底，音像报刊总社拍摄完成 2018 年《身边的好学校》节目 25 期。包括东城区分司厅小学优质教育资源带、丰台区第三幼儿园、北京师范大学密云实验中学等 25 所学校，主要涉及学校特色课程、学校文化、学校特色活动等内容。节目在北广传媒地铁电视、移动电视上播放。至年底，该栏目拍摄 166 期。

（郝彬）

至 12 月，《身边的好学校》节目在北广传媒移动电视、地铁电视播出（音像报刊总社 供）

北京市教工休养院

概述

2018 年，北京市教工休养院占地面积 14.09 万平方米、建筑面积 4 万平方米。绿化面积 10 万平方米，绿化覆盖率 70.9%，树种 200 余种。内设 14 个部室，有职工 277 人，包括在职事业编制 76 人。全年接待休养单位 215 批次，累计接待休养教师 19930 人次。全年完成北京市中考命题接待工作，完成固定资产清查，完成《北京市教工休养院 2018 年度接待休养教师汇编》编制，开展院办企业清理规范工作。成立审计部，工作人员 4 人，主要职责是严格财务管理程序，重点监督教工休养院廉政勤政、行政决策、人事招聘、岗位晋升情况。

（李丹）

3 家院办企业营业执照注销

7 月，教工休养院开展院办企业清理规范工作。该项工作根据市教委政企分开、事企分开相关政策和指示要求开展，经过职工代表大会审议通过《北京市教工休养院院办企业清理方案》，部署院办企业的基本情况、清理方式和范围、企业人员情况及资产清理意见等方面工作。至年底，3 家院办企业营业执照注销。

（李丹）

休养活动组织 180 余次

至年底，教工休养院组织修养活动 180 余次、休养拓展活动 12 次。修养活动根据不同教师群体及年龄组织休闲、交流、参观等活动，包括知识讲座、健步走活动、书画交流等。休养拓展活动组织北京工业大学、朝阳教委、房山教委教职工开展蛟龙出水、同舟共济等拓展游戏和比赛。

（李丹）

基础设施建设投入 1500 万元

至年底，教工休养院投入 1500 万元完成多项基础设施建设。项目包括完成命题基地 5 号楼核心区工作间、保密间、核心机房等 26 项改造工程；更新 2 号楼、3 号楼、4 号楼地板壁纸；1 号楼、5 号楼加装观光电梯各 1 部；更换熨平机、洗碗机，安装太阳能等大型设备；更换连廊地面石材；更新环湖景观彩灯；新建西山悦景台景观；完成四合院、湖心亭油漆彩画翻新。

（李丹）

北京市校办产业管理中心

概述

2018 年，北京市校办产业管理中心设 4 个部门，在编 13 人。工作职能为协调拟订全市校办产业工作的政策、发展规划和年度计划，并组织实施；宏观管理、监督、协调、服务各区校办产业；对市属（市管）高校、中等专业学校及其他市属教育机构的经营性国有资产安全运营及保值、增值进行监管；对市属（市管）高等学校、中等专业学校及其他市属教育机构校办企业的设立、合并、分立、解散、破产、清算、资本变动、债券发行、股份发行与转让等进行审核；负责北京地区校办产业的年度统计报表工作；负责市属（市管）高等学校、中等专业学校及其他市属教育机构校办企业的国有资产年检、产权登记工作；指导部委在京高等学校，监督市属（市管）高等学校、中等专业学校及其他市属教育机构校办企业建立完善企业职工养老、医疗、伤残、失业等各项社会保障制度；指导市教委直属单位所属企业劳动用工、工资奖金及财务管理工作；负责北京地区校办产业系统的表彰奖励工作；负责组织对校办企业干部职工的业务培训工作；负责全市中小学校学生统一着装管理工作。

（宋慧宇）

企业年终决算及统计工作

1月至5月，校产中心组织市教委所属133家企业参加市财政局、市国资委年终决算及统计工作。根据2017年度国有资产统计情况，企业年末资产总额51亿元，负债总额11亿元，所有者权益40亿元，实现国有资产保值增值102.65%。企业营业总收入18亿元，净利润1.54亿元，上缴税费1.45亿元。

（宋慧宇）

高校专利产业化分析

1月至11月，校产中心组织开展高校专利产业化分析工作。该项工作由北京知识产权运营管理有限公司具体承担，系统分析北京近60所高校专利产业化有关情况，立场客观、数据翔实、指标科学，客观分析评价北京高校专利产业化工作，推出专利产业化分级评价指标体系，对部分有产业化前景的专利项目进行多维度的标注与推介，对专利和成果产业化工作提出系列工作建议。项目成果在推介会上首次发布，为各高校专利与成果产业化工作提供参考。该项工作是校产中心2018年为具体推进成果转化与产业化工作实施的新举措。

（宋慧宇）

173项科技成果录入网络数据库

1月至12月，校产中心开展成果搜集整理工作。成果经专家评审，最终入库科技成果173项，涵盖符合北京市关于加快科技创新构建高精尖经济结构重点发展方向的各产业领域。其中，校产中心科技成果转化服务平台项目数据库项目150个、众筹联盟科技成果转化项目储备库项目23个。入库科技成果数量较上年增长73%，成果新颖程度、资料翔实程度、与国家产业化政策的契合度等质量指标也取得较大提升。成果全部录入校产中心网络数据库，并向社会发布。在此基础上完成《智库（2019）》的编辑出版工作。

（宋慧宇）

事业单位所办企业国有资产产权登记

5月至12月，校产中心负责市教委所属事业单位所办企业国有资产产权登记工作。完成组织培训、网上填报、审核、纸质材料审核、报送材料等工作。审核通过并办理115家单位产权登记，其中，占有登记5家、年度检查104家、变动登记5家、注销登记1家。

（宋慧宇）

高校科技成果推介会

11月16日，校产中心主办的北京高校科技成果推介会暨北京高校专利产业化分析报告发布会举行。推介会以“科技成果转化促进产业创新发展”为主题，重点推介北京高校产业系统科技成果，集中展示校产中心科技成果转化服务平台项目数据库创新项目。会上发布《北京高校专利产业化分析报告》。推介会举办科技成果路演，通过易拉宝展示具备产业化意愿与前景的科技成果28项。近30所高校、10余个地方政府及社会组织、50余家投资机构及企业的代表150余人参会。

（宋慧宇）

北京教育网络和信息中心

概述

2018年，北京教育网络和信息中心设有9个部门，在职职工69人，包括高级专业技术职务14人、中级15人、初级16人。全年主要工作：一是更好服务北京教育改革发展。协助市教委相关处室做好全市教育信息化工作。举办北京市教育信息化工作会议，发布《北京市教育信息化三年行动计划》。连续6年利用义务教育入学管理平台规范入学工作，各区统一使用市级小升初派位系统，小学就近入学比例超过99%、初中就近入学比例超过96%。开展国家教育管理公共服务平台省级（北京市）系统、全国教育管理信息系统省级支撑服务保障工作。完成校外培训机构专项治理和在线教育、教育APP整治。二是提高信息安全服务保障能力。全时段向市委教育工委、市教委机关提供信息技术服务1424次，保障视频会议198次，完成市委教育工委搬迁信息化保障工作及市教委邮件系统和政务云整体迁移工作。网络安全专项培训188人。完成“三通两平台”工作，光缆总长度571.998千米，全年未出现安全事故。完成“两会”、中非合作论坛等敏感时期网络安全保障工作。三是拓展数字教育资源开发应用。完成年度资源提供商入围、运营维护及应用服务项目招标工作，发放资源卡8100张2.32亿点，资源网资源总量近75万条。完成国家教育资源公共服务体系对接及北京市试点建设，北京市成为全国率先完成资源体系接入的省级试点单位，平台资源总量119万余条，平台用户访问量超过220万人次，提升学校师生普惠水平。推广北京市中小学数字校园云服务平台，开展全市云服务系统运行监测分析，汇聚年度监测数据3590万条，形成多元维度监测分析成果。四是深化信息技术与教育教学融合。在教育部2018年度“一师一优课一课一名师”活动中，474 节课程获得国家级优课，居全国前列；举办 2018 北京教育信息技术高峰论坛，全面推进信息技术与教育教学融合发展；依托“北京教师在线”平台面向全市教师提供信息技术支持服务 14.6 万次，解决教育教学过程中实际面临的信息技术问题；在全国中小学师生电脑作品评比活动中获得 216 个奖项；在第 15 届全国校园影视评比活动中获得最高奖在内的 59 个奖项；组织 2018 北京市中小幼校园影视评比活动。

（姚景涛）

组织教育信息化评比交流活动

1 月至 11 月，信息中心组织教育信息化评比交流活动。组织北京市第 19 届中小学师生电脑作品评选、北京市第 19 届机器人竞赛，组织带队北京市中小学生赴江苏无锡参加全国中小学生电脑制作活动夏令营，组织召开第 19 届电脑作品活动总结表彰暨新指南培训会。

（覃祖军）

全系列丛书《人工智能试验教材》出版

8 月，信息中心主编的全系列丛书《人工智能实验教材》出版。该套教材由河南人民出版社出版，内容涵盖幼儿园、小学、初中、高中到职业教育各个学段，全套 33 本。其中，学前教育大中小班各上下册，共 6 本；小学 1～6 年级各上下册，共 12 本；初中 7～9 年级各上下册，共 6 本；高中 1～3 年级各上下册，共 6 本；职业教育 1～3 年级，共 3 本。丛书由中国科学院自动化所、AI 公司和高校的人工智能专家、教育信息化专家和教育专家共同指导，由相应学段的一线教师合作编写，在近两年的人工智能进课堂实践的实验讲义的基础上编撰而成，并配套有相应的人工智能教学平台和实验工具。教师很容易就能上手教学，系统性强。

（覃祖军）

北京教育资源网运营与服务

至年底，信息中心承担北京教育资源网运营与服务。北京教育资源稳步提升，延续“教师先选择，政府后服务”的成熟模式，采用电子货币机制，为全市中小学教师提供数字化教育资源服务。年度内资源网采购包含电子期刊、文献检索、智能组卷等多项与教育教学相关的资源服务，开展新资源目录推送服务及资源定向推送服务，使用积极性有显著提升。

（顾忆岚　宋洁）

网管教师“十三五”继续教育培训

至年底，信息中心承担网管教师“十三五”继续教育培训任务。新开设网管教师继续教育专业必修课程“中小学校园网络安全技术教程”，开发一本文字教材，举办全市骨

“十三五规划”课题以服务促研究（2018）

（信息中心　供）

干教师面授培训，制作视频课程 40 课时 1600 分钟，对 17 个区（含燕山地区）网管教师以面授和网上学习、考试的方式进行课程推广。完成对 1000 余名教师的不少于 60 课时的培训。

（季茂生）

教育信息网、互联网及科研网出口运维管理及安全保障

至年底，信息中心完成北京教育信息网、互联网及科研网出口运维管理及安全保障工作。实现北京教育信息网市级 40G/10G 链路的稳定运行，支撑各区教委至中小学基本实现千兆以上的带宽接入。互联网出口、骨干节点、汇聚节点可用性分别达到 99.84%、99.90% 和 99.81%。因出口光缆割接，服务中断 1 次，时间 4 小时。维护光缆总长度 571.998 千米，接续盒 504 个。

（陈昊）

数据中心 IT 及基础设施维护管理

至年底，信息中心承担数据中心 IT 及基础设施维护管理。维护骨干及各区汇聚路由设备 68 台，系统正常运行率 99%。主要安全设备 40 余台，直接维护各类机架式和刀片式服务器 700 余台，存储系统 7 套，虚拟化平台 4 套，虚拟服务器 750 余个。大型精密空调 16 组，其他空调、新风系统 10 套，配套降噪、节能、加湿、送风设备 23 台 / 套，大型 UPS7 台，机房整体配电系统 4 套，机房专业消防系统 2 套。已有 41 个信息系统部署至政务云，使用虚机 182 台（占用 33 台华为 RH5885V3 物理服务器）、1135 颗 vCPU、3423G 内存、184T 磁盘空间、38 个 VPN 与 UMA 远程运维账号。

（陈昊）

网络管理信息系统建设

至年底，信息中心承担网络管理信息系统建设。重点教育教学业务多媒体网络传输性能提升（二期）系统交付使用，覆盖全市各区节点，并在房山区实现 30 所学校试点。整合态势感知与网站治理系统，完善网络绩效分析平台，部

署攻击行为检测系统，实现对北京教育信息网互联网出口全流量的安全监测，可实现对所有网内服务器的漏洞扫描和攻击行为检测。

（陈昊）

教育系统信息系统运维

至年底，信息中心完成教育系统信息系统维修维护、变更管理、信息安全管理和资产梳理等服务管理工作。全年巡视光缆长度 16347.63 千米，巡视接续盒 13255 个。数据中心服务器等设备整体巡检 12 次。安全设备硬件及配置累计巡查巡检 1100 余台次，病毒库、漏洞库更新 30 次。两地消防设施巡检 11 次。全市各节点路由器巡检每季度 1 次，各空调每月巡检，UPS 每季度巡检。市属高校资产软硬件系统全市巡检每季度 1 次。各业务系统数据库（基础库、前置库、教师库等）累计巡检 102 套次。网络故障处置 197 次，抢修及排除光缆故障 11 次，计划外中断小于 50 小时，布放光缆 1.78 千米，增加接续盒 15 个，熔接 195 芯，协助各区排查网络问题 125 个。核心汇聚节点模块故障更换 3 个。服务器等设备硬件故障维修 30 次。消防设备故障及线路故障维护 23 次，更换备件 6 件。空调维护更换备件 38 件，更换过滤网 168 块，处理高低压报警 14 次。市属高校资产系统网络技术支持 9 次、设备故障支持 19 次、系统更新及机房搬迁调整配置 5 次。对该系统及其他业务系统数据库优化 56 次，数据库安装、升级和策略配置 10 次，数据库正常运行率大于 99%。为各部门、各单位提供三大类 26 项标准化服务，受理来自于各业务部门的变更申请单 90 余张，包括配合系统部完成省级数据中心中小学学籍管理系统的迁移和二期部署等重要变更，完成率 100%，域名调整 220 次，自有设备安全策略调整 111 次。签署行业 IT 基础设施服务协议 7 份。依照《数据中心 IT 服务协议》，为清华大学附属中学、北京教育科学研究院、北京教育考试院等单位提供相关资源及服务器接入等基础设施服务，并提供政务云资源服务。加大网络安全管理力度，对信息中心所属网站和信息系统服务器逐台开展排查整治。9 月全国网络信息安全宣传周期间，邀请北京市政务信息安全应急处置中心和安全技术服务单位，开展网络安全攻防演练和网页篡改事件应急演练。梳理 bjedu.cn 域名，经核实后注销 391 个域名。

（陈昊）

市教委门户网站群运维管理

至年底，信息中心完成市教委各业务处室网站的整合。关停 8 个处室网站、将 7 个处室网站整合为二级页面，实现市教委“一张网”；完成 8 家直属单位 12 个网站的整合工作。年内，站群管理系统承载市委教育工委、市教委门户网站 3 个，业务处室二级子站 12 个，直属处级事业单位网站 12 个。实现“统一基础环境、统一技术平台、统一运行维护、统一安全保障”。

（陈昊）

北京教育综合服务中心

概述

2018 年，北京教育综合服务中心设有机构 4 个，职工 28 人，全部在编。完成北京市教育系统专业技术人员职称评审、高等院校及科研院所学位授予信息管理、市教委政府信息公开和教育行政审批窗口服务、首都教育咨询服务热线（96391）等工作。并承担北京市人民教育基金会常务理事会办公室日常管理工作。

（罗芳）

学位授予信息管理

至年底，综合服务中心完成北京市学位授予单位全年学位授予信息管理工作。北京地区有学位授予单位 149 个，其中，高校 69 所、科研单位 80 个。全年两个学期总计上报电子数据 285132 条（含光盘报送数据），受理申请修改数据 449 条，申请补报数据 229 条，添加学士学位专业授权 44 个。

（罗芳）

职称备案

至年底，综合服务中心完成 2018 年市教委直属单位的职称评审结果备案。中心对北京教育网络和信息中心、北京学生活动管理中心等市教委的 11 个直属单位上年度职称评审结果及新调入人员开展职称备案，备案 148 人，核发证书 134 人次。

（罗芳）

专业技术人员职称评审

至年底，综合服务中心完成专业技术人员的职称评审。北京市中等专业学校教师高中初级专业技术职务评审 94 人，通过 76 人，通过率 80.85%；高等学校教师专业技术职务学术评议 210 人，通过 159 人，通过率 75.71%；北京市中小学正高级教师专业技术职务评审 91 人，通过 73 人，通过率 80.21%。

（罗芳）

北京市教育系统人才交流服务中心

概述

2018 年 6 月，北京市教育系统人才交流服务中心（北京高校毕业生就业指导中心）迁入新址，位于海淀区西三环北路甲 2 号北京理工大学国防科技园 1 号楼 3 至 4 层。在职职工 62 人，在编 36 人。设有 7 个部门。完成市级“积分落户审核”及“毕业生就业手续办理进政务大厅”两项重点改革任务；完成办公新址大学生创业园（理工园）搬迁；配合市教委全面构建“一街三园多点”大学生创业孵化体系，完成150支优秀创业团队的评选和入驻创业园工作，创业环境、创业园承载能力及创业孵化成效均达到全国领先水平；加强就业市场建设，举办各类双选会131场，服务用人单位1.5万家次，服务参会毕业生15万人次，推动京津冀一体化毕业生人才战略合作，联合举办毕业生招聘及校企交流合作研讨活动；编制发布《2018年北京地区高校毕业生就业质量年度报告》等多份调研成果；组织近1300名就业创业教师及人事干部开展15次培训交流活动；管理毕业生档案及城六区教师档案8913余份，完成7323份人事档案整理装订工作。新增毕业生就业手续办理的工作职责，协助市教委完成89所普通高校和86个科研单位23万余名2018届毕业生就业手续办理，出具报到证21万张；完成各层次学籍新生注册数据71万人；完成市教委直属单位40名在编人员及区县教委315名乡村教师公开招聘工作；协助教育部受理学历认证申请28596份，出具学历报告23021份。北京高校毕业生就业信息网：www.bjbys.net.cn；北京教育人才网：www.jyrc.com.cn。

（侯文磊）

参与北京市积分落户工作

3月至9月，人才交流中心参与北京市积分落户相关工作。工作内容包括政策指标设置、流程设计、制定对比规则，对11万人的数据进行多轮次审核，6019人通过此项政策落户北京。

（侯文磊）

北京市积分落户服务专栏（2018）
（人才交流中心 供）

迁入新址

6月，人才交流中心完成办公新址整体搬迁工作。中心由海淀区增光路45号院中国劳动关系学院东门迁至海淀区西三环北路甲2号北京理工大学国防科技园1号楼3至4层。中心由于需要构建集行政办公、政策咨询、服务指导、信息发布、就业招聘、培训交流、创业指导、创业孵化等多项功能于一体的综合性就业创业服务平台迁入新址。

（侯文磊）

新增毕业生就业手续办理的工作职责

8月至12月，人才交流中心新增毕业生就业手续办理的工作职责。该项工作按照市教委第15次主任办公会精神增加，负责为毕业生办理就业相关手续。为保证此项工作的规范开展，中心制定发布《毕业生就业专用章使用管理规定》和《涉密数据和涉密计算机管理规定》，完成自建系统与全市综合系统的联调，完成就业手续办理业务进驻政务大厅。至年底，人才交流中心协助完成89所普通高校和86所科研单位的23万名毕业生办理就业手续，打印报到证21万张，办理改派手续8000人次，办理户口改迁手续1736人次，退学报到证244人次，办理报到证遗失证明1773份。另外，完成各层次学籍新生注册数据71万人；学年注册数据255万人；毕业生注册数据56万册。完成优秀毕业生证书11611份的备案和打印工作，领取基层证书8000本，发放2019届本专科协议书15万份，研究生协议书12万份，推荐表27万份，协助北京市征兵办公室核查学籍学历7431人次，完成2018年退役士兵专升本材料报送及数据审核849人次，完成中专证书的印制和发放3万份。

（侯文磊）

创业团队参加各类创新创业活动

至年底，人才交流中心支持创业团队参加重要创业大赛及展示活动。组织博雅科技、戴乐科技、宇观科技、光子算术、利卓创新5支团队参加国家双创周北京会场展示；组织园区大学生创业团队参加2018年中国“互联网+”大学生创新创业大赛等各类创新创业大赛，获各类奖项200余个。

（侯文磊）

就业创业培训

至年底，人才交流中心组织13次就业创业培训活动。内容涵盖KAB创业讲师培训、创新创业导师培训、就业创业课程培训、就业创业工作人员研修班、生涯规划指导教师培训、GCDF生涯认证培训、基层就业培训、就业专题培训，北京地区100余所高校和科研单位近1000人次就业创业工作人员参加培训。

（侯文磊）

市教委直属单位及乡村中小学公开招聘

至年底，人才交流中心协助市教委完成直属事业单位及乡村中小学公开招聘工作。协助市教委和朝阳、海淀、东城、西城、丰台、石景山、密云区教委及中国儿童中心完成12次公开招聘，组织安排考试14157人。为市教委9家直属事业单位遴选40名在编工作人员，为13个区教委补充315名乡村教师。

（侯文磊）

学历认证服务

至年底，人才交流中心协助教育部完成学历认证申请受理工作。受理学历认证申请 28596 份，录入全国学历认证系统 27467 份，出具学历报告 23021 份，通知单 1985 份，收缴各类伪造学历证书 25 本。协助全国学历认证中心完成协查数据 5918 份，其中，学历查询 1351 份、学位查询 9 份，中文成绩单协查 2341 份、英文成绩单协查 2217 份。

（侯文磊）

9 个质量报告和分析报告编制完成

至年底，人才交流中心协助市教委完成 9 个质量报告和分析报告的编制。包括《2018 年北京地区高校毕业生就业质量报告》《北京市 2015—2017 届本科毕业生在京就业状况分析报告》《2018 届北京地区普通高校毕业生就业数据分析报告》《北京地区高职院校和农职院近三年就业数据分析报告》《关于“中美经贸摩擦对高校毕业生就业影响问题”的调查报告》《2018 年北京地区高校毕业生用人单位调查报告》《2018 年北京地区高校毕业生就业状况调查报告》，针对 33 所高校编制的《2018 届毕业生就业质量报告》，针对 84 所高校编制的《2018 届毕业生就业状况调查统计报告》。

（侯文磊）

精准就业平台开发

至年底，人才交流中心整合信息化资源，开发精准就业平台。通过就业信息网、教育人才网，微信公众号、成功就业订阅号等多种信息化宣传渠道，推送就业政策信息 1200 余篇，服务毕业生 152 万人次，为毕业生推送精准就业信息。

（侯文磊）

北京市国际教育交流中心

概述

2018 年，北京市国际教育交流中心（北京市汉语国际推广中心、北京市港澳台教育交流中心）有教职工 32 人。全年组织市委教育工委、市教委及直属单位因公出国（境）52 个团组，出访国家和地区 39 个，服务 394 人次；先后配合教育部、民政部、国家汉办、市政协等中央和北京市单位完成接待任务 5 项，接待 632 人次。全年举办 6 个团组境外教育说明会，参与学校除涉及北京市大、中学校外，还包括市外办、市财政局等单位，89 人次。全年开展 3 大类 12 项境内外师生交流活动，参与活动对象覆盖 16 个区的 300 余所大、中学校的师生近万人次。针对京津冀外籍学生开展汉语及中国文化推广活动 20 次，覆盖京津冀 20 所高校 30 余所中小学。对 74 个国家特别是“一带一路”国家的 200 名驻华使馆官员开展汉语及北京教育环境和中国文化培训。邀请 31 个国家的 200 名汉语教师来京开展汉语教学能力培训；完成国家留学基金委公派高级研究学者及访问学者等 9 个大项目 26 个子项目 421 人的选派任务。新增中学生“一带一路”研学交流项目，组织 4 个远郊区的 77 名师生赴捷克、塞尔维亚等国开展研学交流。新增“一带一路”暑期大学生科技创新训练营，来自 18 个国家 28 所高校 146 名中外师生参加以“智能汽车”为主题的科技夏令营。面向全市 178 所学校的 182 名外籍教师开展评估培训。收集到全市在岗外籍教师信息 120 余人，完成 116 所学校的 118 名外籍教师评估。网址：www.biee.bjedu.cn。

（郑静慧）

教育专业大学生境外实习

4 月至 11 月，国际教育交流中心组织首都师范大学的 30 名教育专业学生赴美国加州中小学参加境外实习项目。通过 28 天“影子”教师跟岗深度学习，了解美国中小学的教育教学理念、课堂管理技巧、教学管理方法、教学评估方法，培养通晓中美教育的国际化教育人才。

（郑静慧）

4 月至 11 月，国际教育交流中心组织教育专业大学生境外实习
（国际教育交流中心　供）

承办 3 次交流夏令营

7 月 15 日至 25 日、16 日至 22 日、25 日至 31 日，国际教育交流中心承办 3 次交流夏令营活动。其中，第八届国际学生北京夏令营，来自 5 大洲 31 个国家的近 800 名师生参加活动；2018 青春港澳行——京港澳学生交流夏令营，北京师生 199 人、港澳师生 158 人参加活动；2018 海峡两岸青年学生北京长城夏令营，北京和台湾师生 197 人参加活动。

（郑静慧）

承办 2 次友好交流活动

11 月 12 日至 16 日、20 日至 24 日，国际教育交流中心承办 2 次友好交流活动。其中，承办 2018 第 19 届北京—首尔青少年体育大会，来自首尔可在尔初中、泰陵高中的 40 名师生与来自北京市第一〇一中学、北京市顺义区牛栏山第一中学师生共同举办排球和足球友谊赛；承办 2018 北京—世宗青少年艺术交流活动，韩国世宗市教育代表团师生一行39人分赴北京市第十八中学和北京市芳星园中学参观和交流。

（郑静慧）

北京汉语网运维

至年底，国际教育交流中心运行维护北京汉语网。全年发布1500余篇汉语推广重要信息、市教委和国际教育交流中心主办的相关活动，以及北京各高校、中小学的系列报道等图文报道；搜集发布具有创新性、多元性、实用性的汉语教学课件资源150余件；完成留学服务信息发布600篇，更新各高校对外宣传介绍内容；整理发布包括艺术、民俗风俗、哲学思想等内容的1600篇中国文化相关信息。

（郑静慧）

“2018国际语言环境建设”项目实施

至年底，国际教育交流中心组织实施“2018国际语言环境建设”项目。内容包括组织第七届首都学生外语展示系列活动，通过英语戏剧比赛形式，吸引16个区381所中小学的5000余名学生参与；承办2017年北京外语游园会“多国文化秀”活动，与现场互动市民近万人次；组织暑期英语夏令营，7月11日至8月4日、8月15日至24日分别在房山、通州、昌平、平谷、密云、延庆的营地学校举办。邀请100名来自加拿大、英国、美国及少数欧洲国家的一线英语教师、人文社科专业的应届毕业生及语言教学志愿者到北京开展浸入式的英语教学夏令营，惠及郊区122所中学的1800余名学生和200名中方教师。

（郑静慧）

北京学生活动管理中心

概述

2018年，北京学生活动管理中心（北京市少年宫、北京市青少年科技馆、北京教学植物园）占地面积14.42万平方米、建筑面积4.92万平方米。中心内设部门和机构21个，有教职工198人，包括专业教师156人，博士、硕士学历48人，高级职称45人，特级教师1人，市级骨干教师2人。中心围绕首都教育改革发展需求，改革、整合、提升，强品牌补短板，突出公益性、教育性，为深化首都教育综合改革和推进首都教育现代化提供支撑。一是服务首都发展大局。支持北京中轴线申遗，如期将寿皇殿古建筑群全部正式移交景山公园。按照要求设立学前规范监督管理办公室，配齐工作人员。推动自办企业规范清理工作。加强国内外合作交流，承办对口支援民族团结夏令营4个，国际交流活动5个，接待国内参访团30个。二是加强全市学生活动管理和校外教育研究。组织全市学生活动，促进学生艺术、科技和体育素养不断提升。承担市委教育工委、市教委和其他部门主办的大型学生活动52项，受益学生100万人次。开展校外教育研究工作，指导全市创建校外教育精品项目、特色项目、创新项目628个。搭建社会大课堂资源平台，总结北京市中小学生社会大课堂10周年经验；增设河北省资源单位12家，市级资源单位总计578家；全年开展“四个一”等社会大课堂活动，40万人次参加。三是开展校外活动及植物与环境教育。开设兴趣培养项目47个，累计培训13100人次。建设阳光少年舞蹈团、手风琴团等品牌学生团队，组织参加交流演出、比赛竞赛、作品展览等活动45次。举办特色主题活动12项。助推中小学生态文明教育，教学植物园入选国家第三批自然学校试点单位，组织10万人次参与的教学科普活动。四是加强内部管理。新建和修订规章制度21项，并将全中心14个方面149项内部管理基本制度汇编成册。严格执行财务、内审和内控制度，完成下达财政专项26个，签署合同协议587份，审签大额资金145项，审核招投标项目27个。持续推动信息化，招生、报名、收费等工作实现信息化。建设平安校园，开展师生自救、逃生和消防安全演练3次，开展安全大检查17次，全年未发生安全事故。

（祁国章）

6次艺术小组教学实践

1月至12月，学生活动管理中心组织艺术小组教学实践6次。1月23日至26日，参与录制2018年北京电视台春节联欢晚会，辐射学员50人，观众1000人；7月17日，举办“小荷风采”20周年精品剧目展演，舞蹈团的原创儿童舞蹈作品《麦田童话》代表20年来“小荷风采”优秀作品参加公演，辐射学员50人，观众750人；8月1日至3日，携手英国新雅空气合唱团在英国哈罗国际学校、北京音乐厅举办两场交流演出活动，辐射学员45人，观众1000人；8月10日至12日，参加第九届华北五省舞蹈大赛获金奖，辐射学员40人，观众1600人；11月4日，承办“中华美德少年行——家风故事宣讲活动”，为北京第一师范学校附属小学的师生呈现精彩演出，参加学员40人，辐射200人；12月23日，举办“雪花的快乐”合唱交流专场音乐会，北京少儿爱乐合唱团100人、中心学员500人参加活动。

（李鹤群　孙晓哲　王鹏）

植物主题科普活动

1月至12月，学生活动管理中心举办29次植物主题科普活动，4000名学生参加活动。1月13日，举办“绿意冬日”自然体验活动，30名小学生参加活动；4月4日，举办“相约春天 种植希望”首都义务植树日活动，100名六年级学生参与；4月21日，举办“2018赏花进行时”自然体验活动，20余个亲子家庭参加活动；5月7日至11日，举办“情系母亲”主题庆祝活动，1500余名小学生参加活动；5月30日至6月1日，举办“探索自然 快乐童年”六一主题科普游园活动，2000名小学生参加活动；7月15日，举办“植物吸尘器”自然体验活动，20个亲子家庭参加活动；9月

16日，举办“探秘水生植物”自然探索活动，12个亲子家庭参加活动。另外，3月至11月，“中小学生传统植物文化实践课程”在饮食、服饰、文字、习俗及文学艺术5个领域，开设植物纹样、五味调和等14个全新活动，400名小学生参加活动；“气候变化”主题活动面向亲子家庭和小学生组织15次活动，惠及对象1400人次。6月至10月，组织学生参与自然笔记大赛作品征集活动，收到学生作品300余幅。至12月，结合学校教材，针对不同学段，首次探索主题式教学，全年设6个主题。累计接待中小学生及大学生、教师1.80万人。

（马凯）

8月4日，学生管理中心举办“夜游植物园，探访夜精灵”半日夏令营　（学生活动管理中心　供）

承办14项市级学生科技竞赛

1月至12月，学生活动管理中心承办市级学生科技竞赛14项。其中，1月23日至3月10日，承办第18届北京市中小学生金鹏科技论坛活动，532所学校的4400名中小学生参加活动；4月14日至15日，承办北京市中小学生纸飞机比赛，16个区180所学校的1200人参加活动；5月5日，承办“放飞心情 筝舞蓝天”北京市中小学生风筝比赛，55所学校的550人参加活动；5月5日至6日，承办北京市青少年未来工程师博览与竞赛，186所学校的710人参加活动；5月16日至11月10日，承办北京市中小学生科学建议奖评选活动，212所学校的3923人参加活动；5月19日至11月10日，承办北京市中小学生环境教育系列活动，85所学校的695人参加活动；5月25日至11月30日，承办北京市中小学生农业体验实践活动，46所学校的470人参加活动；5月26日，承办北京市高中生技术设计创意大赛，46所学校的380人参加活动；5月27日、12月15日，承办北京市中小学生观鸟比赛（含知识竞赛），全市300余所学校的3万余人参加活动；9月21日，承办北京市中小学生科学表演创意大赛，80所学校的800余人参加活动；10月27日至28日、12月22日，承办北京市中小学生天文观测竞赛（含知识竞赛），380所学校的5万人参加活动；11月24日至25日，承办北京市青少年DI创新思维竞赛，136所学校的2500余人参加活动；12月1日，承办北京市中小学生航天科技体验与创意设计大赛，56所学校的492人参加活动；12月9日，承办北京市中小学生电子与信息创意实践活动，304所学校的1440人参加活动。

（张峥）

5次主题教育活动

3月至11月，学生活动管理中心组织5次主题教育活动。其中，3月至11月，面向示范基地校开展“锋行少年”话春风系列主题教育活动，2000名少年儿童参加活动；4月13日，举办“缅怀革命先烈 追忆峥嵘岁月”主题教育活动，中国无产阶级革命英雄的后辈代表、中国少先队专家，以及来自示范基地校的400名师生参与活动;9月28日，举办“不忘长征精神　传承红色基因”主题教育活动，房山、延庆的400余名少年儿童参与活动；10月12日，举办“铭记抗战历史　珍惜美好童年”主题教育活动，400余名首都少年儿童参与活动；11月16日，举办“追寻先辈足迹　弘扬民族精神”主题教育活动，平谷区镇罗营中心小学以及示范基地校的400余名师生参与活动。

（乔超新　刘美丽　刘毅）

2项篮球比赛

4月和5月，学生活动管理中心承办2项篮球比赛。4月29日，承办2017—2018“阿迪达斯”中国高中男子3×3篮球联赛（北京赛区），16个区的32支代表队参加比赛。4月至5月，承办北京校园篮球特色学校篮球比赛高中组总决赛。清华大学附属中学摘得本赛季桂冠。比赛由市教委和市体育局联合主办。

（池飞龙）

2次电影主题系列活动

4月至11月，学生活动管理中心主办2次电影主题系列活动。其中，4月28日至6月1日，举办第一届儿童电影节暨践行中国特色社会主义核心价值观电影主题教育活动，以“童心·光影·中国梦”为主题，通过“为孩子办、教孩子看、让孩子评”的理念，开展丰富多彩的电影主题教育活动及相关研讨会，全市多所小学的师生近5000人次参加活动；11月29日，主办探赏超高清4K科普影片活动，首次将电影与科技相结合，为青少年打造一个与时俱进的科普平台，来自东城区东交民巷小学的1000余名师生参加活动。

（代华旭）

3次自然教育种子教师培训系列活动

6月7日至11月23日，学生活动管理中心组织3次自然教育种子教师培训系列活动。其中，6月7日至9日，举办北京市自然教育种子教师培训交流会，听取12个主旨报告，各区相关学科教研员、一线教师和校外教育基地、社会大课堂等科普教育工作者100余人参加会议；7月24日至28日，“北京自然教育种子教师培训项目”赴京外考察交流，北京市教育系统的教研员、教师代表和社会大课堂基地、首都生态文明教育基地的20余名代表参与活动；11月23日，举办2018北京市中小学生自然教育馆校结合论坛，听取8个主旨报告，中小学校相关负责人、一线教师，校外教育基地的科普工作者以及社会自然教育机构工作者200余人参加活动。

（马凯）

学员在2项全国体育比赛中获奖

6月10日和7月26日至31日，学生活动管理中心学员分别在2项全国体育比赛中获奖。6月，组织武术代表队35人参加2018年全国青少年宫武术套路比赛（北京赛区），获得5个单项第一名、10个单项第二名、8个单项第三名；7月，组织乒乓球队27人参加第29届“庄则栋杯”全国少年儿童乒乓球邀请赛，获得男子乙组团体冠军。

（姚泽）

4次“热爱祖国”夏令营

7月至9月，学生活动管理中心承办4次“热爱祖国”夏令营。其中，7月26日至8月3日，承办2018年“热爱祖国 感受北京”新疆和田中小学生民族团结北京夏令营，新疆和田的100名师生参加活动；承办2018年“热爱祖国 感受北京”新疆乌鲁木齐中小学生民族团结北京夏令营，新疆乌鲁木齐的20名师生参加活动；承办2018年“热爱祖国 感受北京”拉萨中小学生民族团结北京夏令营，拉萨市60名师生参加活动。9月17日至26日，承办2018年“感恩祖国 研学北京”玉树州高中生主题教育活动，青海玉树州34名师生参加活动。

（乔超新　刘毅　刘美丽）

市少年宫旧址全部腾退移交景山公园

9月27日，市少年宫与景山公园管理处签约，全面完成旧址腾退移交工作。市少年宫将寿皇殿古建群正式移交景山公园使用管理。腾退移交的院落主要是原少年宫的体育院，包括篮球场、足球场及周边建筑、设施和树木，以及网络机房和北京教育老干部活动中心院西面两间办公用房。在新址没有室外活动场地的情况下，做好家长和学员的思想工作，妥善安排好700余名学员的学习，按期完成该学区所有教育教学任务和搬迁工作。

（祁国章）

首届戏曲特色教育实践活动

9月28日至11月16日，学生活动管理中心举办第一届戏曲特色教育实践活动。活动以“梨园童趣”为主题，充分利用剧场与中国戏曲学院附中的优质资源，主要以听、学、看、练四种方式体验京剧独特的传统文化魅力，促进学生全面发展。活动期间，来自丰台区多所小学的师生近2000人次参加活动。

（代华旭）

绿色科技俱乐部

至12月，学生活动管理中心举办绿色科技俱乐部活动课程34类、77课次。活动内容包括“种石油”“中草药——神奇的果蔬保鲜剂”“自提芳香油”等，邀请专家讲座6期。1665名中小学生参加活动。

（马凯）

北京市校外教育公开课

至12月，学生活动管理中心组织全市开展校外教育公开课11场。与9个区的29家校外教育机构开展公开课254节。其间，市校外教育研究室修订印发《北京市校外教育公开课观摩课研究课管理办法》，规范管理搭建平台，奠定公开课发展基础。

（高红燕）

北京市教育技术设备中心

概述

2018年，北京市教育技术设备中心建筑面积3144平方米，其中，办公场所2144平方米、库房1000平方米。设有5个科室，职工38人。受市教委委托行使对教育技术装备的管理和对实践教学研究的职能，负责北京市中小学校实验室（专用教室）和教学仪器设备的建设、配备、管理、质量检测及技术服务，承担全市初中开放性科学实践活动管理工作等。全年开展重新规划与调整北京市初中开放性科学实践活动的组织模式；完成教育部“十三五”规划课题研究；组织参加2018年“张謇杯”全国幼儿园优秀自制玩教具展评活动；组织中小学实验室废弃物处置对策研究培训；举办2018年北京市中小学实验教学说课活动；组织第八届“书香燕京”阅读指导活动；参与2018中小学图书馆榜样人物和2018最美校园书屋评选；参与第15届全国中小学阅读指导课优秀课例评优活动；开展放射源及X射线装置专项清查与处置工作；开展初中理化生实验探究等。

（赵文强）

实验室采光调研培训

3月至6月，设备中心开展以实验室和普通教室采光和照明环境为主要内容的调研培训。以市级调研培训带动各区学校自查为目的，通过检测仪器培训、实地检测、问卷调研等形式，对14所学校60间实验（教）室现场测试窗地比、反射比、平均照度、色温、显色指数和频闪等指标。各区装备部门派员参加调研活动。

（赵文强）

初中理化生实验探究

3月至12月，设备中心组织完成初中物理100个、化学60个、生物80个基础实验部分的操作与探究工作。该项工作在石景山区苹果园中学、北京师范大学附属实验中学、北京市育英中学、丰台区第十二中学、丰台区丽泽中学、北京市第十三中学分校开展。通过探究，了解学校实验开展及仪器使用情况，对效果不佳的实验尝试做出改善及创新；探讨如何围绕教学设备开展专业化培训工作；为义务教育阶段办学条件标准细则的改进打下基础。

（赵文强）

放射源及X射线装置专项清查与处置

4月至10月，设备中心与市生态环境局联合对北京市普通中学（含社会力量办学）、职业高中、中等专业学校及市教委相关直属单位开展放射源及X射线装置专项清查与处置工作。经过初期摸底、实地调研、中期培训、后期复核、送贮、环保手续办理六个阶段，收到821家单位的清查登记表，其中，公办普通中学559所、民办普通中学106所、中职学校63所、区直属单位92家、市直属单位1家。收贮136枚放射性物质，其中，镭（Ra）27枚、钍（Th）102枚、镅（Am）7枚，涉及32家单位；处置X射线类装置378件，涉及168家单位。其中需要继续使用的78件，涉及39所学校；报废处置的300件，涉及140所学校（既有继续使用，又有报废处置重复单位11家）。

（赵文强）

初中开放性科学实践活动实施

至年底，设备中心组织实施初中开放性科学实践活动。203名督查员完成2623次督查（含非常规督查36次，送课到校督查8次，包括督查3次及以上的项目638个、督查1次及以上的项目116个），提交13份督查报告。对出现严重问题的19家资源单位进行暂停服务处罚20次，对37家资源单位进行通报批评44次，对15家资源单位当面约谈17次，对84家资源单位电话约谈132次，对89家资源单位低于85分的131个项目和予以其他处罚的资源单位进行304次复督。累计接听处理热线电话问题1700个。处理投诉事件5起。组织两次集中结算。还对50家资源单位开展活动成本抽查，形成调查报告，配合会计师事务所对项目成本进行核算。

（赵文强）

北京教育老干部活动中心

概述

2018年，北京教育老干部活动中心有正式职工17人，内设4个部门，同时挂北京教育老干部大学和北京教育老干部党校两块牌子。中心建筑面积5174.4平方米，分为办公区（北楼三层）、文体娱乐区（北楼一、二层，东楼三层）、教学区（东楼一、二层），设有图书阅览、书画、棋牌、台球、乒乓球、茶艺、舞美、手工制作、健身房、音乐欣赏等厅室（教室）。文体娱乐区供北京教育系统离退休人员开展各种文体活动；教学区供北京教育老干部大学面向北京市教育系统离退休人员开设非学历教育课程。全年老干部大学开设绘画、书法、文学、音乐欣赏、计算机、摄影、中医、英语、国学、古琴10个专业，在校班34个，学员1085人次。有直接管理的时装、舞蹈、摄影等兴趣队18支，400余名文体骨干。

（王黎黎）

北京老教育工作者门球赛

4月16日至17日，老干部活动中心在地坛公园举办北京老教育工作者门球比赛。比赛经过预赛、复赛、决赛三个阶段，最终西城区教委队、北京学生活动管理中心队、北京育新花园老教协队获得前三名。北京教育系统高校、区教委22支代表队的220人参加比赛。

（王黎黎）

4月16日至17日，北京老教育工作者门球赛举行

（老干部活动中心　供）

两委机关离退休老同志趣味运动会

5月11日，老干部活动中心举办第十届市委教育工委、市教委机关离退休老同志趣味运动会。运动会设羽毛球入筐、门球过门、钓鱼（瓶）等15项集趣味性、娱乐性、竞技性于一体的比赛项目。同时，运动会邀请盲人按摩师和医学专家提供免费按摩和健康咨询服务。160余名离退休人员参加活动。

（王黎黎）

老教育工作者文艺演出

6月13日至28日，老干部活动中心举办“共筑中国梦　歌舞赞辉煌”北京老教育工作者文艺演出。演出分别在中国农业大学、首都经济贸易大学、北京外国语大学、顺义区、怀柔区举行，演出包括大合唱、舞蹈、时装走秀、戏曲等。64个单位近3000名老同志参加活动。

（王黎黎）

北京教育系统老同志书画作品展

10月23日至11月15日，北京教育系统老同志书画作品展在老干部活动中心举办。展览以“翰墨颂改革丹青绘盛世”为主题，收到教育系统69家单位400余名老同志创作的近500幅作品。教育系统近2000名老同志参观展览。

（王黎黎）

北京高校房地产开发总公司

概述

2018年，北京高校房地产开发总公司有正式员工38人，包括具有高级专业技术职务3人、中级11人。公司内部机构设有办公室、党办、财务部、工程部、合同预算部、资产经营部、拓展部、房改办、审计部，下属全资子公司为北京育新物业管理公司、北京育新实验幼儿园及北京市黄山教育研究中心。公司具有GB/T19001：2008版质量管理体系认证资格，育新物业公司为国家一级资质物业服务企业，育新实验幼儿园为北京市示范幼儿园。年内，协助市教委完成4套住房计价收费、签订房屋买卖合同的工作。

（谭翙　张杨）

两项工程竣工决算评审完成

9月至12月，高校房地产总公司受市教委委托完成两项工程竣工决算评审。9月25日，完成北方工业大学第十学生公寓工程竣工财务决算审核，审核后出具《北方工业大学第十学生公寓工程竣工财务决算评审报告》，审定项目金额5038.34万元。至12月，完成北京印刷学院学生集体宿舍项目竣工财务决算评审。项目建设单位送审金额4150.95万元，审定金额4136.03万元，审减金额14.92万元。

（廉国京　张杨）

育新物业公司开展企业招投标工作

至年底，高校房地产总公司下属育新物业管理公司开展企业招投标工作。物业公司完成“望京花园保洁服务、垃圾清运服务招标”“育新花园小区外墙面、屋面、窗户周边防水施工招标”“台湖项目欠缴物业费清理聘请律师事务所招标”等11个采购项目招投标工作。

（刘晓宇　张杨）

北京教育志编纂委员会办公室

概述

2018年，北京教育志编纂委员会办公室设有编辑一室、编辑二室和综合办公室，教职工12人，其中，在编10人，包含高级专业技术职务2人、中级专业技术职务3人。年内，办公室接受市委教育工委巡查；编纂出版《北京教育年鉴》（2018）网络版、简本和正本出版年鉴；《北京教育年鉴》（2017）获得中国出版协会评选的第六届年鉴编纂出版质量评比综合特等奖，条目编写特等奖、框架设计特等奖、装帧设计特等奖，同时获得北京市第二届年鉴编纂质量评比一等奖。承编的《北京志·教育志》通过北京市地方志编纂委员会办公室初审、复审稿评议，完成北京教育志编纂委员会和《北京志·教育志》主编、副主编调整工作。编纂完成的《北京教育史料（2017）》《北京教育图志（2017）》《北京市教育委员会文件选编》出版发行，编印《北京市教育委员会政报》《北京教育史志丛刊》，组织编纂《北京教育史志丛书（1991—2010）》之《北京市教育投入志稿》《北京市教育管理志稿》《北京市学前教育志稿》。

（王永刚）

年鉴获中国出版协会年鉴综合评比特等奖

1月8日，中国出版协会公布第六届年鉴编纂出版质量评比结果，《北京教育年鉴》（2017）获得综合评比特等奖，条目编写特等奖、框架设计特等奖、装帧设计特等奖。这是《北京教育年鉴》参加此项评比以来的最好成绩。此次评选中，《北京工业大学年鉴》获得综合一等奖，框架设计一等奖、条目编写一等奖、装帧设计二等奖、检索与编校质量和出版时效二等奖。《华北电力大学年鉴》获得综合一等奖，框架设计特等奖、条目编写二等奖、装帧设计一等奖、检索与编校质量和出版时效二等奖。《中国传媒大学年鉴》获得综合二等奖，框架设计二等奖、条目编写二等奖、装帧设计二等奖、检索与编校质量和出版时效二等奖。《北京科技大学年鉴》获得综合二等奖，框架设计三等奖、条目编写一等奖、装帧设计三等奖、检索与编校质量和出版时效二等奖。《大兴教育年鉴》获得综合二等奖，框架设计二等奖、条目编写二等奖、装帧设计二等奖、检索与编校质量和出版时效一等奖。该评选活动每4年举办一次。

（华蕾）

《北京志·教育志》通过初审

3月30日至4月1日，教志办承编的《北京志·教育志》通过北京市地方志编纂委员会办公室初审。评审专家认为初审稿指导思想正确、篇目框架基本合理、资料较为丰富，能够突出时代特征和地域特点，符合地方志书体例要求，一致同意通过初审，并提出增补资料、精简文字、丰富图表等意见，再修改完成后报送北京市地方志办公室复审评议。《北京志·教育志》编写工作于2007年启动，历经资料准备、试写、初审稿编纂三个阶段，初稿包括概述、大事记、附录以及学前教育、基础教育和高等教育篇正文，成稿字数70万字、表格135个。7月18日，教志办向北京市地方志办公室上报初稿修改稿；8月16日，完成初稿修改稿评议；9月，根据修改意见形成《北京志·教育志》（复审稿）报送北京市地方志办公室；11 月 16 日，通过复审评议。

（张驰　王永刚）

《北京教育史料（2017）》《北京教育图志（2017）》出版

12 月，教志办编纂完成的《北京教育史料（2017）》和《北京教育图志（2017）》由中国书籍出版社出版发行。《北京教育史料（2017）》是记录 2017 年北京教育事业发展的文献资料书，包括教育事业总述、教育纪事、文件选登三个部分，全书 50 万字。《北京教育图志（2017）》是记录 2017 年北京教育事业发展的图片资料书，包括深化改革、素质教育、学前教育等 10 个栏目，收录图片 600 幅。

（张驰）

年鉴微信小程序开通

12 月，教志办开通“掌上北京教育年鉴”微信小程序。在微信的搜索栏输入“掌上北京教育年鉴”小程序即可浏览，内容涵盖最新的年鉴和已出版的全部《北京教育年鉴》，可实现全文检索和复制等功能。这是《北京教育年鉴》网络化、信息化工作从电脑端向移动端迁移的初步尝试。微信小程序是一种不需要下载安装应用程序即可使用的应用。近年来，教志办持续推进年鉴供给侧结构性改革，推出“北京教育年鉴在线编纂系统”“北京教育年鉴在线资源平台”网站、“年鉴数据资源库”和网络年鉴、年鉴简本等。年内，“年鉴数字资源库”新增《北京市教育委员会文件选编》（1996—2016）等内容，至此，“年鉴数据资源库”收录文字 7419 万字、7.6 万幅图片、条目 11 万条；“网络版年鉴”收录 180 万字、图片 1502 幅、视频资料 72 条；《北京教育年鉴简本》收录文字 30 万字，图片 120 余幅。

（华蕾）

北京市学生资助事务管理中心

概述

2018 年，北京市学生资助事务管理中心设有 2 个部门，职工 9 人，在编 7 人。全年中心以建立“精准资助”工作机制为抓手，围绕“应助尽助”，落实国家和北京市各项资助政策。完成各类学校学生资助有关信息汇集、统计和分析工作；监管、指导、检查区和市属高校、市属中等职业学校学生资助工作。至年底，多项举措加强北京市学生资助政策的宣传力度：面向学生、家长及社会，扩大资助政策及成效宣传面；制作北京市各学段学生资助政策动画宣传片；印制学生资助政策宣传海报；宣传资助工作者典型；开展工作宣传；做好“中国学生资助”微信服务号咨询求助答复工作，解决学生实际困难。

（罗芳）

资助数据上传至全国资助中心系统

至 12 月，学生资助中心完成向全国资助中心系统上传资助数据工作。上传 55 所本专科院校、21 所研究生院校奖学助学等项数据。其中，研究生国家奖学金数据 757 条、学业奖学金数据 32043 条、助学金数据 36671 条，本专科生国家奖学金数据 365 条、励志数据 7929 条、助学金数据 30125 条。

（罗芳）

“中国学生资助”微信服务号咨询求助答复

至年底，学生资助中心完成“中国学生资助”微信服务号咨询求助答复工作。回复“中国学生资助”在线求助 150 条；处理投诉 6 个；暑期接听家长及学生的咨询电话 359 个；函复江西省在京外地建档立卡打工子女教育救助 42 个。该项工作保障学生、家长的咨询求助得到及时有效答复，解决学生实际困难。

（罗芳）

资助结余资金清缴

至年底，学生资助中心开展资助结余资金清缴工作。对 22 家区、校开展实地抽查，全面了解近三年资助工作开展及资金使用情况，指导区、校科学预算、规范使用和合规处置结余资金。中心拨付资助资金 13576.12 万元，对由中心下拨经费的 110 家单位资助金进行清缴，清缴 55 家单位“2016 年及以前年度中央奖补和 2017 年实有资金账户”结余资金 2199.14 万元。

（罗芳）

各学段学生资助政策动画宣传片制作完成

至年底，学生资助中心制作完成北京市各学段学生资助政策动画公益宣传短片。动画宣传片时长 45 秒，分为从学前教育到研究生教育各阶段学生资助政策宣传动画片，以及国家助学贷款、防诈骗警示宣传 MG 动画。2019 年，动画片将分别在各区各校，以及地铁、公交移动电视等外部渠道播放动画宣传短片。

（罗芳）

学生资助工作宣传

至年底，学生资助中心开展学生资助工作宣传。撰写和发布 48 篇北京市学生资助工作动态（包括 42 篇报送全国学生资助管理中心），全方位报道北京市规范管理年、国家奖学金评审、绿色通道等工作，及时反映北京市学生资助工作新举措、新经验。设计北京市资助政策宣传主海报，以及从学前教育到研究生教育各阶段学生资助政策宣传海报，为开展“三进”工程、北京市“学生资助宣传大使”市级宣讲、各类主题宣传活动等提供直投宣传条件。组织北京市中职学生资助规范管理典型案例征集活动，征集案例 49 篇。

（罗芳）

北京教育新闻中心

概述

2018年，北京教育新闻中心设有4个职能科室。职工28人，全部在编。全年以服务首都教育深化综合改革为主线，提升正面宣传策划水平，做好舆情应对和舆论引导，为首都教育改革发展营造良好舆论氛围。全年围绕重点工作或时间节点，组织策划系列主题宣传战役，全面展示教育改革发展新成果；加大先进典型宣传力度，组织媒体记者到教育教学一线开展走基层采访活动；全年围绕义务教育入学、中高考改革、校外培训机构治理、课后延时服务等内容，组织专题新闻发布17次，各类发布100余次；与8家媒体合作拓展全媒体宣传平台，合作开设各类栏目及宣传平台11个，报纸类媒体刊发专栏稿件205篇，制作播出电视专题节目112期、广播节目300余期，新媒体栏目累计发布600余次。

（周也青）

“首都教育”入驻抖音短视频平台

11月，“首都教育”入驻抖音短视频平台，实现新媒体宣传平台全覆盖。秉持“人在哪，阵地在哪”的宣传工作方针，“首都教育”入驻聚集众多年轻受众群体的抖音短视频平台，记录首都教育美好瞬间，塑造首都教育美好形象。至12月，发布原创视频内容4期，总播放量超22万次，用户点赞6000次，传播影响力初见成效。

（周也青）

系列主题宣传战役

至年底，新闻中心多次组织系列主题宣传战役，全面展示教育改革发展成果。围绕重点工作或重大节点组织策划全国及北京教育大会、庆祝改革开放40周年、首都教育精准扶贫、北京组团式援藏的成果与经验、中高考改革、京津冀教育协同发展等系列主题宣传战役，累计报道量2000余篇。

（周也青）

“走基层寻找获得感”系列采访报道

至年底，新闻中心组织媒体到北京教育教学一线开展“走基层寻找获得感”系列采访报道。媒体围绕义务教育均衡发展、京津冀协同发展、教师队伍建设、大学生思想政治等主题，组织集体采访171次，形成相关宣传报道5000余篇。其中，中央电视台各频道刊播首都教育正面报道325条，数量比上年增长74%，北京电视台的新闻栏目刊播555条。

（周也青）

北京学校后勤事务中心

概述

2018年，北京学校后勤事务中心设有4个部门，职工14人，全部在编。全年中心推进全市校服管理、校园安全管理、学生在校就餐和食堂食品安全管理、北京学校基地直供、高校后勤标准化推进、节能减排等业务工作。校服管理方面，完成各区校服征订基本情况和数据统计；举办2018北京市中小学校服研发成果展示活动；指导北京市中小学校服研发中心制订完成《北京市中小学校服面料体系》，并初步建立北京地区中小学生人体体型数据库架构。校园安全管理方面，在部分区开展“急救进校园”试点工作；配合市教委做好重要时间节点的校园安全大检查和隐患排查整治；完成600余名校长园长培训；开展中小学“平安校园”建设学习调研；组织完成新一轮校方责任保险招标及2018—2019学年度校方责任保险投保工作；完成小学生交通安全帽（小黄帽）的采购、配发。学生在校就餐管理方面，开展全市中小学生在校就餐情况评估监测调研统计、中小学生在校就餐管理工作调研、中小学校食堂文化建设研究，协助开展2018年“营”在校园平衡膳食行动。平抑资金管理方面，完成北京高校学生食堂价格平抑资金拨付工作，开展2018年平抑资金使用管理情况专项检查并抽取部分高校进行入校审计。高校食堂食品安全方面，举办2018年北京市教育系统食品安全工作培训会；食品安全监测系统运行平稳，完成检测19.46万次。北京学校基地直供平台方面，全年参与平台采购的高校82所（含分校），供应商69家，年总交易额31096万元，年总交易量51767吨。高校后勤标准化推进方面，开展2018年北京高校标准化创建达标验收工作培训会；协助组织开展对12所高校的标准化学生食堂、公寓、物业47个项目的达标验收。节能减排方面，组织中小学开展53场垃圾分类主题宣传教育活动、垃圾分类形象代言人“分小萌”征集活动；调研82所高校和14个区的848所中小学，并组织编制《北京市教育系统节能减碳发展报告》；制订《2017年市属高校节能目标责任考评工作方案》，在市属高校范围内组织实施节能目标责任考评工作；召开2018年北京教育系统节能减排工作培训会；通过教育系统节能减排应用平台，采集教育系统用能单位的水、电、气、热、油、煤等用能数据；组织开展2017—2018年度北京市能效领跑者评选活动。

（张楠）

中小学校食堂文化建设研究

3月，学校后勤事务中心开展中小学校食堂文化建设研究。该项研究工作根据就餐场所不同区域的功能，设置不同的食育教育内容，对食堂进行饮食文化建设，创造有教育功能的就餐环境，提高学校和师生对食育教育的认识，促进学生养成良好饮食习惯，提升身体素质，提高品德修养。设计素材160余份，在流村中学和东北师范大学附属中学朝阳学校开展试点工作，为两校布置有食欲氛围的就餐场所。

（王佳）

中小学生在校就餐情况评估监测调研统计

9月，学校后勤事务中心开展全市中小学生在校就餐情况评估监测调研统计工作。该项工作通过问卷调查、听取汇报、现场查看、座谈或访谈等方式开展，内容包括各区学生在校就餐管理工作制度、机构设置及对食堂和外供餐的管理监督检查情况；全市中小学校食堂的经营方式，食堂从业人员情况，原材料采购情况，食堂阳光餐饮工程建设情况以及食堂饮食文化建设情况；中小学外供餐企业基本情况；全市中小学校食品营养管理情况；学生对集体就餐的需求及学生就餐满意度；非在校集体就餐学生校外就餐方式。收取有效调研问卷86183份，并形成调研统计报告。

（王佳）

9月，学校后勤事务中心开展中小学在校就餐情况评估监测调研
（学校后勤事务中心　供）

校服征订

至年底，学校后勤事务中心完成各区校服征订基本情况和数据统计。征订校服110.3万件（套），其中，体育装94万件（套）、制式装9万件（套）、其他款7.3万件（套），减免1139件（套）。顺义区、大兴区及燕山地区政府购买141781套。

（陈娜）

校园安全管理

至年底，学校后勤事务中心开展多项措施加强校园安全管理。在部分区开展“急救进校园”试点工作，承担协调落实东城、西城、朝阳、海淀区教委开展试点的工作任务。配合市教委做好重要时间节点的校园安全大检查和隐患排查整治，组织开展全市校园周边综合治理摸底调研，加强校园及周边治安综合治理。完成“十三五”中小学幼儿园校长、园长安全工作专题培训600人。组织各区安全工作主管主任，赴福建开展中小学“平安校园”建设学习调研。完成校方责任保险工作过渡，并完成新一轮校方责任保险招标及2018—2019学年度校方责任保险投保工作，自2018年起校方责任保险工作不再使用保险经纪公司，由学校后勤中心负责具体落实校方责任保险日常管理工作；校方责任保险投保176.70万人，保费883.50万元，附加无过失保险投保137.78万人，保费688.90万元。9月，完成本年度18万套小学生交通安全帽（小黄帽）的采购、配发工作。

（陈鼎琪　陈娜）

北京学校基地直供公益平台运行

至年底，学校后勤事务中心保障北京学校基地直供公益平台运行稳定。全年参与平台采购的高校82所（含分校），供应商69家，平台在售商品782种，年总订单24399个，年总交易额31096万元，年总交易量51767吨，发放物流补贴812万元。学校后勤中心在北京学校基地直供平台开设《精准帮扶》专栏，支持胡家营村、张泉村当地特产以及德青源扶贫鸡蛋等上线交易，助力低收入地区增收致富；帮助中央定点扶贫单位内蒙古科右前旗地区开展消费扶贫，动员北京高校通过大宗集中采购形式购买当地大米、面粉、食用油等农产品，参与采购高校18所，增加当地收入226万元。至年底，平台稳定运营3年，项目执行过程中保证各高校食堂大宗原材料的有序供应，在仓储、物流、配送等环节无意外事故发生，未出现食品安全质量问题。全年服务零投诉。

（王帅）

北京市教育系统食品安全监测

至年底，学校后勤事务中心加强北京市教育系统食品安全监测。食品安全监测网络运行平稳，快检设备作用发挥明显，检测结果应用性更强。全年中心收集161个监测终端上传数据194625个，涉及82所高校122个监测终端、14个区教委26个监测终端和11个直属单位11个终端，发出预警553次，排除食品安全隐患482个。

（王帅）

北京学生公交卡发放管理

至年底，学校后勤事务中心开展北京学生公交卡发放管理和学生春运返程集中购票相关工作。提出《关于解决北京学生公交IC卡现存问题、提升服务体验的方案》；完善学生公交卡补办流程；就群众办事堵点问题、中学生公交卡办理相关问题召开专题研讨会，推动校园卡与公交卡二卡合一工作。协助做好2019年北京市学生春运集中购票保障工作，协调保障青海对口支援学生返程购票工作。

（郭迎庆　崔莲莲）

（本栏责任编校　华蕾）

北京老教育工作者总会

北京校外教育协会

北京高校国防教育协会

北京教育装备行业协会

北京市红十字会

2019 社会团体

SOCIAL GROUPS

SOCIAL GROUPS
社会团体

北京市教育学会

概述

2018年，北京市教育学会有分会76个，集体会员513家，个人会员7.50万人。年内有13个区学会、5个研究分会成立独立党组织，另有5个联合党支部、4个流动党支部；中共北京市教育学会社会组织党的建设委员会派驻教育企业党建工作指导员3人。全年组织学术活动179场次，53531人次参加；组织科普活动69场次，82039人次参加；组织各类培训234次，166307人次受训；组织评审调研课题12064项；撰写文章论文集7636册，12011人次参与；组织国内教育研讨交流活动77次，22893人次参加；组织国际交流5次，包括3个教师代表队、50人次参加，3个学生代表队、500余人次参加。2018年年会征集论文3546篇，经过专家线上、线下评审出901篇优秀论文，其中86篇论文被中国知网《中国重要会议论文全文数据库》录用发表。网址：www.edubj.org。

（马亚莉）

高中校长赴国外考察

1月29日至2月3日，市教育学会组织北京、广西、宁夏等地部分高中校长赴加拿大、美国相关学校交流访问。考察团一行23人赴加拿大布莱斯中学、多伦多大学及多伦多大学附属中学、美国纽约康州达里恩（Darien）学区，与学监和学监助理就学校课程设置及STEM等热点问题进行学术研讨与交流，访问艾文学校（Venues）和纽约城市大学附属高中。访问期间，为加强中外人文交流与弘扬中华优秀传统文化，推动中国文化走向世界，讲好中国故事，展现真实、立体、全面的中国，增进中美两国青少年友谊，在林肯艺术中心（大卫·格芬厅）举办中美中小学生文化艺术交流演出活动。

（马亚莉）

1月29日至2月3日，市教育学会组织高中校长赴加拿大、美国相关学校交流访问（市教育学会 供）

“基于核心素养的主题课程建设”研讨会

4月25日，市教育学会在朝阳区芳草地国际学校举办“基于核心素养的主题课程建设”研讨会。活动观摩芳草地国际学校课程宣传片，观看英语歌剧视频《复活的地下军团》，分享“秦俑创意素描”“回望军团，品评鉴赏，鲜活表达”等23节现场课，涵盖语文、美术、数学等学科。芳草地国际学校校长介绍活动背景、总体课程理念，以及学校由STEM+A到艺术学科的融合、由《复活的地下军团》到学科综合实践活动、由学生核心素养到教师核心素养的课程建设理念和具体做法。首都师范大学副校长从两个维度点评学校办学理念的哲学思考和校本主题课程建设。来自中国教育学会、市教育学会、首都师范大学、朝阳区教委等单位领导，贵州、河南、昆明等地相关人员，以及北京市各区教育学会代表、中小学代表、芳草地国际学校集团领导和骨干教师近300人参加活动。中国教研网同时对5个会场全程直播，全国31个省区市、8081名教师通过网络直播观看活动。

（马亚莉）

学术年会

11 月 18 日，市教育学会在北京市第二中学召开 2018 年学术年会。会议以“新时代教育的坚守与展望”为主题，主论坛分 2 天进行，中国教育学会会长、市教育学会副会长、北京开放大学校长分别作主旨报告；北京市第二中学、东城区史家胡同小学和东城区回民实验小学教师展示 7 个学科 26 节公开课，探讨和交流“如何落实教育大会精神，将深化教育改革落实在课堂上”，并邀请北京师范大学教育学院教授进行点评。活动同时设置 24 个分论坛，历时 1 个月，围绕年会主题开展学习、培训、交流和研讨。

（马亚莉）

11 月 18 日，市教育学会召开 2018 年学术年会

（市教育学会　供）

北京市高等教育学会

概述

2018 年，北京市高等教育学会有团体会员单位 86 个，其中，普通本科院校 59 所、高职院校 18 所、独立院校 5 所、教育管理科研院所 1 所、其他单位 3 个。全年举办各类学术年会、研讨会、学术报告会、学术论坛 74 场次；课题研究调研 94 项；展示会 5 场次。组织各类竞赛 17 场次；开展各类培训 36 次。网址：www.bjgjxh.org.cn。

（刘晖）

北京高校机械原理课程教学暨学术研讨和培训会

9 月 1 日，市高教学会机械原理研究分会在北京航空航天大学召开 2019 年北京高校机械原理课程教学暨学术研讨和培训会。会议围绕北京市大学生机械创新设计大赛、新工科背景下的机械原理教学实践和教学方法探索、仿真教学系统研发及青年教师培养等主题进行研讨、培训和自由讨论。来自 24 所高校、机械工业出版社和企业的 57 名教师、编审和工程师参加会议。会议由北京航空航天大学、机械工业出版社和北京迈达斯技术有限公司协办。

（刘晖）

工程图学名师讲堂

9 月 15 日，市高教学会工程图学研究分会在北京航空航天大学召开 2018 年学术年会暨名师讲堂。会议邀请国家教学名师、原工程图学研究分会副理事长、北京理工大学教授焦永和作《工程图学发展历史简介》讲座，北京市教学名师、工程图学研究分会副理事长、清华大学教授田凌作《图学教师的科研之路》讲座。举办名师讲堂旨在提高北京地区工程图学课程教师的教学能力，促进各高校基础课教学队伍建设，进一步推动高校高等教育教学改革，从根本上促进高校教学质量提高。来自北京 25 所院校 80 余名教师、助教和科技工作者参加会议。

（刘晖）

两个分会换届

10 月 13 日和 11 月 25 日，市高教学会两个分会召开换届大会。电工学研究会第十届理事长总结研究会 5 年工作情况，理事单位代表进行换届选举，产生新一届研究会理事会，北京交通大学成为新一届理事长单位。国际政治研究分会第九届理事会理事长总结 5 年来分会工作情况，通过代表选举，产生第十届理事会，选举理事长、副理事长、常务理事，任命秘书长、副秘书长，北京外国语大学成为新一届理事长单位。

（刘晖）

智慧校园建设与管理暨校园安全供水“最后一公里”样板示范现场会

10 月 19 日，智慧校园建设与管理暨校园安全供水“最后一公里”样板示范现场会在首都师范大学举办。活动以“校园节水 · 智慧管理 · 安全供水‘最后一公里’”为主题，展示连续召开 5 届“百校行”系列会议后的工作成果，也是校校合作、校企合作、会企合作打造的高水平交流平台。首都师范大学、北京航空航天大学和上海威派格智慧水务股份有限公司代表作主题报告。会议针对“国家政策对高校后勤管理与实践的影响”及“校园智慧水务的实践与思考”两大议题组织高峰对话访谈。来自 81 所高校主管后勤工作的领导和部门负责人 160 余人参加会议。会议由中国教育后勤协会和市高教学会后勤管理研究分会联合举办。

（刘晖）

智慧图书馆服务创新学术研讨会

11 月 8 日至 10 日，市高教学会图书馆工作研究分会数字图书馆专业委员会主办的 2018 年北京高校图书馆“双一流”背景下的智慧图书馆服务创新学术研讨会在北京化工大学举办。会议邀请来自中科院文献情报中心、北京化工大学图书馆、北京大学图书馆、北京邮电大学图书馆的5名专家学者作主题报告，邀请企业代表介绍软硬件产品和解决方案案例。会议征集到16个数字图书馆应用案例，结合大众评选和专家评选结果，最终评出一等奖案例4个、二等奖和三等案例各6个。来自北京58所高校图书馆140余名馆员和多家企业代表参加会议。活动由北京化工大学图书馆与中国教育装备采购网联合承办。

（刘晖）

北京市职业技术教育学会

概述

2018年，北京市职业技术教育学会设有秘书处（办公室、学术部、编辑部、财务部）和31个分支机构（专业委员会、学科研究会），有团体会员109个，其中，高职院校19个、中专学校19个、职业高中35个、技工学校18个，市、区科研与服务机构18个。有常务理事49人、理事161人、个人会员400人。完成2017—2018年度立项课题管理工作，确定45项课题准予立项。开展第11届科教研成果评选工作，收到参评论文80份、获奖59份，参评研究报告88份、获奖66份。完成《北京职业教育研究论文集》出版工作，组成专家组对各校推荐上交的200余篇论文进行评选，精选出45篇优秀论文入选《北京职业教育研究论文集》。配合市教委开展职业院校德育工作，为高职院校开展德育工作搭建交流平台；组织开展北京市职业教育“一校一品”德育品牌创建工作。与英国文化教育协会、北京市联合国教科文组织协会联合主办中英职业教育连线活动，搭建国际交流平台，寻求职业教育国际合作。完成《北京职业教育研究》《北京职教信息》两刊汇总装订工作，形成6大类、63册合订本；编辑出版完成最后一期纸质刊物《北京职业教育研究》2018特辑，刊登27篇职教工作者优秀论文。网址：www.bjszjxh.org.cn。

（胡以伦）

第11届教科研成果评选

9月至12月，市职教学会开展第11届科教研成果评选工作。评选坚持“公平、公正、严谨、求实”原则，以“创新性、实用性、科学性、可读性”作为参考标准。共收到研究成果168份，包括论文80份、研究报告88份。经评选，论文获奖59份，包括一等奖9份、二等奖18份、三等奖32份；研究报告获奖66份，包括一等奖11份、二等奖24份、三等奖31份。此次参评的研究成果结合职业教育发展以及学校内具体工作开展研究，解决创新发展中的热点问题，多数成果针对当今职业教育改革发展的重点和热点展开讨论；课题研究更加规范；并区分出课题研究与工作总结的本质不同，通过对于典型案例的理性分析，寻找规律，总结经验，突出论证。

（胡以伦）

年度科研课题立项管理

至年底，市职教学会完成2017—2018年度科研课题立项管理工作。课题立项启动于2017年初，立项课题重点体现职业教育内涵发展、特色发展、创新发展、需求导向等方面，聚焦当今职业教育热点、难点问题，体现以立德树人为根本，以服务发展为宗旨，以促进就业为导向，为首都经济社会发展、产业转型升级和京津冀协同发展提供有力人才支撑，为政府及教育行政部门决策服务，为推进北京市职业教育转型、升级、提质、增效服务，为各职业院校教育教学改革发展服务。学会组织有关专家开展课题立项评审工作，经过初审、复审，确定45项课题准予立项。45项课题涉及专业设置与专业建设，课程改革与课程开发，教学模式与教学方法改革等方面。

（胡以伦）

宣传工作成果固化

至年底，市职教学会总结、固化宣传工作成果。一是完成《北京职业教育研究》《北京职教信息》两刊汇总装订工作。学会自1982年成立以来，共出版职业教育信息类刊物384册、职业教育研究类刊物123册，是记录北京市职业教育发展历史、具备科研性、纪实性的珍贵资料。学会将所有刊物整理、分类、汇总并装订成册，分为6大类、63册合订本。二是完成最后一期纸质刊物《北京职业教育研究》2018特辑编辑出版工作，刊登学会一年来在教学研究、学习培训、参观考察、中外交流等方面所做工作，分综合管理、教学研究、教学实践和人才培养几个板块刊登27篇职教工作者优秀论文。

（胡以伦）

北京民办教育协会

概述

2018年，北京民办教育协会有团体会员单位632个，基础教育分会、农民工子女教育分会、互联网教育分会和汉语国际推广分会4个分支机构。全年共编辑印发《北京民办教育信息》13期，发至会员单位、相关民办教育机构及其他省市民办教育行业组织等500家。组织专家完成78所民办高等教育机构办学状况年度检查工作；完成61所民办高校招生简章和广告备案；组织各类活动17次。

（刘鸿瑞）

两个大型教育公益项目完成

至12月，民教协会策划、组织完成两个大型教育公益项目。协会投入100万元，支持“红烛行动”弱势群体儿童帮扶项目和“乐龄1+X”老年教育项目两大项目开展，完成项目申报、实施、评审工作，把项目打造成为“做得实、叫得响、参与广、效果好”的教育公益品牌，彰显民办教育社会责任。全年开展活动297场，服务24461人次。活动受到项目服务对象（老人和儿童）欢迎和好评。其中，“红烛行动”弱势群体、特殊群体儿童教育帮扶项目获第四届北京市社会组织公益服务十大品牌金奖。

（刘鸿瑞）

北京市学前儿童保教工作者协会

概述

2018年，北京市学前儿童保教工作者协会有会员单位314个，从业保教工作者1.50万人。年内，协会推进“建家计划”，加强组织建设；推进“网建计划”，加强宣传工作；推进“集智计划”，发挥专业优势；推进“助力计划”，开展专业活动；推进“科研计划”，深入项目研究；推进“访学计划”，开展学习交流；推进“公益计划”，参与扶困助贫；推进“诚信计划”，构建诚信体系；加强支部建设，开展组织活动；迎接社团评估，坚持以评促建。开展“家园共育”项目研究，征集子课题79个，征集案例347个。

（李华）

1月11日，保教协会召开会员大会（保教协会 供）

纪念钱玲娟诞辰100周年座谈会

11月6日，保教协会召开“纪念钱玲娟同志诞辰100周年座谈会”。钱玲娟亲人、生前老友、教育卫生界老同事、幼儿园园长等20余人参加。钱玲娟是协会创始人之一，生于1918年，师从中国著名幼儿教育家张雪门；1939年参加抗日工作；1980—1985年任市政府托幼办公室主任；1985年离休后任中国关工委专家委员会委员、协会特聘专家等。钱玲娟97岁时，因坚持学习、笔耕不辍、著书立说、建言献策，被评为“首都市民学习之星”。

（李华）

专业技能展示活动

至年底，保教协会开展专业技能展示活动。举办“保教杯”暨“幼儿艺术体操（徒手、器械）”和“幼儿体育游戏”创编展示活动，239名教师参加。举办“小小画家杯”展示活动，共收到547幅幼儿作品，评出一、二、三等奖和组织奖。举办北京市第三届“童康杯”幼儿园食堂营养餐制作技能展示活动，近200所幼儿园、600余名厨师参加，经过专家现场评审，分别评出红案、白案特等奖和一、二、三等奖及优秀组织奖。

（李华）

5月，北京市第三届“童康杯”幼儿园食堂营养餐制作技能展示现场（保教协会 供）

国内外学习交流

至年底，保教协会开展国内外学习交流扩展视野。组织访问团到芬兰等4国考察学前教育，与当地幼儿园园长、教师进行友好交流，学习借鉴芬兰幼儿园的无差别教育等幼教理念。深入通州区、昌平区以及幼儿园等，深入调研、参加活动，与会员单位保持密切联系。应会员单位要求，联系并协助组织部分园长到北海幼儿园、北京市第五幼儿园、丰台第一幼儿园等学习交流。

（李华）

党支部成立

至年底，保教协会成立党支部。党支部挂靠北京教育学院党委，由北京教育学院学前教育学院党总支直属领导和管理；支部书记由协会会长担任。至年底，支部落实“重大事项”规定，重大活动先经党支部讨论、再提交协会常务理事会研究决定；组织各种学习，建立学习型党组织；组织党支部活动，到香山双清别墅进行革命传统教育，深入幼儿园调研、了解情况等。

（李华）

北京老教育工作者总会

概述

2018年，北京老教育工作者总会有团体会员单位45个；会员122770人，比上年增加1650人；基层分会1604个；文化体育社团865个。全年开展活动8517次，其中，区老教协开展活动6358次、高校老教协开展活动2159次。赴房山区老教协、北京工业大学老教协调研，赴北京冬奥组委参观学习；召开支教工作研讨会，60余名受助密云区、平谷区学校的领导、教师和支教团各学科教师深入交流支教工作情况。

（陈继霞）

全国纵横汉字输入大奖赛暨纵横码应用优秀成果表彰会

11月3日，由老教总会与苏州市中文信息学会、香港苏浙沪同乡会联合主办的2018年“CKC杯”全国纵横汉字输入大奖赛暨纵横码应用优秀成果表彰会在北京教育考试院举行。会议播放《纵横码应用优秀成果》视频，为获奖人员颁奖，听取新疆教育学院信息科学与技术学院专家和南京银行代表分别作《开展纵横码教学，进一步促进新疆少数民族国语教育发展》《我的纵横之路》优秀成果经验交流发言，听取香港教育大学教授作《纵横检索软件》讲座。市教委有关领导、教育界专家学者、各区教育行政部门负责人、论文获奖作者以及网络比赛优胜者近200人参加现场会。比赛于9月至10月举办，有12个省、市、自治区和香港特别行政区共14支参赛队287名选手分成18个组别参加比赛，281名选手分别获得一、二、三等奖及鼓励奖，25人获得纵横码应用优秀成果奖；北京有37名选手分别获得冠军、亚军和一、二、三等奖。有10个组别63人

11月3日，2018年“CKC杯”全国纵横汉字输入大奖赛暨纵横码应用优秀成果表彰会召开　　（老教总会　供）

通过网络参加冠、亚军比赛，其中2人分获总冠军、总亚军。此次比赛增加少数民族选手、部队系统选手和监狱系统选手参加比赛，组别由12个增至18个，使纵横码应用技术的普及范围更加广泛。

（陈继霞）

北京校外教育协会

概述

2018年，北京校外教育协会有会员单位152个，包括校外教育机构64个、场馆44个、社会企事业单位38个、学校及乡镇校外活动站6个；有常务理事单位6个，理事单位31个。组织开展第13届北京阳光少年活动。全年组织会员单位开展活动1845项次，160万人次学生参加活动。

（王媛媛）

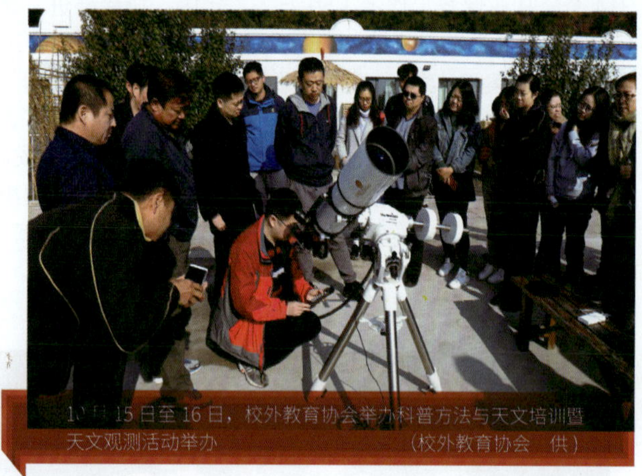
11月15日至16日，校外教育协会举办科普方法与天文培训暨天文观测活动举办　　（校外教育协会　供）

理事会换届

1月18日，校外教育协会召开第四届会员大会。141家会员单位236名代表参加会议，审议并通过第三届协会工作报告、监事会工作报告和新修改的《北京校外教育协会章程》，选举产生第四届理事会，召开第四届第一次理事会，选举新一届领导机构。

（王媛媛）

“科学加”讲坛

3月11日，校外教育协会与北京科技报联合主办的“科学加”讲坛活动在中国科技馆报告厅举行。活动邀请6名中外科学家、专家院士作天文、数学、化学等方面科学主题讲座，并展示科学试验等互动节目。青少年代表和各界人士共300余人参加活动。

（王媛媛）

4月28日，微电影骨干教师培训班结业
（校外教育协会 供）

微电影骨干教师培训班

4月26日至28日，校外教育协会举办2018年北京“阳光少年”微电影比赛活动骨干教师培训班。培训邀请中央电视台、中国儿童少年电影学会及中国传媒大学相关专家，围绕微电影、科学探究纪录片、科学微电影和科普动画4类作品，从创作思维培养、作品选题遴选、大纲脚本撰写、前期工作准备、现场拍摄技法、后期制作要求等方面进行专业理论讲解和现场创作指导。培训采取小组合作配以专家指导点评的学习方式，学员分组创作完成一部影像作品，进行交流分享。来自16个区的一线骨干辅导教师70人参加培训班并获得结业证书。4月至7月，校外教育协会举办2018年北京“阳光少年”微电影比赛暨青少年科学影像节活动。

（王媛媛）

校外教育理论研究培训

6月21日，校外教育协会召开北京校外教育理论研究培训会。培训结合第七届北京校外教育理论与实践研究征文活动，邀请来自校内外的专家、学者，分别从理论研究指导、活动案例设计和撰写、校外教育实践经验分享以及教育改革和校外教育特点项目等方面开展讲座。来自72家会员单位110名代表参加培训。12月3日，为提高征文写作质量和全市校外教育工作者理论水平，做好获奖文集编印工作，校外教育协会举办第七届北京校外教育理论与实践研究论文/活动案例写作培训会，邀请校外教育专家对校外教育征文进行分类指导，并作主题讲座。20家单位32名教师参加培训。协会于5月至11月举办第七届北京校外教育理论与实践研究征文活动。

6月21日，北京校外教育理论研究培训会召开
（校外教育协会 供）

（安彦臻）

阳光少年活动

至年底，校外教育协会组织开展第13届（2018）北京阳光少年活动。活动整合全市教育、科技、文化、文物、体育、环保等各方面校外活动场馆资源，包括少年宫、青少年科技馆、青少年活动中心以及图书馆、博物馆、科技馆、实践体验场馆等。全年共73家单位组织中小学生活动1845项（次），参加学生160万人次。为总结经验、表彰先进，协会组织专家组对各单位活动情况进行评审，授予中国科学技术馆、东城区明城青少年活动中心等51家单位“优秀组织奖”，授予51人“优秀组织工作者奖”。

（王媛媛）

北京高校国防教育协会

概述

2018年，北京高校国防教育协会有本、专科院校会员单位73个，军训基地及相关企业会员单位16个。秘书处办公地点设在清华大学。协会以国防教育相关法律、法规为依据，团结、协调、服务和指导北京地区高等院校的国防教育工作机构、国防教育工作者以及有志于学校国防教育事业的专家学者；结合全民国防教育要求，研究高等院校学生国防教育活动特点和规律，探索有效开展学校国防教育工作的方法和途径，在北京高等院校广泛开展国防教育和国家安全教育活动，增强学生国防观念和国家安全意识以及履行国防义务的自觉性，推动北京地区高等院校国防教育工作发展。

9月，国防教育协会举办第九届北京高校国旗仪仗队检阅式活动
（国防教育协会 供）

协会举办全民国家安全教育日主题报告会暨第三届国防大讲堂——网络信息安全观教育活动，与市教委和北京市征兵办公室联合开展北京高校优秀在校退役大学生士兵评选，开展北京高校国旗仪仗队培训及检阅活动，举办越野锦标赛和军事定向运动普及赛等。全年共举办国防教育相关活动15项，直接或间接参与人数10万人次，涉及北京地区92所高校。

（肖娜）

越野锦标赛和军事定向运动普及赛

4月22日和11月3日，国防教育协会分别举办第三届北京高校“北斗杯”春季定向越野锦标赛和北京高校“铸剑杯”军事定向运动普及赛。越野锦标赛有43所北京高校1000余名学生参赛；军事定向运动普及赛有41所学校1000余名学生参赛。

（肖娜）

高校学生国防类社团交流会

5月27日，国防教育协会在北京师范大学举办第三届北京高校学生国防类社团交流会。交流活动分国防协会类社团、国旗协会类社团、国防体育类社团和退伍士兵类社团4个组同时进行，与会代表从不同角度分享经验、探讨发展思路，一致表示，将携手共同推进国防类社团建设，促进国防知识普及，谱写新时代国防教育和爱国主义教育新篇章。来自清华大学、北京大学、中国人民大学、中国科学院大学、北京科技大学、北京交通大学以及北京师范大学等45所高校的国防教育工作有关负责人、国防类学生社团代表共200余人参加活动。

（肖娜）

高校国防教育培训暨交流研讨会

11月17日至21日，国防教育协会主办的国防教育培训暨交流研讨会在四川省西昌卫星发射中心举行。活动分航天知识培训和国防教育研讨交流两个阶段。航天知识培训阶段，与会人员在卫星发射中心观看长征三号乙运载火箭以“一箭双星”方式成功发射第42颗和第43颗北斗导航卫星，参观卫星发射场和卫星发射中心及火箭实体厂房，听取卫星发射中心技术部高级工程师以《探索浩瀚宇宙 寻梦出发之地》为主题作航天知识报告。国防教育研讨交流阶段，北京交通大学、首都师范大学、北京化工大学、北京子凡文化交流中心分别从军训、征兵、国防教育理论研究及途径4个方面进行主旨发言。20余家会员单位约30人参加活动。

（肖娜）

北京教育装备行业协会

概述

2018年，北京教育装备行业协会有会员单位233家，其中，事业单位会员18家、企业单位会员215家。新增会员单位25家。举办第29届北京教育装备展示会；组织北京企业参加第74届、第75届中国教育装备展示会；参加2018中国国际教育装备（上海）博览会和首届中国国际进口博览会。

（赵文强）

组织参加中国教育装备展示会

5月9日至13日、12月15日至19日，教育装备行业协会组织部分企业分别赴四川省成都市和江西省南昌市参加第74届和第75届中国教育装备展示会。协会组织北京141家企业参加展示，其中，协会会员企业96家、非会员企业45家；申请展位总数1521个，其中，标展185个、特展1336个。组织部分区教委、区教育装备部门和学校教师参观考察。在第74届全国教育装备展示会产品评选中，北京市8家会员企业8件产品获得展示会金奖。

（赵文强）

交流活动

9月26日至28日、11月5日至10日，教育装备行业协会作为中国教育装备行业协会成员，派员赴上海参加2018中国国际教育装备（上海）博览会和首届中国国际进口博览会。加强与其他省市行业协会交流，先后接待深圳、贵州、上海等地代表来访；组团参加内蒙古首届教育装备展示会、深圳市装备展示会等，与当地协会开展交流。

（赵文强）

北京市红十字会

概述

2018年，北京市红十字会学校工作委员会下设学校红十字会1586个，其中，高等院校89所、中等专业学校27所、中小学1470所。红十字青少年会员77.40万人，教职工会员3.50万人，覆盖全市16个区。成立42支学校红十字志愿服务队，在志愿北京网站实名注册并授旗，志愿者1000余人。首都高校35人参与“人道追梦、爱满京城——首都红十字组织学雷锋月活动”。举办第二届首都高校红十字青年国际人道问题辩论赛和防艾核心小组成立十周年系列宣传活动，举办大型培训班5期，来自18所高校110余人参加国际人道问题辩论赛培训班，培训探索人道法项目师资50余人，培训首都高校探索人道法同伴教育者80余人，培训高校学生骨干、红十字学校工作委员会专兼职干部200余人。支持京蒙援助项目，组织内蒙古12个盟市58人在京培训人道教育专题项目。截至12月底，中华骨髓库北京分库高校登记捐献1539人，成功实现捐献7例，包括中国人民大学1例、北京语言大学1例、中国石油大学1例、北京化工大学2例、北京航空航天大学2例。在全市开展无偿成分献血高校行活动，支持15所高校开展捐献成分血知识普及活动。

（杨一）

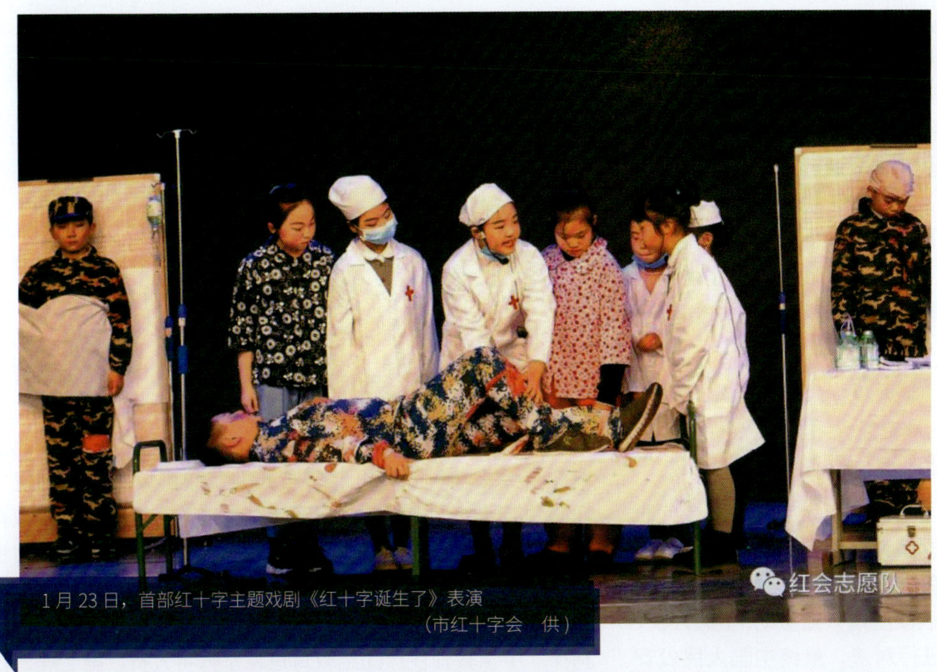

1月23日，首部红十字主题戏剧《红十字诞生了》表演（市红十字会　供）

海淀开展红十字特色教具进课堂活动

1月23日，海淀区红十字会学校工作委员会主办“2018红十字进校园、关爱青少年——红十字特色教具进数学课堂”活动暨台头小学首家特色课程项目校启动仪式。区学工委向台头小学赠送红十字特色数学教具——红十字主题魔方，该魔方是针对数学课设计的特色教具，6面图案分别汇聚代表着红十字国际运动文化、红十字精神、海淀教育理念、区学工委模式等内涵元素，培养学生记忆力、专注力，锻炼空间思维能力，训练手眼协调能力，让学生在数学课堂动脑思维玩转魔方的同时探索图案背后的文化故事，将博爱美德扎根心底。活动还表演首部红十字主题戏剧《红十字诞生了》，将急救技能变成快板形式演说出来。活动为台头小学颁发“红十字人道教育特色课程项目校”牌匾。海淀区学工委将红十字人道教育在全区中小学深入开展，并形成课程体系，为此设计不同特色教具在学校开展试点教学，启动“红十字人道教育特色课程项目校”工作。

（刘东冬）

北京首个红十字主题青少年活动中心建成使用

5月7日，丰台区红十字会与丰台区教育工作委员会在北京市第十中学教育集团联合举办“以行动坚守青春使命　用历史书写人道华章”大型红十字主题活动。位于十中教育集团高中校区的丰台区红十字青少年活动中心正式建成使用，这是北京市第一个红十字主题的青少年活动中心。中心内建有包括国际红十字发展史、中国红十字发展史和北京市第十中学红十字发展史在内的红十字历史展区，以及先进的沉浸交互式VR红十字情境体验区、红十字历史和急救知识互动问答区、应急救护和教学展示相结合的活动区。中心开放后，长辛店教育集群的5000名师生和周边社区居民均可通过预约入内体验。活动中，由学校牵头编写的长辛店教育集群红十字地方教材《红小豆的青春修炼手册》正式出版发行。

（闫畅）

社科大成立校红十字会

5月，中国社会科学院大学成立学校红十字会。理事会设会长1人、副会长1人、秘书长与指导教师1人、理事1人，有学生会员60人。2018年开展全校范围的无偿献血、预防艾滋病宣传、青春善言行同伴教育等活动；学校同时成立红十字志愿服务队，1名学生获2018年度优秀红十字志愿者称号。中国社科大于2017年5月以中国社会科学院研究生院为基础，整合中国青年政治学院本科教育及部分研究生教育资源而组建，2017年秋季开始招生，学校红十字会是第一批成立的社团组织。

（郭卓文）

第14届首都高校红十字会高峰论坛

10月27日，市红十字会学校工作委员会、中国劳动关系学院红十字会主办的第14届首都高校红十字会高峰论坛在劳动关系学院北京校区开幕。论坛以"畅谈人道情怀，共担社会责任"为主题，围绕探索高校红十字会发展新模式，深入传播人道理念，弘扬"人道、博爱、奉献"红十字精神，提高红十字价值传播教育的影响力和吸引力等方面展开讨论。来自北京大学医学部、首都医科大学、北京信息科技大学、北京中医药大学、劳动关系学院的5名学生红十字会分会会长结合工作实际和个人成长经历，畅谈红十字故事，分享红十字经历。活动为首都高校9个隶属辖区联络员颁发证书，赋予他们肩负传承人道精神的使命。来自北京70所高校红十字会140余名学生参加论坛。

（杨一）

高校红十字会首次举办成分献血美文推送比赛

11月14日，北京工商大学红十字会举办2018年度成分献血美文推送比赛。活动采取初赛刷选、决赛比拼模式，初期在全校范围内征集参赛队伍和作品，决赛现场答辩评比，力求激发参赛选手创作热情，让阅读者真正走进创作者的设计与思路。进入决赛的10组选手在规定时间内展示精心设计的参赛作品，现场评委根据设计思路、推送内容、创新点、PPT展示以及现场答辩情况进行综合评分。决赛现场吸引近400名观众观摩，为学校秋季无偿献血工作做足思想动员，秋季成分献血师生人数创下新纪录，比春季成分献血人数增长138.50%，全年成分献血人数比上年度增加76%，宣传动员效果显著。这是高校红十字会首次举办此类比赛。

（史磊）

北京代表队在全国青年国际人道问题辩论赛夺冠

11月24日至25日，中国人民公安大学红十字会代表北京参加中国红十字会青年国际人道问题辩论赛。辩论赛由中国红十字会总会和红十字国际委员会共同主办，上海市红十字会承办，全国8支代表队围绕人道援助、武装冲突、普及国际人道法等相关辩题进行对决，最终中国人民公安大学红十字会代表队获得冠军，浙江大学代表队获得亚军，中国海洋大学和澳门科技大学代表队并列季军。市红十字会于4月举办辩论赛培训班，4月至7月举办首都红十字青年国际人道问题辩论赛，经过初赛、复赛、决赛，最终中国人民公安大学红十字会夺冠，取得代表北京参加全国比赛资格。

（杨一）

11月24日至25日，中国人民公安大学红十字会代表北京参加中国红十字会青年国际人道问题辩论赛获得冠军（市红十字会 供）

第二届首都高校红十字会十佳防艾活动

12月，市红十字会举办第二届首都高校红十字会十佳防艾活动。活动旨在鼓励高校红十字会和青年志愿者深入学校，开展预防艾滋病和性健康宣传活动，共有43所首都高校近10万人次参与推选，评出10所获奖高校，其中中国劳动关系学院以10208票位列第一。12月16日，在劳动关系学院举行颁奖典礼。

（杨一）

北京市民族教育学会

概述

2018年，北京市民族教育学会有单位会员143个，其中，小学73所、中学52所、高校2所、幼儿园和特殊教育学校12所、校外教育单位4个；个人会员201人；常务理事95人。全年开展各种活动28次，8200人次参加。包括举办京津冀协同推进民族团结教育成果活动，以多种形式展示京津冀三地民族团结教育成果；举办京津冀基础教育管理干部民族政策专题研修班，聘请专家宣讲新时代民族工作新思想、新时期民族宗教政策及全国教育工作会议和北京市教育大会精神；举办北京市内地民族班校长和优秀班主任研讨交流会；组织教师赴河北省石家庄市开展民族教育交流活动，通过观摩展示课、研讨交流等形式实现优质资源共建共享。开展《学校民族团结教育指导纲要》区级培训；举办面塑、风筝、手工制作等教师提高班。召开第四届"胜利杯"中学教师民族团结教育进课堂教学大赛、第七届"民

10月30日，“走进民族文化传承的名师课堂”专题观摩实践活动举办 （市民族教育学会 供）

实杯”小学青年教师教学大赛展示观摩与总结表彰现场会，举办北京市中小学首届“民族杯”面塑技能大赛、北京市内地高中班学生演讲比赛。完成“北京市中小学民族教育督导评估标准”研究课题，制定《民族团结教育学科课堂教学评价标准》。在10月23日召开的第八届首都民族团结进步表彰大会上，学会被评为“首都民族团结进步先进集体”。网址：www.mzjyxh.cn。

（王振清）

京冀民族教育实践交流

4月3日，市民族教育学会组织市骨干教师20人赴河北省石家庄市北新学区开展教育交流。活动为石家庄北新学区“民族教育交流实践基地”揭牌。观摩来自北京市骨干教师的语文、数学、校本课程和民族工艺6节课堂教学展示课，课后进行点评和研讨。北新学区200名教师参加活动。

（王振清）

民族文化传承名师课堂专题观摩实践

10月30日，市民族教育学会组织开展“走进民族文化传承的名师课堂”专题观摩实践活动。活动旨在提升课堂教学民族文化品位，帮助教师更好地汲取专业营养。北京市宣武区回民小学展示“魅力剪纸——我爱冰雪运动”美术课；京味毛猴第四代传承人、中国民间艺术家协会会员作题为《走进北京“毛猴”》讲座，并现场指导学生剪纸，指导教师制作毛猴。来自35所学校的56名美术、综合实践学科教师和宣武回民小学40名学生参加活动。

（王振清）

《学校民族团结教育指导纲要》培训

11月29日，市民族教育学会和燕山地区教委在北京师范大学燕化附属中学举办贯彻《学校民族团结教育指导纲要》培训暨经验交流会。市民族教育学会专家解读纲要内容；海淀区双榆树中心小学、北京市第五十六中学、北京市第六十五中学和北师大燕化附中分别汇报学校民族团结教育特色和亮点。活动听取4节教学观摩课，参观葫芦烙画作品展和文艺演出。市教委、市民委、各区教委、区政府民宗侨办和小学校长、主管干部、任课教师共200人参加培训。至年底，市民族教育学会还先后到东城区、海淀区、大兴区对教师开展《指导纲要》和民族政策培训。2013年至2018年，完成对16个区的纲要培训工作，3500人次参加学习。

（王振清）

（本栏责任编校　胡雨）

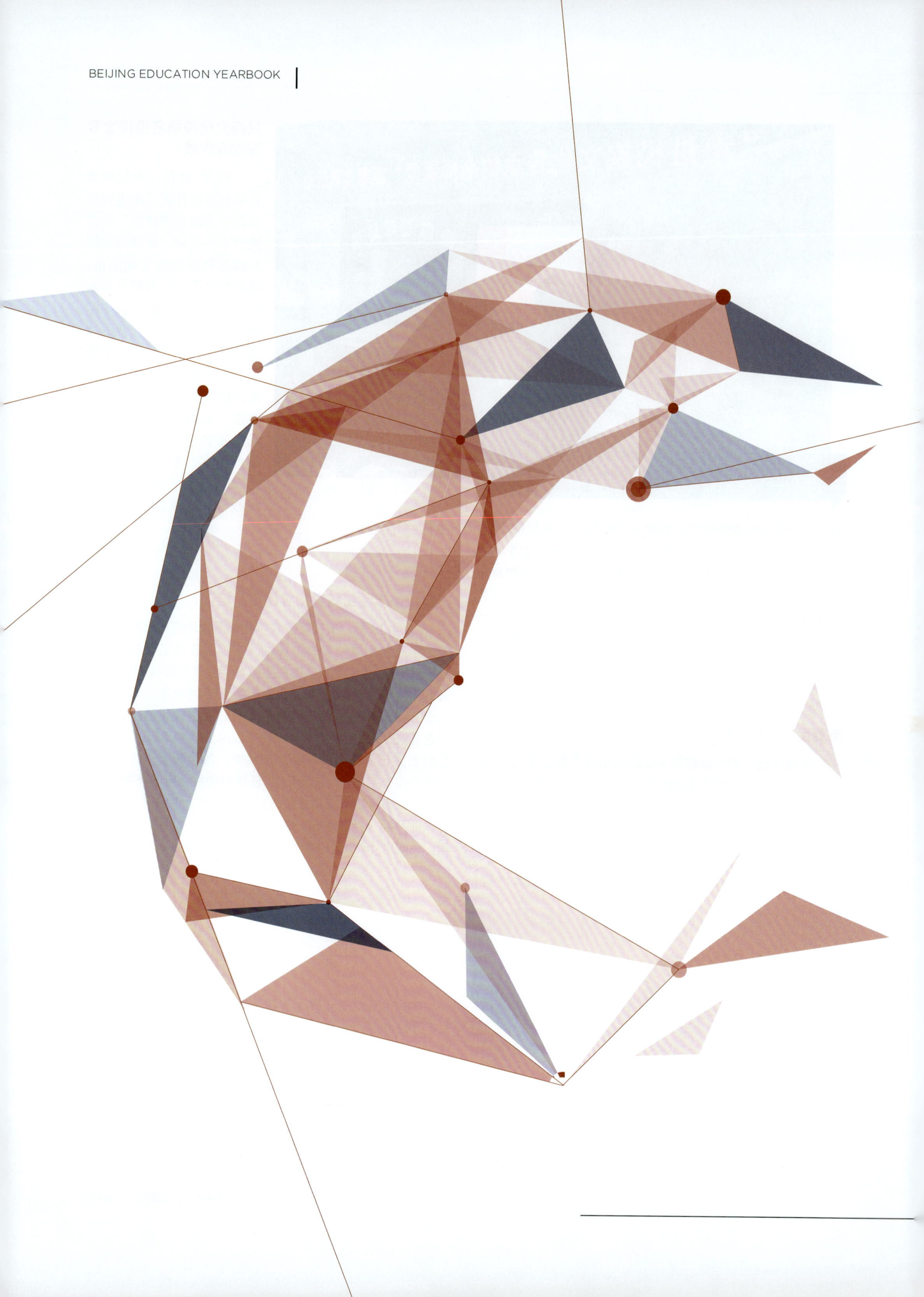

2019 | 人物

PERSONAGE

- 先进人物
- 逝世人物

PERSONAGE
人 物

先进人物

汪晖

1月29日，清华大学教授汪晖获德国洪堡基金会安内莉泽·迈尔奖（Anneliese Maier Research Award）。该奖项由德国联邦教育与研究部出资设立，奖金总额25万欧元，用以资助获奖人在德国合作单位开展为期5年的合作研究，至2018年有39名学者获奖。汪晖是第一位来自中国的获奖者，是该奖项唯一从教育到工作背景都属于第三世界的国际学者。汪晖，1959年出生，江苏省扬州人，清华中文系与历史系教授，人文与社会科学高等研究所所长。1982年在扬州师范学院中文系获本科学位，1985年扬州师院研究生毕业，获南京大学文学硕士学位，1988年获中国社会科学院文学博士学位。其主要著作有《反抗绝望：鲁迅及其文学世界》(1990)、《无地彷徨："五四"及其回声》(1994)、《现代中国思想的兴起》(2005)等。

（袁浩歌）

王家臣

2月25日，中国矿业大学（北京）教授王家臣在第91届美国采矿冶金勘探协会（SME）年会上被授予"2017年彭赐灯（Syd S. Peng）采矿岩层控制"奖。该奖旨在表彰王家臣厚煤层开采、岩层控制、边坡稳定性研究领域做出的突出贡献。该奖项是美国采矿冶金勘探协会于2005年以美国工程院院士彭赐灯教授命名的奖项，用于表彰国际采矿岩层控制领域有突出贡献和杰出成就的人员，是美国采矿岩层控制领域最高奖项，每年全球授予1人。王家臣，1963年出生于黑龙江省方正县。1982年8月毕业于鞍山钢铁学院采矿工程专业，获学士学位；1987年6月获北京钢铁学院采矿工程专业硕士学位；1993年7月在中国矿业大学北京研究生部采矿工程专业毕业，获博士学位。1995年9月以来在矿大工作。曾获孙越崎能源大奖、入选国家百千万人才工程，享受国务院政府特殊津贴。获国家级教学成果奖二等奖1项，国家科学技术进步奖一等奖1项、二等奖3项；获国家发明专利10项；出版学术著作3部，主编教材2本，在国内外学术刊物发表论文100余篇。主要从事厚煤层开采、矿山压力与岩层控制以及露天矿边坡方面的教学与科研工作。

（朱家骏）

张弥曼

3月23日，中国科学院大学教授张弥曼获世界杰出女科学家奖。该奖项由联合国教科文组织和法国欧莱雅集团于1998年联合设立，每年评选出5名杰出女科学家，表彰她们为解决重要科学问题作出的贡献。张弥曼，女，原籍浙江省绍兴市，1936年4月出生于南京。古脊椎动物学家，国科大地球与行星学院教授、中科院古脊椎动物与古人类

5月21日，地大校友张弥曼回校作专题报告

（地大 供）

研究所研究员、中国科学院院士、英国林奈学会外籍会士、瑞典皇家科学院外籍院士。长期从事脊椎动物比较形态学、古鱼类学、中一新生代地层、古地理学、古生态学和生物进化论的研究。其开创性的研究工作为水生脊椎动物向陆地的演化提供化石证据。

（通拉嘎）

韩美林

4月24日，清华大学教授韩美林获颁国际奥委会“顾拜旦奖”。该奖项是国际奥委会颁发给为奥林匹克运动作出突出贡献的人士。这是中国美术界人士首次获该奖项。韩美林，1936年出生于山东省济南市，1955年至1960年，就读于中央美术学院、中央工艺美术学院。1960年毕业后留校任中央工艺美术学院装潢系助教。2011年任清华教授，校学术委员会副主任。享受国务院政府特殊津贴。曾设计2008年北京奥运吉祥物福娃系列。

（张含晨）

4月24日，清华美术学院教授韩美林获“顾拜旦奖” （清华 供）

靳诺

4月26日，中国人民大学党委书记靳诺在法国驻华大使官邸被授予法国国家荣誉军团骑士勋章。法国驻华大使黎想（Jean-Maurice Ripert）代表法国总统向靳诺颁发荣誉勋章和证书。这是法国政府颁授的最高荣誉勋章，旨在表彰靳诺为中法高等教育交流与合作所作出的卓越贡献。靳诺，女，1956年12月生，北京人，1975年3月参加工作，1979年12月加入中国共产党，人民大学马列学院法学专业毕业，在职研究生学历，法学博士。曾先后就职于北京师范大学、教育部，2013年任人民大学党委书记。

（陈伟杰）

陈巍

5月3日，清华大学教授陈巍获第22届中国青年五四奖章。该评选由共青团中央、全国青联举办，是授予中国优秀青年的最高荣誉，全国28人当选。陈巍，2002年和2007年在清华获学士和博士学位，现任清华电子系教授、博士生导师、通信研究所副所长，国家“973项目”首席科学家（青年）。获IEEE通信学会亚太区最杰出青年学者、IEEE马可尼论文奖，在密集立体覆盖移动通信领域发表论文200余篇；从教以来授课8门，曾获首届全国高校青教赛工科组第一名。

（张含晨）

罗忠镕

5月19日，中国音乐学院教授罗忠镕被国际现代音乐协会（ISCM）授予终身成就奖。罗忠镕，1924年出生于四川省三台县；1942年在四川省立艺术专科学校（现四川音乐学院）开始学器乐、作曲，主修小提琴；1944年转入国立上海音乐专科学校继续学小提琴；1985年任中国音乐学院作曲系教授。罗忠镕为博士生导师，代表作品有《第一交响曲》《第二弦乐四重奏》《管乐五重奏》等。国际现代音乐协会成立于1922年，拥有50余个国家的70个会员机构，是最早致力于促进、传播世界新音乐发展的国际组织。

（江瑾尧）

秦亚青

6月5日，外交学院院长秦亚青当选比利时皇家学院文学和道德与政治科学类外籍院士。秦亚青是第一位在社会科学领域获此荣誉的中国学者。秦亚青，1953年10月出生于山东省淄博市，1982年毕业于山东师范大学，获外语系语言文学学士学位；1987年、1994年分别毕业于美国密苏里大学政治学系，获政治学硕士和博士学位。历任外交学院副院长、党委书记、院长等职。其专著《国际政治的关系理论》从中国文化的重要概念“关系”出发，以关系本体论为中心，以中国的中庸辩证法作为认识论和方法论的基础，在概念化基础上进行理论体系构建，具有超越本土经验范畴的理论意义，推动国际关系理论中国学派的发展。英文专著A Relational Theory of World Politics由剑桥大学出版社于2018年出版发行。比利时皇家学院于1772年由奥地利女大公玛亚·特蕾莎创建，是比利时最重要的学术机构之一。

（顾建俊）

贺克斌

6月5日，清华大学教授贺克斌当选“2016—2017绿色中国年度人物”。该奖项是国务院在环保领域设立的最高奖项。由全国人民代表大会环境与资源保护委员会、全国政协人口资源环境委员会、环保部、文化部、国家新闻出版广电总局、团中央、中国人民解放军环保绿化委员会联合主办。贺克斌，1962年出生于四川成都，1980年进入清华环境工程系，先后获得学士、硕士、博士学位；1990年在清华任教，中国工程院院士。长期致力于大气复合污染特别是PM2.5研究，主持建立中国多尺度排放清单在线技术平台，为中国空气质量管理提升精细溯源和定量评估方面技术水平作出重要贡献。“绿色中国年度人物”奖2005年建立以来，已评选十届。

（张含晨）

丘成桐

7月2日，清华大学数学科学中心主任丘成桐获物理大奖“马塞尔·格罗斯曼奖”，成为首位获该奖项的华人数学家。该奖旨在表彰丘成桐在证明广义相对论中总质量的正定性、完善“准局域质量”概念、证明“卡拉比猜想”以及黑洞物理研究等工作中作出的贡献。“马塞尔·格罗斯曼奖”被视为物理学界最重要的奖项之一。丘成桐（Shing-Tung Yau），1949年出生于广东汕头，同年随父母移居香港，美籍华人。1969年毕业于香港中文大学崇基学院数学系；1971年获得美国加州大学伯克利分校数学博士。先后在斯坦福大学、普林斯顿高等研究院、加州大学圣地亚哥分校、哈佛大学任教。美国国家科学院院士、中国科学院外籍院士。2009年起任清华数学科学中心主任，2011年起任“清华学堂人才培养计划”数学班首席教授。

（张含晨）

张立群

9月4日，北京化工大学教授张立群获国际橡胶会议暨第九届国际乳胶制品会议奖章。该奖项是国际橡胶组织设立的唯一奖项，旨在奖励对世界橡胶科学与技术发展和社会服务做出突出贡献的人士，每届1人，由全体委员会成员投票产生。这是中国橡胶科技人员首次获得该奖项。张立群，1969年出生，教育部“长江学者”特聘教授，国家杰出青年基金获得者，从事先进弹性体材料科学与技术领域的应用基础研究和创新技术开发工作，研究方向包括弹性体材料复杂结构与性能的本征关系，特种和功能弹性体材料的设计与制备，绿色弹性体材料以及弹性体材料的循环利用等。

（肖勇）

梅宏

9月，北京理工大学教授梅宏当选欧洲科学院外籍院士。梅宏，1963年5月生，籍贯为四川省巴县，中国科学院院士，理工大学党委常委、常务副校长。1984年、1987年，在南京航空航天大学计算机应用专业分别获得学士学位、硕士学位；1992年，取得上海交通大学计算机软件专业博士学位。主要从事软件工程和系统软件领域的研究。欧洲科学院院士包括自然科学、生命科学、社会科学、人文科学等领域的顶级学者，主要在欧洲各国的院士中遴选。

（岳鹏）

武强

11月6日，中国矿业大学（北京）教授武强获2018年度何梁何利基金科学与技术进步奖资源环保技术奖。该奖旨在表彰武强在矿山水防控与资源化利用、煤水双资源型矿井研发技术等研究领域取得的成果。何梁何利基金科学与技术进步奖是由何梁何利基金设立的奖项，授予在特定学科领域取得重大发明、发现和科技成果者，尤其是在近年内有突出贡献者。武强，1959年出生，内蒙古呼和浩特人，博士生导师，国家煤矿水害防治工程技术研究所所长。2015年12月7日当选中国工程院院士。出版专著8部，发表论文180余篇，以第一作者发表《科学引文索引》（SCI）检索论文40余篇，SCI引用300余次。获国家发明专利20余项，国家软件著作权20余项；获国家科学技术进步奖二等奖2项，省部级特等奖1项、一等奖7项。

（朱家骏）

高亮

11月6日，北京交通大学教授高亮获2018年度何梁何利基金科学与技术进步奖交通运输技术奖。高亮，1968年出生，山东省滕州人，土建学院教授、博士生导师、教育部“长江学者”特聘教授，轨道学科专家，北京市轨道工程重点实验室主任。该奖旨在表彰高亮在道路与铁道工程专业（国家重点学科）轨道工程方面的研究工作。

（高杰）

陈杰

11月6日，北京理工大学教授陈杰获2018年度何梁何利基金科学与技术进步奖电子信息技术奖。陈杰，1965年7月生，福建福清市人。1986年、1996年、2001年在北理工获学士、硕士和博士学位。先后任北理工自动控制系主任、科学技术研究院常务副院长、校长助理、副校长等职，为中国工程院院士。主要从事控制科学与工程等相关学科领域的教学与科研工作。

（岳鹏）

庞思平

11月6日，北京理工大学教授庞思平获2018年度何梁何利基金科技创新奖。庞思平，1973年7月生，含能材料专家，材料学院院长，教授，博士生导师。主要从事含能材料设计、合成及应用研究工作，主持和参与完成国家自然科学基金课题、国防重大重点课题多项。以第一作者或通讯作者在JACS、Angew等国际期刊发表《科学引文索引》（SCI）和《工程索引》（EI）收录论文100余篇，研究成果获国家技术发明奖二等奖1项、国防科技进步奖特等奖1项。

（岳鹏）

仲跻昆

11月19日，北京大学教授仲跻昆获中国翻译协会“翻译文化终身成就奖”。该奖项是中国翻译协会于2006年起设立的奖项，授予在翻译与对外文化传播和文化交流方面作出杰出贡献的翻译家。仲跻昆，1938年出生，辽宁大连人，教授、博士生导师。1961年毕业于北大东语系阿拉伯语专业。历任北大东语系阿拉伯语教研室主任、希伯来语教研室主任，外国文学学会阿拉伯文学研究会会长。主要作品有译著长篇小说《难中英杰》《沙漠——我的天堂》《努埃曼短篇小说选》等。

（徐聪颖）

方复全

11月27日，首都师范大学教授方复全当选发展中国家科学院院士。方复全，1964年10月出生于安徽省桐城市，首师大特聘教授，数学家，教育部“长江学者”特聘教授。1983年9月考入华中科技大学（原华中工学院）应用数学系，1986年3月破格提前毕业，获理学学士学位；1988年9月以同等学力考入吉林大学改读博士研究生，1991年6月毕业，获理学博士学位；2017年当选中国科学院院士。主要研究领域是几何与拓扑学。发展中国家科学院院士是从第三世界国家的科学院、国家研究理事会、大学和研究机构以及发达国家的科学组织的著名科学家中选举产生。

（吴文灵）

吴易风

12月11日，中国人民大学教授吴易风获第七届吴玉章人文社会科学终身成就奖。吴易风，1932年4月生于江苏省高邮市，本科学历。1950年至1952年在江苏扬州苏北机关学校任教师，1955年至1959年在人民大学经济系学习。1959年以来历任人民大学经济系任教师，历任助教、讲师、副教授、教授和博士生导师。现任人民大学一级教授。研究领域涉及西方经济学、外国经济思想史、马克思主义经济理论、中国经济问题。吴玉章人文社会科学终身成就奖于2012年设立，旨在表彰人文科学、社会科学领域做出卓越贡献的学者。

（楚艳红）

逝世人物

宿白

2月1日6时05分，北京大学资深教授、考古学家宿白因病在北京逝世，享年96岁。宿白，1922年出生于辽宁沈阳，1944年毕业于北大史学系。1952年起先后在北大历史系和考古系任教，是北大考古学科的主要创始人，中国考古学的奠基人之一。曾任中国社会科学院考古研究所学术委员、中国考古学会副理事长、文化部国家文物委员会委员，是国务院公布的第一批博士生导师。代表著作有《白沙宋墓》《唐宋时期的雕版印刷》《汉文佛教目录》等。

（傅翰文）

李天

4月11日，北京航空航天大学教授李天在沈阳逝世，享年80岁。李天，1938年10月出生于吉林省吉林市。1963年毕业于清华大学工程力学数学系流体力学专业，历任沈阳飞机设计研究所（601所）技术员、副主任、副总设计师等职。2005年当选中国科学院院士。2009年起受聘北航教授、博士生导师。

（朴悦嘉）

高放

5月30日，中国人民大学一级教授高放逝世，享年91岁。高放，原名高元浤，1927年2月生于福建省福州市。1946年，考入北京大学。积极参加学生民主运动，1948年1月到晋冀鲁豫解放区，改名高放，进入北方大学文教学院学习；7月被选拔为研究生，攻读马列主义理论专业。1950年8月在人民大学马列主义基础教研室任教员，长期执教国际共产主义运动史、科学社会主义、当代世界社会主义等课程。1963年被评为副教授，并兼任系资料室主任。1973至1978年人民大学停办期间在北大国际政治系执教。是中国国际共产主义运动史学科和科学社会主义学科的重要奠基人，在科学社会主义和国际共产主义运动的教学与研究领域成就斐然。

（陈伟杰）

王洪星

8月23日，北京航空航天大学教授王洪星因病在北京逝世，享年103岁。王洪星，1915年11月出生于湖南衡山，1936年考入北洋工学院航空系，1940年毕业留校任教。1946年赴美国伊利诺伊州空军基地进修学习。1947年进入北洋大学机械系任教并先后担任航空系副教授、教授、系主任。1951年任清华大学航空工程学院教授。1952年全国院系调整时，参与北京航空学院创建工作。是中国谐波传动、齿轮传动技术和牵引传动技术的开创者之一，享受国务院政府特殊津贴。组织翻译并编写《机械零件》《起重机械》（俄文）、《汽轮机和喷气机的原理和设计》（英文）等教材，开设机械原理和机械零件等课程。

（朴悦嘉）

（本栏责任编校 华蕾）

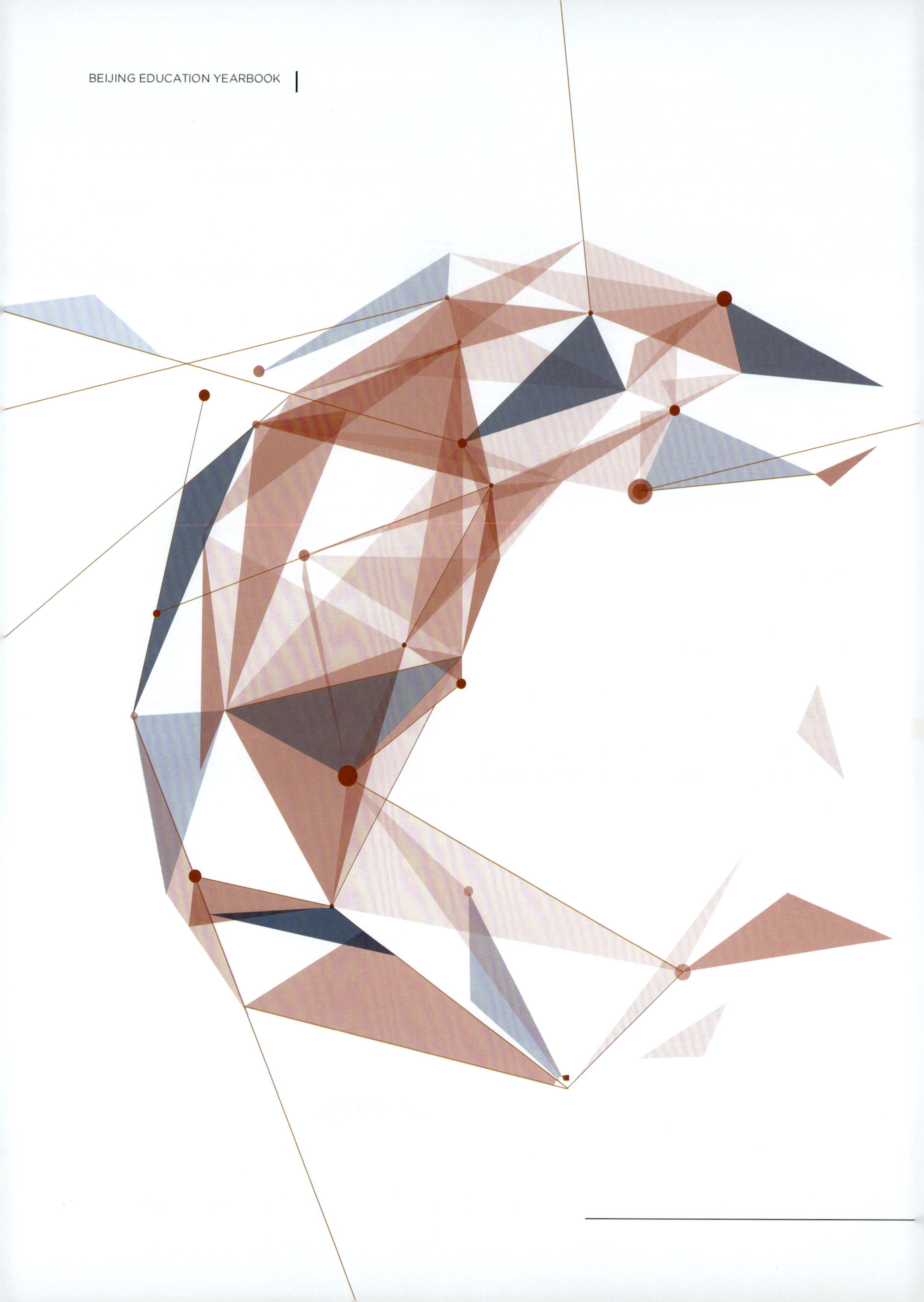

2019 | 文献

DOCUMENTS

中共北京市委员会　北京市人民政府
印发《关于统筹推进北京高等教育改革发展的若干意见》的通知

各区委、区政府，市委、市政府各部委办局，各总公司，各人民团体，各高等院校：

现将《关于统筹推进北京高等教育改革发展的若干意见》印发给你们，请结合实际认真贯彻落实。

2018年6月8日

关于统筹推进北京高等教育改革发展的若干意见

为深入贯彻落实中央关于深化教育体制机制改革的有关文件精神，进一步深化北京高等教育综合改革，推动高等教育内涵式发展，现提出以下意见。

一、总体要求

（一）指导思想

深入贯彻党的十九大精神，以习近平新时代中国特色社会主义思想为指导，全面贯彻党的教育方针，坚持高等教育为人民服务、为党治国理政服务、为巩固和发展中国特色社会主义制度服务、为改革开放和社会主义现代化建设服务，全面深化高等教育综合改革，落实立德树人根本任务，系统推进育人方式、办学模式、管理体制、保障机制改革，引导高等学校走内涵式发展道路，提升人才培养能力和科技创新能力，加强社会服务、文化传承创新及国际交流合作，加快实现高质量发展，努力建设一流大学和一流学科，更好地服务北京“四个中心”城市战略定位，为建设国际一流的和谐宜居之都和具有全球影响力的科技创新中心提供人才保障和智力支撑。

（二）基本原则

——坚持内涵发展。推动高等学校转变发展方式，完善内部治理、提升发展效益、增强办学实力，厚积校园文化、涵养大学精神、强化价值引领，构建一流培养体系，促进学生全面发展，走以质量提升为核心的内涵式发展道路。

——坚持特色发展。推动高等学校优化投入模式，坚持有所为有所不为，集中力量发展最具优势和前景的学科专业，突出重点、彰显特色，精准发力、固优固强，提升核心竞争力。

——坚持差异化发展。推动高等学校找准办学定位，把服务国家、区域、行业需求及学生全面成长需要作为办学根本出发点，突出办学优势，形成定位互补、错位发展的高等教育办学格局。

（三）主要目标

到2020年，北京高等学校以立德树人为根本、教育教学为主业、科学研究为支撑的管理运行体系进一步健全完善，办学定位更加明确、优势特色更加突出、办学活力进一步增强。高等教育分类发展格局基本形成，服务北京经济社会发展的能力有效提升。

到2035年，北京高等教育率先实现治理体系和治理能力现代化，高等学校人才培养能力、科技创新能力、学科建设水平显著提升，整体竞争力进入世界前列。

到2050年，北京高等学校综合实力实现跨越提升，北京成为世界一流大学的高地，一流高等教育资源的协同效应充分释放，高等教育在全球范围内的影响力、辐射力、引领力全面彰显。

二、明确改革任务

（一）落实立德树人根本任务，巩固人才培养中心地位

按照培养又红又专、德才兼备、全面发展的中国特色社会主义合格建设者和可靠接班人的要求，加强和改进思想政治工作，推进全员全过程全方位育人，着力培养担当民族复兴大任的时代新人。健全高等学校评价体系，推动高等学校在政策制定、经费支持、考核评价等方面突出教学、强化育人。进一步强化教育教学工作，形成教学奖励项目与科研奖励项目、教学人才项目与科研人才项目、教育教学成果与科学研究成果同等重要、相互促进、融合发展的新局面。对获评北京市高等学校特级教学名师、教学名师、精品课程主讲教师的，教学工作量及教学效果达到相应要求后，按照一定标准给予激励。加大教育教学人才引进力度，为优秀引进人才租赁或购买人才住房提供支持。探索将市级教学项目经费一定比例用于人员绩效支出，市级教学经费一定比例用于人员绩效、师资培养及国际交流支出。

（二）改革人事制度，强化教育教学主业

积极推动高等学校人事制度改革，鼓励引导高等学校建立体现教育教学主业的人事管理运行体系。创新教师聘任机制，吸引国内外、各行业优秀人才参与教育教学。完善教师职称评审机制，提高教学业绩在职称评审中的比重。完善教师分类评价机制，在强化教育教学的基础上，制定体现不同教师特点的分类评价标准，促进教师分类发展。健全教师激励机制，构建分层次、多类型的教师激励体系，引导广大教师将提高教学水平作为个人发展的内生动力。

（三）创新育人机制，建设一流培养体系

建立健全市属高校专业设置指导机制，成立由政府相关部门、行业组织等单位专家组成的专业设置咨询管理委员会，加强对市属高校专业设置的指导；推动高等学校建立专业设置听证制度，促进科学合理设置专业。创新人才培养模式，探索在部分专业开展基础教育与高等教育贯通培养，为不同类型人才成长提供多样化发展路径。推动高等学校创新教学管理制度，做到政策措施激励教学、工作评价突出教学、资源配置优先保证教学，引导教师提升课堂教学质量、加强课外师生互动，将更多时间和精力投入到教育教学之中。坚持以学生为中心的教育教学理念，完善学分制，探索建立学分制收费管理制度，开展高等学校之间学分认定和转换。引导高等学校更加关注应用型人才培养，将更多办学资源向实践教学环节倾斜。构建大学生实习体系，研究通过政府补贴等优惠政策对企事业单位接收学生实习进行激励，鼓励政府机关为学生提供实习岗位。

（四）完善科研政策，构筑科技创新高地

完善科研投入、队伍建设、成果转化相关政策，推进科研组织模式创新。加强高等学校创新平台体系建设，构建国内外创新资源深度融合、科研与应用相互促进、科技创新与人才培养有机结合的长效机制。加强科学道德建设和科研评价文化建设，营造浓厚的学术氛围和宽松的创新环境。完善配套政策，推进服务体系建设，优化科技成果转化环境，加快高等学校科技成果转移转化。建立导向明确、分类合理、激励约束并重的分类评价标准和开放多元的评价方法，形成科研支撑创新人才培养、更好服务经济社会发展的评价机制。

（五）健全管理体制，释放高等学校办学活力

加快高等教育领域综合改革，依法落实高等学校办学自主权，完善中国特色现代大学制度，推进高等教育治理体系和治理能力现代化。深化市属高校拨款机制改革，探索分类拨款、学科专业拨款、绩效拨款及生均拨款有机结合的差异化拨款方式，激发学校办学活力。继续加强与中央高校的共建工作，充分发挥中央在京高校办学优势及引领作用，支持中央在京高校与市属高校构建互惠共赢长效机制。完善人力资源培训相关政策，引导高等学校主动对接本市人力资源培训市场需求，为城乡劳动力再就业提供高质量的培训服务。

三、加强基础工作

（一）聚焦城市战略定位，优化高等教育布局结构

严格落实《北京城市总体规划（2016年—2035年）》，优化高等教育空间布局，科学调控高等学校办学用地及办学规模。推动高等教育资源有序疏解，实现区区有高校。结合实际，统筹推动解决部分高等学校多点办学问题。优化海淀区高等学校集聚区、良乡高教园区、沙河高教园区发展环境，打造世界一流的高教园区，提升高等教育综合实力和国际竞争力。引导高等学校主动服务战略性新兴产业及民生需求，着力优化学科专业结构和人才培养层次结构，重点建设一批一流学科和一流专业，动态调整一批与首都城市发展契合度不高的学科和专业，促进学科布局、专业设置、培养规模及结构与首都经济社会发展相适应。

（二）加强宏观引导，推动高等学校分类发展

积极支持中央在京高校服务国家战略，引导其立足北京、服务北京、融入北京。有效发挥资源配置和政策激励的导向作用，在分类管理、分类指导、分类支持、分类评价的基础上，逐一研究并明确市属高校办学定位，推动其在不同层次、不同学科和不同领域办出特色，争创一流。支持以培养创新型人才为主，拥有入选国家"双一流"建设学科或在国际排名中达到一流水平学科的市属高校建设高水平研究型大学；支持以培养高水平人才为主，特色优势鲜明的市属高校建设高水平特色大学；支持以培养技术应用人才为主的市属高校建设高水平应用型大学；支持以培养技能型人才为主的市属高校建设高水平技能型大学。

（三）建设一流师资，夯实高等教育发展基础

加强师德师风建设。推动高等学校教师以社会主义核心价值观为崇德修身基本遵循，提升思想政治工作水平，做

好“四个引路人”、践行“四个相统一”、成为“四有”好老师。各高等学校要建立教育、宣传、监督、考核、奖惩等师德建设长效机制，引导教师以德立身、以德立学、以德施教。

加强人才队伍建设。进一步加大对高层次人才培育引进力度，充分发挥海聚工程、高层次人才创新创业支持计划、高精尖创新中心及卓越青年科学家等项目优势，建设国际领先、国内一流、规模适度、结构优化、作用突出的优秀杰出高校人才队伍。

推动教师双向流动。引导高等学校吸引教育系统外及国外高水平专家、高技能人才在学校开展中长期教学，将最新科技成果、职业规范、实践经验引入课堂教学。支持高等学校选派专职教师到对口党政机关、企事业单位挂职锻炼，将实践问题及成果转变为研究课题、教学案例。

促进教师专业发展。完善高等学校教师全员培训制度和分类、分层、分岗培训体系，创新教师培训方式，提升教师育人能力。实施高等学校教师发展中心建设项目，完善教师专业发展机制。

加强基础课教师队伍建设。实施高等学校基础课教师队伍能力提升计划。建立基础课教师共享平台，促进优秀基础课教师在高等学校间互聘流动。支持高等学校聘任优秀博士生担任基础课助教，促进基础课教学质量提升。鼓励优秀基础课教师开发在线开放课程，推动优质课程资源校际间共享。

（四）加强教学保障，提升人才培养质量

优化人才培养结构。开展专业监测、评价、预警和调整，引导高等学校对就业率较低、社会需求较小的学科专业进行调整或减少招生规模。支持市属高校发挥在医药卫生、基础教育等方面的优势，着力发展契合首都城市功能定位的专业。支持部分高等学校深度联合行业企业培养实验室高级技工等复合型工程人才。支持医学类院校灵活设置专业培养方向，开设高级护理等专业，满足社会对各类医药卫生人才的需求。支持师范类院校按照“高质量、专业化”标准，培养更多“四有”好教师。

加强教学条件建设。实施智慧教室建设计划，促进信息技术与教育教学融合，提升课堂教学效果。实施北京高等学校专业图书馆建设计划，为相关专业师生提供优质共享的图书情报服务。推动高等学校加大教学基础设施建设投入，打造体现现代教育理念的学习空间。

加强优质课程建设。实施北京高等学校精品课程建设计划，引导高等学校加强课程质量建设，促进教师提升课堂教学水平。推动高等学校加快建设体现区域及行业需求的应用型课程，打造特色、共享的北京高等学校优质课程体系。制定加强高等学校在线开放课程建设与共享的实施意见，不断创新校内、校际在线开放课程共享与应用模式。

大力强化实践育人。实施本科教育教学重点实验室建设计划及共享实习实训基地建设计划，拓展实践教学资源，并促进资源共享。扩大“实培计划”合作领域，推动科教、产教合作育人。高等学校要完善并切实落实实习相关制度，提高学生实习比例，创新实习管理方式，加强实习质量监控，有效提升学生实践创新能力。

深入推进协同育人。完善“双培计划”实施模式，开展虚拟教研室建设，加强教师研讨交流，促进学生跨校成长成才。大力支持北京学院建设，鼓励高等学校强强联合培养人才。推动京津冀高等学校联盟建设，加强区域高等学校交流合作。支持高等学校汇聚校内外资源，创新协同育人模式，形成各方积极参与人才培养的合力。

加强国际交流合作。优化“外培计划”实施方式，培养具有国际视野和多元文化交流能力的专门人才。开展国际化办学项目试点，探索国际化人才培养新模式。高等学校要结合“一带一路”及国际交往中心建设需求，培养具有国际视野、通晓国际规则、能够参与国际事务和国际竞争的国际化人才。

健全教学质量保障体系。加强督导评估及质量监控，完善质量报告制度，推动高等学校加强教学质量保障体系建设。高等学校要健全用人单位、教师、学生共同参与的学校内部教学质量保障与评价机制，加强对人才培养过程的管理，加快建立推动教学质量不断提升的长效机制。

（五）加强平台建设，提升科技创新能力

深化高精尖创新中心建设。完善高精尖创新中心建设相关政策，强化过程管理与评估，加快汇聚一批国际顶尖科学家，着力打造高水平创新团队，提升承担国家和本市重大项目及工程的能力，形成一批重大原始创新成果，培养一批高水平创新人才。鼓励高精尖创新中心积极争取北京产业投资基金支持，加快实现创新成果转化及产业化发展。

实施卓越青年科学家项目。加大对优秀青年人才的培育支持力度，实施一批卓越青年科学家项目，重点支持优秀青年人才面向重大任务、重点领域开展科学研究，培育一批具有国际视野、国际水平的卓越青年科学家，为全国科技创新中心建设提供有力支撑。

加强北京实验室建设。聚焦世界科技前沿发展，以国家战略及本市经济社会发展需求为导向，以集聚创新资源为基础，以促进科教融合为主线，整合优势、强化协同，建设一批北京实验室，着力构建定位清晰、任务明确，布局合理、特色鲜明，开放协同、学科交融的北京实验室发展体系。

强化人文社会科学研究。建设一批北京人文社会科学研究中心，引领和带动高等学校人文社会科学创新发展，形成一批对理论创新和文化传承创新具有重大影响的标志性成果，为全国文化中心建设提供有力支撑。

推动联合共建创新。积极推动与教育部等国家部委及有关科研院所、大型企业研究机构建设一批共建实验室，开展具有区域特色的基础研究、应用基础研究及关键共性技术研究，加强产学研科技创新资源共享，打造人才培养、科技创新和社会服务创新平台。

加强国际合作创新。推动北京高等学校与国外一流高等学校、科研机构开展更加广泛的实质性合作，建设一批具有较高研究水平和实力的国际合作创新平台，使之成为开展国际科技合作与交流的学术中心、集聚一流学者和培养拔尖创新人才的重要基地。

（六）推进“双一流”建设，提升高等学校综合实力

支持国家“双一流”建设。坚持中国特色、世界一流，对入选国家“双一流”建设计划的高等学校给予支持；引导相关高等学校深化综合改革，全面融入北京“四个中心”功能建设，主动服务北京经济社会发展需要，积极带动其他高校特别是市属高校学科发展及整体水平提升。

加强高精尖学科建设。通过支持一批优势学科、提升一批特色学科、建设一批新兴交叉学科、繁荣一批人文社会学科，进一步推动高等学校学科建设水平提升。

开展一流专业建设。引导中央在京高校结合北京经济社会发展需要开展专业建设；推动市属高校整合办学资源，优化专业结构，强化优势特色，建成一批强势专业、行业急需专业、新兴交叉复合专业。

建设地方高水平大学。重点支持若干所市属高校建设一批特色学科，形成若干有国际影响力的团队，取得一批国内外领先的原创性成果及满足北京经济社会发展重大需求的成果，并将科学研究资源转变为人才培养资源，有效提升人才培养能力，在国内同类型高等学校中起到引领示范作用。

四、强化实施保障

（一）全面加强党的领导

坚持党管办学方向、党管改革，充分发挥党委总揽全局、协调各方的作用，确保党的路线方针政策在高等学校贯彻落实。坚持和完善党委领导下的校长负责制，建立健全党委统一领导、党政分工合作、协调运行的工作机制，不断改革和完善高等学校体制机制。加强市属高校领导班子和干部队伍建设，拓宽选人用人视野，打造政治强、懂专业、善治校、敢担当、作风正的高等学校领导班子。推动高等学校党委认真履行管党治党主体责任，充分发挥基层党组织在推动高等教育改革发展中的战斗堡垒作用。

（二）强化市级统筹协调

充分发挥市教育体制改革专项小组的作用，加强顶层设计及宏观统筹，强化部门协同及政策衔接，建立健全激励机制和容错机制，努力破解体制障碍及难点问题，加大财政投入及保障力度，形成推动高等教育改革发展合力，加快构建体现北京高等学校优势和特色的一流人才培养体系。

（三）开展教育督导评估

创新高等教育改革发展推进机制，将加强激励引导与开展督导评估有机结合，做好督导、检查、评估和监测相关工作，及时跟踪高等学校工作进展情况，推动高等学校找准办学定位、加强总体规划、深化内部改革，将办学重点聚焦到提升教育教学质量上来。

（四）落实高等学校主体责任

高等学校要切实承担起办学治校、教书育人主体责任，牢牢抓住全面提高人才培养能力这个中心，立足办学定位，巩固办学优势，深入系统推进改革发展各项工作，走以质量提升为核心的内涵式发展道路，追求卓越、争创一流。

中共北京市委员会　北京市人民政府
关于全面深化新时代教师队伍建设改革的实施意见

为深入贯彻落实《中共中央、国务院关于全面深化新时代教师队伍建设改革的意见》，造就党和人民满意的高素质专业化创新型教师队伍，落实立德树人根本任务，培养德智体美全面发展的社会主义建设者和接班人，全面实现教育现代化，办好人民满意的教育，为建设国际一流的和谐宜居之都提供坚实的人才支撑，结合本市教育改革发展实际，现就全面深化新时代教师队伍建设改革提出如下实施意见。

一、深刻认识教师队伍建设的重要意义和总体要求

1. 重要意义。百年大计，教育为本；教育大计，教师为本。教师承担着传播知识、传播思想、传播真理的历史使命，肩负着塑造灵魂、塑造生命、塑造人的时代重任，是国家富强、民族振兴、人民幸福的重要基石。市委、市政府历来高度重视教师工作，始终坚持将教师队伍建设摆在突出位置，不断健全完善教师队伍建设政策支持体系；各区、各部门和各级各类学校采取有力措施认真贯彻落实市委、市政府部署要求，教师队伍建设取得显著成就；广大教师牢记使命、不忘初衷，爱岗敬业、教书育人，改革创新、服务社会，作出了重要贡献。

当前，中国特色社会主义进入了新时代，开启了全面建设社会主义现代化国家的新征程。我国社会主要矛盾已经转化为人民日益增长的美好生活需要和不平衡不充分的发展之间的矛盾，人民对公平而有质量的教育的向往更加迫切。面对新方位、新征程、新使命，教师队伍建设还存在一些不足，主要体现在对教师队伍建设的重视程度还需要进一步提高；教师思想政治工作与师德师风建设还需要进一步加强；教师培养规模还需要进一步扩大；教师整体素质还需要进一步提升；教师编制、岗位、评聘、考核评价等管理体制机制还需要进一步理顺；教师地位待遇还需要进一步提高，全社会尊师重教的良好氛围还需要继续努

力营造。时代越是向前，知识和人才的重要性就愈发突出，教育和教师的地位、作用就愈发凸显。各级党委和政府要从战略和全局高度充分认识教师工作的极端重要性，把全面加强教师队伍建设作为一项重大政治任务和根本性民生工程切实抓紧抓好。

2. 指导思想。全面贯彻党的十九大精神，以习近平新时代中国特色社会主义思想为指导，坚持和加强党的全面领导，坚持以人民为中心的发展思想，坚持全面深化改革，牢固树立新发展理念，全面贯彻党的教育方针，落实立德树人根本任务，遵循教育规律和教师成长发展规律，把促进学生健康成长作为教师队伍建设的出发点和落脚点，以强化师德师风建设为首要任务，以优化教师资源配置为基本前提，以教师素质能力提升为核心内容，以理顺教师管理体制机制为强大动力，以提高教师地位待遇为基础支撑，培养高素质专业化创新型教师队伍，倡导全社会尊师重教，形成优秀人才争相从教、教师人人尽展其才、好教师不断涌现的良好局面。

3. 工作原则

——确保方向，突出师德。坚持党管干部、党管人才，坚持依法治教、依法执教，保证教师队伍建设正确的政治方向。把提高教师思想政治素质和职业道德水平摆在首要位置，把社会主义核心价值观贯穿教书育人全过程，突出全员全方位全过程师德养成。

——统筹规划，优先发展。坚持教育优先发展战略，把教师队伍建设作为教育事业发展的重中之重，优先谋划教师队伍建设，优先保障教师队伍建设投入，优先满足教师队伍建设需要。

——深化改革，创新机制。抓住关键环节，优化顶层设计，推动实践探索，破解发展瓶颈，把管理体制改革与机制创新作为突破口，把提高教师地位待遇作为真招实招，增强教师职业吸引力。

——分类指导，精准施策。坚持问题和需求导向，借鉴国内外先进经验，根据各级各类教师的不同特点和发展实际，采取有针对性的政策举措，定向发力，确保实效。

4. 目标任务。经过 5 年左右努力，教师培养培训体系更加健全，职业发展通道更加畅通，事权人权财权相统一的教师管理体制普遍建立，教师地位待遇进一步提高，教师职业吸引力明显增强。教师队伍规模、结构、素质能力基本满足各级各类教育发展需要。尊师重教蔚然成风，广大教师在岗位上有幸福感、事业上有成就感、社会上有荣誉感。

到 2035 年，教师综合素质、专业化水平和创新能力显著提升，培养造就一大批在全国有影响的骨干教师、卓越教师和教育家型教师。教师管理体制机制科学高效，实现教师队伍治理体系和治理能力现代化。教师主动适应信息化、人工智能等新技术变革，积极有效开展教育教学。教师成为让人羡慕的职业，广大教师安心从教、热心从教、舒心从教、静心从教的良好局面全面形成。

二、着力提升思想政治素质，全面加强师德师风建设

5. 加强教师党支部和党员队伍建设。加强党对教师队伍建设的领导，将全面从严治党要求落实到每个教师党支部和教师党员，把党的政治建设摆在首位，用习近平新时代中国特色社会主义思想武装头脑，充分发挥教师党支部教育管理监督党员和宣传引导凝聚师生的战斗堡垒作用，充分发挥党员教师的先锋模范作用。强化教师党支部建设，选优配强教师党支部书记，注重选拔党性强、业务精、有威信、肯奉献的优秀党员教师担任教师党支部书记，实施教师党支部书记“双带头人”培育工程，定期开展教师党支部书记轮训。配齐建强高等学校思想政治工作队伍和党务工作队伍，完善选拔、培养、激励机制，形成一支专职为主、专兼结合、数量充足、素质优良的工作力量。建立有效的思想政治教育机制，坚持党的组织生活各项制度，创新方式方法，增强党的组织生活活力。

加强教师党员队伍建设，完善发展党员制度，重视做好在优秀青年教师、海外留学归国教师中发展党员工作。健全把骨干教师培养成党员，把党员教师培养成教学、科研、管理骨干的“双培养”机制。健全主题党日活动制度，加强党员教师日常管理监督，推进“两学一做”学习教育常态化制度化，开展“不忘初心、牢记使命”主题教育，引导党员教师增强政治意识、大局意识、核心意识、看齐意识，自觉爱党护党为党，敬业修德，争做奉献社会的示范标杆。

6. 全面提高教师思想政治素质。加强理想信念教育，深入学习贯彻习近平新时代中国特色社会主义思想，引导教师树立正确的历史观、民族观、国家观、文化观，坚定中国特色社会主义道路自信、理论自信、制度自信、文化自信。引导教师准确理解和把握社会主义核心价值观的深刻内涵，增强价值判断、选择、塑造能力，带头践行社会主义核心价值观。引导广大教师充分认识中国教育辉煌成就，扎根中国大地，办好中国教育。加强中华优秀传统文化和革命文化、社会主义先进文化教育，弘扬爱国主义精神，引导广大教师热爱祖国、奉献祖国。加强古都文化、红色文化、京味文化和创新文化教育，引导广大教师热爱首都文化。坚持和完善理论学习制度，创新教师思想政治工作方式方法，开辟思想政治教育新阵地，利用思想政治教育新载体，强化教师社会实践参与，注重把思想政治工作落实到学校管理、教学和科研活动中。要着眼青年教师群体特点，增强思想政治工作的针对性和实效性。落实党的知识分子政策，政治上充分信任，思想上主动引导，工作上创造条件，生活上关心照顾，使思想政治工作接地气、入人心。

7. 弘扬高尚师德。坚持把师德建设放在教师队伍建设首位，构建大、中、小、幼一体化的师德建设体系，推动师德建设常态化长效化。在全体教师中开展做新时代“四有”好教师和“四个引路人”学习实践活动，完善新时代教师职业行为规范，创新师德教育和宣传方式，树立师德典型，讲好师德故事，加强引领，注重感召，弘扬楷模，形成强大

正能量，努力营造全社会尊师重教氛围。引导广大教师以德立身、以德立学、以德施教、以德育德，坚持教书与育人相统一、言传与身教相统一、潜心问道与关注社会相统一、学术自由与学术规范相统一，争做“四有”好教师，全心全意做学生锤炼品格、学习知识、创新思维、奉献祖国的引路人。建立健全师德考核评价和监督体系，完善师德考核办法，推行师德考核负面清单制度。

三、着力提升基础教育教师专业素质能力，全面深化基础教育教师管理综合改革

8. 加大教师培养力度。落实教师教育振兴行动计划，构建以师范院校为主体、非师范院校参与的开放灵活的教师培养体系。加大对市属师范院校支持力度，切实提高生源质量，改革师范专业的招生方式，师范专业实行提前批次录取或采取入校后二次选拔方式，择优选拔热爱教育事业、具备良好潜质、有志于长期从教的优秀高中毕业生进入师范专业。实施拓展中小学教师来源行动计划，多措并举，有效增加教师来源。大力推动研究生层次教师培养，增加教育硕士招生计划。

支持高水平综合大学开展教师教育，推动一批有基础的高水平综合大学成立教师教育学院，设立师范专业，创新教师培养形态，重点培养教育硕士，适度培养教育博士，造就高素质复合型教师。整合高水平综合大学一流学科知名专家资源，遴选优秀教师开展个性化研修，重点培养一大批卓越教师和教育家型教师。

9. 提高教师培养质量。以实践为导向优化教师教育课程体系，强化心理学知识学习，加强职业道德、职业理想教育，着力提升教师综合素养。优化幼儿园教师培养课程体系，突出保教融合，科学开设儿童发展、保育活动、教育活动类课程，强化实践性课程，突出培养学前教育师范生综合能力。创新教师培养模式，建立高等学校与政府、中小学和幼儿园联合培养教师的新机制，建立健全教育实践工作规范，加强师范生教育实践管理；强化“钢笔字、毛笔字、粉笔字和普通话”等教学基本功和教学技能训练，加强人工智能、大数据等信息技术应用能力训练，落实师范生教育实践不少于半年制度。支持师范院校构建师范生国际化培养平台，培养更多具有国际视野的优秀教师。

10. 建设高素质专业化基础教育教师队伍。完善中小学、幼儿园教师全员培训制度和分类、分层、分岗培训体系。加强教师培训课程建设，打造一批具有针对性、引领性、前沿性的精品课程及网络课程。创新教师培训方式，推动信息技术、人工智能与教师培训有机融合，实行线上线下相结合的混合式研修。推行教师培训自主选学，实行培训学分管理，建立培训学分银行，推动教师培训与学历教育课程衔接、学分互认。建立健全新入职教师为期一年规范化培训制度，持续实施中小学、幼儿园名师发展工程和乡村教师素质提升计划。加强班主任队伍建设，强化班主任专题培训，建立骨干班主任评选制度。鼓励在职教师提升学历。加强特殊教育、校外教育教师培训。开展教非所学教师轮训。加强优秀教师、干部的境外培训。

加强中小学校长、幼儿园园长队伍建设。面向全体中小学校长、幼儿园园长，加大培训力度，提升其依法办学治校（园）能力。实施中小学、幼儿园名校（园）长发展工程，造就一大批高水平办学治校（园）人才。实施教育家建设工程，支持校（园）长大胆探索，创新教育思想、教育模式和教育方法，形成教学特色和办学风格，营造教育家脱颖而出的制度环境。

11. 创新和规范中小学教师编制管理。在现有编制总量内，统筹考虑、合理核定教职工编制，盘活事业编制存量，优化编制结构，向教师队伍倾斜，采取多种形式增加教师总量，优先保障教育发展需要。研究推进中小学教职工编制标准的修订工作，研究制定公办幼儿园人员配备规范。创新编制管理，建立教师编制统筹配置机制和跨区域（领域、行业）调整机制，市级统筹、区级调剂、以区为主，动态调配。机构编制部门会同财政和教育行政部门按标准每 3 年核定一次区域内中小学合理的教职工编制总量，教育行政部门在总量内统筹调配，每年动态调整。加强和规范中小学教职工编制管理，严禁挤占、挪用、截留教师编制和有编不补。

12. 优化义务教育教师资源配置。实行义务教育教师“区管校聘”，推进教师资源配置方式改革。深入推进区内义务教育学校教师、校长交流轮岗，推动城镇优秀教师、校长向乡村学校、一般学校流动。实行学区（教育集团等）内

1 月 21 日，清华首批文科资深教授颁证合影

（清华 供）

走教制度，给予相应补贴。持续实施乡村教师特设岗位计划、城区中小学公开招聘紧缺学科教师计划。实施银龄讲学计划，鼓励支持乐于奉献、身体健康的退休优秀教师到乡村和基层学校支教讲学。

13. 完善中小学、幼儿园教师准入和聘用制度。逐步将修习教师教育课程、参加教育教学实践作为认定教育教学能力、取得教师资格的必备条件。新入职教师必须取得教师资格。严格教师准入，规范招聘程序，重视思想政治素质和业务能力，进一步提高教师队伍学历水平。制定符合教育行业特点的中小学、幼儿园教师招聘办法，遴选乐教适教善教的优秀人才进入教师队伍，支持中小学、幼儿园引进高层次人才。实行中小学教师资格定期注册制度，完善公费师范毕业生和编内非京籍教师履约任教服务期制度，教学岗位专任高级教师可按规定延迟退休。完善符合中小学、幼儿园特点的岗位管理制度，推进教师管理由身份管理向岗位管理转变，进一步提高中级、高级教师岗位结构比例，拓宽教师发展通道。按照中小学校领导人员管理暂行办法，明确任职条件和资格，规范选拔任用工作，激发办学治校活力。

14. 深化中小学、幼儿园教师职称和考核评价制度改革。教师职称评审在核定的岗位结构比例内进行，实现职称与岗位聘用衔接。将中小学教师到乡村学校、一般学校任教 1 年以上的经历作为申报高级教师职称和特级教师的必要条件。将具有教师资格的专职党务干部纳入职称晋升参评范围，符合申报条件的，可参评德育、教育教学管理等专业职称。推行中小学校长职级制改革，促进校长队伍专业化建设。进一步完善职称评价标准和方式，建立符合各级各类教师岗位特点的考核评价指标体系和考核评价机制，坚持德才兼备、全面考核，突出教育教学成效和实际贡献，引导教师潜心教书育人。加强聘后管理，激发教师的工作活力。完善相关政策，防止形式主义的考核检查干扰正常教学。不简单用升学率、学生考试成绩等评价中小学教师。加强中小学校长、幼儿园园长、骨干教师考核评价，督促提高素质能力。

15. 完善中小学、幼儿园教师待遇保障机制。完善中小学教师工资正常增长机制和中小学教师工资与公务员工资同步调整联动机制，确保中小学教师平均工资收入水平不低于或高于本地区公务员平均工资收入水平。健全和完善绩效工资激励机制，优化绩效工资结构，突出岗位在基础性绩效工资结构中的权重，有效体现教师所聘岗位、承担责任、工作量和工作绩效。在绩效工资分配中向班主任、骨干教师、特殊教育教师倾斜，鼓励支持中小学教师积极参与教育综合改革。持续实施乡村教师岗位生活补助政策。提高公办幼儿园非在编教师工资待遇，缩小与在编教师的工资差距，逐步实现同工同酬。落实建设乡村教师周转宿舍和为乡村教师租赁周转房政策，帮助城镇中小学、幼儿园青年教师解决住房难问题。

四、着力提升高等教育、职业教育教师专业素质能力，全面深化高等学校、职业院校教师管理综合改革

16. 建设高素质创新型高等学校教师队伍。持续实施高等学校高水平教师队伍建设支持计划，建设一支政治素质过硬、业务能力精湛、育人水平高超的高素质创新型教师队伍。着力提高教师专业能力，推进高等教育内涵式发展。搭建校级教师发展平台，开展教学研究与指导，推进教学改革与创新。加强院系教研室等学习共同体建设，建立完善传帮带机制。全面开展高等学校教师教学能力提升培训，重点面向新入职教师和青年教师，为高等学校培养人才培育生力军。加强思想政治课教师、辅导员、研究生导师、基础课教师和实验员队伍建设。结合“一带一路”建设和人文交流机制，推动国内外教师双向交流与研修。支持孔子学院教师、援外教师成长发展。支持优秀中青年骨干教师和优秀管理干部到国内外知名大学、科研院所进行访学交流和团体研修。统筹做好千人计划、海聚工程等国家和本市高层次人才队伍梯队建设和推选工作。加强高端智库建设，依托人文社会科学重点研究基地等，汇聚培养一大批哲学社会科学名家名师。持续实施高等学校教育系统人才项目计划。

17. 建设高素质双师型职业院校教师队伍。持续实施职业院校教师素质提高计划，探索师资培训基地与教师企业实践基地“双基地”合作培养双师型教师新模式，系统开展双师型教师专业技能培训、国（境）外研修等项目。支持高水平学校和知名企业共建双师型教师培养培训基地，建立高等学校、行业企业联合培养双师型教师的机制。推进职业院校教师定期到企业实践，不断提升实践教学能力。建立企业经营管理者、技术能手与职业院校管理者、骨干教师相互兼职制度。持续实施职业院校教育系统人才项目计划。

18. 创新高等学校教师编制管理与优化教师资源配置。积极探索实行高等学校人员总量管理，并试点动态调整，纳入总量管理的人员享有相应待遇和保障。严把高等学校教师选聘入口关，实行思想政治素质和业务能力双重考察，在高等学校高层次人才遴选和培育中突出教书育人。严格教师职业准入，将新入职教师岗前培训和教育实习作为认定教育教学能力、取得高等学校教师资格的必备条件。落实高等学校用人自主权，自主制定招聘条件和标准，自主公开招聘人才。鼓励高等学校加大聘用具有其他学校学习工作和政府、行业企业工作经历教师的力度，支持引进海外优秀人才，持续优化高等学校教师结构。配合外国人永久居留制度改革，健全外籍教师资格认证、服务管理等制度。

19. 深化高等学校岗位管理和聘用制度改革。高等学校在人员总量内组织制定岗位设置方案和管理办法，依法自主确定教学、科研、行政职能部门等内设机构的设置和人员配备。鼓励高等学校自主制定设立流动岗位吸引优秀人才到本校兼职、本校教师到企业兼职从事科技成果转化活动及本校教师离岗创新创业等办法。推行高等学校教师职务聘任制改革，加强聘期考核，准聘与长聘相结合，做到能上能下、能进能出。按照高等学校领导人员管理暂行办法，明确任职条件和资格，加强学校领导人员管理，激发办学治校活力。

20. 深化高等学校教师职称制度与考核评价制度改革。推动高等学校教师职称制度改革，由高等学校自主组织职称评审、自主评价、按岗聘任。进一步完善职称评审的标准和方式，将思想政治和师德表现作为评聘的首要条件，把从事学生思想政治教育作为思想政治工作兼职教师参加职称评审的重要依据，提高教学业绩在评聘中的比重。建立以同行专家评审为基础的分类评价机制，注重对代表性成果和实际贡献等内容进行考察评价。进一步畅通高层次特殊人才职称评审绿色通道。加强职称评聘事中事后监管。深化高等学校教师考核评价制度改革，突出教育教学业绩和师德考核，注重对思想政治与师德、教育教学、科学研究、社会服务、专业发展等进行综合考核评价。合理运用考核评价结果，将其作为职称（职务）评定、绩效分配、评优评先的重要依据。

21. 健全职业院校教师管理制度。根据职业教育特点，研究制定中等职业学校人员配备规范。完善职业院校教师资格标准，探索将行业企业从业经历作为认定教育教学能力、取得专业课教师资格的必要条件。落实职业院校用人自主权，完善教师招聘办法。推动固定岗和流动岗相结合的职业院校教师人事管理制度改革。支持职业院校专设流动岗位，适应产业发展和参与全球产业竞争需求，引进行业企业一流人才，吸引具有创新实践经验的企业家、高科技人才、高技能人才等兼职任教，深化产教融合。完善职业院校双师型教师评价标准，吸纳行业组织、企业作为评价参与主体，重点评价职业素养、技能水平和专业教学能力。

22. 推进高等学校和职业院校教师薪酬制度改革。健全市属高校和职业院校绩效工资管理规范，依据市属高校和职业院校分类管理、办学水平、绩效考核、公益二类属性等因素合理确定绩效工资总量，进一步提高绩效工资水平和市级财政保障额度。扩大高等学校和职业院校收入分配自主权，高等学校和职业院校在核定的绩效工资总量内自主确定收入分配办法。加大对市属高校高层次人才队伍建设支持力度，合理确定市属高校高层次人才相对统一的绩效工资标准，不受本单位绩效工资总量限制，所需资金由市级财政予以保障。完善适应高等学校和职业院校教学岗位特点的内部激励机制，对专职从事教学的人员，适当提高基础性绩效工资在绩效工资中的比重，加大对教学型名师的岗位激励力度。高等学校和职业院校教师经所在单位批准，可开展多点教学并获得报酬。积极探索实行以增加知识价值为导向的分配政策，逐步提高科研人员收入水平。帮助高等学校和职业院校青年教师和引进的高层次人才解决住房、子女入园入学等困难。

五、强化保障，确保政策举措落地见效

23. 加强组织领导。各级党委和政府要满腔热情关心教师，充分信任、紧紧依靠广大教师。要切实加强领导，实行一把手负责制，紧扣广大教师最关心、最直接、最现实的重大问题，找准教师队伍建设的突破口和着力点，坚持发展抓公平、改革抓机制、整体抓质量、安全抓责任、保证抓党建，把教师工作记在心里、扛在肩上、抓在手中，摆上重要议事日程，细化分工，确定路线图、任务书、时间表和责任人。主要负责同志和相关责任人要切实做到实事求是、求真务实，善始善终、善作善成，把准方向、敢于担当，亲力亲为、抓实工作。市、区两级党委常委会每年至少研究一次教师队伍建设工作。建立教师工作联席会议制度，研究解决教师队伍建设重大问题。教育、组织、宣传、机构编制、发展改革、人力社保、财政、规划国土、住房城乡建设、法制、外事等有关部门要在各自职责范围内，积极推进教师队伍建设改革有关工作。各区、各高等学校和职业院校要制定实施办法，全面落实教师队伍建设改革任务。

24. 明确教师的特别重要地位。突显教师职业的公共属性，强化教师承担的国家使命和公共教育服务的职责，确立公办中小学教师作为国家公职人员特殊的法律地位，明确中小学教师的权利和义务，强化保障和管理。各级党委和政府要切实负起中小学教师保障责任，提升教师的政治地位、社会地位和职业地位，吸引和稳定优秀人才从教。公办中小学教师要切实履行作为国家公职人员的义务，强化国家责任、政治责任、社会责任和教育责任。

25. 健全教师奖惩制度。加大教师表彰力度，定期开展“北京市人民教师奖”“北京市优秀教师”“北京市教育教学成果奖”等评选表彰活动。健全乡村教师荣誉制度。鼓励社会团体、企事业单位、民间组织对教师出资奖励，开展尊师活动，营造尊师重教良好社会风尚。督促教师认真履行新时代教师职业行为规范，健全违反师德行为惩处机制，对于违反师德的行为要发现一起，查处一起。建立完善教师退出机制，提升教师队伍整体活力。

26. 建设现代学校制度。体现以人为本，突出教师主体地位，落实教师知情权、参与权、表达权、监督权。建立健全教职工代表大会制度，保障教师参与学校决策的民主权利。推行中国特色现代大学章程，坚持和完善党委领导下的校长负责制，充分发挥教师在高等学校办学治校中的作用。维护教师职业尊严，保护教师合法权益，关心教师身心健康，克服职业倦怠，激发工作热情。

27. 强化经费保障。各级政府要将教师队伍建设作为教育投入重点予以优先保障，完善支出保障机制，确保党和国家关于教师队伍建设重大决策部署落实到位。优化经费投入结构，优先支持教师队伍建设最薄弱、最紧迫的领域，加大教师教育投入力度。健全以政府投入为主、多渠道筹集教育经费的体制，充分调动社会力量投入教师队伍建设的积极性。制定严格的经费监管制度，规范经费使用，确保资金使用效益。完善教师承担相关委托项目、研究等任务按实际付出和绩效合理取酬的政策机制。

28. 强化资源保障。支持教师队伍建设专业机构研究教师队伍建设重大问题，为重大决策提供支撑。建立健全市、区、校三级教师专业发展支持体系，加强市、区级教师培训机构建设。建立北京市教师发展中心，建设一批教师发展示范基地校，支持高校建立教师发展中心，探索建立海外教师培训基地。鼓励各级各类学校充分整合新技术资源，支持教师掌握和运用新技术，不断更新教育理念、变革教学形态、创新教学方式、提升教学效益，引领未来教育新潮流。推进"互联网 +"开放性教师教育，为教师提供个性化的在线服务。推进利用信息化手段助力教师管理改革，完善北京市教师管理信息系统，加强大数据分析功能应用，提升教师管理效率。

29. 维护民办学校教师权益。完善学校、个人、政府合理分担的民办学校教师社会保障机制，民办学校应与教师依法签订合同，按时足额支付工资，保障其福利待遇和其他合法权益，并为教师足额缴纳社会保险费和住房公积金。依法保障和落实民办学校教师在业务培训、职务聘任、教龄和工龄计算、表彰奖励、科研立项等方面享有与公办学校教师同等权利。引导和支持民办幼儿园提高教师工资待遇，探索完善普惠性民办幼儿园教师工资保障机制。

30. 加强督查督导。市、区两级党委和政府要将教师队伍建设列入督查督导工作重点内容，并将结果作为党政领导班子和有关领导干部综合考核评价、奖惩任免的重要参考，确保各项政策措施全面落实到位，真正取得实效。

2018 年 9 月 7 日

北京市人民政府
关于鼓励社会力量兴办教育促进民办教育健康发展的实施意见

各区人民政府，市政府各委、办、局，各市属机构：

为贯彻落实《国务院关于鼓励社会力量兴办教育促进民办教育健康发展的若干意见》（国发〔2016〕81 号），促进本市民办教育规范健康发展，结合实际，制定本实施意见。

一、总体要求

（一）指导思想

全面贯彻党的十九大和十九届二中、三中全会精神，以习近平新时代中国特色社会主义思想为指导，牢固树立和贯彻落实新发展理念，深入学习贯彻全国教育大会精神，全面贯彻党的教育方针，坚持社会主义办学方向，坚持立德树人，培育和践行社会主义核心价值观。以实行分类管理为突破口，发展符合首都城市战略定位和《北京城市总体规划（2016 年—2035 年）》要求的民办教育，创新体制机制，完善扶持政策，加强规范管理，提高办学质量，促进民办教育持续健康发展。

（二）基本思路

坚持"服务北京、优化结构，提高质量、规范发展"的工作思路，充分发挥民办教育作为首都教育有益补充的重要作用。鼓励社会力量举办普惠性幼儿园，增加学前教育服务供给；鼓励民办中小学探索创新，在教育理念、学校文化、特色课程、人才培养等方面形成特色，满足人民群众多样化的教育需求；鼓励民办职业院校融入区域经济和产业发展，深化产教融合、校企合作，提高技术技能型人才培养水平；鼓励民办高校适应首都产业转型升级需要，走内涵式发展道路；引导各类民办非学历教育培训机构有序健康发展，为建设学习型城市贡献力量。鼓励支持教育家办学，实施民办教育品牌战略，吸引社会资本和优秀人才公益办学。

二、加强党对民办学校的领导

（三）切实加强民办学校党的建设

全面加强民办学校党的思想建设、组织建设、作风建

4 月，吉利学院校长向马来西亚访问者赠送吉利汽车车模
（吉利学院 供）

设、反腐倡廉建设、制度建设，进一步增强政治意识、大局意识、核心意识、看齐意识。巩固和扩大党的组织覆盖和工作覆盖，推进民办学校党组织设置和活动方式创新，进一步理顺党组织隶属关系，选优配强民办学校党组织负责人。民办学校党组织要发挥政治核心作用，强化思想引领，牢牢把握社会主义办学方向，牢牢把握党对民办学校意识形态工作的领导权、话语权，切实维护民办学校和谐稳定。持续推进民办学校党支部规范化建设，积极做好党员发展和对党员的教育、管理、监督工作。健全各级党组织工作保障机制，不断提高民办学校党的建设质量。坚持党建带群建，推进民办学校依法建立健全工会组织，加强民办学校共青团组织建设。把民办学校党组织建设、党对民办学校的领导作为民办学校年度检查的重要内容。

（四）加强民办学校思想政治教育工作

将做好思想政治教育和德育工作作为民办学校党组织的首要政治责任。把思想政治教育工作纳入学校事业发展规划，把思想政治工作队伍建设纳入学校人才队伍培养规划，全面提升思想政治教育工作水平。推进民办高校辅导员专业化、职业化，畅通其职业发展和专业晋升通道。切实加强思想政治理论课和思想品德课课程、教材、教师队伍建设，深入推进中国特色社会主义理论体系进教材、进课堂、进头脑，把社会主义核心价值观融入教育教学全过程、教书育人各环节，不断增强广大师生中国特色社会主义道路自信、理论自信、制度自信、文化自信。提高思想政治教育的针对性、实效性和吸引力、感染力，切实加强理想信念、爱国主义、集体主义、中国特色社会主义教育和中华优秀传统文化、革命传统文化、民族团结教育，引导学生树立正确的世界观、人生观、价值观。大力开展社会实践和志愿服务，积极开展心理健康教育。创新网络思想政治教育方式，大力弘扬主旋律、传播正能量，全面提高教书育人、实践育人、科研育人、管理育人、服务育人的水平。

三、创新体制机制

（五）落实分类管理制度

对民办学校（含其他民办教育机构）实行非营利性和营利性分类管理。非营利性民办学校举办者不取得办学收益，办学结余全部用于办学。营利性民办学校举办者可以取得办学收益，办学结余依据国家有关规定进行分配。

举办者（无举办者的由民办学校）自主选择举办非营利性民办学校或者营利性民办学校，但不得设立实施义务教育的营利性民办学校。选择为非营利性民办学校，且符合事业单位登记管理有关规定的，到机构编制部门登记为事业单位；选择为非营利性民办学校，且符合民办非企业单位登记管理有关规定的，到民政部门登记为民办非企业单位。选择为营利性民办学校的，依据法律法规规定的管辖权限到市场监督管理部门办理登记。

（六）拓宽社会资源进入教育领域渠道

鼓励社会组织或个人以捐赠、出资、投资、合作等多种形式举办民办学校。推广政府和社会资本合作（PPP）模式，鼓励社会资本参与教育基础设施建设和运营管理、提供专业化服务。探索举办混合所有制职业院校，允许以资本、知识、技术、管理等要素参与办学并享有相应权利。鼓励社会力量对非营利性民办学校给予捐赠，鼓励引导非营利性民办学校利用捐赠资金和办学结余依法申请设立教育基金会（基金），为民办学校发展和教师、学生提供资金资助。引导营利性民办学校合作设立投资基金，用于学校创新发展，防范办学风险。

（七）健全学校退出机制

捐资举办的民办学校终止时，清偿后剩余财产统筹用于教育等社会事业。2016 年 11 月 7 日《全国人民代表大会常务委员会关于修改〈中华人民共和国民办教育促进法〉的决定》公布前设立的民办学校，选择登记为非营利性民办学校的，终止时，民办学校的财产依法清偿后有剩余的，按照国家有关规定给予出资者相应的补偿或者奖励，其余财产继续用于其他非营利性学校办学；选择登记为营利性民办学校的，应当进行财务清算，依法明确财产权属，终止时，民办学校的财产依法清偿后有剩余的，依照《中华人民共和国公司法》有关规定处理。2016 年 11 月 7 日后设立的民办学校终止时，财产处置按照有关规定和学校章程处理。

四、完善扶持政策

（八）完善财政扶持政策

市区两级财政应安排扶持民办教育发展资金并纳入年度预算。建立健全政府补贴制度，明确补贴的项目、对象、标准、用途。完善义务教育阶段民办学校生均基准定额补助制度。完善政府购买服务的标准和程序，建立绩效评价制度，落实向民办学校购买就读学位、课程教材、科研成果、职业培训、政策咨询等教育服务的具体政策措施。

（九）落实税费优惠等激励政策

民办学校按照国家有关规定享受相关税收优惠政策。对企业办的各类学校、幼儿园自用的房产、土地，免征房产税、城镇土地使用税。民办学校举办者因履行出资义务将土地使用权、房产过户到学校名下的，按照有关规定享受税收优惠。对企业支持教育事业的公益性捐赠支出，在年度利润总额 12% 以内的部分，准予在计算应纳税所得额时扣除；对个人支持教育事业的公益性捐赠支出，按照税收法律法规及政策的相关规定在个人所得税前予以扣除。民办学校用电、用水、用气、用热，执行与公办学校相同的价格政策。

（十）实行差别化用地政策

民办学校建设用地按科教用地管理。对于民办学校建设的符合划拨用地目录的非营利性教育设施项目，经政府批准后可采取划拨方式供应土地；对于民办学校建设的营利性教育设施项目，经公示只有一个意向用地者的，经政府批准，可采取协议出让方式供应土地。土地使用权人申请改变土地用途的，按国家及本市相关政策执行；涉及重新核定地价水平的，按届时地价政策进行核定。

（十一）落实办学自主权

实施高等学历教育和中等职业学历教育的民办学校，可按照有关规定设置和调整专业、开设课程、选用教材、制定教学计划和人才培养方案。基础教育阶段的民办学校在完成国家规定课程的前提下，可自主开展教育教学活动。社会声誉好、教学质量高、就业有保障的民办高等职业学校，可在核定的办学规模内合理确定招生计划。中等及以下层次民办学校按照国家有关规定，在核定的办学规模内，与当地公办学校同期面向社会自主招生。

（十二）依法落实教师待遇政策

完善学校、个人、政府合理分担的民办学校教职工社会保障机制。民办学校应依法为教职工按时足额缴纳社会保险费和住房公积金。鼓励民办学校按规定为教职工建立补充养老保险，提高教师退休待遇。落实跨统筹地区社会保险关系转移接续政策，支持专业人事代理机构为民办学校教师提供人事代理服务。民办学校和公办学校之间、民办学校之间的教师流动，在资格认定、职称评审等方面教师教龄连续计算。制定并落实保障民办学校教师在资格认定、职称评审、科研资助、评先评优、教育培训等方面与公办学校教师享受同等待遇的相关措施。

（十三）保障学生合法权益

民办学校学生在评奖评优、升学就业、档案管理、医疗保险、就业指导、社会优待等方面与同级同类公办学校学生享有同等权利。民办学校学生与公办学校学生按规定同等享受助学贷款、奖助学金等国家资助政策。建立健全民办学校助学贷款业务扶持制度，提高民办学校家庭经济困难学生获得资助的比例。民办学校要建立健全奖助学金评定、发放等管理制度，从学费收入中提取不少于 5% 的资金，用于奖励和资助学生。完善鼓励捐资助学的相关优惠政策措施，积极引导和鼓励企事业单位、社会组织和个人面向民办学校设立奖助学金。

五、加快现代学校制度建设

（十四）完善学校法人治理

民办学校要依法制定章程，按照章程管理学校，党的建设和社会主义核心价值观有关内容应纳入章程。修改学校章程要遵循民主、科学、公开原则，广泛征求校内外利益相关方意见。健全理（董）事会和监事（会）制度，理（董）事会和监事（会）成员应依据学校章程规定的权限与程序共同参与学校的办学和管理活动。理（董）事会应当优化人员构成，由举办者或者其代表、校长、党组织负责人、教职工代表等共同组成。监事会中应当有党组织领导班子成员。完善校长选聘机制，民办学校校长应当熟悉教育及相关法律法规，具有5年以上教育管理经验和良好办学业绩，个人信用状况良好。学校关键管理岗位实行亲属回避制度。完善教职工代表大会和学生代表大会制度，保障师生参与民主管理和民主监督的权利。

（十五）健全资产管理和财务会计制度

民办学校应当明确产权关系，建立健全资产管理制度。民办学校举办者应依法履行出资义务，将出资用于办学的土地、校舍和其他资产足额过户到学校名下。存续期间，民办学校对举办者投入学校的资产、国有资产、受赠的财产以及办学积累享有法人财产权，任何组织和个人不得侵占、挪用、抽逃。非营利性和营利性民办学校按照登记的法人属性，根据国家有关规定执行相应的会计制度，依法设置会计账簿，规范会计核算。民办学校应将举办者出资、政府补助、受赠、收费、办学积累等各类资产分类登记入账，定期开展资产清查，并将清查结果向社会公布。建立非营利性民办学校学费收入和政府资助资金专户监管机制。探索建立营利性民办学校风险保证金制度。探索制定符合民办学校特点的财务管理办法，完善内部控制制度、审计监督制度，以及年度财务会计报告、决算报告和预算报告报备制度，加强财务风险防范。

（十六）规范学校收费行为

民办学校收费实行市场调节价，但经教育行政部门认定的普惠性民办幼儿园，可由所在区教育行政部门以合同等方式约定收费标准。民办学校接受政府委托承担义务教育任务，相应的教育经费应当按照委托协议由政府拨付，对协议就读的学生执行公办学校收费政策。民办学校收取费用的项目和标准应当根据办学成本、市场需求、义务教育阶段生均公用经费定额补助标准等因素由学校自主确定。民办学校收费项目和收费标准以及收费、退费管理办法应于学生入学前，通过招生简章、学校网站、入学通知书等渠道向社会公示，并在校内显著位置设置长期固定的公示栏进行收费公示，不得在公示的项目和标准外收取其他费用。民办学校对接受学历教育的受教育者按学期或学年收取学费、住宿费。学费标准调整时，新入学学生执行调整后的收费标准，在校生按照入学时招生简章、入学协议等约定的收费标准执行，没有约定的按照入学时的收费标准执行。

（十七）促进规范诚信办学

民办学校要依法依规、诚实守信办学。民办学校的名称应符合相关规定，办学条件应符合国家和本市规定的设置标准和要求，在校生数要控制在审批机关核定的办学规模内。民办学校招生应当遵守招生规则，维护招生秩序，公平公正录取学生；招生简章和广告应内容真实，并在审批机关备案。民办学校要建立健全人才培养、教学运行管理、教学质量监控等教学管理制度，保证教学质量。实施学历教育的民办学校，对招收的学历教育学生，学习期满成绩合格的颁发毕业证书，未达到学历教育要求的发给结业证书或者其他学业证书；对符合学位授予条件的学生，颁发相应的学位证书。实施非学历教育的民办学校，应当建立学生注册登记制度，建立学业成绩档案，发给结业证书或者培训合格证书。建立健全公众满意度测评制度，定期组织开展公众满意度测评。

（十八）维护校园安全稳定

民办学校应遵守有关安全法律、法规和规章，重视校园安全工作，落实安全管理主体责任。健全校内安全工作领导机制，明确安全工作职责，严格执行人防、物防、技防配备标准，确保校园安全防控体系建设符合相关规定。学校选址和校舍建筑应符合国家抗震设防、消防技术等相关标准。建立健全安全管理制度，定期开展安全检查、巡查和隐患排查，及时发现和消除安全隐患。健全完善校园安全应急处置工作机制，制定和完善突发事件应急预案，及时有效应对处置各类校园突发事件。加强学生和教职工安全教育培训，定期开展防火灾、防地震、防踩踏等安全演练，提高师生安全意识和逃生自救能力。加强校园安全保卫队伍建设，不断提高工作能力和水平。

六、提高教育教学质量

（十九）加强师资队伍建设

将民办学校教师队伍建设纳入本市教师队伍建设整体规划。各级政府和民办学校要把教师队伍建设作为提高教育教学质量的重要任务。民办学校要着力加强教师思想政治工作，建立健全教育、宣传、考核、监督与奖惩相结合的师德建设长效机制，全面提升教师师德素养。加强辅导员、班主任队伍建设。民办学校要在学费收入中安排一定比例资金用于教师培训。要重视青年教师培养，关心教师工作和生活，提高教师工资和福利待遇，吸引各类优秀人才到民办学校任教。

（二十）扩大教育交流与合作

建立民办学校与公办学校、企事业单位、科研机构的交流互助机制，通过交流学习、共同开发、资源共享等形式，促进民办学校深化教育教学改革。鼓励支持高水平有特色民办学校培育优质学科、专业、课程、师资、管理，整体提升教育教学质量，开展国内外交流合作，开拓国际教育市场，着力打造一批具有国际影响力和竞争力的民办教育品牌，着力培养一批有理想、有境界、有情怀、有担当的民办教育家。支持民办高等学校和中等职业学校与世界高水平同类学校在学科、专业、课程建设以及人才培养等方面开展交流。推动京津冀地区民办教育的合作与交流，整体提升区域教育发展水平。

七、提高管理服务水平

（二十一）建立健全部门协调机制

建立市级民办教育联席会议制度，负责协调指导全市民办教育发展工作；联席会议办公室设在市教委。各区政府要将民办教育纳入经济社会发展和教育发展规划，加强组织领导，建立相应的工作机制，积极推进民办教育改革发展。将鼓励支持社会力量兴办教育、促进民办教育健康发展作为考核各级政府改进公共服务方式的重要内容。

（二十二）改进政府管理方式

各级政府和行政管理部门要积极转变职能，减少事前审批，加强事中事后监管，提高政府管理服务水平。依法设定民办学校的行政许可事项，向社会公布权力清单、责任清单，严禁法外设权。改进许可方式，简化许可流程，明确工作时限，规范行政许可工作。建立民办教育管理信息系统，推广电子政务和网上办事，逐步实现日常管理事项网上并联办理，及时主动公开行政审批事项，为申请人提供高效、便捷、优质服务。

（二十三）健全监督管理机制

按照“谁审批、谁监管”的原则，加大民办教育监督管理力度。持续加强对民办学校办学状况的督导，逐步将各级各类民办学校纳入督导范围。完善向民办学校选派督导专员、联络员工作机制，强化督导专员、联络员的责任，充分发挥其对民办学校的联络、指导和监督作用。完善民办学校办学状况年度报告制度，做好民办学校年度检查工作。探索建立民办学校信息公开制度，依法保证教职工、学生、社会公众对学校重大事项、重要制度的知情权。建立民办学校收费标准定期监测报告制度，加强市场价格行为监管。建立违规失信惩戒机制，将违规办学的学校及其举办者和负责人纳入“黑名单”。建立市、区、街道（乡镇）三级联动的综合治理体系，健全联合执法机制，依法依规整治办学质量低、管理秩序乱、存在违法违规和安全隐患的民办学校，净化民办教育发展环境。大力推进管办评分离，建立民办学校第三方质量认证和评估制度。民办学校行政管理部门根据评估结果，对办学质量不合格的民办学校予以警告、限期整改直至取消办学资格。

（二十四）发挥行业组织作用

积极培育民办教育行业组织，支持行业组织在行业自律、交流合作、协同创新、履行社会责任等方面发挥桥梁和纽带作用。依托各类专业机构开展民办学校咨询服务等工作。通过政府委托和购买服务，鼓励行业组织对民办教育理论和实践问题开展研究，并推动研究成果转化应用，引导民办学校科学办学。

（二十五）切实加强宣传引导

深入推进民办教育综合改革，及时总结推广成功做法和先进经验。加大对民办教育的宣传力度，按照国家有关规定奖励和表彰对民办教育改革发展作出突出贡献的集体和个人，树立民办教育良好社会形象，努力营造全社会共同关心、共同支持社会力量兴办教育的良好氛围。

2018 年 11 月 23 日

（本栏责任编校 张晓兰）

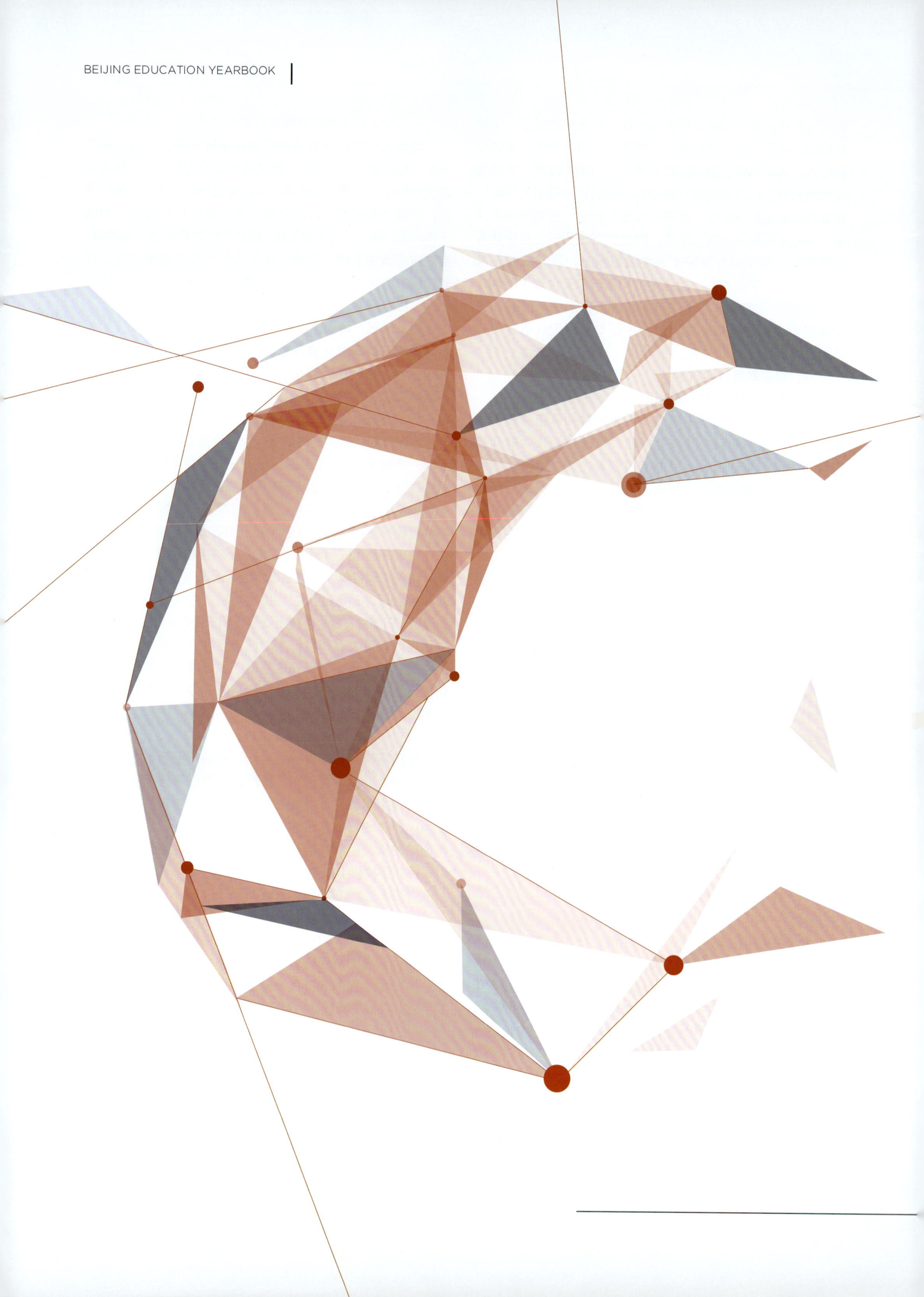

2019 | 专文与纪实

SPECIALIZED ARTICLES AND RECORDS

SPECIALIZED ARTICLES AND RECORDS

专文与纪实

百年美院 百年美育
——中央美术学院百年美育历程

中央美术学院发展历程与国家、民族和人民的命运紧紧相连。她经历的辉煌与磨难，书写着中国现代美术史和美术教育史的重要篇章，在中国美术事业和美术教育事业中发挥了不可替代的独特作用。

开创中国现代美术教育新纪元

100年前，中央美术学院的前身国立北京美术学校诞生。中国现代美术教育的先驱们怀着“以美育代宗教”的理想，开创了中国现代美术教育的新纪元。

1918年4月，中国第一所国立美术学府——北京美术学校成立。图为北京美术学校大礼堂正门 （中央美院 供）

20世纪初叶，著名教育家蔡元培先生即提出“美育”观点。蔡元培对于“美育”的倡导，着眼于根本的文化建设和道德救国，以期对国家危亡、文化没落的现状进行挽救，进而提出“以美育代宗教”的观念。他力主办学，将其“以美育代宗教”的观念付诸实践。1918年4月，在蔡元培的积极倡导下创立中国第一所国立美术学府——北京美术学校，这也是中央美术学院的前身之一。

1926年，留法归来的林风眠接掌国立艺术专门学校，怀着“实行整个的艺术运动，促进社会艺术发展”的抱负，主持学校的教学。林风眠在教学上主张“十字街头艺术”，鼓励学生走出校门，举办展览，表现民众，唤醒民众，推行美育。1927年，由他发起的“北京艺术大会”展出美术作品三千余件，更有音乐演奏及艺专剧社演出，使一般民众得到与艺术接近的机会，在当时引起轰动。

1946年，徐悲鸿北上复办国立北平艺术专科学校并担任校长，他立志办一所进步的学校，以艺专为基地，全面实现他“艺为人生”的现实主义美术教育思想。他把在法国学到的西方写实主义造型技法加以提炼，形成一套完整而成熟的造型体系，并把它应用在学校的教学之中。徐悲鸿提倡的现实主义创作方法，强调与中国现实与社会需要相结合，在民主主义、爱国主义的基础上反映社会现实，实现“为人生而艺术”的目标，奠定美院的核心办学思想。在徐悲鸿的感召下，同时代许多艺术家进入国立北平艺专任教。他们不仅为学校的美术教育做出了不可磨灭的贡献，他们创作的作品还深刻体现中国人民的命运，喊出了时代的心声。

翻开人民美术事业新篇章

80 年前，中央美术学院的另一个重要来源延安鲁迅艺术学院美术系成立。在中华民族最危险的时刻，以救亡图强为己任的艺术家们聚集在延安宝塔山下，积极投身到“为人民大众服务”的革命实践中去，翻开党领导的人民美术教育的新篇章。

1938 年 4 月在延安创立的鲁迅艺术学院是中国共产党在抗战时期建立的第一所综合性艺术学院，是中央美术学院的另一个前身。“鲁艺”的教育方针是培养抗战需要的大批艺术干部和新型的艺术人才，团结与培养新时代的艺术人才。

1942 年 5 月，中共中央在延安召开文艺座谈会，毛泽东主席在会议上发表《在延安文艺座谈会上的讲话》。讲话紧紧抓住文艺与人民的关系，提出“人民文艺观”的三大要点：文艺来自人民生活，文艺要为人民服务，文艺家要和人民结合。“鲁艺”师生们深刻领会到中国共产党对文艺发展的新思想，认识到美术家必须转变立场，走现实主义道路，为人民为社会服务，积极投身到“为人民大众服务”的革命实践中去。讲话指明中国文艺的新道路，“鲁艺”的艺术教育思想和美术创作翻开人民美术事业的新篇章，使 20 世纪中国美术的发展，转向人民与革命的方向。

鲁迅艺术学院的教育模式为新中国的美术教育和创作奠定基础。“鲁艺”所形成的美术教育制度和创作方式，对中央美术学院成立后的办学方向和教学模式产生深刻的影响，对中央美术学院在新中国美术教育体系中发挥引领作用具有根本性的意义。

1950 年 4 月 1 日，在北京王府井校尉胡同 5 号大礼堂举行中央美术学院成立典礼 （中央美院 供）

开拓新中国美术教育新天地

70 年前，迎着新中国的曙光，中央美术学院正式成立。师生们满怀“艺术为人民服务、为社会主义服务”的信念与情怀，开启新中国美术事业和美术教育事业的新时代。

新中国成立后，中央美术学院获得新生。学校由两支力量合并组成，一支来自徐悲鸿主持的国立北平艺专，另一支是从延安“鲁艺”演变而来的华北大学三部。这两支力量合并成立了中央美术学院，互相学习，共同探讨新中国美术教育的发展道路，为社会主义中国美术教育体制的建设作出重要贡献。担任首任院长的徐悲鸿在学校成立献辞中明确指出办学理念“创造出大众的、科学的、民族的新中国美术”。

中央美术学院精英荟萃，大家云集，形成一支蔚为壮观的师资队伍。在全力为新中国的政治、经济、社会和文化建设服务的同时，积极地探索和建设有正规化的社会主义美术教育体系。从初创走向完备，在党的领导、制度建立、学科设置、教学方法、创作实践、理论研究等方面积累了丰富的经验，奠定中央美术学院在新中国高等美术教育中的引领地位，确立中央美术学院博大深厚的学术传统和学院精神。

1942 年 5 月，延安文艺座谈会全体代表合影 （中央美院 供）

中央美术学院原坐落于北京市王府井校尉胡同5号。图为王府井校区"U"字教学楼 （中央美院 供）

中央美术学院的师生们在新中国成立初期创作一大批振奋人心的艺术杰作。1949年10月1日举行开国大典，中央美术学院的周令钊、陈若菊共同绘制完成了天安门城楼的第一幅毛主席像。1949年中央美院教师以张仃、周令钊为主的设计小组参与中华人民共和国国徽设计。全国政协会徽由张仃、周令钊设计，并于1949年9月在中国人民政治协商会议第一次全体会议上首次正式使用。1949年，周令钊设计中国新民主主义青年团团旗图案。

人民英雄纪念碑浮雕创作，是中国现代雕塑史上一次最重要的活动，代表50年代中国雕塑艺术的最高水平，也是中国革命历史题材创作的里程碑。中央美术学院受命组成美术创作组：画家彦涵、王式廓、董希文、吴作人、王琦等参加人民英雄纪念碑的草图创作，雕塑家刘开渠、滑田友、曾竹韶、王临乙、王丙召、傅天仇参与浮雕创作，完成人民英雄纪念碑的经典之作。

中央美术学院教授罗工柳、周令钊、侯一民、王式廓受命为新中国设计人民币图案，参与新中国第二、三、四套人民币的设计工作，直接将人民形象绘制在国家货币上，体现人民当家作主的国家性质，深受群众喜爱。

在新中国建设时期，延安精神化为中国人民建设和平、繁荣、现代化的新中国的无穷动力，中央美院的艺术家们塑造一批劳动人民群像，反映人民群众健康快乐充满热情的新生活。50年代，中国革命历史博物馆开始筹建，中央美院的油画家们又以极大的创作热情投入大规模的革命历史画的创作，并创作出一大批优秀作品，成为20世纪中国美术的经典。

迈向中国高等美术教育改革发展新征途

40年前，沐浴着改革开放的春风，历经磨难的中央美术学院焕发新的活力，继承中华民族优秀文化传统，学习借鉴世界先进文化成果，开辟与中国社会主义现代化进程相适应的高等美术教育发展的新天地。

1978年，中国进入改革发展新时期，中国文艺界迎来新的春天，中央美术学院肩负起新时期中国社会文化建设和文艺繁荣的重大使命，在实践中努力探索有中国特色的社会主义美术教育道路，开启与中国现代化进程相适应的高等美术教育新阶段。

1979年，中央美院教师袁运生在首都国际机场候机厅绘制大型壁画《泼水节——生命的赞歌》，壁画中描绘三个裸女形象，预示改革开放春天的到来，标志着卸下沉重冬装的中国人民正意气风发地走向现代化。

改革开放后中央美院第一届研究生、本科生的毕业作品，突破"文革"美术的禁锢，开启唯美画风与"生活流"

中央美术学院于2001年迁址花家地新校园，图为新校园全景 （中央美院 供）

绘画的先河，反映新时代的艺术特色与中国形象。同时，美院一批艺术实力雄厚的老、中年美术家经过几年的研究、思考和探索，也先后推出一批力作，其面貌之新、技法之精、内涵之深，标志着中央美院的创作达到一个新的高峰。在现代化的潮流中，中央美院的师生们参与“前进中的中国青年美展”“现代艺术大展”等一系列当代艺术展，涌现出一批具有时代感、现代感的优秀艺术作品；中央美院的艺术家和学者们成为“85 新潮”“新生代”等一系列美术思潮与艺术运动的倡导者与中坚力量。

建设具有鲜明中国特色的世界一流美术学院

20 年前，进入充满机遇与挑战的新世纪，中央美术学院努力审视世界高等美术教育发展的新趋势，充分发挥自身优势，建构多学科、大美术的办学格局，跻身于世界著名高等美术院校之列。

新世纪以来，以锐意进取的精神拓展学科专业，完善学科结构，开展高层次、高质量的美术教育与学术探讨，同时承担大量的国家和社会重大文化艺术任务。2004 年，中央美院经国际奥委会和北京奥委会批准，成立奥运艺术研究中心，中心承担北京 2008 年第 29 届夏季奥林匹克运动会及残奥会有关的视觉形象系统以及奖牌、体育图标等十几个项目的设计和研发。2009 年圆满完成国家重大历史题材创作工程任务。2010 年，中央美院设计团队圆满完成上海世博会主场馆设计，受到党中央、国务院特别嘉奖。中央美院为中国文化的繁荣散发光和热，创作出大量弘扬主旋律、表现社会主义革命历史和现代化建设成就的作品，展示出中国作为一个走向现代化的文明大国在世界舞台上的动人风采和开放态度。

新时代以来，中央美术学院梳理学院文化传统，进行高等美术教育国际比较，建设人才梯队，构建现代大学制度，提出建设具有鲜明中国特色的世界一流美术学院的奋斗目标。中央美术学院现已形成造型艺术、设计艺术、建筑艺术、艺术人文四大学科群交融发展的现代高等美术教育学科体系。

2017 年 9 月，教育部、财政部、国家发展改革委印发《关于公布世界一流大学和一流学科建设高校及建设学科名单的通知》，中央美术学院美术学、设计学两个学科进入一流学科建设名单，是唯一一所两个学科入选“双一流”建设学科的艺术院校。

（中央美术学院）

中央美术学院庆祝建校百年

4 月 1 日，中央美术学院举办百年校庆活动。校庆启动大会上，百名学生朗诵《中央美术学院百年赋》，学校党委书记、校长致辞回顾中央美院百年历程。校庆当日，举办中央美院新建校史馆开馆仪式、《悲鸿生命——徐悲鸿艺术大展》开幕式、《八十七神仙卷》真迹展画仪式。在中央美院美术馆举行捐赠仪式，发布中央美院建校 100 周年金银纪念币、纪念邮票发行仪式。中国文联、教育部、中国美术家协会、国务院台湾事务办公室、市委教育工委、市教委相关领导及部分在京高校代表，学校老领导、校友、学校教职员工、在校学生等参加校庆活动。中央美术学院的前身是 1918 年建立的国立北平艺术专科学校；1949 年，国立北平艺术专科学校与华北大学三部美术系合并成立国立美术学院；1950 年，更名为中央美术学院。

（牟亚利）

（本栏责任编校 张晓兰）

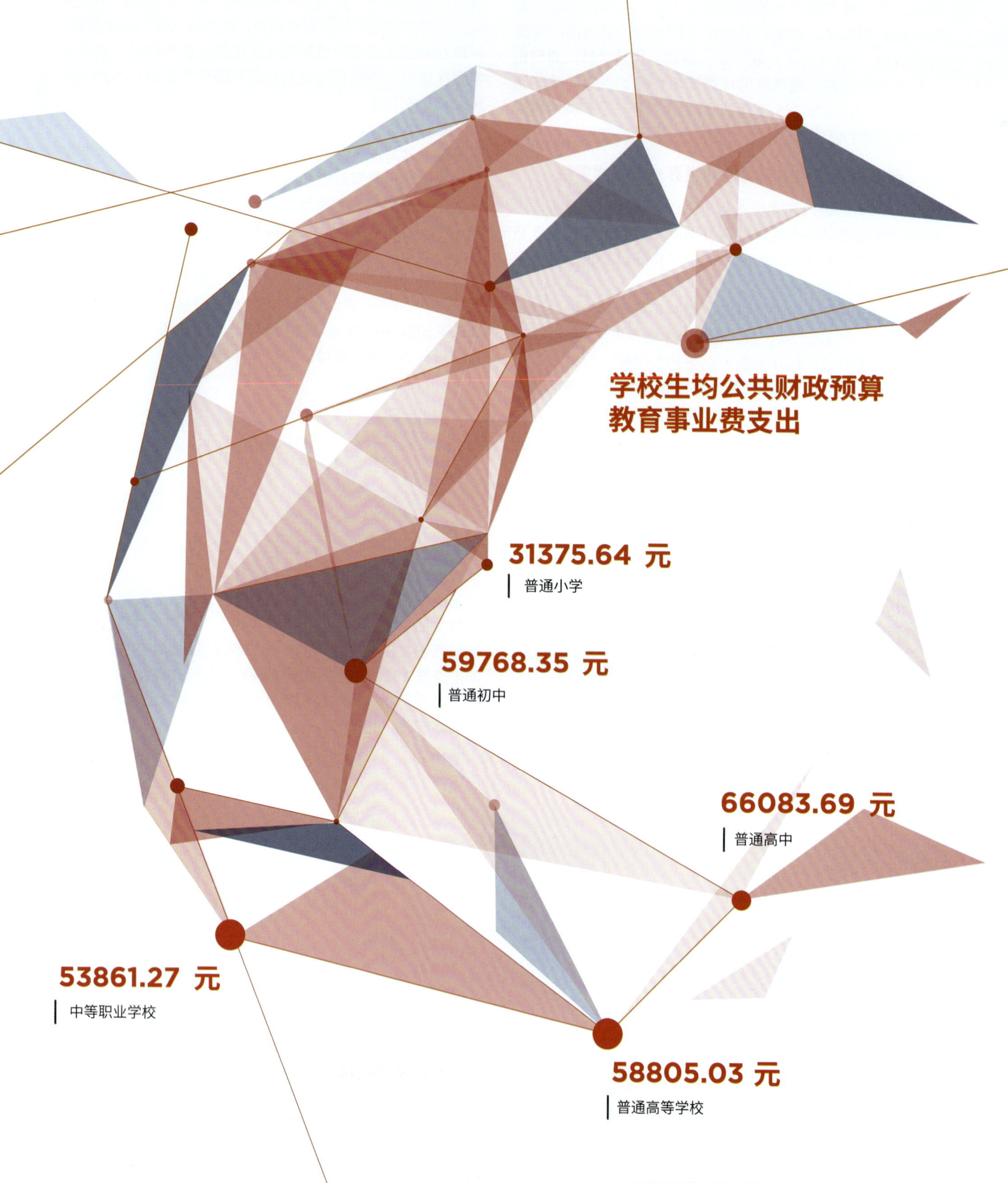
学校生均公共财政预算
教育事业费支出
31375.64 元
普通小学
59768.35 元
普通初中
66083.69 元
普通高中
53861.27 元
中等职业学校
58805.03 元
普通高等学校

2019 | 调研报告

RESEARCH REPORT

北京市 2018 年教育经费执行情况的公告

《中华人民共和国教育法》第五十五条规定："全国各级财政支出总额中教育经费所占比例应当随着国民经济的发展逐步提高"，第五十六条规定："各级人民政府教育财政拨款的增长应当高于财政经常性收入的增长，并使按在校学生人数平均的教育费用逐步增长，保证教师工资和学生人均公用经费逐步增长"。现将 2018 年北京市教育经费执行情况公告如下：

一、教育经费执行总体情况

北京市地方各级政府一般公共预算教育经费（包括教育事业费、基建经费、教育费附加）1020.72 亿元，比上年增长 6.80%。财政部于 2004 年 1 月印发了《关于统一界定地方经常性收入口径的意见》（财预〔2004〕20 号），对财政经常性收入口径做出了界定，按此口径调整 2018 年财政经常性收入 5034.79 亿元，比上年增长 6.72%，一般公共预算教育经费增长比例高于财政经常性收入增长比例 0.08 个百分点。

2018 年北京市一般公共预算支出 7471.43 亿元，一般公共预算教育经费占一般公共预算支出的比例为 13.66%，比上年降低了 0.34 个百分点。

二、各级教育生均一般公共预算教育事业费支出增长情况

2018 年全市幼儿园、普通小学、普通初中、普通高中、中等职业学校、普通高等学校生均一般公共预算教育事业费支出情况是：

（一）全市幼儿园为 36841.48 元，比上年的 32012.80 元增长 15.08%。

（二）全市普通小学为 31375.64 元，比上年的 30016.78 元增长 4.53%。

（三）全市普通初中为 59768.35 元，比上年的 57636.12 元增长 3.70%。

（四）全市普通高中为 66083.69 元，比上年的 61409.06 元增长 7.61%。

（五）全市中等职业学校为 53861.27 元，比上年的 53256.01 元增长 1.14%。

（六）全市普通高等学校为 58805.03 元，比上年的 63805.40 元降低 7.84%。

三、各级教育生均一般公共预算公用经费支出增长情况

2018 年全市幼儿园、普通小学、普通初中、普通高中、中等职业学校、普通高等学校生均一般公共预算公用经费支出情况是：

（一）全市幼儿园为 15488.29 元，比上年的 13159.54 元增长 17.70%。

（二）全市普通小学为 11092.22 元，比上年的 10855.08 元增长 2.18%。

（三）全市普通初中为 21603.57 元，比上年的 21282.49 元增长 1.51%。

（四）全市普通高中为 22721.41 元，比上年的 21677.24 元增长 4.82%。

（五）全市中等职业学校为 21712.91 元，比上年的 25370.60 元降低 14.42%。

（六）全市普通高等学校为 26795.81 元，比上年的 32126.86 元降低 16.59%。

特此公告。

附件：2018 年北京市教育经费执行情况统计表

北京市教育委员会
北京市财政局
北京市统计局
北京市发展和改革委员会
北京市科学技术委员会
2019 年 11 月 8 日

注：

公告中的2018年北京市一般公共预算支出7471.43亿元来源于《北京市2018年决算报告》。

2018年北京市教育经费执行情况统计表

表一 一般公共预算教育经费增长情况

地区	一般公共预算教育经费（亿元）	一般公共预算教育经费占一般公共预算支出的比例（%）	一般公共预算教育经费本年比上年增长（%）	财政经常性收入本年比上年增长（%）	一般公共预算教育经费增长与财政经常性收入增长幅度比较（百分点）
东城区	65.48	26.03	3.00	2.80	0.20
西城区	57.67	13.42	-1.48	-3.90	2.42
朝阳区	96.65	17.16	0.45	0.10	0.35
丰台区	45.20	18.25	23.02	7.50	15.52
石景山区	17.15	13.77	6.57	5.85	0.72
海淀区	115.86	17.57	10.44	10.12	0.32
门头沟区	15.54	14.62	-5.63	3.80	-9.43
房山区	45.54	17.60	18.79	3.23	15.56
通州区	36.80	9.08	4.29	8.03	-3.74
顺义区	42.91	13.62	8.44	6.78	1.66
昌平区	38.39	19.99	10.15	12.62	-2.47
大兴区	42.56	16.37	16.55	5.34	11.21
怀柔区	21.96	14.32	18.09	-2.42	20.51
平谷区	21.79	16.47	6.33	3.17	3.16
密云区	23.36	12.93	13.65	6.00	7.65
延庆区	20.36	14.53	-14.51	3.78	-18.29

表二（1） 各级教育生均一般公共预算教育事业费支出增长情况

单位：元

地区	幼儿园			普通小学			普通初中			普通高中		
	上年	本年	增减（%）	上年	本年	增减（%）	上年	本年	增减（%）	上年	本年	增减（%）
东城区	53051.49	51041.06	-3.79	35563.86	34138.87	-4.01	61001.30	62077.55	1.76	78721.43	79189.02	0.59
西城区	38818.57	41397.74	6.64	21615.61	23086.65	6.81	43913.54	45119.98	2.75	58132.20	78070.22	34.30
朝阳区	25795.22	33182.93	28.64	31065.67	29247.85	-5.85	59690.04	55321.96	-7.32	69549.46	65992.96	-5.11
丰台区	21447.66	27571.80	28.55	22890.62	25675.47	12.17	46916.88	61744.45	31.60	60682.71	62134.10	2.39

续表

地区	幼儿园			普通小学			普通初中			普通高中		
	上年	本年	增减(%)	上年	本年	增减(%)	上年	本年	增减(%)	上年	本年	增减(%)
石景山区	36094.30	42438.08	17.58	28931.69	27835.27	-3.79	55433.19	56263.05	1.50	50641.06	52803.68	4.27
海淀区	36478.14	40167.00	10.11	29766.82	31308.00	5.18	49787.97	52479.64	5.41	54357.97	57841.77	6.41
门头沟区	50494.02	61514.92	21.83	48633.54	40919.76	-15.86	90151.68	71605.87	-20.57	75952.26	59735.95	-21.35
房山区	32955.49	46186.62	40.15	27019.39	29634.66	9.68	63452.15	66836.41	5.33	41239.82	49580.55	20.22
通州区	25855.92	26168.71	1.21	22507.34	23504.22	4.43	53427.06	47688.09	-10.74	68651.74	57236.29	-16.63
顺义区	28366.79	33481.82	18.03	28014.63	33518.71	19.65	61537.34	71213.68	15.72	69404.97	76896.37	10.79
昌平区	38120.20	42154.41	10.58	30697.43	32687.71	6.48	56932.15	58282.51	2.37	58158.15	65662.53	12.90
大兴区	25191.10	29052.65	15.33	26362.80	30469.14	15.58	54108.75	60258.73	11.37	51233.98	55687.85	8.69
怀柔区	38317.97	47097.82	22.91	41638.95	41165.61	-1.14	81959.66	90527.88	10.45	60353.03	74353.01	23.20
平谷区	27930.39	19855.55	-28.91	46422.13	46844.45	0.91	95216.59	91250.02	-4.17	56197.54	56717.38	0.93
密云区	41015.84	46547.30	13.49	31268.39	39084.52	25.00	59077.21	66774.38	13.03	51445.36	56225.02	9.29
延庆区	35396.20	41474.23	17.17	50920.48	55679.51	9.35	80396.88	88311.33	9.84	55644.72	69722.46	25.30

表二（2） 各级教育生均一般公共预算公用经费支出增长情况

单位：元

地区	幼儿园			普通小学			普通初中			普通高中		
	2016 年	2017 年	增减(%)	2016 年	2017 年	增减(%)	2016 年	2017 年	增减(%)	2016 年	2017 年	增减(%)
东城区	16818.24	11674.82	-30.58	12593.41	9067.88	-28.00	22605.17	17466.13	-22.73	25685.57	17225.65	-32.94
西城区	16348.84	17478.36	6.91	7476.37	7942.84	6.24	16534.66	15525.14	-6.11	20850.76	35731.37	71.37
朝阳区	12229.41	20782.81	69.94	11069.46	9568.76	-13.56	24853.39	21286.09	-14.35	30621.88	25894.30	-15.44
丰台区	12331.42	11276.49	-8.55	6703.48	7845.98	17.04	13750.82	25325.74	84.18	23972.06	25593.88	6.77
石景山区	14746.22	20107.19	36.35	6754.78	6762.34	0.11	15792.13	15793.27	0.01	13173.93	13206.52	0.25
海淀区	19857.60	19871.57	0.07	13310.06	13313.79	0.03	20149.36	21063.42	4.54	20826.41	21956.58	5.43
门头沟区	17476.49	29227.90	67.24	22725.34	15562.42	-31.52	43611.14	26736.59	-38.69	41321.55	26682.14	-35.43
房山区	10135.85	18281.62	80.37	7837.09	10505.67	34.05	27223.31	28905.33	6.18	8951.20	14422.30	61.12
通州区	11544.93	11337.93	-1.79	8378.04	9431.77	12.58	25278.45	19374.56	-23.36	35740.59	24636.86	-31.07
顺义区	8853.85	11787.33	33.13	6278.71	7544.69	20.16	16230.33	16270.40	0.25	12184.16	15659.73	28.53
昌平区	17815.94	17868.60	0.30	10128.23	10194.77	0.66	18746.94	18819.53	0.39	22955.74	24138.56	5.15
大兴区	8313.63	9867.42	18.69	8279.80	9606.79	16.03	16226.25	20556.31	26.69	14584.33	15083.71	3.42
怀柔区	10024.63	16989.78	69.48	10686.96	14690.18	37.46	19500.08	34131.47	75.03	14630.68	29378.44	100.80
平谷区	16593.45	9298.40	-43.96	10030.03	10415.76	3.85	21212.43	23807.93	12.24	14062.27	11250.53	-19.99
密云区	17983.16	19036.30	5.86	13250.61	16438.16	24.06	21596.78	25791.86	19.42	20639.54	22962.58	11.26
延庆区	9858.12	10828.79	9.85	17249.29	17285.50	0.21	27074.34	27230.99	0.58	15503.57	22183.98	43.09

北京市 2018 年中小学办学体制机制改革情况督导调研报告

近年来，为促进教育公平，提升教育质量，推进义务教育优质均衡发展，缓解“择校热”问题，在市区两级政府的统筹推进下，全市基础教育综合改革不断深化，在办学模式和管理方式等方面进行积极探索，形成城乡一体化、名校办分校、一贯制学校以及学区制、集团化办学、教育集群、教育联盟、教育协作组（片）、教育资源带等多元、多样态的学校办学和管理模式，涌现出一批鲜活的教育改革典型，在提高教育公共服务水平和提升教育质量方面发挥了重要作用。

市政府教育督导室在 2017 年 11—12 月深入西城、朝阳、丰台、昌平、顺义、怀柔、密云等区实地督导调研的基础上，于 2018 年 4—5 月又深入东城、海淀、石景山、门头沟、通州、大兴等区和燕山地区，对北京市中小学办学体制机制改革情况进行了追踪式深入调研。

督导调研组通过听取各区工作汇报，召开各区相关委办局、教委相关科室、学校校长以及社区代表参加的座谈会，实地走访办学体制机制改革学校等方式，对不同体制机制下办学主体的组织架构、运行模式、管理方式、政策保障、经验成效及存在的困难问题进行深入了解和研判。调研结果显示，北京市中小学办学体制机制改革最突显的成果是“学区制”“集团化办学”“教育集群”等教育治理模式与运行机制的积极探索与实践。现将相关情况报告如下：

一、全市办学体制机制改革基本情况

市区两级统筹推进办学体制机制和教育管理机制改革的探索实践，呈现出多元、多样态的学校办学和管理模式，形成鲜活的教育改革经验，在促进教育公平和提高教育公共服务水平及提升教育质量方面发挥了重要作用。

根据调研统计，截止到 2018 年 6 月底，全市共有名校办分校 265 所、城乡一体化学校 65 所；建立学区 131 个、教育集团 95 个、教育联盟 47 个、教育集群 8 个、九年一贯制学校 141 所、优质教育资源带 7 个。

（一）办学模式和运行机制探索呈现多元化、个性化

办学体制机制改革是在市级扩大优质教育资源、实施“城乡一体化学校建设”和“名校办分校”政策框架下，以各区为主体的探索实践，具有很强的个性化特点。本次调研显示，各区探索实践名称上叫法多样，路径或模式不尽相同。如在学区制管理中，我市共有 11 个区实施学区管理，但各区的学区建制、运行机制各不相同：海淀区的学区制管理定位为一种管理模式，成立“学区管理中心”，且是一级法人单位，相当于增加了一个管理层级；东城、西城、朝阳等区的学区制则体现为行政统领、学区主体、共享共治的管理模式；怀柔、昌平等区的学区则是教育行政部门划定的一定范围内学校的“结伴发展”。

（二）名校示范引领成为扩大优质教育资源的主要途径

市区两级在办学体制机制改革探索实践中，均本着区域教育整体优化提升的原则规划设计改革项目，是基于推进教育公平和提升教育质量而实施的发展策略。主要做法是由教育行政部门通过任务驱动，将一批办学相对困难学校合并到优质校旗下，或办成优质校的分校、或纳入“XX 教育集团”的成员校，最大限度发挥优质资源学校的辐射带动作用。从各区情况看，优质资源学校的示范引领作用在区域范围内基本实现了全覆盖。

（三）资源共享与协同发展成为新常态

在各区体制机制改革过程中，教育发展的资源意识和协同观念日益形成广泛共识。重视资源的挖掘、整合和共享，构建不同范围内的物化资源、品牌资源、人力资源、智力资源、信息资源、社会资源体系，服务学校发展、教师提升和学生成长。几乎所有形式的共同体都有自己的资源清单，由过去单打独斗、各自发展走向共建、共享、共赢的协同

10 月 16 日，丰台区和义学校举办“尚和至美育桃李，明理守义树英才”课堂展示和办学实践研讨活动　　（丰台区教委　供）

发展道路，使资源更加系统化、多样化、特色化。区级主导、区域统筹的管理机制打破了校际间的边界。同时，打开通道、打通壁垒、相融共促的格局在部分区已有显现。

（四）教育开放与社会参与成为教育发展新走势

各区在推进改革实践过程中，注重协同各方力量，进行教育开放与共治的有益探索，教育治理主体更加多元、办学形式更加开放。在实施学区制管理、集团化办学、集群联盟发展的过程中，有意识地吸纳和争取社会力量的参与和支持，教委、学校与街镇社区、驻区单位、家长、相关部门、媒体等社会力量共同组成委员会、理事会或监事会等治理组织，共同谋求学区内、集团内教育的良性发展，搭建了交流反馈、监督评价的开放平台和社会支持体系，在招生入学、资源共享、沟通民意、共商共治方面进行了卓有成效的探索实践。各学区、集团等类似委员会、理事会或监事会等制度和工作机制初步形成了政府宏观管理、学校主体办学、社会多元评价的办学治理雏形。

二、三种典型教育治理模式基本运行样态和实践效果

在各区办学体制机制改革实践中，“学区制”“集团化办学”“教育集群”教育治理模式与运行机制的创新和不断完善，像一股清新的山泉给教育管理体制带来了勃勃生机，成为快速改变办学相对困难学校面貌，扩大优质教育资源，破解“择校热”难题，促进教育公平和推进义务教育优质均衡发展的有效手段。

（一）“学区制”治理模式

“学区制”是由各区根据行政地域或者办学状态，将一定数量的学校划归特定学区，本着优化管理机制、促进资源共享、均衡配置资源、实现共建共享的原则实施的一种区域教育管理模式。据调研统计，目前全市已有 11 个区（分别是东城、西城、朝阳、海淀、石景山、门头沟、大兴、房山、通州、顺义、怀柔）实施学区化管理，共设置 131 个学区。

1.“学区制”治理模式基本样态

全市“学区制”治理模式从管理方式上划分为区级统筹协调下的自主治理模式、行政管理式实体治理模式两种较为典型的模式。

（1）区级统筹协调下的自主治理模式

此种模式由教育行政部门统筹，学区实施内部共建、共治、共享，以东城区最为典型。东城区自 2003 年开始进行学区化管理的改革探索，其自主治理学区模式的组织架构和特点是：按教育资源分布情况将区域划分为八个学区，成立由区教委副处级领导、学区轮值主席、成员校校长、相关直属单位领导、社区、家长、社会单位及专职督学共同组成的学区工作委员会，下设“三委一办”，即学区管理委员会、学区学术委员会、学区评价委员会和学区办公室。“三委一办”负责制定学区发展规划和建立评估发展与责任督学制度，构建教育系统内部各资源单位之间、教育系统内部资源与外部社会资源的共建、共治、共享平台。

（2）行政管理式实体治理模式

此种模式以行政管理区域为依据划分学区，并在教育行政部门和学校之间设立独立的学区管理机构，赋予学区部分行政管理和协调议事职能，以海淀区为代表。海淀区在“学区制”改革中，将学区内所有中小学和幼儿园划定 17 个学区，每个学区都设立具有法人资格的教育治理机构。学区设立学区委员会和学区管理中心，学区委员会是议事机构，秘书处设在学区管理中心。学区委员会委员来自街镇政府、中小学校以及驻区单位，实现多元参与的教育治理。学区管理中心是隶属于海淀区教育行政部门的独立法人机构，下设发展规划部、教育教学部、统筹资源部。此外，学区还成立学区党建工作协作委员会。

2.“学区制”治理模式运行机制与特色

一是学区内打破围墙界限，建立资源共享机制。构建课程教材、设施设备、人力资源共享平台；创新教育供给制度，以学区为单元配备高端实验室、学生运动中心、营养配餐中心，融合多方资源，以“学区制”下的区域教育供给替代和优化以往的“单一学校教育供给”。

二是均衡配比优质小学、初中和高中教育资源，形成学区内稳固的以对口直升和九年一贯制为主要方式的义务教育免试就近入学机制，实现了适龄儿童少年就近进入优质学校学习的历史性转变。

三是构建政府主导、学区统筹、社会参与、学校共建的治理体制，实现由区域统一管理到学区分类管理和多元主体的变革，以此调动各方积极性，优化管理流程，提高管理效能，解决相关教育政策“最后一公里”精细化、精准化落地问题。

四是加大政府统筹、协调、保障力度，区发展改革委、财政局、人力社保局、编办等各相关部门从编制、资金投入、评优评先、奖励保障等方面给予政策倾斜。

3.“学区制”治理模式改革初步成果

“学区制”治理模式的改革创新，为学校发展注入活力，在实践探索中逐渐走向成熟，取得了丰硕的改革成果，人民群众已经享受到综合改革带来的“红利”。

（1）打破资源壁垒，盘活资源存量，实现了学区内物质资源、课程资源、人力资源、社会资源的共建共享，同时提高了教育资源的使用效益。

（2）搭建了区域各学段教育沟通交流的平台，构建各学段有机衔接和贯通的人才培养新模式。

（3）加强了教师之间的沟通交流，跨校教研、轮岗交流提升了教师的智慧水平，促进了干部教师队伍专业化发展。

（4）加强了教育与社区和社会的沟通联系，使教育主体多元化，有利于调动各方面的积极性，构建全社会共同关心教育的良好环境。

（5）加强了校际之间的沟通联系，优质资源校发挥辐射带动作用，帮扶、带动了周边学校和办学相对困难学校的发展，促进了区域教育质量的整体提升，实现了共同发展。

4.“学区制”治理模式存在的主要问题

（1）“学区制”改革推进缺乏配套的制度保障。相对学区内各学校协同发展需求，学区内编制调配管理、绩效奖励激励、经费使用、考核评价等长效制度机制保障跟进不够。

（2）学区管理职能功能定位有待进一步清晰。学区管理委员会兼有行政管理属性和自治服务属性，需要进一步协调好与教委行政科室的权责边界，更好地服务学校办学。

(3) 学区布局有待进一步科学规划。各区主要根据行政地域或者办学状态来划分学区。学区的划分与街镇、入学划片不完全重合，给招生入学带来实际困难。

(二)“集团化办学”治理模式

“集团化办学”是为了实现区域内教育高水平均衡发展，以一所或几所优质校为核心，依据共同的办学理念组建学校发展共同体，在资源共享的基础上，集团内优质教育资源发挥辐射引领作用，带动其他成员校实现共同发展的一种办学模式和组织管理模式。

目前全市实施“集团化办学”的有10个区，成立教育集团95个，涉及成员校756所，“集团化办学”覆盖率达50%。与此同时，跨省的教育集团有5个，跨区的教育集团有4个。

1.“集团化办学”治理模式基本样态

依据“集团化办学”治理方式和运行模式划分，“集团化办学”组织架构可分为一个法人一体化管理、多个法人联合管理和混合式管理三种类型。

(1) 一个法人一体化管理

集团内部优质校校长为唯一法人，各分校由执行校长负责管理，集团内部有统一的教育理念和管理制度。其特点是“多址办学，统筹管理”。如海淀区人大附小教育集团，是一所拥有五个校区一个法人的教育集团，在集团先进教育理念的引领下，各分校都获得了长足的发展。

其中人大附小京西校区的发展变化令人瞩目。人大附小京西校区隶属于门头沟区，该学校作为市教委主导的城乡一体化建设项目，于2013年9月加入人大附小教育集团，冠名为人大附小京西分校。人大附小与门头沟京西分校，在管理上实行“一个法人一体化管理”，并派出干部担任该校区执行校长、副校长和教学干部。在教材使用、课程设置、作息时间、教师教研、教师培训、学生活动等方面全部与主校区保持一致，做到了“学校管理、办学理念、师资配备、教师发展、学生培养”五个一体化，实现了一体化实质性办学。主校区有专业技能特长的专任教师，每周到京西走校上课，京西校区的新教师由主校区负责招聘，培训一年后回京西任教。五年来，主校区共派往京西校区45位教师执教，京西校区共有27位教师到主校区进行过为期至少一年的培训，这种密集的、深入的、持续的教师培训交流互动活动，使教师之间深度融合，人大附小的“创造适合于儿童发展的教育环境”的办学指导思想，“七彩教育”“四声课堂”的办学理念，已经融入京西校区的课堂文化和每一位教师的行为当中。

(2) 多个法人联合管理

集团内部以优质校为主体，各成员学校均为独立法人。优质校主要输出先进教育理念、优秀管理人员和管理体制，帮扶其他学校。比较典型的是首都师大附中教育集团。

首师大附中教育集团内有门头沟区永定分校、首师大附中第一分校（原育强中学)、大兴南校区、大兴北校区、昌平学校、首师大二附中和通州校区七个分校。这七个分校均是独立法人单位，独立办学。

首都师大附中在集团建设中，发挥龙头校的统领辐射作用，在办学理念、课程体系、教研培训、管理模式等方面与成员校实现深度融合，给予真诚的传帮带。同时重视强化各成员校自身的“造血”机能，提出“资源共享、集中优势、保留特色、科学整合、协同创新、优质发展”的六条基本原则，使成员校走上了“扩优”“创优”最后达到共同实现“双优”的发展之路。

首师大附中永定分校是一所完全中学，2007年加入首师大附中教育集团，更名为“首师大附中永定分校”，2014年跻身北京市优质中学行列。2015年成为北京市初中开放性科学实践活动资源单位，先后成功申报北京市金帆书画院、北京市地球科学开放式重点实验室。2015年本科上线率达到90%，经过几年的发展，一所普通农村初中实现了跨越式发展。此外，在发展过程中还形成了自己的特色，依托地域地质资源，以地球科学为核心的创新课程已经成为永定分校的品牌，每年都有学生入选北京市“翱翔计划”，成为正式学员。

(3) 混合式管理

混合式管理是一种不同区域间学校与学校的共同发展模式。此类教育集团兼具一个法人一体化管理和多个法人联合管理的特征，两者相互嵌套，共同组合成教育集团。典型代表是北京小学教育集团。

北京小学教育集团由五所小学、一所幼儿园组成。包括与北京小学一个法人一体化管理的广外分校，独立法人建制的北京小学走读部、北京小学红山分校、北京小学天宁寺分校、北京小学红山幼儿园。

北京小学作为该集团的龙头校，在推进集团化建设中，积极创新管理机制，探索“集团化办学”的有效策略，注重从三个方面发挥总校的引领、带动作用。一是文化引领。集团研究制定了《北京小学教育集团文化建设纲要》，定期编印《北京小学教育集团报》。总校对分校不是简单的发号施令和一般性地传播经验，更注重的是先进教育理念、教育文化的根植和组织的重构。这种引领是深层次的，是“授人以渔”。二是队伍培养。集团高度重视教师队伍建设，尤其重视各分校教师队伍自身“造血”机能的建设。采取派遣管理、顶岗教学、互换交流等方式，加强各分校教师队伍建设。总校先后向分校派出干部教师30多人，各分校受培训教师达300余人，提升队伍的“造血”功能。三是两课建设，即课程与课堂建设。集团积极推广移植北京小学的课程文化精髓“四季课程”，且不是简单的复制，各校可根据自身实际创新发展，崇尚的是“同中有异，创新发展”。在课堂文化建设上，集团倡导北京小学多年形成的“实与活”的课堂文化价值追求，既有统一的教学思想、教学评价、教学研究，又鼓励教师大胆创新，形成自己的教学特色和教学风格，调动激发教师专业成长的内驱力，提升课堂教学水平，使教育公平真正发生在课堂。

2.“集团化办学”治理模式运行机制与特色

(1)“集团化办学”同时兼有行政授权治理和法人学校自治的性质。“集团化办学”的运行机制，既不同于行政管理严格的层级组织，也不同于松散的民间自治组织，而是具有多元综合治理的特性，调动了各方面的积极性。

（2）“集团化办学”突出以强带弱，实现优质教育品牌资源快速输出和扩大。其主要特征是通过优质学校的办学理念、文化传承、管理方式的输出，整体提升集团成员学校的办学品质和教育教学质量。

3.“集团化办学”治理模式改革初步成果

通过“集团化办学”，使薄弱学校与优质资源输出校之间实现了在课程资源和人力资源上的共享，推动了学生活动的交流与融通，促成了学校文化的相互传递与影响，有效提升了薄弱学校的办学水平和社会声誉。

（1）“集团化办学”中的办学相对困难学校或新建校能够快速享有优质资源，并在优质资源的辐射带动下改变面貌，实现快速发展。

（2）扩大了优质教育资源覆盖面，实现学校间的深度合作与融合，缩小了校际间差距，带动了一批学校办学质量快速提升，促进和推动了义务教育的公平和均衡，有效缓解了择校矛盾。

（3）提高了优质资源辐射效率，加快了优质教育资源增值速度和教师专业成长速度，同时缩短了学校提升发展的周期和教师专业发展的周期，促进了教师的专业成长。

（4）为学生搭建了更广阔的成长空间和发展平台，促进了集团内全体学生全面而有个性地发展。

4.“集团化办学”治理模式存在的主要问题

（1）集团化办学制度机制保障有待进一步跟进。在集团化发展过程中，教师编制配置难以随着集团规模的扩大而增加，成为妨碍集团内教师交流的主要障碍。同时，在办学模式、运行机制、法人设置、治理结构等方面，存在着行政授权不清晰、管理模式不统一、运行机制不规范、干部岗位设置不科学、绩效工资不统一等问题，影响了集团化办学的积极性和活力。

（2）存在同质化和品牌稀释的风险。集团化办学过程中如果不能有效地从整体上制定集团发展规划，就容易把风格不同的几个学校，变成风格同一的一所学校，泯灭了其他学校的个性和特色。另外，名校的优质教育资源特别是优秀师资是有限的，如果优质校办的分校过多，过度输出会影响本校发展，使优质教育资源被稀释。

（3）优质校的办学理念和经验的“校本化”程度有待进一步提高。通常集团化办学，都是优质资源校为龙头带动普通校或基础薄弱校发展，由于学校间发展水平差异较大，这种引领和带动，绝不是简单的复制、照搬。普通校和薄弱校要结合自身的实际，将名校的理念经验校本化，找到适合自己发展的路径，借力实现“造血”，才能真正促进学校的发展。

（三）“教育集群”治理模式

“教育集群”治理模式，是由教委主导，优质中学牵头，将一个区域内的各级各类教育资源组合在一起，由多个法人单位共同负责，形成“1+N”的区域教育共同体，共同推动区域教育发展的治理模式。此种模式是丰台区独具特色的改革探索。为统筹教育资源，促进义务教育优质均衡发展，丰台区自2010年开始，探索实践“政府主导、学校协同、资源共享、特色衔接、共同发展”的“教育集群”治理模式。目前已形成了方庄、东高地、南站、科技园区、丰台镇、卢沟桥、长辛店、云岗八大“教育集群”，覆盖丰台区所有的教育机构和管辖区域。

1.“教育集群”治理模式的基本样态

丰台区成立了“教育集群建设工作领导小组”，负责统筹协调教育集群建设工作的整体推进。各“教育集群”均成立“教育集群发展委员（理事）会”，下设“教育集群发展委员（理事）会办公室”，各“教育集群”可根据自身情况设置“教师发展中心”“课程供给中心”等非实体性机构。

方庄“教育集群”发展建设更具有典型意义。方庄“教育集群”成立于2010年5月，以北京市第十八中学为龙头，其余成员涵盖高中、初中、小学、幼儿园、职业学校、民办教育机构、社区学院和校外培训机构，每个成员单位都是独立法人，总计27家教育机构。集群内部由成员大会选举“方庄教育集群”理事会、监事会，下设“一处、二部、三中心”即秘书处，资源部、联络部，课程研发中心、教师发展中心、测评中心，以及集群云平台的支撑平台。

2.“教育集群”治理模式运行机制与特色

“教育集群”一方面具有“学区制”治理模式的区域管理特色，但又区别于东城区以区域治理为主的“学区制”的“自主管理”和海淀区的“行政管理”；另一方面兼有“集团化办学”治理模式的组织特征，但不等同于“集团化办学”。“集团化办学”治理的重点在教育内部，而“教育集群”治理模式，既要承担横向“区域教育与社区教育的融合”，又要承担纵向“集群内部教育自身的发展任务”。

一是建立资源深度融合共享机制。突破校际间、学段间、不同类型和不同体制教育机构之间的壁垒，借助于互联网、云平台信息技术手段，将集群内各类教育的物质、课程、师资、制度等方面的资源整合，实现成员间的共享。

二是建设中小幼贯通培养机制。建设贯通的课程体系，既有跨类型、跨学科的横向贯通开发，又有跨学段、跨层次的纵向衔接开发，形成纵横融通、立体式、全面整合的集群课程体系。同时构建升学直通通道，集群内通过特色衔接推进十二年、十五年制教育体系建设，确保学生能够在集群内享受从幼儿园到高中的一条龙优质教育服务。

三是完善集群成员差异化成长机制。主张“差异是宝贵的资源”“学校不应该有好坏之分”，集群注重挖掘每所成员校的特色和优势，让每所学校都有自己的声音，集群设立“种子项目”，采取多种措施推进差异化建设，激发内生成长动力。

四是探索开放、民主、多元的治理机制。集群构建起多元主体理性参与的区域教育治理体系，集群理事会和监事会成员包括区教委、街道办事处、集群校校长、社区代表、家长代表、教师代表和方庄地区公安、司法、消防、居委会、社会团体等机构。社会各界人士的广泛参与，使集群的管理主体多元化，调动了社会各界的积极性，加强了集群与社区的互动，形成了社区参与教育、支持教育、教育辐射社区的良好生态环境。

3.“教育集群”治理模式改革初步成果

“教育集群”强化校际之间的平等战略伙伴关系，成员校都是优势资源输出的主体，强调共建共享自主发展。在教育观念、教师队伍、教育资源、发展策略和生源调剂等方面建立共同体发展的载体和平台，得到社会各界的广泛认可。

(1) 创新教育资源的整合方式和供给方式，实现了区域内教育机构的硬件、师资、课程、管理模式等各类资源的深度整合、广泛共享和资源的集约化利用。

(2) 打通了各学段之间的羁绊，初步构建横向贯通、纵向衔接、纵横融通的课程体系和中小幼相互衔接的贯通培养体系。方庄教育集群内各级各类学校学生可根据自己的兴趣，在职业学校、专业学校、普通学校跨校选择课程，实现“走校制”，集群中的社团达到223个，参加学生达到6000多人次。丰富的贯通式课程体系和多样化的教育供给，为学生的健康成长和个性发展提供了丰厚的营养及广阔的舞台。

(3) 发挥了高中示范校和优质资源校的辐射带动作用，加强了学校之间的合作与交流，通过强弱联合、相互融通、优势互补，提升了各级各类学校的办学水平，促进了区域教育水平的整体提升。

(4) 形成了多样性的教育生态系统。“教育集群”尊重所有成员单位的既有存在，其成员的法人地位不变、办学性质不变、办学特色不变，让每个因子在自己的“生态位”上发展。鼓励良性竞争，倡导互相尊重，共赢共生，强化集群生态优化。“教育集群”从最初的“抱团取暖”、资源共享，发展成为以融通各个学段、改变区域教育结构为主要任务的现代化区域教育共同体。

4.“教育集群”治理模式存在的主要问题

(1) 集群制治理模式是区域教育治理结构的重要改革和创新，在经费投入、学校建设、招生制度改革、区域教师流动、干部教师队伍奖励激励等方面的匹配政策保障需要进一步及时跟进。

(2) 集群龙头校负担过重。集群都是由优质学校牵头组建发展，龙头校长不仅要管理好自己的学校，还要承担大量的集群管理责任，负担繁重，如十八中自身已是一校五址，校长除要管理本学校，还要承担整个集群的管理事务。集群牵头校校长负担过重问题需要合理解决，以保证集群的健康发展。

三、普遍存在的主要问题

（一）在办学体制机制改革推进过程中，多数区缺乏制度保障，尚未形成人事编制、经费投入、考核评价等长效机制；个别区的“学区制”存在管理功能定位不清，与教育行政部门职责边界较难划分和对接的问题；个别区存在一个学区既有城镇地区，又有平原地区和山区，由于“地缘”上的差距，导致学区内管理成本和时间成本较高，“学区制”运行效率和治理效果不明显。

（二）在“集团化办学”发展过程中，部分教育集团管理层尚未从整体上制定集团发展长远规划，形式上将风格不同、文化背景不同的几个学校，变成风格同一的一所学校，泯灭了其他学校的个性和特色，存在“同质化”风险问题；有些区域引入的品牌学校过“泛”而又无实质性改变（翻牌或挂牌学校过多），存在品牌贬值和品牌稀释倾向；教师编制配置难以随着集团规模的扩大而增加，成为影响集团内教师交流的主要障碍。

（三）办学体制机制改革推进过程中，多为行政任务推动，学区制、教育集团、教育集群等模式多为地缘性组织，由于思想认识和管理水平的差异，各单位对共同愿景理解存在差距，影响改革探索的有效推进；对于设立统筹协调、服务指导职能机构或组织的改革探索，在一定程度上存在功能定位模糊交叉、权责不清的现象。

四、工作建议

（一）加强顶层设计。进一步学习贯彻《中共中央办公厅、国务院办公厅关于深化教育体制机制改革的意见》，加强顶层设计，与“放管服”有机结合，积极构建政府、学校、社会之间的新型关系。

（二）加大统筹力度。积极推进市教委印发的“学区制”改革和“集团化办学”改革两个指导意见的落实，积极协调市政府相关委办局为“学区制”“集团化办学”等治理模式改革提供必要的物质资源、人力资源、制度资源支持，同时加强督导评估、激励奖励等长效机制的建设，特别是研究建立优质资源校输出补偿机制和激励机制，确保改革的深入推进。

（三）鼓励基层创新。坚持制度设计与基层探索相结合，给基层更多的探索空间和实践平台，增强学校办学活力，积极探索现代学校治理体系建设和现代学校制度建设。

（市政府教育督导室）

北京市2016—2018年市属高等学校师德与学风建设情况督导调研报告

为深入贯彻习近平总书记关于高校教师队伍建设系列重要讲话精神，认真落实全国和北京高校思想政治工作会议要求，推动中共中央国务院《关于全面深化新时代教师队伍建设改革的意见》、教育部《关于建立健全高校师德建设长效机制的意见》《关于切实加强和改进高等学校学风建设的实施意见》和北京市有关文件的贯彻实施，引导市属高等学校师德与学风建设常态化、长效化，市政府教育督导室联合市委教育工委、市教委于2016年启动北京市属高等学校师德与学风建设督导调研工作。从2016年起，历时3年，组织完成对北京工业大学等24所市属高等学校师德与学风建设情况的专项督导调研。

此次督导调研以教育部和北京市高校师德与学风建设相关文件为依据，围绕高校师德与学风建设核心内容，重点关注师德建设7个方面和学风建设8个方面，在各高校全面自查基础上，督导调研组深入每所学校进行实地调研。调研采取听取学校领导工作汇报、召开教师座谈会、查阅档案材料、组织教师和学生问卷调查等方式，24 所学校干部、辅导员、中青年骨干教师、思政课教师和专业教师代表 300 余人参加座谈会，近 300 名教师和 3000 余名学生参与问卷调查。

督导调研中共发放学生问卷 3000 份，收回有效问卷 2852 份。问卷结果统计分析显示：90% 的学生认为学校师德状况整体较好，92% 的学生认为身边教师能够以身作则，注重通过良好的品行言传身教影响学生，83% 的学生认为身边教师能够公平对待每个学生，表明市属高校学生对学校教师师德普遍认可。学风建设情况问卷结果统计分析显示，80% 的学生认为周围老师、同学没有学术不端行为，80% 的学生认为学校学风状况整体较好，表明市属高校学生基本认可学校学风状况，学风建设总体情况良好。

督导调研中共发放教师问卷 288 份，收回有效问卷 288 份。问卷结果统计分析显示：57% 的教师对目前学校师德师风整体状况非常满意，42% 的教师满意；97% 的教师认为学校近年来师德师风整体情况向好；49% 的教师觉得相比教育教学、科研而言，学校更加重视师德建设，50% 的教师认为同等重视；对于造成教师师德失范原因分析，85% 的教师认为是社会功利思想、不良风气影响，40% 的教师认为是师德考评体系不够完善，31% 的教师认为是对师德模范典型宣传、表彰、奖励不够；对于学校应从哪些方面加强师德建设工作，49% 的教师认为应加强制度建设，48% 的教师认为应加强教育培训，46% 的教师认为应加强考核评价。表明高校教师对于目前学校师德建设情况基本认同。督导调研组专门召开调研情况研讨会，认真总结 3 年来各高校在师德与学风建设工作中的典型经验和有效做法，分析存在问题，形成专题督导调研报告。

从督导调研的总体情况看，北京市高等学校认真落实教育部和北京市师德建设相关文件精神，高度重视师德与学风建设，把师德与学风建设作为学校全局性、长期性、紧迫性工作，作为学校内涵建设的重要内容和重要保证常抓不懈；注重顶层设计，落实主体责任，健全制度体系，营造宣传氛围，突出教育实效；探索建立师德建设长效机制，注重以师德建设引领学风建设，以学风建设涵育师德建设，引导广大教师以德立身、以德立学、以德施教、以德育德，形成师德师风良好、学术风气端正的良好氛围，为学校教育改革发展和高素质人才培养起到积极促进作用。

一、师德与学风建设的主要措施与成效

（一）坚持党委领导，全面完善师德与学风建设的体制机制，构建党政齐抓共管的工作格局

1. 坚持党委领导，加强师德与学风建设顶层设计

坚持党委对师德学风建设的统一领导，将师德建设摆在教师队伍建设首位。各高校根据全国和北京市高校思想政治工作会议精神，进一步明确师德与学风建设根本任务，学校将师德建设纳入党委重要议事日程，纳入到学校办学治校的根本制度中。各市属学校《章程》对教师的师德规范从思想层面、学术层面、法律层面、作风层面都提出根本性要求；各学校《十三五发展规划》对学校师德建设提出总体目标和努力方向，党代会均对新时期教师队伍建设提出新的目标和期望。

2. 健全师德与学风建设组织保障

各校均成立师德建设工作领导小组（委员会）和学风建设委员会（学术委员会），负责全校师德与学风建设总体规划、政策制定、组织实施、检查指导等工作，明确学校主要领导为第一责任人，推动师德与学风建设形成全方位工作合力。各校制定并实施《关于进一步加强学校思想政治工作的实施意见》，24 所市属高校均已成立教师工作部，更加有利于统筹推进学校师德与学风建设工作。

3. 构建师德与学风建设的协同机制

学校师德建设委员会、学风建设领导小组与各成员单位密切合作，把师德与学风建设工作与日常工作结合起来，责任明确，任务清晰。着力构建师德与学风建设党政齐抓共管、院系具体落实、教师自我约束的领导体制和工作机制。

（二）重视制度建设，完善制度体系，推动师德与学风建设规范化发展

制度建设是建立健全师德与学风建设长效机制的重要保障。各高校将制度建设放在工作首位，围绕师德与

9 月 10 日，警察学院开展“弘扬高尚师德 潜心立德树人”主题演讲比赛（警察学院 供）

学风建设核心，结合学校实际，不断完善和修订师德、学风建设实施办法、考核标准、监督体系等制度文件。制定《加强和改进师德建设的实施意见》《师德建设长效机制的实施办法》（《实施细则》）《学术规范管理办法》《学术不端行为处理办法》等各项规章制度，形成较为完善的制度体系，对学校人才引进与培养、教师管理、教师培训等方面作出明确规定，推动师德与学风建设相关教育、宣传、考核、监督、奖惩等制度的规范化建设，引导广大教师自觉坚守师德规范，坚守学术诚信和学术纪律。制度体系的不断加强，能有效地保障学校师德与学风建设的顺利开展，为塑造教师良好的师德规范、培育优良学风奠定坚实基础，营造优良的氛围。

首都经济贸易大学建立较为完善的师德与学风建设工作制度，先后制定《关于建立健全师德建设长效机制的实施意见》《师德建设工作任务分解》《学风建设实施细则》《学术规范管理办法》等制度文件。北方工业大学近年来出台有关师德建设的文件 10 余个，主要包括《教师师德规范》《关于进一步加强学风建设的若干意见》《教师教学工作基本规范》《关于加强学术道德规范建设的办法》《师德建设长效机制实施办法》等，很好地推动学校师德与学风建设的规范化发展。

（三）创新教育方式，坚持正确方向，加强师德宣传，把培育良好师德学风作为校园文化建设的重要内容

各高校在全面从严治党、从严治校的新形势、新要求下，师德与学风建设工作坚持正确的政治方向，坚持正确的价值引领，坚持宣传教育多样化和常态化。师德建设注重以社会主义核心价值观作为基本遵循，以立德树人作为出发点和立足点，注重师德与学风建设的宣传引领，坚持师德宣传阵地化、规范化、常态化，将师德宣传作为全校宣传思想工作的重要组成部分，并纳入年度工作计划和校园文化规划，不断浓厚弘扬师德师风的舆论环境，学校优秀教师的精神风貌不断呈现。各高校还将师德与学风建设内容融入教师专题培训、教学科研、社会实践、挂职锻炼等各项工作中，引导广大教师以德立身、以德立学、以德施教，在教师中形成风清气正、互学互鉴、积极向上的良好氛围。

北京石油化工学院坚持讲好“校园师生故事”，积极把热爱教育事业、热爱学生、善于在教学中开展课程德育的教师、师德高尚的教师、教书育人成绩突出的教师树立为全校教师学习的典型，传递师德建设的正能量，增强教师的职业荣誉感和自豪感，营造积极向上的校园文化氛围。首都医科大学坚持开展聆听校长“第一课”、参观校史馆“第一站”等新教工入职教育培训，举办以“敬德修业，身教育人”为主题的“双天职”教育活动，开展“以身立教，师者容止”教师风采系列主题教育。北京印刷学院通过对红色印刷史、红色出版史的充分挖掘，增强广大师生的文化自信，引领师德与学风建设。北京电影学院围绕电影人才培养核心任务，探索建立“经史并重”“经实共举”“经人相倚”的“三经教育”模式，丰富师德建设内容。

（四）建立评优机制，以榜样的力量激发教师师德建设自觉性

各高校在师德与学风建设推进过程中，不断完善评优奖励机制，定期评选师德先进，树立师德与学风典型，塑造良好教师形象，重在引导广大教师在教育、教学、管理、服务过程中，增强自身师德建设的主动性和自觉性，增强职业自尊，珍惜教师荣誉。在各项评优评先活动中，将师德与学风表现作为首要评选条件，评优评先程序坚持自下而上，注重师生的参与率，评选过程将看得见、摸得着、可学习、可借鉴的人和事鲜活地展现在师生面前，充分发挥模范典型的示范引领作用。各高校不断完善教师自主发展机制，注重激发教师自律意识和提升自我修养的主动意识，引导教师充分认识肩负的使命和责任，明确发展目标，通过自主学习、自我改进将师德与学风规范转化为内在信念和自觉行动，促进教师自觉提升师德境界、恪守学术道德。

首都体育学院在教师晋职晋级制度中，明确规定全国师德标兵破格可聘任为副教授，北京市师德先进晋升时优先考虑，起到积极的政策引导作用。中国戏曲学院将国戏大师的优秀思想和品德事迹编辑成师德教材，大力弘扬大师精神，树立名师榜样，有效促进学校师德与学风建设。北京经济管理职业学院定期开展“师德先进个人”“优秀教育工作者”“优秀共产党员”“教学质量优秀奖”等评选活动，积极选拔推荐“北京市师德标兵和师德先进个人”，在表彰、人才引进、晋升、聘用等方面优先考虑师德表现突出的教师。

（五）完善师德考核监督，实行“师德一票否决”，强化对师德与学风建设的刚性约束

各高校着力构建师德与学风建设监督考核体系，不断完善师德学风建设监督考核机制，建立教育行政部门与监督部门共同组织，教师、学生、家长和社会多方参与的师德与学风监督体系，有效监督师德失范和违反学术道德的行为。各高校建立督导专家评教、学生网上评教、教师个人自评等多种形式的师德考核监督体系，学生评教参与率达到 90%；开展本科生和研究生论文抽查工作，杜绝学生学术造假行为；加强研究生导师责任制管理，对学生学位论文抽检出现问题的学生导师在考核、评优等方面予以相应处理。

首都师范大学近几年严肃查处几名师德失范的教师，在全体教师中树立制度权威，形成守纪律、讲规矩、知敬畏、明底线、存戒惧、尚师德的良好态势。北京农学院坚持不懈狠抓学术规范问题，对学校本科生和研究生毕业论文全部进行查重，规定本科生论文查重率不得高于 25%、硕士论文查重率不得高于 15%，在校内建立良好的学术风气。

（六）注重教师专业发展，维护教师权益，提升教师获得感和幸福感

各市属高校注重教师专业发展，以提高业务能力，促进师德建设。各高校组织开展青年教师教学基本功大赛等，充分发挥青年教师联谊会团结和联系广大青年教师的纽带作用，引导青年教师通过学术交流、社会实践促进师德养成。通过健全教师权益保障体系，拓宽教师参与治校治学渠道，

积极发挥教代会、学术委员会职能，通过领导接待日、座谈交流等形式，积极听取广大教师的意见建议，在干部选拔任用、专业技术职务评聘、学术评价和各种评优选拔活动中，充分保障教师的知情权、参与权、表达权、申诉权、监督权，落实教师在高校办学中的主体地位，关注教师发展诉求和价值愿望，关心教师切身利益，提高教师福利待遇，不断改善教师的学习、生活、工作条件，为教师教书育人、自身发展搭设多元的平台，努力使广大教师有更多的获得感、幸福感，促使教师自觉遵守师德规范，自觉捍卫职业尊严。

二、师德与学风建设存在的主要问题及原因分析

（一）师德与学风建设的工作统筹有待加强

目前各高校师德与学风建设领导机制和组织体系中，高效顺畅的工作运行机制尚未完全形成。一是在学校层面，牵头主责部门不尽相同，导致对师德建设工作的统筹领导力度不够，工作职责和工作重点不明确；部门间联动机制、资源整合力度不够，存在师德与学风建设工作开展状况参差不齐、实效性有待增强的问题；师德建设工作主责部门有待进一步明确。二是在二级学院层面，各高校在师德与学风建设工作中缺乏对二级学院的科学指导和工作检查；二级学院在制度建设、人员和资金方面投入不足，导致二级学院师德与学风建设责任虚化，积极性和主动性不够，针对性不强、创新性不足；个别学院在师德建设工作中说起来重要、做起来次要、忙起来不要的现象依然存在，影响师德与学风建设长效机制的良性运转。

（二）师德考核、评价、激励机制有待完善

师德与学风建设考核本身具有很大的挑战性，其科学性、客观性、可操作性需要在实践中不懈探索。一是师德考核工作统筹不够，多头管理，分散在人事和教学等考核中进行。科研考核容易量化成刚性要求，教学和师德考核易被弱化。二是高校建立科学有效的师德与学风建设量化评价标准难度较大。目前各高校师德考核多以定性为主，师德考评指标弹性大，缺少完整的定量考评体系，评价指标落实落细不够，操作性不强，缺乏具体实施细则，师德考核制度操作性有待提高。三是如何依法依规处理违反师德行为的教师，是当前不少学校面临的难题。特别是对于师德“一票否决”的调查取证、结果认定等程序，在相关制度中需要进一步明确，对于教师权益维护也需进一步给予制度保障。

（三）师德与学风建设的宣传与教育力度有待加强，教师职业的崇高荣誉感、使命感有待进一步增强

师德与学风建设的宣传教育计划性、系统性不强，针对性、实效性有待进一步提高。部分高校师德建设宣传教育的内涵挖掘提炼不足，宣传教育“两张皮”，为活动而活动的现象仍然存在，宣传教育工作尚未落实到全体教师和学生。学校重教学重科研、轻教师思想政治工作的现象仍然存在，教师对师德与学风建设要求的学习不重视、认识不明确、行为规范理解不到位等问题仍然存在，学校缺乏更加行之有效的教育措施。

三、加强师德与学风建设工作的建议

（一）强化组织领导，加大师德与学风建设的统筹力度

市级层面要进一步加强对全市高校师德建设的统一领导，进一步明确市属高校师德建设的牵头部门，指导和监督学校做好师德建设工作。各高校要进一步明确师德建设各相关部门职责，保证部门之间既分工明确，又相互配合，合力将学校师德建设抓出实效。把师德建设纳入重要议事日程，通过学校章程、规划和年度计划的制定实施，党政齐抓共管，部门联动协同，推动各项工作举措落实到位。

（二）搭建拓展学习宣传的平台和载体，发挥典型引领作用

各高校要结合学校办学理念、办学目标，总结固化师德建设已取得的经验成果，逐步打造与学校发展相契合、具有学校自身特色的师德建设体系。深度挖掘学校师德榜样，加强正面激励引导，通过宣传师德先进个人和典型，构建分层次、多类型的师德展示平台，提升教师获得感、职业荣誉感和教书育人的自觉性，提升宣传效果，营造浓厚师德文化氛围。加强各高校间师德建设经验交流，形成一批可复制、可推广的先进经验，不断拓展师德建设新载体、新路径。

（三）完善考核评价机制，落实落细师德建设工作任务

各高校要努力探索破解教师考核难题，将师德考评作为教师考评的首要内容，制定切实可行的考评制度，将短期评价与中长期评价相结合，合理确定评价周期，引导师德建设持续发力；将个体评价与整体评价相结合，增强师德评价的辐射和带动功能；将师德独立评价与教师政治素质、教学、科研和育人实践多维度评价相结合，避免考核评价工作碎片化。加大师德考核评价在教师整体评价中的比重，强化德才兼备、以德为先的用人导向；逐步探索建立可量化的师德评价方法，进一步提升师德考核的科学性、规范性和可操作性。探索建立师德档案，对教师接受师德教育、表彰、奖惩的情况和日常表现、考核结果进行动态记载，形成对市属高校教师师德的长期跟踪记录和大数据库。

（四）加强师德与学风建设研究与培训，构建教师素养培训体系

加强师德与学风建设的理论和应用研究，举办各种类型的师德论坛、研讨会，形成师德素养培训的理论和案例体系。坚持使命感教育，关注师德的自身内化养成，引领教师积极参与社会实践，践行师德。重视和加强青年教师培训，提高教师整体素质，特别是师德素养。

（五）强化督导评估，全面提升师德与学风建设整体水平

进一步加强督导评估工作，对高校师德建设进行周期性评价。建立对市属高校常态化的师德建设督导评估工作机制，加强评估结果使用，着力增强市属高校师德建设的针对性和实效性。加大经费投入，落实经费保障，在市属高校教师队伍建设经费中设立师德专项工作经费，确保师德建设各项工作扎实顺利开展，推动市属高校师德水平和教师队伍整体素质全面提升。

（市政府教育督导室）

北京市 2018 年中小学校和在职教师有偿补课长效治理专项督导检查报告

为落实教育部和国务院教育督导委员会办公室工作部署，根据市领导要求和本市教育工作实际，近三年来，市教委、市政府教育督导室持续开展中小学校和在职中小学教师有偿补课专项治理工作，主要领导多次召开专题会、情况通报会、约谈等，强化工作目标，强化责任落实。市区两级已建立起定期报告工作、联动核查举报线索、相关部门联合执法等长效治理工作机制。随着查处力度不断加大，举报线索明显减少，长效治理取得阶段性进展。

为全面了解《市教委市政府教育督导室关于加强中小学校和在职中小学教师有偿补课长效治理工作的意见》（以下简称《意见》）实施一年来的工作开展情况，进一步推动各区将工作部署和要求落到实处，切实加强师德师风建设，推动有偿补课长效治理工作深入开展，市教委、市政府教育督导室组织开展了为期一个半月的专项督导检查。

一、督导检查总体情况

根据市级方案的部署和要求，4 月 1 日至 25 日各区组织全面自查。通过学校自查，区域内互查、抽查以及挂牌责任督学经常性检查等形式，做到自查工作 100% 全覆盖，全市各区按时提交了中小学校和在职教师有偿补课长效治理自查工作报告。4 月 25 日至 5 月 15 日，市政府教育督导室、市教委领导带队，市政府教育督导室专项督导处，市教委人事处、基础教育一处、基础教育二处和部分特约教育督导员、市级督学组成检查组，对东城、海淀、石景山、门头沟、通州、大兴等六个区进行了实地检查。

综合分析工作情况，《意见》实施一年来，各区高度重视中小学校和在职教师有偿补课专项治理工作，注重统筹领导，制定了具体实施方案，层层压实责任，不断推进工作落实；注重正向引导，加大师德师风教育宣传力度，积极推动有偿补课治理“六个严禁”入脑入心；注重制度完善，建立区域专项检查、监督举报、学业负担监测等制度，不断规范在职教师从教行为，探索推进教育联合执法机制，综合施策，初步建立起有偿补课长效治理工作机制，取得了阶段性治理效果。

二、长效治理工作开展情况

（一）加强统筹组织实施，落实“两个全覆盖”要求

1. 加强区域统筹，健全领导机制。《意见》印发实施后，各区政府高度重视，结合区域实际，建立了区政府统筹，区教委牵头，区相关部门配合的工作机制，明确各部门职责，统筹组织实施，推动长效治理。大兴区在全市率先建立了以主管副区长为组长，由教育、工商、公安、民政、城管、税务等部门组成的有偿补课治理专项领导小组，通过局际联席会议制度，构建起教委主导、多方联动、统筹推进的区域长效治理工作格局。延庆、怀柔区建立了区教工委、区教委领导牵头的专项督导检查工作小组。石景山、门头沟、西城、海淀、通州、房山、昌平等区建立了区教委牵头的有偿补课专项治理工作领导小组。

2. 明确各方任务，层层压实责任。各区相继出台有偿补课长效治理的工作意见或专项督导检查实施方案，明确区级和中小学校的治理任务和责任。各区将有偿补课治理和教师违规行为的监督监管纳入学校考核评价范围，纳入责任督学挂牌督导常态工作之中，通过多种方式，不断加大监督监管力度。石景山、门头沟、通州、昌平、怀柔、延庆等区及燕山地区将职责任务分解到区教工委、教委和督导室的相关业务科室，初步形成了协同推进中小学校和教师有偿补课长效治理的工作模式。朝阳、海淀、房山区强化分工合作的协调机制和业务监督机制，主要业务科室分别负责普通中小学校和民办学校、在职教师、校外教育机构开展有偿补课治理的监督检查与管理。

各区教委通过召开全区中小学校长、书记专题会议，部署和推动落实长效治理工作的各项要求和任务。各学校充分发挥基层党组织、教代会作用，层层动员宣讲师德师风的规范要求，不断强化各项“禁令”，实现了区校的“两个全覆盖”。石景山区结合教育系统依法治校工作推进会，强调学校加强内控管理，规范教师从教行为。有的学校结合制定学校章程，将工作要求纳入了现代学校的治理制度中，西城区北京市第七中学将有偿补课治理相关要求纳入《行政干部考核准则》和《师德师风十项纪律要求》。

（二）坚持多措并举，加强师德师风建设

1. 完善制度保障，强化师德养成。各区积极开展师德师风建设，通过与校长签订责任书、与教师签订承诺书等形式，进一步强调“六个严禁”的纪律要求；通过健全教师绩效考核制度，进一步强化对教师遵守职业道德规范的监督管理。全市各中小学校绝大多数教师“学为人师 行为示范”，积极践行承诺。密云区建立区委组织部、宣传部，人力社保局和财政局等部门共同参与的师德建设联席会议制度，制定了中小学师德建设五年行动计划，每年投入专项资金，评选表彰教育教学名师和百名师德标兵，不断加大师德师风建设力度。通州区印发实施了《关于开展通州区中小学幼儿园教师师德诚信教育活动的通知》《通州区师德考核实施细则》等，并建立师德诚信档案，把师德建设情况作为学校和教师综合考核评价的重要指标。东城区通过组建区教委师德建设领导小组，举办“师德师风建设月”，实施全员师德工程，设立师德先进专项奖励基金等，不断创新师德建设模式。石景山区充分发挥党建统领作用，明确教工委抓师德师风、教学部门抓常态监管、审计督导抓专项检查、组织人事部门负责责任追究、法规部门负责权益救济的职责分工，形成师德师风建设分工负责、协调配合的有效运转模式。

2. 加强教育引导，树立师德榜样。各区坚持定期开展师德标兵评选表彰，通过宣讲师德故事，发挥榜样示范作用，影响带动每一位教师积极争做新时代“四有好老师”，取得了较好效果。东城区邀请教育专家做《从“底线”走向崇高》的师德报告；西城区坚持开展“我心中的好老师”评选活动，

促进教师不断优化教育教学行为；丰台区召开“做新时代四有好老师和四个引路人”学习实践大会，号召全区教师承担起“传播知识、传播思想、传播真理的历史使命”；石景山区通过人物专访、教育故事、育人心得、师德风采等多种形式，教育引导教师争做“四有好教师”，甘当学生的“四个引路人”;密云区在广大教师中实施以“行”育德行动，坚持开展“三进三走访”活动,三年来走访师生10余万人次，密切家校联系，凝聚育人合力。

3. 抓住重要节点，强化警示教育。各区和学校紧紧抓住寒暑假、开学初等时间节点，开展警示教育。通过学校橱窗、区教育新闻等区级宣传载体，向家长和教师广泛宣传严禁在职教师参加有偿补课的要求，对教师起到了防微杜渐的效果，面向家庭宣讲了教育行政部门严格规范教师管理的各项要求，争取家长的理解和支持。顺义区制定了区教育系统师德师风负面清单和教师职业行为规范“八要、十不准”，定期组织教师进行对照和自查自纠。丰台、房山、延庆区通过学校“微信平台”、家长会、“致家长的一封信”等方式，引导家长自觉抵制盲目的有偿补课行为。

（三）落实长效机制，治理成效显现

1. 畅通举报渠道，主动接受监督。市区两级不断完善群众举报线索联动核查工作标准，对群众提供的相关证据线索，严格执行领导批办、各区核查、逐一反馈核查结果、重点线索市级督办等工作程序，做到了件件落地有回音。通过开展核查工作，举一反三，推动区教委和学校不断完善有偿补课治理工作机制。部分区通过向社会公开专门的监督举报电话和举报邮箱、建立网络平台等方式，进一步畅通举报渠道；有的学校还通过组织行风监督员深入班级和周围群众，广泛征求本校政风行风建设的意见和建议，常态接受社区群众和家长的监督。东城区积极探索对有偿补课治理的社会监督，邀请人大代表、政协委员、行风监督员、媒体记者、社区居民等社会热心人士，对有偿补课治理工作建言献策。朝阳、门头沟、通州、房山区及燕山地区教委向师生、家长和社会公布了区域热线电话和举报邮箱，对推动区域治理中小学校和在职教师有偿补课违规行为发挥了积极的监督作用。随着查处力度不断加大，举报线索明显减少。

2. 强化责任落实，健全内控机制。部分区严格落实中小学教师违反职业道德行为的有关规定，进一步完善学校考评和奖惩机制，建立健全了对教师的聘用、考核、职评、奖励及违纪处理办法，明确了对学校、教师有偿补课违纪行为实施一票否决等具体规定，将学校、教师出现的有偿补课违纪行为,纳入党纪要求和教师考评范围。海淀区结合实际，制定《关于处理中小学幼儿园教师违反职业道德行为实施意见（试行）》；房山区提出对在职党员干部和教师的违纪违规行为，给予党纪处分的纪律要求。

各区教委指导中小学校，认真落实学校主体责任，细化教师违规处理办法，切实强化内部管理。各学校广泛开展了“六个严禁”、依法治教和师德示范教育，与教师签订遵守师德的承诺书和责任书。海淀区引导11所示范性学校，向社会公开声明不与任何培训机构合作招生及严禁学校在职教师参与培训机构授课，进一步推动了学校建立健全内控机制。

3. 开展检查督查，加大监督监管力度。各区将开展有偿补课治理情况纳入督导室专项检查工作中，通过组织开展定期专项督导检查、随机抽查及核查举报线索等方式，不断加强监督监管工作。昌平区政府教育督导室将专项督导检查纳入年度重点工作任务，细化标准、规范流程、制定调查问卷，统一部署，在规定时间内集中开展实地专项检查。朝阳区教育督导室组织责任督学，实地检查152所学校的有偿补课治理情况，对公办中小学校实地检查实现了全覆盖。平谷区政府教育督导室为29所审批民办教育培训机构配备了8名责任督学，将监督在职教师参与有偿补课的违规行为一并纳入督导任务，对民办教育培训机构规范办学行为开展督导。此外，顺义区将有偿补课治理任务纳入“党风政务”监督员的监督职责。门头沟区还动员发挥家长教师协会、家委会的监督作用，通过家长和学生参与评教等多种方式，监督教师课堂教学行为。

4. 严肃问题查处，督促责任落实。不断完善从区到校的责任追究机制，各区均建立了有偿补课治理第一责任人的约谈、通报批评和公布处理结果等制度，同时加强日常监督，及时消除个别学校、教师组织和参加有偿补课的苗头。各区针对自查发现的问题，强化监督和问责，特别是对群众反映问题集中的学校和教师，严格落实区级违规违纪处理办法，起到了一定的警示作用。西城区专门约谈北京师范大学附属实验中学、北京市第十五中学等学校的个别教师，及时宣讲区教委有偿补课长效治理要求，引导和督促学校负责人和教师提高思想认识。顺义区对群众反映的区第九中学教师违规行为，严格按照区教委治理规定做出处理，追究校长的监督管理责任，取消了校长年度评优评先资格，并进行约谈和批评教育，同时责令两名违规教师写出书面检查，取消本年度评优评先资格。

5. 坚持协同联动，净化教育环境。各区积极探索教育行政部门与工商、公安部门联合执法检查制度，探索校内有偿补课长效治理与推进校外培训机构专项治理工作有效联动，切实净化了校外培训环境。大兴在区政府统筹领导下，由教委主导、多方联动，定期开展了教育联合执法检查，取得了阶段性进展。燕山地区教育、工商、公安、城管、财政等部门建立校外有偿补课联合执法机制，对无证机构依法取缔，对非法广告和欺诈广告进行全面清理，对违法违规的校外培训机构依法依规进行查处，切实净化校外培训环境。石景山和怀柔区由教委牵头、多部门配合，摸排社会教育培训机构情况。通州区对区内审批的37所教育培训机构宣讲有偿补课长效治理的工作要求和开展专项督导检查的工作任务，开展虚假宣传、违规招生、聘用公办教师、违规举办“占坑班”等违规行为专项检查。海淀区充分发挥对教育培训机构监督审核的监管职能，依法依规严把审核关，专门成立区教育环境综合治理中心，不断加大执法力度。

6. 规范课堂教学，开展减负监测。全市各区和中小学紧盯课堂教学主阵地，不断提高了课堂教育教学质量和效果。各区教委关注课堂教学质量实效,加强教学研究与指导,制定了区教学指导意见和规范；各学校严格落实国家课程标准和课程计划要求，研究细化了教师备课、课堂教学、教研活动等工作要求；各区普遍建立了教学质量监测与学生课业负担的监测制度，定期监督各学校学生的课业负担情况。海淀区制定了实施《海淀区中小学课堂教学指导意见》，明确课堂教学、备课以及教研的基本要求，严控学校赶进度、超难度、突击教学等“越线”行为。石景山区制定了《关于切实减轻中小学生过重课业负担工作实施细则》，规范学校课程、课时、考试与作业的要求，开展了全区教学监控与评价，引导教师聚焦课堂，关注学生实际获得。通州区加强学校减负工作的定期检查与督导，并将结果纳入全面实施素质教育综合督导评价之中，每学年开展两次督导监测，形成全区中小学减负工作督导年度报告。大兴区教委认真分析家长课后服务需求，陆续启动了“课后延时服务”，有效降低了家长的有偿补课需求。

三、存在的主要问题

（一）在教育系统内部对有偿补课治理的认识还没有完全一致

通过各区自查和实地检查中发现，全市有偿补课治理工作推进不平衡，一些学校校长、教师和教育行政部门干部对禁止中小学校和在职教师有偿补课“六个严禁”要求把握不准确，认识也不完全一致。座谈会上有的校长和教师谈到，家长希望学校组织提供专业化、有针对性地学生学业指导和补课，适当收费也是对教师劳动付出的尊重。

（二）落实有偿补课治理长效工作机制的力度还有待进一步强化

通过检查发现，《意见》规定的工作机制，在部分区和学校尚未完全落实到位。治理工作缺乏主动性，导致措施不落实。有的区用信访接待、政策咨询电话代替有偿补课举报电话；有的区虽然设立了专门的有偿补课举报电话和邮箱，但未对外公开，致使监督渠道不畅，监督监管不到位；个别区和学校简单转发上级文件，责任追究机制不完善，致使处罚流于形式，群众反映的问题不能得到及时有效处理。

（三）统筹推进校外教育培训机构规范治理有待进一步加强

通过检查发现，大部分区未能有效统筹和落实对非学历教育培训机构治理工作的任务和要求，致使教育培训机构违规办学行为缺乏有效监管和治理，不能及时杜绝在职中小学校教师参与校外有偿补课辅导等违规行为。

（四）隐性有偿补课的违规行为依然存在

在实地检查中，一些校长和教师反映，即使三令五申，反复强调，一些与小升初选拔性考试、“占坑班”等相关的情况仍客观存在，隐性有偿补课行为难以发现和治理。

四、工作建议

（一）全面深化师德师风建设

市、区、校要持之以恒地把落实教育部《严禁中小学校和在职中小学教师有偿补课的规定》摆在全面深化师德师风建设的重要位置，健全完善师德师风建设长效机制，大力实施师德师风建设工程，发掘师德典型，讲好师德故事，弘扬身边楷模，形成强大正能量。同时，进一步深入开展教师遵规守纪的警示教育，筑牢教师抵制有偿补课、有偿家教的思想防线。

（二）持续推进长效治理工作机制的落实

市、区、校紧紧抓住有偿补课长效治理机制建设的牛鼻子，以健全“公示监督机制、责任追究机制、学校内控机制、专项督查机制、教育联合执法机制”等为重点，进一步压实主体责任。根据工作实际确定重点内容，定期开展专项督导检查，不断完善检查程序，加大结果使用力度，持续完善有偿补课长效治理工作机制。

（三）改进提升教育教学的质量和水平

教育行政部门和中小学校要加强课堂教学研究，切实提高课堂教学水平和质量。加大中小学数字校园平台建设力度，充分发挥网络优质教育教学资源、优秀师资等资源优势，打造师生互动、免费辅导的个性化网络教育辅导资源平台。积极探索课后服务的有效途径，不断创新学校教育服务形式，主动服务学生、家长需求，服务学生健康全面发展。

（四）努力营造学生健康成长的教育环境

积极营造舆论氛围，大力宣传正确的教育观、质量观和人才观，引导家庭树立正确的学业态度，促进儿童快乐学习，为青少年营造健康良好的成长环境。探索实施教育联合执法机制，加强对民办非学历教育培训机构管理的工作联动，依法规范民办非学历教育培训机构的办学行为，对非法广告和欺诈广告进行全面清理，对违法违规的校外培训机构进行查处，切实净化校外培训环境。

（市政府教育督导室）

（本栏责任编校 张晓兰）

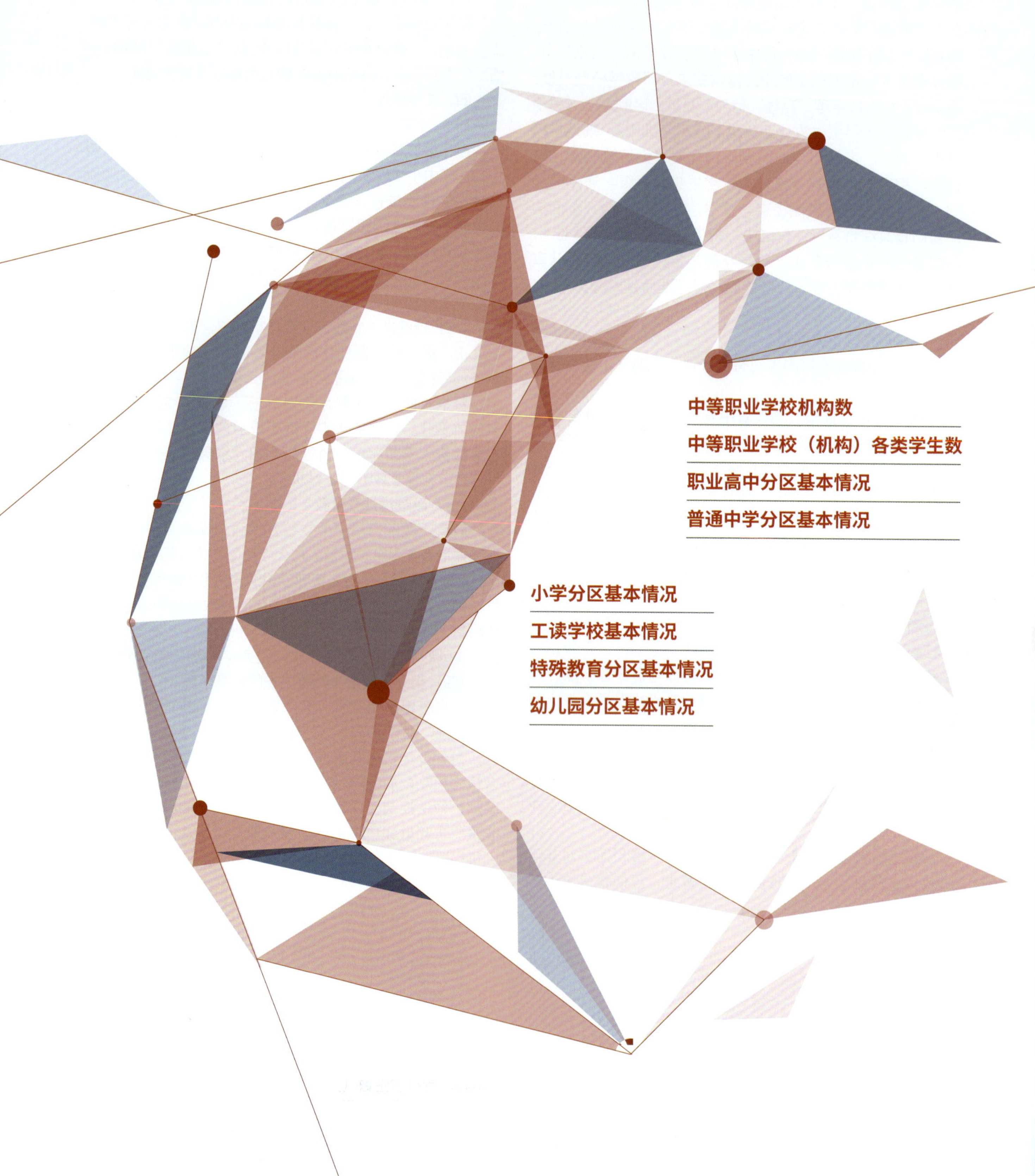

2019 统计表

STATISTICAL LIST

- 各级各类学校校数、教职工、专任教师情况
- 各级各类学历教育学生情况
- 各级各类非学历教育学生情况
- 各级民办教育和中外合作办教育基本情况
- 普通高校分学科研究生数
- 普通本科、专科学生数（分类型、性质类别）
- 高等学校教职工情况

STATISTICAL
LIST

统计表

2018—2019 学年度北京市教育事业统计资料

一、综合

1-1 各级各类学校校数、教职工、专任教师情况

单位：人

	校数（所）	教职工数	
		计	其中：专任教师
总计	3585	382107	241719
一、高等教育	174	146141	70491
（一）研究生培养机构	(147)		(60298)
1. 高等学校	(59)		(49867)
2. 科研机构	(88)		(10431)
（二）普通高等学校	92	139435	67755
1. 中央部委属高校	38	100699	45482
2. 市属高校	54	38736	22273
其中：公办高校	38	32834	19422
民办高校	16	5902	2851
（三）成人高等学校	18	3298	1424
（四）民办的其他高等教育机构	64	3408	1312
二、中等教育	757	101653	76662
（一）高中阶段教育	422	101653	53494
1. 普通高中	309	88974	45730
2. 中等职业教育	113	12679	7764
普通中专	29	3232	1823
成人中专	11	573	286
职业高中	46	5702	4038
技工学校	27	3172	1617
（二）初中阶段教育	335		23168
三、小学教育	970	61138	54531
四、工读学校	6	263	202
五、特殊教育	21	1226	966
六、学前教育	1657	71686	38867

注：
1. “（）”内数据未包含在总计中
2. 因完全中学中的高中、初中教职工不易区分统计，故普通高中教职工数包含普通初中教职工数

1-2 各级各类学历教育学生情况

单位：人

	毕业生数	招生数	在校生数	预计毕业生数
总计	**940336**	**1286509**	**4083211**	**651322**
一、高等教育	**538102**	**762872**	**2187006**	**341343**
（一）研究生	86622	117154	335983	118873
1. 高等学校	82311	111185	317903	112180
2. 科研机构	4311	5969	18080	6693
（二）普通本专科	146654	155784	581133	153657
1. 中央部委属高校	73843	80786	317752	78047
2. 市属高校	72811	74998	263381	75610
其中：公办高校	56538	59508	205928	59147
民办高校	16273	15490	57453	16463
（三）成人本专科	59573	54558	144097	68813
1. 成人高等学校	4900	5746	11628	5103
2. 普通高等学校	54673	48812	132469	63710
（四）在职人员攻读硕士学位			37243	
（五）网络本专科生	245253	435376	1088550	
二、中等教育	**158863**	**172981**	**525434**	**167365**
（一）高中阶段教育	88605	71997	246463	89665
1. 普通高中	51065	47355	155478	53747
其中：本市户籍	48093	43463	144216	50064
2. 中等职业教育	37540	24642	90985	35918
普通中专	12695	7869	35094	12953
成人中专	8193	4056	18649	8384
职业高中	5149	2448	8556	3308
技工学校	11503	10269	28686	11273
（二）初中阶段教育	70258	100984	278971	77700
其中：本市户籍	55662	75935	212999	60731
三、小学教育	**124610**	**184339**	**913216**	**142614**
其中：本市户籍	75510	136599	636628	91137
四、工读学校	**205**	**189**	**503**	
五、特殊教育	**1454**	**998**	**6407**	
六、学前教育	**117102**	**165130**	**450645**	

补充资料：外国留学生在校学生数为 49959 人
注：高等教育小计中未包含自学考试的学生数

1-3 各级各类非学历教育学生情况

单位：人、人次

	毕（结）业生数	在校（注册）生数
总计	**4097229**	**—**
一、高等教育	**1280020**	**20550**
（一）研究生课程进修班	6973	18788
（二）自考助学班	167	212
（三）普通预科生		1550
（四）进修及培训	1272880	
二、中等教育	**2817209**	**—**
其中：资格证书培训	266830	—
岗位证书培训	244768	—
（一）中等职业教育	88890	—
其中：资格证书培训	9076	—
岗位证书培训	4684	—
（二）职业技术培训机构	2728319	—
其中：资格证书培训	257754	—
岗位证书培训	240084	—

1-4 各级民办教育和中外合作办教育基本情况

单位：人

	校数（所）	毕业生数	招生数	在校生数	教职工数		兼任教师
					计	其中：专任教师	
总计	957	74735	97203	302872	56105	28214	3534
一、高等教育	80	16355	15744	58030	9310	4163	3221
民办普通高校	16	16355	15744	58030	5902	2851	1907
民办高等教育机构	64				3408	1312	1314
二、中等教育	118	9291	10715	32029	13691	8150	258
（一）高中阶段教育	92	3006	2274	8632	13691	8150	258
1. 民办普通高中	68	2259	1882	6677	12532	7642	85
2. 中外合作办普通高中	4	134	55	316	506	210	
3. 民办中等职业教育	20	613	337	1639	653	298	173
4. 中外合作办中等职业教育							
（二）初中阶段教育	26	6285	8441	23397	—	—	—
1. 民办普通初中	26	6285	8441	23397	—	—	—
2. 中外合作办普通初中	—	—	—	—	—	—	—
三、小学	56	9128	8114	46006	2038	1501	10
1. 民办小学	56	9128	8114	46006	2038	1501	10
2. 中外合作办小学	—	—	—	—	—	—	—
四、幼儿园	703	39961	62630	166807	31066	14400	45
1. 民办幼儿园	701	39793	62398	166127	30964	14363	45
2. 中外合作办幼儿园	2	168	232	680	102	37	—
另有：民办职业技术培训机构	1050	1025829	—	1256421	60863	22239	7085
1. 民办职业技术培训机构	1048	1025629	—	1256221	60835	22224	7085
2. 中外合作办职业技术培训机构	2	200	—	200	28	15	

注：培训机构毕业生数为结业人次数，在校生数为注册学生数

二、高等教育

2-1 普通高校分学科研究生数

		毕业生数		
		合计	硕士	博士
总计		**82311**	**67881**	**14430**
其中：女		42783	36939	5844
学术型学位	**小计**	**48233**	**34580**	**13653**
	哲　学	592	400	192
	经济学	3039	2333	706
	法　学	4556	3640	916
	教育学	1536	1230	306
	文　学	3424	2809	615
	历史学	575	385	190
	理　学	7055	3732	3323
	工　学	18510	13528	4982
	农　学	1079	608	471
	医　学	2265	1415	850
	军事学	16	12	4
	管理学	4256	3403	853
	艺术学	1330	1085	245
专业学位	**小计**	**34078**	**33301**	**777**
	哲　学			
	经济学	3252	3252	
	法　学	2915	2915	
	教育学	2142	2121	21
	文　学	1645	1645	
	历史学	143	143	
	理　学			
	工　学	10903	10870	33
	农　学	972	972	
	医　学	2515	1792	723
	军事学			
	管理学	8026	8026	
	艺术学	1565	1565	

单位：人

	招生数			在校生数		
	合计	硕士	博士	合计	硕士	博士
	111185	**89842**	**21343**	**317903**	**230555**	**87348**
	57854	48738	9116	157785	122593	35192
	59513	**39479**	**20034**	**194352**	**110504**	**83848**
	642	413	229	2304	1252	1052
	3376	2403	973	10398	6251	4147
	5164	3823	1341	15762	10257	5505
	1933	1483	450	6094	4290	1804
	3718	2908	810	12024	8550	3474
	687	456	231	2341	1278	1063
	10093	5408	4685	33644	14757	18887
	23321	15424	7897	78908	44297	34611
	1474	914	560	4375	2189	2186
	2924	1647	1277	8233	4543	3690
				18	7	11
	4618	3451	1167	15519	9418	6101
	1563	1149	414	4732	3415	1317
	51672	**50363**	**1309**	**123551**	**120051**	**3500**
	3930	3930		8080	8080	
	4229	4229		10091	10091	
	3431	3362	69	7716	7367	349
	2146	2146		4547	4547	
	189	189		416	416	
	17085	16773	312	42937	42288	649
	1565	1546	19	3082	3049	33
	3285	2376	909	9370	6901	2469
	13051	13051		30444	30444	
	2761	2761		6868	6868	

2-2 普通本科、专科学生数（分类型、性质类别）

		学校数（所）		毕业生数		
		计	其中：中央	合计	专科	本科
总计		92	38	146654	28925	117729
按类型分	本科院校	67	38	125178	7449	117729
	其中：独立学院	5		5235		5235
	专科院校	25		20695	20695	
	其中：高等职业学校	24		19590	19590	
	其他机构（不计校数）	4	1	781	781	
按性质类别分	综合大学	5	3	18524	1942	16582
	理工院校	31	12	59743	12117	47626
	农业院校	3	1	5913	1581	4332
	林业院校	1	1	3140		3140
	医药院校	4	2	3945	1771	2174
	师范院校	2	1	5360	280	5080
	语文院校	10	6	11564	2589	8975
	财经院校	16	2	19461	5626	13835
	政法院校	8	5	10011	2774	7237
	体育院校	3	1	2869	63	2806
	艺术院校	8	3	3340	182	3158
	民族院校	1	1	2784		2784
按举办者分	1. 中央部门	38	38	73843	1815	72028
	教育部	25	25	53374	622	52752
	其他部门	13	13	20469	1193	19276
	2. 地方	38		56538	21071	35467
	教育部门	24		43500	8507	34993
	其他部门	14		13038	12564	474
	3. 民办	16		16273	6039	10234

单位：人

	招生数			在校生数		
	合计	专科	本科	合计	专科	本科
	155784	**27093**	**128691**	**581133**	**74034**	**507099**
	133345	4654	128691	521730	14631	507099
	5114		5114	20894		20894
	21917	21917		57762	57762	
	20943	20943		54492	54492	
	522	522		1641	1641	
	18857	1348	17509	71405	3699	67706
	63229	10412	52817	239286	29137	210149
	6420	1418	5002	22778	4058	18720
	3353		3353	13309		13309
	5159	1696	3463	18318	4611	13707
	5559	40	5519	21291	40	21251
	11847	2308	9539	45148	6750	38398
	20545	5975	14570	73755	15489	58266
	10836	3533	7303	37302	9454	27848
	3324	143	3181	12499	275	12224
	3843	220	3623	14794	521	14273
	2812		2812	11248		11248
	80786	1285	79501	317752	3884	313868
	60329	343	59986	236364	873	235491
	20457	942	19515	81388	3011	78377
	59508	21069	38439	205928	55633	150295
	45383	7435	37948	166849	18385	148464
	14125	13634	491	39079	37248	1831
	15490	4739	10751	57453	14517	42936

2-3 高等学校教职工情况

	教职工数		
	合计	校本部教职工	
		计	专任教师
一、普通高校	**139435**	**121406**	**67755**
其中：女	70837	61210	31318
分类型 本科院校	130078	112143	62667
其中：独立学院	1990	1990	1172
专科院校	8928	8834	4863
其中：高等职业学校	8608	8524	4623
其他机构	429	429	225
分性质类别 综合大学	23572	21142	10302
理工院校	54639	48224	27886
农业院校	4336	4209	2617
林业院校	1888	1826	1204
医药院校	17080	9116	3604
师范院校	5881	5752	3910
语文院校	7607	7174	4415
财经院校	10818	10697	6548
政法院校	6291	6183	2851
体育院校	1695	1668	1116
艺术院校	3794	3653	2188
民族院校	1834	1762	1114
分举办者 1. 中央部门	100699	83325	45482
教育部	68302	59525	32411
其他部门	32397	23800	13071
2. 地方	32834	32179	19422
教育部门	26902	26314	16062
其他部门	5932	5865	3360
3. 民办	5902	5902	2851
二、成人高校	**3298**	**3280**	**1424**
其中：女	2007	1994	942

单位：人

	教职工数					
	校本部教职工			科研机构人员	校办企业职工	辅设机构人员
	行政人员	教辅人员	工勤人员			
	25254	**16809**	**11588**	**7837**	**1050**	**9142**
	14852	10863	4177	3315	269	6043
	22855	15840	10781	7797	1029	9109
	315	132	371			
	2333	852	786	40	21	33
	2295	824	782	31	21	32
	66	117	21			
	4393	3155	3292	1728	142	560
	10311	4982	5045	4030	575	1810
	912	480	200	11	28	88
	360	209	53		29	33
	1181	3921	410	1760	17	6187
	931	701	210	24	105	
	1731	646	382	174	20	239
	2375	968	806		102	19
	1450	886	996	9	3	96
	418	63	71		11	16
	813	592	60	74	18	49
	379	206	63	27		45
	16955	12591	8297	7686	797	8891
	13079	7640	6395	5675	635	2467
	3876	4951	1902	2011	162	6424
	7004	3824	1929	151	253	251
	5525	3128	1599	105	241	242
	1479	696	330	46	12	9
	1295	394	1362			
	896	**657**	**303**	**13**		**5**
	559	395	98	9		4

三、中等职业教育

3-1 中等职业学校机构数

	合计	中央部门
总计	**86**	**8**
普通中等专业学校	29	7
成人中等专业学校	11	1
职业高中学校	46	
附设中职班（不计校数）	29	1

3-2 中等职业学校（机构）各类学生数

	毕（结）业生数	
	计	其中：获得职业资格证书
一、中职学生计	**26037**	**13351**
其中：中职全日制学生	23267	13236
中职非全日制学生	2770	115
普通中专学生	12695	6159
成人中专学生	8193	3753
其中：全日制学生	5423	3638
非全日制学生	2770	115
职业高中学生	5149	3439
二、培训学生	**88890**	**9076**
三、外国留学生	**254**	**—**

单位：所

	地方				民办
	计	教育部门	其他部门	地方企业	
	58	**35**	**18**	**5**	**20**
	21	5	14	2	1
	9	2	4	3	1
	28	28			18
	26	17	9		2

注：中等职业学校中不包含技工学校数

单位：人

	招生数				在校生数
	计	其中：应届毕业生		其中：五年制高职 / 中职段	
		计	其中：初中毕业		
	14373	**11881**	**11347**	**6012**	**62299**
	12339	11880	11346	6012	54996
	2034	1	1		7303
	7869	7534	7010	4709	35094
	4056	1904	1895		18649
	2022	1903	1894		11346
	2034	1	1		7303
	2448	2443	2442	1303	8556
	—	—	—	—	—
	—	—	—	—	**325**

3-3 职业高中分区县基本情况

	校数（所）	毕业生数	招生数
总计	**46**	**5149**	**2448**
首都功能核心区			
东城区	5	831	126
西城区	4	553	87
城市功能拓展区			
朝阳区	5	541	268
丰台区	5	253	165
石景山区	3	176	82
海淀区	1	807	633
城市发展新区			
房山区	4	214	129
其中：房山	3	214	129
燕山	1		
通州区	2	137	110
顺义区	5	111	7
昌平区	3	467	426
大兴区	3	38	125
生态涵养发展区			
门头沟区	1	46	7
怀柔区	2	326	10
平谷区	1	51	86
密云区	1	210	161
延庆区	1	388	26

单位：人

	在校生数	教职工数	专任教师
	8556	**5702**	**4038**
	596	540	419
	629	755	583
	1273	899	712
	550	446	235
	280	188	121
	1933	452	329
	442	293	226
	442	257	195
		36	31
	330	165	145
	32	172	80
	1139	371	280
	359	399	258
	83	128	88
	93	313	190
	200	152	71
	391	201	134
	226	228	167

四、普通中学

4-1 普通中学分区基本情况

	校数(所)		班数(个)			毕业生数	
	合计	其中：高中及完中	合计	初中	高中	初中	高中
总计	644	309	14619	9565	5054	70258	51065
首都功能核心区							
东城区	41	32	1164	645	519	5394	5069
西城区	42	38	1424	812	612	6481	6574
城市功能拓展区							
朝阳区	94	42	2051	1549	502	7767	3997
丰台区	47	20	828	570	258	3863	2306
石景山区	23	10	400	259	141	1891	1436
海淀区	79	63	3094	1804	1290	15611	13131
城市发展新区							
房山区	49	12	814	562	252	4131	2530
其中：房山	44	11	715	499	216	3751	2156
燕山	5	1	99	63	36	380	374
通州区	41	15	782	550	232	4116	2283
顺义区	33	13	767	493	274	4300	3316
昌平区	54	25	817	628	189	4172	1865
大兴区	43	16	804	582	222	4309	2486
生态涵养发展区							
门头沟区	16	5	234	154	80	1256	703
怀柔区	19	5	356	244	112	1492	946
平谷区	19	5	336	211	125	1673	1576
密云区	23	4	448	304	144	2374	1674
延庆区	21	4	300	198	102	1428	1173

单位：人

	招生数		在校生数			教职工数	
	初中	高中	合计	初中	高中	合计	其中：专任教师
	100984	**47355**	**434449**	**278971**	**155478**	**88974**	**68898**
	7033	4617	35600	20551	15049	6540	5630
	10119	5697	46189	27353	18836	7851	6207
	13693	3745	48833	36109	12724	13948	11325
	5419	2219	22143	14889	7254	5542	4343
	2506	989	10846	7049	3797	2836	2225
	21407	12150	100300	59629	40671	14832	11413
	5845	2595	25008	16566	8442	4348	3472
	5184	2265	21670	14371	7299	3931	3098
	661	330	3338	2195	1143	417	374
	6396	2601	25543	17339	8204	4773	3638
	5808	3099	25827	16234	9593	5163	3757
	5664	1759	21282	15792	5490	6444	4716
	5888	2039	22964	16160	6804	5818	4623
	1496	821	6751	4327	2424	1236	934
	2193	1117	9451	5986	3465	2369	1758
	2346	1320	10720	6436	4284	2759	1625
	3316	1687	14534	9373	5161	2446	1810
	1855	900	8458	5178	3280	2069	1422

五、小学

5-1 小学分区基本情况

	校数（所）	班数（个）	毕业生数
总计	**970**	**27280**	**124610**
首都功能核心区			
东城区	61	1668	7884
西城区	58	2309	10531
城市功能拓展区			
朝阳区	83	4783	17549
丰台区	75	1981	9095
石景山区	28	735	3361
海淀区	84	4615	23430
城市发展新区			
房山区	108	1632	7374
其中：房山	101	1543	6693
燕山	7	89	681
通州区	84	1801	9255
顺义区	49	1435	6560
昌平区	89	1805	8262
大兴区	89	1881	8517
生态涵养发展区			
门头沟区	23	404	1724
怀柔区	26	502	2722
平谷区	46	621	2805
密云区	39	653	3583
延庆区	28	455	1958

六、工读学校

6-1 工读学校基本情况

	校数（所）	班数（个）	离校人数
合计	**6**	**27**	**205**
其中：女			29

单位：人

	招生数	在校生数	教职工数	
			合计	其中：专任教师
	184339	**913216**	**61138**	**54531**
	12025	59319	5264	4853
	18328	84963	5859	5446
	28505	142500	7515	7050
	12496	65112	4813	4284
	4542	23096	1346	1184
	32484	170238	8278	7772
	11063	52208	3769	3259
	10351	49057	3490	3004
	712	3151	279	255
	14024	67320	4441	4066
	9839	48882	3779	3103
	11475	53999	3937	3434
	13544	62629	3817	3308
	2647	12577	1143	923
	3279	17151	1584	1274
	3647	18448	2112	1717
	4120	22278	2153	1695
	2321	12496	1328	1163

单位：人

	入校人数	在校生数	教职工数	
			计	其中：专任教师
	189	**503**	**263**	**202**
	29	64	115	91

七、特殊教育

7-1 特殊教育分区基本情况

	校数(所)	班数(个)	毕业生数
总计	21	312	1453
首都功能核心区			
东城区	2	25	60
西城区	2	43	131
城市功能拓展区			
朝阳区	1	38	435
丰台区	1	14	58
石景山区	1	10	29
海淀区	2	54	197
城市发展新区			
房山区	1	11	81
其中：房山	1	9	78
燕山		2	3
通州区	1	18	59
顺义区	2	26	110
昌平区	2	14	87
大兴区	1	8	62
生态涵养发展区			
门头沟区	1	9	20
怀柔区	1	6	8
平谷区	1	15	40
密云区	1	12	53
延庆区	1	9	23

单位：人

	招生数	在校生数	教职工数	
			合计	其中：专任教师
	998	**6407**	**1226**	**966**
	49	352	120	103
	82	579	223	193
	242	1395	75	69
	49	426	40	38
	12	141	33	29
	132	1025	233	172
	55	352	29	24
	51	323	29	24
	4	29		
	48	281	61	56
	99	394	131	71
	77	359	34	23
	56	322	35	29
	18	114	27	22
	21	146	36	32
	16	200	66	40
	14	171	48	36
	28	150	35	29

八、幼儿教育

8-1 幼儿园分区基本情况

	园数(所)	班数(个)	离园(班)人数
总计	**1657**	**16176**	**117102**
首都功能核心区			
东城区	57	576	4489
西城区	82	761	5643
城市功能拓展区			
朝阳区	270	3185	19165
丰台区	140	1546	9906
石景山区	47	544	3462
海淀区	177	2193	18311
城市发展新区			
房山区	117	1142	9187
其中：房山	110	1085	8817
燕山	7	57	370
通州区	131	982	6901
顺义区	105	899	7850
昌平区	127	1202	7772
大兴区	94	1261	8789
生态涵养发展区			
门头沟区	36	282	1785
怀柔区	75	386	3339
平谷区	75	473	3746
密云区	73	469	4276
延庆区	51	275	2481

单位：人

	入园(班)人数	在园(班)人数	教职工数	
			合计	其中：专任教师
	165130	**450645**	**71686**	**38867**
	5654	17012	3005	2079
	8518	20721	3760	2268
	33051	82723	14973	7706
	13869	42431	6935	3593
	5176	14430	2447	1240
	24112	66379	11720	5586
	10944	31758	4534	2642
	10356	29823	4327	2512
	588	1935	207	130
	10258	26938	3988	2280
	10469	29234	2921	1517
	13620	32959	5611	2906
	12724	35620	4090	2348
	2866	7509	1274	822
	3550	10431	1761	1121
	3733	12140	1654	846
	4212	13010	1950	1153
	2374	7350	1063	760

（本栏责任编校　汪玥）

21 人

入选 2017 年度全国“最美中学生”

7 人

入选 2017 年度全国“最美中职生”

8 个

中心入选北京地区高校大学生创业园高校分园

2019 附录

APPENDIX

- 第一批北京校园戏剧教育联盟成员校
- 第十四届北京市高等学校教学名师奖获奖名单
- 2018 年北京市中小学正高级教师职称评审通过人员名单
- 部分单位全称简称对照表

基础教育

第一批北京校园戏剧教育联盟成员校

北京市第一六六中学	北京大学
北京市东城区分司厅小学	清华大学
北京市东城区革新里小学	中国人民大学
北京市东城区灯市口小学	北京师范大学
北京市东城区回民实验小学	北京交通大学
北京市育才学校	中国传媒大学
北京市第四中学	中国农业大学
北京师范大学附属实验中学	中国政法大学
北京市朝阳区兴隆小学	对外经济贸易大学
北京市海淀区教师进修学校附属实验学校	中国戏曲学院
北京市海淀区上地学区	首都师范大学
北京市昌平区天通苑小学	北京物资学院
北京市怀柔区实验小学	北京城市学院
北京市燕山向阳小学	

（徐春生）

北京市学生金帆艺术团评审认定名单

东城区

北京第一师范学校附属小学（合唱团）
北京市东城区灯市口小学（合唱团、话剧团）
北京市东城区东四九条小学（舞蹈团）
北京市东城区分司厅小学（话剧团）
北京市东城区府学胡同小学（行进管乐团）
北京市东城区革新里小学（话剧团）
北京市东城区回民实验小学（话剧团）
北京市东城区史家胡同小学（舞蹈团、合唱团、管乐团）
北京汇文中学（合唱团）
北京景山学校（舞蹈团）
北京市第二十二中学（管弦乐团）
北京市第二十七中学（民族管弦乐团）
北京市第二中学（舞蹈团、管乐团）
北京市第六十五中学（舞蹈团）
北京市第五十中学（舞蹈团）
北京市第五中学（民族管弦乐团）
北京市第一零九中学（管乐团）
北京市第一六六中学（管乐团、话剧团）
北京市第一七一中学（合唱团）
北京市东直门中学（管弦乐团）
北京市广渠门中学（管乐团）
北京市文汇中学（合唱团）

西城区

北京第二实验小学（合唱团、管乐团、舞蹈团）
北京第一实验小学（管乐团）
北京市西城区进步小学（管乐团）
北京市西城区五路通小学（舞蹈团）
北京市西城区育民小学（民族管弦乐团）
北京市西城区展览路第一小学（合唱团）
北京市宣武师范学校附属第一小学（民族管弦乐团）
北京小学（舞蹈团、合唱团）
北京师范大学附属实验中学（舞蹈团）
北京师范大学附属中学（舞蹈团）
北京师范大学亚太实验学校（合唱团）
北京市第八中学（管弦乐团）
北京市第六十六中学（管乐团）
北京市第三十五中学（民族管弦乐团、合唱团）
北京市第十五中学（京剧团、民族管弦乐团）
北京市第四中学（合唱团、舞蹈团）
北京市回民学校（民族管弦乐团）
北京市育才学校（管乐团、话剧团）

朝阳区

北京市朝阳区白家庄小学（合唱团）
北京市朝阳区芳草地国际学校世纪小学（民族管弦乐团）
北京市朝阳区劲松第四小学（舞蹈团、管乐团）
北京市朝阳区兴隆小学（话剧团）
北京市朝阳师范学校附属小学（行进管乐团）
中国传媒大学附属小学（民族管弦乐团）
北京市朝阳区芳草地国际学校（管乐团）
北京市陈经纶中学（合唱团）
北京市第八十中学（管乐团、舞蹈团）
中国教育科学研究院朝阳实验学校（管乐团）
中国音乐学院附属北京实验学校（民族管弦乐团）

海淀区

北京大学附属小学（京剧团）
北京市海淀区翠微小学（民族管弦乐团）
北京市海淀区第二实验小学（行进管乐团）
北京市海淀区实验小学（合唱团、管乐团、舞蹈团）
北京市海淀区万泉小学（民族管弦乐团）
北京市海淀区五一小学（管乐团）
北京市海淀区西颐小学（京剧团）
北京市海淀区中关村第二小学（管弦乐团、舞蹈团）
北京市海淀区中关村第三小学（舞蹈团）
北京市海淀区中关村第一小学（京剧团）
清华大学附属小学（民族管弦乐团）
中国农业科学院附属小学（管乐团）
中国人民大学附属小学（京剧团）
北京交通大学附属中学（合唱团）
北京理工大学附属中学（行进管乐团）
北京实验学校（海淀）（管乐团）
北京市八一学校（管乐团、合唱团）
北京市第十九中学（民族管弦乐团）
北京市第五十七中学（行进管乐团）
北京市第一〇一中学（管弦乐团）
北京市海淀区教师进修学校附属实验学校（话剧团）
北京市十一学校（合唱团、管弦乐团）
北京市育英学校（管乐团、合唱团）
北京市育英中学（民族管弦乐团）
北京市中关村中学（管乐团、京剧团）
清华大学附属中学（民族管弦乐团）
首都师范大学附属中学（舞蹈团）
中国人民大学附属中学（管弦乐团、合唱团、舞蹈团）

丰台区

北京市丰台区丰台第五小学（民族管弦乐团）
北京市丰台区丰台第一小学（管乐团）
北京舞蹈学院附中丰台实验小学（舞蹈团）
北京市第十二中学（民族管弦乐团）
北京市丰台区丰台第二中学（管乐团）

石景山区

北京市第九中学（舞蹈团）

门头沟区

北京市大峪中学（合唱团）
北京市门头沟区新桥路中学（舞蹈团）

昌平区

北京市昌平第二实验小学（民族管弦乐团）
北京市昌平区第二中学（民族管弦乐团）

通州区

北京市通州区中山街小学（管乐团）

大兴区

北京市大兴区第三小学（管乐团）
北京市大兴区德茂中学（民族管弦乐团）
北京小学翡翠城分校（舞蹈团）

平谷区

北京绿谷小香玉艺术学校（舞蹈团）

房山区

北京市房山区良乡第四小学（合唱团）

顺义区

北京市牛栏山一中实验学校（民族管弦乐团）

（孙晓楠）

北京市学生金鹏科技团评审认定名单

东城区

北京市东城区东四九条小学（地球与环境分团）
北京市东城区和平里第四小学（生命科学分团）
北京市东城区史家胡同小学（天文分团、地球与环境分团）
北京汇文中学（天文分团）
北京景山学校（天文分团）
北京市第六十五中学（电子与信息分团）
北京市第二中学（机器人分团）
北京市第十一中学（机器人分团）
北京市第五中学（生命科学分团）
北京市第一六六中学（生命科学分团）
北京市第一七一中学（机器人分团）
北京市广渠门中学（生命科学分团）
北京市文汇中学（模型分团）
北京市东城区崇文青少年科学技术馆（校外分团）
北京市东城区青少年科学技术馆（校外分团）

西城区

北京第二实验小学（地球与环境分团）
北京市西城区展览路第一小学（机器人分团）
北京师范大学第二附属中学（机器人分团）
北京师范大学附属实验中学（生命科学分团）
北京师范大学附属中学（生命科学分团）
北京市第八中学（机器人分团）
北京市第三十五中学（生命科学分团）
北京市第十五中学（电子与信息分团）
北京市第四中学（模型分团）
北京市第一六一中学（生命科学分团）
北京市育才学校（模型分团）
北京市西城区青少年科学技术馆（校外分团）
北京市宣武青少年科学技术馆（校外分团）

朝阳区

北京市朝阳区白家庄小学（地球与环境分团）
北京市朝阳区芳草地国际学校远洋小学（天文分团）
北京市朝阳区南磨房中心小学（模型分团）
北京工业大学附属中学（机器人分团）
北京市陈经纶中学（天文分团）

北京市陈经纶中学分校（机器人分团）
北京市第八十中学（机器人分团）
北京市和平街第一中学（机器人分团）
中国教育科学研究院朝阳实验学校（模型分团）
北京市朝阳区青少年活动中心（校外分团）

海淀区
北京大学附属小学（机器人分团）
北京理工大学附属小学（机器人分团）
北京市海淀区中关村第二小学（天文分团、地球与环境分团）
北京市海淀区中关村第三小学（模型分团）
北京市海淀区中关村第一小学（模型分团）
中国人民大学附属小学（模型分团）
北京航空航天大学实验学校（模型分团）
北京交通大学附属中学（机器人分团）
北京理工大学附属中学（天文分团）
北京市八一学校（模型分团、机器人分团）
北京市第十九中学（电子与信息分团）
北京市第一〇一中学（生命科学分团、天文分团）
北京市十一学校（模型分团）
北京市中关村中学（电子与信息分团）
首都师范大学附属中学（天文分团）
中国人民大学附属中学（电子与信息分团）

丰台区
北京市丰台区东高地第三小学（电子与信息分团）
北京市第十八中学（模型分团）
北京市第十二中学（机器人分团）
北京市丰台区东高地青少年科技馆（校外分团）

石景山区
北京市京源学校（地球与环境分团）

门头沟区
北京第二实验小学永定分校（电子与信息分团）
北京市大峪中学（生命科学分团）

通州区
北京市通州区梨园学校（天文分团）
北京市通州区潞河中学（天文分团）

大兴区
北京师范大学大兴附属小学（天文分团）
北京市大兴区第三小学（机器人分团）
北京市大兴区长子营镇第一中心小学（模型分团）
北京师范大学大兴附属中学（模型分团）

顺义区
北京市顺义牛栏山第一中学（生命科学分团）

昌平区
北京市昌平区昌盛园小学（地球与环境分团）
北京市昌平区第二中学（机器人分团）

怀柔区
北京市怀柔区第一中学（生命科学分团）

平谷区
北京市平谷区黄松峪中学（天文分团）

密云区
北京市密云区大城子学校（生命科学分团）

市级
北京学生活动管理中心（校外分团）

（孙晓楠）

北京市学生金帆书画院评审认定名单

东城区
北京市东城区灯市口小学（美术分院）
北京市东城区和平里第四小学（美术分院）
北京市东城区史家胡同小学（美术分院）
北京景山学校（书法分院）
北京市东城区少年宫（美术分院）

西城区
北京市宣武回民小学（美术分院）
北京市第一五六中学（书法分院）
北京市徐悲鸿中学（美术分院）
北京市育才学校（美术分院）
北京市西城区青少年美术馆（美术分院）

朝阳区
北京市朝阳区八里庄中心小学（美术分院）
北京市朝阳区白家庄小学（美术分院）
北京市朝阳区第二实验小学（书法分院）
北京市朝阳区芳草地国际学校富力分校（美术分院）
北京市日坛中学（美术分院）
北京青年政治学院附属中学（美术分院）
北京市朝阳区青少年活动中心（美术分院）

海淀区
北京市海淀区翠微小学（美术分院）
北京医科大学附属小学（美术分院）
清华大学附属小学（美术分院）
北京交通大学附属中学（美术分院）
北京市第十九中学（美术分院）
首都师范大学第二附属中学（书法分院）
首都师范大学附属中学（美术分院）

丰台区
北京市丰台区丰台第五小学（美术分院）
北京市大成学校（美术分院）
北京市第十二中学（美术分院）
北京市芳星园中学（美术分院）
北京市丰台区少年宫（美术分院）

石景山区
北京大学附属小学石景山学校（美术分院）

北京市京源学校（美术分院）
门头沟区
首都师范大学附属中学永定分校（美术分院）
北京市门头沟区少年宫（美术分院）
昌平区
北京市昌平第二实验小学（美术分院）
北京市昌平区昌盛园小学（书法分院）
北京市昌平区城北中心小学（美术分院）
北京市昌平区马池口中心小学（书法分院）
北京市昌平区燕丹学校（书法分院）
通州区
北京教育科学研究院通州区第一实验小学（书法分院）
北京市通州区潞河中学（美术分院）
北京市通州区运河中学（美术分院）
北京市育才学校通州分校（美术分院）
大兴区
北京市大兴区第七小学（书法分院）
北京市大兴区第七中学（美术分院）
北京市第二中学亦庄学校（书法分院）
北京小学翡翠城分校（书法分院）
北京市大兴区少年宫（书法分院）
平谷区
北京师范大学附属中学平谷第一分校（书法分院）
北京市平谷区黄松峪中学（美术分院）
密云区
北京市密云区第三小学（美术分院）
北京市密云区第四小学（美术分院）
房山区
北京市房山区城关第二小学（美术分院）
北京市房山区窦店镇窦店中心小学（美术分院）
北京市房山区良乡第四小学（美术分院）
北京市房山区良乡镇良乡中心小学（美术分院）
北京市房山区房山第五中学（美术分院）
顺义区
北京市顺义区第九中学（美术分院）
北京市顺义区少年宫（美术分院）
怀柔区
北京市怀柔区喇叭沟门满族乡中心小学（美术分院）
首都师范大学附属红螺寺中学（美术分院）
延庆区
北京市延庆区第五中学（美术分院）
北京市延庆区青少年活动中心（美术分院）
燕山
北京市燕山东风中学（美术分院）
市级
北京学生活动管理中心（美术分院）

（孙晓楠）

高等教育

2017 年度调整学位授予门类或修业年限专业

学校名称	专业名称	学位授予门类
清华大学	雕塑	艺术学

（段磊）

2017 年度撤销本科专业名单

学校名称	专业名称	学位授予门类
北京联合大学	经济学	经济学
北京联合大学	生物技术	理学
北京联合大学	环境科学	理学
北京联合大学	公共事业管理	管理学
北京联合大学	信息与计算科学	理学
北京联合大学	建筑电气与智能化	工学
北京联合大学	包装工程	工学
北京联合大学	生物医学工程	工学
北京联合大学	材料科学与工程	工学

（段磊）

2017 年审核增列的博士、硕士学位授权点名单

已有博士学位授权二级学科
新增为博士学位授权一级学科名单

学位授予单位名称	一级学科名称
北京工业大学	化学工程与技术
北京航空航天大学	电气工程
北京理工大学	物理学
北京理工大学	动力工程及工程热物理
北京科技大学	马克思主义理论
北京邮电大学	机械工程
北京师范大学	社会学
北京师范大学	天文学
北京师范大学	核科学与技术
中国传媒大学	中国语言文学
中央财经大学	马克思主义理论
中国政法大学	理论经济学
中国石油大学	马克思主义理论
中国石油大学	控制科学与工程
中国社会科学院研究生院	新闻传播学

新增博士学位授权一级学科名单

学位授予单位名称	一级学科名称
北京大学	医学技术

中国人民大学	物理学
北京工业大学	城乡规划学
北京科技大学	仪器科学与技术
北京化工大学	生物工程
北京协和医学院	医学技术
北京师范大学	法学
北京外国语大学	管理科学与工程
对外经济贸易大学	政治学
对外经济贸易大学	外国语言文学
华北电力大学	水利工程
华北电力大学	核科学与技术
中国石油大学	地球物理学

新增博士专业学位授权点名单

学位授予单位名称	专业学位类别名称
北京交通大学	工程博士
首都师范大学	教育博士
中国石油大学	工程博士

已有硕士学位授权二级学科
新增为硕士学位授权一级学科名单

学位授予单位名称	一级学科名称
中国人民大学	艺术学理论
中国人民大学	设计学
北京工业大学	化学
北京科技大学	设计学
北京邮电大学	设计学
北京印刷学院	工商管理
中国农业大学	新闻传播学
首都医科大学	心理学
北京中医药大学	药学
北京中医药大学	公共管理
首都师范大学	环境科学与工程
北京第二外国语学院	哲学
北京语言大学	教育学
北京语言大学	心理学
外交学院	理论经济学
北京体育大学	公共管理
中国戏曲学院	艺术学理论
北京联合大学	中国史
中国社会科学院研究生院	新闻传播学

新增硕士学位授权一级学科名单

学位授予单位名称	专业学位类别名称
北京工业大学	网络空间安全
北京航空航天大学	理论经济学
北方工业大学	网络空间安全
北京化工大学	信息与通信工程
北京邮电大学	材料科学与工程
北京印刷学院	马克思主义理论
北京印刷学院	网络空间安全
北京建筑大学	马克思主义理论
北京建筑大学	机械工程
北京农学院	生物工程
北京农学院	植物保护
北京农学院	畜牧学
北京农学院	工商管理
北京中医药大学	马克思主义理论
北京中医药大学	护理学
北京外国语大学	应用经济学
北京外国语大学	马克思主义理论
北京外国语大学	工商管理
北京语言大学	新闻传播学
中国传媒大学	法学
中央财经大学	心理学
中央财经大学	外国语言文学
中央财经大学	新闻传播学
中央财经大学	数学
中央财经大学	网络空间安全
对外经济贸易大学	中国语言文学
对外经济贸易大学	管理科学与工程
北京物资学院	理论经济学
北京体育大学	教育学
中央民族大学	外国语言文学
北京联合大学	马克思主义理论
北京联合大学	地理学
北京联合大学	设计学

新增硕士专业学位授权点名单

学位授予单位名称	专业学位类别名称
中国人民大学	应用心理硕士
北京交通大学	新闻与传播硕士
北京化工大学	会计硕士
北京服装学院	工程硕士
北京建筑大学	风景园林硕士
北京建筑大学	工程管理硕士
北京农学院	国际商务硕士
北京农学院	社会工作硕士
北京农学院	林业硕士
北京林业大学	应用心理硕士
北京中医药大学	法律硕士
北京中医药大学	翻译硕士
首都师范大学	国际商务硕士
首都师范大学	法律硕士
首都师范大学	社会工作硕士

学位授予单位名称	专业学位类别名称
北京外国语大学	法律硕士
北京外国语大学	新闻与传播硕士
北京外国语大学	会计硕士
北京第二外国语学院	会计硕士
北京语言大学	金融硕士
北京语言大学	艺术硕士
中国传媒大学	国际商务硕士
中国传媒大学	公共管理硕士
中央财经大学	社会工作硕士
中国传媒大学	汉语国际教育硕士
中国传媒大学	翻译硕士
中国传媒大学	新闻与传播硕士
中国传媒大学	艺术硕士
北京物资学院	金融硕士
外交学院	金融硕士
中央民族大学	金融硕士
中央民族大学	应用统计硕士
中央民族大学	国际商务硕士
中央民族大学	体育硕士
中央民族大学	翻译硕士
中央民族大学	会计硕士
中央民族大学	旅游管理硕士
中国政法大学	金融硕士
中国政法大学	国际商务硕士
中国政法大学	新闻与传播硕士
华北电力大学	金融硕士
华北电力大学	法律硕士
北京信息科技大学	新闻与传播硕士
北京信息科技大学	会计硕士
中国石油大学	应用统计硕士
中国石油大学	法律硕士
中国石油大学	工程管理硕士
北京联合大学	新闻与传播硕士
北京联合大学	文物与博物馆硕士
北京联合大学	工程硕士
北京联合大学	会计硕士
北京联合大学	旅游管理硕士
北京联合大学	图书情报硕士
中国社会科学院研究生院	汉语国际教育硕士

（杨晖）

职业与继续教育

第二批北京市职工继续教育基地

北京开放大学怀柔分校	北京市丰台区职工大学
北京社会管理职业学院	北京市朝阳区职工大学
北京市石景山社区学院	北京新城职业学校
北京市顺义区人力资源和社会保障局高级技工学校	北京市房山区成人教育中心
北京市大兴区礼贤镇成人学校	北京市昌平区成人教育中心
北京市昌平卫生学校	顺鑫大学（党校）
北京金隅科技学校	延庆区职业技术教育中心
北京铁路电气化学校	北京水利水电学校

（胡雨）

第二批北京市新型职业农民培训基地

北京圣泉果品专业合作社农民田间学校（昌平区）
北京鑫城缘果品专业合作社农民田间学校（昌平区）
北京谷氏獭兔专业合作社农民田间学校（昌平区）
北京市平谷区职业学校
北京中农富通园艺有限公司（通州区）
通州区西集成人文化技术学校（通州区）
门头沟区益农缘生态业专合作社
北京聚兰兴养殖专业合作社（门头沟区）
房山区大石窝镇社成人职业学校
房山区佛子庄乡社成人职业学校
房山区琉璃河镇社成人职业学校
房山区十渡镇社成人职业学校
房山区史家营乡社成人职业学校
房山区霞云岭乡社成人职业学校
房山区窦店镇社成人职业学校
大兴区青云店镇成人学校
大兴区魏善庄镇成人学校
大兴区榆垡镇成人学校
大兴区长子营镇成人学校
怀柔区长哨营满族乡社教育中心

（胡雨）

师资建设

第十四届北京市高等学校教学名师奖获奖名单

北京大学　付志明　段丽萍
中国人民大学　王晋斌
清华大学　扈志明　阎绍泽　吴建平
北京交通大学　何世伟　王志海
北京航空航天大学　彭付芝
北京理工大学　刘芳　刘兆龙　陶然
北京科技大学　付冬梅　张英华
北京化工大学　高敬阳

北京邮电大学　门爱东　戴志涛
中国农业大学　徐杨　施正香
北京林业大学　戴秀丽　张建军
北京协和医学院　梁涛
北京中医药大学　刘雁峰　石晋丽
北京师范大学　张萍　张淑梅　邢国文　李笋南
北京语言大学　张浩
中国传媒大学　郑月
对外经济贸易大学　郭红玉
外交学院　吴庆军
中国人民公安大学　石斌
国际关系学院　李文良
北京体育大学　任弘　黄俊亚
中央音乐学院　周望
中央戏剧学院　姜涛
中央民族大学　杨宗丽　曹立波
中国政法大学　田力男
华北电力大学　陈雷
中华女子学院　司茹
中国矿业大学（北京）　郑晓雯
中国石油大学（北京）　郭绍辉
中国地质大学（北京）　赵长春　丁文龙
中国劳动关系学院　燕晓飞
中国科学院大学　赵亚溥　陈熙霖
北京工业大学　杨红卫　陈喆
北方工业大学　吴正旺
北京服装学院　詹凯
北京印刷学院　李艳
北京农学院　马晓燕
首都医科大学　王振常
首都师范大学　朱虹　田培培
首都体育学院　谭朕斌
北京第二外国语学院　张喜华
北京物资学院　张旭凤
中国音乐学院　王士魁
北京电影学院　雷载兴
北京舞蹈学院　张军
北京信息科技大学　马洁
北京联合大学　贾少英
北京警察学院　迟松剑
北京工业职业技术学院　方园
北京电子科技职业学院　王巍
北京青年政治学院　江洁
北京农业职业学院　周珍辉
北京政法职业学院　徐红霞
北京财贸职业学院　王莉莉
北京劳动保障职业学院　季琼
北京交通运输职业学院　悦中原
国家开放大学　韩艳辉
北京开放大学　李哲

（赵晓琳）

第二届北京市高等学校青年教学名师奖获奖名单

北京大学　归泳涛　吴飞　许雅君
中国人民大学　张成思　臧峰宇
清华大学　谷源涛　冯鹏　周庆安
北京交通大学　于永光　郭盛
北京航空航天大学　刘荣科　马艳红　于靖军　万志强
北京理工大学　徐厚宝
北京科技大学　魏钧　赵鲁涛
北京化工大学　陈畅
北京邮电大学　郑春萍　李鹤
中国农业大学　何志巍
北京林业大学　李华晶
北京师范大学　梁颖
北京语言大学　孙佳音
中国传媒大学　孙振虎
中央财经大学　姜爱华
对外经济贸易大学　陈德球
外交学院　李红勃
中国人民公安大学　刘颖
北京体育大学　于亮
中央美术学院　白晓刚
中央戏剧学院　曹艳
中央民族大学　蒋爱花
中国政法大学　霍政欣
华北电力大学　李红
中国石油大学（北京）　孟祥海　岳大力
中国地质大学（北京）　陈家玮
中国社会科学院大学　孙远
北京工业大学　沈震　赖英旭
北方工业大学　李沍岸
北京工商大学　王擎
北京服装学院　姜延
北京印刷学院　刘玲
北京建筑大学　周霞
北京农学院　曹庆芹
首都医科大学　王玉记
首都师范大学　王洪波　叶能胜
首都经济贸易大学　张杰　刘强
中国戏曲学院　李艳艳
北京电影学院　谭慧
北京联合大学　陈道志
北京城市学院　刘雪梅

北京工业大学耿丹学院　张黎
北京工商大学嘉华学院　杜聪慧
中国青年政治学院　王冬梅
北京工业职业技术学院　张莉
北京信息职业技术学院　李瑶
北京电子科技职业学院　黄敦华
北京京北职业技术学院　李建军
首钢工学院　李浩
北京农业职业学院　李玉舒
北京财贸职业学院　张慧
北京经济管理职业学院　王月会
北京劳动保障职业学院　肖红梅
北京北大方正软件职业技术学院　朱松
北京汇佳职业学院　李田
北京卫生职业学院　王燕燕
国家开放大学　唐已婷
北京宣武红旗业余大学　李克红
北京市石景山区业余大学　李毅
北京市朝阳区职工大学　姚欣
北京医药集团职工大学　关昕璐
北京开放大学　孟宪宇
北京网络职业学院　黄荣

（赵晓琳　杨伟丽）

2018年北京市中小学正高级教师职称评审通过人员名单

柴荣	北京市第二十二中学
周京昱	北京教育学院宣武分院
李卫东	北京教育科学研究院
涂洁	北京市第八十中学
肖海洋	北京市海淀教师进修学校附属实验学校
张海滨	北京市房山区教师进修学校
程翔	北京市第一〇一中学
苏建忠	北京师范大学良乡附属中学
金英华	北京师范大学燕化附属中学
胡金城	北京市平谷区第五中学
王彦伟	北京市东城区教师研修中心
孙枫	北京市顺义牛栏山第一中学
王保东	北京市密云区教师研修学院
白志峰	北京市通州区潞河中学
谭文军	北京市通州区第六中学
王文英	北京市朝阳区教育研究中心
范先荣	北京科技大学附属中学
郑拴平	北京市第十二中学
陈凤伟	北京市朝阳区芳草地国际学校
王献春	北京市延庆区第四中学
苏朝晖	北京市朝阳区教育研究中心
毛筠	北京市第一〇一中学
蒋炎富	北京市第十二中学
闻超	北京师范大学良乡附属中学
王建兴	北京市昌平区小汤山中学
张亚安	北京市顺义牛栏山第一中学
王常忠	北京市密云区第二中学
李志	北京市东城区教师研修中心
魏华	北京市第四中学
张春丽	北京市朝阳区教育研究中心
姜连国	北京市第八十中学
丁光成	清华大学附属中学永丰学校
王岳	北师大附属中学京西分校
丁庆红	北京教育学院石景山分院
穆双龙	北京市顺义区教育研究和教师研修中心
岳波	北京汇文中学
任宝华	北京市海淀区教师进修学校
何文轶	北京市第十二中学
邵正亮	北京市大峪中学
丁云	北京市通州区潞河中学
刘宇宏	北京市怀柔区第一中学
张敏	北京市十一学校
周有祥	北京市昌平区第一中学
张斌平	北京市第五中学
曹卫东	北京市朝阳区教育研究中心
康利	北京市朝阳区教育研究中心
姚春平	北京教育学院丰台分院
王书明	北京市大兴区教师进修学校
孙建国	北京中学
黄虹	北京市八一学校
张金玲	北京市通州区教师研修中心
李秀军	北京市昌平区南邵中心小学
张宝青	北京市平谷区山东庄中学
高颖	北京市第八中学
王素英	北京市朝阳区教育研究中心
陈立	北京市西城区教育研修学院
张爱军	北京市朝阳区三里屯幼儿园
王学军	中国科学院第三幼儿园
解春荣	北京市延庆区第一幼儿园
白淑兰	北京市崇文小学
朱建民	北京市第三十五中学
李庆元	西城师范学校附属小学
吴伟东	北京市第一六一中学
陈秀珍	北京市和平街第一中学
任志瑜	北京理工大学附属中学
杨刚	北京市海淀区中关村第二小学

赵璐玫	北京市海淀区实验小学
张文凤	北京小学翡翠城分校
王春菊	中国科学院幼儿园
管杰	北京市第十八中学
李红莲	北京市房山区良乡第四小学
徐华	北京市通州区潞河中学
张宝兰	北京市顺义区建南幼儿园

（杨伟丽）

学生管理

2017 年度全国“最美中学生”（北京）

张海钰	北京房山区张坊中学
魏祎	北京市延庆区十一学校
牛轩宇	北京市怀柔区第三中学
常子香菲	北京市牛栏山一中实验学校
袁雪超	北京市建筑大学附属中学
魏雪	北京市大兴区长子营中学
郭晨明	北京市昌平区第二中学
刘梦扬	北京市平谷中学
肖宇腾	北京市密云区第二中学
范硕	北京市延庆区第五中学
孙帅	北京宏志中学
程尔聪	北京师范大学附属中学
张梓静	清华大学附属中学朝阳学校
张之恒	北京市第一〇一中学
徐越	中国人民大学附属中学翠微学校
万思轶	北京市第十中学
王菲菲	北京市丰台区东铁匠营第二中学
吕华锦	北京市京源学校
李会爽	北京市育园中学
刘爱新	北京市房山区良乡第五中学
魏笑然	北京市通州区潞河中学

（华蕾）

2017 年度全国“最美中职生”（北京）

付永儿	北京国际职业教育学校
张千娅	北京市对外贸易学校
王莉莉	北京市昌平区职业学校
丁浩	北京市大兴区第一职业学校
张恺	北京市自动化工程学校
张晴晴	北京市房山区房山职业学校
李世龙	北京市延庆区第一职业学校

（华蕾）

2018 年北京地区高校大学生优秀创业团队一等奖

北京交通大学：光子算数、北京共元科技有限公司

北京理工大学：利卓创新

北京航空航天大学：FutureControl、吸力奇迹（北京）科技有限公司、诺百爱团队、疾风科技有限公司、AIFIS 新视科技、北京棋弈智能科技有限责任公司

中国人民大学：羽众（天津）生物科技有限责任公司、北京诺禾心康基因科技有限公司

北京工业大学：代客思智能科技、城市之眼、北京元亨易创科技服务有限公司、Campus A Eye、合约至尊宝—具备安全保障的电子合同管理平台

清华大学：华龛生物、悉之教育、Pinpoint、墨狄机器人

北京大学：北京金羽新能科技有限公司

中国地质大学：爱上科学

北京化工大学：CY 团队

中国社会科学院研究生院：Rec Bonus 推荐金

中国矿业大学（北京）：格物穷理

北京电影学院：Colorist

首都经济贸易大学：奇趣猴

北京邮电大学：猿酷

北京化工大学：北京德格瑞生物资源科技有限公司

北京中医药大学：北京三子生物科技有限责任公司

（侯文磊　吴静）

北京地区高校大学生创业园高校分园

北京大学全球大学生创新创业中心

北京科技大学创业园（贝壳创空间）

北京服装学院 BIFTWORKS 创新创业中心

中国农业大学大学生创业园

中央财经大学大学生创业园

中央民族大学创新创业中心（56 创）

北京信息职业技术学院（北信职业智慧众创空间）

北京联合大学大学生创业孵化基地

（吴静）

部分单位全称简称对照表

由于篇幅有限，年鉴中出现的国务院和北京市部分机构名称原则上使用规范简称。学校、市教委直属单位和社

会团体等单位名称在本单位栏目内使用简称。以下为部分单位全称简称对照表。

国务院部分机构全称简称对照表

全称	简称
中华人民共和国外交部	外交部
中华人民共和国国家发展和改革委员会	国家发展改革委
中华人民共和国教育部	教育部
中华人民共和国科学技术部	科技部
中华人民共和国工业和信息化部	工业和信息化部
中华人民共和国国家民族事务委员会	国家民委
中华人民共和国公安部	公安部
中华人民共和国民政部	民政部
中华人民共和国司法部	司法部
中华人民共和国财政部	财政部
中华人民共和国人力资源和社会保障部	人社部
中华人民共和国国土资源部	国土资源部
中华人民共和国自然资源部	自然资源部
中华人民共和国环境保护部	环境保护部
中华人民共和国生态环境部	生态环境部
中华人民共和国住房和城乡建设部	住房和城乡建设部
中华人民共和国交通运输部	交通运输部
中华人民共和国水利部	水利部
中华人民共和国农业部	农业部
中华人民共和国农业农村部	农业农村部
中华人民共和国商务部	商务部
中华人民共和国文化部	文化部
中华人民共和国文化和旅游部	文化和旅游部
中华人民共和国国家卫生和计划生育委员会	国家卫生计生委
中华人民共和国国家卫生健康委员会	国家卫生健康委
中华人民共和国退役军人事务部	退役军人事务部
中华人民共和国应急管理部	应急管理部
中华人民共和国海关总署	海关总署
国家税务总局	国家税务总局
中华人民共和国国家工商行政管理总局	工商总局
中华人民共和国国家知识产权局	国家知识产权局
中华人民共和国国家质量监督检验检疫总局	国家质检总局
中华人民共和国国家新闻出版广电总局	国家新闻出版广电总局
中华人民共和国国家市场监督管理总局	国家市场监管总局
中华人民共和国国家广播电视总局	国家广电总局
国家体育总局	体育总局
中华人民共和国国家统计局	国家统计局
中华人民共和国国家林业局	国家林业局
中华人民共和国国家林业和草原局	国家林业和草原局
中华人民共和国国家知识产权局	国家知识产权局
国务院国有资产监督管理委员会	国资委

（孙晓楠）

北京市部分机构全称简称对照表

全称	简称
中共北京市委员会	市委
北京市人民政府	市政府
中共北京市委教育工作委员会	市委教育工委
北京市教育委员会	市教委
北京市人民政府教育督导室	市政府教育督导室
中共北京市委教育工作委员会、北京市教育委员会和北京市人民政府教育督导室	两委一室
北京市发展和改革委员会	市发展改革委
北京市科学技术委员会	市科委
北京市经济和信息化委员会	市经济信息化委
北京市民族事务委员会	市民委
北京市公安局	市公安局
北京市民政局	市民政局
北京市司法局	市司法局
北京市财政局	市财政局
北京市人力资源和社会保障局	市人力社保局
北京市规划和国土资源管理委员会	市规划国土委
北京市环境保护局	市环保局
北京市住房和城乡建设委员会	市住房城乡建设委
北京市城市管理委员会	市城市管理委
北京市交通委员会	市交通委
北京市农村工作委员会	市农委
北京市水务局	市水务局
北京市商务委员会	市商务委
北京市旅游发展委员会	市旅游委
北京市文化局	市文化局
北京市卫生和计划生育委员会	市卫生计生委
北京市审计局	市审计局
北京市人民政府外事办公室	市政府外办
北京市社会建设工作办公室	市社会办
北京市人民政府国有资产监督管理委员会	市国资委
北京市地方税务局	市地税局
北京市工商行政管理局	市工商局
北京市质量技术监督局	市质监局
北京市安全生产监督管理局	市安全监管局
北京市新闻出版广电局	市新闻出版广电局
北京市文物局	市文物局
北京市体育局	市体育局
北京市统计局	市统计局
北京市园林绿化局	市园林绿化局

北京市金融工作局	市金融局
北京市知识产权局	市知识产权局
北京市民防局	市民防局

（孙晓楠）

部分学校全称简称对照表

全称	简称
普通高等学校	
北京大学	北大
中国人民大学	人民大学
清华大学	清华
北京交通大学	北京交大
北京工业大学	北工大
北京航空航天大学	北航
北京理工大学	北理工
北京科技大学	北科大
北方工业大学	北方工大
北京化工大学	化大
北京工商大学	工商大学
北京服装学院	服装学院
北京邮电大学	北邮
北京印刷学院	印刷学院
北京建筑大学	建筑大学
北京石油化工学院	石化学院
北京电子科技学院	电科院
中国农业大学	农大
北京农学院	农学院
北京林业大学	北林大
北京协和医学院	协和医学院
首都医科大学	首医大
北京中医药大学	中医药大学
北京师范大学	北师大
首都师范大学	首师大
首都体育学院	首体院
北京外国语大学	北外
北京第二外国语学院	二外
北京语言大学	北语
中国传媒大学	传媒大学
中央财经大学	中央财大
对外经济贸易大学	外经贸大
北京物资学院	物资学院
首都经济贸易大学	首经贸
外交学院	外交学院
中国人民公安大学	公安大学
国际关系学院	国关学院
北京体育大学	北体大
中央音乐学院	中央音乐学院
中国音乐学院	中国音乐学院
中央美术学院	中央美院
中央戏剧学院	戏剧学院
中国戏曲学院	戏曲学院
北京电影学院	电影学院
北京舞蹈学院	舞蹈学院
中央民族大学	民大
中国政法大学	法大
华北电力大学	电力大学
中华女子学院	女子学院
北京信息科技大学	信息科大
中国矿业大学（北京）	矿大
中国石油大学（北京）	石油大学
中国地质大学（北京）	地大
北京联合大学	北京联大
中国青年政治学院	中青院
中国劳动关系学院	劳关学院
北京警察学院	警察学院
中国科学院大学	国科大
中国社会科学院大学	社科大
中国农业科学院研究生院	农科院研究生院
北京工业职业技术学院	北工职院
北京信息职业技术学院	信息职院
北京电子科技职业学院	电科职院
北京京北职业技术学院	京北职院
北京交通职业技术学院	交通职院
北京青年政治学院	北青政
首钢工学院	首钢工学院
北京农业职业学院	农职院
北京政法职业学院	政法职院
北京财贸职业学院	北财院
北京戏曲艺术职业学院	北戏
北京经济管理职业学院	经管职院
北京劳动保障职业学院	京劳职院
北京社会管理职业学院	社职院
北京体育职业学院	北京体职院
北京交通运输职业学院	交通运输职院
北京卫生职业学院	卫生职院
民办高等学校及高等教育机构	
北京城市学院	城市学院
北京北大方正软件技术学院	北大方正软件学院
北京经贸职业学院	经贸职院
北京经济技术职业学院	经济职院
北京汇佳职业学院	汇佳职院
北京吉利学院	吉利学院
首都师范大学科德学院	科德学院
北京工商大学嘉华学院	嘉华学院

全称	简称
北京科技职业学院	科技职院
北京培黎职业学院	培黎职院
北京邮电大学世纪学院	世纪学院
北京工业大学耿丹学院	耿丹学院
北京第二外国语学院中瑞酒店管理学院	中瑞学院
北京网络职业学院	网络职院
北京现代音乐研修学院	北音
北京工商管理专修学院	北工商
成人高等学校	
国家开放大学	国开大
北京教育学院	教育学院
北京开放大学	北开大
北京宣武红旗业余大学	红旗大学
北京市总工会职工大学	市总职大
北京市西城经济科学大学	西城经科大
国家重点中等职业学校	
北京市昌平职业学校	昌平职校
北京市延庆区第一职业学校	延庆一职
北京市密云区职业学校	密云职校
北京市怀柔区职业学校	怀柔职校
北京金隅科技学校	金隅学校
北京市园林学校	园林学校
中央音乐学院附属中等音乐学校	中央音乐学院附中
北京市什刹海体育运动学校	什刹海体校
北京市外事学校	外事学校
北京市实美职业学校	实美学校
北京市财会学校	财会学校
北京市实验职业学校	实验职校
北京市商务科技学校	商务科技学校
北京市黄庄职业高中	黄庄职高
北京市丰台区职业教育中心学校	丰台职教中心校
北京市电气工程学校	电气工程学校
北京市求实职业学校	求实学校
北京市平谷区职业学校	平谷职校
北京国际职业教育学校	北京国职
北京市大兴区第一职业学校	大兴一职
北京现代职业学校	现代职校
北京铁路电气化学校	京铁电校
北京市商业学校	商业学校
北京商贸学校	商贸学校
北京市供销学校	供销学校
北京水利水电学校	水电学校
北京市自动化工程学校	自动化学校
北京市劲松职业高中	劲松职高
中国音乐学院附属中等音乐专科学校	中国音乐学院附中

（张驰　胡雨）

市教委直属单位全称简称对照表

全称	简称
北京教育科学研究院	北京教科院
北京教育考试院	北京考试院
北京教育音像报刊总社	音像报刊总社
北京市教工休养院	教工休养院
北京市校办产业管理中心	校产中心
北京教育网络和信息中心	信息中心
北京教育综合服务中心	综合服务中心
北京市教育系统人才交流服务中心	人才交流中心
北京市国际教育交流中心	国际教育交流中心
北京学生活动管理中心	学生活动管理中心
北京市教育技术设备中心	设备中心
北京教育老干部活动中心	老干部活动中心
北京高校房地产开发总公司	高校房地产总公司
北京教育志编纂委员会办公室	教志办
北京市学生资助事务管理中心	学生资助中心
北京教育新闻中心	新闻中心
北京学校后勤事务中心	学校后勤事务中心

（华蕾）

社会团体全称简称对照表

全称	简称
北京市教育学会	市教育学会
北京市高等教育学会	市高教学会
北京市职业技术教育学会	市职教学会
北京民办教育协会	民教协会
北京市学前儿童保教工作者协会	保教协会
北京老教育工作者总会	老教总会
北京校外教育协会	校外教育协会
北京高校国防教育协会	国防教育协会
北京教育装备行业协会	教育装备行业协会
北京市红十字会	市红十字会
北京市民族教育学会	市民族教育学会

（胡雨）

（本栏责任编校　华蕾）

INDEX
索 引

说 明：

一、本索引由条目主题词索引、单位名称索引、人名索引和随文图片索引四部分组成。

二、本索引词条均以汉语拼音顺序排列，第一个字相同的，按第二个字顺序排列，余类推。

三、本索引数码标记依次为：页码、栏序、本栏内自上而下条目所处位置，三部分均用“/”隔开。如：安全风险防控 395/ 左 /2，则表示 395 页左栏第 2 个条目内容涉及“安全风险防控”。

四、本索引检索范围包括全书各级各类教育的主体部分，特载、调研报告等文章体的内容，以及名单不在检索范围。

五、条目主题词索引选取出现频次较高、社会关注度较高，以及体现新事物、新情况、新发展的词语，检索内容涉及该主题词表述主旨。部分主题词包含二级主题词。例如：“冰雪活动”主题词下设“冰壶特色项目”“冰雪系列活动”“冰雪运动”“冰雪运动会”“滑雪体验中心”“校园冰雪运动”二级主题词。

六、随文图片索引只标注图片所在页码，不标注栏别。

七、单位名称索引检索到单位名称标题栏，以及除本栏以外的具有检索意义的内容。中小学、幼儿园不单独设单位名称索引，相关内容在所辖区索引内。

八、人名索引不含外国人（华侨、华人除外）。

条目主题词索引

C

D

K

L

M

N

P

Q

R

S

T

W

X

Y

Z

单位名索引

B

C

D

F

人名索引

随文图片索引

C

D

E

F

G

H

J

K

L

M

N

P

R

S

T

W

X

Y

Z

版 权 声 明

编辑部地址：北京市东城区夕照寺街东玖大厦 B 座 802 室

邮 政 编 码：100061

电　　话：87194371

传　　真：87194370

电 子 信 箱：szb@jw.beijing.gov.cn